V&R

Kritisch-exegetischer Kommentar
über das Neue Testament

Begründet von
Heinrich August Wilhelm Meyer
Herausgegeben von Ferdinand Hahn

Sonderband

Das Evangelium nach Johannes

Göttingen · Vandenhoeck & Ruprecht · 1990

Das Evangelium nach Johannes

Eingeleitet und erklärt von
Charles Kingsley Barrett

Göttingen · Vandenhoeck & Ruprecht · 1990

Übersetzt aus dem Englischen von Hans Bald
Redaktion: Karl Matthiae
Originaltitel: The Gospel According to St. John.
An Introduction with Commentary and Notes on the Greek Text
© der Originalausgabe: Second Edition, Verlag SPCK,
London 1978

CIP-Titelaufnahme der Deutschen Bibliothek

Kritisch-exegetischer Kommentar über das Neue Testament /
begr. von H. A. W. Meyer. Hrsg. von Ferdinand Hahn. –
Göttingen: Vandenhoeck u. Ruprecht.
Teilw. in Fraktur. – Teilw. ohne Hrsg.
NE: Meyer, Heinrich August Wilhelm (Begr.): Hahn, Ferdinand (Hrsg.)
Sonderbd. Barrett, Charles K.: Das Evangelium nach Johannes. – 1990

Barrett, Charles K.:
Das Evangelium nach Johannes / C. K. Barrett. (Übers. aus d. Engl.
von Hans Bald). – Göttingen : Vandenhoeck u. Ruprecht, 1990
(Kritisch-exegetischer Kommentar über das Neue Testament ; Sonderbd.)
Einheitssacht.: The gospel according to St. John ‹dt.›
ISBN 3-525-51623-1

Inhaltsverzeichnis

Register

Vorwort zur deutschen Ausgabe

Es ist für mich eine große Freude, daß dieser Kommentar zum vierten Evangelium nun in deutscher Übersetzung erscheint. Die Freude wird noch dadurch verstärkt, daß er im selben Verlag herauskommt wie der Kommentar Rudolf Bultmanns, der eines der bedeutendsten Werke der Bibelwissenschaft ist, das ich kenne. Ich verdanke der deutschen Theologie überhaupt sehr viel und bin deshalb glücklich, daß ich auf diese Weise in einer Welt, die mir nicht fremd ist, meinen Beitrag leisten kann.

Der Übersetzung liegt die zweite englische Auflage des Kommentars zugrunde. Die erste Auflage kam 1955 heraus, die Neuauflage, umfassend revidiert und beträchtlich erweitert, im Jahre 1978. Seitdem sind eine Reihe wichtiger Veröffentlichungen zum vierten Evangelium erschienen, die die Aufmerksamkeit eines jeden ernsthaften Johannesexegeten verdienen. Aus zwei Gründen können sie jedoch in diesem Buch nicht die umfassende Behandlung erfahren, die wünschenswert wäre. Zum einen lag seit 1978 der Schwerpunkt meiner wissenschaftlichen Arbeit in anderen Bereichen; dadurch war ich zeitlich so in Anspruch genommen, daß ich die Muße für eine Neufassung des Kommentars nicht hatte. Zum anderen habe ich, außer in einigen kleinen Einzelpunkten, keine Veranlassung gesehen, meine Sicht der Dinge in irgendeiner wichtigen Frage zu ändern. Was die Intention des Verfassers angeht, sein Verständnis der Beziehung zwischen Geschichte und Theologie und ganz allgemein die Exegese des Textes – in all diesen Fragen ist meine Meinung im wesentlichen unverändert. Einige Punkte habe ich ausführlicher und aus unterschiedlichen Blickwinkeln in den vier Vorträgen (über Symbolismus, Sakramente, Paradox und Dualismus sowie Geschichte) behandelt, die (zusammen mit einigen anderen kleinen Arbeiten) in meinen »Essays on John« S. P. C. K./London 1982 erschienen sind. Die Vorträge wurden auch in italienischer Übersetzung veröffentlicht: »Il Vangelo di Giovanni fra Simbolismo e Storia«, Brevi Studi 4, Claudiana/Torino, 1983. Dort ist umfassender ausgeführt, was ich im Kommentar nur knapp sagen konnte.

Ein sehr ausführliches Verzeichnis der neueren Veröffentlichungen zur johanneischen Literatur findet sich in der letzten (neunten) Auflage der Theologie des Neuen Testaments von Rudolf Bultmann (hg. v. O. Merk [Tübingen, 1984], S. 702–717). Die Bibliographien in dem nachgelassenen Kommentar von Ernst Haenchen (s. u. S. 159ff) sind ausgezeichnet, und die Forschungsberichte von H. Thyen (ThR 39 [1975], S. 1–69.222–252.289–330; 42 [1977], S. 211–270; 43 [1978], S. 328–359; 44 [1979], S. 97–134) und von J. Becker (ThR 47 [1982], S. 279–301.305–347; 51 [1986] S. 1–78) sind von großem Wert.

Im Rahmen unseres Kommentars ist es nicht möglich und auch nicht sinnvoll, auf die neuere und neueste Literatur in einer vergleichbaren Weise einzugehen. Ich möchte statt dessen in einem Nachtrag zur Einleitung der deutschen Ausgabe des Kommentars einige repräsentative Veröffentlichungen aufnehmen und kurz kommentieren (s. Kap. 6) in der Hoffnung, daß damit ein gewisser Eindruck von anderen Versuchen eines Zugangs zum Verständnis des Evangeliums geboten und zugleich deutlich werden wird, wie ich zu diesen stehe. Diese Skizze wurde im Frühjahr 1987 abgeschlossen. Danach erschienene Literatur konnte nicht mehr berücksichtigt werden.

Am Schluß möchte ich gegenüber dem Übersetzer, Herrn Dr. Hans Bald, dem Lektor, Herrn Dr. Karl Matthiae, und dem Verleger, Herrn Dr. Arndt Ruprecht, meine Dankbarkeit ausdrücken, ferner auch dem Verlag S. P. C. K./London für das Zustandekommen der deutschen Übersetzung meines Kommentars.

Nicht zuletzt habe ich all denen zu danken, die durch ihre Arbeit zum Verständnis des Johannesevangeliums beigetragen haben.

Durham, April 1987   *C. K. Barrett*

Abkürzungsverzeichnis

Grammatiken und Wörterbücher

Bauer, Wörterbuch	*W. Bauer*, Griechisch-Deutsches Wörterbuch zu den Schriften des Neuen Testaments und der übrigen urchristlichen Literatur, 1958
Bl-Debr	*F. Blass/A. Debrunner*, Grammatik des neutestamentlichen Griechisch, bearb. v. F. Rehkopf, [15]1979
BDB	*F. Brown/S. R. Driver/S. A. Briggs*, A Hebrew and English Lexicon of the Old Testament, 1906
EBib	*T. K. Cheyne/J. S. Black*, Encyclopaedia Biblica, 1914
GK	*W. Gesenius/E. Kautzsch*, Hebräische Grammatik, [28]1909
Jastrow	*M. U. Jastrow*, A Dictionary of the Targumin, the Talmud Babli and Yerushalmi, and the Midrashic Literature, 1926
KB	*L. Koehler/W. Baumgartner*, Lexicon in Veteris Testamenti Libros, 1948–1953
Lewis and Short	*C. T. Lewis/C. Short*, A Latin Dictionary, 1907
Liddell-Scott	*H. G. Liddell/R. Scott*, A Greek-English Lexicon, bearb. von H. Stuart/R. McKenzie, 1925–1940
M I	*J. H. Moulton*, A Grammar of New Testament Greek, Vol. I, Prolegomena, 1908
M II	*J. H. Moulton/W. F. Howard*, A Grammar of New Testament Greek, Vol. II, 1929
M III	*N. Turner*, A Grammar of New Testament Greek, Vol. III, 1963
MM	*J. H. Moulton/G. Milligan*, The Vocabulary of the Greek Testament, illustrated from the papyri and other non-literary sources, 1914–1929
Moule, Idiom Book	*C. F. D. Moule*, An Idiom Book of New Testament Greek, 1953
Palmer	*L. R. Palmer*, A Grammar of the Post-Ptolemaic Papyri, Vol. I, Part I (Publications of the Philological Society, XIII), 1946
Radermacher	*L. Radermacher*, Neutestamentliche Grammatik (Handbuch zum Neuen Testament I.1), 1911

Robertson	*A. T. Robertson*, A Grammar of the Greek New Testament in the Light of Historical Research, 1919
Rutherford	*W. G. Rutherford*, The New Phrynichus, being a revised text of the Ecloga of the Grammarian Phrynichus, 1881
ThWNT	*G. Kittel/G. Friedrich*, Theologisches Wörterbuch zum Neuen Testament, 1932 ff
Turner, Insights	*N. Turner*, Grammatical Insights into the New Testament, 1965
WM	*G. B. Winer*, A Treatise on the Grammar of New Testament Greek, 1882

Kommentare zum Johannesevangelium

Bauer	*W. Bauer*, Das Johannes-Evangelium (Handbuch zum Neuen Testament 6), 1933
Bernard	*J. H. Bernard*, A Critical and Exegetical Commentary on the Gospel according to St John, 1928
Brown	*R. E. Brown*, The Gospel according to John (Anchor Bible 29, 29A), Vol. I, 1966; Vol. II, 1970
Bultmann	*R. Bultmann*, Das Evangelium des Johannes (Kritisch-exegetischer Kommentar über das Neue Testament), 1950; Ergänzungshefte, 1950, 1957
Fenton	*J. C. Fenton*, The Gospel according to John, New Clarendon Bible, 1970
Field	*F. Field*, Notes on the Translation of the New Testament, 1899
Hoskyns	*E. C. Hoskyns*, The Fourth Gospel, hg. v. F. N. Davey, 1940
Lagrange	*M.-J. Lagrange*, Évangile selon Saint Jean, 1948
Lightfoot	*R. H. Lightfoot*, St John's Gospel: A Commentary, 1956
Lindars	*B. Lindars*, The Gospel of John, New Century Bible, 1972
Loisy	*A. Loisy*, Le quatriéme Évangile, [12]1921
Morris	*L. Morris*, The Gospel according to John, 1974
Odeberg	*H. Odeberg*, The Fourth Gospel interpreted in its relation to Contemporaneous Religious Currents in Palestine and the Hellenistic-Oriental World, 1929
Pallis	*A. Pallis*, Notes on St John and the Apocalypse, o. J.
Bill	*H. L. Strack/P. Billerbeck*, Kommentar zum Neuen Testament aus Talmud und Midrasch, 1922–1928

Sanders	*J. N. Sanders*, A Commentary on the Gospel according to St John, Black's New Testament Commentaries, hg. u. erg. v. B. A. Mastin, 1968
Schlatter	*A. Schlatter*, Der Evangelist Johannes, 1958, ³1960
Schnackenburg	*R. Schnackenburg*, Das Johannesevangelium (Herders Theologischer Kommentar zum Neuen Testament), Vol. I, 1965; Vol. II, 1971; Vol. III, 1976
Strachan	*R. H. Strachan*, The Fourth Gospel, its Significance and Environment, 1941
Westcott	*B. F. Westcott*, The Gospel according to St John, 1903

Weitere Bücher und Untersuchungen zum Johannesevangelium

Bacon	*B. W. Bacon*, The Fourth Gospel in Research and Debate, 1910
Becker, Reden	*H. Becker*, Die Reden des Johannesevangeliums und der Stil der gnostischen Offenbarungsrede (FRLANT 68 [NF 50]), 1956
Borgen	*P. Borgen*, Bread from Heaven. Supplements to NovTest 10, 1965
Burney	*C. F. Burney*, The Aramaic Origin of the Fourth Gospel, 1922
Cullmann, Kreis	*O. Cullmann*, Der johanneische Kreis. Sein Platz im Spätjudentum, in der Jüngerschaft Jesu und im Urchristentum. Zum Ursprung des Johannesevangeliums, 1975
Dialectical Theology	*C. K. Barrett*, The Dialectical Theology of St John, in: Essays, 49–69
Dodd, Interpretation	*C. H. Dodd*, The Interpretation of the Fourth Gospel, 1953
Dodd, Tradition	*C. H. Dodd*, Historical Tradition in the Fourth Gospel, 1963
Goguel	*M. Goguel*, Le Quatrième Évangile, 1924
Guilding	*A. Guilding*, The Fourth Gospel and Jewish Worship, 1960
Howard	*W. F. Howard*, The Fourth Gospel in Recent Criticism and Interpretation, neu hg. v. *C. K. Barrett*, 1955
John and Qumran	*J. H. Charlesworth*, John and Qumran, 1972
Judaism	*C. K. Barrett*, The Gospel of John and Judaism, 1975
Käsemann	*E. Käsemann*, Jesu letzter Wille nach Johannes 17, ⁴1980
Martyn	*J. L. Martyn*, History and Theology in the Fourth Gospel, 1968
Meeks	*W. A. Meeks*, The Prophet-King. Moses Traditions and the Johannine Christology, Supplements to NovTest 14, 1967

Menschensohn	*C. K. Barrett*, Das Fleisch des Menschensohnes (Joh 6,53), in: *R. Pesch/R. Schnackenburg* (Hg.), Jesus und der Menschensohn (FS Anton Vögtle), 1975
Prologue	*C. K. Barrett*, The Prologue of St John's Gospel (1971), nachgedruckt in: Essays, 27–48
Sanders, Early Church	*J. N. Sanders*, The Fourth Gospel in the Early Church, 1943
Schweizer	*E. Schweizer*, Ego Eimi . . ., 1939
Sidebottom	*E. M. Sidebottom*, The Christ of the Fourth Gospel, 1961
The Father is greater than I	*C. K. Barrett*, The Father is greater than I (Joh 14,28): Subordinationist Christology in the New Testament, in: *J. Gnilka* (Hg.), Neues Testament und Kirche (FS R. Schnackenburg), 1974, 144–159) (= C. K. Barrett, Essays on John, 1982, 19–36)
Theocentric	*C. K. Barrett*, Christocentric or Theocentric? Observations on the Theological Method of the Fourth Gospel, in: *J. Coppens* (Hg.), La Notion biblique de Dieu (Bibliotheca Ephemeridum Theologicarum Lovaniensium 41), 1976, 361–376 (= C. K. Barrett, Essays on John, 1982, 1–18)
Theological Vocabulary	*C. K. Barrett*, The Theological Vocabulary of the Fourth Gospel and of the Gospel of Truth, in: *W. Klassen/G. F. Snyder* (Hg.), Current Issues in New Testament Interpretation (FS O. A. Piper), 1962, 210–223, 297f (= C. K. Barrett, Essays on John, 1982, 50–64)

Weitere Bücher zum Neuen Testament und entsprechender Thematik

Abrahams, Studies I, II	*I. Abrahams*, Studies in Pharisaism and the Gospels, First and Second Series, 1917, 1924
Beginnings	*F. J. Foakes Jackson/K. Lake*, The Beginnings of Christianity, Part I: The Acts of the Apostles, 1920–1933
Benoit I, II, III	*P. Benoit*, Exégèse et Théologie, Vol. I, 1961; Vol. II, 1961; Vol. III, 1968
Betz	*H. D. Betz*, Lukian von Samosata. Religionsgeschichtliche und paränetische Parallelen (TU 76), 1961
Black	*M. Black*, An Aramic Approach to the Gospels and Acts, [3]1967
Bonsirven	*J. Bonsirven*, Le Judaisme Palestinien au temps de Jésus-Christ, 1934
Bornkamm I, II, III, IV	*G. Bornkamm*, Das Ende des Gesetzes (Ges. Aufs. I), 1966; Studien zu Antike und Urchristentum (Ges. Aufs. II), 1970; Ge-

	schichte und Glaube I (Ges. Aufs. III), 1968; Geschichte und Glaube II (Ges. Aufs. IV), 1971
Bousset-Gressmann	*W. Bousset/H. Gressmann*, Die Religion des Judentums im späthellenistischen Zeitalter (Handbuch zum Neuen Testament 21), [3]1926
Braun	*H. Braun*, Qumran und das Neue Testament I–II, 1966
Bultmann, Urchristentum	*R. Bultmann*, Das Urchristentum im Rahmen der antiken Religionen, 1949, [3]1963
Bultmann, Theologie	*R. Bultmann*, Theologie des Neuen Testaments, 1948, [8]1980
CAH	*J. B. Bury/S. A. Cook/F. E. Adcock/M. P. Charlesworth* (Hg.), The Cambridge Ancient History, 1923–1939
Conzelmann, Theologie	*H. Conzelmann*, Grundriß der Theologie des Neuen Testaments, [3]1976
Creed	*J. M. Creed*, The Gospel according to St Luke, 1930
Cullmann, Christologie	*O. Cullmann*, Christologie des Neuen Testaments, 1957
Cullmann, Heil	*O. Cullmann*, Heil als Geschichte, [3]1967
Cullmann, Vorträge	*O. Cullmann*, Vorträge und Aufsätze 1925–1962, hg. v. K. Fröhlich, 1966
Danby	*H. Danby*, The Mishnah, translated from the Hebrew with Introduction and brief Explanatory Notes, 1933
Daube, Rabbinic Judaism	*D. Daube*, The New Testament and Rabbinic Judaism, 1956
Davies, Land	*W. D. Davies*, The Gospel and the Land, 1974
Deißmann	*A. Deißmann*, Licht aus dem Osten, [4]1923 ‚
Delitzsch	*F. Delitzsch*, ספרי הברית החדשה (Das Neue Testament auf Hebräisch), 1904
Derrett, Law	*J. D. M. Derrett*, Law in the New Testament, 1970
Dinkler, Signum	*E. Dinkler*, Signum Crucis, 1967
Dodd, AS	*C. H. Dodd*, According to the Scriptures, 1952
Essays	*C. K. Barrett*, New Testament Essays, 1972
Fitzmyer, Essays	*J. A. Fitzmyer*, Essays on the Semitic Background of the New Testament, 1971
Haenchen, Weg	*E. Haenchen*, Der Weg Jesu, 1966
Hahn, Titel	*F. Hahn*, Christologische Hoheitstitel, [2]1964

Hennecke- Schneemelcher	*E. Hennecke/W. Schneemelcher,* Neutestamentliche Apokryphen in deutscher Übersetzung, Vol. I, ³1959; Vol. II, ³1964
Higgins, Son of Man	*A. J. B. Higgins,* Jesus and the Son of Man, 1964
Hort	*F. J. A. Hort,* The Christian Ecclesia, 1914
HSGT	*C. K. Barrett,* The Holy Spirit and the Gospel Tradition, 1947
Jeremias, Abba	*J. Jeremias,* Abba. Studien zur neutestamentlichen Theologie und Zeitgeschichte, 1966
Jeremias, Abendmahlsworte	*J. Jeremias,* Die Abendmahlsworte Jesu, ⁴1967
Jeremias, Jerusalem	*J. Jeremias,* Jerusalem zur Zeit Jesu, ³1963
Jeremias, Theologie	*J. Jeremias,* Neutestamentliche Theologie, Vol. I, 1971
Klausner	*J. Klausner,* Jesus von Nazareth, ³1952
Lipsius-Bonnet	*R. A. Lipsius/M. Bonnet,* Acta Apostolorum Apokrypha, ³Vol. 1959
McNamara, Targum and Testament	*M. McNamara,* Targum and Testament, 1972
Richardson, Theology	*A. Richardson,* An Introduction to the Theology of the New Testament, 1958
Schürer	*E. Schürer,* Die Geschichte des jüdischen Volkes I–III, 1885–1896
Schweitzer	*A. Schweitzer,* Die Mystik des Apostels Paulus, 1931
Schweizer, Beiträge	*E. Schweizer,* Beiträge zur Theologie des Neuen Testaments, 1970
Schweizer, Jesus	*E. Schweizer,* Jesus, 1971
Singer	*S. Singer* (Hg.), The Authorised Daily Prayer Book of the United Hebrew Congregations of the British Empire, 1912
Stendahl, Scrolls	*K. Stendahl* (Hg.), The Scrolls and the New Testament, 1958
Stenning	*J. F. Stenning* (Hg.), The Targum of Isaiah, 1949 (1953)
Torrey	*C. C. Torrey,* Our Translated Gospels

Periodika

CBQ	Catholic Biblical Quarterly
ExT	The Expository Times
HThR	Harvard Theological Review
HUCA	Hebrew Union College Annual
JBL	Journal of Biblical Literature
JQR	The Jewish Quarterly Review
JRLB	John Rylands Library, Bulletin
JThS	The Journal of Theological Studies
NTS	New Testament Studies
NovTest	Novum Testamentum
RB	Revue Biblique
RHP	Revue d'Histoire et de Philosophie religieuses
SJTh	Scottish Journal of Theology
ThLZ	Theologische Literaturzeitung
ThZ	Theologische Zeitschrift
TThZ	Trierer Theologische Zeitschrift
ZNW	Zeitschrift für die neutestamentliche Wissenschaft

I. Einführung

Kapitel 1

Eigenart und Abfassungszweck des Evangeliums

1. Das Problem des vierten Evangeliums

Eine Einleitung in ein altes Buch hat ein doppeltes Ziel: Seine Umwelt soll das in Frage stehende Werk beleuchten, und dieses soll seinerseits zur Erhellung seiner Umwelt beitragen. Das ist notwendigerweise ein komplizierter Prozeß, denn kein Buch kann völlig aus seinem Umfeld herausgelöst werden; dies ist aber besonders schwierig und zugleich besonders wichtig bei der Untersuchung des vierten Evangeliums; denn dieses Buch nimmt eine Schlüsselstellung in der Entwicklung des frühen christlichen Denkens ein. Die Schwierigkeit ergibt sich aus der Tatsache, daß das Belegmaterial, auf dessen Basis man das Evangelium seiner Umwelt zuordnen und die üblichen kritischen Fragen der Datierung, der Verfasserschaft usw. beantworten kann, zugleich komplex und von beträchtlichem Umfang, zugleich aber auch nicht eindeutig ist.

Wenn wir beispielsweise für einen Augenblick die christlichen Bezüge des Evangeliums außer acht lassen, vor welchem geistigen Hintergrund muß es betrachtet und interpretiert werden? Viele Jahre war die vorherrschende kritische Meinung, Johannes sei »das Evangelium der Hellenisten«[1]; es sei von einem griechischen Denker für Griechen geschrieben worden; es markiere einen entscheidenden Punkt in der Hellenisierung des christlichen Glaubens. Zweifellos gibt es, wie sich zeigen wird, viele Belege, die diese Sicht stützen. In jüngster Zeit indessen gibt es eine starke Tendenz, die Bedeutung des AT und des Judentums für Joh hervorzuheben, so z. B.: »Das Evangelium ist durch und durch palästinisch. Die Vorstellung, es sei in irgendeinem Sinne hellenistisch, widerspricht völlig seinem Tenor.«[2] Und zweifellos gibt es im Evangelium auch eindeutig jüdisches Material. Das Nebeneinander dieser beiden Gedankenstränge verweist auf ihre frühere Verbindung im hellenistischen Judentum;[3] aber was man hier auch anführen mag, man kann nicht behaupten, der Hintergrund des Evangeliums (und a fortiori sein Verhältnis zu diesem Hintergrund) sei einfach. Man kann auch nicht sagen, die Veröffentlichung der Qumrantexte (zum größten Teil seit der ersten Ausgabe dieses Kommentars) habe die Probleme einfacher gemacht.

Die Frage nach der Verfasserschaft des Buches ist ein frustrierendes Problem. Betrachtet man die patristischen Verweise auf Personen namens Johannes, ebenso wie patri-

---

[1] Der Titel eines Buches von B. W. Bacon (ed. C. H. Kraeling, 1933).
[2] W. Temple, Readings in St John's Gospel [1945], XIX. S. auch Judaism, bes. S. 8–15.
[3] C. H. Dodd, The Bulletin of the John Rylands Library 19 [1935], S. 329–343; auch ders., Interpretation.

stische Anspielungen auf das Evangelium und Zitate aus ihm, so wird deutlich, daß es ein joh Problem bereits im 2. Jh. gab. Von einem Blickwinkel aus gesehen, erscheinen die Belege dafür, daß das Evangelium, wie die Tradition behauptet, von Johannes, dem Sohn des Zebedäus, geschrieben sei, überwältigend; von einem anderen Blickwinkel aus gesehen, ist diese Annahme höchst unbefriedigend. Im Evangelium selbst finden sich Passagen, die sich wie die Erinnerungen eines Augenzeugen lesen; es gibt aber andere, deren historische Glaubwürdigkeit keinesfalls überzeugend behauptet werden kann, weil sie schon für sich genommen unwahrscheinlich sind, dann aber auch deshalb, weil sie die Spuren einer langen Reflexion und Meditation über frühere Tradition zeigen. Wie kann man diese einander widerstreitenden Eindrücke miteinander harmonisieren? Das Material läßt eine einfache Antwort nicht zu. Die Komplexität der inneren Evidenz ist eng mit der Frage verbunden, ob wir jetzt das Evangelium in der Form besitzen, in welcher es sein Verfasser hinterlassen hat, oder, wie man vielleicht besser sagen sollte, mit der Frage, was wir unter dem Verfasser des Evangeliums überhaupt verstehen. Man sieht ja jetzt weithin die Komposition des Evangeliums als eine Folge fortlaufender Redaktionen, und es ist umstritten, ob der Prozeß der Hauptredaktion (welcher man der Bequemlichkeit halber die Bezeichnung »Johannes« geben kann) deren Beginn oder Ende, oder vielleicht sogar einen Punkt dazwischen, darstellte.

Damit ist eine dritte, noch schwierigere und wichtigere Frage angesprochen. Wer immer der Verfasser gewesen sein mag, welche Absicht verfolgte er mit der Abfassung des Evangeliums? Warum hat er gerade so geschrieben? War es seine Absicht, historische Ereignisse in einem einfachen, präzisen Stil aufzuzeichnen und vielleicht sogar frühere Berichte zu korrigieren? Oder schrieb er als ein Mystiker, dem nichts an einer historischen, sondern an einer transzendenten Wahrheit lag und der an der Erzählung nur wegen der allegorischen Bedeutung interessiert war, welche sie vermitteln konnte? Die Passagen, die, wie oben schon erwähnt, die Ansicht stützen, das Evangelium sei von einem Augenzeugen geschrieben worden, legen die erste Antwort nahe; aber dies stellt nicht das ganze Belegmaterial dar, und es gibt zweifellos einige Punkte, die in die entgegengesetzte Richtung deuten. Johannes benützt seine Erzählungen als Quellen für Unterweisung, und in mancher Beziehung zumindest werden sie als Allegorien verwendet, ob sie nun (historisch gesehen) jemals mehr waren als Allegorien oder nicht.

Dieses komplizierte und nicht eindeutige Belegmaterial führt nun jedoch nicht lediglich zu einer historisch-kritischen Unsicherheit. Wir sehen uns auch vor das Problem der Interpretation gestellt. Ist das Evangelium als der Bericht eines apostolischen Augenzeugen zu verstehen, als das unschätzbare Vermächtnis, das der Kirche durch den Lieblingsjünger selbst übergeben wurde? Oder ist es das anonyme (oder pseudonyme) Werk eines unbekannten Autors des 2. Jh.? Muß man es als das höchst zuverlässige historische Zeugnis der Worte und Taten Jesu sehen? Oder ist es eine Folge mystischer Variationen über ein theologisches Thema? Ist es eine freie, individuelle Neufassung früheren Materials, frei von den Fesseln der Tradition? Oder müssen wir in ihm die strenge kirchliche Korrektur einer solchen Spekulation sehen? Wenn es nicht von einem Apostel geschrieben wurde, und wenn es etwas anderes und mehr ist als ein einfacher historischer Bericht, mit welchem Recht hat es seinen Platz im Schriftenkanon der Kirche, und wie muß es, gesteht man ihm diesen Platz zu, gelesen und interpretiert werden? Worin besteht seine Autorität, und was ist seine Bedeutung für christliche Theologie?

Diese und viele andere Fragen werden (wie nun weithin auch anerkannt ist) durch das Evangelium in seiner vorliegenden .Gestalt aufgeworfen. Wir behaupten nicht, daß sie ihre endgültige oder absolut befriedigende Antwort in diesem Buch erhalten werden; sie sind freilich ständig bedacht worden. Einige Fragen, besonders jene nach Verfasserschaft, Datierung und Komposition, können derzeit nicht mit Gewißheit beantwortet werden, obwohl man vieles lernen kann, indem man sich mit diesen Fragen befaßt. Der besondere Charakter des vierten Evangeliums hat seinen Grund offenbar in einer zweifachen Überzeugung, die sein Verfasser, den ich als den Mann (oder die Gruppe) betrachten möchte, der die Verantwortung für das uns in den alten Handschriften vorliegende Buch übernehmen würde, mit anderen ntl Autoren teilte, die er aber mit ungewöhnlicher Intensität und in einer einzigartigen Form ausgedrückt hat. Die Überzeugung ist 1., daß die wirkliche Geschichte Jesu von Nazareth von überragender Bedeutung ist, weil in ihr der ewige Gott den Menschen begegnete, indem er Glauben ermöglichte und diesem Glauben das Geschenk des ewigen Lebens anbot; und 2., daß die bloßen historischen Daten des Lebens Jesu unabhängig von dem Glauben, den Gott gibt, daß er das fleischgewordene Wort ist, nichtssagend sind. Entsprechend: »Dies ist geschrieben, damit ihr glaubt« (20,31); nicht, damit ihr einen zuverlässigen Bericht über das habt, was Jesus wirklich getan und gelehrt hat, sondern daß ihr glaubt, wie immer sein Wirken im einzelnen gewesen sein mag. Es ist für Johannes von grundlegender Bedeutung, daß Jesus wirklich gelebt hat, starb und von den Toten auferstanden ist, aber er verwendet den Stoff in seinem Evangelium so, daß die Menschen ihre Beziehung zu Gott in Jesus erkennen, und nicht so sehr, um interessante Informationen über ihn zu vermitteln. Er will beides schreiben, Geschichte und Theologie – theologische Geschichte. Die historischen und theologischen Gründe und Konsequenzen dieser Beobachtung werden im Verlauf des Kommentars herausgestellt werden.

2. Literarische Eigenart und Struktur

Der griechische Stil des vierten Evangeliums ist höchst charakteristisch. Er gleicht sehr dem des 1, 2 und 3Joh (zur genaueren Beziehung zwischen dem Evangelium und den Briefen s. S. 75ff); ansonsten nimmt er im NT eine Sonderstellung ein. Dieser Stil ist nicht leicht zu charakterisieren. Es ist weder schlechtes noch (nach klassischem Standard) gutes Griechisch. Solizismen werden vermieden; ebenso aber auch die besonderen Feinheiten der griechischen Sprache. Auch wenn diese Feinheiten fehlen, so bleibt doch der Stil nicht nur sehr klar, er ist auch sehr eindrucksvoll, geprägt von einer gleichbleibenden Betonung und feierlichen Würde, die auch durch die Übersetzung nicht verstellt werden. Der Wortschatz des Joh ist recht schmal, aber dennoch begegnen viele der bei Joh am häufigsten benützten Worte nur vergleichsweise selten in den synoptischen Evangelien. Zum Beispiel:

	Mt	Mk	Lk	Joh
ἀγαπᾶν, ἀγάπη	9	6 (5)	14	44
ἀλήθεια, ἀληθής, ἀληθινός	2	4	4	46
γινώσκειν	20	13 (12)	28	57 (56)

	Mt	Mk	Lk	Joh
γραφή (sing.)	0	1	1	11
εἰμί (1. P. Sg. Präsens)	14	4	16	54
ἐργάζεσϑαι, ἔργον	10 (9)	3	3	35
ζωή	7	4	5	35 (34)
Ἰουδαῖοι	5	6	5	67 (66)
κόσμος	8	2	3	78
κρίνειν	6	0	6	19
μαρτυρεῖν				
μαρτυρία, μαρτύριον	4	6	5	47
μένειν	3	2	7	40 (39)
παροιμία	0	0	0	4
πατήρ (von Gott)	45 (44)	4	17 (16)	118
πέμπειν	4	1	10	32
τηρεῖν	6	1 (0)	0	18
τιϑέναι ψυχήν	0	0	0	8
φανεροῦν	0	1	0	9
φιλεῖν	5	1	2	13
φῶς	7	1	7 (6)	23

Umgekehrt tauchen einige verbreitete syn Wendungen bei Joh kaum oder gar nicht auf:

	Mt	Mk	Lk	Joh
ἄρχεσϑαι	13	26 (25)	31	2 (1)
βάπτισμα	2	4	4	0
βασιλεία	57 (55)	20	46	5
δαιμόνιον	11	11	23	6 (alle in der Anklage, Jesus sei von einem Dämon besessen)
δίκαιος (von Menschen)	17 (15)	2	10 (9)	0
δύναμις	13 (12)	10	15	0
ἐλεεῖν, ἔλεος, σπλαγχνίζεσϑαι	16	7 (6)	13	0
εὐαγγελίζεσϑαι, εὐαγγέλιον	5	7	10	0
καϑαρίζειν	7	4	7	0
καλεῖν	26	4	43	2
κηρύσσειν	9	12	9	0
λαός	14	3 (2)	37 (36)	3 (2)
μετανοεῖν, μετάνοια	7 (6)	3	14	0
παραβολή	17	13	18	0

	Mt	Mk	Lk	Joh
προσεύχεσθαι,				
προσευχή	19 (17)	13 (12)	22 (21)	0
τελώνης	8	3	10	0.[4]

Man kann kaum behaupten, Joh habe ein neues Vokabular geschaffen, seine Wortwahl jedoch ist zweifellos charakteristisch. Sein Griechisch bewegt sich in ruhiger Form und in engen Grenzen, was ihn deutlich von den anderen Evangelien unterscheidet. Es muß indessen anerkannt werden, daß es ein angemessenes Instrument für die Absichten des Verfassers darstellt. Trotz des begrenzten Wortschatzes hat der Leser niemals den Eindruck, er habe einen unfähigen Schriftsteller vor sich, dem das rechte Wort ermangelt. Vielmehr hat man den Eindruck eines Lehrers, der darauf vertraut, daß seine Botschaft in einigen wenigen grundsätzlichen Lehrsätzen zusammengefaßt werden kann, die er in einer wohldurchdachten, sparsamen Diktion auszudrücken gelernt hat.

Der Stil des Joh kann genauer mit Hilfe der Untersuchung einer Reihe von charakteristischen Ausdrücken und sprachlichen Eigenheiten studiert werden.[5] Diese sollen im folgenden kurz behandelt werden:

1. *Parataxe:* Dies ist vielleicht der auffallendste Zug im Stil des Johannes. Das Griechische ist im allgemeinen in besonderer Weise hypotaktisch; d. h., die Sätze werden durch Verbindungspartikel oder mit Hilfe eines unterordnenden Partizips aneinander angeschlossen. Joh jedoch verbindet häufig kurze vollständige Sätze einfach durch *καί.* Dieser wohlbekannte Sprachgebrauch braucht sicher nicht im einzelnen aufgezählt zu werden, als Beispiel mag Joh 9,6f dienen: *ἔπτυσεν ... καὶ ἐποίησεν ... καὶ ἐπέθηκεν ... καὶ εἶπεν ... καὶ ἐνίψατο καὶ ἦλθεν.* Für eine Analyse der verschiedenen Formen der Parataxe siehe M II, S. 420–423. Hinzuweisen ist hier auch auf den adversativen Gebrauch von *καί.* S. M II, S. 469, wo 1,5 und 17,11 als die besten Beispiele angeführt werden und auf weitere 21 Stellen hingewiesen wird.

2. *Asyndeton:* Zuweilen verbindet Johannes Sätze nicht einmal mit Hilfe von *καί,* sondern er reiht sie einfach aneinander. Läßt man Sätze, die mit einem verbum loquendi beginnen, außer acht (solche Sätze finden sich in gutem Griechisch im Asyndeton), kann man weitere 39 Beispiele anführen (1,40.42.45.47; 2,17; 4,6.7.30; 5,12.15; (6,23); 7,32.41; 8,27; 9,9 (3mal).13.16.35.40; 10,21.22; 11,35.44; 12,22 (2mal).29; 13,22.23; 16,19; 19,29; 20,18.26; 21,3.11.12.13.17), während im Vergleich dazu die Anzahl in den synoptischen Evangelien weit geringer ist (Schweizer, S. 91f).

3. *οὖν:* Joh verwendet diese Partikel nicht nur sehr häufig (ca. 190mal, im übrigen NT ca. 300mal), er gebraucht sie in einer sehr ungewöhnlichen Weise. Sie verliert ihre sehr argumentative Kraft und wird einfach ein Verbindungspartikel (110mal; im übrigen NT 4mal; Schweizer, S. 89f). Dies ist ein unverkennbares Kennzeichen des joh Stils.

4. *ἐκεῖνος:* Dieses Pronomen wird (im Singular) substantivisch von Joh 44mal gebraucht, im übrigen NT (abgesehen von 1Joh) wird es in dieser Weise nur 21mal verwen-

---

[4] Diese Zusammenstellung geht zurück auf die Listen bei Goguel, S. 224f. Hier sind die wichtigsten Worte ausgewählt und die Zahlen überprüft worden.

[5] S. bes. Schweizer, Ego Eimi, S. 87–99; auch Goguel, S. 242–261; Howard, S. 276–281; E. Ruckstuhl, Die literarische Einheit des Johannesevangeliums [1951].

det. Berücksichtigt man die Länge des Buches, dann bedeutet dies, daß es 19mal häufiger im Evangelium als sonst im NT (Schweizer, S. 90f) gebraucht wird.

5. ἐμός: Im ntl Griechisch begegnet uns gewöhnlich der Genitiv des Personalpronomens (μου). Joh hat ἐμός 39mal, d. h. häufiger, als in allen anderen ntl Büchern zusammengenommen. Darüber hinaus verwendet er das Possessivpronomen mit Wiederholung des Artikels (z. B. ὁ λόγος ὁ ἐμός) 29mal gegenüber nur einem einzigen derartigen Gebrauch im übrigen NT, und zwar in 1Joh (1,3; Schweizer, S. 88f).

6. ἀφ᾽ ἑαυτοῦ, ἀπ᾽ ἐμαυτοῦ: Dieser Ausdruck begegnet 13mal bei Joh, 3mal (aber immer im Plural, ἀφ᾽ ἑαυτῶν) im übrigen NT (Schweizer, S. 93).

7. ἐκ mit Genitiv: anstelle des Genitivus partitivus; begegnet mindestens 42mal bei Joh (Schweizer S. 92).

8. Epexegetisches ἵνα, ὅτι: Die Häufigkeit von ἵνα-Sätzen bei Joh ist besonders auffällig, und viele von ihnen haben keinen finalen Sinn (z. B. 6,29, τοῦτό ἐστιν τὸ ἔργον τοῦ θεοῦ ἵνα πιστεύητε; vgl. 3,19, αὕτη δέ ἐστιν ἡ κρίσις ὅτι τὸ φῶς ἐλήλυθεν). Diese epexegetischen Sätze, besonders in der Verbindung mit ἵνα, finden sich im übrigen NT nur sehr selten. S. dazu unten S. 28f.

9. οὐ (μή) ... ἀλλά: Diese Konstruktion begegnet ca. 75mal. Vgl. 7,49; 8,55; 12,27; 15,25; 16,20. Mit einem darauf folgenden ἵνα (elliptisch) findet sie sich im NT nur Joh 1,8; 9,3; 11,52 und 1Joh 2,19 (Schweizer, S. 91).

Einige dieser stilistischen Eigenarten sind wirklich wichtig; so deutet z. B. das joh ἀφ᾽ ἑαυτοῦ, ἀπ᾽ ἐμαυτοῦ auf ein grundlegendes Element in der Christologie des Joh (s. bes. Komm. zu 5,19); die Bedeutung anderer liegt hauptsächlich darin, daß sie gleichmäßig im ganzen Evangelium begegnen; sie dienen damit als Beweis für seine᾽ Integrität. E. Schweizer, dessen Arbeit über diese johanneischen »Charakteristika« vielleicht die aufschlußreichste von allen ist, nimmt an, daß, während die Integrität des Evangeliums als Ganzes erwiesen wird, die folgenden zwei Abweichungen festgestellt werden müssen: a) die *Perikopen* 2,1–10.13–19; 4,46–53; 12,1–8.12–15 scheinen sich vom Rest des Evangeliums abzuheben, obwohl sie sicher vom Verfasser des Gesamtevangeliums überarbeitet wurden (S. 100). Zu diesen Abschnitten siehe unten S. 35. b) Es »hat sich eine gewisse Scheidung zwischen Reden und Erzählungen ergeben« (Schweizer, S. 106). Hier wird man also besser vorsichtig sein. Erzählung und Rede weisen unterschiedliche stilistische Charakteristika auf; wenn das Ganze zugegebenermaßen so einheitlich ist, dann scheint es besser, nicht zwei unterschiedliche Quellen für diese Teile des Evangeliums zu postulieren.

Eine sehr wichtige Frage bleibt nun im Blick auf den charakteristischen joh Stil. Ist er als das Werk eines geborenen Griechen zu betrachten, oder geht er auf den Einfluß des Aramäischen zurück? Die meisten Exegeten sind bereit, einen gewissen semitischen Einfluß auf das Griechisch des Evangeliums einzuräumen, aber über das Ausmaß des Einflusses gehen die Meinungen auseinander. C. F. Burney[6] und C. C. Torrey[7] haben die Meinung vertreten, daß unser vorliegendes griechisches Evangelium die Übersetzung eines früheren aramäischen Dokuments sei, das nun nicht mehr existiert. Weniger

---

[6] S. unter »Abkürzungen«.

[7] S. unter »Abkürzungen«; auch The Four Gospels (o. J.); The Aramaic Origin of the Gospel of John, HarvThRev 16 [1923], S. 305–344.

radikale Ansichten werden von J. H. Moulton und W. F. Howard[8] vertreten. E. C. Colwell[9] behauptete, man könne keinerlei aramäischen Einfluß im Evangelium aufweisen. Dazu gibt es eine gute Einführung und Diskussion bei M. Black »Aramaic Approach«, außerdem wird sie in den meisten neueren Kommentaren erörtert. S. auch den Forschungsbericht »From Burney to Black. The Fourth Gospel and the Aramaic Question«, CBQ 26 [1964], S. 323–339 von Schuyler Brown. Hier kann nur eine knappe Auswahl des vorhandenen Belegmaterials geboten, und dieses auch nur sehr kurz erörtert werden.

Zunächst einige stilistische Eigenheiten, die bereits erwähnt wurden:

1. *Parataxe* ist so sehr charakteristisch im Aramäischen, wie es in gutem Griechisch selten ist. Der adversative Gebrauch von »und« ist ebenfalls semitisch.

2. Auch Asyndeton ist im Aramäischen gebräuchlich (nicht jedoch im Hebräischen).

3. S. o. (S. 26) zum Gebrauch von ἵνα und ὅτι. Einige dieser ungewöhnlichen Konstruktionen sind als Fehlübersetzungen des Aramäischen ד (de oder di) erklärt worden, welches nicht nur als Konjunktion (= ἵνα oder ὅτι), sondern auch als Kennzeichen der Genitivbeziehung und als Relativpartikel vorkommt. Es wird behauptet, diese verschiedenen Möglichkeiten seien zuweilen vom Verfasser des griechischen Evangeliums verwechselt worden. So behauptet Burney (S. 69–78), daß ἵνα fälschlicherweise ד (= das Relativpronomen) wiedergibt in 1,8; 5,7; 6,30.50; 9,36; 14,16, ὅτι in (1,16?); 8,45; 9,17. S. M II, S. 436f; Black, S. 70–83, und die Anmerkungen zu diesen Stellen.

Folgende Punkte seien nun zusätzlich genannt:

4. Eine Reihe von aramäischen Worten erscheint mit Übersetzungen oder Entsprechungen in Transliteration: 1,38 (῾Ραββί, ὃ λέγεται μεϑερμηνευόμενον διδάσκαλε); 1,41.42; 4,25; 9,7; 11,16; 19,13.17; 20,16; 21,2; vgl. 12,13.

5. Von einigen der Worte des Joh nimmt man an, sie seien aus dem Aramäischen abgeleitet oder beruhten darauf. Der See Genezareth wird ϑάλασσα (Meer) genannt und nicht, wie es natürlich wäre, λίμνη (See). Dies ist semitischer Sprachgebrauch. αὐξάνειν (»vermehren«) wird 3,30 im Sinne von »groß werden« gebraucht. Das aramäische רבי (rᵉbhi) hat diese beiden Bedeutungen. πιστικός (12,3) ist eine wohlbekannte Crux. Es ist vielleicht eine Transliteration von פיסתקא (pistaqa) (Black S. 223ff). Schließlich ist die oft bemerkte Zweideutigkeit des joh Gebrauchs von ὑψοῦν zu erwähnen (s. Komm. zu 3,14), womit er beides meint, »erhöhen« und »an das Kreuz erhöhen«. Dieses Wortspiel ist im syrischen und im palästinischen Aramäisch kräftiger und eindeutiger, da in diesen Sprachen אזדקף (᾽ezdᵉqeph) nicht nur bedeutet »erhöht werden«, sondern auch »gekreuzigt werden« (was das griechische ὑψωϑῆναι gewöhnlich nicht bedeutet). Vgl. Black, S. 141. Der anderslautende Vorschlag McNamaras (zitiert bei 3,14) verweist gleichermaßen auf aramäischen Sprachgebrauch.

6. *Konstruktionen:* S. o. 3. Andere angebliche Beispiele für aramäische Konstruktionen sind: a) *Relativum, aufgenommen durch kongruentes Pronomen:* 1,27 (οὗ οὐκ εἰμὶ ἐγὼ ἄξιος ἵνα λύσω αὐτοῦ τὸν ἱμάντα); (1,33); 13,26; (18,9); vgl. 9,36. S. M II, S. 434f.; Black, S. 100f. b) *Die aramäische Relativpartikel ד ist indeklinabel.* Dies könnte das seltsame

---

[8] M I passim, und bes. M II, S. 411–485 (von W. F. Howard).
[9] The Greek of the Fourth Gospel [1931].

Griechisch der folgenden Stellen erklären: 6,37.39; 10,29; 17,2.11.12.24; (Burney, S. 101–103). S. M II, S. 437; Black, S. 79 ff. c) *Ethischer Dativ mit einem Verb der Bewegung.* Es gibt einen möglichen Fall in 20,10; Black, S. 102 f. d) *Adjektiv in der Grundstufe anstelle des Komparativs:* vielleicht 1,15.30; Black, S. 117. e) *Grundzahlen anstelle von Ordnungszahlen:* 20,1.19; M II, S. 439; Black, S. 124. f) *Gebrauch von* ὑπάγειν *(*אזל, *ᵃzal) zur Verstärkung:* vielleicht 12,11; 15,16. g) *Unpersönlicher Plural:* 15,6; 20,2; M II, S. 447 f.; Black, S. 126 ff. h) *Griechischer Aorist anstelle eines semitischen statischen Perfekts* (wo ein griechisches Präsens passender gewesen wäre): vielleicht 11,14; Black, S. 129. i) *Historisches Präsens und periphrastisches Präsens und Imperfekt.* Diese Tempora kommen bei Joh häufig vor und können, müssen aber nicht, auf aramäischen Einfluß hinweisen. M I, S. 120–122.225–227; II, S. 451 f.456 f.; Black, S. 130 ff. j) *Casus pendens* kommt bei Joh häufig vor (Burney, S. 63–65, zählt 27 Beispiele) wie auch im Aramäischen. S. M II, S. 424; Black S. 51 f. k) *Die Konstruktion* πιστεύειν εἰς *begegnet in Joh 33mal* (Burney, S. 34). Sie könnte stehen für das hebräische ב האמין (*heᵉmin bᵉ*) oder das Aramäische ב הימין *hemin bᵉ*), M I, S. 67 f; II, S. 463. l) *Der hebräische absolute Infinitiv* (dies ist nicht eine übliche aramäische Konstruktion) könnte hinter dem Dativ χαρᾷ in 3,29 stehen. M II, S. 443 f.

7. *Fehlübersetzungen:* Man hat angenommen, daß an vielen Stellen der vorliegende Text des Joh Fehlübersetzungen eines zugrunde liegenden aramäischen Textes erkennen läßt. Diese Fehlübersetzungen können dadurch aufgedeckt werden, daß man das fehlerhafte Griechisch ins Aramäische zurückübersetzt. Viele dieser angeblichen Irrtümer können freilich ausgeschlossen werden, wendet man die zwei Regeln an, die M. Black (S. 8) aufgestellt· hat: »Die Fehlübersetzung muß zumindest glaubwürdig sein; und die Konjektur eines aramäischen Textes muß möglich sein.« Die Anwendung dieses Prinzips verringert, wie M. Black selbst zeigt, die Anzahl der angeblichen Aramaismen beträchtlich. S. jedoch 11,33.38.

8. *Spuren einer poetischen Struktur,* wie Parallelismus, Alliteration und ähnliches: Es ist oft behauptet worden, daß der Prolog (1,1–18) eine poetische Struktur hat; zu dieser Frage s. u. S. 178 f. Einige Worte, die man dem Täufer zuschreibt, zeigen eine Parallelform und weisen nach Meinung von M. Black (S. 145–149) die Struktur aramäischer Verse (Joh 1,15.30; 3,27–36) auf.

Ein kurzer Überblick über die Belege für den aramäischen Charakter des joh Griechisch ist damit gegeben. Es ist höchst schwierig, das tatsächliche Gewicht solcher Belege einzuschätzen, und es ist unwahrscheinlich, daß zwei Forscher in ihrem Urteil völlig übereinstimmen. Je älter irgendein Stück traditionellen Materials ist, desto näher muß es, ohne Zweifel, dem Aramäisch, das von Jesus und seinen Zeitgenossen gesprochen wurde, stehen. Diese Tatsache könnte den Parallelismus in den Worten erklären, die Johannes dem Täufer zuschreibt. Was aber ist mit den verschiedenen Aramaismen, die als möglich oder wahrscheinlich im Griechisch des Evangeliums übrig bleiben? Es sind sicherlich zu wenige (wenn wir Parataxe und Asyndeton beiseite lassen), als daß sie beweisen könnten, daß das griechische aus einem aramäischen Evangelium übersetzt wurde, und es sind wahrscheinlich zu wenige, als daß sie beweisen könnten, daß die aramäische Tradition irgendwo deutlich durchschimmert. So ist es beispielsweise höchst wahrscheinlich, daß aramäischer Sprachgebrauch der Grund dafür ist, weshalb die Evangelisten (außer Lk) auf die ϑάλασσα und nicht auf die λίμνη von Galiläa verweisen; aber Joh übernahm das

Wort nicht aus dem Aramäischen, sondern aus griechischer Tradition, Markus wahrscheinlich eingeschlossen. πιστικός kann mit Recht aus dem aramäischen פיסתקא erklärt werden, aber Johannes hat das Wort nicht direkt aus einer aramäischen Quelle, sondern aus Markus oder einer ähnlichen griechischen Quelle. Johannes wußte, aus dem AT ebenso wie aus christlicher Tradition, daß Jesus ὑψώθη; von daher mag er einfach darüber reflektiert haben, daß, wenn Jesus an das Kreuz hinaufstieg, er zur gleichen Zeit zu seinem Vater hinaufstieg. Sichtet man das Belegmaterial in dieser Weise, verbleiben nur einige wenige Punkte zusätzlich zu dem allgemeinen Eindruck, den der parataktische und asyndetische Stil des gesamten Evangeliums machen. Was bedeutet dies? Hier besonders wird sich das persönliche Urteil zeigen, Sicherheit aber kann nicht gewonnen werden. Es scheint jedoch wahrscheinlich, daß Joh zwar nicht aramäische Dokumente übersetzte, aber wohl gewöhnt war, in Aramäisch ebenso wie in Griechisch zu denken und zu sprechen. Es ist richtig, daß Deißmann (S. 105–109) gezeigt hat, daß Parataxe in alltagssprachlichen griechischen Texten erscheint, wo semitischer Einfluß nicht zu erwarten ist. Aber Joh war, obwohl er keine formale griechische Erziehung gehabt haben mag, kein ungebildeter Schreiber. Auf der anderen Seite gibt es bestimmte Besonderheiten, in denen der Stil des Joh an den griechischer mystischer Schriften erinnert, und wenn semitische Wortspiele gelegentlich mit Hilfe von Konjekturen aufgedeckt werden können, so lassen sich ähnliche Phänomene im Griechischen mit Sicherheit feststellen (z. B. 15,1–3; s. auch die Doppelbedeutung, die sich in ἄνωθεν findet [3,3.7], welche kaum eine Parallele im Aramäischen haben dürfte, und das Wortspiel τὰ ἴδια, οἱ ἴδιοι in 1,11, für welches das gleiche gilt). Vielleicht ist es am sichersten, wenn man sagt, daß Joh sich in seiner Sprache wie in seinem Denken, vielleicht nicht ohne Absicht, auf der Grenze zwischen dem Griechischen und dem Semitischen bewegt; er vermeidet die massivsten Semitismen, behält aber genau jenen ruhigen und eindrucksvollen Zug des Aramäischen, der dazu dienen sollte, die Wirkung eines feierlichen, religiösen Griechisch hervorzurufen, ein Stil, der vielleicht bereits die liturgische Sprache der Kirche beeinflußt hatte.

Die Struktur des Evangeliums ist einfach in der großen Linie, kompliziert im Detail. Das Buch gliedert sich in vier deutlich abgegrenzte Teile mit einem Anhang, und zwar folgendermaßen:

a) 1,1 – 18: Prolog
b) 1,19 – 12,50: Erzählungen, Dialoge, Reden
c) 13,1 – 17,26: Jesus allein mit seinen Jüngern
d) 18,1 – 20,31: Passion und Auferstehung
e) 21,1 – 25: Ein Anhang (s. u. S. 551 ff).

Die meisten Johannesforscher akzeptieren eine derartige Analyse, wenn auch mit Unterschieden im Detail. So unterscheidet sich A. Guilding (S. 46) nur leicht:

Prolog 1,1–18
1) Die Offenbarung des Messias vor der Welt 1,19 – 4,54
2) Die Offenbarung des Messias vor den Juden 6; 5; 7–12
3) Die Offenbarung des Messias vor der Gemeinde 13–20
Epilog 21.

C. H. Dodd (Interpretation, S. 289) kommt unserem Vorschlag noch näher mit

A. Das Proömium	1
B. Das Buch der Zeichen	2–12
C. Das Buch der Passion	13–20
	(oder 21)

Es ist sicherlich richtig, einen Bruch zwischen den Kap. 12 und 13 festzustellen, es bleibt aber zweifelhaft, ob das ganze Kap. 1 als Einleitungskapitel verstanden werden sollte. Auch ist zweifelhaft, ob Joh so scharf zwischen der Welt und den Juden unterscheidet (vgl. auch 12,20), und vielleicht auch nicht sinnvoll, die letzten Reden, die Passionserzählung und die Ostererzählung unter einer Überschrift zusammenzufassen.

Zu a) ist hier nichts zu sagen. Es wird von manchen vermutet, der Prolog sei ursprünglich in metrischer Form komponiert und später durch Interpolation beeinträchtigt worden; s. dazu u. S. 178f; es scheint, daß beides abzulehnen ist. Auch d) und e) müssen hier nicht genauer besprochen werden. Beide Abschnitte werden in der Form einer direkten Erzählung geboten, obwohl eine detaillierte Untersuchung der beiden Abschnitte aufzeigen wird, wie Johannes das traditionelle Material, das er übernommen hat, überarbeitete, um seine theologische Bedeutung herauszuarbeiten. Dieses theologische Vorgehen hat jedoch keine tiefgreifende Auswirkung auf die Struktur (freilich durchaus auf die Chronologie – s. S. 33ff, 39, 41) der Geschichte. Die Hauptmasse des Evangeliums ist den Abschnitten b) und c) zuzuordnen.

b) enthält recht unterschiedliche Stoffe. Es gibt einfache Erzählungen, die keine oder nur wenig Lehre enthalten (z. B. 4,46–54; 6,16–21); Dialoge, und zwar einfache (z. B. 1,45–51) oder, was häufiger vorkommt, kontroverse (z. B. 8,21–59); und ausgedehnte Reden Jesu, oft in die Gespräche hinein verwoben (z. B. 5,19–47). Dieser unterschiedliche Stoff ist nicht einfach in Fragmenten nebeneinandergestellt, sondern Erzählung, Rede und Streitgespräch sind miteinander zu Einheiten verbunden, die wiederum in erkennbarem Zusammenhang miteinander stehen. Um das eindeutigste Beispiel zu nehmen: Die Lebensbrotrede (6,26–59) wächst deutlich heraus aus dem Wunder, in welchem Jesus die Menge mit Brot versorgt (6,5–13). Im »Zeichen« (σημεῖον) ist die Wahrheit der Rede implizit enthalten; die zwei entsprechen einander. Wiederum ist sofort festzustellen, daß das »Lebensbrot«-Kapitel ein Gegenstück zu der Rede vom »Wasser des Lebens« (4,10–26) bildet. Die Rede folgt nicht immer unmittelbar auf die Handlung, der sie zugehört; z. B. verkündigt Jesus 8,12, daß er das Licht der Welt ist; das entsprechende Wunder (die Gabe des Sehens an einem Blindgeborenen) findet sich in Kap. 9. Darüber hinaus findet sich eine Fülle von Querverweisen; z. B. erscheint »Licht« auch 3,19–21; 12,35f.46 (vgl. 11,9f) wie auch im Prolog. Die Gesamtzahl unterschiedlicher Themen ist gering: Leben (einschließlich Wasser des Lebens und Brot des Lebens), Licht, die Beziehung Jesu zum Vater, der Hirte, Sabbatkonflikt: um diese Themen kreist fast der gesamte Stoff in den Kap. 1–12. Dieser Abschnitt des Evangeliums ist »Buch der Zeichen« genannt worden (s. o.), aber man wird fragen dürfen, ob das Evangelium selbst diesen Gebrauch des Wortes *Zeichen* rechtfertigt; s. u. S. 91ff.

Der Gedankengang in diesem langen Abschnitt des Evangeliums soll nun grob skizziert werden. Einige wenige Verse, die nicht viel mehr als Verbindungsstücke sind, werden ausgenommen.

1. 1,19 – 2,11. Der Abschnitt beginnt mit dem negativen Zeugnis des Täufers für sich selbst und seinem positiven Zeugnis für Jesus als das Lamm und den Sohn (oder den Erwählten) Gottes. Aufgrund dieses seines Zeugnisses schließen sich die ersten Jünger Jesus an und gehen mit ihm zur Hochzeit zu Kana. Dieses Ereignis ist eng mit dem vorangehenden durch chronologische Angaben verbunden (1,29.35.43; 2,1) und führt zum Glauben der Jünger (2,11), der durch das Zeichen hervorgerufen wird. Jesus ist nun als der Bote Gottes in Erscheinung getreten, begleitet von glaubenden Jüngern.

2. 2,13 – 4,54. Wenn Jesus sich in dieser Weise zum Haupt einer Gruppe von Gläubigen macht, so trennt er sich damit von der Hauptlinie des Judentums. Dies wird herausgearbeitet in 2,13–22, wo der entscheidende Punkt (für Joh) nicht die Tempelreinigung, sondern die Vorhersage ist, daß der getötete und auferweckte Leib Jesu den Platz des Tempels einnehmen wird. Dieses Thema war bereits im Hochzeitswunder angedeutet worden. Es wird nun in zwei Reden entwickelt. In 3,3.5 wird Nikodemus erklärt, daß selbst Israel nicht erwarten kann, einfach durch den bloßen Zeitablauf in das Reich Gottes einzugehen; nur Wiedergeburt eröffnet den Zugang zum Reich. In Kap. 4 (nach einer Rückkehr zu Johannes und seinem Zeugnis, um den Anspruch Jesu zu bekräftigen) erreicht Jesus eine größere Zuhörerschaft und bietet auch den Samaritanern das Lebenswasser an, mit dem verglichen das Wasser aus dem Jakobsbrunnen nur ein Schatten ist, und macht dadurch den Gottesdienst im Geist und in der Wahrheit möglich. Die Samaritaner erklären, daß er der Heiland der Welt ist, und die Wahrheit ihrer Aussage wird in der nächsten Erzählung nachdrücklich unterstrichen, in der Jesus dem Haus eines Mannes Leben gibt, der wahrscheinlich als Heide gedacht werden muß. Dieses Wunder (4,46–54) wie das von 2,1–11 ereignet sich zu Kana – eine Tatsache, die hilft, das Material zu verbinden.

3. In 5,2–9 wird eine Wundergeschichte sehr einfach erzählt. Freilich fand dieses Ereignis am Sabbat statt, und dies ist Anlaß für eine lange Rede. Jesus gründet sein Wirken am Sabbat auf seine Einheit mit dem Vater, der immer tätig ist; so wird ein christologisches Argument von höchster Bedeutung vorgebracht, und im ganzen Kapitel wird die Abhängigkeit des Sohnes von und seine Einheit mit dem Vater diskutiert. Diese Einheit und der sie ausdrückende Gehorsam bilden die Grundlage, auf welcher der in den folgenden Abschnitten erhobene Anspruch zu verstehen ist.

4. 6,1–71. Nach dem christologischen Stoff von 3. wird nun 2. aufgegriffen, wo Jesus beanspruchte, er könne das Wasser des Lebens geben. Er beansprucht nun, daß er selbst das Brot des Lebens ist. Diese Erklärung erfolgt aufgrund eines Zeichens (der Speisung der Menge), das aus einer früheren Tradition genommen ist, mit welcher eine andere verbunden war (der Wandel auf dem See). Der Anspruch Jesu provoziert eine zweifache Reaktion: Viele seiner Anhänger verlassen ihn, aber Petrus bekennt seinen Glauben an ihn als den Heiligen Gottes (vgl. Mk 8,29 parr).

5. 7,1–52; 8,12–59 (zu 7,53–8,11 s. u. S. 562 ff). In diesem Abschnitt ist die Erzählung auf ein Minimum reduziert, und der Lehrstoff ist recht polemisch. Die beiden bisher vorherrschenden Hauptthemen – der Anspruch Jesu, der Welt Leben zu geben, und die Auseinandersetzung um seine Person – werden nun zu ihrem deutlichsten und kräftigsten Ausdruck gebracht (7,39; 8,25). In 8,12 wird die Aussage formuliert, die folgerichtig zum nächsten Abschnitt führt. Wiederum können wir sehen, in welcher Weise Joh sein Material zusammenfügt.

31

6. 9,1 – 10,42. In Kap. 9 wird das Thema »Jesus, das Licht der Welt« mit freizügig gebrauchter dramatischer Ironie herausgearbeitet und vielleicht mit einem kaum verhüllten Hinweis auf die Umstände, unter denen Johannes schrieb (s. S. 152). Die Juden verhören den Geheilten und – in ihm – Jesus selbst, ohne zu merken, daß das Licht in ihrer Mitte sie einer Blindheit überführt, die sich des Sehens rühmt und sich doch weigert zu sehen. Auf die wundersame Heilung wird angespielt in Kap. 10, aber das Hauptthema ist die Bezeichnung Jesu als des guten Hirten. Dieses Thema ist jedoch mit dem vom Licht der Welt eng verbunden. Denn es gibt jene, die zum Licht kommen, wie es Schafe gibt, die ihren Hirten kennen und ihm gehorchen, und es gibt jene, die behaupten, sie seien Hirten, und es nicht sind, wie es andere gibt, die behaupten, daß sie sehen, es aber nicht tun.

7. 11,1–44. Jesus ist die Auferstehung und das Leben. Dies, kein neues Thema im Evangelium, wird mit höchster Lebendigkeit und Kraft durch die lange Erzählung von der Erweckung des Lazarus herausgearbeitet; 11,45–57 stellt ein Verbindungsstück dar, das gleichermaßen der Abschluß von 7. und die Einleitung von 8. ist.

8. 12,1–36. In diesem Abschnitt geht es um den Sinn der Passion. Die Salbung (12,1–8) weist voraus auf den Tod Jesu, den Eingang zu seiner Herrlichkeit (12,12–19). In 12,20–36 sind die Worte durch die Ankunft der Griechen veranlaßt; diese beiden Aspekte der Passion werden herausgestellt: Die Stunde des Todes ist die Stunde der Herrlichkeit (12,23).

12,37–50 bildet einen theologischen Schluß und eine Zusammenfassung der gesamten Wirksamkeit Jesu. Dieser Abschnitt entspricht dem Prolog und ist kaum von geringerer theologischer Bedeutung als dieser. Es ist wohl nicht falsch, ihm den Rang eines Epilogs zur öffentlichen Wirksamkeit Jesu zuzuweisen. S. dazu Komm. z. St.

Nach dieser Analyse des Hauptteils des Evangeliums wollen wir uns schließlich den Ereignissen und Reden der letzten Nacht des Lebens Jesu zuwenden, die in den Kap. 13–17 enthalten sind (s. dazu weiter u. S. 444ff). Diese Stoffgruppe hat einen größeren Umfang, folgt aber einem Grundmuster ähnlich dem der früheren Einheiten. Sie beginnt mit einer symbolischen Handlung, der Fußwaschung der Jünger, und schreitet dann durch einen Dialog zu einem Abschnitt voran, der in Kap. 15 und 16 fast reine Rede ist, die nicht durch Frage und Antwort unterbrochen wird. Gespräch und Rede haben den Zweck, den Sinn der durch die Fußwaschung begründeten Beziehung und die Bedeutung der herannahenden Passion Jesu herauszustellen, die selbst in der demütigen Liebe zeichenhaft vorabgebildet ist, die sich in dem Akt des Dienstes an seinen Freunden verkörpert. Nach dieser Exposition wird (wie man bemerkt hat) die Kreuzigung in einfachen Worten mit nur wenig theologischem Kommentar erzählt. Die nächste Parallele dazu ist die Erzählung von der Auferweckung des Lazarus (11,1–44). Auch hier geht die theologische Diskussion dem Ereignis selbst voraus, welches recht einfach erzählt wird; und auch in dieser Erzählung findet sich der Höhepunkt der Rede Jesu in einem Gebet (11,41f; vgl. Kap. 17). In der Passionserzählung bildet das Gespräch zwischen Jesus und Pilatus, zusätzlich zu weiteren Ereignissen, einen Ort für theologische Deutung.

Akzeptiert man diese Analyse des Evangeliums, dann muß man auch zwei Schlußfolgerungen annehmen: a) Da der Stoff nach einem theologischen und literarischen Schema angeordnet ist, ist es müßig, bei Johannes eine Chronologie des Wirkens Jesu zu suchen. Das heißt nicht, die Existenz wertvollen historischen Materials im Johannesevangelium zu leugnen; aber das Material ist verarbeitet und systematisch in einem in erster Linie theologischen Gefüge ausgedrückt worden. b) Blattvertauschungshypothesen (s. u. S. 39ff) werden nicht bewiesen, wenn man zeigt, daß durch Manipulation die Bestandteile des Evangeliums zu einer klareren Erzählung umgruppiert werden können. Die Frage ist, ob diese Bestandteile, so wie wir sie vor uns haben, ihren angemessenen Platz in der theologischen Struktur des Buches finden.

3. Quellen

D. M. Smith (NTS 10 [1964], S. 336–351) und R. Kysar (NovTest 15 [1973], S. 134 bis 152) sprechen im Blick auf die Quellenkritik des Evangeliums von einem sich herausbildenden Konsensus. Die Schlußfolgerungen von Smith werden von Kysar zustimmend zusammengefaßt und als Grundlage für seine weitere Arbeit aufgenommen (S. 134):
1. Johannes verwendete die synoptischen Evangelien nicht, auch wenn er einen Teil seines Stoffes aus einer Tradition entnommen haben mag, die sich an einigen Punkten mit der mündlichen synoptischen Tradition berührt; 2. einiges Interesse an der Gattung der joh Reden scheint sich herauszubilden; 3. es scheint Übereinstimmung über den grundsätzlich semitischen Hintergrund der joh Tradition zu bestehen, teilweise aufgrund der Entdeckungen in Qumran.
Ich muß dazu feststellen (und dies ist freundlicherweise von Kysar, S. 152, Anm. 1, auch festgehalten), daß ich diesen Konsensus nicht teile. Ich habe nicht den geringsten Zweifel, daß Joh Quellen verwendete (s. u.), und ich glaube auch, daß es sinnvoll ist, immer wieder zu überlegen, welche Quellen er zu seiner Verfügung gehabt haben mag und wie er sie redigiert hat; aber nicht nur die Einheitlichkeit des Stils (s. o. S. 23ff), sondern auch die Einheitlichkeit der für das Evangelium so charakteristischen theologischen Zielsetzung bedeutet, daß die einzigen Quellen, die wir mit einiger Wahrscheinlichkeit isolieren können, jene sind, deren eigenständige Existenz wir kennen.
1. Die synoptischen Evangelien[10]: Ich werde die Wahrscheinlichkeit einer Bekanntschaft des Joh mit Mk und, wenn auch in einem geringeren Grad, mit Lk zeigen (s. u. S. 59ff). Wo Mk und Joh eng zusammenstimmen, wie es gelegentlich der Fall ist, gibt es keine einfachere oder bessere Erklärung, als daß Johannes seinen Stoff von Mk übernahm, nicht in sklavischer Imitation, aber doch mit den häufigen Erinnerungen, die eine bekannte und anerkannte Quelle wecken würde. Akzeptiert man freilich diese Hypothese, dann muß notwendigerweise gefragt werden, auf welche Weise Joh diese – seine einzige aufweisbare – Quellenurkunde gebraucht hat. Die knappe Antwort auf diese Frage (zum historischen und theologischen Verhältnis zwischen Joh und der synoptischen Tradition s. u. S. 63ff) lautet: Joh gebrauchte großzügig, was an mk Material seinen Absichten dienlich war. Er ließ einen großen Teil des Markus aus und fügte vieles ein, was dort nicht enthalten war. Wenn er einfach eine Geschichte erzählte, die auch bei Markus vorlag, so erinnerte er sich selbstverständlich an eine Reihe von markinischen

---

[10] D. M. Smith in NTS 26 [1980], S. 425–444.

Worten und Wendungen, die er dann auch wiederholte; aber das markinische Material blieb seiner eigenen besonderen Intention und seinem Plan unterworfen. Markus hat sicherlich nicht die Gestalt des vierten Evangeliums festgelegt. Zum Beispiel übernahm Joh die markinische Erzählung der Speisung der Menge; er erzählt die Geschichte so einfach wie Markus und gebraucht teilweise auch die Sprache des Mk. Aber für ihn findet die Erzählung ihren Sinn als Text einer langen und recht charakteristisch johanneischen Rede, zu welcher es keine formale Parallele bei Mk gibt. Ein noch besseres Beispiel ist die markinische Taufgeschichte. Es ist fast sicher, daß Joh die Geschichte kannte (s. Komm. zu 1,32–34), er macht davon jedoch einen stärker theologischen Gebrauch. Das Herabsteigen der Taube auf Jesus lieferte den Beweis dafür, daß er der Sohn (oder Erwählte) Gottes war, der mit dem Heiligen Geist taufen sollte. Doch die Erzählung als solche läßt Joh völlig weg.

Ähnliches läßt sich im Blick auf die synoptischen Logien feststellen. Die Verkündigung des Joh ist zum größten Teil anders als die der Synoptiker gestaltet. Anstelle von kurzen, knappen Logien und Gleichnissen haben wir lange Reden, die, obwohl sie im allgemeinen nicht einzelne direkte gedankliche Linien verfolgen, in einer weitläufigen Weise einen großen Bereich abschreiten. Genauere Untersuchung zeigt jedoch, daß die joh Reden oft auf Logien aufgebaut sind und Logien, in sie eingebettet, enthalten, die identisch oder ähnlich mit jenen der Synoptiker sind.[11] Die lange Rede, auf die wir bereits hingewiesen haben, Joh 6, scheint auf dem synoptischen Logion »Dies [das ist dieses Brot oder dieser Laib] ist mein Leib« (Mk 14,22) aufzubauen. Das Logion wird nie wirklich zitiert, aber an manchen Stellen (z. B. 6,51) schimmert es deutlich durch. Vor allem in den Abschiedsreden werden wichtige synoptische Logien in höchst bezeichnender Weise verwendet. Die Handlung (Kap. 13–17) beginnt mit der Waschung der Füße der Jünger durch Jesus, einer Tat, die repräsentativ ist für seine Liebe für sie und symbolisch für den Akt der Erniedrigung, der in Kürze bei der Kreuzigung vollbracht werden wird. Dies erinnert an Lk 22,27 (Ich bin unter euch als ὁ διακονῶν) und die eher theologische Parallele in Mk 10,45. Eine vergleichbare Liebe wird von den Jüngern gefordert (13,14.34; 14,15; 15,12.17); dieses »neue Gebot« erinnert an das Gebot, den Nächsten wie sich selbst zu lieben (Mk 12,31 parr; vgl. 10,35–44 parr). Die Jünger, die so in der Liebe Christi vereint sind, müssen sich darauf einrichten, daß sie von der Welt gehaßt werden (15,18–21); damit kann die letzte Seligpreisung verglichen werden, Mt 5,11f; Lk 6,22f. Wie Jesus in die Welt gesandt ist und so ihren Haß hervorruft, so sendet er seine Jünger. Dieser fundamentale Gedanke (13,16.20; 15,20; 17,3.8.18.23.25; vgl. 20,21) erinnert auch an die synoptischen Evangelien, z. B. Mt 10,24; Lk 6,40. Es ist zu beachten, daß wichtige synoptische Logien, obwohl sie bei Joh in verschiedenen Formen wieder erscheinen (nur einige wenige Beispiele sind hier gegeben worden), dort fast immer umgeformt sind. Dies kann bedeuten, daß Johannes Sammlungen von Logien benutzte, die ähnlich, aber nicht identisch mit den in den Synoptikern erhaltenen sind. Dies trifft wahrscheinlich zu und wird durch die Existenz von Sprüchen im Joh bestätigt, die keine Parallele zu den Synoptikern haben.[12] Wahrscheinlich trifft es aber auch zu, und das wird

---

[11] S. Howard, S. 216f.306f; Dodd, Tradition, S. 335–365.
[12] Howard, S. 306.

durch den Vergleich mit der Behandlung der synoptischen Erzählungen bei Joh nahegelegt, daß er die synoptischen Worte bewußt überarbeitete, sie durch symbolische Erzählungen illustrierte, sie zu Reden erweiterte und zu neuen Sprüchen zusammenfaßte.

Joh ging mit dem synoptischen Stoff recht frei um, wenn auch keineswegs unverant-
wortlich. Daraus ergibt sich eine wichtige Beobachtung, die ganz ernst genommen werden
muß. Wenn wir Mk nicht besäßen, wäre es fast ganz unmöglich, die offensichtlich mk
Abschnitte vom Rest des Joh zu unterscheiden und ihren Ursprung aus einer besonderen
Quelle zu erkennen. Für sich genommen, sind sie nicht unterscheidbar, denn sie sind dem
Grundschema des Joh eingefügt worden. Das heißt auf der einen Seite, daß (abgesehn
vielleicht von einigen wenigen lk Elementen) keine anderen Quellen im Joh unterschieden werden können.[13] Jene, dies sollte festgehalten werden, die eine Bekanntschaft des
Joh mit Mk bestreiten, befinden sich in noch größeren Schwierigkeiten. Auf der anderen
Seite muß als wahrscheinlich angesehen werden, daß solche Quellen, ob schriftlich oder
mündlich, existierten. Denn es gibt keinen Grund anzunehmen, daß alles das, was Joh
nicht von Mk übernommen hat, von ihm selbst erdacht wurde. Es sollte anerkannt
werden, daß darüber hinaus alle Quellenkritik reine Vermutung ist. Alles, was man mit
einiger Objektivität tun kann, ist die Klassifizierung des Evangelienstoffes und die Überlegung, welche Art von Quelle hinter ihm liegen mag.

2. Mit der synoptischen Tradition verwandtes Material: Einige joh Erzählungen haben
die Form synoptischer Erzählungen, sie begegnen aber nicht bei Mt, Mk oder Lk. Dazu
kann man die folgenden rechnen:

2,1–11	Die Hochzeit zu Kana
4,46–54	Der Sohn des Königlichen
5,1–9	Die Heilung des Lahmen
9,1–7	Die Heilung des Blindgeborenen.

Berücksichtigt man die Beobachtung Schweizers (s. o. S. 26), so muß man hinzufügen:

2,13–19	Die Tempelreinigung
12,1–8	Die Salbung
12,12–15	Der Einzug in Jerusalem.

Diese Erzählungen könnten alle Mk entnommen sein. Aber es gibt Unterschiede
zwischen joh und mk Berichten; auch muß die Möglichkeit zugegeben werden, daß Joh
eine andere Quelle benützte (s. die Ausführungen zu jedem Abschnitt); die wahrscheinlichste Annahme ist, daß in jedem Fall Mk mindestens eine Teilquelle war, selbst wenn
andere Traditionen (möglicherweise Lk eingeschlossen) damit verbunden waren.

Wenn wir Mk nicht besäßen, hätte man alle diese Geschichten auch mit (z. B.) der
Speisung der Menge (6,5–13) und dem Seewandel (6,16–21) zusammennehmen können.
Ihre Behandlung ist nämlich vergleichbar mit der, die die mk Episoden erfahren; 5,1–9
und 9,1–7 vor allem werden in derselben Weise wie die Speisung der Menge als die
Grundlage einer theologischen Deutung gebraucht. Möglicherweise ist 4,46–54 eine

---

[13] Zur Beziehung von Joh und P. Egerton 2 s. u. S. 124f; H. I. Bell und T. C. Skeat, Fragments of an
Unknown Gospel [1935]; C. H. Dodd, New Testament Studies, [1953], S. 12–52; G. Mayeda, Das
Leben-Jesu-Fragment Papyrus Egerton 2 [1946].

Variante oder Adaption des Q-Wunders von der Heilung des Knechts eines Centurios (Mt 8,5–13; Lk 7,2–10), aber davon abgesehen ist es sinnlos, über die Quelle zu spekulieren, aus der die Erzählungen entnommen wurden, oder sogar zu sagen, ob eine oder mehrere Quellen in Frage kommen und ob die Quelle (oder die Quellen) schriftlich oder mündlich vorlag.

Noch weniger abschließende Ergebnisse sind zu erhalten, wenn wir den Unterweisungs-- stoff betrachten. Eine Liste von Sprüchen, die in ihrer Form an jene der Synoptiker erinnern, gibt W. F. Howard (S. 267); es ist aber unmöglich, sie einer Quelle zuzuweisen.

3. Eine Zeichenquelle: Eine der beiden Hauptquellen, die Bultmann ausgegrenzt hat, wurde von ihm die σημεῖα-Quelle genannt. Diese Hypothese ist von anderen Exegeten aufgenommen worden, besonders von R. T. Fortna in: *The Gospel of Signs* (1970).[14] Für eine vollständige kritische Darstellung der Bultmannschen Hypothese s. D. M. Smith, The Composition and Order of the Fourth Gospel [1965].[15] Es ist deutlich (s. o. S. 30 ff), daß ein wesentliches Element in den ersten zwölf Kapiteln des Evangeliums eine Reihe wunderbarer Ereignisse sind: die Verwandlung des Wassers in Wein zu Kana, die Heilung des Sohnes des Hauptmanns, die Heilung des Lahmen am Teich, die Speisung der Fünftausend, der Seewandel, die Heilung des Blinden und die Auferweckung des Lazarus. Einige dieser Ereignisse werden mit dem Wort σημεῖον bezeichnet. Bultmanns Vorschlag ist nun, daß diese zusammen mit anderem Material[16] einer einzelnen Quelle entnommen wurden, die durch eine Art Wunderglauben gekennzeichnet war und Jesus als einen ϑεῖος ἀνήρ darstellte, einen aus der nicht seltenen Gruppe der halb übernatürlichen, wundermächtigen Lehrer des Altertums.[17] Die selbständige Existenz einer solchen Quelle kann, wie Bultmann zugibt, nicht aufgrund sprachlicher Argumente bewiesen werden (obwohl sie dadurch bestätigt werden kann), aber es ist vielleicht möglich, an manchen Stellen Anzeichen der Redaktionsarbeit des Evangelisten zu entdecken. Er vertritt nicht den massiven Glauben der Quelle an den Wundertäter; er versteht vielmehr die Zeichen als eine symbolische Repräsentation der Offenbarung, die durch Jesus gebracht wird, welche – ebenso wie die Reden – die Menschen zu einer Entscheidung ihm gegenüber herausforderte. Werden sie ihn als den Offenbarer anerkennen oder nicht? Der Gebrauch des Wortes σημεῖον an einigen Stellen legt nahe, daß es einer Quelle entnommen wurde. So wird das erste Wunder zu Kana als eine ἀρχὴ τῶν σημείων (2,11) und das zweite als δεύτερον σημεῖον (4,54) beschrieben. Es gibt jedoch keine weitere Aufzählung von Zeichen, und allgemeine Hinweise wie etwa 6,26 können nur beweisen, daß nach einer Tradition Jesus eine große Zahl von Wundern tat (vgl. 20,30). Auf den Gebrauch des Wortes σημεῖον gehen wir unten ein (s. S. 91 ff); hier muß festgehalten werden, daß nicht alle Wunder in der angeblichen Zeichenquelle durch diesen Terminus bezeichnet werden (er wird nicht angewandt auf die Heilung des Lahmen am Teich, den Seewandel und nur

---

[14] S. meine Besprechung in JThSt 22 [1971], S. 571–574.

[15] S. meine Besprechung in JThSt 17 [1966], S. 438–441.

[16] Smith rekonstruiert die Quelle, unter Verweis auf die entsprechenden Abschnitte in Bultmanns Kommentar, folgendermaßen: 1,35–49; 2,1–12; 4,4–9.16–19.25–30.40.46.47.50–54; 6,1–3. 5.7–13.16–22.25; 7,2–10; 5,2–15; 7,19–23; 9,1–3.6–21.24–28.34–38; 10,40–42; 11,2.3.5–7. 11–19.33.34.38–44; 12,37.38; 20,30.31. Einige kleinere Auslassungen sind nicht berücksichtigt.

[17] S. u. S. 90.

beiläufig auf die Heilung des Blinden [9,16] und die Auferweckung des Lazarus [14,47]) und daß das Wort ἔργον ebenfalls in bezeichnender Weise von Johannes verwendet wird (s. u. S. 91).

Eingehendere Diskussion an dieser Stelle würde Raum beanspruchen, der hier nicht zur Verfügung steht. Es ist einfach festzustellen, daß überhaupt nichts Unglaubliches an der Annahme ist, Johannes habe eine Quelle zur Verfügung gestanden, die eine Reihe von Wundergeschichten enthielt, bezeichnet als Zeichen und dazu bestimmt, Glauben an Jesus als den Wundertäter zu wecken, obwohl in 6,5–13; 6,16–21 und möglicherweise in 4,46–54; 5,1–9 auch die synoptischen Evangelien ihren Beitrag zur joh Erzählung geleistet haben mögen. Es mag so gewesen sein; aber ich sehe keinen Beleg, der beweist oder tatsächlich beweisen könnte, daß dies auch so war oder die Hypothese gar eine solche Wahrscheinlichkeit für sich hätte, daß sie ein wertvolles exegetisches Werkzeug sein könnte. Wenn ich dies sage, dann nicht, um den Wert der Beobachtungen Bultmanns, Fortnas und anderer zu leugnen, die (u. a.) unterschiedliche Einschätzungen der Bedeutung der Wunder Jesu annehmen. Solche unterschiedlichen Ansichten existierten, und sie zu untersuchen und zu vergleichen ist ein wichtiger Teil der historischen und theologischen Arbeit am Evangelium. Aber zu sagen, daß sie existierten, heißt nicht zugleich notwendigerweise, daß eine von ihnen in einer Quelle zu finden wäre und die andere in der Redaktionsarbeit des Benutzers der Quelle. Es mag durchaus sein, daß beide im Denken des Joh selbst existierten.

4. Die Reden: Einer der auffallendsten Züge des Joh ist die große Menge an Redestoff, der weit umfänglicher als die Erzählungen ist, die bisher erwähnt wurden, und anders als sie in einer Form erscheint, die für dieses Evangelium charakteristisch ist. Dürfen wir sagen, daß die Reden vom Endredaktor aus einer besonderen Quelle entnommen wurden, die sich von jenen unterscheidet, die ihm die Wunder und anderen Geschichten boten? Dies ist behauptet worden, aber diese Behauptung scheint auf unsachgemäßen Annahmen zu beruhen und einigen der Fakten zu widerstreiten.

a) Wie beim Erzählstoff, so muß auch hier gesehen werden, daß es keine überzeugenden und objektiven literarischen Phänomene gibt, auf die sich die Hypothese stützen kann. Die Charakteristika des joh Stils (s. o. S. 25ff) finden sich in den Reden, den Erzählungen und den redaktionellen Rahmenstücken.

b) Die Reden sind im allgemeinen thematisch mit den Wundern verbunden – das Brot des Lebens mit dem Speisungswunder, das Licht der Welt mit der Heilung des Blinden –, und es ist sicherlich etwas unwahrscheinlich, daß eine Erzählquelle und eine Redenquelle ganz zufällig so glänzend zusammenpaßten wie die Kombination von Ereignis und Interpretation, die wir im Evangelium finden. Außerdem (z. B. in den Kap. 4; 9; 11) sind zuweilen die Erzählung und die Rede miteinander verwoben.

c) Die Verbindung von Ereignis und Interpretation scheint charakteristisch für frühere Formen des Evangeliums gewesen zu sein.[18] Es wäre ganz falsch zu behaupten, daß es

---

[18] Das Thomasevangelium enthält eine Reihe von Worten Jesu, im Grunde genommen also keine Erzählung. Höchstwahrscheinlich war dieses Werk jedoch ein Exzerpt aus älteren Quellen (wahrscheinlich eines oder mehrere der kanonischen Evangelien eingeschlossen) zum Gebrauch in gnostischen Kreisen. Von den älteren Quellen enthält ja sogar die Quelle »Q« (in der Rekonstruktion von B. H. Streeter, The Four Gospels [1936], S. 291) etwas Erzählstoff. Es ist aber zweifelhaft, ob »Q« jemals existierte (ExpT 54 [1943], S. 320–323).

keine Sammlung von Redestoff gegeben haben kann, die älter als Joh ist (insbesondere von der Art, an die Bultmann denkt – s. u.), aber insgesamt gesehen ist dies nicht sehr wahrscheinlich.

Eine der Hauptquellen Bultmanns wurde von ihm *Offenbarungsreden*[19] genannt. Diese Reden waren nicht christlichen Ursprungs (und fallen deshalb nicht unter den Einwand c), s. o.), sondern sie beruhten auf einer orientalischen Gnosis, die von den Schülern Johannes des Täufers übernommen wurde. Als der Evangelist, der ursprünglich ein solcher Jünger war, Christ wurde, adaptierte er die gnostischen Reden als Äußerungen Jesu. Dies schloß die Christianisierung und Historisierung des gnostischen Mythos ein, der im Munde des historischen Jesus notwendigerweise eine neue Bedeutung annahm. Bultmann vermutet, daß eine der gnostischen Reden die Quelle hinter dem Prolog ist, der so ein entscheidendes Beispiel für die Untersuchung seiner Theorie wird (s. u. S. 177ff; ebenso Essays, S. 27–48). Die oben von uns angestellten Überlegungen und andere, die auf bestimmte Beispiele anzuwenden sind, lassen Bultmanns Hypothese nicht als überzeugend erscheinen. Aber dieses Urteil in einer literarischen Fragestellung verringert in keiner Weise die Bedeutung von Bultmanns Sicht des Verhältnisses zwischen Johannes und dem gnostischen Mythos (s. u. S. 56ff).

Die Verwendung einer Redenquelle durch Johannes läßt sich so wenig beweisen wie sein Gebrauch einer Zeichenquelle; und die Existenz der ersteren ist vielleicht weniger wahrscheinlich als die der letzteren. Wenn wir dies feststellen, so bestreiten wir keineswegs, daß synoptische und andere Logien (s. o.) den Reden zugrunde liegen oder die Reden zusammen mit den entsprechenden Zeichen unabhängig vor der Veröffentlichung des Evangeliums existiert haben mögen. Die Hypothese, daß sie in erster Linie Predigten waren, die der Evangelist gehalten hat und die anschließend (vielleicht nach seinem Tod) im Evangelium zusammengestellt wurden, hat vieles für sich (s. u. S. 43f, 148); aber dies ist etwas anderes als die Hypothese, daß das Redematerial von Johannes einer früheren Quelle entnommen wurde.

5. Eine judäische Quelle: Ein Vergleich mit den synoptischen Evangelien zeigt zugleich, daß vieles aus dem Stoff, der für Johannes typisch ist, seinen Ort nicht in Galiläa, sondern im Süden, in Judäa oder in Jerusalem selbst, hat. Nur in den Kap. 2; 4; 6; 7 erscheint Jesus außerhalb der Südgebiete. Aus dieser Tatsache hat man geschlossen, daß Johannes eine besondere judäische oder Jerusalemer Quelle besaß, der er seine Informationen entnahm. Dies ist möglich, läßt sich aber nicht beweisen. Es ist gleichermaßen möglich, daß Joh sein judäisches Material einer allgemein bekannten Tradition entnahm; es ist ebenso möglich, daß er aus ganz bestimmten Gründen es mit Jerusalemer Stoff verbunden hat, der, als er an ihn kam, nicht lokalisiert war oder vielleicht sogar einem

---

[19] Auch dazu s. D. M. Smith, a. a. O. Die Quelle ist nach Smith folgendermaßen aufgebaut: 1,1–5.9–12.14.16; 3,6.8.11–13.18.20.21.31–36; 7,37.38; 4,13.14.23.24; 6,27.35.33.48.47.44.45.37; 5,17.19–21.24–26; 11,25.26; 5,30–32.37.39.40; 7,16–18; 5,41–44; 8,14.16.19; 7,6.7.28.29.33.34; 8,50.54.55.43.42.44.47.45.46.51; 8,12; 12,44.45; 9,39; 12,47–49; 8,50.23.28.29; 9,5.4; 11.9.10; 12.35.36; 10,11.12.1–4.8.10.14.15.27–30,9; 12,27–29.31.32; 8,31.32.34.35.38; 17,1.4–6.9–14.16. 17.20–23; 13,31.32; 15,1–2.4–6.9.10.14.16.18–20.22.24.26; 16,8.12–14.16.20–24.28; 14,1–4.6. 7.9.10.12.14.16–19.26.27; 18,37. Einige Versfragmente wie auch einige kleine Zweifel über Bultmanns Meinung sind nicht berücksichtigt.

anderen Ort zugehörte. Gewiß hat Joh großes Interesse an den jüdischen Festen, die die Anwesenheit Jesu in Jerusalem verlangten oder sie erklärten; seine Lokalisierung von Stoff in der Hauptstadt des Judentums entspricht seinem häufigen Gebrauch der allgemeinen Wendung »die Juden« anstelle der genaueren Bezeichnungen – Pharisäer, Sadduzäer, Herodianer –, die sich in den Synoptikern finden. Die Bedeutung von topographischen Zügen im Evangelium ist leicht zu überschätzen oder zumindest falsch einzuschätzen. S. W. D. Davies, Land, S. 298–335.

6. *Die Passionserzählung:* Es kann die Frage gestellt werden, ob die Passionserzählung des Joh von der mk (oder einer ähnlichen) Erzählung abhängig ist. Ist die joh Passionserzählung unabhängig, dann ist sie eine sehr bedeutende Quelle seines Evangeliums (oder vielleicht ein sehr bedeutender Teil der judäischen Quelle). Unsere Ansicht, die wir in diesem Kommentar vertreten, ist freilich, daß die joh Passionsgeschichte eine redigierte Fassung der mk ist, in die Joh einiges neues Material eingefügt hat. Er hat die Geschichte aus seinem eigenen Blickwinkel unter voller Berücksichtigung seiner besonderen Interessen und vielleicht unter Hinzufügung einiger zusätzlicher historischer Informationen (obwohl wahrscheinlich nur weniger) nacherzählt, aber er bietet nicht eine vollständige und unabhängige Passionserzählung. Diese Position kann nur auf der Basis einer detaillierten Untersuchung des Textes vertreten (oder kritisiert) werden. Dafür sei auf die Ausführungen zu Kap. 18; 19; 20 verwiesen.

4. Vertauschungs- und Redaktionstheorien

Das Evangelium sträubt sich gegen eine genaue Quellenanalyse. Das heißt nicht, daß bei seiner Abfassung keine Quellen verwendet wurden, sondern nur, daß fortlaufende Quellen (mit Ausnahme des Mk) nicht aufgewiesen werden können. Darüber hinaus ist richtig, daß man, wenn man das Evangelium durchliest, trotz des allgemeinen Eindrucks der Einheitlichkeit bestimmte Anzeichen von Uneinheitlichkeit und Stellenvertauschung findet. Die Erzählung schreitet nicht immer geradlinig fort; zuweilen ist der Zusammenhang schlecht, und manchmal gibt es überhaupt keinen Zusammenhang. Gelegentlich erscheint auch ein Stück aus seinem ursprünglichen Kontext entfernt. Aufgrund dieser Beobachtungen sind Theorien einer zufälligen Vertauschung von Teilen des Evangeliums und von späterer Redaktion entwickelt worden. Diejenigen, welche solche Theorien vorgeschlagen haben, unterscheiden sich häufig sehr voneinander – eine Tatsache, die das Vertrauen in ihre Ergebnisse nicht fördert –, und die Anzahl[20] unterschiedlicher Vor-

---

[20] Verschiedene Teilungs- und Redaktionstheorien sind bei Howard (S. 297–302) kurz zusammengefaßt. Bei weitem am sorgfältigsten ausgearbeitet unter den neueren Theorien ist die Bultmanns. S. dazu die wertvolle Darstellung und Diskussion bei D. M. Smith, a. a. O. Bultmann (s. seinen Kommentar, S. 5–8) liest das Evangelium in folgender Reihenfolge (unter Auslassung einiger kleinerer Punkte): 1,1–3,21; 3,31–36.22–30; 4,1–54; 6,1–59; 5,1–47; 7,15–24; 8,13–20; 7,1–14.25–29; 8,48–50.54.55; 7,30.37–44.31–36.45–52; 8,41–47.51–53.56–59; 9,1–41; 8,12; 12,44–50; 8,21–29; 12,34–36; 10,19–21.22–26.11–13.1–10.14–18.27–42; 11,1–12,33; 8,30–40; 6,60–71; 12,37–43; 13,1–30; 17,1–26; 13,31–35; 15,1–16,33; 13,36–14,31; 18,1–21,25. Zum Werk seines kirchlichen Redaktors s. S. 48 f.

schläge für die Wiederherstellung des ursprünglichen Textes des Evangeliums ist sehr groß. In diesem Abschnitt sollen nur einige Beispiele gegeben werden. Weitere Diskussion findet sich an verschiedenen Stellen in diesem Kommentar, aber dennoch wird dieses Buch wahrscheinlich immer noch dem negativen Urteil von D. M. Smith anheimfallen, der schreibt (a. a. O., S. XV): »Unglücklicherweise argumentiert er [Barrett] gegen die Vertauschungen nicht mit derselben Konsequenz und Überzeugungskraft, mit der Bultmann für sie argumentiert hat. Aber eine solche vergleichbare Argumentation ist genau das, was gefordert ist.« Von einem bestimmten Blickwinkel aus ist dieser Einwand völlig gerechtfertigt. Jeder der Vorschläge Bultmanns verdient eine detaillierte Berücksichtigung. Er streitet für seine Sache mit unüberholter Gelehrsamkeit und Könnerschaft. Folgende Bemerkungen seien freilich gemacht:

1. Würden wir jeden seiner Vorschläge in ausreichendem Maße untersuchen, so würde dieses Buch wesentlich umfangreicher, als ich es möchte.

2. Es geht damit um eine grundsätzliche Frage, die nicht jedesmal wiederholt werden muß: Nach meiner Überzeugung kann jeweils dann, wenn das Evangelium in seiner vorliegenden Form einen Sinn ergibt, dies als der ursprünglich intendierte Sinn angesehen werden. Daß sich für mich ein besserer Sinn zu ergeben scheint, wenn man Umstellungen vornimmt, genügt m. E. nicht als Begründung dafür, eine Reihenfolge aufzugeben, die zweifellos bis ins 2. Jh. zurückgeht – welche in der Tat die Reihenfolge ist, in der das Buch veröffentlicht wurde.

3. Zu der Frage, was wir mit Johannes als Person oder als Buch meinen. Hier erheben sich Fragen der Autorität und des Kanons, aber ich schiebe sie für später auf und verweise zurück auf meine Definition des Autors als »der Mann (oder die Gruppe), der die Verantwortung für das Buch, wie wir es in den antiken Handschriften lesen, übernehmen würde«. Irgend jemand hat es im wesentlichen so veröffentlicht, wie es jetzt vorliegt; und ich nehme weiterhin an, daß er sein Handwerk verstand und es die erste Pflicht eines Kommentators ist, die Meinung dieser Person herauszustellen.[21] Diese Meinung wird um so besser herausgearbeitet werden, wenn es möglich ist, den redaktionellen Prozeß aufzuzeigen, durch den Teile des Stoffes von einem Platz auf den anderen geschoben wurden, von einer Anschlußstelle zur anderen. Wenn wir eine solche Verfahrensweise aufweisen können, dann muß dies dankbar als eine wertvolle Hilfe für die Interpretation angenommen werden. Aber dies bringt uns zu der Frage zurück, ob die angeblichen Vertauschungen tatsächlich überzeugend sind – also nicht, ob sie möglich sind, sondern ob sie überzeugend sind; nicht, ob die verschiedenen Abschnitte, um die es geht, einmal in einer anderen Reihenfolge gestanden haben konnten, sondern ob nur die Hypothese, daß sie so standen, das uns vorliegende Werk sinnvoll erscheinen läßt. Dies freilich ist eine Bedingung, die höchst schwer zu erfüllen ist.

Auf einige wenige der vorgeschlagenen Vertauschungen soll eingegangen werden. Die meisten gehen in die Zeit zurück, bevor Bultmann seine Untersuchungen konsequent durchgeführt hat. Sie wurden freilich von ihm aufgenommen und weiter ausgearbeitet.

---

[21] *»Die Exegese hat selbstverständlich den vollständigen Text zu erklären*, und die kritische Analyse steht im Dienste dieser Erklärung. Anders liegt es nur da, wo sich Glossen einer sekundären Redaktion finden« (Bultmann, S. 4; Hervorhebung im Text vom Autor).

1. 3,22–30, welches die Nikodemus-Rede zu unterbrechen scheint (3,31 folgt auf 3,21), sollte entfernt und zwischen 2,12 und 2,13 eingefügt werden. Dieser Wechsel verbessert auch das Itinerar, da Jesus in Galiläa in 2,1–12 als nächstes εἰς τὴν Ἰουδαίαν γῆν (3,22) gebracht wird, ehe er hinauf nach Jerusalem geht (2,13).

2. Kap. 6 sollte zwischen den Kap. 4 und 5 stehen. Auch hier wird der Verlauf der Reise verbessert. So wie das Evangelium uns vorliegt, ist Jesus in Galiläa (4,54); geht hinauf nach Jerusalem (5,1); überquert den See Genezareth (6,1 – obwohl es keinen Hinweis dafür gibt, daß er Jerusalem verlassen hat); wandert in Galiläa, kann nicht in Judäa umherwandern (7,1 – weil die Juden versuchen, ihn zu töten, obwohl er seit 5,47 nicht in Jerusalem gewesen ist). Führt man die vorgeschlagene Verbesserung durch, ist der Verlauf der Ereignisse folgendermaßen: Jesus ist in Galiläa (4,54), überquert den See (6,1), geht hinauf nach Jerusalem (5,1) und kehrt seiner Sicherheit wegen nach Galiläa zurück (7,1).

3. 7,15–24 sollte nach 5,47 gelesen werden. Es setzt den Gedankengang von Kap. 5 fort und unterbricht den Zusammenhang zwischen 7,14 und 7,25.

4. 10,19–29 sollte nach 9,41 gelesen werden. Das σχίσμα von 10,19 folgt natürlicherweise auf das Wunder von Kap. 9 und ebenso die Bemerkung 10,21 (μὴ δαιμόνιον δύναται τυφλῶν ὀφθαλμοὺς ἀνοῖξαι). Ferner ist 10,18 wunderbar durch 10,30 aufgenommen.

5. Die Kap. 15 und 16 sollten irgendwo vor 14,31 gelesen werden, welches die Abschiedsreden abschließt. Die Reihenfolge, die Bernard vertritt (S. XX–XXIII; XXXII), ist 13,1–31a; 15,1–27; 16,1–33; 13,31b–38; 14,1–31.

6. 18,13–24 ist in Unordnung: a) Es ist schwer, die Bewegungen Jesu im Zusammenhang mit Hannas und Kaiphas zu verstehen. b) Die Erzählung von der Verleugnung des Petrus wird in zwei Teilen geboten. Eine Abfolge wie die des Sinaiticus-Syrers (der die Verse in der Reihenfolge 13.24.14.15.19–23.16–18 bringt) sollte angenommen werden.

Einige Vertauschungstheorien werden durch die Beobachtung gestützt, daß viele der vertauschten Abschnitte gleich lang sind bzw. ein Mehrfaches der gleichen Länge darstellen; der mechanische Prozeß einer Vertauschung wird so leichter verständlich: denn Blätter, die ursprünglich lose oder von einer Papyrusrolle abgetrennt waren oder von einem Kodex stammten, konnten begreiflicherweise in eine falsche Ordnung gebracht werden.

Zusätzlich zu den oben erwähnten Grundsatzfragen seien noch folgende allgemeine Beobachtungen festgehalten:

1. Es gibt keinen Textbeleg, der die vorgeschlagenen Veränderungen stützt (ausgenommen die des Sinaiticus-Syrers in 18,13–24). Dies ist keineswegs ein durchschlagendes Gegenargument, aber es bedeutet, daß die fraglichen Hypothesen nur in der Form behauptet werden können, daß man die Originalkopie des Evangeliums selbst als beschädigt voraussetzt. Diese Beschädigung muß dann fast sicher zu Lebzeiten des Evangelisten geschehen sein, der, wie man vermuten würde, das Unglück wahrscheinlich hätte wiedergutmachen können.

2. »Dieser Evangelist ist nicht interessiert an Itinerarien« (Strachan, S. 81). Der Gedankenfortschritt des Evangeliums wird eher durch theologische als durch chronologische und topographische Überlegungen bestimmt. Ein besonders auffälliges Beispiel findet sich in Kap. 5 (s. o. S. 31).

3. Darüber hinaus bewegen sich nicht einmal seine theologischen Gedanken gewöhn-

lich in geradliniger Weise. Es ist vielmehr seine Gewohnheit, eine Frage zunächst aus einem Blickwinkel zu betrachten und dann einen anderen einzunehmen. Bisweilen beschäftigt er sich zwischendurch auch mit einem etwas anderen Thema.

4. Während die vorgeschlagenen Änderungen im allgemeinen gewisse Zusammenhänge verbessern, machen sie andere schlechter.

Redaktionstheorien unterscheiden sich von Vertauschungstheorien darin, daß sie den gegenwärtigen unbefriedigenden Zustand des Evangeliums durch die Hypothese erklären, daß das Werk eines Redaktors für die Entstellungen eines ursprünglichen Textes oder die fehlerhafte Kombination von Dokumenten verantwortlich gewesen sei. Sie ähneln jedoch den Vertauschungstheorien darin, daß sie so zahlreich und so verschiedenartig sind, daß eine detaillierte Darstellung in diesem Buch nicht geboten werden kann. Als ein vergleichsweise einfaches und überzeugendes Beispiel sei die Theorie von B. W. Bacon[22] angeführt, der einem Redaktor die folgenden Abschnitte zuweist: 1,6–8.15; 2,1–12.13–25; 3,31–36; 4,43–45 (46b).(54); 5,28f.; 6,29b.40b.44b(54b); 7,1.14.37–39; 10,7.8b.9.22f; 12,29f.33.42f.44–50; 13,16.20.36–38; 18,9.14–18.24–27; 19,34.35.37; 20,24–29; 21; (7,53–8,11); (12,8); (21,25).

Diese Liste stimmt überhaupt nicht mit den Stellen überein, die Bultmann als redaktionell bezeichnet. Für eine Darstellung dazu s. D. M. Smith, a. a. O., 213–226; eine Beurteilung der Tragfähigkeit und Bedeutung der Redaktionstheorie folgt S. 227–238. Smith beobachtet richtig, daß »die Neuheit der Bultmannschen Redaktionstheorie in der ·Art und Weise besteht, in welcher er sie zu dem Problem der Reihenfolge des Evangeliums in Beziehung setzt, indem er behauptet, daß derselbe Redaktor (dieselben Redaktoren), der das Evangelium in Fragmenten fand und so in seine gegenwärtige Ordnung zusammenfügte, auch gewisse Zusätze einfügte, die dieses ursprüngliche Dokument von zweifelhafter Rechtgläubigkeit auch für die sich herausbildende Orthodoxie der Kirche des frühen zweiten Jahrhunderts akzeptabel machte« (213). Es sind die historischen und theologischen Interessen, und nicht so sehr literarische Phänomene, die das Werk des Redaktors kennzeichnen und es von dem des Evangelisten unterscheiden. Diese Interessen unterteilt Smith in Sakramentalismus, apokalyptische Eschatologie, Übereinstimmung mit den Synoptikern, der Lieblingsjünger, und die Beglaubigung des Evangeliums. Einige andere redaktionelle Eingriffe werden nicht von diesen Überschriften erfaßt.

Einige Redaktionstheorien scheitern an der sprachlichen Einheit des Evangeliums (s. o. S. 23 ff); freilich nicht die Bultmanns. Die seine steht und fällt mit exegetischen und theologischen Überlegungen, und es ist unmöglich, diese in Kürze in dieser Einleitung heranzuziehen. Sie sind freilich an einer Reihe von Stellen in diesem Kommentar herangezogen worden und werfen Fragen von höchster Bedeutung auf: Was *war* die Einstellung des Johannes gegenüber den Sakramenten? gegenüber der Eschatologie? der Geschichte? Ich habe in diesem Buch und anderswo[23] die Meinung vertreten, daß Johannes kein Antisakramentalist war, dessen Werk von einem orthodoxen Sakramentalisten interpoliert wurde, sondern daß er ein profunder Theologe war, durchaus in der Lage, wenn

---

[22] Zusammengestellt von Howard, S. 299; S. Bacon, S. 472–527.
[23] Essays, S. 58–69; Judaism, S. 69–76; The Father is greater than I (= Essays on John [1982], S. 19–36).

auch in höchst kritischer Weise, die Sakramente zu akzeptieren; daß er nicht die Zukunftseschatologie im Interesse einer rein gegenwärtigen christlichen Erfahrung aufgegeben hatte, sondern als profunder Theologe fähig war, Gegenwart und Zukunft in Einheit zusammenzuhalten usw. Wenn diese meine Sicht stimmt, dann gibt es keinen Grund, Redaktion anzunehmen.[24] Aber diese Frage kann nur im harten Ringen detaillierter Exegese ausgetragen werden.

Diese Überlegungen könnten, obwohl sie es nicht sollten, dem Leser lediglich nur den Eindruck vermittelt haben, ich glaubte, Johannes sei bei der Abfassung seines Evangeliums ein bloßes, lebloses Stäbchen in der Hand des Geistes gewesen. Dem ist nicht so; welche Inspirationslehre jemand auch haben mag, das Buch entstand in einem normalen literarischen Prozeß, und es ist sehr wahrscheinlich, daß dieser Prozeß komplex und nicht einfach war. Das Evangelium mag bis zu fünf Stufen der Komposition[25] durchlaufen haben, obwohl, wenn dies so wäre, es mir nicht länger möglich zu sein scheint, sie zu unterscheiden. Ich deute unten einen Vorschlag an (der später in der Einleitung [S. 148f] weiter entwickelt werden soll), der mir plausibel zu sein scheint; mehr soll es nicht sein. Die Johannesexegeten aber sollten bereit sein zuzugeben, daß es noch vieles gibt, was sie nicht wissen. Dies könnte vom ganzen Evangelium und nicht nur von den Abschiedsreden gesagt werden: »Diese Umstellungen gewinnen Überzeugungskraft nur auf Kosten neuer Probleme ... Aber die Hauptschwierigkeit ist, daß das Material behandelt wird, als ob Joh den ganzen Komplex als eine Einheit geplant hätte, während tatsächlich die Inhalte lose zusammengebunden sind mit sehr geringem gedanklichem Fortschritt ... Wenn man akzeptieren kann, daß Joh ein Thema nach dem andern aufnimmt, um es weiter zu entwickeln, ohne allzuviel auf eine umfassende Einheit zu achten, dann gibt es keinen Grund, die Reihenfolge, die uns überkommen ist, aufzugeben« (Lindars, S. 461).[26]

Man braucht weder die Vertauschungstheorien noch die Redaktionstheorie, um den gegenwärtigen Zustand des Evangeliums zu erklären, in welchem zweifellos eine gewisse Ungeschliffenheit zusammen mit dem unbezweifelbaren Eindruck einer starken thematischen Einheit bleibt. Es hatte schon seinen Grund, daß Strauß auf das Evangelium das Bild vom »nahtlosen Kleid« angewandt hat. Es zeigt eine ursprüngliche Einheit in Sprache und Stil, welche nichts anderes als der nach außen gewandte Ausdruck einer inneren Einheit von Denken und Absicht ist; aber diese Einheit wurde auf Stoff aufgestülpt, der in erster Linie aus einer Vielzahl von Quellen genommen war, und er wurde vielleicht über einen beträchtlichen Zeitraum zusammengestellt. Ein guter Teil des Redestoffes im Evangelium kann leicht als ursprüngliche Predigtüberlieferung verstanden werden. Ein Ereignis aus dem Leben Jesu wurde erzählt, und der Evangelist-Prediger

---

[24] Außer an einigen wenigen Stellen wie vielleicht 4,9; 5,3f; 7,53–8,11; 19,35; 21,24; vielleicht das ganze Kap. 21.

[25] Brown, S. XXXIV–XXXIX.

[26] Lindars selbst denkt hier an eine zweite Ausgabe des Evangeliums. Die besonderen Merkmale der zweiten Ausgabe sind: a) der Prolog (1,1–18) ersetzt die ursprüngliche Einleitung; b) Kap. 6 wurde eingefügt, um zu beweisen, daß Mose „von mir schrieb" (5,46); c) die Lazarusgeschichte (11,1–46; 12,9–11) wurde hinzugefügt und hatte beträchtliche Umstellungen zur Folge; d) Kap. 15; 16 und wahrscheinlich 17 wurden zugefügt; sie unterbrechen den Zusammenhang zwischen 14,31 und 18,1.

erklärte seine Bedeutung für das Leben und Denken der Kirche. Als dieser Prozeß sich wiederholte und voranschritt, konnte ein Stoff-Corpus unter seinen Händen wachsen, bis man daraus ein Werk in der Gestalt eines Evangeliums formulieren konnte. Die Formulierung freilich konnte keine leichte Aufgabe sein. Nicht nur waren die ursprünglichen Quellen disparat, die verschiedenen Abschnitte oder Homilien würden sich nicht notwendigerweise nahtlos ineinanderfügen. Dem Evangelisten halfen jedoch bei seinem Werk zwei Prinzipien, die streng in Richtung Vereinheitlichung tendierten. In erster Linie besaß er ein außerordentliches Gespür für den theologischen Sinn der gesamten früheren Evangelientradition. Er war in der Lage, ihren Gesamtsinn in ihren Teilen zu sehen – nicht eine unterschiedliche Zusammenstellung der Taten und Worte Jesu zu präsentieren, sondern eine einheitliche Konzeption seiner Person, die in unterschiedlicher Weise in den mannigfachen Traditionen über ihn hervorleuchtete (s. weiter u. S. 67ff). In zweiter Linie wurde er angetrieben von einem Ziel, das seinem Werk Einheit gab. In einem Zeitalter, da die ersten Formulierungen des christlichen Glaubens von manchen als unbefriedigend angesehen wurden, da Gnostizismus in seinen verschiedenartigen Formen das Evangelium entstellte und es für seine eigenen Zwecke ausnützte, versuchte und vollendete er die notwendige Aufgabe, den Glauben, der einst den Heiligen überliefert war, in der neuen Sprache fortzuentwickeln, neue Anhänger für die Kirche zu gewinnen, jene zu stärken, die durch die neuen Lehren verwirrt wurden, und den Glauben selbst sachgerechter darzulegen.

[27] Weiteres Material findet sich in meinem Buch The New Testament Background: Selected Documents [1956]. Dieses Buch entstand als Nebenprodukt bei der Vorbereitung der ersten Auflage dieses Kommentars. Die deutsche Übersetzung erschien unter dem Titel: Die Umwelt des Neuen Testaments. Ausgewählte Quellen [1959].
[28] C. H. Dodd, According to the Scriptures [1952]; B. Noack, Zur johanneischen Tradition [1954], S. 71–89; B. Lindars, New Testament Apologetic [1961]; E. D. Freed, Old Testament Quotations in the Gospel of John [1965].

Kapitel 2

Der außerchristliche Hintergrund des Evangeliums

Selbst eine nur kurze Skizze der Geisteswelt, in welcher Joh entstand, würde die Grenzen dieser Einleitung sprengen.[27] Der Hintergrund des Evangeliums ist ungewöhnlich kompliziert. Es ist schwer, genaue Abgrenzungen vorzunehmen. Menschen und Ideen reisten im ersten und zweiten nachchristlichen Jahrhundert schnell und weit, und Kulte und Philosophien vermischten sich und beeinflußten einander. Es war ein Zeitalter des Synkretismus. Die älteren Religionen des Mittelmeerraums hatten sich für viele Menschen in radikalen Skeptizismus aufgelöst; neuere Glaubensrichtungen drangen vom Osten herein und etablierten sich in unterschiedlichem Maß auf der Grundlage der späten griechischen Philosophie, die ihrerseits mehr und mehr religiös wurde; zugleich muß daran erinnert werden, daß das 1. Jh. auch die (von Augustus geförderte) Wiederbelebung der alten römischen Religion erlebte, ebenso wie die Anfänge des Kaiserkults. Selbst das Judentum konnte, wie sich zeigen wird, nicht völlig außerhalb dieses Prozesses der gegenseitigen Befruchtung bleiben, und rabbinisches wie auch hellenistisches Judentum zeigen deren Einflüsse. So wichtig nun auch diese Vermischung von Griechischem und Hebräischem ist (s. u. S. 57ff), man kann im ersten Jahrhundert doch als die zwei Hauptlinien der sich herausbildenden Gedankenwelt die atl Tradition, wie sie sich in der jüdischen Gemeinde erhielt, und den allgemeinen Trend der griechischen religiösen Philosophie herausschälen. Beide konnten sich vermischen (und das synkretistische Phänomen des Gnostizismus ist von großer Bedeutung bei der Untersuchung des Joh), aber diese Richtungen unterschieden sich doch untereinander recht beträchtlich.

1. Altes Testament[28]

Joh hängt ganz sicherlich vom AT ab, aber sein Gebrauch desselben unterscheidet sich von dem anderer ntl Autoren und ist alles andere als einfach. Er bringt weniger direkte Zitate, und er gebraucht vergleichsweise selten die »Beweistexte«, mit deren Hilfe die ersten Christen oft zu zeigen suchten, daß Jesus der Messias war, dessen Kommen im AT vorhergesagt war.

Es scheint, daß Joh regelmäßig bei seinen atl Zitaten die LXX benutzte, er konnte aber auch direkt auf den hebräischen Text zurückgehen, und gelegentlich tat er dies auch. Er hat vielleicht auch andere traditionelle Versionen und Interpretationen gebraucht. Diese Behauptungen sollen nun in der folgenden Untersuchung seiner Zitate belegt werden:

1. In den folgenden fünf Stellen entspricht das LXX-Griechisch genau dem Hebräischen des zitierten Abschnitts, und Joh stimmt mit beiden überein:

Joh 10,16   Ez   34,23; 37,24
    10,34   Ps   81(82),6
    12,38   Jes   53,1 (LXX und Joh stellen *κύριε* voran)
    16,22   Jes   66,14
    19,24   Ps   21(22),19

Es ist nicht möglich, auf die Quelle zu schließen, der diese Zitate entnommen sind.

2. Die folgenden Stellen sind keine genauen Zitate, sondern Adaptionen, die sowohl auf den hebräischen als auch auf den griechischen Text zurückgehen können (s. dazu den Kommentar):

Joh 1,51   Gen 28,12
     6,31   Ex   16,14f; Ps 77(78),24f
     6,45   Jes   54,13
     7,42   Ps   88(89),4f; Mi 5,1(2); und vielleicht andere Stellen
    12,13   Ps   117(118),25f
    12,27   Ps   6,3; 41(42),7
    15,25   Ps   34(35),19; 68(69),5
    19,28f   Ps   68(69),22
    19,36   Ex   12,10.46; Num 9,12; Ps 33(34),21

3. An einer Stelle geht Joh zusammen mit dem hebräischen gegen den griechischen Text (s. Komm. z. St.):

Joh 19,37   Sach 12,10

4. An einer Stelle gibt es eine oberflächliche, aber wahrscheinlich nicht wirkliche Übereinstimmung des Joh mit der LXX gegen den hebräischen Text.

Joh 2,17: *ὁ ζῆλος τοῦ οἴκου σου καταφάγεταί με.*

Ps 68,10 (LXX): *ὁ ζῆλος τοῦ οἴκου σου καταφάγεταί με* (so B; aber B^b א R haben *κατέφαγέ(ν) με*).

Ps 69,10 (Hebr.): קִנְאַת בֵּיתְךָ אֲכָלָתְנִי.

Joh (mit den Manuskripten B der LXX) hat das Futur *καταφάγεται,* während das Hebräische das Perfekt אֲכָלָתְנִי (*ᵃkalathni*) hat. Aber die LXX-Lesart ist sehr unsicher; das Futur ist eine mögliche Wiedergabe des hebräischen Perfekt.

5. Die verbliebenen Stellen verdienen eine Einzeluntersuchung.

Joh 1,23; Jes 40,3. Johannes stimmt wörtlich mit der LXX überein, außer daß er anstelle von *ἑτοιμάσατε* (auch in Mk 1,3 gebraucht) *εὐθύνατε* hat (Aquila und Theodotion haben *ἀποσκευάσατε,* Symmachus *εὐτρεπίσατε*). Johannes gibt hier möglicherweise das hebräische פַּנּוּ (*pannu*) wieder, dies mag aber auch durch andere LXX-Stellen nahegelegt worden sein (s. Komm. z. St.)

Joh 12,15; Sach 9,9. Die Form der Weissagung bei Joh unterscheidet sich auffällig sowohl vom hebräischen als auch vom griechischen Text; s. Komm. z. St. Joh 12,40; Jes 6,10. Joh, der hebräische und der LXX-Text unterscheiden sich, Joh steht aber vielleicht dem Hebräischen ein wenig näher als der LXX; s. Komm. z. St.

Joh 13,18; Ps 40(41),10. Joh hat den Singular *ἄρτον* und stimmt damit mit dem Masoretentext (לַחְמִי, *laḥmi*) gegen die LXX (*ἄρτους*) überein; aber der hebräische Text, der durch die LXX repräsentiert wird, unterscheidet sich nur durch die Punktierung; es wäre deshalb unklug, aufgrund dieser Stelle zu behaupten, daß Joh den hebräischen Text benutzte, obwohl es durchaus möglich ist, daß er dies tat (s. weiter im Kommentar).

Diese kurze Analyse legt, wie wir bereits gesagt haben, die Annahme nahe, daß Joh regelmäßig die LXX benutzte, daß er aber auch in der Lage war, den hebräischen Text[29] zu gebrauchen, und dies gelegentlich auch tat. Nicht möglich ist es zu behaupten, daß er immer den hebräischen Text benutzte und den griechischen beiseite ließ; dazu stehen seine Zitate zu oft in Übereinstimmung mit der LXX. Möglicherweise kannte er aber auch andere Versionen des AT. Das Zitat von 12,41 wird als ein Jesaja-Zitat eingeführt; denn »er sah seine [d. h. Christi] Herrlichkeit«. Dies ist vielleicht durch eine Version wie die des Targum zu Jes 6,5 nahegelegt worden, welcher erklärt, daß Jes »die Herrlichkeit der *shekhinah* des Königs der Äonen« sah (יקר שכינת מלך עלמיא). Dieses eine kleine Belegstück darf jedoch nicht unzulässig strapaziert werden.

Der vergleichsweise seltene Gebrauch von »Beweis-Texten« bei Joh wurde bereits erwähnt. Einige der Texte, die er gebraucht, begegnen in der Passionserzählung und geben dieser ein charakteristisch ursprüngliches Aussehen. Es wäre jedoch ein großer Fehler, aus dieser kleinen Anzahl expliziter Zitate den Schluß zu ziehen, daß Joh weniger Interesse am AT und eine geringere Kenntnis von ihm als die anderen Evangelisten hatte. Genauere Untersuchung des Evangeliums zeigt, daß atl Themen, die oft in den früheren Evangelien grob dargestellt wurden, hier die Gedanken des Johannes tief durchdrungen haben. Sie erscheinen auch, häufig ohne Verweis auf bestimmte Stellen des AT, immer wieder.[30] Dafür zwei Beispiele: Mk 7,6f wird Jes 29,13 als Vorhersage der Heuchelei der Pharisäer zitiert, die mit dem Munde Gott dienen, jedoch durch ihre Taten seinen wahren Willen mißachten. Joh zitiert nicht die Jesaja-Stelle, sondern arbeitet ihre Substanz mit einem lebendigen und dramatischen Sinn für die Ironie, die darin enthalten ist, heraus; z. B. in der Nikodemus-Erzählung (3,1–21); in der Diskussion des atl Zeugnisses und des Zeugnisses Johannes des Täufers (5,31–47); in 7,19–24, wo die Juden, die die Beschneidung am Sabbat praktizieren, sich über das heilende Wirken Jesu an diesem Tag beklagen; in 8,39–44, wo die angeblichen Söhne Abrahams versuchen, einen Unschuldigen zu töten; und, höchst dramatisch, 18,28, wo die Juden, die dabei sind, die Kreuzigung Jesu ins Werk zu setzen, sich weigern, das Prätorium zu betreten, damit sie sich nicht verunreinigen. In all diesen Abschnitten betont Joh dasselbe Thema wie Markus, jedoch mit einem entscheidenden Unterschied. Bei Markus wird der Beweistext »angewandt auf einen bestimmten Fall von Heuchelei. Menschen erfinden ein neues Gesetz oder passen es so an, daß sie sich selbst von der moralischen Verpflichtung der Fürsorge für ihre Eltern entschuldigen können ... Bei Joh andererseits ist das Gut, das mißachtet wird und das mit dem Lippendienst kontrastiert, nicht ein ethisches Verhalten, sondern eine angemessene Antwort auf Jesus. Dies ist eine für Joh sehr charakteristische Veränderung.«

---

[29] Eine alternative Hypothese, die nicht ausgeschlossen werden kann, ist, daß der Gebrauch des Hebräischen weiter zurückliegt, nämlich in den Quellen des Joh; es könnte z. B. sein, daß in 19,37 nicht Joh selbst das AT gebrauchte, sondern eine ältere christliche Übersetzung des fraglichen Verses.

[30] S. JThSt 48 [1947], S. 155–169. Der Argumentationsgang der folgenden Abschnitte und einige Zitate sind diesem Aufsatz entnommen.

Als ein zweites Beispiel muß das Gespräch in Mk 12,29–33 ins Auge gefaßt werden. Es gibt hier Hinweise auf Dt 4,35; 6,4f; Lev 19,18; 1Sam 15,22. »Es gibt hier keine wörtliche Parallele bei Johannes, aber es ist vielleicht nicht zuviel gesagt, wenn man feststellt, daß keine anderen alttestamentlichen Themen den Evangelisten tiefer beeinflußten als diese – das Thema der göttlichen Einheit und das Liebesgebot.« Diese Themen sind in der Tat so zentral für das Joh, daß es unnötig ist, dies zu illustrieren. Selbstverständlich werden sie neu interpretiert; die Einheit Gottes bedeutet nunmehr die Einheit des Vaters und des Sohnes, und das Gebot, den Nächsten zu lieben (den, der Israelit ist wie man selbst), wird nun die Forderung gegenseitiger Liebe im Raum der Kirche; aber diese Neuinterpretation zeigt lediglich, daß Joh das AT als Christ gebrauchte. Die atl Themen, die nie formal gestützt werden durch Textzitate, werden christologisch ausgearbeitet.

Sodann entwickelt Joh den synoptischen Gebrauch des AT in einer charakteristisch subtilen Weise weiter. Am charakteristischsten unterscheidet sich dies weit von der pescher-Interpretation der Qumran-Sekte. Wenn Joh erklärt (12,39f): Dies ist, warum sie nicht glauben konnten; denn Jesaja sagte: Er hat ihre Augen geblendet und ihr Herz verhärtet, so ist er nicht weit entfernt von dem einfachen Kommentar, der den Text zitiert und fortfährt: Sein pescher ist ... Aber, obwohl die Schreiber der Rollen, vor allem vielleicht die der Hodajoth, ohne Zweifel die Sprache und den Geist des AT in sich aufgenommen haben (dies erklärt die meisten Ähnlichkeiten zwischen den Schriftrollen und dem NT), findet sich doch zu dem profunden thematischen Gebrauch bei Johannes, wie er sich auf die Gestalt Jesu gründet, kaum eine Parallele. Johannes gebraucht das AT auch extensiv in der symbolischen Sprache, die in seinem Evangelium so reich vorhanden ist. Dies zeigt sich besonders deutlich an den ausgedehnten Allegorien vom Hirten (10,1–16) und vom Weinstock (15,1–6). Keine dieser Allegorien weist auf einen einzelnen atl Text zurück, aber jede ist voll atl Bilder. (Zum einzelnen s. Komm. z. St.)

Deshalb kann das AT, das Joh so gut kannte und verstand, daß er es nicht stückchenweise, sondern als Ganzes verwenden konnte, als ein wesentliches Element im Hintergrund des Evangeliums betrachtet werden. Wir wenden uns nun der Untersuchung seiner Beziehung zu den Kanälen zu, in welchen die atl Tradition im ersten Jahrhundert verbreitet wurde.

2. Judentum[31]

Die in schriftlichen Dokumenten erhaltene atl Tradition wurde auch im lebendigen Strom des Judentums überliefert. Dieser floß, wie schon immer, auch im 1. Jh. in zahlreichen Kanälen; insbesondere floß er nun im Strom der Apokalyptik und dem Strom rabbinischen Denkens. Man könnte sagen, die Apokalyptik sei der Nachfolger des prophetischen, die rabbinische Gedankenwelt der Nachfolger des gesetzlichen Teils des AT; aber dies ist nur sehr annäherungsweise richtig. Man kann die apokalyptische und rabbinische Literatur nicht mehr als das Gesetz und die Propheten[32] trennen, und beide

---

[31] S. Judaism.
[32] Die Qumranliteratur (s. u. S. 51f) enthält sowohl apokalyptische wie gesetzliche Elemente.

sind nicht zu trennen von nichtjüdischen Einflüssen; freilich ist für die Analyse eine Unterscheidung zwischen ihnen zweckdienlich.

Auf den ersten Blick könnte es so aussehen, als hätte Joh überhaupt keine Beziehung zur apokalyptischen Literatur; dem ist jedoch nicht so. Man muß zunächst einmal erkennen, daß Apokalyptik nicht ausschließlich mit der Zukunft beschäftigt ist. Apokalypse bedeutet die Offenbarung von Geheimnissen; sehr häufig enthüllen die Geheimnisse zukünftige Ereignisse, aber zuweilen decken sie auch gegenwärtige Sachverhalte auf, vor allem Wahrheiten, die das himmlische Leben, göttliche und engelgleiche Wesen und ähnliches betreffen. Die beiden Weisen des Geheimnisses gehen ineinander über, da eine Enthüllung dessen, was im Himmel ewig gegenwärtig ist, sehr wohl anzeigen kann, was als zukünftiges Ereignis auf der Erde zu erwarten ist. Ntl Apokalyptik befaßt sich im allgemeinen mit der Zukunft, obwohl die Johannes-Apokalypse z. B. sehr lebendig den gegenwärtigen himmlischen Gottesdienst beschreibt; aber man kann das Evangelium gleichermaßen in dem Sinn als apokalyptisch betrachten, daß es gegenwärtige Realität enthüllt. Jesus kann himmlische Dinge (ἐπουράνια) kundtun; denn er ist der Menschensohn, der im Himmel ist (3,12f). Es geht hier nicht um Enthüllung der Zukunft, sondern nur um die Mitteilung himmlischer Wahrheit. Gewiß schreibt an dieser und an anderen derartigen Stellen Joh nicht einfach in der atl Tradition; griechische und andere nichtjüdische Einflüsse haben dazu beigetragen, seine Gedanken zu formen. Aber diese Einflüsse haben auch auf die jüdische Apokalyptik eingewirkt, und der Parallelismus zwischen Joh und apokalyptischen Schriftstellern wird durch solche Tatsachen nicht außer Kraft gesetzt.

Betrachtet man die Terminologie des Johannes, so zeigt sich seine Vertrautheit mit der Apokalyptik. Er kann von Jesus nicht nur als dem Messias (dies ist nicht notwendigerweise ein apokalyptischer Begriff) und als König, sondern auch als Menschensohn[33] reden (ein Terminus, dessen Hintergrund gewöhnlich in der apokalyptischen Literatur gesehen wird). Jesus spricht sowohl vom Reich Gottes als auch von seinem eigenen Reich, und es ist völlig klar, daß es sich bei beiden jeweils um ein überweltliches Reich handelt (3,3.5; 18,36). Auf die Menschen wartet eine Auferstehung (ein buchstäbliches Herauskommen aus ihren Gräbern 5,28; vgl. 11,43f), und danach das Gericht (5,29). Daß Joh auch von einer gegenwärtigen Auferstehung und einem gegenwärtigen Gericht sprechen kann, ändert keineswegs den Tatbestand, daß er von einer zukünftigen Auferstehung und einem Gericht spricht und daß sein Denken in einem apokalyptischen Rahmen geformt ist; es bedeutet, daß seine Eschatologie christliche Eschatologie ist (s. u. S. 83ff). Das Gericht wird von Jesus als Menschensohn (5,27) durchgeführt werden; dementsprechend wird deutlich gemacht, daß er nach seinem Weggang zum Vater »kommen« wird (14,3.18; 21,22). Der Segen, der den Menschen von Gott durch Christus vermittelt wird, ist ewiges Leben (ζωὴ αἰώνιος), das Leben des künftigen Äons (αἰών); dies ist ein fundamental apokalyptischer Gedanke. Zusätzlich zu dieser grundlegenden apokalyptischen Terminologie muß der Gebrauch solcher Metaphern wie die aufgehende Saat (12,24) und die heranreifende Ernte (4,35–38) festgehalten werden.

---

[33] Zur Frage, ob »Menschensohn« ein vorchristlicher Titel war, s. nun M. Casey, Son of Man [1979].

Es kann kein Zweifel daran bestehen, daß Joh, so charakteristisch die Struktur seines Denkens ist, keineswegs ohne Kontakt mit der Welt jüdischer Apokalyptik war, obwohl seine Kenntnis sehr wohl aus christlichen Kanälen stammen mag. Es ist gleichermaßen deutlich, daß er eine drastische Neuorientierung der apokalyptischen Eschatologie vorgenommen hat; dazu s. u. S. 83 ff.

Rabbinisches Judentum entwickelte sich aus der Bewegung zur Wiederherstellung eines neuformierten Judentums zur Zeit des Esra, und es muß rechtens als Erbe der atl Religion betrachtet werden; es gibt jedoch ausgezeichnetes Beweismaterial dafür, daß es nicht frei von nichtjüdischen Einflüssen war – z. B. die große Anzahl griechischer und lateinischer Lehnwörter, die in das Hebräische und Aramäische des Talmud und Midrasch übernommen wurden. Die rabbinische Literatur behandelt ein weites Feld menschlichen Handelns und menschlichen Denkens. Sie befaßt sich mit Angelegenheiten des Straf- und Zivilrechts ebenso wie mit dem religiösen Recht. Vom Gesetz schreitet sie fort zu ethischer Belehrung und Ermahnung. Sie enthält ein gut Teil Theologie, meist in homiletischer Form, und sie ist messianisch und eschatologisch, obwohl in der Regel nicht apokalyptisch. Sie enthält Geschichte, vermischt mit Folklore und Legenden, die nebenbei, oft im Detail, die Gewohnheiten jener, die sie erzählten, beschreiben; sie bietet viele liturgische Einzelheiten und viel biblische Exegese, und sie zeigt die Grundlagen einer mannigfaltigen Religion auf, die zuweilen praktisch und zuweilen mystisch ist. Joh läßt zahllose Kontakte mit dem rabbinischen Judentum in einem großen Teil dieses weiten Bereichs erkennen. Folgende Beispiele seien angeführt[34]:

Bestimmte grundlegende Verfahren des Strafrechts werden vorausgesetzt; einem Angeklagten muß erlaubt werden, vor seinen Richtern zu sprechen (7,51), und das übereinstimmende Zeugnis von zumindest zwei Zeugen ist notwendig, um irgendeinen Tatbestand zu beweisen (8,17). Das Religionsgesetz beansprucht natürlicherweise einen größeren Raum als das Strafrecht. Hier weiß Johannes darum, daß das Gebot der Beschneidung eines Kindes am achten Tag den Vorrang hatte vor dem Sabbat-Gesetz; fiel der achte Tag auf einen Sabbat, so war es nichtsdestoweniger legitim, alle notwendigen Vorbereitungen zu treffen und die Operation durchzuführen (7,22 f). Andererseits war es verboten, am Sabbat ein Bett zu tragen (5,10). Es ist wahrscheinlich, wenn auch nicht sicher, daß 7,37 ff das Wissen des Joh um eine rituelle Praxis zeigt, die in Jerusalem am Laubhüttenfest vor der Zerstörung des Tempels ausgeführt wurde und die in der Mischna (und anderswo) beschrieben wird. Die Kenntnis rabbinischer Exegese zeigt sich 1,51 und 8,56; denn Joh denkt sich offensichtlich die Engel als herabsteigend und aufsteigend über Jesus (wie sie es dem Vernehmen nach bei Jakob taten), und er weiß, daß Abraham in alle Tage der Geschichte einging und deshalb den Tag des Messias vorhersah. Auch rabbinische Theologie und Mystik erscheinen bei Joh; denn die Beschreibung des Logos und seiner Beziehung zu Gott im Prolog entspricht genau vielem, was bei den Rabbinen über die Tora gesagt wird; und die Sprache, die er gebraucht, um die Einheit des Vaters

---

[34] Zu allen Stellenverweisen s. im folgenden jeweils im Kommentar z. St., wo die wichtigsten rabbinischen Parallelen zitiert werden. Umfassendere Informationen können gewöhnlich Strack-Billerbeck entnommen werden.

und des Sohnes zu beschreiben, erinnert an Worte über die Einheit, die zwischen Gott und Israel besteht.

Bei all den Stellen, auf die wir verwiesen haben, und an allen ähnlichen Stellen ist große Vorsicht geboten. Kein Stück rabbinischer Literatur wurde vor der Abfassung des Joh niedergeschrieben. Direkte literarische Beziehung steht außer Frage, und einige offensichtliche Parallelen können lediglich zufällig sein. Aber auch wenn man dies alles in Rechnung stellt, so bleibt es doch sehr wahrscheinlich, daß Joh selbst (oder vielleicht die Verfasser einiger seiner Quellen) mit der mündlichen Unterweisung vertraut war(en), die später ihre konkrete Form in der Mischna, im Talmud und den Midraschim annahm.

Im Hintergrund des vierten Evangeliums bleiben Apokalyptik und rabbinisches Judentum wichtige Elemente. Sie können nicht ohne Schaden übersehen werden. Aber beide sind keineswegs das ganze Judentum. Zum hellenistischen Judentum s. u. S. 57ff; in Alexandria und ohne Zweifel auch sonst in der Diaspora beeinflußte griechisches Denken das jüdische noch mehr als in Palästina (s. u. S. 45). Aber selbst für Palästina kann man nicht behaupten, daß die verschiedenen Schulen des Pharisäismus ein einziges und uniformes normatives Judentum bildeten. Dies hat man immer gewußt; die Berichte bei Philo (Prob 75–91; Hypothetica II, 1–18) und Josephus (Bell II, 119–161; Ant XIII, 171f) über die Essener zeigen, daß es Gruppen von Juden gab, deren Judentum gefühlsmäßig tief, aber, was den Inhalt anging, durch nichtjüdische Ideen beeinflußt war. Diesen Belegen müssen nun die der sog. Schriften vom Toten Meer[35] hinzugefügt werden, die man in oder nahe bei Qumran entdeckt hat. Ob jene, die die Schriften verfaßten und abschrieben, zu Recht als die Essener bezeichnet werden, ist eine Frage, die hier nicht diskutiert werden muß; das Etikett, das man ihnen anhängen sollte, ist weniger wichtig als der Tatbestand, daß sie existierten und eben diese Art von Leuten waren. Sie unterschieden sich in vieler Beziehung von Johannes dem Täufer und Jesus; vielleicht noch mehr vom Evangelisten Johannes. Sie trennten sich vom Tempel, nicht weil sie an den Gottesdienst im Geist und in der Wahrheit glaubten, einen Gottesdienst, der nicht an irgendeinen Ort gebunden ist (Joh 4,21–24), sondern weil sie mit den amtierenden Priestern nicht einverstanden waren, mit deren Kalender und deren Verhalten. Sie hielten das Gesetz, wie sie es verstanden und auslegten, mit größter Strenge. Sie nahmen nicht teil am täglichen Leben des Volkes, sondern zogen sich von ihm zurück, um in Isolation, wenn auch in Gemeinschaft, zu leben. Darin jedoch und in manch anderer Beziehung sind sie eine Parallelerscheinung zum Urchristentum. Die Christen zogen sich nicht in die Wüste zurück, sondern sie formten eine deutlich erkennbare Gemeinschaft, die ihre eigene Organisation und ihre eigenen Institutionen entwickelte. Daß sowohl Joh als auch Qumran einen »modifizierten Dualismus« lehren, ist grob gesehen richtig, aber dies ist nicht sehr wichtig; denn dieser modifizierte Dualismus findet sich auch im AT. Dieses aber weiß sehr wohl um die Weise, in welcher gut und böse, Glück und Leid, Leben und Tod, Licht und Finsternis gegeneinanderstehen; es ist aber zugleich dem Glauben an

---

[35] Die beste Einführung sind die beiden Bücher von Millar Burrows, The Dead Sea Scrolls [1956] (deutsch: Die Schriftrollen vom Toten Meer [1957]) und More Light on the Dead Sea Scrolls [1958] (deutsch: Mehr Klarheit über die Schriftrollen [1958]). Zu Text und Übersetzung s. E. Lohse, Die Texte aus Qumran [1964]; zur Übersetzung J. Maier, Die Texte vom Toten Meer [1960], s. auch J. H. Charlesworth (Hg.), John and Qumran [1972].

einen höchsten Gott verpflichtet, der für die ganze Schöpfung verantwortlich und für alle zugänglich ist, selbst wenn manche sich gegen ihn entscheiden mögen, indem sie Finsternis anstatt Licht wählen. Wichtiger als diese Art von Dualismus sind a) die Frömmigkeit der Hodajoth (obwohl hier der kanonische Psalter eine Hauptquelle ist, die auch Joh zur Verfügung stand) und b) die Überzeugung der Qumran-Gemeinde, daß sie selbst der Ort und das Instrument der Verwirklichung der Eschatologie sei. Diese Überzeugung ist es, die zu den Parallelen zwischen dem Schriftgebrauch bei Joh und dem in Qumran führt (obwohl es auch hier Unterschiede gibt – s. S. 48).

Die Hauptbedeutung der Entdeckungen in Qumran (und diese ist in der Tat beträchtlich) liegt darin, daß sie unsere Kenntnis Palästinas im ersten Jahrhundert bereichern, der ersten Heimstatt der frühen Kirche. Der Erforscher des Urchristentums (das johanneische Christentum eingeschlossen) sollte sich so gut mit den Schriften vertraut machen, wie er es kann (ebenso, wie er es mit der rabbinischen Literatur, den Apokalypsen, Philo und Josephus tun sollte). Zählt man jedoch die Abschnitte bei Joh (und ich habe mich sehr bemüht, auf sie im Kommentar hinzuweisen), die durch die Schriftrollen wirklich erhellt werden und deren Exegese in irgendeinem Grade durch sie bestimmt wird, so ist das Ergebnis recht mager. Nachdem die Begeisterung über die ersten Entdeckungen vergangen ist, kann man sehen, daß Qumran die Erforschung des NT nicht revolutioniert hat – ganz sicher nicht die Erforschung des Joh.

3. Griechische Philosophie

Gegenüber dem AT, obwohl teilweise mit seinen Nachfahren verbunden, stand die griechische Tradition. Man muß freilich sehen, daß zu der Zeit, als Joh schrieb, die »griechische Tradition« etwas anderes meinte als die klassische Philosophie des goldenen griechischen Zeitalters. Das rein Hellenische hatte dem Hellenistischen Platz gemacht. Das stolze Selbstvertrauen des 5. Jh. v. Chr. war zusammengebrochen; rationales Denken hatte sich mit Mystizismus verbunden; Eklektizismus, sowohl in der Philosophie als auch in der Religion, war die Losung des Tages. Bloßes Altertum wurde in fast übertriebener Weise verehrt, obwohl, dies muß hinzugefügt werden, eher verehrt als verstanden. Homer wurde allegorisch ausgelegt, so daß seine unschicklichen Geschichten zu Vehikeln der Religion werden konnten. Sakramente, Asketismus und Ausschweifung wurden praktiziert, ganz nach Geschmack und Gelegenheit, auf der Suche nach Vereinigung mit dem Göttlichen, der Unsterblichkeit des in sein irdisches Gefängnis eingeschlossenen göttlichen Funkens.

Selbstverständlich existierten immer noch philosophische Schulen, obwohl größtenteils der Philosophieunterricht in der Rednerausbildung bestand. Die Akademie z. B. blickte zurück auf Plato, dessen Gedanken sie in einer skeptischen Richtung weiterentwickelte, die der Meister kaum gebilligt hätte. Plato freilich war im 1. Jh. n. Chr. mehr und zugleich weniger als ein großer persönlicher Lehrer eines philosophischen Systems; er stellt eine Atmosphäre dar, die von vielen, die niemals seine Werke gelesen hatten, aufgesogen, wenn auch nicht verstanden wurde. Er hatte der Vorstellung einer realen – doch unsichtbaren und ewigen – Welt, im Vergleich zu der die diese Welt der Erscheinungen und Zeitenfolge nur eine vorübergehende und unvollkommene Kopie war, endgültigen

Ausdruck verliehen. Aus diesem Gegensatz kam die Vorstellung des dem Fleisch weit überlegenen Geistes – und das Ideal eines Lebens der Abstraktion und Kontemplation, in welcher der Geist befreit von der Materie und ausgerichtet auf die wahrhafte Wirklichkeit eins wurde mit Gott, der Idee des Guten. Es gibt eine nicht zu übersehende Spur dieses populären Platonismus bei Joh. Jesus verkündigt, daß er nicht von dieser Welt ist, sondern ἐκ τῶν ἄνω, während seine Gegner von dieser Welt sind, ἐκ τῶν κάτω (8,23; vgl. 18,36). Dieses Gegenüber einer oberen und einer unteren Welt ergänzt den vielleicht eher charakteristisch jüdischen Kontrast zwischen der gegenwärtigen Welt und der Welt, die kommen soll; dies geht wohl auf Plato zurück. Wenn Jesus außerdem von sich selbst als dem »wahren« (ἀληϑινός) Weinstock (15,1; vgl. 1,9 das wahre Licht, 6,32 das wahre Brot) spricht, dann ist hier unter anderen Vorstellungen die eines archetypischen Weinstocks eingeschlossen, im Vergleich zu dem die anderen bloße Kopien sind.

Außer der platonischen ist hier nur noch eine philosophische »Schule« zu nennen, die stoische; freilich ist es sehr zweifelhaft, ob Joh irgendeine direkte Beziehung mit dem realen Stoizismus aufweist. Gewiß zeigt sich einmal eine oberflächliche Berührung in dem Gebrauch des Terminus Logos (s. u. S. 89f, 180ff); denn Logos spielt eine wichtige Rolle in der stoischen Weltsicht. Alle Dinge im Universum, so glaubte man, waren durchdrungen vom Logos, der selbst eine feine, ungreifbare materielle Substanz war. Das Wort Logos hatte zwei Bedeutungen: Es konnte die immanente Vernunft, den inneren rationalen Besitz (λόγος ἐνδιάϑετος) und gleichermaßen Sprache, den nach außen gerichteten Ausdruck des inneren Gedankens (λόγος προφορικός) bedeuten. Logos war göttlich, und Logos drückte sich selbst in materiellen Objekten aus, belebten und unbelebten. Logos war Gott, und Logos war das Universum. Stoische Philosophie ließ sich kaum vom Pantheismus trennen. Man konnte freilich Keime des göttlichen Logos (λόγοι σπερματικοί) im Verstand des Menschen suchen, der selbst ein Fragment des universalen Geistes war, und es gab deshalb eine natürliche Verwandtschaft zwischen der Seele des Menschen und der Geistseele des Universums. Was folglich ein Mann zu tun hatte, um das vollkommene Leben zu erreichen, war: in Übereinstimmung mit dem Logos zu leben, welcher sowohl in als auch um ihn war – er hatte zu leben κατὰ λόγον, und wenn er dies tat, wurde er ein Kind Gottes. Noch mehr, wenn er seine materielle Natur seiner rationellen Natur unterwerfen konnte, dann war er nicht weniger als Gott; denn der beherrschende Teil seines Lebens war Logos, ein Teil oder Funken des allumfassenden Logos; und der Stoiker hatte keinen anderen Gott. Wenn wir uns Joh zuwenden, dann finden wir nicht nur das Wort Logos, sondern auch die Aussage, daß der Logos das Licht ist, welches jedermann leuchtet (1,9), so wie die Stoiker glaubten, daß jeder Mensch, wie gering auch immer, an der allumfassenden Vernunft teilhabe. Wir erfahren, daß der fleischgewordene Logos »in sein Eigentum« kam (1,11); daß seine eigenen Schafe seine Stimme hörten (10,3), daß alle, die »aus der Wahrheit« waren, seine Stimme hörten (18,37), daß er kam, um die verstreuten Kinder Gottes wieder zu sammeln (11,52), und daß jene, zu denen der λόγος τοῦ ϑεοῦ kam, ϑεοί genannt wurden (10,35). Zu all diesen Stellen ist der Kommentar heranzuziehen; aber es kann hier schon allgemein festgestellt werden, daß Joh, trotz dieser Ähnlichkeiten, sowohl in seiner Logoslehre als auch in seiner Anthropologie vom Stoizismus weit entfernt ist. Der Logos kam in der Tat in sein Eigentum (εἰς τὰ ἴδια), aber – ein eindringlicher Kommentar zur Geschichte des Evangeliums – die Seinen (οἱ ἴδιοι) nahmen ihn nicht auf (1,11), und es gibt keinen Menschen, der natürlicherweise, kraft eines inwendigen Logos, Kind Gottes wird. Die Menschen müssen von Christus die Macht bekommen, Kinder Gottes zu werden (1,12).

Joh ist kein Stoiker; dennoch ist es wichtig, sehr kurz die stoischen Überzeugungen zu skizzieren, nicht um ihrer selbst willen, sondern wegen der Synthese von Platonismus und Stoizismus, welche zuerst im 1. Jh. v. Chr. populär wurde, vor allem, offenbar, unter dem Einfluß des Poseidonios (ca. 100 v. Chr.); sie trug dazu bei, die religiösen Entwicklungen möglich zu machen, die kurz erwähnt werden sollen. Man fand Methoden (wenn auch keineswegs immer konsequente), um stoischen Pantheismus mit der platonischen Idee eines transzendenten Gottes zu versöhnen. Die göttliche (und absolut immaterielle) Struktur des Universums, auf deren Basis (entsprechend der platonischen Kosmogonie) das sichtbare Universum gebildet wurde, verschmolz mit dem göttlichen (und materiellen) Logos, welcher (nach den Stoikern) dem Universum immanent war. Diese Verschmelzung wird jedoch in den erhaltenen Fragmenten des Poseidonios und in den Schriften anderer Philosophen, wie z. B. Philos, die wahrscheinlich von ihm abhängig waren, eher impliziert als wirklich ausgedrückt. Tatsache ist, daß hellenistische religiöse Philosophen sich in ihrem Versuch, die Nachfrage nach einer Philosophie zu decken, die eine wissenschaftliche Basis für Religion und eine befriedigende Anleitung für das Leben abgeben konnte, auf platonische Kosmogonie und stoische Physik (und auf Pythagoreismus) sowie auf die Ethik aller Schulen und auf nichtgriechische Beiträge stützen. Joh reflektiert diese Situation, aber niemals erlaubt er es dem aufmerksamen Leser zu vergessen, daß er ein Theologe und in gewisser Weise ein Historiker ist, nicht aber ein Philosoph. Das heißt, er findet seinen »Führer für das Leben« – den Weg, die Wahrheit und das Leben – nicht in einem System, sondern in einer geschichtlichen Person.

4. Erlösungsreligionen

Zugleich mit den mehr oder weniger rationalen Vorstellungen hellenistischer Philosophie entwickelte sich ein wachsender Glaube an das Schicksal und an Astrologie. Der Mensch, der unter dem Einfluß der Sterne lebte, wurde von ihnen geleitet und so zum Sklaven der Gottheiten oder Dämonen, die sie bewohnten oder durch sie repräsentiert wurden. Wenn er dem Einflußbereich des Fatums entkommen wollte, mußte er ein Mittel finden, mit dessen Hilfe er, seine körperliche Natur hinter sich lassend, zu der himmlischen Sphäre jenseits der Sterne gelangen und in unsterblicher Gemeinschaft mit Gott leben konnte. Gewiß konnte dieser Prozeß nur im Tode vollendet werden; aber schon im Leben mußte er, wenn er konnte, im Blick auf sein endgültiges Schicksal Gewißheit – wie auch bereits einen gewissen Vorgeschmack davon – suchen und finden. Bloß rationales Wissen reichte nicht aus, um ein solches Ziel zu erreichen. Der Mensch ohne einen Erlöser oder Offenbarer war verloren. Erlöser und Offenbarer, Religionen und Philosophien gab es in der hellenistischen Welt in beträchtlichem Maße, und Johannes, der in dieser Welt mit dem Ziel, von ihr verstanden zu werden, den wahren Erlöser und den wahren Offenbarer verkündigte, scheint die Ideen benutzt zu haben, die in dieser Welt im Umlauf waren.

Man konnte, vereinfacht gesagt, Erlösung auf einem von zwei möglichen Wegen suchen. Der erste Weg ist der, für den die Mysterienreligionen[36] stehen. Während sich diese voneinander im Detail weit unterschieden und ihre Überzeugungen und Praktiken aus unterschiedlichen Quellen bezogen, stimmen sie doch in bestimmten Punkten alle überein. Jede dieser Religionen gründete sich auf einen Mythos, eine Erzählung von einem Erlösergott, welche im allgemeinen seinen Tod und seine Auferstehung einschloß. Jede bot einen Weg der Initiation, auf welchem der Neophyt unter die Diener seines Herrn eingereiht wurde, ein Sakrament oder Sakramente, durch welche der Teilnehmer mit dem göttlichen Leben erfüllt und so gewiß wurde, daß er nach seinem Tod erfolgreich durch die Sternnächte gelangen und Unsterblichkeit in Gemeinschaft mit Gott gewinnen würde. Zumindest in seiner Begrifflichkeit ist Joh nicht ohne Beziehung zu diesen Religionen. Joh enthält die Geschichte der Wunder und insbesondere des Todes und der Auferstehung des Erlösers, die als der Bericht seiner eigenen Bewegung von irdischer Niedrigkeit zu göttlicher Erhöhung[37] erzählt wird. In der Geschichte vom gewaltsamen Tod des Erlösers lesen wir, daß aus seinem Leichnam Wasser und Blut hervorkamen, was man als Repräsentation der beiden Sakramente der Kirche verstehen konnte. Auf diese Sakramente (s. u. S. 98ff) wird in bestimmten Aussagen angespielt.[38] Zugang zum Reich Gottes wird nur denen gewährt, die durch die göttlich bestimmten Mittel eine göttliche Geburt empfangen haben (1,12; 3,3.5); Jesus verhieß ein »Brot des Lebens«, welches sein eigenes geopfertes Fleisch ist; nur jene, die dieses Fleisch essen und sein Blut trinken, haben das göttliche Leben, nach dem alle frommen Menschen suchen (6,51.53). Soweit zumindest existiert ein Parallelismus, aber er ist viel weniger betont als die Differenzen zwischen Joh und den Mysterienreligionen, und er kann in der Tat nur behauptet werden, indem man eine kleine Anzahl von Texten überbetont. Jesus hatte, anders als die göttlichen Heroen der Mysterienmythen, ein wirkliches menschliches Leben gelebt, und zwar erst kürzlich; der Mythos war nicht nur Mythos, sondern Geschichte. Die Sakramente zeigen darüber hinaus deutliche Spuren, daß sie aus den früheren eschatologischen Sakramenten des Urchristentums herausgewachsen sind; ihre Einführung durch Joh wird von radikaler Kritik begleitet (s. u. S. 100ff). Das joh Bild des göttlichen Erlösers indessen, der durch den Tod in das Leben hindurchdrang, um dasselbe Leben durch sakramentale Mittel seinen Nachfolgern zu ermöglichen, gehört zu *der* Welt, in welcher die Mysterienkulte eine wachsende Popularität gewannen.

Erlösung war für manche eine Sache von Sakramenten, opera operata, in welchen der Teilnehmer, auch wenn er oft zu einem guten Verhalten ermuntert wurde, in dem Ritus selbst die göttliche Medizin der Erlösung und die Gewißheit der Unsterblichkeit empfing.

---

[36] S. u. a. R. Reitzenstein, Die hellenistischen Mysterienreligionen [1927]; S. Angus, The Mystery-Religions and Christianity [1925]; A. D. Nock, Early Gentile Christianity and its Hellenistic Background, in: Essays on the Trinity and the Incarnation, hg. A. E. J. Rawlinson [1928] Separatdruck 1964, mit einer wertvollen Bibliographie; A. D. Nock, Conversion [1933]; R. Bultmann, Das Urchristentum im Rahmen der antiken Religionsgeschichte [³1963] S. 146–152; A. Loisy, Les Mystères païens et le Mystère chrétien [1930].

[37] S. hier auch die hellenistische Gestalt des ϑεῖος ἀνήρ; s. u. S. 90.

[38] Zur Annahme möglicher redaktioneller Interpolationen s. S. 99 und den Kommentar zu den in Frage kommenden Stellen.

Ein zweites Mittel der Erlösung kann in dem Wort »Gnosis«[39] zusammengefaßt werden. Das Ziel, das man suchte, war dasselbe; aber »dies allein bringt Erlösung für den Menschen – die Erkenntnis (γνῶσις) Gottes« (Corp Herm X, 15). Des Menschen Weg zur Befreiung bestand darin, Gott zu erkennen und so sich selbst zu erkennen. Gnosis schloß Wissen über Kosmogonie ein, und zwar im allgemeinen in der Form eines kosmologischen Mythos, der die seltsame Mischung von Materie und göttlicher Vernunft, aus welcher der Mensch bestand, erklärte; und in Korrespondenz zur Kosmologie eine Soteriologie, die oft recht unabhängig vom Kultus war und aus der Erkenntnis des Weges bestand, auf welchem man in der Güte Gottes sicher durch die Planetensphären gelangen konnte. Persönliche Einheit mit Gott und Apotheose waren das Endziel. Dies wurde antizipiert in der irdischen Erfahrung jener, die durch ein zurückgezogenes Leben und Abtötung des Fleisches erreichten, daß sie selbst durch den göttlichen Willen wiedergeboren wurden. Diese Art von Religion findet sich in vielen Varianten in den gnostischen Systemen (christlichen und anderen), aber, insofern es um das NT geht, ganz besonders im Corpus Hermeticum, einer Sammlung von Schriften aus dem 2., 3. und 4. Jh., die jedoch Stoff einschließt, der fast sicher so alt wie Joh ist. Direkte literarische Beziehungen lassen sich nicht aufweisen, aber es scheint klar, daß Joh mit ähnlichen Voraussetzungen und entlang ähnlichen Linien wie die hermetischen Autoren arbeitete. Er gebraucht niemals das Wort γνῶσις (vielleicht absichtlich), aber »Erkenntnis« ist ein wesentliches Thema des Evangeliums; Gott und seinen Boten zu erkennen, ist ewiges Leben (17,3). Sowohl bei Joh als auch in den Hermetica ist Gott Licht und Leben, und Licht und Leben sind die Segnungen, deren sich jene erfreuen, die mit Gott vereint sind. Der Gedanke einer göttlichen Zeugung oder Wiedergeburt spielt in den Hermetica eine wichtige Rolle, obwohl die Mittel der Wiedergeburt nicht wie in den Mysterien sakramental sind; die Vermittlung zwischen Gott und den Menschen wird hier durch einen Mittler-Logos oder einen Mann vom Himmel bewirkt. All dies weist deutlich auf den Hintergrund der Gedanken hin, aus denen Joh hervorging, und wenn man diesen Hintergrund erkennt, ist es nicht mehr überraschend, daß (soweit wir wissen) die ersten Benutzer des Evangeliums Gnostiker waren (s. S. 81f, 127ff). Noch einmal: es gibt Unterschiede ebenso wie Ähnlichkeiten, und diese ergeben sich hauptsächlich daraus, daß es Joh um einen Logos ging, der Fleisch geworden war. Bloße Absonderung vom physischen Universum und Versenkung in mystische Spekulationen waren nicht die Mittel, einen solchen Logos zu empfangen.

Nachdem wir nun einige (wenn auch nicht alle; s. u.) Belege hier skizziert haben, ist es möglich, noch einmal die Position in den Blick zu nehmen, die das vierte Evangelium in der Welt, in welcher es geschrieben wurde, eingenommen hat. Wir haben oben darauf hingewiesen, daß einige Forscher behaupten, das Evangelium sei ausschließlich palästi-

---

[39] Es ist sinnvoll, den Begriff Gnostizismus für die christliche Häresie des 2. Jh. und der Zeit danach zu verwenden, Gnosis für das damit zusammenhängende vorchristliche Phänomen, obwohl diese Unterscheidung nicht immer strikt durchgehalten werden kann. Die einschlägige Literatur ist riesig. Folgende Werke sind u. a. nützlich: Bultmann (s. Anm. 36), S.152–162; R. McL. Wilson, The Gnostic Problem [1958]; H. Jonas, Gnosis und spätantiker Geist [1954 (1934)], und The Gnostic Religion [1958]; Dodd, Interpretation, S. 10–53.97–130; R. Reitzenstein, Poimandres [1904]; U. Bianchi (Hg.), Le Origini dello Gnosticismo [1967]. Besonders wichtig sind die beiden Bände mit ausgewählten Texten hg. von W. Foerster, Gnosis I/II [1969.1971].

nisch und habe keinerlei Beziehungen zur hellenistischen Welt (sie scheinen zu vergessen, daß Palästina Teil der hellenistischen Welt war),[40] während andere es als ein Beispiel einer rein hellenistischen Religionsphilosophie behandeln. Keine dieser beiden Extrempositionen kann aufrechterhalten werden. Tatsache ist, und dies scheint unbestreitbar, daß sich sowohl jüdische als auch hellenistische Elemente im Evangelium finden. Und zwar liegen sie nicht in einer solchen Weise nebeneinander, daß man dies leicht durch eine Quellenhypothese lösen könnte, sondern sie sind in eine einheitliche Darstellung der universalen Bedeutung Jesu gegossen. Joh entwickelt aus ihm zweifellos einleuchtenden Gründen eine Synthese von jüdischem und griechischem Denken. Er war nicht der erste, der dies tat. Der Druck griechischen Einflusses wirkte sich sowohl auf die Form als auf den Inhalt des palästinischen Judentums aus, und jüdische Propagandisten hatten schon lange die Sprache und Denkformen des Hellenismus benutzt, um ihre eigene religiöse Erfahrung auszudrücken und ihren Glauben den Menschen anderer Völker zu empfehlen. Man könnte erwarten, daß dieses hellenistische Judentum eine enge Parallele zum Werk des Joh darstellt; und dies trifft in der Tat zu.

Die Verbindung von griechischem und hebräischem Denken war auf zwei Wegen zustande gekommen, die den zwei Ausdrucksformen hellenistischen Denkens entsprechen, auf die wir bereits hingewiesen haben. Und das ist natürlich genug: sowohl die Mysterienreligionen als auch die gnostischen Systeme waren das Ergebnis orientalischen Glaubens und orientalischer Spekulation, die danach strebten, sich selbst in einem hellenistischen Milieu auszudrücken. Es scheint, auch wenn die Belege dafür nicht ganz eindeutig sind, daß es Versuche gegeben hat, das Judentum als Mysterienkult darzustellen. Bereits 139 v. Chr. praktizierten Juden in Rom einen Kult, der sich von Phrygien her ausgebreitet hatte. Sie verehrten einen Gott namens Sabazius, in dessen Namen wir eine Vermischung des hebräischen Sabaoth (יהוה צבאות, Herr der Heerscharen) mit einem phrygischen Titel des Dionysos[41] finden. Man hat behauptet,[42] daß auch Philo ein Beleg ist für den Versuch, das Judentum als das höchste Mysterium darzustellen (vgl. z. B. Cher 49, *ἐγὼ παρὰ Μωυσεῖ τῷ θεοφιλεῖ μυηθεὶς τὰ μεγάλα μυστήρια*). Aber angesichts des gewaltigen Ekels, mit welchem Philo die zeitgenössischen Kulte betrachtet (z. B. Spec 1,319: Mose verwirft *τὰ περὶ τελετὰς καὶ μυστήρια καὶ πᾶσαν τὴν τοιαύτην τερθυρείαν καὶ βωμολοχίαν*), scheint es sicher zu sein, daß er nichts anderes tat, als gelegentlich Begriffe metaphorisch zu verwenden, die ihm selbst und seinen Lesern in ausreichendem Maß bekannt waren. Philo ist vielmehr der herausragende Repräsentant der zweiten, nichtkultischen Art der Assimilation des Judentums an hellenistisches Denken und Handeln. Es geht ihm wie den Autoren der Hermetica aber auch bereits zu einem früheren Zeitpunkt um die Erkenntnis Gottes, und er glaubt, diese Erkenntnis sei ohne den Gebrauch sinnlicher Mittel zu erwerben, eben auf der Basis einer vorgegebenen Offenbarung mit Hilfe von Zurückgezogenheit und Meditation. Die Offenbarung ist sowohl Kosmologie als auch Soteriologie; sie ist selbstverständlich im AT zu finden, obwohl es

---

[40] S. bes. M. Hengel, Judentum und Hellenismus, (WUNT 10 [1969]); auch ders., Juden, Griechen und Barbaren, (SBS 76 [1976]).
[41] Valerius Maximus I, III, 2. S. Schürer ³III, S. 109f.
[42] Vornehmlich E. R. Goodenough, By Light, Light [1935].

überraschend ist, wieviel zeitgenössische hellenistische Philosophie Philo aus den fünf Büchern Mose herauszuholen vermag. Kraft der Allegorie werden die Erzählungen des Pentateuch für die homiletischen und missionarischen Ziele nutzbar gemacht, die Philo am Herzen lagen.

Diese Assimilation des Judentums und seiner grundlegenden Dokumente an den Hellenismus hatte lange vor Philo begonnen, nämlich in der Weisheitsliteratur. Die Gestalt der Weisheit (חכמה, σοφία) selbst bot ein göttliches Zwischenwesen, das man sowohl auf philosophischer als auch auf religiöser Ebene adaptieren konnte, und sie wurde bei Philo vom Logos abgelöst, der mit anderen Mächten (δυνάμεις) den Willen Gottes erfüllt und als das Medium handelt, durch das Gott die Welt erschafft. Zu diesem Gedanken gibt es Parallelen bei Joh (s. besonders den Kommentar zum Prolog); aber es ist hier weniger wichtig, detaillierte Parallelen zwischen Joh und Philo anzuführen (literarische Beziehung kann offenbar nicht bewiesen werden), als zu beobachten, daß die beiden Autoren sich ähnlichen Aufgaben gegenübersahen. Beide besaßen einen Geist, der mit den fundamentalen Ideen hellenistischer Religion wohl gefüllt war, und beide taten mit dieser Ausstattung ihr Bestes, in einer möglichst attraktiven Weise einen ursprünglich semitischen Glauben darzulegen. Beide kamen in diesem Prozeß in eine Beziehung zur gnostischen Bewegung, deren Eintritt nach Europa ungefähr der Periode entspricht, der die Werke Philos und Joh' zuzuordnen sind. So wichtig die Hermetica auch sind (s. o. S. 56f), so ist doch Philo ein noch bedeutenderer Zeuge für die vorchristliche Gnosis, die Teil des Hintergrunds des Joh ist. Es kann nur wenig Zweifel oder Streit darüber geben, daß diese Gnosis eine gewisse Rolle bei der Entwicklung des joh Denkens spielte. War diese Rolle nun positiv oder negativ? Das heißt, ging es Joh darum, die Ideen der Gnosis zu bekämpfen, selbst wenn er teilweise ihre Sprache benutzte? Oder nahm er beides, die Sprache und die Gedanken, oder einen Teil der Gedanken, der Gnosis als ein Mittel auf, den christlichen Glauben darzulegen und zu erläutern und ihn dabei ungewollt zu modifizieren? Eine ähnliche Frage sei als literarische formuliert: Zu welchem Zeitpunkt ging gnostischer Stoff in die Substanz des Evangeliums ein? Übernahm Joh fundamental gnostische Stoffe und christianisierte sie (s. o. S. 37ff zu den Offenbarungsreden), oder führt er gnostische Sprache in die nichtgnostische urchristliche Tradition ein?[43] Dieses Kapitel, das hauptsächlich nur einen kurzen Überblick bieten will, ist nicht der Ort, an dem der Versuch unternommen werden soll, diese Fragen zu beantworten (s. bes. S. 155ff); aber es ist wichtig zu zeigen, daß diese Fragen bei einer ernsthaften Untersuchung des Hintergrundes unseres Evangeliums aufgeworfen werden.

---

[43] Die Frage sei illustriert an den Oden Salomos und der mandäischen Literatur; s. dazu auch u. S. 81f, 127f. Die Oden sind gnostisch. Sind sie aber die Art von frühem gnostischen Material, das eine Quelle für Joh war, oder repräsentieren sie eine Art von gnostisierendem Christentum, das seinen Ursprung dem Einfluß des Joh oder ähnlicher christlicher Literatur verdankt? Die mandäische Literatur ist in ihrer vorfindlichen Form später als Joh, sie könnte aber Zeugnis für viel ältere Überzeugungen ablegen, die in mancher Hinsicht joh Denken nahestehen; sollten die vor-mandäischen Stoffe als Quelle für Joh angesehen werden, oder Joh als eine der Quellen für mandäischen Gnostizismus?

Kapitel 3

Der christliche Hintergrund des Evangeliums

1. Die synoptische Tradition

I) Literarisch: In früheren Phasen der kritischen Erforschung des NT wurde gewöhnlich angenommen, daß Joh Mk und vielleicht auch Lk und sogar Mt kannte. Ein gutes Beispiel dafür ist B. H. Streeter (The Four Gospels [¹1929]),[44] der zu dem Schluß kommt, daß Joh Mk gut kannte, daß er und, wie er annahm, auch seine Leser Lk kannten und daß er wahrscheinlich Mt gekannt hat, da es Belege dafür gibt, daß Mt in der Provinz Asia verbreitet war. Joh machte nur wenig Gebrauch von Mt, da ihm dessen apokalyptische und judaistische Tendenzen nicht zusagten. Sowohl literarische als auch theologische Beziehungen legen den Schluß nahe, daß die Evangelien des Markus, Lukas und Johannes eine Reihe bilden, wobei Lukas von Markus abhängt und Johannes von den beiden anderen (S. 424 f).

Diese Position wurde angegriffen von P. Gardner-Smith (St. John and the Synoptic Gospels [1938]). Die Logik seiner Beweisführung ist deutlich: Die Frage, um die es ihm geht, ist, »ob es leichter ist, eine Erklärung für die Ähnlichkeiten zwischen Joh und den Synoptikern ohne eine Theorie literarischer Abhängigkeit zu finden, oder die Widersprüche durch die Annahme einer solchen Theorie zu erklären« (S. X). Bevor er sich dieser Frage zuwendet, stellt er vorweg fest: 1) Der Evangelist muß Glied einer Ortsgemeinde gewesen sein, und er würde deshalb in erster Linie nicht von schriftlichen Dokumenten abhängen, sondern von der mündlichen Tradition, die es in dieser Kirche gab. 2) Es ist falsch, sich auf die wenigen Ähnlichkeiten zwischen Joh und den anderen Evangelien zu konzentrieren; die Differenzen sind in weitaus größerem Maße vorhanden und sollten angemessene Beachtung finden. Nach der Sichtung des gesamten Materials kommt Gardner-Smith zu dem Schluß, daß die vorliegenden Ähnlichkeiten sachgemäß und in der Tat am besten erklärt werden können, wenn man mündliche Tradition annimmt. Es gibt somit keinen Grund für die Annahme, daß Joh irgendeines der synoptischen Evangelien als schriftliche Werke kannte; denn selbst der Rahmen des Evangeliums war nicht so sehr durch literarische Vorlagen als durch die übliche christliche Predigt gegeben.

Die Unabhängigkeit des Joh von den synoptischen Evangelien ist nun weithin akzeptiert, wenn auch häufig mit gewissen Modifikationen. So vermutet P. Borgen,[45] daß

---

[44] S. meine Ausführungen zu diesem Problem in ExpT 85 [1974], S. 228–233. Ich danke dem Herausgeber, Dr. C. L. Mitton, für die Erlaubnis, von diesem Artikel Gebrauch machen zu dürfen.
[45] NTS 5 [1959], S. 246–259.

»Einheiten synoptischen Stoffes der joh Tradition hinzugefügt worden sind« (S. 259), und P. Parker[46] nimmt an, daß »der vierte Evangelist irgendwo irgendwann mit Lukas im Rahmen der christlichen Mission zusammengearbeitet haben muß« (S. 336). Aus Gründen, die teilweise in diesem Kapitel und z. T. in den Ausführungen zu hier in Frage kommenden Stellen genannt werden, teile ich diese jetzt populäre Meinung nicht. Ich möchte außerdem auf den bereits erwähnten Aufsatz verweisen (wo die Positionen einer Anzahl von Forschern berücksichtigt werden).[47]

Der Sachverhalt, welcher die meisten der sich mit synoptischen Fragen befassenden Forscher davon überzeugt hat, daß Mk (oder ein Dokument, das ihm sehr ähnlich ist) von Mt und Lk benutzt wurde, besteht darin, daß bei Mt und Lk mk Erzählungen in der Ordnung wie bei Mk begegnen und daß Mt und Lk mk Sprache gebrauchen. Vergleichbare Sachverhalte können in geringerem Maße auch im Blick auf Joh beobachtet werden. Im folgenden führen wir eine – sicherlich unvollständige – Liste einander entsprechender Abschnitte an, die in der gleichen *Reihenfolge* sowohl bei Mk als auch bei Joh begegnen:

a) Wirken und Zeugnis des Täufers		Mk 1,4–8	Joh 1,19–36
b) Aufbruch nach Galiläa		1,14f	4,3
c) Die Speisung der Menge		6,34–44	6,1–13
d) Seewandel		6,45–52	6,16–21
e) Petrusbekenntnis		8,29	6,68f
f) Aufbruch nach Jerusalem		9,30f	7,10–14
		10,1.32.46	
g) Der Einzug ⎱ bei Joh		11,1–10	12,12–15
Die Salbung ⎰ umgestellt[48]		14,3–9	12,1–8
h) Das Abschiedsmahl mit der Vorhersage des Verrats und der Verleugnung		14,17–26	13,1–17,26
i) Die Gefangennahme		14,43–52	18,1–11
j) Passion und Auferstehung[49]		14,53–16,8	18,12–20,29.

Es muß außerdem festgehalten werden, daß die Tempelreinigung (Mk 11,15–17) auch bei Joh, wenn auch an einer anderen Stelle, begegnet (2,14–16).

Wir haben hier eine recht auffällige Kette sehr wichtiger Ereignisse. b) und f) sind von besonderer Bedeutung, denn Joh hält den einfachen Rahmen des Mk, eine Reise nach Jerusalem, nicht bei, und die Abfolge von c) und d) ist nicht leicht zu erklären, es sei denn durch die Hypothese literarischer Abhängigkeit.

---

[46] NTS 9 [1963], S. 317–336.

[47] S. auch D. M. Smith, a. a. O. (Anm. 10).

[48] Die Umstellung spricht natürlich gegen das Argument, daß Joh die mk Reihenfolge kannte. Aber jedes Ereignis bleibt in bezug auf die anderen Glieder der Liste in derselben Reihenfolge; außerdem können Gründe für die Umstellung wahrscheinlich gemacht werden; s. S. 405.

[49] In den Passions- und Ostererzählungen gibt es viele Parallelen zwischen Mk und Joh, wo Joh häufig von Mk abhängig zu sein scheint; s. den Kommentar zu Kap. 18; 19; 20 passim.

In einigen der angeführten Stellen gibt es enge wörtliche Berührungen. Die folgenden Beispiele (die Liste ist wiederum nicht vollständig) seien gegeben:

(a) Mk 1,7: ἔρχεται ὁ ἰσχυρότερός μου ὀπίσω μου, οὗ οὐκ εἰμὶ ἱκανὸς κύψας λῦσαι τὸν ἱμάντα τῶν ὑποδημάτων αὐτοῦ.
Mk 1,8.10.11

(c) Mk 6,37.38.43.44: ἀπελθόντες ἀγοράσωμεν δηναρίων διακοσίων ἄρτους, ... πέντε [ἄρτους], καὶ δύο ἰχθύας ... ἦραν κλάσματα δώδεκα κοφίνων πληρώματα ... πεντακισχίλιοι ἄνδρες.

(d) Mk 6,50: θαρσεῖτε, ἐγώ εἰμι· μὴ φοβεῖσθε.

(e) Mk 8,29: σὺ εἶ ὁ χριστός.

(g) Mk 11,9f: ὡσαννά· εὐλογημένος ὁ ἐρχόμενος ἐν ὀνόματι κυρίου· εὐλογημένη ἡ ἐρχομένη βασιλεία τοῦ πατρὸς ἡμῶν Δαυίδ.

Mk 14,3: ἔχουσα ἀλάβαστρον μύρου νάρδου πιστικῆς πολυτελοῦς.

Mk 14,5: ἠδύνατο γὰρ τοῦτο τὸ μύρον πραθῆναι ἐπάνω δηναρίων τριακοσίων καὶ δοθῆναι τοῖς πτωχοῖς.

Mk 14,7f: πάντοτε γὰρ τοὺς πτωχοὺς ἔχετε μεθ᾽ ἑαυτῶν, καὶ ὅταν θέλητε δύνασθε αὐτοῖς εὖ ποιῆσαι, ἐμὲ δὲ οὐ πάντοτε ἔχετε. ὃ ἔσχεν ἐποίησεν· προέλαβεν μυρίσαι τὸ σῶμά μου εἰς τὸν ἐνταφιασμόν.

(h) Mk 14,18: ἀμὴν λέγω ὑμῖν ὅτι εἷς ἐξ ὑμῶν παραδώσει με.

Mk 14,30: ἀμὴν λέγω σοι ὅτι σὺ σήμερον ταύτῃ τῇ νυκτὶ πρὶν ἢ δὶς ἀλέκτορα φωνῆσαι τρίς με ἀπαρνήσῃ.

(i) Mk 14,47: εἷς δέ τις τῶν παρεστηκότων σπασάμενος τὴν μάχαιραν ἔπαισεν τὸν δοῦλον τοῦ ἀρχιερέως καὶ ἀφεῖλεν αὐτοῦ τὸ ὠτάριον.

(k) Mk 15,26: ὁ βασιλεὺς τῶν Ἰουδαίων.

Joh 1,27: ... ὁ ὀπίσω μου ἐρχόμενος, οὗ οὐκ εἰμὶ ἐγὼ ἄξιος ἵνα λύσω αὐτοῦ τὸν ἱμάντα τοῦ ὑποδήματος.
Joh 1,26.32.33.34

Joh 6,7.9.10.13: διακοσίων δηναρίων ἄρτοι ... πέντε ἄρτους κριθίνους καὶ δύο ὀψάρια ... οἱ ἄνδρες τὸν ἀριθμὸν ὡς πεντακισχίλιοι ... δώδεκα κοφίνους κλασμάτων ...

Joh 6,20: ἐγώ εἰμι· μὴ φοβεῖσθε.

Joh 6,69: σὺ εἶ ὁ ἅγιος τοῦ θεοῦ.

Joh 12,13: ὡσαννά, εὐλογημένος ὁ ἐρχόμενος ἐν ὀνόματι κυρίου, καὶ ὁ βασιλεὺς τοῦ Ἰσραήλ.

Joh 12,3: λαβοῦσα λίτραν μύρου νάρδου πιστικῆς πολυτίμου.

Joh 12,5: διὰ τί τοῦτο τὸ μύρον οὐκ ἐπράθη τριακοσίων δηναρίων καὶ ἐδόθη πτωχοῖς;

Joh 12,7f: ἄφες αὐτήν, ἵνα εἰς τὴν ἡμέραν τοῦ ἐνταφιασμοῦ μου τηρήσῃ αὐτό· τοὺς πτωχοὺς δὲ γὰρ πάντοτε ἔχετε μεθ᾽ ἑαυτῶν, ἐμὲ οὐ πάντοτε ἔχετε.

Joh 13,21: ἀμὴν ἀμὴν λέγω ὑμῖν ὅτι εἷς ἐξ ὑμῶν παραδώσει με.

Joh 13,38: ἀμὴν ἀμὴν λέγω σοι, οὐ μὴ ἀλέκτωρ φωνήσῃ ἕως οὗ ἀρνήσῃ με τρίς.

Joh 18,10: Σίμων οὖν Πέτρος ἔχων μάχαιραν εἵλκυσεν αὐτὴν καὶ ἔπαισεν τὸν τοῦ ἀρχιερέως δοῦλον καὶ ἀπέκοψεν αὐτοῦ τὸ ὠτάριον τὸ δεξιόν.

Joh 19,19: Ἰησοῦς ὁ Ναζωραῖος ὁ βασιλεὺς τῶν Ἰουδαίων.

Es muß noch einmal gesagt werden, daß dies nicht eine vollständige Liste der wörtlichen Übereinstimmung ist, die man in parallelen Abschnitten finden kann, welche *in derselben Reihenfolge* bei Joh und Mk begegnen. Man kann nicht sagen, die bisher gesammelten

Daten könnten beweisen, daß Joh unser zweites Evangelium als eine Quelle kannte und benutzte. Sie scheinen aber ausreichend die Ansicht zu stützen, daß Joh Mk gelesen hatte und der Meinung war, es enthalte einen brauchbaren Aufriß des Evangeliums, und oft – vielleicht unabsichtlich – die mk Wendungen nachahmte, wenn er über dieselben Ereignisse schrieb. Ganz gewiß gab es zwischen Joh und Mk historische und theologische Unterschiede. Wir werden später darauf eingehen (S. 63 ff u.).

Wie es scheint, kann man sie mit den besonderen Interessen und Voraussetzungen des Joh ausreichend erklären, weshalb die literarischen Schlußfolgerungen, die wir gezogen haben, nicht zu entkräften sind. Darüber hinaus scheint Joh zuweilen absichtlich eine Tradition, die in Mk enthalten war (vgl. z. B. Mk 1,14f und Joh 3,24; Mk 15,21 u. Joh 19,17 – ἑαυτῷ), zu verbessern oder zu korrigieren.

Sicherlich »benutzte« Joh Mk nicht in derselben Weise wie Mt. Die Parallelen können nicht einmal *beweisen*, daß Joh das Buch gelesen hatte, das wir als Mk kennen. Jedermann, der lieber sagt, »nicht Mk, sondern die mündliche Tradition, auf welcher Mk beruhte«, oder »nicht Mk, sondern eine schriftliche Quelle, auf der Mk aufbaute«, kann den Anspruch erheben, daß seine Hypothese dem Belegmaterial in gleicher Weise gerecht wird. Man kann nur sagen, daß wir die mündliche Tradition, auf welcher Mk beruht, nicht haben; wir haben auch keine der schriftlichen Quellen, die Mk zitiert haben mag. Aber wir besitzen Mk, und bei ihm finden sich Geschichten, die Joh wiederholt, zumindest manchmal mit ähnlichen oder sogar den gleichen Worten, zumindest manchmal in grundsätzlich der gleichen Reihenfolge – und dies ist nicht in jedem Fall so unvermeidlich, wie manchmal behauptet wurde. Die recht unbefriedigende Anmerkung von Gardner-Smith zur Abfolge des Speisungswunders und des Seewandels bleibt als implizite Kritik seiner eigenen Position bestehen: »Sie passen gut zusammen, und sie waren ohne Zweifel in der mündlichen Tradition miteinander verbunden« (S. 33). Tatsache jedenfalls ist, daß bei Joh wiederholt Belege auftauchen, die die Annahme nahelegen, daß der Evangelist ein Überlieferungscorpus kannte, welches entweder in Mk oder etwas dem Mk sehr Ähnlichem bestand. Jedermann, der nach dem Verlauf von neunzehn Jahrhunderten imstande zu sein glaubt, genau zwischen »Markus« und »etwas dem Markus sehr Ähnlichem« zu unterscheiden, mag dies tun. Die einfachere Hypothese, welche nicht die Annahme ansonsten unbekannter Größen nötig macht, ist nicht ohne Reiz.

Die Übereinstimmung zwischen Joh und Lk ist viel geringer als die zwischen Joh und Mk; es ist freilich eine zumindest plausible Hypothese, daß Joh Lk gelesen habe. Das Belegmaterial wird am besten von Creed[50] dargestellt. Nur die folgenden Punkte seien hier festgehalten:

Personen: Nur Lk und Joh erwähnen die Schwestern Maria und Martha. Nur Joh erwähnt ihren Bruder Lazarus, aber der Name begegnet auch Lk 16,19f. Joh erwähnt einen Jünger namens Judas, einen anderen als Judas Ischariot (14,22); dieser Mann ist wahrscheinlich der »Judas des Jakobus«, der nur in der lk Zwölferliste erscheint. Nur Lk und Joh verweisen auf Hannas.

Einzelheiten: Der Verrat ist darauf zurückzuführen, daß Judas vom Satan besessen ist (Lk 22,3; Joh 13,2.27; vgl. 6,70). Sowohl bei Lk als auch in Joh wird die Verleugnung

---

[50] J. M. Creed, The Gospel according to St Luke [1930], S. 318–321.

des Petrus während des Abendmahls angekündigt, und nicht wie bei Mk danach; die Sprache von Joh 13,38 steht Lk 22,34 näher als Mk 14,30. Bei der Gefangennahme war es das rechte Ohr des hohenpriesterlichen Knechts, das abgeschlagen wurde, und beim Grab am Ostermorgen gab es zwei Engel, nicht wie bei Mk einen. Die Einzelheiten der joh Salbungsgeschichte erinnern ebenso an die lk wie an die mk Erzählung.

Zweifellos könnte man diese Übereinstimmungen dem Zufall oder dem gemeinsamen Gebrauch einer mündlichen Tradition zuschreiben. Es scheint aber gleichermaßen möglich, und dies ist vielleicht vorzuziehen, sie darauf zurückzuführen, daß Joh Lk gelesen hatte. Es gibt gewiß keinen vernünftigen Grund, warum er dieses Evangelium, oder irgendeinen früheren Entwurf, nicht gelesen haben sollte.[51]

II) Historisch: Ein oberflächlicher Vergleich von Joh und Mk (dessen Aufriß im wesentlichen von Mt und Lk übernommen wurde) zeigt einen Gegensatz zwischen zwei sehr unterschiedlichen Berichten von der Wirksamkeit Jesu. Bei Mk beginnt Jesus sein Wirken nach seiner Taufe mit einer Predigtreise in Galiläa. Gelegentlich verläßt er das Gebiet des Herodes Antipas, um in Richtung von Tyros und Sidon oder der Dekapolis zu wandern, aber er bleibt im Norden Palästinas, bis er schließlich südwärts nach Jerusalem zieht, um nach nicht mehr als einer Woche des Wirkens in der Hauptstadt dort seinen Tod zu finden. Bei Joh beginnt Jesus seine Wirksamkeit in Judäa und Jerusalem, und die Erzählung wird mehrfach (2,13; 5,1; 7,10) durch Besuche in Jerusalem zum Zweck der Teilnahme an jüdischen Festen unterbrochen. Jerusalem ist in der Tat eher als Galiläa der Mittelpunkt des Wirkens Jesu. Dieser scheinbare Widerspruch zwischen zwei Zeugen der Geschichte Jesu wird durch die folgenden Überlegungen gemildert: a) Weder Mk noch Joh waren in erster Linie an der Chronologie interessiert. Der Aufriß des Mk beruhte wahrscheinlich auf der urchristlich-apostolischen Predigt, welche in recht summarischer Weise mit dem biographischen Material umging, das für den Zeitraum zwischen Taufe und Tod Jesu vorlag. Joh seinerseits scheint bei seiner Gruppierung des Stoffes noch mehr als Mk von thematischen Überlegungen geleitet gewesen zu sein. Seine Erzählungen werden oft von Reden begleitet, die theologische Kommentare sind, und die Reihenfolge des Evangeliums ist zumindest teilweise von den theologischen Themen bestimmt, um die es geht (s. dazu S. 31 ff o.). b) Es gibt Hinweise bei Mk, welche möglicherweise darauf deuten, daß Jesus Jerusalem häufiger besuchte, als Mk selbst berichtet. So hat z. B Jesus keine Schwierigkeiten, einen Esel und einen vorbereiteten Speiseraum zu finden, wenn er diese braucht (Mk 11,1–7; 14,12–16). c) In ähnlicher Weise scheint Joh von entscheidenden Reisen, zuerst nach Galiläa, dann nach Judäa, zu wissen, und an jedem Punkt scheint es Berührungen mit der mk Erzählung zu geben. Joh 3,24 korrigiert, so hat man jedenfalls angenommen, absichtlich den Hinweis des Mk auf die Gefangennahme Johannes des Täufers (Mk 1,14), während die Heimlichkeit in Joh 7,10 der Stelle Mk 9,30 entspricht.

Joh korrigiert Mk nicht nur im Blick auf die Verhaftung des Täufers, beide behandeln ihn auch sonst unterschiedlich. Mk 9,13 scheint zu meinen, Johannes der Täufer sei Elia,

---

[51] S. ferner J. A. Bailey, The Traditions common to the Gospels of Luke and John [1963]. Daß Joh Mt kannte, wird vertreten von H. F. Sparks, JThSt 3 [1952], S. 58–61; s. die Replik von P. Gardner-Smith, JThSt 4 [1953], S. 31–35.

der zurückgekehrt war, den Weg für den Messias zu bereiten. Sicherlich wird diese Identifikation von Mt (11,14; 17,13) explizit vorgenommen. In Joh 1,21 wird dies entschieden abgelehnt. Johannes ist nicht Elia. Es scheint sehr wahrscheinlich, daß Joh hier aus Gründen, welche später diskutiert werden (u. S. 68, 196f und Komm. zu 1,21), eine frühere Annahme korrigiert. In gleicher Weise scheint seine Auslassung der Erzählung von der Taufe Jesu selbst, die eine wichtige Rolle bei Mk spielt, beabsichtigt zu sein. Wir werden darauf bei der Behandlung der theologischen Beziehungen zwischen Joh und der synoptischen Tradition zurückkommen müssen.

Ein wichtiger historischer Unterschied zwischen Joh und Mk (welchem Mt und Lk folgen) liegt in dem Motiv, das beide Evangelisten für die abschließende und erfolgreiche Verschwörung der jüdischen Autoritäten gegen das Leben Jesu geben. Mk 11,18 wird festgestellt, daß die Hohenpriester und Schriftgelehrten, als sie von der Tempelreinigung hörten, überlegten, wie sie Jesus beseitigen könnten. Diese kühne Herausforderung provozierte ihre Feindseligkeit und führte zur endgültigen Entscheidung. Bei Joh aber wird die Tempelreinigung in Kap. 2 beschrieben und kann deshalb nichts mit dem letzten Anschlag der Juden zu tun haben. Joh andererseits erzählt ausführlich die Auferweckung des Lazarus, ein Ereignis, das bei keinem der Synoptiker erwähnt, von ihm aber als entscheidend im Ränkespiel der Juden gegen Jesus behandelt wird (11,53, ἀπ᾽ ἐκείνης οὖν τῆς ἡμέρας). Wir haben hier einen nicht völlig aufzulösenden Widerspruch. Es scheint unwahrscheinlich, daß es zwei Tempelreinigungen gab, eine zu Beginn und die andere am Ende der Wirksamkeit Jesu. Man kann gegen die mk Datierung des Ereignisses vorbringen, er sei, da er nur *eine* Reise nach Jerusalem kennt und die Tempelreinigung dort und nirgendwo anders stattgefunden haben muß, gezwungen gewesen, diese ohne Rücksicht auf die Chronologie in die letzte Woche der Wirksamkeit Jesu zu verlegen. Dagegen war Joh, wenn wir seinen Bericht von mehreren Besuchen als korrekt ansehen, frei, das Ergebnis an der richtigen Stelle zu bringen. Auf der anderen Seite kann man, wenn Joh seinen Stoff nach thematischen Gesichtspunkten ordnete, argumentieren, er betrachte die Tempelreinigung als eine brauchbare und eindrückliche Vorausdarstellung des Werkes Jesu und seiner Beziehungen zum Judentum. Die einzigen Grundlagen einer Entscheidung sind hinsichtlich des Ereignisses selbst allgemeine Wahrscheinlichkeiten und allgemeine Ansichten über die relative Zuverlässigkeit der beiden Quellen. Die mk Datierung ist offenbar vorzuziehen. Sofern man dies nun aber tut, erheben sich schwerwiegende Zweifel im Blick auf die Historizität der Lazarusgeschichte, so wie sie bei Joh steht, und dies nicht einfach, weil die Erzählung wunderhaft ist, sondern weil für sie kein Platz in der mk Erzählung gefunden werden kann (s. weiter S. 386ff u.).

Joh unterscheidet sich von den Synoptikern auch in der Datierung der Kreuzigung. Nach Mk, wie auch Mt und Lk, war das Letzte Mahl ein Passamahl: d. h., es wurde in den frühen Stunden des 15. Nisan eingenommen. Die Gefangennahme und der Prozeß fanden in derselben Nacht statt, und im Verlauf des nächsten Tages (nach unserer Tageseinteilung) wurde Jesus gekreuzigt. Alle diese Ereignisse fanden am 15. Nisan statt (welcher im Jahr der Passion von etwa 6 Uhr nachmittags an einem Donnerstag bis 6 Uhr nachmittags am Freitag reichte). Nach Joh (13,1; 18,28; 19,14.31.42 und Komm. z. St.) fand die Kreuzigung am 14. Nisan, dem Tag vor dem Passa, statt. Das Letzte Mahl muß dann am vorhergehenden Abend eingenommen worden sein. So werden die Ereignisse einen Tag früher als bei Mk angesetzt, und das letzte Mahl ist nicht mehr das Passamahl;

Jesus starb zu der Zeit, als die Passaopfer im Tempel geschlachtet wurden. Hier haben wir nun wiederum einen wirklichen Widerspruch vor uns; es scheint unmöglich zu sein, die Daten miteinander in Einklang zu bringen.

Man hat in der Tat oft behauptet, die synoptische Erzählung sei in sich selbst widersprüchlich, und deshalb sei die Datierung des Joh vorzuziehen. Man erklärt den Irrtum der Synoptiker mit der Annahme, daß das Letzte Mahl ein Passamahl gewesen sein müsse, weil die Eucharistie als christliches Passa interpretiert wurde. Die Argumente für diese Annahme freilich sind nicht gewichtig genug. Die Schwierigkeiten, die man in der synoptischen Erzählung findet, werden von Bernard (S. CVII) folgendermaßen beschrieben: »Nach Mk 14,2 hatte das Synhedrium beschlossen, Jesus *nicht* während des Passafestes zu verhaften, und doch tat es genau dies (Mk 14,43). Das Tragen von Waffen während des Festes war in jedem Fall gegen das Gesetz ... Die Abhaltung eines förmlichen Verfahrens vor dem Hohenpriester am Festtag wäre wiederum gegen das Gesetz (Mk 14,53). Und der Einkauf von Leinentuch (Mk 15,46) und die Vorbereitung von Spezereien und Salben (Lk 23,56) während eines solchen Festes wären ungewöhnlich, wenn nicht gar verboten. Schließlich legt die Formulierung von Lk 22,15 (obwohl Lk ja das Mahl als das Passafest betrachtet) nahe, daß Jesus, obwohl er großes Verlangen hatte, ein letztes Passa mit seinen Jüngern zu feiern, dies in der Tat *nicht* tat.« Diese Argumente stützen sich zum Teil auf angenommene innere Widersprüche innerhalb der Synoptiker, teilweise auf angebliche Übertretungen des jüdischen Gesetzes, welche die synoptischen Erzählungen implizieren.

Die inneren Widersprüche bedeuten wenig. Es gibt in der Formulierung von Lk 22,15 selbst keinen Hinweis darauf, ob der Wunsch, der dort ausgedrückt wird ($\dot{\epsilon}\pi\iota\vartheta\upsilon\mu\acute{\iota}\alpha$ $\dot{\epsilon}\pi\epsilon\upsilon\vartheta\acute{\upsilon}\mu\eta\sigma\alpha$), erfüllt wurde oder nicht. Es ist sicher, daß Lk, wie auch Bernard zugibt, diese Worte als einen erfüllten Wunsch verstand, denn entsprechend Mk stellt er das Letzte Mahl als Passamahl dar; dementsprechend scheint es müßig zu leugnen, daß sie diese Bedeutung haben konnten.[52] Mk 14,2 stellt dagegen eine größere Schwierigkeit dar, die aber nicht unüberwindlich ist: 1. Das Angebot des Judas, Jesus zu verraten, konnte eine Änderung des Plans der Autoritäten veranlaßt haben. 2. Es ist möglich, Mk 14,1f folgendermaßen zu verstehen: Sie suchten ihn heimlich gefangenzunehmen und zu töten ($\dot{\epsilon}\nu$ $\delta\acute{o}\lambda\omega$ ist emphatisch), weil die Leute sagten ($\check{\epsilon}\lambda\epsilon\gamma o\nu$ verstanden als unpersönlicher Gebrauch der 3. Person Plural, wie so manches Mal bei Mk): »Nichts« kann während des Festes getan werden.« 3. $\dot{\epsilon}\nu$ $\tau\tilde{\eta}$ $\dot{\epsilon}o\rho\tau\tilde{\eta}$ kann nicht »während des Festes«, sondern muß »in Anwesenheit der Festbesucher« bedeuten. Es würde dann dem $\dot{\epsilon}\nu$ $\delta\acute{o}\lambda\omega$ in 14,1 und dem $\check{\alpha}\tau\epsilon\rho$ $\check{o}\chi\lambda o\upsilon$ in Lk 22,6 entsprechen. Dieser Gebrauch von $\dot{\epsilon}o\rho\tau\acute{\eta}$ findet sich bei Joh (2,23; 7,11).

Die angeblichen Zuwiderhandlungen gegen das jüdische Gesetz scheinen auf einem Mißverständnis jüdischer Texte zu beruhen. Das Tragen von Waffen während eines Festes war *in der Zeit Jesu* nicht ungesetzlich. Der Haupttext dafür ist Schab 6,4: Hier liest die Mischna-Halacha: Ein Mann soll nicht ausgehen mit einem Schwert, einem Bogen, einem Schild, einer Keule oder einem Speer. Diese Regel gilt hauptsächlich für den Sabbat, aber indirekt auch für Festtage. Denn der einzige Unterschied zwischen

---

[52] Dies ist tatsächlich fast sicher ihr Sinn. S. JThSt 9 [1958], S. 305ff.

einem Festtag und einem Sabbat ist, daß am Festtag Speise zubereitet werden darf (Betzah 5,2). Aber die Halacha der Mischna (ca. 200 n. Chr.) war nicht notwendigerweise die Halacha des 1. Jh.; und hier fährt die Mischna selbst fort mit der Zitierung der viel früheren (1. Jh.) Meinung des R. Elieser (»der Große«, b. Hyrcanus), daß Waffen eines Mannes Schmuck sind und deshalb getragen werden dürfen.

Die Durchführung eines Prozesses war tatsächlich an einem Festtag normalerweise verboten (Betzah 5,2: an einem Festtag ... soll niemand zu Gericht sitzen). Es war freilich auch ungesetzlich, eine Verhandlung am Vorabend eines Festes abzuhalten (Sanh 4,1: Gerichtsverhandlungen sollen nicht am Vorabend eines Sabbats oder am Vorabend eines Festtages gehalten werden). Deshalb gerät die joh Erzählung ebenso ernsthaft in Konflikt mit der Mischna wie die mk. Das Gesetz verlangte auch, daß Kapitalverbrechen während des Tages verhandelt werden sollten und ein Schuldspruch frühestens am zweiten Tag der Verhandlung gefällt werden dürfte (Sanh 4,1). So wurde also der Prozeß gegen Jesus nicht in der streng gesetzlichen Form durchgeführt, ob wir nun dem Bericht des Mk oder dem des Joh folgen. Die Erklärung ist, daß in aller Regel besondere Umstände es erlaubten, das gesetzliche Verfahren zu ändern. Zum Beispiel ließ Simeon b. Shethah (104–69 v. Chr.) achtzig Frauen (Hexen) an einem Tag hängen, obwohl es gegen das Gesetz war, mehr als zwei zu verurteilen. »Die Stunde erforderte es« (Sanh 6,4, JSanh 6,23c, 58). Der 15. Nisan war keinesfalls ein unwahrscheinlicher Tag, sondern im Gegenteil einer der bestmöglichen Tage für die Hinrichtung Jesu. Die Bestimmung für die Verurteilung eines »abtrünnigen Lehrers« lautet: »Er wurde gefangengehalten bis zu einem der Feste (Passa, Pfingsten oder Laubhüttenfest), und er wurde hingerichtet an einem der Feste, denn es ist geschrieben: Und alles Volk soll hören und sich fürchten und nicht mehr vermessen handeln (Dt 17,13)« (Sanh 5,4). Nur an einem Tag war »alles Volk« in Jerusalem zum Passafest versammelt; das war der 15. Nisan, das mk Datum für die Kreuzigung.

Die Argumente im Hinblick auf den Einkauf von Leinenstoff und die Vorbereitung von Spezereien und Salben können einer ähnlichen Kritik unterzogen werden. Diese Aktivitäten waren zu dem Datum, das Joh angibt, ebenso ungesetzlich wie zu dem späteren mk. »In Judäa pflegten sie am Vorabend des Passa bis Mittag zu arbeiten, aber in Galiläa pflegten sie überhaupt nichts zu tun« (Pes 4,5). Auch hier freilich waren die Umstände außergewöhnlich. Mit Rücksicht auf das heiße Klima war es Brauch in Palästina, einen Leichnam am Todestag zu begraben. War dieser Tag ein Sabbat, so sollten alle Vorbereitungen für das Begräbnis getroffen werden (Schab 23,5: Sie bereiten [am Sabbat] alles vor, was für den Toten notwendig ist. Sie salben den Leichnam und waschen ihn, vorausgesetzt, sie bewegen keines seiner Glieder). Aber das Begräbnis selbst wurde aufgeschoben auf den nächsten Tag. Wenn indessen zwei Ruhetage unmittelbar aufeinander folgten (wie hier Passa, gefolgt vom Sabbat), wäre dies unerträglich, und eine Regel mußte gebrochen werden;[53] es gab auch das zusätzliche Motiv für das Begräbnis des Leichnams Jesu, daß es nämlich nicht erlaubt war, den Körper eines Verbrechers über Nacht an einem Baum hängen zu lassen (Dt 21,23). Ferner ist aus dem Verhalten des Joseph von Arimathia zu erschließen, daß es im Synhedrium eine Minderheit gab, die gegen das Vorgehen

---

[53] S. dazu Schab 139a.b für einen Fall, wo ein Festtag auf einen Sabbat folgte.

66

der Mehrheit Widerstand leistete und die ohne Zweifel so schnell wie notwendig handeln würde, um Jesus vor dem gewöhnlichen Schicksal von Hingerichteten zu bewahren, auf einem von zwei dem Gericht zur Verfügung stehenden Plätzen beerdigt zu werden – einem für jene, die enthauptet oder erhängt wurden, und einem für jene, die gesteinigt oder verbrannt wurden.

Soweit gibt es also keinen Grund für die Annahme, daß Mk das letzte Mahl nicht zu Recht als Passamahl bezeichnet hätte. Seine Erzählung ist verständlich und nicht unlogisch. Sie enthält auch eine Anzahl indirekter Hinweise darauf, daß das Mahl ein Passamahl[54] war. Bevor wir diesen Schluß ziehen, müssen wir uns freilich mit dem Vorschlag von A. Jaubert[55] beschäftigen, nach deren Ansicht Jesus und seine Jünger (worin ihnen die Synoptiker folgten) den 364-Tage-Kalender der Jubiläen benutzten, nach welchem das Passa immer an einem Dienstag/Mittwoch gefeiert wurde, wobei man das Mahl am Dienstagabend einnahm. Joh folgt danach nicht dem offiziellen Jerusalemer Kalender, wenn er sagt, daß Jesus an einem Freitagnachmittag starb, der der Vorabend des Passa war. So feierte Jesus *sein* Passa am Dienstag und starb, als das Volk die »offiziellen« Lämmer schlachtete, am Freitag. Diese doppelte Feststellung hat den zweifachen Vorteil, die Evangelien miteinander in Einklang zu bringen und die Verhaftung, den Prozeß und die Hinrichtung Jesu, für welche jetzt fast drei volle Tage zur Verfügung stehen, glaubwürdiger erscheinen zu lassen.[56] Der Vorschlag ist reizvoll, aber die patristischen Belege, die Jaubert gebraucht, bezeugen nicht historische Tradition, sondern die Fastenpraxis der frühen Kirche, und keine Quelle enthält irgendeinen wirklichen Hinweis darauf, daß Jesus einen schismatischen Kalender annahm; man hat ihm vieles vorgeworfen, aber dieses nicht. Darüber hinaus mußten alle Evangelisten, wenn sie sich darum überhaupt kümmerten, gesehen haben, wie schwierig ihre Erzählung von Verhaftung, Prozeß und Hinrichtung innerhalb von zwölf Stunden war. Es scheint unwahrscheinlich, daß sie diese Schwierigkeiten grundlos selbst geschaffen hätten. Wahrscheinlich hatte Mk recht;[57] es ist nicht schwierig zu sehen, warum Joh eine alternative Datierung hat. Bereits zu Zeiten des Paulus (1Kor 5,7) wurde Jesus als das wahre Passaopfer betrachtet. Joh wiederholt und betont dieses Thema (1,29; 19,36: s. die Ausführungen zu beiden Abschnitten). Nach seiner Datierung starb Jesus am Kreuz in dem Augenblick, als die Passalämmer im Tempel geschlachtet wurden. Es mag sich hier nicht um verläßliche Historie handeln; aber es scheint joh Theologie zu sein.

III) Theologisch: Wir haben bereits gezeigt, daß einige der historischen Differenzen zwischen Joh und den Synoptikern im Zusammenhang mit den theologischen Interessen

---

[54] Jeremias, Abendmahlsworte, S. 35–56.
[55] Bes. La Date de la Cène: Calendrier biblique et Liturgie chrétienne [1957]; auch: Jésus et le Calendrier de Qumran, NTS 7 [1960], S. 1–30, und Le Mercredi où Jesus fut livré, NTS 14 [1968], S. 145–164.
[56] S. auch M. Black, The Arrest and Trial of Jesus, and the Date of the Last Supper, in: New Testament Essays, hg. von A. J. B. Higgins [1959], S. 19–33.
[57] Zu dieser Frage s. bes. Bill II, S. 812–853; G. Dalman, Jesus Jeshua [1922], S. 80–165; Jeremias, Abendmahlsworte. Dieses letzte Buch ist von grundlegender und, wie mir scheint, entscheidender Bedeutung; s. aber die Kritik bei V. Taylor, The Gospel according to St Mark [1952], Anm. K, S. 664–667.

des Joh stehen.[58] Und in der Tat, wenn Joh die anderen Evangelien (oder zumindest Mk) kannte, dann muß jeder ernsthafte Widerspruch zwischen beiden bedeuten, daß Joh entweder neue historische Informationen besaß oder, wie des öfteren wahrscheinlich ist, daß er von einem anderen Blickwinkel aus schrieb und eine andere Absicht verfolgte. So zeigt die Charakterisierung des Täufers durch Joh, weil er den apokalyptischen Glauben preisgab, daß der Täufer entsprechend notwendigerweise mit Elia[59] gleichgesetzt werden mußte. Wiederum scheint die joh Datierung des letzten Mahles und der Kreuzigung auf die Entschlossenheit des Joh zurückzuführen zu sein, Jesus als das wahre Passalamm Gottes herauszustellen.

Vielleicht noch auffälliger bei einem Vergleich des Joh und der Synoptiker ist es, daß einige der wichtigsten synoptischen Geschichten von Joh ausgelassen werden, obwohl er, offenbar, eine indirekte Kenntnis einiger von ihnen erkennen läßt. Die Ereignisse, um die es geht, sind die jungfräuliche Geburt Jesu, seine Taufe durch Johannes, die Versuchung, die Verklärung, die Deuteworte zu Brot und Wein beim Letzten Mahl und der Todeskampf im Garten Gethsemane. Wenn unsere Annahme stimmt, daß Joh Mk und Lk gelesen hatte, oder auch, wenn er lediglich die Traditionen kannte, auf welchen diese Evangelisten aufbauen, dann muß er von all diesen Ereignissen gewußt haben. Joh 1,32–34 legt nahe, daß die Taufe, und Joh 12,27–30 sowie 18,11, daß der Todeskampf in seinem Gedächtnis war, als er schrieb, während wir wohl in 1,13 eine Anspielung auf die Jungfrauengeburt finden. Es ist undenkbar, daß er solche Geschehnisse als unwichtig überging; tatsächlich scheint er sie als weit wichtiger denn als bloße »zufällige Ereignisse« betrachtet zu haben. Man kann diese Erzählungen, so wie sie in den Synoptikern stehen, im allgemeinen leicht aus ihrem Kontext lösen; dies ergab sich unausweichlich aus der Art und Weise, in welcher der Überlieferungsstoff, aus dem die Evangelien gestaltet wurden, tradiert wurde. Aus diesem Grund konnten selbst die allerwichtigsten Ereignisse leicht nebensächlich werden, und sie konnten sogar, entfernte man sie aus ihrem angestammten Kontext, in gefährlicher Weise mißverstanden werden. Joh bewahrt ihre Bedeutung, indem er sie aus ihrer historischen Individualität löst und in den theologischen Rahmen seines Evangeliums einfügt.

So stimmen die mt und die lk Erzählungen von der jungfräulichen Geburt Jesu, sosehr sie sich auch unterscheiden, darin überein, daß sie die Einzigartigkeit Jesu behaupten, nämlich das Faktum, daß er der Sohn Gottes war, in allen Dingen abhängig vom Willen des Vaters und diesem gehorsam, und dem daraus folgenden Glauben, daß sein Eintritt in die Welt den Beginn von Gottes neuer Schöpfung markierte. Die zentrale Stellung eines jeden dieser Themen im vierten Evangelium ist so offenkundig, daß sie nicht nachgewiesen zu werden braucht. Man könnte jedes Kapitel des Evangeliums zitieren. Joh übernimmt die theologische Substanz der Kindheitsgeschichte in sein Evangelium. Es gibt aber bei Mt und Lk viel mehr als nur theologische Substanz. Es gibt eine fragwürdige Geschichte; sodann gibt es (und dies ist weit wichtiger, da es unwahrscheinlich ist, daß Joh die frühere Tradition mit den Augen eines kritischen Historikers betrachtete) bedauernswerte Berührungen mit zweifelhafter heidnischer Mythologie. Später sollten

---

[58] Zur Behandlung der Synoptiker durch Joh s. bes. Hoskyns, S. 56–92.
[59] Zur Stellung des Täufers bei Joh s. Komm. zu 1,19–34; ferner JThSt 48 [1947], S. 165.

Justin und andere Apologeten diese Berührungen dazu benutzen, die Glaubwürdigkeit der christlichen Geschichte zu stützen; aber Joh, der mit einem stärker biblischen Geist als sie ans Werk ging, kann sie nicht so kongenial wie sie gefunden haben.

Mk, der keinen Bericht von der Geburt Jesu hat, setzt an den Anfang seines Evangeliums die Erzählung von der Taufe Jesu. Er tut dies in der Absicht, Person und Werk Jesu zu bezeichnen; Jesus war Messias und Sohn Gottes, und auf ihm ruhte der Geist. Es gibt bei Joh eine deutliche Anspielung auf diese Erzählung (1,32–34), aber er sagt nicht, daß Jesus getauft wurde. Dies damit zu erklären, daß Joh an einer Kontroverse mit jenen teilhatte, die den Täufer im Vergleich mit Christus zu hoch einschätzten, ist wahrscheinlich bis zu einem gewissen Grad richtig, aber dies reicht nicht aus. Tatsache ist jedenfalls, daß die Erzählung des Mk, obwohl in ihrer eigenen Weise ein tiefgründiges Stück Theologie, vom christologischen Standpunkt aus nicht befriedigt. Sie konnte zu leicht zugunsten der adoptianischen Anschauung interpretiert werden, nach der Jesus als gewöhnlicher Mensch geboren wurde und bei seiner Taufe eine göttliche *dynamis* auf ihn herabkam, die ihn zum Christus machte. Für Joh waren Taufe und Geburt viel zu späte Punkte für den Anfang eines Evangeliums. Es war notwendig, mit der Präexistenz des Logos zu beginnen und so jede Andeutung von Adoptianismus auszuschließen. Ferner konnte man das Herabkommen des Geistes in der mk Taufgeschichte als ein Aufblitzen von Inspiration verstehen; um dem entgegenzutreten, findet es Joh nötig hinzuzufügen, was weder beobachtet noch beschrieben werden konnte: Der Geist verharrte (ἔμεινεν 1,32) auf Jesus. Einmal mehr verzichtet Joh auf die Erzählung, um überzeugender das theologische Faktum behandeln zu können.

Bei Mk und bei Mt und Lk (vielleicht Q) folgt auf die Taufe die Versuchung. Hier wird der Messias in einer entscheidenden und siegreichen Auseinandersetzung mit dem Satan gezeigt, geradeso wie er später in den synoptischen Evangelien in den Exorzismen mit den Untergebenen Satans kämpft. Sowohl die Versuchung wie auch die Exorzismen fehlen in Joh, obwohl der Konflikt Jesu mit dem Fürsten der Welt ein wichtiges joh Thema ist (12,31; 14,30; 16,11). Wiederum scheint das Motiv des Joh deutlich. Die Versuchungsgeschichte drückte Wahrheit in mythologischer Form aus, sie konnte aber auch mißverstanden werden. Der Konflikt zwischen Jesus und dem Satan war nicht auf vierzig Tage beschränkt; sein Höhepunkt war nicht das Fasten in der Wüste, sondern das Kreuz. »Jetzt ist das Gericht dieser Welt; jetzt soll der Fürst dieser Welt hinausgeworfen werden«, sagt Jesus (12,31), als er sich auf seinen Tod vorbereitet. Auch die Exorzismen sind, so wie sie in der synoptischen Tradition (Mk 3,22–27; Mt 12,24–30; Lk 11,15–23; u. ö.) behandelt werden, höchst bedeutsam. Der Exorzismus war aber in der alten Welt eine sehr verbreitete Kunst. Der Exorzist Jesus könnte so nicht mehr sein als der gewöhnliche Magier Jesus. Dementsprechend verzichtet Joh auf die Exorzismen; denn es ging ihm nicht darum, eine neue Geschichte zu erfinden, sondern mit größerer Klarheit den Konflikt zwischen dem Sohn Gottes und den Mächten des Satans herauszustellen.

Die Verklärung wird von Joh nicht berichtet, und von dem Kampf in Gethsemane bleiben nur Spuren in 12,27–30; 18,11. Hier können wir vielleicht am allerdeutlichsten sehen, wie mk Erzählungen von Joh zu größeren Themen seines Evangeliums weiterentwickelt wurden. Durch das ganze Evangelium zieht sich ein doppeltes Thema, das der Herrlichkeit Jesu, die nicht nur einmal auf dem heiligen Berg, sondern – für jene, die Augen hatten, zu sehen – während seines ganzen irdischen Lebens (vgl. 1,14, ἐϑεασάμεϑα τὴν δόξαν αὐτοῦ) offenbar wurde, und das seines Gehorsams gegenüber dem Willen des Vaters, selbst in Erniedrigung und Leiden (vgl. z. B. 4,34). Die Person Jesu wird bei Joh dadurch erfaßt, daß er als zugleich herrlich und erniedrigt dargestellt wird.

Auf das joh Verständnis der Eucharistie gehen wir weiter unten ein (Einleitung, S. 98 ff; auch 294 ff, 308 ff). Der Versuch einer kurzen Zusammenfassung an dieser Stelle würde nichts bringen, aber dies ist vielleicht die Pointe bei Joh. Ein flüchtiger Hinweis auf einen Laib und einen Kelch hätte weder die positive noch die negative Sicht deutlich machen können, die in der Lebensbrotrede erscheint.

Joh spürt so den Sinn der synoptischen Erzählungen auf und drückt ihn in anderer Form aus. Es ergibt sich, daß auf der einen Seite die Unterschiede zwischen Joh und den synoptischen Evangelien nicht übertrieben werden dürfen. Joh bringt nicht so sehr Fremdes in das Evangelium, er arbeitet vielmehr heraus, was bereits, wenn auch ungenügend, in der früheren Überlieferung ausgedrückt war. Auf der anderen Seite müssen die Folgen dieses Prozesses für die Frage nach der Historizität des vierten Evangeliums verstanden und ernst genommen werden. Es ist für Joh von höchster Bedeutung, daß es einen Jesus von Nazareth gegeben hat, der in Palästina lebte und starb; es lag aber nicht in seiner Absicht, einen genauen Abriß der herausragenden Ereignisse des Lebensweges dieser Person zu geben. Die kritische und wissenschaftliche Geschichtsschreibung war in der alten Welt keine verbreitete Kunst, und hier lag gewiß auch nicht das Hauptinteresse des Joh. Er versuchte, indem er teilweise Form und Stil einer Erzählung gebrauchte, die wahre Bedeutung des Lebens und des Todes eines Mannes deutlich zu machen, von dem er glaubte, er sei der Sohn Gottes. Für diese Interpretation, nicht für genaue historische Daten, müssen wir in das vierte Evangelium schauen.

Aus diesen Beobachtungen folgt, daß die Darstellung Jesu durch Joh sich, oberflächlich gesehen, von der der synoptischen Evangelien unterscheidet, ihr aber auf einer tiefgründigeren Ebene auffällig verwandt ist. Auf die joh Christologie werden wir später eingehen (S. 86 ff); hier sei nur der Unterschied zwischen Joh und den anderen Evangelien kurz in zwei Punkten zusammengefaßt:

a) Joh klärt die Beziehung Jesu zu Gott. Abgesehen von seiner Verwendung des Wortes Logos, führt er keine neue Terminologie ein, aber indem er sein Denken von der apokalyptischen Grundstruktur des frühen Christentums frei macht, ist er in der Lage, dem Titel »Sohn Gottes« eine umfassendere Bedeutung zu geben. Er impliziert nun eine ontologische Beziehung. Jesus kann im vierten Evangelium erklären, »Ich und der Vater sind eins« (10,30), auch wenn neben dieser Behauptung als notwendiger Ausgleich steht: »Der Vater ist größer als ich« (14,28). In den synoptischen Evangelien wird Jesus nicht mit Hilfe der Kategorie der Gottheit, sondern vermittels seines Werkes und seiner Beziehung auf das Reich Gottes beschrieben (z. B. Mt 12,28; Lk 11,20). Das Denken des Joh über Jesus bewegt sich vom Funktionalen zum Ontologischen, so daß beides wahr ist; Jesus wird an dem erkannt, was er tut, und das, was er tut, kommt aus dem, was er ist.

b) Joh verallgemeinert die Menschheit Jesu. In den synoptischen Evangelien ist Jesus *ein Mensch*, seine persönlichen Gefühle, sein Mitgefühl für die Armen und Kranken, sein Zorn und sein hochfahrendes Auftreten vor der Obrigkeit kommen beständig zum Vorschein. Joh würde genauso wie die Synoptiker voll Entsetzen eine doketische Christologie ablehnen;[60] aber in der joh Christologie (und hier wird die Orthodoxie des 5. Jh. vorweggenommen) liegt die Betonung eher auf dem Logos, dem Sohn Gottes, der auf sich das

Menschsein nimmt – vollkommen real in seiner Unwissenheit, seinem Hunger und seiner Müdigkeit –, als auf Jesus als einem individuellen Menschen. Die Evangelienerzählung verliert dabei vielleicht an menschlichem Reiz, sie gewinnt aber ohne Zweifel an theologischer Klarheit und Durchschlagskraft.[61]

2. Paulus und die Urkirche

Der Leser des NT muß in jedem Falle von dem beträchtlichen Maß an Übereinstimmung beeindruckt sein, das sich zwischen Joh und Paulus in ihrer Darstellung der christlichen Theologie zeigt. Für beide beruht der charakteristische christliche Glaube auf dem soliden Fundament einer atl Lehre von Gott. »Das Heil kommt von den Juden« (4,22), erklärt Joh und stimmt dabei mit der Behauptung des Paulus überein, daß Israel die Verheißungen, die Bundesschlüsse und der Tempelgottesdienst gehören und von ihnen der Christus nach dem Fleisch kommt (Röm 9,4f). Für beide ist Gott der eine Herr des Sch^{c}ma (Dt 6,4), ein lebendiger Gott, transzendent in Heiligkeit, unendlich nahe in seiner erbarmenden Liebe. Er ist der Schöpfer, und sein souveräner Wille ist Anfang und Ende der Erlösung (Joh 6,44; 15,16; Röm 9,14–18). Jesus von Nazareth ist der von Gott berufene Messias Israels. Paulus weiß (obwohl er anders als Joh nicht den Versuch unternimmt, eine Erzählung des irdischen Lebens Jesu zu schreiben) gleichermaßen wohl, daß dieser Messias ein menschliches Leben in Armut, Schwachheit und Liebe führte und um der Sünde willen am Kreuz starb; daß er begraben wurde und am dritten Tag von den Toten auferstand. Beide bezeichnen Jesus als den Sohn Gottes, und beide finden in diesem Titel vielleicht ihre charakteristischste Definition seiner Person. Joh spricht von Jesus, einen alten semitischen Begriff festhaltend, als dem Menschensohn (s. u. S. 88f; s. auch Komm. zu 1,51); Paulus verwendet diese Wendung, die zweifellos für viele seiner Leser unverständlich gewesen wäre, nicht, sondern er bezeichnet Jesus als den Menschen vom Himmel (1 Kor 15,47) und den letzten Adam (1 Kor 15,45; vgl. Röm 5,14). Joh und Paulus legen beide eine viel größere Betonung als irgendeiner der Synoptiker auf die Person und das Werk des Heiligen Geistes, und für beide hat der Heilige Geist dieselbe grundlegende Aufgabe. Sein Kommen hat seinen Platz zwischen den beiden Erscheinungen Jesu, seiner Inkarnation in Niedrigkeit und Verborgenheit und seiner Manifestation in der Herrlichkeit des Vaters, damit er die zukünftige Erlösung der Christen vorwegnimmt. Er ist das Mittel, durch welches Eschatologie »realisiert wird« (s. u. S. 83ff, 103ff).

Joh und Paulus stellen nicht nur die grundlegenden Wahrheiten der christlichen Offenbarung in der gleichen Weise dar; für beide bewegt sich das christliche Leben um dieselben Brennpunkte, Glauben und Liebe. Es ist nicht notwendig, die zentrale Stellung von πίστις in der Lehre des Paulus zu belegen; Joh verwendet niemals das Substantiv, aber häufig das verwandte Verbum πιστεύειν, und er findet es so bedeutsam, daß er die Absicht, die er mit seiner Schrift verfolgte, in den Worten zusammenfassen kann, »damit ihr glaubt ... und durch euren Glauben das Leben habt« (20,31). Außerdem lehrt Paulus,

---

[60] S. jedoch S. 90.
[61] S. die profunden Beobachtungen von H. Scott Holland, in: The Fourth Gospel [1923], S. 1–37.

daß Liebe haben heißt, das Gesetz zu erfüllen (Röm. 13,8–10); bei Joh gibt Jesus seinen Jüngern als einziges Gebot, »daß ihr einander liebt« (13,34).

Dies ist ein weites und bedeutendes Feld an Übereinstimmung, doch darf dies nicht zu falschen Folgerungen verleiten. Es ist kein Beleg dafür, daß Joh in irgendeiner Weise von Paulus abhängig oder gar mit seinen Werken vertraut war. Die von uns angeführten Lehren können alle unabhängig voneinander aus dem gemeinsamen Grundstock der urchristlichen Tradition abgeleitet worden sein. Insoweit zeigt sich, daß Joh nicht notwendigerweise ein Paulinist ist, sondern wie Paulus selbst nichts als ein Christ. Darüber hinaus muß gefragt werden, ob gemeinsame Terminologie von den beiden Autoren in der gleichen Bedeutung gebraucht wird (s. u. S. 74). Es gibt freilich einen noch nicht erwähnten Punkt in der Christologie, der vielleicht mehr als dies beweisen könnte. In Kol 1,15–19 entwickelt Paulus[62] in Abhängigkeit von dem jüdischen Begriff σοφία (Weisheit) eine Christologie, die praktisch eine Logos-Christologie ist, obwohl das Wort Logos selbst nicht gebraucht wird. Man könnte sehr wohl argumentieren, daß Joh im Prolog lediglich den Terminus technicus λόγος in eine Christologie eingefügt habe, die er bereits fertig von Paulus übernahm. Diese Annahme ist tatsächlich möglich und kann nicht widerlegt werden. Aber diese – mögliche – Schlußfolgerung ist nicht notwendig. Die Weisheitschristologie des Paulus entwickelt sich in der Begegnung mit einer frühen Form der Gnosis. Auch Joh war bei seiner Darstellung des Christentums tief vom Gnostizismus beeinflußt (s. S. 56ff), und es gibt zusätzlich gute Gründe anzunehmen, daß er ebenso wie Paulus mit jener Art jüdischer Spekulation vertraut war, die solche Begriffe wie Sophia und Tora hypostasierte. Deshalb muß man zugeben, daß die paulinische Christologie von Kol 1,15–19 und die joh Christologie unabhängig voneinander in einer vergleichbaren Situation der Auseinandersetzung aus ähnlichen Stoffen entwickelt werden konnte.

Will man die Beziehung zwischen Paulus und Joh untersuchen, so wird es notwendig sein, jene Punkte außer acht zu lassen, wo beide Autoren lediglich den gemeinsamen Glauben der Kirche wiedergeben, und statt dessen ihre jeweils charakteristischen Lehren vergleichen. Hier finden sich weit größere Differenzen. Eines der Hauptthemen der paulinischen Briefe ist das von der göttlichen Gerechtigkeit und der Rechtfertigung. Die Sprache, in der Paulus sein Thema ausdrückt, begegnet selten bei Joh: δίκαιος begegnet dreimal, δικαιοσύνη zweimal, und δικαιοῦν (das wirklich charakteristische paulinische *Wort*) überhaupt nicht. Diesem Tatbestand entspricht, daß sich bei Joh wenig oder nichts über den Zusammenhang von Glauben, Werken und dem Gesetz findet. Die Beschneidung wird erwähnt (7,22f), aber es gibt keinen Hinweis, daß sie in den Tagen des Joh eine Bedrohung für die christliche Freiheit gewesen sei. Joh ist so weit entfernt von einer Wiederholung der paulinischen Antithese von Glauben und Werken, daß er sagen kann, das Werk (ἔργον), das Gott von den Menschen fordert, ist, daß sie Glauben an Jesus haben sollen (6,29). Dies bedeutet nicht, daß Joh Paulus widerspricht, sondern beide sich vielmehr jeweils unterschiedlich ausdrücken. Tatsächlich gibt es bei Joh in der Aussage,

---

[62] Seit der ersten Auflage dieses Kommentars ist die paulinische Verfasserschaft von Kol heftig bestritten worden, und ich bin weniger sicher, daß Paulus den Brief schrieb. Insgesamt gesehen, spricht einiges dafür, daß er ihn schrieb; falls nicht, kann unsere Argumentation im Text leicht modifiziert werden.

daß der Glaubende εἰς κρίσιν οὐκ ἔρχεται (5,24; vgl. 3,18, ὁ πιστεύων ... οὐ κρίνεται), eine nahe Entsprechung zur paulinischen Rechtfertigungslehre; s. die Ausführungen zu diesen Stellen, und vgl. Röm 8,1; s. auch den Aufsatz »Justification in Johannine Thought« von Théo Preiss (in: Life in Christ [1954], S. 9–31). Einige Male wird auf das Gesetz Bezug genommen, aber es ist das Gesetz »der Juden.« Als solches hat es seine eigene Bedeutung, aber wir hören nichts von Judenchristen, die die Verpflichtung zur Gesetzeseinhaltung ihren heidnischen Brüdern auferlegen möchten. Bei Joh wie bei Paulus stehen »die Juden« (s. Komm. zu 1,19) im Gegensatz zur Kirche, aber dieser Gegensatz wird bei Joh ohne Emotionen gesehen. Für Paulus war der Unglaube Israels ein unaufhörlicher Schmerz; er wollte selber gern einem Fluch verfallen sein, wenn dadurch seine Landsleute hätten gerettet werden können (Röm 9,1–3). Und in der Tat würden sie gerettet werden. Es war undenkbar, daß Gott sich als treulos gegenüber der uralten Berufung und den besonderen Wohltaten erweisen sollte, mit denen er das widerspenstige Volk überschüttet hatte. Der Glaube der Heiden würde Israels Eifersucht provozieren, und am Ende (für Paulus kein weit entferntes Ende) würde ganz Israel gerettet werden (Röm 11,25). Zu alledem steht Joh in einem deutlichen Gegensatz. Die Juden sind nicht Kinder Abrahams, sondern des Teufels (8,44); ihre Sünde bleibt bestehen (9,41). Sowohl für Joh (s. Komm zu 1,19) als auch für Paulus (s. bes. Röm 3,19) sind die Juden ein Mikrokosmos, in welchem sich die umfassende Liebe Gottes und die Entscheidung zwischen Glauben und Unglauben darstellt. Sodann entstand ein beträchtlicher Teil der paulinischen Schriften aus der »Sorge um alle Gemeinden«. Es war beständig notwendig für ihn, praktischen ethischen Rat zu geben, z. B. im Blick auf Ehe und andere gesellschaftliche Beziehungen, und auch im Blick auf Beziehungen innerhalb der Kirche selbst. Die Geistesgaben mußten geordnet und kontrolliert werden, damit der Gottesdienst und das Leben der Kirche anständig und ordentlich verliefen. Von alledem sehen wir nichts in Joh. Es gibt, wie festgestellt, das allgemeine Gebot der Liebe, aber es gibt keinen Versuch, es im einzelnen zu entfalten; wir hätten keine Ahnung von der Existenz der χαρίσματα im Urchristentum, wenn wir als Quelle nur Joh besäßen.

Eine gegenteilige Beobachtung ist freilich auch zu machen. Eine der charakteristischsten paulinischen Wendungen ist ἐν Χριστῷ. In ähnlicher Weise gebietet in Joh, und hier besonders in den Abschiedsreden, Jesus seinen Jüngern, »in« ihm »zu bleiben«, wie er verspricht, »in« ihnen »zu bleiben«. Hier haben wir eine enge Parallele.

Einige charakteristische Züge joh Denkens haben nur sehr entfernte Parallelen bei Paulus. Hier ist erneut die Logos-Christologie des Joh zu erwähnen, denn – obwohl auch bei Paulus, wie wir gesehen haben, diese Lehre in ihrer Substanz anzutreffen ist, allerdings ohne den Terminus technicus, der sie ausdrückt – so ist doch die bloße Abwesenheit oder Anwesenheit dieses Terminus selbst von Bedeutung. Es ist Joh und nicht Paulus, der dieses Wort wählt und gebraucht, das trotz all seiner biblischen Assoziationen seinen eigentlichen Platz doch in der griechischen Philosophie hat. Und Logos steht in dieser Beziehung nicht allein. Joh scheint grundsätzlich Worte zu verwenden, die zumindest einen doppelten (jüdischen und heidnischen) Hintergrund haben (s. z. B. Komm. zu 1,1; 8,12; 10,9.11). Obwohl Paulus in der hellenistischen Welt arbeitete und dort zu Hause war und sich auch Spuren der Umwelt bei ihm zeigen, in die er sich begeben hatte, macht er doch nicht den gleichen systematischen, ja differenzierten Gebrauch von ihrer Sprache. Ein anderer höchst charakteristischer Zug des vierten Evangeliums ist seine

Behandlung der Eschatologie (s. S. 83 ff). Die futurische Eschatologie wird nicht aufgegeben, aber sie spielt nicht dieselbe beherrschende Rolle wie bei Paulus (z. B. 1 Thess 4,13 bis 18; 1 Kor 15,20–28.50–55; Röm 13,11–14; Phil 4,5 – um Belege aus den verschiedenen Stufen im Leben des Paulus zu zitieren). Ferner ist das nachdrückliche Beharren des Joh auf der Tatsache zu beachten, daß das Leiden und der Tod Jesu tatsächlich seine Verherrlichung gewesen sind, der Weg, auf welchem er zum Vater und zu der Herrlichkeit, derer er sich vor Anbeginn der Welt erfreute, hinaufstieg. Es wird selbstverständlich nirgendwo im NT geleugnet, daß die im Kreuz sich zeigende Liebe die Herrlichkeit Gottes ist, aber der allgemeine Sprachgebrauch im NT verweist auf τὰ εἰς Χριστὸν παϑήματα καὶ τὰς μετὰ ταῦτα δόξας (1 Petr 1,11). Paulus nennt häufig die Kreuzigung und die Auferstehung zusammen, denn er sieht letztere als die herrliche Vollendung der ersteren; d. h., er teilt nicht den charakteristischen Standpunkt des Joh.

Da nun weder Paulus noch Joh fast ausnahmslos die charakteristischen Eigenarten des jeweils anderen aufweisen, ist es nur natürlich anzunehmen, daß Joh, der spätere Autor, in keiner großen Abhängigkeit von Paulus steht. Diese Schlußfolgerung bestätigt sich durch die Beobachtung, daß beide in recht unterschiedlicher Terminologie über dieselben Dinge reden. Paulus z. B. beschreibt die Taufe als Sterben mit Christus und als Auferstehen vereint mit ihm zu neuem Leben (Röm 6,4). Joh auf der anderen Seite (3,3.5) verbindet die Taufe mit »Geburt von oben« (ἄνωϑεν). Im Kern gibt es zwischen dem, was beide sagen wollen, keinen großen Unterschied, sie verwenden aber unterschiedliche Begriffe. Ein anderes Beispiel ist das Wort Paraklet (s. Komm. zu 14,16) als Bezeichnung des Geistes bei Joh, und ein drittes die unterschiedlichen Worte und Metaphern, die Paulus und Joh zur Deutung des Todes Jesu verwenden. Joh spricht von ihm als dem Lamm Gottes und von seinem Tod als dem Mittel, durch welches die zerstreuten Kinder Gottes wieder gesammelt werden. Paulus redet in einer erstaunlichen Sprachfülle über das Kreuz, aber an keiner Stelle gebraucht er die beiden Wendungen, die Joh benutzt. Das vielleicht wichtigste Beispiel findet sich, wenn wir ein Belegstück, das wir bereits verwendet haben, weiter auswerten. Es ist richtig, daß Paulus und Joh großen Wert auf den Glauben als die Basis christlichen Lebens legen, es ist aber keineswegs klar, daß jeder von ihnen dasselbe meint, wenn er πιστεύειν gebraucht. Für Paulus bedeutet Glauben in erster Linie Vertrauen auf eine Person und schließt die engstmögliche Gemeinschaft mit Christus ein. Für Joh scheint Glauben oft die Annahme eines Faktums oder einer Lehre einzuschließen, wenn er nicht überhaupt darin aufgeht. So ist 20,31 die Quelle ewigen Lebens nicht einfach Glauben *an* Jesus, sondern Glaube, daß »Jesus der Christus, der Sohn Gottes« ist.

Hält man sich alle diese Differenzen, welche selbstverständlich keineswegs ausreichen, die substantiellen Übereinstimmungen zwischen Paulus und Joh in ihrer Bedeutung herabzusetzen, vor Augen, dann scheint es leichter anzunehmen, daß Paulus und Joh unabhängig voneinander schrieben, als zu vermuten, daß Joh paulinische Theologie in erzählender Form darstellte. Joh war kein deuteropaulinischer Schreiber; er und Paulus waren beide abhängig von der urchristlichen Tradition. Man sollte freilich hinzufügen, daß die joh Theologie die Existenz der paulinischen voraussetzt. Als Joh schrieb, waren zumindest einige der großen Auseinandersetzungen in der frühen Kirche bereits Vergangenheit; Paulus hatte sie bereits gewonnen. Insbesondere war die Auseinandersetzung mit dem judaisierenden Christentum vorüber. Paulus hatte den Kampf um die Freiheit des

Evangeliums geführt, und in den Tagen des Joh war es nicht mehr notwendig, darüber zu diskutieren, ob Heiden zur Gemeinde zugelassen werden sollten, und falls doch, unter welchen Bedingungen. Die Juden blieben, aber als Feinde; die Judenmission kam an ihr Ende. Am wichtigsten aber von allem: die neue Lage der Anhänger Jesu in der Zeit nach seiner Auferstehung war erfaßt. Paulus hatte erkannt, daß diese neue Entwicklung in der Weltgeschichte ein neues Leben in der Gemeinschaft mit Christus möglich machte und eine künftige Erlösung verhieß, die bereits durch seinen Geist in einem Erdenleben in zunehmender Heiligkeit garantiert wurde. Und diese Erkenntnis hatte das Buch, in welchem die Geschichte der christlichen Lehre geschrieben werden sollte, eröffnet. Albert Schweitzer (in: Die Mystik des Apostels Paulus [²1954]), vereinfacht allzusehr, wenn er behauptet, daß Paulus nicht selbst das Evangelium hellenisiert habe, sondern ihm eine Form gab (eschatologischen Mystizismus), in welcher Joh, Ignatius und andere es hellenisieren konnten; aber es liegt doch viel Wahrheit in dieser Sicht. Auch angesichts von Joh bleibt Paulus der grundlegendste aller christlichen Theologen, Joh freilich ist der erste und größte der Neuinterpreten.

3. Die johanneische Literatur

Im NT finden sich zusätzlich zum Evangelium vier Bücher, die den Namen des Joh tragen – drei Briefe und eine Apokalypse. Die Briefe sind anonym, aber der Apokalyptiker spricht von sich als Joh (Offb 1,1.4.9; 22,8), ohne freilich für sich einen anderen Rang als den eines Propheten zu beanspruchen. Auf den ersten Blick erwecken diese Bücher den Eindruck einer großen Ähnlichkeit zwischen dem Evangelium und den Briefen und einer sehr deutlichen Differenz zwischen dem Evangelium und der Apokalypse. Genauere Untersuchung jedoch führt zu einer vorsichtigeren Einschätzung, sowohl der Ähnlichkeit als auch der Unterschiede.

Der zweite und dritte Brief lassen angesichts ihrer Kürze keinen detaillierten Vergleich zu. Der erste Brief freilich ist dem Evangelium so ähnlich, daß die gemeinsame Verfasserschaft der beiden nicht sehr häufig in Frage gestellt wurde. Satz um Satz erinnert die Sprache des 1Joh an die des Evangeliums.[63] Eine lange Liste findet sich bei A. E. Brooke (A Critical and Exegetical Commentary on the Johannine Epistles [1912], S. II–IV); hier seien nur einige wenige Beispiele geannt:

Joh 1,18: Θεὸν οὐδεὶς ἑώρακεν πώποτε	1Joh 4,12: ϑεὸν οὐδεὶς πώποτε τεϑέαται
5,24: μεταβέβηκεν ἐκ τοῦ ϑανάτου εἰς τὴν ζωήν	3,14: μεταβεβήκαμεν ἐκ τοῦ ϑανάτου εἰς τὴν ζωήν
8,34: πᾶς ὁ ποιῶν τὴν ἁμαρτίαν	3,4: πᾶς ὁ ποιῶν τὴν ἁμαρτίαν

---

[63] A. Feuillet, Biblical Theology Bulletin 3 [1973], S. 194–216, behauptet, daß sich die Ähnlichkeit nicht nur auf die Redeweise, sondern auch auf die Struktur erstrecke. Das Argument stellt kaum ausreichend die Tatsache in Rechnung, daß die Struktur des Evangeliums (nicht des Briefes) zumindest der Form nach narrativ ist, wenn sie nicht durch narrative Erwägungen bestimmt ist.

Ferner begegnet uns im 1Joh das gleiche Interesse an Licht, Leben und Liebe wie im Evangelium, die gleiche Sorge um die Fleischwerdung des Wortes. Man darf die literarischen und theologischen Ähnlichkeiten zwischen Joh und dem 1Joh nicht unterschätzen; ihnen sind jedoch bemerkenswerte Unterschiede gegenüberzustellen.[64] Einmal mehr kann nur eine Auswahl der wichtigsten Differenzen hier geboten werden.

1) Präpositionen: 1Joh gebraucht 14 Präpositionen und präpositionale Adverbien. Davon hat das Evangelium 13 (alle außer χάριν) und zusätzlich weitere 10. Dies ist eine beachtliche Anzahl, aber das muß für sich genommen nicht von Bedeutung sein; denn Joh ist länger als 1Joh und enthält außerdem eine beträchtliche Anzahl von Erzählabschnitten, die zusätzliche sprachliche Mittel verlangen; es ist jedoch nicht ohne Bedeutung, und besondere Aufmerksamkeit sollte παρά zugewandt werden, welches im Evangelium 25mal mit dem Genitiv und 9mal mit dem Dativ, aber überhaupt nicht in 1Joh gebraucht wird. Es ist insbesondere beachtlich, daß παρὰ ϑεοῦ, ϑεῷ (oder ein anderer göttlicher Name) für den Sprachgebrauch des Evangeliums sehr charakteristisch ist.

2) Adverbiale Partikel: Hier ist eine ähnliche Beobachtung am Platz. Nicht nur hat Joh 35 solche Worte gegenüber nur 9 in 1Joh; es fehlt im Brief die Wortgruppe ἄνω, ἄνωϑεν, ἐντεῦϑεν, κάτω, πόϑεν. Alle diese Partikel aber betreffen die Fragen Wo? oder Woher? – d. h. die Fragen, die mit παρά mit Dativ oder Genitiv beantwortet werden. Diese sprachliche Beobachtung entspricht einem sehr charakteristischen Zug im Denken des Evangelisten.

3) Andere Partikel: οὖν wird ca. 190mal im Evangelium gebraucht, aber überhaupt nicht im Brief.

4) Komposita: In 1Joh werden 11 Komposita gebraucht; im Joh 105. Diese Beobachtung könnte, für sich genommen, zu falschen Schlüssen führen, da viele der Komposita erzählende Verben sind; aber wenn wir unsere Aufmerksamkeit auf Joh 14–17 beschränken (ein Abschnitt, der in Länge und Thematik dem 1Joh vergleichbar ist), so finden wir in diesem Teil des Evangeliums 8 der 11 Komposita des Briefes zusammen mit weiteren 12, insgesamt also 20 verba composita, die zusammen 45mal gebraucht werden.

5) Stil und Satzbau: Auf folgende Punkte sei aufmerksam gemacht: Für den Brief sind rhetorische Fragen charakteristisch (2,22; 3,12.17; 5,5), im Evangelium (18,37?) gibt es aber keine, obwohl sein Stil großenteils rhetorisch und argumentativ ist. Unlogische Konditionalsätze, in denen der Nachsatz nicht wirklich zum Vordersatz paßt, begegnen

---

[64] Zu der Auffassung, Joh und 1Joh seien von verschiedenen Verfassern geschrieben, s. C. H. Dodd, The Bulletin of John Rylands Library 21 [1937], S. 129–156; The Johannine Epistles [1946], S. XLVII–LVI. Zur Alternativposition s. A. E. Brooke, a. a. O., S. I–XIX; R. H. Charles, A Critical and Exegetical Commentary on the Revelation of St John [1920], S. XLIf; W. F. Howard, JThSt 48 [1947], S. 12–25, repr. in: The Fourth Gospel in Recent Criticism and Interpretation [\(^4\)1955], S. 282–296. Die Argumente beider Seiten werden untersucht von E. Haenchen, Die Bibel und wir [1968], S. 238–242.

[65] R. H. Charles, a. a. O., S. CXVII–CLIX.

[66] S. jedoch E. Lohmeyer, Die Offenbarung des Johannes, HNT 16 [1926], und die brauchbare Zusammenfassung der Meinungen bei P. H. Menoud, L'Évangile de Jean d'après les recherches récentes [1947], S. 73f. Es gibt eine interessante Diskussion der Frage bei Austin Farrer, The Revelation of St John the Divine [1964], S. 37–50.

im Brief (1,9; 2,1; (3,20); 5,9); es gibt aber keine im Evangelium. Viele Wendungen im Evangelium hat man für Semitismen gehalten (s. o. S. 26 ff); im Brief sind vielleicht nur 2,21 und 5,9 Semitismen; und dies ist keineswegs sicher.

6) Wortschatz: Hier ist große Vorsicht geboten; der Wortschatz wird weit mehr als die Syntax durch die Thematik bestimmt. Nichtsdestoweniger ist der gesamte Wortschatz des Joh und des 1Joh so schmal, daß es durchaus bemerkenswert und eindrucksvoll ist, wenn Wortgruppen, die so charakteristisch für Joh sind wie die folgenden, nicht in 1Joh vorkommen: *σώζειν, σωτηρία, ἀπολλύναι, ἀπώλεια; γραφή, γράμματα, γράφειν, νόμος* (von der Schrift); *δόξα, δοξάζειν; πέμπειν; ζητεῖν; κρίνειν, κρίμα, κρίσις* (*κρίσις* begegnet in der Wendung *ἡ ἡμέρα τῆς κρίσεως* einmal 1Joh, ein Ausdruck, der sich nicht in Joh findet).

Es scheint also eine zwar geringe, aber doch recht eindeutige sprachliche Differenz zwischen Joh und 1Joh zu bestehen. Dies ist mit der großen allgemeinen Ähnlichkeit zusammenzunehmen, und das daraus sich ergebende Problem ist dem synoptischen Problem verwandt, wo auch sowohl Unterschiede wie Übereinstimmungen erklärt werden müssen. Die Erklärung dafür könnte in einer Änderung in den Gewohnheiten eines einzelnen Schreibers gefunden werden – der Reifung seines Stils, z. B. im Evangelium; oder in der Nachahmung oder in der natürlichen Verwandtschaft zwischen zwei Schreibern, die in derselben Atmosphäre und nach denselben Vorbildern ausgebildet wurden. Sucht man weitere Daten, so muß man das Denken der beiden Bücher vergleichen. Auch hier sind die Ähnlichkeiten offenkundig; man muß jedoch die Unterschiede suchen. Diese existieren, und es ist sehr schwer, sie zu erklären, wenn man von der Hypothese gemeinsamer Verfasserschaft ausgeht. a) In 1Joh ist die eschatologische Hoffnung des Urchristentums voll lebendig. Die Erscheinung von Antichristen beweist, daß es bereits die letzte Stunde ist; jeden Augenblick kann das erwartete Ende (2,18.28; 4,17) kommen. Eschatologische Erwägungen werden als Motiv für christliche Ethik gebraucht (3,2f). Eschatologische Sprache fehlt in Joh keineswegs (s. S. 83 ff u.); aber es ist nicht diese Art von Eschatologie, und sie wird nicht in dieser Weise gebraucht. Der Evangelist wird nicht von dem Gedanken eines offenbar historischen »zweiten Kommens« beherrscht. Hier und in seiner Darstellung des Heiligen Geistes als Geist prophetischer Inspiration (4,1–6; 5,6–9) erweckt der Brief den Eindruck einer größeren Nähe zu frühen Formen christlichen Glaubens. b) Auf der anderen Seite gibt es Abschnitte, in denen 1Joh sich weiter als Joh in Richtung Gnosis entwickelt zu haben scheint. Völlig hellenistische Begriffe finden sich in 1Joh 1,5 (Gott ist Licht; vgl. dagegen Joh 8,12) und 3,2 (Verwandlung, sogar Vergöttlichung, durch vollkommene Gotteserkenntnis). Vielleicht sollten die Verweise im Brief auf *χρῖσμα* (2,20.27) und *σπέρμα* (3,9) in gleicher Weise erklärt werden.

Diese Beobachtungen können nicht als völlig überzeugend betrachtet werden, aber, was immer sie wert sind, sie legen nahe, daß der Verfasser des Briefes ein weniger tiefgründiger Geist als der Evangelist war. Er war fähig, Seite an Seite das Alte und das Neue darzustellen, aber nicht wie der Evangelist sie zu einer Einheit zu verbinden. Es bleibt selbstverständlich eine enge Verbindung zwischen Brief und Evangelium bestehen; aber worin genau diese Beziehung besteht, kann nur vermutet werden (s. u. S. 78).

Die Apokalypse wirft mindestens so komplizierte Probleme wie irgendein anderes ntl Buch auf. Wir können sicher sein, daß der Verfasser dieses Buches, das in einem solch einzigartigen Griechisch[65] geschrieben ist, uns kein anderes literarisches Denkmal hinterlassen hat. Er schrieb weder das Evangelium noch die Briefe.[66] Die Apokalypse selbst ist keine Einheit. Das Buch wurde, so wie es uns vorliegt, nicht vor dem Prinzipat des Domitian geschrieben; Teile davon scheinen freilich eine Datierung zur Zeit Neros zu verlangen. Diese müssen vom Endredaktor aus Quellen entnommen worden sein. Das Buch scheint sich mit seiner Konzentration auf das katastrophale Ende der Geschichte sehr vom Evangelium zu unterscheiden; aber tatsächlich gibt es zahlreiche Parallelen: In Offb wird Jesus das »Wort Gottes« genannt (19,13); und es heißt, die σκηνή Gottes sei bei den Menschen (21,3), so wie nach Joh 1,14 das Wort ἐσκήνωσεν ἐν ἡμῖν. In beiden Büchern ist Christus das Lamm Gottes, obwohl bei Joh (1,29.36) dafür das Wort ἀμνός gebraucht wird, in Offb (5,6 und 27mal) ἀρνίον. In beiden ist Christus durch Leiden zur Herrlichkeit gekommen; er ruft die Dürstenden (ὁ διψῶν ἐρχέσθω, Offb 22,17; ἐάν τις διψᾷ ἐρχέσθω, Joh 7,37) und gebietet den Menschen, seine Worte oder Gebote (Offb 3,8.10; 12,17; 14,12; 22,7.9; Joh 8,51f; 14,15.21.23f; 15,10.20; vgl. 1Joh 2,3ff; 3,22.24; 5,3) zu halten (τηρεῖν).

Wir können also feststellen, daß zwischen den beiden Büchern eine gewisse Beziehung besteht, daß sie freilich nicht auf denselben Verfasser zurückgehen. Eine weitergehende Feststellung könnte nur eine Vermutung sein. Da wir freilich auf Vermutungen angewiesen sind, sei hier eine Konjektur gewagt (das wird nochmals u. S. 147f erörtert werden, wenn wir versuchen, das Evangelium in der Geschichte des Christentums zu lokalisieren): der Evangelist, der Autor – oder die Autoren, da keineswegs angenommen werden kann, daß alle drei derselben Hand entstammen[67] – der Briefe und der Endredaktor der Offenbarung sind alle Schüler des ursprünglichen Apokalyptikers gewesen. Sie entwickelten sein Werk in ähnlicher Weise, aber es war der Evangelist, der am deutlichsten sah, wie eschatologische christliche Theologie in der Sprache hellenistischen Denkens neu ausgedrückt werden konnte. Und er sah dies in der Tat so klar, daß er damit seiner Zeit weit voraus war. Dies wird im nächsten Abschnitt deutlich werden.

4. Das Evangelium und die Entwicklung der Theologie in der ersten Hälfte des zweiten Jahrhunderts[68]

Es würde mehr als die Arbeit eines Lebens erfordern, den Einfluß des vierten Evangeliums auf die christliche Theologie aufzuzeigen; es ist jedoch leicht, seinen Einfluß auf das Denken der ersten Hälfte des 2. Jh. zu zeigen; denn es hatte keinen. Mit der Frage der literarischen Beziehung des Evangeliums befassen wir uns unten (S. 125ff). Hier geht es uns um die Frage einer Verwandtschaft im Denken. Kein frühchristlicher Schriftsteller scheint die Position des Joh zu den Problemen christlicher Theologie geteilt zu haben.

I) Epheserbrief und Pastoralbriefe[69]*:* Eph, obwohl in der Form völlig verschieden vom Evangelium, zeigt eine Reihe von Berührungspunkten mit ihm. Ein Hauptanliegen des Eph ist die Einheit der Kirche (z. B. 1,10; 2,13–22; 3,6; 4,3–6); dies ist auch eines der

[67] Zur Verfasserschaft von 2 und 3Joh s. außer den Kommentaren und oben zitierten Werken (S. 75f) R. Bergmeier, ZNW 57 [1966], S. 93–100.
[68] S. die S. 125f zitierte Literatur.
[69] Diese Briefe sind als zeitgleich mit Joh oder vielleicht als älter anzusehen und können deshalb nicht von diesem beeinflußt sein, sie können jedoch einen gemeinsamen Denkhintergrund aufweisen.

Themen des Joh (z. B. 10,16; 11,52; 17,21). Christus ist derjenige, der herabstieg und hinaufstieg (Eph 4,8–10); hier gibt es eine enge Parallele in Joh 3,13 und an vielen anderen Stellen, die von der Rückkehr Christi zum Vater sprechen. Eph 2,18 (προσαγωγὴν... ἐν ἑνὶ πνεύματι πρὸς τὸν πατέρα) erinnert an die Verehrung des Vaters im Geist und in der Wahrheit, von welcher Joh 4,24 spricht. Der Gebrauch von ἀλήϑεια, δόξα, ἐλέγχειν, καρπός, σκότος und φῶς in Eph ist ähnlich dem des Joh; Eph 5,8–13 ist ein besonders instruktives Beispiel. Der Gebrauch von ἀληϑεύειν (Eph 4,15) gleicht dem joh ποιεῖν τὴν ἀλήϑειαν (3,21), und Eph 5,26 (die Heiligung der Kirche) erinnert an Joh 17,17.19. Der Heilige Geist offenbart die Wahrheit (Eph 1,17; 3,5), wie dies im Joh der Paraklet tut. Eph 5,26 (καϑαρίσας τῷ λουτρῷ τοῦ ὕδατος ἐν ῥήματι) verweist auf die Taufe mit Begriffen, die sich nicht sehr von Joh 3,5 unterscheiden. Schließlich kann man feststellen, daß das eschatologische Problem des frühen Christentums in Eph gelöst ist, ebenso wie im Joh. Eph hält die Spannung einer zukünftigen Hoffnung fest, während er nicht behauptet, daß die Parusie nahe sei.

Die Pastoralbriefe sind in vieler Beziehung weiter entfernt von Joh als Eph, aber sie kommen ihm in zweifacher Richtung nahe: 1. Sie stehen im NT der sakramentalen Anspielung von Joh 3,5 am nächsten. Taufe ist ein λουτρὸν παλιγγενεσίας καὶ ἀνακαινώσεως πνεύματος ἁγίου (Tit 3,5; zur Vorstellung der Wiedergeburt s. 1 Petr. 1,3.23). 2. Sie setzen die Gefahr, die gnostische Propaganda für christliche Gruppen darstellt, voraus (1 Tim 1,6f; 4,1–7; 2 Tim 2,16–18; 4,3f; Tit 1,10f und viele andere Stellen). Auch Joh weiß um die Gefahr des Gnostizismus, aber er bekämpft sie nicht durch die Zitierung orthodoxer Formeln (πιστοὶ λόγοι, 1 Tim 1,15; 3,1; 4,9; 2 Tim 2,11; Tit 3,8; vgl. 1 Tim 1,10; 6,3; 2 Tim 1,13; 4,3; Tit 1,9; 2,1.8), sondern indem er so viel an gnostischer Terminologie aufnimmt, wie mit dem christlichen Glauben zu vereinbaren war.

Die Annahme, Eph und die Pastoralbriefe seien in Ephesus oder seiner näheren Umgebung geschrieben worden, hat zumindest einige Wahrscheinlichkeit für sich. Man kann zudem sagen, daß sie zur Erhellung des Bereichs christlichen Lebens und Denkens beitragen, in welchem das Denken des vierten Evangeliums seinen Ursprung hat. Eph liegt auf einer Linie zwischen Paulus und Joh oder in deren Nähe; die Pastoralbriefe repräsentieren einen anderen Weg durch dasselbe Gelände.

II) Ignatius[70]*:* Der atmosphärische Unterschied zwischen den Briefen des Ignatius und dem vierten Evangelium ist sehr groß. Die ersteren sind die inbrünstige, unvorbereitete und ungeplante Äußerung eines Mannes auf dem Weg zum Tod; das letztere trägt alle Kennzeichen langer, ruhiger und tiefgründiger Meditation. Der Unterschied im Temperament (und in aller Wahrscheinlichkeit auch in den äußeren Umständen) zwischen Joh und Ignatius ist so auffallend, daß man über die Beziehung der beiden sich leicht täuschen kann. Tatsächlich sind sie Männer, die ähnliche Ziele verfolgen und sich auf

---

[70] Bischof von Antiochien, Martyrium in Rom ca. 115 n. Chr. Zum literarischen Zusammenhang zwischen Ignatius und Joh s. u. S. 125f. S. auch Hoskyns, S. 110–118; Ch. Maurer, Ignatius von Antiochien und das Johannesevangelium [1949]. In meinem Aufsatz in: Jews, Greeks and Christians (hg. v. R. Hamerton-Kelly und R. Scroggs [1976]), S. 220–244, finden sich zusätzliche Ausführungen zu einzelnen Punkten sowie weitere Literaturhinweise (= jetzt in: Essays on John [1982], S. 133–158).

ähnlichen Wegen bewegen. Sie tun dies aber unabhängig voneinander; Joh ist weit erfolgreicher als Ignatius, obwohl dies nicht bedeuten muß, daß er zu einem späteren Zeitpunkt schrieb. Abgesehen von ihrem gemeinsamen christlichen Glauben, waren beide Männer ähnlichen Einflüssen ausgesetzt: beide waren engagiert in der Auseinandersetzung mit dem Judentum und dem aufkommenden Doketismus, und beide gebrauchten die Sprache der zeitgenössischen hellenistischen Religion, um ihren Glauben auszudrücken. Diese Anstöße führten natürlicherweise zu Ähnlichkeiten; wie Joh besteht auch Ignatius auf der historischen Wirklichkeit des Menschen Jesus – wäre Jesus nicht ein wirklicher Mensch von Fleisch und Blut, so wären seine eigenen Leiden ohne Bedeutung (Ignatius, Trall 10; vielleicht protestiert Ignatius – wie Joh, wenn Käsemann recht hat – zu sehr); er behauptet, daß das Judentum nun völlig von der neuen Religion abgelöst worden ist – Christen, die als Juden leben, gestehen ein, daß sie die Gnade nicht empfangen haben (Magn 8,1; vielleicht hat Ignatius das Judentum nicht völlig verstanden); Jesus Christus ist das Wort Gottes, das aus dem Schweigen hervorgeht (Magn 8,2), und er verleiht der Kirche Unvergänglichkeit (Eph 17,1), indem er sie mit der Medizin der Unsterblichkeit (im Abendmahl Eph 20,2; ob freilich »Medizin der Unsterblichkeit« eine Parallele zu Joh bildet oder im Gegensatz dazu steht, ist eine gute Frage; s. Komm. zu 6,35.51). Aber zusammen mit und, wie ich angedeutet habe, auch innerhalb dieser Ähnlichkeiten überwiegen doch die Unterschiede. So ist es für Ignatius das Wirken der Kirche, das die fleischliche Realität Jesu garantiert (Magn 6,1; Trall 3,1; Philad 7 u. ö.). Seine Kenntnis des AT ist nur oberflächlich, und er begreift all das keineswegs völlig, was Joh meint, wenn er sagt, das Heil komme von den Juden (4,22). Sein Gebrauch hellenistischer Vorstellungen führt ihn an die Grenze des Magischen (z. B. Eph 19,2f). Seine Eschatologie ist charakteristisch für die Bewegung des 2. Jh. in Richtung Chiliasmus; diese Zeit ist die Endzeit, Buße und Glauben sind dringende Notwendigkeiten (Eph 11,1). Allgemein gesagt, die Form seines Werkes (soweit man überhaupt sagen kann, es habe eine solche) ist durch das Beispiel des Paulus bestimmt, obwohl es zweifelhaft ist, ob Ignatius sein Vorbild völlig verstanden hat.

III) Barnabas: F. M. Braun (NTS 4 [1958], S. 119–124) ist der Ansicht, daß das Denken des Barnabas durch das vierte Evangelium beeinflußt wurde, ob nun als schriftlicher Text oder in einer früheren mündlichen Form. Die angeblichen Berührungspunkte freilich sind nicht überzeugend.

IV) Polykarp[71]*:* Zum Brief des Polykarp (oder zu den Briefen) an die Philipper ist hier wenig zu sagen. Er ist in einem noch größeren Maß als jene des Ignatius nach dem Vorbild der Paulusbriefe gestaltet; Paulus ist gewiß für Polykarp Apostel par excellence. Er betont einige der Punkte, die auch Ignatius betont hat (z. B. die Realität der Fleischwerdung [7,1, vgl. 1Joh 4,2f] und die eschatologische Hoffnung [5,3]), aber in einer zurückhaltenderen und biblischeren und weniger in einer hellenistischen Art.

V) Justin: Mit Justin kommen wir in die Mitte des 2. Jh. und zu einem verantwortungsbewußten griechischen Apologeten und Exponenten des Christentums seiner Zeit. Er

---

[71] Bischof von Smyrna, Martyrium ca. 156 n. Chr. Zu seinem »Brief« s. P. N. Harrison, Polycarp's Two Epistles to the Philippians [1936]. Zur Datierung des Martyriums Polykarps, auch für zusätzliche Literatur, s. JThSt 3 [1852], S. 79–83 (W. Telfer), 18 [1967], S. 433–437 (T. D. Barnes).

bringt es fertig, die Prinzipien, die bei Joh verbunden und im Gleichgewicht gehalten werden, bis an ihre Grenzen zu treiben. a) Wie andere Autoren des 2. Jh. ist er Chiliast, mit einer Hochschätzung für die Apokalypse, die er als Werk des Apostels Joh bezeichnet (Dial 81). b) Er entwickelt eine Logos-Lehre, ein Faktum, das auf den ersten Blick auf Abhängigkeit von Joh hinzuweisen scheint. Tatsächlich freilich ist dieser erste Eindruck irreführend. Die Logos-Lehre des Justin unterscheidet sich deutlich von der des Joh; sie ist philosophischer und weniger biblisch.[72] c) Justin vertritt eine mehr mechanische Sicht der Sakramente als Joh, von dem weder die christliche Taufe noch das Abendmahl explizit beschrieben werden.

Bei Justin, ebenso wie bei Ignatius, sehen wir Faktoren am Werk, die auch bei der Komposition des vierten Evangeliums wirksam gewesen sind. Diese wurden freilich im Evangelium durch den urchristlichen Glauben unter fester Kontrolle gehalten, während Justin sich von diesen Faktoren zu weit treiben ließ.

VI) Die Oden Salomos: Zu gewissen wörtlichen Übereinstimmungen zwischen den Oden und Joh s. u. S. 138f; auch den Kommentar passim. Die Beziehung zwischen dem Evangelisten und dem Verfasser der Oden ist viel diskutiert worden, es gibt dabei freilich wenig Übereinstimmung. Selbst die Datierung der Oden ist nicht geklärt. Eine ausgewogene und vorsichtige Sicht, mit welcher ich grundsätzlich übereinstimme, gibt Schnackenburg I, S. 143ff, s. jedoch auch J. H. Charlesworth, The Odes of Solomon [1973], und den Aufsatz desselben Verfassers: »Qumran, John and the Odes of Solomon«, in: John and Qumran, S. 107–155.

Es spricht vieles für die Annahme, daß die Oden in ihrer gegenwärtigen Gestalt ihren Ursprung gegen Ende des 2. Jh. haben. Daß Qumran und möglicherweise vor-joh Traditionen, die in Syrien umliefen, zu ihren Wurzeln gehörten, scheint wahrscheinlich. Der Verfasser berührte sich mit gnostischen Ideen und vielleicht besonders mit gnostischer Bildersprache, ohne daß er freilich dem Gnostizismus in einem häretischen Sinn wirklich verpflichtet gewesen wäre. Wenn unsere Ansicht stimmt, dann wäre es nicht überraschend, daß es Parallelen zwischen den Oden und Joh gäbe, obwohl in der Tat die Parallelen, auf die wir S. 127f eingehen, kaum über das hinausgehen, was man vernünftigerweise bei zwei christlichen Autoren erwarten kann, die eine Vielzahl von Bildern verwenden, um die Vereinigung mit Christus und die aus dieser Vereinigung fließenden Segnungen auszudrücken. Beide Autoren, Joh und der Verfasser der Oden, drückten ihren Glauben z. T. mit Hilfe der Terminologie der orientalisch-hellenistischen Religion aus. Der Verfasser der Oden steht dabei viel weniger fest auf der Erde als Joh. Vielleicht hat er das Evangelium gelesen. Wenn er dies tat, dann wird er es als geistesverwandt empfunden und ein wenig von ihm geborgt haben. Weitreichendere Schlüsse zu ziehen wäre unvorsichtig.

VII) Die Gnostiker[73]: In der ersten Ausgabe dieses Buches stand an dieser Stelle

---

[72] Sanders, Early Church, S. 20–27, bes. seine Schlußfolgerung: »Diese kurze Skizze des durch die Apologeten vertretenen christlichen Evangeliums läßt vermuten, daß ihre Lehre ihrem Ursprung nach unabhängig vom vierten Evangelium ist« (S. 27). Zum literarischen Verhältnis zwischen Justin und Joh s. u. S. 126. S. auch E. F. Osborn, Justin Martyr [1973], bes. S. 86–98.

[73] Mit »den Gnostikern« sind hier die christlichen Häretiker des 2. Jh. gemeint, die gewöhnlich so bezeichnet werden; die bekanntesten sind vielleicht Valentin und Basilides.

folgendes: »Man kann nicht behaupten, daß ihr Gebrauch des Evangeliums merkbar ihre Systeme beeinflußt hat; und es ist zweifelhaft, ob dies selbst dann so erscheinen würde, wenn uns mehr von ihren Werken erhalten geblieben wäre.« Nachdem ich dies geschrieben hatte, wurden kurz darauf gnostische Werke von hervorragender Bedeutung entdeckt und sind seitdem veröffentlicht worden.[74] Sie bestätigen den Gebrauch des Evangeliums in gnostischen Kreisen. S. S. 128f für Anspielungen auf Joh, z. B. im *Evangelium der Wahrheit*; zu Anspielungen im Thomasevangelium s. den Kommentar passim. Diese und andere Werke haben bis zu einem gewissen Grad ein breiteres Interesse über die sonst fast völlige Beschränkung auf die Kosmologie und die Konzentration auf den Prolog (1,1–18) hinaus. Es bleibt aber im wesentlichen doch richtig, daß die Gnostiker Joh benutzten, da sie aus ihm durch vernünftige oder auch unsachliche Exegese in der Lage waren, Unterstützung und Bereicherung für ihre vorgefaßten Theorien und Mythologien zu gewinnen. Wir haben wohl kaum das Recht, vom Gnostizismus des 2. Jh. in irgendeiner Weise als einer Schöpfung des Joh zu sprechen. Dem ist freilich hinzuzufügen, daß Joh als eine Stufe in der Entwicklung einer vollentwickelten Gnosis gesehen werden muß. Hier ist nicht der Ort für einen Versuch, die Entstehung der Gnosis zu beschreiben oder auch nur die verschiedenen Elemente, die dazu beitrugen, aufzuführen. Orientalische, griechische, jüdische und christliche Faktoren spielten alle eine Rolle, und alle diese Faktoren kann man schon in Joh finden. Ihr Umfang und ihr Mischungsverhältnis waren jedoch bei Joh nicht derart, daß sie ein wirklich gnostisches Ergebnis gezeitigt hätten. Wenn allerdings andere Schriftsteller dieselben Bestandteile gebrauchten, so mußte sich früher oder später ganz sicher genuiner Gnostizismus – im Sinne einer christlichen Häresie – entwickeln. Ein solch späterer Gnostizismus findet sich in der mandäischen Literatur,[75] die man am besten nicht als eine Quelle (in irgendeinem direkten Sinn) des joh Denkens, sondern als eine späte Form der Gnosis betrachten sollte, welche einen bestimmten Gebrauch von joh Stoffen machte.

Der Einfluß des Joh in der ersten Hälfte des 2. Jh. mag vielleicht weniger tiefreichend scheinen, als man hätte erwarten sollen. Der Grund dafür liegt z. T. darin, daß das Evangelium weithin unbekannt blieb. Es kam erst später in diesem Jahrhundert in den Hauptstrom des kirchlichen Lebens. Es bleibt freilich eine auffallende Tatsache, daß die christlichen Autoren dieser Periode in der Lage waren, die Probleme, die das vierte Evangelium hervorgebracht hat, zu behandeln, und dennoch keinen Hinweis darauf geben, daß sie um den gewaltigen und einzigartigen Beitrag wußten, den Joh zu ihrer Lösung geleistet hatte. Chiliasmus, antijüdische Polemik (z. B. in Justins Dialog mit Trypho), Sakramentalismus, die hellenisierte Logos-Philosophie der Apologeten, sie alle zeigen, daß die Situation, in welcher Joh geschrieben wurde, fortdauerte. Aber sie alle waren einseitige Übertreibungen, und kein christlicher Denker vor Irenaeus war in der Lage, sich die joh Synthese anzueignen und zu interpretieren.

---

[74] Die beste Darstellung findet sich bei R. McLachlan Wilson, Gnosis and the New Testament [1968] (= Gnosis und Neues Testament [1971]).
[75] S. bes. K. Rudolph, in: W. Foerster (Hg.), Gnosis II [1971], S. 173–400.

Kapitel 4

Die Theologie des Evangeliums

Die Theologie des vierten Evangeliums ist, auch wenn sie in die Form eines vielgestaltigen Berichts vom Leben und der Lehre Jesu von Nazareth gekleidet ist, das Ergebnis eines ernsthaften Versuchs, den apostolischen Glauben kritisch zu beurteilen und in einer Situation neu zu formulieren, die sich in mancher Beziehung beträchtlich von der unterschied, in welcher er zuerst verstanden und verkündigt worden war. Joh war nicht ein Theologe, der plan- und ziellos arbeitete, indem er diese oder jene Lehre bewertete und anpaßte, so wie sich Gelegenheit dazu ergab; er griff auf die frühere Überlieferung als ganze zurück und formte sie als ganze um (s. S. 113ff). Die Folge davon ist, daß jeder Versuch, seine Theologie aufzugliedern und in sauber getrennten thematischen Einheiten darzustellen, sie notwendigerweise verfälschen muß. Eschatologie hängt zusammen mit Christologie, Erlösung mit Glauben und Wissen, Wunder mit Sakramenten; isoliert man eines dieser Themen vom Rest, ja diskutiert man eines dieser Themen losgelöst vom übrigen, dann muß es unausweichlich zu Verzerrungen kommen. Wir legen deshalb mit beträchtlichem Zögern die folgende Analyse vor.[76] Wir tun dies in der Hoffnung, daß sie für jemanden, der mit dem Studium des Evangeliums erst beginnt, von einigem Nutzen sein könnte. Der Leser ist aufgefordert, seine Aufmerksamkeit nicht nur auf einen Abschnitt zu begrenzen, sondern einen jeden in Verbindung mit den übrigen zu lesen und besondere Aufmerksamkeit dem abschließenden Abschnitt zuzuwenden, in welchem die joh Theologie als ein organisches und lebendiges Ganzes behandelt wird.[77]

1. Eschatologie[78]

Die Schriften des NT versuchen fast ausnahmslos in verschiedener Weise die Überzeugung auszudrücken, daß in Jesus Christus etwas in die Welt menschlicher Erfahrung hereingebrochen ist, das man mit Begriffen, wie »das Absolute«, »das Letztgültige« oder

---

[76] In Umrissen aus der ersten Auflage dieses Kommentars übernommen.

[77] Ich habe die Entwicklung der joh Theologie in einer Reihe von Artikeln diskutiert: Prologue; Dialectical Theology; The Father is greater than I; Menschensohn; Theocentric (= nun in: Essays on John [1982]). S. zusätzlich zu den vielen wertvollen Kommentaren und Monographien S. S. Smalley, NTS 17 [1971], S. 276–292; auch M. L. Appold, The Oneness Motif in the Fourth Gospel [1976], S. 2–8.

[78] M. E. Boismard, RevBibl 68 [1961], S. 507–524.

»das Übergeschichtliche« benennen kann; einfacher ausgedrückt: Gott. Da alle menschlichen Erfahrungen und mehr noch alle menschliche Sprache relativ sind, ist das unvermeidliche Ergebnis eines solchen Einbruchs eine Spannung in den Ausdrucksformen, die man zu seiner Beschreibung gebraucht. Wenn z. B. der christliche Glaube, wie dies sehr früh geschah, lediglich in Form einer rein zeitlichen Eschatologie ausgedrückt wird, tut man den Tempora der verwendeten Verben Gewalt an. Die in eschatologischer Sprache normalen futurischen Zeiten müssen notwendigerweise zu präsentischen Tempora werden, um klarzumachen, daß das Ende der Geschichte tatsächlich inmitten des Geschichtsablaufs erfahren wird. Aber, so wahr dies ist, die futurischen Tempora verschwinden nicht völlig aus dem NT, da das »Ende«, von welchem das NT spricht, ein wirkliches Ende bleibt und die Geschichte durch die Erscheinung Jesu nicht zu einem Abschluß gebracht wurde. Dieser paradoxe Zusammenstoß der Zeit ist charakteristisch für das NT, er wird aber nirgends deutlicher als in Joh ausgedrückt. »Die Stunde kommt und ist jetzt«, eine Wendung, welche in sich einen oberflächlichen Widerspruch enthält, begegnet zweimal (4,23; 5,25). Die Zeit, in welcher die Menschen den Vater in der Weise verehren, die er wünscht, kommt und ist jetzt da (4,23). Eine teilweise Erklärung des Paradoxon ergibt sich aus der Tatsache, daß Joh von zwei unterschiedlichen Standpunkten aus schrieb und unvermittelt von einem zum anderen wechselte. Von einem Standpunkt innerhalb der Wirksamkeit Jesu aus »kommt die Stunde«; vom eigenen natürlichen Standpunkt des Joh aus, innerhalb des Lebens der Kirche nach der Auferstehung und Pfingsten, »ist die Stunde jetzt«. Aber dies ist nur eine teilweise Erklärung, denn (s. Komm. z. St.) die Grundlage des joh Denkens ist, daß wahrhafter Gottesdienst nur in und durch Jesus bestehen kann und daß Gottesdienst in und durch ihn wahrhafter Gottesdienst ist. Dementsprechend ist es zutreffend, wenn man sagt, daß, wo immer Jesus ist, Gottesdienst im Geist und in Wahrheit möglich ist; aber diese Möglichkeit ist notwendigerweise durch ein Futur oder sein Äquivalent qualifiziert (»die Stunde kommt«), weil und insofern die Person Jesu selbst in dieser Weise qualifiziert ist: Er ist der Messias, und er wird der Messias sein; er ist gekommen, und er wird kommen. Der Gottesdienst der Christenheit ist eine Antizipation des Gottesdienstes im Himmel, aber er ist noch nicht der Gottesdienst im Himmel.

Der Kontrast zwischen 5,25 und 5,28 bringt dies noch deutlicher heraus; denn in diesen Versen behandelt Joh die charakteristisch eschatologische Vorstellung der Auferstehung. In 5,28 wird gesagt, daß die Stunde kommt, da die Toten aus ihren Gräbern zum Gericht herauskommen werden. Dies hätte in jeder jüdischen Apokalypse geschrieben sein können: dieser Glaube war allgemein verbreitet. Aber 5,25 lautet: »Die Stunde kommt und ist jetzt, wenn die Toten die Stimme des Sohnes Gottes hören werden, und jene, die hören, werden leben.« Es könnte hier auf die Auferstehung des Lazarus (Kap. 11) vorausgeblickt werden, aber man wird bemerken, daß sich dort kein Hinweis auf die Gräber findet, und es ist klar, daß Joh hier nicht dasselbe sagt wie in 5,28. Es geht um eine andere Art von Tod und Auferstehung, für welche Tod und Auferstehung des Leibes ein Gleichnis sind. In einem gewissen Sinn bringt das Wort des Sohnes Gottes in der gegenwärtigen Welt jenen Leben, die tot sind (vgl. 11,25f); die Verheißung geht bereits in Erfüllung, aber sie wird doch so erfüllt, daß sie auch etwas für eine zukünftige Erfüllung übrigläßt.

Es trifft nicht zu, daß Joh die übliche ntl Eschatologie aufgegeben hat.[79] Dies kann man nur behaupten, wenn man einen Großteil des Stoffes, wie z. B. eine Reihe von Hinweisen auf den Jüngsten Tag in 6,39.40.44.54, als Werk eines Redaktors ausscheidet, der eine Eschatologie ablehnte, die ihm ganz realisiert erschien. Es war tatsächlich Joh selbst, der eine solche Eschatologie ablehnte; s. die Ausführungen zu den fraglichen Versen. Joh hat die Wahrheit der futurischen Eschatologie betont und zur selben Zeit auch ihre Probleme und Unzulänglichkeiten, vielleicht sogar stärker als jeder andere Autor. Eschatologie ist am angemessensten bei der bildhaften Beschreibung des letzten Endes und Ziels der Geschichte. Sie gibt eine annehmbare Darstellung von Werk und Person Jesu, welche in jedem Fall paradox sind.[80] Sie befriedigt am wenigsten, wenn es um das Zeitalter der Kirche geht, den Abschnitt, der zwischen der schattenhaften Vorabbildung des Endes in Jesus und dem Ende selbst liegt. Es ist jedoch gerade dieses Zeitalter, an dessen Erklärung Joh in erster Linie gelegen war, und es war eben die Notwendigkeit seiner Erklärung, welche mehr als jeder andere Faktor zur Entwicklung seiner Theologie führte. Joh Theologie ist nicht so sehr die Aufpfropfung fremder Formen und Begriffe auf urchristliches Denken (obwohl sie teilweise in neuen Formen und neuer Terminologie ausgedrückt wird) als vielmehr die spontane Entwicklung urchristlichen Denkens unter dem Druck innerer Notwendigkeit und der verstreichenden Zeit.

Joh versucht, das Zeitalter der Kirche (wie wir es nennen können) in quasi-eschatologischen Begriffen zu beschreiben; 14,23 z. B. (s. die Ausführungen) spricht er von einer zweifachen Parusie Christi und des Vaters zu dem Menschen, der Christ wird, und von ihrem Bleiben bei ihm. Es ist aber deutlich, daß er nicht zufrieden war mit diesem Notbehelf, genauso wie er mit einer Darstellung Jesu selbst in einfach apokalyptisch-eschatologischen Kategorien nicht zufrieden war. Es war notwendig, einen neuen Weg zu finden, die fundamental christliche Aussage des christlichen Glaubens auszudrücken: in Jesus Christus war das neue Zeitalter gekommen; dies geschah aber in einer solchen Weise, daß ihr endgültiges Kommen noch ausstand, so daß Christen sowohl in diesem wie in dem kommenden Äon leben. Paulus hatte die Grundlagen für diese Aufgabe bereits gelegt durch die Entwicklung der »eschatologischen Mystik«,[81] aber es blieb für Joh noch viel zu tun. Was er tat, wird kurz in den folgenden Abschnitten dieses Kapitels untersucht werden. In der Christologie wurden sowohl die jüdische als auch die griechische Metaphysik herangezogen. Bei der Beschreibung des christlichen Lebens wurden die Quellen der Mystik und des Sakramentalismus verwendet. Aber die andere Seite des Prozesses ist gleichermaßen wichtig. Wenn Joh nicht-eschatologische Begriffe und Vorstellungen verwendet, um das auszudrücken, was die ältere eschatologische Sprache nur unter Schwierigkeiten ausdrücken konnte, so gebraucht er doch auch die Eschatologie, um den Irrtümern vorzubeugen, die aus Mystizismus und Sakramentalismus entstehen konnten, wenn sie nicht durch den Hinweis auf die Zukunft kontrolliert wurden. Es gibt kein Essen vom Fleisch des Menschensohnes, weder durch mystische Vereinigung oder in der Eucha-

---

[79] S. bes. W. F. Howard, Christianity according to St John [1943], S. 106–128.201–204; auch Schweizer, Jesus [1968], S. 162, der 14,2f; 17,24; 12,25f; 11,21–27 zitiert.

[80] Der Gebrauch dieses Wortes wird von Käsemann problematisiert (Jesu letzter Wille, S. 26f.36). S. dazu »The Father is greater than I«, S. 158. (= Essays on John, S. 32).

[81] Schweitzer, bes. S. 102–140.324–364.

ristie, das den Glaubenden zu einer selbständigen und selbstgenügsamen Quelle des Lebens macht. Am Jüngsten Tag, wie überhaupt jeden Tag, wird er nur leben, wenn er auferweckt wird. Das eschatologische Element im vierten Evangelium ist nicht nur Beiwerk; es ist von fundamentaler Bedeutung. Wäre es aufgegeben worden, so wäre damit der biblische Bezugsrahmen des Urchristentums aufgegeben worden, und man hätte sich all den Gefahren ausgeliefert, welchen ein rein metaphysisches Christentum, geschieden von der Geschichte, ausgesetzt ist. Die Gefahren von Mystizismus, Perfektionismus und Antinomismus werden in diesem Evangelium durch das Gegengewicht der urchristlichen Eschatologie in Schach gehalten, die eine ständige Erinnerung daran ist, daß die Kirche durch den Glauben und nicht vom Sehen lebt – und daß sie auf Hoffnung gerettet ist.

2. Christologie

Joh teilt die im ersten Satz von Abschnitt 1 dieses Kapitels ausgedrückte Überzeugung, aber er entwickelt sie in einer tiefer durchdachten Weise als die Synoptiker. In den Synoptikern geht es vor allem um das Reich Gottes, das durch die Ankunft und das Wirken Jesu Wirklichkeit zu werden begann. Jesus verkündigte das Evangelium vom Reich Gottes. Was Joh mit weit größerer Klarheit als irgendeiner seiner Vorgänger erkannte, war: Jesus *ist* das Evangelium, und das Evangelium *ist* Jesus. Durch das Leben und insbesondere durch den Tod und die Auferstehung Jesu bekamen die Menschen Zugang zu den Segnungen des messianischen Reiches, und die höchste Segnung dieses Reiches war, wie bereits Paulus gesehen hatte, das Leben in der Gemeinschaft mit Christus selbst: »Christus ist mein Leben« (Phil 1,21). Das heißt, wenn das Evangelium den Menschen angeboten wurde, so war es Christus selbst, der ihnen angeboten und von ihnen empfangen wurde. Es war deshalb unerträglich, daß die Person Christi unbestimmt bleiben sollte. Paulus, der diese Wahrheit erkannt hatte, verspürte offensichtlich auch etwas von der gleichen Verpflichtung.

Keines der synoptischen Evangelien bietet eine entwickelte und systematische Christologie, sie sind aber alle voll von dem Stoff, aus dem sich die Christologie entwickelt hat. Insbesondere vertreten sie alle in vorwiegend eschatologischen Begriffen (s. den vorhergehenden Abschnitt) die Auffassung, daß Gott in Jesus das Leben und die Wirksamkeit der »anderen« Welt in diese Welt hindurchbrechen ließ. Sie gebrauchen die Begriffe des Judentums, um ihn zu charakterisieren: er ist (in seinen eigenen Worten) Menschensohn, (in den Worten anderer) Messias. Er ist der Sohn Gottes. Diese Sprache wird von Joh beibehalten und weiterentwickelt, der dazu einiges aus anderen Quellen und aus der langen und tiefen christlichen Reflexion beifügt.

Die synoptische Sprache der messianischen Hoffnung wird nicht aufgegeben; im Gegenteil, sie ist bei Joh gebräuchlicher als anderswo. Nur Joh gebraucht die Form der Transliteration des hebräischen oder aramäischen משיח, משיחא (*mashiah, mᵉshiha'*) (Μεσσίας 1,41; 4,25); das Wort Χριστός wird 17mal gebraucht und zusätzlich der zusammengesetzte Titel Ἰησοῦς Χριστός 2mal. Die Frage der Messianität im allgemeinen nimmt einen hervorragenden Platz im Evangelium ein: der Täufer betont, daß er nicht der Christus ist (1,20; 3,28); die jüdische Autorität (7,52), das gewöhnliche Volk (7,25–31.40–43; 12,34) und die Samaritaner (4,29f) diskutieren die Messianität; die ersten Jünger bekennen die Messianität Jesu (1,41; vgl. 4,29; auch 6,69, wo ὁ ἅγιος τοῦ θεοῦ wahrscheinlich ein messianischer Titel ist), obwohl es ein Vergehen ist, das, wenn man dies tut, mit der Exkommunikation bestraft wird (9,22; vgl. 16,2).

Aber was meint Joh, wenn er Jesus als den Messias darstellt? In den synoptischen Evangelien ist die Messianität Jesu verhüllt. Er beansprucht nirgendwo die Würde für sich selbst und lehnt ihre Proklamation durch die Dämonen ab, genauso wie er die Wunder geheimhält, die er vollbringt, obwohl er das Bekenntnis des Petrus annimmt (Mk 8,29 parr) und in Mk 14,62[82] die Frage des Hohenpriesters: »Bist du der Christus, der Sohn des Gesegneten?«, bejaht. Mit anderen Worten, die synoptische und insbesondere die mk Darstellung der Messianität ist vom Thema des Messiasgeheimnisses beherrscht: Jesus ist wahrhaftig der Messias, aber ein Messias in Niedrigkeit und Verborgenheit und mit der Bestimmung, am Ende zu leiden. Dieses Thema fehlt nicht in Joh; die Juden fordern Jesus auf, ihnen klar zu sagen, ob er der Christus sei (10,24), und wie bei Mk treibt auch hier die unausweichliche Notwendigkeit des Leidens die Erzählung voran (z. B. 12,24.27). Das Geheimnis von Person und Werk Jesu war etwas, das Menschen nicht fassen konnten (12,39, οὐκ ἠδύναντο πιστεύειν, mit Hinweis auf Jes 6,9, die Stelle, auf die auch Mk 4,12 parr verweisen). Insoweit läuft Joh Mk parallel; aber dies ist kein völliger Parallelismus. Andere Faktoren müssen in die Überlegung miteinbezogen werden. Es gibt ein Element der Verhüllung in der Messianität Jesu, aber sie wird vom Anfang des Evangeliums an auch offen bekannt (1,41, εὑρήκαμεν τὸν Μεσσίαν; 1,45.49). Tatsache ist, daß die Messianität Jesu bei Joh sowohl verborgen als auch offenbar ist. Sie ist verborgen vor den Ungläubigen und offenbart den Gläubigen, die Gott berufen hat. Der mk Dualismus der Zeit, der eine gegenwärtige Niedrigkeit mit einer zukünftigen Herrlichkeit kontrastiert, wird teilweise durch eine andere Art von Spannung ersetzt, die in der Gegenwart existiert und auch in die Zukunft hinein fortgesetzt wird (14,22f); Christus wird nicht vor der Welt offenbart; aber er wird offenbart den Seinen (wie dies in der Tat auch bei Mk der Fall ist). In ähnlicher Weise behandelt Joh das Problem, das 12,34 aufgeworfen wird; es ist wahr, daß der Messias für immer bleiben sollte, aber er nimmt seine Wohnung (μονή) bei denen, die ihn aufnehmen. Bei ihnen bleibt er für immer; bei den übrigen bleibt er überhaupt nicht. Wir können hier die Wurzeln jener zweifachen Darstellung Jesu sehen, die für Joh charakteristisch ist, der sowohl die Gleichheit Jesu mit dem Vater als Gott behauptet (1,10; 10,30; 20,28) wie auch seine Unterordnung (14,28); s. »The Father is greater than I«, FS R. Schnackenburg [1974], S. 185; auch P. Borgen, in: Religions in Antiquity, FS E. R. Goodenough [1968], S. 137–148.

Es ist deutlich, daß Joh, obwohl er die messianische Sprache beibehält, ihren Inhalt neu formuliert. Dies trifft auch auf seine Behandlung der anderen wesentlichen synoptischen Bezeichnungen Jesu zu – Sohn Gottes und Menschensohn. Einem oberflächlichen Blick könnte es scheinen, daß beide Begriffe fast das Gegenteil des jeweils anderen bedeuten; denn während in den Synoptikern »Sohn Gottes« die Aufmerksamkeit auf den Gehorsam Christi gegenüber Gott richtet und »Menschensohn« ein himmlisches Wesen meint, bedeutet bei Joh »Sohn Gottes« zuweilen jemanden, der an der Natur Gottes

---

[82] Auch Mt und Lk scheinen vorauszusetzen, daß die Frage bejaht worden ist, auch wenn sie weniger eindeutige Begriffe verwenden.

teilhat, »Menschensohn« jemanden, der Anteil an der menschlichen Natur hat. Es wäre jedoch falsch, diesen Kontrast zu scharf zu zeichnen.

Für Joh schließt die Sohnschaft Jesu in der Tat eine metaphysische Beziehung mit dem Vater ein; sie ist nicht einfach messianisch (s. Komm. zu 20,31). Der Vorwurf, daß Jesus, indem er beansprucht, der Sohn Gottes zu sein und beständig mit ihm zu wirken, sich selbst Gott gleichmache, wird niemals zurückgewiesen. Joh denkt nicht daran, ihn zurückzuweisen. Er weiß um die stoische Lehre eines Gottessohnes, der Sohn Gottes ist aufgrund eines göttlichen Funkens, eines bruchstückhaften Logos, der in ihm wohnt, und er weiß von solchen Vorstellungen der Vereinigung mit Gott, wie sie in der Hermetischen Literatur ihren Ausdruck finden (s. o. S. 53f u. 56f). Ohne Zweifel glaubte er, daß der Sohn Gottes, der in Jesus von Nazareth Fleisch wurde, in Ewigkeit mit dem Vater wohnte. Aber diese Vorstellungen werden immer durch den Gedanken einer grundlegend sittlichen Beziehung qualifiziert, in welcher der Sohn dem Vater gehorsam ist. Der Sohn tut nichts aus sich selbst, sondern er wiederholt und vollzieht nur die Taten des Vaters nach (5,19f). So vollständig spiegelt er das Wesen des Vaters wider, daß Jesus zu sehen heißt, den Vater zu sehen (10,9). Indem er so beide Aspekte zeigt, arbeitet Joh deutlicher als die Synoptiker die Bedeutung der Sohnschaft heraus; sowohl sittliche Gleichheit als auch Wesensidentität sind hierbei eingeschlossen.

Der Gebrauch des Terminus Menschensohn in den synoptischen Evangelien ist eines der größten Rätsel der ntl Theologie und der kritischen Forschung. Jesus als Menschensohn lebt ein bescheidenes menschliches Leben (z. B. Mt 8,20; Lk 9,58); er wird leiden und sterben (z. B. Mk 8,31); er wird erscheinen in Herrlichkeit (z. B. Mk 13,26). Dieses ist der am meisten charakteristische Gebrauch des Titels in den Synoptikern. Joh hat nur wenige Parallelen zum eschatologischen Gebrauch (aber s. 5,27 und u.). Fünf Abschnitte, möglicherweise sechs, verweisen auf die Passion (3,14; 6,53; 8,28; 12,23.34; 13,31?); 6,27 geht eng mit 6,53, und 3,13 mit 3,14. Der Tod ist so ein Hauptbestandteil der joh Lehre vom Menschensohn, aber es muß festgehalten werden, daß für ihn der Tod Jesu zur selben Zeit seine Herrlichkeit ist; s. z. B. die enge Parallele zu $\delta\varepsilon\tilde{\iota}\ \tau\grave{o}\nu\ \upsilon\grave{\iota}\grave{o}\nu\ \tauο\tilde{\upsilon}$ $\dot{\alpha}\nu\vartheta\rho\acute{\omega}\pi\sigma\upsilon\ \pi\sigma\lambda\lambda\grave{\alpha}\ \pi\alpha\vartheta\varepsilon\tilde{\iota}\nu$ (Mk 8,31) in $\upsilon\psi\omega\vartheta\tilde{\eta}\nu\alpha\iota\ \delta\varepsilon\tilde{\iota}\ \tau\grave{o}\nu\ \upsilon\grave{\iota}\grave{o}\nu\ \tauο\tilde{\upsilon}\ \dot{\alpha}\nu\vartheta\rho\acute{\omega}\pi\sigma\upsilon$ (Joh 3,14), wo $\upsilon\psi\sigma\tilde{\upsilon}\nu$ sowohl bedeutet »an das Kreuz erhöhen« wie »zur Herrlichkeit erhöhen«. Es bleiben einige wenige andere Menschensohnstellen, und diese sind besonders bezeichnend für den joh Gebrauch des Ausdrucks. Es sind 1,51; 3,13; 6,27.62; s. Komm. z. St. Nehmen wir 3,13 und 6,62 zusammen, so erfahren wir, daß der Menschensohn (präexistent?) im Himmel war, vom Himmel herabstieg und wieder in den Himmel hinaufstieg. Dies kann von niemand anderem gesagt werden (3,13). Nach 1,51 ist der Menschensohn selbst der Weg, auf dem die Engel vom Himmel herab- und wieder hinaufsteigen, und nach 6,27 ist er derjenige, der der Menschheit die wahre Speise des ewigen Lebens gibt. All dies bedeutet, daß der Menschensohn der eine wahre Mittler zwischen Himmel und Erde ist; er geht von einem zum anderen und vermittelt durch seine Erdenreise den Menschen die offenbarte Erkenntnis und das ewige Leben, durch welches sie ihrerseits zum himmlischen Leben kommen. Diese Funktion des Menschensohnes steht keineswegs in Widerspruch zu seinem Tod, da für Joh sein Tod zugleich sein Fall in die Tiefen des Menschseins und sein Aufstieg zur Herrlichkeit des Vaters ist; und sie steht ganz sicherlich nicht im Widerspruch zu seinen eschatologischen Funktionen. So viel ist in der Tat über Jesus als den Menschensohn ausgesagt, daß es zweifelhaft ist, ob der Titel als solcher noch irgendeine besondere Bedeutung hat.[83] Es gibt einige Berührungspunkte, aber es wäre nicht leicht, irgendeine direkte Beziehung zwischen Joh und Daniel, den Bilderreden des Henoch, 4Esra oder den synoptischen Evangelien aufzuweisen. Der letzte Adam und der Mensch vom Himmel im paulinischen Sprachgebrauch stellen keine nahe Parallele dar. Damit wollen wir nicht abstreiten, daß sich ein eschatologisches Element im Verständnis des Menschensohns (dies ist in der Tat explizit 5,27 der Fall, und zumindest angedeutet in 1,51) oder die Vorstellung der repräsentativen Menschheit bei Joh findet. Aber Joh hängt weit weniger vom Mythos eines Ur- oder archetypischen Menschen ab, welcher anderswo in apokalyptischen, gnostischen oder platonischen Ausdrükken erscheint, als vielmehr von der fundamentalen christologischen Überzeugung, daß in Jesus Gottheit und Menschheit in einer unlösbaren Einheit miteinander vereinigt sind. Der Menschensohn ist der Mensch, der auch Gott ist, der gleichzeitig auf Erden und im Himmel ist (3,13); aber daß er dies ist, wird von ihm nicht aufgrund eines zurechtgemachten Mythos gesagt, sondern weil Joh als Christ wußte, daß Jesus eben dies gewesen ist.

Die Vorstellung der Mittlerrolle schließt eine weitere Beziehung Jesu Christi mit den Menschen ein: er ist ein Offenbarer. An dieser Stelle muß nun die charakteristische joh Bezeichnung Jesu als Logos eingeführt werden. Die Ursprünge dieses christologischen Ausdrucks in jüdischem und griechischem Denken und im christlichen Sprachgebrauch werden im Kommentar diskutiert; hier reicht es aus, darauf hinzuweisen, und dies bezieht sich auf den gesamten Hintergrund, daß der Begriff Logos als Beschreibung Gottes im Prozeß der Selbstmitteilung gesehen wird – nicht als der Mitteilung von Erkenntnis allein, sondern in einer Selbstmitteilung, die unausweichlich die Mitteilung wahrer Erkenntnis einschließt. Der Logos ist ein Wort Gottes, das zugleich sein Wesen erklärt und ein geschaffenes Leben ins Sein ruft, in welchem eine göttliche Macht fließt. Anders als Philo,[84] der den Logos mit einem archetypischen Menschen gleichsetzt, nach dessen Bild die ganze menschliche Rasse gemacht wurde, begreift Joh die Beziehung zwischen dem Logos und dem menschlichen Geschlecht soteriologisch. Die Menschen sind nicht ihrer eigenen Natur nach aus Gott geboren, sondern nur jene sind so geboren, die den Logos in seiner fleischgewordenen Sendung empfangen; sie werden zu einer neuen Menschheit, deren Quelle und Vorbild der Logos oder der Sohn Gottes ist.

Der Logos steht so in Beziehung zur Menschheit und dem neuerlösten Menschsein, in seinem eigenen eigentlichen Sein; er ist jedoch Gott, nicht Mensch, und seine Beziehung zum Menschen ist nicht eine platonische Beziehung von Typ und Antityp, sondern die der Inkarnation. Nicht nur im Prolog, sondern ständig im Evangelium besteht Joh darauf, daß das Wort Fleisch wurde, daß der Menschensohn nicht nur ein himmlischer, sondern auch ein irdischer Mensch war. Er legt in den deutlichsten Ausdrücken Wert auf die menschliche Unwissenheit, Müdigkeit und Traurigkeit Jesu (4,6; 11,34f), der, trotz seines

---

[83] E. D. Freed, JBL 86 [1967], S. 402–409; auch Lightfoot, S. 104f. (»Der Begriff ... hat mehr gemein mit hellenistischem als mit rein jüdischem Denken. Hellenistische Leser würde der Begriff an eine ideale Menschheit denken lassen ... die Herrlichkeit des Menschensohns in seiner Offenbarung ... des Seins und Wesens Gottes ...«); vgl. dagegen R. Maddox, in: Reconciliation and Hope (FS Leon Morris [1974]), S. 186–204; auch F. J. Moloney, The Johannine Son of Man (Bibliotheca di Scienze Religiose 14 [²1978]).

[84] Zu diesem Unterschied s. Theocentric, S. 368–371 (= Essays on John, S. 9–12).

himmlischen Ursprungs und Standes, nichts anderes als menschlich war.[85] Es gibt eine oberflächliche Parallele zwischen der joh Vorstellung vom Abstieg seines Erlösergottes und entsprechenden Zügen in bestimmten östlichen Religionen (s. weiter zur Erlösung u. S. 94ff); aber es scheint keine wirkliche Parallele zu der Vorstellung von der wahren Menschlichkeit des Erlösers zu geben, die für Joh wesentlich war, wenn die Erlösung für die Menschen gesichert sein sollte.

Zwei weitere Versuche, die joh Christologie einzuschätzen, müssen kurz erwähnt werden. Einige Züge des Evangeliums erinnern an die hellenistische Gestalt des ϑεῖος ἀνήρ oder göttlichen Menschen.[86] Die überzeugendste Darstellung dieser Züge sieht in ihnen die Christologie einer Quelle repräsentiert (wahrscheinlich die Zeichenquelle,[87] s. S. 36f), die Joh selbst ablehnte oder zumindest korrigiert hat, da er sie als unsachgemäß betrachtete. Die Quelle stellte Jesus als Wundertäter dar, dessen Machttaten Glauben bewirken konnten. Joh selbst betrachtete Glauben, der auf Wunderzeichen gründete, als unbefriedigend – vielleicht kaum als wirklichen Glauben überhaupt. Man kann in Joh die Kritik einer ϑεῖος ἀνήρ-Christologie sehen, ohne anzunehmen, daß Joh diese unsachgemäße Christologie in einer Quelle gefunden hatte; vgl. S. 93f. Ein anderer christologischer Typus, den man bei Joh gefunden hat, ist der des König-Propheten, den das Judentum in Mose fand.[88] Daß diese Gestalt, besonders im Hintergrund von Joh 6, eine gewisse Rolle spielt, ist wahrscheinlich richtig; daß sie der Hauptfaktor in der joh Christologie ist, ist eine wesentlich schwerer zu beweisende Annahme.

Der synoptischen Christologie fehlen klare Definitionen, sowohl im Blick auf das Verhältnis zwischen Christus und Gott als auch auf das zwischen Christus und den Menschen. »Gottessohn« stellt Jesus nicht notwendigerweise auf eine Ebene mit Gott, und auch »Menschensohn« kennzeichnet ihn nicht als den wirklichen und vollständigen Menschen. Das bedeutet nicht, daß die Synoptiker ebionitische oder doketische Intentionen haben; sie sehen Jesus einfach im Licht der eschatologischen Krise, die er provozierte, und sie beschreiben die ganze Situation in angemessenen Begriffen. Joh macht sich frei von einer rein apokalyptischen Interpretation Jesu, während er weiterhin (wenn auch nicht ausschließlich) eschatologische Sprache gebraucht. Jesus ist der Anfang und das Ende, der erste Schöpfer und der endgültige Richter; er ist auch die letztgültige Wahrheit, sowohl Gottes als auch der Menschheit. Indem er wahrer Gott und wahrer Mensch und auch das Bild Gottes und der Archetyp der Menschheit ist, ist er ein ontologischer Mittler zwischen Gott und Mensch; er ist jedoch nicht weniger Mittler wahrer Erkenntnis und Erlösung.

---

[85] Käsemann (Jesu letzter Wille, S. 52, u. an anderer Stelle) nimmt im Gegenteil dazu an, daß Joh selbst einen »naiven Doketismus« manifestiere. S. dazu Bornkamm, III, S. 104–121; auch The Father is greater than I, S. 151f.158f (= Essays on John [1982], S. 19–36).

[86] S. L. Bieler, ΘΕΙΟΣ ΑΝΗΡ I,II [1935,1936]; auch die ausgezeichnete Darstellung bei Elwyn Jones, The Concept of the ϑεῖος ἀνήρ in the Graeco-Roman World with special reference to the first two Centuries A. D. (Diss. Durham [1973], ungedruckt).

[87] J. Becker, NTS 16 [1970], S. 130–148.

[88] Meeks; auch T. F. Glasson, Moses in the Fourth Gospel [1963].

3. Wunder[89]

Ein oberflächlicher Leser könnte aus den synoptischen Evangelien leicht Wundergeschichten herausfinden, die er einfach als das Werk eines umherziehenden Wundertäters betrachten könnte.[90] Er könnte dies beim vierten Evangelium nur sehr viel schwerer tun. Mit den Wundern, wie auch mit anderen Elementen der Überlieferung, hat Joh die christologische Interpretation, die in den Synoptikern nur implizit vorhanden ist, aufgenommen, sie verdeutlicht und sie dem Stoff in einer solchen Weise aufgeprägt, daß der Leser sie nicht übersehen kann. Die Wundergeschichten dieses Evangeliums sind eine Funktion seiner Christologie. Sie richtig zu verstehen heißt, Christus im Glauben zu erkennen (10,38; 14,11). Hat man die Wunder einmal in ihrer wahren Bedeutung erfaßt, so führen sie unmittelbar zur Christologie, denn sie sind eine Offenbarung der Herrlichkeit Christi (2,11).

Die Wundertaten Jesu werden als seine Werke (ἔργα) bezeichnet. Als solche sind sie auch die Werke Gottes selbst; es gibt eine völlige Kontinuität zwischen der Wirksamkeit Jesu und dem Wirken des Vaters (s. z. B. 5,36; 9,3; 10,32.37f; 14,10). Auf der einen Seite vollbringt Jesus das Werk (ἔργον) des Vaters, denn er ist ein gehorsamer Sohn (4,34). Und auf der anderen Seite ist die Wundermacht Gottes in ihm manifest, weil er von Natur aus an der Gottheit teilhat (14,10): daher die weitere Behauptung, daß die Werke Zeugnis für ihn ablegen (5,36, αὐτὰ τὰ ἔργα ἃ ποιῶ μαρτυρεῖ περὶ ἐμοῦ; ähnlich 10,25; vgl. 10,38; 14,11). Die Werke machen sowohl das Wesen als auch die Macht Gottes sichtbar, und sie zeigen zur selben Zeit, daß er in Christus in einer einzigartigen Weise am Werk ist.[91] Die Wunder werden auch als Zeichen (σημεῖα) bezeichnet. Dies ist eines der charakteristischsten und wichtigsten Worte des Evangeliums. Es hat eine Geschichte, die beachtet werden muß. Im klassischen Griechisch bedeutet es ein Unterscheidungsmerkmal, ein Zeichen oder ein Signal. Es kann eine Losung auf einem Schild sein oder ein Wappen auf einem Ring. Es hat Spezialbedeutung in der Logik. Bei Aristoteles bedeutet es ein Wahrscheinlichkeitsargument im Vergleich zu einem τεκμήριον oder sicheren Beweis; bei den Stoikern und Epikuräern ist es eine »beobachtbare Grundlage eines Schlusses auf das Unbeobachtete oder Unbeobachtbare« (Liddell-Scott s. v. II,36). In der LXX steht σημεῖον im allgemeinen als Übersetzung von אות *('oth)*, zuweilen mit τέρας (eine Kombination, die auch im nichtbiblischen Griechisch bezeugt wird) als Wiedergabe von אות ומופת *('oth umopheth)*. Abgesehen von der gewöhnlichen Bedeutung »Kennzeichen«, scheint es im ursprünglichen Sinn etwas Wunderhaftes gemeint zu haben; so z. B. Ex 4,8 (J): ἐὰν δὲ μὴ ... εἰσακούσωσιν τῆς φωνῆς τοῦ σημείου τοῦ πρώτου ... Das Wort nahm aber

---

[89] S. Essays on John [1982].
[90] S. The Holy Spirit and the Gospel Tradition, S. 69–93, wo auch die »implizit christologische Interpretation« der synoptischen Wundererzählungen untersucht wird.
[91] Die rabbinische Literatur verweist auf bestimmte Männer, vor allem R. Hanina ben Dosa als אנשי מעשה, wörtlich »Männer der Tat« oder »von Werken«; und G. Vermes, Jesus the Jew [1973], S. 79, nimmt an, dieser Ausdruck beziehe sich auf das Wirken von Wundern. Es scheint jedoch wahrscheinlicher, daß er sich auf gute Taten bezieht, die in Gehorsam gegenüber der Tora getan werden; s. bes. A. Büchler, Types of Jewish-Palestinian Piety from 70 B.C.E. to 70 C.E.: The Ancient Pious Men [1922], S. 79–91; auch Bill II, S. 211.

auch andere, und zwar durchaus nichtwunderhafte Bedeutungen an. So wird von Jesaja und seinem mit einem besonderen Namen bezeichneten Sohn gesagt: ἔσται σημεῖα καὶ τέρατα ἐν τῷ οἴκῳ Ἰσραήλ (Jes 8,18). Als Ezechiel einen Stein nahm und darauf ein Bild des belagerten Jerusalem zeichnete, σημεῖόν ἐστιν τοῦτο τοῖς υἱοῖς Ἰσραήλ (Ez 4,3). Ein Zeichen ist Teil der Verkündigung der Herrlichkeit Gottes vor den Heiden: Ich will ein Zeichen unter sie geben (καταλείψω ἐπ᾽ αὐτῶν σημεῖον); ich werde einige von ihnen, die gerettet wurden (σεσῳσμένους), zu den Heiden senden ... die meinen Namen nicht gehört, noch meine Herrlichkeit gesehen haben, und sie werden verkünden (ἀναγγελοῦσιν) meine Herrlichkeit unter den Heiden (Jes 66,19). Das אות (= σημεῖον) wird so ein besonderer Teil des prophetischen Handelns, ·nicht bloße Illustration, sondern eine symbolische Vorwegnahme oder Darstellung einer größeren Wirklichkeit, von welcher das σημεῖον nichtsdestoweniger selbst ein Teil ist. Ein σημεῖον richtet die Aufmerksamkeit des Volkes Gottes auf die Erfüllung seiner Pläne, und schließlich lenkt ein σημεῖον die Aufmerksamkeit der Heiden auf die Herrlichkeit Gottes.[92]

Bei den Synoptikern wird das Wort am häufigsten von einem Zeichen gebraucht, das die Gegner Jesu widerrechtlich von ihm verlangen und das er ablehnt (Mt 12,38.39; 16,1.4; Mk 8,1.12; Lk 11,16.29; 23,8). Falsche Propheten und falsche Messiasse wirken Zeichen (Mt 24,24; Mk 13,22). Diesem Geschlecht wird nur das Zeichen des Jona (Mt 16,4; Lk 11,29f) gegeben werden. Zeichen (Vorzeichen) sind als schattenhafte Vorabbildungen des Kommens Christi in Herrlichkeit (Mt 24,3.30; Mk 13,4; Lk 21,7.11.25) zu erwarten. Es ist deutlich, daß die Synoptiker das Wort σημεῖον nicht zur Bezeichnung der Wunder verwenden wollten, obwohl sie diese ganz sicher als höchst wichtig betrachteten; sie bevorzugten es für die Bezeichnung eschatologischer Ereignisse. Der Sprachgebrauch bei Joh steht demgegenüber in auffälligem Kontrast. Das erste Zeichen, ein Wunder, wirkt Glauben in den Jüngern (2,11); 12,37 berichtet Joh vom Unglauben des Volkes trotz der Zeichen, die geschehen waren; und 20,30f sagt er, daß er seine Wunder dazu ausgewählt hat, daß seine Leser glauben sollen, Jesus sei der Christus, der Sohn Gottes. Jesus selbst gebraucht das Wort nur zweimal (4,48; 6,26), und davon spiegelt 4,48 die synoptische Situation wider. Für Joh selbst aber bezeichnet σημεῖα genau die Dinge, die Jesus tat. Sie waren σημεῖα im atl Sinn, besondere Offenbarungen des Wesens und der Macht Gottes, und teilweise aber wirksame Realisierung seiner Erlösung. Darin unterscheidet sich Joh von den Synoptikern eher in der Terminologie als im Denken, und der Grund der Differenz ist wahrscheinlich nicht einfach. Einmal gebraucht Joh (wie anderswo; s. o. S. 45ff) atl Sprache im vollen Wissen um ihre theologische Bedeutung; aber er hat sorgfältig ein atl Wort ausgewählt, das auch nichtbiblische Assoziationen besitzt. σημεῖον hat, wie wir gesehen haben, interessante und wichtige stoische Beiklänge; es ist nicht unbekannt in der griechischen Volksreligion (z. B. Dittenberger, Syll 709,24f [ca. 107 v. Chr.], προεσάμανε μὲν τὰν μέλλουσαν γίνεσθαι πρᾶξιν [διὰ τ]ῶν ἐν τῶι ἱερῶι γενομένων σαμείων). Zweitens aber kommt eine charakteristische Differenz zwischen Joh und den Synoptikern, auf die wir bereits hingewiesen haben, einmal mehr an dieser Stelle

---

[92] Josephus, Bell VI, 285 (σημεῖα τῆς σωτηρίας) ist, in seinem Kontext, keine sehr hilfreiche Parallele; S. McNamara, Targum and Testament, S. 143, zum Gebrauch von ניס und סימן im Sinn von Wundern im Targum; zu נס in diesem Sinn s. Ber 4a.

ans Licht. Die Synoptiker verwendeten offensichtlich das Wort σημεῖον bevorzugt für jene eschatologischen Ereignisse, die das Nahekommen des Endes kennzeichnen. Für Joh sind die Wunder selbst eschatologische Ereignisse. Man könnte durchaus behaupten, daß sie auch für die Synoptiker eschatologische Ereignisse sind (s. z. B. Mt 12,28; Lk 11,20); aber für sie ist die eschatologische Bedeutung des Wirkens Jesu verborgen, etwas, das erst in der eschatologischen Zukunft verstanden werden wird; so sind die Zeichen (im Sinn von Wundern) für die Gegenwart Geheimzeichen. Sogar die Jünger verstehen sie nicht (Mk 8,17.18.21). Joh versteht, wie bereits gesagt, das Geheimnis anders. Für jene, die glauben, sind die Wunder Zeichen, die ihren Glauben nähren; für jene, die nicht glauben, könnte man die Zeichen unendlich vervielfachen, ohne daß sie Glauben bewirken würden (12,37). Die Neuinterpretation der synoptischen Eschatologie durch Joh macht das Wort σημεῖον für seinen Gebrauch frei; und er macht extensiven Gebrauch davon, denn es ist eines der Worte, die sowohl in seiner biblischen Tradition als auch in seiner hellenistischen Umgebung verbreitet sind.

Man hat oft vermutet, das Wort σημεῖον sei mit einer besonderen Quelle zu verbinden, die Joh gebraucht (die »Zeichenquelle«; s. S. 36 f). Die vorhandenen Belege sprechen gegen diese Ansicht. Das Wort wird im Evangelium 17 mal gebraucht; in 12(11) dieser Fälle steht das Wort im Plural und verweist auf die Taten Jesu (z. B. 3,2; 4,48; 12,37). Eine der vorkommenden Stellen im Singular verweist auf Johannes den Täufer (10,41). Nur drei Belege bleiben übrig: 2,18 wird gefragt: Welches Zeichen zeigst du?, und 6,30 gibt es die fast identische Frage: Welches Zeichen tust du? So bleiben nur 4,54 und 12,18, welche auf ein bestimmtes Wunder verweisen (vgl. aber 2,11, obwohl hier das Substantiv im Plural steht). In 12,18 verweist σημεῖον auf ein bestimmtes Wunder (die Auferweckung des Lazarus), es taucht aber im Wunderbericht selbst nicht auf. Die Belege lassen also höchstens die Annahme einer »Kana-Quelle« zu für die zwei Wunder, die dort gewirkt werden; es gibt keinen Hinweis auf eine umfangreichere Zeichenquelle.[93] Dies verringert nicht die Bedeutsamkeit von σημεῖον; es bedeutet, daß Joh das Wort selbst ausgewählt hat, daß es sein allgemeiner interpretierender Terminus für die Taten, besonders die Wundertaten Jesu ist.

Wir sind bereits auf die Scheidung gestoßen, die die Zeichen unter den Zuschauern bewirken. Sie rufen bei Joh (Kap 5; 6; 9; 11) regelmäßig eine Auseinandersetzung hervor, und der Kontroverspunkt, den Joh besonders aus der synoptischen Überlieferung ausgewählt hat, ist die Frage der Einhaltung des Sabbatgebotes (Kap. 5 und 9). Diese Frage hat Joh nicht gewählt, weil er es notwendig fand, die Christen seiner Tage aus den Fesseln des jüdischen Legalismus zu befreien; dieser Kampf war schon lange vorher ausgetragen und gewonnen worden. Joh bringt das Problem erneut auf, da er mit seiner Hilfe auf die wahre Bedeutung der Wunder und das Wesen des Wundertäters hinweisen kann. 5,16–18 ist hier besonders wichtig (s. Komm. z. St.). Die Feststellung, daß der Vater am siebenten Tage ruhte und den Tag heiligte, bedeutete nicht, daß er an diesem Tag aufgehört hat zu sein, was er bis dahin gewesen war, ein wohltätiger Schöpfer. Im Gegenteil, die Vollendung von Gottes Werk, die dadurch bezeichnet wird, machte es möglich, den Sabbat als Typus der messianischen Ruhe zu gebrauchen, die für das Volk Gottes auf-

---

[93] Bultmanns »Zeichenquelle« ist vor allem von R. T. Fortna, The Gospel of Signs [1970], entwickelt worden. S. aber auch Conzelmann, Theologie, S. 354 f. 377 f.

bewahrt wird, eine Zeit des Segens für die Menschen, die nicht durch das Aufhören des göttlichen Wirkens eingeführt wird, sondern durch einen nie dagewesenen Überfluß seiner Schöpfungsmacht. Die Wunder Jesu sind also nicht bloß Zeichen der Nähe des Reiches Gottes – wie in den Synoptikern –, sondern auch klare Hinweise darauf, daß der, welcher die Zeichen wirkt, der Sohn Gottes und Gott selbst gleich ist. Von daher erklärt sich der Widerstand der Juden, die ja doch, indem sie Jesus hier verdammen, ihre eigene Blindheit zeigen und sich selbst verdammen (9,41; 12,47f).

Nach 12,37 erscheint das Wort σημεῖον erst wieder 20,30. Wie bei Mk gibt es auch bei Joh kein Wunder in der Passionsgeschichte. Dies ist nicht der Fall, weil die Geschichte Jesu aufhört, den Wert einer Offenbarung zu haben; Tod und Auferstehung sind in der Tat die höchste Offenbarung. Wie die σημεῖα werden Tod und Auferstehung im Redestoff (Kap. 13–17; s. S. 32f u. 444ff) erklärt, und das Ereignis wird dann in einer recht einfachen Sprache erzählt. Gleich wie die anderen σημεῖα ist es eine Manifestation des Wesens Gottes und der Erlösung, die er den Menschen bringt. Es ist jedoch nicht ein σημεῖον, es wird auch nicht σημεῖον genannt;[94] denn es ist nicht nur ein Zeichen von etwas anderem, als er selbst ist; dieses Ereignis ist das, was es bedeutet, in joh Sprache vielleicht, nicht ein σημεῖον, aber es ist ἀλήϑεια. Die Wunder werden in einen Kontext menschlicher Bedürfnisse gebracht, der von der vergleichsweisen Trivialität eines Mangels an Wein während einer Hochzeit bis zum Tod eines gelieben Freundes und Bruders reicht; der Tod Jesu aber ist selbst ein wirkliches Ereignis, in welchem das Leiden und die Sünde der Welt überall deutlich und in ihrer Totalität behandelt werden. Man kann dies ausdrücken, indem man sagt, daß im ganzen Evangelium der Verlauf der Ereignisse sozusagen vor dem Spiegel sich vollzog und auf einer Linie, die den Spiegel kreuzt. Kommen die Ereignisse dem Spiegel näher, so rücken entsprechend auch die Abbilder der Ereignisse, die wir als die Repräsentanten der von ihnen dargestellten ewigen Wirklichkeiten verstehen können, näher an den Spiegel heran und werden immer deutlicher. Schließlich werden Gegenstand und Bild auf der Oberfläche des Spiegels eins. So fallen im Tod und in der Auferstehung Jesu Zeichen und Bedeutung zusammen.

4. Erlösung

Gott sandte seinen Sohn nicht in die Welt, sie zu richten, sondern sie zu erretten (3,17; 12,47). Jene, die an Jesus als den Christus, den Sohn Gottes, glauben, haben Leben in seinem Namen (20,31); Christus anzunehmen heißt, ein Kind Gottes zu werden (1,12). Doch Joh bemüht sich kaum zu beweisen, daß tatsächlich durch Jesus Christus Erlösung bewirkt wird und durch ihn den Menschen angeboten werden konnte; die Geschichte, die er berichtet, ist die Geschichte des errettenden Handelns Gottes, ausgerichtet auf die Not der Menschen; anders denkt er nie darüber. Was aber meinte er mit Erlösung?

---

[94] So daß R. T. Fortnas Behauptung (JBL 89 [1970], S. 151–166), in der Umformung des Zeichenevangeliums durch Joh werde nicht die Auferstehung, sondern der Tod Jesu Hauptzeichen, nicht zutrifft.

In der Umwelt Jesu gab es mehr als nur eine Vorstellung von Erlösung (s. o. S. 54ff). So existierte z. B. im Judentum mehr als eine Form der erhofften messianischen Erlösung. Sie konnte innerhalb der gegenwärtigen Welt als eine Umkehrung politischen und militärischen Geschicks begegnen; oder es konnte ein rein apokalyptisches Ereignis sein, das sich an der Grenze zwischen dieser Welt und der unsichtbaren anderen Welt vollenden würde. Die Erwählten konnten wohlhabende Herrscher eines fruchtbaren Landes werden; sie konnten wie die Engel im Himmel werden. Es gibt hier eine große Vielfalt, aber es gibt im Judentum eine allgemeine Tendenz (wenn auch nicht ohne Ausnahme), die Erlösung als Frucht eines zukünftigen Handelns Gottes zu betrachten, auf welche die Menschen hoffen, an welche sie glauben, aber welche sie nicht in der Gegenwart sehen konnten. Außerhalb des Judentums war der Blick in eine eschatologische Zukunft nicht unbekannt, aber er herrschte nicht vor. Erlösung war eine gegenwärtige Erfahrung, die Gott den Menschen gibt, entweder durch Sakramente oder durch Erkenntnis ($\gamma\nu\tilde{\omega}\sigma\iota\varsigma$). Jeder dieser nichtjüdischen Vorstellungskreise schloß wahrscheinlich den Gedanken des Herabkommens eines Erlösergottes in die ansonsten verlorene Welt von Fleisch, Sünde, Unwissenheit und Tod ein. Bei seiner Rückkehr in die himmlische Welt, aus der er kam, ließ er Mittel zurück (sakramentale oder geistige), mit deren Hilfe Menschen ihm folgen und so durch den Ring des Schicksals in die obere göttliche Welt entkommen konnten. Dies war Erlösung.

Es gibt gute Gründe für die Annahme, daß Joh mit beiden Gedankenwelten, der jüdischen wie der heidnischen, vertraut war. Er macht auch die Herkunft seiner eigenen Erlösungslehre deutlich: das Heil kommt von den Juden (4,22). Dieses Wort begegnet in einem Streitgespräch und bedeutet in erster Linie eine Rechtfertigung der jüdischen Tradition gegenüber der samaritanischen; man muß aber daraus alle Konsequenzen ziehen. Wenn Jerusalem und nicht der Garizim der Ort der Erlösung ist, dann ist Jerusalem auch Athen und Phrygia vorzuziehen. Das AT stellt die wesentlichen Denkformen und auch die grundlegende Sprache für das Verständnis und die Darstellung der Erlösung zur Verfügung.

Joh nimmt also einen entschieden jüdischen Standpunkt ein, und er geht aus vom AT. Dies darf jedoch nicht den weiteren Tatbestand verdunkeln, daß er auch eine Sprache gebraucht, die derjenigen verwandt ist, die, wie wir sahen, hellenistischen und gnostischen Quellen entspringt. »Dies ist ewiges Leben, daß sie dich erkennen ($\gamma\iota\nu\dot\omega\sigma\varkappa\omega\sigma\iota$), den einen wahren Gott, und den, welchen du gesandt hast, Jesus Christus« (17,3). Durch Erkenntnis kommt Erlösung. Es gibt auch ein sakramentales Interesse im Evangelium, obwohl es sehr sorgfältig bestimmt werden muß (s. S. 98ff). Ganz ohne Zweifel fließt ein nichtjüdischer Strom neben dem jüdischen. Dies ist nicht zufällig, und dies ist auch nicht einfach auf den modischen Eklektizismus zurückzuführen, der das Beste aus allen Religionen zu machen sucht. Wir sind aus einem anderen Blickwinkel damit wieder auf denselben Punkt wie am Anfang dieses Kapitels gestoßen. Die alte eschatologische Erlösungsvorstellung war für das Christentum nicht mehr brauchbar, da die verheißene Erlösung jetzt bereits teilweise erfüllt war und deshalb nicht mehr als rein zukünftig beschrieben werden konnte. Darüber hinaus war es wirklich wahr, daß der Erlöser vom Himmel auf die Erde herabgekommen war, sein Rettungswerk vollbracht hatte und in den Himmel zurückgekehrt war. Es war wahr, daß ihn zu erkennen (wenn auch nicht genau im gnostischen Sinn von Erkennen; s. Komm. zu 1,10) hieß, ewiges Leben zu haben; und Joh gehörte zu einer Gemeinschaft, die glaubte, daß Jesus Riten hinterlassen hatte, mit deren Hilfe er immer noch sich selbst den Seinen mitteilen konnte. Die teilweise Verwirklichung der jüdischen Eschatologie eröffnete Joh einen Bereich des Denkens und der Sprache, der dem orthodoxen Judentum verschlossen war. Folgerichtig ist die joh Beschreibung der christlichen Erlösung reicher als die synoptische Darstellung, nicht weil er sie aus nichtchristlichen Quellen angereichert hat, sondern weil er nichtchristliche und nichtjüdische Terminologie gebrauchte, um das herauszuarbeiten, was von Anfang an im urchristlichen Glauben impliziert gewesen war.

Erlösung ist die Frucht des ganzen Lebens Jesu Christi im Fleisch, sein Tod und seine Auferstehung eingeschlossen; entsprechend wird sie in allen seinen Taten offenbar. Die Wunder insbesondere zeigen bildlich, was Erlösung bedeutet – die Heilung der Kranken, die Speisung der Hungrigen, die Gabe des Sehens an die Blinden, und die Auferweckung der Toten. Das heißt, Erlösung bedeutet die Heilung der Krankheiten der Menschheit und die Zuteilung von Licht und Leben; mit anderen Worten, Jesus setzt sich mit der Sünde auseinander und gibt den Menschen Erkenntnis und Leben. Diese Aspekte der Erlösung zeigen sich von Zeit zu Zeit im Verlauf des Evangeliums, sie erscheinen aber vor allem im Tod und der Auferstehung Jesu.

(1) Erlösung und Sünde: In der Eingangsszene des Evangeliums wird Jesus von Johannes dem Täufer als das Lamm Gottes verkündigt, das die Sünden der Welt trägt (1,29). Bevor er jedoch die Sünde beseitigt, offenbart er die Existenz und Natur der Sünde. Sein Kommen in die Welt ist wie das Aufscheinen des Lichts (1,5; 3,19–21; 8,12; 9,5; 12,35f.46; vgl. 11,9f); jene, die recht handeln, kommen zum Licht, denn sie haben das Offenbarwerden ihrer Taten nicht zu fürchten; jene, die Böses tun, scheuen das Licht. Ihre Abwendung von Christus ist sowohl das Ergebnis ihrer Sünde als auch ein Hinweis darauf, was Sünde bedeutet. Wenn der Geist die Sünde der Welt bloßlegt (16,8f), wird offenbar, daß Sünde im Unglauben gegenüber Jesus besteht. Ihn abzulehnen bedeutet in der Tat, die Sünde gegen den Heiligen Geist zu begehen, von welcher die Synoptiker sprechen (s. Mk 3,28–30 und dazu HSGT, S. 103–107; vgl. auch Joh 8,21; 9,41); zu dieser höchsten Sünde trägt jedoch jede böse Tat bei, denn aufgrund der Sünde begehen die Menschen die Sünde der Ablehnung Christi. Die Folge der Sünde ist Knechtschaft (8,34), aus welcher die Menschen durch die Wahrheit Christi und nicht aufgrund physischer Abstammung von Abraham befreit werden. Da die Sünde sich in der Ablehnung Christi konzentriert,[95] ist klar, daß die Sünde nur durch Christus beseitigt werden kann; Joh stößt hier in der Tat auf eine Schwierigkeit, die nicht leicht zu lösen ist, da sie sich aus der absoluten theologischen Terminologie ergibt, die er gebraucht. Er ruft zuweilen den Eindruck hervor, daß die Welt in zwei Gruppen geteilt ist, in jene, die, wenn das Licht scheint, zum Licht kommen, und jene, die das Licht scheuen. Er scheint zu unterstellen, daß die vorherbestimmten Gruppen der Gerechten und der Sünder immer bleiben müssen, was sie sind; die Gerechten müssen gerecht bleiben, und die Befleckten müssen immer schlecht bleiben. Aber dies wird durch den Glauben durchkreuzt, daß Jesus die Sünde der *Welt* beseitigte und niemand, der zu ihm kommt, von Christus zurück-

---

[95] Conzelmann, Theologie, S. 357 merkt an, daß Joh, wie Paulus, ἁμαρτία meistens im Singular verwendet; ebenso, daß er μετάνοια und ἄφεσις ἁμαρτιῶν vermeidet.

gewiesen werden wird (6,37). Diese Spannung von Prädestination und Erwählung[96] ist natürlich nicht nur in Joh zu finden, sondern sie ist für die ntl Theologie insgesamt charakteristisch; auf ihre Quelle haben wir bereits hingewiesen. Jesus ist sowohl der Richter als auch der Erlöser der Menschen, das Licht, das bloßstellt, und das Licht, das erleuchtet. Er betont, daß er nicht gekommen ist, zu richten, sondern zu retten; er fügt jedoch hinzu, daß sein Gericht, wenn er richtet, wahrhaftig ist (8,16). Gericht ist die Kehrseite der Erlösung; es ist die Form, welche die Erlösung für jene Menschen annimmt, die daran keinen Teil haben werden.

Wird Jesus als Lamm Gottes bezeichnet (s. Komm. zu 1,29), so soll damit besondere Aufmerksamkeit auf seinen Opfertod gelenkt werden. Aber obwohl in der Passionserzählung Joh sich bemüht, die Entsprechung zwischen Jesus und dem Passaopfer herauszuarbeiten (18,28; 19,36),[97] so erklärt er doch den Tod Jesu nicht mit Hilfe einer Opferterminologie; dies wäre auch nicht charakteristisch für sein Denken. Die Kreuzigung ist das Mittel, durch welches die zerstreuten Kinder Gottes gesammelt (11,52), durch welches alle Menschen zu Christus gezogen werden (12,32). Die atl Parallele ist die erhöhte Schlange ($\dot{\epsilon}\pi\grave{\iota}$ $\sigma\eta\mu\epsilon\acute{\iota}ov$ = נס, nicht אות[98], Num 21,8f) in der Wüste, durch welche das Volk geheilt wird. Zu dieser Parallele s. Komm. zu 3,14; das Kreuz wird sozusagen ein Brennpunkt des Glaubens, in welchem sich das Vertrauen der Menschen auf Gott konzentriert und Gottes rettende Macht bekanntgemacht wird.

(2) Erlösung und Erkenntnis: Das Wort $\gamma v\tilde{\omega}\sigma\iota\varsigma$ kommt im Evangelium nicht vor. Zum Gebrauch verwandter Verben s. Komm. zu 1,10. Gott zu erkennen heißt, ewiges Leben zu haben (17,3); die Wahrheit zu erkennen heißt, frei gemacht zu werden (8,32). Erkenntnis ist also ein Zugang zur Erlösung und zum Leben. Jesus selbst kennt den Vater, und sein Wirken kann als die Mitteilung dieses Wissens (1,18; 17,26) zusammengefaßt beschrieben werden. Das joh Jesusbild entspricht in dieser Beziehung dem des gnostischen Erlösers; es bleiben aber wichtige Unterschiede bestehen. Der Schlüssel der Erkenntnis wird nicht dazu gebraucht, die verschiedenen Tore der umgebenden Himmel zu öffnen, so daß der Mensch aus seinem Gefängnis entkommen kann, und Joh gibt auch keinen Hinweis darauf, daß er die Anschauung teile, des Menschen Elend sei einfach auf Unwissenheit zurückzuführen; es ist vielmehr Folge der Sünde. Man kann nicht durch den Erwerb kosmologischer Geheimnisse gerettet werden, solche Geheimnisse werden im Evangelium auch nicht gegeben.[99] Tatsächlich könnte der Parallelismus zwischen der joh und gnostischen Sprache zu falschen Schlüssen führen; sowohl bei Joh als auch bei Paulus ist das wirkliche Mittel der Erlösung der Glaube.[100] $\pi\iota\sigma\tau\epsilon\acute{\upsilon}\epsilon\iota v$ wird fast synonym

---

[96] S. Essays, S. 62–65.

[97] Lightfoot, S. 349–356, zu Christus als dem Passalamm.

[98] S. o. S. 91ff.

[99] Vgl. die tiefgründige Bemerkung Bultmanns, Theologie, S. 418, ». . . daß Jesus als der Offenbarer Gottes nichts offenbart, als daß er der Offenbarer ist . . .«

[100] Bultmann, S. 373, zitiert zu Recht Schlatter (Der Glaube im Neuen Testament, 4. Aufl., S. 185f): »Dadurch, daß uns Joh Jesu Wort an die Jünger nur in der Form der Abschiedsreden gibt, . . . hat er scharf beleuchtet, wo für ihn die wichtigste Glaubensfrage entsteht, dadurch nämlich, daß die Gemeinde von Jesus geschieden ist und an den ihr Unbekannten und Unsichtbaren zu glauben hat.«

mit γινώσκειν (z. B. 6,69; vgl. 17,3 mit 3,15 und viele andere Stellen) gebraucht,[101] und Erkenntnis selbst impliziert zusätzlich zum Wissen eine Beziehung: Gott zu kennen heißt, mit ihm vereinigt zu sein (s. Komm. zu γινώσκειν und εἰδέναι s. o.). Zur Frage des ewigen Lebens, zu welchem Glauben und Wissen führen, s. Komm. zu 1,4; 3,15.

5. Sakramente[102]

Das vierte Evangelium enthält, anders als die Synoptiker, keinen besonderen Taufbefehl Jesu und auch keinen Bericht von der Einsetzung des Abendmahls; keiner der beiden Riten wird explizit erwähnt. Dennoch ist die Ansicht vertreten worden, es gäbe mehr Sakramentslehre in Joh als in den anderen Evangelien. Joh gebraucht regelmäßig Denkkategorien, die der Entwicklung einer Sakramentstheologie offenbar förderlich sein konnten. Wir finden bei ihm nicht nur einen bemerkenswerten Gebrauch von Symbolen, sondern auch eine Betonung der Bedeutung der äußeren Bedingungen Jesu, wenn auch nicht des Materiellen als solchen. Das Wort ward Fleisch; Fleisch wurde der Träger geistlichen Lebens und Wahrheit, und Geschichte wurde mit einer übergeschichtlichen Bedeutung erfüllt. Die Fleischwerdung selbst war darin sakramental, daß sie sichtbar die Wahrheit darstellte und zugleich das vermittelte, was sie repräsentierte. Dieser Gedanke, der für Joh so fundamental ist, braucht nur für einen Augenblick mit den messianischen Kategorien der Synoptiker verglichen zu werden, und er erscheint sofort als verheißungsvoller Boden für sakramentales Denken. Es kann jedoch paradoxerweise auch der gegenteilige Schluß gezogen werden. Wenn es wahr ist, daß das Wort Gottes Fleisch wurde, welcher Raum bleibt dann noch für geringere Manifestationen des Göttlichen im Materiellen? Wird nicht das große, das letztgültige Sakrament die geringeren beiseite schieben? Wenn das joh Denken passende Kategorien für die Entwicklung eines Sakramentalismus bereitstellt, ist es dann nicht um so auffälliger, daß er nicht auf die christliche Taufe (im Sinn eines Ritus, der nach der Auferstehung Jesu vollzogen werden soll) oder auf das Abendmahl verweist? Sollte sich herausstellen, daß das joh Denken, weit entfernt davon, die Entwicklung einer Sakramentstheologie zu fördern, in der Tat ihre Negation ist?

Es überrascht nicht, daß die Stellung der Sakramente in der joh Theologie sehr unterschiedlich eingeschätzt worden ist. Nach Meinung einiger Autoren ist Sakramentalismus die Essenz seines Denkens. »Der Logoschristus (weist) ... in deutlichen Worten auf die Taufe und die Eucharistie hin und behauptet, daß die Wiedergeburt aus Wasser und Geist und das Essen und Trinken des Fleisches und Blutes des Menschensohns zur Seligkeit notwendig sind« (Schweitzer, S. 342). Andere sind der Meinung, daß Joh zwar »beeinflußt war von sakramentalen Ideen, gegen welche, in ihrer rohen und unvernünftigen Form, er protestiert«, seine eigene Sicht war »höher, mehr geistlich«.[103] Das heißt, obwohl Joh dem Gewicht des kirchlichen Sakramentalismus sich nicht entziehen konnte, so tat er doch alles, um das, was er vorfand, zu spiritualisieren, in den Sakramenten das

---

[101] Vgl. Bultmann, S. 333: »... daß das γινώσκειν nichts anderes ist als ein Strukturmoment des Glaubens selbst, nämlich der Glaube, sofern er sich selbst versteht.«

[102] Vgl. Essays on John, S. 80–97.

[103] E. F. Scott, The Fourth Gospel, Its Purpose and Theology [1920], S. 125.

Werk des Heiligen Geistes zu betonen und das von Wasser, Brot und Wein auf ein Mindestmaß herabzusetzen. In neuerer Zeit hat Bultmann[104] die Ansicht vertreten, daß genuin joh Denken keinen Platz für Sakramente habe; wo dem Anschein nach jedoch auf sie angespielt wird (besonders 3,5; 6,51c–58), muß das Werk eines kirchlichen Redaktors, der das Evangelium seinen sakramental gesonnenen Lesern annehmbarer machen wollte, angenommen werden. Cullmann,[105] auf der anderen Seite, sieht an vielen Stellen Hinweise auf die Sakramente und hält sie für zentral im christlichen Glauben des Joh. Michaelis[106] nimmt eine Mittelposition ein, und viele nachfolgende Autoren haben gesagt, daß in Wirklichkeit Joh mehr Sakramentalist sei, als Bultmann zugesteht, weniger allerdings, als Cullmann dies tut. Es darf bezweifelt werden, ob irgendeine dieser Positionen, auch die Mittelposition, genau richtig ist.

Wenn es wahr ist, daß 19,34 mit seinem Bericht vom Heraustreten von Blut und Wasser aus der Seite Jesu eine Anspielung auf die Taufe und die Eucharistie enthält (diese Anspielung ist nicht sicher), dann bietet dieser Vers eine gute Illustration für die Einstellung des Joh gegenüber den Sakramenten.

Diese stammen nicht aus religiöser Erfahrung, nicht einmal aus der Erfahrung des erhöhten Jesus selbst, sondern aus dem geschichtlichen Schauplatz menschlichen Gehorsams, Leidens und Sterbens, welche die demütige und dienende Liebe Jesu für die Seinen offenbarte. Es ist kaum zuviel gesagt, wenn man feststellt, daß alle einigermaßen sicheren Anspielungen auf die Sakramente bei Joh aus diesem Kontext der wirklichen Menschheit und wirklichen Niedrigkeit Jesu stammen.

Was die Taufe angeht, so müssen wir in erster Linie 3,1–15 ansehen, wo der Hinweis auf eine Geburt von oben, die ἐξ ὕδατος καὶ πνεύματος stattfindet,[107] ein Wissen um den christlichen Ritus wahrscheinlich macht. Wenn der zweifache Hinweis auf Wasser und Geist wirklich joh ist, dann muß er im Licht des ganzen Abschnitts gesehen werden, der über die Beschreibung des Lebens, das aus dem Geist stammt, und über des Nikodemus ungläubigen Einwand zur Grundlage der Lehre von der Wiedergeburt im Abstieg und Aufstieg des Menschensohns fortschreitet; in ihm (V. 15) haben die Menschen ewiges Leben, und zu diesem Zweck muß er erhöht werden, sowohl an das Kreuz als in den Himmel. Das heißt, Taufe als ein lebenspendender Ritus kommt aus der Inkarnation und dem Tod des Menschensohns und beruht auch darauf. Weiter mag eine Anspielung auf die Taufe in der Fußwaschung von 13,1–11 vorliegen; sofern dies zutrifft, muß festgehalten werden, daß die Fußwaschung die demütige Liebe Jesu für jene, die er berufen hat, bildlich darstellt; wie er die Seinen liebte, so liebte er sie εἰς τέλος (13,1). Möglicherweise verweist 20,23 auf die Vergebung der Sünden in der Taufe. Die Vollmacht, die in diesem Vers gegeben wird, wird in der Tat durch den verherrlichten Jesus nach seiner Auferstehung erteilt; aber es muß in Erinnerung gerufen werden, daß er ja am Anfang des

---

[104] Theologie, 411f; beachte aber die oft unbemerkte Modifikation im Kommentar 360: »Hat sich der Evangelist mit den Sakramenten abgefunden, so kann er sie nur so verstanden haben, daß in ihnen das Wort in einer besonderen Weise vergegenwärtigt wird.« S. auch u.

[105] S. bes. Urchristentum und Gottesdienst [⁴1962]; Les Sacrements dans l'Evangile Johannique [1951].

[106] Die Sakramente im Johannesevangelium [1946].

[107] Zur Authentizität des Verweises auf πνεῦμα s. S. 229f.

Abschnitts den zehn Jüngern seine Hände und seine Seite zeigt (20,20), wodurch er deutlich macht, daß er aufgrund seines Leidenstodes zur Herrlichkeit kam. Die Taufe wurzelte also, auch wenn Jesus sie selbst nicht praktizierte (4,2), in der wirklichen menschlichen Existenz Jesu, und hier besonders in seinem realen Tod.

Die sichersten Hinweise auf die Eucharistie finden sich in den Kapiteln 6 und 15. Kap. 6 wird die Speisung der Menge in einer im wesentlichen mk Sprache nacherzählt. Später wird an das Ereignis erinnert (6,26) und seine Bedeutung des längeren diskutiert und besprochen. Nach einem Hinweis auf das Manna, das Israel in der Wüste gegessen hat, spricht Jesus von dem wahren Brot, das vom Himmel herabkommt (*χαταβαίνειν*), dies müssen die Menschen essen, wenn sie leben sollen. Mit der Vorstellung von dem Brot, das vom Himmel »herabkommt«, ist verbunden, daß Jesus vom Himmel herabstieg (*χαταβαίνειν*). So *ist* er (6,33) das Brot Gottes, das aus dem Himmel herabkommt und der Welt Leben gibt. Jesus ist das Brot Gottes nicht in seinem himmlischen, sondern in seinem irdischen Leben. Mehr noch, er stieg herab, um dem Willen des Vaters gehorsam zu sein (6,38, *ούχ ἵνα ποιῶ τὸ θέλημα τὸ ἐμὸν ἀλλὰ τὸ θέλημα τοῦ πέμψαντός με*). Das Opfer des Gehorsams, das Jesus dem Vater opferte, schließt seinen Opfertod ein: *ὁ ἄρτος δὲ ὅν ἐγὼ δώσω ἡ σάρξ μού ἐστιν ὑπὲρ τῆς τοῦ κόσμου ζωῆς* (6,51). Der Sinn von *ὑπέρ* als Opfer wird durch die Erwähnung des Blutes Christi verstärkt, die unmittelbar danach erfolgt (6,53).

Die Behandlung des Weinstocks (Kap. 15), der auch eucharistische Bedeutung haben mag, geht in ähnliche Richtung. Diese Allegorie der Einverleibung in Christus könnte auf den ersten Blick eine rein mystische Interpretation verlangen: *μείνατε ἐν ἐμοί, χἀγὼ ἐν ὑμῖν* (15,4). Aber es zeigt sich schnell, daß Einheit mit Christus und in Christus ohne den Gebrauch ethischer Begriffe nicht sachgemäß ausgedrückt werden kann, und der Schlüsselbegriff ist Liebe. Der Gedanke kann hier auch nicht stehenbleiben; die größte Liebe zeigt sich, wenn ein Mann sein Leben für seine Freunde gibt (15,13), und es ist genau diese Liebe, die Jesus zeigt. Es gibt keine Gemeinschaft, ob sakramental oder mystisch, die davon unabhängig ist.

Die Sakramente sind also, soweit sie bei Joh vorkommen, Mittel, mit deren Hilfe die Christen in das Rettungswerk Christi eingegliedert werden und so am Herabsteigen des Erlösers zu seinem Gehorsamstod und an seinem Aufstieg durch den Tod zur Herrlichkeit, deren er sich mit dem Vater vor der Erschaffung der Welt erfreute, teilhaben. Es gibt so eine enge Beziehung zwischen der joh Lehre und der paulinischen Tauflehre vom Gekreuzigt-, Begraben- und Auferwecktwerden mit Christus und seiner Abendmahlslehre von einem Ritus, der auf der Verkündigung des Todes des Herrn basiert und sich in der Hoffnung auf seine Rückkehr in Herrlichkeit fortsetzt, auch wenn es keine literarische Begründung dafür gibt, daß Joh von der paulinischen Terminologie gehört hatte. Die Entsprechung mit Paulus kann noch weitergenommen werden. Wir verdanken die paulinische Behandlung des Abendmahls (1 Kor 11) dem Tatbestand, daß Christen in Korinth das gemeinsame Mahl durch Schwelgerei und Gruppenegoismus profanierten; auch, auf einer tieferen Ebene (vgl. 1 Kor 10,1–13), durch ihren Glauben, daß sie mit der Taufe mit einer Immunität für jede Art von Verhalten versehen wurden, die ihnen in den Sinn kam. Diese Perversion korrigierte Paulus, indem er das Gemeinschaftsmahl in Beziehung zu dem Mahl setzte, das Jesus mit seinen Jüngern in der Nacht aß, in der er verraten wurde. Er akzeptierte die vertrauten christlichen Bräuche, aber nicht unkritisch. Eine ähnliche kritische Akzeptanz kann man bei Joh beobachten, obwohl es, vielleicht vier Jahrzehnte nach dem ersten Korintherbrief, nicht erstaunlich ist, daß sie eine andere Form annimmt. Die Verbindung des Gemeinschaftsmahls mit dem Abendmahl ist nicht länger die Beseitigung eines Mißbrauchs; es könnte eher zu einer Quelle des Mißbrauchs geworden sein. Die Menschen nehmen an, daß ein Ritus, der diesen feierlichen Augenblick in Erinnerung ruft, automatisch heilsvermittelnd sein muß. Es könnte sein, daß Ignatius, selbst wenn er diese Ansicht nicht teilte, eine solche Sicht widerspiegelt. Deshalb löst Joh seine eucharistischen Anspielungen vom Mahl ab, das er in anderer Hinsicht sehr umständlich und genau beschreibt, und fügt sie in eine Rede ein, die, z. T. Weisheitsterminologie und Midrasch-Exegese gebrauchend, Jesus als das Brot des Lebens beschreibt. Jesus lebte und starb nicht, um den Menschen einen feierlichen Ritus zu geben, sondern sich selbst; und nur der ganze Christus ist das Leben für die Menschen. Ganz ähnlich kann man leicht hinter 3,5 eine Situation sehen, in welcher die Menschen glaubten, die Wassertaufe selbst reiche aus, die neue Geburt zu vermitteln: Nein, argumentiert Joh, Wasser ohne Geist ist nichts nütze, und Geburt aus Wasser und Geist ist nur deshalb wirksam, weil dahinter das Werk des Menschensohns steht.

Joh, der wie die anderen ntl Autoren kein Wort für Sakrament hatte und deshalb auch kaum eine Sakramentstheologie gehabt haben kann oder gar eine Theologie der Sakramente, lehnt also den Brauch des Untertauchens im Wasser oder der Vereinigung in einem Gemeinschaftsmahl von Brot und Wein nicht ab und setzt ihn auch nicht herab; aber seine Übernahme dieser Bräuche ist in dem eigentlichen theologischen Sinn kritisch.

6. Mystik[108]

Von Mystik im eigentlichen Sinn (»einer Tendenz religiösen Gefühles, das gekennzeichnet ist durch eine Anstrengung, eine direkte und unmittelbare Vereinigung mit Gott zu erreichen«, Chambers, Dictionary) kann bei Joh nicht die Rede sein. Es gibt keine Einheit mit Gott oder Erkenntnis von ihm außerhalb der in der atl Tradition enthaltenen und durch Jesus Christus vermittelten. Dies wird ganz ungeschminkt ausgedrückt: οὐδεὶς ἔρχεται πρὸς τὸν πατέρα εἰ μὴ δι᾽ ἐμοῦ (14,6); θεὸν οὐδεὶς ἑώρακεν πώποτε· ὁ μονογενὴς υἱὸς ... ἐξηγήσατο (1,18); aber es ist auch im gesamten Evangelium impliziert. Joh läßt keine solche Flucht aus dem Materiellen in das Geistliche zu, wie sie für die Mystik charakteristisch ist; der Weg zu Gott, der Wahrheit und dem Leben, kann nirgendwo gefunden werden außer in der geschichtlichen, fleischlichen Realität Jesu. Keiner ist hinaufgestiegen in den Himmel als der, der aus dem Himmel herabkam, der Menschensohn (3,13); auf Jesus als Leiter bewegt sich der glanzvolle Verkehr zwischen Himmel und Erde (1,51; s. Komm. z. St.). Das Evangelium bietet in der Tat Vereinigung mit Gott, aber die Einheit ist niemals unmittelbar, sondern immer durch Jesus Christus vermittelt.

Ähnliches kann gesagt werden, wenn wir mit Rudolf Otto feststellen, daß Mystik »deutlich eine Hochspannung und Überspannung des irrationalen Moments im sensus

---

[108] Vgl. Essays on John.

numinis« ist.[109] Joh zeigt dagegen ein bemerkenswertes Interesse am intellektuellen Inhalt des christlichen Glaubens. Das Evangelium als Ganzes ist ein Versuch, den christlichen Glauben in einer neuen, intellektuellen Sprache zu formulieren (S. 83 ff u. 149 ff), es ist in der Form höchst argumentativ und polemisch. Joh bemüht sich sehr darum, die geschichtliche Wirklichkeit dessen, was er beschreibt, zu betonen, und er besteht darauf, daß die Jünger, obgleich sie während der Wirksamkeit Jesu nichts verstanden (12,16), doch in der Folge durch den Parakleten zur ganzen Wahrheit geführt wurden (14,26; 16,13). Er würde sicherlich nicht behauptet haben, daß das Evangelium sich in rationalen Kategorien erschöpfte; genauso sicher würde er es jedoch abgelehnt haben, rationale Kriterien und Prozesse beiseite zu lassen.

Ein dritter nicht-mystischer Zug des Evangeliums muß hier festgehalten werden. Joh besteht streng auf dem ethischen Aspekt des christlichen Lebens. Das Unterscheidungsmerkmal, an welchem christliche Jünger erkannt werden können, ist ihre Liebe füreinander (13,35). Jenen, die das Wort Jesu halten, offenbaren sich er und der Vater selbst (14,23). Es ist vor allen Dingen notwendig, daß die Menschen den Willen Gottes tun sollen (7,17), wie Jesus selbst ihn tut (4,34). Das Verhalten eines Jüngers gegenüber Jesus ist Nachfolge (ἀκολουϑεῖν, 1,43 u. ö.), und Nachfolge heißt wesentlich Gehorsam (obwohl es interessant ist festzustellen, daß ὑπακοή, ὑπακούειν in Joh nicht begegnet). Das Leben, zu welchem die Menschen in Joh berufen sind, ist ein Leben des Gehorsams, geformt in Liebe nach dem Beispiel Jesu selbst, ein sittliches Leben. Obwohl es falsch wäre zu behaupten, daß sittliches Bemühen sich nicht mit der Mystik vertrüge, so ist doch tatsächlich ein solches Leben für die Mystik nicht charakteristisch.

Diese dreifache Betonung – auf der Mittlerschaft Christi, auf dem intellektuellen Inhalt des Christentums und auf seinem ethischen Ausdruck – nötigt dazu, genau zu untersuchen, was mit dem Terminus joh Mystik gemeint ist. Sie unterscheidet sich ganz gewiß von den Mysterienreligionen, die in der Umwelt des Evangeliums blühten. In ihnen bestand das endgültige Ziel der mystischen Religion darin, Gott gleich zu werden; der Myste wird so eng mit Gott vereint, daß er selbst göttlich wird (z. B. τοῦτό ἐστι τὸ ἀγαϑὸν τέλος τοῖς γνῶσιν ἐσχηκόσι, ϑεωϑῆναι, Corp Herm I, 26). Eine Folge dieses radikalen Wechsels der Natur ist, daß er auch unsterblich wird (μεταλάβετε τῆς ἀϑανασίας; ebd. I, 28). Joh andererseits spricht nicht von Unsterblichkeit, auch wenn er dies 11,25 f beinahe tut; doch muß hier die Betonung auf die Auferstehung (und nicht so sehr auf Unsterblichkeit) gelegt werden. Außerdem, Jesus selbst *ist* die Auferstehung. Dies ist sehr weit entfernt von einer Unsterblichkeit, an welcher der Mensch aus eigenem Vermögen teilhat. Noch mehr schreckt Joh vor der Sprache der Apotheose zurück (trotz 3,6; 10,34; s. Komm. z. St.). Der Mensch bleibt Mensch, er ist nicht Gott, selbst wenn er von Gott das Geschenk des Lebens erhält.

Aus vielerlei Gründen ist es unmöglich, Joh unter die Mystiker seiner Zeit oder irgendeiner Zeit einzuordnen; zugleich freilich muß zugegeben werden, daß sich mystische Elemente in seinem Denken finden. Insbesondere lehrt er das Bleiben des Vaters und des Sohnes bei den Gläubigen (z. B. πρὸς αὐτὸν ἐλευσόμεϑα καὶ μονὴν παρ' αὐτῷ ποιησόμεϑα, 14,23) und das Bleiben des Geistes mit und in ihm (z. B. παρ' ὑμῖν μένει καὶ ἐν ὑμῖν ἔσται,

---

[109] Das Heilige [1936], S. 24.

14,17); umgekehrt wird das Bleiben des Glaubenden in Christus in der Allegorie vom Weinstock betont (15,1–6). Die Beziehung ist tatsächlich umkehrbar (15,4: μείνατε ἐν ἐμοί, κἀγὼ ἐν ὑμῖν, u. ö.), und sie ist selbstverständlich wesentlich für die Erlösungsvorstellung, die Joh lehrt; sie wird aber durch die Vorstellungen von Glauben und Erkenntnis kontrolliert, auf die wir oben hingewiesen haben (S. 97f; s. Komm. zu 1,10). Joh kennt keine besondere Gruppe von »mystischen« Christen, ebensowenig wie er eine besondere Gruppe von »gnostischen« Christen kennt. Der Status, der in dieser halbmystischen Terminologie beschrieben wird, ist einfach der der christlichen Erlösung, vielleicht am einfachsten durch das ἐνεφύσησεν von 20,22 repräsentiert. Jesus sendet seine Jünger, wie er selbst vom Vater gesandt wurde; er haucht ihnen den Geist ein, der ihm selbst verliehen worden ist.

Die »Mystik« des Joh entspricht nicht genau der »eschatologischen Mystik« des Paulus, in welcher Sein »in Christus« bedeutet, daß der Gläubige am messianischen Reich teilhat, das durch das Leiden und den Triumph des Todes und der Auferstehung Jesu heraufgeführt wird, obwohl man sagen könnte, daß sie diese voraussetzt (s. o. S. 83f). Die Mystik des Paulus gründet in einem Christus, der in erster Linie der eschatologische Erlöser ist, der auf der Grenze zwischen diesem und dem kommenden Äon steht. Der joh Christus selbst könnte eher als der eine wahre Mystiker beschrieben werden. Er ist wesenhaft eins mit dem Vater (ἐγὼ καὶ ὁ πατὴρ ἕν ἐσμεν, 10,30); er ist der Sohn Gottes (υἱός, die Menschen sind immer τέκνα θεοῦ), und er macht sich so selbst gleich mit Gott (ἴσον ἑαυτὸν ποιῶν τῷ θεῷ, 5,18). Seine Einheit mit Gott ist so beständig und so eng, daß kein formuliertes Gebet notwendig ist (ἐγὼ δὲ ᾔδειν ὅτι πάντοτέ μου ἀκούεις· ἀλλὰ διὰ τὸν ὄχλον τὸν περιεστῶτα εἶπον, 11,42). Er ist wahrhaft unsterblich, da niemand sein Leben nehmen kann; wenn er sterben muß, muß er sein Leben selbst niederlegen (10,18). Wenn Joh Anleihen am zeitgenössischen mystischen Denken gemacht hat, so hat er dies nicht so sehr in seiner Beschreibung der Christen als in seinem Bild von Christus getan. Das »mystische« Leben der Christen (das Wort ist irreführend) leitet sich von der wesenhaften Beziehung Jesu mit dem Vater her und beruht auf ihr. ἐγὼ ἐν αὐτοῖς καὶ σὺ ἐν ἐμοί (17,23). Durch sein Leben im Fleisch und sein Wirken bietet sich der Sohn Gottes selbst dem Glauben dar, und jene, die durch diesen freien Akt göttlicher Liebe dazu kommen, bei ihm zu sein, stehen dadurch in einer Beziehung zum Vater und empfangen den Geist.

7. Der Heilige Geist. Die Trinität

Der oberflächliche Gegensatz und die Einheit in der Tiefe, die zwischen Joh und den Synoptikern bestehen, zeigen sich vielleicht am deutlichsten in ihrem Umgang mit dem Heiligen Geist. Es ist wohlbekannt, daß es in den Synoptikern (insbesondere bei Mk) nur wenige Hinweise auf den Geist gibt; bei Joh sind diese Hinweise zahlreich und auffällig. Damit steht Joh zweifellos näher am Glauben und den Interessen der frühen christlichen Frömmigkeit; aber nicht nur aus diesem Grund allein zweifelt man an der Ursprünglichkeit der Worte über den Geist, die er Jesus zuschreibt. Die Frage ist nicht so sehr, ob der synoptische Jesus sie gesprochen hat, als vielmehr, ob er sie gesprochen haben könnte. Sie setzen eine nicht geringe Perspektive fortdauernder christlicher Geschichte voraus, und man muß fragen, ob dafür im eschatologischen Denken und der Lehre Jesu selbst sich Raum findet.

Die Lehre des Joh vom Heiligen Geist ist vielleicht nicht mit der ältesten christlichen Eschatologie zu vereinbaren, sie ist aber ganz gewiß in seine eigene integriert. Die Fortsetzung des irdischen Lebens Jesu war seine Rückkehr zu der Herrlichkeit, deren er sich vor der Erschaffung der Welt erfreut hatte, und der irdische Kontrapunkt dieses himmlischen Ereignisses war die Gabe des Geistes. Ehedem war der Geist nicht am Werk gewesen (außer in Jesus selbst, 1,32, und, wie Joh zweifellos hinzugefügt haben würde, in den Propheten; 7,39); nun wurde er das Mittel, durch welches das ewige Leben, die Gabe Gottes für die Seinen, verwirklicht wird, und hier liegt das joh Äquivalent für die »realisierte« Eschatologie, die (zusammen mit futurischer Eschatologie) sich bei den Synoptikern findet. Alle joh Aussagen über den Geist haben ihren Ort in der Periode nach dem Tod und der Auferstehung Jesu; dies wird entweder durch einfache futurische Zeitformen (wie in Kap. 14–16) oder durch Verbindung mit Elementen späterer kirchlichen Lebens (z. B. Taufe 3,5; Abendmahl 6,63) ausgedrückt. Die einzige Ausnahme ist, daß bereits während des Wirkens Jesu der Geist auf diesem ruhte (1,32; 3,34 – obwohl sich auch hier ein Hinweis auf die Zukunft darin findet, daß Jesus derjenige ist, der mit dem Heiligen Geist taufen wird; s. o.). All dies muß nun untersucht werden.

Jesus selbst ist der Träger des Geistes. Dies wird nicht häufig, aber sehr deutlich gesagt. Joh berichtet die Taufe Jesu nicht, aber es scheint sicher, daß er davon wußte, und zwar in der mk oder einer sehr ähnlichen Form (s. o. S. 67ff und Komm. zu 1,32). Der Geist steigt herab auf Jesus und – ein joh Zusatz – bleibt auf ihm. Für Joh ist es nicht wichtig, die ekstatischen Züge zu berichten, die in einigen typisch synoptischen Erzählungen erscheinen. Der Geist ruht beständig, nicht nur zeitweise auf Jesus. Ebenso wie Mk erwähnt Joh die Sohnschaft Jesu in demselben Kontext wie das Herabkommen des Geistes auf ihn (1,34, falls *υἱός* die ursprüngliche Lesart ist), aber er macht keinen Versuch, eine Verbindung zwischen den beiden Beziehungen herzustellen. Wahrscheinlich gibt es eine andere Anspielung auf Jesu Geistbesitz in 3,34, möglicherweise auch in 7,38, und vielleicht haben wir noch einen vierten Hinweis in 19,30. Zu jeder Stelle s. den Kommentar.

Jesus ist der Träger des Geistes; er verleiht auch den Geist. Dies wird direkt vorhergesagt 1,33 (einer anderen synoptischen Stelle), und es ereignet sich folgerichtig 20,22 (möglicherweise 19,30). Es ist das Thema der Paraklet-Worte (s. u.). Dies wird selbstverständlich, wie wir gesehen haben, immer durch die Bedingung qualifiziert, daß nur in der Zukunft, d. h. nach Tod und Auferstehung, der Geist gegeben werden kann. Folgende Punkte sind bemerkenswert:

1) Hinweise auf den Geist sind Teil dessen, was wir oben als des Joh kritische Akzeptanz von Taufe und Herrenmahl beschrieben haben. 3,5 wird erklärt, daß nicht nur Wasser, sondern der Geist für die Wiedergeburt nötig ist; 6,63, daß Fleisch allein nichts nütze ist, da es der Geist ist, der Leben gibt. Beide Male gibt es einen Rückverweis auf die Wahrnehmung des Täufers, daß Jesus der eine ist, auf dem der Geist ruht, der eine, der deshalb den Geist verleihen kann. Er ist es, der im Heiligen Geist tauft (1,33); es ist sein Fleisch, das der Logos wurde (1,14), und es ist deshalb Fleisch, das nicht im Gegensatz zum Geist, sondern in der Einheit mit ihm steht. Der Geist ist das Mittel, mit dessen Hilfe eschatologische Segnungen (das Reich Gottes 3,5; ewiges Leben 6,63) in der Gegenwart gegeben werden.

2) Mit diesem sakramentalen Kontext, in welchen Joh die Gabe des Geistes stellt, ist

der allgemeinere Kontext des christlichen Gottesdienstes verbunden. Christen verehren Gott, der Geist ist, im Geist und in der Wahrheit (4,23f; s. Komm. z. St.).

3) Der Geist ist die Macht, die in der Sendung der Kirche am Werk ist, und er ist die Quelle ihrer Autorität (20,22). Die Aussendung der Apostel, eine Sendung in genauer Parallele zur Sendung Christi durch den Vater, ist ein zentraler Zug des Evangeliums (s. Komm. zu 20,21). Aber obwohl im Verlauf des Evangeliums mehrmals auf die Sendung angespielt wird, besonders in den Abschiedsreden, so geht ihr, wenn sie sich tatsächlich ereignet, die direkte Zuteilung des Geistes durch Jesus an jene voraus, die er sendet. Erst nachdem sie den Geist empfangen haben, können sie ihren Auftrag erfüllen.

4) Eine Anzahl wichtiger Hinweise auf den Geist kann man den Abschiedsreden entnehmen. Diese werden durch den Gebrauch der Begriffe παράκλητος (zum Ursprung und der Bedeutung dieses Wortes s. Komm. zu 14,16)[110] und Geist der Wahrheit charakterisiert. Es handelt sich um die Stellen 14,16f.26; 15,26; 16,7–15. Man hat behauptet, sie seien alle als Einfügungen zu betrachten, unterbrächen die Kontexte, in welchen sie sich befinden, und führten Stoffe ein, welche zwar in ihrer Substanz passen, in Form und Ausdruck sich jedoch mit den Abschiedsreden nicht vereinbaren lassen. Man kann diese Ansicht kaum als wohlbegründet betrachten. In erster Linie muß davon ausgegangen werden, daß man in den joh Schriften nicht nach einer einfachen Abfolge der Gedanken suchen darf. Es ist seine Eigenart, ein Thema nacheinander von mehreren verschiedenen Standpunkten aus zu betrachten. Es kann deshalb nicht behauptet werden, daß die Paraklet-Stellen nicht zu denen passen, die vom Kommen Christi selbst und dem des Vaters zu jenen, die glauben, sprechen. Tatsächlich besteht nach joh Grundüberzeugung für den Christen eine ständige göttliche Gegenwart, und diese Grundüberzeugung sieht er zuerst vom eschatologischen Standpunkt der Parusie Christi und dann vom Standpunkt des Geistes aus. Zweitens würde, wollte man die Paraklet-Stellen entfernen, nicht ein Hinweis auf den Heiligen Geist in den Abschiedsreden bleiben. Es ist selbstverständlich vorstellbar, daß Joh eine Reihe von Reden geschrieben haben könnte, ohne vom Geist zu reden, aber dies scheint nicht wahrscheinlich. Drittens stehen die Paraklet-Stellen in ihrem jetzigen Kontext, ohne daß sich der geringste Hinweis auf eine Textvertauschung findet, auch ist für ihre Herkunft, für den Grund und die Methode ihrer Einfügung keine überzeugende Hypothese in Sicht. Es scheint dann, im ganzen gesehen, am besten, diese Abschnitte als ursprüngliche Teile der Abschiedsreden zu behandeln.

Für eine ausführlichere Behandlung der Paraklet-Stellen müssen wir auf den Kommentar verweisen. Hier seien nur zwei allgemeine, aber dennoch hierher gehörende Bemerkungen gemacht. Erstens, Joh gebraucht in großem Umfang eschatologische Sprache, wenn er vom Paraklet spricht. Dies erscheint am deutlichsten im Kap. 16. Der Paraklet wird die Welt überführen (ἐλέγξει). ἐλέγχειν bedeutet »offenlegen«, »ans Tageslicht bringen«, »etwas in seinen wirklichen Farben zeigen«. Dies ist die Tätigkeit eines Richters und Anklägers in einem. Das heißt, der Geist versetzt die Welt in die Position, die sie beim Jüngsten Gericht einnehmen wird. Dies sind die strittigen Fragen, welche die Apokalypsen für die Behandlung am Jüngsten Tag reservieren: Sünde, Gerechtigkeit, Gericht. In Übereinstimmung damit fügt Joh hinzu: Er wird dir die Dinge, die kommen werden

---

[110] Vgl. H. Riesenfeld, Ex Orbe Religionum I, Numen, Supplement 21 [1972], S. 266–274.

(τὰ ἐρχόμενα ἀναγγελεῖ ὑμῖν, 16,13), verkündigen; der Geist verkündigt bereits die Wahrheit, die eines Tages offenbar sein, und das Gericht, das dann durchgeführt werden wird. Indem er dies tut, handelt der Geist nicht unabhängig von Christus, als ob er eine Aufgabe fortführte, die Christus begonnen und nun aufgegeben hatte. Leben, Tod und Auferstehung Jesu selbst konstituieren ein eschatologisches Ereignis und eine Offenbarung der vollständigen Wahrheit Gottes. Er kam zum Gericht in die Welt (9,39); er konnte bereits das Gericht über den Fürsten dieser Welt ankündigen (12,31), Glaube an ihn (oder sein Fehlen) ist das Kriterium der Sünde, sein Aufstieg ist das Unterpfand der Gerechtigkeit. Das Werk des Geistes ist es, Zeugnis für Christus abzulegen (15,26), das zur Wirkung zu bringen, was Christus bereits in Gang gesetzt hat. Der Geist ist so das eschatologische Kontinuum, in welchem das Werk Christi, welches in seinem Wirken begann und seine Vollendung bei seiner Rückkehr erwartet, geschieht.

Daraus folgt zweitens, daß die Paraklet-Worte einen zweiten *Sitz im Leben* haben, nämlich die Kirche, die auch in einem anderen Sinn als das eschatologische Kontinuum beschrieben werden kann, in welchem die Absichten Gottes erfüllt werden. Wie, so können wir fragen, überführt der Geist tatsächlich die Welt von Sünde, Gerechtigkeit, Gericht? Die Anwort ist: in erster Linie durch das Zeugnis, welches die Kirche für Christus ablegt, insbesondere ihre Predigt. Der Geist legt Zeugnis ab, und ihr legt Zeugnis ab (15,26f); und es ist durch dieses gemeinsame Zeugnis, daß das Gewissen der Welt angerührt wird. Der Geist wirkt darüber hinaus, indem er die Wahrheit offenbart; die wahre Bedeutung von Sünde, Gerechtigkeit und Gericht wird gegenüber den falschen Vorstellungen, die die Welt hat, ans Licht gebracht; deshalb wird die Welt gerichtet. Aber die wahren Vorstellungen werden nicht in den Raum projiziert. Sie werden innerhalb der Kirche bekanntgemacht, dem angemessenen Bereich des Geisteswirkens (14,17). Der Geist bezieht so die Kirche positiv auf die Wahrheit, auf welcher sie steht, und indem er dies tut, verhält er sich negativ gegenüber der Welt, die gerichtet wird. Die Scheidung zwischen den Menschen, die durch die Gegenwart Christi (z. B. 7,43) bewirkt wird, setzt sich fort.[111]

Das Substantiv παράκλητος (anders als πνεῦμα, welches Neutrum ist) ist maskulin; so tendiert es allein schon in seiner grammatikalischen Form dazu, den Geist aus dem Bereich einer abstrakten, unpersönlichen Macht herauszunehmen und in den der Personalität hineinzunehmen. 7,39 bildet einen bemerkenswerten Kontrast, dort bedeutet πνεῦμα nicht: der Geist in seiner personalen Existenz (da man nicht sagen kann, der Heilige Geist in seiner eigenen Person habe vor der Verherrlichung Jesu nicht existiert), sondern die Offenbarung des Geistes, der den Christen gegeben wird. Keiner der früheren Hinweise im Evangelium auf den Geist zeigt das gleiche Maß an Personalisierung wie die Abschiedsreden. Es ist richtig, daß auch in diesen keine Trinitätslehre formuliert wird. Aber der Stoff ist schon vorhanden, aus welchem sich die Lehre allmählich entwickelte. Die drei göttlichen Personen werden Seite an Seite erwähnt, voneinander unterschieden, jedoch einander verwandt, während sie mit dem Menschen nicht verwandt sind. Das Kommen Christi und das Kommen des Geistes können kaum unterschieden werden. Der

---

[111] Einige Themen dieses Abschnitts werden ausführlicher behandelt in JThSt 1 [1950], S. 1–15; auch G. Johnston, The Spirit-Paraclete in the Gospel of John [1970].

Geist geht vom Vater aus (παρὰ τοῦ πατρὸς ἐκπορεύεται, 15,26; vgl. ὁ λόγος ἦν πρὸς τὸν ϑεόν, 1,1). Er nimmt nicht nur das Werk Christi auf (ἔτι πολλὰ ἔχω ὑμῖν λέγειν . . . ὅταν δὲ ἔλϑῃ ἐκεῖνος, 16.12f), er kann in Gedanken an Christus als ἄλλος παράκλητος (14,16) bezeichnet werden.

Joh betont die Menschheit Jesu (s. o. S. 89f) und seine Unterlegenheit gegenüber dem Vater (5,19; 7,16; 10,29; 14,28). Diese Stellen können nicht einfach wegerklärt werden, als bezögen sie sich nur auf die Menschheit oder auf das Leben unseres Herrn im Fleisch.[112] Der ewige Sohn (nicht allein der fleischgewordene Jesus) wurde vom Vater gesandt (3,17 u. ö.), damit er die Worte des Vaters spreche (14,10; 17,8) und des Vaters Werke tue (14,10). Das heißt, Jesus offenbart den Vater; Zweck seiner Sendung ist es, die Menschen zum höchsten Gott zu bringen. Das Denken des Joh ist paradox,[113] wie es vielleicht alles christologische Denken sein muß. Da Jesus Christus (nicht sich selbst, sondern) den Vater offenbart, ist der Vater größer als er. Da jedoch Jesus zu sehen heißt, den Vater zu sehen (14,9), ist er eins mit dem Vater (10,30) und ihm gleich (5,18); das Wort hat teil an der göttlichen Natur (ϑεὸς ἦν ὁ λόγος, 1,1). Die Inkarnation bedeutete außerdem eine wirkliche Verminderung der Macht und Autorität des Logos. Das heißt nicht, daß Joh irgendeine bestimmte moderne Form einer kenotischen Theorie autorisiert; es bedeutet einfach (und dies ist viel bedeutsamer), daß Joh die Opferliebe Christi ernst nimmt, welche, obwohl sie sich am deutlichsten am Kreuz offenbarte, das gesamte irdische Wirken des Sohnes Gottes erfüllte. Dies ist freilich eine verhüllte Offenbarung von etwas in Wahrheit Gegenwärtigem (s. Komm. zu 1,14).

Es kann sein, daß manches in der Sprache des Joh ungeschützt ist; die Arianer fanden 14,28 sehr nützlich; aber mehr als irgendein anderer ntl Autor hat er die Grundlagen für eine Lehre einer wesensidentischen Dreieinigkeit gelegt.

8. Die Kirche und ihr Leben[114]

Ebenso wie Mk und Lk gebraucht Joh das Wort ἐκκλησία nicht. Dies ist völlig angemessen, denn die Kirche gelangte, obwohl man sagen kann, sie sei aus den Worten und Taten Jesu entstanden, nicht vor seinem Tod und seiner Auferstehung im Vollsinn zur Existenz. Joh zeigt jedoch mehr als irgendein anderer Evangelist ein Wissen um die Existenz der Kirche. An manchen Stellen wird dieses Wissen durchaus explizit. 17,20 betet Jesus nicht nur für die Zwölf, sondern auch für jene, die aufgrund ihres Wortes glauben würden; und 20,29 verheißt er Segen für jene Glaubenden, die nicht gesehen haben. In diesen Abschnitten schreibt Joh aus der Sicht seiner eigenen Zeit. Es gibt andere Hinweise auf Bedingungen, die vor der Kreuzigung und Auferstehung nicht bestanden. Die Christen wurden als eine Körperschaft im Gegenüber zum Judentum betrachtet (s. den Gebrauch von οἱ Ἰουδαῖοι; s. Komm. zu 1,19). Dies ist ein Gegensatz, den Joh häufiger von einem theologischen als von einem historischen Standpunkt aus darstellt. Die Juden z. B. sind nicht die wahren Abkömmlinge Abrahams, sondern Kinder des Teufels (8,44); sie waren

---

[112] S. The Father is greater than I, S. 158f.
[113] S. ebd., S. 151f.158.
[114] G. Baumbach, Kairos 14 [1972], S. 121–136; K. Haacker, ThZ 29 [1973], S. 179–201.

Christi Eigentum, zu welchen er kam; aber sie nahmen ihn nicht an, und als Folge davon entstand eine neue Generation von Kindern Gottes, die nicht durch menschliches Wirken, sondern von Gott selbst erzeugt wurden (1,11–13). Die alte Kirche Israels wurde verworfen oder verwarf sich selbst, und eine neue Kirche wurde ins Leben gerufen. Dieses zweifache Thema begegnet beständig im ganzen Evangelium und ist eines von jenen, die dazu beitragen, den Prolog mit dem übrigen Buch zu verbinden. Das Ergebnis der großen Auseinandersetzungen ist Scheidung. So endet z. B. 3,19–21 die Rede über die Geburt von oben selbst in einem Urteil, einer Unterscheidung zwischen ὁ φαῦλα πράσσων und ὁ ποιῶν τὴν ἀλήϑειαν; Kap. 9, mit seinem Zeichen, führt zu der Unterscheidung zwischen den Blinden, die durch Christus zu Sehenden gemacht werden, und jenen, die behaupten, zu sehen, und verblendet werden – durch Christus. Auch hier wird das Gericht betont: εἰς κρίμα ἐγὼ εἰς τὸν κόσμον τοῦτον ἦλϑον (9,39). Der Ursprung und Fortschritt des Evangeliums besteht in der Ablösung der jüdischen Kirche durch die christliche.

Dies wird von Joh theologisch ausgedrückt; es gibt aber ausreichend Belege dafür, daß er sich dessen auch als eines historischen Faktums bewußt war. Wahrscheinlich reflektieren die Streitgespräche im Evangelium den Ablauf der christlichen anti-jüdischen Polemik; jüdische Einwände gegenüber christlicher Theologie, besonders gegenüber der christlichen Sicht der Person Christi, werden formuliert und nachdrücklich, zuweilen sogar heftig (z. B. 8,39–59) widerlegt. Noch deutlicher sind Hinweise auf die Exkommunikation von Christen durch die Juden (ἀποσυνάγωγος, 9,22; 16,2; s. Komm. z. St. und u. S. 142) und auf Verfolgung. Es kann wenig Zweifel daran bestehen, daß Joh hier die Situation der Kirche zu seiner Zeit und davor im Auge hat.[115]

Die im Evangelium vorausgesetzte Kirche hatte ihren Ursprung in der Sendung der Apostel durch den Herrn selbst. Sie sollten Zeugen sein (15,27); sie wurden ausgewählt und dazu bestimmt, Frucht zu tragen (15,16); sie sollten von Christus sprechen und durch ihre Rede (τοῦ λόγου αὐτῶν) andere zum Glauben an ihn bringen (17,20). Die ihnen gegebene Vollmacht, Sünden zu vergeben und zu behalten (20,23), impliziert die Existenz einer Gemeinschaft von begnadigten Sündern, die durch das apostolische Zeugnis ins Leben gerufen worden war. 21,15–17 wird Petrus ein besonderer Auftrag gegeben, die Herde Gottes zu weiden. Ohne Zweifel ist daran gedacht, daß die Aufgabe des Parakleten, die Welt zu überzeugen (16,8), zumindest teilweise durch die apostolische Predigt geschieht. Es war für Joh nicht mehr notwendig (wie noch für Paulus), sich dafür einzusetzen, daß die apostolische Mission sich nicht nur an Juden, sondern auch an Heiden richten sollte. Die Heidenmission ist mit der Verwerfung der Juden vorausgesetzt, und obwohl Joh im ganzen gesehen die historische Perspektive des Wirkens Jesu beibehält, legt er doch großen Wert auf Jesu Werk unter den Samaritanern (4,4–42). Er schließt nämlich seinen Bericht mit der Aussage der Samaritaner, daß Jesus der *Heiland der Welt* ist, und er benützt auch die Ankunft der Griechen, die Jesus sehen wollen (12,20f.), als den dramatischen Schlüssel für den Höhepunkt seiner Wirksamkeit. Ferner ist eine universale Mission im Gebrauch der Logos-Christologie impliziert.

---

[115] Der beste Versuch, einen besonderen Sitz im Leben für das Evangelium herauszuarbeiten, ist der von Martyn; s. S. 152. Es muß jedoch gefragt werden, ob er der Weite des Hintergrunds und der Intention des Evangelisten gerecht wird.

Wir können also sagen, daß Joh im Wissen um die Kirche schreibt, die aus dem Leiden und der Verherrlichung Jesu geboren wurde. Vorher konnte die Kirche nicht existieren, denn ihre zerstreuten Glieder wurden erst durch den Tod Jesu zusammengeführt (11,52; vgl. 12,32), und nur durch die Gabe des Geistes, die der irdischen Wirksamkeit nachfolgte (7,39), konnten sie verstehen und begreifen, was Jesus getan hatte. Joh findet jedoch beständig und zu Recht die Kirche in der Zeit der Wirksamkeit Jesu im voraus abgebildet. In erster Linie geschieht dies durch die Jünger. Vom Abschiedsmahl gilt, daß »die Zwölf[116] an diesem Abend als die Repräsentanten der gesamten Ecclesia zu Tische saßen« (Hort, S. 30); und diese Bemerkung könnte verallgemeinert werden. Die Jünger sind in erster Linie Glaubende (2,11), Menschen, die erkannt haben, daß Christus die Worte ewigen Lebens hat (6,68). Genausowenig wie die Kirche zeigen sie eine gleichförmige Vollkommenheit. Sie verstehen nur langsam (14,9), sie lassen ihren Meister im Stich (16,32), und einer von ihnen ist ein Teufel (6,70). Sie werden von Gruppen von Glaubenden begleitet, die auch die Kirche vorabbilden, besonders von den Samaritanern, die durch den Bericht der samaritanischen Frau zuerst bekehrt werden; bei ihnen bleibt Jesus in der folgenden Zeit (4,39–42).

Es muß jedoch hinzugefügt werden, daß die Jünger, während sie die Kirche vorabbilden, auch eine besondere Stellung innerhalb der Kirche innehaben. Wir haben bereits festgestellt, daß die Kirche ihren Ursprung in der Mission der Apostel hatte. Es ist auch richtig, daß die Kirche die Missionsaufgabe erbte, aber es ist nicht richtig, daß die spätere Kirche die Mission in derselben Weise wie eben jene Apostel durchführen konnte. Sie waren Zeugen ὅτι ἀπ' ἀρχῆς μετ' ἐμοῦ ἐστε (15,27). Diese Qualifikation konnte nicht ererbt werden. Gesegnet werden mit Recht jene, die, obwohl sie nicht gesehen haben, dennoch glauben (20,29); aber notwendigerweise können diese späteren Gläubigen nur aufgrund des Wortes jener glauben, die gesehen und geglaubt hatten (17,20). Die Elf (mit Maria Magdalena) waren die Zeugen der Auferstehung, und ihnen (s. 20,19.26) übergab Jesus den Geist mit der Vollmacht, Sünden zu erlassen und zu behalten. Zur Beziehung zwischen der Sendung des Sohnes vom Vater und der Sendung der Jünger durch den Sohn s. Komm. zu 20,21.

Insoweit bilden die Apostel eine hervorgehobene und bedeutende Gemeinschaft, aber es wäre doch falsch, sie nur in diesem Licht zu sehen. Ihre eigene persönliche Bedeutung besteht in nichts oder ist sogar negativ. Es ist behauptet worden, Mk »hasse die Zwölf«. Die gleiche Bemerkung (mit derselben notwendigen Qualifikation und Erklärung) könnte man auch zu Joh machen. Nicht die Jünger wählten, Nachfolger Jesu zu werden; er erwählte sie (15,16). In der Tat ist kein Mensch fähig, zu Christus zu kommen, es sei denn, er wird vom Vater gezogen (6,44). Trotz ihrer langen Gemeinschaft mit Jesus sind sie nicht einmal am Ende in der Lage, das wahre »Subjekt« seiner Offenbarung zu erkennen (14,9); und wenn sie schließlich triumphierend ihren festen Glauben verkünden, begegnet ihnen Jesus mit der vernichtenden Antwort: Ἄρτι πιστεύετε; ἰδοὺ ἔρχεται ὥρα καὶ ἐλήλυϑεν ἵνα σκορπισϑῆτε ἕκαστος εἰς τὰ ἴδια κἀμὲ μόνον ἀφῆτε (16.31f). Die einzige Bedeutung, die Joh der Apostolizität zumißt, ist eine strikt theologische. Wenn ein Apostel aufhört, in derselben völligen gehorsamen Unterwerfung Jesus gegenüber zu blei-

---

[116] So Hort. Joh sagt nicht explizit, daß nur die Zwölf das Letzte Mahl mit Jesus teilten. S. S. 431.

ben, so wie Jesus gegenüber dem Vater, wenn seine eigene Persönlichkeit und nicht der Geist Gottes die Herrschaft ergreift, dann verliert er sogleich seine Stellung und geht, wie Judas, hinaus in die Nacht. Das Wort ἀπόστολος begegnet nur einmal bei Joh (13,16), und hier nur in der Warnung, daß ein »Gesandter« nicht größer ist als der, der ihn gesandt hat; er muß deshalb darauf vorbereitet sein, seinen Auftrag in Erniedrigung zu erfüllen und abgelehnt zu werden. In diesem Sinn sind die Apostel Zeugen, qualifiziert und ausgestattet für einen besonderen Auftrag. Sie sind Zeugen dafür, daß die Gründung der Kirche durch das Werk Christi geschah; und ihre Mission, die in Wirklichkeit die Offenbarung des göttlichen Lebens in der Welt ist, konstituiert die Existenz der Kirche.

Die Kirche selbst, wie die apostolische Gruppe, deren Erbe sie ist, besteht aus den versammelten Kindern Gottes (τὰ τέκνα τοῦ θεοῦ τὰ διεσκορπισμένα, 11,52). Es führt zu nichts, wenn man fragt, ob diese Personen aufgrund irgendeines göttlichen Logos, der in ihnen wohnte, von Anbeginn der Zeit an Kinder Gottes waren oder ob sie erst Kinder durch den Tod Jesu wurden. Joh macht deutlich, daß das Recht, ein Kind Gottes zu werden, nur von Gott gegeben werden kann und nichts mit natürlichen menschlichen Anlagen zu tun hat (1,12) und daß die Wiedergeburt als Kind Gottes durch Wasser und Geist kommt (3,5). Sohnschaft ist dann eine Gabe, die die Menschen von Gott empfangen und die allein durch Jesus möglich gemacht wurde. Aber zugleich ist ihre Sohnwerdung nicht die zufällige Chance eines Augenblicks. Es gibt solche, die Christi Schafe sind, selbst wenn sie durch ihn erst zur Herde gebracht werden müssen (10,16); es gibt solche, die aus der Wahrheit sind und deshalb seine Stimme hören (18,37). Derjenige kommt zu Christus, der vom Vater gezogen wird (6,44); der erwählt Christus, der bereits von ihm erwählt wurde (15,16). Joh verwendet nicht die Prädestinationsterminologie des Paulus, aber der gleiche Nachdruck, mit welchem er die Person Christi in die Ewigkeit zurückversetzt, führt auch die Erlösung der Kirche in die unendlichen Tiefen der göttlichen Gedanken zurück.[117] Nach Joh, ebenso wie nach 1 Petr, sind die Christen »erwählt entsprechend dem Vorwissen Gottes, des Vaters« (1 Petr 1,2).

Die Christen sind in dieser Weise erwählt und berufen, damit sie Gott einen reinen Gottesdienst im Geist und in der Wahrheit darbringen (4,23f). Dieser reine Gottesdienst besteht in der Einheit von Menschen in Christus, und so geschieht er sowohl miteinander und mit Gott als auch im Gehorsam gegenüber Gott durch Christus. Diese Einheit ist das Ziel des Gebetes Jesu (17,22f). In Kap. 4 sagt Jesus selbst, kurz nach dem Wort über Gottes Suche nach wahrhaftigen Verehrern, ἐμὸν βρῶμά ἐστιν ἵνα ποιῶ τὸ θέλημα τοῦ πέμψαντός με καὶ τελειώσω αὐτοῦ τὸ ἔργον (4,34); und als die Menschen (6,28) fragen, wie sie die Werke (ἔργα) Gottes tun können, antwortet er: τοῦτό ἐστιν τὸ ἔργον τοῦ θεοῦ, ἵνα πιστεύητε εἰς ὃν ἀπέστειλεν ἐκεῖνος (6,29). An Christus glauben heißt, Gott das vollkommene Opfer eines vollkommenen Gehorsams darzubringen. Er selbst ist der Mittelpunkt und das Mittel der Gottesverehrung. Als er erklärte (2,19): Zerstört diesen Tempel, und in drei Tagen werde ich ihn wieder aufrichten, sprach er, wie Joh bemerkt (2,21), vom Tempel seines Leibes. Es ist nicht leicht zu sagen (s. die Ausführungen zur Stelle), ob dies den physischen Leib Jesu oder seinen Leib der Kirche meint; wie man dies auch

---

[117] John and Qumran, S. 95.116, vereinfacht das Problem der joh Prädestination zu sehr; s. dazu Essays, S. 62–65.

sieht, er setzt sich selbst anstelle des Tempels; er ist für die Menschen der Zugang zu Gott (14,6), und durch ihn bringen die Menschen Gott Verehrung dar.

Das so beschriebene Leben der Christen ist notwendigerweise ethisch. Es ist richtig, daß das »Werk Gottes«, so wie Joh es definiert, nicht die Leistung moralischer Qualitäten ist, sondern Glauben an Christus; aber Glaube an Christus muß, da er die Annahme des Lichtes meint, ethische Implikationen haben. Das einzige Gebot, das nach Joh betont den Christen unausweichlich und einhellig auferlegt ist, ist das Liebesgebot (s. bes. 13,34; 15,12); aber selbst hier ist es wichtig zu sehen, daß diese Liebe sich innerhalb des Leibes der Christen zeigen muß, doch nicht einfach, weil sie in sich selbst gut ist, sondern in erster Linie, weil sie zu zeigen zu ihrer Aufgabe gehört, das göttliche Leben der Welt zu offenbaren. Geradeso wie Liebe die inwendige Natur der Gottheit ist, ebenso wie sie von ihr ausgeht, so muß die Liebe auch die gegenseitige Beziehung der Christen innerhalb der Kirche sein. Man hat Joh vorgeworfen, er verenge die Perspektive der christlichen Liebe dadurch, daß er von der Liebe für seine Freunde spricht, füreinander und nicht für die Feinde (s. Käsemann, Jesu letzter Wille, S. 106f). Diesem Vorwurf kommt eine gewisse formale Berechtigung zu, aber er ist doch letztlich oberflächlich. Eines der Ziele der besonderen gegenseitigen Liebe der Christen ist ja doch, daß die Welt dadurch ihre Jüngerschaft gegenüber Jesus sehen kann, daß auch sie zum Glauben kommen und so in den Kreis der Liebe eingefügt werden soll. (S. Komm. zu 13,34; 15,12.) Man kann jedoch sagen, daß nach Joh' Verständnis die Liebe – insbesondere in seiner Weise, sie auszudrücken – von solcher Art war, daß sie zu einer Exklusivität führen konnte, die die Einstellung Jesu selbst umkehrte. Eine Weiterentwicklung in dieser Richtung kann man in den Joh-Briefen sehen.

Schließlich sollte festgehalten werden, daß die Lehre des Joh von der Kirche in den zwei großen symbolischen Reden zusammengefaßt wird, der vom Hirten (10,1–16) und der vom Weinstock (15,1–6). Für eine vollständige Erklärung s. die Ausführungen z. St. Hier muß es genügen, darauf hinzuweisen, daß sie deutlich und kräftig die Tatsachen herausarbeiten, die aus dem gesamten Evangelium gesammelt worden sind. Alles ruht auf Christus: der gute Hirte gibt sein Leben für die Schafe (10,11); er kam, damit sie Leben hätten (10,10). Das Leben, dessen Christen sich erfreuen, besteht nur in ihm; ohne ihn können sie nichts tun (15,5). Die Schafe werden durch den Hirten in den Pferch gebracht, so wie die Christen durch Christus selbst gesammelt werden; hier wird die Heidenmission dargestellt (10,16). Die Christen, die alle so eng mit Christus vereinigt sind, müssen in Liebe miteinander vereinigt sein. Sie gehorchen Christus, folgen ihm, lieben ihn, vertrauen ihm. Da die Weinstocksymbolik einen besonderen eucharistischen Hintergrund haben kann, könnte Joh hier einen besonderen Kristallisationspunkt der Einheit der Kirche in Gott durch Christus in einer Handlung sehen, in der Gott sich selbst den Menschen, die nur in ihm leben können, gibt; und die Menschen bieten sich selbst Gott in einem Gehorsam dar, der nur durch die Gabe, die Gott bereits gegeben hat, wirksam und fruchtbar werden kann (15,8.16).

9. Johanneische Theologie[118]

Es ist möglich, dem Evangelium die Sicht des Joh zu verschiedenen theologischen Themen zu entnehmen. Es war jedoch nicht die Absicht des Joh selbst, seinen Lesern ein Werk in der Form einer systematischen Theologie anzubieten, mit Kapiteln über Eschatologie, Christologie, Erlösung, den Heiligen Geist usw. Die Systematiker der späteren Zeit haben gut daran getan, sich ausgiebig auf die joh Literatur zu stützen,[119] aber Joh selbst gehört nicht zu ihnen. Bei ihm finden wir Theologie noch in der klassischen Entstehungsphase ihrer Entwicklung. Es kann deshalb nicht überraschen, daß die Interpretation des Evangeliums verschiedene Phasen durchlief, von denen keine einfach als irrig und falsch ausgeschieden werden kann.[120] Vor einer Generation gab Bultmann einer Interpretation des joh Denkens in Form einer existentialen Anthropologie unübertrefflichen Ausdruck. Das Evangelium war eine Historisierung und Christianisierung eines gnostischen Mythos, der die Wahrheit über die menschliche Existenz coram deo darstellte. Es gibt in dieser Interpretation vieles von bleibendem Wert, welches kein Exeget des Joh zu ignorieren sich leisten kann. Seit Bultmanns Kommentar und seiner Theologie des NT hat sich die Interpretation des Joh in Richtung der *Christologie* bewegt; dafür ist ein extremes Beispiel das Werk von E. Käsemann; daß die Gestalt Jesu Christi im joh Denken zentrale Bedeutung hat, braucht nicht besonders demonstriert zu werden; auch hier ist wiederum mit Recht Aufmerksamkeit auf ein wichtiges joh Thema gelenkt worden. Es ist jedoch auch richtig und von grundlegender Bedeutung, daß Jesus, obgleich zentrale Figur, beständig auf einen anderen als sich selbst hindeutet. Er als der Sohn tut nichts aus sich selbst, sondern nur, was er den Vater tun sieht. Seine Worte sind nicht seine, sie kommen von einem, der ihn gesandt hat. Von diesem einen hängt er ab, diesem einen ist er gehorsam. Das Evangelium handelt von Jesus, aber Jesus (wenn man es so sagen möchte) handelt von Gott. Das Evangelium ist im Vollsinn des Wortes ein *theo- logisches* Werk. Joh lag daran, seine Leser durch Jesus mit Gott zu konfrontieren.[121]

Von den frühesten Zeiten des Christentums an kann man zwei Überlieferungsströme unterscheiden. Es gab eine historische Überlieferung von dem, was Jesus von Nazareth getan und gesagt hatte; wir finden sie in einer relativ späten und entwickelten Form in den Synoptikern. Es gab auch eine theologische Tradition von Glaubensüberzeugungen, ausgedrückt in vielfältiger Weise, über einen, der der Herr im Himmel, der Erlöser und eschatologische Retter war; die frühesten Spuren dieser Überlieferung finden sich in den paulinischen Briefen. Die Überlieferungen können unterschieden werden, aber sie waren

---

[118] S. S. 154ff; auch Prologue; Essays S. 49–69; The Father is greater than I; Menschensohn; Theocentric und unter anderen (= Essays on John [1982]), sonst nicht zitierten Werken die beiden Bände von F. M. Braun, Jean le Théologien: Sa Théologie I [1966], II [1972].

[119] T. H. L. Parkers Paper zu Barths Gebrauch des Joh (Studies in the Fourth Gospel, hg. F. L. Cross [1957], S. 52–63).

[120] Zum folgenden s. Theocentric S. 361ff; auch M. L. Appold, The Oneness Motif in the Fourth Gospel [1976], S. 2–8.

[121] Es war die große Leistung von E. C. Hoskyns und F. N. Davey (The Fourth Gospel), diese Wahrheit erfaßt und ihr klassischen Ausdruck verliehen zu haben.

[122] S. meine Ausführungen in: Commentary on the Second Epistle to the Corinthians [1973].

[123] S. Komm. zu 6,35; 8,24; und vor allem Bultmann, S. 167f.

niemals völlig getrennt, denn die grundlegende christliche Überzeugung war, daß Jesus von Nazareth der Herr war: der Herr war Jesus. Die synoptischen Evangelien sind theologische Werke, die den Glauben an den auferstandenen, verherrlichten, erhöhten Herrn Jesus ausdrücken, und Paulus, obwohl er so gut wie nichts über den historischen Jesus zu sagen hat, glaubte doch ganz gewiß an seine Existenz: niemand kann sterben (und Jesu Tod ist zentral für die Predigt und Theologie des Paulus), es sei denn, er hat zuvor gelebt.

Es wird nicht selten behauptet und trifft sicherlich auch zu, daß Joh die Traditionen ein für allemal zusammengefügt hat; es wird wohl sinnvoll sein, seine Gründe dafür zu betrachten und auch die Weise, in welcher er seine Aufgabe durchgeführt hat.

Die historische Überlieferung war natürlicherweise offen für nichttheologische Interpretation. Das heißt nicht, daß irgend jemand im 1. Jh. eine ähnliche Einstellung hatte, wie wir sie aus modernen rationalistischen und liberalen Darstellungen der Gestalt Jesu kennen. Er mag sehr wohl gesehen worden sein (und er wurde fast sicher von einigen auch so gesehen) als ein ϑεῖος ἀνήρ, eine übernatürliche Gestalt, der unkritische Leichtgläubigkeit die Macht, alle Arten von Wundern zu vollbringen, zutraute. Er konnte aber ebenso als Messias gesehen werden, und zwar weniger im theologischen als im politischen Sinn. Es gibt, abgesehen von dem Gebrauch des Wortes »Rabbi« und seiner Äquivalente, wenig Belege dafür, daß man ihn einfach für einen aus der großen Schar der Gesetzeslehrer hielt, aber es können ihn durchaus einige so gesehen haben. Mehr noch werden auf eine große, übernatürliche Gestalt der Vergangenheit, den Gründer und das Haupt einer neuen Religion, eine Quelle erlösender Gnosis geblickt haben. Diese Sicht ist nicht weit von der entsprechenden entgegengesetzten Tendenz entfernt, der theologischen Tradition eine nichthistorische Interpretation zu geben. Dies bedeutet nicht, daß man solche Ereignisse leugnet, wie sie in den Evangelien berichtet werden; niemand, nicht einmal jene, die eine doketische Christologie übernahmen, leugneten die geschichtliche Realität dieser Ereignisse – zumindest in dem Sinn, daß sie Zuschauern als solche erschienen seien. Man nahm freilich an, ihre Bedeutung sei rein symbolisch; es war ohne Bedeutung, ob sie sich in der Geschichte ereignet hatten oder nicht. Die Wahrheit, die sie repräsentierten, war eine ungeschichtliche Wahrheit, die in der Geschichte offenbar werden konnte, aber nicht in die Geschichte hineingehörte oder Geschichte berührte.

Gegenüber dieser Einstellung, die hier nicht unter Bezug auf die Quellen gezeigt werden kann, bestand Joh auf der Geschichte Jesu und darauf, sie von Gott her zu interpretieren. Dies ist nicht eine Aussage über die historische Zuverlässigkeit des joh Berichts; das vierte Evangelium trägt zu unserer Kenntnis des historischen Jesus in der Tat wenig bei. Sie trägt dem Tatbestand Rechnung, daß nach Joh das Wort Fleisch wurde – geschichtliche menschliche Existenz – und daß das Wort, das Fleisch wurde, Gott war. Dies wiederum ist nicht eine Aussage in der einfachen Form, daß Jesus, der Zimmermann, Gott war. Unausweichlich war Joh in dem Dilemma gefangen, auf das wir oben (S. 87) hingewiesen haben: »Der Vater ist größer als ich – ich und der Vater sind eins.« Es gibt keine direkte, klar umrissene Christologie in Joh (obwohl das Evangelium voll von christologischen Stoffen ist); denn Joh lag nichts daran, eine Christologie zu schaffen: er schrieb im Blick auf Jesus wie über Gott, und entsprechend im Blick auf Gott wie über Jesus. Er übernahm den Standpunkt von 2Kor 5,16[122]: Christus ist nicht κατὰ σάρκα einzuschätzen. Er existierte als σάρξ, aber ihn auf der Grundlage von σάρξ zu betrachten bedeutet zu irren. Er sagt ἐγώ εἰμι,[123] nicht um sich selbst in irgendeinem ausschließenden und abschließenden Sinn mit Gott zu identifizieren, sondern um die Aufmerksamkeit auf sich als den einen zu lenken, in welchem man Gott begegnet und erkennt.

Im letzten Abschnitt haben wir 2Kor 5,16 zitiert. In diesem Vers erklärt Paulus nicht nur, daß er fortan Christus nicht länger κατὰ σάρκα kennen will; er kennt, er versteht keinen Menschen κατὰ σάρκα. Sein theologisches Verständnis Christi eröffnet ihm die Möglichkeit eines neuen Verständnisses der menschlichen, und insbesondere der christlichen Existenz als ganzer. Auch Joh teilte diese universale Sicht. Er hat ein theologisches Verständnis Jesu erworben und in seinem Evangelium dargestellt; er hat auch, obwohl er dies nur indirekt darstellen kann, ein theologisches Verständnis der Kirche und der christlichen Existenz. E. Käsemann (s. S. 153) nimmt an, daß der joh Kreis sich aus einer geschlossenen Gruppe von Enthusiasten zusammensetzte, die durch eine gemeinsame geistliche Erfahrung geeint war, die sie auch als die Grundlage ihrer Religion und als Basis ihrer Einheit betonte und die sich gegen die sich entwickelnde katholische Kirche, die als Institution organisiert und geleitet war, stellten. Es handelt sich hier um zwei Auffassungen von Kirche; von jeder von ihnen könnte man sagen, daß sie die Kirche jeweils von sich selbst her interpretiert. Was immer man auch über die Joh-Briefe sagen mag, die wahrscheinlich nicht aus der Hand des Evangelisten stammen (s. S. 75ff), das Evangelium repräsentiert keine dieser beiden Interpretationsmöglichkeiten, sondern besteht in einer nach innen gewandten, selbstgenügsamen Weise darauf, niemand κατὰ σάρκα zu kennen. Selbst der κόσμος, der wie sonst kaum etwas bei Joh fast als antigöttlich gedacht wird, bekommt seinen Sinn nur dadurch, daß er der »Gegenstand« der Liebe Gottes ist. Es ist der Gott, den niemals jemand gesehen hat, der gesehen wird, wenn Menschen Jesus anblicken, der gehört wird, wenn sie seinem Wort lauschen. Thema um Thema wird aufgenommen und in diesem Licht dargestellt: die Gestalt Christi selbst (Wer mich gesehen hat, hat den Vater gesehen, 14,9); seine Lehre und seine Werke der Barmherzigkeit (Das Wort, das ihr hört, ist nicht das meine, sondern das des Vaters, der mich gesandt hat, 14,24; der Vater, der in mir ist, tut seine eigenen Werke, 14,10); seine Jüngerberufungen (Sie waren die deinen, und du gabst sie mir, 17,6); Taufe und Abendmahl (s. o.) mit Bildern wie Brot (Mein Vater gibt euch das wahre Brot vom Himmel, 6,32) und Weinstock (Mein Vater ist der Weingärtner, 15,1); jüdische Riten wie der Sabbat (Mein Vater wirkt bis jetzt, und so auch ich, 5,17); die Fragen von Leben und Tod (Vater, ich danke dir, daß du mich gehört hast, 11,41); Kreuzigung und Auferstehung (Vater, die Stunde ist gekommen; verherrliche deinen Sohn, daß der Sohn dich verherrliche 17,1). Sollten wir sagen, daß Joh' theologisches Verständnis durch sein Verständnis des Jesus der Geschichte Leben bekam oder daß sein Verständnis Jesu durch seine Theologie erleuchtet wurde? Wenn wir ihm die Frage stellen könnten, dann würde Joh wahrscheinlich beide Alternativen ablehnen, und zwar deswegen, weil beide eine Trennung zwischen zwei untrennbaren Elementen implizieren, die in einem einzigen Verständnis von Wahrheit zusammenhängen. Die Geschichte Jesu erfordert, daß geradeso, wie Gott von Jesus her verstanden werden muß, die Menschheit Jesu, und damit das Menschsein des menschlichen Geschlechts, von Gott her gesehen und verstanden werden muß. Für Gott und für den Menschen liegt die Zukunft allein in der Einheit der beiden, eine Einheit, auf welche die Gestalt Jesu hindeutet.

Kapitel 5

Ursprung und Autorität des Evangeliums

1. Der Apostel Johannes

Die Überlieferung über das spätere Leben und die literarische Wirksamkeit des Joh erscheint zuerst in den Schriften des Bischofs Irenaeus von Lyon (ca. 130–200 n. Chr.). Zwei der wichtigsten Abschnitte werden zitiert von Euseb (Hist Eccl III, XXIII, 3f); die ursprünglichen Quellen sind Adv Haer II,12,5 und III,3,4.

Der erstere schreibt im zweiten Buch seiner Schrift »Gegen die Häresien« wörtlich also: »Alle Presbyter, welche in Asien mit Johannes, dem Jünger des Herrn, beisammengewesen waren, bezeugen, daß Johannes so gelehrt habe. Denn er lebte noch bei ihnen bis zu den Zeiten Trajans.« Im dritten Buch des gleichen Werkes gibt Irenaeus den gleichen Gedanken so wieder: »Auch die von Paulus gegründete Kirche in Ephesus, in welcher Johannes bis zu den Zeiten Trajans lebte, ist eine wahrheitsgemäße Zeugin der apostolischen Überlieferung.«

Adv Haer III,3,4 wird ausführlicher geboten bei Euseb, Hist Eccl IV,14,3–8, wo Irenaeus auf seinen Gewährsmann verweist.

»Polykarp wurde nicht nur von den Aposteln unterrichtet und verkehrte nicht nur mit vielen, die noch den Herrn gesehen hatten, sondern wurde sogar von den Aposteln in Asien als Bischof der Kirche in Smyrna aufgestellt. Wir selbst haben ihn in unserer ersten Jugend gesehen. Er hatte nämlich ein sehr langes Leben und schied erst in hohem Alter nach einem ruhmvollen, sehr glänzenden Martyrium aus dem Leben. Er lehrte stets die Lehre der Apostel und die Überlieferung der Kirche, die allein wahr sind, wofür auch alle Kirchen Asiens Zeugnis geben sowie die Nachfolger Polykarps bis auf den heutigen Tag; denn er war ein viel glaubwürdigerer und verläßlicherer Zeuge der Wahrheit als Valentin, Marcion und die übrigen Irrlehrer. Unter Anicet weilte er in Rom, wo er viele von den erwähnten Häretikern für die Kirche Gottes durch die Erklärung gewann, daß es einzig und allein die von der Kirche überlieferte Wahrheit sei, welche er von den Aposteln empfangen habe. Es gibt Leute, die ihn erzählen hörten, Johannes, der Jünger des Herrn, habe, als er in Ephesus ein Bad nehmen wollte, aber sah, daß Cerinth in demselben war, die Badeanstalt, ohne sich gebadet zu haben, verlassen und ausgerufen: ,Lasset uns fliehen! Denn es ist zu fürchten, daß die Badeanstalt einstürze, da Cerinth, der Feind der Wahrheit, darin ist.' Als Marcion einmal dem Polykarp begegnete und ihm sagte: ,Nimm von uns Kenntnis!', antwortete dieser: ,Ich kenne gar wohl den Erstgeborenen des Satans.'«

Hier folgt der oben zitierte Absatz.

Die Beziehung zwischen Irenaeus und Polykarp wird im Brief des Irenaeus an Florinus ausdrücklich behandelt (zitiert von Euseb, Hist Eccl V,20,4–8). Irenaeus tadelt Florinus wegen seiner Abweichungen von der rechten Lehre. Seine gnostischen Lehren waren nicht jene, die er von seinen frühesten Lehrern empfangen hatte. Irenaeus fährt fort:

»Denn als ich noch ein Knabe war, sah ich dich im unteren Asien bei Polykarp; du hattest eine glänzende Stellung am kaiserlichen Hofe und suchtest die Gunst Polykarps zu erwerben. Ich kann mich nämlich viel besser an die damalige Zeit erinnern als an das, was erst vor kurzem geschah; denn was man in der Jugend erfährt, wächst mit der Seele und bleibt mit ihr vereint. Daher kann ich auch noch den Ort angeben, wo der selige Polykarp saß, wenn er sprach, auch die Plätze, wo er aus und ein ging, auch seine Lebensweise, seine körperliche Gestalt, seine Reden vor dem Volk, seine Erzählung über den Verkehr mit Johannes und den anderen Personen, welche den Herrn noch gesehen, seinen Bericht über ihre Lehren, ferner das, was er von diesen über den Herrn, seine Wunder und seine Lehre gehört hatte. Alles, was Polykarp erfahren von denen, die Augenzeugen waren des Wortes des Lebens, erzählte er im Einklang mit der Schrift. Seine Worte habe ich durch die mir gewordene Gnade Gottes damals mit Eifer aufgenommen; nicht auf Papier, sondern in mein Herz habe ich sie eingetragen. Ich erinnere mich auch immer wieder durch die Gnade Gottes genau daran.«

Somit scheint Irenaeus eine direkte Beziehung zum Apostel zu beanspruchen, die lediglich durch den verehrungswürdigen Polykarp von Smyrna vermittelt wird, wenn er schreibt: »Danach [sc. nach der Abfassung der anderen Evangelien] veröffentlichte (ἐξέδωκε) Johannes, der Jünger des Herrn, der auch an seinem Busen ruhte, sein Evangelium, als er sich in Ephesus in der Asia aufhielt« (Adv Haer III,1,1; zitiert bei Euseb, Hist Eccl V,8,4).

Dieses Zeugnis des Irenaeus ist einfach und umfassend: Johannes, der Sohn des Zebedaeus (denn kein anderer Johannes kann gemeint sein), war der Lieblingsjünger; er lebte bis ins hohe Alter in Ephesus und veröffentlichte dort das vierte Evangelium. Neben diesem Beleg aus Irenaeus kann man eine Äußerung des Polykrates, Bischof von Ephesus (189–198) stellen. Er schreibt an den Papst Victor (bei Euseb, Hist Eccl III,31,3; auch V,24,2f):

»Denn auch in Asien haben große Sterne ihre Ruhestätte gefunden, welche am Jüngsten Tage bei der Wiederkunft des Herrn auferstehen werden. An diesem Tage wird der Herr mit Herrlichkeit vom Himmel kommen und alle Heiligen aufsuchen: nämlich Philippus, einen der zwölf Apostel,[124] der in Hierapolis ruht, mit seinen beiden bejahrten, im jungfräulichen Stande gebliebenen Töchtern, während eine andere Tochter, die im Heiligen Geiste wandelte, in Ephesus entschlafen ist, und Johannes, der an der Brust des Herrn lag, den Stirnschild (πέταλον)[125] trug, Priester, Glaubenszeuge (μάρτυς) und Lehrer war und in Ephesus zur Ruhe eingegangen ist.«

---

[124] Polykrates scheint den Apostel Philippus mit dem Evangelisten Philippus zu verwechseln – ein Irrtum, der nicht eben das Zutrauen in seine anderen Anmerkungen stärkt.

[125] πέταλον begegnet in der LXX (z. B. Ex 28,32[36]) als Wiedergabe von ציץ (tsits) »glänzendes Ding, Goldplatte, die das Diadem an der Front der hohenpriesterlichen Mitra bildet« (BDB s. v.) Was Polykrates mit diesem Wort meinte, ist unsicher. Es ist vorstellbar, daß er dachte, Johannes sei Hoherpriester gewesen (oder vielleicht ein Priester); er könnte das Wort in bezug auf das christliche Priestertum gebraucht haben; oder er könnte es in einem uns heute nicht mehr zugänglichen Sinn verwendet haben. Verschiedene Vorschläge werden kritisch gesichtet von J. V. Andersen, StTh 19, [1965], S. 22–29, der selbst den Begriff mit der Einrichtung des Nasiräats in Verbindung bringt.

Polykrates erzählt uns wie Irenaeus, daß *Joh* der Lieblingsjünger war und sich in Ephesus aufhielt. Eine verwandte Überlieferung wird durch eine Legende um Joh bezeugt, die von Clemens von Alexandria in seinem Traktat Quis Dives salvetur 42 (s. Euseb, Hist Eccl III,23,6–19) erzählt wird. Spätere Schreiber wiederholen häufig diese Überlieferung, fügen aber nichts hinzu, was zuverlässig erscheint, und können deshalb seine Autorität nicht bestätigen. Zu den Aussagen bei Clemens von Alexandrien und dem Kanon Muratori über die Abfassung des Evangeliums s. S. 129f.

Welche Autorität kann die bei Irenaeus erhaltene Überlieferung beanspruchen? Das NT weiß nichts von einem Aufenthalt des Apostels Joh in der Provinz Asia. 1Joh ist anonym; 2 und 3Joh behaupten, von einem »Ältesten« (2Joh 1; 3Joh 1) geschrieben worden zu sein. Die Offenbarung, ganz deutlich ein Werk, das seinen Ursprung in der Provinz Asia hatte, wurde von einer Person namens Johannes geschrieben; aber dieser scheint sich selbst von den Aposteln zu unterscheiden (s. 18,20; 21,14). Im Gal findet sich Joh in Jerusalem (Gal 2,9). Vielleicht wichtiger ist die Tatsache, daß weder der Eph noch die Apg irgendein Wissen von der Anwesenheit des Joh in Ephesus erkennen lassen. Insbesondere findet sich nichts in der dem Paulus (Apg 20,18–35) zugeschriebenen Rede (die er in Milet an die Ältesten aus Ephesus richtete), das nahelegt, daß der Verfasser der Apg, der zweifelsohne für die vorliegende Form der Rede verantwortlich ist, davon wußte, daß Joh später dieser Kirche seinen stabilisierenden Einfluß hatte zuteil werden lassen. Clemens Romanus in seinem Brief an die Korinther (ca. 95) erwähnt Joh nicht. Dies ist nicht überraschend; aber es könnte zutreffen, daß, wie behauptet, seine Hinweise auf die Apostel voraussetzen, daß diese alle zu der Zeit seines Schreibens bekanntermaßen bereits gestorben waren (s. z. B. 42,44). Dies kann freilich nicht als sicher angesehen werden. Viel wichtiger ist das Zeugnis des Ignatius, der an die Gemeinde von Ephesus schrieb. Zur Beziehung zwischen Joh und Ignatius s. weiter S. 79f u. 125f. Hier muß festgehalten werden, daß Ignatius, obwohl er in seinem Brief an die Epheser sich alle Mühe gibt, deren enge Beziehung mit dem Apostel Paulus herauszustellen (sie sind »Miteingeweihte« des Paulus, der »sie in jedem Brief erwähnt«, 12,2), niemals auf Joh verweist; und dies auch in keinem anderen Brief. Sehr wahrscheinlich würde Ignatius, hätte er von dem Aufenthalt des Joh in Ephesus gewußt, darauf hingewiesen haben; und wahrscheinlich hätte Ignatius, wenn Joh sich wirklich ein paar Jahre vorher in Ephesus aufgehalten hätte, davon gewußt. Dies ist kein übliches Argumentum e silentio. Man muß nicht nur das Schweigen des Ignatius erklären, sondern auch den Tatbestand, daß er eben in dieser Weise an die Epheser schrieb. Es ist bemerkenswert, daß in der interpolierten Ausgabe seiner Briefe, die herausgegeben wurde, als die spätere Tradition bekannt war, Joh entsprechend in dem Brief an die Epheser erwähnt wird (XI). Polykarp sagt trotz der nach Irenaeus angeblich zwischen ihm und Joh bestehenden Beziehung in seinem (zugegebenermaßen recht kurzen) Brief an die Phil nichts über den Apostel; Papias erwähnt Joh, einen Herren-Jünger (s. u. S. 120ff), aber er sagt, nach unserer Kenntnis seiner Schriften, nicht, daß er in der Provinz Asia lebte. Justin, der möglicherweise das vierte Evangelium gekannt hat (s. u. S. 126), hat nichts über seinen Verfasser zu sagen, obwohl er die Offenbarung dem Apostel Joh zuschreibt, freilich ohne irgendeine weitere Information über ihn zu geben.

Es gibt nur einen Beleg für den Aufenthalt von Joh in Ephesus, der älter ist als der des Irenaeus. Und zwar handelt es sich um die Johannes-Akten, von Leucius Charinus wahrscheinlich um 150–160 geschrieben.[126] Dieses Werk stammt offensichtlich aus gnostischen Kreisen und ist in legendenhaftem und phantastischem Stil abgefaßt. Es stellt einen Johannes dar, der ein weites evangelistisches und seelsorgerliches Wirken in der Provinz Asia, Ephesus eingeschlossen, entfaltet. Das in den Akten enthaltene Material hat nur wenig historischen Wert; es ist aber insofern von Bedeutung, als es danach in der Provinz Asia in der Mitte des 2. Jh. Christen (wenn auch häretische Christen) gab, die es zumindest glaubwürdig fanden, daß der Apostel Johannes in ihrem Lande gewirkt hatte.

Die von Irenaeus überlieferte Tradition wird durch kein früheres Zeugnis als durch sein eigenes gestützt; es gibt ansonsten Spuren einer abweichenden Überlieferung bezüglich des Schicksals des Johannes. Die Belege dafür seien im folgenden kurz dargestellt:

1) Mk 10,39. Dies ist offensichtlich eine Prophezeiung, daß die Söhne des Zebedäus die Leiden ihres Herrn teilen sollten; wahrscheinlich ist, daß sie das Martyrium erleiden sollten. Es spielt überhaupt keine Rolle (so könnte man argumentieren), ob die Prophezeiung als genuine Vorhersage Jesu oder als vaticinium ex eventu zu betrachten ist; man hätte sie nicht berichtet, wäre sie zur Zeit der Abfassung des Mk (ca. 70 n. Chr.) nicht erfüllt gewesen. Das Martyrium des Jakobus wird in Apg 12,2 berichtet; es könnte angenommen werden, daß Belege für das Martyrium des Johannes im Interesse der durch Irenaeus gebotenen Tradition unterdrückt wurden.

2) In einem Auszug aus dem Gerichtsschreiber Philip von Side (ca. 430) findet sich folgendes Zitat: »Papias sagt in seinem 2. Buch, daß Johannes der Theologe (ὁ θεόλογος) und sein Bruder Jakobus von Juden getötet wurden (ὑπὸ Ἰουδαίων ἀνῃρέθησαν).«[127] Gegen die Zuverlässigkeit dieses Zitats kann nicht vorgebracht werden, daß der Titel ὁ θεόλογος im Munde des Papias ein Anachronismus sei; ein solcher Titel konnte leicht von einem späteren Schreiber, der ihn für angemessen hielt, in frühere Traditionen eingefügt werden.

3) Georgios Monachos (Hamartolos, 9. Jh.) gibt einen ähnlichen Hinweis auf Papias: »Papias, Bischof von Hiearapolis, der ein Augenzeuge von ihm [sc. Joh] war, sagt im 2. Buch der ‚Herrenworte‘, daß er von Juden getötet wurde (ὑπὸ Ἰουδαίων ἀνῃρέθη).«[128] Dann folgt ein Verweis auf Mk 10,39.

4) Zwei Martyrologien legen nahe, daß Jakobus und Johannes ein ähnliches Geschick erduldeten, vielleicht zur selben Zeit.

Eine syrische Martyrologie aus Edessa (ca. 411) gedenkt des ersten Märtyrers Stephanus am 26. Dezember; der »Apostel Johannes und Jakobus in Jerusalem« am 27. Dezember; des Paulus und Simon Kephas am 28. Dezember.[129]

Der Kalender von Karthago (ca. 505) läßt wahrscheinlich eine ähnliche Interpretation zu. Er enthält zwei Hinweise auf Johannes den Täufer, bei denen es sich in einem Fall ganz sicher um eine Verwechslung mit dem Apostel Johannes handelt. Wahrscheinlich

---

[126] M. R. James, The Apocryphal New Testament [1924], S. 228–270; auch Hennecke-Schneemelcher II, S. 144–176; Text bei Lipsius-Bonnet, II,I,151–216.
[127] Codex Baroccianus 142 (Oxford); s. C. de Boor, Texte und Untersuchungen V, 2 [1888], S. 170. Diese Handschrift soll aus dem siebten oder achten Jh. stammen; M. R. James, JThSt 22 [1921], S. 389, datiert sie in das 14. Jh.
[128] Chronik III, 134,1 nach einer Handschrift, Codex Coislinianus 305.
[129] H. Lietzmann, Die drei älteren Martyrologien (Kleine Texte 2 [1911]) S. 7f.

befindet sich der Irrtum im Eintrag (unter dem 27. Dezember) »Gedenktag des hl. Johannes des Täufers und des Apostels Jakobus, welche Herodes ermordete«.[130]

Auf der Grundlage der von uns angezogenen Belege hat man angenommen, man habe in der Kirche einmal davon gewußt, daß der Apostel Johannes einen frühen Märtyrertod gestorben war, und die später begegnende Tradition bei Irenaeus und Polykrates sei in Kreisen entstanden, die Anhänger des vierten Evangeliums waren und denen daran lag, die Theorie von der Verfasserschaft eines Apostels zu stützen. Es ist indessen außerordentlich zweifelhaft, ob das Zeugnis gewichtig genug ist, das Gewicht dieser Hypothese zu tragen. Man kann unmöglich Vertrauen in das Zeugnis des Philippus und Georgios für den Text des Papias haben. Keiner von beiden war ein zuverlässiger Historiker. Wir wissen von Irenaeus und Euseb, nach deren Ansicht Joh bis ins hohe Alter in Ephesus gelebt habe, daß sie das ganze Werk des Papias gelesen haben, was wir nicht können. Wenn sie dort die von Philippus und Georgios berichtete Überlieferung gelesen haben, müssen sie diese im Interesse ihrer eigenen Überzeugung unterdrückt haben. Wir sind tatsächlich fast gezwungen, uns zwischen der Wahrheitsliebe des Irenaeus und Euseb auf der einen Seite und der Intelligenz und Zuverlässigkeit des Philippus und Georgios auf der anderen Seite zu entscheiden. Dieser Vergleich fällt zugunsten der älteren Autoren aus. Wenn man freilich Philippus und Georgios keinen Glauben schenkt, dann werden auch die anderen Belege hinfällig. Die Martyrologien können kaum als unabhängige Zeugnisse bestehen. Mk 10,39 muß zusammen mit Mk 8,34; 9,1; 13,12 gelesen werden; die Stelle ist kaum präzise genug, um sie als deutlichen Hinweis darauf lesen zu können, daß z. Z. der Abfassung des Mk bereits ein Martyrium stattgefunden hatte. Ganz gewiß löst die Überlieferung vom Martyrium des Johannes einige Probleme; aber dies ist nicht die einzig mögliche Lösung, und in keinem Fall können wir den Apostel zum Märtyrer machen, damit wir es bei der Behandlung kritischer Probleme bequemer haben. Die Märtyrer-Tradition könnte einfach auf der Grundlage von Mk 10,39 entstanden sein; es ist aber bedenkenswert, daß Joh ebensogut von Juden in der Provinz Asia wie von denen in Jerusalem getötet worden sein konnte (vgl. den Tod des Polykarp), und es ist durchaus möglich, daß die Überlieferung insoweit korrekt ist.

Auch wenn man die Überlieferung vom Martyrium des Johannes ablehnt, so bleiben im Zusammenhang mit dem anderen Bericht über Joh Schwierigkeiten. Es gibt für seinen Aufenthalt in Ephesus keinen Beleg bei irgendeinem orthodoxen christlichen Schriftsteller vor Irenaeus. Hätte Johannes in Ephesus (einem großen Zentrum christlichen Lebens und christlicher Literatur) im Jahre 100 oder ungefähr um diese Zeit gelebt, dann würde doch aller Wahrscheinlichkeit nach irgendeine Spur dieses Tatbestands in der Literatur der ersten Hälfte des 2. Jh. übriggeblieben sein. Daß es keine solche Spur gibt, stellt eine große Schwierigkeit dar; dies bedeutet, daß wir auf die Aussage des Irenaeus zurückgeworfen sind, die dieser aufgrund seines Kontakts mit Polykarp gemacht hat. Ist diese Aussage so zuverlässig, wie sie auf den ersten Blick zu sein scheint? Die folgenden Erwägungen mindern das Vertrauen, das man darein setzen kann.

1. Irenaeus behauptet über Papias ähnliches wie über Polykarp. Er sagt (Adv Haer V,33,4, zitiert bei Euseb, Hist Eccl III,39,1): »Dies wird schriftlich bezeugt von Papias,

---

[130] Ders., a. a. O., S. 5f.

einem alten Mann, der ein Hörer des Joh und Begleiter des Polykarp war.« Aber dieser Bemerkung wird, wie Euseb selbst zeigt, durch den Inhalt von Papias' eigenem Werk widersprochen. Die Beziehungen des Papias zu dem Apostel Joh waren bestenfalls sekundär (s. u. S. 120ff). Nun ist richtig, daß Irenaeus nicht behauptet, er habe Papias persönlich gekannt, wie er dies von Polykarp tut; aber er spricht von Papias als einem Begleiter des Polykarp, und ein bemerkenswerter Irrtum in seinem Bericht über den einen Kirchenvater veranlaßt nicht gerade dazu, seinem Bericht über den anderen zu vertrauen. Nach seiner eigenen Aussage war Irenaeus jung und Polykarp sehr alt, als Irenaeus einige der Predigten des Polykarp hörte; und während man die Wahrhaftigkeit von Irenaeus' Sicht, was ihre Lebendigkeit angeht, auf eine Jugenderinnerung zurückführen kann, so wird man doch in Frage stellen, was ihre Genauigkeit angeht. Daß Irenaeus in gutem Glauben einen Fehler machte, ist eine Möglichkeit, die man sehr ernst nehmen muß.

2. Es gibt ein »Leben des Polykarp«, geschrieben unter dem Namen des Pionius.[131] Dieses Werk, ohne Zweifel erst nach der Zeit des Irenaeus verfaßt, ist im allgemeinen nicht von großem Wert; es enthält Züge, die sicherlich legendär sind. Obwohl es, zumindest an manchen Stellen, von einer aus Smyrna stammenden Lokaltradition abzuhängen scheint, sagt es nichtsdestoweniger überhaupt nichts über irgendeine Beziehung zwischen Polykarp und Johannes. Wie die meisten Hagiographien erhöht es seinen Helden soweit wie möglich; aber es bezeichnet Polykarp als den dritten Bischof seiner Diözese (der erste war nicht von Joh, sondern von Paulus ernannt worden), als erwählt vom Volk, ernannt von der Priesterschaft und ordiniert von Bischöfen (22f). Ganz ohne Zweifel würde ein mit diesem Ort verbundener Biograph die Verbindung des Polykarp mit Johannes berichtet haben, wenn er auch nur die Spur eines Beweises dafür gefunden hätte.

3. Obwohl Polykarp 1Joh zitiert, zeigt er keine Kenntnis des vierten Evangeliums (s. S. 80).

Das Zeugnis des Irenaeus kann nicht unkritisch übernommen werden. Wir müssen zugeben, daß wir keine sichere Kenntnis von den Bewegungen des Johannes in seinen späteren Jahren besitzen; dies bedeutet freilich nicht, daß die Berichte von seinem Wirken in der Provinz Asia bloße Erfindung sind; sie können Wahrheitsmomente enthalten.

2. Der Presbyter Johannes

In der ersten Hälfte des 2. Jh. war Papias Bischof von Hierapolis in Phrygien (Provinz Asia), und er schrieb ein fünf Bücher umfassendes Werk, genannt »Erklärungen von Herrenworten«, welches als Ganzes nicht mehr vorhanden ist. Es ist nicht leicht, das Abfassungsdatum dieses Werkes präzise zu bestimmen; der Abschnitt, den wir jetzt diskutieren wollen, hat selbst mit dieser Frage zu tun, und die sonstigen Erwägungen lassen keinen zuverlässigen Schluß zu. Die Hauptpunkte sind folgende: a) Irenaeus sagt, daß Papias den Apostel Joh gehört habe. Darin hat sich Irenaeus wahrscheinlich

---

[131] Text und englische Übersetzung bei J. B. Lightfoot, The Apostolic Fathers II,II,2 [1885], S. 1005–1047.1068–1086.

getäuscht (s. o. S. 80), weshalb seine Aussage für die Datierung der »Erklärungen« nicht herangezogen werden kann. b) Irenaeus bezeichnet Papias auch als Begleiter Polykarps; dies ist keineswegs unwahrscheinlich, aber das Leben Polykarps erstreckte sich über einen solch großen Zeitraum, daß diese Aussage nichts austrägt. c) Polykarp scheint als Gegner der Gnosis eine entwickelte gnostische Lehre vorauszusetzen; vielleicht könnte ein Datum wie das der Exegetica des Basilides (ca. 130) als Terminus a quo dienen. d) Man hat angenommen, daß der Chiliasmus des Papias Justin beeinflußt hat. e) Papias scheint nicht auf Lk verwiesen zu haben. Dies legt den Schluß nahe, daß die Häresie des Markion ihm unbekannt war, als er schrieb. Berücksichtigt man diese Argumente, so scheint eine Datierung ca. 140 mit einem Spielraum von zumindest 10 Jahren plus oder minus so wahrscheinlich wie irgendeine andere.

Einige Abschnitte aus den »Erklärungen« werden von Euseb zitiert, darunter die folgenden (Hist Eccl III,39,3f):

Ohne zu zögern, will ich für dich alles, was ich je von den Presbytern genau erfahren und dem Gedächtnis genau eingeprägt habe, zugleich mit den Auslegungen verbinden, mich für deren Wahrheit verbürgend. Denn nicht hatte ich wie die meisten an denen, die viele Worte machen, sondern an denen, welche die Wahrheit lehren, Freude, auch nicht an denen, welche die fremden Gebote anführen, sondern an denen, welche die vom Herrn dem Glauben gegebenen und aus dem Glauben entspringenden Gebote der Wahrheit bieten. Kam einer, der den Presbytern gefolgt war, dann erkundigte ich mich nach den Lehren der Presbyter (τοὺς τῶν πρεσβυτέρων ἀνέκρινον λόγους) und fragte: Was sagte Andreas, was Petrus (τί Ἀνδρέας, ἢ τί Πέτρος εἶπεν), was Philippus, was Thomas oder Jakobus, was Johannes oder Matthäus oder irgendein anderer von den Jüngern des Herrn (ἤ τις ἕτερος τῶν τοῦ κυρίου μαθητῶν)? Und was sagen Aristion und der Presbyter Johannes, die Jünger des Herrn (ἅ τε Ἀριστίων, καὶ ὁ πρεσβύτερος Ἰωάννης, οἱ τοῦ κυρίου μαθηταί, λέγουσι)? Denn ich war der Ansicht, daß aus Büchern geschöpfte Berichte für mich nicht denselben Wert haben können wie die Worte frischer, noch lebender Stimmen.

Es hat den Anschein, daß Papias hier auf zwei Gruppen von Männern und insbesondere auf zwei Männer verweist, die beide den Namen Johannes trugen. Einer von ihnen ist in einer Apostelliste enthalten, der andere wird in Begleitung einer Person namens Aristion erwähnt und durch den Titel ὁ πρεσβύτερος ausgezeichnet. Der Gegensatz zwischen den beiden Gruppen wird nicht nur durch den Sinn, sondern auch durch die grammatikalische Konstruktion des Satzes deutlich herausgestellt. Für die erste Gruppe gebraucht Papias das Fragepronomen und eine Form der Vergangenheit (τί ... εἶπεν); für die zweite Gruppe das Relativpronomen und eine Präsensform (ἅ ... λέγουσι). Diese Unterscheidung kann nicht zufällig sein, es sei denn, Papias war ein viel weniger sorgfältiger Schreiber, als wir begründet annehmen dürfen. Es scheint, daß ἅ τε Ἀριστίων καὶ ... Ἰωάννης ... λέγουσι dasselbe bedeuten muß wie τοὺς τῶν πρεσβυτέρων ... λόγους. Nach diesen Worten forschte Papias, in der Hoffnung herauszufinden (indirekte Frage), was die Apostel sagten (τί ... εἶπεν).

Die Unterscheidung zwischen den beiden Gruppen des Papias ist nun verständlich. Es gab zuerst die Apostel (auch wenn Papias diesen Ausdruck nicht gebrauchte), die Andreas, Petrus, Johannes u. a. einschlossen; und es gab zweitens Aristion (von dem wir sonst nichts wissen) und den Presbyter Johannes. Diese zweite Gruppe wurde hochgeschätzt, weil sie die Quelle der Informationen über die erste war.

Es ist deutlich, daß Papias in einigem Abstand von den Aposteln stand. Er bezog seine Information von umherziehenden Christen, die Kontakt mit Aristion und dem Presbyter Johannes gehabt hatten. Von diesen Reisenden erfuhr Papias die Worte der Ältesten. Diese Worte wiederum brachten ihm Erleichterung im Blick auf das, was die Apostel gesagt hatten. Man kann diese Beziehung grafisch folgendermaßen darstellen:

Die Apostel: Andreas, Petrus usw.

|

Die Ältesten: Aristion, Johannes (?und vielleicht andere)

|

παρηκολουϑηκώς τις

|

Papias

Die Glieder dieser Kette sind klar; es bleibt zu fragen, welche zeitlichen Abstände sie darstellen. Repräsentieren die Apostel die erste christliche Generation, die Ältesten die zweite und Papias die dritte? Oder gibt es irgendein anderes zeitliches Verhältnis? Es ist daran zu erinnern, daß anderes Belegmaterial bezüglich der Datierung des Papias nicht eindeutig ist, so daß das vorliegende Material für sich allein behandelt werden kann.

Die Schlüsselworte in diesem Abschnitt sind *ἀνέϰρινον, εἶπεν* und *λέγουσι*, und es ist wichtig, die Tempora zu beachten. *ἀνέϰρινον* kann nur bedeuten, daß Papias seine Nachforschungen einige Zeit vor der Abfassung seiner »Erklärungen« anstellte. *εἶπεν* und *λέγουσι* hängen beide von *ἀνέϰρινον* ab, und *λέγουσι* muß sich auf eine Rede beziehen, die zur selben Zeit stattfindet wie die Handlung von *ἀνέϰρινον*, aber *εἶπεν* auf eine Rede, die davor vollendet wurde, es sei denn, Papias schrieb unter Mißachtung der grammatikalischen Regeln.[132] Das heißt, die *παρηκολουϑηκότες* konnten berichten, was die Ältesten zur Zeit ihrer Wanderung und ihres Treffens mit Papias sagten; das Zeugnis der Apostel lag dann in der Vergangenheit. So scheint es, daß (ungefähr) eine ganze Generation zwischen den Aposteln und den Ältesten lag; vielleicht eine halbe Generation zwischen den Ältesten und ihren Anhängern (*παραϰολουϑεῖν* wird von Papias [bei Euseb, Hist Eccl III,39,15] gebraucht, um die Beziehung zwischen Petrus und Markus zu beschreiben), und ein unbestimmter Abschnitt, der wohl so viel wie eine halbe Lebenszeit oder mehr zwischen den Nachforschungen des Papias (die er anstellte, als die Ältesten noch am Leben waren) und der Abfassung seines Buches sein mag. Auf dieser Basis können wir begründet annehmen, daß die Generation der Apostel ca. 70 an ihr Ende kam, die der Ältesten ca. 100, eben der Zeit der Nachforschungen des Papias nach dem Zeugnis der »lebenden und bleibenden Stimme«, während seine Abfassung der »Erklärungen« um ca.

---

[132] S. z. B. J. B. Lightfoot, Supernatural Religion [1889], S. 143; T. Zahn, Forschungen zur Geschichte des neutestamentlichen Kanons VI,I. Apostel und Apostelschüler in der Provinz Asien [1900], S. 124.

140 angesetzt werden kann, wie wir bereits vorgeschlagen haben. Es muß betont werden, daß alle diese Daten nur als Annäherungswerte betrachtet werden können.

Dies scheint zu bedeuten, daß etwa um 100 ein Ältester[133] mit Namen Johannes lebte, den Papias mit Aristion als einen Herrenjünger bezeichnet, welcher die Überlieferungen der Apostel vermitteln konnte (es könnte derselbe Älteste gewesen sein, der die Quelle der Informationen des Papias über Petrus und Markus gewesen ist). Die wirkliche Schwierigkeit in dieser Aussage besteht in der Bezeichnung des Ältesten als eines Herrenjüngers. Ist es denkbar, daß ein persönlicher Jünger des Herrn so alt wurde? Dies ist nicht ausgeschlossen, und die späte Zeit, auf die hier verwiesen wird, könnte den Tatbestand erklären, daß die zweite Gruppe des Papias nur zwei Namen enthält, während die erste mehrere Namen beinhaltet und auch noch erweitert werden könnte (καὶ εἴ τις ἕτερος τῶν τοῦ κυρίου μαθητῶν). Vielleicht waren nur noch Aristion und Johannes am Leben. Wenn dies freilich unwahrscheinlich erscheint oder, was auch möglich ist, die Datierung der Ältesten noch weiter zurückverlegt werden müßte, so daß eine persönliche Jüngerschaft möglich würde, dann könnte man eine der folgenden Hypothesen aufstellen: a) Papias hat sich einfach geirrt: diese Männer waren nicht Jünger des Herrn. Diese Ansicht ist keineswegs unmöglich. b) Der Text ist verderbt. Wir müßten in der Beschreibung der Ältesten entweder *οἱ τοῦ κυρίου μαθηταί* auslassen oder statt dessen lesen *οἱ τούτων μαθηταί* – d. h., die Ältesten waren Jünger der Apostel. c) *μαθητής* bedeutet nicht »persönlicher Nachfolger«, sondern einfach »Christ«. Dies ist jedoch eine sehr schwache Übersetzung, und wenn man *μαθητής* eine andere Bedeutung zuweisen soll als die, welche dieses Wort offenkundig hatte, wenn es von Andreas, Petrus und den anderen Aposteln gebraucht wurde, dann wählt man vielleicht am besten »Märtyrer«; s. Ignatius, Eph 1,2; Röm 4,2. Alle drei Annahmen sind möglich, aber keine von ihnen scheint eindeutig derjenigen vorzuziehen zu sein, nach der zwei persönliche Jünger Jesu bis ca. 100 lebten.[134]

Man muß beachten, daß Papias nicht sagt, wo der Presbyter Johannes lebte. Es ist eine verlockende Konjektur, daß seine Heimat in Ephesus war und daß aufgrund der Verwechslung zwischen dem Ältesten und dem Apostel, die beide den gleichen Namen trugen, Irenaeus (fälschlicherweise) Polykarp als einen Hörer des Johannes (des Apostels) bezeichnete. Aber so bestechend diese Hypothese auch sein mag, es wäre völlig falsch, die Aussage des Papias als Beleg dafür zu verwenden, daß der Presbyter Johannes in Ephesus lebte. Tatsächlich legt ein kleiner, aber positiver Hinweis den gegenteiligen Schluß nahe. Die Reise zwischen Hierapolis und Ephesus dauerte nicht lange (Hierapolis war nur einige Meilen von Laodicea entfernt, von wo aus eine der großen Handelsstraßen des Altertums das Tal des Mäander entlangführte und dann in Richtung der Küste von Ephesus abbog), und man hätte erwarten können, daß Papias die Mühe eines Besuchs bei dem Presbyter auf sich genommen hätte, um ihn selber zu hören und sich nicht auf die

---

[133] Es ist nicht wahrscheinlich, daß das Wort πρεσβύτερος in diesem Zusammenhang (wie sonst oft) der Titel eines kirchlichen Amtsträgers ist. Offensichtlich meint es etwas Besonderes. »Christen in dieser Provinz (Asia) scheinen, wenn sie von ‚den Ältesten' sprachen, eine Gruppe von Lehrern gemeint zu haben, die eine Brücke zwischen den Aposteln und der nächsten Generation bildeten (Euseb Hist Eccl III,XXXIX, 3f.)«; so C. H. Dodd, The Johannine Epistles [1946], S. 155. Man könnte auch auf Irenaeus verweisen; s. Lightfoot, a. a. O., S. 194–202.
[134] Zum Text und zur Bedeutung von μαθητής s. Zahn, a. a. O., S. 138 ff; Zahn freilich kommt zu einem anderen Schluß.

Berichte zufällig vorbeikommender Reisender zu verlassen. Aber die Art, in welcher er selbst in dem Fragment, das bei Euseb erhalten ist, sich ausdrückt, läßt es unwahrscheinlich erscheinen, daß Papias den Ältesten getroffen hatte.

Euseb selbst sagt, daß Papias behauptet, ein Hörer Aristions und des Presbyters Johannes, aber nicht ein Hörer der Apostel gewesen zu sein; er schränkt aber seine Aussage sofort ein, indem er zufügt: »Zumindest ($\gamma o\tilde{v}\nu$) erwähnt er [Papias] sie häufig namentlich und gibt ihre Überlieferungen in seinen Schriften« (Euseb, Hist Eccl III,39,7). Dies ist jedoch überhaupt kein Beweis für eine persönliche Bekanntschaft, und Euseb war zu ehrlich, dies nicht zuzugeben. Er suchte jedoch Unterstützung für die Auffassung, daß zwei Männer namens Johannes in Ephesus gelebt haben, denn er wollte die apostolische Verfasserschaft der Offenbarung nicht zugeben. Er fügt an dieser Stelle die Bemerkung hinzu, daß es »zwei Gräber in Ephesus gab, und beide, sogar bis zum heutigen Tag, das Grab des Johannes genannt werden. Es ist wichtig, dies festzuhalten. Denn wahrscheinlich war es der zweite, wenn man nicht zugeben will, daß es der erste war, der die Offenbarung sah, die unter dem Namen des Johannes vorliegt« (Hist Eccl III,39,6). Die Überlieferung von den zwei Gräbern wird im Verlauf eines langen Zitats aus Dionysius von Alexandria wieder angeführt, der aus literarischen Gründen dafür eintrat, daß das vierte Evangelium und die Offenbarung von verschiedenen Verfassern stammten (Hist Eccl VII,25,16: »Aber ich denke, daß er [der Verfasser der Offenbarung] irgendein anderer von jenen in der Asia war; wie man sagt, gab es zwei Grabmäler in Ephesus, und jedes trug den Namen des Johannes«). Dies erscheint wieder bei Hieronymus, de Vir Ill 9; aber diese Notiz ist nicht von historischem Wert. Selbst Dionysius zitiert sie nur als vom Hörensagen, und selbst wenn die beiden Grabmäler jetzt entdeckt würden, beide mit dem Namen des Johannes, müßte bewiesen werden, daß es sich in beiden Fällen um Gräber handelt, daß sie an verschiedene Personen erinnern und die zwei Personen diese zwei Männer mit Namen Johannes sind.

Daß es einen »Presbyter Johannes« gab, braucht nicht bezweifelt zu werden. Es gibt keinen Grund, die Integrität des Papias in Frage zu stellen, und selbst wenn man dies müßte, ist doch schwer einzusehen, was er mit der Erfindung einer solchen Person gewonnen hätte. Aber ebenso scheint es keinen überzeugenden Grund für die Annahme zu geben, daß dieser Älteste in Ephesus lebte; es gibt auch keinen wirklichen Beleg dafür, daß er das vierte Evangelium schrieb oder in irgendeiner Weise mit ihm verbunden war. Man sollte freilich daran erinnern, daß der Verfasser von 2 und 3Joh sich selbst als »der Älteste« ($\acute{o}$ $\pi\rho\epsilon\sigma\beta\acute{v}\tau\epsilon\rho o\varsigma$) bezeichnet; s. u. S. 147ff.

3. Das Evangelium in der Kirche

Das Material, um das es hier geht, soll in zwei Abschnitten dargestellt werden: erstens Belege für die Existenz und den Gebrauch des Evangeliums; zweitens frühe Aussagen über die Umstände der Abfassung des Evangeliums.

1. Es gibt nur wenig frühe Evangelienzitate; diese sind aber durch die Entdeckung zweier Papyri ergänzt worden, welche beide aus paläographischen Gründen nicht nach 150 angesetzt werden können[135] und vielleicht sogar einige Jahre älter sind. P. Rylands 457 ist ein Fragment einer Handschrift des Evangeliums, die 18,31–33.37.38 enthält.

P. Eg. 2 ist von weit größerem Umfang und enthält einen Teil eines möglichen Evangeliums, welches sich von unseren vier kanonischen und von allen anderen bekannten apokryphen Evangelien unterscheidet. Die Frage seiner Beziehung zu Joh kann nicht als geklärt betrachtet werden, aber es scheint gute Gründe[136] für die Ansicht zu geben, daß der Verfasser des Papyrus-Evangeliums Joh als eine seiner Quellen gebrauchte. Joh muß deshalb bereits einige Zeit vor dem Papyrus existiert haben. Diese zwei Papyri wurden in Ägypten entdeckt, und man kann darauf vertrauen, daß Joh dort zumindest 10 oder 20 Jahre vor der Mitte des 2. Jh. bekannt war, vielleicht sogar viel früher.

Es gibt keinen anderen überzeugenden Beleg für die Existenz des vierten Evangeliums vor 150, obwohl andere Papyri (s. S. 173f) seine Verbreitung bestätigen. Für eine vollständige Behandlung der möglichen Anspielungen auf Joh bei den apostolischen Vätern s. The New Testament in the Apostolic Fathers [1905] und Sanders, Early Church. Dieses sehr brauchbare Buch behandelt auch die Apologeten, die gnostischen Häretiker und Irenaeus.[137]

Von den apostolischen Vätern finden sich nur bei Ignatius Stellen, die man ernsthaft als Verweise auf Joh betrachten kann. Die wichtigsten von ihnen seien nun angeführt. Zur gedanklichen Beziehung zwischen Ignatius und Joh s. o. S. 79f.

Magn 7,1: ὥσπερ οὖν ὁ κύριος ἄνευ τοῦ πατρὸς οὐδὲν ἐποίησεν.

Joh 5,19: οὐ δύναται ὁ υἱὸς ποιεῖν ἀφ᾽ ἑαυτοῦ οὐδέν.
8,28: ἀπ᾽ ἐμαυτοῦ ποιῶ οὐδέν.

Die hier vorliegende Ähnlichkeit kann selbstverständlich nicht geleugnet werden. Ist es aber notwendig anzunehmen, daß Ignatius den Gedanken der Abhängigkeit des Sohnes vom Vater nur von Joh haben konnte? ἄνευ ist kein joh Wort.

Magn 8,2: εἷς θεός ἐστιν ὁ φανερώσας ἑαυτὸν διὰ Ἰησοῦ Χριστοῦ τοῦ υἱοῦ αὐτοῦ, ὅς ἐστιν αὐτοῦ λόγος ἀπὸ σιγῆς προελθών, ὃς κατὰ πάντα εὐηρέστησεν τῷ πέμψαντι αὐτόν.

Joh 1,1: ἐν ἀρχῇ ἦν ὁ λόγος.
8,29: ἐγὼ τὰ ἀρεστὰ αὐτῷ ποιῶ πάντοτε.
7,28 (u. ö.): ὁ πέμψας με

Wiederum findet sich nichts notwendigerweise Johanneisches in der Aussage, daß Jesus Gott, der ihn sandte, gefallen hat. Auch andere Theologen gebrauchten den Terminus λόγος, und die Worte ἀπὸ σιγῆς (sehr charakteristisch für Ignatius) sind nicht aus Joh übernommen; auch gebraucht Joh φανεροῦν nicht in der Weise, in welcher es hier erscheint.

---

[135] C. H. Roberts, An unpublished Fragment of the Fourth Gospel in the John Rylands Library [1935]; H. I. Bell and T. C. Skeat, a. a. O.
[136] C. H. Dodd, The Bulletin of the John Rylands Library XX [1936], S. 56–92; vgl. G. Mayeda, a. a. O.
[137] In den letzten Jahren ist der spätere Gebrauch des Evangeliums viel diskutiert worden. S. z. B. M. F. Wiles, The Spiritual Gospel [1960]; T. E. Pollard, Johannine Christology and the Early Church [1970]; E. H. Pagels, The Johannine Gospel in Gnostic Exegesis [1973].

Philad. 7,1: εἰ γὰρ καὶ κατὰ σάρκα μέ τινες ἠϑέλησαν πλανῆσαι, ἀλλὰ τὸ πνεῦμα οὐ πλανᾶται, ἀπὸ ϑεοῦ ὄν˙ οἶδεν γὰρ πόϑεν ἔρχεται καὶ ποῦ ὑπάγει, καὶ τὰ κρύπτα ἐλέγχει.

Joh 3,8: τὸ πνεῦμα ὅπου ϑέλει πνεῖ, καὶ τὴν φωνὴν αὐτοῦ ἀκούεις, ἀλλ᾽ οὐκ οἶδας πόϑεν ἔρχεται καὶ ποῦ ὑπάγει.
16,8: ἐλέγξει τὸν κόσμον περὶ ἁμαρτίας καὶ περὶ δικαιοσύνης καὶ περὶ κρίσεως.

Neben unbezweifelbarer Ähnlichkeit gibt es auch Unterschiede. Bei Joh hören wir, was die Menschen nicht wissen, bei Ignatius, was der Geist nicht weiß. Zu τὰ κρύπτα ἐλέγχει vgl. Röm 2,16; 1Kor 4,5; 14,25; 2Kor 4,2; Eph 5,11. Es gibt nichts in diesen oder in irgendwelchen anderen Stellen, was beweisen könnte, daß Ignatius Joh gelesen hatte; aber es gibt eine ganze Menge, was die allgemeine Verwandtschaft des Denkens bestätigt, worauf wir bereits früher hingewiesen haben (s. S. 79f). In seiner Beziehung zum vierten Evangelium ist Justin dem Ignatius eng verwandt. Es gibt unbezweifelbare Ähnlichkeiten, aber keinen überzeugenden Beleg für eine literarische Abhängigkeit (s. Sanders, Early Church, S. 27–32, und o. S. 80f). Die folgenden Stellen verdienen Beachtung:

1 Apol. 61: καὶ γὰρ ὁ Χριστὸς εἶπεν. Ἄν μὴ ἀναγεννηϑῆτε οὐ μὴ εἰσέλϑητε εἰς τὴν βασιλείαν τῶν οὐρανῶν.

Vgl. Joh 3,3.5. Hier kann nur gesagt werden, daß Justin, wenn er das vierte Evangelium und nicht irgendeine andere Quelle für die Worte Jesu benutzte, eher paraphrasiert als zitiert.

Dial 63: ... ὡς τοῦ αἵματος αὐτου οὐκ ἐξ ἀνϑρωπείου σπέρματος γεγεννημένου ἀλλ᾽ ἐκ ϑελήματος ϑεοῦ.

Vgl. Joh 1,13. Es könnte sein, daß man Justin als Zeugen für die Lesart ὅς... ἐγεννήϑη in diesem Abschnitt betrachten sollte; aber diese Lesart ist wahrscheinlich nicht korrekt, und Justin unterscheidet sich auch sonst von Joh.

Dial 88: πρὸς οὓς καὶ αὐτὸς ἐβόα. Οὐκ εἰμὶ ὁ Χριστός, ἀλλὰ φωνὴ βοῶντος ...

Vgl. Joh 1,20. Der Täufer verneint ausdrücklich, der Christus zu sein, und verweist selbst auf Jes 40,3, wie in Joh 1,23.

Dial 91. Die eherne Schlange in der Wüste ist ein Typus Christi wie in Joh 3,14. Ähnlicher Gebrauch wird von dieser atl Gestalt in Barnabas 12,7 gemacht; sie war wahrscheinlich homiletischer Gemeinbesitz.

Diese Stellen beweisen nicht, daß Justin Joh gelesen hatte; sie reichen jedoch aus, um folgender Hypothese einige Plausibilität zu verleihen: »Justins Schriften illustrieren eher den ersten versuchsweisen Gebrauch des vierten Evangeliums durch einen orthodoxen Schriftsteller, und dieser tastende Versuch macht es schwer anzunehmen, daß Justin das vierte Evangelium als Schrift oder als das Werk eines Apostels betrachtete« (Sanders, Early Church, S. 31).

Ähnliche Anspielungen finden sich in der Passionshomilie des Bischofs Melito von

Sardes,[138] der wahrscheinlich um 160–170 schrieb. Es gibt keinen Zweifel daran, daß Melito mit Evangelienstoff vertraut war, welcher für Joh chrakteristisch ist. Er spielt auf die Auferweckung eines Mannes an, der bereits vier Tage tot war (Hom 78; vgl. Joh 11,39–44). In einer Beschreibung der Kreuzigung in Hom 95 gebraucht er das Wort τίτλος (Joh 19,19; sonst in keinem anderen kanonischen Evangelium) und, noch wichtiger, er sagt, daß Jesus ὑψοῦ(ται ε)πὶ ξύλου ὑψηλοῦ; zum charakteristischen Gebrauch von ὑψοῦν bei Joh s. Komm. zu 3,14. Am allerwichtigsten ist das Wiederauftauchen joh theologischer Topoi, besonders des Topos vom Passalamm. Hom 7 bringt dieses und andere Themen zusammen: καὶ γὰρ ὁ νόμος λόγος ἐγένετο, καὶ ὁ παλαιὸς καινός, συνεξελυθὼν ἐκ Σιὼν καὶ Ἰερουσαλήμ, καὶ ἡ ἐντολὴ χάρις, καὶ ὁ τύπος ἀλήθεια, καὶ ⟨ὁ⟩ ἀμνὸς υἱός, καὶ τὸ πρόβατον ἄνθρωπος, καὶ ὁ ἄνθρωπος θεός; vgl. Hom 5,70f.

Für die Zeit nach Melito gibt es nur wenig Schwierigkeiten, Hinweise auf das Evangelium zu finden. Theophilus von Antiochia z. B. schreibt (ad Autolycum II,22; ca. 180) von geisterfüllten Männern, ἐξ ὧν Ἰωάννης λέγει· ἐν ἀρχῇ ὁ λόγος καὶ ὁ λόγος ἦν πρὸς τὸν θεόν (vgl. Joh 1,1). Er ist der erste orthodoxe Schriftsteller, der das Evangelium dem »Johannes« zuschreibt, obwohl beachtet werden muß, daß er nicht sagt (obwohl er es geglaubt haben mag), der Evangelist sei ein Apostel gewesen. Damit haben wir freilich nun das Zeitalter von Tatians Diatessaron und Irenaeus selbst erreicht, der das Evangelium freiweg als das inspirierte und autoritative Werk des Apostels Johannes betrachtet, des Sohnes des Zebedäus, des Lieblingsjüngers.

Ein Widerhall des Evangeliums wurde auch in den Oden Salomos gefunden. Das theologische Verhältnis zwischen Joh und den Oden (ebenso die Datierung und der Ursprung der Oden) wurde oben diskutiert (S. 81; auch S. 58); hier geht es uns nur um die sprachlichen Übereinstimmungen oder Parallelismen, und das Belegmaterial reicht kaum aus, um die Behauptung einer direkten Abhängigkeit zu rechtfertigen. Die folgenden gehören zu den einschlägigen Stellen:

6,11f: Und alle Durstigen auf Erden haben getrunken, und der Durst war gestillt und gelöscht, denn vom Höchsten ist der Trank gegeben. Vgl. Joh 4,14; 7,37.

7,6: Wie mein Wesen wurde er, damit ich ihn begreifen, und wie meine Gestalt, damit ich mich nicht von ihm wenden sollte. Vgl. Joh 1,14.

8,14: Denn nicht wende ich mein Antlitz von dem, was mein ist. Denn ich kenne sie. Vgl. Joh 10,14.

8,22: Bittet ohne Unterlaß und bleibt in der Liebe zum Herrn. Vgl. Joh 15,7.10.

10,5: Und die Heidenvölker, die zerstreut waren, wurden zusammengeschart. Vgl. Joh 11,52.

11,19: (Sie) sind fortgegangen von der Finsternis zum Licht. Vgl. Joh 8,12.

12,7: (Das Wort) ist (das) Licht. Vgl. Joh 1,4.

12,12: Die Wohnung des Wortes ist der Mensch. Vgl. Joh 1,14.

16,19: Die Welten wurden durch sein Wort gemacht. Vgl. Joh 1,3.

18,6: Das strahlende (Licht) werde nicht von der Finsternis besiegt, auch fliehe die Wahrheit nicht vor dem Truge. Vgl. Joh 1,5.

---

[138] S. die Ausgabe von Campbell Bonner, Studies and Documents XII [1940].

30,1: Füllt euch Wasser aus der lebendigen Quelle des Herrn, weil sie für euch geöffnet ist! Und kommt, all ihr Durstigen, und nehmt den Trank und ruht aus an der Quelle des Herrn. Vgl. Joh 4,10; 6,35; 7,37f.

31,5: Seine Person wurde gerecht erfunden, weil sein Heiliger Vater (es) ihm so gegeben hatte. Vgl. Joh 17,1.5; 12,28.

33,4: Er zog zu sich alle, die ihm gehorchten. Vgl. Joh 12,32.

41,11–15: Und sein Wort ist mit uns auf unserem ganzen Wege, der Retter, der lebendig macht und unsere Seelen nicht verwirft, der Mann, der erniedrigt und (wieder) erhoben ward durch seine Gerechtigkeit, der Sohn des Höchsten erschien in der Vollkommenheit seines Vaters, und Licht ging auf von dem Worte, das von alters her in ihm war. Der Gesalbte ist in Wahrheit *einer* und war bekannt vor der Gründung der Welt, der lebendig macht die Seelen in Ewigkeit durch die Wahrheit seines Namens. Vgl. Joh 1,1–5.14; 6,33.37; 17,5.24.[139]

Die Berührungen sind denen nicht unähnlich, die wir bei Ignatius gefunden haben (s. o. S. 125f), und sie beweisen nicht mehr als jene. Gemeinsame Überzeugungen und gemeinsamer Hintergrund scheinen als Erklärung dafür auszureichen. Dies vermindert nicht die Bedeutung der Oden für die Johannesexegese, aber die (syrischen) Oden beweisen nicht die Existenz des Joh als eines griechischen Dokuments.

Die Rechtgläubigkeit der Oden mag in Frage gestellt werden; sie haben ganz sicher Berührungen mit der Gnosis. Es sind die gnostischen Häretiker selbst, die als erste gewisse Spuren einer Kenntnis des Joh zeigen. Für eine vollständige Diskussion dieses Themas s. Sanders, Early Church, S. 46–66; auch Pagels, a. a. O. Ein grundlegendes Belegstück ist eine Auslegung des Evangelienprologs durch Ptolemäus, einen Schüler des Valentin. Wir brauchen uns hier nicht auf die (häufig nicht sehr überzeugenden) Details der Exegese einzulassen; wir zitieren nur die Schlußfolgerung von Sanders:

»Man mag zugeben, daß der Prolog des vierten Evangeliums und die späteren, entwickelteren gnostischen Systeme so viel gemeinsam haben, daß sie dieselbe religiöse, philosophische oder theosophische Terminologie verwenden. Dies wurde von den Gnostikern (insbesondere den Valentinianern) gesehen, und sie versuchten, das vierte Evangelium als einen Steinbruch zu gebrauchen, aus dem sie Beweisstellen entnahmen. Indem sie dies taten, zeigten sie, daß sie es nicht für antignostische Propaganda gehalten haben konnten. Sie tendierten dazu, zunehmenden Gebrauch vom vierten Evangelium zu machen, wie sich bei einem Vergleich von Basilides, Valentin, Ptolemäus und Heraklion – dessen Valentinianismus gründlich durch sein Verständnis des vierten Evangeliums modifiziert wurde, zeigt. Darüber hinaus versuchten sie damit zu beweisen, daß ihre eigenen Systeme *apostolische* Autorität hatten (S. 65).«

Ptolemäus (bei Irenaeus, Adv Haer I,8,5) schreibt das Evangelium dem »Johannes, dem Herrenjünger« (*Ἰωάννης ὁ μαθητὴς τοῦ κυρίου*) zu, und Heraklion schrieb einen Kommentar zum Evangelium, der durch die Zitate bei Origenes bekannt ist. Möglicherweise war Valentin selbst der Verfasser des »*Evangeliums der Wahrheit*«, eines der koptischen Texte, die man bei Nag Hammadi gefunden hat; sicher handelt es sich um ein frühes valentinianisches Werk, das eine deutlichere Beziehung zu Joh zeigt als die Oden Salomos. Die folgenden Stellen seien angeführt:

---

[139] Der Einfachheit halber ist hier, von gelegentlichen kleinen Änderungen abgesehen, die Ausgabe der Oden durch W. Bauer, Kleine Texte 64 [1933] verwendet worden.

18,8: weil sie den Vater nicht kannten. Vgl. Joh 16,3.

18,20: Dieser Weg ist die Wahrheit, welche er sie gelehrt hat. Vgl. Joh 14,6.

19,25: sie haben ihn gehaßt. Vgl. Joh 7,7; 15,18.

21,25: diejenigen, deren Namen er vorher gekannt hat, sind am Ende gerufen worden. Vgl. Joh 10,3.

22,21: er ist ihnen vorausgezogen bis zu ihren Orten, aus denen sie sich entfernt hatten. Vgl. Joh 10,4.

26,7: (der Logos) war nicht nur ein Ruf, sondern er war Leib ($\sigma\tilde{\omega}\mu\alpha$) geworden. Vgl. Joh 1,14.

27,7: er hat offenbart das Verborgene von ihm, er hat es ausgelegt. Vgl. Joh 1,18.

30,15: und glückselig ist der, welcher die Augen der Blinden geöffnet hat. Vgl. Joh 11,37.

30,34: er blies in sie das, was in dem Gedanken ist. Vgl. Joh 20,22.

37,21: nichts geschieht ohne ihn, noch ($o\dot{v}\delta\dot{\epsilon}$) geschieht etwas ohne den Willen des Vaters. Vgl. Joh 1,3.

38,10: ... den er als Sohn erzeugt hat. Er hat ihm seinen Namen gegeben, den er hatte – er, der Vater... Vgl. Joh 17,12.

Es erscheint wahrscheinlich, wenn auch vielleicht nicht ganz sicher, daß der Verfasser des *Evangeliums der Wahrheit* Joh gelesen hatte.[140]

Schließlich sollten wir festhalten, daß es Personen gab, die das vierte Evangelium aufgrund seiner Lehre über den Heiligen Geist ablehnten (Irenaeus, Adv Haer III,9,9). Vielleicht handelte es sich um Gegner des Montanismus,[141] vielleicht sogar um dieselben, denen Epiphanius (Panarion LI, 2f) den Namen »Aloger« beilegt, die, wie er sagt, das Evangelium (und die Offenbarung) dem Kerinth (einem Gnostiker) zuschrieben. Daß es Widerstand gegen das Evangelium gab, ist sicher; denn Hippolyt schrieb eine Verteidigung des Evangeliums und der Offenbarung, welche auf der Inschrift seiner Statue erwähnt wird, die wahrscheinlich 222 errichtet, 1551 entdeckt wurde und nun im Lateran-Museum steht.

2. Frühe Äußerungen über die Abfassung des Evangeliums sollen nun betrachtet werden. Nur die folgenden sind alt genug, um von Wert zu sein.[142]

a) Der Canon Muratori: Dieses frühe Fragment in nichtklassischem Latein wurde 1740 von L. A. Muratori entdeckt; er kann auf ca. 180–200 datiert werden; er wurde vermittels Konjektur dem Hippolyt zugeschrieben. Der Abschnitt, der sich mit dem vierten Evangelium befaßt, lautet folgendermaßen:

Das vierte der Evangelien, des Johannes, (eines) von den Jüngern. Als ihn seine Mitjünger und Bischöfe aufforderten, sagte er: Fastet mit mir von heute ab drei Tage, und was einem jeden offenbart werden wird, wollen wir einander erzählen. In derselben Nacht wurde dem Andreas, einem der

---

[140] S. meinen Aufsatz »The Theological Vocabulary of the Fourth Gospel and of the Gospel of Truth«, in: Current Issues in New Testament Interpretation (hg. W. Klassen und G. F. Snyder [1962] (= Essays on John S. 50–64).

[141] K. Aland, Der Montanismus und die kleinasiatische Theologie, ZNW 46 [1955], S. 109–116.

[142] In der ersten Ausgabe des Kommentars wurde an dieser Stelle auch der sogenannte antimarkionitische Prolog aufgeführt, wenn auch unter dem Vorbehalt, daß sein Zeugnis »nur mit größter Vorsicht gebraucht werden« dürfe. Für Hinweise auf die Literatur, in der aufgewiesen wird, daß die Prologe weder früh noch – in einem direkten Sinn – antimarkionitisch sind, s. W. G. Kümmel, Einleitung in das Neue Testament [1973], S. 428–431.

Apostel, offenbart, daß Johannes in seinem Namen, indem alle (es) überprüfen sollten [besser: wie sie sich daran erinnerten – *recogniscentibus cuntis* statt *recognoscentibus cunctis*, vielleicht »verbessert« oder »bezeugt«], alles niederschreiben sollte. Und deshalb, wenn auch verschiedene Anfänge [oder: Tendenzen?] in den einzelnen Evangelienbüchern vorgetragen werden, trägt es doch für den Glauben der Gläubigen nichts aus, da durch den einen und führenden [anfänglichen?] Geist in allen alles erklärt ist: über die Geburt, über das Leiden, über die Auferstehung, über den Verkehr mit seinen Jüngern und über seine doppelte Ankunft, erstens verachtet in Niedrigkeit, was geschehen ist, zweitens herrlich durch königliche Macht, was noch geschehen wird. Was Wunder also, wenn Johannes so sich gleich bleibend das einzelne auch in seinen Briefen [*in epistulis* statt *in epistolis*: vielleicht »in seinem Brief«] vorbringt, wo er von sich selbst sagt: Was wir gesehen haben mit unseren Augen und mit den Ohren gehört haben und unsere Hände betastet haben, das haben wir euch geschrieben *(scripsimus)*. Denn damit bekennt er (sich) nicht nur als Augen- und Ohrenzeuge [lies: *se et auditorem*], sondern auch als Schriftsteller aller Wunder des Herrn der Reihe nach.

Nach dieser Erzählung hatte das vierte Evangelium nicht nur die Autorität eines einzigen Apostels, sondern aller Apostel, und es gibt keinen Grund, warum sein Unterschied zu den anderen Evangelien einen Gläubigen beunruhigen sollte.[143]

b) Clemens von Alexandrien, bei Euseb, Hist Eccl VI,14,7: »Aber als letzter von allen hat auch Johannes, der erkannte, daß die äußeren Fakten (τὰ σωματικά) im Evangelium deutlich gemacht worden waren, auf Drängen seiner Freunde und inspiriert vom Geist ein geistliches Evangelium (πνευματικὸν ... εὐαγγέλιον) geschrieben.« Es ist bemerkenswert, daß Clemens, ebenso wie auch der Verfasser des Canon Muratori, einen gewissen Anteil bei der Abfassung des Joh dessen Mitarbeitern zugestanden hat.

c) Ein dritter, negativer Punkt muß hinzugefügt werden. Die Johannesakten, welche, wie bereits bemerkt, eine frühe, wenn auch häretische, legendäre und weitschweifige Biographie des Johannes sind, sagen überhaupt nichts über irgendeine literarische Aktivität seinerseits, obwohl sie Anklänge an die Sprache des Evangeliums zu enthalten scheinen (89f.95–98.100f.109; lateinische Fragmente, XIV. XVII; s. M. R. James, a. a. O., S. 251–257.261.268).[144]

Das von uns hier knapp skizzierte Belegmaterial wird unten noch kurz diskutiert werden (S. 138ff). Man kann hier freilich bereits sagen, daß die dem vierten Evangelium in der ersten Hälfte des 2. Jh. zuteil gewordene Aufnahme es unmöglich macht anzunehmen, es sei mit der vollen Autorität apostolischer Verfasserschaft veröffentlicht worden. Wenn es von einem Apostel geschrieben worden war, dann wußte man davon nichts. Der im Fragment aus dem Canon Muratori überlieferte Bericht ist ausgesprochen unglaubwürdig. Es wird dadurch nicht bewiesen, daß das Evangelium nicht von einem Apostel geschrieben wurde; es ist nur schwer einzusehen, warum es, wenn es von einem Apostel geschrieben war, nicht auch unter seinem Namen veröffentlicht wurde.

---

[143] Zum Canon Muratori s. A. Ehrhardt, The Framework of the New Testament Stories [1964], S. 11–36.
[144] Mrs. Lieu weist mich darauf hin, daß Johannesakten 87, 93 der Behauptung, Johannes habe *nicht* ein Evangelium geschrieben, nahekommen.

4. Das direkte innere Zeugnis

Das Evangelium, in den frühesten Handschriften χατὰ Ἰωάν(ν)ην überschrieben, ist selbst anonym. Es erwähnt nur einen Johannes: den Täufer, und dieser ist ganz deutlich nicht als der Verfasser gedacht. War das Evangelium das Werk eines Augenzeugen, oder ist es zumindest als solches dargestellt, dann liegt es nahe, unter den Personen, die in ihm erscheinen, nach dem Evangelisten zu suchen. Eine Schwierigkeit ergibt sich sofort dadurch, daß weder Johannes, der Sohn des Zebedäus, der von der Tradition als der Verfasser genannt wird, noch sein Bruder Jakobus namentlich erwähnt werden; die »Söhne des Zebedäus« (*οἱ τοῦ Ζεβεδαίου*) werden in 21,2 erwähnt, aber es ist möglich, daß man Kap. 21 als Anhang betrachten sollte, der von einer anderen Hand als die Kap. 1–20 stammt; s. u. S. 551 ff. Die Anonymität des Evangeliums und sein Schweigen in bezug auf irgendeinen Johannes, welcher es geschrieben haben könnte, machen es notwendig, die Identität bestimmter Jünger, die im Laufe der Erzählung erwähnt, aber nicht benannt werden, zu untersuchen.

Der allerwichtigste von ihnen ist der Mann, der als »der Jünger, den Jesus liebte«, bezeichnet wird. Er wird 5mal erwähnt. 13,23; 19,26f; 21,7.20ff ist er der Jünger, *ὃν ἠγάπα* (*ὁ Ἰησοῦς*); 20,2 ist er der Jünger, *ὃν ἐφίλει ὁ Ἰησοῦς*. Der Wechsel des Verbums impliziert freilich keinen Bedeutungswandel (s. Komm. zu 5,20; 20,2; 21,15–17); zu jeder Stelle s. den Kommentar. Wenn wir zuerst die Stellen in Kap. 21 beiseite lassen, dann sind folgende Beobachtungen zu machen:

1. Der Lieblingsjünger ist beim Letzten Mahl anwesend. Joh sagt zwar nirgendwo, daß nur die Zwölf bei diesem Mahl gegenwärtig waren, aber dies wird durch seine Erzählung und auch die der Synoptiker nahegelegt. Dementsprechend ist es wahrscheinlich, daß wir den Lieblingsjünger unter den Zwölfen vermuten dürfen.

2. Er wird zweimal in engem Kontakt mit Petrus und einmal mit der Mutter Jesu erwähnt.

3. Es gibt offenbar keinen vernünftigen Grund für die Annahme, daß der Lieblingsjünger lediglich eine »ideale« Gestalt ist. Die Belehrung, die er beim Letzten Mahl empfängt, ist z. B. ein einfacher Tatbestand und nicht ein Stück esoterischer Lehre. Diese drei Punkte werden befriedigend durch die Hypothese erklärt, daß der Lieblingsjünger Johannes eben der Zebedaide war. Freilich sind für diese Annahme noch weitere Beobachtungen hinzunehmen.

4. Alle drei Stellen weisen, vom historischen Standpunkt aus betrachtet, sekundäre Züge auf. Die erste, beim Mahl, sieht wie ein Versuch aus (s. Komm. z. St.), die mt Überlieferung, nach der der Verräter beim Mahl entlarvt wurde, mit der mk Tradition auszugleichen, er sei den Elf unbekannt geblieben. Es ist völlig unwahrscheinlich, daß Freunde und Verwandte Jesu die Erlaubnis bekommen hätten, sich nahe beim Kreuz aufzuhalten, und steht auch im Widerspruch zu der mk Überlieferung, daß alle Jünger flohen (vgl. Joh 16,32). Darüber hinaus befindet sich in den ersten Kapiteln der Apg Maria nicht bei Joh, sondern bei den Brüdern Jesu (Apg 1,14). Der Besuch des Petrus und Johannes beim Grab wird durch eine Botschaft veranlaßt, die ihnen eine der Frauen bringt; aber in der frühesten Überlieferung sagten die Frauen niemandem etwas (Mk 16,8). Da indessen Mk sicherlich nicht die Absicht hatte, die Frauen so darzustellen, als würden sie auf Dauer ihrem Auftrag ungehorsam sein, ist dieser Punkt nicht wichtig.

5. Der Lieblingsjünger erscheint nur in Jerusalem, während die Söhne des Zebedäus aus Galiläa stammten.

6. In mancher Beziehung scheint der Lieblingsjünger einen höheren Rang einzunehmen als Petrus; z. B. ist er es, dem die Sorge für die Mutter Jesu anvertraut wird. Er ist es, der glaubt, als er das leere Grab sieht, und so zum Grund der glaubenden Kirche wird. So muß zugegeben werden, daß, während der Lieblingsjünger den Zebedaiden Johannes zu bezeichnen scheint, es keinen Beleg dafür gibt, daß die Hinweise auf ihn von ihm selbst stammten, und in der Tat gibt es keinen Beleg dafür, daß sie auf guter historischer Überlieferung beruhen.

Soviel kann aus den ersten drei Hinweisen auf den Jünger, den Jesus liebte, abgeleitet werden. Dies wird bestätigt durch Kap. 21. Die zwei Erzählungen in diesem Kapitel könnten ursprünglich getrennt gewesen sein; in jedem Fall kann man sie getrennt untersuchen. Aus der ersten erfahren wir, daß der Lieblingsjünger einer aus der in 21,2 erwähnten Gruppe von Jüngern war: Petrus, Thomas, Nathanael, die Zebedaiden und zwei nicht mit Namen aufgeführte Jünger. Es ist daher zumindest möglich, wenn auch nicht notwendig, daß der Lieblingsjünger Johannes war. Einmal mehr finden wir ihn in Gesellschaft des Petrus, und begabt mit tieferer Einsicht; denn er ist es, der den Herrn erkennt, als dieser am Strand steht (21,7; vgl. 20,8). Dieselbe Überlegenheit gegenüber Petrus erscheint in der zweiten Erzählung; denn hier wird erklärt, daß dieser Jünger »nachfolgte« (ἀκολουϑῶν, 21,20), und dies war eigentlich das, was Petrus zu tun geheißen worden war. Am wichtigsten freilich ist das Jesus zugeschriebene Wort (21,22), das (fälschlicherweise, wie Joh anmerkt) so verstanden worden war, als würde der Lieblingsjünger bis zur Parusie am Leben bleiben. Deutlich ist, daß mit dieser Bezeichnung der Verfasser von Joh 21 einen Jünger meinte, der lange genug lebte, daß diese Legende um ihn entstehen konnte. Zu 21,24, welches den Lieblingsjünger mit der Abfassung des Evangeliums in Verbindung bringt, s. u. S. 133f. Für den Augenblick können wir nicht mit Sicherheit, aber zumindest mit einiger Zuversicht sagen, daß der Verfasser des Evangeliums, wer immer es gewesen sein mag, als der Jünger bezeichnet wird, den Jesus liebte, Johannes, der Sohn des Zebedäus und einer der Zwölf. Aller Wahrscheinlichkeit nach würde ein Mensch nicht in dieser Weise auf sich selbst verweisen; trifft dies zu, dann war der Evangelist nicht der Sohn des Zebedäus.

Zwei Stellen, die auf Jünger verweisen, die namentlich nicht genannt werden, müssen jetzt untersucht werden.

Die erste ist 1,35–42. Nachdem der Täufer öffentliches Zeugnis für Jesus ablegt, verlassen ihn zwei seiner Jünger und folgen Jesus. Einer der beiden, Andreas, bringt als nächsten seinen Bruder zu Jesus. Wer war der namentlich nicht genannte Begleiter des Andreas? Es ist unmöglich, diese Frage mit Sicherheit zu beantworten, es sei denn, man übernimmt die Lesart πρῶτος (in V. 41). Tun wir dies, dann müssen wir annehmen, daß der namentlich nicht genannte Jünger zu einem Bruderpaar gehörte, d. h., er war entweder Jakobus oder Johannes. Wir geben freilich in diesem Kommentar Gründe dafür, daß die Lesart πρῶτον vorzuziehen sei; und dies erlaubt dann keine solche Annahme, obwohl es selbstverständlich möglich und in der Tat sogar wahrscheinlich bleibt, daß der Evangelist mit dem Jünger, den er namentlich nicht bezeichnete, Johannes, den Sohn des Zebedäus, meinte.

Die zweite Stelle ist 18,15f, wo ein Jünger erwähnt wird, der γνωστὸς τῷ ἀρχιερεῖ war.

Er steht in engem Kontakt mit Petrus, und dies gibt der Annahme einiges Gewicht, daß er der Jünger war, den Jesus liebte, obwohl er hier nicht mit diesem Titel bezeichnet wird. Diese Annahme kann weder bewiesen noch widerlegt werden; man kann aber sagen, daß die Darstellung, sollte bei dem Lieblingsjünger an den Sohn des Zebedäus gedacht sein, keinen Anlaß gibt, der Zuverlässigkeit des Autors zu trauen. Es ist höchst unwahrscheinlich, daß der galiläische Fischer γνωστὸς τῷ ἀρχιερεῖ war.

Zusätzlich zu diesen Stellen, die auf Jünger verweisen, von denen jeder möglicherweise als der Verfasser des Evangeliums gedacht werden könnte, müssen wir noch drei andere, die mehr oder weniger direkt mit der Frage nach der Verfasserschaft zu tun haben, untersuchen. Es handelt sich um 1,14; 19,35; 21,24; s. jeweils Komm. z. St.

Man hat angenommen, der Gebrauch der ersten Person Plural (ἡμῖν... ἐϑεασάμεϑα) in 1,14 beweise, daß der Verfasser selbst ein Augenzeuge des Wirkens Jesu gewesen sei. Zugegebenermaßen ist dies eine mögliche Interpretation dieser Worte; aber diese Interpretation ist weder notwendig, noch ist sie die beste. Ihr Sinn wird u. (S. 157 und a. a. O.) untersucht werden; im Augenblick genügt es, darauf hinzuweisen, daß Joh im ganzen Prolog in erster Linie vom Wohnen des fleischgewordenen Logos unter den Menschen (nicht unter einigen bestimmten Menschen in Palästina) spricht und von dem Zeugnis, das für ihn durch die apostolische Kirche abgelegt wird.

19,35 ist bedeutsamer und auch schwieriger. Diese Stelle muß zunächst ohne Bezug auf 21,24 betrachtet werden. Der wahrscheinlichste Sinn des Verses, wie der Verfasser des Evangeliums ihn verstanden haben wollte, ist: der Lieblingsjünger (erwähnt in 19,26f) sah das Blut und Wasser, welches aus der Seite Christi floß, und legte Zeugnis ab für das, was er gesehen hatte und von dem er wußte, daß es wahr ist (s. Komm. z. St.). Es wird nicht gesagt, daß der Zeuge der Autor war, und obwohl dies durch den Gebrauch der dritten Person (ἐκεῖνος οἶδεν) nicht ausgeschlossen wird, ist es doch unwahrscheinlich. Vermutlich beruft sich der Evangelist eher auf einen Zeugen (den er wohl mit dem Lieblingsjünger identifiziert) als die zuverlässige Quelle seiner Information. Die Erzählung ist historisch recht zweifelhaft; dies stimmt mit dem überein, was wir bei den Abschnitten beobachtet haben, die explizit den Lieblingsjünger erwähnen. Der Verfasser des Evangeliums verehrte den Jünger als Informationsquelle für die Evangeliengeschichte; aber der Stoff, den er aus dieser Quelle bezog, war, zumindest in der Form, in welcher er ihn weitergab, nicht so zuverlässig, wie er glauben macht.

21,24 verweist wie 19,35 auf einen Zeugen; hier wird explizit gesagt, daß es sich dabei um den Lieblingsjünger handle. Die »Dinge«, von denen er Zeugnis ablegte, könnten der Inhalt von Kap. 21 oder zumindest einige Verse dieses Kapitels oder das ganze Evangelium sein; wahrscheinlich ist (zu Recht oder zu Unrecht) an letzteres gedacht. Sein Zeugnis wird von den Personen, die für folgenden Vers verantwortlich sind, bestätigt: »*Wir wissen, daß sein Zeugnis wahr ist.*« Nach diesem Vers legte der Lieblingsjünger nicht nur Zeugnis für die Dinge ab, die im Evangelium berichtet werden; er schrieb sie (ὁ γράψας ταῦτα). Dies bedeutet, daß der Lieblingsjünger der Evangelist war, es sei denn, wir müssen ὁ γράψας übersetzen als »der veranlaßte, daß es geschrieben würde«. Diese Übersetzung ist nicht unmöglich, und wenn man sie vorzieht, dann sagt 21,24 nicht mehr als 19,35. Darüber hinaus ist diese Übersetzung notwendig, wenn 21,24 von derselben Hand wie das Evangelium insgesamt stammt; der Vers kann dann paraphrasiert werden: »Wir, die wir jetzt das Evangelium herausgeben, erkennen an, daß die Autorität und Verantwortung dafür beim Lieblingsjünger liegt, der uns die notwendige Information gab und so im Grunde genommen das Evangelium geschrieben hat.« Handelt es sich indessen bei Kap. 21 oder auch nur bei 21,24f um einen Anhang, hinzugefügt von Repräsentanten der Kirche, in welcher der Lieblingsjünger wirkte und das vierte Evangelium geschrieben und verwendet wurde, dann ist es durchaus möglich, daß die vorliegende Bemerkung meint: »Der Lieblingsjünger schrieb (oder war verantwortlich für die Abfassung von) 1–20 (und vielleicht ganz oder teilweise von 21,1–23), und wir bestätigen hiermit seine Glaubwürdigkeit.« Die entscheidenden Probleme sind der Sinn von ὁ γράψας sowie der Ursprung und die Beziehung von Kap. 21 zum Rest des Evangeliums.

Der Zweck von 19,35 und 21,24 liegt darin, noch mehr Aufmerksamkeit auf den Lieblingsjünger zu lenken, der, wie wir gesehen haben, wahrscheinlich mit dem Zebedaiden Johannes zu identifizieren ist. Es ist eine einleuchtende Interpretation von 21,24, daß dieser Jünger das Evangelium oder zumindest 1–20 schrieb; aber viele andere Daten scheinen diesen Schluß auf keinen Fall zu erlauben; es ist sehr schwierig, das Evangelium, so wie es vorliegt, einem Jünger aus Galiläa zuzuschreiben (s. u. S. 140ff). Entsprechend könnte man den zweiten möglichen Sinn von 21,24 (daß der Lieblingsjünger für das Evangelium nur in einem indirekten Sinn verantwortlich war) akzeptieren; oder seine Verantwortung könnte auf das in 21 beschriebene Ereignis beschränkt werden (geradeso wie 19,35 nur auf das einzelne Ereignis des Heraustretens von Wasser und Blut aus der Seite Jesu verweist); oder 21,24 könnte einfach ein Irrtum oder die Übertreibung einer entfernteren Verbindung zwischen dem Lieblingsjünger und dem Evangelium sein.

Das direkte innere Zeugnis, das das Evangelium liefert und das in mancher Beziehung so explizit und wertvoll zu sein scheint, verliert, betrachtet man es genauer, an Eindeutigkeit. Es wirft zumindest so viele Probleme auf, wie es löst. An jedem Punkt ergeben sich Interpretationsschwierigkeiten, und es ist unmöglich, etwas Besseres als Wahrscheinlichkeitsaussagen zu machen. Was sich aus dem Zeugnis ergibt, ist nicht, daß das Evangelium, so wie es vorliegt, ein aus erster Hand stammendes historisches Dokument ist, sondern nur, daß jene, die für es verantwortlich waren, sich ernsthaft um den Sinn und die Autorität des apostolischen Zeugnisses für die Geschichte Jesu bemühten. S. u. S. 149ff.

5. Das indirekte innere Zeugnis

Auch wenn das indirekte Zeugnis auf den ersten Blick weniger greifbar zu sein scheint als das direkte Zeugnis, das wir eben betrachtet haben, so führt es doch zu solideren, wenn auch zugegebenermaßen weder weitreichenden noch abschließenden Ergebnissen. Vieles davon haben wir bereits in den Kapiteln über den Hintergrund des Evangeliums und über seine Eigenart und seine Absicht dargestellt. Hier sollen die Ergebnisse dieser Kapitel nur insoweit zusammengefaßt werden, als sie direkt mit der Frage der Verfasserschaft zu tun haben; weitere wichtige Aspekte dieses Themas werden später in diesem Kapitel erörtert werden (S. 138ff). Bei Joh zeigt sich ebenso der Einfluß von jüdischem als auch von hellenistischem Denken, aber alles, was ihm zur Verfügung steht, ist den Bedürfnissen eines kreativen Verständnisses und einer entsprechenden Erklärung des spezifisch christlichen Gehalts der urchristlichen Überlieferung untergeordnet. Damit zeigen sich schon die Umrisse eines Bildes des Evangelisten. Zuerst und vor allem ist er ein christlicher Theologe mit einem tiefen und durchdringenden Verständnis seines Stoffes. Er ist Jude, hat aber, so scheint es, nicht eine aus erster Hand stammende Kenntnis der Verhältnisse im Palästina der Zeit Jesu, obwohl er eindeutig palästinisches Material zu seiner Verfügung hat. Er ist wie viele Juden seiner Zeit mit den Strömungen hellenistischen religiös-philosophischen Denkens wohlvertraut und bewegte sich in Kreisen, wo dieses Denken verstanden und übernommen wurde. Diese Skizze des Evangelisten scheint durch die Daten gerechtfertigt, die wir haben; hinzugefügt werden muß aber, daß unser Bild von verschiedenen Exegeten in mancherlei Beziehung angegriffen werden dürfte.

Man hat behauptet, das Evangelium enthalte ausreichende Belege, die beweisen, daß sein Verfasser ein palästinischer Jude und ein Augenzeuge der Ereignisse, die er berichtet, gewesen sei. Daß es Berührungspunkte zwischen dem Denken des Evangeliums und dem palästinischen Judentum gibt, ist nicht fraglich. Zu einigen der Belege s. o. S. 48 ff. Überblickt man freilich alles, dann ist es sehr schwer, dem Eindruck zu widerstehen, daß das palästinische Material entsprechend den Interessen eines starken nichtjüdischen Partners verwendet wurde. Auch die Frage des griechischen Stils des Joh haben wir untersucht (s. o. S. 23 ff); es gibt keinen Beweis dafür, daß Joh semitische Quellen übersetzte, und auch seine eigene Ausdrucksweise ist nicht charakteristisch semitisch. Es müssen hier noch drei Behauptungen untersucht werden: 1. daß die topographischen Hinweise im Evangelium zeigen, daß Joh eine persönliche Kenntnis Palästinas hatte; 2. daß seine Anspielungen auf jüdische Feste und Bräuche auf dieselbe Kenntnis hinweisen; und 3., daß viele Einzelheiten der Erzählung von einem Augenzeugen der beschriebenen Ereignisse kommen müssen.

1. Auf folgende Orte, die nicht in den Synoptikern erwähnt werden, ist zu verweisen:

1,28	Bethanien (*oder* Bethabara *oder* Betharaba) jenseits des Jordan
2,1	Kana in Galiläa. Vgl. 4,46.
3,23	Aenon in der Nähe von Salim
4,5	Sychar
5,2	Das Schafstor oder der Schafsteich
	Der Teich Bethzatha (*oder* Bethesda *oder* Bethsaida usw.)
6,1	Der See von Galiläa ist der See Tiberias. Vgl. 6,23; 21,1.
9,7	Der Teich von Siloa
10,23	Die Halle Salomos
11,54	Ephraim
18,1	Der Garten jenseits des Baches Kidron
18,28	Das Prätorium
19,13	Das Steinpflaster (hebr. Gabbatha).

Zu jeder dieser Stellen ist der Kommentar heranzuziehen; einige sind von geringem Gewicht. Es muß allgemein bekannt gewesen sein, daß römische Hauptquartiere in jeder Provinzhauptstadt Prätorium genannt werden konnten; das Schafstor (wenn dies mit ἡ προβατική gemeint ist), der Teich Siloa und Kidron könnten aus dem AT bekannt sein; die Halle Salomos wird in Apg 3,11; 5,12 erwähnt. Es bleiben neun Namen übrig. Von diesen verweisen sechs auf Südpalästina (Bethanien, Aenon in der Nähe von Salim, Bethzatha, Ephraim, Gabbatha), während nur drei (Kana, Sychar, Tiberias) auf den Norden verweisen, und es ist zweifelhaft, ob der Gebrauch des Namens Tiberias als Beweis dafür dienen kann, daß hier ein früher Bewohner Palästinas am Werk war, da der fragliche Ort diesen Namen nicht vor dem Jahr 26 n. Chr. bekam. Die besonderen Kenntnisse des Joh beziehen sich dann eher auf den Süden als auf den Norden, was nicht gerade für eine enge Abhängigkeit des Evangeliums von dem Zebedaiden Johannes spricht.[145] Ihr Wert kann nicht überprüft werden, aber es muß beachtet werden, a) daß Überlieferung dazu tendiert, auch ohne Autorität die Namen von Orten und von Personen hinzuzufügen; b) daß die charakteristisch joh Namen auf die Verwendung palästinischer Quellen durch einen Verfasser, der selbst von anderer Herkunft gewesen ist, zurückgeführt werden können.

2. Jüdische Bräuche usw. Folgende sind die bemerkenswertesten Belege:

1,46. Kann irgend etwas Gutes aus Nazareth kommen? Dies könnte ein populäres Sprichwort gewesen sein, aber es gibt keinen Beleg dafür. In jedem Fall wurde diese Redensart, wenn sie überhaupt existierte, wahrscheinlich von Juden ganz allgemein in antichristlicher Polemik verwendet. Sie ist kein Beleg dafür, daß Joh aus Palästina stammte.

2,6. Der Hinweis auf jüdische Reinigungsriten beweist gar nichts. Daß Juden Wasser für Reinigungswaschungen verwendeten, wußten viele – z. B. auch Epiktet (Diss II, 9,19ff).

4,9.20. Das Verhältnis von Juden und Samaritanern, Jerusalem und Garizim. Hier wird nur eine allgemeine Kenntnis des Judentums greifbar. Das samaritanische Schisma war wohlbekannt, und die Juden hatten allen Grund, sich der Konkurrenz des Kultus auf dem Berg Garizim bewußt zu sein. Der technische Gebrauch von συγχρᾶσϑαι (s. Komm. z. St.) konnte einem Diasporajuden bekannt sein, da die Samaritaner ebenso wie die Juden in der ganzen Mittelmeerwelt verstreut waren; s. z. B. Josephus, Ant XII,7 (Ptolemäus brachte, nachdem er viele Gefangene aus dem Bergland von Judäa und dem Gebiet um Jerusalem und aus Samaria und jene vom Garizim gemacht hatte, sie alle nach Ägypten und siedelte sie dort an). Der Absatz fährt fort (XII,10) mit einem Bericht von einem Streit in Alexandrien, »wobei jene aus Jerusalem sagten, daß ihr Tempel heilig war, und verlangten, daß die Opfer dorthin gesandt würden, während die Schechemiten wollten, daß diese zum Berg Garizim gingen«. Es muß freilich zugegeben werden, daß 4,9c wahrscheinlich palästinischen Ursprungs ist.

5,10; vgl. 7,22f; 9,14. Wahrscheinlich kannte Joh die Sabbat- und Beschneidungsgesetze aus eigener Anschauung; aber einmal mehr beweist dies nur, daß er Jude war, nicht daß er ein palästinischer Jude war.

7,2. Zusätzlich zum Passafest, welches alle Evangelisten kennen, erwähnt Joh auch σκηνοπηγία (*Sukkot*, Laubhüttenfest). Die bloße Erwähnung ist ohne Bedeutung. Es handelte sich hier um eines der drei großen Wallfahrtsfeste, und in der Tat bedeutet »das Fest« im allgemeinen Laubhüttenfest.

7,37. Wenn es richtig ist (s. Komm. z. St.), in den Jesus zugeschriebenen Worten eine Anspielung auf den Ritus des Wasserschöpfens zu sehen, der beim Laubhüttenfest gefeiert

---

[145] R. D. Potter, Topography in the Fourth Gospel, in: Studia Evangelica, Texte und Untersuchungen 73 (= V. 18 [1959]), S. 331, beobachtet richtig, daß das Überlieferungsmaterial in Kap. 4 nicht mit dem südlichen Palästina zusammenhängt; aber dies berührt nicht die Interessenrichtung. Vgl. Dodd, Tradition, S. 244f.

wird, dann haben wir vielleicht Anlaß anzunehmen, daß Joh (oder seine Quelle) mit Jerusalem und den dort vor dem Jüdischen Krieg üblichen Bräuchen vertraut war. Man kann dieses Belegstück freilich nicht zu sehr pressen, denn es ist möglich, daß schon eine Kenntnis von der Verbindung zwischen dem Laubhüttenfest und den Regengebeten das, was wir im Evangelium finden, erklären könnte. In ähnlicher Weise könnte die Bildersprache von 8,12 (Ich bin das Licht der Welt) vielleicht befriedigend aufgrund des AT ohne Verweis auf das Anzünden der Lampen beim Laubhüttenfest erklärt werden; oder aber die Kenntnis der in Jerusalem üblichen Bräuche könnte dem Verfasser einer Quelle zugeschrieben werden.

7,52. Wie bei 1,46 könnte man bei oberflächlicher Betrachtung annehmen, daß Joh ein jüdisches Sprichwort zitiert; aber man findet nicht nur keine Spur der angeblichen Redensart, sie würde auch einem sehr frühen Wort widersprechen (s. Komm. z. St.). Es scheint wahrscheinlicher, daß Joh an beiden Stellen Argumente zitiert, die für antichristlichen Gebrauch entwickelt worden sind.

10,22f. Zusätzlich zum Laubhüttenfest kennt Joh das Tempelweihefest (τὰ ἐγκαινία, *Hanukkah*). Aber jeder Jude im ganzen Römischen Reich wußte, daß es ein Tempelweihefest gab und dieses im Winter stattfand; und zweifellos würde jeder Jude, der Jerusalem besucht hatte (und es gab viele) oder der jemanden kannte, der dies getan hatte, Salomos Halle im Tempel kennen, genauso wie einem heutigen Amerikaner, der London besucht oder davon gehört hatte, die Kapelle Heinrichs VIII. in Westminster Abbey bekannt sein dürfte.

11,44; vgl. 19,40; 20,7. S. Komm. z. St. Es ist nicht so einfach, wie man erwarten könnte, ähnliche Beerdigungsriten, wie sie Joh berichtet, im Judentum zu finden. Ganz gewiß kann man daraus nicht auf eine persönliche Vertrautheit mit Palästina schließen.

11,49: Der Hohepriester dieses Jahres; vgl. 18,13. Diese Aussage ist als Beweis dafür genommen worden, daß Joh mit Palästina vor 70 vertraut war und daß er es nicht war. Theoretisch wurde der Hohepriester nicht für ein Jahr, sondern auf Lebenszeit ernannt; aber die Römer setzten so viele Hohepriester ab, daß dieses Amt zuzeiten fast ein jährliches Amt wurde. S. Komm. z. St.

Nimmt man diese Stellen zusammen, so kann nicht gesagt werden, sie würden beweisen, Joh sei so vertraut mit den Bräuchen Palästinas gewesen, daß er selbst aus Palästina stammen müsse. Sie beweisen nicht einmal, daß der Verfasser irgendeiner von ihm verwendeten Quelle aus Palästina stammt, obwohl es keinen Grund dafür gibt, warum dies nicht so sein sollte. Von allen Stoffen, die in irgendeiner Weise mit Jesus verbunden sind, darf man erwarten, daß sie Spuren ihrer palästinischen Herkunft zeigen; solche Spuren, und kaum mehr, finden sich im Joh. Dementsprechend wenden wir uns nun mit einiger Skepsis den Belegen zu, die man anführt, um zu beweisen, daß Joh ein Augenzeuge der Ereignisse, die er berichtet, gewesen sei. Die Hauptpunkte sind folgende:

a) Es werden mehrere Personen namentlich genannt, die in den Synoptikern nicht erscheinen, z. B. Nathanael, Nikodemus, Lazarus, Malchus. Freilich ist dieses Argument nicht sehr gewichtig. Die apokryphen Evangelien enthalten noch mehr Namen, aber wir betrachten sie deshalb nicht als Augenzeugen-Autoritäten. Es gab in der Tat eine Tendenz, Namen ohne irgendeine Bevollmächtigung dazu in die Überlieferung einzufügen. Man hat auch behauptet, daß Joh lebensnahe Details zur Charakterisierung der Gestalten, die in seiner Geschichte erscheinen, hinzugefügt hat; aber diese sind nicht für jeden Leser zu erkennen.

b) Der Evangelist gibt oft die genaue Zeit an, zu welcher ein Ereignis stattfand, und auch den zeitlichen Abstand zwischen Ereignissen. Dies trifft zu; s. z. B. 1,29.35.43; 2,2; aber dies reicht für sich selbst genommen nicht als Beweis für den Punkt, um den es hier geht.

c) Es werden bestimmte Einzelheiten, wie z. B. Zahlen, genannt, die nur von einem Augenzeugen stammen könnten. Zum Beispiel gab es zu Kana sechs Wasserkrüge (2,6); die Jünger waren 25 Stadien gerudert, als Jesus ihnen auf dem See entgegenkam (6,19); das Gewand Jesu war nahtlos, in einem Stück gewebt (19,23). Man könnte zunächst darauf antworten, daß diese Einzelheiten vom Evangelisten aus Quellen entnommen worden sein konnten, und zum anderen, daß es genau solche Züge sind, die ein Schriftsteller in seinem Werk hinzufügt, um ihm den Anschein von Zuverlässigkeit zu verleihen. Ein interessantes Beispiel findet sich 6,1–13, der Speisung der Menge, wo Joh aller Wahrscheinlichkeit nach Mk folgt. Einige auffallende Einzelheiten sind aus der Quelle entnommen, andere sind kunstvolle Ergänzungen.

Die meisten der von uns betrachteten Belege können höchstens beweisen, daß hie und da hinter der joh Erzählung Stoff steht, der von Augenzeugen stammt. Es ist gewiß nicht bewiesen, und ist vielleicht auch nicht beweisbar, daß das Evangelium insgesamt das Werk eines Augenzeugen ist. Und die Belege, die wir bereits für die hellenistische Seite des joh Denkens beigebracht haben, legen den Schluß nahe, daß der Endredaktor des Evangeliums kein Augenzeuge gewesen ist.

6. Abfassungszeit, Abfassungsort, Verfasser

Das Belegmaterial im Blick auf den Ursprung des Evangeliums ist, nimmt man alles zusammen, enttäuschend schmal. In manchen Fällen schmilzt ein Beleg, der auf den ersten Blick klar und eindrucksvoll erscheint, unter kritischer Prüfung zusammen und ergibt ein recht wenig überzeugendes Ergebnis. Es wird notwendig sein, kurz diesen Prozeß zu betrachten, damit wir sehen, welchen Rest von Faktum oder Wahrscheinlichkeit wir aus den untersuchten Daten ableiten können.

Die nachbiblischen Belege im Blick auf Leben und Werk des Apostels Johannes scheinen auf den ersten Blick eindeutig und unwiderlegbar. Polykarp sprach von seiner Verbindung mit Johannes, und Irenaeus, der Polykarp hörte, bezeugte, daß der Zebedaide Johannes der Lieblingsjünger war, das Evangelium schrieb, in Ephesus lebte und bis zum Prinzipat des Trajan (d. h. zumindest bis 98) lebte. Polykrates und spätere Autoren stützen diese fast aus erster Hand stammende Tradition. Sie ist freilich einer dreifachen Kritik ausgesetzt. Erstens widerspricht sie den ausdrücklichen Aussagen einer anderen Tradition, nach der der Apostel Johannes das Martyrium seines Bruders Jakobus teilte und deshalb weder in Ephesus gelebt noch das Evangelium geschrieben haben konnte. Diese abweichende Überlieferung kann nicht einfach so, wie sie vorliegt, akzeptiert werden; aber sie muß zumindest bedeuten, daß es in der frühen Kirche Gruppen gab (vielleicht die syrisch sprechende Kirche, wie sie sich in ihrer Martyrologie zeigt; s. o. S. 118), in denen man den Aufenthalt des Zebedaiden in Ephesus nicht kannte oder nicht an ihn glaubte. Zweitens wird die Überlieferung des Irenaeus durch das Schweigen einiger in Frage gestellt, von denen wir annehmen müßten, daß sie sie bestätigen würden. Das Schweigen des Ignatius ist besonders bedeutsam; das des Justin kaum weniger. Daß Polykarp in seinem noch existierenden Brief Joh nicht erwähnt, läßt keine weitreichenden Schlüsse zu; der Brief ist kurz, und es gibt keinen Anlaß in ihm für Hinweise auf Personen (obwohl Polykarp das Beispiel des Paulus erwähnt). Auch Papias, den Irenaeus als Begleiter des Polykarp und Hörer des Joh bezeichnet, scheint, wenn wir uns auf Euseb stützen können, keine Informationen über Joh zu haben. Drittens wurde die Überlieferung, der Apostel habe das Evangelium geschrieben, direkt von jenen bekämpft, die es als unkanonisch und nichtapostolisch ablehnten. Im Kanon Muratori und im sog. antimarkionitischen Prolog, welchen Wert dies auch immer haben mag (s. o. S. 129f), findet sich eine recht besorgte und überängstliche Unterstützung der apostolischen Verfasserschaft, in letzterem ein merkwürdiges Beharren darauf, daß das Evangelium geschrieben wurde, während Joh *adhuc in corpore constituto* war; und dies legt den Schluß nahe, daß es Leute gab, nach deren Meinung Johannes bereits tot gewesen ist, als das Evangelium abgefaßt wurde. Die Refutatio des Hippolyt (s. o. S. 129) läßt ebenfalls auf einen Angriff schließen. Die hier zu erwägende Frage, die leider auch keineswegs mit Gewißheit beantwortet werden kann, ist, ob jene Gegner, Markioniten und Antimontanisten eingeschlossen, lediglich durch ein Mißfallen an der Theologie des Evangeliums motiviert waren oder ob sie ausdrückliche Informationen darüber besaßen, daß Johannes, der Sohn des Zebedäus, nicht bis ins hohe Alter in Ephesus lebte und auch das Evangelium nicht geschrieben hat.

Man kann nicht sagen, die Überlieferung des Irenaeus sei durch diese Erwägungen widerlegt, aber es ist unmöglich, auf sie dasselbe Vertrauen zu setzen, wie es frühere Generationen getan haben. Zu der Frage, welche Wahrheitselemente in den einander widerstreitenden Überlieferungen enthalten sein könnten, werden wir später zurückkommen.

Das Zeugnis des Irenaeus im Blick auf die Existenz und den Gebrauch des Evangeliums ist so klar und eindrücklich wie sein Zeugnis im Blick auf den Apostel. Das Evangelium ist eine der vier von Gott bestimmten Säulen evangelischer Wahrheit. Er zitiert es beständig, wie dies alle anderen späteren kirchlichen Autoren tun. Sobald aber der Exeget seine Untersuchung auf die früheren Schriften des 2. Jh. ausdehnt, zeigt sich ein völlig anderes Bild. Orthodoxe christliche Autoren scheinen nichts oder kaum etwas von der Existenz des Evangeliums zu wissen, vielleicht ist es ihnen sogar verdächtig; und dies gilt selbst für jene, von denen man am allerehesten erwarten könnte, daß sie es kennen und verwenden. Selbst Polykarp, nach Irenaeus der Hörer des Johannes, läßt keine Kenntnis des Evangeliums erkennen, obwohl sein Brief eine mögliche Anspielung auf 1Joh enthält. Man kann den Gebrauch des Joh zuerst unter gnostischen Häretikern aufweisen. Erst im letzten Drittel des 2. Jh. (vielleicht aus seiner Verwendung durch Tatian in seinem Diatessaron; und auch hier muß daran erinnert werden, daß die Ursprünge des Diatessaron sich in einer gewissen Dunkelheit verlieren und Tatian nicht orthodox war) tritt Joh in ein deutlicheres und weniger zweideutiges Licht. Die neuen Papyrusfragmente zerstreuen nicht wirklich die Schatten, die den Ursprung des Evangeliums umgeben. Sie beweisen seine Existenz in der ersten Hälfte des 2. Jh.; aber sie tun nichts, um die Überlieferung zu bestätigen (obwohl sie auch nicht notwendigerweise damit in Konflikt kommen), daß das Evangelium in Ephesus geschrieben wurde, und es bleibt recht unsicher, ob P. Ryl. 457 sich in orthodoxer oder gnostischer Hand befand und in welcher Beziehung P. Eg 2, selbst ein gemäßigt gnostisches Werk, zum Evangelium stand.

Es ist klar, daß das eindeutige Zeugnis des Irenaeus nicht für die Zeit vor ihm gilt. Die Geschichte des vierten Evangeliums im 2. Jh. ist außerordentlich schwer zu lesen, und es handelt sich ganz sicher nicht um eine einfache Geschichte einer fraglosen Verehrung, wie man sie ohne Zögern einem Buch entgegengebracht hätte, dessen apostolische Verfasserschaft von Anfang an bekannt gewesen ist.

Wir haben bereits gesehen, daß das Evangelium selbst keine Antwort auf die Frage nach seinem Ursprung gibt. Der Lieblingsjünger ragt als eine Gestalt von offensichtlicher Bedeutung hervor; aber wer war der Lieblingsjünger? Wir sind zu dem Schluß gezwungen, daß er entweder eine unidentifizierte und unidentifizierbare Gestalt gewesen ist, oder der Zebedaide Johannes, dargestellt von einem Verfasser, der viel mehr Bewunderung für seinen Helden als gesicherte historische Information über ihn hatte. War der Lieblingsjünger der Verfasser des Evangeliums? Schon der Titel, unter welchem er bekannt ist, hat mit dieser Frage zu tun. Aber während es für die einen den Anschein hat, als wäre es eine unerträgliche Arroganz, wenn einer sich selbst zu dem »Jünger, den Jesus liebte« stilisieren würde, so scheint diese Bezeichnung für andere Ausdruck einer bescheidenen Anonymität zu sein. 21,24 könnte besagen (was freilich keineswegs sicher ist), daß der Lieblingsjünger der Verfasser des ganzen Evangeliums gewesen ist; aber wie steht es mit der Herkunft und Autorität dieses Verses? Wir befinden uns auf wesentlich sichererem (wenn auch keineswegs unumstrittenen) Grund mit dem Vorschlag, daß aufgrund seiner Verwendung von Quellen und gewisser Ungenauigkeiten der Evangelist kein Augenzeuge der Ereignisse gewesen ist, über die er berichtet. Es ist schwer zu entscheiden, ob er selber den Schauplatz von Jesu Wirken kannte. Es gibt verschiedene Hinweise darauf, daß er dies tat; aber nicht wenige Punkte zeigen, wenn man sie genauer untersucht, eher eine Unkenntnis der palästinischen Verhältnisse und Umstände. Daß die Daten einander widersprechen, muß zugegeben werden; tut man dies jedoch, muß man den Schluß daraus ziehen. Das Evangelium enthält genauso palästinisches wie anderes Material; aber es wurde verfaßt, herausgegeben und veröffentlicht von Personen, die keinen persönlichen, geschichtlichen Kontakt mit Jesus hatten und vielleicht auch keine Beziehung zu Palästina; es wurde sicherlich nicht von einem Apostel geschrieben.

Die einzigen sicheren Aussagen, die man über Johannes machen kann, müssen auf der objektiven, unpersönlichen Grundlage des Inhalts des Evangeliums gemacht werden. Hier sind zwei Punkte zu erwägen: 1. Es wird weithin angenommen und ist, obwohl es nicht bewiesen werden kann, wahrscheinlich richtig, daß Joh Quellen verwendete; in diesem Kommentar vertreten wir die Ansicht, daß er zumindest eines der synoptischen Evangelien kannte und daraus Stoff entnahm. Jedoch – und das ist der Grund, warum es so schwierig ist, eindeutige Aussagen über Quellen zu machen – er vermochte diese Quellen perspektivisch zu sehen, sie frei zu handhaben und sie so zu arrangieren, daß er die Themen, die er zu betonen wünschte, herausarbeiten konnte. Man kann seine Methode der des Tatian gegenüberstellen, der bei der Abfassung des Diatessaron sich immer seinem Stoff unterordnete. Joh war der Meister seines Stoffes, er gebrauchte ihn für seine eigenen Zwecke mit sehr großem Geschick; er war kein bloßer Redaktor, sondern ein Autor mit einem Thema, das er durchführen wollte. 2. Die Herkunft des joh Stoffes kann mit einiger Sicherheit aufgewiesen werden. Das Evangelium steht in einer gewissen Beziehung zum Judentum, wenn diese auch keineswegs leicht zu fassen ist.[146] Die Juden geben die Bühne ab, auf der das Drama der Erlösung gespielt wird (4,22); zugleich sind sie der Feind, den Joh als Verkörperung der Welt auswählt (s. Komm. zu 1,19). Die Auseinandersetzungen, die im Evangelium berichtet werden, sind keineswegs alle Auseinandersetzungen, die ihren historischen Ort im Wirken Jesu haben, aber es handelt sich um Auseinandersetzungen mit Juden, nicht mit Griechen. Die Schlüsselworte des Evangeliums können im AT und in den Dokumenten des späteren Judentums aufgewiesen werden. Joh kannte das AT und ging damit in derselben sicheren Weise wie mit seinen literarischen Quellen um.[147] Zusammen mit diesem jüdischen Material finden wir im Evangelium unbezweifelbare Belege für eine andere Art von Denken, besonders von jener Art religiös-philosophischen Denkens, welches, ohne daß hier christlicher Einfluß vorliegt, später seinen Ausdruck in der Hermetischen Literatur finden sollte. Selbst jene hebräischen Gedanken und Worte, auf die wir hingewiesen haben, scheinen von Joh nur ausgewählt zu sein, weil sie einen Widerhall in hellenistischer Sprache und Spekulation hervorriefen. Insoweit kann gesagt werden, daß Joh einfach den ausgetretenen Pfad des hellenistischen Judentums geht, den Pfad, den viele jüdische Missionare bei ihrem Versuch abgesteckt hatten, den jüdischen Glauben der hellenistischen Welt nahezubringen, ohne ihn zu einer bloßen Philosophie zu machen oder auf das Niveau einer Mysterienreligion zu reduzieren. Joh unternahm eine ähnliche Aufgabe wie Philo, und nur aus diesem Grund (nicht, weil Joh seine Werke gelesen und aus ihnen etwas entnommen hatte) ist die Kenntnis des Philo wertvoll für den Ausleger des vierten Evangeliums. Wenn man aber nur von den jüdischen und hellenistischen Beziehungen des joh Denkens spricht, dann läßt man damit das allerwichtigste Element (auf das wir bereits hingewiesen haben) aus. Er steht als eine meisterliche Gestalt in der christlichen Überlieferung, nimmt ihr Wesen auf und übersetzt es in Formen, die er entsprechend seiner eigenen Zielsetzung gewählt hat. Joh gebrauchte die Methoden der hellenistisch-jüdischen Propaganda, um den ursprünglich semitischen Inhalt des Urchristentums der griechischen Welt zu vermitteln. Er war freilich mehr als ein Übersetzer, mehr sogar als ein Übersetzer von Sprachformen. Eine theologische Aufgabe mußte erfüllt werden, ehe die eschatologische Verkündigung des Urchristentums als der grundlegende Glaube einer Kirche durchgesetzt werden konnte, die dazu bestimmt war, lange Zeit in einer unendlichen Zahl von unterschiedlichen Kontexten zu bestehen. Bei der Durchführung dieser Aufgabe betrat Joh mit seinem Evangelium den Bereich der Gnosis und trug zu ihrer Entwicklung bei. Wenn es stimmt (s. S. 74f), daß Paulus das Christentum nicht hellenisierte, sondern es in eine Form brachte, in welcher es hellenisiert werden konnte, dann ist es vielleicht gleichermaßen zutreffend, daß Joh selbst kein Häretiker war (wie Käsemann sagt; s. S. 153), sondern das Christentum in eine Form brachte, in welcher es leicht in eine Häresie verwandelt werden konnte. Orthodoxie und Häresie sind in der Tat Begriffe, die man mit Vorsicht gebrauchen muß;[148] aber die Kirche irrte nicht, als sie in späterer Zeit dem Joh den Titel ϑεόλογος verlieh.

---

[146] S. Judaism.
[147] B. Noack, Zur johanneischen Tradition [1954], S. 71–89.89–109.
[148] W. Bauer, Rechtgläubigkeit und Ketzerei im ältesten Christentum [1934]; s. auch u. S. 155.

Dies sind die bestimmtesten, wichtigsten und gewissesten Aussagen, die man über den Verfasser des vierten Evangeliums machen kann; und sie sind sowohl eindeutig als auch bedeutsam. Es ist wichtiger, die theologische Aufgabe zu verstehen, die er bewältigt hat, als seinen Namen zu kennen, und es ist wichtiger, die Stoffe zu kennen, mit denen er arbeitete, und die Art und Weise, in welcher sie verwendete, als Abfassungszeit und -ort. Es ist in der Tat mit den uns gegenwärtig zur Verfügung stehenden Belegen unmöglich, Verfasser, Abfassungszeit und Abfassungsort mit irgendeiner Gewißheit zu bestimmen; eine weitere Untersuchung der historischen Bedingungen jedoch, unter welchen das Evangelium verfaßt wurde, ist zu rechtfertigen und könnte aufschlußreich sein.

Es wird am besten sein, mit der Frage der Datierung zu beginnen. Ein terminus post quem könnte leicht festgelegt werden, wenn Joh Mk[149] tatsächlich kannte und ihn eben nicht nur kannte, sondern seinen Inhalt gründlich beherrschte und auch von seinen Lesern Vertrautheit mit dem Inhalt erwartete. Nach allgemeinem Konsens wurde Mk nicht lange vor oder kurz nach 70 geschrieben. Wir müssen dem Mk einige Zeit lassen, an den Ort zu gelangen, wo Joh geschrieben wurde, und auch einige Zeit lassen, erst studiert und aufgenommen zu werden. Dies bringt uns an einen Zeitpunkt sicherlich nicht früher als 80; 90 wäre wahrscheinlich eine sicherere Schätzung. Wir sind freilich nicht auf Mk angewiesen; dieser terminus post quem wird durch ein zweites Argument gestützt. Joh scheint ohne Zweifel eine Situation im Auge zu haben, in welcher die Judenchristen »aus der Synagoge ausgeschlossen« wurden (9,22; 16,2; ἀποσυνάγωγος). Wir sind glücklicherweise in der Lage, mit einiger Genauigkeit das Datum anzugeben, an welchem die wohlbekannte 12. Benediktion (ברכת המינים, *birkath ha-minim*) in den Synagogengottesdienst mit der ausdrücklichen Intention eingeführt wurde, Häretiker auszuschließen (unter ihnen die Judenchristen). Sie wurde verfaßt von R. Samuel dem Kleinen, und zwar auf Verlangen von R. Gamaliel II., ca. 85–90. Einmal mehr kommen wir auf 90 als terminus post quem. Der terminus ante quem ist durch den ersten Gebrauch des Evangeliums gegeben. Wenn wir sicher sein könnten, daß Valentinus selbst Joh verwendete, dann könnte dies auf 130 angesetzt werden. Dies kann jedoch, obwohl es möglich und sogar wahrscheinlich ist, nicht bewiesen werden, und das nächste Belegstück ist der Papyrus Rylands, den man nur ungefähr auf die Mitte des 2. Jh. datieren kann. Es ist selbstverständlich sehr unwahrscheinlich, daß der Papyrus die Urschrift des Evangeliums sein sollte, und wir können deshalb mit Sicherheit den terminus auf 140 zurückverlegen, besonders deshalb, weil der Papyrus früher geschrieben worden sein könnte, vielleicht 20 oder 30 Jahre vor 150. Wenn der Autor des P. Eg. 2 von Joh abhängig war, was wahrscheinlich zutrifft, dann muß der terminus ante quem noch etwas früher angesetzt werden.

Wir stehen damit bei der weiten Spanne von 90–140, und es scheint unmöglich, sie weiter einzugrenzen, ohne auf eine Hypothese im Blick auf die Verfasserschaft zurückzugreifen. Joh selbst ist ein durchaus glaubwürdiges Produkt eines jeden

---

[149] S. o. S. 59ff. Als Beispiel für eine andere Sicht s. J. L. Cribbs, JBL 89 [1970], S. 38–55 (vgl. 90 [1970], S. 422–450). Cribbs, der die Unabhängigkeit des Joh von den Synoptikern behauptet, nimmt an, das Evangelium sei von einem judäischen Juden in den späten fünfziger oder siebziger Jahren geschrieben worden.

Datums zwischen 90 und 140. Keiner der unternommenen Versuche, eines der beiden Daten zu ändern, ist erfolgreich. Es ist z. B. sehr unwahrscheinlich, daß die Anspielung in 5,43 auf »einen, der in seinem eigenen Namen kommt«, auf den messianischen Anspruch des Bar Kochba (132) verweist. Die Irrtümer, die bekämpft werden, sind im Kern bereits in der »Häresie« vorhanden, die Paulus in Kol, lange vor 90, bekämpft. Daß Ignatius Joh nicht zitiert, kann höchstens beweisen, daß Ignatius Joh nicht gelesen hatte; sie kann nicht beweisen, daß es Joh noch nicht gab, als Ignatius schrieb. An einem Punkt freilich ist Vorsicht am Platze. Das Evangelium wurde nicht vor 90 (so scheint es) geschrieben, es wurde auch nicht später als 140 veröffentlicht; es ist nicht anzunehmen, daß das Abfassungsdatum und das Veröffentlichungsdatum identisch waren; das Evangelium ist wohl nur sehr langsam der christlichen Öffentlichkeit bekannt geworden. Tatsächlich können wir nicht sicher sein, daß das Evangelium im Jahre 140 *allgemein* bekannt war. Es muß betont werden, daß die Daten 90 und 140, insbesondere das zweite Datum, äußerste Grenzen darstellen. Die traditionelle Datierung auf ca. 100 trifft wahrscheinlich ziemlich genau zu.

Als nächstes wenden wir uns der Frage zu, wo das Evangelium geschrieben wurde. Nach der Tradition ist Ephesus der Abfassungsort; und ohne Zweifel war Ephesus ein großes Zentrum christlicher Wirksamkeit im frühen 2. Jh. Nichtsdestoweniger muß gesehen werden, daß die Tradition sich auf das alles entscheidende Zeugnis des Irenaeus gründet. Die Zuverlässigkeit dieses Zeugnisses ist bereits in Frage gestellt worden, und es hat sich gezeigt, daß es zumindest weit weniger zuverlässig ist, als es auf den ersten Blick scheint. Wir können fragen, welche Belege dann noch für Ephesus bleiben. Da gibt es zunächst die Überlieferung des Irenaeus. Es muß zugegeben werden, daß diese ernstlich an Gewicht verliert, wenn man den Aufenthalt des Apostels in Ephesus und seine Verfasserschaft in Frage stellt oder ablehnt; aber sie wird nicht völlig hinfällig. Die Überlieferung, welche Irenaeus so überzeugt wiederholt und die einige Unterstützung im Zeugnis des Polykrates findet, erwuchs nicht aus dem Nichts, und unter ihren Wurzeln könnte sehr wohl eine ursprüngliche Verbindung des Evangeliums mit Ephesus sich befinden. Tatsächlich könnte der Ursprung des Evangeliums in Ephesus die Urtradition sein, aus welcher die übrigen Traditionen sich entwickelten.[150] Zweitens gibt es die Spuren des Evangeliums, die sich bei Autoren in der Provinz Asia finden, vor allem bei Melito von Sardes und Leucius Charinus, dem Verfasser der Johannesakten. Diese Autoren stellen einen gewissen Beleg für das frühe Erscheinen des Joh in der Asia dar.

Die Gründe für Ephesus als den Ursprungsort des Evangeliums sind nicht zwingend, wenn auch vielleicht etwas gewichtiger, als man in jüngster Zeit zugeben wollte. Eine Alternative ist Alexandria. Zweifellos gibt es Belege, die in diese Richtung weisen. Der früheste sichere Gebrauch des Evangeliums läßt sich in Ägypten nachweisen (die Papyri Rylands und Egerton und die Valentinianer). Durch das innere Zeugnis sah man das äußere bestätigt. Alexandria, »die Heimat des Philo und des Verfassers des *Corpus Hermeticum* ... war ein wahrscheinlicher Ort für die Entwicklung einer christlichen Logos-Lehre« (Sanders, Early Church, S. 40). Die Hypothese, Joh sei in Alexandria

---

[150] Vgl. A. Ehrhardt, The Framework of the New Testament Stories [1964], S. 14ff.

geschrieben worden, der Heimat sowohl von Gnostikern als auch einer großen jüdischen Bevölkerung, würde die zweifache Polemik des Evangeliums gegen doketische als auch gegen judaisierende Tendenzen erklären, vielleicht auch die Polemik gegen Anhänger Johannes des Täufers. Da die Kirche von Alexandria in ihren frühesten Tagen nicht streng orthodox gewesen zu sein scheint, ist es schließlich verständlich, daß ein Evangelium, das von einer solchen Quelle ausging, zunächst von orthodoxen Christen mit Argwohn betrachtet werden sollte.

Von diesen Argumenten haben nur jene Gewicht, die aus dem äußeren Zeugnis abgeleitet werden, aber auch diese weniger, als man angenommen hat. Nur in Ägypten gibt es klimatische Bedingungen, die für die Erhaltung von Papyrus günstig sind, und dementsprechend ist die große Mehrheit der der Forschung bekannten Papyri ägyptischen Ursprungs. Es ist durchaus möglich, daß es im Jahr 150 ebenso viele Abschriften des Joh in der Provinz Asia wie in Ägypten gab; aber jene hatten keine Chance zu überdauern. Das Argument, das man aus der Verwandtschaft zwischen der joh Logos-Theologie und dem Denken des Philo ableitet, hängt von der Sicht der Beziehung zwischen den beiden Autoren ab. Wenn man annimmt, wie in diesem Kommentar, daß Joh nicht direkt von Philo abhängig war und vielleicht niemals irgendeines seiner Werke gelesen hat, dann ist das Argument nicht gewichtig; man könnte es sogar umdrehen. Man könnte nämlich vorbringen, daß ein Theologe, der sich in Alexandria aufhält, auf jeden Fall mehr Spuren seines berühmten Vorgängers zeigen müßte. Im Blick auf die Hermetica muß daran erinnert werden, 1. daß die Traktate ganz gewiß später als das vierte Evangelium niedergeschrieben wurden, und 2. daß sie eine Mischung verschiedener Ströme philosophischen und religiösen Denkens darstellen, von denen einige (z. B. das des Posidonius) nicht in Alexandria beheimatet waren. Außerdem gab es nicht nur in Alexandria Gnostiker. Wir finden sie bereits zur Zeit der Abfassung des Kolosserbriefes im Lykostal (nicht weit von Ephesus); und während es Jünger des Täufers in Alexandria gegeben haben mag, haben wir zumindest das Zeugnis der Apg, daß es solche auch in Ephesus gab (Apg 19,1–3).

Man kann nicht sagen, daß der Beweis für Alexandria erbracht worden sei. Wir müssen nur noch bestimmte Beziehungen zwischen Joh und Syrien, insbesondere Antiochia, untersuchen.

Erstens gibt es einige Parallelen zwischen 1Joh und Mt, welches wahrscheinlich entweder in Antiochia oder doch in seiner Umgebung geschrieben wurde. Die Stellen werden vollständig geboten von C. H. Dodd (The Johannine Epistles [1946], S. XXXIX–XLI); es handelt sich um 1Joh 2,17 – Mt 7,21; 1Joh 3,1–3 – Mt 5,8f; 1Joh 4,1; 2,18 – Mt 24,11; 7,15.20; 24,24; 1Joh 3,7 – Mt 5,48 (vgl. Lk 6,36); 1Joh 3,22 – Mt 7,8 (Lk 11,10); 1Joh 4,17 – Mt 10,25 (vgl. Lk 6,40); 1Joh 5,3 – Mt 11,30. Diese Parallelen haben selbstverständlich am meisten Gewicht in den Augen jener, die für Joh und 1Joh denselben Verfasser annehmen; aber da es zumindest unbestreitbar ist, daß Joh und 1Joh aus derselben Denkrichtung und Tradition stammen, legen sie in jedem Fall nahe, daß es eine joh Lehre in der Nachbarschaft von Antiochia gab. – Zweitens gibt es die allgemeine Beziehung zwischen der Theologie des Ignatius und der des Joh. Diese Ähnlichkeit, zusammen mit dem Fehlen spezifischer Zitate aus der joh Literatur bei Ignatius, könnte einleuchtend erklärt werden, wenn wir annehmen können, daß eine Lehre, die der des vierten Evangeliums verwandt ist, mündlich in Antiochia gelehrt wurde, der Stadt, deren Bischof Ignatius wurde. Joh könnte zuerst in Antiochia gelebt haben, bevor er in die Provinz Asia zog. – Drittens gibt es die in etwa ähnliche Beziehung zwischen Joh und den Oden Salomos. Wie wir gesehen haben (S. 127f), gibt es keine eindeutige Basis, aufgrund welcher man eine literarische Beziehung zwischen den beiden Werken postulieren könnte, aber es gibt ein gewisses Maß an theologischer Ähnlichkeit, auch wenn der Rahmen der Frömmigkeit, in welchem die Oden zu verstehen sind, sich von dem des Joh unterscheidet. Es ist sehr unwahrscheinlich, daß die beiden Werke auf einen gemeinsamen Ursprung in Qumran zurückgeführt werden können, aber daß sie bis zu einem gewissen Grad einen gemeinsamen Hintergrund haben, ist wahrscheinlich. – Viertens ist nun zu berücksichtigen, daß Theophilus von Antiochia den ersten orthodoxen Kommentar zum Joh geschrieben hat.

Diese Punkte reichen bei weitem nicht aus, um zu beweisen, daß Joh in Antiochia geschrieben wurde; aber sie sind doch ein Beleg dafür, daß die charakteristisch joh Theologie nicht ein ausschließlich für die Provinz Asia denkbares Produkt gewesen wäre. Insbesondere kann man gute Gründe dafür anführen, daß die Mischung von jüdischen, hellenistischen und christlichen Elementen, die schließlich zum Gnostizismus führte, der in der Mitte des 2. Jh. als ein Gegner des »orthodoxen« Christentums auftauchte, ihren Ausgang in Syrien nahm – oder vielmehr einen ihrer Ursprünge in Syrien hatte; denn sie scheint auch im Tal des Lykos ihren Ausgang genommen zu haben. Die Ursprünge der christlichen Orthodoxie sind eine komplizierte Geschichte – zu kompliziert, als daß wir nach so langer Zeit noch in der Lage wären, sie vollständig zu enträtseln; und wie Entwicklungen an verschiedenen Orten sich zueinander verhielten, dies kann nur vermutet werden. Es wäre eine allzu einfache Annahme, daß die »joh Theologie« von Antiochia nach Ephesus durch eine Person, nämlich Joh, gebracht worden sein muß. Joh Theologie erwuchs als Reaktion auf Bedürfnisse innerhalb der theologischen und praktischen Struktur der Kirche, und wenn diese an mehr als einem Platz gefühlt wurden, dann können verwandte Theologien unabhängig voneinander an jenen Orten entstanden sein.

Es ist unmöglich, einen befriedigenden und überzeugenden Grund für irgendeine der drei großen Städte, Ephesus, Alexandria und Antiochia, als den Ursprungsort des vierten Evangeliums vorzubringen. Man hat die Tatsache, daß Joh im Blick auf den Ostertermin von den Bischöfen der Provinz Asia (die in dieser Frage als einzige abwichen) als Stütze für die quartodecimanische Position beansprucht wurde, als entscheidenden Beweis für den Ursprung des Evangeliums in der Provinz Asia behauptet. Die Frage lautete (so scheint es), ob die Fastenzeit am jüdischen Passatag enden sollte oder an dem diesem entsprechenden christlichen Sonntag.[151] Zur Beantwortung dieser Frage aber, welche mündlichen Traditionen auch immer unter dem Namen des Apostels Johannes umgelaufen sein mögen, trägt das Evangelium nicht wirklich etwas aus. Unser Verständnis der Passafrage ist ja doch so unsicher, daß keine zwingenden Argumente daraus entnommen werden können. Es ist ganz unmöglich zu leugnen, daß Joh an jedem der von uns angeführten Orte geschrieben haben könnte. Ephesus bleibt vielleicht die beste Wahl, und zwar wegen des Körnchens an Gewicht in der Überlieferung des Irenaeus. Zumindest ist es auf der Grundlage der Hypothese, das Evangelium sei in Ephesus geschrieben worden,

---

[151] S. auch B. Lohse, Das Passafest der Quartadecimaner [1953], bes. 136f.

möglich, weitere Vermutungen über den Verfasser anzustellen. Wurde das Evangelium in Alexandria oder Antiochia .geschrieben, dann wissen wir überhaupt nichts über den Evangelisten (außer dem, was man aus seinem Evangelium entnehmen kann); wir haben nicht einmal mehr die Möglichkeit zu raten.

Es ist gewiß unmöglich, alle (inneren und äußeren) Daten, die sich auf die Frage der Verfasserschaft beziehen, in eine vernünftige Hypothese zusammenzufassen. Wir werden am besten mit der Übernahme des Joh in den vierfachen Evangelienkanon der Kirche beginnen, von dem sich vor der Zeit des Markion[152] keine sichere Spur zeigt. Es gibt keinen Beleg dafür, daß Joh vor der Mitte des 2. Jh. von anderen als häretischen Christen gebraucht wurde, und seine schließliche Aufnahme erinnert an den Einschluß der volleren Form des häretischen markionitischen Evangeliums (Lukas). Der vierfache Kanon war, als er aufgestellt wurde (vielleicht grundsätzlich als ein Gegenschlag zu Markion), ein »inklusiver« Kanon. Was immer von der eigenen Literatur der Häretiker brauchbar war, wurde übernommen und gegen sie verwendet; so wurden Lk und Joh dem Mt und Mk hinzugefügt, für welche wir die frühere Autorität des Papias haben. Daß man in der zweiten Hälfte des 2. Jh. sich so energisch zugunsten der Autorität und Apostolizität des Joh einsetzte – dies taten Clemens von Alexandria und Irenaeus, der Kanon Muratori und wahrscheinlich Hippolyt –, muß als Teil dieses Prozesses gesehen werden. Es ist keineswegs unmöglich, daß 21,24 dieselben Interessen widerspiegelt. Es gab eine ähnliche Tendenz, die (indirekte) Apostolizität des Lk zu betonen. Diese spätere Geschichte des Evangeliums sagt uns freilich wenig über seine Ursprünge. Die Tatsache, daß es in den Kanon als Werk des Apostels Johannes übernommen wurde, beweist nicht, daß es von ihm geschrieben wurde; sein früher Nichtgebrauch bei orthodoxen Schreibern und sein Gebrauch bei Gnostikern zeigt, daß es seinen Ursprung in Kreisen hatte, die entweder gnostisch oder abseitig oder, vielleicht noch wahrscheinlicher, beides waren. Es war nicht darin gnostisch, daß es doketisch war,[153] sondern darin, daß sein Verfasser die neuen Denkbewegungen ernst nahm, die seine geistige Umgebung[154] in Aufregung versetzten, und abseitig darin, daß er sich fernhielt von den Entwicklungen in der Kirche, in welchen z. B. Ignatius eine solch kämpferische Rolle spielte. Es war deshalb unwahrscheinlich, daß sein Werk schnell und allgemein bekannt werden sollte.

Die Crux mit dem Problem der Herkunft des Joh liegt in folgendem Tatbestand: 1. Es ist so gut wie sicher, daß das Evangelium nicht von dem Zebedaiden Johannes geschrieben wurde.[155] 2. Zugleich aber war die offenbar bereits mit 21,24 beginnende Tradition, das Evangelium sei von dem Zebedaiden Johannes geschrieben worden (auch wenn sie zweifellos voreingenommen war), wahrscheinlich nicht bloße Fiktion, sondern besaß eine gewisse Grundlage. Mit diesem zweiten Punkt eng verbunden ist die Notwendigkeit, eine Erklärung für den Bericht des Polykarp, den Irenaeus überliefert hat, zu geben. Hier ist es am wichtigsten, genau festzustellen, welche Aussage Irenaeus dem Polykarp zuschreibt, und es ist bemerkenswert, daß Irenaeus, obwohl er selbst ernsthaft daran glaubte, daß der Apostel Johannes das vierte Evangelium geschrieben hatte, dies Polykarp nicht sagen läßt. Im Brief an Florinus läßt er Polykarp von »seinem Verkehr mit Johannes und mit den anderen, die den Herrn gesehen hatten«, sprechen. Wenn Irenaeus hinzufügt: »Und als er sich an ihre Worte erinnerte, und was er von ihnen über den Herrn gehört hatte, und über seine Wunder und seine Lehre, und daß er sie mit Augenzeugen des ‚Wortes des Lebens' empfangen hatte, berichtete Polykarp alles in Übereinstimmung mit den Schriften«, weist er auch nicht andeutungsweise darauf hin, daß Polykarp ein von dem von ihm erwähnten Johannes geschriebenes Evangelium besaß. Dies könnte bedeuten, daß Polykarp von dem Presbyter Johannes sprach (wenn wir annehmen, daß er den Herrn gesehen hatte, was möglich, wenn auch nicht sicher ist); oder es könnte bedeuten, daß er von dem Apostel Johannes sprach, ohne zu behaupten, dieser habe ein Evangelium geschrieben. An dieser Annahme ist nichts Unmögliches; Polykarp wurde ca. 70 geboren; auch ist es nicht unglaubwürdig, daß Johannes noch über dieses Datum hinaus am Leben gewesen sein sollte.

Es ist auch zu beachten, daß Polykarp nicht sagt, wo er Johannes gesehen hatte. Es wird im allgemeinen angenommen, daß ihre Begegnung in Ephesus stattfand oder zumindest in der Provinz Asia; aber dies ist nicht notwendigerweise so. Das »Leben Polykarps« des Pionius, welches zugegebenermaßen viel unglaubwürdiges Material enthält, schreibt Polykarp eine Herkunft aus dem Osten zu; es sagt nicht (wie andere Überlieferungen), daß Polykarp von Johannes zum Bischof von Smyrna geweiht wurde; Paulus ist der apostolische Gründer dieser Kirche und Strataias ihr erster Bischof. Es ist zumindest möglich, daß das »Leben« zutreffend ist und Polykarp Joh in Palästina oder Syrien getroffen hatte. Dies würde damit übereinstimmen, daß Papias (von Hierapolis) offensichtlich Johannes nicht aus erster Hand kannte, ebenso auch mit dem Schweigen des Ignatius und anderer über einen Aufenthalt des Johannes in Ephesus. Dem muß freilich die Tatsache gegenübergestellt werden, daß es in den letzten Jahrzehnten des 1. Jh. in Ephesus einen Johannes gab – den Johannes der Offenbarung. Er mag nicht der Apostel gewesen sein; sicherlich stehen dieser Annahme Schwierigkeiten entgegen.[156] Aber die äußere Bezeugung im Blick auf die Offenbarung ist sehr gut, und der Apostel könnte zumindest einen Teil davon geschrieben haben. Tat er dies, dann könnte das Schweigen des Ignatius über eine Anwesenheit leicht erklärt werden, denn 1.: die ersten Teile der Apokalypse wurden ja schon 50 Jahre vor Ignatius geschrieben, und 2.: Ignatius kann in der Offenbarung nicht eine der seinen völlig geistesverwandte Lehre gesehen haben.

In der ersten Auflage dieses Kommentars habe ich eine Hypothese entwickelt, die den meisten der wenigen bekannten Fakten Rechnung zu tragen schien; andere haben sie

[152] S. bes. J. Knox, Marcion and the New Testament [1942], S. 140–157.

[153] Wie Käsemann, Jesu letzter Wille, annimmt; s. S. 90.

[154] S. Theological Vocabulary; Essays on John, S. 50–64.

[155] Apostolische Verfasserschaft ist ausführlich und scharfsinnig von L. Morris (in: Studies in the Fourth Gospel [1969], S. 139–292, und in seinem Kommentar) verteidigt worden; seine Argumente sollten sorgfältig erwogen werden. Es ist zuzugeben, daß eine Abfassung des Evangeliums durch den Apostel Johannes nicht unmöglich ist; aus diesem Grund verwende ich den Ausdruck »so gut wie sicher (moral certainty)«. Der Apostel könnte ein hohes Alter erreicht haben; er könnte sich auch noch auf andere Quellen als auf seine eigenen Erinnerungen gestützt haben; er könnte gelernt haben, korrektes Griechisch zu schreiben; er könnte nicht nur die Sprache, sondern auch die Denkformen seiner neuen Umgebung (in Ephesus, Antiochia oder Alexandria) gelernt haben; er könnte die Worte Jesu so lange in seinem Sinn bewegt haben, daß sie gleichsam in einer neuen Sprache Gestalt annahmen; er könnte eine solch unscheinbare Person geworden sein, daß für eine gewisse Zeit orthodoxe Christen sein Werk wenig oder gar nicht zur Kenntnis nahmen. Dies alles ist möglich, aber die Wahrscheinlichkeit spricht doch dagegen, daß alles dies geschehen ist.

[156] R. H. Charles, A Critical and Exegetical Commentary on the Revelation of St John [1920], XLIIIf.

weiterentwickelt,[157] zuweilen möglicherweise weiter, als die Fakten zulassen. Zweifellos war und ist sie für Verbesserungen offen. Ich wiederhole sie hier in der mehr oder weniger ursprünglichen Form, und ich werde sie in mancher Beziehung im nächsten Teil dieses Kapitels entwickeln. Ich hoffe, an anderer Stelle darauf zurückzukommen. Das sichere Faktum hinter ihr ist, zusätzlich zu den eben skizzierten Traditionen, daß die joh Literatur existiert und durch Unterschiede gekennzeichnet ist, welche die Annahme ausschließen, alle die betreffenden Werke kämen von derselben Hand, und zugleich durch Ähnlichkeiten, die die Annahme einer gewissen gegenseitigen Beziehung erforderlich machen.

Der Apostel Johannes wanderte aus Palästina aus und lebte in Ephesus, wo er entsprechend seinem Charakter als Donnersohn apokalyptische Werke verfaßte. Diese waren, zusammen mit seinem fortgeschrittenen Alter, dem Tod anderer Apostel und Voraussagen wie in Mk 9,1, ganz natürlicherweise Anlaß für den allgemeinen Glauben, daß er bis zur Parusie am Leben bleiben würde. Als ein Mann von beherrschendem Einfluß sammelte er um sich eine Reihe von Schülern. Im Lauf der Zeit starb er; sein Tod entfachte die apokalyptischen Hoffnungen der einen, schockierte andere und veranlaßte einige wenige, tiefer über den Sinn der christlichen Eschatologie nachzudenken. Ein Schüler des Apostels fügte seine Schriften in die kanonische Offenbarung ein; dies geschah irgendwann gegen Ende des Lebens des Domitian – ca. 96. Ein anderer Schüler war verantwortlich für die Briefe (wahrscheinlich stammte 1Joh von einem, 2Joh und 3Joh von einem anderen Verfasser). Ein anderer jedoch, ein kühnerer Denker, und einer, der sowohl im Judentum als auch im Hellenismus umfassender zu Hause war, brachte Joh 1–20 hervor. Ein Vergleich mit 1,2,3Joh zeigt sofort, daß der Evangelist sich von dem geschäftigen und streiterfüllten Leben der Kirche seiner Zeit fernhielt. Wahrscheinlich war er nicht sehr bekannt; vermutlich starb er noch vor der Veröffentlichung seines Evangeliums. Es war ein zu neuartiges und kühnes Werk, als daß es offizielle Unterstützung hätte finden können. Es wurde zuerst von gnostischen Grüblern in Anspruch genommen, die die oberflächliche Berührung sahen, die zwischen dem Evangelium und ihrem eigenen Werk bestand; sie zumindest konnten die Sprache erkennen, die Joh sprach. Nur langsam begriff die Großkirche, daß das Werk des Joh, wenn dieser auch (zuweilen) die Sprache der Gnosis verwendete, tatsächlich die bestmögliche Antwort auf die gnostische Herausforderung war; daß er die Gnostiker mit ihren eigenen Waffen geschlagen und die fortdauernde Gültigkeit des ursprünglichen Evangeliums verteidigt hatte, indem er es in neuen – und teilweise gnostischen – Begriffen ausdrückte. Das Evangelium wurde nun zusammen mit Kap. 21 herausgegeben; die Erzählungen des Schlußkapitels gründeten wahrscheinlich auf traditionellem Stoff – u. U. auf Stoff, den der Evangelist hinterlassen, aber nicht in sein Evangelium eingearbeitet hatte. Der Evangelist, vielleicht nach Paulus der größte Theologe in der ganzen Geschichte der Kirche, wurde nun vergessen. Sein Name war unbekannt. Aber er hatte in sein Evangelium Hinweise auf den Lieblingsjünger eingefügt – den hochverehrten Apostel, der vor Jahren in Ephesus gestor-

---

[157] S. den hervorragenden Aufsatz von D. Moody Smith in NTS 21 [1975], S. 222–248, der außerdem auch noch einen umfassenden Literaturüberblick bietet. S. auch O. Cullmann, Der joh Kreis [1975], und R. E. Brown, The Community of the Beloved Disciple [1979].

ben war. Diese wurden nun zum Teil verstanden und zum Teil mißverstanden. Man sah sie als Hinweise auf den Zebedaiden Johannes an, dachte aber fälschlicherweise, daß sie diesen Apostel als Verfasser des Evangeliums damit meinten. 21,24 wurde nun nach dem Modell von 19,35 verfaßt; das Buch wurde so als Werk des Johannes, des Gegners der Häretiker, des Geliebten seines Herrn, auf seinen langen Weg gebracht.

7. Zweck, historischer Wert und Autorität des Evangeliums

Die Frage: »Zu welchem Zweck wurde das vierte Evangelium geschrieben?« wird oft mit der Zitierung von 20,31 beantwortet. »Diese [Zeichen] sind aufgeschrieben, damit ihr glaubt, Jesus sei der Christus, der Sohn Gottes, und daß ihr, indem ihr glaubt, in seinem Namen Leben habet.«[158] Es wird nicht immer gesehen, daß dieser Vers, so wichtig er ist, mehr Fragen aufwirft, als er beantwortet, und daß er nur einen Ausgangspunkt für eine Erörterung des Zweckes des Evangeliums bietet; denn lediglich zu sagen, Joh sei im Interesse des Glaubens geschrieben worden, heißt, überhaupt nichts sagen außer, es sei ein christliches Buch, was man schwerlich bestreiten kann. Ein größeres Problem ergibt sich durch die Textvariante ($\pi\iota\sigma\tau\epsilon\acute{u}\eta\tau\epsilon$ oder $\pi\iota\sigma\tau\epsilon\acute{u}\sigma\eta\tau\epsilon$; s. Komm. z. St.), die in diesem Vers begegnet: Wurde das Evangelium geschrieben, um den Glauben von bereits Gläubigen zu vertiefen, zu belehren und zu bestärken oder um Ungläubige zu bekehren? Eine Lösung des Textproblems (die in keinem Fall mit Sicherheit erreicht werden kann), könnte dieses Problem nicht lösen, denn Joh könnte seine Tempora ungenau gebraucht haben; es bleibt eines der wichtigsten Probleme, denen sich der Leser des Joh gegenübersieht. Ein zweites Problem ergibt sich aus dem $\acute{o}\tau\iota$-Satz, der sich anschließt und dem $\pi\iota\sigma\tau\epsilon\acute{u}\eta\tau\epsilon$ Inhalt gibt. Der Glaube, von welchem Joh schreibt, hat offenkundig einen intellektuellen Inhalt; wie weit war dieser intellektuelle Inhalt ein Hauptanliegen des Joh? War es seine bewußte Absicht, daß Menschen glauben sollten, Jesus sei der Christus, der Sohn Gottes, und nicht eine andere Vorstellung über seine Person, die sie möglicherweise vorziehen könnten? Inwieweit war die Absicht des Evangeliums polemisch? Sodann erinnert 20,31, wenn man es mit V. 30 zusammennimmt, an das, was wir bereits festgestellt haben (o. S. 59ff), daß nämlich Joh in seinem Evangelium freizügig und selektiv mit der früheren Evangelienüberlieferung umging. Dies wird von jenen anerkannt, die nicht glauben, daß Joh Mk in seiner schriftlichen Form kannte. Was war das Motiv für diese offenkundig überzogene Behandlung?

Man kann nicht annehmen, daß es auf die Fragen, welche 20,31 stellt, und jene, die sich ergeben hätten, sofern wir unseren Anfang von einer anderen Stelle genommen hätten, einfache und präzise Antworten gäbe; es wäre in der Tat ein Fehler, die Frage nach der Absicht des Evangeliums zu weit zu treiben. Es braucht z. B. nicht angenommen zu werden, daß Joh, bevor er sein Buch schrieb, in Gedanken zwei unterschiedliche Evan-

---

[158] Es ist sicherlich gerechtfertigt, diese Stelle anzuführen, aber es ist wohl nützlich, sie zu ergänzen. Zum Beispiel bietet der Prolog (1,1–18) einen wichtigen Schlüssel zum Verständnis der Absicht des Joh (s. S. 177ff) und 4,23, wo ausgesagt wird, was der Vater sucht (d. h., sucht im Werk seines Sohnes), muß zugleich zeigen, was Joh (der ohne Zweifel den Willen des Vaters, wie er ihn verstand, getan sehen wollte) als Ergebnis seines Werkes beabsichtigte; s. Theocentric, S. 374f.

gelien formulierte: ein Evangelium mit dem Ziel, den Glauben der Kirche zu bestärken, und ein Evangelium, das dazu verfaßt war, mit dem Anspruch des christlichen Glaubens intelligente Heiden zu beeindrucken, die in dem religiösen und philosophischen Denken ihrer Zeit zu Hause waren. Auf der einen Seite ist das Evangelium so tiefgründig, daß es sehr zweifelhaft erscheint, ob irgend jemand, wie intelligent er auch sein mochte, der nicht mit der Evangelientradition und den Grundlagen christlicher Theologie wohlvertraut war, es voll würdigen konnte; andererseits aber gab es zweifellos sehr viele einfache Christen unter den Zeitgenossen des Joh, die damit zufrieden waren, ihren Glauben zu bewahren, ohne sich im mindesten mit den theologischen Problemen zu beschäftigen, welche er zur Sprache brachte. Es gibt andere Erwägungen (s. S. 146f u. ö.), die für das Evangelium einen verborgenen Ursprung nahelegen; wahrscheinlich ist es nicht zu Lebzeiten des Verfassers veröffentlicht worden, und man mag Zweifel haben, ob er an seiner Veröffentlichung sehr interessiert war. Man kann beim Lesen des Evangeliums leicht zu der Annahme kommen, daß Joh, obwohl er sich zweifellos der Notwendigkeit einer Stärkung der Christen und der Bekehrung der Heiden bewußt war, in erster Linie zu seiner eigenen Befriedigung schrieb. Sein Evangelium mußte geschrieben werden; es lag ihm nichts daran, ob es auch gelesen wurde. Es ist wiederum keineswegs notwendig anzunehmen, er sei sich der historischen Probleme bewußt gewesen, die er späteren Forschern durch seine Behandlung des Überlieferungsmaterials aufbürden würde. Es rief geradezu nach Neubehandlung; sein wahrer Sinn hatte in seinem Geist Gestalt gewonnen, und er brachte einfach diesen Sinn zu Papier.

Es scheint richtig, eine gewisse Distanz des Evangeliums von seiner unmittelbaren Umgebung zu betonen; kein Buch war jemals weniger eine parteiische Abhandlung als das Joh. Das Evangelium und sein Verfasser standen jedoch sicherlich nicht in völliger Isolation von der Geisteswelt, zu welcher sie gehörten, und ein volles historisches Verständnis beider ist ohne Berücksichtigung dieser Welt kaum zu gewinnen. Die letzten Jahrzehnte haben in der Tat eine Reihe von Versuchen gesehen, Joh und seine Interessen genau zu lokalisieren. Einige dieser Versuche müssen nun kurz betrachtet werden.

Nach Dodds Ansicht ist das Evangelium eine Missionsschrift, die an Heiden gerichtet ist. »Wir müssen uns das Werk vorstellen als adressiert an eine allgemeine Öffentlichkeit, die in erster Linie aus frommen und nachdenklichen Menschen ... in der bunten und weitläufigen Gesellschaft einer großen hellenistischen Stadt bestand, wie es Ephesus unter der römischen Herrschaft war« (Interpretation, S. 9). Diese Annahme gründet sich auf die Parallelen zwischen Joh und solchen hellenistischen Schriftstellern wie Philo und den Hermetikern, die vielleicht niemand mit größerer Gelehrsamkeit und Einsicht als Dodd dargestellt und diskutiert hat. Diese enthalten eine ähnliche Mischung religiöser und philosophischer Gedanken, und Philo war wie Joh ein Apologet und Propagandist in der griechischen Geisteswelt für eine ursprünglich semitische Religion. Dodds Erkenntnis eines beherrschenden hellenistischen Elements im Joh ist der Annahme verwandt, das Evangelium sei in seinem begrifflichen Hintergrund und seiner Darstellung gnostisch; sie muß freilich auch davon unterschieden werden. Diese Annahme ist von vielen vertreten worden, ihre klassische Formulierung ist freilich immer noch die Bultmanns. Gnosis wird als die »akute Hellenisierung des Christentums« zu einfach beschrieben. Wenn es keinen Gnostizismus gab, so gab es doch zumindest eine »Gnosis«[159] oder einen Prägnostizismus, der früher als das Christentum und deshalb von ihm unabhängig war; der eigentliche Gnostizismus war nicht einfach eine Mischung aus Christentum, anderen orientalischen Elementen und Hellenismus, nicht einmal in den richtigen Proportionen.[160] Gnostizismus (wie Gnosis auch) schloß ein dualistisches Element ein, das für den Hellenismus als solchen nicht wesentlich war.

In jüngster Zeit hat offenbar die Annahme, der Hintergrund des Johannes sei in der hellenistischen oder zumindest nichtjüdischen Welt zu suchen, mehr und mehr an Befürwortern verloren. Der wichtigste Faktor für diese Meinungsänderung war die Entdeckung der sog. Schriftrollen vom Toten Meer,[161] die, ebenso wie Joh, eine Art von Dualismus offenbaren, in welchem es ein lebendiges Gespür für den Gegensatz zwischen gut und böse, Leben und Tod, Licht und Finsternis, Gott und Welt gibt, der jedoch niemals so weit geht, einen bösen Anti-Gott zu postulieren, der auf derselben Ebene wie Gott steht und gleichberechtigt an der Lenkung des Universums teilhat. Wenn es in den Qumranschriften einen Krieg zwischen den Söhnen des Lichtes und den Söhnen der Finsternis gibt, dann besteht doch niemals irgendein Zweifel daran, wer diesen Krieg gewinnen wird. Es ist nun möglich, eine ausgewogenere Sicht der Qumranschriften einzunehmen, die die Ansicht bestätigt (die wir bereits in der ersten Auflage dieses Kommentars vertreten haben), daß der Hellenismus bereits im 1. Jh. in das Leben Palästinas eingedrungen war. Manche Elemente des joh Hellenismus könnten weder auf direktem Weg noch von Philo her, sondern aus palästinischen Quellen auf Joh gekommen sein. Diese Möglichkeit kann nun mit mehr Zuversicht als noch vor vierzig Jahren behauptet werden, aber dies macht Joh nicht zu einem Vertreter Qumrans, ja nicht einmal ausschließlich zu einem Juden.

Einige Autoren haben Joh in ein genau umrissenes jüdisches Milieu gesetzt; sie nehmen an, daß er speziell für die Diaspora geschrieben hat. W. C. van Unnik[162] z. B. legt besonderes Gewicht auf 20,21: Es war die Intention des Joh, zu beweisen, daß Jesus der jüdische Messias war (denn Sohn Gottes muß in einem messianischen Sinn verstanden werden). Ein Vergleich mit der Apg ermöglicht es uns, den *Sitz im Leben* dieser Behauptung zu bestimmen: sie wurde von Christen in Auseinandersetzungen in der Synagoge erhoben. Einer solchen Situation entspricht der apologetische, quasi-gesetzliche Gebrauch von Worten wie μαρτυρεῖν und σημεῖον. Die Auseinandersetzung darüber, ob Jesus der Messias war oder nicht, nahm ihren Ausgang in Palästina, und Joh gehört nach Palästina. Aber das Evangelium ist nicht völlig palästinisch, und die nichtpalästinischen Elemente im Evangelium zeigen, daß der Schauplatz der joh Debatte die Diasporasynagoge war. J. A. T. Robinson[163] kommt zu einem ähnlichen Schluß: Das Evangelium besteht »aus Stoff, welcher seine Gestalt annahm als Lehre *innerhalb* einer christlichen Gemeinschaft *in Judäa* und unter dem Druck der Auseinandersetzung mit ‚den Juden'

---

[159] Es spricht einiges dafür, »Gnostizismus« für die christlichen Häresien zu reservieren und »Gnosis« zur Bezeichnung des »ganzen Ideenkomplexes« zu verwenden, »der zur gnostischen Bewegung und zu verwandten Denkrichtungen gehört«; R. McL. Wilson, Gnosis und Neues Testament [1971], S. 11.
[160] Wilson, ebd., S. 17f.
[161] S. o. S. 51f.
[162] Studia Evangelica I (Texte und Untersuchungen 73 [1959]), S. 382–411.
[163] NTS 6 [1960], S. 117–131.

dieses Gebietes. Aber in seiner vorliegenden Form ist es ... eine Aufforderung an jene *außerhalb* der Kirche, geschrieben, jenes Griechisch sprechende *Diasporajudentum*, zu welchem der Autor sich nun selbst zugehörig findet, für den Glauben zu gewinnen.« Diese beiden Autoren haben nicht die Absicht, im einzelnen die Theologie des Evangeliums zu entwickeln, weshalb man ihnen dieses Versäumnis auch nicht vorwerfen kann; aber es sollte doch festgehalten werden, daß J. W. Bowker,[164] der die Schlußfolgerungen Robinsons aufgreift, fragt: Was wird aus dem Judentum, wenn Jesus der Messias ist? Er vertritt die Meinung, daß aus dieser Frage sich der Aufriß des Evangeliums entwickelt hat: Jesus in bezug auf seine Voraussetzungen (1,1–2,11); Jesus und das Judentum im allgemeinen (2,12–4,54); Jesus und besondere Fragen im Judentum (5,1–8,59); die Jesusgemeinde in Beziehung zum Judentum (9,1–12,50).

Hierher gehört, grob gesehen, auch das freilich detailliertere und umfassendere Buch von J. L. Martyn (History and Theology in the Fourth Gospel [1968]), in welchem er die Absicht vorträgt, das Evangelium sei auf zwei Ebenen geschrieben worden; eine davon, welche Martyn als *einmalig* bezeichnet, berichtet Ereignisse und Worte im Rahmen des historischen Lebens Jesu. Die andere beschreibt Umstände und Ereignisse, die in die Zeit des Evangelisten gehören. Kap. 9 bietet ein besonders klares Beispiel. Auf der *einmaligen* Ebene begegnen wir Jesus und seinen Jüngern, einem Blinden, seinen Eltern und Bekannten sowie den jüdischen Autoritäten. Aber hinter diesen vertrauten Gestalten und auf einer anderen Ebene können wir die Heilung und Bekehrung eines Juden erkennen, der im jüdischen Viertel von Joh eigener Stadt lebte; die Diskussion des Falles durch die Nachbarn und Bekannten des Mannes – und eine Versammlung des örtlichen Rates, der in seiner Haltung geteilt ist. Er befragt den Mann, dann seine Eltern (die sich fürchten, weil sie von einem vorangegangenen Beschluß des Rates wissen, daß jedermann, der die Messianität Jesu bekennt, aus der Synagoge ausgeschlossen werden soll), dann wieder den Mann. Wir verlassen den Gerichtssaal, und es gibt eine neue Begegnung zwischen dem christlichen Heiler und Prediger und dem ehemals Blinden, der nun zum Glauben an Jesus geführt wird. Schließlich verkündigt Jesus durch seinen Prediger-Jünger das Gericht, das seine Sendung bedeutet, und fährt fort mit einer Predigt (Kap. 10). Martyn kann kein anderes Kapitel vorweisen, das so klar die Berührung und den Kontrast zwischen dem *Einmaligen* und der Gegenwart des Joh belegt. Aber dies bedeutet nicht, daß er nicht wirklich den richtigen Zugang zur Methode des Joh gefunden hat. Sein Buch hat das große Verdienst, von literarischen und historischen Beobachtungen auszugehen, um dann die theologische Aufgabe zu betrachten, die Joh ausgeführt hat. Joh gibt zu, daß Jesus der prophetische Messias »wie Mose« ist, aber er verneint die letztliche Gültigkeit der Midraschexegese, die nötig ist, diese Annahme zu beweisen. Er stößt darüber hinaus zu der Überzeugung vor, daß Jesus der Menschensohn ist, der immer noch durch den Parakleten den Menschen gegenübertritt.[165]

---

[164] NTS 11 [1965], S. 398–408.

[165] Diese kurze Skizze ist notwendigerweise verkürzt; ich hoffe jedoch, sie ist nicht irreführend. Von allen Versuchen, Joh in Beziehung zu setzen zu einem Hintergrund in der Diaspora, scheint mir dieser am gelungensten zu sein.

Andere Autoren haben im Evangelium eine besondere Beziehung zu den Samaritanern gesehen. Dies hat unter anderem J. Bowman[166] vertreten. Kap. 4 genügt, ein Interesse an den Samaritanern auf seiten des Joh zu zeigen. Jesus weist die Anklage, er habe den Teufel in sich, zurück, nicht aber die, daß er ein Samaritaner sei (8,48). »Die Juden« sind seine Gegner, aber von Israel (dem Nordreich, nun repräsentiert von den Samaritanern) wird freundlicher gesprochen, und Jesus zeigt eine besondere Anteilnahme für seine »anderen Schafe« (10,16). Die vielleicht überzeugendste Form dieser Hypothese ist die Annahme einer Dreiecksbeziehung zwischen heterodoxem Judentum (die Samaritaner eingeschlossen), der Rede des Stephanus (Apg 7) und Joh durch Cullmann,[167] obwohl hier vieles hypothetisch bleibt.

Ein anderer kontroverser Bereich, in welchem Joh nach Meinung einiger Forscher eine Rolle gespielt hat, ist der um den Täufer. Es ist nicht sicher, daß Joh – vielleicht in übertriebener Weise – jeder Tendenz entgegentritt, die Bedeutung des Täufers zu sehr zu betonen: 1,20.21 erklärt der Täufer, daß er nicht der Christus, ja nicht einmal Elia ist; 3,29f unterscheidet er sich selbst von Jesus wie der Brautführer vom Bräutigam, und er gesteht ein, daß Jesus zunehmen, er aber abnehmen muß.

Soweit haben wir nur mögliche Beziehungen zwischen Joh und verschiedenen nicht-christlichen Kreisen in Erwägung gezogen. Es hat aber auch Versuche gegeben, das Evangelium Tendenzen und Entwicklungen innerhalb des Christentums selbst zuzuordnen. Hier muß ein Hinweis auf E. Käsemann[168] genügen, der Joh als das Produkt einer Gruppe von »Enthusiasten« sieht, die außerhalb der Großkirche standen und als ihren Anführer den »Presbyter« hatten (2Joh 1; 3Joh 1), der mit Diotrephes in Konflikt geriet. Die Gruppe war häretisch; sie vertrat eine Christologie, die tatsächlich doketisch, aber doch so fortgeschritten war (darin, daß sie in Jesus Gott in der Verkleidung eines Menschen sah), daß sie schließlich von der Großkirche übernommen wurde. So viele Fragen werden hier aufgeworfen: Kanon, »Orthodoxie« und »Häresie« im frühen Christentum, die Entwicklung von kirchlichem Amt und Kirchenzucht – zusätzlich zur joh Christologie (s. S. 86ff), daß sie in dieser Einleitung nur erwähnt werden können. Ich hoffe, anderswo darauf zurückzukommen.

Diese letzten Absätze sind nur ein unzureichender Bericht über ein bemerkenswertes Maß an Gelehrsamkeit und Einsicht. Der beste Kommentar zur Beziehung des Joh zu diesen Strömungen des Denkens und Lebens stammt freilich von Cullmann[169]: »... im vierten Evangelium [ist] nicht die Theologie in den Dienst der Polemik gestellt worden..., sondern... umgekehrt [mußte] die Polemik in den Dienst theologischer Anliegen des Verfassers treten...« Es war das Hauptanliegen des Joh, den theologischen Sinn der Geschichte Jesu auf der Grundlage der über ihn existierenden Überlieferungen

---

[166] The Bulletin of the John Rylands Library 40 [1958], S. 298–308; Samaritanische Probleme [1967]; auch z. B. Meeks, S. 216–257, sind sehr wichtig; G. W. Buchanan, in: Religions in Antiquity, Essays in Memory of E. R. Goodenough [1968], S. 149–175; E. D. Freed, in NovTest 12 [1970], S. 241–256.

[167] O. Cullmann, Kreis, S. 55f.

[168] Außer »Jesu letzter Wille« s. Ketzer und Zeuge, in: Exegetische Versuche und Besinnungen I [1960], S. 168–175; s. auch den wichtigen Aufsatz von G. Klein, ZThK 68 [1971], S. 261–326.

[169] O. Cullmann, Vorträge und Aufsätze, S. 175.

herauszuarbeiten. Dies ist eine Aufgabe, die kein verantwortungsbewußter Theologe irgendeiner Zeit in einem Vakuum erfüllen kann; der Evangelist wußte eine ganze Menge über die religiöse Welt seiner Zeit, aber er griff nicht auf die Evangelientradition zurück, um polemische Traktate gegen die Täufer oder die Juden zu schreiben; oder um evangelische Traktate für die Griechen, Samaritaner oder die Juden der Diaspora zu verfassen. Seine Stellung in der Kirche nimmt sich anders aus, wenn man a) Käsemanns Darstellung seiner Christologie in Frage stellt und b) die Briefe einem anderen Verfasser zuschreibt. Diese Frage wird unten aufgenommen werden. Für den Augenblick müssen wir uns mit einer kurzen Wertung der theologischen Methode und Leistung des Joh begnügen. In der ersten Auflage dieses Kommentars haben wir gesagt, die Kirche in den Tagen des Joh habe sich zwei drängenden Problemen gegenüber gesehen. Dies war wohl stark vereinfacht, aber insgesamt gesehen kann die Aussage stehenbleiben.

Ein Problem war das der christlichen Eschatologie.[170] Aus den Paulusbriefen (z. B. 1Thess 4,15; 1Kor 15,51) ergibt sich deutlich, daß die ersten Christen erwarteten, die Parusie Christi werde plötzlich und bald eintreten, zumindest noch zu ihren Lebzeiten. Paulus selbst (so scheint es), hat den Charakter seiner Zukunftserwartung niemals grundsätzlich geändert, obwohl sich ihm der Tod mehr und mehr als eine wirkliche, ja sogar bedrohliche Möglichkeit aufdrängte. Er drängte sich auch der Kirche auf; und im siebten Jahrzehnt riefen der Tod des Petrus und des Paulus und der unbekannten Opfer des Nero einen apokalyptischen Enthusiasmus hervor, der sich in Mk 13 spiegelt. Es war vor allem notwendig, bis zum Ende auszuharren; das Ende war noch nicht da, aber die Zeit zerrann und konnte nicht weiter ausgedehnt werden – tatsächlich hatte sie der Herr aus Barmherzigkeit für die Erwählten verkürzt. Vielleicht hatte sich der Fall Jerusalems (70 n. Chr.) vor der Abfassung des Mk ereignet; wenn nicht, dann fachte dieser ohne Zweifel den apokalyptischen Enthusiasmus noch weiter an. Aber es ist deutlich, daß sich in den nächsten Jahrzehnten ein Problem entwickelte. Für gut fünfzig Jahre hatte die Kirche in Erwartung des Weltendes gelebt, und die Zeit des Strafaufschubs war ständig verlängert worden. Es ist klar, daß dieser Prozeß nicht unendlich verlängert werden konnte. Abgesehen von der Tatsache, daß die erste Generation rasch verschwand, änderte sich auch die Sicht des christlichen Lebens insgesamt. In den dreißiger Jahren war es möglich, die Gegenwart als ein fast bedeutungsloses Interim, ein bloßes Zwischenspiel zwischen den letzten beiden Akten eines großen Dramas zu sehen. Dies war im Jahre 100 nicht länger möglich. Die bloße Ausdehnung des Interims in der Zeit hatte ihr eine andere Wertigkeit gegeben. Sie war nicht lediglich etwas, was geduldig zu ertragen war; sie mußte eine positive Bedeutung im Plan Gottes haben. Sie mußte, nicht anders als die Punkte, zwischen denen sie sich erstreckte, Schauplatz eines charakteristischen göttlichen Handelns sein. Aber wie konnte im Rahmen des urchristlichen eschatologischen Glaubens für eine solche Entwicklung Raum gefunden werden? Konnte der Glaube überhaupt ernsthaft bewahrt werden außer von jener oberflächlicheren Gruppe von Chiliasten, die darauf eingestellt waren, die Erfüllung ihrer Hoffnungen von einer Krise zur anderen zu verschieben? Daß das Christentum am Ende überleben und seine einzigartige

---

[170] S. JThSt 1 [1950], S. 1–3; ScotJTh 6 [1953], S. 136–155.225–243; Jesus and the Gospel Tradition [1967], S. 68–108.

und authentische Spannung zwischen Verwirklichung und Hoffnung bewahren konnte, das war in nicht geringem Maße dem Beitrag des Joh zum eschatologischen Denken zu verdanken; s. o. S. 83 ff.

Das andere Problem war das des Gnostizismus (s. o. S. 56 f). Die Mysterienreligionen waren, obwohl sie in verschiedener Weise ihre deutlichen Spuren im frühen Christentum hinterließen, selbst niemals ein ernsthafter Konkurrent für dieses. Dafür war der moralische Unterschied zu deutlich, und die Christen hatten keine Schwierigkeit, sich selbst davon zu überzeugen, daß die Kulte Imitationen der christlichen Riten waren, an die sie erinnerten, vom Teufel listig, aber doch nicht listig genug entworfen. Die Gnosis stellte eine viel größere Gefahr dar, genau deshalb, weil sie, zumindest in einigen ihrer Formen, dem Christentum so viel näher stand und weil es möglich war, die beiden Systeme einander in verschiedenem Maße anzugleichen. Es ist für einen Dogmengeschichtler oft (wenn auch nicht immer) möglich, mit einiger Genauigkeit zwischen Orthodoxie und Häresie zu unterscheiden. Nicht so leicht war es in der ersten Hälfte des 2. Jh.; und es wird nicht immer erkannt, wie nahe »gnostisches Christentum« daran war, über den Glauben des NT zu triumphieren.[171] Nachdenkliche Christen müssen sich in dieser Periode selbst gefragt haben, inwieweit es legitim und ratsam für sie war, die Sprache ihrer religiösen Zeitgenossen zu gebrauchen, und inwieweit die Gnostiker, die von einem Gott, von Erkenntnis, von einem Erlöser, von einem göttlichen Wort und einem Mann vom Himmel sprachen, mit diesen Begriffen dasselbe wie sie selbst meinten. Bei diesem Problem und der darüber tobenden Kontroverse scheint der Einfluß des Joh zuerst auf der gnostischen Seite eingesetzt worden zu sein (s. o. S. 81 f u. 127 f); aber in der zweiten Hälfte des Jahrhunderts, und hauptsächlich durch Irenaeus, nahm es dann seinen Platz ein als die Stütze der Orthodoxie und als Wegweiser nicht nur für die christliche Gnosis des Origenes, sondern für die biblische Theologie des Athanasius.

Es ist zweifellos richtig, daß Joh selbst in dieser Weise nicht von einem »eschatologischen Problem« und einem »gnostischen Problem« gesprochen haben konnte. Solche Probleme erscheinen nicht immer in klaren Umrissen für jene, die in sie verwickelt sind, und wenn sie es tun, dann oft deshalb, weil wesentliche Aspekte davon nicht beachtet werden. Es steht jedoch außer Zweifel, daß Joh einen Beitrag zu dem Kampf der Kirche in der kritischen Situation, in welcher sie sich vorfand, leistete, und man kann schwerlich daran zweifeln, daß Joh dies wußte. Er schrieb, um die grundlegenden Überzeugungen des christlichen Glaubens im vollen Licht einer neuen Lage, einer neuen Terminologie und neuer Erfahrungen erneut zu bestätigen.

---

[171] Ich schrieb dies in der ersten Auflage, ehe ich W. Bauer, Rechtgläubigkeit und Ketzerei im ältesten Christentum [1934], gelesen hatte, welches die Frage der Beziehung zwischen Orthodoxie und Häresie zuspitzt. Bauers Thesen sind in bezug auf Joh in einer interessanten, bis jetzt ungedruckten Dissertation von D. J. Hawkins [McMaster University 1974] diskutiert worden. Ich habe mich auch selbst mit dem Problem befaßt (z. B. NTS 20 [1974], S. 229–245), und hoffe, erneut darauf zurückzukommen. Zur Zeit des Joh wurden mehrere Versuche unternommen, zu bestimmen, was »rechter« christlicher Glaube ist, und diesen zu verteidigen; es war damals noch nicht klar, welche in eine Sackgasse führten und welche einen Weg nach vorne eröffneten. S. S. Smalley, NTS 17 [1971], S. 276–292.

Diese Schlußfolgerungen im Blick auf den Abfassungszweck des Evangeliums müssen unmittelbare Auswirkungen auf die Frage nach seiner historischen Zuverlässigkeit haben. Offenkundig war es nicht Joh' Intention, ein Werk der Geschichtswissenschaft zu schreiben. Solche Werke waren in der Antike außerordentlich selten, und wir haben gesehen, daß die Interessen des Joh theologisch und nicht so sehr chronologisch gewesen sind. Darüber hinaus ist seine Behandlung der einzigen Quelle (Mk), die wir mit irgendeiner Gewißheit von seinem Evangelium isolieren können, sehr frei; es gibt keinen Anlaß zu der Annahme, er sei anderen Quellen enger gefolgt. Er zögerte nicht, zu unterdrücken, zu revidieren, neu zu schreiben oder umzustellen. Auf der anderen Seite gibt es keinen ausreichenden Beleg für die Ansicht, daß Joh freizügig Erzählungsstoff für allegorische Zwecke schuf. Seine Erzählungen sind meistenteils einfach, und die Einzelheiten werden in der Regel nicht allegorisiert. Das heißt, daß der Geschichtsschreiber zuweilen (wenn auch weniger häufig, als man manchmal annimmt) aus dem Johannesevangelium einfaches und zuverlässiges historisches Material entnehmen kann; es muß jedoch bezweifelt werden, ob Joh mit diesem Verfahren einverstanden wäre; denn er schrieb sein Evangelium als ein Ganzes, indem er Redestoff mit Erzählstoff verband, um mit äußerster Klarheit eines herauszuarbeiten: eine gedeutete Geschichte Jesu. Keiner dieser Faktoren, Geschichte und Deutung, sollte übersehen werden; sie sollten auch nicht, will man ganz verstehen, was Joh wollte, voneinander getrennt werden. Von einem Gesichtspunkt aus ist Joh eine erneute Bestärkung der Geschichte. Sowohl Apokalyptik als auch Gnostizismus können als Flucht aus der Geschichte betrachtet werden. Der Apokalyptiker flieht aus der Vergangenheit und Gegenwart in ein goldenes Zeitalter der Zukunft, der Gnostiker flieht aus der Vergangenheit und Gegenwart in eine Welt des Mystizismus und der Phantasie. Demgegenüber betonte Joh den Vorrang der Geschichte. Es war für ihn von höchster Bedeutung, daß es einen Jesus von Nazareth gab, der in Palästina lebte und starb, auch wenn es nicht zu seinen Absichten gehörte, einen genauen Abriß der herausragenden Ereignisse im Lebenswerk dieser Person zu geben. Er versuchte den wahren Sinn des Lebens und Todes von jemandem darzustellen, von dem er glaubte, es sei der Sohn Gottes, ein Wesen aus einer Sphäre jenseits der Geschichte. Dabei gebrauchte er teilweise die Form und den Stil der Erzählung; daß er diese Form gebrauchte, ist in sich selbst von höchster Bedeutung. Nach dieser Deutung des Brennpunkts aller Geschichte und nicht nach genauen historischen Daten müssen wir bei Joh suchen. Es liegt jedoch an jedem Punkt hinter dem, was Joh schrieb, Geschichte. Der Leser wird an antike ägyptische Figurenmalerei erinnert, wo der Künstler versucht hat, einen vollen Eindruck von seinem Subjekt zu geben, indem er es sowohl mit zugewandtem Gesicht als auch im Profil in einem Bild darstellte. Das Ergebnis gleicht (sieht man es von einem »photographischen« Blickwinkel aus) keinem Menschen auf Erden, aber man kann nicht sagen, der allgemeine Eindruck sei nicht gelungen; in mancher Beziehung ist er gelungener, als es eine direkte Photographie gewesen sein würde. In gleicher Weise bietet Joh in seinem einen Buch sowohl Geschichte als auch Deutung. Das Ergebnis ist nicht eine Biographie; es ist eher impressionistisch als photographisch genau in den Einzelheiten, aber man kann nicht leugnen, daß der Gesamteindruck eindrucksvoll und aufschlußreich ist.

Durch diese Art des Schreibens zwingt uns Joh, uns einer weiteren Frage zu stellen. Was war seine Autorität? Jene, die glauben, der Evangelist sei der Zebedaide, der Apostel Johannes, werden selbstverständlich keine Schwierigkeiten mit der Antwort haben. Jene, die dies nicht tun, werden sich einer weitreichenderen Frage von noch größerer Bedeutung gegenübersehen. Was ist das Wesen der Autorität in der christlichen Kirche? Denn (wenn die in diesem Kommentar vertretene Ansicht zutrifft) Joh setzt eine Situation voraus, in welcher alle Apostel bereits gestorben waren. Die natürliche Autorität jener, die von Anfang an Augenzeugen und Diener des Wortes gewesen sind, war nicht mehr gegeben;[172] welche Autorität, wenn überhaupt, konnte ihren Platz einnehmen? Auf diese Frage hatten die Gnostiker eine Antwort. Die Autorität lag bei der natürlichen *élite* der Kirche, den γνωστικοί par excellence, jenen, die im höchsten Maße mit dem Charisma theosophischer Spekulation begabt waren. Es war zugleich eine Autorität von geistiger und religiöser Erfahrung; wir können Käsemanns Grüppchen von »Enthusiasten« und die Autorität, die sie sich selbst zugeschrieben haben mögen, zum Vergleich heranziehen. Tatsächlich bedeutet dies überhaupt keine Autorität, und die Kirche – repräsentiert von Diotrephes (wenn Käsemann recht hat) – tat gut daran, sie zurückzuweisen. Aber welche Alternativen gab es? Und war dies die einzige Art von Autorität, die Joh beanspruchen konnte und wollte?

Die Geschichte christlichen Denkens im 2. Jh. könnte bis zu einem gewissen Grad als Aufzeichnung der verschiedenen Versuche betrachtet werden, die unternommen wurden, das Prinzip der Autorität zu verstehen, zu begründen und anzuwenden. Später in diesem Jahrhundert, nach Markion, wurden schnelle Fortschritte in Richtung auf die Festlegung eines ntl Kanons gemacht. Im Verlauf des Jahrhunderts, tatsächlich von ntl Zeiten an, können wir umrißhaft die fortschreitende Formulierung einer regula fidei oder regula veritatis aufweisen, die die Hauptgrundsätze des christlichen Glaubens einschloß. Eine dritte Entwicklungslinie bei der Bestimmung der Autorität war das auch auf ntl Zeiten zurückgehende Auswachsen eines Amtes auf Dauer, mit dessen Hilfe, wie durch die Schriften und die Glaubensregel, die apostolische Wahrheit bewahrt und angewandt werden sollte. Joh tat nichts, irgendeine dieser Entwicklungslinien zu fördern. Statt dessen fragte er und veranlaßte seine Leser zu fragen, was das Wesen der Autorität der Apostel selbst gewesen sei; und die Antwort auf diese Frage folgt zwei Richtungen:

1. Die Autorität der Apostel liegt in ihrer Fähigkeit, Zeugnis für die Evangeliengeschichte abzulegen. Darauf, bei all seiner Freiheit mit den Einzelheiten der Geschichte, besteht Joh höchst energisch. S. bes. 19,35; vgl. 21,24. Der Glaube der Kirche gründet sich auf das historische Zeugnis, abgelegt von Augenzeugen.

2. Die Autorität der Apostel beruht auf dem Auftrag Jesu an sie. Dies erscheint am deutlichsten in 20,21; aber der Parallelismus zwischen der Sendung Jesu durch den Vater und der Sendung der Jünger durch Jesus wird wiederholt herausgestellt, und zwar mit den eindrücklichsten Worten. Es ist ein Parallelismus nicht nur der Sendung, sondern von Erkenntnis und sogar von Sein (10,14f; 14,20). Mit dieser Sendung der Apostel muß die Sendung des Heiligen Geistes zusammengenommen werden, »den der Vater in meinem Namen senden wird« (14,26), »den ich auf euch senden will vom Vater« (15,26). Es wird aus 20,22 deutlich, daß die Sendung der Apostel von der Sendung des Geistes abhängt. Die gemeinsame Sendung des Geistes und der Apostel führt zur Bildung einer weiteren

---

[172] Der etwa zur selben Zeit wie Joh geschriebene erste Clemensbrief scheint vorauszusetzen, daß die Apostel nun tot sind; 5,3; 42,1; 44,1–3.

Gruppe von Glaubenden (17,20; vgl. 20,29); und auch diese treten in die Einheit und Sendung Christi selbst ein (17,21).

Wir kommen hier an den Punkt des Übergangs von den Aposteln und ihrer Autorität zu der Autorität, unter welcher die Christen weiterlebten, einer Autorität, die sich in der Tat im Leben der Kirche selbst fortsetzte. Denn der Evangelist stellt nicht nur sich selbst, sondern auch seine Leser neben die Apostel als Augenzeugen und als Boten. 1,14 ist ein für das Verständnis des Evangeliums entscheidender Vers. Es war unter »uns«, wo das fleischgewordene Wort seine Wohnung nahm; es sind »wir«, die seine Herrlichkeit sahen. Diese erste Person Plural ist ganz ernst zu nehmen. Sie bedeutet nicht »wir Menschen«; denn es traf einfach nicht zu, daß alle Menschen (nicht einmal alle, die auf seine Person blickten) die Herrlichkeit Christi sahen; sie kann aber auch nicht bedeuten »wir Apostel«, es sei denn, der Autor war selbst ein Apostel. Es bleibt also nur die Möglichkeit, daß sie meint »wir, die Kirche«, »wir Christen«: wir sahen die Herrlichkeit Christi, als er bei uns blieb. Es gibt ein ähnliches »wir« in 21,24, welches die Wichtigkeit eines glaubwürdigen Augenzeugen betont, und hinzufügt: »wir wissen, daß sein Zeugnis wahr ist« – die Kirche setzt ihr Siegel auf die Wahrhaftigkeit ihres Sprechers. Die Kirche selbst ist so Erbe der Apostel und ihrer Autorität. Es ist klar, daß mit dieser Aussage, bliebe sie unbestimmt, eine Tür für eine schlimmere Anarchie als die der Gnosis offenbliebe; aber sie bleibt nicht unbestimmt; das Evangelium selbst ist eine ausreichend tiefgründige Näherbestimmung; denn es ist eines jener Dokumente, in welchen das, was sich selbst die Kirche nennt, beständig dem begegnet, der allein sie als Kirche konstituieren kann. Dies ist im Grunde die Antwort auf die (oben gestellte) Frage nach dem Kanon. Das vierte Evangelium ist nicht kanonisch, weil es von einem Apostel geschrieben wurde oder weil es ein tatsächlich genauer Bericht über das Leben und die Lehre Jesu ist; es ist kanonisch einfach wegen dieser Begegnung, die sich durch das apostolische Wort und seine Aufnahme im Glauben ereignet. Durch diese Mittel begegnet der wirkliche geschichtliche Jesus den Menschen und macht für sie die göttliche Liebe (3,16) und das göttliche Gericht (9,39) wirklich; und jene, die ihn aufnehmen, werden die Kinder Gottes (1,12f). »Kirche« hat keine andere begründete Bedeutung als diese: sie sind Jünger, die das Wort Jesu hören und bewahren (8,31; 13,35; 15,7f)[173], in denen und bei denen der Paraklet bleibt, der sie in alle Wahrheit führt, indem er ihnen die Dinge Christi verkündet (14,17.26; 16,31ff), die Zeugnis ablegen, wie der Geist Zeugnis ablegt (15,26f), und so das Sendungswerk Christi fortsetzen (20,21). Das Evangelium selbst macht sicher, daß jene, die es ernst nehmen, ihre Aufmerksamkeit auf das fleischgewordene Wort richten und auf den Heiligen Geist, durch den die Gegenwart des Wortes weiterhin bewirkt wird; dadurch stehen sie nicht zu einer verflossenen Vergangenheit oder zu einer bestimmten Art von religiöser Erfahrung in Beziehung, sondern zu Gott.

---

[173] »Denn es weiß, Gott Lob, ein Kind von sieben Jahren, was die Kirche ist: nämlich die heiligen Gläubigen und die Schäflein, die ihres Hirten Stimme hören« (M. Luther, Schmalkaldische Artikel, WA 50, S. 250); vgl. Joh 10,27.

Kapitel 6

Wichtige neuere Beiträge zum Verständnis des vierten Evangeliums[174]

E. Haenchen

Ich beginne mit dem Werk von E. Haenchen, Das Johannesevangelium, Ein Kommentar ([1980] hg. v. U. Busse mit einem interessanten Bericht des Herausgebers über die Entwicklung von Haenchens Johannesexegese bis zu seinem Tod im Jahre 1975 und über seine eigene Arbeit bei der Vervollständigung des Buches), weil es, in Teilen sogar um viele Jahre, älter als meine eigene zweite Auflage ist.

Eine wichtige Stelle, an der Haenchen recht vollständig zusammenfaßt, was er zur Literarkritik des Evangeliums zu sagen hat, und auch auf sein theologisches Verständnis dieser Methode hinweist, findet sich S. 57: »Die Zeit der Umstellungshypothesen ist vorbei. Sie waren sinnvoll da, wo (wie bei Jesus Sirach und dem äth. Henoch) ein vereinzeltes zusammenhängendes Stück nachweislich in einen anderen Zusammenhang gehörte. Sie verloren ihren Sinn, wenn sie . . . aus einer spröden Schrift ein lesbares Buch machen sollten. Daß sich die Zeit der Umstellungstheorie überlebt hatte, deutet sich schon bei *Bultmann* selbst an: hier tritt ja zur der (alle Aporien beseitigenden) Umstellungstheorie noch eine Vierquellentheorie hinzu (Offenbarungsreden, Zeichenquelle, Passionsgeschichte, andere Traditionen) und zu dieser bunten ‚Vorlage‘ noch die Unterscheidung von Evangelist und Redaktor. In einer dieser vermuteten Quellen (den ‚Offenbarungsreden‘) wird nun aber Material von einer bestimmten Art des Weltverständnisses – nämlich ein Zeugnis des gnostischen Offenbarungsmythus – vermutet, das so etwas wie den geschichtlichen Ort dieses Denkens andeutet. Zugleich aber wird diese hypothetische Quelle zum geheimen Angelpunkt der ganzen Exegese des JE [= Johannesevangelium]. Nicht nur die Religionsgeschichte meldet hier ihren Anspruch an, sondern es bereitet sich hier schon (seit 1923, vor der engen Berührung mit Heidegger) so etwas wie eine existentiale Interpretation vor. Damit wird die Umstellungshypothese ein bloßes Hilfsmittel (dem man deshalb auch nicht lange nachgrübelt), das dem modernen Menschen die Theologie des JE nahezubringen mitgestattet.«

Dem kann ich nun zustimmen, zumindest was die Umstellungshypothesen und die angebliche Bestimmtheit der Exegese des gesamten Evangeliums durch die (hypothetische) Behandlung einer (hypothetischen) Quelle angeht. Aber der Ort eines umgeformten historisierten Gnostizismus in einem joh Weltverständnis bleibt von zentraler Bedeutung für die Erforschung des Evangeliums und ist unabhängig von Quellentheorien.

---

[174] Zitate aus englischsprachigen Veröffentlichungen wurden jeweils übersetzt.

Haenchen geht meiner Meinung nach zu schnell über den Beitrag der synoptischen Evangelien zum vierten Evangelium hinweg (S. 80), aber er hat recht, wenn er dann (S. 81) fordert, die richtige Methode bestehe nicht darin, eine Sondertheorie zu suchen, die das Quellenproblem lösen kann, sondern vielmehr darin, »an einem konkreten Punkt einzusetzen und sich nicht nur zu fragen, ob Johannes dort eine Quelle benutzt hat, sondern auch, wie er sie benutzt hat«. Seine langen Ausführungen zu diesem Problem zeigen, wie wichtig und zugleich wie schwierig dies ist. Er kommt zu dem Schluß (S. 102): »In summa wird man sagen dürfen: (1) Der Evangelist hat bei den Erzählungsstücken keines der drei anderen kanonischen Evangelien benutzt, obwohl z. B. so angesehene Forscher wie *Kümmel* und *Hirsch* . . . vom Gegenteil überzeugt sind. (2) Der Evangelist hat das Erzählungsgut nicht frei geschaffen, sondern unter Benutzung von Tradition mehr oder minder frei geformt. (3) Das Erzählungsgut war durchweg von der Ansicht geprägt, daß die Wunder Jesus legitimieren und damit eigentlich Glauben wecken sollten. (4) Der Evangelist dagegen sieht in den ‚Zeichen‘ zwar wirklich geschehene Ereignisse; sie erhalten aber Bedeutung erst dadurch, daß sie (nach der Geistbegabung) für den Christen Hinweise werden auf Jesus als den Weg zum Vater.«

Zum Redenstoff macht er (gegenüber Bultmann) geltend, daß der Evangelist »in den Reden selbst zu Wort« kommt (a. a. O.). Diese Ansicht scheint mir soweit gerechtfertigt. Aber joh Denken schwappt von den Reden auch in die Erzählungen über; und wenn man dies einmal erkennt, dann bekommt die ganze Frage nach »Johannes und den Synoptikern« ein neues Gesicht.[175]

Der letzte Abschnitt in Haenchens Einleitung ist überschrieben: »Die verschiedenen Christologien im JE«. Diese scheinen beinahe von unterschiedlichen Verfassern zu stammen; es scheint, »daß wir im vierten Evangelium die Stimmen zweier theologisch verschieden denkender Evangelisten hören« (S. 106).

»Wie soll es möglich sein, daß der vierte Evangelist eine Schrift oder eine Tradition von ganz anderer theologischer Haltung übernommen hat? Die Lösung des Rätsels scheint mir in diesem Falle darin zu liegen, daß der Evangelist von der Tatsächlichkeit jener wunderbaren Ereignisse überzeugt war, die er in seiner Überlieferung berichtet fand. Aber er wollte – anders als seine ‚Vorlage‘ – diese Wunder nicht als Beweise für die Göttlichkeit Jesu angesehen wissen (sie sind ja alle innerirdische Ereignisse), sondern als Zeichen, als Hinweise auf etwas ganz anderes« (ebd.).

Dieses »ganz anderes« ist die Offenbarung Gottes in der Gegenwart, aber auch in der Zukunft: »Wie bei Paulus und in gewissem Sinn auch bei Mk, ist das Erdenleben Jesu auch bei Johannes noch nicht die Zeit, da Jesu wahres Wesen erkannt wird, und das, obwohl dieses irdische Wirken nach Joh gerade das Ziel hat, den Vater in ihm sichtbar zu machen. Dennoch erreicht das Erdenleben dieses Ziel, aber erst nachträglich: der Geist führt die Jünger in alle Wahrheit. Das Erdenleben Jesu wird sozusagen erst hinterdrein in seinem eigentlichen Sinn durchsichtig: durch den Geist. Dieser wird in seiner Bedeutung vor allem in den Aussagen über den ‚Beistand‘, den παράκλητος im Evangelium erläutert (14,16f.26; 15,26; 16,5–15).

---

[175] Zum Zusammenhang zwischen Joh und den Synoptikern s. bes. F. Neirynck, in: L'Évangile de Jean, BETL 44 [1977], S. 73–106; ETL 53 [1977], S. 113–152.430–450; ETL 60 [1984], S. 367–375; NTS 30 [1984], S. 113–152.

Bereits 8,26 hatte Jesus angedeutet, daß er noch viel zu sagen habe; aber erst nach der Erhöhung des Menschensohnes werde man erkennen, daß er es ist, den der Vater gesandt hat. Deutlicher wird die Rolle des Geistes in den Abschiedsreden beschrieben: Der Geist der Wahrheit wird die Jünger alles lehren (14,26); Jesus hätte ihnen noch viel zu sagen, aber sie können es jetzt noch nicht fassen« (S. 108).

Hierzu möchte ich auf meine Ausführungen in »Theocentric«[176] verweisen.

J. Becker

Die Einleitung zu Beckers Kommentar (Das Evangelium nach Johannes. Kap. 1–10, ÖTK 4/1 [1979]; Das Evangelium nach Johannes. Kap. 11–21, ÖTK 4/2 [1981]) ist sehr klar geschrieben, bewegt sich aber doch in einem engen Rahmen; dies erweckt häufig den irreführenden Eindruck einer etwas dogmatischen Bestimmtheit. Die Rechtfertigung für Aussagen, die in der Einleitung vorgetragen werden, müssen im Kommentar und in den Exkursen« gesucht werden – so z. B. für die einzigen Fälle von »Unordnung«, die Becker findet (S. 32): Er nimmt als ursprünglich folgende Ordnung an: 4,1–54; 6,1–71; 5,1–47; 7,15–24; 7,1ff. Solche Vorschläge habe ich bereits im Kommentar besprochen, ebenso auch die Behauptung, es gebe keinerlei Berührung zwischen Joh und den Synoptikern. Zu dieser Frage fügt Becker differenzierend hinzu (S. 38): »Dabei zeigen jedoch die beiden Quellen [SQ = Semeia-Quelle; PB = Passionsbericht] traditionsgeschichtlich besondere Affinität, sei es zu Mk (so die SQ), sei es zu Lk (so der PB).« Becker erklärt genausowenig wie andere Autoren, wie eine gewisse Bekanntschaft mit dem schriftlichen Text von (z. B.) Mk von der Kenntnis von Traditionen unterschieden werden kann, die den in Mk enthaltenen ähnlich sind. Joh verwendete die beiden oben erwähnten Quellen und hat zusätzlich dazu »verschiedene kleine mündliche Einheiten (u. a. auch den Hymnus in Joh 1,1–18) aufgegriffen, die er in die von ihm komponierten Reden einarbeitete« (S. 35). Die Verweise auf »erstes« und »zweites« Zeichen (2,11; 4,54) legen in der Tat die Annahme nahe, daß *einige* Zeichen bereits miteinander verbunden waren; wenn man SQ in dieser begrenzten Weise versteht, ist dagegen nichts einzuwenden.

Becker widmet einen kurzen, aber wichtigen Abschnitt der »Geschichte der joh Gemeinde« (S. 43ff), einem Prozeß, der zur Bildung eines joh Kanons von vier Büchern (Evangelium und drei Briefe) führte. Nur *ein* historisches Ereignis in diesem Prozeß kann mit Sicherheit benannt und mit einiger Gewißheit datiert werden: die *Birkath ha-Minim*, die um etwa 90 n. Chr. in das Achtzehnbittengebet eingefügt wurde. Wichtiger ist die Stellung der joh Gemeinde vis-à-vis der ganzen Kirche als einer Sekte und ihre theologische Bewertung dieser Stellung. Auch hier gibt es Punkte in Beckers Ausführungen, mit denen ich übereinstimmen kann, obwohl ich eine etwas andere Darstellung des geschichtlichen Rahmens in meinem Kommentar in: Essays on John, und in: Die Anfänge des Christentums (hg. v. J. Becker [1987], S. 255–278)[177] gegeben habe.

---

[176] Nun auch in »Essays on John«, S. 1–18.
[177] S. auch u. (S. 163ff) zu R. E. Brown.

Zuletzt anzuführen, freilich von großer Wichtigkeit, ist der »Die theologische Absicht von E [= Evangelisten]« überschriebene Abschnitt. Wo kann diese gefunden werden? Man hat sie gewöhnlich in 1,14 gesucht, aber dies kann nach Becker nicht sein. Der Vers werde vom Evangelisten aus dem Logoshymnus, den er verwendete, kommentarlos übernommen, und seine Inkarnationstheologie finde sich nirgendwo sonst im Evangelium; dieses ziehe die Theologie des Sohnes, der gesandt ist, vor – eine Theologie, die andere traditionsgeschichtliche Wurzeln habe. Mehr kann auf den ersten Blick zugunsten von 20,30f vorgebracht werden, welches Joh aus SQ für den Schluß seines Buches genommen hat. Aber diese Verse sagen uns nur, daß es Joh um Christologie und Glauben geht, und nicht, was er über sie zu sagen hat. Man könnte auch an die Ich-bin-Worte denken, aber tatsächlich seien diese nicht mit dem eigenen Standpunkt des Joh identisch. Die theologische Absicht des Joh könne nur aus den großen Reden in 3,1–21; 5,19–30; 6,25–71; 12,30–36; 13,31–14,6 erhoben werden, wenn man die »redaktionellen Einschübe« abhebt. In diesen Reden sei »alles... bei E ausgerichtet auf das Heilsziel des ewigen Lebens (typisch sind dafür z. B. 3,16; 5,25; 6,35.68; 11,25f; 12,32; 14,6). Diese Strukturierung ist E vorgegeben durch den theologiegeschichtlichen Ort seiner Gemeinde. Diese fragt z. B. nicht: Wie können wir Anteil erhalten am kommenden Gottesreich? Oder: Wie erlangt der Mensch vor Gott Rechtfertigung? Diese jesuanische und paulinische Grundfrage ist weder terminologisch noch sachlich für die johanneische Theologiegeschichte konstitutiv. Vielmehr wird die Welt und das Leben in ihr ihrem Wesen nach als todgeweiht und vergänglich erfahren, und darum fragt man nach Weltüberwindung als Teilhabe am ewigen Leben. Dieses ewige Leben wird dabei als so fremd empfunden und so fern von der erfahrbaren Welt und Menschheit, daß man sich in der joh Gemeinde in einer dualistischen Grundkonzeption ausspricht. Es gibt nun auf diese Frage nach dem ewigen Leben eine Antwort, die grundlegend bestimmt ist vom erhöhten Herrn und vom Geist, der die Gegenwart des Erhöhten für die Gemeinde bedeutet« (S. 57).

Dies führe zu einer Christologie, in welcher das Irdische und das Überirdische wie zwei Bilder sind, die zur selben Zeit auf eine Leinwand projiziert werden. Was die Mittel angeht, durch die ewiges Leben erlangt wird, so zeigt es sich, »daß sich für E hier alles auf die Relation von Wort und Glaube konzentriert« (a. a. O.).

Der grundsätzliche Einwand, den man gegen diese Darstellung der joh Theologie vorbringen kann, ist, daß man sich damit unnötig auf eine einzige gedankliche Linie konzentriert. Es ist in der Tat charakteristisch für Joh, daß er fähig war, inklusiv und nicht exklusiv zu denken, und dies auch getan hat. Es ist dies mehr als alles andere, was den Evangelisten vom Verfasser des ersten Briefs unterscheidet (s. z. B. Essays on John S. 128–130). Ich glaube nicht (s. Prologue), daß der Evangelist 1,14 aus einem bereits bestehenden Logoshymnus entnahm, das er dann gedankenlos eingefügt hat, ohne es angemessen an seine eigene Denkweise anzupassen. Selbst wenn er die Worte nicht selbst verfaßte, war er doch qualifizierter Theologe genug, um ihre Bedeutung zu erkennen. An anderer Stelle, im Hauptteil seines Evangeliums, erzählte er die Geschichte des fleischgewordenen Wortes; hier erzählt er uns, daß es das fleischgewordene Wort ist, dessen Geschichte er erzählen will. Um ein anderes Beispiel zu nehmen: Es trifft selbstverständlich zu, daß das paulinische Verb δικαιοῦν bei Joh nicht begegnet; aber der Glaubende kommt nicht ins Gericht (5,24), d. h., er ist durch Glauben gerechtfertigt. Nicht die paulinische Begrifflichkeit, wohl aber der paulinische Gedanke ist in Joh gegenwärtig, wenn er auch tatsächlich nicht so zentral wie im Römer- und Galaterbrief ist. Es wäre töricht, der Behauptung Beckers zu widersprechen, daß das ewige Leben, das auf dem Werk des vom Vater gesandten Sohnes und des vom Sohn gesandten Geistes beruht, zentral für das Denken des Evangeliums sei; aber sich auf das eine zu konzentrieren und das andere auszulassen ist nicht der Weg, auf dem man den vielseitigen Reichtum des theologischen Verständnisses unseres Evangelisten erfassen kann.

R. E. Brown

Hier muß nun R. E. Browns *The Community of the Beloved Disciple*, [London 1979], erwähnt werden; denn es stellt wahrscheinlich den besten Versuch dar, den Kreis, aus welchem die joh Literatur hervorging, vorzustellen, und es kann auch als ein Ergänzungsband, der in den neuesten Stand einführt, eine Hilfe für die Leser von Browns bedeutendem Kommentar sein (S. 5). Es enthält jedoch eine solche Fülle an Einzelpunkten, an denen der Leser entweder mit Browns Formulierung und Behandlung der Belege übereinstimmen oder aber auch ihr widersprechen muß, daß es wohl nur in einer Erörterung angemessen behandelt werden könnte, die ebenso lang wäre wie Browns Darstellung.[178] Brown teilt die Geschichte der Gemeinde in vier Phasen ein.

Phase I behandelt die Ursprünge der Gemeinde »vor dem Evangelium« (S. 25–58). Brown faßt seine Sicht der Dinge in einem einleitenden Abschnitt zusammen. »Trotz der Verschiedenheit [der Meinungen] gibt es eine bezeichnende Einigkeit im Blick auf zumindest zwei Stufen in der Entwicklung der johanneischen Gemeinde. In der Frühzeit bestand diese aus Juden, deren Glauben an Jesus eine relativ »niedrige« (low) Christologie in sich schloß. Später entwickelte sich dann eine höhere Form von Christologie, die die joh Gemeinde in scharfen Konflikt mit den Juden brachte, die dies als Gotteslästerung betrachteten, und diese Spannung trieb die johanneische Gruppe zu noch kühneren Behauptungen. Diese zwei Phasen der johanneischen Entwicklung sind auch Teil meiner Rekonstruktion der Vorgeschichte des Evangeliums, zusammen mit einer dritten Phase, die durch den Eintritt von Heiden in größerer Anzahl gekennzeichnet ist« (S. 25).

Der Rest des Kapitels ist der Dokumentation dieser Skizze gewidmet, d. h. der Entdeckung von Stücken im Evangelium, die darin eingebettet sind, die aber nicht ihrer abschließenden Herausgabe und Redaktion, sondern diesen Vorstufen korrespondieren. Im Rahmen unserer kurzen Darstellung ist es unmöglich, mehr als einige Musterbeispiele herauszugreifen; dies ist durchaus nicht fair gegenüber Brown; der Leser sollte vielmehr seine Beweisführung jeweils vollständig heranziehen, obwohl er auch davon ausgehen darf, daß die hier gemachten kritischen Beobachtungen mutatis mutandis auch auf das übrige Material von Brown angewandt werden können. So wird die erste Phase gestützt durch Joh 1,35–51: Hier sehen wir Juden, die »mit relativ geringen Schwierigkeiten« (S. 27) Jesus als mehr oder weniger konventionellen Messias akzeptieren. Eine entsprechende Einstellung ist in den zugrunde liegenden Formen der Wundergeschichten und in einigen Logien,

---

[178] Das Buch ist in deutscher Übersetzung erschienen unter dem Titel »Ringen um die Gemeinde« [1982]. Da Browns Arbeit dort nicht vollständig wiedergegeben ist, wird hier eine eigene Übersetzung der Originalzitate geboten.

die denen der Synoptiker ähnlich sind, zu sehen. Im Evangelium in seiner vorliegenden Fassung haben Geschichten und Worte eine charakteristisch joh theologische Interpretation erfahren; wenn man diese beiseite läßt, kann man die einfacheren Ursprünge der Gemeinde sehen. Die zweite Phase kann man in 4,4–42 sehen, wo eine »große Gruppe von Samaritanern bekehrt wird« und sich der älteren Gruppe anschließt (in der einige Mitglieder ehemalige Täuferjünger sind). Bei der Rekonstruktion der Geschichte »kann man voraussetzen, daß die zweite Gruppe in der johanneischen Geschichte aus Juden bestand, die eigentümlich-tempelkritische Ansichten hatten, die Samaritaner bekehrten und einige Elemente samaritanischen Denkens aufgriffen, einschließlich einer Christologie, die nicht auf einen davidischen Messias ausgerichtet war« (S. 38).

Es gibt einen Hinweis auf die dritte Phase in der Ankunft der Griechen in 12,20–23, die Jesus »als Zeichen dafür dient, daß sein Wirken an sein Ende gekommen ist« (S. 55). Diese Bewegung hin zu den Heiden könnte mit einer geographischen Bewegung der Gemeinde zusammenhängen, welche »die Belege palästinischer Ursprünge mit der Tradition von der Komposition in Ephesus in der Asia« (S. 56) versöhnen könnte. Vgl. 7,35.

Daß Brown hier seinen Finger auf Elemente des Denkens und Interesses im Evangelium gelegt hat, ist ohne Frage richtig. Die Frage ist freilich, ob das Evangelium Belege bietet, die es uns ermöglichen, sie in einer zeitlichen Abfolge einander zuzuordnen. An dieser Stelle scheint Brown mir nicht überzeugend zu sein. Es ist interessant, den einfachen jüdischen Messianismus in Kap. 1, die weitere (und wahrscheinlich samaritanische, jüdisch-häretische) Perspektive in Kap. 4 und das Herbeikommen von Heiden in Kap. 12 zu beobachten; aber 1,51 enthält das tiefgründige Bild vom Menschensohn, auf dem die Engel aufsteigen und herabsteigen (das $\mu\varepsilon\tilde{\iota}\zeta\omega$ $\tauο\dot{\upsilon}\tau\omega\nu$ $\mathring{o}\psi\eta$ von 1,50 verweist nicht auf eine fortschreitende Christologie, sondern darauf, daß Jesus auf übernatürliche Weise Nathanael unter dem Feigenbaum sitzen sieht). Kap. 4 enthält die deutlichste Behauptung der Messianität (4,26), und wenn die Samaritaner Jesus als $\acute{o}$ $\sigma\omega\tau\dot{\eta}\rho$ $\tauο\tilde{\upsilon}$ $\varkappa\acuteο\sigma\muο\upsilon$ (4,42) bekennen, dann bietet dies lediglich eine Formulierung dessen, was in 3,16 und anderen Versen gesagt worden ist. Außerdem geht die Anerkenntnis, daß Jesus der Heiland der *Welt* ist, der Ankunft der Griechen (die in jedem Falle nicht Heiden, sondern zumindest Proselyten sind, da sie zum Fest pilgern; 12,20) um acht Kapitel voran; soweit es die Darstellung der Geschichte in einem palästinischen Rahmen zuläßt, zeigt Joh allenthalben Interesse an der nichtjüdischen Welt.

In Phase II (S. 59–91) befaßt sich Brown mit der Abfassung des Evangeliums selbst, indem er das Erscheinen einer Anzahl unterschiedlicher Gruppen, glaubender und nichtglaubender, im Evangelium untersucht. Diese repräsentieren Gruppen in der Umwelt des Evangelisten, welchen gegenüber er eine unterscheidbare Haltung einnimmt.

Die erste Gruppe ist die *Welt*; es ist unnötig, Stellen zu zitieren, die die Feindschaft der Welt gegenüber den Glaubenden und dem Evangelium zeigen. Sie kann nicht mit den Juden (s. u.) identifiziert werden; tatsächlich wird, während in Kap. 5–12 die Juden die Gegner sind, in Kap. 14–17 ihr Platz von der Welt eingenommen. »Die Wendung im Blick auf die Gegner von ‚den Juden' zur Welt kann bedeuten, daß nun die johanneischen Christen heidnischem Unglauben begegnen, gerade so wie sie sich früher jüdischem Unglauben gegenübersahen« (S. 63). Darin mag nun eine geographische Komponente liegen, als die Gemeinde aus Palästina in die Provinz Asia zog. Aber beließ Joh in seinem Evangelium Stoff, der – als die Zeit verstrich – unzeitgemäß geworden war? Dies ist nicht leicht zu glauben. Was ist jedoch mit den *Juden* und den Verweisen auf sie? Brown versucht, die Relevanz des Stoffes, der unter dieses Etikett fällt und seiner Meinung nach nicht länger von Wert für Auseinandersetzung oder Mission war, durch die Annahme zu retten, er könne als Abwehrmaßnahme gegenüber dem Rückfall ins Judentum auf seiten einiger joh Christen nützlich erschienen sein. Aber dies scheint eine jüdische Umgebung vorauszusetzen, die weiterhin von Einfluß war. Eine dritte Gruppe von Ungläubigen sind *Jünger des Täufers* – mit denen man sanft umgeht, weil so viele der ersten Mitglieder der Gemeinde Täuferjünger gewesen waren und weil Johannes ein wichtiger Zeuge für Jesus gewesen war oder zumindest als solcher galt, der das Zeugnis des AT zusammengefaßt hatte.

Nach diesen drei Gruppen von Ungläubigen wenden wir uns nun Glaubenden zu, die freilich nicht alle als befriedigend betrachtet werden können. Es gibt (Gruppe 4) die Krypto-Christen (12,42.43). Das waren jene, die es vorzogen, innerhalb der Synagoge zu bleiben und »von innen zu wirken, um die erzürnten Synagogenleiter wieder zu einer Toleranz gegenüber Christen zu bringen, die vordem bestanden hatte« (S. 73). Von diesen Geheim-Christen sagt Brown, »es ist schwierig, die Details ihrer Christologie und Ekklesiologie zu rekonstruieren« (S. 72). Es ist mehr als schwierig; es ist überhaupt unmöglich, denn es gibt keine Belege. Aber es genügt wahrscheinlich, daß sie existierten. Gruppe 5 besteht aus den judenchristlichen Kirchen, deren Glaube nicht angemessen ist. Diese erscheinen in verschiedener Weise. 6,60–66 finden wir jene, die »Joh' Sicht der Eucharistie nicht teilen« (S. 74), 7,3–5 einen Hinweis auf die Kirche in Jerusalem oder das Element in dieser Kirche, das die Gestalt des Herrenbruders Jakobus hochschätzte. 8,31 begegnen wir Juden, die an Jesus glaubten, aber, wie die anschließende Rede zeigt, eine unbefriedigende Christologie hatten. Sie (so legt sich nahe) »sind Judenchristen, die der johanneischen Gemeinde wegen ihrer Hochchristologie und ihrer Aufnahme samaritanischer Elemente energischen Widerstand leisten« (S. 77). Aber hätte Joh die Worte (8,48) in den Mund solcher Menschen als Angriff auf Jesus gelegt: Sagen wir nicht mit Recht, daß du ein Samaritaner bist und einen Dämon hast? Weniger zuversichtlich verweist Brown auf 10,12: »Die Mietlinge sind Hirten der Schafe, d. h. Führer christlicher Gruppen, vielleicht judenchristlicher Kirchen. Sie haben ihre Herden nicht ausreichend von ,den Juden' ferngehalten, die versuchen, sie wegzunehmen (d. h. zurück in die Synagoge), denn sie haben nicht wirklich die johanneische These akzeptiert, daß das Judentum durch das Christentum abgelöst wurde« (S. 78).

Die sechste Gruppe wird als »die Christen apostolischer Kirchen« bezeichnet, die im Evangelium von Petrus und anderen Gliedern des Zwölferkreises repräsentiert sind. Diese unterschieden sich von joh Christen darin, daß ihre Christologie sich nicht in Richtung einer Präexistenzchristologie entwickelt hatte; und sie standen für ein stärker institutionelles Verständnis der Kirche. Brown betont, daß er »diese joh Einstellung gegenüber der Kirche« nicht interpretiert »als aggressiv-polemisch, da es keinen klaren Beweis dafür gibt, daß die johanneische Gemeinde apostolische Gründung und Sukzession, kirchliche Ämter oder die sakramentalen Praktiken der Kirche verwarf. Das vierte Evangelium ist am besten interpretiert, wenn man es als eine laute Warnung gegen Gefahren versteht, die solchen Entwicklungen innewohnen, indem es das betont, was (für Johannes) wahrhaft wesentlich ist, nämlich die lebendige Gegenwart Jesu im Christen durch den Parakleten. Keine Institution oder Struktur kann an deren Stelle treten. Diese Perspektive und Betonung gäbe der johanneischen Ekklesiologie einen anderen Ton als den, den wir aus anderen neutestamentlichen Schriften von den apostolischen Christen am Ende des ersten Jahrhunderts kennen – es ist eine johanneische Ekklesiologie, deren Eigentümlichkeit johanneische Christologie widerspiegelt« (S. 88).

Gegenüber all diesen Gruppen haben die joh Christen selbst gewisse Charakteristika einer Sekte, denn sie stehen ihnen gegenüber. Aber sie sind nicht sektiererisch; denn sie suchten – und fanden schließlich – eine Einheit mit ihren Glaubensgenossen.

Wir können Brown nicht im Detail folgen, wenn er nun weitergeht zu Phase III, welche ihn zu den joh Briefen führt, und zu Phase IV, in welcher er die Geschichte des joh Christentums im 2. Jh. untersucht. Ich habe mich ziemlich ausführlich mit seinem schmalen Buch befaßt, obgleich er m. E. die Belege, die das Evangelium im Blick auf seinen Hintergrund bietet, zu sehr gepreßt hat, indem er es enger auf diesen Hintergrund bezieht, als die theologischen und literarischen Methoden des Joh dies zu verlangen scheinen. Nach meiner Ansicht handelt es sich aber um den besten Versuch, denn wir haben im Blick auf dieses Evangelium den theologischen und historischen Hintergrund zu integrieren, und nicht die theologischen und historischen Traditionen in bezug auf Jesus (dies ist nicht Browns Thema). Jedermann, der sich die Mühe macht, seine Beobachtungen auf S. 88–91.162–164 neben meine vier oben angeführten Aufsätze zu stellen, wird sehen, daß wir sehr vieles Gemeinsame haben; dies erfüllt mich mit großer Befriedigung. Ein zurückhaltenderer Gebrauch der historischen Belege findet sich in meinem Beitrag zu »Die Anfänge des Christentums« (hg. v. J. Becker [1987]), S. 255–278.

D. M. Smith

Seit seiner frühen Arbeit zu Bultmanns Sicht der Komposition des vierten Evangeliums (The Composition and Order of the Fourth Gospel [New Haven and London, 1965]) hat Smith eine Reihe wichtiger Aufsätze und Vorträge zum Evangelium veröffentlicht. Sie sind gesammelt erschienen in: Johannine Christianity (Columbia, S. C. [1984]), einem wichtigen und nützlichen Buch. Ich will mich hier jedoch auf ein kleines Buch konzentrieren, in welchem Smith sich mit *Joh* beschäftigt, und zwar in der Reihe der Proclamation Commentaries, [1974]. Das Format der Reihe könnte den Eindruck einer populärwissenschaftlichen Arbeit erwecken; dem Buch fehlt in der Tat ein Teil des wissenschaftlichen Apparats, vor allem in bibliographischer Hinsicht; aber es enthält eine sensible und tiefgründige Behandlung des Evangeliums, und das vielleicht gerade wegen seiner Kürze.

Wir brauchen uns nicht mit Teil I, Einleitung, aufzuhalten, sondern stellen lediglich die kurze Diskussion zu einer Frage heraus, mit der sich Smith mehrmals befaßt hat, ob nämlich Joh irgendeines der synoptischen Evangelien kannte.[179] Smith ist sich im klaren darüber, daß ein Beweis dafür, daß Joh sie nicht kannte, mindestens so schwer ist wie der, seine Kenntnis dieser Evangelien wahrscheinlich zu machen. Aber er hält es doch für unmöglich, »Bearbeitung des Mk« als ein exegetisches Werkzeug zu verwenden. Teil II bringt Exegese, aber schematisch und selektiv. Die allgemeine Überschrift lautet: »Die johanneische Perspektive«. Dieser teilt sich in drei Abschnitte, wobei ein jeder auf einem Abschnitt des Evangeliums beruht: erstens die kosmische, ewige Dimension, beruhend

---

[179] S. o. (Anm. 175).

auf dem Prolog, 1,1–18; zweitens die vergangene, historische Dimension, aufbauend auf Kap. 9; drittens die gegenwärtige, christliche Dimension, beruhend auf Kap. 16. Die Auswahl dieser Teile des Evangeliums ist nicht schwer zu verstehen, aber die konsequente Vernachlässigung (soweit es detaillierte Behandlung angeht) von mehr als achtzehn Kapiteln muß sich, obwohl angesichts des Buchumfangs verständlich, als unglücklich erweisen. Das alte Bild des nahtlosen Gewandes enthält ein gutes Stück Wahrheit.

Damit kommen wir jedoch bereits zu Teil III: Interpretation. Auch hier gibt es drei Unterabschnitte. Der erste behandelt die historischen Ursprünge des Evangeliums. »Historische Ursprünge« ist ein Ausdruck, den man nicht nur in einer einzigen Weise verstehen kann. Eine der Möglichkeiten des Verständnisses hat es mit dem »historischen Jesus« zu tun. Andere Weisen, über Jesus zu schreiben, können aus kanonischen und nichtkanonischen Schriften illustriert werden.

Joh »*wollte* ein Evangelium schreiben, und diese Wahl ist bemerkenswert. Trotz seiner gewichtigen theologischen, polemischen und kirchlichen Interessen entschied er sich dafür, zu sagen, was ihm am wichtigsten schien, indem er die Worte, Taten, Tod und Auferstehung Jesu erzählte, und dies ist ein Faktum von nicht geringer Konsequenz für das Verständnis dieses Dokuments« (S. 59).

Dies wirft selbstverständlich eine historische Frage auf; aber es ist eine Frage, deren sich der Evangelist selbst sehr wohl bewußt war – »der Evangelist selbst«; aber die Identifikation des Verfassers wird weniger wichtig, wenn man erkennt, daß das Buch aus einem gesellschaftlichen Kontext erwuchs, »einer johanneischen Schule, Kirche oder Gemeinde« (S. 62). Die Briefe (auch wenn sie der Evangelist nicht geschrieben hat) weisen deutlich genug auf die Existenz eines Kreises von Gemeinden hin; und Stellen im Evangelium (z. B. 21,23f) zeigen in dieselbe Richtung. Die Weise, in welcher die Juden, und besonders die Pharisäer, dargestellt werden, läßt an die »Situation einer christlichen Gemeinde im Konflikt mit der Synagoge« (S. 64) denken. Hier wird nun die zweite Möglichkeit, »historische Ursprünge« zu verstehen, unmißverständlich deutlich. »Es liegt uns weniger an der historischen Wahrheit dieser Erzählungen über Jesus und die Juden als an den historischen Rahmenbedingungen, die ihnen ihre gegenwärtige Gestalt und genauere Bestimmung gab« (S. 67). Vergleicht man das joh Christentum mit dem übrigen Christentum, und nicht nur im Gegenüber zu den Juden der feindlichen Welt, dann zeigt sich eine bestimmte, deutlich unterschiedene Ausprägung.

»Die Ansicht, Johannes wolle explizit die Formen des Christentums abweisen, die sich in der synoptischen Tradition finden, ist, wie wir gesehen haben, kaum haltbar. Sehr viel wahrscheinlicher ist die These, daß das johanneische Christentum die Entwicklung einer archaischen, geisterfüllten Form des Christentums repräsentiert, die, was ihre Führer und ihre Autorität anging, sich auf Personen stützte, die ohne Förmlichkeit wegen ihrer charismatischen Qualitäten oder prophetischen Gaben ausgewählt wurden« (S. 68).

Aber Smith formuliert eine solche Sicht der Dinge mit vorsichtiger Einschränkung.

Soweit hat vieles von dem, was Smith schreibt, Parallelen bei Brown. Im nächsten Kapitel wendet er sich den »theologischen Faktoren, die die Entwicklung der johanneischen Theologie beeinflußten«, zu. Welchem Zweck sollte das Buch nach der Intention des Joh dienen? War es ein missionarisches Evangelium? Im wesentlichen nein. Insgesamt gesehen, hat das Buch mit internen kirchlichen Situationen und Problemen zu tun, obwohl der Evangelist und seine Gemeinde, »während das Evangelium kaum zu

Recht als Missionstraktat für Juden betrachtet werden kann, die Tür für Bekehrungen aus dem Kreis der Kinder Israels noch nicht zugeschlagen haben« (S. 76). Smith fügt hinzu, daß es eine ausgeprägte Neigung in Richtung eines häretischen Judentums, speziell zu den Samaritanern, zu geben scheint; aber es wird nicht deutlich, was er genau mit »Neigung« (leaning) meint. Tatsächlich könnte Smiths Schlußfolgerung hier zutreffen; es wäre aber doch gut, eine explizite Berücksichtigung solcher Stellen wie 15,27; 16,8; 17,20 zu sehen. Smith nimmt dann das Thema der Eschatologie auf und fragt insbesondere, wie das Kommen Jesu im Evangelium verstanden wird.

»Jesus verspricht nicht, im Triumph über die Welt zurückzukehren. Vielmehr sagt er: ‚ich habe die Welt überwunden' (16,33), und in seiner abschließenden Bitte für die Jünger betet er, daß sie schließlich bei ihm, sein und seine uranfängliche Herrlichkeit (17,24) sehen sollen. Jesus kommt nicht wieder dahin, wo seine Jünger gewesen sind; vielmehr kommt er und nimmt sie dahin, wo er ist. Sein Kommen wird am besten als personaler und geistlicher Advent verstanden, nicht als ein apokalyptisches Drama. Aber auch diese Wiederkunft Jesu ist nicht dem Tod eines jeden einzelnen Jüngers vorbehalten, als ob er seine eigene und persönliche Parusie haben sollte. Statt dessen verheißt Jesus seine fortdauernde Gegenwart bei seiner Kirche« (S. 81).

Smith erkennt an, daß »Reste der älteren apokalyptischen Eschatologie in Joh reichlich vorhanden sind« (S. 80), aber er ist nach meiner Ansicht nicht in der Lage zu sehen, wie diese Reste (wenn dies das richtige Wort dafür ist) in die joh Theologie integriert werden können. Er bezeichnet sie jedoch nicht als kirchliche Redaktion. Seine Interpretation der Eschatologie führt Smith zur Beschäftigung mit dem Geist. Dieser wird nach der Auferstehung das Mittel, durch das die Gegenwart Jesu (identifiziert mit Hilfe der Evangelientradition) für die Kirche gesichert wird.

Dies führt zu einer Reihe neuer Probleme. Denn wie soll der Geist identifiziert werden?

»Der Geist-Paraklet wird zum Mittel, durch das die Offenbarung Christi entfaltet und vermittelt wird. Diese theologische Position setzt einen lebendigen Glauben in die Realität des Geistes sowie dessen Erfahrung voraus, die bereits an anderer Stelle in der Offenbarung des Johannes bezeugt werden. Solches Vertrauen auf den Geist wird in dem Maße problematisch, als Kriterien fehlen, um zu entscheiden, welche Ansprüche für den Geist (oder des Geistes) gültiger Ausdruck der Offenbarung Jesu Christi sind. Das Problem wird erkannt, und es wird ein Versuch zur Auseinandersetzung damit unternommen in 1Joh« (S. 87).

Im dritten Kapitel von Teil III stellt sich Smith der Aufgabe einer »Interpretation des vierten Evangeliums«, d. h. der Interpretation einer Interpretation. Er greift zurück auf die drei Interpretationsrahmen, auf welche er in Teil II die Aufmerksamkeit lenkte: den präexistenten, ewigen; den vergangenen, historischen; den gegenwärtigen, christlichen. Aber »es bleibt die Frage, wie oder in welchem Sinn man sagen kann, daß Jesus weiter bei seinen Jüngern bleibe, sogar jetzt. Im Johannesevangelium ist diese seine Gegenwart nicht nur in Tradition und Erinnerung, auch nicht in Sakrament und Institution gegeben. In dem Geist-Parakleten und den geistlichen Erfahrungen der Gemeinde macht Jesus sich selbst bekannt« (S. 95).

Smiths kluge und praktische Kommentare zu dieser Schlußfolgerung liegen außerhalb des Rahmens dieser Zusammenfassung.

Eine kurze Skizze dieser Art kann nicht die Weisheit dieses schmalen Buches wiedergeben und auch nicht den fesselnden Stil, in welchem Smith seine Gedanken ausdrückt. Vieles von dem, was er sagt, besonders vielleicht von den Dingen, auf die wir unmöglich auch nur hinweisen konnten, werden Bestand haben. Aber zuweilen hat man das Gefühl, daß er der Fährte nicht bis zum Ende – bis zur letzten Konsequenz – gefolgt ist. Niemand ist Bultmanns Zergliederung des Evangeliums mit größerer Sorgfalt oder größerer Detailgenauigkeit nachgegangen. Er sieht sie zu Recht mit Skepsis an. Wenn nun jedoch (um nur die auffälligsten Beispiele zu nehmen) die Hinweise auf futurische Eschatologie und die Sakramente nicht als redaktionelle Ergänzungen behandelt werden sollen, dann gibt es eine dialektische, fast gewaltsame Dualität im Denken des Joh, welche in leidenschaftliche Auseinandersetzungen im Kontext der Briefe aufgelöst wurde.

G. R. O'Day

Ich nehme hier auf O'Days schmales Buch (Revelation in the Fourth Gospel: Narrative Mode and Theological Claim [Philadelphia 1986]) aus zwei Gründen Bezug: erstens, weil mir diese Veröffentlichung ein sehr brauchbarer und interessanter Beitrag zur Diskussion sowohl der literarischen wie theologischen Charakteristika des vierten Evangeliums zu sein scheint; zweitens, weil es als eine sehr junge Veröffentlichung einige ältere Beiträge aufnimmt.

Es erscheint zwar nicht im Titel noch im Untertitel ihres Buches, aber O'Days Thema ist Ironie. Viele, die über das vierte Evangelium geschrieben haben, haben die Ironie als ein Charakteristikum der Darstellung seines Stoffes durch Joh festgehalten; auch Monographien sind diesem Thema gewidmet worden. Diese haben (nach O'Day) das Thema entweder von der literarischen Seite (wie Culpepper und Duke) oder von der theologischen (wie MacRae) angepackt. Von ihrem eigenen Werk sagt O'Day:

»Methodologisch gehört unsere Studie zwischen die von MacRae und jene von Culpepper und Duke. Sie will eine genauere literarische Analyse als MacRae bieten, aber sie wird auch größeres Gewicht auf die Integration literarischer und theologischer Dimensionen als Duke und Culpepper legen« (S. 6).

Was ist Ironie? O'Day verfolgt das Wort und die Vorstellung zurück durch Aristophanes und Plato, Aristoteles und seine Nachfolger, Cicero und Quintilian; sie sieht zu Recht, daß in der antiken Literatur, nicht zuletzt in der griechischen Tragödie, Ironie auch da vorliegen kann, wo der Autor dies nicht eigens anmerkt. Ihre vielleicht wichtigste Beobachtung ist folgende: »Damit Ironie Erfolg haben kann, d. h., damit die Signale entdeckt und die Ironie interpretiert und verstanden werden können, muß der Verfasser eine Beziehung zu seinen Zuhörern herstellen. Der Autor und die Zuhörer müssen einiges Wissen und einige Vorstellungen teilen; wenn die Zuhörer nicht das Wissen haben, das notwendig ist, um sich durch die Inkongruenzen der ausgedrückten und intendierten Bedeutungen zu arbeiten, kann keine Kommunikation geschehen« (S. 29).

Es ist nur natürlich, wenn man von hier zu »Ironie als einem Modus der Offenbarung« kommt.

»Trotz ihres offenkundigen Versuchs, Bedeutung zu verhüllen, ist *Ironie ein Modus der Sprache der Offenbarung*. Sie offenbart, indem sie den Leser auffordert, Urteile und

Entscheidungen über den relativen Wert ausgedrückter und intendierter Bedeutungen zu fällen, und dadurch den Leser in ihre Sicht der Wahrheit hineinnimmt, so daß der Leser, wenn er schließlich versteht, ein Glied der Gemeinschaft wird, die diese Vision teilt, welche jene konstituierten, die auch der Führung des Autors gefolgt sind« (S. 31).

So viel einleitend. Wie steht es aber nun mit der Ironie im vierten Evangelium? O'Day beginnt mit dem Prolog und unterscheidet, mit ihm als Bezugsbasis zwischen vier möglichen Zugängen zur Offenbarung im Evangelium. Der erste Zugang ist überschrieben »*Inhalt*« und ist die traditionelle Weise des Verständnisses unseres Evangeliums. Die Lehre Jesu liefert den Inhalt der geoffenbarten Wahrheit, und zwar in erster Linie »(1) über Gottes Natur und (2) über Gottes Heils- und Erlösungsplan« (S. 35). Die meisten würden nun diese Kategorien als unsachgemäß zur Charakterisierung der Offenbarung im vierten Evangelium ansehen. Die zweite Zugangsmöglichkeit wird *vergleichend* (comparative) genannt. »Parallelen zu neutestamentlichen Ausdrücken und Denkformen werden in hellenistischen Mysterienreligionen, Gnostizismus und anderen religiösen Bewegungen gesucht« (S. 37).

Dieser »vergleichende Zugang sieht die Offenbarung aus der Perspektive allgemein verbreiteter mythischer Paradigmen und nicht aus der Perspektive einer bestimmten historisch abgegrenzten Offenbarung. Wenn der Schritt vollzogen wird, weg von der partikularen Besonderheit des biblischen Textes hin zu allgemeineren Offenbarungsparadigmen, dann hat sich der Ort der Offenbarung signifikant verlagert. Diese Anfangsbewegung weg von der Partikularität ermöglicht einen anderen Schritt, nämlich zu fragen, was das Wesen der Offenbarung hinter oder in dem Paradigma ist« (S. 38).

Hier müßte man nun annehmen, O'Day lasse dem religionsgeschichtlichen Zugang nicht Gerechtigkeit widerfahren, wenn sie nicht unmittelbar hinzugefügt hätte: »Es ist nicht bloß zufällig, daß das existentiale Verständnis der Offenbarung im vierten Evangelium seine Wurzeln in der religionsgeschichtlichen Methode hat« (ebd.). Deshalb, drittens, der *existentiale* Zugang, bei welchem O'Day selbstverständlich hauptsächlich an Bultmann denkt.

»Bei der existentialen Annäherung ... ist die Antwort auf die Frage nach dem Inhalt der Offenbarung Jesu klar – Jesu Offenbarung hat keinen Inhalt. Jesus vermittelt nicht irgend etwas, was objektivierbar ist (Lehren, Formeln, Riten), als wenn er nur ein austauschbarer Träger zur Vermittlung von Information und Erkenntnis wäre. Statt dessen ruft Jesu paradoxe Gegenwart Entscheidung hervor und verlangt Antwort. Die Entscheidung für den Glauben, durch den man gerettet wird, geschieht in der Begegnung mit Jesus und in der Überwindung der Spannung zwischen Jesus als Anstoß und Jesus als Offenbarer« (S. 39).

»Der existentiale Zugang zur Offenbarung mit seiner Betonung von Gottes Gegenwart im Augenblick der menschlichen Entscheidung, richtet sich auf die erinnernde Funktion des biblischen Textes. Die Schrift – in unserem Fall das vierte Evangelium – wird nicht als objektive Rede über Gott verstanden, sondern als das Mittel, durch das die subjektive Erfahrung Gottes möglich wird. Gott wird deshalb im *existentialen Ereignis* erkannt, und diese Gotteserkenntnis kann niemals in eine definitive, fixierte Aussage übersetzt werden« (S. 41).

Dem gegenüber steht der vierte, *dogmatische* Zugang, insbesondere der Käsemanns: »Offenbarung kann nur durch das christologische Zeugnis des vierten Evangeliums verstanden werden, das in dogmatischen Kategorien formuliert ist. Es gibt keinen Zugang zu Jesu Offenbarung unabhängig von dogmatischer Reflexion darüber, wer er im Verhältnis zum Vater ist. *Der Ort der Offenbarung wird so in dogmatischen Formulierungen über die Natur Jesu gesehen*« (S. 43).

Von ihrer Zusammenfassung dieser vier Zugänge, die zu unterschiedlichen Einschätzungen des *Daß* und *Was* der Offenbarung führen, geht O'Day weiter zu dem, was ihr eigenes Anliegen ist, dem *Wie, Wie wird Gott erkannt?* Sie fordert, daß bei der Beantwortung dieser Frage literarische und theologische Analyse Hand in Hand gehen müssen. Wenn man sie trennt und jeweils isoliert verfolgt, dann führt dies zu einem Fehlschlag.

»Literarkritische Erforschung biblischer Texte, ein derzeit wachsender Trend in der Bibelwissenschaft, ist keine von außen aufgedrängte Disziplin, wenn man dabei die Integration des Literarischen mit dem Theologischen beachtet. Eine solche Methodologie bietet uns tatsächlich einen Weg, auf dem wir biblische Texte und biblischen Glauben zurückgewinnen können. Die Voraussetzung dieses Zugangs zum vierten Evangelium ist, daß Form und Inhalt bei der Erörterung der Offenbarung nicht getrennt werden können. *Der Ort der Offenbarung wird so im biblischen Text und in der Welt gesehen, die durch die Worte dieses Textes geschaffen worden ist.* Wir können die Frage ‚Wie wird Gott im vierten Evangelium bekannt gemacht?' nicht ohne eine Diskussion darüber beantworten, *wie* johanneische Sprache die Offenbarungserfahrung schafft und vermittelt. Das ‚wie' der Offenbarung muß als eine integrierte literarische und theologische Kategorie ernst genommen werden« (S. 47f).

Darin finde ich O'Day überzeugend, obwohl ich nichts wirklich Neues in der Aussage erblicken kann, daß der Ort der Offenbarung im biblischen Text und in der Welt, die der Text schafft, liegt.

Nachdem sie dies festgestellt hat, blickt sie zurück zu ihrer Diskussion der Ironie, die sie nun als ein Mittel vorschlägt, um Zugang zum Ort der Offenbarung im vierten Evangelium zu gewinnen. Es ist nicht recht klar, ob nach ihrer Ansicht Ironie einen Weg unter anderen ermöglicht oder Ironie, wenn schon nicht der einzige, so doch der wichtigste und vornehmste Weg ist. Dies wäre nach meiner Meinung eine Übertreibung und würde auch in die Irre führen. Jenes ist nicht nur wahrscheinlicher, sondern wird auch durch ihre Diskussion von Joh 4,4–42 gestützt, die folgt. Dies ist der exegetische Hauptabschnitt des Buches, doch zu lang und zu detailliert, als daß wir ihn hier zusammenfassen könnten. Darin arbeitet sie Beispiele für Ironie heraus, aber es zeigt sich, daß es auch andere literarische Phänomene in dem Abschnitt gibt, die ebenfalls zum Prozeß der Offenbarung beitragen. Dies ist ein Verdienst ihrer exegetischen Arbeit, aber es reduziert doch zu einem gewissen Grad den Anspruch, den man für die Ironie erheben kann, sogar den relativ bescheidenen Anspruch, der im letzten Abschnitt des exegetischen Kapitels erhoben wird:

»Unsere Analyse von Joh 4,4–42 weist zwar so auf die Unzulänglichkeiten der Sprache hin, die bei der Beschreibung der joh Theologie der Offenbarung den Modus der Erzählung nicht ernst nimmt. Wenn wir Jesu Offenbarung in Joh in erster Linie auf der Grundlage des *Was*, des Inhalts analysieren, dann ist die Samaria-Erzählung schlimmstenfalls unnötig und bestenfalls eine Wiederholung, da der Prolog bereits explizit gesagt hat, wer und was Jesus ist. Wenn wir die Samaria-Erzählung in erster Linie auf der Basis des *Daß* analysieren, dem bloßen Faktum Jesu, dann ist die Erzählung als Erzählung unnötig. Das *Wie* des Textes, insbesondere das *Wie* der Offenbarungsironie, bietet einen eher integrativen Zugang zum Studium Jesu und seiner Offenbarung. Als ein Ergebnis des johanneischen Gebrauchs von Ironie zur Vermittlung der Dynamik der Offenbarung ist die Erzählung nicht Mittler der Offenbarung, sondern sie *ist* die Offenbarung« (S. 91f).

Ich selbst bin damit zufrieden, wieder festzustellen, daß Joh seinen Prolog dazu gebraucht, um das *Daß* der Offenbarung Gottes im Wort zu formulieren, und den Hauptteil des Evangeliums, um das entsprechende *Was* bereitzustellen, und daß er große literarische Kunst einsetzt – einschließlich eines größeren Maßes an Ironie, als ich erkannt hatte –, um seinen Stoff in einer überzeugenden Weise darzubieten.

Kapitel 7

Der Text

In der ersten Auflage dieses Kommentars habe ich gewöhnlich, wenn auch nicht immer zustimmend, den Text von B. F. Westcott und F. J. A. Hort, The New Testament in the Original Greek (1881) zitiert. Diese Textausgabe wird nur noch selten benützt; ich habe deshalb den vertrauteren Nestletext (26. Auflage) herangezogen – obwohl dies konsequent nur für die *lemmata* zutrifft; sonst verwende ich den mir ursprünglich erscheinenden Text.

Die Anmerkungen zum Text sind keinesfalls vollständig. In der Regel habe ich nur jene Varianten erörtert, die für die Interpretation des joh Denkens wichtig oder sonst von besonderem Interesse sind, und zwar lexikalisch, grammatikalisch oder historisch. Außerdem habe ich die zitierten Textzeugen auf ein Minimum reduziert. Dies habe ich mit Absicht getan; denn ich bin der Meinung, es ist viel wichtiger, daß der Student ein gründliches Verständnis der Prinzipien der Textkritik besitzt, als daß er sich eine Vielzahl von Siglen merkt. Es darf nicht davon ausgegangen werden (es sei denn, dies wird ausdrücklich gesagt), daß alle Zeugen für eine Lesart genannt sind; wer genauere und umfassendere Informationen wünscht, wird wissen, woher er sie bekommt. Bei der Vorbereitung der Anmerkungen zum Text habe ich in vielen Büchern Hilfe gefunden, vor allem in Westcott-Horts Introduction (Notes on Select Readings); A. Merx, Die vier kanonischen Evangelien nach ihrem ältesten bekannten Texte, II,II, 2: Das Evangelium des Johannes [1911]; und F. C. Burkitt, Evangelion da-Mepharreshe [1904]; und im Apparat von C. Tischendorf, Novum Testamentum Graece [1869]; in H. von Soden, Die Schriften des Neuen Testaments II. Text mit Apparat [1913]; und in den kleineren Ausgaben von Souter, Nestle, Kilpatrick und den United Bible Societies; soweit wie möglich wurde freilich jede zitierte Lesart aus Faksimiles oder Standardausgaben verifiziert.

In den Textanmerkungen werden folgende Handschriften und andere Autoritäten zitiert:

Majuskeln

p^5	ein Papyrus aus dem 3. oder 4. Jh.; in London
p^{45}	der Chester-Beatty-Papyrus der Evangelien und Apostelgeschichte; 3. Jh.; in Dublin und Wien
p^{66}	ein Papyrus aus der Zeit etwa um 200 n. Chr.; in Genf
p^{75}	ein Papyrus aus dem frühen 3. Jh.; in Genf
ℵ	Codex Sinaiticus; 4. Jh.; in London

B	Codex Vaticanus; 4. Jh.; in Rom
D	Codex Bezae; 5. oder 6. Jh.; in Cambridge
W	der Washington-(Freer-)Codex; 4. oder 5. Jh.; in Washington
Θ	die Koridethi-Evangelien; 9. (?) Jh.; in Tiflis

Minuskeln

33	9. oder 10. Jh.; in Paris (»die Königin der Minuskeln«)
565	9. oder 10. Jh.; in Leningrad
λ	bezeichnet die Lesart der Familie 1-118-131-209 usw. (die »Lake-Gruppe«)
φ	bezeichnet die Lesart der Familie 13-69-124-346-543 usw. (die »Ferrar-Gruppe«)

Übersetzungen

Lateinisch

it	die Itala, die altlateinische Version (vor der Vulgata); daraus werden folgende Handschriften zitiert:
	a Codex Vercellensis; 4. oder 5. Jh.; in Vercelli
	b Codex Veronensis; 4. oder 5. Jh.; in Verona
	d der lat. Text von D (eine zweisprachige Handschrift; s. o.)
	e Codex Palatinus; 4. oder 5. Jh.; in Wien
vg	die Vulgata, angefertigt von Hieronymus gegen Ende des 4. Jh.; zitiert nach dem Text von Wordsworth und White, 1889–1898 (WW)

Syrisch

sin	Syrus Sinaiticus (altsyrische Version)
cur	Syrus Curetonianus (altsyrische Version)
pesch	Peschitto (die syrische Vulgata)
hl	Harclensis (hl^{mg} bezeichnet eine Randlesart)

Koptisch

sah	die sahidische Version (südkoptisch)
boh	die bohairische Version (nordkoptisch)

Kirchenväter und andere Autoren

Herakleon	2. Jh.	Euseb	4. Jh.
Irenaeus	2. Jh.	Ambrosiaster	4. Jh.
Tertullian	2. und 3. Jh.	Augustin	4. und 5. Jh.
Origenes	3. Jh.	Chrysostomus	4. und 5. Jh.

Das Symbol Ω wird wie in Souters *Novum Testamentum Graece* für »*codices plerique*« gebraucht.

WH bezeichnet Westcott-Hort und auch deren Text.

Bei manchen der zitierten LXX-Stellen sind Varianten übernommen worden, ohne diese jedoch besonders zu kennzeichnen.

II. Auslegung
(Kommentar und Einzelexegese)

1. Der Prolog

1,1–18

Jeder der Evangelisten beginnt sein Werk damit, daß er das Wirken Jesu auf seinen Ursprung (*ἀρχή*) zurückführt: Mk auf das Werk des Täufers und die Taufe Jesu, mit dem Herabkommen des Geistes und der göttlichen Verkündigung: Du bist mein Sohn; Mt und Lk auf die Geburt Jesu aus einer Jungfrau; Joh auf die Schöpfung und darüber hinaus. Jeder will seine Leser auf ein rechtes Verständnis der nachfolgenden Erzählung vorbereiten: Jesus kann nur verstanden werden als Messias, als Sohn Gottes und als Logos. Nur Joh freilich gibt der Erzählung über Jesus einen absoluten theologischen Rahmen, und obwohl er auf die Ausgangspunkte bei Mk (V. 6–8.15) und Mt und Lk (V. 13, s. Komm. z. St.) anspielt, muß er sie doch als unangemessen und möglicherweise sogar irreführend betrachtet haben. Die mk Taufgeschichte konnte adoptianisch verstanden werden, und die Vorstellung der Jungfrauengeburt erinnert doch zu deutlich an heidnische Mythen. Die einzige Perspektive, in welcher das Werk Jesu und seine Beziehung zum Vater wirklich gewürdigt werden konnte, war die der Ewigkeit. Die Verwendung einer Kosmogonie durch Joh als Hintergrund für seine Erlösungsbotschaft findet Parallelen in anderer hellenistischer Literatur, z. B. den Hermetica (s. Corp Herm I, 4–11), aber seine Behandlung des Themas ist einzigartig, nicht zuletzt in der Verbindung mit Charakteristika der hellenistischen oder gnostischen Offenbarungsrede (s. z. B. Becker, Reden, S. 14–59) und targumischer Auslegung (s. bes. P. Borgen, in NTS 16 [1970], S. 288–295, s. u.; und ders., in NovTest 14 [1972], S. 115–130).

Die Einheit und der Aufbau des Prologs sind heftig diskutiert worden (s. »Prologue« und »Judaism«, S. 20–35, wo auf einen Ausschnitt der Diskussion verwiesen wird; auch S. Schulz, Komposition und Herkunft der Johanneischen Reden [1960], S. 7–69; H. Zimmermann, in: Neues Testament und Kirche (FS R. Schnackenburg) [1974], S. 249–265; ferner E. Käsemann, Aufbau und Anliegen des johanneischen Prologs (Exegetische Versuche und Besinnungen II, S. 155–180); E. Haenchen, Probleme des johanneischen Prologs (Gott und Mensch, S. 114–134). Die folgende Analyse beruht auf detaillierter Exegese, die im Kommentar zu den einzelnen Stellen skizziert wird, teilweise mit Bezug auch auf alternative Betrachtungsweisen. Die wichtigste Frage bei der Analyse ist: An welcher Stelle verweist Joh zuerst auf das Auftreten des Wortes auf der menschlichen Bühne? S. Komm. zu V. 5.9.14. Folgende Gliederung entspricht, wie es scheint, am besten der Intention des Joh:

1. V. 1–5, *kosmologisch*. Das ewige göttliche Wort, Gottes Werkzeug bei der Schöpfung, ist die Quelle von Licht und Leben für die Menschen. Das Licht ist umgeben von Finsternis, von welcher es absolut und ewig unterschieden ist und durch welche es niemals ausgelöscht werden kann.

2. V. 6–8, *das Zeugnis des Johannes*. Nach der Feststellung der ewigen Wahrheit des Wortes geht der Evangelist weiter zu seinem Bericht über dessen Offenbarung in der Zeit. Entsprechend der christlichen Überlieferung führt er zuerst den Täufer ein, den er sorgfältig vom wahren Licht unterscheidet, aber doch in seiner Bedeutung als Zeuge für das Licht herausstellt.

3. V. 9–13, *das Kommen des Lichtes*. Das Kommen des Wortes oder Lichtes ist nun erfolgt; ein Kommen, das ein fast völliger Mißerfolg war. Selbst jene, die am meisten privilegiert waren, glaubten nicht, als sie das Licht sahen; freilich weist Joh sorgfältig auf die wenigen hin, die hörten, glaubten und empfingen und so die Kirche konstituierten, deren Sprecher er war. Dieser Bericht vom Kommen des Wortes ist weniger ausgeführt als die Verkündigung, die in V. 14 folgt. Es sollte festgehalten werden, daß nach Dodd (Interpretation, S. 281–284) dieser Abschnitt auf zwei Ebenen geschrieben wurde, sowohl in Beziehung auf das kosmische als auch auf das inkarnierte Sein des Wortes, und nach Bultmann Joh selbst von V. 5 an die Inkarnation gedacht habe, während seine Quelle in V. 1–5.9–12 vom präexistenten Logos sprach.

4. V. 14–18, *die Heilsökonomie*. Das Kommen Jesu, des Wortes, wird nun detaillierter behandelt und der Eindeutigkeit wegen von einem weiteren Hinweis auf den Täufer begleitet. Das irdische Leben Jesu, so bescheiden es war, war doch der Schauplatz, auf welchem die Herrlichkeit und Gnade Gottes dargestellt wurden. Der Leser ist nun darauf vorbereitet, sich in angemessener Weise der Geschichte zuzuwenden und sie zu verstehen.

Diese Abschnitte sind etwa gleich lang, es scheint aber nicht möglich, sie weiter aufzuteilen, um zu einer poetischen Struktur zu gelangen: Weder im Griechischen noch in einem durch Konjektur herzustellenden aramäischen Original. Es handelt sich ganz gewiß nicht um griechische Poesie; und es ist zweifelhaft, ob man sie legitimerweise als Wiedergabe semitischer Poesie im Griechischen bezeichnen kann. 1) Die hebräische Poesie des AT wurde von Robert Lowth im 18. Jahrhundert »entdeckt«; die meisten frühen Benützer des Hebräischen, z. B. in der ntl Zeit, scheinen von ihr jedoch nichts gewußt zu haben. Prosa und Poesie, z. B. das Sch^ema, das Achtzehnbittengebet und die Hallel-Psalmen, wurden in der Synagoge alle in derselben Weise gesungen (Bill IV, S. 394). 2) Josephus und Philo erkannten in dem, was wir hebräische Poesie nennen, keine charakteristische Struktur und kein eigenes Prinzip; dies gilt auch für die Übersetzer der LXX. 3) Ein semitischer Ursprung für den Prolog läßt sich nicht erweisen; s. u. die ausführliche Diskussion. Der Prolog ist besser als rhythmische Prosa zu bezeichnen. Wenn dies zutrifft, ist es unmöglich, bestimmte Stellen als Prosaeinfügungen in ein ursprüngliches »Logos-Lied« zu tilgen. Bestätigt wird dies dadurch, daß der ganze Abschnitt bei sorgfältiger Analyse eine klare innere Einheit und auch eine deutliche thematische und stoffliche Einheit im Vergleich zum übrigen Evangelium zeigt; ebenso auch durch die Vielfalt der Versuche, die man unternommen hat, um die ursprüngliche Form des Prologs wiederherzustellen. Um nur zwei Beispiele anzuführen, Burney nimmt

(S. 40f) an, der ursprüngliche Prolog sei in aramäischen Reimpaaren geschrieben, und zwar folgendermaßen:

1a	1c	3a	4a	5a	10b	11a	14a	14c	14e	17a
1b	2a	3b	4b	5b	10c	11b	14b	14d	16a	17b

Hier ist zu beachten, daß V. 6–10a.12.13.15.16b.18 in dieser Gliederung als Prosakommentare oder Einfügungen durch einen Redaktor betrachtet werden. J. Weiss (Das Urchristentum [1917], S. 613f) gliedert den Prolog in Vierzeiler:

1a	3a	5a	11a	14ab	17ab
1b	3b	5b	11b	14cd	18a
1c	4a	10ab	12a	14e	18b
2a	4b	10c	12b	16ab	18c

Hier sind die V. 10a.12.16b.18 (die Burney ausgegliedert hat) eingeschlossen, und darüber hinaus ist die rhythmische Aufteilung völlig anders. Von anderen Exegeten werden andere Gliederungen vorgelegt; s. Brown, S. 22. Diese Unterschiede können selbstverständlich die Annahme, der Prolog sei ursprünglich in Versen geschrieben worden oder er beruhe auf solchen, nicht widerlegen; sie müssen jedoch die Zweifel über die Fähigkeit der Exegeten nähren, zwischen Poesie und Prosa zu unterscheiden. Es mag möglich sein, bestimmte Verse aufgrund ihres Inhalts als Teile des ursprünglichen Prologs auszuscheiden, und die meisten Exegeten haben in der Tat V. 6–8.15 (die von Johannes dem Täufer handeln) als Einfügungen angesehen; wir werden uns mit dieser Frage unten auseinandersetzen. Tatsächlich helfen die Hinweise auf Johannes den Täufer zur Klärung des jetzigen Zwecks des Prologs. Der Evangelist mag zu einem gewissen Grade aus bereits bestehendem Material geschöpft haben; welcher Autor tut dies nicht? Aber der Prolog steht vor uns als eine Einleitung in Prosaform, die nicht der Interpolation ausgesetzt war. Sie wurde vermutlich extra dazu geschrieben, um das Evangelium einzuleiten – und, so ist hinzuzufügen, es zusammenzufassen. Viele Einleitungen und Vorworte haben diesen doppelten Zweck.

Nur im Prolog wird der Terminus λόγος in einem christologischen Sinn gebraucht. Diese Beobachtung darf nicht überbewertet werden. Viele der zentralen Vorstellungen im Prolog sind auch im Hauptteil des Evangeliums von zentraler Bedeutung; s. z. B. den Kommentar zu ζωή, φῶς (V. 4), μαρτυρία (V. 7), ἀληθινός (V. 9), κόσμος (V. 10), δόξα, ἀλήθεια (V. 14). Wenn der Prolog in achtzehn Versen den theologischen Gehalt von zwanzig Kapiteln ausdrücken sollte, dann war ein großes Maß an Verdichtung notwendig; und so ist vieles von dem, was die Christologie des Joh ausmacht, in dem Wort λόγος verdichtet.

1. *ἐν ἀρχῇ.* Vgl. Gen 1,1 *ἐν ἀρχῇ* (בראשית, *b^ereshith*) *ἐποίησεν ὁ θεός,* und Prov 8,22 *κύριος ἔκτισέν με ἀρχὴν ὁδῶν αὐτοῦ* (דרכו) *[reshith]* ראשית קנני יהוה). Vgl. auch Mk 1,1 *ἀρχὴ τοῦ εὐαγγελίου Ἰησοῦ Χριστοῦ.* Daß der Einleitungsvers des Joh an den Einleitungsvers der Genesis erinnern soll, ist sicher; daß es auch die Einleitung des ersten Evangeliums widerspiegelt, ist wahrscheinlich. Angesichts der Parallele zwischen Logos und Weisheit (s. u.) ist auch eine Anspielung an Prov 8,22 wahrscheinlich.

In ähnlicher Weise wird die Existenz der Tora (s. u.) auf den »Anfang« zurückgeführt; so Gen r 1,2: Es gibt keinen Anfang (ראשית, *reshith*) außer der Tora; auch Pes 54a: Sieben Dinge wurden geschaffen, ehe die Welt erschaffen wurde – die Tora, die Umkehr, der Garten Eden, Gehinnom, der Thron der Herrlichkeit, der Tempel und der Name des Messias (in dieser *Baraitah* wird Prov 8,22 zum Beweis der Präexistenz der Tora zitiert). Das soteriologische Werk und die Stellung Jesu, die von universaler Bedeutung sind, werden vor einem kosmologischen Hintergrund dargestellt. Es ist eine vergleichbare Tatsache, daß z. B. in Corp Herm die Erlösung ihre Gestalt durch die Kosmologie gewinnt; Cullmann, Christologie, S. 271, sagt jedoch mit Recht, man müsse, um V. 1 zu verstehen, V. 14 im Ohr haben; d. h., die Christologie ist selbst bei Joh in erster Linie funktional oder, mit anderen Worten, für Joh hat die Erlösung Priorität vor der Kosmologie. ἐν ἀρχῇ bedeutet in der Tat, daß man in Jesus dem begegnet, was jenseits der Welt und Zeit ist (Bultmann). Man sagt aber wohl noch besser, daß in Jesus erkannt wird, was jenseits der Welt und der Zeit ist.

ἦν. Das Tempus der Dauer ist zu kontrastieren mit dem punktuellen ἐγένετο von V. 3 (Schöpfung), V. 6 (der Erscheinung des Täufers) und V. 14 (der Inkarnation). Es weist darauf hin, daß mit ἀρχή nicht der erste Punkt in einer zeitlichen Abfolge gemeint ist, sondern das, was jenseits der Zeit liegt.

ὁ λόγος. Indem Joh diesen theologischen Begriff ohne Erklärung einführt, zeigt er an, daß der Terminus seinen Lesern vertraut war. Er ist im NT als Bezeichnung Christi nicht üblich (abgesehen vom Prolog begegnet er Offb 19,13 und möglicherweise 1Joh 1,1), aber in Kol 1,15–20 kommt Paulus zu einer ähnlichen christologischen Aussage, ohne daß er dieses Wort gebraucht. An dieser Stelle ist nun eine ausführliche Diskussion des Wortes notwendig; s. auch den Kommentar zu V. 1 (ἐν αρχῇ, s. o.), bzw. V. 2.3.4, und die Einleitung, S. 89f.

A. *Hintergrund*: 1) λόγος ist ein griechisches Wort mit einer großen Bedeutungsvielfalt (s. Liddell-Scott s. v.); die meisten dieser Bedeutungen können zusammengefaßt werden unter den zwei übergeordneten Gesichtspunkten des Denkens im Inneren und des äußeren sprachlichen Ausdrucks des Gedachten. In einem theistischen System konnte es deshalb natürlicherweise in einem Bericht über die Selbstoffenbarung Gottes gebraucht werden: Seine Gedanken wurden vermittelt durch seine Sprache. Ob λόγος schon früh in der Philosophie gebraucht wurde, ist fraglich; es ist wahrscheinlich falsch, wenn man behauptet, daß Heraklit eine »Logoslehre« besaß (T. F. Glasson, JThSt 3 [1952], S. 231–238). Das Wort jedoch bot sich für pantheistischen Gebrauch an, und die frühen Stoiker hatten keinen anderen Gott als λόγος, das Vernunftprinzip; in Übereinstimmung mit ihm existierte das Universum und waren die Menschen, in unterschiedlichem Maße mit σπερματικοὶ λόγοι begabt, verpflichtet, ihr Leben zu gestalten. In der Verbindung von Stoizismus und Platonismus, der ein nicht klar abgegrenztes, aber wichtiges Element im Hintergrund des frühen Christentums bildet (s. Einleitung, S. 54), war ein Kompromiß erreicht; das Vernunftprinzip des stoischen Universums war der λόγος Gottes. Daß Joh mit derartigem Denken in gewissem Maße vertraut war, ist wahrscheinlich; es muß aber daran erinnert werden, daß der übliche griechische Sprachgebrauch (durchaus unabhängig von der Philosophie) λόγος zu einem brauchbaren Terminus zur Bezeichnung einer jeden Art des Sich-selbst-Ausdrückens machte.

2) Man behauptet, die Gnosis leiste einen wichtigen Beitrag zum Hintergrund des joh Gebrauchs von λόγος. Diese Behauptung kann man jedoch nicht so einfach formulieren, da das Wort λόγος nicht so aus vorjohanneischen gnostischen Texten wie aus vorjohanneischen stoischen Texten zitiert werden kann. Sie berührt die Einschätzung des Charakters des Prologs insgesamt, seine Quelle gehört nach Bultmann »in den Kreis einer relativ frühen orientalischen Gnosis (hinein), die unter dem Einfluß des alttestamentlichen Gott-Schöpfer-Glaubens fortgebildet worden ist, und zwar in der Richtung, daß die Mythologie stark zurückgedrängt ist, daß die gnostische Kosmologie zugunsten des Schöpfungsglaubens verdrängt und das Interesse am Verhältnis der Menschen zur Offenbarung Gottes, also das soteriologische Interesse, beherrschend geworden ist. Am nächsten verwandt erweisen sich die Od. Sal. – Aus dieser Gnosis ist die Gestalt des Logos als des Schöpfers und Offenbarers zu verstehen

unter der Voraussetzung eines eigentümlich modifizierten Dualismus« (S. 14f). Es handelt sich nun hier nicht um eine Frage, die man durch das Zitieren von Stellen lösen könnte; sie hat vielmehr mit dem gedanklichen Kontext zu tun, in welchen der joh Logos im Prolog als Ganzem eingefügt ist. S. weiter unten: »Das christliche Wort«.

3) λόγος ist natürlicherweise ein sehr häufiges Wort im griechischen AT; hier ist besonders auf zwei Gruppen von Stellen hinzuweisen. In der ersten Gruppe ist das Wort Gottes schöpferisch; vgl. Gen 1,3.6.9 usw., die erschaffenden Befehlsworte, zusammengefaßt in Ps 33,6, durch das Wort des Herrn (בדבר יהוה) wurden die Himmel gemacht (32,6 τῷ λόγῳ τοῦ κυρίου οἱ οὐρανοὶ ἐστερεώϑησαν).

In der zweiten Gruppe ist das Wort des Herrn die Botschaft des Propheten, d. h. das Mittel, durch welches Gott seine Pläne seinem Volk mitteilt; s. z. B. Jer 1,4, nun kam das Wort des Herrn zu mir (ויהי דבר יהוה אלי, καὶ ἐγένετο λόγος κυρίου πρὸς αὐτόν); Ez 1,3; Am 3,1. An all diesen Stellen, in jeder Gruppe, ist das Wort nicht abstrakt, sondern ist gesprochen und wirkend. Im joh Prolog ist sowohl an Schöpfung als auch an Offenbarung gedacht, und das übrige Evangelium ermutigt uns zu der Annahme, daß hier der Einfluß des AT zu finden ist. Es reicht nicht aus, darauf hinzuweisen, daß »Wort« im AT Ereignis meint, während der λόγος des Joh zeitlos sei; es ist vielmehr genau die Behauptung des Joh, daß das zeitlose (ἐν ἀρχῇ) Wort ein Ereignis wurde (σὰρξ ἐγένετο).

4) In den atl Targumim wird das aramäische Wort מימרא (memra, Wort) häufig gebraucht. Man hat manches Mal angenommen, daß diese מימרא eine göttliche Hypostase sei, die eine wirkliche Parallele zu dem Gedanken eines in Jesus Fleisch gewordenen personalen Logos bei Joh biete. מימרא war jedoch keine wirkliche Hypostase, sondern ein Mittel, über Gott zu sprechen, ohne seinen Namen zu gebrauchen, und so eine Möglichkeit, die zahllosen Anthropomorphismen des AT zu vermeiden. Ein Beispiel soll den wahren Sinn von מימרא und auch die Weise, in der es irrtümlicherweise als eine Hypostase verstanden wurde, zeigen: Gen 3,8: Anstelle von »sie hörten die Stimme Gottes des Herrn« (את קול יהוה אלהים), liest der Targum Onkelos: »sie hörten die Stimme der *memra* Gottes des Herrn (ית קל מימרא דיי אלהים). *Memra* stellt eine Sackgasse in der Erforschung des biblischen Hintergrunds der joh Logoslehre dar. Eine andere Sicht wird vertreten von McNamara, Targum and Testament [1972], S. 101–104.

5) Eine weit wichtigere Zugangsmöglichkeit ergibt sich mit der jüdischen Vorstellung von der Weisheit (חכמה *[ḥokhmah]*, σοφία). Bereits in den Proverbien (s. 8,22) ist die Weisheit Gottes nicht mehr lediglich die Eigenschaft des Weiseseins; Weisheit existiert unabhängig in der Gegenwart Gottes, und sie hat auch eine Bedeutung für die geschaffene Welt. Sie bleibt auch eine Segensgabe an die Menschen (8,34). In den späteren Weisheitsbüchern (es ist unnötig, hier nach den entsprechenden Einflüssen dafür zu fragen) hält sich diese Tendenz durch, und die Weisheit wird mehr und mehr zu einem persönlichen Wesen, das an der Seite Gottes im – wenn auch nicht gleichgültigen – Gegenüber zur geschaffenen Welt steht. S. z. B. Sap 7,22 (ἡ γὰρ πάντων τεχνῖτις ... σοφία) und 7,27 ([σοφία] εἰς ψυχὰς ὁσίας μεταβαίνουσα φίλους ϑεοῦ καὶ προφήτας κατασκευάζει), welche beide die kosmologischen und soteriologischen Funktionen der Weisheit illustrieren. Weitere Belege finden sich unten zu V. 1–4.

6) Im spekulativen Judentum fand die Weisheit zwei Nachfolger. Philo fand hier eine Möglichkeit, den stoisch-platonischen Logos in das Judentum einzuführen. Seinen Schriften kann freilich keine einfache oder gar zusammenhängende Logoslehre entnommen werden; der Logos kann z. B. identifiziert werden mit Personen im AT, wie dem Hohenpriester, der allegorisch interpretiert wird. Philos Logos nimmt, allgemein gesagt, den Platz ein, den im frühen hellenistischen Judentum die Sophia innehatte, und er übt insbesondere eine kosmologische Funktion aus. Die ideale Welt, deren bloße Kopie die Welt der Erscheinungen ist, kann ὁ ϑεοῦ λόγος (Op Mund 24f) genannt werden, aber vor allem ist der Logos der ideale Mensch, der Ur-Mensch, das Bild Gottes, aus welchem alle vorfindlichen Menschen entspringen und von dem sie abweichen. Seinem wirklichen Wesen nach ist das Denken des Philo griechisch (abgeleitet ganz besonders vom *Timaios* Platos); eine mehr charakte-

ristisch jüdische Entwicklung der Gestalt der Weisheit ist die Tora (das Gesetz) im rabbinischen Judentum. Wir werden an passender Stelle belegen, daß die Tora schwärmerisch in personalen Kategorien beschrieben werden konnte und man sie sich in kosmologischen und soteriologischen Rollen dachte. Es gibt hier eine wirklich jüdische Linie des Denkens, die von höchster Bedeutung für das Verständnis des Joh ist; freilich ist es notwendig, sich daran zu erinnern, daß die Rabbinen nicht sorgfältig eine Metaphysik ausarbeiteten, sondern überraschende Metaphern, oft in einer undisziplinierten Weise, gebrauchten.

B. *Das christliche Wort.* Nicht weniger wichtig als der griechische und jüdische Hintergrund ist der christliche. Im NT ist das Wort Gottes häufig die christliche Heilsbotschaft, das Evangelium (z. B. Lk 8,11; 2 Tim 2,9; Offb 1,9; vgl. bes. 1 Joh 1,1). Es wurde gesprochen von Paulus (z. B. Apg 13,5; 1 Thess 2,13), von anderen Aposteln (z. B. Apg 6,2) und von Jesus selbst (Lk 5,1; vgl. Mk 2,2 u. ö.). Aber das Evangelium, das Paulus verkündigte, war Christus selbst (z. B. 1 Kor 1,23; 2 Kor 4,1–6; Gal 3,1); dies gilt auch für andere Apostel (z. B. Apg 2,36; 4,12); und während die Synoptiker ohne Zweifel zu Recht darauf hinweisen, daß Jesus die Nähe des Reiches Gottes verkündigte (vgl. τὸν λόγον τῆς βασιλείας Mt 13,19), beschreibt Joh den Kern der Botschaft Jesu als – ihn selbst, und indem er dies tut, vollzieht er lediglich den letzten Schritt in einem Prozeß, auf den im ganzen übrigen NT hingewiesen und, dies sei hinzugefügt, durch dieses auch gerechtfertigt wird (s. dazu bes. Hoskyns, S. 162–164). Die Entwicklung setzte sich auf dieser Linie und auch auf verwandten, aber unterschiedlichen Ebenen in etwas späterer christlicher Literatur fort, vor allem bei Ignatius, Magn 8,2, und einer Anzahl von Oden Salomos, bes. 7,7; 9,3; 12,11f; 16,20 (vgl. 1QS 11,11); 41,13f. Zum Verhältnis zwischen Joh, Ignatius und den Oden s. Einleitung, S. 79ff, 125ff, auch meinen auf S. 79 zitierten Aufsatz.

C. Der *joh Konzeption des Wortes* geht so mehr als eine andere voran, in welcher ohne das Wort λόγος ähnliche Gedanken ausgedrückt werden. Kol 1,15–20 zeigt ebenso deutlich wie Joh 1,1–18 den Gebrauch einer der jüdischen Spekulationen über die Weisheit entnommenen Sprache. Paulus (oder der Verfasser von Kol) war nicht zufrieden mit der kosmischen Würde, zu welcher Christen (Gnostiker?) in Kolossae Jesus erhöht hatten, sondern er bestand, wie auch Joh, auf seiner historischen Rolle und fand das Werk der Schöpfung und Erlösung in angemessener Weise in der Gestalt der Weisheit verbunden; Hebr (s. bes. 1,1–4) betrachtet Jesus in einer grundsätzlich ähnlichen Weise; aber kein anderer neutestamentlicher Autor zeigt eine solche Meisterschaft über das Material wie Joh, der jüdische, hellenistische und urchristliche Denkströmungen in einer logischen Einheit zusammenhält. Daß Joh mit dem AT und mit dem Judentum vertraut war, scheint klar; es ist jedoch auch höchst wahrscheinlich, daß er, indem er Sophia- und Toraspekulationen entwickelte, absichtlich jene Aspekte des jüdischen Denkens auswählte, zu denen es hellenistische Parallelen gab. Die Frage, ob die Verwendung des Logos bei Joh in irgendeiner Weise der Gnosis etwas verdankt, ist umstritten. Jeremias (ZNW 59 [1968], S. 82–85) ist der Meinung, dies könne durch keine der zitierten Stellen (Irenaeus, Adv Haer III,11,1 für Kerinth; Ignatius, Magn 8,2; die Oden Salomos) bewiesen werden; die Quelle des Begriffs sei im hellenistischen Judentum zu suchen, in welchem es von Philo frei gebraucht wird (worauf auch schon von früheren Autoren hingewiesen wird). Dieses Argument ist nicht völlig befriedigend, und zwar deshalb, weil Philo selbst zu den Zeugen einer frühen Form der Gnosis gezählt werden muß, die sich zum Gnostizismus entwickelte, als das Christentum zu dem Synkretismus des Hellenismus mit dem Judentum und anderen orientalischen Bewegungen hinzukam. Es wäre jedoch falsch, Joh bei der Erfüllung seiner Aufgabe eine glatte Mischung früherer Mittlervorstellungen zuzuschreiben, die er dann auf Christus bezog; er beginnt mit Christus, der eschatologischen Erfüllung der Pläne Gottes, und mit der fundamentalen Überzeugung, daß Christus selbst das Evangelium ist, das Wort, welches Gott gesprochen hat. Der Prolog, der als hellenistische Philosophie wie als rabbinische Mystik gelesen werden kann und ohne Zweifel auch noch in anderer spekulativer Weise, kann auch als Geschichte gelesen werden: Er kam zu den Seinen, und die Seinen nahmen ihn nicht auf. Der joh Logos hat eine kosmologische Funktion ähnlich der bei Philo beschriebenen – aber er wurde Fleisch. Der joh Logos ist parallel zu der Sophia-Tora-Gestalt des Judentums; aber Joh weist sofort darauf hin, daß, wie die Tora historisch gesehen durch Mose gegeben wurde, so Gnade und Wahrheit durch Jesus Christus kamen (1,17). Der Logos existiert, aber er ist unerkannt und unverständlich ohne die historische Gestalt Jesu; die Schöpfung ist offenkundig so pervertiert (V. 10f), daß sie nicht in der Lage ist, ihren Schöpfer zu offenbaren – Joh findet keinen Platz für eine natürliche Theologie (V. 18). Umgekehrt sind die Ereignisse der Evangeliengeschichte nur verständlich im Licht der Überzeugung, daß der Hauptakteur nicht lediglich ein Mensch, sondern das ewige Wort Gottes war. In dieser Beziehung, wie auch in anderen, entsprechen der Prolog und das übrige Evangelium einander. Wie der Logos in dem einen, so ist Jesus im anderen präexistent, der Sohn Gottes, das Licht der Welt; er wird von jenen abgelehnt, die ihn aufnehmen sollten, er gibt aber den Seinen die Gnade und die Wahrheit, die das Leben der Kinder Gottes sind.

ὁ λόγος ἦν πρὸς τὸν θεόν. πρός mit dem Akkusativ kann im klassischen Griechisch kaum bedeuten »in Gegenwart von«, es hat aber diesen Sinn ohne Frage im ntl Griechisch (z. B. Mk 6,3 οὐκ εἰσὶν αἱ ἀδελφαὶ αὐτοῦ ὧδε πρὸς ἡμᾶς;), der hellenistische Sprachgebrauch macht es unnötig, hier den Einfluß in einer Übersetzung des aramäischen לות zu sehen. Zu Weisheit als »bei Gott« vgl. Prov 8,30; ich war bei ihm als ein geschickter Arbeiter (אצלו אמון, παρ’ αὐτῷ ἁρμόζουσα). Zur Tora vgl. Gen r 8,2, wo R. Simeon b. Lachisch, Prov 8,30 im Licht von Ps 90,4 (יום in der ersten Stelle entspricht zweitausend Jahren) kommentierend und Weisheit und Tora identifizierend, sagt, daß die Tora der Erschaffung der Welt um zweitausend Jahre voranging. Es gibt mehrere andere Stellen, wo dieselbe Identifikation vorgenommen wird, und wieder andere, wo von der Tora gesagt ist, sie sei präexistent, schöpferisch und göttlich. Solche Vorstellungen sind die Wurzel der Aussage des Joh; es ist deshalb unnötig, πρός in einem streng klassischen Sinn zu verstehen; es kommt kein klarer Sinn heraus, wenn man sagt, daß das Wort »in Beziehung zu« Gott existierte, und – mit Verweis auf Gen 1,3 – dann zu übersetzen »das Wort war an Gott gerichtet« (F. C. Burkitt, Church and Gnosis [1932], S. 95), denn das wirft mehr Schwierigkeiten auf, als gelöst werden.

καὶ θεὸς ἦν ὁ λόγος. Für die Weisheit hat man keinen gleich hohen Anspruch erhoben (vgl. aber Sap 7,25, ἀτμὶς γάρ ἐστιν τῆς τοῦ θεοῦ δυνάμεως, καὶ ἀπόρροια τῆς τοῦ παντοκράτορος δόξης εἰλικρινής). Von der Tora wird gesagt, sie sei die Tochter Gottes (z. B. Sanh 101a [eine *Baraitah*]; Lev r 20,7; Cant r 8,13). θεός ohne Artikel ist prädikativ und bezeichnet die Natur des Wortes. Daß der Artikel fehlt, weist darauf hin, daß das Wort Gott ist, aber dies ist nicht das einzige Wesen, für das dies zutrifft; hätte man ὁ θεός geschrieben, dann wäre damit impliziert worden, daß kein göttliches Wesen außer der zweiten Person der Trinität existierte; s. M III, S. 133 (wenn Turners Beobachtung über die Wortfolge zutrifft, dann nimmt sie dem Verweis bei Haenchen, Die Bibel und wir [1968], S. 218, seine Bedeutung). θεός kann ein Titel für den »göttlichen Menschen« (Betz, S. 102) sein, aber Joh gebraucht es nicht in diesem Sinn.

Joh will, daß das ganze Evangelium im Lichte dieses Verses gelesen werden soll. Die Taten und Worte Jesu sind die Taten und Worte Gottes; wenn dies nicht zuträfe, wäre das Buch eine Gotteslästerung.

Sanders setzt einen Punkt nach θεὸς ἦν und beginnt einen neuen Satz mit ὁ λόγος οὗτος... Diese Abwandlung ist möglich, sie ändert aber den Sinn von V. 1.2 nicht ernsthaft.

2. οὗτος ἦν ἐν ἀρχῇ πρὸς τὸν θεόν. V. 1a.b werden in kombinierter Form wiederaufgenommen. Es handelt sich nicht um eine bloße Wiederholung. Das Wort *kommt nicht, um* bei Gott *zu sein*; das Wort *ist im Anfang* bei Gott. Vgl. 17,5; bei der Himmelfahrt kehrt Jesus in den Stand der Herrlichkeit zurück, den er vor der Schöpfung innehatte.

3. πάντα δι’ αὐτοῦ ἐγένετο. Für diesen Glauben gibt es Parallelen in jüdischen, hellenistischen und christlichen Quellen. a) Zur Weisheit s. Prov 8,30 (s. u.). b) Zur Tora s. z. B. Ab 3,15: »Lieblinge (Gottes) sind die Israeliten; denn es ist ihnen ein (kostbares) Gerät gegeben worden. Als eine ganz besondere Liebe ward ihnen (ausdrücklich) kundgetan, daß ihnen ein (kostbares) Gerät geworden ist,

durch das die Welt geschaffen wurde (שבו נברא העולם: der Kontext mit einem Zitat aus Prov 4,2 zeigt, daß hier die Tora gemeint ist). 1QS 11,1, »alles, was ist, erschafft er nach seinem Plan (במחשבתו), und ohne ihn geschieht nichts«, stellt eine enge formale Parallele zu beiden Teilen, dem positiven und dem negativen, dieses Verses dar, aber es wird nichts gesagt von dem *Wort*, und wenn es auf Gott bezogen wird, handelt es sich um einen vertrauten biblischen Gemeinplatz. c) Der stoische Logos ist *ex hypothesi* der Grund der Schöpfung (vgl. auch Lukrez, De Rerum natura I, 4f.21ff). Zur kosmologischen Rolle des Logos bei Philo s. o. S. 181f. d) Vgl. 1 Kor 8,6, *δι' οὗ τὰ πάντα*; Kol 1,16; Hebr 1,2. Es gibt späte Parallelen in den Oden Salomos, 6,3; 12,10; 16,8–14.18. Das Gewicht, das Joh auf die Rolle des Wortes bei der Schöpfung legt, stellt heraus, daß es nicht nur ein gelegentlicher oder zufälliger Mittler ist.

χωρὶς αὐτοῦ. Dieselbe Wahrheit wird nun negativ formuliert. Es gab keinen anderen Demiurgen. Die Aufteilung der Worte zwischen V. 3 und 4 ist unsicher. Wir können lesen a) *χωρὶς αὐτοῦ ἐγένετο οὐδὲ ἕν ὃ γέγονεν. ἐν αὐτῷ ζωὴ ἦν*, oder b) *χ. αὐ. ἐγ. οὐδὲ ἕν. ὃ γέγονεν ἐν αὐτῷ ζωὴ ἦν*. Mit dieser Unsicherheit muß auch die Variante *ζωή ἐστιν* (nicht *ἦν*), gestützt von א D it cur Gnostikern, gelesen werden. Diese Variante ist wahrscheinlich abzulehnen, da das zweite *ἦν* (*ἡ ζωὴ ἦν τὸ φῶς*) das erste zu fordern scheint. Das stärkste Argument zugunsten von b) ist, daß es die Interpretation der frühesten Väter (und Häretiker) ist; erst als die Gefahr, die in der häretischen Verwendung von b) lag, erkannt wurde, ging die patristische Exegese über zu a). Es wird außerdem behauptet, b) sei deshalb a) vorzuziehen, weil die beiden Sätze eine bessere parallele Struktur erhalten, da *οὐδὲ ἕν* ein häufiges Satzende ist, wenn eine stärkere Betonung als mit einem einfachen *οὐδέν* erforderlich ist (z. B. Josephus, Ant VI, 266), und weil nach *οὐδὲ ἕν, ὧν* (und nicht *ὅ*) *γέγονεν* zu erwarten wäre. Keines dieser Argumente ist überzeugend, und dagegen kann man setzen 1) den häufigen Gebrauch von *ἐν* am Anfang eines Satzes bei Joh; 2) seine häufigen Wiederholungen (nichts wurde gemacht, das gemacht worden war; vgl. z. B. V. 1f); 3) solche Stellen wie 5,26 (*τῷ υἱῷ ἔδωκεν ζωὴν ἔχειν ἐν ἑαυτῷ*); 5,39; 6,53, die einen ähnlichen Sinn ergeben; 4) die Tatsache, daß es einen viel besseren und auch mehr joh Sinn ergibt, wenn man sagt, daß in dem Wort Leben war, als zu sagen, daß das geschaffene Universum Leben in ihm war und dieses Leben das Licht der Menschen war. Die anderen Möglichkeiten, b) wiederzugeben (das, welches ins Sein kam – in ihm war das Wort Leben; das, welches ins Sein kam – in dem Wort war sein Leben) sind in fast unmöglicher Weise schwerfällig. Nach einer detaillierten Erörterung kommt Schnackenburg zu demselben Schluß. K. Aland vertritt in einem wichtigen Aufsatz (ZNW 59 [1968], S. 174–209) die gegenteilige Meinung.

4. *ἐν αὐτῷ ζωὴ ἦν*. Zur Lesart s. o.

ἡ ζωὴ ἦν τὸ φῶς τῶν ἀνθρώπων. Die Worte Leben und Licht gehören zu den charakteristischsten im Evangelium. Später beansprucht Jesus, daß er das Leben (11,25 s v. l.; 14,6) und das Licht der Welt sei (8,12; 9,5; vgl. 12,46). Der Prolog beansprucht nicht mehr als das übrige Evangelium, aber er stellt das zuerst unter einen kosmologischen Aspekt, was später in einem soteriologischen erscheinen wird. Der Hintergrund des joh Denkens ist hier so weit wie sonst nicht mehr gefaßt. Leben und Licht sind wesentliche Elemente in der atl Schöpfungserzählung. Gott gibt Leben (z. B. Ez 37,1–14; Dan 12,2) und ist die Quelle von Licht und Weisheit (z. B. Ps 119,130). Die atl Lehre wird zusammengefaßt in Ps 36,10 (35,10 *παρὰ σοὶ πηγὴ ζωῆς, ἐν τῷ φωτί σου ὀψόμεθα φῶς*), einem Vers, der wahrscheinlich Joh beeinflußt hat. Die Weisheit selbst ist *ἀπαύγασμα . . . φωτὸς ἀιδίου* (Sap 7,26). Sie erklärt *αἱ ἔξοδοί μου ἔξοδοι ζωῆς* (Prov 8,35), und ihr Jünger wird haben (Sap 8,13) *δι' αὐτὴν ἀθανασίαν . . .*, (8,17) *ὅτι ἔστιν ἀθανασία ἐν συγγενείᾳ σοφίας*. Die Tora ist gleichermaßen das Mittel des Lebens für die Menschen; z. B. Sir 17,11 *νόμον ζωῆς ἐκληροδότησεν αὐτοῖς*; Ab 2,7: Je mehr Studium des Gesetzes, desto mehr Leben (dem Hillel zugeschrieben). Von der Tora wird auch gesagt, sie sei Licht; z. B. Sifre Num 6,25 § 41: Der Herr erhebe das Licht seines Angesichts über dich – das ist das Licht (מאור) der Tora (vgl. Prov 6,23); Dt r 7,3: Wie Öl Leben für die Welt ist, so sind auch die Worte der Tora Leben für die Welt; wie Öl Licht für die Welt ist, so sind auch die Worte der Tora Licht für die Welt. Leben und Licht haben eine apokalyptische Dimension. Der gegenwärtige

Äon ist Finsternis und Tod; z. B. Ex 14,31 (בשלח § 7): Diese Welt (העולם הזה) ist völlig Nacht; vgl.
4Esra 14,20; aber der kommende Äon ist Licht und Leben: z. B. Gen r 91,13; der zukünftige Äon
(העולם הבא) ist vollkommener Tag; syr Bar 48,50: In dieser Welt, die kein Ende haben wird, sollt ihr
ein großes Licht empfangen; Ps Sal 16,6(10): Die Frommen des Herrn sollen Leben ererben in
Freude. S. auch aeth Hen 58,3; syr Hen 42,5; Ps Sal 3,12. Braun merkt an, daß *Leben* (חיים) nicht
besonders häufig in Qumran-Texten vorkommt.

Die Worte Leben und Licht sind fast in gleichem Maße für das religiöse und philosophische Denken
im Hellenismus charakteristisch. Viele der Volksreligionen gründeten zu einem gewissen Grad auf
Mythologien, die von dem Kampf zwischen Licht und Finsternis handelten; das Licht war so unausweichlich ein Element sowohl in der Kosmogonie als auch der Erlösung. Die Zusammenstellung von
Leben und Licht ist besonders charakteristisch für den 1. und 13. der Hermetischen Traktate. So
(1,9) ist der Gott Νοῦς – ζωὴ καὶ φῶς; der archetypische Mensch hat dieselben Attribute ὁ δὲ
Ἄνϑρωπος ἐκ ζωῆς καὶ φωτὸς ἐγένετο εἰς ψυχὴν καὶ νοῦν, ἐκ μὲν ζωῆς ψυχήν, ἐκ δὲ φωτὸς νοῦν (1,17);
der Mensch, der die Erlösung empfangen hat, legt Zeugnis ab εἰς ζωὴν καὶ φῶς χωρῶ (1,32). Es ist
ein Grundprinzip gnostischen Denkens, daß nur die Verleihung des Lichtes (Erkenntnis) Leben (Erlösung) geben kann. Auch die Oden Salomos verweisen häufig auf Licht und Leben.

Noch wichtiger als dieser vielfältige Hintergrund war für Joh 1) die Tatsache, daß Jesus nach der
frühen Tradition durch seine Wunder, seine Auferstehung und seine weitergehende Macht im übernatürlichen Leben der Kirche sich selbst als das Leben der Welt erwiesen hatte, und 2) die häufige
Verwendung von Bildern aus dem Umkreis des Lichtes in der Überlieferung (z. B. Mt 5,14;
Mk 4,21f; Lk 17,24). Jesus war selbst Leben und Licht, und er war der Mittler, durch welchen Gott
der Welt Leben und Licht verlieh. Dies stellt Joh nun in vielfältiger Weise dar; s. bes. (zum Leben)
3,15f; 4,14; 5,24–30; 6,35.63; 10,10; 17,3, und (für das Licht) 8,12; 9; 12,35f, und Komm. z. St. Die
Wirkung des Kommens Jesu als Licht in die Welt war, daß die Welt gerichtet wurde; dieser Gedanke
erscheint im Prolog (V. 5.10) und begegnet wieder im Evangelium (3,19–21; 9; 12,46). Zu »Licht«
bei Joh s. weiter Komm. zu 8,12.

Das Leben *war* das Licht, das Leben war die wesenhafte Energie des Wortes. Das Wort bezeichnete
die Kommunikation der Erkenntnis Gottes; von daher war das Leben das Licht der Menschen, das
ihnen die wahre Erkenntnis gab und sie dadurch, daß es in ihrer Mitte schien, dem Gericht aus-
lieferte.

5. τὸ φῶς ἐν τῇ σκοτίᾳ φαίνει. σκοτία ist ein ebenso charakteristisch joh Wort wie φῶς; s. 8,12;
12,35.46 (auch 1Joh 1,5; 2,8.9.11; σκότος Joh 3,19; 1Joh 1,6). Der Gegensatz von Licht und Finsternis scheint unausweichlich aufzukommen, wann immer »Licht« in einem theologischen Sinn
gebraucht wird. In seinem Denken berührt sich Joh durchaus mit den in unserem Kommentar zu
V. 4 erwähnten Bereichen, sein Denken wird aber insgesamt geleitet durch seine Identifikation Jesu
mit dem Licht der Welt. »Finsternis« nimmt logischerweise eine entsprechende ethische Qualität an.
Vgl. S. Aalen, Die Begriffe »Licht« und »Finsternis« [1951]; auch G. Klein, ZThK 68 [1971],
S. 269–291.

Das Präsens φαίνει unterscheidet diese Aussage von V. 6, ἐγένετο ἄνϑρωπος, und V. 11, εἰς τὰ ἴδια
ἦλϑεν. Hier ist keine besondere Erscheinung des göttlichen Lichts gemeint; in der Finsternis zu scheinen, ist so sehr eine ewige Eigenschaft des Lichtes, wie es die des Leben ist, das Licht der Menschen
zu sein, und wie es zum Wort gehört, Leben in sich selbst zu haben. Das Licht kann nicht aufhören,
dies zu tun, wenn es nicht aufhören will, Licht zu sein. Käsemann (I, S. 166 u. ö.) und Conzelmann
(Theologie, S. 366) nehmen an, daß der vorliegende Vers das Kommen des Logos, der Licht ist,
bereits als ein historisches Ereignis beschreibt; zu den Thesen von Bultmann und Dodd s. o. S. 178.
Die Parallelen zu V. 9 und 1Joh 2,8 (welches den Zustand, der durch das Kommen des Wortes seinen Anfang nimmt, beschreibt) reichen nicht aus, um dem φαίνει bei Joh einen historischen Sinn zu
geben.

ἡ σκοτία αὐτὸ οὐ κατέλαβεν. καταλαμβάνειν (»ergreifen«) kann bedeuten »überwältigen« oder – besonders im Medium – »mit dem Verstand erfassen«, »verstehen«. Hier scheint es wahrscheinlich, daß Joh (wie er es gewöhnlich tut, s. Komm. zu 3,3) mit den zwei Bedeutungen spielt (wie Lukian tat; s. Vitarum Auctio 27; Verae Historiae II,18). Da das griechische Wort selbst beide Bedeutungen enthält, ist es hier nicht nötig, auf die Hypothese eines aramäischen Originals und auf eine Verwechslung zwischen קבל und אקבל zurückzugreifen. Die Finsternis verstand das Licht nicht, aber sie löschte es auch nicht aus. Hier wird in erster Linie kosmologisch gedacht, aber dies entspricht doch sehr dem, was Joh nun über die historische Sendung Jesu sagen will. Vgl. Od Sal 18,6: Laß nicht das Licht ergriffen werden von der Finsternis, noch laß die Wahrheit vor der Falschheit fliehen. Sanders sieht hier einen Verweis darauf, daß Verfolgung das Evangelium nicht unterdrücken konnte; aber wenn es unwahrscheinlich ist, daß hier ein Verweis auf die Geschichte Jesu vorliegt, dann ist ein Verweis auf die spätere christliche Geschichte noch unwahrscheinlicher.

6. *ἐγένετο ἄνθρωπος*. Der zweite Teil des Prologs beginnt, und zum erstenmal wird die Bühne der Geschichte betreten. Dem Aorist *ἐγένετο* ist das Tempus der Dauer von V. 1–5 gegenüberzustellen. Wie Mk versteht auch Joh (nach seinem Verweis auf Schöpfung und Ewigkeit) Johannes den Täufer als den Anfang des Evangeliums (vgl. Apg 10,37); s. Komm. zu 1,19–34. Es ist unnötig, hier Interpolation zu vermuten; Johannes spielt eine wichtige Rolle im Evangelium, und es ist durchaus natürlich, daß er in den Prolog eingeführt wird. Zu den Hinweisen im Prolog auf Johannes den Täufer s. M. D. Hooker, NTS 16 [1970], S. 354–358; auch »Prologue«.

ἀπεσταλμένος παρὰ θεοῦ, gesandt und beauftragt von Gott; wie Mose (Ex 3,10–15) und die Propheten (z. B. Jes 6,8); wie Jesus selbst (3,17 u. ö.); wie auch der hellenistische Philosoph (z. B. Epiktet III, 22,23 *ἄγγελος ἀπὸ τοῦ Διὸς ἀπέσταλται*). Zum Gebrauch von *ἀποστέλλειν* (und *πέμπειν*) bei Joh s. Komm. zu 20,21. Das Werk Johannes des Täufers leitet seine Bedeutung nur davon ab, daß er gesandt ist.

ὄνομα αὐτῷ Ἰωάννης. Der Satz ist parenthetisch, vgl. 3,1. Es gibt für diese Wendung atl Parallelen (wie zu *ἐγένετο ἄνθρωπος*), aber es gibt auch hellenistische Parallelen; es gibt keinen Anlaß dafür, eine Übersetzung zu vermuten (Judaism, S. 24).

7. *εἰς μαρτυρίαν*, zum Zwecke des Zeugens. »Zeuge(n)« (*μαρτυρεῖν, μαρτυτία*) nimmt einen wichtigen Platz im Denken des Evangeliums ein. Der Täufer (1,7f.15.32.34; 3,26; 5,33), die samaritanische Frau (4,39), die Werke Jesu (5,36; 10,25), das AT (5,39), die Menge (12,17), der Heilige Geist und die Apostel (15,26f), Gott der Vater selbst (5,(32)37; 8,18) – alle legen Zeugnis für Jesus ab. Jesus selbst, der es nicht nötig hat, daß ihm gegenüber Zeugnis im Blick auf Menschen abgelegt werden sollte (2,25), da er alle Dinge kennt, legt in Verbindung mit dem Vater (8,13–18), dessen zustimmendes Zeugnis sein eigenes bestätigt, Zeugnis für die Wahrheit ab (18,37, vgl. 3,11). Die Zeugen nun zeugen ihrerseits für die Wahrheit der Evangelienerzählung (19,35; 21,24). In 18,23 werden die Ankläger Jesu eingeladen, Zeugnis abzulegen im Blick auf das Böse, das er angeblich getan hat, d. h., durch ihr eigenes Zeugnis die angebliche Tatsache zu begründen. Dies ist normaler griechischer Sprachgebrauch, er entspricht ausreichend dem Gebrauch der Wurzel עוד im AT (welche auch die Vorstellung des Zeugnisses Gottes für oder gegen sein Volk enthält), und es ist der übliche Sinn der Worte bei Joh. S. weiter den Kommentar zu den oben erwähnten Stellen.

ἵνα μαρτυρήσῃ. Epexegetisch für *εἰς μαρτυρίαν*.

περὶ τοῦ φωτός, das göttliche Licht, das in Jesus Fleisch wurde, wie V. 8 f zeigen. In 3,26; 5,33 ist *μαρτυρεῖν*, wenn es bei Joh gebraucht wird, mit einem Dativ konstruiert.

ἵνα πάντες πιστεύσωσιν. Der zweite *ἵνα*-Satz hängt vom ersten ab. Der Zweck des Zeugnisses des Johannes, wenn auch nicht sein tatsächliches Ergebnis, war es, daß alle an Jesus glauben sollten.

πιστεύειν (vgl. hebräisch האמין) entspricht ganz dem *μαρτυρεῖν*; es bedeutet, das Zeugnis als gültig und den dadurch bezeugten Tatbestand wirklich als Tatsache anzunehmen. Vgl. 11,35–37; die zwei Jünger hörten das Zeugnis des Johannes und glaubten.

δι' αὐτοῦ muß sich auf Johannes beziehen; die Menschen glauben nicht *durch* Jesus, sondern *an* ihn.

186

οὐκ ἦν ἐκεῖνος τὸ φῶς. Zur Wiederholung in der negativen Form vgl. V. 3. »Eine solche Feststellung hat nur Sinn, wenn es Leute gab, die Johannes tatsächlich für das ,Licht' hielten« (Cullmann, Vorträge und Aufsätze, S. 270f). Dieses Argument ist durchaus gewichtig (vgl. 3,25ff); aber die negative Behauptung soll den Weg für V. 9 bereiten.

ἀλλ᾽ ἵνα. Der Satz ist elliptisch; ergänze ἦλϑεν. Es ist völlig unnötig anzunehmen – und es ist auch tatsächlich unwahrscheinlich –, daß es sich bei ἵνα um eine Fehlübersetzung des aramäischen ד in einer Wendung handelt, in der dieser Partikel als ein Relativpronomen hätte wiedergegeben werden sollen; »er war nicht das Licht, sondern einer, der Zeugnis ablegte . . .«. Die Worte sind, so wie sie dastehen, im Griechischen leicht verständlich, und es ist keine Konjektur nötig. Es ist unwahrscheinlich, daß ἵνα imperativisch gemeint ist (M III, S. 95).

9. Mit Beginn des dritten Abschnitts im Prolog bewegt sich das Denken des Joh nun stufenweise vom Ewigen zum Zeitlichen und Besonderen.

ἦν τὸ φῶς τὸ ἀληϑινόν. Zu Jesus Christus als dem Licht s. Komm. zu 8,12 (vgl. 1,4; 3,21; 9,5). Bei Joh ist ἀληϑινός zu unterscheiden von ἀληϑής, welches nur im Blick auf Meinungen und Aussagen verwendet wird und auf jene, die diese haben oder abgeben (in 6,55 sollte ἀληϑῶς, nicht ἀληϑής gelesen werden – s. Komm. z. St.), und es bedeutet einfach »wahrhaftig«. ἀληϑινός kann diesen Sinn haben (4,37 [7,28]; [8,16]; 19,35), aber es ist doch eindeutiger auf das Licht anzuwenden (1,9), auf Gottesverehrer (4,23); Brot vom Himmel (6,32), den Weinstock (15,1) und auf Gott selbst (17,3; vgl. 7,28). Dieser Sinn wird am deutlichsten durch die vorliegende Stelle (1,9) herausgestellt. Man mochte den Täufer für ein Licht halten (er war tatsächlich in einem gewissen Sinne Licht, 5,35), aber er war nicht τὸ ἀληϑινὸν φῶς, das Wort. Das heißt, ἀληϑινός bedeutet »wirklich«, »genuin«, »authentisch«; vgl. Test Ascher 4,3, τὸ δοκοῦν καλὸν μετὰ τοῦ ἀληϑινοῦ καλοῦ. ὁ ἀληϑινὸς ϑεός ist der wahre Gott im Gegensatz zu den Götzen; οἱ ἀληϑινοὶ προσκυνηταί sind die wahren Gottesverehrer im Gegensatz zu den Götzenanbetern. Was immer als ἀληϑινός bezeichnet wird, entspricht der Wahrheit: Was dies bedeutet, muß weiter erwogen werden in unserem Kommentar zu ἀλήϑεια (s. Komm. zu 1,14). Der Gedanke ist so verwandt, aber nicht identisch mit Philos ἀρχέτυπον φῶς (Som I,75); verwandt, weil beide Autoren in Kategorien des wahren Seins denken, unterschieden, weil das Denken des Joh seinen Ursprung in der Geschichte hat und dadurch bestimmt wird, während das Denken des Philo spekulativ ist.

ἐρχόμενον εἰς τὸν κόσμον. ἐρχόμενον kann entweder verstanden werden als a) Nominativ Neutrum, bezogen auf φῶς, oder b) Akkusativ Maskulinum, bezogen auf ἄνϑρωπον. a) ergibt ein periphrastisches Imperfekt ἦν τὸ φῶς . . . ἐρχόμενον, wahrscheinlich einen Verweis auf die Inkarnation; wenn man die Konstruktion b) vorzieht, dann müssen wir übersetzen ». . . jedermann, der kommt (*oder*: wie er kommt) in die Welt«. Für b) spricht, daß כל באי העולם »alle, die in die Welt kommen« ein üblicher rabbinischer Ausdruck für »jedermann« ist; vgl. z. B. Lev r 31,6: du erleuchtetest (מאיר ל) jene, die hoch sind, und jene, die niedrig sind, und alle, die in die Welt kommen (d. h. alle Menschen כל באי עולם). Zugunsten von a) kann angenommen werden: 1) im nächsten Vers ist das Licht in der Welt; es ist deshalb natürlich, zu vermuten, daß es auch vorher als kommend bezeichnet würde; 2) an anderen Stellen (6,14; 9,39; 11,27; 16,28) »kommt« Jesus »in die Welt«, und in 12,46 erklärt er, ἐγὼ φῶς εἰς τὸν κόσμον ἐλήλυϑα; 3) das periphrastische Imperfekt entspricht dem Stil des Joh (1,28; 2,6; 3,23; 10,40; 11,1; 13,23; 18,18.25). Diese Argumente scheinen doch stärker zu sein als die Parallele auf der anderen Seite – und es ist ja tatsächlich keine wirkliche Parallele, da das Hebräische nicht lautet כל איש (jeder *Mann* . . .). Die Konstruktion a) ist so vorzuziehen; sie muß als ein Verweis auf die Inkarnation (das wahre Licht kam . . .) und nicht so sehr als eine weitere Definition des Lichtes (das wirkliche Licht war das, welches jedermann erleuchtete, wie es in die Welt kommt – Sanders) verstanden werden.

ὃ φωτίζει πάντα ἄνϑρωπον. φωτίζειν kann bedeuten a) »Licht ausgießen über«, »ans Licht bringen«, »sichtbar machen« oder b) »innerlich erleuchten«, »belehren«, »Erkenntnis geben«. b) ist ein üblicher, wenn auch sekundärer Gebrauch des Wortes. Er findet sich in der LXX (Ps 19[18],9 ἡ ἐντολὴ κυρίου τηλαυγής, φωτίζουσα ὀφθαλμούς – עינים מאירת); in den Hermetica (z. B. I,32 φωτίσω τοὺς ἐν ἀγνοίᾳ τοῦ γένους, μοῦ ἀδελφούς, υἱοὺς δὲ σοῦ), und im NT (z. B. Eph 1,18 πεφωτισμένους τούς ὀφθαλμοὺς τῆς καρδίας ὑμῶν). Vgl. Hebr 6,4; 10,32; Justin Apol 61,65; auch Sap 9,9–18 (Lindars). Wenn man den Prolog in den Kategorien hellenistischer Religion interpretiert und den Logos sich in stoischer Weise denkt, dann ist es natürlich, wenn man in dem vorliegenden Vers einen Verweis auf die allgemeine Erleuchtung aller Menschen durch die göttliche Vernunft sieht, die in der Folge durch die vollständigere Offenbarung des Logos in der Inkarnation vertieft wurde. (Vgl. eine ähnliche Sicht des Gesetzes: Test Levi 14,4 (β), τὸ φῶς τοῦ νόμου... τὸ δοϑὲν ... εἰς φωτισμὸν παντὸς ἀνϑρώπου.) Ob die Worte des Joh tatsächlich diesen Sinn haben, ist jedoch zu bezweifeln. 1) Im nächsten Vers betont er, daß ὁ κόσμος αὐτὸν οὐκ ἔγνω – es gab keine natürliche und universale Erkenntnis des Lichtes. 2) Jene, die Christus aufnahmen, empfingen Macht, Gottes Kinder zu werden. 3) Im übrigen Evangelium ist die Funktion des Lichtes das Gericht; wenn es scheint, kommen einige zu ihm, andere nicht; denn durchaus nicht alle Menschen haben mit dem Licht eine natürliche Verwandtschaft. Angesichts dessen ist es vernünftig, φωτίζειν im Sinn von a) zu verstehen – das Licht scheint auf jedermann zum Gericht, um zu offenbaren, was er ist. Zu diesem Sprachgebrauch vgl. z. B. Polybios XXII,5,10; und im NT 1Kor 4,5, φωτίσει τὰ κρυπτὰ τοῦ σκότους, 2Tim 1,10, φωτίσαντος δὲ ζωὴν καὶ ἀφϑαρσίαν. Wiederzugeben ist deshalb »... welches über jedermann scheint« (ob er es sieht oder nicht).

10. ἐν τῷ κόσμῳ ἦν. κόσμος ist ein gebräuchliches und wichtiges Wort bei Joh. Im allgemeinen meint κόσμος nicht die Gesamtheit der Schöpfung (11,9; 17,5.24; 21,25 sind Ausnahmen), sondern die Welt der Menschen und der menschlichen Verhältnisse. Selbst in 1,10 ist die Welt, die durch das Wort gemacht wird, eine Welt, die fähig ist, ihren Schöpfer zu erkennen oder verwerflicherweise auch nicht zu erkennen. Das Wort wird manchmal (8,23; 9,39; 11,9; 12,25.31; 13,1; 16,11; 18,36) weiter definiert als ὁ κόσμος οὗτος. Dieser Ausdruck ist nicht einfach ein Äquivalent für das rabbinische הזה העולם (ὁ αἰὼν οὗτος, »dieser Äon«) und einer zukünftigen Welt gegenüberzustellen, sondern er steht auch einer Welt gegenüber, die anders ist als diese, aber bereits existiert; das ist eine untere Welt, der entsprechend es auch eine obere Welt gibt (s. bes. 8,23; 18,36). Joh scheint diese Vorstellungen bewußt zu verbinden, so daß Jesus sowohl als Mittel erscheint, durch welches eine eschatologische Zukunft antizipiert wird (wie in den Synoptikern), wie auch als ein Bote aus der himmlischen Welt. Die Bestimmung der Welt als »diese Welt« schließt notwendigerweise ein gewisses Maß an Dualismus ein, welcher zuzeiten in starker Weise ausgedrückt wird (1,10; 7,7; 14,17.22.27.30; 15,18f; 16,8.20.33; 17,6.9.14ff, zusätzlich zu den Stellen, wo ὁ κόσμος οὗτος gebraucht wird). Die Welt haßt Jesus und seine Jünger. Die Welt, in die er kommt, ist jedoch auch der Schauplatz rettenden Wirkens Jesu (1,9f; 3,17.19; 6,14; 8,26; 10,36; 12,46; 16,28; 17,13.18; 18,20.37), und seine Sendung in die Welt gründet in der Liebe Gottes für die Welt (3,16). Es ist beachtenswert, daß in 3,16 der κόσμος unmittelbar in seine Bestandteile aufgeteilt wird (πᾶς ὁ πιστεύων). Dieser Prozeß ist es, der die offenbar einander widersprechenden Dinge, die über die Beziehung zwischen Christus und der Welt gesagt werden, erklärt. Auf der einen Seite ist er der Erlöser der Welt (4,42; vgl. 1,29; 3,17; 6,35.51; 8,12; 9,5), und es wird in betonter Weise wiederholt, daß er nicht kam, um die Welt zu richten (3,17; 12,47); andererseits kam Jesus, um die Welt zu richten (9,39; 12,31; vgl. 3,18; 5,30; 8,16.26; 12,48), und er überwand sie (16,33). Der Feind, der überwältigt wird, ist der ἄρχων τοῦ κόσμου τούτου (12,31; 14,30; 16,11); jene, die unter seiner Macht bleiben wollten, verwandelten die Erlösung in das Gericht. So kann beides gesagt werden: das Ergebnis des Wirkens war, daß die Welt ihn oder den Vater oder den Geist nicht erkannte, (1,10; 14,17; 17,25), und zur selben Zeit ist es seine Aufgabe gewesen, die Welt zur Erkenntnis und zum Glauben zu führen (17,21.23). In 12,19; 18,20 bedeutet ὁ κόσμος *tout le monde*, »jedermann«. Zu diesem Vers vgl. EvThom 28 (ich stand inmitten der Welt [κόσμος] und offenbarte mich ihnen im Fleisch [σάρξ]); auch P. Oxy. 1.

ὁ κόσμος δι᾽ αὐτοῦ ἐγένετο. Dies ist nicht eine bloße Wiederholung von V. 3 (πάντα δι᾽ αὐτοῦ ἐγένετο).

Der κόσμος (s. o.) ist nicht das Ganze der Schöpfung, sondern die organisierte und verantwortliche Welt. So ist es nicht korrekt, wenn man sagt, in diesem Vers werde κόσμος in zwei Bedeutungen gebraucht, als Äquivalent zu τὰ πάντα (V. 3) und zu ἡ σκοτία (V. 5), obwohl dies von G. Baumbach in Kairos 14 [1972], S. 121–136 (ein ausgezeichneter Aufsatz) behauptet wird.

ὁ κόσμος αὐτὸν οὐκ ἔγνω. Vgl. 1Kor 1,21 *οὐκ ἔγνω ὁ κόσμος . . . τὸν ϑεόν.* Die Welt erkannte ihn nicht, und sie antwortete ihm auch nicht. Obwohl das Nomen γνῶσις bei Joh nicht begegnet, ist »Erkenntnis«, vertreten durch die Worte γινώσκειν und εἰδέναι, ein wichtiger Zug im joh Denken. Zum Zusammenhang zwischen Joh und Gnostizismus s. Einleitung, S. 56 u. ö. Die Verben γινώσκειν und εἰδέναι scheinen synonym gebraucht zu werden; s. bes. 7,27; 8,55; 13,7; 14,7 (wenn γνώσεσϑε zu lesen ist); 21,17. Beide Verben werden zumeist für die menschliche Erkenntnis von Tatsachen verwendet; z. B. 7,51; 11,57; 9,20; 18,2. Bei dem für Joh charakteristischen Gebrauch jedoch geht es um die Erkenntnis göttlicher Personen, um die Beziehung zwischen ihnen und besonders um die Sendung Jesu in die Welt. Diese Vorstellung hat einen doppelten Hintergrund. Im griechischen Denken impliziert Erkenntnis in der Regel Beobachtung und Objektivität. Es ist eng verbunden (in εἰδέναι, etymologisch) mit Schau, ob nun mit dem leiblichen oder mit dem seelischen Auge. Im AT jedoch ist Wissen (Wurzel ידע) ein viel weniger intellektueller als ein umfassenderer Begriff. Die Erkenntnis Israels durch Gott schließt seine Erwählung und seine Fürsorge für sein Volk ein (z. B. Am 3,2), und für einen Menschen impliziert Gotteserkenntnis nicht nur eine Wahrnehmung seines Seins, sondern auch eine Beziehung zu ihm, die in demütigem Gehorsam und Vertrauen besteht (z. B. Jer 31,34). Dieser atl Sprachgebrauch bildet den entscheidenden, wenn auch nicht den einzigen Faktor für die joh Vorstellung von Erkenntnis. 1) Jesus selbst kennt den Vater, und diese Erkenntnis mündet in eine Beziehung der Liebe, des Gehorsams und des gegenseitigen Einwohnens (z. B. 10,15; 17,25; 7,29; 8,55). 2) Wenn Menschen Gott durch Jesus erkennen, wird eine ähnliche Beziehung hergestellt (z. B. 8,32; 17,8.25; 10,4; 13,17; 15,15). Wenn jedoch Joh dann noch hinzufügt, 3) daß die Erkenntnis Gottes und Christi ewiges Leben vermittelt (17,3) oder vielmehr ist, dann betritt er einen sowohl dem Hellenismus als auch dem AT gemeinsamen Grund. Weiter ist zu beachten, daß 4) bei Joh sehr wenig von der Erkenntnis der Menschen durch Gott gesagt wird (1,48; 2,24f; 10,14.27; (16,19); 6,64 und 13,11 sind Ausnahmen und sogar so nicht wirklich Analogien für den atl Gebrauch, den wir oben erwähnt haben), daß 5) Erkenntnis, wie im griechischen Sprachgebrauch, manchmal mit Sehen verbunden ist (z. B. 14,7f.17) und daß 6) auf Worte des Erkennens oft ein ὅτι-Satz folgt, welcher der Erkenntnis weniger einen personalen als vielmehr einen intellektuellen Inhalt gibt. Zum engen Zusammenhang von Erkenntnis und Glauben s. Einleitung, S. 97f, und Komm. zu 6,69. S. auch ThWNT I, S. 711–713 (R. Bultmann), und J. Painter, John: Witness and Theologian [1975], S. 86–100.

11. *εἰς τὰ ἴδια ἦλϑεν.* Er kam in sein Eigentum (vgl. Thukydides I, 141), sein Heim. Der Aorist verweist auf ein einzigartiges Kommen, die Inkarnation, und das »Haus«, in welches Jesus kam, war Israel. Es ist aber zu beachten, daß es möglich wäre, von einem Kommen des Logos (im platonischen Sinn) in die geschaffene Welt, welche sein natürliches Gegenstück war, oder (im stoischen Sinn) zu vernünftigen Menschen, die besonders λογικοί waren, zu reden. Außerdem war das Gesetz Israel gegeben worden und fand dort seinen angemessenen Wohnsitz. Zu der Beziehung und der Unterscheidung zwischen dem Gebrauch von τὰ ἴδια und οἱ ἴδιοι in diesem Vers und im Gnostizismus s. J. Jervell, in: StTh 10 [1956], S. 14–27.

οἱ ἴδιοι αὐτὸν οὐ παρέλαβον. Wie im ersten Teil des Verses haben wir die Wendung als eine einfache historische Aussage, die ausreichend durch die frühere Tradition gerechtfertigt ist. Nun wird das Maskulinum οἱ ἴδιοι gebraucht: Jesus kam in den Lebensbereich, in welchen er als Messias gehörte, und die verschiedenen Menschen, die ihn in diesem Bereich hätten aufnehmen sollen, taten dies nicht. Die oben angeführten weiteren Verweise sind nun wieder von Bedeutung. Es war die Welt, die Jesus ablehnte.

12. *ὅσοι δὲ ἔλαβον.* Das Verbum simplex ist eine Entsprechung zu παρέλαβον (V. 11); zu der Auslassung der zusammengesetzten Präpositionen vgl. M I, S. 115. Der Relativsatz, der an den Anfang des Satzes als ein Nominativus pendens gestellt und wiederaufgenommen wird durch αὐτοῖς, ist charakteristisch für den Stil des Joh; s. Einleitung. S. 26f. Christus aufzunehmen heißt, ihn in Gehorsam und im Glauben als den Boten des Vaters aufzunehmen; vgl. Od Sal 9,7: ... daß jene, die ihn erkannt haben, nicht zugrunde gehen und jene, die ihn aufnehmen, nicht beschämt werden.

ἔδωκεν αὐτοῖς. Die Menschen sind nicht von Natur aus die Kinder Gottes, wie z. B. aufgrund eines innewohnenden σπερματικὸς λόγος. Nur indem sie Christus aufnehmen, erwerben sie wieder das Recht, Gottes Kinder zu *werden.*

ἐξουσίαν τέκνα θεοῦ γενέσθαι. ἐξουσία ist im Ganzen zutreffend gebraucht bei Joh (1,12; 5,27; 17,2; 19,10f) und bedeutet »Autorität«, »Recht«. δύναμις begegnet nicht bei Joh. Zu τέκνα θεοῦ vgl. 11,52, auch 3,3.5 (γεννηθῆναι). In diesem Evangelium ist das Wort υἱός immer Christus vorbehalten, τέκνα den Christen. Für einen erhellenden Vergleich und Gegensatz kann auf Corp Herm I,28 verwiesen werden. Der hermetische Prophet fragt, warum die Menschen sich selbst dem Tod ausgeliefert haben, ἔχοντες ἐξουσίαν τῆς ἀθανασίας μεταλαβεῖν, wenn sie doch das Recht besitzen, an der Unsterblichkeit teilzuhaben. Er fordert sie auf zu bereuen, und μεταλάβετε τῆς ἀθανασίας. Die Sprache ist unzweifelhaft ähnlich (so daß es falsch ist, wie manche gemeint haben, ἐξουσίαν auszulassen), insbesondere da Unsterblichkeit zu besitzen heißt, vergöttlicht zu werden (θεωθῆναι, vgl. τέκνον θεοῦ γενέσθαι); aber hier endet dann auch die Ähnlichkeit schon, denn in den *Hermetica* besitzen die Menschen, die aus Geist und Fleisch bestehen, in sich selbst das Recht, an der Unsterblichkeit teilzuhaben, und sie müssen nur dazu aufgefordert werden, dieses Recht auch wahrzunehmen. Bei Joh ist das Leben eine Gabe Christi, die im Glauben empfangen wird. Zu der Vorstellung von jenen, die Söhne werden durch den Sohn, vergleicht Schweizer (Beiträge, S. 103) Philo, Agric 51; Conf Ling 145–148; Sobr 56.

τοῖς πιστεύουσιν εἰς τὸ ὄνομα αὐτοῦ. Christus zu empfangen heißt, an seinen Namen zu glauben. Diese Konstruktion von πιστεύειν mit εἰς τὸ ὄνομα findet sich 1,12; 2,23; 3,18 (20,31 ist nicht eine Parallele, s. Komm. z. St.). Sie ist zu unterscheiden von πιστεύειν mit dem Dativ, welches im allgemeinen bedeutet »jemandem Glauben schenken«, aber nicht von πιστεύειν mit εἰς und dem Akkusativ. Gedacht ist sowohl an Ergebenheit als auch an Zustimmung; vgl. Dodd, Interpretation, S. 184. ὄνομα reicht nicht aus, um die Annahme zu begründen, daß Joh hier an die Taufe denkt. Er erwähnt nur den Glauben, nicht die Erkenntnis, als das Mittel zum Leben und zur Wiedergeburt.

13. οἵ ... ἐγεννήθησαν. Diese Geburt ist eine Bedingung dafür, daß man Christus empfangen und an seinen Namen glauben kann. Der Aorist hat nicht den Sinn des Plusquamperfekts; Joh meint nicht, daß es eine Anzahl von Personen gab, die in der beschriebenen Weise geboren worden waren und angesichts ihrer Geburt in der Lage waren, Christus aufzunehmen, als er kam.

οὐκ ἐξ αἱμάτων. Dieser und die beiden folgenden Sätze dienen dazu, ἐκ θεοῦ zu betonen. Kein menschliches Wirken kann verantwortlich sein für eine solche Geburt wie diese. In der alten Welt betrachtete man Blut manchmal als das Mittel der Fortpflanzung; vgl. Sap 7,2; Philo, Op Mund 132. Der Plural ist ungewöhnlich, vgl. aber Euripides, Ion 693, und den üblichen Gebrauch von דמים im Hebräischen. Wahrscheinlich ist das Blut von Vater und Mutter gemeint. Hoskyns, S. 143, meint, daß es für Joh unmöglich gewesen wäre, οὐκ ἐξ αἵματος (Singular) zu schreiben, da die Christen von Gott durch das Blut Christi gezeugt sind.

οὐδὲ ἐκ θελήματος σαρκός. σάρξ ist bei Joh nicht böse in sich selbst (s. den nächsten Vers – nur wenn man V. 13 als eine Interpolation eines Abschreibers betrachtet, nimmt man vernünftigerweise an, daß das Wort hier eine andere Bedeutung als die in V. 14 haben wird), sondern steht für die Menschheit im Gegenüber zu Gott, wie in dem atl Ausdruck (der auch in späterer jüdischer Literatur gebraucht wird): בשר ודם, Fleisch und Blut. Es liegt nicht im Willen des Menschen, ein Kind Gottes zu werden oder zu machen; vgl. Röm 9,16 οὐ τοῦ θέλοντος ... ἀλλὰ τοῦ ἐλεῶντος θεοῦ.

οὐδὲ ἐκ θελήματος ἀνδρός. Hier wird nun die vorhergehende Wirkung präziser ausgedrückt. ἀνήρ ist ein erwachsener Mann, häufig ein Ehemann. S. u.

ἀλλ᾽ ἐκ ϑεοῦ ἐγεννήϑησαν. Zur göttlichen Zeugung s. Komm. zu 3,3.5. Joh verwendet kühn eine neue Metapher, um die Neuheit des christlichen Lebens zu beschreiben.

Anstelle des Plurals (οἵ . . . ἐγεννήϑησαν) wird der Singular *(qui . . . natus est)* gelesen von b Irenaeus (lat.) Tertullian. Diese Verbindung von frühen westlichen Zeugen ist gewichtig, aber doch nicht gewichtig genug, um die Plural-Lesart auszuschließen, die durch τοῖς πιστεύουσιν in dem vorangehenden Satz und auch durch den Sinn des Satzes gefordert wird. Der Ursprung des Textes von b ist leicht verständlich; die dreifache Verneinung (nicht aus Blut, nicht aus dem Willen des Fleisches und auch nicht aus dem Willen eines Mannes) schien genau dem Glauben der Kirche über die Geburt Jesu zu entsprechen, und da die Jungfrauengeburt an keiner Stelle bei Joh explizit erwähnt wird, war es nur natürlich, einen Hinweis darauf hier einzuführen. Die Lesart, welche explizit auf die Geburt Jesu verweist, muß abgelehnt werden; es bleibt aber wahrscheinlich, daß Joh auf die Geburt Jesu anspielt und erklärt, daß die Geburt von Christen, die ohne Blut geschieht und in Gottes Willen allein wurzelt, der Weise der Geburt Christi selbst folgt. Es ist unnötig anzunehmen (mit Torrey, S. 151.153), daß ein expliziter Verweis auf die Jungfrauengeburt durch eine falsche Übersetzung des Aramäischen verlorengegangen ist. S. M II, S. 436.

14. καί leitet den dritten Abschnitt des Prologs ein, nimmt V. 11 auf und eröffnet eine Aussage über die Inkarnation in eher theologischen Kategorien.

ὁ λόγος σὰρξ ἐγένετο. Zu λόγος s. Komm. zu V. 1. σάρξ steht wie in V. 13 für die menschliche Natur als unterschieden von Gott, aber sie drückt dies in der härtestmöglichen Weise aus, härter noch, als dies in V. 6 geschieht, wo Johannes der Täufer als ἄνϑρωπος bezeichnet wird. Die Annahme Cullmanns, daß ἄνϑρωπος vermieden wird, weil der Logos bereits der (himmlische) ἄνϑρωπος war, ist nicht überzeugend (Christologie, S. 192). Joh sagt dies nicht vom Logos, und wenn V. 14–18 Menschensohn-Vorstellungen widerspiegeln, so tun sie dies nur sehr schwach. Vgl. Od Sal 7,4–6; 41,11f; auch EvThom 28 (s. o. Komm. zu V. 10). Da das Wort in V. 1 als ϑεός bezeichnet wurde, ist die Aussage des Joh ein voller und vielleicht der prägnanteste Ausdruck des Paradoxons der Person Christi. Es ist schwierig, den genauen Sinn von ἐγένετο zu bestimmen. Es kann nicht »wurde« bedeuten, da das Wort Subjekt von weiteren Aussagen bleibt – es war das Wort, welches »unter uns wohnte« und dessen Herrlichkeit »wir sahen«; das Wort blieb das Wort. Die Bedeutung »wurde geboren« – das Wort wurde geboren als Fleisch, Mensch – wäre tolerabel, wenn nicht gerade γεννηϑῆναι in eben diesem Sinn gebraucht worden wäre, und ein Wechsel des Verbums wäre hart. Vielleicht wird ἐγένετο im selben Sinn wie in V. 6 gebraucht: Das Wort kam auf die »menschliche« Bühne – als Fleisch, als Mensch. Zu dem Paradoxon dieser Aussage gehört es, daß dasselbe Wort gebraucht werden kann von dem ewigen Wort wie vom Täufer. Bultmann hat recht, wenn er auf die Verwandtschaft dieses σὰρξ ἐγένετο zur Mythologie hinweist, recht auch, wenn er den anstößigen Unterschied aufzeigt: »Die Menschen erwarten, daß der Offenbarer doch etwas Strahlendes, Mysteriöses oder Faszinierendes habe . . . als Heros oder ϑεῖος ἄνϑρωπος, als Wundertäter oder Mystagoge . . . solchem Verlangen zum Trotz heißt es: Der Logos ward Fleisch. In purer Menschlichkeit ist er der Offenbarer. Gewiß, die Seinen sehen auf seine δόξα (V. 14b); und wäre sie nicht zu sehen, so könnte ja von Offenbarung nicht die Rede sein. Aber das ist die Paradoxie, die das ganze Evangelium durchzieht, daß die δόξα nicht *neben* der σάρξ oder *durch* sie, als durch ein Transparent, hindurchzusehen ist, sondern nirgends anders als in der σάρξ, und daß der Blick es aushalten muß, auf die σάρξ gerichtet zu sein, ohne sich beirren zu lassen – wenn er die δόξα sehen will. Die Offenbarung ist also in einer eigentümlichen *Verhülltheit* da.« Man sollte die ganze tiefgründige Erklärung bei Bultmann (S. 40f) lesen. Zu dem anderen Verständnis dieses Verses bei Käsemann s. Prologue, S. 10f.27; zur Interpretation des Athanasius (die mit der Bultmanns verglichen werden sollte) s. G. D. Dragas, in: Θεολογία [1976], S. 5–30.

καὶ ἐσκήνωσεν ἐν ἡμῖν. σκηνοῦν bedeutet eigentlich »in einem Zelt wohnen«, daher »sich niederlassen«, »seine Wohnung nehmen«. Diese Bedeutung ist hier anzunehmen; ἐν ἡμῖν bedeutet nicht, daß das Wort in unserer menschlichen Natur wie in einem Zelt wohnte, obwohl die altsyrische Übersetzung (*ban*, in uns) in diesem Sinne verstanden werden könnte. Vielmehr, er nahm seine Wohnung in unserer Mitte. Man hat daran gedacht, das Wort σκηνοῦν sei hier mit besonderem Bezug auf das Wort δόξα, welches folgt, gewählt worden. Es erinnert in seinem Klang und in seiner Bedeutung an das hebräische שכן, welches »zu wohnen« bedeutet; das Verbum wird von dem Wohnen Gottes in Israel gebraucht (z. B. Ex 25,8; 29,46; Sach 2,14), und ein abgeleitetes Nomen שכינה *(sh^echinah)* wurde gebraucht (wenn auch nicht im AT) als eine Umschreibung des Namens Gottes selbst. Außerdem, die leuchtende Wolke ließ sich nieder (שכן) auf der Stiftshütte (Ex 24,16; 40,35), und da diese Wolke die sichtbare Erscheinung der Gegenwart Gottes war (vgl. ὀφθήσομαι, Ex 25,8 LXX), ließ die bleibende Gegenwart Gottes an seine Herrlichkeit denken (כבוד, δόξα s. u.). Zu weiteren jüdischen Parallelen s. Bousset-Gressmann, S. 346; und s. Sidebottom, S. 37–40. Es ist jedoch daran zu erinnnern, daß a) שכינה *(sh^echinah)* nicht die Herrlichkeit Gottes meint, sondern seine Gegenwart und b) שכן im allgemeinen nicht durch (κατα)σκηνοῦν wiedergegeben wird. Wahrscheinlich meint Joh hier lediglich, daß das Wort zeitweise Wohnung unter den Menschen nahm. Vgl. Sir 24,8 (κατέπαυσεν τὴν σκηνήν μου . . . Ἐν Ἰακὼβ κατασκήνωσον), 10 (ἐν σκηνῇ ἁγίᾳ); aeth Hen 42,2 zu der zeitweiligen Wohnung der Weisheit unter den Menschen. S. auch Od Sal 12,12: Denn die Wohnstätte *(mashk^ena)* des Wortes ist der Mensch.

ἐν ἡμῖν . . . ἐθεασάμεθα. Diese erste Person Plural impliziert nicht notwendigerweise, daß das Evangelium von einem Augenzeugen geschrieben wurde. Es ist die apostolische Kirche, die spricht. S. Einleitung, S. 157f.

καὶ ἐθεασάμεθα τὴν δόξαν αὐτοῦ. Der Glaube der Kirche beruht auf einem wirklichen Sehen von jemandem, der zwar herrlich, doch eine historische Person war. Zu dem Zusammenhang zwischen Sehen und Glauben s. auch 14,11.29; 20,8.27ff und den Kommentar dazu; und vgl. C. Traits, Voir Jésus et le Père en lui selon l'Evangile de Saint Jean [1967]. δόξα, δοξάζειν sind wichtige Worte im Wortschatz des Joh. Im klassischen und hellenistischen Griechisch bedeutet δόξα gewöhnlich »Meinung«, »Ruf«, δοξάζειν »denken«, »sich vorstellen«; in der LXX, in bestimmten anderen religiösen hellenistischen Schriften und im NT bedeuten das Nomen und das Verb jeweils »Herrlichkeit«, »verherrlichen«. In der LXX steht δόξα oft für כבוד und bezeichnet besonders die sichtbaren Erscheinungen (oft eines Lichtes), die eine Theophanie begleiten (z. B. Ex 33,22; Dt 5,21; 1Kön 8,11; alle כבוד, δόξα). Es nahm im AT eine eschatologische Bedeutung an (z. B. Jes 60,1; Hab 2,14; beide כבוד, δόξα), welche im NT beibehalten wird (z. B. Mk 8,38; 13,26; Röm 8,18; 1Petr 4,13), obwohl im NT die eschatologische δόξα gelegentlich durch Antizipation in der Gegenwart erscheint (2Kor 3,18; Eph 3,21). Das deutlichste Beispiel dieser proleptischen δόξα ist die Verklärung (Mk 9,2–8 parr), eine Geschichte, die bei Joh nicht erzählt wird (s. Einleitung, S. 68 u. 69f). Nichtsdestoweniger behauptet Joh, daß die Herrlichkeit Gottes in Jesus erschien (1,14). Sie zeigte sich in seinen Wundern (2,11; 11,4.40); aber ganz besonders erfreute er sich der Herrlichkeit vor der Inkarnation, und er kehrte in der Folge auch zu ihr zurück (17,5.24). Jesus erfreute sich dieser Herrlichkeit nicht deshalb, weil er sie für sich selbst suchte, sondern weil er nur Gottes Herrlichkeit suchte (5,41; 7,18; 8,50), während andere Menschen ihre eigene suchten (5,44; 12,43). Die Herrlichkeit Jesu hängt so von seiner wesenhaften Beziehung zu Gott (1,14) und seinem Gehorsam ab. Dem entspricht der besondere Gebrauch von δοξάζειν als einer Bezeichnung für den Tod Jesu (7,39; 12,16.23; 13,31f); Jesus stirbt als Sohn Gottes und als gehorsamer Knecht; er wird dabei ans Kreuz erhöht und in den Himmel emporgehoben. Seine Herrlichkeit soll offenbar werden in χάρις und ἀλήθεια (s. u.). D. Hill, NTS 13 [1967], S. 281–285, behauptet, daß Joh hier über den Gebrauch von δόξα in Mk 10,35ff reflektiert habe – Herrlichkeit, die nur durch Leiden und Tod erlangt werden kann.

ὡς μονογενοῦς παρὰ πατρός. μονογενής (1,18; 3,16.18; 1Joh 4,9) und πατήρ sind Worte, die für die joh Schriften zu charakteristisch sind und auch zu sehr theologisch gebraucht werden, als daß wir sie hier ganz allgemein wiedergeben dürften »die Herrlichkeit als eines Vaters einzigem Sohn«. Außerdem ist zu sagen: obwohl μονογενής für sich selbst genommen »nur von seiner Art« bedeuten kann, so vermag es – in Beziehung auf den Vater gebraucht – kaum etwas anderes als der (ein)geborene Sohn bedeuten (vgl. Dodd, Interpretation, S. 305). Zu *παρά* vgl. V. 6; der Sohn (es ist nicht die *δόξα*, von welcher gesagt wird, sie sei *παρὰ πατρός*) ist nicht lediglich seines Vaters Sohn, sondern er geht von ihm aus in einer personalen, wenn auch niemals unabhängigen Existenz.

πλήρης, undeklinierbar (M I, S. 50; II, S. 162; nach III, S. 315 ist *πλήρης* undeklinierbar nur dann, wenn ein Genitiv darauf folgt); es bezieht sich auf Christus und blickt zurück auf *μονογενοῦς* und *αὐτοῦ*.

χάριτος καὶ ἀληθείας. Dieselben Worte (mit Artikel) begegnen wieder in V. 17. *χάρις* begegnet nur viermal bei Joh, und nur im Prolog (1,14.16.17); *ἀλήθεια* ist sehr gebräuchlich. Das Wortpaar erinnert an das hebräische Paar חסד ואמת (*ḥesed weʾemeth*, z. B. Ex 34,6, vgl. 33,22, *δόξα*, im selben Kontext). Die beiden hebräischen Worte sind in ihrer Bedeutung eng verwandt (sie bezeichnen Gottes Treue und Verläßlichkeit gegenüber seinem Bund und dem Bundesvolk), aber in LXX wird חסד am häufigsten durch *ἔλεος* wiedergegeben und hat die Bedeutung »Gnade«, »unverdiente Gunst«; dieser Sinn liegt hinter dem ntl Gebrauch von *χάρις*. *ἀλήθεια* hat bei Joh mehr von der Bedeutung von אמת. Manchmal meint es wie im gewöhnlichen griechischen Sprachgebrauch einfach das, was einer Tatsache entspricht, nicht falsch ist (5,33; 8,40.44ff; 16,7); aber ganz charakteristisch meint es doch häufiger die christliche Offenbarung, die durch Jesus gebracht und in ihm offenbart wird (1,17; 8,32; 16,13; 17,17; 17,19 [es sei denn hier *ἐν ἀληθείᾳ = ἀληθῶς*]; 18,37: 1,14; 4,23 f sollte vielleicht ergänzt werden). Diese Offenbarung erwächst aus der Treue Gottes zu seinem eigenen Wesen und zu seinen Verheißungen, deren Erfüllung sie ist. Sie ist rettende Wahrheit (8,32); sie wird nur durch das Werk des Geistes (16,13) und von jenen verstanden, die vorherbestimmt sind in Übereinstimmung damit (3,21 *ὁ ποιῶν τὴν ἀλήθειαν*). Außerdem ist diese Wahrheit Jesus selbst, der, da er Gott ist (1,1), die Erfüllung und Offenbarung der Pläne Gottes ist (14,6). 18,38 ist eng zusammenzunehmen mit 18,37 (s. Komm. z. St.); zu *πνεῦμα τῆς ἀληθείας* (14,17; 15,26; 16,13) s. Komm. zu 14,17. Zu *ἀλήθεια* s. Schnackenburg II, S. 265–281; auch S. Aalen, in: Studia Evangelica II [1964], S. 3–24; zu den Adjektiven *ἀληθής, ἀληθινός* s. Komm. zu 1,9.

Es ist zu beachten, daß die Sprache des Joh eine stärker biblische Färbung annimmt, wenn er von dem Wort als dem Fleisch gewordenen Wort zu sprechen anfängt. Man kann in der Tat für *δόξα*, *χάρις* und *ἀλήθεια* an anderer Stelle Parallelen finden, aber der Sprachgebrauch bei Joh wird durch biblische Vorbilder bestimmt. Die Herrlichkeit Gottes zeigt sich darin, daß er in der Treue gegenüber seinem eigentlichen Wesen handelt und sein Wesen sich in seiner Gnade offenbart. Dies weist jedoch zurück auf das mythologisch ausgedrückte Thema des Wortes, das wie ein Mensch unter Menschen erscheint und in seinem eigenen Sein ihnen die Wahrheit bringt; Joh verbindet weiter atl und hebräische Begriffe, aber sein Denken wird auch weiterhin durch die Geschichtlichkeit Jesu bestimmt.

15. *Ἰωάννης*. Vgl. V. 6–8. Es trifft zu, daß V. 16 ohne Schwierigkeit unmittelbar nach V. 14 gelesen werden kann; es ist aber unnötig, aus diesem Grunde zu vermuten, V. 15 sei eine Interpolation. Johannes der Täufer repräsentiert das AT, und V. 15–17 sollen den atl Hintergrund verdeutlichen, in welchem das Werk Jesu zu verstehen ist. S. weiter u.

μαρτυρεῖ... κέκραγεν. Die Tempora sind bemerkenswert. Das Perfekt *κέκραγεν* wird mit dem Gewicht eines Präsens gebraucht (s. M I, S. 147, wo gewichtige Belege aus der LXX zur Unterstützung dieser These beigebracht werden; vgl. Lukian, De Morte Peregrini, 31; 33, wo das Plusquamperfekt mit dem Gewicht einer einfachen Vergangenheit verwendet wird); entsprechend reden beide Verben davon, daß das Zeugnis des Johannes gegenwärtige Bedeutung hat. Johannes (wie das AT) bleibt ein beständiger Zeuge Christi. Zu *μαρτυρεῖν* s. Komm. zu V. 7; *κράζειν* wird wieder gebraucht in 7,28.37; 12,24 als Einleitung wichtiger Aussagen Jesu.

οὗτος ἦν ὃν εἶπον: P⁶⁶ P⁷⁵ ℵ^cb B³ D Θ Ω versS. *οὗτος ἦν ὁ εἰπών*: ℵ^a B* Origenes. Die letzte Lesart scheint doch trotz ihrer frühen Bezeugung nur der Versuch einer Verbesserung der ersten zu sein; aber die Konstruktion *ὃν εἶπον* ist joh; vgl. 8,27; 10,35. *ἦν* ist auf den ersten Blick schwierig, aber es besteht kein Grund zu der Annahme (mit Torrey, S. 117f), daß ein aramäisches הוא fälschlicherweise punktiert wurde: *hᵃwa'* (»war«) anstelle von *hu'* (»ist«). Es muß daran erinnert werden, daß die Tempora des Präsens (Perfekt) gebraucht worden sind und das Zeugnis des Joh zur Zeit der Abfassung nur gewesen sein kann: »Dieser Jesus *war* die Person, von der ich sprach.« Der Verweis bezieht sich auf 1,30; s. Komm. z. St. Ein wichtiger Schlüssel zum Sinn des Prologs als Ganzem ist in der Tatsache gegeben, daß Joh zweimal auf den Täufer verweist (Prologue, S. 26f). Der erste Verweis (V. 6–8) gibt sein Zeugnis für das präexistente Licht und sein Kommen in die Welt, der zweite aber hat weder mit der Präexistenz noch mit der Inkarnation etwas zu tun, sondern mit der Verherrlichung des Wortes. Dies gründet sich auf die Präexistenz (πρῶτός μου ἦν); jetzt aber wird beansprucht, daß der, welcher zuerst als ein Nachfolger – vielleicht als ein Jünger (dies könnte mit ὀπίσω gemeint sein) des Johannes des Täufers erschien, nun den Vorrang vor ihm hat. V. 1–13 beschreibt in theologischen Kategorien, wie der präexistente Logos oder das Licht in die Welt kam, die er geschaffen hatte, und in ihr abgelehnt wurde. Dies geschah freilich so, daß jene, die ihn aufnahmen, in ihm ihre Wiedergeburt als die Kinder Gottes fanden. Aber weder die Ablehnung noch die Wiedergeburt ist das letzte Wort. Der demütige Nachfolger des Johannes wurde erhöht, zu einer herausragenden Stellung erhoben. Dies erinnert an die alte Überlieferung von der Auferstehung und Parusie des Menschensohnes, der gehorsam gewesen war bis zum Tod. Für Joh jedoch ist der Zusammenhang zwischen dem Opferdienst und der Verherrlichung nicht einfach chronologisch; beides ist identisch. *Herrlichkeit* bedeutet, voll von *Gnade* und *Wahrheit* zu sein. Dieses Thema entwickelt Joh in dem noch verbleibenden Teil des Prologs.

16. ὅτι könnte die Worte des Täufers in V. 15 fortsetzen; wahrscheinlicher aber ist es mit V. 14 zu verbinden.

ἐκ τοῦ πληρώματος. Das Wort begegnet bei Joh nur hier. Es war ein gnostischer Begriff, der in etwa seinem gnostischen Sinn von einigen frühchristlichen Autoren übernommen wurde, s. Kol 1,19; 2,9; Eph 1,23; 3,19; 4,13. Von Joh wird es nicht in diesem Sinn gebraucht (vgl. seinen nichttechnischen Gebrauch von πληροῦν). Es blickt zurück auf V. 14, wo gesagt wird, daß Christus »voll von Gnade und Wahrheit« war; aus dieser vollen Erfüllung von Gnade und Wahrheit haben »wir« alles empfangen. Der partitive Gebrauch von ἐκ ist bei Joh üblich; s. Einleitung, S. 26; 1QS 4,4 (ברוב חסדו) ist höchstens eine entfernte Parallele.

ἡμεῖς πάντες. Wenn Johannes der Täufer spricht, muß »wir« die Propheten sein. Ansonsten liegt hier ein Verweis auf die apostolische Kirche vor; s. Einleitung, S. 158.

χάριν ἀντὶ χάριτος. Der Sinn dieser Wendung scheint zu sein, daß das christliche Leben in jeder Beziehung auf Gnade beruht; wenn es fortschreitet, wird eine Gnade nach der andern ausgetauscht. Zum Sinn und zu diesem Gebrauch von ἀντί s. Philo, Poster 145 ... ἑτέρως (sc. χάριτας) ἀντ' ἐκείνων (sc. τῶν πρώτων χαρίτων) καὶ τρίτας ἀντὶ τῶν δευτέρων καὶ αἰεὶ νέας ἀντὶ παλαιοτέρων ... ἐπιδίδωσι. Vgl. auch Röm 1,17 ἐκ πίστεως εἰς πίστιν; 2Kor 3,18, ἀπὸ δόξης εἰς δόξαν. Drei andere Interpretationsversuche seien erwähnt: 1) Die Gnade des Alten Bundes unter Mose werde getauscht für die Gnade des Evangeliums; V. 17 wird gebraucht, um V. 16 zu erklären. Aber die Pointe der vorliegenden Wendung ist, daß die Gnade nicht durch Mose kam; und auch nicht, daß die Gnade Gottes in zwei Stufen empfangen wird. 2) Hinter dem Griechischen liege ein aramäisches Wortspiel חסדא חסן(ו)דא הלף, Gnade (ḥisda) anstelle von Scham (ḥisuda oder ḥisda), was der Übersetzer nicht bemerkte (M. Black, JThSt 42 [1941], S. 69f). Gegen diese Interpretation kann der zu 1) gebrachte Einwand nicht erhoben werden; sie setzt aber die Existenz einer aramäischen Fassung des Prologs voraus, was nicht bewiesen ist, und die Hypothese eines Übersetzungsfehlers wäre nur dann akzeptabel, wenn das Griechische schwieriger wäre, als es wirklich ist. Außerdem kann, obwohl das AT hier als dem NT untergeordnet dargestellt wird, nicht gesagt werden, daß Joh es als schamvoll oder tadelnswert betrachtet. 3) Turner (M III, S. 258) denkt an den Geist, der *anstelle* Jesu kam; aber es ist doch kaum legitim, einen Verweis auf den Geist in den Text hineinzulesen.

17. ἐδόθη. Das Gesetz wird in jüdischen Quellen regelmäßig als Gabe Gottes an Israel gesehen; so

z. B. Josephus, Ant VII, 338 τὰς ἐντολὰς αὐτοῦ καὶ τοὺς νόμους οὓς διὰ Μωυσέος ἔδωκεν ἡμῖν; Ab 1,1: Mose empfing das Gesetz vom Sinai und übergab es Josua ... Sifre Dt 31,4 § 305: gesegnet sei Gott, der Israel das Gesetz durch Mose (על ידי משה) unserem Lehrer gab.

ἡ χάρις καὶ ἡ ἀλήθεια. S. Komm. zu V. 14. In diesem Vers liegt das Hauptgewicht auf dem Gegensatz zwischen Mose und Christus, Gesetz und Evangelium. Das Gesetz legte (nach Joh) Zeugnis für Christus ab (5,39), aber Mose ist in erster Linie ein Ankläger (5,45). Die Herrlichkeit drückt sich nicht so sehr in Machttaten wie in Gnadenakten und in der Mitteilung der Wahrheit aus, und Gnade wird, wie bei Paulus, im Gegensatz zum Gesetz ausgedrückt. Vgl. J. Jervell, Imago Dei [1960], S. 191, »χάρις und ἀλήθεια entsprechen der paulinischen Dikaiosyne«. Für Joh ist Jesus ohne Zweifel nicht ein neuer Mose.

18. θεὸν οὐδεὶς ἑώρακεν πώποτε. Daß Gott unsichtbar ist oder daß es doch zumindest unehrerbietig und gefährlich ist, ihn zu sehen, ist eine allgemeine atl Annahme; s. z. B. Dt 4,12; Ps 97,2. Diese Vorstellung entwickelte sich im späten Judentum, und Umschreibungen beseitigten einige der ungeschützten Anthropomorphismen des AT (z. B. Jes 6,5: Meine Augen haben den König gesehen, den Herrn der Heerscharen: Targum ... die Herrlichkeit der *Shekhinah* des Königs der Äonen, des Herrn der Heerscharen). Vgl. Josephus, Bell VII,346 ἀόρατος ... τοῖς ἀνθρωπίνοις ὅμμασιν; Lev r 4,8 ... die Vorstellung findet sich gleichermaßen auch im spekulativen Denken der Griechen. Joh jedoch denkt nicht so sehr in Kategorien der Attribute Gottes als an die Tatsache, daß in Jesus Christus Gott sich selbst zu offenbaren beschlossen hat. Vgl. 6,46; 1Joh 4,12.20. Die in diesem Satz enthaltene Verneinung betont, daß das fundamentale Thema des Evangeliums die Offenbarung Gottes ist. Wenn man sagt, daß »im Glauben der Gedanke der Unsichtbarkeit Gottes aus einem negativen Gedanken zu einem positiven geworden (ist): zum echten Wissen des Menschen um sich selbst« (Bultmann, S. 55; zum Ganzen s. S. 54f), dann trifft dies zu, aber es ist nicht die ganze Wahrheit. S. Theocentrics.

μονογενὴς θεός (P⁶⁶ P⁷⁵ א B C 33 boh pesch Gnostiker, Irenaeus, Clemens, Origenes u. a.) ist besser bezeugt als das alternative μονογενὴς υἱός (alle andern griechischen Handschriften; cur Euseb, Athanasius, Chrysostomus, die meisten lateinischen Handschriften und Väter), und wird von vielen als ursprüngliche Lesart angenommen (zur patristischen Überlieferung s. bes. F. J. A. Hort, Two Dissertations [1876], S. 1–72; M. F. Wiles, The Spiritual Gospel [1960], S. 121; T. E. Pollard, Johannine Christology and the Early Church [1970]; viele Verweise bei 1,18). Das zusätzliche Zeugnis der beiden jüngst entdeckten Papyri könnte die Entscheidung zugunsten der zweiten Möglichkeit beeinflussen. Es scheint jedoch, daß υἱός von dem folgenden Satz gefordert wird, und es paßt auch zum joh Sprachgebrauch (3,16.18; 1Joh 4,9; vgl. Joh 1,14). Dies würde es jedoch einfach zur lectio facilior machen. Der Sinn wird durch die Textvarianten im wesentlichen nicht verändert. Der Sohn ist das Wort, und das Wort ist bereits als Gott verkündigt worden; Joh könnte absichtlich am Ende des Prologs zu dieser in V. 1 formulierten Aussage zurückkehren.

εἰς τὸν κόλπον. εἰς wird anstelle von ἐν verwendet, ein hellenistischer Sprachgebrauch (M I, S. 235; Bl-Debr § 206.218) wie z. B. Apg 2,15 ἦσαν δὲ εἰς Ἰερουσαλήμ. Vgl. 13,23. Der Vater und der Sohn erfreuen sich der intimsten Gemeinschaft.

ἐκεῖνος nimmt das Subjekt in einer charakteristisch joh Weise wieder auf.

ἐξηγήσατο. Vgl. Sir 43,31 τίς ἑόρακεν αὐτὸν καὶ ἐκδιηγήσεται. Sonst bedeutet ἐξηγεῖσθαι im NT (Lk 24,35; Apg 10,8; 15,12.14; 21,19) »Tatsachen wiederholen«, »eine Geschichte nacherzählen«. Dies entspricht einer hauptsächlichen Verwendung des Wortes im Griechischen (Liddell-Scott s. v. III). Das Wort wird auch gebraucht für die Veröffentlichung oder Erklärung göttlicher Geheimnisse, zuweilen durch die Götter selbst. So wird es bei Joh verwendet; und es ist nicht ohne Bedeutung, daß der Prolog mit diesem Wort schließt, da dieses Wort so charakteristisch für die hellenistische Religion ist. Der Gedanke der Offenbarung ist selbstverständlich so biblisch wie hellenistisch (obwohl in der Bibel, und nicht zuletzt bei Joh, die Offenbarung ebensosehr durch eine Handlung wie durch Sprache geschieht); aber ganz offenkundig will Joh eine Sprache gebrauchen, die Lesern, die eher mit der griechischen Literatur als mit der Bibel vertraut sind, verständlich und auch bekannt ist. Der unsichtbare Gott ist nun in Christus offenbart worden in seiner Herrlichkeit, Gnade und Wahrheit.

2. Das Zeugnis des Johannes (I)

1,19–34

Bei Joh wie in den Synoptikern (vgl. Apg. 10,37) leitet ein Bericht über Johannes den Täufer die Darstellung des Wirkens Jesu ein. Die jüdischen Autoritäten senden eine Abordnung, um die Absichten und persönlichen Ansprüche des Johannes zu untersuchen. Johannes weist alle Versuche, seine Person zu identifizieren, zurück und faßt seine Sendung zusammen, indem er Zeugnis für einen jetzt noch unbekannten Mächtigeren ablegt, der nach ihm kommen soll. Dieses Zeugnis wird später durch die Erklärung erweitert, daß Jesus a) das Lamm Gottes ist, b) einer, der mit dem Geist taufen kann, da er mit dem Geist begabt ist, c) der Erwählte (oder Sohn) Gottes ist. Es nimmt in erzählender Form die mehr rein theologischen Aussagen des Prologs auf.

Hinter diesem Abschnitt stehen die synoptischen Überlieferungen über den Täufer und insbesondere seine Prophezeiung des Kommenden (Mk 1,7f; Mt 3,11; Lk 3,16), die Taufe Jesu durch ihn (Mk 1,9–11; Mt 3,13–17; Lk 3,21f) und die später von ihm aus dem Gefängnis an Jesus gerichtete Frage (Q, Mt 11,2–6; Lk 7,18–23). Mt (3,14f) wie Joh lassen den Täufer die Autorität Jesu zu einem sehr frühen Zeitpunkt seines Wirkens anerkennen, aber angesichts der Frage aus dem Gefängnis (Q) scheint dies doch unwahrscheinlich. Mt und Joh, so kann man annehmen, meinten gute Gründe für die Änderung der mk Erzählung zu haben. Joh spielt ständig auf die synoptischen Überlieferungen an (zu den zahlreichen Parallelen s. jeweils Komm. z. St.), aber in einigen weiteren Einzelheiten unterscheidet sich seine Erzählung von ihnen. Die Identifizierung des Täufers mit Elia wird ausdrücklich zurückgewiesen. Die Taufe Jesu wird nicht erwähnt. Während in der synoptischen Tauferzählung eine Stimme vom Himmel erklärt, Jesus sei der Sohn Gottes, wird bei Joh dies vom Täufer selbst gesagt.

Die Neufassung des synoptischen Stoffes durch Joh (F. E. Williams, JBL 86 [1967], S. 311–319, nimmt an, daß die V. 19–28 eine Dramatisierung von Lk 3,15f seien, mit Verweis auf Mk 8,27–30; Lk 7,18–30; Mk 1,3) könnte zum Teil auf seinen Wunsch zurückzuführen sein, einer übertriebenen Verehrung des Täufers entgegenzuwirken. In Ephesus gab es Leute, die nur die Taufe des Johannes kannten (Apg 18,25; 19,3; vgl. Justin, Dial 80); und möglicherweise haben sie übertriebene Ansprüche für ihren Meister erhoben (vgl. PsClem Recogn I,54.60). Joh betont in dem vorliegenden Abschnitt und auch 1,8.15; 3,28–31 die Unterlegenheit des Täufers möglicherweise in der Absicht, die Behauptungen seiner Anhänger zurückzuweisen. Ein gewichtigeres Motiv für sein Handeln ist freilich in dem Wunsch zu finden, die Aufmerksamkeit auf die Person zu konzentrieren, für die der Täufer Zeugnis abgelegt hat, und bestimmte grundlegende Konturen seines Werkes herauszuarbeiten. Bei den Synoptikern werden die eigene Persönlichkeit und das Amt des Täufers betont herausgestellt, weil seine Verkündigung des drohenden Gerichts und seiner Bußtaufe zur Vorbereitung darauf den eschatologischen Rahmen abgeben, in welchem das Wirken und die Person Jesu zuerst verstanden und verkündigt wurden. Joh, der einen neuen Rahmen für das Verständnis Jesu bereitstellt (Einleitung, S. 83ff u. 138ff), findet es nicht länger nötig, den Täufer mit Elia gleichzusetzen und sein Wirken so sehr zu betonen. Johannes selbst freilich bleibt sogar noch deutlicher als Repräsentant des AT charakterisiert (1,23; vgl. 1,31: Jesus wird Israel offenbart), und sein Werk behält Bedeutung. In der synoptischen Tradition steht Johannes der Täufer als der letzte in einer historischen Abfolge (s. bes. Mt 11,11–14; Lk 16,16), als der unmittelbare Vorläufer des Messias. Joh betont, daß Jesus, obwohl er zeitlich dem Täufer folgt, in Wahrheit »vor« ihm ist (V. 30), da er der Sohn Gottes und der Träger des Geistes ist. Johannes ist im Vergleich dazu nur eine Stimme (V. 23). In gleicher Weise hat die Taufe des Johannes keine unabhängige Bedeutung, sondern sie dient dazu, auf das zu verweisen, was er selbst nicht erreichen kann, die Hinwegnahme der Sünde der Welt durch das Lamm Gottes.

Zur Beziehung zwischen diesem Abschnitt und der Qumranliteratur s. Braun. Es gibt auch einen Aufsatz zur Redaktion dieses Abschnittes von B. M. F. van Iersel, NovTest 5 [1962], S. 245–267.

19. *καὶ*. Die einleitende Erzählung wird sehr eng mit den Anspielungen auf Joh den Täufer im Prolog verbunden. Er kam *εἰς μαρτυρίαν* (1,7), und seine *μαρτυρία* wird nun in einem entscheidenden Augenblick geboten. Die Parallele zwischen Johannes und Samuel, der Zeugnis für Saul ablegte, ist nicht eng (Daube, Rabbinic Judaism [1956], S. 17ff). Johannes ist der erste in einer Reihe von Zeugen für Jesus.

ἀπέστειλαν. Eine derartige Sendung wird bei den Synoptikern nicht erwähnt, aber vgl. Mk 1,5; Mt 3,7.

οἱ Ἰουδαῖοι (der Singular wird nur 3,25; 4,9; 18,35 gebraucht) ist die Bezeichnung, die Joh regelmäßig dem Judentum und seinen offiziellen Führern beilegt, die Jesus und (hier) Johannes gegenüberstehen. Ihr Hauptquartier ist in Jerusalem, wo ihre Auseinandersetzung mit Jesus ihren Höhepunkt erreicht. Sie verteidigen den Buchstaben des Gesetzes (z. B. 5,16), lehnen es ab, die Autorität Jesu und seine messianische Stellung anzuerkennen (z. B. 9,22), und verleugnen, indem sie ihren wahren König verleugnen, schließlich ihre eigene Stellung als das Volk Gottes (19,14). Wie Joh die Bezeichnung gebraucht, zeigt, daß er (wie die meisten christlichen Schriftsteller am Ende des ersten Jahrhunderts und darüber hinaus) sich der Existenz der Kirche als einer eigenständigen Größe bewußt war, vom Judentum, welches sie ersetzt zu haben beanspruchte, unterschieden und ihm entgegengesetzt. Ein ähnlicher Gebrauch findet sich im Petrusevangelium (z. B. Kap. 1: aber von den Juden wusch niemand seine Hände . . .). »Die Juden« repräsentieren die Welt, vom religiösen Standpunkt aus gesehen. Joh meint offensichtlich nicht »die Judäer« (im Unterschied zu den Galiläern); auch scheint es nicht möglich, verschiedene Bedeutungen von *οἱ Ἰουδαῖοι* anzunehmen, um zwischen Autor und Redaktor zu unterscheiden (C. Dekker, NTS 13 [1966], S. 66–71). Schnackenburg weist darauf hin, daß es für die Wahl der Juden als Repräsentanten der Welt durch Joh historische Gründe gab.

ἱερεῖς καὶ Λευίτας. Nur an dieser Stelle erwähnt Joh Priester und Leviten. Die Verbindung ist im AT zu gebräuchlich, als daß die Annahme einer Parallele mit Qumran notwendig wäre. Brown ist der Meinung, daß sie zu Joh als »Spezialisten in ritueller Reinigung« gesandt wurden. Sie beginnen aber nicht damit, daß sie ihn über die Taufe befragen. Die Unterscheidung zwischen beiden beim Tempeldienst erscheint bei Ezechiel und in der Priesterschrift, aber nicht früher. Sie wird beibehalten in der rabbinischen Literatur, wo die Leviten eine Gruppe bilden, die zwischen den Priestern und den Israeliten steht. So Hor 3,8: ein Priester hat den Vortritt vor einem Leviten, ein Levit vor einem Israeliten, ein Israelit vor einem Bastard usw. Ihre Hauptaufgabe bestand darin, als Hilfe beim Tempeldienst (in erster Linie als Musiker) und als Polizei zu fungieren; s. unter vielen Stellen Tamid

7; Middot 1f. Wir können annehmen, daß sie in jenem letzteren Amt hier von Joh vorgestellt werden; aber angesichts von 1,24 scheint es doch zweifelhaft, ob Joh wirklich eng mit den levitischen Institutionen vertraut war, er mag einfach auf einen bekannten atl. Ausdruck zurückgegriffen haben (z. B. 2Chron 23,4), um jüdische Amtsträger zu beschreiben.

ἵνα ἐρωτήσωσιν, wie oft an Stelle eines Infinitivs.

Σὺ τίς εἶ; Vgl. 8,25; 21,12; und zur Form der Frage 6,9; 16,18. Es erinnert an das ἐγώ εἰμι Jesu; s. Komm. zu 6,35; 8,24.

20. καὶ ὡμολόγησεν καὶ οὐκ ἠρνήσατο, καὶ ὡμολόγησεν. Die recht schwerfällige und sich wieder-holende Ausdrucksweise ergibt eine feierliche Wirkung, wie oft bei Joh. Vgl. Josephus, Ant VI,151, ἀδικεῖν ὡμολόγει καὶ τὴν ἁμαρτίαν οὐκ ἠρνεῖτο. Interpunktiert man V. 19 wie im Nestle-Text, dann wird die Konstruktion, so plump sie ist, klar. Man kann jedoch einen Punkt nach Ἰωάννου (19a) setzen und 20 mit 19b konstruieren. Tut man dies, dann beginnt V. 20 mit einem redundanten καί – und dies ist wohl ein Kennzeichen semitischen Stils. Es scheint freilich nicht nötig zu sein, so Schwierigkeiten und Semitismen in den Text einzuführen. ὁμολογεῖν und ἀρνεῖσθαι erinnern an das Bekennen und Verleugnen Christi, sowohl bei Joh (9,22; 12,42; 13,38; 18,25.27) wie anderswo im NT. Und der Täufer fährt sogleich fort mit einem, wie man es nennen könnte, negativen Bekenntnis zu Christus.

ἐγώ οὐκ εἰμὶ ὁ Χριστός. Die Aussendung von Botschaftern und die Form dieser negativen Aussage legen die Vermutung nahe, daß die Möglichkeit erwogen worden war, vielleicht sich sogar aufge-drängt hatte, daß Johannes der Messias sei. Dies bestreitet Joh entschieden. Möglicherweise ist das ἐγώ emphatisch (und zwar in der ganzen Erzählung): ich bin nicht der Christus – aber es ist ein Christus da. Es könnte sein, daß diese Ablehnung in irgendeiner Weise auf Polemik gegen jene zurückgeht, die den Täufer zu hoch einschätzten; so z. B. Cullmann, Christologie, S. 27. S. PsClem Recogn I,60: einer der Johannesjünger behauptete, Johannes sei der Christus.

21. τί οὖν; Ἠλίας εἶ σύ; Die Stellung von σύ ist variabel, es wird ausgelassen von א a. Es könnte in den Text durch Assimilation an V. 19 eingedrungen sein. Auch die Interpunktion ist unsicher.

οὐκ εἰμί. Bei den Synoptikern wird erklärt, der Täufer sei Elia. Die Identifikation erfolgt sehr deutlich bei Mt (1,14; 17,12), und sie wird angenommen bei Mk (9,13), obwohl Mt (s. die Parallele) sich sehr bemüht, dies deutlicher herauszustellen. Mk 1,6 in dem kürzeren und wahrscheinlich ursprünglichen Text läßt nicht an Elia denken, und Lk 1,17 kann man kaum als Identifikation verstehen. Joh wider-spricht scharf der früheren und offensichtlich wachsenden Tradition, indem er vielleicht zu einer vorsynoptischen Stufe christlichen Glaubens zurückkehrt, ehe apokalyptisches Denken dazu nötigte, Elia in irgendeinem Vorläufer des Christus zu entdecken. Daß Elia vor der Erscheinung des Messias zurückkehren würde, war ein festes Element in messianischer Spekulation, die auf Mal 13,23 gegrün-det war; s. Komm. zu V. 31. Joh, ungehindert durch den apokalyptischen Denkrahmen, war frei, die Überlieferung in einer neuen Weise zu behandeln (s. JThSt 48 [1947], S. 165ff; für eine andere Sicht der Dinge Dodd, Tradition, S. 266).

ὁ προφήτης εἶ σύ; Da bereits festgestellt wurde, daß Johannes nicht der Christus ist (V. 20), kann ὁ προφήτης hier nicht ein Titel des Christus sein; vgl. 7,40f, wo einige annehmen, Jesus sei der Pro-phet, andere, der Christus. Es ist schwer zu sehen, aus welchen Gründen Hahn, Hoheitstitel, S. 359.370, die Unterscheidung, die zwischen diesen Stellen und 6,14 gemacht wird, ablehnt. Wir können 1QS 9,11 vergleichen, wo (wie Hahn selbst beobachtet) der Titel משיח dem kommenden Pro-pheten nicht beigelegt wird. Es gibt andere Hinweise auf einen Glauben oder eine Hoffnung, daß ein neuer Prophet oder einer der alten Propheten gesandt werden würde, um Israel beizustehen; so 1Makk 4,46; 14,41: ... bis ein gläubiger Prophet aufstehen sollte; 4Esra 2,18: dir zu helfen, werde ich meine Knechte Jesaja und Jeremia senden. Vgl. 2Makk 15,15 u. ö. Im NT s. Mk 6,15; 8,28 parr.

καὶ ἀπεκρίθη· οὔ. Johannes gibt eine ganz und gar abschlägige Antwort. Er entspricht keiner bekann-ten Gestalt innerhalb der jüdischen Religion.

198

22. ἵνα ἀπόχρισιν δῶμεν . . . Der Ausdruck ist elliptisch. Zu ergänzen ist etwa λέγε ἡμῖν.

23. Johannes der Täufer entspricht keiner bekannten Gestalt. Er ist nicht mehr als eine Stimme (Cullmann, Christologie, S. 27, stellt φωνή und λόγος einander gegenüber); aber sein Werk war im AT (Jes 40,3) vorhergesagt worden. Die Zitation stimmt mit dem LXX-Text überein, abgesehen vom Gebrauch von εὐθύνατε, wo die LXX (gefolgt von Mk 1,3 – der Unterschied führt Dodd, AS, S. 40, zu der Annahme der Unabhängigkeit des Joh von den Synoptikern) ἑτοιμάσατε hat (Aquila und Theodotion haben ἀποσκευάσατε, Symmachus εὐτρεπίσατε). Es könnte sein, daß Joh seine eigene Übersetzung aus dem Hebräischen (פנו) gefertigt hat, aber dies kann nicht mit Sicherheit geschlossen werden; denn er könnte durch die LXX in folgender Weise beeinflußt worden sein: (1) Er könnte beeinflußt worden sein durch den Klang von εὐθείας, welches in der LXX unmittelbar seinem Zitat folgt; (2) er könnte sich erinnert haben an den Gebrauch von εὐθύνειν mit ὁδός in Sir 2,6; 37,15; 49,9. εὐθύνατε erscheint in keiner anderen frühchristlichen Zitierung von Jes 40,3. Zum Gebrauch dieses Zitats in 1QS 8,13–16 s. Fitzmyer, Essays, S. 34 ff.; aber C. F. D. Moule (NTS 14, [1968] S. 294) hat recht, wenn er sagt, daß in 1QS das Zitat gebraucht wird »als eine Ermächtigung oder Autorisierung, während es in den Evangelien als Prophezeiung behandelt wird«. Auch wenn Johannes der Täufer ein wahrhafter Zeuge ist, so kann er doch nicht einfach mit irgendeiner Gestalt in der eschatologischen Entwicklung der Geschichte identifiziert werden; und sein Zeugnis ist auch nicht seine eigene, unabhängige Meinung. Es besitzt die einzige Autorität, die innerhalb des Judentums anerkannt werden kann, nämlich die der Schrift. Die Worte sind jene der namenlosen rufenden Stimme, aber sie sind identifizierbare Schrift – χαὺὼς εἶπεν Ἡσαΐας ὁ προφήτης –, sie fassen in der Tat den Sinn zusammen, den die Kirche dem AT beigelegt hat. Vgl. 5,33.39.46. Johannes ist das gesprochene Wort, während Jesus das fleischgewordene Wort ist.

24. καὶ ἀπεσταλμένοι ἦσαν. οἱ wird von einigen Handschriften (einschließlich WΘ vg) vor ἀπεσταλμένοι eingefügt. Dies ergibt einen leicht veränderten Sinn: jene, die gesandt wurden, nicht die Sendenden, werden als Angehörige der Pharisäer bezeichnet. Die kürzere Lesart sollte vorgezogen werden; es ist möglich, daß die längere eine »Verbesserung« ist, dazu bestimmt, die u. erwähnte Schwierigkeit zu überspielen. Das Problem wird anders gesehen von Dodd (Tradition, S. 263 f); er nimmt an, daß Joh hier altes Material benutzt.

τῶν Φαρισαίων. Dieser parenthetische Vers läßt große Zweifel über die Vertrautheit des Verfassers mit dem Judentum vor dem Jahre 70 aufkommen. Die Pharisäer, die wirklich fortschrittliche Partei im Judentum (Bernards Anmerkung zur Stelle ist irreführend), standen den Priestern und Leviten (V. 19) gegenüber; sie hatten deshalb keine Autorität, jene zu senden (obwohl es zutrifft, daß einige Priester Pharisäer waren). Viele der einflußreicheren Priester waren Sadduzäer, eine Partei, die Joh wahrscheinlich nicht erwähnt, weil sie im Judentum seiner Zeit nicht mehr von Bedeutung war, und vielleicht auch, weil er eben deshalb wenig über sie wußte.

25. τί οὖν βαπτίζεις . . . ; Aus der Form dieser Frage darf nicht geschlossen werden, daß man entweder von dem Messias oder von Elia oder »dem Propheten« erwartete, daß er taufen würde. Die Frage meint vielmehr: Warum vollziehst du einen offiziell erscheinenden Akt, wenn du keinen offiziellen Rang hast? Dies ist der erste Hinweis auf die Taufe; dabei wird vorausgesetzt, daß die Leser imstande gewesen sind, die notwendige Verbindung herzustellen.

26. ἐγὼ βαπτίζω ἐν ὕδατι. Vgl. 1,8 parr ἐγὼ ἐβάπτισα ὑμᾶς ὕδατι. Der Tempuswechsel entspricht vermutlich der Überzeugung des Joh, daß der Täufer und Jesus zur selben Zeit wirkten; aber es ist wahrscheinlich falsch, 1,30 bzw. 10,8 zum Vergleich heranzuziehen und zu behaupten, daß Johannes eine wichtige theologische Aussage machen wollte. Die entsprechende Verheißung, daß Christus mit dem Geist taufen würde, wird von Joh erst V. 33 geboten; es war dem Täufer nicht offenbart, bis er den Geist auf Jesus herabkommen sah.

μέσος ὑμῶν (vgl. 19,18) στήκει ὃν ὑμεῖς οὐκ οἴδατε. Es gibt keine Entsprechung für diese Worte der mk Erzählung. Die archaische Verbform στήκει (von στήκειν) findet sich zweimal und nur bei Joh (hier und 8,44). In jedem Vers gibt es Varianten. Von den aus dem Thomasevangelium (Quispel, John and

Qumran [1972], S. 145) herangezogenen Parallelen ist nur 91 (... den, der vor euch ist, habt ihr nicht gekannt) eine enge Parallele. Festzustellen ist (mit Schnackenburg) das völlige Unverständnis der Zeitgenossen Jesu. Aber historisch gesehen, erinnern die Worte des Joh an 7,27 und Justin, Dial 8.4. Bis jetzt war selbst der Teufel unfähig gewesen, Jesus als den zu erkennen, der er war; s. V. 31 und Komm. z. St. Der Offenbarer wird nur erkannt, wenn er erkannt werden will, er wird aber zur rechten Zeit Israel offenbart werden.

27. ὀπίσω μου... ὑποδήματος. Vgl. Mk 1,7 parr: ἔρχεται ὁ ἰσχυρότερός μου ὀπίσω μου, οὗ οὐκ εἰμὶ ἱκανὸς κύψας λῦσαι τὸν ἱμάντα τῶν ὑποδημάτων αὐτοῦ. Joh hängt hier wahrscheinlich von Mk ab. Er setzt das passendere ἄξιος für das mk ἱκανός ein, streicht das lebendige, aber unnötige κύψας und hat, wie oft, ἵνα und den Konjunktiv anstelle des Infinitivs (zur korrekten Konstruktion mit ἄξιος s. Lk 15,19). Die Wiederholung von αὐτοῦ nach dem Relativum οὗ ist wahrscheinlich als Semitismus zu betrachten, obwohl man Parallelen im klassischen, hellenistischen und modernen Griechisch finden kann; es ist aber von Joh aus Mk übernommen worden und kann deshalb nicht als charakteristisch für seinen eigenen Stil gelten. Der Artikel ὁ vor ὀπίσω wird von B ℵ* ausgelassen, wahrscheinlich zu Recht; obwohl es von P⁶⁶ gelesen und von Sanders auch übernommen wird, könnte es hinzugefügt worden sein, um (zusammen mit ἐρχόμενος) einen anerkannten christlichen Messiastitel zu bilden. Vgl. 1,15. Zu dem Grundsatz, daß ein Jünger für seinen Meister alles tun sollte, was ein Sklave tun würde – ausgenommen, ihm seine Schuhe auszuziehen, s. Daube, Rabbinic Judaism, S. 266f.

28. Βηθανίᾳ. Hier gibt es verschiedene Varianten:
  (a) Βηθανίᾳ P⁶⁶ P⁷⁵ℵ* B Θ Ω it vg pesch hl boh Herakleon
  (b) Βηθαβαρᾷ λ 33 cur sah Origenes Euseb
  (c) Βηθαβαρᾷ φ sin
  (d) Βηθαραβᾷ ℵᶜᵇ hlᵐᵍ

c) Ist sicherlich nur eine orthographische Variante von b); wahrscheinlich (durch Buchstabenvertauschung) auch d); es gibt noch andere weniger wichtige Varianten. Wenn wir, wie es scheint, zwischen a) und b) wählen müssen, ist die Wahl eindeutig, insbesondere, wenn die Belege bei Origenes (In Evangelium Joannis VI,40) untersucht werden. Origenes wußte, daß Βηθανίᾳ – σχεδὸν ἐν πᾶσι τοῖς ἀντιγράφοις stand und von Herakleon gelesen wurde; aber bei seinen Reisen in Palästina konnte er kein Bethanien am Jordan finden. Es gab jedoch ein Bethabara, wo Johannes, einer Lokaltradition entsprechend, getauft haben soll. Origenes schloß daraus, daß dies den Ort der Tauftätigkeit des Johannes und zugleich die ursprüngliche Lesart festlegen mußte. Die Lesarten der alten syrischen Versionen repräsentieren wahrscheinlich unabhängig dieselbe Tradition. Die Lesart a) muß dementsprechend angenommen werden. Die erste geographische Angabe bei Joh kann nicht verifiziert werden, und dies war bereits so zu einem Zeitpunkt, der durch die Übereinstimmung von Origenes und der alten syrischen Version gegeben ist – d. h. nicht später als hundert Jahre nach der wahrscheinlichen Datierung des Evangeliums. 10,40; 11,1ff wird gesagt, Jesus habe sich vom dem Ort, wo »Johannes zuerst taufte«, nach Bethanien, der Heimat der Maria, Martha und des Lazarus, zurückgezogen. Dies könnte für die ersten Leser des Evangeliums Anlaß zu der Annahme gewesen sein, daß der Ort, wo Johannes taufte, nicht Bethanien gewesen sein kann, und könnte so dazu beigetragen haben, die Lesart Bethabara zu stützen; aber tatsächlich scheint 11,1.18 sorgfältig formuliert, so als sollte ein Bethanien in der Nähe Jerusalems von dem anderen Bethanien unterschieden werden. Jeremias, Theologie 1, S. 51, zieht Bethabara vor. W. H. Brownlee (John and Qumran, S. 167ff) trägt umfängliche, aber nicht überzeugende Argumente dafür vor, daß man Bethanien im Sinn von Batanaea verstehen sollte.

ἦν... βαπτίζων. Periphrastisches Imperfekt; s. Einleitung S. 28.

29. τῇ ἐπαύριον. Vgl. 1,35.43; 2,1 und s. Komm. zu 2,1 zur Absicht des Johannes, einen Zyklus von Ereignissen tageweise zu gruppieren.

ἐρχόμενον πρὸς αὐτόν. Dies kann nicht der Augenblick der Taufe Jesu sein, da Johannes bereits (V. 32) das Herabsteigen des Geistes auf Jesus bezeugen kann. Die Taufe hat bereits stattgefunden (ob vor V. 26 oder nicht, kann nicht entschieden werden), und Johannes ist überzeugt worden, daß Jesus es ist, der mit dem Heiligen Geist taufen wird. Offensichtlich schließt diese Überzeugung auch das in sich, was in diesem Vers ausgedrückt wird.

Ἴδε ὁ ἀμνὸς τοῦ θεοῦ ὁ αἴρων τὴν ἁμαρτίαν τοῦ κόσμου. Es ist sicher, daß diese Wendung einen alttestamentlichen Hintergrund hat, weniger sicher, welches dieser Hintergrund ist. Wir sollten insbesondere das Passalamm (Ex 12 u. ö.), das Lamm von Jes 53,7 (wo das Wort *ἀμνός* gebraucht wird) und den Bock, der die Sünden des Volkes am großen Versöhnungstag hinwegtrug (Lev 16,21f), beachten; aber nicht eine einzige dieser Stellen bietet eine völlig befriedigende Erklärung (s. JThSt 48 [1947], S. 155f). Das häufigste aller jüdischen Opfer, das תמיד, (*tamid*) oder tägliche Brandopfer, war ein Lamm; aber es handelte sich hier nicht um ein Sühnopfer. Hinweise auf ein Lamm im Test Joseph 19,8; Test Benjamin 3,8 sind wahrscheinlich christliche Zusätze; in jedem Fall erinnert das Lamm in Test Joseph 19,8 an das sieghafte Lamm der Offenbarung (z. B. 14,1), und nicht an den vorliegenden Abschnitt.

Wahrscheinlich bezieht sich Joh in erster Linie auf das Passalamm (vgl. 19,33.36 und Komm. z. St.); aber der Verweis kann nicht direkt aus dem Judentum abgeleitet worden sein, da im Judentum das am Passa geopferte Lamm nicht die Sünden hinwegnimmt. Die wahrscheinliche Quelle des joh Denkens und der joh Sprache ist die Passainterpretation des Letzten Mahles und der Eucharistie. Die Eucharistie ist ein Passamahl, und mit ihr wird der Tod Christi zur Vergebung der Sünden abgebildet. Im vorliegenden Kontext sind die zwei Behauptungen miteinander verbunden – a) Christus war das Passalamm, b) Christus trug oder nahm die Sünden hinweg –, obwohl sie ursprünglich nichts miteinander zu tun haben. Diese Schlußfolgerung wird nicht ernsthaft durch zwei weitere Thesen erschüttert: Dodd (Interpretation, S. 230–238) vertrat die These, das Lamm sei im Sinn von Offb 14,1 (und anderer apokalyptischer Stellen) zu verstehen: Er ist nicht ein Opferlamm, sondern ein apokalyptischer Führer – der Messias –, der sein Volk vom Bösen befreien würde. S. dazu NTS 1 [1955], S. 230–238; das Zeugnis für Lamm als Titel in diesem Sinn ist sehr schwach, und daß Johannes Jesus als das Passalamm dachte, scheint ziemlich sicher. G. Vermes (Scripture and Tradition in Judaism [1961], S. 224f) sieht hier eine Anspielung auf die Fesselung (*Akedah*) Isaaks; s. dazu G. Delling, Der Kreuzestod Jesu in der urchristlichen Verkündigung [1971], S. 98 und Anm. 566.600 (er stellt fest, daß in den V. 29–34 der Täufer die drei großen joh Aussagen über Jesus macht – seinen Tod, Sohnschaft und Präexistenz); es könnte jedoch ein Verweis auf das Lamm, das Gott selbst zur Verfügung stellt, vorliegen (Gen 22,8.13.14). Man hat auch 1QH 3,10; 8,10f zitiert, aber wie Braun feststellt, ist keine dieser Stellen messianisch – und in der ersten ist das Leiden weder Buße noch Sühne.

Man hat vorgeschlagen (Burney, S. 104–108; ThWNT I, S. 343 [J. Jeremias]), daß ein Hinweis auf den leidenden Gottesknecht von Jes 53 hier durch eine Fehlübersetzung des Aramäischen entstellt wurde. Das aramäische טליא (*talya*) kann bedeuten »Knecht« wie auch »Lamm«, und es ist vorstellbar, daß dieses Wort, als der gegenwärtige Text des Joh entstand, mißverstanden wurde. Es gibt aber keinen anderen Beleg, der dafür spricht, daß der vorliegende Abschnitt unmittelbar aus einem aramäischen Dokument übersetzt wurde; das natürliche aramäische Äquivalent des hebräischen עבד (*ʿebed*, Knecht) ist nicht טליא, sondern עבדא (*ʿabda*), und es ist auch ntl Denken keineswegs fremd, von Christus als einem Lamm zu sprechen (z. B. Apg 8,32; 1Petr 1,19; Offb 5,6). Nichtsdestoweniger ist der Gedanke, daß Christus *τὴν ἁμαρτίαν τοῦ κόσμου* trug (alle Sünden, die universale Sündhaftigkeit), gegenwärtig, ebenso wie der Glaube, daß er sie als Opfer hinwegnahm und Vergebung sicherte; hier kann sehr wohl Jes 53,12 »er trug die Sünde der vielen« (נשא חטא רבים, *ἁμαρτίας πολλῶν ἀνήνεγκεν*) im Hintergrund stehen. Die Vorstellung von der Beseitigung der Schuld findet sich häufig im AT; vgl. Ex 28,38; 34,7; Num 14,18; 1Sam 15,25; Ps 32,5; 85,3; Micha 7,18. An all diesen Stellen ist das Verbum נשא (*nasaʾ*), oft gefolgt von עון (*ʿawon*, »Unrecht, Schuld, und Strafe für

Unrecht« – B. D. B.) und übersetzt durch ein Kompositum von αἴρειν, außer in den Psalmen, wo es durchweg mit ἀφιέναι wiedergegeben wird. Zum selben Wort im späteren Hebräisch s. Zad. Fragm. 5,5ˋ לפשעם וישא. Zu ἁμαρτία als Schuld vgl. Joh 9,41; 15,22.24; 19,11; 20,23. Ein anderer Vorschlag, der sich auf eine Zweideutigkeit im Aramäischen gründet, wird von A. Negoitsa und C. Daniel (NovTest 13 [1971], S. 24–37) gemacht. Das Wort אמרא ('immᵉra, 'imra) kann sowohl Lamm als auch Wort bedeuten: Johannes konnte so Jesus zugleich als das Lamm und das Wort Gottes verkündigen. Aber die Zweideutigkeiten im Joh sind wahrscheinlich zugunsten seiner griechischen Leser gebraucht worden. Obwohl 'imra gelegentlich Sprache bedeutet, so scheint es doch fast nie *Wort* zu bedeuten. S. auch B. Gärtner, Svensk Exegetisk Årsbok 18–19 [1953–1954], S. 98–108.

Durch seine Verschmelzung alttestamentlicher Vorstellungen weist Johannes darauf hin, daß der Tod Jesu ein neues und besseres Opfer gewesen ist. Alle Ordnungen und Institutionen des Judentums wurden von Jesus vollendet (vgl. 2,19; 4,21; 5,17.39.47; 6,4; 10,1; 13,34). Nicht die Sünden der Unwissenheit des jüdischen Volkes werden von nun an durch das Opfer beseitigt, sondern die Sünde der Welt.

30. ὀπίσω μου. Vgl. V. 15.27; 1,26.

ὃς ἔμπροσϑέν μου γέγονεν, der nun seine Vorrangstellung vor mir eingenommen hat.

ὅτι πρῶτός μου ἦν, weil er eher war als ich. Zum Unterschied zwischen γίνεσϑαι und εἶναι s. V. 1.6. πρῶτος wird fälschlicherweise gebraucht für πρότερος s. M I, S. 79.245. Zum allgemeinen Sinn vgl. 1Esra 3,7, δεύτερος χαϑιεῖται Δαρείου. Zuerst war Jesus eine unbekannte Gestalt, verglichen mit dem Ruhm des Johannes; aber nun ist für ihn die Zeit gekommen, hervorzutreten und den Platz einzunehmen, den seine Präexistenz fordert – er muß zunehmen, Johannes muß abnehmen (3,30).

31. κἀγὼ οὐκ ᾔδειν αὐτόν. Daraus ist nicht notwendigerweise zu schließen, daß Johannes Jesus überhaupt nicht kannte, sondern nur, daß er nicht wußte, daß er ὁ ἐρχόμενος war.

ἀλλ' ἵνα ... διὰ τοῦτο. διὰ τοῦτο geht häufiger einem Satzteil voran, welchen es erklärt. Zu dieser Konstruktion, in welcher dem διὰ τοῦτο seine Erklärung vorangeht, vgl. 15,19 (ὅτι ... διὰ τοῦτο).

φανερωϑῇ τῷ Ἰσραήλ. Zum jüdischen Glauben, daß der Messias eine verborgene Gestalt sein wird, bis er von Elia Israel vorgestellt wird, s. Justin, Dial 8.49, und vgl. Sota 9,15; Eddujot 8,7. Daß die Targume davon sprechen, der Messias werde offenbart (McNamara, S. 140), trägt zusätzlich wenig aus. Das Wort φανεροῦν ist charakteristisch für Joh (1,31; 2,11; 3,21; 7,4; 9,3; 17,6; 21,1.14). Das Wort Ἰσραήλ, das nur viermal in Joh begegnet, hat nicht den negativen Beigeschmack, der oft an οἱ Ἰουδαῖοι in diesem Evangelium hängt (s. Komm. zu V. 19). Joh leugnet die Identifikation des Täufers mit Elia, aber er betont, daß der Zweck der Johannestaufe die öffentliche Offenbarung Jesu gewesen ist; sie wurde deshalb durch das Herabsteigen des Geistes auf Jesus erfüllt, und dieses Ereignis machte zugleich die neue christliche Taufe mit dem Geist möglich. Wie Johannes selbst, so hat auch seine Taufe keine Bedeutung; beide existieren dazu, für Christus Zeugnis abzulegen (V. 7), der allein wahrhaftig die Sünde hinwegnimmt und den Geist verleiht.

32. τεϑέαμαι τὸ πνεῦμα καταβαῖνον. Zum Perfekt τεϑέαμαι vgl. V. 15 κέκραγεν. Zum Vers als Ganzem vgl. Mk 1,10 parr. Joh setzt die Kenntnis der synoptischen Taufgeschichte voraus. Er berichtet selbst nicht, daß Jesus getauft wurde; s. die Einleitung zu diesem Abschnitt. Ein weiterer Unterschied zwischen Joh und Mk ist, daß bei Mk Jesus den Geist als Taube herabkommen sieht; bei Joh sieht dies der Täufer. Joh schließt die Möglichkeit aus, die Geschichte lediglich als den Bericht einer privaten Erfahrung ohne objektive Bedeutung zu verstehen. Das Ereignis ist nicht länger wichtig für Jesus, sondern nur für den Täufer, zur Identifikation (Bultmann).

ὡς περιστεράν. Zum Symbolgehalt der Taube s. The Holy Spirit and the Gospel Tradition, S. 35–39; aber bei Joh ist die Taube nur ein Stück traditionellen Bildmaterials, das er aus den älteren Evangelien übernahm, und hat keine unabhängige Bedeutung.

καὶ ἔμεινεν ἐπ' αὐτόν. Der Gebrauch von μένειν ist charakteristisch für Joh und legt nicht nahe, daß irgendeine andere Quelle als Mk benützt. Der Geist bleibt beständig auf Jesus; die Taufe war nicht ein vorübergehender Augenblick der Inspiration. Das Werk Jesu als Ganzes muß als in der Einheit mit dem Geist Gottes vollbracht verstanden werden. Man sollte jedoch auf dem Wort μένειν keine zu weitreichenden Schlüsse aufbauen. Die Rabbinen sagten, daß der Heilige Geist und die *Shekhinah* (oder Gegenwart) Gottes auf Menschen, insbesondere den Propheten, verharrte (שרה, שרי). Vgl. Jes 11,2 (ἀναπαύσεται ἐπ' αὐτόν).

33. κἀγὼ οὐκ ᾔδειν αὐτόν. Vgl. V. 31.

ὁ πέμψας με. Diese Wendung findet sich oft im Munde Jesu; aber auch Johannes wurde von Gott gesandt (V. 6).

ἐκεῖνός μοι εἶπεν. Die Wiederaufnahme eines entfernten Subjekts durch ein Pronomen entspricht joh Stil. Der Täufer hatte einen göttlichen Wink empfangen, wie er den Kommenden erkennen sollte.

ἐν πνεύματι ἁγίῳ. Jesus besitzt den Geist, damit er ihn verleihe. Und es ist die Gabe des Geistes, die vor allem die neue Austeilung von der alten unterscheidet (vgl. V. 26f). Er gehört weder dem Judentum und nicht einmal dem Johannes. Es wird weder gesagt noch impliziert, daß die Christen bei der Taufe kein Wasser gebrauchen werden; s. 3.5. Zur Gabe des Geistes bei Joh s. weiter 7,39; 14,16f; 20,22. 1QS 4,20f handelt von der Reinigung durch den Geist und ist so keine wirkliche Parallele.

34. ἑώρακα καὶ μεμαρτύρηκα. Zu den Perfecta vgl. V. 15, nach Bornkamm II, S. 192, leiten die Worte ein Taufbekenntnis ein.

οὗτός ἐστιν ὁ υἱὸς τοῦ θεοῦ. Vgl. Mk 1,11parr Σὺ εἶ ὁ υἱός μου ὁ ἀγαπητός. Der Nestle-Text des Joh bietet eine enge Parallele zu den mk Worten, aber anstatt υἱός sollte man vielleicht lesen ἐκλεκτός (P⁵ א* e cur sin Ambrosius). Eine kombinierte Lesart ἐκλεκτὸς υἱός (a [b] sah) ist sicherlich sekundär, bezeugt aber die Existenz der Lesart ἐκλεκτός. ἐκλεκτός ist so eine sehr alte Lesart, vor allem in diesem Evangelium ist es viel leichter, den Wechsel von ἐκλεκτός zu υἱός zu verstehen, als umgekehrt, wenn man die Lesart ἐκλεκτός annimmt (und sie wird dadurch in Frage gestellt, daß P⁶⁶ und P⁷⁵ beide υἱός haben); vgl. die lk Form des Verklärungswortes (Lk 9,35), οὗτός ἐστιν ὁ υἱός μου ὁ ἐκλελεγμένος; auch Jes 42,1, Ἰσραὴλ ὁ ἐκλεκτός μου, ... ἔδωκα τὸ πνεῦμά μου ἐπ' αὐτόν. Joh gebraucht das Wort ἐκλεκτός an keiner anderen Stelle, und seine Bedeutung ist hier wahrscheinlich nicht sehr verschieden von υἱός, außer daß es deutlicher auf den messianischen Rang Jesu verweist, als υἱός dies tun könnte. Jeremias, der ἐκλεκτός annimmt, findet eine Anspielung auf den Gottesknecht (Theologie 1, S. 60f). Für die Diskussion von 4QMess ar, welches den Ausdruck בחיר אלהא (Gottes Erwählter) enthält, s. Fitzmyer, Essays, S. 127–160. In dieser wichtigen Untersuchung fragt Fitzmyer kritisch, ob die Worte direkt auf einen Messias verweisen. Er nimmt an, sie könnten auf Noah verweisen. Zu Jesus als Messias und als Sohn Gottes s. Einleitung S. 86f.

3. Die ersten Jünger

1,35–51

Johannes der Täufer wiederholt sein Zeugnis für Jesus in Gegenwart zweier Jünger. Sie verlassen ihren Meister, beginnen Jesus nachzufolgen und bleiben bei ihm. Zu diesem kleinen Kreis von Menschen, die an die Messianität Jesu glauben, kommen andere hinzu. Jesus kennt sie, ihre Vergangenheit und ihre Zukunft, ehe sie sich ihm anschließen: Simon, der den neuen Namen Petrus erhält, und Nathanael (vielleicht wiederum ein Symbolname), dessen bereitwilliger Glaube Anlaß zu der Verheißung ist, daß die Jünger Jesu in Jesus eine einzigartige Verbindung zwischen Himmel und Erde sehen werden.

Berichte von Jüngerberufungen erscheinen auch in den synoptischen Evangelien: Mk 1,16–20 (Mt 4,18–22; vgl. Lk 5,1–11); Mk 2,13f (Mt 9,9; Lk 5,27f). Zur Namensverleihung an Simon vgl. Mk 3,16 (Lk 6,14); Mt 16,18. Es ist nicht möglich, die joh und synoptischen Erzählungen miteinander zu harmonisieren. Man hat oft die These aufgestellt, daß die joh Berufung nur eine vorläufige gewesen sei. Die Jünger wurden aufgefordert, Jesus gehorsam zu sein, es wurde ihnen erlaubt, nach Galiläa heimzukehren, und dann erst wurden sie endgültig zu einer »vollen« Jüngerschaft in der von Mk berichteten Weise berufen. Aber Joh läßt keinen Raum für eine zweite Berufung. Von der ersten an folgen seine vertrauten Jünger Jesus eng, und es gibt keine Notwendigkeit für sie, noch einmal berufen zu werden. Außerdem verliert die mk Geschichte ihre Eindrücklichkeit, die sie haben sollte, wenn die sofortige Antwort der Fischer und des Levi psychologisch erklärt wird. Daß Joh die mk Geschichte kannte, ist angesichts seiner sonstigen Berührungen mit dem zweiten Evangelium wahrscheinlich, aber seine eigene Erzählung unterscheidet sich sehr davon, nicht nur in ihrem erzählenden Inhalt, sondern auch in ihrer theologischen Bedeutung, welche von Schweizer (Beiträge, S. 222ff) wie folgt beschrieben wird: 1) Es ist nicht Jesus, der Menschen ruft, sondern seine Zeugen. 2) Die Zeugen geben eine dogmatische Beschreibung seiner Person. 3) Die Berufenen müssen nicht Boote und Netze verlassen, sondern andere Religionen – z. B. Johannes den Täufer. Die Vielfalt der Erzählungen, die wir besitzen (Markus, Lukas, Johannes), läßt den Schluß zu, daß es keine allgemein anerkannte Überlieferung der »Berufung« gab, obwohl es keineswegs unwahrscheinlich ist, daß einige der Jünger Johannes des Täufers sich in der Folgezeit Jesus angeschlossen haben mögen. Es wäre natürlich, daß der Kirche daran gelegen sein sollte, etwas über die Art und Weise zu erfahren, in welcher ihre bekanntesten Führer zuerst zu Jüngern wurden, und das Wachsen verschiedener Legenden über ihre Berufung ist deshalb keine Überraschung; und es ist auch nicht überraschend, daß die joh Erzählung die Situation der nachösterlichen Kirche reflektieren sollte.

Der vorliegende Abschnitt nimmt eine Brückenfunktion in der joh Erzählung ein, und wir sehen die ersten Jünger vom Judentum (V. 47) und von Johannes dem Täufer (V. 35) zu Jesus kommen und zu der Erfüllung dessen, was Judentum und der Täufer wollten, durch ihn. Bis jetzt sind sie zum Glauben an diese Erfüllung noch nicht gekommen, ja nicht einmal zu einem Verständnis dieser Erfüllung. Die Stufe, die sie erreicht haben, wird repräsentiert durch das »Kommt und seht« (V. 38.46) und »Ihr werdet sehen« (V. 51). Das unmittelbare Ziel dieser Bewegung ist 2,11 erreicht, wenn die Herrlichkeit Jesu offenbar wird und die Jünger glauben. Aber V. 51 mit seinem Verweis auf den Menschensohn und die Engel gebraucht bereits die Mittel der Apokalyptik zur Bestimmung der Stellung und Bedeutung Jesu. Dies spielt eine bedeutendere Rolle bei der Entwicklung der joh Christologie als die Gestalt des göttlichen Menschen.

35. τῇ ἐπαύριον. S. Komm. zu 2,1.
εἰστήκει. Vgl. 7,37. Es ist möglich, daß an diesen beiden Stellen das Wort der Verkündigung eine gewisse Würde und Betonung verleiht.
ἐκ, partitiv; s. Einleitung S. 26. Zu den Johannes-Jüngern vgl. 4,1. Der vorliegende Vers läßt kein aktives polemisches Interesse auf seiten des Evangelisten erkennen; s. S. 197.
36. S. V. 29. Das Zeugnis des Täufers wird wiederholt, um das Handeln der beiden Jünger zu motivieren. Vgl. 5,33.36. Sobald Johannes sein Zeugnis abgelegt hat, verschwindet er von dem Schauplatz. Er hat keine andere Funktion (1,7f).
37. Man hat die These vertreten, daß diese Erzählung sich auf den Q-Bericht der Sendung von zwei Täuferjüngern zu Jesus gründet (Mt 11,2; Lk 7,18f). In Q werden die Jünger beauftragt, eine Frage

zu stellen, und kehren zu ihrem Meister mit der Antwort Jesu zurück. Joh (so wird vorgeschlagen) leitete seine Erzählung (die Zahl »2« eingeschlossen) aus dieser Quelle ab, er änderte die Frage des Täufers in eine passende Aussage und ließ dessen Jünger ihre Ergebenheit auf Jesus übertragen. Dies ist möglich. Aber andererseits ist es keineswegs unglaublich, daß einige der Jünger Jesu früher Anhänger des Johannes gewesen sein können. Und der Evangelist könnte unabhängiger Überlieferung folgen, obwohl es wahrscheinlicher ist, daß er in erzählender Form den Gehalt der Anmerkung zu V. 36 herausarbeitet.

ἠκολούϑησαν. Anderswo bei Joh (1,44; 8,12; 10,4.27; 12,26; 21,19.20.22) bedeutet *ἀκολουϑεῖν* »als Jünger folgen«. Aber es hat auch eine neutrale Bedeutung (z. B. 11,31). Es ist wahrscheinlich und für seinen Stil charakteristisch, daß Joh hier und in V. 38.40.43 mit beiden Bedeutungen spielt. Vgl. 13,36f. »Nachfolgen« ist die angemessene Folge der *μαρτυρία* des Joh.

38. *στραφείς...* Es gibt eine auffällige Parallele zu diesen Worten in 21,20, *ἐπιστραφεὶς ὁ Πέτρος βλέπει τὸν μαϑητὴν... ἀκολουϑοῦντα*; s. Komm. zu diesem Vers.

τί ζητεῖτε; Die Frage ist durchaus verständlich als ein einfaches Stück einer Erzählung. Es ist möglich, Philo, Det Pot Ins 24 zu vergleichen: Dieser »Rechenschaftsforderer« (*οὗτος ὁ ἔλεγχος*, gebraucht von dem »wirklichen Menschen«, *ὁ πρὸς ἀλήϑειαν ἄνϑρωπος*; vgl. Joh 16,8) wollte von der Seele wissen, als er sie wandern sah: *τί ζητεῖς;* (vgl. Gen 37,15). Möglicherweise (Fenton) hat Joh zeigen wollen, wie der Logos-Christus Menschen konfrontiert und ihre Absichten in Frage stellt: Was ist es, was der Mensch im Leben sucht? Vgl. die Doppelbedeutung von *ἀκολουϑεῖν*, auf die wir oben hingewiesen haben.

'Ραββί. Dieses Wort (1,39.49; 3,2; 4,31; 6,25; 9,2; 11,8; in 3,26 ist es an Johannes den Täufer gerichtet) wird von Joh unvollkommenen oder im Irrtum befangenen Jüngern in den Mund gelegt; 1,49 ist es jedoch offensichtlich mit den Titeln Sohn Gottes und König Israels nicht unvereinbar. Es ist die Transkription von רבי, dem gebräuchlichen Titel eines Gelehrten und öffentlichen Lehrers. Er konnte kaum jemandem beigelegt werden, auf den die Anklage von 7,15 zutraf. Zur Frage, ob der Gebrauch des Terminus ein Anachronismus ist, s. Brown.

ὃ λέγεται μεϑερμηνευόμενον (*λέγεται ἑρμηνευόμενον*, א*; *Θ Ω*; *ἑρμηνεύεται*, λ it). Joh übersetzt gewöhnlich hebräische und aramäische Worte (1,38.41.42; 2,12; 4,25; 9,7; 11,16; 19,17; 20,16.24) und tut dies (wie hier) korrekt.

ποῦ μένεις; Einmal mehr ist die Frage, so wie sie dasteht, verständlich. Aber der Gebrauch von *μένειν* ist so charakteristisch für die Theologie des Joh (z. B. 15,4), daß ein tieferer Sinn beabsichtigt sein mag. Nichts ist wichtiger, als zu wissen, wo Jesus sich aufhält und wo er gefunden werden kann.

39. *ἔρχεσϑε καὶ ὄψεσϑε* (die Variante *ἴδετε* ist wohlbezeugt, aber wahrscheinlich auf Assimilation an V. 46 zurückzuführen). Die Wendung ist in der rabbinischen Literatur gebräuchlich, hat aber wahrscheinlich hier keine besondere Bedeutung, obwohl Fenton anmerkt, daß für Joh das Kommen zu Jesus (6,35) wichtig ist und daß »zu sehen« ein Äquivalent für »zu kennen« (14,9) ist.

παρ' αὐτῷ ἔμειναν. Einmal mehr könnte es sein, daß Joh uns einen mehr als oberflächlichen Sinn in dem Gebrauch von *μένειν* sehen lassen will. Diese Jünger taten das, was alle tun sollen; z. B. 15,3.

ὥρα ἦν ὡς δεκάτη. Gewöhnlich rechnen die Evangelien, Joh eingeschlossen, von der Morgendämmerung bis zum Sonnenuntergang mit einem Zwölfstundentag – sehr grob: von 6 Uhr morgens bis 6 Uhr abends. Nach dieser Berechnung fand das Ereignis 4 Uhr nachmittags statt – nicht gerade ein normaler Zeitpunkt für den Beginn eines Tagesaufenthalts. Das Zeitschema wird beeinflußt durch die Variante in V. 41; s. Komm. z. St. N. Walter (NovTest 4 [1960], S. 69–73) nimmt an, daß Joh hier und anderswo die moderne Zeiteinteilung gebraucht; die Zeit war dann 10 Uhr morgens. Für Bultmann bezeichnet die Zahl 10 die Stunde der Erfüllung.

40. *'Ανδρέας ὁ ἀδελφὸς Σίμωνος Πέτρου.* Dieses Brüderpaar wird in Mk 1,16–20 eingeführt, aber Joh verwendet an dieser Stelle nicht Mk-Stoff. Der Doppelname Simon-Petrus wird von Joh am häufigsten gebraucht. Simon ist ein gebräuchlicher jüdischer Name (שמעון, *shim'on*); zum Namen Petrus s. Komm. zu V. 42. Der Name Andreas ist griechischen Ursprungs, aber er erscheint (als אנדרי,

אנדראי) im Talmud und kann infolgedessen nicht dazu herangezogen werden, irgendwelche griechischen Verbindungen auf seiten seiner Familie zu beweisen. Jedenfalls könnte er ebenso wie Petrus ein »Taufname« gewesen sein.

41. πρῶτον: so Nestle, aber die Lesart ist zweifelhaft.

   (a) πρῶτον P⁶⁶ P⁷⁵ אᶜ B Θ φ it vg Origenes

   (b) πρῶτος א* W

   (c) mane b e

   (d) an diesem Tag sin; om. cur

Die Lesart c) entspricht offensichtlich einem griechischen πρωΐ. Es scheint unmöglich zu sagen, ob d), wenn es nicht ursprünglich ist, sich aus a) oder c) entwickelte. Die Lesart ist schwerlich anzunehmen, und es ist wahrscheinlich am besten, sie bei der Besprechung der anderen Lesarten außer Betracht zu lassen. Lesen wir c) als ursprünglich, so müssen wir annehmen, daß Andreas und der andere Jünger eine Nacht bei Jesus verbrachten. Simon Petrus wird früh am nächsten Morgen gefunden; 1,43 bringt uns zum Tag danach, und so wird ein weiterer Tag in die Zeitrechnung eingeführt – s. Komm. zu 2,1. Wählt man b), so könnte dies implizieren, daß, nachdem Andreas seinen Bruder gefunden hatte, der andere Jünger den seinen fand. Er gehörte deshalb zu einem anderen Paar von Brüder-Jüngern und muß einer der Söhne des Zebedäus, Jakobus oder Johannes, gewesen sein. Liest man a), werden diese Vermutungen ausgeschlossen, und der Text bedeutet nicht mehr, als daß Andreas Simon fand, ehe er irgend etwas anderes tat (πρῶτον verstanden als Neutrum Akkusativ, adverbial gebraucht), oder daß er seinen Bruder fand, bevor er irgendeinen anderen gefunden hat (πρῶτον verstanden als Akkusativ Maskulinum). Adverbiales πρῶτον ist in Joh üblich (2,10; 7,51; 10,40; 12,16; 15,18; 18,13; 19,39); a) ist textlich wohlbezeugt, und man wird diese Lesart am besten als ursprünglich annehmen. Der Gebrauch von τὸν ἴδιον in diesem Vers trägt für die Textfrage nichts aus, obwohl man behauptet hat, es stütze die Lesart b) (. . . zuerst findet er seinen *eigenen* Bruder). Trotz der Überzeugung von Moulton (M I, S. 90), daß die Betonung von ἴδιον hier »unbezweifelbar« sei, scheint es doch wahrscheinlicher, daß das Wort in seinem unbetonten Sinn (»sein«, nicht »sein eigener«; Bl-Debr § 286) gebraucht wird. Es hat diese Bedeutung häufig im späten Griechisch, und in der LXX repräsentiert es zuweilen ein Pronominalsuffix. S. jedoch, sowohl zum Text als auch zu ἴδιος, Turner, Insights, S. 135ff. Liest man πρῶτον, dann muß einfach festgestellt werden, daß hier ein namentlich nicht genannter Jünger erscheint. Wenn auch nicht beweisbar, so ist doch in jedem Falle möglich, daß an einen der Söhne des Zebedäus gedacht ist. Die beiden Brüderpaare werden Mk 1,16–20 berufen.

τὸν Μεσσίαν. Von den neutestamentlichen Autoren transkribiert nur Joh den hebräischen (oder aramäischen) Terminus (hier und 4,25). Zu Jesus als dem Christus im Joh s. Einleitung S. 86f. Joh versucht nicht, die eschatologische Sprache des Urchristentums zu vermeiden, obwohl diese Sprache ergänzt wird. Der vorliegende Abschnitt enthält eine bemerkenswerte Folge: Lamm Gottes (V. 36); Rabbi (V. 38); Messias (V. 41); der, welcher vorhergesagt wurde von Mose und den Propheten (V. 45); Rabbi, Sohn Gottes, König Israels (V. 49); der Menschensohn (V. 51). Bei Mk wird die Messianität Jesu von den Menschen bis 8,29 nicht erkannt und bleibt auch dann geheim. Auch im Joh gibt es ein Messiasgeheimnis, aber die Messianität wird weder verborgen noch in der gleichen Weise wie bei Mk enthüllt. Martyn, S. 45, sieht in εὑρήκαμεν τὸν Μεσσίαν die Botschaft der ersten Missionare in der Synagoge.

ὅ ἐστιν μεϑερμηνευόμενον χριστός. Joh erklärt, wie bei ihm üblich (s. V. 38), den semitischen Ausdruck.

42. ἐμβλέψας. Derselbe verstehende Blick, wie ihn Johannes auf Jesus gerichtet hatte (V. 36; vgl. V. 29). Jesus erkennt sofort den Charakter und die Bestimmung des Petrus. Es gibt eine gewisse Ähnlichkeit mit den Charakteristika des ϑεῖος ἀνήρ; s. Einleitung S. 90.

Σίμων ὁ υἱὸς Ἰωάννου. B³ λ φ Ω mit verschiedenen Übersetzungen und den Kirchenvätern, lesen Ἰωνᾶ in Angleichung an Mt 16,17. Der Vatername wird wieder erwähnt in 21,15.16.17. Er erscheint sonst im NT nur Mt 16,17, *Σίμων Βὰρ* (= aramäisch בר, Sohn des) *Ἰωνᾶ* (vielleicht zu verstehen als eine Variante von *Ἰωάννης*). Zu einer anderen möglichen Bedeutung von Bar-Jona, welche Petrus mit den Zeloten in Berührung bringen würde, s. S. G. F. Brandon, Jesus and the Zealots [1967], S. 204, Anm. 2, mit seinen Belegen.

σὺ κληθήσῃ Κηφᾶς. Das Futur bedeutet, daß Simon von diesem Augenblick an den Namen Kephas tragen wird; nach Joh wird der neue Name des Petrus diesem somit bereits bei seinem ersten Treffen mit Jesus verliehen. Bei Mk erscheint er zuerst. 3,16 (*ἐπέθηκεν ὄνομα τῷ Σίμωνι Πέτρον*) bei der Auswahl der Zwölf, obwohl wir den Worten des Mk nicht sicher entnehmen können, ob der Name nicht bereits früher gegeben wurde. Mt 16,18 (*κἀγὼ δέ σοι λέγω ὅτι σὺ εἶ Πέτρος, κτλ.*) ergäbe sich eine wunderbare Gelegenheit für die Namensgebung, aber sie wird von Mt selbst nicht so begriffen. Joh erklärt, daß *Κηφᾶς* (= aramäisch כיפא, vielleicht im galiläischen Aramäisch קיפא – Schlatter, S. 56, »ein Felsen«, griechisch *πέτρα*) die Entsprechung von *Πέτρος* sei, aber er gibt keine Erklärung des Namens, weder die des Mt (Petrus der Grundstein der Kirche) noch die hier gewöhnlich angenommene (eine voraussichtliche Veränderung im Charakter des Petrus). Vielleicht war er sich bewußt, daß Petrus' anschließende Lebensgeschichte keine der Erklärungen bestätigen würde. S. weiter Fitzmyer, Essays, S. 105–112, mit den Verweisen auf C. Roth.

43. *Τῇ ἐπαύριον.* S. Komm. zu 1,19 (Saul), 29; 2,1. Das Subjekt von *ἠθέλησεν* ist wahrscheinlich Jesus, nicht Simon oder Andreas. Schnackenburg möchte V. 43 auslassen, mit der Feststellung, daß dann das *πρῶτον* von V. 41 auf Philippus verweist. S. auch Schweizer, Jesus, S. 158, Anm. 62; Dodd, Tradition, S. 309f; und den Verweis auf John und Qumran zu 1,28.

ἐξελθεῖν εἰς τὴν Γαλιλαίαν. Da die Lokalisierung von Bethanien (V. 28) unsicher ist, gibt es auch keine Gewißheit über die Reiseroute, die Joh im Auge hatte (wenn er überhaupt eine hatte). Mit Galiläa ist hier die Gegend westlich des gleichnamigen Sees gemeint, die zur Zeit Jesu von dem Tetrarchen Herodes Antipas (Lk 3,1) regiert wurde und von Judäa durch Samaria getrennt war. Nach Mk 1,14 begann Jesu öffentliches Wirken in Galiläa nach der Verhaftung des Täufers: s. Komm. zu 3,23.

Φίλιππον. Philippus wird in der synoptischen Zwölferliste (Mk 3,18parr) erwähnt. Sein Name ist griechisch, aber er erscheint (in verschiedener Form, z. B. פליפא) als der Name eines Amoräers und kann deshalb nicht als Beweis für griechische Abstammung dienen. Da er aus Bethsaida stammte, kann man annehmen, daß er sich in Bethanien als Anhänger des Täufers befand. Er wird bei Joh in einer persönlicheren Weise erwähnt als in den Synoptikern (s. abgesehen von dieser Stelle 6,6ff; 12,21f; 14,8f). Es ist möglich, wenn auch keineswegs sicher, daß es eine gewisse Verbindung zwischen diesem Interesse an Philippus und der Aussage des Polykrates (bei Euseb, Hist Eccl III, 31,3) gibt, Philippus, einer der Zwölf, sei in Hierapolis (Kleinasien) begraben. Es ist jedoch möglich, daß Polykrates den Apostel Philippus und den Evangelisten Philippus verwechselte; s. Einleitung S. 116f.

ἀκολούθει μοι. Dasselbe Befehlswort erscheint in Mk 2,14 (vgl. Mk 1,17 *Δεῦτε ὀπίσω μου*). Jene, die die Glaubwürdigkeit der mk »Berufung« des Simon und Andreas durch die Heranziehung der joh Erzählung meinen stützen zu können, bemerken meist nicht, daß die joh »Berufung« des Philippus alle Schwierigkeiten der mk Erzählung aufwirft. Zu *ἀκολουθεῖν*, s. Komm. zu V. 37.

44. *Βηθσαϊδά.* Vgl. 12,21. Bethsaida Julias, von dem Tetrarchen Philippus an der nordöstlichen Spitze des Sees als seine Hauptstadt erbaut (Lk 3,1), lag nicht in Galiläa, sondern in der Gaulanitis. Aber es lag am Ostufer des Jordan, und obwohl die Tetrarchie des Philippus als Ganze nicht jüdisch war, kann es doch durchaus ein jüdisches Element in der Stadt des Philippus gegeben haben; denn sie war keine Neugründung. Dementsprechend könnte man sie natürlich, wenn auch ungenau, als dem jüdischen Territorium zugehörig betrachten. Es gibt ferner Gründe für die Annahme, daß während und nach dem Krieg um 66–70 das gesamte Gebiet um den See als »Galiläa« bezeichnet wurde (s. G. A. Smith, E. Bib. S. 566). Da unter den Evangelisten nur Joh Bethsaida als »in Galiläa« bezeichnet (12,21), liegt die Annahme, daß er späterem Sprachgebrauch folgt, hier nahe. Nach Mk 1,29 war die Heimat des Simon und Andreas Kapernaum am nordwestlichen Ende des Sees.

ἀπο... ἐκ. Es gibt hier keinen Bedeutungsunterschied zwischen den Präpositionen. Zu ihrem synonymen Gebrauch s. 7,17 (vgl. 12,49); 11,1.

45. *Ναθαναήλ*, נתנאל, Gott *gibt* oder *hat gegeben*. Dieser Name ist rein semitisch. Er findet sich nicht in den Synoptikern, und es ist oft behauptet worden, daß der Nathanael des Joh der Bartholomäus des Mt, Mk und Lk sei. Es gibt keinen wirklichen Beleg für diese Konjektur. Nathanael erscheint nur ein zweites Mal in 21,2. Möglicherweise ist hier eher an eine ideale als an eine wirkliche Person gedacht; s. Komm. zu V. 47 – Nathanael ist ein idealer Israelit. Der Name ist in den rabbinischen Schriften selten, und dies stützt die Ansicht, daß er eine besondere Bedeutung hat. Vgl. die Bezeichnung der Jünger als jene, die der Vater Jesus *gegeben* hat (6,37 u. ö.). Andererseits war R. Simeon b. Nathanael ein Tannait der zweiten Generation (d. h. ca. 80–120), und dementsprechend könnte es einen Nathanael unter den Jüngern Jesu gegeben haben. Der Abschnitt ist freilich eher apologetisch als historisch (Dodd, Tradition, S. 310ff).

ὃν ἔγραψεν Μωϋσῆς ἐν τῷ νόμῳ καὶ οἱ προφῆται, d. h. den Messias. Zum AT als Zeugnis für Christus s. 5,39. Hier werden keine bestimmten Stellen angegeben. Es gibt wahrscheinlich keine ursprünglich messianische Stelle im Pentateuch; eine Liste messianisch verstandener und verwendeter Stellen bei den Rabbinen s. bei A. Edersheim, The Life and Times of Jesus the Messiah [1892], II, S. 710–715; s. besonders Gen 49,10. Im vorliegenden Kontext (V. 51) wird auf Überlieferung aus Gen 28 hingewiesen. Es gibt hier keinen spezifischen Hinweis auf die »Schriften«, aber es wäre falsch, daraus irgendeine Schlußfolgerung im Blick auf die Entwicklung des alttestamentlichen Kanons zu ziehen.

εὑρήκαμεν. Der Plural meint vermutlich nicht »Andreas und ich«, sondern bezieht sich auf das Zeugnis christlicher Prediger.

υἱὸν τοῦ Ἰωσήφ. 6,42 sprechen die ungläubigen Juden von Jesus als dem Sohn des Joseph, einer verwandtschaftlichen Beziehung, die seinen Anspruch, vom Himmel herabgekommen zu sein, zweifelhaft erscheinen läßt. Zur Frage des Glaubens des Joh an die jungfräuliche Geburt Christi s. Komm. zu V. 13. Es würde seinem ironischen Gebrauch des überlieferten Stoffes entsprechen, wenn er unwissentlich Jesus als »Sohn des Joseph« bezeichnen ließe, während er selbst daran glaubte, daß Jesus keinen menschlichen Vater habe.

τὸν ἀπὸ Ναζαρέτ. Vgl. 12,21 *τῷ ἀπὸ Βηθσαϊδά*. Nazareth wird im AT oder im Talmud nicht erwähnt, aber verschiedene Überlieferungsschichten des NT bezeichnen es als Heimat Jesu. S. G. Dalman, Orte und Wege Jesu [1924], S. 61–87.

46. *ἐκ Ναζαρὲτ δύναταί τι ἀγαθὸν εἶναι*; Die Worte sind eine höhnische Frage: Kann es etwas Gutes geben (*τι ἀγαθόν* ist gutes hellenistisches Griechisch und durchaus unsemitisch), welches seinen Ursprung in Nazareth hat? Diese Worte klingen wie ein Sprichwort, aber es gibt keinen anderen Beleg für ein solches Wort. Die Annahme, wegen Nathanaels Herkunft aus Kana (21,2) könnte die Rivalität zweier benachbarter Orte das Sprichwort hervorgebracht haben, hat wenig für sich. Vgl. jedoch 7,41.52. Zu dem Glauben, daß der Messias unbekannt bleibe, bis er öffentlich Israel geoffenbart würde, s. Komm. zu V. 31.

Ἔρχου καὶ ἴδε. S. V. 39.

47. *ἀληθῶς Ἰσραηλίτης*. Jesus hat ein übernatürliches Wissen vom Charakter Nathanaels. Vgl. V. 42 und 2,24f. Nathanael ist einer, der wirklich ein Israelit ist. *ἀληθῶς* hat bei Joh immer diese Bedeutung (4,42; 6,14.55; 7,26.40; 8,31; 17,8); vgl. die Anmerkung zu *ἀληθής, ἀληθινός* bei V. 9. Zum Gedanken vgl. Röm 2,28f. Der Mann, der *ἀληθῶς Ἰσραηλίτης* ist, ist *ὁ ἐν τῷ κρυπτῷ Ἰουδαῖος*. Das Wort *Ἰσραηλίτης* wird im Joh nur hier gebraucht. Aber das Evangelium ist voll von Juden (*Ἰουδαῖοι*, s. Komm. zu V. 19), die, wenn sie wahre Juden wären und mit Verständnis und Gehorsam auf ihren eigenen Lehrer Mose hörten, an Jesus glauben würden. Das Wort *Ἰσραηλίτης* könnte an dieser Stelle absichtlich gebraucht sein, obwohl, wie Schlatter feststellt (S. 59), Joh, anders als Philo, keine etymologische Erklärung des Namens Israel gibt. Die Interpretation Israels bei Philo ist jedoch *ὁρῶν τὸν θεόν* (z. B. Mut Nom 81) und im vorliegenden Abschnitt wird verheißen, daß Nathanael himmlische

Gesichte sehen wird (V. 50f). Vgl. Num 24,16 *ὁ ἀληϑινῶς ὁρῶν* (John and Qumran, S. 176); aber die Parallele ist nicht von Bedeutung.

ἐν ᾧ δόλος οὐχ ἔστιν. Der wahre Israelit wird nun weiter beschrieben. Angesichts der Verwendung von Gen 28,12 in V. 51 scheint es wahrscheinlich, daß wir hier einen Hinweis auf die Verschlagenheit des Jakob (der später Israel genannt wurde) beim Raub des Esau zustehenden Segens (vgl. Gen. 27,35 *ἐλϑὼν ὁ ἀδελφός σου μετὰ δόλου ἔλαβεν τὴν εὐλογίαν σου*) haben. Nathanael ist willens, sein Vorurteil der Prüfung durch die Erfahrung auszusetzen (Sanders). Im Gegensatz dazu möchten wir meinen, daß der Verweis auf *δόλος* einfach *ἀληϑῶς* entfaltet: Du bist wahrhaftig ein Israelit, ohne Verstellung, Schein, Heuchelei.

48. *πόϑεν με γινώσκεις;* Woher kennst du mich? Das heißt, wie kommt es, daß du mich kennst? Vgl. Mk 6,2, *Πόϑεν τούτῳ ταῦτα;* Dieser Gebrauch von *πόϑεν* (Wie?) ist semitisch, darin, daß er den Gebrauch von מנין, מאין (Woher? Wie?) widerspiegelt. Aber es handelt sich nicht um einen Semitismus; denn es gibt ihn auch im Griechischen (z. B. Euripides, Alcestis 781 *οἶμαι μὲν οὔ · Πόϑεν γάρ; 'ἀλλ' ἀκούέ μου*; Aristophanes, Fragm 532 [Dindorf]).

ὄντα ὑπὸ τὴν συκῆν εἶδόν σε. Zu solchem Wissen s. o., und 4,17f,6,70; 9,3; 11,4.11; 13,10f.38. Bei Philo sieht der Logos alles (*ὁ ϑεοῦ λόγος ὀξυδερχέστατός ἐστιν, ὡς πάντα ἐφορᾶν εἶναι ἱκανός* – Leg All III, 171). Es ist aber sehr unwahrscheinlich, daß Joh auf solche Ideen zurückgreift. Daß jemand unter einem Feigenbaum sich befindet, könnte ein Zeichen für Frieden und Wohlstand sein (z. B. 1Sam 5,5) oder für das Studium des Gesetzes (z. B. Qoh r 5,15, wo R. Aqiba [† 135 n. Chr.] erwähnt wird; andere Bäume wurden vielleicht gleichermaßen für das Studium bevorzugt) oder tatsächlich nichts Besonderes meinen – das übernatürliche Wissen Jesu konnte nicht ohne Hinweis auf irgendeinen markanten Punkt dargestellt werden. C. F. D. Moule schlägt vor (JThSt 5 [1954], S. 210f), daß »unter welchem Baum?« eine alltägliche Frage war, ein sprichwörtlicher Ausdruck, der bedeutete: »Kannst du mir alles darüber sagen?« – aber die Belege, die er anführt, sind alles andere als überzeugend.

49. Der Glaube des Nathanael wird durch etwas geweckt, was wahrscheinlich als (angesichts des *μείζω τούτων*, V. 50) eine vergleichsweise gewöhnliche Äußerung übernatürlicher Macht erscheinen sollte.

ῥαββί. S. Komm. zu V. 38. Der Gebrauch des Wortes ist hier besonders auffällig. Offensichtlich hält es Joh nicht für unvereinbar mit den anderen Attributen, die in diesem Vers Jesus beigelegt werden.

σὺ εἶ ὁ υἱὸς τοῦ ϑεοῦ. Zu Jesus als dem Sohn Gottes s. Einleitung S. 89f; Nathanaels Worte können ein Taufbekenntnis widerspiegeln, müssen es aber nicht (Bornkamm II, S. 192).

σὺ βασιλεὺς εἶ τοῦ Ἰσραήλ. Die Behauptung, diese Konstruktion (in welcher *βασιλεύς* keinen Artikel hat) sei semitisch, ist nicht zu halten. Es ist unmöglich, ein dem *εἶ* entsprechendes Wort zwischen eine Konstruktus-Form und deren bestimmendes Nomen einzufügen. Außerdem ist diese Konstruktion charakteristisch für Joh; vgl. 8,34; 9,5.28; 10,2; 11,9; 12,31; 18,17; 19,35. In den Kapiteln 18 und 19 wird der Titel *ὁ βασιλεὺς τῶν Ἰουδαίων* mehrere Male gebraucht; Jesus stimmt diesem Titel als Bezeichnung für ihn selber nie zu, genausowenig wie er es den Juden erlaubt, ihn zum König zu machen (6,15). Er wird in 12,13 wieder als der König Israels dargestellt. Zu *οἱ Ἰουδαῖοι* bei Joh s. Komm. zu V. 19. Nathanael übernimmt nun in seinem Bekenntnis die Behauptung von V. 45, welche er zuerst ungläubig aufgenommen hatte. Beide Titel drücken aus, daß Jesus der Messias ist. Dies ist gewiß der Sinn von »König Israels«. Zum Messias als Sohn Gottes vgl. 2Sam 7,14; Ps 2,7; aeth Hen 105,2; 4Esra 7,28f; 13,53; 14,9; Sukka 52a (eine *Baraitah*, welche Ps 2,7 auf den Messias deutet); Mk 1,11; Röm 1,3f und andere Stellen. Wenn beide Titel die gleiche messianische Bedeutung haben, so kann man konsequenterweise keinesfalls den zweiten als einen dem ersten gegenüber geringeren Titel betrachten. Es gibt hier keine Anti-Klimax. Der zweite Teil hat jedoch in diesem Abschnitt einen besonders passenden Platz, was noch deutlicher wird, wenn man sich daran erinnert, wie selten *βασιλεύς, βασιλεία* bei Joh (außerhalb der Passionsgeschichte) vorkommt. Nathanael wurde als ἀληϑῶς Ἰσραηλίτης bezeichnet; Jesus ist entsprechend ἀληϑῶς βασιλεύς – wahrhaft König des wahren Israel. Der erste Titel, Sohn Gottes, ist als der allgemeinste und umfassendste Begriff, der in Joh gebraucht wird, vorangestellt.

50. ὅτι εἶπόν σοι ... πιστεύεις; Die Worte sollten besser als Aussage und nicht als Frage gelesen werden. Vgl. 9,35; 16,31; 20,29. Der Glaube des Nathanael gründet sich bis jetzt nur auf ein Wunder. Obwohl es sich um wirklichen Glauben handelt, ist ein derartiger Glauben dem unterlegen, der keiner Zeichen bedarf (vgl. 4,48; 14,11).

μείζω τούτων ὄψῃ. Vgl. 11,40; 14,12 (μείζονα τούτων [sc. τῶν ἔργων] ποιήσει); zu den Worten 4Esra 5,13, *audies iterato horum maiora*; 6,31. Die »größeren Dinge« werden sofort geklärt und, wie man sieht, gehen sie weit über das hinaus, was nicht mehr als der billige Trick eines Hellsehers hätte erscheinen können.

51. ἀμὴν ἀμὴν λέγω ὑμῖν. Diese feierliche Beteuerungsformel begegnet in Joh 20mal; mit σοι statt ὑμῖν weitere 5mal. ἀμήν wird in Joh niemals einfach oder ohne λέγω ὑμῖν (σοι) gebraucht. Bei den Synoptikern wird ἀμήν niemals verdoppelt. Es wird immer gefolgt von λέγω (außer Mt 6,13, wo der Text zweifelhaft ist, und Mk 16,20). Der Ursprung des charakteristischen neutestamentlichen Gebrauchs von ἀμήν zur Einführung einer Aussage (gegenüber seinem üblichen Gebrauch zur Bestätigung eines Gebetes oder ähnlicher Formeln) ist unbekannt; s. Daube, Rabbinic Judaism, s. 388–393, aber auch J. Jeremias, Abba, S. 148–151, und ZNW 64 [1973], S. 122f. Joh hat es lediglich aus der früheren Tradition übernommen und verwendet es, um einer feierlichen Verkündigung Nachdruck zu verleihen. In diesem Abschnitt wäre σοι (und nicht ὑμῖν) zu erwarten gewesen, da Jesus sich mit Nathanael unterhält. Wahrscheinlich will Joh deutlich machen, daß die folgende Vorhersage nicht nur private Bedeutung hat; vgl. 3,7.

ὄψεσϑε τὸν οὐρανὸν ἀνεῳγότα. Diesen Worten stellen Θ Ω λ φ e pesch Chrysostomus und Augustin ein ἀπ' ἄρτι voran. Der Ausdruck wird 13,19; 14,7 gebraucht; es scheint aber, daß er hier aus Mt 26,64 in den Satz eingeführt worden ist. Ist dieses Urteil im Blick auf den Text nun korrekt, so hat es auch Bedeutung im Blick auf die Interpretation. Denn es bedeutet, daß die Vorhersage dieses Verses auf die eschatologische Vorhersage von Mt 26,64 bezogen werden sollte. Dies könnte durchaus richtig sein; s. o., auch Jeremias, Theologie 1, S. 251. Zum geöffneten Himmel vgl. Mk 1,10 parr; auch Jes 64,1, (63,19), ἐὰν ἀνοίξῃς τὸν οὐρανόν.

τοὺς ἀγγέλους τοῦ ϑεοῦ ἀναβαίνοντας καὶ καταβαίνοντας. Vgl. Gen 28,12 οἱ ἄγγελοι τοῦ ϑεοῦ ἀνέβαινον καὶ κατέβαινον. Daß auf die Jakobsgeschichte angespielt wird, scheint sicher, obwohl weder in Gen noch in Joh deutlich gemacht wird, was die Engel tun. McNamara (Targum and Testament, S. 146f) zitiert den Palästinischen Targum zu Gen 28,12 (... die Engel vor Gott stiegen hinauf und hinab, und sie dienten ihm); es scheint aber nicht angemessen, wenn man sagt, daß die Engel den Menschensohn lediglich zu *sehen* wünschten. Nach Schnackenburg gehen sie hinauf zu Gott mit seinen Gebeten und kommen herab, ihm zu dienen. Es könnte aber am besten sein, in ihnen einen Rest des alten synoptischen Wortes über das Kommen des Menschensohns in Begleitung der Engel zu sehen, das dem neuen Rahmen, den die Geschichte Jakobs bietet, angepaßt wurde.

ἐπὶ τὸν υἱὸν τοῦ ἀνϑρώπου. Der Abschnitt in Gen 28,12 schließt mit ἐπ' αὐτῆς, d. h., die Engel stiegen die Leiter (κλῖμαξ) der Vision hinauf und hinab. Für die Leiter setzt Joh den Menschensohn ein. Dieser Austausch scheint aus dem Gebrauch des hebräischen Textes der Genesis zu kommen (obwohl daraus nicht folgt, daß Joh selbst den hebräischen Text verwendete); denn die hebräische Entsprechung zu ἐπ' αὐτῆς ist בו (da Leiter, סלם, Maskulinum ist), und dies konnte, obwohl es sich nach der Absicht des Verfassers auf die Leiter beziehen sollte, grammatikalisch als eine Beziehung auf Jakob verstanden werden: Die Engel stiegen auf *ihm* hinauf und hinab. Daß בו so falsch bezogen wurde, ist bekannt; s. Gen r 68,18. Hier nimmt R. Chijja בו als Verweis auf die Leiter, R. Jannai als Verweis auf Jakob. Letzterer verweist auf Jes 49,3, wo »Du« sich auf das himmlische Bild איקונין (ʾiqonin, aus dem Griechischen εἰκόνιον) Jakobs (Israels) bezieht, welches in der Höhe blieb, während der Leib Jakobs unten schlief. Die Bewegung der Engel bestätigte die Berührung zwischen dem himmlischen und dem irdischen Menschen. S. Dodd, Interpretation, S. 245ff; aber dieses Material ist mit Vorsicht zu gebrauchen. Die beiden Rabbinen gehören zur dritten Generation der Amoräer, stammen deshalb aus einer viel zu späten Zeit, als daß sie Joh hätten beinflussen können, obwohl es selbstverständlich möglich ist, daß die Exegese des R. Jannai bereits früher bekannt war. Es geht aber zu weit, wenn Jesus als der Menschensohn als der »zweite Jakob, d. h. das wahre Israel in seiner eigenen Person« (Sanders) angesehen wird. Nathanael ist der »wirkliche Israelit«. Der Text rechtfertigt auch nicht die Behauptung, das Kreuz, zu welchem der Menschensohn erhoben wird (3,14; 8,28; 12,32.34), sei die Leiter (Derret, Law, S. 416). Von den zwei Interpretationen, die Philo für die Leiter bietet, scheint keine relevant zu sein. In Som 1,133–135 ist die Leiter die Luft, der Aufenthaltsort der körperlosen Seelen; in 146 ist es die Seele. Ob in Analogie von Mikrokosmos und Makrokosmos aus der zweiten Erklärung abgeleitet werden kann, die Leiter könnte auch den Logos symbolisieren, erscheint zweifelhaft. Wahrscheinlich findet sich der Ausgangspunkt des joh Denkens in synoptischen (und anderen jüdisch-apokalyptischen) Worten über den Menschensohn (s. besonders Mk 13,26; 14,62parr). Im frühen apokalyptischen Denken war der Menschensohn ein himmlisches Wesen, das durch sein Herabsteigen vom Himmel am Jüngsten Tag eine Verbindung zwischen Himmel und Erde herstellen sollte. Joh kehrt zu früheren Spekulationen über einen ursprünglichen, archetypischen oder himmlischen Menschen (Adam) zurück und sieht, da er genauer über den Sinn der Fleischwerdung reflektiert, in Jesus den Menschensohn und damit nicht lediglich eine eschatologische, sondern eine ewige Verbindung zwischen Himmel und Erde, Gott und Mensch; und er verwendet die Leiter und die aufsteigenden und hinabsteigenden Engel, um seine Vorstellung auszudrücken. Der Menschensohn ist sowohl im Himmel und auf der Erde (3,13); er steigt herab, der Welt Leben zu geben (6,27.58); er steigt wieder hinauf zu seiner Herrlichkeit (6,62), aber sein Aufstieg und seine Verherrlichung geschehen über das Kreuz (3,14; 8,28; 12,33.34; 13,31). »Es ist nicht länger der Ort, Bethel, der wichtig ist, sondern die Person des Menschensohns« (Davies, Land, S. 298). Zum »Menschensohn« bei Joh siehe weiter die Einleitung, S. 89f; Hahn, Hoheitstitel, S. 39ff; Higgins, Son of Man, S. 157–161; Odeberg, S. 33–42. Zu diesem Vers siehe S. S. Smalley, in: Jesus und der Menschensohn (FS A. Vögtle [1975]) S. 300–313.

4. Das Zeichen in Kana

2,1–12

Ein Hochzeitsfest, das Jesus, seine Mutter und seine Jünger besuchen, ist der Schauplatz des ersten Wunders. Obwohl Jesus nicht gedrängt und auch nicht dazu gezwungen wird, auch nicht von seiner Mutter, ersetzt er großzügig fehlenden Wein, indem er den Inhalt von sechs Wasserkrügen verwandelt. Nach dem Wunder, das nach Darstellung des Joh abseits vom Fest stattfindet und nur einigen wenigen Dienern und den Jüngern bekannt wird, geht Jesus hinab nach Kapernaum, um den passenden Augenblick für den Beginn seines öffentlichen Wirkens abzuwarten.

Zu dieser Erzählung findet sich keine Parallele in den Synoptikern (aber s. u.); freilich drängen sich sofort nichtbiblische Parallelen auf. Der Gott Dionysos war nicht nur der Entdecker der Weinrebe (εὑρετὴς ἀμπέλου, Justin, Apol 54; Dial 69), sondern er wirkte auch wundersame Verwandlungen von Wasser in Wein (z. B. Euripides, Ba 704–707; Athenaeus 1,61 [34a]; Pausanias VI,24,1f). Daß solche »Wunder« im dionysischen Gottesdienst stattfanden, scheinen archäologische Funde aus einem Tempel (5. Jh. v. Chr.) in

Korinth (C. Bonner, American Journal of Archaeology, 33 [1929], S. 368–375) zu beweisen. Es gab so ein genaues Vorbild für die Wohltat Jesu in einem heidnischen Gottesdienst, das ohne Zweifel zumindest einige Leser des Joh kannten. S. weiter Dodd, Tradition, S. 244f, und Betz, S. 176; und zum häretischen Markus Irenaeus, Adv Haer I,8,2. Auch Philo kannte wahrscheinlich das Vorbild, wie der folgende Beleg zeigt. In seiner Allegorie der Melchisedekgeschichte (Leg All III.82) sagt er: ἀλλ᾽ ὁ μὲν Μελχισεδὲκ ἀντὶ ὕδατος οἶνον προσφερέτω καὶ ποτιζέτω καὶ ἀκρατιζέτω ψυχάς, ἵνα κατάσχετοι γένωνται θείᾳ μέθῃ νηφαλιωτέρᾳ νήψεως αὐτῆς. An der entsprechenden Stelle (Gen 14,18 ἐξήνεγκεν ἄρτους καὶ οἶνον) gibt es keinen Hinweis auf Wasser. Die Ersetzung des Wassers durch Wein ist deshalb ein Gedanke, den Philo selbst eingeführt hat (obwohl es ganz einfach sein könnte, daß Melchisedek Wein anstelle des Wassers gab, das die Ammoniter und Moabiter nicht zur Verfügung stellten – Guilding, S. 185). Er spricht sodann von Melchisedek als Logos, wahrscheinlich weil er eine Gelegenheit sah, die Wurzeln der hellenistischen Religion im Judentum aufzuzeigen: Nicht Dionysos, sondern der Logos, für welchen Melchisedek ein Symbol ist, ist der wahre, wunderbare Spender göttlicher Inspiration. Dies wird bestätigt durch die Tatsache, daß er in Som II, 249 vom Logos als dem οἰνοχόος τοῦ θεοῦ καὶ συμποσίαρχος spricht. In diesem Abschnitt gibt Philo deutlich zu erkennen, daß er heidnische Modelle verwendet; denn er fährt fort, daß der Logos auch der Weinstock selbst sei, »die Freude, die Süße, die Heiterkeit, die Fröhlichkeit, die ambrosianische Droge, deren Medizin Freude und Glück gibt – ἵνα καὶ αὐτοὶ ποιητικοῖς ὀνόμασι χρησώμεθα«. S. ferner zu der Verwendung des Themas bei Philo Dodd, Interpretation, S. 298ff.

So gab es also ein jüdisches Vorbild für die Rede vom Logos in pseudodionysischer Terminologie, und Joh kann so von ihm geredet haben. Es ist sogar vorstellbar, daß die Wundergeschichte einen nichtchristlichen Ursprung hat. Stilmäßig steht sie der Masse des joh Stoffes ein wenig fern (Schweizer, S. 100; Einleitung S. 26), und es könnte sich deshalb um fremden Stoff handeln, welchen Joh leicht überarbeitet und dann seinem Evangelium eingefügt hat. Es besteht aber auch eine Beziehung zur früheren Evangelientradition. Bei Mt 22,1–14; 25,1–13 (vgl. Lk 12,36) wird ein Hochzeitsfest zur gleichnishaften Beschreibung des Reiches Gottes verwendet. Mk 2,19 (Mt 9,15; Lk 5,34) heißt es, die Jünger seien in der Gegenwart Jesu wie Gäste bei einem Hochzeitsfest: Man kann nicht erwarten, daß sie fasten. Am allerwichtigsten aber ist, daß Mk 2,22 (Mt 9,17; Lk 5,37f) das Gleichnis vom Wein und den Weinschläuchen gebraucht wird. Gegenüber dem Judentum ist die Botschaft Jesu grundlegend neu. Die joh Erzählung könnte einfach aus diesen Elementen gefertigt worden sein. Joh könnte aber auch eine bereits existierende Geschichte, die er dabei als σημεῖον (V. 1·1) behandelte, übernommen haben, um diese Gedanken herauszuarbeiten. F. E. Williams (JBL 86 [1967], S. 311–319) nimmt an, daß die Geschichte auf Lk 5,33–39 zusammen mit der Überlieferung der Mutter und Brüder Jesu aufbaute – Dodd, Tradition, S. 227, daß sie sich aus einem Gleichnis entwickelte. S. auch Daube, Rabbinic Judaism, S. 44f. In jedem Fall scheint es klar zu sein, daß Joh die Überwindung des Judentums in der Herrlichkeit Jesu zeigen wollte. Es ist möglich, daß er dabei Stoff aus dionysischen Quellen entnahm. Aber es war jüdisches Reinigungswasser, das sich in den Wasserkrügen befand und zum Wein des Evangeliums gemacht wurde. Es ist indessen viel zu charakteristisch für Joh, Stoff mit einem zweifachen Hintergrund, einem jüdischen und einem heidnischen, zu gebrauchen, als daß wir leichterdings die Parallelen für die wunderbare Verwandlung von Wasser in Wein beiseite lassen könnten, die in hellenistischen Quellen festgestellt worden sind. Er legt das Hauptgewicht auf die eschatologische Herrlichkeit, die sich in der Erfüllung des Judentums offenbart – s. z. B. den Gebrauch des Bildes vom Überfluß an Wein in Amos 9,13f; Hos 14,7; Jer 31,12; aeth Hen 10,19; syr Bar 29,5 (Brown). Es bleibt durchaus ungewiß, ob irgendeine Anspielung auf die Eucharistie beabsichtigt ist. Zur Diskussion um die Rolle der Mutter Jesu s. J. McHugh, The Mother of Jesus in the New Testament [1975], S. 362–370.388–396.462–466.

Jesus als der Vollender des Judentums, als der Träger übernatürlicher Macht wird nun für seine Jünger Gegenstand des Glaubens (V. 11). Es liegt nahe, diesen Vers mit 4,54 zu vergleichen, der auf ein zweites Zeichen zu Kana verweist, aber es ist nicht notwendig anzunehmen, daß beide Erzählungen aus einer »Zeichenquelle« entnommen wurden (s. Einleitung, S. 36f). Jedenfalls begegnet das Wort *σημεῖον* in einem redaktionellen Vers und repräsentiert wahrscheinlich des Joh eigene Terminologie und Interpretation.

1. *τῇ ἡμέρᾳ τῇ τρίτῃ.* Trotz der Kapiteleinteilung gibt es keinen Bruch mit dem Vorangehenden, und diese Zeitangabe ist die letzte der Reihe 1,29.35.43, welche alle mit der Berufung der Jünger zu tun haben. Die Reihe von Erzählungen, die von ihnen handeln, wird 2,11 abgeschlossen (*ἐπίστευσαν εἰς αὐτὸν οἱ μαθηταὶ αὐτοῦ*); danach und nach dem Überleitungsvers 2,12 beginnt (2,13) Jesu öffentliche Wirksamkeit. 2,1–11 ist ein »privates« Wunder (vgl. V. 9). Die Abfolge datierter Ereignisse ist:

    a) die Aussage des Joh in Antwort auf die Frage der Abgesandten (1,19–28)
    b) *τῇ ἐπαύριον* – seine Verkündigung: siehe das Lamm Gottes (1,29–34)
    c) *τῇ ἐπαύριον* – erneute Verkündigung: zwei Jünger und Simon folgen Jesus (1,35–42)
    d) *τῇ ἐπαύριον* – *ἠθέλησεν ἐξελθεῖν*; Philippus und Nathanael (1,43–51).

Das Wunder zu Kana folgt *τῇ ἡμέρᾳ τῇ τρίτῃ*; dies bedeutet im griechischen Sprachgebrauch »dem Tag nach dem folgenden Tag (*αὔριον*)« und ist wahrscheinlich von dem zuletzt erwähnten Tag (1,43–51) aus zu rechnen. Wir können so sechs vollständige Tage zählen, der fünfte wird vermutlich durch die Reise ausgefüllt. Diese Berechnung ist wahrscheinlich, wenn auch nicht ganz sicher. Liest man 1,41 (s. Komm. z. St.) *πρωΐ*, so wird ein anderer Tag in die Reihe eingeführt, und es ist möglich, den »dritten Tag« von 2,1 als den dritten Tag seit der ersten Berufung zu zählen (1. Tag 1,35–42; 2. Tag 1,43–51; 3. Tag 2,1–11). Auf den Sechs-Tage-Abschnitt, den man wahrscheinlich akzeptieren sollte, folgt (2,13) ein Hinweis auf das erste Passa im Wirken Jesu, bei welchem der Sinn seines gesamten Wirkens bereits schattenhaft sichtbar wird. Eine ähnliche Periode von sechs Tagen wird noch deutlicher bestimmt (12,1) vor dem letzten Passa, bei welchem das Wirken Jesu sich vollendet. Sanders nimmt an, daß »am dritten Tag« auf einen Ruhetag hinweist, welcher der Sabbat gewesen sein wird. Das erste Wunder ereignet sich also am ersten Tag, welcher auch der dritte Tag ist – der Tag der Auferstehung.

γάμος bedeutet hier eindeutig »Hochzeit« (s. V. 9), obwohl im NT in dieser Bedeutung häufiger der Plural *γάμοι* gebraucht wird. Zu den Hochzeitsbräuchen s. Bill I, S. 500–517; II, S. 372–399.

Κανὰ τῆς Γαλιλαίας. Die Näherbestimmung durch den Genitiv ist nicht überflüssig. Das Kana (קנה, *Kaná* oder *Kanʾán*) von Jos 19,28, nicht weit von Tyros, ist ausgeschlossen. Josephus (Vita 96) spricht von einem *κώμη τῆς Γαλιλαίας, ἣ προσαγορεύεται Κανά.* Dieses Dorf war einen Nachtmarsch von Tiberias (ebd. 90) entfernt. Gegenwärtig gibt es drei Dörfer: Kefr Kenna, Qanat el Gelil und ʾAin Qana, auf welche, grob gesehen, alle Bestimmungen unseres Textes zutreffen. Der Versuch, sich zwischen ihnen zu entscheiden, führt kaum zu etwas. Das *τῆς Γαλιλαίας* des Joh soll nicht lediglich das fragliche Kana genauer bestimmen, sondern auch darauf verweisen, daß das erste Wunder in Judäa und nicht in Galiläa stattfand.

ἡ μήτηρ τοῦ Ἰησοῦ. Der Name der Mutter Jesu wird im Evangelium niemals genannt, sie wird aber hier erwähnt und auch noch in 2,12; 6,42; 19,25ff. Von der letzten abgesehen, scheint es an allen Stellen sicher, daß Joh an eine historische Gestalt denkt und hier nicht eine verhüllte Anspielung auf das Israel, aus welchem der Messias entsprang, beabsichtigt. Die früheren Stellen enthalten wahrscheinlich die Erinnerung an 19,25ff; s. Komm. z. St.

οἱ μαθηταὶ αὐτοῦ. 1,35–51 erfahren wir von der Berufung des Andreas, Simon, Philippus, Nathanael und eines nicht mit Namen genannten Jüngers. Ansonsten werden keine weiteren »Berufungen« dargestellt, sondern wir hören in 6,67 von »den Zwölf«, und es ist wahrscheinlich diese ganze Gruppe, auf die Joh hier verweist.

Der Text dieses Verses, der einfache Erzählungen enthält, ist merkwürdig verderbt. In ℵ* liest er *καὶ οἶνον οὐκ εἶχον, ὅτι συνετελέσθη ὁ οἶνος τοῦ γάμου· εἶτα λέγει ἡ μ. τ. Ἰ. π. α., οἶνος οὐκ ἔστιν.* In der Variante im ersten Teil des Verses wird ℵ* gestützt von verschiedenen Versionen, eingeschlossen a,b; vgl. e hl^mg. Die Lesart von ℵ* ist wahrscheinlich eine – wenn auch frühe – Glosse. Sie wird jedoch von Sanders als ursprünglich angenommen. Der Gebrauch von *ὑστερεῖν* in dem hier intendierten Sinn dieses Verses (der Wein war ausgegangen) ist spät, und ein Abschreiber könnte beabsichtigt haben, ganz deutlich festzustellen, daß überhaupt kein Wein übriggeblieben war. Die zweite Variante in ℵ* (*οἶνος οὐκ ἔστιν* für *οἶνον οὐκ ἔχουσιν*) ist zweifellos auf dasselbe Motiv und auf den Wunsch zurückzuführen, den Satz *οἶνον οὐκ εἶχον* nicht zu verdoppeln. Wir sollen hier wahrscheinlich annehmen, daß die Mutter Jesu ihm diese Information brachte, in der Hoffnung, daß er den Mangel beheben würde. Daß der Mangel durch die Anwesenheit Jesu und seiner Gefährten verursacht wurde, die ohne das übliche Hochzeitsgeschenk, nämlich einen Beitrag zum Fest, erschienen waren (Derrett, Law, S. 228–246), ist Spekulation. Joh ist nicht interessiert an der Frage, warum der Wein ausging.

4. *Τί ἐμοὶ καὶ σοί, γύναι;* Es liegt keine Grobheit oder gar Respektlosigkeit in dem Vokativ *γύναι,* wie zahllose Beispiele, von denen vielleicht 19,26 das wichtigste ist, zeigen. Aber *τί ἐμοὶ καὶ σοί;* (eine LXX-Übersetzung von מה לי ולך) ist schroff und zieht eine scharfe Linie zwischen Jesus und seiner Mutter. Mit diesen Worten reden die Dämonen Jesus an (Mk 1,24; 5,7), und Mt 8,29 (*ἦλθες ὧδε πρὸ καιροῦ βασανίσαι ἡμᾶς*) ist besonders aufschlußreich: Du hast mit uns nichts zu schaffen – noch nicht. Ähnlich scheint die Antwort Jesu zu bedeuten: Du hast keinen Anspruch auf mich – noch nicht. In derselben Weise lehnt es Jesus ab, auf Anweisungen seiner Brüder hin zu handeln (7,6). Seine Entscheidungen sind seine eigenen und hängen allein vom Willen des Vaters ab. Vgl. 11,6.

οὔπω ἥκει ἡ ὥρα μου. Die Stunde Jesu bezieht sich auf seinen Tod am Kreuz und seine Erhöhung in Herrlichkeit (7,30; 8,20 – die »Stunde«, die noch nicht gekommen ist; 12,23.27; 13,1; 17,1 – die »Stunde«, die unmittelbar bevorsteht). Es ist undenkbar, daß in diesem Vers *ἡ ὥρα* eine andere Bedeutung haben sollte, wie z. B. »die Stunde für mich, sie mit Wein zu versorgen«, es ist jedoch legitim, den Gebrauch ähnlicher Ausdrücke in hellenistischer Wunder- und Zauberliteratur zu vergleichen, z. B. Eunapius, Vita Iamblichi, S. 549, *οὐκ ἐπ' ἐμοί γε τοῦτο* (sc. die Ausführung geforderter Wunder) *ἔλεγε, ἀλλ' ὅταν καιρὸς ᾖ* (Bultmann, S. 81). Die grundlegende Bewegung des Lebens Jesu wird sowohl in hellenistischer als auch in atl. Sprache beschrieben. Noch ist die Stunde nicht gekommen, zu der die Menschen erwarten könnten, die in der schöpferischen Tätigkeit des Sohnes Gottes offenbarte göttliche Herrlichkeit zu sehen, obwohl sie etwas von dieser Herrlichkeit schon vorweg sehen können. Vgl. 7,6.39; vgl. auch 1Joh 2,18 und s. G. Klein, ZThK 68 [1971], S. 291–304.

5. Offensichtlich betrachtet die Mutter Jesu seine Worte nicht als direkte Ablehnung des Gefallens, um welchen sie ihn implizit gefragt hat. Wunder können dem größten Wunder vorausgehen; Zeichen können die Verherrlichung Jesu vorabbilden. Es ist aber bereits sofortiger und vollständiger Gehorsam gegenüber seinen Befehlen gefordert. Vgl. Gen 41,55 *ὃ ἐὰν εἴπῃ ὑμῖν, ποιήσατε.*

διάκονοι ist nicht das naheliegendste Wort für Hausdiener. Es könnte hier gebraucht worden sein, weil das Bringen des Weins zu den Festgästen an die Tätigkeit der »Diakone« im heidnischen und christlichen Kultus erinnerte (zum heidnischen Gebrauch von *διάκονος* s. Liddell-Scott s. v.).

6. *λίϑιναι ὑδρίαι, Stein*krüge zogen, anders als irdene Krüge, nicht selbst Unreinheit an, da sie aus Stein waren. Dies wird ausdrücklich von Maimonides festgestellt und scheint auch durch frühere Belege bestätigt zu werden (s. Bill II, S. 406). Steingefäße sind demnach besonders für Wasser geeignet, das für Reinigungszwecke gebraucht wird.

ἕξ. Es ist möglich, wenn auch keineswegs sicher, daß die Zahl Sechs symbolisch ist; vgl. zu 21,11. Sechs, eins weniger als sieben, die Zahl der Vollständigkeit und Vollkommenheit, würde darauf hinweisen, daß die jüdische Ordnung, typisiert durch ihr Zeremonialwasser, nur partiell und unvollkommen war. Vielleicht sollte festgehalten werden, daß das Ereignis am sechsten Tag stattfand (s. Komm. zu 2,1). Andererseits kann keine Erklärung des Wunders, die von den Zahlen ausgeht, völlig befriedigen, da Jesu nicht ein siebtes Gefäß schafft.

κατά. Entweder »in Übereinstimmung mit« oder »zum Zwecke von«. Die zweite Möglichkeit gibt vielleicht den einfacheren und befriedigenderen Sinn.

τὸν καϑαρισμὸν τῶν Ἰουδαίων. Der Genitiv ist selbstverständlich ein Genitivus subjectivus und fast ein Äquivalent für ein Adjektiv – »zum Zweck der jüdischen Reinigung«. Wenn an eine einzelne »Reinigung« gedacht ist, so wird es ohne Zweifel die rituelle Waschung sein, die vor und nach einem feierlichen Mahl vollzogen wird. Es kann aber gefragt werden, ob Joh irgendeine bestimmte Reinigung im Sinn hat; vgl. 3,25. Wie sehr häufig in diesem Evangelium stehen die Juden Christus und der Kirche gegenüber. Joh handelt vom Wasser (z. B. 1,26; 3,5; 4,10; 7,38), sowohl im Blick auf die Reinigung als auch auf die Stillung des Durstes, und diese Erzählung illustriert sogleich die Armut der alten Ordnung mit ihrer lediglich zeremoniellen Reinigung und den Reichtum der neuen, in welcher das Blut Christi sowohl für die Reinigung (1,29) wie zum Trinken (6,53) zur Verfügung steht. Der einleitende Hinweis bezieht sich auf die Ablösung des Judentums, aber Bultmann verallgemeinert zu Recht. Das Wasser »bildet all das ab, was ein Surrogat der Offenbarung ist, alles, wovon der Mensch meint leben zu können, und doch nicht leben kann« (S. 84). Man braucht hier deswegen, weil die Qumransekte unablässig rituelle Waschungen praktizierte, keine besondere antiqumranische Spitze sehen. Es ist freilich eine richtige Beobachtung, daß Joh, im Gegensatz zu Qumran, welches für eine strengere Anwendung bestehender Institutionen eintrat, das Christentum als eine Umformung der alten darstellte.

κείμεναι wird ausgelassen von א, a, e. Es kann eine Glosse sein, aber das Tempus periphrasticus (*ἦσαν . . . κείμεναι*) ist Kennzeichen des joh Stils (Einleitung S. 28).

ἀνά ist distributiv, wie häufig in den Papyri.

μετρητὰς δύο ἢ τρεῖς. Im klassischen Sprachgebrauch war die *μετρητής* ein Maß, das dem *ἀμφορεύς,* entsprach, einem Flüssigkeitsmaß von »1 $^1/_2$ römischen *amphorae,* oder fast 40 Litern« (Liddell-Scott s. *ἀμφορεύς*). In der LXX gibt *μετρητής* das hebräische בת (*bath*) wieder, ein fast identisches Maß. Jeder Krug enthielt daher 80–120 Liter, also etwa 540 Liter. S. o. S. 213.

7. Dieser Vers läßt unmöglich V. 4 als Weigerung verstehen, irgend etwas zu tun. Jesus hat zwischenzeitlich nicht seine Meinung geändert, er hat aber sehr wohl auf seine Unabhängigkeit hingewiesen.

ἕως ἄνω. Vgl. V. 10 *ἕως ἄρτι;* aber *ἕως* wird weit häufiger mit einem Adverb der Zeit gebraucht als mit einem Adverb des Ortes. Vgl. jedoch Mt 27,51 (*ἀπ' ἀνωϑεν ἕως κάτω*).

8. *ἀντλήσατε νῦν. ἀντλεῖν* wird richtig gebraucht vom Schöpfen des Wassers aus einer Quelle (wie in 4,7.15). Entsprechend hat man gemeint (Westcott, S. 37f), die Diener seien beauftragt worden, erst die Reinigungsgefäße aus der Quelle zu füllen; das Wasser, das danach geschöpft und direkt von der Quelle zum Fest getragen wurde, sei wunderbarerweise in Wein verwandelt worden. Diese Erklärung vermeidet die Schwierigkeit, die sich aus dem gewaltigen Fassungsvermögen der Wasserkrüge ergibt; es ist aber doch wohl besser anzunehmen, daß »das Wasser, das Wein wurde« (*ὕδωρ οἶνον γεγενημένον*), den Krügen entnommen wurde und daß Joh das Wort *ἀντλεῖν* entweder ungenau oder (Hoskyns, S. 197) unter dem Einfluß seiner Vorstellung Christi als der Quelle lebendigen Wassers gebrauchte.

τῷ ἀρχιτρικλίνῳ. Das Wort kann bedeuten »Tafelmeister«. Der Mann scheint aber freilich ein wenig zu vertraut mit dem Bräutigam und ein wenig zu unbekannt mit den Dienern und ihren Bewegun-

215

gen, als daß man dies schließen dürfte. Wir können daher annehmen, daß er einer der Gäste war, der zum *arbiter bibendi* ernannt wurde, zum Toastmeister oder »Vorsitzenden der Festtafel« (Liddell-Scott). Es ist müßig zu argumentieren, die rohe Ausdrucksweise von V. 10 verweise auf einen Kellner und nicht auf einen Ehrengast. Wir besitzen aber keinerlei jüdische Belege für irgendein Amt, das dem Titel ἀρχιτρίκλινος entspricht (s. Bill z. St.), und deshalb kann die Frage nicht gelöst werden. Sanders schlägt einen »alten Familiensklaven« vor, aber die Geschichte könnte hellenistischen Ursprungs sein.

9. *Ignorantia architriclini comprobat vini; scientia ministrorum, veritatem miraculi* (Bengel). Man nimmt zu Recht an, daß dieser Vers (wie viele Züge in den synoptischen Wundergeschichten) die Wahrheit dessen, was sich ereignet hatte, erhärten sollte. Zu ἀντλεῖν s. Komm. zu V. 8. Abgesehen von der eigentlichen Bedeutung dieses Wortes, gibt es in diesem Vers keinen Hinweis darauf, wie das Wunder (τὸ ὕδωρ οἶνον γεγενημένον – der Akkusativ nach γεύεσθαι ist nicht klassisch, Radermacher, S. 98) vollbracht wurde, und es gibt auch keinen Hinweis darauf, daß Joh an seinem Ablauf interessiert war. Er berichtet nichts von einem Handeln Christi. Sein schöpferisches Wort allein reichte aus (vgl. z. B. 4,49f). Es ist jedoch falsch, in πόθεν eine christologische Anspielung zu sehen.

10. Wir besitzen keine Belege für den Brauch, auf welchen der ἀρχιτρίκλινος anspielt, und auch wenn er leicht zu verstehen ist, so scheint doch die übliche Praxis umgekehrt gewesen zu sein (H. Windisch, ZNW 14 [1913], S. 248–257; Bultmann, S. 82). Die ἑωλοκρασία (»eine Mischung von Hefe, Bodensatz usw., welche den Betrunkenen am Ende eines Gelages von ihren ausdauernderen Gefährten eingeflößt wurde«, Liddell-Scott) ist kaum eine genaue Parallele. Für Schlußfolgerungen im Hinblick auf den Grad der Trunkenheit der Gäste bei dieser Hochzeit gibt es hier selbstverständlich keinen Grund. Joh findet die Bemerkung eine gute Möglichkeit, die überlegene Qualität des Weines, den Jesus zur Verfügung stellt, zu betonen – der neue Glaube, der sich auf das eschatologische Ereignis gründet, ist besser als der alte.

11. *Ταύτην ἐποίησεν ἀρχὴν τῶν . . .* Zur Konstruktion vgl. Isokrates, Panegyr 10,3, *ἀλλ᾽ ἀρχὴν μὲν ταύτην ἐποιήσατο τῶν εὐεργεσιῶν, τροφὴν τοῖς δεομένοις εὑρεῖν*, »Jesus tat dies als das erste seiner Zeichen«. Das Nomen ist Prädikat des Pronomens (M III, S. 192). Sowohl bei Isokrates als auch bei Joh kann ἀρχή mehr bedeuten als das erste in einer Reihe; nicht nur das erste Zeichen, sondern »ein elementares Zeichen«; denn es ist repräsentativ für das schöpferische und verwandelnde Wirken Jesu als Ganzes.

σημεῖον. Zum Wort σημεῖον s. Einleitung S. 91ff. Das gegenwärtige Zeichen ist eindeutig eine Offenbarung der Herrlichkeit Gottes (s. u.); vgl. Test Lev 8,11, *σημεῖον δόξης.* Zweck der Zeichen ist, daß die Menschen glauben sollen. Ob man nun die Theorie einer »Zeichenquelle« (Einleitung S. 36ff) akzeptiert oder nicht, der vorliegende Vers weist voraus auf 20,30f.

ἐφανέρωσεν τὴν δόξαν αὐτοῦ. φανεροῦν ist ein joh Wort (insgesamt neunmal, davon dreimal in Kap. 21), es wird aber an keiner anderen Stelle im Evangelium mit δόξα verbunden. Zu δόξα s. die Ausführungen zu 1,14. *ἐφανέρωσεν* entspricht dem *ἐθεασάμεθα.* Die δόξα gehört in erster Linie zur Existenz des Wortes vor der Fleischwerdung und zu seiner Rückkehr zum Vater durch Leiden. Offenbarungen der δόξα während des Lebens im Fleisch sind außergewöhnlich (vgl. aber 11,4) und werden nicht allen gewährt, Jesus *οὐδέπω ἐδοξάσθη* (7,39). Hier können wir V. 4 vergleichen (*οὔπω ἥκει ἡ ὥρα μου*). Die Stunde für die Offenbarung seiner Herrlichkeit war noch nicht gekommen. Aber wie in der Tat bei allen Zeichen wurde eine teilweise und vorläufige Offenbarung gewährt, damit die Jünger glauben sollten.

ἐπίστευσαν εἰς αὐτὸν οἱ μαθηταὶ αὐτοῦ. Zu den verschiedenen Konstruktionen von πιστεύειν bei Joh s. Komm. zu 1,12. Es ist impliziert, daß die Jünger glaubten wegen der Offenbarung der Herrlichkeit Jesu im Zeichen; vgl. 1,50. Der erste Handlungsabschnitt des Evangeliums schließt mit dem Sehen und Glauben der Jünger, genauso wie es das letzte und höchste Zeichen tut, durch welches Glauben eine weit umfassendere Möglichkeit wird (20,29, *ὅτι ἑώρακάς με πεπίστευκας; μακάριοι οἱ μὴ ἰδόντες καὶ πιστεύσαντες*; vgl. 20,8). Glaube ist in der Tat das Ziel der Zeichen (20,31).

12. μετὰ τοῦτο (2,12; 11,7.11; 19,28) und μετὰ ταῦτα (3,22; 5,1.14; 6,1; 7,1; 19,38; 21,1) sind häufige und synonyme Hinweise für den Übergang von einer Erzählung zur anderen. Es ist unmöglich anzugeben (es sei denn, weitere Belege werden beigebracht), ob an eine lange oder kurze Zwischenzeit gedacht ist; vgl. 4,43; 20,26.

κατέβη εἰς Καφαρναούμ. Kapernaum (das moderne Tell-Hum – s. Dalman, Orte und Wege Jesu [1924], S. 132ff, und Bill I, S. 159f) liegt am See Genezareth, und die Reise dorthin von Kana aus bedeutete selbstverständlich einen Abstieg; vgl. 4,47.49. Jesus bleibt noch eine kurze Weile in der Begleitung seiner Mutter und seiner Brüder, aber von nun an wird er es nicht länger tun. Seine Mutter wird erst wieder erscheinen, wenn sie zusammen mit dem Lieblingsjünger am Fuße des Kreuzes steht. Die Brüder werden nur in 7,1–10 erwähnt, wo von ihnen gesagt wird, daß sie nicht an Jesus glaubten. Jesus hält sich einige weitere Tage verborgen und tut nur gelegentlich und abseits der Öffentlichkeit »Zeichen«. Er wird sein Wirken mit angemessenem *éclat* beim Passa und in Jerusalem eröffnen. Kapernaum ist ohne Zeifel als der Schauplatz dieser kurzen Verzögerung mit Rücksicht auf die synoptische Tradition gewählt. Dodd, Tradition, S. 235f, vergleicht mit Mt 4,13; Lk 4,31; Joh hängt nach seiner Ansicht nicht direkt von diesen Stellen ab, sie bezeugen aber eine gemeinsame Tradition, daß an irgendeinem Punkt seiner Wirksamkeit Jesus seinen Aufenthalt in Kapernaum nahm.

καὶ οἱ μαθηταὶ αὐτοῦ wird ausgelassen von ℵ it; und für ἔμειναν lesen einige wenige griechische Handschriften (P[66c] eingeschlossen) und b boh ἔμεινεν. Diese beiden Varianten wollten wahrscheinlich betonen, daß die Mutter und Brüder Jesu dauernd in Kapernaum lebten, während er, als die Stunde schlug, Kapernaum verließ, um sein öffentliches Wirken zu beginnen. Die Auslassung könnte sehr wohl ursprünglich sein; in jedem Fall erscheint die Erklärung zutreffend.

5. Die Tempelreinigung

2,13–25

Zur Passazeit unternahm Jesus die übliche Pilgerreise nach Jerusalem (Ex 12,14–20. 43–49; Lev 23,4–8; Dt 16,1–8; Josephus, Bell II, 10, um nur einige Stellen zu nennen). Im Tempel wurden die üblichen Geschäfte abgewickelt; er aber unterbrach diese mit Gewalt, indem er durch Aktionen, welche (später) an das AT erinnerten, die Höfe von den Händlern und Geldwechslern reinigte. Die Juden verlangten, was nicht verwunderlich ist, einen Beweis für die außerordentliche Autorität, die allein die Tat Jesu rechtfertigen konnte. Seine Antwort bestand in einem dunklen Wort, das die Juden mißverstanden und das die Jünger erst nach der Auferstehung verstanden, auf die es in verhüllter Weise hinwies. Mit dieser Antwort lehnte Jesus tatsächlich ein Zeichen ab. V. 23 impliziert jedoch, daß Zeichen in Jerusalem stattgefunden und sie zu einem oberflächlichen Glauben auf seiten vieler, die sie sahen, geführt hatten. Da Jesus allwissend war, bewertete er diesen Glauben nicht höher, als er es verdiente.

Eine Erzählung von einer Tempelreinigung begegnet in der synoptischen Tradition (Mk 11,15–18; Mt 21,12–17; Lk 19,45f). Auch diese Tempelreinigung wird in die Passazeit datiert, aber dieses Passa ist das letzte im Leben Jesu (das einzige Passa, wie Markus berichtet), nicht das erste von mehreren während seines Wirkens (wie bei Joh). Trotz dieses Unterschiedes macht es beträchtliche Übereinstimmung im Wortlaut wahrscheinlich, daß Joh Mk kannte. S. Komm. zu V. 14–16. Ferner kann die Aufforderung von

V. 18 τί σημεῖον δεικνύεις ἡμῖν, ὅτι ταῦτα ποιεῖς; verglichen werden mit Mk 11,28, ἐν ποίᾳ ἐξουσίᾳ ταῦτα ποιεῖς; ἢ τίς σοι ἔδωκεν τὴν ἐξουσίαν ταύτην ἵνα ταῦτα ποιῇς; und Mk 8,11, ζητοῦντες παρ' αὐτοῦ σημεῖον. Es scheint sehr wahrscheinlich, daß Joh mk Stoff verwendete. Es ist deshalb um so auffälliger, daß er das Ereignis in einen völlig anderen Zusammenhang stellte. Es ist unwahrscheinlich, daß es zwei Tempelreinigungen gab, eine zu Beginn und eine am Ende seiner Wirksamkeit. Dies ist schon in sich selbst unwahrscheinlich und läßt sich auch nicht belegen, wenn man den literarischen Zusammenhang zwischen Joh und Mk akzeptiert. Wir können entweder annehmen, daß Joh im Besitz einer unabhängigen chronologischen Überlieferung war, welche er höher einschätzte als die des Mk, oder daß seine Plazierung des Ereignisses eher von theologischen als von chronologischen Überlegungen bestimmt wurde. Letzteres ist wahrscheinlicher. Ein Akt offener Rebellion gegen die Autoritäten der Nation ist eher auf dem Höhepunkt als zu Beginn der Wirksamkeit (s. Komm. zu 11,53) verständlich, und die Anordnung des Stoffes bei Joh wird oft durch die Entwicklung des Gedankens kontrolliert (s. Einleitung S. 29ff). Cullmann (Vorträge, S. 288) nimmt an, daß Joh die Reinigung an den Beginn der Geschichte stellte, da für ihn der Gottesdienst ein besonders wichtiges Thema war; Lindars vermutet, daß er die Tempelreinigung aus Kap. 12 herauslöste, um Platz für die Lazarusgeschichte zu machen; Eisler vermutet, daß er dies tat, um den Zusammenhang zwischen der Gewalttat im Tempel und der Kreuzigung zu vertuschen.

Die Tempelreinigung nimmt gewiß eine bedeutende Stellung ein. Nach dem Abschnitt von der Berufung der Jünger, in welcher die Herrlichkeit Christi vorabgebildet wird (2,11), beginnt Joh sein Hauptthema zu entwickeln: die Erfüllung der ewigen Pläne Gottes in Jesus. Da das historische Wirken Jesu sich im Kontext des Judentums abspielte, war es zuerst notwendig, Christus als die Erfüllung der jüdischen Religion darzustellen. Er offenbart sich selbst mit Vollmacht im Tempel, aber seine Autorität erscheint noch deutlicher in den Worten, die ihm beigelegt werden, als in seinen Taten. Sein eigener Leib, zuerst zerstört und dann von den Toten erweckt, wird der wahre Tempel sein, das Gebetshaus für alle Nationen. Joh arbeitet in dem vorliegenden Abschnitt die Implikationen seiner Behauptung nicht heraus, sie begegnen im Evangelium aber ständig wieder. Jesus ist der Ort, wo Gott und menschliche Natur vereinigt werden (z. B. 1,14.51; 17,21). Die Kirche ist das neue Gottesvolk, das Heiden wie Juden einschließt (10,16; 11,52).

Die joh Interpretation der Reinigung hat einige Veränderungen der ursprünglichen Geschichte zur Folge. Es wäre voreilig, wollte man annehmen, daß Mk die ursprüngliche Form der Geschichte bietet (s. »The House of Prayer and the Den of Thieves«, in: Jesus und Paulus, (FS W. G. Kümmel), hg. v. E. E. Ellis und E. Grässer [1975], S. 13–20). Aus der Klage einer früheren Stufe der Überlieferung, daß der zum Gebet für alle Völker bestimmte Ort zu einem nationalistischen Bollwerk umgewandelt wurde, hat er eine Vorhersage der Zerstörung des Tempels gemacht. Die λῃσταί, gegen welche sich Mk 11,17 richtet, sind bei Joh zusammen mit dem historischen Hintergrund verschwunden, und es bleibt lediglich Anlaß, über relativ unschuldigen Handel zu klagen. Joh behält jedoch die mk Vorhersage der Zerstörung des Tempels bei und stellt sie noch ausdrücklicher heraus. Vgl. Mk 13,2; 14,58; 15,29; auch Apg 6,14. Im übrigen deutet ja ein Q-Logion (Mt 12,39; Lk 11,29) an, daß das einzige Zeichen, das »diesem Geschlecht« gegeben werden soll, die Auferstehung ist; und dies ist eine Meinung, mit der Joh 2,18f genau übereinstimmt. Diese auf den ersten Blick kunstlose und einfache joh Erzählung ist in der

Tat ein sehr treffendes Beispiel für die Weise, in welcher Joh zerstreuten synoptischen Stoff und synoptische Themen sammelt, sie zu einem Ganzen zusammenfügt und dazu verwendet, unmißverständlich den wahren Sinn der synoptischen Darstellung Jesu herauszuarbeiten, der mit einer Autorität handelt, die er nicht erklären kann und auch nicht will; und er konzentriert diese paradoxe Autorität auf seinen Tod und seine Auferstehung.

Beachtet werden sollte die Stellung des vorigen Abschnittes in bezug auf das Evangelium als Ganzes. 2,13–4,54 bilden ein Ganzes, in welchem wir in Jesus zuerst die Erfüllung all dessen sehen, was der Tempel repräsentierte; dann als die Erfüllung des apokalyptischen und pharisäischen Judentums (3,1–21) und dessen, was der Täufer vorhersagte (3,22–36); dann in Beziehung zum häretischen Judentum (4,1–42) und zur heidnischen Welt (4,43–54). S. die Einleitungen zu diesen Abschnitten. Guilding (S. 205 f) geht noch weiter und sieht die Kap. 1–4 nicht so sehr als Darstellung etwa des ersten Jahres im Wirken Jesu, als vielmehr der Geschichte der Kirche »von der Inkarnation und der Berufung der ersten Jünger bis zur Verbreitung des Evangeliums unter den Heiden durch die missionarische Tätigkeit der Kirche. Mit anderen Worten, die Kap. 1–2 umfassen Jesu Wirken von seiner Geburt bis zur Tempelreinigung beim *letzten* Passa, während in den Kap. 3–4 der Evangelist vom Standpunkt der nachösterlichen Kirche aus spricht, durch deren Wirken Jesus die Bekehrung Jerusalems, Judäas, Samarias und der äußersten Enden der Erde fortsetzt.« Dies erklärt die falsche Plazierung der Tempelreinigung (welche in Wirklichkeit keine falsche ist). Sie verbindet diesen Abschnitt auch mit den Lesungen am Adar, Ex 7 und 1 Sam 2,25 ff (S. 185 ff).

Lightfoot sieht hier einen dreifach tiefen Sinn: »Zuerst führt der Herr eine Handlung aus, durch die er die Methoden und die Art des bestehenden jüdischen Gottesdienstes verdammt. Zweitens ist dieser Akt ein Zeichen der Zerstörung der alten Gottesdienstordnung ... und ihrer Ersetzung durch eine neue Ordnung des Gottesdienstes ... und drittens, zwischen der alten und der neuen Ordnung steht das ‚Werk‘ – das Wirken, der Tod und die Auferstehung – des Herrn, welches allein die Entstehung und das Leben des neuen Tempels möglich macht« (S. 114).

13. *καὶ ἐγγὺς ἦν* ... *καὶ ἀνέβη*. Der Satz erinnert an eine wohlbekannte hebräische Konstruktion (vgl. M II, S. 422): als das Fest nahte, zog Jesus hinauf. Joh kündigt mehrere Male die Ankunft eines Festes mit dem Wort *ἐγγύς* an; s. 2,13; 6,4; 7,2; 11,55. *ἀνέβη* bezieht sich auf das Hinaufsteigen in das Bergland von Judäa; aber *ἀναβαίνειν* ist schon fast ein Terminus technicus für den Pilgerzug zur Hauptstadt geworden.

τὸ πάσχα τῶν Ἰουδαίων. Die Verbindung mit dem Fest entstammt der Überlieferung. Zum Ritual und der Bedeutung des Passa s. Komm. zu 1,29; 12,1; 13,1. Joh erwähnt drei verschiedene Passafeste (2,13; 6,4; 11,55; wenn wir 5,1 hinzufügen, auch vier; s. Komm. z. St.). Zweimal nennt er das Fest *τὸ πάσχα τῶν Ἰουδαίων*, einmal *τὸ πάσχα ἡ ἑορτὴ τῶν Ἰουδαίων*. Das Fest wird so beschrieben, teils deshalb, weil es die Gewohnheit des Joh ist, »die Juden« als eine Körperschaft Jesus und der Kirche gegenüberzustellen (s. Komm. zu 1,19); teils vielleicht auch, weil er von einem christlichen Passa weiß. Vgl. jedoch 7,2.

14. Zum Handel im Tempel s. Abrahams, Studies 1, S. 82–89. Es trifft zu, daß die Gelegenheiten zum Kauf und Verkauf nicht immer mißbraucht wurden; wir besitzen jedoch im Blick auf die Praktiken vor dem Jahre 70 wenig Informationen aus erster Hand, und diese Erzählung (oder vielmehr die synoptische Erzählung, auf welcher sie beruht) könnte nahelegen, daß man gegen das Verfahren durchaus einige Einwände haben konnte.

τοὺς πωλοῦντας βόας καὶ πρόβατα καὶ περιστεράς – zum Zweck des Opfers. Es war für die Festbesucher, die aus der Ferne kamen, bequem, sich darauf verlassen zu können, sie würden auf dem Tempelmarkt passende Tiere finden. Für einen ausführlichen Bericht über das komplizierte Kaufsystem s. Schek 5,3–5. Vgl. Mk 11,15 τῶν πωλούντων τὰς περιστεράς.

τοὺς κερματιστάς. Die Tempelsteuer mußte in tyrischen Münzen bezahlt werden; sie standen im Tempel in ausreichendem Maße zur Verfügung, und es scheint, daß gewöhnlich nur eine bescheidene Gebühr von 2–4 % für das Wechseln erhoben wurde. κερματιστής scheint auf diese und davon abhängige Stellen beschränkt zu sein; κερματίζεσϑαι gehört dem späten Griechisch zu und bedeutet Geld wechseln, im allgemeinen eine größere in kleinere Münzen. Hier wird natürlich eine Währung in eine andere umgewechselt. Vgl. Mk 11,15, τῶν κολλυβιστῶν.

15. φραγέλλιον, aus dem lateinischen *flagellum*, eine Peitsche oder Geißel, »schärfer als scutia« (Lewis and Short). Aber *flagellum* wurde auch gebraucht, um eine Viehpeitsche zu bezeichnen, und dies könnte die hier vorliegende Bedeutung sein. Das Wort wurde auch hebräisch umschrieben (פרגול, פרגל) mit der Bedeutung »Peitsche« oder »Geißel«. Dem φραγέλλιον wird von P⁶⁶ P⁷⁵ W 33 565 it vg hl^mg das Wort ὡς zugefügt, vielleicht zu Recht. Zur Dissimilation zwischen dem Lateinischen und Griechischen (l-ρ) s. M II, S. 103.

σχοινίων, Stricke. Das Diminutiv darf nicht überdeutet werden. Weder φραγέλλιον noch σχοινίων begegnen in den synoptischen Erzählungen. Ber 9,5 verbietet das Tragen eines Stabes (מקל, *maqqel*) im Tempel, und manche finden darin die Begründung dafür, warum Jesus eine behelfsmäßige Peitsche herstellte (aber σχοινίον bedeutet nicht notwendigerweise, daß ein Strick grob aus Binsen zusammengedreht wurde); das Verbot kann indessen kaum denen, die die Tiere bewachten, gegolten haben.

πάντας ἐξέβαλεν... τά τε πρόβατα καὶ τοὺς βόας. πάντας (maskulin) weist darauf hin, daß Jesus alle am Handel beteiligten Männer hinaustrieb; wenn τά τε... βόας (von manchen als redaktioneller Zusatz verstanden) nur eine epexegetische Wendung gewesen sein sollte, dann müßten wir πάντα haben, nicht πάντας. ἐκβάλλειν hatte sich im hellenistischen Sprachgebrauch abgeschwächt, erhält aber hier sein Gewicht von φραγέλλιον: »Er trieb sie alle hinaus, die Schafe und die Ochsen ebenso.« Zu ἐξέβαλεν vgl. Mk 11,15, ἤρξατο ἐκβάλλειν. Joh könnte daran gedacht haben, daß Tiere in der Gegenwart Jesu als des Lammes Gottes (1,29) (Fenton) nicht länger für das Opfer nötig sind.

κολλυβιστῶν. Vgl. Mk 11,15 (dasselbe Wort). Es ist wie κερματιστής ein spätes Wort und wird abgelehnt von Phrynichus (CCCCIV; Rutherford, S. 499), der zu Recht ἀργυραμοιβός vorzieht. Die Bedeutung des Wortes ist nichtsdestoweniger klar.

ἀνέτρεψεν, P⁶⁶P W Θ; κατέστρεψεν, א; ἀνέστρεψεν, P⁷⁵ Ω. κατέστρεψεν ist deutlich auf Assimilation an Mk 11,15 zurückzuführen, und ähnliches gilt von ἀνέστρεψεν; ἀνέτρεψεν in sich selbst durchaus angemessen und in der Lage, die anderen Varianten zu erklären, ist wohl die ursprüngliche Lesart.

16. τοῖς τὰς περιστεράς πωλοῦσιν. Vgl. Mk 11,15, τῶν πωλούντων τὰς περιστεράς. μὴ ποιεῖτε, hört auf zu tun. Zum Gewicht des vorliegenden Imperativs s. M I. S. 124f.

τὸν οἶκον τοῦ πατρός μου. Der Gebrauch von οἶκος könnte auf Mk 11,17 zurückzuführen sein, obwohl es auch unabhängig davon verwendet werden könnte. Zum »Haus meines Vaters« vgl. Lk 2,49, ἐν τοῖς τοῦ πατρός μου welches man übersetzen sollte mit »in meines Vaters Haus«; s. Creed z. St. Der Verweis Jesu auf Gott als seinen Vater ruft nicht die gleiche Reaktion hervor wie in 5,17f (Sanders). Joh behandelt nicht zwei Dinge zugleich. Hier in V. 18 fragen die Juden nach der Autorität hinter dem Handeln Jesu; seine Person wird zu einem späteren Zeitpunkt diskutiert werden.

οἶκον ἐμπορίου. ἐμπόριον selbst bedeutet Handelsplatz, und es war unnötig, auch noch οἶκος zu gebrauchen; der Genitiv könnte als eine epexegetische Apposition verstanden werden. »Handelshaus« entspricht dem »Haus meines Vaters«. Es könnte hier ein Hinweis auf Sach 14,21 vorliegen (Dodd, Interpretation, S. 300). In den Synoptikern beschuldigt Jesus mit Hinweis auf Jer 7,11 die Händler, sie machten aus dem Gebetshaus eine Räuberhöhle. Es gibt keine solche Anklage bei Joh; der Handel selbst, auch wenn er vielleicht ehrlich abgewickelt wurde, war falsch und beraubte den

Tempel seines Rechts, als ein Gebetshaus betrachtet zu werden. Joh freilich, der sich an dieses Ereignis später »erinnerte«, wird dies im Licht von V. 19 gesehen haben. Des Vaters Haus wird nur in Jesus (14,2) geöffnet, und er ist die Erfüllung des Tempels in einer so radikalen Weise, daß dieser nicht weiter bestehen kann (vgl. 4,21).

17. ἐμνήσϑησαν οἱ μαϑηταὶ αὐτοῦ. Sie erinnerten sich zu der Zeit an den Psalm (69 [68], 10) und verstanden wahrscheinlich seine messianische Bedeutung; im Gegensatz dazu V. 22, wo nach der Auferstehung die Jünger sich an das ganze Geschehen mit tieferem Verständnis und Glauben erinnern. Vgl. 12,16. Dieser Psalm wird sonst auf die Passion bezogen. »Gerade wie der leidende Gerechte des Psalms den Preis für seine Treue zum Tempel bezahlte, so wird das Handeln Jesu bei der Tempelreinigung ihm Leid bringen« (Dodd, Interpretation, S. 301). Aber Joh denkt nicht in Analogien; der Psalmist spricht wirklich von Jesus.

ὁ ζῆλος τοῦ οἴκου σου καταφάγεταί με. Der Psalmist führt sein Leiden auf seinen Eifer für den Tempel zurück; Joh liest seine Worte als Prophezeiung des messianischen Handelns Jesu. καταφάγεται wird gelesen von P[66] P[75] א B Θ Ω sah Orig; κατέφαγεν von φ it vg sin pesch boh Eus. Eine ähnliche Variante begegnet in den LXX-Texten des Psalms. Das hebräische Wort steht im Perfekt (אכלתני). Es ist wohl am wahrscheinlichsten, daß die ursprüngliche Lesart bei Joh καταφάγεται war; der Aorist in den vorwiegend westlichen Texten könnte in erster Linie auf die Rückübersetzung ins Syrische zurückzuführen sein, wo natürlicherweise das semitische Perfekt wiederaufgenommen wurde. Die Texte der LXX (gemacht von Christen) müssen zwei entgegengesetzten Einflüssen ausgesetzt gewesen sein: dem des Evangeliumtextes, wo das Futur brauchbar war für eine prophetische Interpretation des Psalms, und dem des dahinterliegenden Hebräisch. Der erste Einfluß mußte viel stärker sein. Die meisten Kommentatoren sehen in καταφάγεται eine Anspielung auf den Tod Jesu; sein Eifer für Gott wird (menschlich gesprochen) sein Fall sein. Es scheint jedoch keinen vernünftigen Grund zu geben, warum nicht sowohl der Psalmist als auch Joh von dem verzehrenden Eifer gesprochen haben könnten.

18. ἀπεκρίϑησαν gibt das übliche hebräische ויען (aram. ענה) wieder, welches eine Rede einführen kann, die in keinem Sinn eine Antwort auf eine andere Rede ist. Es ist jedoch nicht notwendigerweise auf eine Übersetzung aus dem Hebräischen oder Aramäischen zurückzuführen. οἱ Ἰουδαῖοι sind nicht die Händler, sondern die Repräsentanten des jüdischen Volkes; s. Komm. zu 1,19.

τί σημεῖον δεικνύεις ἡμῖν ὅτι ταῦτα ποιεῖς; Vgl. die Frage, welche fast unmittelbar der mk Erzählung von der Tempelreinigung folgt, ἐ ποίᾳ ἐξουσίᾳ ταῦτα ποιεῖς; (Mk 11,28). An diese Worte dachte Joh wahrscheinlich, und er verband sie mit der Forderung von Mk 8,11, ζητοῦντες παρ᾽ αὐτοῦ σημεῖον ἀπὸ τοῦ οὐρανοῦ. Vgl. auch die Q-Version dieser Forderung, Mt 12,38f = Lk 11,29, wo die Antwort, wie hier in V. 19, lautet: das Zeichen für dieses Geschlecht werde die Auferstehung sein. Zu σημεῖον s. Einleitung S. 91ff. Hier und 6,30 wird es in einer aus den Synoptikern vertrauten Weise gebraucht: Gegner Jesu suchen unrechtmäßigerweise ein Zeichen als Beweis für seine Ansprüche, und ihre Forderung wird zurückgewiesen. In 4,48; 6,26 liegt ein ähnlicher Gebrauch vor. Dieser etwas abwertende Gebrauch des Wortes σημεῖον paßt vermutlich zur ursprünglichen Tradition, die auch noch bei Joh aufscheint, während der charakteristisch joh Gebrauch das Werk des Evangelisten selbst ist.

19. Es wird kein unmittelbares Zeichen für die Vollmacht gewährt. Statt dessen gibt es ein rätselhaftes Wort und keine Erklärung. Selbst die Jünger verstanden nicht, was Jesus gesagt hatte, bis nach seiner Auferstehung (V. 22).

λύσατε. Hier handelt es sich um eine Konstruktion, in welcher ein Imperativ gebraucht wird, um eine Bedingung zu formulieren: wenn ihr zerstört ... werde ich aufbauen. Oder der Imperativ könnte ironisch sein, wie zuweilen bei den Propheten, z. B. Am 4,4, komm nach Bethel und übertrete; Jes 8,9f; Jer 7,21; Mt 23,23. λύειν wird ganz regelmäßig für die Zerstörung eines Bauwerks gebraucht; vgl. z. B. Homer, Il XVI, 100, ... ἱερὰ ... λύωμεν; im NT Eph 2,14, τὸ μεσότοιχον τοῦ φραγμοῦ λύσας. Es ist deutlich die hauptsächliche, wenn auch nicht einzige Absicht des Joh, daß dieser Vers auf die

Tempelzerstörung hinweise. Vgl. den Gebrauch von καταλύειν in Mk 13,2; 14,58; 15,29 parr. ναός (welches bei Joh nur in diesem Kontext erscheint) scheint im allgemeinen im NT nicht von ἱερόν unterschieden zu werden. Ist eine Unterscheidung zu machen, dann muß sich ναός auf das zentrale Heiligtum oder Allerheiligste, nicht auf den gesamten Tempelbereich beziehen (vgl. Mt 23,35, und s. Liddell-Scott s. v.).

ἐν τρισὶν ἡμέραις ἐγερῶ αὐτόν. ἐγείρειν, wie λύειν kann zutreffend von einem Gebäude gebraucht werden (z. B. Josephus, Ant VIII,96, στοὰς ἐγείρας μεγάλας – vom Salomonischen Tempel). ἐν τρισὶν‛ ἡμέραις wird nur in Mk 15,29parr gebraucht. Wenn er von der Auferstehung spricht, hat Mk gewöhnlich μετὰ τρεῖς ἡμέρας, Mt und Lk τῇ τρίτῃ ἡμέρᾳ. Der joh Ausdruck muß bedeuten »innerhalb von drei Tagen«, aber die Form ist nicht klassisch und zeigt wahrscheinlich eine Berührung mit dem Spott bei Mk. Die mk Anklage könnte sehr wohl begründeter sein, als Mk selbst erkennen läßt; es ist aber zweifelhaft, ob Joh dies in einer wirklich unabhängigen Weise bestätigt. Seine Form ist schwächer als die des Mk »ich werde . . .« (Haenchen, Weg, S. 509). Es gibt ein ähnliches Wort im EvThom 71: Ich werde dieses Haus zerstören, und niemand wird in der Lage sein, es wiederaufzubauen; Joh steht aber den Synoptikern näher als dem Thomas (s. G. Quispel, John and Qumran, S. 145). »Der Sinn der Antwort (Jesu) ist: Wer nach einem σημεῖον fragt, wird ein σημεῖον erhalten: aber dann, wenn es zu spät ist« (Bultmann, S. 88).

20. Wie wir gesehen haben, ist das Wort Jesu in V. 19 (abgesehen von dem erwähnten Zeitraum) durchaus auf ein Gebäude anzuwenden. Die Juden nehmen nur die oberflächliche Bedeutung der Worte und bemerken natürlicherweise ihre Absurdität: Ein solch großes Gebäude könnte in einer solch kurzen Zeit nicht errichtet werden. Die Interpretation kann sekundär sein (Bultmann), aber es ist die Interpretation des Joh. Solche Mißverständnisse sind sehr charakteristisch für Joh (s. Komm. zu 3,3), und sie sind, wie auch hier, oft mehr als ein literarischer Kunstkniff, den ein zur Ironie gestimmter Schreiber anwendet. Sie repräsentieren im Kleinen die gesamte Reaktion des Judentums gegenüber Christus; die Juden verstanden nur das, was oberflächlich in Jesus zu sehen war, und verwarfen natürlicherweise die Vorstellung, er könnte der Sohn Gottes sein, als absurd; wären sie unter die Oberfläche gedrungen, hätten sie ihre Wahrheit gesehen.

τεσσεράκοντα καὶ ἓξ ἔτεσιν οἰκοδομήϑη ὁ ναὸς οὗτος. »Dieses Heiligtum wurde erbaut in 46 Jahren.« Eine andere Übersetzung scheint ausgeschlossen. Zur Konstruktion vgl. Esra 5,6. Der Dativ (ἔτεσιν) ist teilweise lokativ zu fassen, wobei die ganze Periode als zeitliche Einheit betrachtet ist, und teilweise instrumental, wobei »durch deren [der Zeit] Verlauf etwas bewirkt wird« (Robertson, S. 527, vgl. S. 523). Der nicht augmentierte Aorist (οἰκοδομήϑη – [M II, S. 191]; verbessert zu ᾠκ. in der Mehrzahl der Handschriften) ist konstatierend (Robertson, S. 833); der gesamte Prozeß wird als ein einzelner Akt zusammengefaßt und gesehen. Die Grammatik dieses Satzes ist einfach, aber die Historie ist schwierig. Der Bau des Herodianischen Tempels wurde 20/19 v. Chr. begonnen (s. Josephus, Ant XV, 380, im 18. Jahr des Herodes; Bell I, 401 gibt das 15. Jahr des Herodes an, entweder irrtümlicherweise oder mit Bezug auf die erste Planung des Tempels). 46 Jahre von diesem Zeitpunkt aus gerechnet, bringt uns zu 27/28 n. Chr. (s. Schürer I, s. S. 301f; Goguel, Introduction IV, I, S. 84ff; G.Ogg, Chronology of the Public Ministry of Jesus [1940], S. 151–167); dieses Datum fiele nach der Einschätzung mancher, wenn auch nicht aller, in die Wirksamkeit Jesu. Wir wissen aber, daß der Tempel nicht vor 63 n. Chr. vollendet wurde (Josephus, Ant XX, 219). Aus diesen Fakten nun muß eine der folgenden Lösungen angenommen werden:

(a) Man muß der Grammatik Gewalt antun und den Satz übersetzen: »Der Bau dauert bereits 46 Jahre, und immer noch wird an dem Gebäude gebaut.«

(b) Der Bau ist zeitweise unterbrochen worden; möglicherweise ist etwas, was man ναός (im Gegensatz zu ἱερόν) nennen könnte, vollendet worden, obwohl der Bericht des Josephus über den Bau diese Schlußfolgerung nicht nahelegt.

(c) Joh hat irrtümlicherweise angenommen, der Tempel sei bereits vollendet, indem er entweder den Zeitraum seit dem Baubeginn berechnete oder einfach annahm.

Die Möglichkeit c) scheint die wahrscheinlichste zu sein.

21. *ἐκεῖνος* (Jesus: wie auch 5,11; 6,11; 9,12.28.37; 19,21; s. Komm. zu 19,35) *δὲ ἔλεγεν περὶ τοῦ ναοῦ σώματος αὐτοῦ.* Joh kennt selbstverständlich die wahre Bedeutung der Worte Jesu; eine derartige erklärende Bemerkung ist charakteristisch für ihn; vgl. 2,24b.25; 6,6.64.71; 7,5.39; 9,7; 11,13.51f; 12,6.33; 20,9 (Schnackenburg, der auch auf 1QS 5,5f; 8,7–10; 1QH 6,25–28; vgl. 7,7–9; 4QpPs 37,2.16 zum Gebrauch von Gebäude oder Tempel als Metapher für eine Gemeinschaft verweist). An anderer Stelle im Joh wird *σῶμα* nur vom Leichnam Jesu gebraucht (19,31.38*[bis]*.40; 20,12 – der Text von 19,38 ist unsicher, was hier allerdings nicht von Bedeutung ist). Zur Vorstellung eines menschlichen Körpers als Heiligtum vgl. 1Kor 6,19; 3,16ff. Philo spricht von dem ersten geschaffenen Menschen (Gen 2,7) als *οἶκος τις ἢ νεὼς ἱερὸς . . . ψυχῆς λογικῆς, ἥν ἔμελλεν ἀγαλματοφορήσειν ἀγαλμάτων τὸ θεοειδέστατον* (Op Mund 137). Anderswo bei Philo ist die Seele selbst das Haus Gottes (z. B. Som I, 149, *σπούδαζε οὖν, ὦ ψυχή, θεοῦ οἶκος γενέσθαι ἱερὸν ἅγιον*), und der Leib ist das Gefängnis der Seele (z. B. Ebr 101, *ὅς* [sc. *νοῦς*] *ἐν μὲν τῇ πόλει τοῦ σώματος . . . περιεχόμενος ἔσταλται . . . ὥσπερ ἐν δεσμωτηρίῳ καθειργμένος*). Auch für die Stoiker war der Leib die Wohnung, wenn auch kaum eine ehrenhafte, eines göttlichen Elements (z. B. Epiktet II, 8,11f, *. . . ἔχεις τι ἐν σεαυτῷ μέρος ἐκείνου* [sc. *τοῦ θεοῦ*] *. . . θεὸν τρέφεις, θεὸν γυμνάζεις, θεὸν περιφέρεις . . .*). Der Gedanke des Joh freilich ist recht verschieden davon; denn er beruht nicht auf allgemeinen Beobachtungen oder Spekulationen über die Beziehung der menschlichen Seele zu Gott, sondern auf der einzigartigen gegenseitigen Einwohnung des Vaters und des Sohnes (14,10 u. ö.); der menschliche Leib Jesu war der Ort, wo eine einzigartige Offenbarung Gottes sich ereignete, und er wurde entsprechend der einzige wahre Tempel, der einzige Mittelpunkt wahren Gottesdienstes; vgl. 4,20–24. Joh teilt so mit der Qumransekte die Ablehnung des Jerusalemer Tempels, aber Braun weist mit Recht darauf hin, daß das Anliegen des Joh der geistliche Gottesdienst war, während es der Sekte um die rituelle Reinheit ging. In dem Wort von V. 19 haben die beiden Verben *λύσατε* und *ἐγερῶ* dasselbe Objekt, *τὸν ναὸν τοῦτον* und *αὐτόν*. Man kann deshalb nicht behaupten, der auferweckte Leib sei die Kirche, verstanden im Sinn des vertrauten paulinischen Bildes (Röm 12,5; 1Kor 12,12–27 u. ö.). Indessen ist es nicht unvernünftig anzunehmen, daß Joh dieses Bild kannte und ein sekundärer Verweis darauf vorliegen kann. Es war sein eigener, am Kreuz getöteter Leib, den Christus auferweckte, aber indem er dies tat, brachte er die Kirche ins Leben.

22. *ἐμνήσθησαν οἱ μαθηταὶ αὐτοῦ.* Während seines Wirkens verstanden die Jünger, trotz ihrer Berufung und ihres durch seine Zeichen hervorgerufenen Glaubens an Jesus (2,11), seine Worte kaum mehr als seine Gegner. Nur durch seine Auferstehung und die dadurch bedingte Gabe des Parakleten wurden seine Worte ihnen in den Sinn gerufen und konnten von ihnen verstanden werden (14,26; 16,14). Die verschiedenen Ereignisse seiner Wirksamkeit konnten nur im Licht der Vollendung verstanden werden; und für diese inspirierte kollektive Erinnerung der Kirche ist Joh selbst das herausragendste Dokument.

ἐπίστευσαν τῇ γραφῇ. Bezieht sich *πιστεύειν* auf eine Sache, wird bei Joh im allgemeinen der Dativ gebraucht – 4,50; 5,47; 10,38; 12,38 (Jes 53,1): 12,36 (*εἰς τὸ φῶς*) ist nur eine scheinbare Ausnahme, da *τὸ φῶς* = Christus. S. ferner Komm. zu 1,12. *ἡ γραφή* (Singular) verweist im allgemeinen auf einen bestimmten Abschnitt der Schrift, aber hier wird keiner zitiert (die Zitierung von V. 17 kann nur beabsichtigt sein, wenn *καταφάγεται* auf die Zerstörung des Leibes Christi im Tod verweist, was aber eine sehr gewaltsame Interpretation ist). Eine enge Parallele zu diesem Gebrauch von *ἡ γραφή* ist 20,9, wo es auch um die Auferstehung geht. Vielleicht meint Joh, daß das AT in einer sehr allgemeinen Weise die Rechtfertigung des Messias vorhersagt.

23. *ἐν τῷ πάσχα.* Vgl. V. 13. Als guter Jude bleibt Jesus zum Passa in der Stadt. Dies ist kein Widerspruch zu 4,44, welches auf ein Zeichen verweist, das Jesus bei seiner Rückkehr nach *Galiläa* wirkte.

ἐν τῇ ἑορτῇ. Diese Worte werden gewöhnlich als Parallele zu *ἐν τῷ πάσχα* verstanden. Dies wäre jedoch eine höchst seltsame Art der Beschreibung des Festes; die Bedeutung ist wahrscheinlich »in der Festmenge« (s. Liddell-Scott s. v.; auch Jeremias, Abendmahlsworte, S. 66f). Derselbe Sprachgebrauch begegnet 7,11 (und vielleicht Mk 14,2).

ἐπίστευσαν εἰς τὸ ὄνομα αὐτοῦ. Zu dieser Konstruktion vgl. 1,12 (und Komm. z. St.), und im Gegensatz dazu V. 22.

ϑεωροῦντες αὐτοῦ τὰ σημεῖα. Vgl. V. 18. Es sind keine Zeichen beschrieben worden, die in Jerusalem stattfanden. Für Wundertaten zur Zeit der Tempelreinigung s. Mt 21,14f (ohne Parallele bei Mk oder Lk).

24. αὐτός ist wahrscheinlich nicht auf den Einfluß des redundanten aramäischen Pronomens הוא zurückzuführen; es betont den Gegensatz zwischen den zwei Möglichkeiten des Gebrauchs von πιστεύειν.

οὐκ ἐπίστευεν αὐτόν, er vertraute sich nicht an. πιστεύειν ist in dieser Bedeutung relativ selten im NT (Lk 16,11; Röm 3,2; 1Kor 9,17; Gal 2,7; 1Thess 2,4; 1Tim 1,11; Tit 1,3), der spezifisch christliche Sinn des Wortes schloß diesen Gebrauch aus.

διὰ τὸ αὐτὸν γινώσκειν πάντας. Vgl. 1Sam 16,7; Jesus besitzt göttliches Wissen und wird nicht durch Äußerlichkeiten in die Irre geführt, auch nicht durch den Anschein von Glauben. Für sein Wissen vgl. 1,47–50 (πόϑεν με γινώσκεις 1,48).

25. καὶ ὅτι mit einem Verbum finitum setzt διά mit substantiviertem Infinitiv fort. Es ist eine ungewöhnliche, aber leicht zu verstehende constructio ad sensum, und Konjektur ist nicht notwendig (z. B. καϑότι für καὶ ὅτι).

ἵνα τις μαρτυρήσῃ. Das Evangelium ist voll von Zeugnis im Blick auf Jesus (s. Komm. zu 1,7); Zeugnis gegenüber Jesus im Blick auf den Menschen ist unnötig, da er ja das Wissen bereits besitzt, das der Mensch nicht hat. Schnackenburg verweist auf Qumranparallelen, diese sind aber seiner Meinung nach so unnötig wie die hellenistischen Parallelen; das AT verweist oft auf das Wissen Gottes über den Menschen.

αὐτὸς γὰρ ἐγίνωσκεν nimmt V. 24b in joh Weise auf; vgl. 1,2. In der jüdischen Literatur weiß Gott alles, was im Menschen vorgeht (Mek Ex 16,32 [ויסע § 6]: Es gibt keinen Menschen, der weiß, was in seines Nachbarn Herz ist, מה בלבו של חבירו). Dieses Wissen freilich besitzt das übernatürliche Wesen Metatron (hebr Hen 11). S. Odeberg, S. 43–47.

6. Nikodemus

3,1–21

Die Erzählung ist in diesem Abschnitt auf ein Minimum reduziert. Nikodemus erscheint vor Jesus, aber er nennt niemals den Zweck seines Kommens. Im Verlauf des Gesprächs ist er schnell vergessen, und noch mehr, das Gespräch geht schnell vom Singular in den Plural über: »wir sprechen«, »ihr müßt wiedergeboren werden«. Wir werden nicht zu Zuhörern eines Gesprächs zwischen zwei Personen, sondern des Dialogs zwischen Kirche und Synagoge, in welchem (in der Sicht der Christen) diese jene vollendet und erfüllt und infolgedessen ablöst. Die Rede hat so ihren Platz (einen sehr wichtigen Platz) im fortschreitenden Gedankengang des Evangeliums.

Das Judentum kann nicht einfach geradewegs vorwärtsschreiten, um sein Ziel im Reich Gottes zu erreichen. Dieses Ziel kann weder durch gelehrte Diskussionen zwischen seinen hervorragenden Lehrern (wie Jesus und Nikodemus) noch durch Warten auf ein apokalyptisches dénouement erreicht werden, in welchem das Reich plötzlich erscheinen würde. Dies wird nicht nur betont, weil die menschliche Natur göttlicher Erneuerung bedarf, bevor sie das Reich Gottes erleben kann, sondern in erster Linie, weil eine solche Erneuerung eine nicht geringzuschätzende unmittelbare Möglichkeit wird, da das Reich Gottes teilweise bereits realisiert ist. Der Gegensatz zwischen Jesus und dem Täufer (auf welchen in 3,5 hingewiesen und der in 3,22–36 entwickelt wird) bringt dies sehr deutlich heraus. Joh bereitete Menschen auf das Kommen des Reiches mit Hilfe einer Wassertaufe vor; Jesus aber konnte mit dem Heiligen Geist taufen (1,33), da in ihm das Reich Gottes bereits am Werk war. »Geboren aus Wasser« (eine ausführlichere Diskussion dieses Ausdrucks s. u.) könnte auf die Taufe des Johannes und seiner Jünger verweisen; die Jünger Jesu wurden geboren aus dem Geist und standen so dem Sehen des Reiches Gottes und dem Eintritt in dieses eine Stufe näher – sie hatten es in der Tat zum Teil bereits in der Gabe des Geistes erfahren. Die Sprache des Joh gehört offenkundig zu seiner eigenen Zeit, nicht zu der des Wirkens Jesu, als es den Geist noch nicht gab (7,39); erst nach der Auferstehung und Verherrlichung Jesu war die Gabe des Geistes und die Geburt von oben eine allgemeine Möglichkeit.

Nikodemus versteht und glaubt nicht, trotz seiner professionellen Kenntnis des AT, die ihn auf seine Erfüllung hätte vorbereitet haben sollen. Es ist dementsprechend unmöglich, dazu überzugehen, ihm himmlische Geheimnisse zu offenbaren (V. 12). Diese konnte er nur durch Jesus erlangen, der als der Menschensohn Himmel und Erde verbindet (zum joh Gebrauch des Titels »Menschensohn« s. Komm. zu 1,51). Jesus, der vom Himmel herabgestiegen ist, muß wieder zum Himmel emporsteigen, aber dieser Aufstieg wird über das Kreuz gehen. Diese Offenbarung führt zu einer weiteren Aussage, die in allgemeineren Begriffen gefaßt wird und von der besonderen Situation, in welche Nikodemus gehört, getrennt ist, nämlich über den Zweck und die Weise der Inkarnation. Ihr Motiv ist Gottes Liebe und ihr Zweck die Gabe des ewigen Lebens; nur nebenher wird sie zum Gericht; denn sie spiegelt das Scheinen des Lichts in die Welt wider. Es gibt einige, die zum Licht kommen – d. h., sie glauben an Jesus. Es gibt einige, die nicht zum Licht kommen – d. h., sie weisen ihn zurück. Es muß beachtet werden, daß die beiden Gruppen wahrscheinlich so bereits vor dem Kommen Jesu bestimmt sind und sie ihre Identität durch ihr Verhalten ihm gegenüber offen enthüllen. Nicht an Jesus glauben heißt, sich die Verdammnis zuziehen; denn nur in ihm gibt es Erlösung; vgl. Mk 3,29f; 4,11f.

Die gedanklichen Quellen dieser Rede werden im einzelnen im Kommentar untersucht. Es ist besonders aufschlußreich, ihre Verschiedenheit und die Subtilität, mit welcher Joh sie verbunden hat, zu beachten. Jesus wird dargestellt als die Erfüllung des Judentums, aber bei dieser Darstellung werden Vorstellungen aus der hellenistischen Welt herangezogen, und durch das Ganze zieht sich ein Faden aus der synoptischen Tradition (s. Komm.) und insbesondere die Eschatologie der früheren Evangelien. Das Ganze wird ausgearbeitet zu einer Offenbarungsrede von der Art, wie sie in der Umgebung des Evangeliums nicht ungewöhnlich ist; vgl. insbesondere Corp Herm XIII, περὶ παλιγγενεσίας, über Wiedergeburt. Es scheint jedoch, daß diese Rede (wie andere Rede- und Dialogkompositionen im Evangelium) als das Ergebnis eines theologischen und literarischen Prozesses auf der Grundlage urchristlichen Materials und nicht so sehr als die Übernahme und Christianisierung eines bereits bestehenden gnostischen Werkes gesehen werden muß (s. Einleitung S. 56f, 81f, 127ff). Das Evangelium hat so seinen Platz in der

Entwicklung der gnostischen Bewegung und zeigt, wie Christen an dieser Bewegung teilhaben konnten. Einige Berührungen mit der früheren Evangelientradition werden in den folgenden Einzelausführungen aufgezeigt werden; es kann kaum ein Zweifel daran bestehen, daß sich bei Joh auch ein Wissen über die christliche Institution der Taufe zeigt. Ob der historische Prozeß hinter der Rede noch deutlicher bestimmt werden kann als so, ist fraglich. Martyn (S. 75) sieht in Nikodemus eine Gestalt, typisch für jene in der lokalen jüdischen Gerusie, die insgeheim glaubten; er vergleicht den Bericht in Apg 5 über Gamaliel (S. 155ff). Dies bringt Martyn zu einer sehr anregenden Analyse des Abschnitts (S. 110f; 122–127); obwohl er aber vielleicht zutreffend den Ausgangspunkt des literarischen und theologischen Prozesses erfaßt hat, geht das Ziel (wie seine eigene Analyse nahelegen könnte) weit darüber hinaus. Kein Buch ist weniger ein lokales Parteiprogramm als Joh, und kein Teil des Joh ist dies weniger als diese Rede.

Schnackenburg teilt die Rede und liest dieses Kapitel in folgender Ordnung: 1–12. 31–36. 13–21. 22–30.

1. *ἐκ τῶν Φαρισαίων*. Vgl. 1,24; es scheint zweifelhaft, ob Joh in der Lage war, genau zwischen den jüdischen Parteien zu unterscheiden. In diesem Vers bezeichnet er Nikodemus als *ἄρχων τῶν Ἰουδαίων* (d. h. wahrscheinlich ein Mitglied des Synhedriums); aber in 7,48; 12,42 werden die Pharisäer von den *ἄρχοντες* unterschieden. Nikodemus ist auch (V. 10) ein *διδάσκαλος*; Joh scheint Titel zu sammeln, um Nikodemus als einen repräsentativen Juden darzustellen; es ist freilich, wie man zugeben muß, nicht unmöglich, daß ein Mann zur selben Zeit Pharisäer, Lehrer und Mitglied des Synhedriums gewesen sein kann. Daß Joh den Nikodemus mit *τις* anstatt mit dem Wort *ἄνθρωπος* einführt, könnte atl Sprachgebrauch widerspiegeln (z. B. Ri 13,2; 17,1) oder zurückblicken auf 2,25 – Jesus wußte, was in Nikodemus war.

Νικόδημος. Ein recht verbreiteter griechischer Name, übernommen und transkribiert von den Juden (נקדימון, *Naqdimon*). Ein gewisser reicher und freigiebiger Naqdimon soll in Jerusalem zur Zeit der Belagerung (70 n. Chr.) gewesen sein; es ist möglich, wenn auch keineswegs sicher, daß er 40 Jahre früher als junger Mann (wenn auch kaum als *ἄρχων*) in Jerusalem gewesen sein könnte; s. C. G. Montefiore und H. Loewe, A Rabbinic Anthology [1938], S. 372f. 420.687 (mit Verweis auf Git 56a, Ket 66b, Taan 19b–20a). Man hat zuweilen angenommen, Nikodemus sei identisch mit dem Buni, der in Sanh 43a als Jünger Jesu erwähnt wird; s. aber Klausner, S. 31.

2. *νυκτός*. Von Rabbinen wird berichtet, sie hätten bis spät in die Nacht studiert und diskutiert (Bill II, S. 419f; auch 1QS 6,7). An anderer Stelle jedoch (9,4; 11,10; 13,30) wird *νύξ* nicht nur in wörtlichem Sinn gebraucht, und – obwohl Joh einfach gemeint haben könnte, daß Nikodemus Jesus aus Sicherheitsgründen nachts besuchte (vgl. 19,38f) – es ist vielleicht doch wahrscheinlicher, daß er auf die Dunkelheit hinweisen wollte, aus welcher Nikodemus in die Gegenwart des wahren Lichtes kam (vgl. V. 19–21).

ῥαββί. S. Komm. zu 1,38, und vgl. P. Eg. 2,45ff, *διδάσκαλε ιη οἴδαμεν ὅτι [ἀπὸ θῡ] ἐλήλυθας· ἃ γὰρ ποιεῖς μα[ρτυρεῖ] ὑπὲρ το[ὺ]ς προφᾱς πάντας*. S. Einleitung, S. 124f.

οἴδαμεν. S. Komm. zu 20,2. Nikodemus scheint jedoch sowohl in seinem als auch im Namen anderer zu sprechen. Die »wir« können die Pharisäer sein oder die *ἄρχοντες* oder beide; es ist aber (angesichts der folgenden Worte) wahrscheinlicher, daß es sich auf die *πολλοί* von 2,23 bezieht, die glaubten, weil sie die Zeichen, die Jesus getan hatte, sahen.

ἀπὸ θεοῦ ἐλήλυθας διδάσκαλος. *διδάσκαλος* nimmt den Titel Rabbi auf, Nikodemus ist gewillt, Jesus als Lehrer anzuerkennen, ihm gleichrangig (V. 10). Vgl. im Gegensatz dazu 7,15, wo Jesus als eine ungebildete Person abgewiesen wird. Die Worte *ἀπὸ θεοῦ* stehen an betonter Stelle und legen wahrscheinlich nahe, daß Jesus mehr ist als ein Lehrer, vielleicht ein Prophet.

ταῦτα τὰ σημεῖα. Daß Nikodemus Jesus als Lehrer akzeptiert, beruht auf den Zeichen; vgl. 2,23. Das einzige Zeichen, das bis jetzt berichtet wurde, ist das Weinwunder zu Kana; es ist aber dennoch nicht notwendig, eine Vertauschung im Evangelium anzunehmen; Joh vermutet, daß seine Leser mit der synoptischen Tradition und den vielen dort beschriebenen Wundern vertraut sind.

ἐὰν μὴ ᾖ ὁ ϑεὸς μετ᾿ αὐτοῦ. Diese Worte sind, obwohl sie wahr sind, für Joh ein unzureichender Ausdruck des Glaubens. Sie behandeln Jesus so, als habe er im wesentlichen dieselbe Bedeutung wie z. B. Mose (Ex 3,12 ἔσομαι μετὰ σοῦ) oder Jer (1,19 μετὰ σοῦ ἐγώ εἰμι τοῦ ἐξαιρεῖσϑαί σε). Gott ist in der Tat nicht weniger mit Jesus, als er es mit den atl Propheten war; aber ihn mit jenen auf eine Stufe zu stellen, drückt nicht zureichend aus, daß Jesus der Sohn Gottes ist, der Sohn, der eins ist mit dem Vater, und daß er, der den Sohn gesehen hat, den Vater gesehen hat. Ehe Nikodemus die Person Jesu und auch das Reich Gottes verstehen kann, müssen weitere Schritte unternommen werden, und im folgenden Abschnitt werden die Voraussetzungen des Nikodemus im Blick auf beides grundsätzlich auf die Probe gestellt und erschüttert.

3. γεννηϑῇ. Das Verbum γεννᾶν begegnet hier und 4a.4b.5.7.8 in allen griechischen Handschriften. An jeder dieser Stellen haben einige altlateinische Handschriften (inklusive a an jeder Stelle, e an allen Stellen außer V. 8) das Verb *renascor* (ἀναγεννᾶσϑαι). In V. 3.4a.7 gebraucht die sahidische Version eine ähnliche Wendung. In V. 5 geht die Vulgata mit der Vetus Latina zusammen, und in beiden Versen, V. 3 und 4b, hat syrˢ eine Wendung, die »wiedergeboren werden« *(… men dᵉrish)* bedeutet. Die Untersuchung der Varianten zeigt, daß sie aus Versuchen entstanden sind, ἄνωϑεν (s. u.) wiederzugeben; so zeigen die lateinischen Handschriften *nascor, nascor denuo, renascor, renascor denuo* (und andere Varianten). In V. 5 findet sich *renascor* (ἀναγεννᾶσϑαι) weiter gestreut – Justin, Irenaeus, Euseb, die clementinischen Homilien, Chrysostomus, Tertullian, Cyprian, Augustin. Auch hier ist der Fall klar, und dies gilt bereits für Justin (s. Apol 61 – es kann nicht als sicher angenommen werden, daß Justin das vierte Evangelium verwendete; s. Einleitung S. 126). Justin und die anderen Väter verbinden diesen Abschnitt ohne Zweifel zu Recht mit der Taufe, und in einem solchen Kontext war sowohl im Lateinischen als auch im Griechischen »Wiedergeburt« ein Terminus technicus.

ἐὰν μή τις γεννηϑῇ ἄνωϑεν. ἄνωϑεν kann zwei Bedeutungen haben und hat hier wahrscheinlich auch beide. Es kann bedeuten »von oben«, aber auch »erneut«, »wieder«. Die hier geforderte Geburt ist gewiß eine zweite Geburt, sie ist aber (s. V. 4) nicht eine einfache Wiederholung der ersten Geburt des Menschen, sondern eine Zeugung von oben, von Gott. Dies muß angesichts von 3,31 als die primäre Bedeutung angesehen werden, obwohl das Verständnis des Irenaeus (4) weder unnatürlich noch völlig falsch ist. Es meint eine zweite Geburt (wenn auch von anderer Art als die erste). Sidebottom (S. 206) verweist zu Recht auf Sap 9,17 (ἀπὸ ὑψίστων); Conzelmann, Theologie, S. 386, vergleicht den Gebrauch von ἐκ in solchen Wendungen wie ἐκ τοῦ ϑεοῦ, ἐκ τοῦ διαβόλου; es gibt eine interessante wörtliche Parallele (freilich auch nicht mehr) bei Lukrez II,91 *(Denique caelesti sumus omnes semine oriundi)*. Die Parallelen in PsClem Hom II, 26, Recognitiones VI,9 sind wahrscheinlich nicht unabhängig. γεννᾶν wird im allgemeinen vom »Zeugungsakt« des Vaters gebraucht, und dies ist wahrscheinlich die zutreffende Bedeutung an dieser Stelle; es wird aber gelegentlich auch von der Mutter gebraucht: »hervorbringen«, »gebären«.

Die Vorstellung einer übernatürlichen Zeugung spielt in diesem Abschnitt eine sehr wichtige Rolle (V. 3–8). Sie begegnet im Prolog (1,12f) und vielleicht auch 11,52. Sie findet sich nicht bei Paulus, der die Metapher von Tod und Auferstehung vorzieht, sie wird aber gebraucht in 1Petr (1,3.23, ἀναγεννᾶν) und in den Pastoralbriefen (Tit 3,5, λουτρὸν παλιγγενεσίας). Es begegnet häufig in 1Joh (2,29; 3,9; 4,7; 5,1.4.18). Sie scheint bei den apostolischen Vätern nicht vorzukommen, aber bei Justin ist sie im christlichen Sprachgebrauch fest verankert – in einer unmißverständlichen Verbindung mit der Taufe (Apol 61f – der Taufbewerber ist ὁ ἑλόμενος ἀναγεννηϑῆναι). Die Annahme scheint möglich, daß insbesondere in der Asia die Vorstellung der Wiedergeburt durch göttliche Macht verwendet wurde, um das christliche Leben zu erklären. Eine solche Sprache wurde nicht direkt dem AT oder dem Judentum entnommen. Die Aussage, die hier und da in rabbinischen

Quellen begegnet, daß ein neugetaufter Proselyt wie ein neugeborenes Kind ist, ist nicht eine relevante Parallele, denn dies verweist auf den rechtlichen Status des Bekehrten; wir können auch nicht legitimerweise die Meinung zitieren, die täglichen Opfer hätten die Wirkung, daß Israel wie ein einjähriges Kind wird. Die Vorstellung einer Zeugung fehlt. (Dazu und zu anderem jüdischen Material s. Bill II, S. 421 ff; auch E. Sjöberg, in: StTh 4 [1951], S. 44–85; 9 [1956], S. 131–136, »In dem Sinne kann man tatsächlich von einer Wiedergeburtsvorstellung reden, daß der Mensch in gewissen Situationen etwas erlebt, was seinem ersten Eintritt ins Leben, seiner Schöpfung im Mutterleib und seiner Geburt – vor allem das erstere – entspricht« [4, S. 82]). Die Neuheit des joh Denkens ist, vergleicht man sie mit dem Judentum, nicht nur zufällig; denn das Anliegen dieses Abschnittes ist es, herauszuarbeiten, daß atl Religion und Judentum, welches Nikodemus, der Pharisäer und Herrscher der Juden, der Lehrer Israels, repräsentiert, unzureichend sind; sie können nicht kontinuierlich zum Reich Gottes voranschreiten. Ein Moment der Diskontinuität, vergleichbar mit physischer Geburt, ist wesentlich. Der Mensch als solcher, auch der Israelit, ist von Natur aus nicht tauglich zum Reich Gottes. »Mit dem Begriff *wiedergeboren* meint er nicht die Verbesserung eines Teiles, sondern die Erneuerung der ganzen Natur. Daraus folgt, daß es nichts gibt in uns, das nicht verderbt ist« (Calvin). Die Neuheit und Diskontinuität werden in bewundernswerter Weise durch die neue Terminologie eindrücklich gemacht.

Der Ausgangpunkt für die Entwicklung der neuen Terminologie liegt in erster Linie in der urchristlichen Evangelientradition; s. besonders Mt 18,3 (vgl. Mk 10,15; Lk 18,17). Mit diesen Worten über das Eingehen in das Reich Gottes und das Empfangen des Reiches Gottes muß (als noch wichtiger als jedes isolierte Parallelwort) die fundamentale neutestamentliche Aussage über das Reich Gottes zusammengenommen werden, nämlich, daß es nicht bloß in seiner Fülle im kommenden Äon erwartet werden muß, sondern daß es bereits offenbart wurde, keimhaft oder potentiell, in der Person und dem Werk Jesu. Dieser Glaube (welcher das Urchristentum vom Judentum unterschied) machte die Entwicklung des überlieferten Materials in hellenistischer religiöser Begrifflichkeit möglich, wo Wiedergeburt und übernatürliche Zeugung keineswegs ungewöhnlich sind. Das Judentum hatte eine derartige Sprache streng vermieden, denn es redete in direkter Weise von dem Einbruch der Macht Gottes in gegenwärtiges menschliches Leben und hob so die Unterscheidung zwischen diesem und dem kommenden Äon auf. Für Christen war diese Unterscheidung durch die Fleischwerdung bereits modifiziert worden, und eine Konsequenz dieser Modifikation war eine größere Freiheit beim Umgang mit hellenistischer Religion. Für eine umfassende Darstellung der heidnischen Vorstellungen über göttliche Zeugung und Wiedergeburt s. Bauer, S. 51 ff; und vgl. Einleitung S. 54 ff u. 94 ff. Sowohl gnostische als auch sakramentale Religionen boten dem Menschen Wiedergeburt an. Von den gnostischen Schriften genügt es hier, den Hermetischen Traktat (XIII) »Über Wiedergeburt« zu nennen. Der Jünger stellt (wie Nikodemus) erstaunte Fragen, und wir vernehmen (XIII, 2), daß ἄλλος ἔσται ὁ γεννώμενος ϑεοῦ ϑεὸς παῖς. Es ist der Wille Gottes (τὸ ϑέλημα τοῦ ϑεοῦ), der als Vater wirkt; der Same ist das wahrhafte Gut (τὸ ἀληϑινὸν ἀγαϑόν); die Mutter ist die Weisheit des Geistes (σοφία νοερά, ebd.). Die Erfahrung kann nicht in rationalen Begriffen vermittelt werden (οὐ διδάσκεται, XIII,3), man muß sie teilen. Hinweise auf sakramentale Wiedergeburt kann man nicht (wie man es zuweilen getan hat) als zu spät für einen möglichen Einfluß auf das NT beiseite lassen. Das *taurobolium*, auf das CIL X, 1596 verweist, muß auf 134 n. Chr. datiert werden, und da der hier erwähnte Ritus der zweite war, welchem sich der Bewerber unterzogen hatte, können wir ohne Zögern die Inschrift (zusammen mit anderen Belegen) als Beweis dafür nehmen, daß die fraglichen Vorstellungen zur Zeit der Abfassung des Joh geläufig waren; und die Echtheit solcher Erfahrungen, wie sie Apuleius, Met XI, beschreibt, können nicht in Frage gestellt werden.

Wir wollen damit nicht sagen, daß Joh die Vorstellungen von Erlösung und Wiedergeburt, wie sie in der hellenistischen Welt seiner Tage vorlagen, abgeschrieben oder daß er einen Synkretismus aus jüdischen und heidnischen Ideen zustande gebracht hat. Er ging aus von einer außerordentlich klaren Vorstellung der zwei »Momente« christlicher Erlösung, dem Werk, das bereits verwirklicht, und dem, das noch zu vollenden war; und er erkannte, daß die Sprache des Judentums (das Reich Gottes) und die Sprache des Hellenismus (γεννηθῆναι ἄνωθεν) ihm eine einzigartige Gelegenheit boten, das auszudrücken, was weder jüdisch noch hellenistisch, sondern einfach christlich war.

οὐ δύναται ἰδεῖν βασιλείαν τοῦ θεοῦ. Man kann unmöglich zwischen ἰδεῖν τ. β. τ. θ. und εἰσελθεῖν εἰς τ. β. τ. θ. in V. 5 unterscheiden.»Sehen« bedeutet »erfahren«; vgl. 3,36 οὐκ ὄψεται ζωήν; auch Mk 9,1. Joh gebraucht oft synonyme Wortpaare, z. B. γινώσκειν, εἰδέναι; ἀγαπᾶν, φιλεῖν. Vgl. Sap 10,10, ἔδειξεν αὐτῷ βασιλείαν θεοῦ. Das Reich Gottes wird bei Joh nur hier und V. 5 erwähnt. 18,36 hören wir von der βασιλεία Jesu, und βασιλεύς begegnet häufig in der Passionserzählung, in der eines der Hauptthemen das Königtum Jesu ist. βασιλεύς wird auch 1,49; 6,15; 12,13.15 gebraucht.»Reich Gottes« erinnert an das apokalyptische Judentum, das Joh allermeist zu vermeiden scheint. Vielleicht läßt diese grundsätzliche Scheu und die Tatsache, daß das Reich Gottes an dieser Stelle erwähnt wird, den Schluß zu, daß Joh hier nicht so sehr ein überliefertes Wort verwendet (Bultmann, S. 95), als daß er das Judentum kritisiert, das damit zufrieden war, die wunderbare Errettung Israels im Reich Gottes zu erwarten und die Notwendigkeit für innere Umkehr oder Wiedergeburt nicht zu beachten. Vielleicht ist es möglich, diese Erklärung mit dem Auftauchen einer Gruppe von Juden im Evangelium zu verbinden, die zwar glauben, aber doch nur teilweise und unzureichend. Zu diesen Personen s. 2,23f; 3,2; 4,(45)48; 6,2.15.26.30.60.66; 7,12.31.40f.46.50ff; 8,30.31 (und die folgende Rede, bes. V. 44); 9 (die ganze Geschichte mit ihrem vielfältigen Gegensatz von Glauben und Unglauben); 11,24; 12,11.42; (19,38f?). Sehr wahrscheinlich kannte Joh solche Juden nicht nur aus der historischen Überlieferung, sondern auch aus seiner eigenen Umgebung (vgl. vielleicht Apg 19,1–7; und s. Sidebottom, S. 123 – das Reich Gottes weist voraus auf die ἐπουράνια von V. 12). Der Dialog wird durch das Mißverständnis der Forderung γεννηθῆναι ἄνωθεν durch Nikodemus weitergeführt; eine derartige Gedankenfortführung ist bei Joh üblich. Unter den Worten von doppelter oder zweifelhafter Bedeutung (nicht nur einfachen Metaphern) sind: ἄνθρωπος (19,5), ἄνωθεν (3,3.7), ἀποθνήσκειν ὑπέρ (11,50f, vgl. 18,14), βασιλεύς (19,14f.19.21), εὐχαριστεῖν (6,11.23), καυχίζειν (19,13), καταλαμβάνειν (1,5), ὕδωρ (4,10), ὑπάγειν (8,21; 13,33), ὕπνος (11,13), ὑψοῦν (3,14; 8,28; 12,32.34). Diese sind mehrmals Anlaß für Mißverständnisse, die (wie hier) eine Stufe bilden, auf welcher die Rede zu einer weiteren Stufe voranschreitet: 3,4; 4,11; 8,22; 11,13; 13,36ff; vgl. 7,35; 7,41f; 8,56f. Vgl. O. Cullmann, Der johanneische Gebrauch doppeldeutiger Ausdrücke als Schlüssel zum Verständnis des vierten Evangeliums, ThZ 4 [1948], S. 360–372; Vorträge S. 176–186.

4. πῶς δύναται ἄνθρωπος γεννηθῆναι γέρων ὤν. Vgl. die ungläubigen Fragen des Hermetischen Traktats über Wiedergeburt: ἀγνοῶ ... ἐξ οἵας μήτρας ἄνθρωπος ἐγεννήθη, σπορᾶς δὲ ποίας (XIII,1; vielleicht zu lesen ἄνθρωπος ἂν ἀναγεννηθείη); τὸ γὰρ σύνολον ἀπορῶ ... αἴνιγμά μοι λέγεις (XIII,2). γέρων meint ohne Zweifel »alt«, und die naheliegendste Schlußfolgerung ist, daß Nikodemus selbst ein alter Mann gewesen ist; dies würde mit seinem Status als ἄρχων übereinstimmen. Akzeptiert man freilich diese Schlußfolgerungen, dann kann er weder mit dem »reichen jungen Mann« identifiziert werden (wie vorgeschlagen worden ist) noch mit dem bekannten Nikodemus von 70 n. Chr. (s. Komm. zu V. 1). Es ist selbstverständlich möglich, daß Nikodemus ganz allgemein sprach, ohne besonderen Bezug auf sich selbst; und außerdem, daß er hier nicht als eine historische, sondern vielmehr als eine repräsentative Gestalt gedacht war.

μὴ δύναται ... καὶ γεννηθῆναι. Nikodemus versteht einen Teil, aber auch nur einen Teil der Bedeutung von ἄνωθεν richtig. Insoweit das Wort »wieder« bedeutet, wird es richtig paraphrasiert durch δεύτερον. Aber die Annahme, es gehe um ein zweites Eingehen in und ein zweites Herauskommen aus dem Leib einer menschlichen Mutter, übersieht, daß ἄνωθεν auch »von oben« bedeutet. Nikodemus versteht das, was zu ihm gesagt wurde, in rein menschlicher Weise (vgl. V. 12 ἐπίγεια); und deshalb mißversteht er es. Wiedergeborenwerden in seinem Sinn würde lediglich bedeuten, wieder in die Welt von Schwachheit und Sünde einzutreten (Fenton).

5. ἐὰν μή τις γεννηθῇ ἐξ ὕδατος καὶ πνεύματος. »Aus Wasser und Geist« wird hier anstelle von ἄνωθεν (V. 3) gesetzt. Vernünftigerweise muß man annehmen, daß Joh immer noch von derselben Zeugung

spricht, d. h., das Adverb und der Adverbialsatz entsprechen einander im wesentlichen, obwohl die Einführung von »Wasser und Geist« frische und präzisere Vorstellungen beibringt. Es gibt nicht den geringsten Anhalt im Text für die Auslassung von ὕδατος καί als Interpolation; sie sind ohne Zweifel das Werk des Schreibers, der das Evangelium veröffentlicht hat, und müssen deshalb als Teil des Textes interpretiert werden. Das Nebeneinander von Wasser und Geist (vgl. Ez 36,25–27) erinnert an die Vorhersage des Täufers (1,26, vgl. 1,33) und auch an den Schlußteil dieses Kapitels (3,29–34), in dem die Beziehung und der Gegensatz zwischen Jesus und Johannes diesen Teil des Dialogs offenbar unmißverständlich klarmachen. Die Predigt des Joh verhieß den Menschen, daß sie das Reich Gottes sehen und in es eingehen würden; dies würde nicht jetzt sein, sondern wenn es käme, was jedoch sicher war, und zwar bald. Dies war im wesentlichen orthodoxes Judentum, wenn auch mit einer ungewöhnlich drängenden apokalyptischen Note. Dazu fügte Joh die Erklärung hinzu, daß die Menschen sich auf das Kommen des Reiches mit Hilfe seiner Wassertaufe vorbereiten sollten. Jesus geht nach Darstellung des vorliegenden Verses noch weiter; eine Vorbereitung mit Hilfe der Wassertaufe allein ist unzureichend für das Reich Gottes, das er verkündigt; die Menschen müssen sich vorbereiten durch eine radikale Erneuerung ihrer selbst, eine neue Geburt durch den Geist, der sozusagen als die Vorhut des neuen Äons kommt. Von solcher Art scheint der Hintergrund dieses Verses zu sein; aber wahrscheinlich dachte Joh, wenn er vom Wasser sprach, nicht nur an die Johannestaufe, sondern auch an die christliche Taufe, die oft (wenn auch nicht immer) im NT als das Mittel vorgestellt wird, durch welches der Geist verliehen wird. Es war die Hinzufügung von »Geist«, welche die Johannestaufe in die christliche Taufe verwandelte (vgl. Apg 19,1–7). Von diesem Standpunkt aus muß die Einstellung des Joh gegenüber den christlichen Sakramenten verstanden werden (vgl. Einleitung S. 98 ff und s. Komm. zu 6,51.52.63). Es gibt, wie wir gesehen haben, keinen Grund, warum man ὕδατος καί nicht als Teil des Evangeliums, wie es veröffentlicht wurde, nehmen sollte; und wahrscheinlich (aber s. u.) schloß es einen Hinweis auf die christliche Taufe ein. Aber die christliche Taufe war, soweit sie ein Waschen mit Wasser war, nicht bedeutsamer als die des Johannes. Jede war in sich selbst ein äußerlicher Akt, der keine innere Bedeutung sicherte. Nur wenn das Waschen mit Wasser das Wirken des Geistes bezeichnete und von ihm begleitet wurde, konnte die christliche Taufe einen in das Reich Gottes einführen. Das heißt, Joh negiert den christlichen Ritus nicht und lehnt ihn auch nicht ab, aber er sieht ihn als einen Ritus, der von seiner Bedeutung ablösbar ist, etwas Äußeres, das sich von seinem Inneren trennen läßt, und formuliert so die Warnung gegen ein sakramentales Mißverständnis der Taufe, die sich mit seiner Warnung gegen ähnliche Mißverständnisse der Eucharistie in Kap. 6 vergleichen läßt. Man kann das Wort »Wasser« ohne Bezug auf Taufriten erklären. Geburt »aus Wasser« könnte verstanden werden (auf der Grundlage des Gebrauchs von טיפה [ein Tropfen; Ab 3,1 u. a., spätere Stellen; vgl. hebr Hen 6,2] im rabbinischen Hebräisch für Samen) in der Bedeutung physische Geburt; das καί ist dann verstärkend: ein Mensch muß selbstverständlich aus Wasser geboren werden im gewöhnlichen Lauf der Natur, aber auch aus dem Geist. Eine andere Erklärung beruht auf derselben möglichen Bedeutung von Wasser (= Same), nimmt aber Wasser und Geist eng zusammen: der Mensch muß nicht aus irdischem, sondern aus geistlichem Samen geboren werden (vgl. V. 8–12; 1Joh 3,9; 1Petr 1,23). Dieser geistliche Same könnte verglichen (vielleicht auch gleichgesetzt) werden mit dem Ur-Wasser vom Himmel, welches Leben hervorbringt (Gen 1,2; Corp Herm I,17; Thomasakten 52). Die Belege scheinen freilich für eine derartige Interpretation nicht auszureichen; s. aber Odeberg, S. 48–71. In Qumran waren Wasser und Geist eher mit Reinigung verbunden als mit Wiedergeburt. Die folgenden Parallelen sind herangezogen worden, aber keine steht dem Joh wirklich nahe: 1QS 1,7; 4,20 ff; 1QH 7,21 f; 9,32; CD 19,9.

οὐ δύναται εἰσελθεῖν εἰς τὴν βασιλείαν τοῦ θεοῦ. S. Komm. zu V. 3b. Es gibt keinen wesentlichen Unterschied in der Bedeutung. »Eingehen in das Reich Gottes (der Himmel)« ist jedoch ein Ausdruck, der in den synoptischen Evangelien gebräuchlicher ist (Mt 5,20; 7,21; 18,3; 19,23 f; 23,14; Mk 9,47; 10,15.23 ff; Lk 18,17.25). S. auch Hermas, Sim IX,16,2 (ἀνάγκην ... εἶχον δι᾽ ὕδατος *ἀναβῆναι, ἵνα ζωοποιηϑῶσιν· οὐκ ἠδύναντο γὰρ ἄλλως εἰσελϑεῖν εἰς τ. β. τ. ϑ.*) und Justin, Apol 61 (*ἂν μὴ ἀναγεννηϑῆτε, οὐ μὴ εἰσέλϑητε εἰς τ. β. τ. οὐρανῶν*) als wichtige Parallelen, in welchen die Taufe mit dem Eingang in das Reich verbunden ist. Dies bedeutet nicht, daß Mk 10,5 als Hinweis auf die Taufe verstanden wurde. Zu »Einzugsformeln« s. Jeremias, Theologie 1, S. 153.

6. *τὸ γεγεννημένον ἐκ τῆς σαρκὸς . . . τὸ γεγεννημένον ἐκ τοῦ πνεύματος.* Es geht hier um einen Gegensatz zwischen Fleisch und Geist, nicht, wie in Qumran (1QS 3,19), zwischen zwei Geistern. Thomasevangelium 29 (wenn das Fleisch ins Leben kam wegen des Geistes, ist es ein Wunder; aber wenn der Geist zum Leben kam wegen des Körpers, ist es das allergrößte Wunder) wirft auch kein Licht auf den Gegensatz bei Joh. Dodd (Interpretation, S. 295) nimmt an, es handele sich um einen Gegensatz zwischen zwei Seinsordnungen (z. B. *σάρξ* verweist auf die »Erscheinungsordnung des Seins«). Schnackenburg nimmt an, daß Joh nicht an den platonischen Dualismus innerhalb des Menschen dachte, sondern auf einen Gegensatz verweist zwischen »der menschlich-geschöpflichen, irdisch-vergänglichen Existenz und der absoluten, geistigen, unzerstörbaren Lebensmacht Gottes« (S. 385). Eine existentiale Interpretation könnte anziehender sein als jede Form von Idealismus: »Vielmehr bezeichnet *σάρξ* die Nichtigkeit des ganzen Daseins, die Tatsache, daß der Mensch seinem Schicksal wie seinem eigenen Tun gegenüber letztlich fremd ist, daß er so, wie er sich vorfindet, nicht in seiner Eigentlichkeit ist, mag er es sich zum Bewußtsein bringen, oder mag er es sich verhüllen. Entsprechend ist durch *πνεῦμα* das Wunder einer Seinsweise bezeichnet, in der der Mensch in seiner Eigentlichkeit ist, sich versteht und sich nicht mehr von der Nichtigkeit bedrängt weiß« (Bultmann, S. 100). Aber in der Hauptsache verweisen die beiden Worte einmal auf den Menschen und dann auf Gott (vgl. 4,24). Sie sind nicht die niedrigeren und höheren Seiten der menschlichen Natur (z. B. die physischen und geistlichen); sie beziehen sich einerseits auf die menschliche Natur in ihrer Gesamtheit (vgl. 1,14, *ὁ λόγος σὰρξ ἐγένετο*) und andererseits auf das göttliche Handeln und seinen Wirkungsbereich. Jeder bringt ihm selbst entsprechende Ergebnisse hervor. Fleisch ist Fleisch und nicht Geist; es bleibt jedoch wahr, daß Fleisch – und insbesondere fleischliche Zeugung – ein Gleichnis bietet, durch welches die Hervorbringung aus dem Geist verstanden werden kann. Vgl. die ausführlichere Diskussion von Fleisch und Geist 6,53–63, *. . . ἡ γὰρ σάρξ μου ἀληθῶς ἐστι βρῶσις . . . τὸ πνεῦμά ἐστιν τὸ ζωοποιοῦν, ἡ σὰρξ οὐκ ὠφελεῖ οὐδέν,* und die Bemerkungen dort. Die westlichen Texte bringen in diesem Vers unnötige erklärende Zusätze; nach *σάρξ ἐστιν* haben die Vetus Latina und cur *quia (quoniam) de carne natum est*; nach *πνεῦμά ἐστιν* einige altlateinische Handschriften und sin *quia (quoniam) deus spiritus est,* während a Tert und cur *quia deus spiritus est et ex (de) deo natus est* haben.

7. *μὴ θαυμάσῃς.* Hier würde man vielleicht das Präsens anstatt den Aorist erwarten; der Ausdruck ist vielleicht »umgangssprachlich oder idiomatisch, mit einem Anflug von Ungeduld« (s. M I, 126). Die Mahnung ist in rabbinischen Parallelen zu verbreitet (Schlatter, S. 90), als daß sie bedeutsam wäre. Nikodemus sollte nicht überrascht sein (V. 10).

δεῖ ὑμᾶς. Vgl. den Plural *οἴδαμεν* in V. 2. Nikodemus spricht als ein Repräsentant der nur halb glaubenden Juden (s. Komm. zu V. 2; 2,23) und wird auch als solcher angesprochen. Darüber hinaus ist die Forderung der Wiedergeburt nicht nur an einen Mann allein gerichtet, sie ist universal. Sie ist ferner eine wirkliche Forderung (*δεῖ*). Es ist für das Fleisch (die menschliche Natur als solche) unmöglich, sich einfach zum Reich Gottes hinaufzuentwickeln.

8. *τὸ πνεῦμα ὅπου θέλει πνεῖ.* Das Wort *πνεῦμα* im Griechischen (wie רוח, *ruaḥ* im Hebräischen) kann entweder übersetzt werden mit »Wind« oder »Geist« (oder »Hauch«). Die Allegorie in diesem Vers ist deshalb so eng, weil sie nicht auf einer symbolischen Bedeutung beruht, die einem Wort oder einer Wortgruppe zugehört, sondern auf unterschiedlichen Bedeutungen, die alle zu einem Wort passen. Wir können entweder übersetzen: Der Wind weht, wo er will, und du hörst seinen Klang, aber du weißt nicht, woher er kommt und wohin er geht; oder: der Geist haucht, wo er will, und du hörst seine Stimme, aber du weißt nicht u. a. . . . . Für sich genommen, ist jede dieser Übersetzungen falsch; entscheidend für das Griechische des Joh ist, daß es beides meint, und diese Doppelbedeutung

kann im Deutschen schwer wiedergegeben werden. Der Geist ist, wie der Wind, völlig jenseits der Kontrolle und der Wahrnehmung des Menschen. Er haucht in diese Welt aus einer anderen.

οὐκ οἶδας πόθεν ἔρχεται καὶ ποῦ ὑπάγει. Vgl. Ignatius, Philad 7,1, τὸ πνεῦμα οὐ πλανᾶται ... οἶδεν γὰρ πόθεν ἔρχεται καὶ ποῦ ὑπάγει. Zu diesen Stellen erklärt Lightfoot (Ignatius z. St.): »Die Übereinstimmung ist viel zu stark, als daß sie zufällig sein könnte.« Man sollte jedoch beachten, daß es bei Ignatius um die vollkommene Kenntnis des Geistes selber geht, während bei Joh der entscheidende Punkt die Unwissenheit des Menschen ist. Man kann nicht als sicher annehmen, daß Ignatius Joh gelesen hatte, obwohl vielleicht auch eine allgemeine Redensart hinter beiden Stellen liegen mag (s. Einleitung S. 126). Vgl. Eccl 11,5; Lukrez (1, 270–298) erwähnt die Existenz und Gewalt unsichtbarer Dinge, wie z. B. von Winden.

οὕτως ἐστὶν πᾶς ὁ γεγεννημένος ἐκ τοῦ πνεύματος. Die Menschen können in sich selbst das Wirken des Geistes nicht begreifen, aber der Geist selbst kann sie in die Sphäre seiner eigenen Wirksamkeit bringen und ihnen seine Eigenschaften mitteilen. Durch den Geist leben die Menschen nicht in diesem Äon, sondern in dem kommenden, und obwohl sie in der Welt wirken, sind sie nicht auf den Bereich der Sinne beschränkt. Solche Menschen haben ihren »Ursprung und ihre Bestimmung im unsichtbaren Gott« (Fenton).

Für ἐκ τοῦ πνεύματος setzen א it sin cur Ambst ἐξ ὕδατος καὶ τοῦ πνεύματος ein; die längere Lesart scheint einfach auf Assimilation an V. 5 zurückzuführen zu sein.

9. πῶς δύναται ταῦτα γενέσθαι; Nicht: Wie können diese Dinge sein? Sondern: Wie können diese Dinge geschehen?

10. ὁ διδάσκαλος τοῦ Ἰσραήλ. Der Artikel betont den Rang des Nikodemus: der große, allgemein anerkannte Lehrer. Vgl. Mart Pol 12, 2, ὁ τῆς Ἀσίας διδάσκαλος. Nikodemus sollte deshalb als der Repräsentant des Gottesvolkes (τοῦ Ἰσραήλ nicht τῶν Ἰουδαίων; s. Komm. zu 1,19) vor allen Menschen die Bedeutung des Geistes und der Geburt von oben verstanden haben, da sein eigenes maßgebliches Buch, das AT, selbst Zeugnis davon ablegt.

11. σοι. Im Gegensatz dazu λαμβάνετε (Plural) am Ende des Verses, und vgl. V. 7 (ὑμᾶς). Das Gespräch mit Nikodemus bleibt bestenfalls eine Form, unter welcher eine weitere Öffentlichkeit angesprochen wird. Diese zweiten Personen Plural lassen es unwahrscheinlich erscheinen, daß die erste Person Plural lediglich als Semitismus angesehen werden sollte (vgl. Jeremias, Theologie 1, S. 289; auch 20,2).

ὃ οἴδαμεν ... ὃ ἑωράκαμεν. Objekt sind das Leben und die Wirksamkeit des Geistes, die Nikodemus nicht begreift. Die Verben stehen im Plural. Jesus spricht nicht länger eine einzelne Person an (s. o.), und er spricht nicht länger als eine einzelne Person. Nikodemus repräsentiert die halbgläubigen Juden, die durch die Zeichen Jesu beeindruckt waren, aber einen angemessenen Glauben an ihn nicht erlangt hatten (s. Komm. zu V. 2). Auf der anderen Seite schließt sich Jesus offenbar mit seinen Jüngern zusammen, die gesehen, geglaubt und erkannt haben. Die Perspektive ist jedoch nicht so sehr die des historischen Wirkens (vgl. 7,39 – das Werk des Geistes war zu dieser Zeit nicht erkennbar), sondern die der Kirche. Die Gemeinschaft jener, die aus Wasser und Geist geboren wurden, redet die Synagoge an. Die abschließende Aussage τὴν μαρτυρίαν ἡμῶν οὐ λαμβάνετε bezieht sich sowohl auf das Wirken Jesu (1,10f; 12,36–50 u. a. Stellen) und auf das Zeugnis der Kirche (15,17–21). Vgl. Dodd, Interpretation, S. 328.

λαλοῦμεν ... μαρτυροῦμεν. Es handelt sich hier wie bei »wissen« und »sehen« um charakteristische joh Begriffe. λαλεῖν begegnet 60mal (resp. 58mal); zu μαρτυρεῖν, μαρτυρία s. Komm. zu 1,7.

12. τὰ ἐπίγεια ... τὰ ἐπουράνια. Es ist nicht leicht, den in diesem Vers ausgedrückten Gegensatz genau zu bestimmen. Von den hier gewöhnlich vorgeschlagenen Möglichkeiten sind folgende die besten: a) Die ἐπίγεια sind Ereignisse, wie die neue Geburt, die auf der Erde stattfinden, obwohl sie göttlichen Ursprungs und von göttlicher Bedeutung sind, während die ἐπουράνια die himmlischen Ereignisse selbst sind, wie z. B. die Sendung des Sohnes in die Welt durch den Vater. Dem könnte man entgegenhalten, daß Zeugung ἄνωθεν grundsätzlich ein ἐπουράνιον ist. b) Die ἐπίγεια sind irdische

Ereignisse, wie z. B. physische Geburt, während die *ἐπουράνια* himmlische Ereignisse sind, wie z. B. Zeugung *ἄνωϑεν*, welche die irdischen gleichnishaft darstellen können. Hier kann man den sehr gewichtigen Einwand bringen, daß niemand gegenüber solch allgemeinen Tatsachen wie einer physischen Geburt ungläubig ist (*καὶ οὐ πιστεύετε*). Es scheint jedoch möglich, diese beiden Erklärungslinien in einer Weise miteinander zu verbinden, der gegenüber man keine gewichtigen Einwände vorbringen kann, wenn wir in erster Linie beachten, daß bei Joh *πιστεύειν* (wenn es nicht mit einem Dativ gebraucht wird) nicht »glauben an« in einem allgemeinen Sinn, sondern »Vertrauen haben zu« Gott oder Jesus meint. *τὰ ἐπίγεια* können dann Ereignisse im physischen Universum sein (wie etwa eine Geburt oder das Wehen des Windes), die nicht als vollkommen in sich selbst zu betrachten sind, sondern als gleichnishaft vorausweisend auf Christus und Gottes Wirken in ihm und dazu bestimmt, Glauben zu wirken. Jesus hat in Gleichnissen gesprochen, die bei Nikodemus Glauben (an Jesus selbst) hätten bewirken sollen; sie erreichten ihren Zweck nicht, und deshalb wird es sinnlos sein, direkt, ohne Gleichnis, von *τὰ ἐπουράνια* zu sprechen; vgl. Mk 4,11f. S. die in etwa vergleichbare Exegese von H. Sasse, ThWNT I, S. 680; für eine vergleichbare Aussage über die Wunder Jesu s. Komm. 12,37–43.

13. *οὐδεὶς ἀναβέβηκεν*. Diese negative Aussage bestätigt unsere Erklärung von V. 12. Es ist falsch, wenn Menschen denken, sie könnten auf irdische Gleichnisse (*τὰ ἐπίγεια*) verzichten und direkt zum Himmel hinaufsteigen und dabei ein Wissen erwerben, das wirklich unabhängig vom Glauben ist. Es gibt im Judentum eine ähnliche Polemik gegenüber der Mystik; s. Sap 9,16, *μόλις εἰκάζομεν τὰ ἐπὶ γῆς . . . τὰ δὲ ἐν οὐρανοῖς τίς ἐξιχνίασεν*; sowie 4Esra 4,2, *Excedens excessit cor tuum in saeculo hoc, et comprehendere cogitas viam altissimi?* Sanh 39a: R. Gamaliel sagte zum Kaiser: Das, was auf der Erde ist, kennst du nicht; solltest du wissen, was im Himmel ist? Sukka 5a: R. Jose (b. Halaphta) sagte: Weder kam die Gegenwart Gottes herab auf die Erde, noch stiegen Mose und Elia in die Höhe hinauf; denn »die Himmel sind die Himmel des Herrn; die Erde aber hat er den Menschenkindern gegeben« (Ps 115,16). S. ferner Odeberg, S. 73.

εἰ μὴ . . . ὁ υἱὸς τοῦ ἀνϑρώπου. Zum Gebrauch des Titels Menschensohn bei Joh. s. Einleitung S. 88f und Komm. zu 1,51; auch Higgins, Son of Man, S. 171ff, und S. S. Smalley, NTS 15 [1969], S. 289f. Zu diesem Abschnitt E. Ruckstuhl, in: Jesus und der Menschensohn (FS A. Vögtle [1975] S. 314–341. Als Menschensohn bildet Jesus die Verbindung zwischen den irdischen und himmlischen Sphären; seine irdische Existenz ist der Ort, wo himmlische Dinge sichtbar, und auch der Ort, wo himmlische Dinge von der Menschheit verworfen werden (s. den nächsten Vers). Die Bezeichnung Jesu als *ὁ καταβάς* wirft keine Schwierigkeiten auf; sie bezieht sich auf die Inkarnation. Der Menschensohn steigt vom Himmel herab auf die Erde, um den Menschen *ἐπουράνια* zu vermitteln. Vgl. 6,41 u. ä. Zur Verbindung von *ἀναβαίνειν* und *καταβαίνειν* vgl. Eph 4,9. Dieser Vergleich läßt jedoch die Schwierigkeit des Verses, die in dem Tempus von *ἀναβέβηκεν* liegt, deutlich heraustreten. Dies scheint zu implizieren, der Menschensohn sei, während er noch redete, bereits in den Himmel hinaufgestiegen. Es ist legitim, hier aeth Hen 70,2; 71,1 zu vergleichen, wo Henoch in den Himmel hinaufsteigt, um dort mit dem himmlischen Menschensohn identifiziert zu werden; es ist aber doch sehr zweifelhaft, ob der Vergleich wirklich Licht auf den Gedanken des Joh wirft, in dem kein Platz für solch einen Aufstieg ist. Das Wort war das Wort, und das Wort war bei Gott, *ἐν ἀρχῇ* (1,1). Es scheint notwendig anzunehmen, daß dieser Vers ein Kommentar ist, der vom selben Standpunkt wie V. 11 aus formuliert wurde; es ist nicht ein Wort, das man in den Kontext des historischen Wirkens Jesu stellen kann, sondern es ist das Zeugnis der Kirche nach seinem Tod und seiner Himmelfahrt. Der Aufstieg wie der Abstieg sind ein grundlegendes Element in der Verkündigung der Kirche, und es ist das gesamte Werk Christi, welches das Evangelium konstituiert. Sidebottom (S. 120) schlägt folgende Wiedergabe vor: »Niemand ist in den Himmel hinaufgestiegen, aber einer ist herabgestiegen«; vgl. Offb 21,27. Damit vermeidet man Schwierigkeiten: es ist aber doch eine fragwürdige und sicherlich nicht die natürlichste Weise, das Griechische zu verstehen. Ein ähnlicher Vorschlag wird des längeren von E. Ruckstuhl (a. a. O.) entwickelt.

Nach den Worten »Menschensohn« fügen *Θ Ω* vg *ὁ ὢν ἐν τῷ οὐρανῷ* hinzu (cur hat »der im Himmel *war*«). Einen ähnlichen Zusatz (*ὁ ὢν ἐκ τοῦ οὐρανοῦ*) bringen sin und einige wenige griechische Handschriften. Wahrscheinlich hat Joh diese von *Θ* (u. a.) gebotenen zusätzlichen Worte geschrieben. Es ist klar, daß sie in scharfer Form die Schwierigkeiten herausstellen, die wir bereits bei *ἀναβέβηκεν* festgestellt haben. Der Menschensohn war in dem Augenblick, als er sprach, auf der Erde. Die völlige Auslassung des Satzes (von P⁶⁶ P⁷⁵ א B W u. a.) und die »Verbesserungen« in den beiden altsyrischen Versionen sollten die Schwierigkeit beseitigen. Liest man die Worte aber, dann muß man wahrscheinlich die Schlußfolgerung ziehen, daß Joh wiederum vom Standpunkt der nachösterlichen Kirche aus spricht; s. jedoch Hoskyns, S. 235f.

14. Der zeitliche Bezugspunkt verschiebt sich; der Aufstieg des Menschensohns liegt nun in der Zukunft. Dieser Vers betont die einzigartige Weise seiner Erhöhung, die ja nicht in den Wolken der Herrlichkeit, sondern am Kreuz geschieht. Jesus offenbart himmlische Dinge (*ἐπουράνια*), diese werden aber von jenen verworfen, denen er sie offenbart, und die Verwerfung der Offenbarung wird am deutlichsten durch die Verwerfung und Kreuzigung Jesu selbst ausgedrückt. Nach Martyn (S. 126) vollzieht Joh hier den Übergang vom mosaischen Prophet-Messias zum Menschensohn.

χαὼς Μωϋσῆς ὕψωσεν τὸν ὄφιν ἐν τῇ ἐρήμῳ. Vgl. demgegenüber 6,58 (*οὐ χαὼς*) und s. Martyn, S. 108f. Verwiesen wird auf die Erzählung in Num 21,4–9, wo die Menschen von den Bissen der feurigen Schlangen geheilt werden, indem sie auf eine eherne Schlange blicken (נחש נחשת, *ὄφιν* *χαλκοῦν*), die Mose gemacht und die auf eine »Säule« gesetzt hat (נס, *ἐπὶ σημείου* – in Ber 4a hat *nes* die Bedeutung Wunder). Die jüdische Tradition, die um das Ende der Schlange wußte (2Kön 18,4), betonte, daß die Schlange nicht selbst die Bisse heilte. Sap 16,6f: Sie hatten ein Zeichen der Erlösung (*σύμβολον σωτηρίας*), damit sie sich an das Gebot deines Gesetzes erinnerten (*εἰς ἀνάμνησιν*); denn der, welcher sich ihr zuwandte, wurde nicht gerettet um dessen willen, was zu sehen war, sondern um deinetwegen, des Retters aller. Rosh Ha Shana 3,8; konnte denn die Schlange töten oder am Leben erhalten? – Es ist vielmehr, dich zu lehren, daß die Israeliten zu der Zeit, als sie ihre Gedanken in die Höhe richteten und ihre Herzen dem Vater im Himmel unterwarfen, geheilt wurden; andernfalls verschmachteten sie. McNamara, S. 147f, zitiert das Targumfragment: Wenn jemand, der von einer Schlange gebissen wurde, sein Gesicht im Gebet zum Vater im Himmel erhob und auf die eherne Schlange sah, lebte er. Philo verwendet die Erzählung von der Schlange, aber seine Behandlung der Stelle (Leg All II,79–81; Agric 95–99) wirft kein Licht auf Joh. Spätere christliche Schriftsteller (z. B. Barn 12,5–7; Justin, Apol 60; Dial 94.112 [zu Justin s. Dinkler, Signum, S. 38f]; Tertullian, Adv Marc III,18) betrachten die Schlange als einen Typus Christi (*Μωϋσῆς ποιεῖ τύπον τοῦ Ἰησοῦ* Barn 12,5); dies ist aber offenbar nicht die Intention des Joh. Für ihn ist der Vergleichspunkt nicht die Schlange, sondern die Erhöhung. Wie in der alten jüdischen Interpretation die erhöhte Schlange die Herzen Israels zu Gott zog, damit sie erlöst würden, so zog der erhöhte Jesus die Menschen zu sich selbst und sammelte so für Gott jene, die seine Kinder waren (vgl. 12,32; 11,52). S. Derrett, Law, S. 148.

ὑψωθῆναι δεῖ. Vgl. Mk 8,31, *δεῖ τὸν υἱὸν τοῦ ἀνθρώπου πολλὰ παθεῖν ... καὶ μετὰ τρεῖς ἡμέρας ἀναστῆναι.* Leiden ist, wenn es auch zur Herrlichkeit führt, (nach den Evangelien) die unausweichliche Bestimmung des Menschensohns. Bei Mk werden Leiden und Verherrlichung zeitlich unterschieden; bei Joh wird *ein* Wort gebraucht, beides auszudrücken. *ὑψοῦν* hat diese Doppelbedeutung an jeder Stelle im Evangelium, wo es verwendet wird, und es wird im übrigen immer vom Menschensohn gebraucht (8,28; 12,32.34); zu dem Vorschlag einer Ableitung dieses Sprachgebrauchs aus dem Aramäischen אזדקף (*'ezd͏͏eqeph*) s. Einleitung S. 22. Andere Vorschläge schließen אשתלק (*'est͏elaq*) ein, emporgehoben werden, aber auch weggehen, sterben (McNamara, S. 143.163), und אריס (*'arim*), erhöhen, wegnehmen. Besonders angesichts des joh Gebrauchs von *δοξάζειν* (s. dazu Komm. zu 1,14) ist er möglicherweise durch die Darstellung des Loses des Gottesknechtes bei Jesaja (Jes 52,13 *ὑψωθήσεται καὶ δοξασθήσεται σφόδρα*) beeinflußt worden. Der Gedankenzusammenhang in der vorliegenden Passage ist folgender: Der Menschensohn allein ist es, der vom Himmel herab- und wieder hinaufsteigt. Sieht man ihn unter den Bedingungen seines irdischen Lebens, so muß er notwendigerweise emporgehoben werden (erhöht zur Herrlichkeit); seine Erhöhung aber wird in der durch die Schlange des AT nahegelegten Weise geschehen. Er wird an das Kreuz erhöht werden (vgl. bes. 12,32f), und seine Erhöhung wird nicht nur zur Herrlichkeit für ihn selbst führen, sondern auch zur Heilung der Menschheit. Dies wird unmittelbar betont im nächsten Vers.

15. Der Zweck der Erhöhung des Menschensohns ist die Erlösung jener, die glauben.

ἐν αὐτῷ. Abgesehen von diesem Vers, folgt bei Joh auf πιστεύειν niemals ἐν, entsprechend sollte man wahrscheinlich hier ἐν αὐτῷ nicht mit πιστεύων, sondern mit ἔχῃ ζωὴν αἰώνιον – »... soll in ihm ewiges Leben haben« – konstruieren. S. Moule, Idiom Book, S. 80f. Vgl. 6,47; 20,31, wo πιστεύειν als der Grund ewigen Lebens absolut gebraucht wird; vgl. 1,4 ἐν αὐτῷ ζωὴ ἦν. Es gibt verschiedene Textvarianten.

ζωὴν αἰώνιον. Vgl. Num 21,8, ζήσεται. Zu ζωή s. Komm. zu 1,4. Das Adjektiv αἰώνιος wird bei Joh nur in dem Ausdruck ζωὴ αἰώνιος (3,15.16.36; 4,14.36; 5,24.39; 6,27.40.47.54.68; 10,28; 12,25.50; 17,2.3) verwendet. Zum Gebrauch des Substantivs αἰών s. Komm. zu 4,41. ζωὴ αἰώνιος ist abzuleiten von der Wendung חיי עולם (wörtlich Leben der »Ewigkeit«) in Dan 12,2, welches sowohl in der LXX und bei Theodotion als ζωὴ αἰώνιος wiedergegeben wird. Seine Bedeutung wird deutlich in der vielleicht gebräuchlicheren rabbinischen Formel חיי העולם הבא, wörtlich Leben des kommenden Äons. In dieser Bedeutung erscheint die Wendung in den Synoptikern (z. B. Mk 10,30). Es ist bemerkenswert, daß bei Joh ewiges Leben erst nach den einzigen Hinweisen auf das Reich Gottes im Evangelium (3,3.5) erwähnt wird. Berücksichtigen wir die oben aufgezählten Stellen, an welchen ewiges Leben erwähnt wird, dann ist klar, daß die Vorstellung etwas von ihrem ursprünglichen eschatologischen Zusammenhang behält, aber auch, daß man es gleichermaßen als eine gegenwärtige Gabe Gottes betrachten kann; darin erinnert ζωὴ αἰώνιος bei Joh an »Reich Gottes« in den synoptischen Evangelien. Was eigentlich eine zukünftige Segnung ist, wird angesichts der Realisierung der Zukunft in Christus bereits eine gegenwärtige Tatsache. Diese Beobachtung wird freilich dadurch kompliziert, daß Joh innerhalb der nachösterlichen Kirche für sie und auch von ihrem Standpunkt aus schrieb. In diesem Vers ist die Gedankenführung folgende: Der Menschensohn ist durch seinen Tod in den Himmel erhöht worden; deshalb erfreuen sich jene, die in ihm sind (ἐν αὐτῷ), des Lebens im kommenden Äon durch Antizipation.

16. Die Erwähnung des Todes und der Erhöhung Christi und des ewigen Lebens, welches dadurch denen, die an ihn glauben, gegeben wird, verlangt die Berücksichtigung des allgemeinen Kontextes des Werkes Christi in der Liebe und dem Gericht Gottes. Dieses Thema wird den ganzen restlichen Abschnitt hindurch verfolgt, bis zu V. 21.

οὕτως ... ὥστε. Zur Konstruktion vgl. 1Kor 9,24, οὕτως τρέχετε ἵνα καταλάβητε; sofern die Handlung Vergangenheit statt Zukunft wäre, würde es οὕτως ἔδραμον ὥστε κατέλαβον lauten. Auf ὥστε kann ein Indikativ oder ein Infinitiv folgen; ersterer betont, daß die erwähnte Folge tatsächlich eintrat, letzterer seine Beziehung zu der vorangegangenen Handlung; es wäre freilich unklug, im neutestamentlichen Griechisch diese Unterscheidung hervorzuheben, s. dazu M I, S. 209f, und, mit einer gewissen Übertreibung, Turner, Insights, S. 142ff).

οὕτως γὰρ ἠγάπησεν ... ὥστε ... ἔδωκεν. Die Sendung des Sohnes war Folge der Liebe des Vaters; deshalb auch ihre Offenbarung. ἀγαπᾶν, ἀγάπη gehören zu den wichtigsten Worten im Joh. Es gibt kaum etwas im Profangriechisch oder in der LXX, das Licht auf die Bedeutung dieser Worte im NT werfen könnte. Bei Joh werden diese Worte häufiger in den Kap. 13–17 gebraucht als anderswo (ἀγαπᾶν zusammen 37mal, 25mal in 13–17; ἀγάπη insgesamt 7mal, 6mal in 13–17). Dies entspricht der Tatsache, daß die Liebe Gottes, auch wenn er die Welt liebt (wie in diesem Vers gesagt wird), nur unter denen wirksam wird, die an Christus glauben. Für die übrigen wird die Liebe sozusagen zum Gericht. Liebe scheint für Joh eine wechselseitige Beziehung zu sein. Der Vater liebt den Sohn (3,35; 10,17; 15,9f; 17,23f.26), und der Sohn liebt den Vater (14,31); Jesus liebt die Seinen (11,5; 13,1.33.34; 14,21; 15,9(f).12; 21,7.20), und die Seinen lieben einander oder sollten einander doch lieben (13,34f; 15,12f.17; 17,26). Sie müssen auch ihn lieben (14,15.21.23f.28; 21,15f). Nur gelegentlich hören wir von einer Liebe des Vaters unmittelbar für die Jünger (14,21.23; 17,23), und es wird klar gesagt, daß die Menschen im allgemeinen Gott nicht lieben und dies auch nicht können (3,19; 5,42; 8,42). Der Gebrauch dieser Worte bei Joh ist vielleicht zu weit gefaßt, als daß er immer klar sein könnte oder auch immer konsequent wäre (s. A. Nygren, Agape und Eros I [1937], S. 108–117). Er gebraucht dieselben Worte für Gottes spontane, gnädige Liebe zu den Menschen und auch für die darauf antwortende Beziehung des Jüngers zu Gott, wozu der Mensch nicht durch einen freien, unverdienten Gefallen gegenüber Gott bewegt wird (dies wäre unmöglich), sondern durch ein Gefühl der gnädigen Zuwendung Gottes ihm gegenüber. Joh entwickelt jedoch mehr als jeder andere Schreiber die Vorstellung der Liebe als der Natur Gottes selbst und der Mittel, durch welche das göttliche Leben, die Beziehung des Vaters und des Sohnes, innerhalb der Gemeinschaft (13,35) fortgesetzt und offenbart wird. Zur Gabe des Sohnes durch Gott vgl. Röm 8,3.32; Gal 4,4; 1Joh 4,9. Hinter ἔδωκεν sieht Cullmann (Christologie, S. 69) παρέδωκεν und eine Anspielung auf Jes 53. Dies liest freilich zuviel in den Text hinein.

τὸν κόσμον. S. Komm. zu 1,10. Die Welt als Ganze ist Gegenstand der Liebe Gottes, aber diese Tatsache allein schon verursacht die Unterscheidung, die in V. 18 gezogen wird zwischen ὁ πιστεύων und ὁ μὴ πιστεύων.

τὸν υἱὸν τὸν μονογενῆ. Zu μονογενής s. Komm. zu 1,14. Es unterstreicht die Einzigartigkeit der Beziehung des Sohnes zum Vater (bei Joh wird υἱός nur von Christus gebraucht, niemals von den Christen). Vgl. Röm 8,32 (ὑπὲρ ἡμῶν πάντων παρέδωκεν αὐτόν [sc. τὸν ἴδιον υἱόν]). In Röm und vielleicht auch bei Joh könnte eine Anspielung auf Gen 22,2.16 vorliegen.

ἵνα ... μὴ ἀπόληται ἀλλ᾽ ἔχῃ ζωὴν αἰώνιον. Die unmittelbare, »innere« Folge der Liebe Gottes ist die Sendung des Sohnes; ihr letztes Ziel ist die Erlösung der Glaubenden. Zu πιστεύειν εἰς s. Komm. zu 1,12. ἀπολλύναι ist ein weiteres charakteristisch joh Wort (die Häufung solcher Worte in diesem Abschnitt zeigt seine Bedeutung; Joh faßt seine Botschaft zusammen). Das Verbum wird transitiv im Aktiv mit einem entsprechenden intransitiven Gebrauch im Medium verwendet. Zum transitiven Gebrauch s. 6,39. Der intransitive Gebrauch ist zweifach: a)»verloren sein« (6,12), b)»zugrunde gehen«, »Zerstörung erleiden« (3,16; 6,27; 10,28; 11,50). Dieselbe Doppeldeutigkeit trifft auch auf das verwandte Nomen ἀπώλεια (nur 17,12) zu. Vernichtung ist das unausweichliche Geschick aller Dinge und Personen, die von Gott getrennt und auf sich selbst konzentriert sind (vgl. 12,25); dies ist eine Folge der Tatsache, daß nur in Gott, dem Vater, dem Wort und dem Geist, Leben existiert. Es gibt keine dritte Möglichkeit zwischen ἀπόληται und ἔχῃ ζωὴν αἰώνιον; sie sind absolute Alternativen. Zu ἔχῃ ζωὴν αἰώνιον s. Komm. zu V. 15.

17. οὐ γὰρ ἀπέστειλεν. Die Bedeutung von ἀπέστειλεν ist im wesentlichen die gleiche wie die von ἔδωκεν im vorangegangenen Vers, aber das Wort ist bedeutsam, s. Komm. zu 20,21. Die Vorstellung der Sendung oder des Apostolats ist eine der wichtigsten im Evangelium. Die Sendung (der Apostel wie auch Christi – vgl. 17,18) geschieht εἰς τὸν κόσμον; so durchdringt in vielen gnostischen und anderen heidnischen Systemen der göttliche Erlöser die verschiedenen Himmelsringe, um die sündhafte und materielle Menschheit zu erreichen; aber der Sinn der Sendung findet sich auch in den synoptischen Erzählungen vom Wirken Jesu (z. B. Mk 1,38, interpretiert von Lk 4,43; Mk 9,37; Mt 15,24; Lk 4,18). Zur *Sendung* s. E. Schweizer, in: ZNW 57 [1966], S. 199–210. Im vorliegenden Vers liegt die Betonung nicht auf den theologischen Beziehungen zwischen Vater und Sohn, die der Prozeß des Sendens nahelegt, sondern auf dem Ziel der Sendung.

ἵνα κρίνῃ τὸν κόσμον. Vgl. Cornutus 16 (Ed. Lang [1881], S. 21,9f), οὐ γὰρ πρὸς τὸ κακοῦν καὶ βλάπτειν, ἀλλὰ πρὸς τὸ σώζειν μᾶλλον γέγονεν ὁ λόγος. Später (5,27) erklärt Joh, daß Jesus als Menschensohn die Vollmacht zu richten hat und daß er in der Tat (9,39) in die Welt kam, um zu richten. Der offensichtliche Widerspruch wirft tatsächlich Licht auf den Sinn von »Gericht« in diesem Evangelium. κρίνειν wird hier (vgl. 12,47) mit der Bedeutung »verdammen« gebraucht. Sein Gegenbegriff ist σώζειν. Dem entspricht die Aussage, daß der Glaubende »nicht gerichtet ist« (3,18), »nicht ins

Gericht kommt« (5,24), während der Ungläubige bereits gerichtet worden ist oder verdammt wurde (3,18, vgl. 16,11; 12,31). Joh spricht von einem endgültigen Gericht am Jüngsten Tag (5,27–29; 12,48), aber in erster Linie denkt er daran, daß das Wirken Jesu (wie später das Wirken des Parakleten, 16,8.11) die Wirkung eines Gerichts hatte. Genauer, jene, die an Christus glaubten, die »zum Licht kamen«, entgingen dem Gericht (der Verdammnis) völlig, während jene, die nicht glaubten, schon allein dadurch sich selbst verurteilten. Der Prozeß des Gerichts ist eine nicht abtrennbare Begleiterscheinung der Erlösung; es liegt kein wirklicher Widerspruch vor, wenn Jesus sagt, er sei sowohl gekommen, nicht zu richten, als auch, zu richten. S. weiter den Kommentar zu den hier zitierten Stellen; auch O. Cullmann, Christus und die Zeit [1962], S. 90f. Bultmanns Aussage »gerichtet werden heißt nichts anderes, als sich der Gnade verschließen« (Urchristentum, S. 182) trifft beinahe, wenn auch nicht ganz, die Sache. S. weiter u.

ἀλλ' ἵνα σωϑῇ ὁ κόσμος. σώζειν ist in Joh nicht sehr gebräuchlich (3,17; 5,34; 10,9; 11,12; 12,27.47); zu σωτήρ s. Komm. zu 4,42; zu σωτηρία s. Komm. zu 4,22. Der hier vorliegende Parallelismus (vgl. 10,9; 11,12; 12,27) zeigt, daß die Bedeutung von σώζειν im wesentlichen die gleiche wie die von ζωή αἰώνιος ist. Es wird nichts genannt, wovon die Welt gerettet wird; sie wird in der Tat davor bewahrt, sie selbst zu sein. Schnackenburg weist (indem er Corp Herm I,22f zitiert) auf den Gegensatz zwischen der Erlösung für die Welt und der gnostischen Vorstellung einer Erlösung für eine relativ kleine Schar von Erwählten hin; aber die folgenden Verse nehmen das Gewicht dieses Gegensatzes doch etwas zurück.

18. Zu dem joh Thema des Gerichts s. Komm. zu V. 17. Der vorliegende Vers kann als Formulierung der negativen Seite der Lehre von der Rechtfertigung durch Glauben betrachtet werden. Der Glaubende (obwohl ein Sünder) fällt nicht unter die Verdammnis; aber das Fehlen von Glauben ruft Verdammnis auf sich selbst herab oder, besser gesagt, ist selbst ein Aspekt, nämlich der subjektive Aspekt der Verdammnis. Die Begründung dafür wird im nächsten Vers gezeigt; vgl. Röm 14,23: Was nicht aus dem Glauben kommt, ist Sünde.

κέκριται. Perfekt: Das Gericht ist bereits Vergangenheit, aber das Urteil bleibt.

ὅτι μὴ πεπίστευκεν. μή mit Indikativ ist selten; s. im Gegensatz dazu 1Joh 5,10, ὅτι οὐ πεπίστευκεν εἰς τὴν μαρτυρίαν. »Ersteres (Joh 3,18) formuliert die *Anklage, quod non crediderit*, letzteres (1Joh 5,10) die einfache *Tatsache, quod non credidit*« (M I S. 171). Moule, Idiom Book, S. 155, beobachtet jedoch richtig, daß »all dies grammatikalisch hätte ausgedrückt werden können, anstatt durch diesen Solizismus. ὁ μὴ πιστεύων jedoch, unmittelbar davor, läßt es weniger hart erscheinen.«

19. αὕτη … ὅτι. Vgl. zur Konstruktion 15,12; 17,3, wo ein erklärendes ἵνα (anstatt von ὅτι) gebraucht wird.

κρίσις hat wie κρίνειν in V. 17 die Bedeutung »Verdammnis« oder vielleicht »entscheidendes Kriterium – welches in dem gegebenen Fall zur Verdammnis führt«. Die Menschen werden gerichtet entsprechend ihrem Verhalten gegenüber dem Werk und der Person Jesu. Jene glauben an ihn, die wert sind, freigesprochen und errettet zu werden; jene, die ihn verwerfen, tun dies, weil sie die Verdammnis verdienen. Vgl. 1QS 4,24ff; aber in Qumran gehört, wie Braun beobachtet, das Gericht in die Zukunft, während es bei Joh bereits begonnen hat.

τὸ φῶς. S. 1,4f u. Komm.; s. auch 8,12 und Kap. 9, bes. 9,39–41. Wenn ein Licht in einer dunklen Nacht scheint, machen sich Menschen, die nichts haben, dessen sie sich schämen müßten, auf ihren Weg zu ihm, um Erleuchtung zu suchen; jene, die die Taten der Finsternis tun, weichen davor zurück, aus Furcht, ihre Taten würden aufgedeckt.

20. ἐλεγχϑῇ. Das Wort wird 16,8 für das Wirken des Parakleten gebraucht und bezeichnet eine überführende Enthüllung. Es ist wichtig, die Parallele zwischen dem Werk Christi und dem Werk des Geistes festzuhalten; s. Komm. zu 16,8; s. die wichtige Beobachtung von A. R. C. Leaney (John and Qumran, S. 45) zum Gebrauch von יכח in den Schriftrollen.

21. ὁ δὲ ποιῶν τὴν ἀλήϑειαν. Zu ἀλήϑεια s. Komm. zu 1,14. Im AT bedeutet ποιεῖν (τὴν) ἀλήϑειαν (עשה אמת, 'asah 'emeth) »Glauben zu bewahren«. Aber bei Joh dominiert, obwohl das hebräische

Wort אמת *('emeth)* durchaus im Hintergrund steht, der spezifisch christliche Sinn: »der, welcher den wahren (christlichen) Glauben und wahres christliches Leben praktiziert«. Ein solcher Mensch kommt natürlicherweise zum Licht. Seine Taten sind vor Gott gebracht worden (zu ἔργα ἐργάζεσθαι vgl. 6,28; 9,4), und wenn er zum Licht kommt, kehrt er nur zu seinem eigenen Ursprung zurück. Nach J. H. Charlesworth (John and Qumran, S. 77) gibt es zum Sprachgebrauch bei Joh nur eine Parallele in 1QS 1,5; 5,3; 8,2. S. aber auch Gen 32,10; 47,29; Jes 26,10; 4Esra 19,33; Tob 4,6; 13,6; Targ Hos 4,1 (עבד קושתא). Wie Braun sagt, ist dies »allgemeinjüdisch«, nicht spezifisch qumranisch. Turners Argument (Insights, S. 11), es bedeute »gottesdienstlich verehren« oder »ein Jünger der Wahrheit zu sein«, kann nicht überzeugen. Dodd (Interpretation, S. 210) nimmt an, daß sowohl ἐν θεῷ εἰργασμένον als auch ποιεῖν τὴν ἀλήθειαν bedeuten: »zum Reich der Wirklichkeit gehören«; s. u.

In V. 19–21 (vgl. 12,46ff) tritt die Prädestinationslehre dieses Evangeliums deutlich ans Licht. S. zu diesem Thema Einleitung S. 96f und Komm. zu 12,36–43. Die Menschen werden in zwei Klassen eingeteilt: jene, die Böses tun, und jene, die die Wahrheit tun. Die ersteren lehnen Christus unausweichlich ab und werden verworfen; die letzteren nehmen ihn ebenso unausweichlich an. Die Unterscheidung zwischen den beiden Gruppen scheint bereits zu bestehen, ehe sie mit Christus selbst konfrontiert werden; es gibt offenbar für jene, die Böses tun, nicht die Möglichkeit, in Menschen verwandelt zu werden, die die Wahrheit tun werden. Wenn Joh nicht mehr sagen wollte, »so würde der Grundgedanke von Kap. 3, ja, des ganzen Evgs, seinen Ernst verlieren, und ein mythologisch verbrämter Moralismus bliebe übrig. Kein Zweifel, daß das nicht gemeint ist. Vielmehr ist gemeint: in der Entscheidung des Glaubens oder Unglaubens kommt zutage, was der Mensch eigentlich ist und immer schon war. Aber es kommt so zutage, daß es sich jetzt erst entscheidet« (Bultmann, S. 115).

Wie viele wichtige Elemente in Joh hat auch seine Prädestinationslehre einen dreifachen Hintergrund und Ursprung: das AT, wo die Lehre der Erwählung im Mittelpunkt steht; hellenistische Religion – s. z. B. Corp Herm I, 22f (παραγίνομαι αὐτὸς ἐγὼ ὁ Νοῦς ὁσίοις ... τοῖς δὲ ἀνοήτοις ... πόρρωθέν εἰμι) – und den Glauben des Urchristentums, z. B. Mk 4,10–12. Joh bietet jedoch nicht einfach eine bloße Mischung dieser Elemente. Das Evangelium ist ein Faktor bei der Entwicklung des Gnostizismus und nicht einfach dessen Produkt, und Joh beschreibt nicht eine statische Bedingung (obwohl seine Worte dies nahelegen könnten), sondern die Umstände, die durch das Wort (und den Geist – vgl. 16,8–11) Gottes gesetzt und in Bewegung gehalten werden. Dem »die Seinen nahmen ihn nicht auf« steht immer gegenüber »so viele ihn aber aufnahmen« (1,11f), und ihn aufzunehmen bedeutet nicht, anzuerkennen, daß jemand Werke von Natur aus gut sind (in einem moralischen Sinn; oder in einem idealen, platonischen Sinn, wie ihn Dodd vertritt), sondern daß sie nur bei Gott Bedeutung haben. »In der Entscheidung gegenüber der Frage Gottes kommt zutage, was der Mensch eigentlich ist, indem er sich entscheidet. Deshalb ist die Sendung Jesu das eschatologische Geschehen, durch das aller Vergangenheit ihr Urteil gesprochen wird. Und eschatologisches Geschehen kann diese Sendung sein, weil in ihr Gottes Liebe dem Menschen die verlorene Freiheit zurückgibt, seine Eigentlichkeit zu ergreifen« (Bultmann, S. 118; s. auch die ausgezeichnete kurze Anmerkung bei Fenton, S. 56). Wenn das historische Ereignis der Sendung Jesu der Ort und das Mittel ist, an welchem und durch welches der Mensch ewiges Leben empfängt, was immer auch seine Vergangenheit ist, dann kann man dies als eine Neuformulierung dessen, was Joh meint, akzeptieren.

7. Das Zeugnis des Johannes (II)

3,22–36

Hier wird nun das Thema »Johannes und seine Beziehung zu Jesus« wieder aufgenommen (vgl. 1,19–34). Nach der Darstellung des Evangelisten wirken Jesus und der
Täufer gleichzeitig nebeneinander. Diese Darstellung kann korrekt sein, die Annahme
aber, diese Art der Darstellung sei darauf zurückzuführen, daß Joh eine von der des Mk
verschiedene historische Überlieferung besaß, ist nicht nötig; es war vielmehr seine Absicht, die Wahrheit, die in 3,30 ausgedrückt ist, herauszustellen, möglicherweise mit einer
gewissen polemischen Ausrichtung gegen die Anhänger des Täufers. Die Szene wird
durch Verweis auf eine Diskussion eingeleitet, deren Einzelheiten nicht berichtet werden
(V. 25), wodurch es aber möglich wird, Johannes und seine Taufe als Teil des jüdischen
Systems von Reinigungsriten darzustellen. Jesus ist diesem System überlegen: er ist die
Person, auf die dieses System hinweist, so wie die Gäste und die Braut bei einer Hochzeit
auf die Existenz eines Bräutigams verweisen. Er nimmt diese Stellung ein, weil er, anders
als Johannes und die Juden, nicht von der Erde ist, sondern von oben. Er spricht die
Worte Gottes, und Gott hat alle Dinge in seine Hand gegeben. Entsprechend bedeutet die
Beziehung des Menschen zu ihm: entweder ewiges Leben zu genießen oder den Zorn
Gottes auf sich zu laden.

Man hat oft angenommen, dieser Abschnitt sei zumindest teilweise am falschen Platz.
Drei Verbesserungsvorschläge verdienen Beachtung: a) V. 22–30, welche die Verbindung
zwischen V. 21 und 31 unterbrechen, sollten aus ihrer vorliegenden Position entnommen
und nach 2,12 gelesen werden. b) V. 22–30 und V. 31–36 sollten umgestellt werden.
V. 31 tritt so in eine unmittelbare Verbindung mit V. 21 und V. 30 mit dem nächsten
Kapitel, wobei der Zusammenhang in jedem Fall verbessert wird. c) V. 31–36 sollte
zwischen 3,12 und 3,13 gestellt und so in das Zwiegespräch und die Rede, die durch das
Kommen des Nikodemus veranlaßt ist, integriert werden. Man kann für jeden dieser Vorschläge (s. Komm. zu V. 22 und V. 31) einiges vorbringen, da die Abfolge der Verse, so
wie sie stehen, in mancher Beziehung unvollkommen ist (Sanders erklärt dies durch die
Annahme, eine neue Quelle beginne V. 22). Diese Gesichtspunkte freilich sind nicht diejenigen, um die es Joh in erster Linie ging, und der Abschnitt ergibt als Ganzer und an
seinem gegenwärtigen Platz durchaus einen Sinn. V. 22–30, ebenso wie V. 31–36, folgen
durchaus passend auf V. 1–21; s. bes. Komm. zu 3,5, wo offenbar auf die geringerwertige
Taufe des Johannes angespielt wird; wir erfahren nun, worin und im Blick worauf die
Taufe des Johannes von geringerem Wert war; und V. 31–36 setzen den Vergleich
zwischen Johannes und Jesus fort und verallgemeinern ihn.

Zum ganzen Abschnitt s. Dodd, Tradition, S. 279–287. Wahrscheinlich ist es richtig,
hier einige Überlieferungselemente zu sehen, vornehmlich V. 23. Wichtig jedoch ist, daß
Jesus jetzt in drei Abschnitten (2,13–25; 3,1–21; 3,22–36) als der Erfüller des Judentums
(s. S. 219) dargestellt worden ist. Joh wird sich nun der Welt zuwenden, die an den
Grenzen des Judentums und jenseits dieser Grenzen liegt.

22. Μετὰ ταῦτα. S. Komm. zu 2,12. Die vorangehende Erzählung ist nun abgeschlossen.
εἰς τὴν Ἰουδαίαν γῆν. Die naheliegende Schlußfolgerung ist, daß Jesus aus Galiläa kam; aber die

Nikodemusgeschichte, die unmittelbar auf 2,23–25 folgt, scheint doch einen Schauplatz in oder nahe bei Jerusalem zu verlangen. Die Schwierigkeit wird geringer, wenn man V. 22–30 aus ihrem gegenwärtigen Kontext herausnimmt und nach 2,12 liest; zu diesem Vorschlag s. die Einleitung zum Abschnitt. Tun wir dies nicht, dann müssen wir entweder annehmen, *εἰς τ. Ἰ. γ.* bedeutet »aus Jerusalem heraus [wo das Gespräch mit Nikodemus zu denken ist] und in den umliegenden Bezirk« (in diesem Gebrauch von *γῆ* vergleicht Bultmann Aeschylus, Eumenides 993, *καὶ γῆν καὶ πόλιν*), oder Johannes nimmt Ereignisse, die in Galiläa zwischen 3,21 und 3,22 stattgefunden haben, an, oder er ist an der Örtlichkeit nicht interessiert, sondern entnimmt den Verweis einfach aus einer Quelle. *καὶ ἐβάπτιζεν.* Vgl. 4,1 f und Komm. z. St.; nur in diesem Evangelium findet sich überhaupt ein Hinweis darauf, daß Jesus taufte.

23. Obwohl Jesus angefangen hatte zu taufen, hörte Johannes damit nicht auf.
ἐν Αἰνὼν ἐγγὺς τοῦ Σαλίμ. Salim kann nicht mit Gewißheit identifiziert werden, Ainon überhaupt nicht. Man hat zwei Örtlichkeiten für Salim vorgeschlagen: a) Antike Überlieferung (Euseb, Onomastica sacra 40,1–4 (ed. Klostermann) fand ein Salim etwa 8 römische Meilen südlich von Bethshan (Scythopolis) im äußersten Nordosten Samarias. b) Es gibt heute ein Salim etwa 6 km östlich von Sichem. Es ist möglich, in der Nachbarschaft eines jeden dieser Orte Plätze zu finden, die man Ainon genannt haben mag, da sie »viele Quellen« (*ὕδατα πολλά*) haben. Der Name Ainon ist wahrscheinlich abgeleitet von עין *('ayin)*, einer Quelle. Zusätzlich weist die Madeba-Karte (6. Jh.) ein Ainon in Peräa auf. Man sollte beachten, daß der Name Salim im AT nur zweimal begegnet (Gen 14,18; Ps 76,3). Bereits zur Zeit des Josephus (Ant I, 180) wurde es auf Jerusalem bezogen, und es scheint nicht unmöglich, daß auch Joh dieses Wort in demselben Sinn gebraucht haben könnte; freilich ist es nicht nötig anzunehmen (wie Cheyne, E. Bib. s. v. Salim, tut), daß *τοῦ Σαλίμ* eine verderbte Lesart von *Ἰερουσαλήμ* sei. Einige haben angenommen, Salim sollte das hebräische שלום *(shalom)*, Frieden, bezeichnen; die Taufe des Johannes brachte die Menschen dem Frieden Gottes nahe, sie konnte diesen Frieden aber nicht vermitteln. Die Namen waren freilich wahrscheinlich der Überlieferung entnommen (s. auch Jeremias, Theologie 1, S. 53); auch M. E. Boismard, RB 80 [1973], S. 218–229. Wenn sich die Örtlichkeit in der Nachbarschaft Samarias befand, so macht Joh kein Aufhebens davon.

παρεγίνοντο καὶ ἐβαπτίζοντο. Die Verben sind unpersönlich: Menschen kamen und wurden getauft. Die volkstümliche Täuferbewegung bestand weiter.

24. *οὔπω γὰρ ἦν βεβλημένος εἰς τὴν φυλακὴν Ἰωάννης.* Vgl. im Gegensatz dazu Mk 1,14. Man hat oft vermutet, Joh korrigiere hier stillschweigend eine zeitliche Angabe in der synoptischen Tradition, aber dies ist keineswegs notwendigerweise so. Er hat möglicherweise genausogut darauf hinweisen wollen, daß die in seinen ersten drei (vier) Kapiteln erzählten Ereignisse vor dem Zeitpunkt stattgefunden haben, mit welchem Mk seinen Bericht von der Wirksamkeit Jesu mit dessen öffentlichem Auftreten in Galiläa beginnt. Es ist indessen richtig, daß Joh ein nebeneinander herlaufendes Wirken des Johannes und Jesu schildert, worauf es bei den Synoptikern keinen Hinweis gibt. Dies ist nicht von vornherein unwahrscheinlich; es ist aber wohl anzunehmen, daß es nicht das Ziel des Joh ist, ein interessantes Stück historischer Information zu bieten, sondern einen Hintergrund für V. 30 zu schaffen (*ἐκεῖνον δεῖ αὐξάνειν, ἐμὲ δὲ ἐλαττοῦσθαι*); vgl. V. 26; 4,1.

25. *ἐγένετο οὖν ζήτησις ἐκ τῶν μαθητῶν. ἐκ* wird hier nicht im partitiven Sinn gebraucht, der für Joh charakteristisch ist (s. Einleitung S. 27); der Disput wurde ausgelöst von den Jüngern des Johannes und hatte seinen Ursprung bei ihnen (vgl. z. B. Herodot V, 21 *ζήτησις ... μεγάλη ἐκ τῶν Περσέων ἐγίνετο*). Die meisten Kommentatoren stimmen darin überein, daß auch hier alte Tradition vorliege; aber der Evangelist ist deshalb daran interessiert, weil sie eine passende Gelegenheit für das erneute Zeugnis des Täufers für Jesus bietet.

μετὰ Ἰουδαίου, P[75] א[c] B W Ω: *Ἰουδαίων,* P[66] א* Θ λ φ it vg cur sah boh. Jede dieser Lesarten ist zweifelsohne alt, aber der Singular ist in Joh einzigartig, und es ist wahrscheinlicher, daß der Singular in einen Plural verwandelt wurde, als umgekehrt. Es ist richtig, daß man mit der Singularform *τινος* hätte erwarten müssen, es ist aber auch richtig, daß mit dem Plural der Artikel hätte ergänzt werden müssen. Die Unsicherheit im Text gibt der Annahme ein wenig Gewicht, daß hier eine Textverderbnis vorliegt und man anstatt von Ἰουδαίου (oder Ἰουδαίων) hier lesen sollte Ἰησοῦ oder τοῦ Ἰησοῦ, oder τῶν Ἰησοῦ: Der Streit fand statt zwischen den Jüngern des Johannes und den Jüngern Jesu oder Jesus selbst. Die Konjektur ist (in all ihren Formen) verlockend, da in den folgenden Versen nicht die Reinigung im allgemeinen diskutiert wird, sondern die Bedeutung und die Würde Jesu und des Johannes im Vergleich zueinander; sie kann aber nicht standhalten, da keine der Lesarten, die in den Handschriften gut bezeugt sind, so schwierig ist, daß sie nicht möglich sein könnte.

περὶ καθαρισμοῦ. Vgl. 2,6. Hier wird nicht auf die Taufe des Johannes oder Jesu verwiesen, sondern auf die jüdische Reinigung ganz allgemein. Aus diesem Grund wird sie nicht genauer beschrieben; Joh kümmert sich wenig um die Einzelheiten jüdischer Waschungen, und vielleicht weiß er auch wenig davon. Seine Absicht ist es (immer noch mit V. 30 im Blick), zu zeigen, daß Johannes der Täufer trotz seiner Größe nichtsdestoweniger der Welt des Judentums zugehört, die Jesus aufheben wird (unter jenen, die von Frauen geboren sind, ist kein Größerer als Johannes der Täufer: Jener aber, der nur klein ist im Reich der Himmel, ist größer als er – Mt 11,11; Lk 7,28). Weder Johannes noch der Jude ist ὁ ἄνωθεν ἐρχόμενος (V. 31), und ihr καθαρισμός kann bestenfalls vorausweisen auf das lebenspendende Wirken des Sohnes Gottes (V. 36).

26. ἦλθον ... εἶπαν. Subjekt können die in V. 25 erwähnten Jünger des Johannes sein, oder es könnte unpersönlich gemeint sein: »Leute kamen und sagten dem Johannes«; »ihm wurde mitgeteilt ...«.

ῥαββί. S. Komm. zu 1,38. Der Titel wird sonst nicht auf Johannes angewandt; er erscheint nicht sehr angemessen.

ὃς ἦν ... μεμαρτύρηκας. S. 1,26–34. Johannes soll nun sein Zeugnis in neuer Weise wiederholen. Man hat die Worte der Täuferjünger oft als grollende Anklagen verstanden; aber da sie die Aufmerksamkeit auf des Johannes eigene Prophezeiung lenken, kann man sie genauso als eine freudige Ankündigung der Erfüllung der Worte ihres Meisters verstehen. Die Intention des Evangelisten ist es, die folgenden Worte einzuführen:

πάντες ἔρχονται πρὸς αὐτόν. Vgl. Mk 1,45; 3,7f parr. Dieser Vers führt hin zu V. 30; Johannes teilt die bitteren Gefühle, die seine Jünger wegen des Erfolges Jesu gehabt haben mögen, nicht, da er darin die Absicht Gottes erkennt. Historisch gesehen, ist πάντες zweifellos übertrieben; vgl. aber 11,48; 12,19.

27. Zum Parallelismus und Wortspiel in einem angenommenen aramäischen Original in V. 27–36 s. Black, S. 146–149. Seine Schlußfolgerung ist: »Es ist klar, daß das vierte Evangelium in den Worten, die es dem Täufer zuschreibt, die griechische Übersetzung eines aramäischen Gedichts oder einer Prophezeiung ist; und es ist gleichermaßen sicher, daß der vierte Evangelist nicht einfach Worte für den Täufer erfindet, wie ein Vergleich von V. 23–28 in seinem ersten Kapitel mit ihren synoptischen Parallelen zeigt. Vielleicht hat Joh eine Gruppe griechischer Logien, die aus einer Übersetzung aramäischer Worte des Täufers bestand, verwendet« (S. 147). Es ist zu beachten, daß Black die überlieferte Ordnung und Stellung von V. 27–36 beibehält; s. die Einleitung zu diesem Abschnitt. Die Parallelismen, die herangezogen werden (s. den Kommentar im einzelnen) sind kein ausreichender Beleg, um die Theorie eines aramäischen Originals zu beweisen: Es ist möglich, rhythmisches »alttestamentliches« Griechisch zu schreiben, ohne zu übersetzen. Zum Wortspiel s. Komm. zu V. 29f.31f.

ᾖ δεδομένον, Konjunktiv Perfekt: es sei denn gegeben worden; die Initiative liegt ganz bei Gott. Dies ist ein allgemeines Prinzip (ἄνθρωπος bedeutet »jedermann«), aber es kann auf das gegensätzliche Wirken Jesu und des Johannes bezogen werden. Wenn das Werk Jesu das des Johannes in den Schatten stellt, dann muß dies der Wille Gottes sein. Ist dies der Sinn, dann sind folglich beide Fragen unnötig: a) Was wird gegeben, Wahrheit (bzw. Gnade) oder die Fähigkeit, sie anzunehmen? Und b) Wem ist die Gabe gegeben, Christus oder dem Glaubenden?

ἐκ τοῦ οὐρανοῦ, von Gott. Vgl. 19,11, ἦν δεδομένον σοι ἄνωϑεν. Zum Gebrauch von »Himmel« als einer ehrfürchtigen Umschreibung s. G. Dalman, Die Worte Jesu, S. 179f.

28. αὐτοὶ ὑμεῖς, wahrscheinlich die Jünger des Johannes, obwohl andere eingeschlossen sein mögen (V. 26).

οὐκ εἰμὶ ἐγὼ ὁ Χριστός. S. I,20.

ἀπεσταλμένος εἰμὶ ἔμπροσϑεν ἐκείνου. S. 1,26–34.

V. 27f. bilden »zwei Zeilen in synthetischem oder konstruktivem Parallelismus, gefolgt von zwei anderen, die man entweder als synthetisch oder antithetisch betrachten muß« (Black, S. 146):

Ein Mensch kann nichts empfangen,

es sei denn, es ist ihm vom Himmel gegeben.

Ich bin nicht der Christus,

sondern . . . ich bin vor ihm gesandt.

Es ist sehr zweifelhaft, ob dies mehr als ausgewogene Prosa ist.

29. Dieser Vers kann einfach als Gleichnis genommen werden. Bei einer Hochzeit überläßt der »Brautführer«, so wichtig seine Funktion sein mag, selbstverständlich und glücklich seinen Platz dem Bräutigam; in ähnlicher Weise muß Johannes, so wichtig sein Werk bei der Vorbereitung des Weges gewesen ist, Jesus weichen, und wenn er dies tut, so ist dies für ihn nicht Schmerz, sondern Freude. Es ist jedoch möglich, daß diese Erklärung, so richtig sie ist, nicht vollständig ist. Joh muß ja wohl darum gewußt haben, daß im AT Israel gelegentlich als Braut Gottes gesehen wird (z. B. Jes 62,4f; Jer 2,2; 3,20; Ez 16,8; 23,4; Hos 2,21); im NT ist die Kirche die Braut Christi (2Kor 11,2; Eph 5,25–7,31f.; Offb 21,2; 22,17). Der Täufer soll darauf hinweisen, daß nicht er, sondern Christus das Haupt des neuen Israel ist. Joh kann dieses Bild aus der synoptischen Tradition entnommen haben; s. Mk 2,19f parr (wo es sich freilich vielleicht um nicht mehr als eine Metapher handelt). Wenn καϑαρισμός in V. 25 ein Verweis auf das Wunder zu Kana (2,1–11) ist, dann könnte auch das Bild von der Hochzeit in diesem Vers einer sein. Es geht jedoch zu weit, hier eine Anspielung auf den priesterlichen Messias zu sehen, trotz Jes 61,10 (Targum:. . . er hat mich bedeckt mit dem Mantel der Gerechtigkeit, wie ein Bräutigam, der glücklich ist in seiner Brautkammer, und wie der Hohepriester [כהנא רבא], der mit seinen Gewändern angetan ist . . . [Stenning]; vgl. 1QJes). In der Hauptsache geht es immer noch um den Vergleich zwischen Jesus und Johannes.

ὁ ἔχων τὴν νύμφην, wie Jesus durch sein Lehren und Taufen seine Kirche sammelt.

ὁ δὲ φίλος τοῦ νυμφίου. Der Ausdruck ist im Griechischen nicht ein Terminus technicus, sondern entspricht dem Hebräischen (שושבין, shosh͏ebin). Vgl. Sanh 3,5: ein Freund oder ein Feind (kann nicht als Zeuge oder Richter handeln). Mit Freund ist der Brautwerber eines Mannes (זה אוהב שושבינו) gemeint . . . Zu diesem Brauch Abrahams, Studies II, S. 213. Der shosh͏ebin war der Freund, der als Vertreter des Bräutigams handelte. Anscheinend war es in Judäa üblich (Bill I, S. 45f, vgl. S. 502), zwei Brautwerber zu haben, von denen jeder eine Familie repräsentierte; vgl. 1Makk 9,39, ὁ νυμφίος ἐξῆλϑεν καὶ οἱ φίλοι αὐτου. Das Wort in diesem Vers hat entweder einen anderen (wahrscheinlich galiläischen) Brauch im Auge oder, was wahrscheinlicher ist, adaptiert einen Brauch so, daß er zu der Situation, in welcher nur Johannes und Jesus beteiligt sind, paßt.

ὁ ἑστηκὼς καὶ ἀκούων αὐτοῦ. Joh gebraucht häufig ἱστάναι, wo es nicht unbedingt notwendig ist; s. Komm. zu 1,35 und vgl. 6,22; 12,29. An dieser Stelle ist es freilich wohl nicht überflüssig. Wenn ἀκούειν (wie oft im NT, vielleicht in Abhängigkeit von dem hebräischen שמע) bedeutet »gehorsam hören«, »gehorchen«, dann wird ἑστηκώς die Haltung eines Knechtes bezeichnen; vgl. z. B. 1Kön 17,1: vor welchem ich stehe; wenn ἀκούειν jedoch bedeutet »den freudigen Ruf des Bräutigams hören« oder »den Bräutigam in der Unterhaltung mit der Braut zu hören«, wie der nächste Satz nahelegt, dann wird ἑστηκώς die Haltung eines Menschen beschreiben, der auf einen erhofften Laut wartet.

χαρᾷ χαίρει ist ungewöhnliches, wenn auch nicht unmögliches Griechisch. Es spiegelt den Gebrauch des absoluten Infinitivs zur Betonung eines Verbums im Hebräischen und einige der Versuche, die man in der LXX gemacht hat, diesen Sprachgebrauch wiederzugeben, wider; da aber semitischer Einfluß »nur in der Verlängerung solcher Ausdrücke im Neuen Testament« gesehen werden kann (M II, S. 444) und da die Konstruktion an keiner anderen Stelle bei Joh erscheint, kann sie hier nicht als Zeichen für eine Übersetzung betrachtet werden. Nachahmung der LXX ist als Ursache wahrscheinlicher. Zur Freude bei Hochzeitsfesten s. Bill I, S. 504–517.

αὕτη οὖν ἡ χαρὰ ἡ ἐμὴ πεπλήρωται. Die Verbindung von πληροῦν mit Freude ist charakteristisch für Joh: 15,11; 16,24; 17,13; vgl. 1Joh 1,4; 2Joh 12. Die Ablösung seines Wirkens durch Jesu Wirken vollendet die Freude des Johannes, denn dies bedeutet, daß seine Aufgabe erfüllt ist.

30. Hinter diesem Vers kann der synoptische Vergleich des Joh mit jenem, der der Geringste im Reich Gottes ist (Mt 11,11; Lk 7,28), stehen. Der Vers meint nur, was er sagt; es ist absurd, hier eine astrologische Bedeutung (einen aufgehenden und untergehenden Stern) zu finden, auch wenn die Worte in diesem Zusammenhang gebraucht werden, und dies könnte dem Bild noch etwas zufügen.

δεῖ. Vgl. das δεῖ von V. 14. Auch dies ist der Wille Gottes.

Man kann V. 29f, nimmt man bestimmte Umstellungen vor, in zwei Dreizeilern setzen, wobei jeder aus »zwei antithetischen Zeilen besteht, auf die eine abschließende klimaktische Zeile folgt«, und zwar folgendermaßen (Black, S. 147):

Wer die Braut *(kall^etha)* hat, ist der Bräutigam:
Wer steht und ihn hört, (ist) der Freund des Bräutigams.
(Und) er freut sich sehr über die Stimme *(gala)* des Bräutigams.
 Er muß zunehmen
 aber ich muß abnehmen *(q^elal)*;
diese meine Freude ist deshalb erfüllt *(k^elal)*.

Die Worte in Klammern sind aramäische Entsprechungen. »Das Wortspiel ... wird im gesamten Bildwort beibehalten und stützt die angenommene Rekonstruktion der drei letzten Zeilen« (Black, ebd.). Der Parallelismus überzeugt jedoch nur im zweiten Dreizeiler, und hier muß man sehen, daß eine Emendation des Textes notwendig ist. V. 30 ist in der vorliegenden Fassung zumindest so griechisch wie semitisch; vgl. z. B. ... ἤδη ὥρα ἀπιέναι, ἐμοὶ μὲν ἀποθανουμένῳ, ὑμῖν δὲ βιωσομένοις (Plato, Apologie 42a). Das von Black entdeckte Wortspiel ist auffällig, es muß jedoch daran erinnert werden, daß φωνή und πληροῦν (mit Freude) charakteristisch für das Griechisch des Joh sind und das Bildwort ohne das Wort νύμφη überhaupt nicht gebraucht werden konnte. Möglicherweise ist das Wortspiel dann zufällig.

31. Dieser Vers führt den Gedanken von V. 22–30 fort: Jesus und Johannes werden nun einander gegenübergestellt, als »der, welcher von oben ist« und »der, der von der Erde ist«; er blickt aber auch zurück auf das Gespräch mit Nikodemus (V. 1–21). Das Hauptthema des Dialogs war die neue Geburt von oben (ἄνωθεν), wodurch allein der Mensch in die neue Welt des Reiches Gottes eingehen kann. Von hier aus bewegt sich die Rede auf die Person Jesu zu, der Gericht und Erlösung bringt, den Menschensohn, der vom Himmel herabsteigt und wieder hinaufsteigt. An dieser Stelle greift der Täufer ein, um auf die Beziehung zwischen Jesus und ihm selbst hinzuweisen, und a fortiori auf die Beziehung zwischen Jesus und der gesamten Menschheit außerhalb des Reiches Gottes. Nun kehrt Joh zum Hauptthema mit der bei ihm gewohnten Zuversicht zurück, daß Jesus selbst das Evangelium *ist*. Es gibt eine Geburt ἄνωθεν, weil Jesus ὁ ἄνωθεν ἐρχόμενος ist. Schnackenburg hat durchaus recht mit seiner Annahme, daß V. 31 den Gedanken von 3,12 fortsetzt, aber er tut dies mit größerer Eindrücklichkeit und Klarheit, wenn man V. 13–17.27–30 dazwischengestellt sein läßt.

ὁ ἄνωθεν ἐρχόμενος. Vgl. die synoptische Wendung ὁ ἐρχόμενος (Mt 11,3; 21,9; 23,39 [vgl. 3,11]; Mk 11,9; Lk 7,19f; 13,35; 19,38); und bei Joh 1,15.27; 11,27; 12,13 (vgl. 6,14). Die messianische Wendung wird hier von Joh in Beziehung zu seinem Thema gebracht. Fraglos ist hier die Bedeutung von ἄνωθεν »von oben«; vgl. die Parallele in diesem Vers, ἐκ τοῦ οὐρανοῦ. Jesus als Menschensohn (vgl. V. 13) ist ἐπάνω πάντων, der höchste Herrscher der Menschheit.

ὁ ὢν ἐκ τῆς γῆς. Es gibt nur einen, der von oben kommt (vgl. V. 13), aber diese kontrastierende Bezeichnung verweist nicht auf dieselbe Einzigartigkeit. In erster Linie ist hier ohne Zweifel Johannes gemeint, der, anders als Jesus, nur mit Wasser, nicht mit Geist taufen kann; aber auch der Mensch als solcher ist ἐκ τῆς γῆς; er ist γεγεννημένον ἐκ τῆς σαρκός, und ist σάρξ (V. 6). Vgl. 1Kor 15,47, ὁ πρῶτος ἄνθρωπος ἐκ γῆς χοϊκός, und den Abschnitt, auf welchen sowohl Paulus als auch Joh anspielen, Gen 2,7, καὶ ἔπλασεν ὁ θεὸς τὸν ἄνθρωπον χοῦν ἀπὸ τῆς γῆς. Anders als κόσμος, impliziert γῆ keinen Widerstand gegen Gott; es bezeichnet die Schöpfung gegenüber dem Schöpfer.

ἐκ τῆς γῆς ἐστίν. Abgesehen von dem unwahrscheinlichen Fall, daß hier eine Tautologie vorliegt, bedeutet die Wendung: »Wer irdisch ist in seinem Ursprung, ist auch von Natur aus irdisch«. Zum Vorschlag von Black s. u.; Schnackenburg lenkt aber die Aufmerksamkeit zu Recht auf die zwei möglichen Bedeutungen von ἐκ, das Ursprung und Art bezeichnet.

ἐκ τῆς γῆς λαλεῖ. Vgl. V. 12, εἰ τὰ ἐπίγεια εἶπον ὑμῖν. Johannes der Täufer insbesondere hat von Handlungen gesprochen, die auf diese Welt beschränkt sind: Er konnte die Menschen zur Umkehr aufrufen und ihre Leiber waschen; aber insofern er vom Geist sprach, konnte er dies nur tun, indem er die Erfüllung durch einen anderen versprach. Er konnte die Wiedergeburt aus dem Geist, ewiges Leben, nicht bieten.

31b, 32. Es gibt Zweifel über den Text von ἐπάνω bis τοῦτο. ἐπάνω πάντων ἐστίν lassen aus: P⁷⁵ א* D λ 565 it cur Origenes, Euseb, Tertullian. τοῦτο lassen aus א D λ 565 it cur pesch hl Origenes, Euseb, Tertullian. Der Zweck dieser Auslassungen, welche wir aus praktischen Gründen als eine Variante nehmen, ist es, die beiden Verse so zu verbinden, daß wir übersetzen müssen: »Er, welcher vom Himmel kommt, bezeugt das, was er gesehen und gehört hat.« Die kürzere Lesart ist sehr gut und früh bezeugt und kann durchaus richtig sein. V. 31c ist, wie man richtig bemerkt hat, lediglich eine Wiederholung von V. 31a: Dies aber ist tatsächlich vielleicht das stärkste Argument zugunsten der längeren Lesart. Der Stil des Joh ist charakterisiert durch Wiederholungen (s. Komm. zu 1,2), und die Wiederholungen, die hier dem modernen Leser anstößig sind, können schon dem antiken Abschreiber und vielleicht besonders dem antiken Übersetzer anstößig gewesen sein. Die Variante verändert den Sinn des Abschnittes als Ganzen nicht wesentlich. Muß man τοῦτο lesen, so ist dies ein Beispiel eines *casus pendens*; Einleitung S. 28.

ὃ ἑώρακεν καὶ ἤκουσεν. Man kann kaum zwischen dem Perfekt und dem Aorist unterscheiden. Zum Versuch dieser Unterscheidung s. Bl-Debr § 342, wo behauptet wird, das unterschiedliche Tempus zeige, daß größeres Gewicht auf dem Sehen liege; vgl. im Gegensatz dazu 1Joh 1,13, wo gleiches Gewicht auf Sehen und Hören gelegt wird. Subjekt der beiden Verse ist selbstverständlich Christus. Das Objekt entspricht den ἐπουράνια von V. 12, Subjekt ist der, der herabstieg und hinaufstieg (3,13ff). Vgl. auch 3,11, ὃ ἑωράκαμεν μαρτυροῦμεν.

τὴν μαρτυρίαν αὐτοῦ οὐδεὶς λαμβάνει. Vgl. V. 11, τὴν μαρτυρίαν ἡμῶν οὐ λαμβάνετε. Der Vers ist insgesamt eine Verallgemeinerung dessen, was in dem Gespräch mit Nikodemus gesagt worden war; s. auch die einleitenden Aussagen über dasselbe Thema im Prolog 1,5.10f. Dieses Evangelium arbeitet ganz scharf die Verwerfung Jesu durch das Judentum heraus; zu den Vorstellungen der Prädestination, die das ganze Kapitel durchziehen, s. Komm. zu 3,20f.

Zu möglichen Spuren eines aramäischen Originals in V. 31f s. Black, S. 147ff. Black, der argumentiert, V. 31b, ὁ ὢν ἐκ τῆς γῆς ἐκ τῆς γῆς ἐστίν, sei tautologisch und unsinnig, nimmt an, das zweite ἐκ τῆς γῆς sei auf eine Fehldeutung eines aramäischen Originals zurückzuführen. Übersetzt wurde מן ארעא *(min 'ar'a)*; statt dessen sollte gelesen werden (מלארעיה) מן לארעיה, *min leʿar'ayeh (milleʿar'ayeh)*, mit der Bedeutung »ihm unterlegen«. Wir erhalten dann die folgende poetische Form:

Der von der[a] Erde ist, ist Ihm[b] unterlegen,

(der von unten ist, ist unter Ihm)

und er spricht v̊on der Erde

der von obe̊n kommt *(millᵉ'el)*, ist über alle n̊ *('ilawe kulla)*,

und was er geseheñund gehört hat, das bezeugt er;
und (aber) niemand nimmt sein Zeugnis an.

Es muß hier jedoch festgestellt werden, daß es möglich ist, (s. o.), auch ohne Emendation einen verständlichen Sinn in ὁ ὢν ἐκ τῆς γῆς ἐκ τῆς γῆς ἐστίν zu finden, und daß das Wortspiel zwischen *millᵉ'el* (von oben) und *'ilawe* (oben) bereits im Griechischen vorliegt (ἅ ν ω ϑεν, ἐπ άν ω).

33. ὁ λαβὼν αὐτοῦ τὴν μαρτυρίαν. Die negative (οὐδείς) Aussage des vorangehenden Verses ist nicht ohne Ausnahme; vgl. 1,11 ff (οὐ παρέλαβον. ὅσοι δὲ ἔλαβον . . .). Das Zeugnis Jesu anzunehmen heißt zu glauben, was er sagt.

ἐσφράγισεν. Der Mensch, der so glaubt, hat die Wahrheit dessen, was Jesus sagt, bestätigt. σφραγίζειν wird wieder 6,27 gebraucht (nur an diesen zwei Stellen bei Joh); dort siegelt Gott, d. h., er bestätigt Jesus als seinen vertrauenswürdigen Boten; hier gibt der Mensch seine Zustimmung zu demselben Faktum. Liddell-Scott bieten keinen genau parallelen Sprachgebrauch von σφραγίζειν im Griechischen, vgl. aber den Gebrauch von חתם »unterzeichnen, unterschreiben (als Zeuge, Richter usw.)« (Jastrow s. v.).

ὅτι ὁ ϑεὸς ἀληϑής ἐστιν. Man hätte hier erwarten können, »daß Jesus wahr ist«. Aber Jesus ist nicht sein eigener Bote; ihn zurückzuweisen heißt Gott zum Lügner zu machen (1Joh 5,10; Joh 12,44–50 u. Komm. z. St.), und umgekehrt heißt sein Zeugnis annehmen erkennen, daß in ihm Gott seine Pläne erfüllt (s. Komm. zu ἀλήϑεια, 1,14 u. zu ἀληϑής, 1,9). Zum Vorschlag von Black s. u.

34. ὃν γὰρ ἀπέστειλεν ὁ ϑεὸς τὰ ῥήματα τοῦ ϑεοῦ λαλεῖ. Das γάρ ist zu beachten: Das Zeugnis Christi anzunehmen bedeutet die Wahrheit Gottes bestätigen, *weil* Jesus als Gottes bevollmächtigter Bote die Worte Gottes spricht. Zu ἀποστέλλειν s. Komm. zu 20,21. Jesus kommt nicht in seinem eigenen Namen, sondern in Gottes Namen, nicht mit seinen eigenen Worten, sondern mit Gottes Worten. Dieses Thema wird im Evangelium ständig wiederholt; s. z. B. 5,19. So haben wir in V. 33 ». . . daß Gott (nicht der Zeuge) wahrhaftig ist« (Bultmann, S. 118).

οὐ γὰρ ἐκ μέτρου δίδωσιν τὸ πνεῦμα. Der Text ist nicht ganz sicher. Als Subjekt zu δίδωσιν werden folgende Möglichkeiten geboten:

ὁ ϑεός, D Θ Ω a vg pesch hl sah boh Origenes.

ὁ πατήρ, cur.

ϑεὸς ὁ πατήρ, sin.

τὸ πνεῦμα ist von B* sin ausgelassen.

Wahrscheinlich ist die Ergänzung von Gott als Subjekt zu diesem Verbum zutreffende Interpretation; vgl. V. 35. Nimmt man Jesus (verstanden) oder τὸ πνεῦμα als Subjekt, so trägt man fremde Ideen in diesen Abschnitt ein. Es ist freilich nicht unmöglich, daß die Hinzufügung von τὸ πνεῦμα, auch wenn es breit bezeugt ist, ebenfalls nur Interpretation ist. An dieser Stelle kann man keine Sicherheit gewinnen, aber der allgemeine Sinn des Abschnitts bleibt klar: Weil Gott (den Geist) Jesus gibt, und zwar nicht in geringem Maß, sondern vollständig, spricht Jesus die Worte Gottes.

ἐκ μέτρου ist nicht ein griechischer Ausdruck; μετρίως oder μέτρῳ oder κατὰ μέτρον wäre besser gewesen. Im rabbinischen Hebräisch sind במדה und שלא במדה (abgemessen bzw. nicht abgemessen) eine verbreitete Gegenüberstellung (s. Bill II, S. 431), sie können aber das ἐκ bei Joh nicht erklären. Das Wort von R. Aha (Lev r 15,2): Selbst der Heilige Geist, der auf den Propheten ruht, ruht auf ihnen nur in abgemessener Weise (במשקל) – einer von ihnen weissagte ein Buch, ein anderer zwei –, ist nicht wirklich von Bedeutung. Sir 1,10 (von der Weisheit) liegt näher, wenn auch nicht im Wortlaut. Der Geist bleibt (μένει) auf Jesus (1,32, wo auch die Aussage, die Jesus und den Geist verbindet, dem Täufer in den Mund gelegt ist).

Black (S. 148 f) stellt mit Hilfe einer Konjektur die Verbindung zwischen V. 33 und 34 her. ἀληϑής (V. 33) gibt wahrscheinlich שרירא *(shᵉrira)* wieder; aber dies könnte eine Mißdeutung von שדריה

(shadd^ereh), gewesen sein, was bedeutet »hat ihn gesandt«. Wenn wir in dieser Weise emendieren, haben wir die folgenden Zeilen, die mit einer klimaktischen Zeile enden:
Der sein Zeugnis empfangen hat,
hat besiegelt, daß Gott *ihn gesandt* hat;
denn der, den Gott *gesandt hat*,
spricht die Worte Gottes:
Denn Gott gibt den Geist nicht in geringem Maß.
Man könnte aber auch die letzte Zeile an das Ende von V. 35 stellen:
Der Vater liebt den Sohn
und hat alle Dinge in seine Hand gegeben,
denn Gott gibt den Geist nicht in geringem Maße.
Diese Vorschläge sind attraktiv, aber nicht überzeugend, denn, wie wir oben festgestellt haben, gibt es bereits einen befriedigenden Zusammenhang zwischen V. 33 und 34.

35. ὁ πατὴρ ἀγαπᾷ τὸν υἱόν. Die Beziehung zwischen dem Vater, der sendet, und dem Sohn, der, bekleidet mit der Autorität des Vaters, gehorcht, ist eine Beziehung der Liebe; zu dieser Beziehung s. neben anderen Stellen 10,17; 15,9; 17,23f.26; zum Gebrauch von ἀγαπᾶν, ἀγάπη bei Joh s. Komm. zu 3,16.

πάντα δέδωκεν ἐν τῇ χειρὶ αὐτοῦ. S. Komm. zu 5,19–47. Jesus hat völlige Autorität, in des Vaters Namen zu handeln. Zum Ausdruck vgl. 13,3, wo das εἰς dem Griechischen eher entspricht; es ist aber kaum möglich, im hellenistischen Griechisch zwischen diesen Präpositionen zu unterscheiden; s. Bl-Debr § 218; die Annahme, Joh sei von dem hebräischen ביד נתן beeinflußt, ist unnötig. Ist die Wendung von Bedeutung, dann müssen εἰς und ἐν als unterschiedliche Wiedergaben der hebräischen Präposition betrachtet werden; die Übersetzung von Sanders (. . . hat alle Dinge gegeben mit seiner Hilfe – wörtlich: durch seine Hand) ist nicht gerechtfertigt.

36. ὁ πιστεύων εἰς τὸν υἱὸν ἔχει ζωὴν αἰώνιον. Dies ist der Höhepunkt des Kapitels und ein abschließender Hinweis darauf, daß man das Kapitel in der in den Handschriften vorliegenden Ordnung lesen muß. Auf Grund der Wahrheit, die in V. 35 formuliert ist, begegnet der Hörer Jesu den absoluten Möglichkeiten des Glaubens (der zum ewigen Leben führt; Joh erwähnt, anders als Paulus es tut, Gerechtigkeit nicht als Mittelbegriff) und des Unglaubens; deshalb das Thema des Gerichts in 3,18.19ff.

ὁ δὲ ἀπειθῶν. ἀπειθεῖν bedeutet eigentlich »ungehorsam sein«; aber Joh (der es nur hier gebraucht) scheint es in der Bedeutung »nicht glauben« zu verwenden; s. den parallelen Ausdruck in V. 18, ὁ μὴ πιστεύων.

οὐκ ὄψεται ζωήν. »Leben« für »ewiges Leben«; »sehen« wie V. 3.

ἡ ὀργὴ τοῦ θεοῦ μένει ἐπ᾽ αὐτόν. Vgl. 9,41. Der Zorn Gottes wird bei Joh nur hier erwähnt. Sonst ist er im NT in erster Linie eine eschatologische Vorstellung. Joh gebraucht Zorn mit einem Präsenstempus (vgl. Röm 1,18), wie er es auch mit ζωὴ αἰώνιος tut; vgl. auch V. 18 ἤδη κέκριται, wo im wesentlichen dieselbe Bedeutung vorliegt. Das Gericht wird über die Menschen entsprechend ihrer Beziehung zu Jesus und durch sie gesprochen, und wenn diese Beziehung hergestellt worden ist (ὁ πιστεύων – ὁ ἀπειθῶν), dann bleibt das Gericht, entweder zum ewigen Leben oder zum Zorn. Vgl. 5,24–29; ein zukünftiges Gericht wird dadurch, daß seine Entscheidung – und zum Teil auch seine Wirkungen – bereits realisiert sind, nicht ausgeschlossen. 1QS 4,12 (לשחת עולמים באף עברת אל) enthält eine teilweise wörtliche Parallele; die Vorstellung der zornigen Vergeltung Gottes ist freilich in der Apokalyptik zu verbreitet, als daß sie hier die Annahme einer direkten Beziehung zwischen Joh und Qumran begründen könnte.

8. Die samaritanische Frau

4,1–42

Dieser Abschnitt ist mit den vorangehenden zweifach verbunden: a) durch ihr gemeinsames Thema, daß in Jesus das Judentum und das AT ihre Erfüllung finden (auch wenn in dem vorliegenden Abschnitt Jesus die Grenzen des orthodoxen Judentums überschreitet); b) durch den Gebrauch des Terminus »Wasser«. In 2,6 ist Wasser Mittel zu ritueller Reinigung; auch in 3,5 ist es ein sinnliches Element in einem religiösen Ritus. In allen Fällen wird es transzendiert, im ersten Fall durch Verwandlung, im zweiten durch seine Verbindung mit dem Geist. In dem neuen Kapitel gibt Jesus »lebendiges Wasser« (vgl. 7,39 – ein Hinweis auf den Heiligen Geist ist beabsichtigt) für die Menschen zu trinken. Freilich sind in diesem Abschnitt verschiedene Themen zusammengefügt, und es wird deshalb gut sein, zuerst gesondert V. 1–30.39–42 zu betrachten, die unmittelbar mit den Samaritanern zu tun haben, und dann V. 31–38, ein Zwischenakt, in welchem Jesus mit seinen Jüngern ein Gespräch führt.

Der größte Teil der Geschichte mit den Samaritanern besteht aus einem Gespräch zwischen Jesus und einer samaritanischen Frau – dies ist, wie Joh betonen will, eine ungewöhnliche Unterhaltung, denn sie findet zwischen einem Mann und einer Frau statt, einem Juden und einer Samaritanerin. Die Bitte Jesu um Wasser dient dazu, einen doppelten Kontrast und Parallelismus herauszustellen; zuerst zwischen dem »lebendigen« (fließenden) Wasser der Quelle und dem von Jesus gegebenen lebendigen Wasser, welches so genannt wird, weil es ewiges Leben verleiht, und zweitens zwischen Jesus und Jakob als den Spendern von Wasser. Die Frau weiß im Unterschied zu den Lesern des Evangeliums (und die Ironie der Situation ist charakteristisch für Joh) nicht, daß Jesus größer ist als Jakob, weil er bei weitem besseres Wasser gibt. Die Aufdeckung ihrer Vergangenheit (welche allegorische Bedeutung haben kann, freilich nicht muß – s. Komm. zu V. 18) offenbart der Frau, daß Jesus ein Prophet ist. Und passend stellt sie eine der entscheidenden Fragen, die es zwischen Juden und Samaritanern gibt: wem ist der Vorzug zu geben, Jerusalem oder dem Berg Garizim. Das Thema von 2,13–22 (s. S. 217ff) wird so in einem weiteren Kontext wieder aufgenommen; Jesus bringt die Erfüllung alles dessen, was das AT mittels des Gottesdienstes bot. Er kann dies tun, weil Gott Geist ist und er, Jesus, den Geist (»lebendiges Wasser«) bringt und so das für den Gottesdienst notwendige Mittel bereitstellt. Die Frau erkennt die Bedeutsamkeit dieser Themen; nur der Messias kann umfassende Aufklärung über sie geben. Daraufhin erklärt Jesus, er sei der Messias. Die Frau geht, halb überzeugt, in die Stadt; auf ihren Bericht hin glauben einige, und die gesamte Bevölkerung der Stadt kommt heraus, um Jesus zu sehen; auf Grund dieser unmittelbaren Begegnung mit ihm bekennen sie, daß er nicht nur der Messias der Juden oder der Samaritaner, sondern der Heiland der Welt sei.

In dem dazwischenliegenden Abschnitt V. 31–38 bewegt sich der Gedanke vom Bild der Nahrung zu dem der Ernte; Jesus braucht die von den Jüngern mitgebrachten Vorräte nicht; denn seine Speise ist es, den Willen Gottes zu tun. Es ist auch nicht nötig, auf die Ernte zu warten; Während er noch sät, geht schon die Frucht auf, und die Zeit ist reif, daß die Jünger ihr Werk als Erntearbeiter beginnen.

Es gibt in der synoptischen Tradition zu dieser Begegnung Jesu mit den Samaritanern keine Parallele; man könnte höchstens das besondere Interesse des Lukas an Samaritanern und Frauen (wie an anderen verachteten Gruppen) vergleichen. Es scheint unmöglich, einen vorjohanneischen Kern der Geschichte zu isolieren; die Geschichte ist sorgfältig als Ganze geschrieben; sie ist darüber hinaus vom Standpunkt eines Schreibers abgefaßt, der auf die Evangeliengeschichte von einem späteren Zeitpunkt aus zurückblickt. Es ist wahrscheinlich richtig, wenn man sagt (Cullmann, Vorträge, S. 234), die Frau sei eine traditionelle Gestalt, sie wird aber bei Joh symbolisch, vielleicht besser repräsentativ gesehen. Dodd (Tradition, S. 325ff) findet in V. 31–34 einen traditionellen Dialog, vergleichbar in Form z. B. Mk 3,31–35 (wo Familienbeziehungen sublimiert werden) und Mt 4,1–4 = Lk 4,1–4 (wo wiederum Sublimation vorliegt, aber dieses Mal, wie bei Joh von Speise). In V. 35–38 sieht Dodd (Tradition, S. 391–405) eine Folge traditioneller Logien, deren ursprünglicher Ort der Missionsauftrag und deren Thema realisierte Eschatologie war. Inhaltlich erinnern die an die Jünger gerichteten Logien an Mt 9,37f, und ebenso all die Gleichnisse von Saat und Ernte (s. bes. Mk 4,3 bis 9.26–29.30–32). Vielleicht findet sich hier der Schlüssel zum ganzen Abschnitt. Die synoptischen Evangelien weisen auf eine nahe bevorstehende und große Ernte hin, die, so nahe sie auch ist, immer ein zukünftiges Ereignis bleibt; auch wenn das Reich Gottes während der Wirksamkeit Jesu gegenwärtig ist, so ist es dies doch nur in keimhafter Form. Für Joh aber schwindet die viermonatige Spanne zwischen Saatzeit und Ernte. Vom Reich Gottes ist nicht die Rede, sondern »die Stunde kommt und ist jetzt«, wenn die Menschen im Geist dem Gott vereint sein sollen, der Geist ist; deshalb kann auch die Gabe des lebendigen Wassers angeboten werden.

Der Veränderungsprozeß, welchen der synoptische Stoff in den Händen des Joh erfahren hat, darf nicht zu einfach gesehen werden. Er schreibt nicht einfach über die Zeit, in welcher er lebt, und führt so törichte Anachronismen in sein Evangelium ein, er entfernt aber auch nicht die futurische Eschatologie aus der Evangelienüberlieferung. Es ist vielmehr die »realisierte Eschatologie«, die er neu interpretiert. Er spricht nicht länger vom Reich Gottes als Saat in der Erde, sondern umschreibt in einer durch hellenistisches Vokabular gefärbten Sprache erneut die Gabe, mit welcher Jesus seine Zeitgenossen herausforderte. Es ist lebendes Wasser, ewiges Leben und Gottesdienst im Geist.

Zur Form des Abschnitts, in welchem die Haupterzählung in zwei Teile geteilt ist und dadurch einen zweiten Block an Überlieferungsmaterial einschließen kann, vgl. verschiedene mk Abschnitte, z. B. Mk 3,20–35; 5,21–43; 11,12–25. Für eine strukturalanalytische Interpretation des Abschnitts s. B. Olsson, Structure and Meaning in the Fourth Gospel [1974]. Zur Beziehung zwischen Joh und den Samaritanern s. Einleitung, S. 153, und die ausführlichen Anmerkungen unten. Eine kurze, aber einfühlsame Erklärung der Geschichte als Ganzer bietet Bornkamm II, S. 235f; wir werden unten darauf Bezug nehmen.

1. ὁ κύριος. Diese Lesart wird geboten von P⁶⁶ P⁷⁵ Ω sin sah und einigen altlateinischen Handschriften; ℵ D Θ λ it vg cur pesch hl boh lesen [ὁ] Ἰησοῦς. Jene Lesart ist sicherlich alt und wohl vorzuziehen, da angesichts des Vorkommens von Ἰησοῦς in demselben Vers es naheläge, einen anderen Namen zu wählen. Andererseits kommt κύριος selten im Erzählstoff bei Joh vor und könnte deshalb vielleicht aus diesem Grunde in Ἰησοῦς geändert worden sein. Eine weitere Möglichkeit wird durch die gleichmäßige Verteilung der Zeugen nahegelegt, daß nämlich im ursprünglichen Text (wie in einer Handschrift, 047) kein Substantiv stand und daß sowohl ὁ κύριος als auch ὁ Ἰησοῦς ergänzende

Konjekturen sind. Wie V. 3 zeigt, ist ganz ohne Zweifel in jedem Falle Jesus als Subjekt des Verbs gedacht. Vgl. 3,30.

Nach diesem Vers wirkte Jesus und tauften seine Jünger, während Johannes noch am Werk war. Dieser Behauptung, nicht aber der ersteren, wird von Mk 1,14.16–20 widersprochen. Mk läßt Raum für ein Wirken Jesu in Judäa vor seinem Auftreten in Galiläa, aber er bringt die Berufung der ersten Jünger erst nach der Verhaftung des Johannes.

οἱ Φαρισαῖοι. S. Komm. zu 1,24.

2. *καίτοι γε* ist im NT Hapax legomenon (vgl. aber den textus receptus von Apg 14,17); der Satz, der die Abfolge von V. 1 und 3 unterbricht, könnte eine Einfügung eines Redaktors sein, der zwischen Jesus und Johannes unterscheiden wollte; so Jeremias, Theologie 1, S. 53, auch Dodd, Tradition, S. 237 u. 285f, der argumentiert, dies könne nicht von dem Evangelisten geschrieben worden sein, der 3,22 verfaßte. Kein anderes Evangelium berichtet, daß Jesus oder seine Jünger während Jesu Wirksamkeit tauften; aber dies ist nicht unmöglich, insbesondere, wenn die Sendung Jesu, wie es auch die Synoptiker nahelegen, in ihrem Ursprung eng mit dem Wirken des Johannes verbunden war. Zum möglichen Zusammenhang zwischen diesem Taufen und der späteren Taufpraxis der Christen s. W. F. Flemington, The New Testament Doctrine of Baptism [1948], S. 30f, besonders »wenn ... die Taufe mit Zustimmung Jesu praktiziert wurde, läßt sich leichter erklären, warum unmittelbar nach Pfingsten die Taufe ihren Platz als der übliche Initiationsritus zur Aufnahme in die christliche Gemeinde einnahm« (S. 31). Man sollte jedoch hinzufügen, daß die Taufe, die während der Wirksamkeit Jesu praktiziert wurde (selbst wenn dies historisch wäre), nicht als ausreichende Erklärung für den späteren Ritus betrachtet werden kann.

3. *ἀφῆκεν*, Jesus *verließ* Judäa. Nur 20,23 gebraucht Joh *ἀφιέναι* in der Bedeutung »vergeben«. *πάλιν.* Vgl. 2,1–12.

4. *Ἔδει δὲ αὐτὸν διέρχεσθαι διὰ τῆς Σαμαρείας.* Die Aussage des Johannes wird von Josephus bestätigt: Ant XX,118: Die Galiläer reisten gewöhnlich (*ἔθος ἦν τοῖς Γαλιλαίοις*), wenn sie an Festtagen in die Heilige Stadt zogen, durch das Land der Samaritaner (vgl. Bell II,232 – dieselben Stellen illustrieren gut, wie unbeliebt die Juden bei den Samaritanern waren); Vita 269: Samaria stand nun unter römischer Herrschaft; für schnelles Reisen war es wesentlich (*ἔδει*), diese Strecke (sc. durch Samaria) zu wählen, wodurch man Jerusalem von Galiläa aus in drei Tagen erreichen konnte. Das *ἔδει* des Joh enthält wohl keine größere theologische Bedeutung als das *ἔδει* des Josephus; es könnte jedoch sein, daß er andeuten wollte, Jesus sollte auch nach Gottes Willen diese Route wählen, damit er die samaritanische Frau treffen konnte (vgl. Cullmann, Heil, S. 255).

τῆς Σαμαρείας. Diesen Namen legte Omri seiner neuen Hauptstadt bei (1Kön 16,24). Die hebräische Entsprechung ist שֹׁמְרוֹן, *Shomᵉron*; die LXX bietet in diesem Vers eine Transkription (*Σεμερών, Σαεμηρών*, B; *Σομηρών*, A); aber in 16,28 wird die übliche Form *Σαμάρια, Σαμαρεία*, der auch das NT folgt, verwendet. Der Name wurde auf den Bezirk übertragen, in welchem die Stadt lag, und auch für das Nordreich gebraucht (z. B. Ez 16,46). Samarien wurde von den Assyrern 721 erobert (2Kön 17,6; 18,10), die Israeliten wurden deportiert, und an ihrer Stelle strömten Fremde ein (2Kön 17,24ff), die nichtsdestoweniger bis zu einem gewissen Grad die Religion der vorhergehenden Bewohner des Landes bewahrten, von denen zweifellos nicht wenige zurückblieben. Es ist deutlich, daß irgendwann nach dem Exil ein entscheidender Bruch zwischen den zurückkehrenden Juden und den Bewohnern Mittelpalästinas erfolgte, aber die Einzelheiten sind absolut unklar; es gibt in Neh 13 und Josephus, Ant XI, 297–347, einander widerstreitende Berichte von dem »samaritanischen Schisma«. Es ist jedoch sicher, daß es im ersten Jahrhundert, wie in der Gegenwart, eine besondere religiöse Gruppe gab, deren Zentrum der Berg Garizim war. Zur Zeit Jesu existierte Samaria nicht als unabhängige politische Größe, sondern war mit Judäa unter einem römischen Prokurator vereinigt.

5. *εἰς πόλιν τῆς Σαμαρείας λεγομένην Σύχαρ.* Dieser Ort wird gewöhnlich, wenn dies auch nicht sicher ist, mit dem modernen Askar identifiziert, welches in der Nähe der Stelle liegt, die in ununter-

brochener Tradition mit dem »Jakobsbrunnen« des Altertums gleichgesetzt wird. Sychar wird im AT nicht erwähnt, aber der Talmud verweist auf ein *Suchar* oder *Sichar*. Askar liegt sehr nahe bei Sichem, und zwar an der Straße, die durch Samarien von Jerusalem nach Galiläa führt. Schnackenburg und Lindars treten für diese Identifikation ein, aber Brown lehnt sie ab; er folgt dabei W. F. Albright, der die Lesart (Sychem) von sin (allein) annahm; so auch Davies, Land, S. 298.

τοῦ χωρίου ὃ ἔδωκεν Ἰακὼβ τῷ Ἰωσήφ. Hier wird offensichtlich auf Gen 48,22 (vgl. Gen 33,19 und Jos 24,32) angespielt: Ich habe dir ein Stück (Land) vor deinen Brüdern gegeben. Die hebräische Entsprechung für Stück ist שכם wörtlich »Schulter«, aber auch der Eigenname Shechem. Es scheint, daß Joh (wie die LXX, die σίχαμα transkribierte) שכם als ein Stück Land verstand, das dem Joseph gegeben wurde. Dies paßt zu der Identifikation von Sychar mit Askar.

6. *πηγὴ τοῦ Ἰακώβ.* S. o. zu Sychar. Das Fehlen eines Artikels bei *πηγή* hat man als semitisch angenommen. Es ist jedoch korrektes Griechisch, den Artikel bei Ortsnamen wegzulassen, und »Jakobsbrunnen« könnte so verstanden worden sein. McNamara, S. 145f, sieht hinter dieser Geschichte und der Örtlichkeit Targumtradition.

κεκοπιακώς. Im NT bedeutet *κοπιᾶν* im allgemeinen »sich mühen« (wie V. 38), aber die Bedeutung, die sich hier findet (»müde werden«), ist seit der Zeit des Aristophanes im nichtbiblischen Griechisch gebräuchlicher. Käsemann (Jesu letzter Wille) erscheinen solche Hinweise auf die Menschheit Jesu künstlich und gezwungen. Dies stimmt vielleicht; es unterstreicht die Tatsache, daß der Evangelist Jesu Menschlichkeit betonen wollte, wenn auch in ungeschickter Weise.

οὕτως: entweder »in dieser erschöpften Verfassung«, oder wahrscheinlicher »sogleich«, »ohne weitere Umstände«. S. Liddell-Scott s. v.; vgl. Sophokles, Philoctet 1067, *ἀλλ' οὕτως ἄπει* (Bauer, S. 67). S. auch Field, S. 87f.

ὥρα ἦν ὡς ἕκτη. Dieselben Worte begegnen 19,14; vgl. auch 1,39; 4,52. Es ist unmöglich, mit völliger Sicherheit die Methode der Stundenzählung, die Joh verwendet, zu klären. Wenn er, wie es wahrscheinlich ist, mit der sechsten Stunde Mittag meinte, dann sind die Müdigkeit und der Durst Jesu leicht zu verstehen.

7. *ἔρχεται γυνὴ ἐκ τῆς Σαμαρείας. ἐκ τ. Σ.* muß adjektivisch mit *γυνή* zusammengenommen werden, nicht adverbial mit *ἔρχεται*; d. h., die Frau stammt aus dem Bezirk von Samaria (vgl. 11,1, *Λάζαρος ἀπὸ Βηθανίας*); sie kommt nicht aus der Stadt Samaria, die einige Meilen weiter nordwestlich von Sychar-Sichem lag.

8. Diese Regieanweisung entfernt die Jünger bis V. 27. Einige sehen darin eine Einfügung durch den Evangelisten, der so eine überlieferte Geschichte über eine samaritanische Frau mit den überlieferten Logien V. 31–38 verband. In jedem Fall ist die Geschichte dramatisch geschickt gestaltet. Jesus eröffnet die Unterhaltung mit seiner Bitte um Wasser; Joh macht hier wie in all seinen Erzählungen klar, daß die Initiative bei Jesus liegt.

9. *Ἰουδαῖος ὤν.* Joh scheint (wenn man diesen Vers nicht einem Redaktor zuschreibt) *Ἰουδαῖος* nicht in der Bedeutung »Judäer« zu verwenden. S. Komm. zu 1,19. Wie Bornkamm (a. a. O.) beobachtet, nennen die Samaritaner Jesus einen Juden, ebenso wie die Juden ihn einen Samaritaner nennen (8,48); in dieser Welt ist er nur ein Fremdling.

γυναικὸς Σαμαρίτιδος. Zur Unterhaltung mit Frauen s. Komm. zu V. 27; zur Beziehung zwischen Juden und Samaritanern s. u.

οὐ γὰρ συγχρῶνται Ἰουδαῖοι Σαμαρίταις. Diese Worte werden ausgelassen von א* D a b e; es ist möglich, daß sie ein erklärender Zusatz zu dem ursprünglichen Text sind; vgl. 5,4, wo jedoch die Indizien für eine Auslassung viel gewichtiger sind. Der Satz, wenn er ursprünglich ist, muß in jedem Fall als interpretierender Zusatz betrachtet werden; er ist nicht Teil der Rede der Frau. Zum Sinn des Satzes s. Daube, Rabbinic Judaism, S. 373–382, eine Untersuchung, die alle vorhergehenden Interpretationen korrigiert. *συγχρᾶσθαι* bedeutet nicht »mit jemandem zu tun haben«; es gibt nicht das geringste Anzeichen für eine solche Bedeutung. Die Stelle aus Diogenes von Oenoanda, auf welche Sanders verweist, wird von Daube ausführlich diskutiert; er zeigt, daß es sich auch hier um keine

Ausnahme handelt. Das Wort sollte vielmehr entsprechend seiner Etymologie wiedergegeben werden, »zusammen mit gebrauchen«. Nimmt man diese Lesart an, so spiegelt der Abschnitt eine Regelung des Jahres 65 oder 66 n. Chr. wider, als niedergelegt wurde, daß vom Gesichtspunkt der Reinheitsgesetze aus »die Töchter der Samaritaner von der Wiege an menstruieren« (Nidda 4,1). Man konnte niemals sicher sein, daß eine samaritanische Frau nicht in einem Zustand der Unreinheit war, und deshalb war die einzig sichere Praxis, anzunehmen, daß sie unrein war. Diese Unreinheit würde notwendigerweise auf das Gefäß, das sie hielt, übertragen werden, insbesondere wenn sie aus ihm getrunken hatte (*Kelim* passim). Entsprechend kommt man zu dem Grundsatz (und dies ist im Text formuliert) »die Juden gebrauchen [sc. Gefäße] nicht zusammen mit Samaritanern«, ein Grundsatz, welchen Jesus demonstrativ ignoriert. Die Frage nach der Authentizität und Historizität des Logions ist schwierig. Es scheint, insgesamt gesehen, wahrscheinlicher, daß Joh selber diese Regel gekannt und niedergeschrieben haben sollte, als anzunehmen, diese Regel wäre einem späteren christlichen Herausgeber besser bekannt gewesen und deshalb von ihm hinzugefügt worden; aber diese Regel paßt nicht in die Zeit der Wirksamkeit Jesu, und es ist schwierig, die Historizität dessen, was Joh hier sagt, durch die Annahme zu retten, daß einige der strengsten Schüler des Schammai unter den Pharisäern diese Regel, vierzig Jahre bevor sie allgemein in Kraft gesetzt worden ist, gehalten haben. Denn Joh sagt ausdrücklich, daß *Juden* Gefäße zusammen mit Samaritanern nicht gebrauchen. Aufs Ganze gesehen, ist es am besten, anzunehmen, daß Joh seinem Stoff eine redaktionelle Anmerkung hinzugefügt hat, die für seine eigene Zeit paßte. Die Glosse ist nicht (wie allgemein angenommen wird) eine explizite Aussage über allgemeine Beziehungen zwischen Juden und Samaritanern, sie bezeugt aber tatsächlich die allgemeine Einstellung der Juden gegenüber ihren Nachbarn, die von Argwohn geprägt war. Die Samaritaner waren (nicht im strengen Sinn Feinde, sondern) Separatisten und Nonkonformisten. Die rituelle Reinheit ihrer Frauen z. B. konnte, wie wir gesehen haben, nicht von vornherein vorausgesetzt werden; andererseits ist niedergelegt (Ber 7,1), daß drei Juden, die zusammen gegessen haben, ein gemeinsames Gebet sprechen müssen; dies gilt auch, wenn einer davon ein Samaritaner war. Später, vor allem nach dem zweiten jüdischen Aufstand (132–135 n. Chr.), als die Samaritaner neutral blieben, verhärteten sich die Gefühle und wurden bitter.

10. Die Geschichte nimmt hier eine überraschende Wendung. Vgl. die Geschichte von Ananda (die Bultmann zitiert), der unter ähnlichen Umständen zu einem Mädchen aus der Candala-Kaste, die zögerte, für ihn Wasser zu schöpfen, sagte: »Meine Schwester, ich frage dich nicht nach deiner Kaste oder Familie; ich frage dich nur nach Wasser, ob du es mir geben kannst.« S. auch L. Schottroff, ZNW 60 [1969], S. 199–214.

εἰ ᾔδεις. Wie häufig bei Joh (s. Komm. zu 3,3) geht der Gedanke von einem Mißverständnis aus, hier einem Mißverständnis der Person Jesu. Er ist seiner äußeren Erscheinung nach ein durstiger und hilfloser Reisender; tatsächlich ist er der Sohn Gottes, der lebendiges Wasser gibt. Der Ausdruck *ἡ δωρεὰ τοῦ θεοῦ* ist vielleicht nicht ein »Terminus technicus« (Odeberg, S. 150), aber er enthält zumindest wichtige Assoziationen. Im Judentum ist die »Gabe Gottes« *par excellence* die Tora; s. z. B. Gen r 6,7 (und einige andere Verweise bei Odeberg, a. a. O.); zu seiner Bedeutung s. die Ausführungen unten zu »lebendes Wasser«. Im gnostischen Denken ist die Gabe Gottes ebenso die lebengebende Offenbarung; z. B. Corp Herm IV,5, *ὅσοι δὲ τῆς ἀπὸ τοῦ θεοῦ δωρεᾶς μετέσχον, οὗτοι ... ἀθάνατοι ἀντὶ θνητῶν εἰσι ...* Solche göttlichen Gaben sind unsichtbar in den Händen Jesu. Daß *δωρεά* Jesus selbst sein soll, ist unwahrscheinlich.

ὕδωρ ζῶν frisches, fließendes Wasser; aber auch Wasser, das Leben hervorbringt und erhält. Lebendiges Wasser als Metapher für das göttliche Handeln bei der Erweckung von Menschen zum Leben begegnet im AT, z. B. Jer 2,13: Sie haben mich verlassen, den Brunnen lebendigen Wassers (*πηγὴ ὕδατος ζωῆς*); Sach 14,8: Es wird geschehen an jenem Tag, daß lebende Wasser (*ὕδωρ ζῶν*) von Jerusalem ausgehen werden; und vgl. Ezechiels Beschreibungen der Flüsse, die von Jerusalem ausgehen, besonders 47,9: Alles wird leben (*ζήσεται*), wohin auch immer der Fluß kommt. »Lebendes Wasser« ist eine Metapher, die gewöhnlich in der rabbinischen Literatur nicht gebraucht wird, aber die einfache Metapher »Wasser« kommt häufig vor (Bill II, S. 433–436). Zuweilen steht es für den Heiligen Geist, öfter für Tora. Derselbe Gebrauch des Bildes findet sich in Qumran. CD 3,16f; 6,4–11; 19,34 verweist es auf Tora – s. aber besonders 6,4, הבאר היא התורה, der Brunnen (Num 21,18) ist die Tora; 1QS 4,20ff bezieht es sich auf den Heiligen Geist. In der Damaskusschrift gibt das Wasser Leben, in 1QS bewirkt es Reinigung. Dieses letztere Thema fehlt, wie Braun beobachtet, bei Joh. In aeth Hen (besonders 48,1; 49,1) ist »Wasser« Weisheit; zum Zusammenhang zwischen Weisheit und Tora s. Komm. zu λόγος (1,1). S. weiter zu V. 14. Die »Wasser«-Metapher wird auch von Philo gebraucht, obwohl er, wie es scheint, nicht von ὕδωρ ζῶν spricht. Er kommentiert zu Jer 2,13 folgendermaßen: ὁ δὲ θεὸς πλέον τι ἢ ζωή, πηγὴ τοῦ ζῆν, ὡς αὐτὸς εἶπεν, ἀέννaος (Fug 198). Hier wird Gott als der Brunnen des Lebens der Materie gegenübergestellt, ἡ μὲν γὰρ ὕλη νεκρόν. Philo spricht von dem göttlichen Wort (θεῖος λόγος) als »voll des Stromes von Weisheit« (Som II,245, πλήρη τοῦ σοφίας νάματος). Für eine ähnliche Vorstellung in hellenistischem Denken vgl. Corp Herm I,29, ἔσπειρα αὐτοῖς τοὺς τῆς σοφίας λόγους καὶ ἐτράφησαν ἐκ τοῦ ἀμβροσίου ὕδατος; aber das Bild des »Wassers« ist vielleicht im Westen weniger gebräuchlich, weil eben in den wasserlosen Räumen des Ostens der Wert des Wassers ganz offenkundig wird. Das Bild wird in den Oden Salomos gebraucht; s. 6,8–18; 11,6ff; 28,15; 30,1–7. Lebenspendendes Wasser erscheint an mehreren wichtigen Stellen bei Joh: 3,5; 4,10–15; 7,38; 19,34. S. Komm. z. St. Das »Wasser« ist vor allem der Heilige Geist, der allein Leben gibt (vgl. 6,63). Es geht aus von der Seite des gekreuzigten Jesus; es ist Ursache der Christwerdung; und es bildet den Brunnen des Lebens, der für immer in den Christen fließt und ihr göttliches Leben erhält. Joh gebraucht den Ausdruck ohne Zweifel teils darum, weil er in geeigneter Weise vermittelt, was er sagen will, teils wegen seines zweifachen, jüdischen und griechischen Hintergrunds und teils, weil seine Doppeldeutigkeit seinem ironischen Stil entsprach; s. u.

11. Die Frau mißversteht entsprechend das Wort, das zu ihr gesprochen wurde; denn sie nimmt an, ὕδωρ ζῶν bedeute fließendes Wasser aus der Quelle.

οὔτε *simpliciter* begegnet selten im Neuen Testament (nur Lk 20,36; Jak 3,12; 3Joh 10; Offb 9,20 in einigen Handschriften) und anderswo (s. Liddell-Scott s. v.). Es könnte hier in Vorwegnahme einer Inversion des Satzes gebraucht worden sein: »Du hast weder ein Gefäß, noch ist die Quelle seicht.« φρέαρ kann von πηγή als eine künstlich gefertigte Quelle gegenüber einer natürlichen Quelle, die diese vielleicht speist, unterschieden werden; wahrscheinlich aber wollte Joh keine Unterscheidung zwischen den Worten treffen. Der Gebrauch von Synonymen ist charakteristisch für seinen Stil.

12. Die Ironie (für Joh und für die meisten seiner Leser ist Jesus selbstverständlich größer als Jakobus) setzt sich fort und ist charakteristisch joh; vgl. 7,42; 8,53. In 8,53 ist der Wortlaut identisch, aber der »Vater« ist Abraham. πατήρ wird wie das hebräische אב (*'ab*) gewöhnlich von Vorfahren gebraucht, aber seine Verwendung als Titel für einen der Erzväter scheint außerhalb des NT selten zu sein.

αὐτὸς ἐξ αὐτοῦ ἔπιεν ... καὶ τὰ θρέμματα αὐτοῦ. Dies verweist auf ein nicht bekanntes Ereignis; vielleicht auf eine Lokaltradition. θρέμματα ist Hapax legomenon in biblischem Griechisch; die Wiedergabe mit »Sklave« ist nicht unmöglich, aber »Vieh« ist wahrscheinlicher. Daß Jakob selbst aus der Quelle trank, verleiht ihr ihre Einzigartigkeit – selbst er bedurfte keines besseren Wassers; daß sein Vieh daraus trank, verweist auf den Überfluß, aber auch darauf, daß der Brunnen Jakobs nur natürliches Wasser spendete, das lediglich dem sinnlichen Leben des Menschen angemessen war. S. A. Jaubert, in: L'Homme devant Dieu (Mélanges offerts au Père H. de Lubac [1963]), S. 63–73.

13. τοῦ ὕδατος τούτου. Jesus beginnt damit, das Mißverständnis aufzuklären (V. 10). Er spricht nicht von gewöhnlichem Wasser, »diesem« Wasser, das täglich getrunken werden muß.

14. πίῃ. Der Aorist Konjunktiv muß übersetzt werden: »wer immer trinken wird ...«, nicht »wer immer trinkt ...«. Ein einzelner Trunk des Wassers des Lebens wird dem notwendigerweise häufigen Trinken gewöhnlichen Wassers gegenübergestellt. Die Variante ὁ δὲ πίνων (א* D), die die Pointe verfehlt, ist vielleicht auf den Einfluß von Sir 24,21 zurückzuführen.

οὐ μὴ διψήσει εἰς τὸν αἰῶνα. Vgl. die Beschreibung der Heilszeit in Jes 49,10, οὐ πεινάσουσιν οὐδὲ διψήσουσιν, die in Offb 7,16 zitiert wird. S. auch Jes 44,3 (Dodd, AS, S. 90), und Sir 24,21, οἱ ἐσθίοντές με ἔτι πεινάσουσιν, καὶ οἱ πίνοντές με ἔτι διψήσουσιν, was besagen will, daß derjenige, der Weisheit geschmeckt hat, immer mehr Weisheit begehren wird. Jesus erhebt einen noch höheren Anspruch als die göttliche Weisheit (s. Komm. zu λόγος, 1,1). Jene, die ihn und seine Gaben annehmen, haben danach für immer genug, und ihre Bedürfnisse werden innerlich erfüllt. Mit nur einer Ausnahme (9,32) begegnet αἰών bei Joh lediglich in der Wendung εἰς τὸν αἰῶνα. In dieser Wendung und 9,32 (ἐκ τοῦ αἰῶνος) verweist es immer auf unbegrenzte Zeit. Zu αἰώνιος s. Komm. zu 3,15. Es gibt eine etwas entfernte Parallele im Thomasevangelium 28 (ich fand sie alle betrunken, ich fand keinen unter ihnen durstig; vgl. P. Oxy. 1,14–17; Fitzmyer, Essays, S. 396. S. auch Bornkamm, a. a. O.: Jesus erweckt das Gewissen der Frau nicht durch Anklage, sondern durch die freie Gabe der Quelle des Lebens von Gott.

γενήσεται ἐν αὐτῷ πηγὴ ὕδατος. Zur Metapher vom »lebendigen Wasser« s. Komm. zu V. 10. Der Brunnen oder die Quelle des Wassers ist im Menschen (vgl. 7,38, aber s. Komm. z. St.). Möglicherweise wird ein Gegensatz zwischen dem alten Gesetz, das sich in äußerlichen Ordnungen ausdrückt, und einem neuen, inneren Gesetz intendiert, das Jesus eingesetzt hat. Vgl. Jer 31 (38),31–34.

15. Die Frau versteht immer noch nicht, und ein neuer Versuch wird unternommen. Jesus erscheint, jüdisch gedacht, wie ein Prophet – hellenistisch gedacht, wie ein allwissender θεῖος ἀνήρ. Aber keine dieser Vorstellungen ist für Joh eine angemessene christologische Kategorie; s. Einleitung S. 90.

18. ἔσχες ... ἔχεις. ἔχειν wird zuweilen in dieser Weise gebraucht, ohne einen zweiten Akkusativ (ἄνδρα, γυναῖκα); s. Liddell-Scott s. v. A I, 4; und z. B. 1 Kor 5,1: »Es gibt kein griechisches Äquivalent für besaß, den konstativen Aorist, da ἔσχον fast (wenn auch nicht ganz) ausschließlich für empfing, bekam (ingressiv) gebraucht wird. Es gibt keine einzige Stelle, wo ἔσχον konstativ sein muß: Joh 4,18 kann wiedergegeben werden ‚du hast gehabt'« (M I, S. 145). Aber ἔσχον könnte konstativ sein; vgl. z. B. Herodot, III,31, ἔσχε ἄλλην ἀδελφεήν.

πέντε ... ἄνδρας. Es ist möglich, a) daß die Frau fünf legale Ehemänner hatte, die gestorben waren oder sich von ihr geschieden hatten, und daß sie nun mit einem Mann lebte, mit dem sie nicht legal verheiratet war; b) daß sie jetzt mit einem Mann lebte, der nach dem Gesetz ihr Ehemann war, und zwar entsprechend dem mosaischen Gesetz, aber nicht nach christlichen Vorstellungen (Mk 10,11f parr). Es ist darauf hinzuweisen, daß die Rabbinen mehr als drei Eheschließungen nicht für gut hielten, obwohl jede Anzahl rechtlich zulässig war (Bill II, S. 437). Joh wollte offenbar nicht zeigen, daß die Samaritaner den Juden moralisch unterlegen sind, obwohl nun beide Gesetze übertreten werden. In der Tat ist es durchaus möglich – und wohl durchaus auch rechtens –, diese Worte als eine einfache Tatsachenfeststellung und als ein Beispiel für das übernatürliche Wissen Jesu zu nehmen (vgl. 1,48); diese Annahme wird durch V. 29 (πάντα ἃ ἐποίησα) bestätigt. Viele Kommentatoren jedoch haben sie als symbolisch betrachtet. Dies würde durchaus zu Stil und Methode des Joh passen. Die Frau repräsentiert Samaria, das von fünf Fremdstämmen bewohnt wird, ein jeder mit seinem eigenen Gott. Der eine, der »nicht ein Ehemann« ist, repräsentiert entweder einen falschen Gott (man hat an Simon Magus gedacht) oder die falsche Verehrung des wahren Gottes durch die Samaritaner (V. 22). Diese Interpretation stößt auf die Schwierigkeit, daß nach 2 Kön 17,30–32.41 die Samaritaner nicht fünf, sondern sieben falsche Götter hatten; da aber Josephus (Ant IX, 288) fünf Götter zählte, ist die Schwierigkeit nicht unüberwindlich. Daß Joh auf die Annahme der fünf Bücher der Tora als die allein kanonischen durch die Samaritaner verwies, ist unwahrscheinlich, da die Samaritaner diese Bücher nicht aufgegeben hatten, und es wäre schwierig, den einen, der kein Ehemann ist, zu identifizieren. Möglicherweise unter dem Einfluß von 2 Kön 17, wahrscheinlicher aber unter dem Einfluß seines eigenen Denksystems las Herakleon ἕξ statt πέντε und verstand die sechs Ehemänner als Verkörperung alles materiellen Bösen (τὴν ὑλικὴν πᾶσαν κακίαν, apud Origenes, In Evangelium Joannis, XIII,11). Die Lesart findet keine weitere Unterstützung und muß eher als ein Beispiel für die Exegese des Herakleon denn als Zeugnis für den Text des Joh verstanden werden.

»Die Offenbarung ist für den Menschen die Aufdeckung seines eigenen Lebens« (Bultmann). Dies kann akzeptiert werden, wenn es die Wirklichkeit der Offenbarung meint. In dem vorliegenden Gespräch hat Jesus vorher Gottes Angebot der Gabe des Lebenswassers erklärt.

19. *κύριε.* Dieser Vokativ muß nicht mehr bedeuten als die höfliche Anrede »Herr«; es hat diese Bedeutung in V. 11.15; in diesem Vers scheint es auf dem Weg zu seiner tieferen religiösen Bedeutung »Herr Gott« zu sein.

προφήτης. Jesu Wissen um die Vergangenheit überzeugt die Frau von seiner Geistbegabung. Oder die Frau denkt vielleicht, obwohl *προφήτης* ohne Artikel ist, an »*den* Propheten« (vgl. 1,21), indem sie Dt 18,15 messianisch interpretiert. Angesichts von V. 25 ist dies nicht wahrscheinlich, es sei denn, Joh spielt auf die Tatsache an, daß die Samaritaner Dt 18,15 messianisch interpretierten und ihren Messias (Taheb) als einen Propheten ansahen. S. S. 153; wahrscheinlich konnte Joh keine tiefere Kenntnis der samaritanischen Theologie auf seiten seiner Leser voraussetzen. Sofern man annimmt, die Frau werfe in den folgenden Versen ein verwickeltes theologisches Problem auf, um eine für sie peinliche Diskussion über ihre Eheschließungen zu vermeiden, würde man die Geschichte in einer Weise psychologisieren, die Joh nicht wollte.

20. *ἐν τῷ ὄρει τούτῳ προσεκύνησαν.* Der Übergang zu dem Thema Gottesdienst ist vielleicht weniger plötzlich, wenn man in den »fünf Ehemännern« einen verhüllten Hinweis auf den Götzendienst der Samaritaner findet; aber dies reicht nicht aus, um die allegorische Deutung der Ehemänner zu beweisen. Die Samaritaner bezogen das deuteronomische Gesetz *eines* Heiligtums nicht auf Jerusalem, sondern auf den Berg Garizim, in dessen Interesse sie dann auch andere atl. Stellen lasen. Sie gebrauchten diesen Berg in Nordpalästina für ihre Riten sogar noch nach der Zerstörung ihres Tempels durch Hyrcanus (ca. 128 v. Chr.; Josephus, Ant XIII, 255f).

ὁ τόπος, der Tempel; vgl. 11,48.

21. *πίστευέ μοι.* Die Wendung hat keine Parallele bei Joh (vgl. aber 14,11). Zu *πιστεύειν* mit dem Dativ s. Komm. zu 1,12; 2,22; das Wort hat hier keine besondere Bedeutung, sondern ist einfach eine Beteuerung. Es dient als Alternative zu dem häufigen *ἀμὴν ἀμὴν λέγω ὑμῖν*, dessen Bedeutung dadurch bestätigt wird. Man hat darauf hingewiesen (z. B. John and Qumran, S. 134), daß sowohl Joh als auch die Oden Salomos (6; 12,4; 20,1–4) und die Qumranschriften (1QS 9,3–5) alle dem Opfergottesdienst des Tempels kritisch gegenüberstehen; freilich beruht ihre Kritik jeweils auf unterschiedlichen Beweggründen.

γύναι, vokativ wie in 2,4; 19,26. In sich selbst ist es neutral; es bedeutet eher die Anrede »Frau« als »Weib«.

ἔρχεται ὥρα. ὥρα wird gebraucht mit dem Präsens von *ἔρχομαι* in 4,21; 5,28; 16,2.25 (vgl. 16,4). An jeder dieser Stellen liegt ein Bezug auf eine zukünftige Zeit vor, auf die Zeit nach der Kreuzigung und Auferstehung; hier z. B. ist gesagt, daß wahrer Gottesdienst in der Kirche möglich werden wird (vgl. 2,13–22). Zu einem anderen und komplizierteren Gebrauch von *ὥρα* mit einem Verbum des Kommens s. V. 23.

προσκυνήσετε τῷ πατρί. Angesichts des *ὑμεῖς* im nächsten Vers muß man diese zweite Person Plural ernst nehmen: Ihr Samaritaner, die ihr im Begriff seid zu glauben (V. 39.41), werdet anbeten; aber Joh denkt zweifelsohne auch an seine Leser, die Christen seiner Zeit. *προσκυνεῖν,* absolut verwendet in V. 20, hat hier den Dativ wie auch in V. 23 und 9,38. In V. 22.23.24 wird es mit dem Akkusativ gebraucht. Joh beabsichtigt keinen Bedeutungsunterschied; dies wird durch V. 23 klar bewiesen (*προσκυνήσουσιν τῷ πατρί ... προσκυνοῦντας αὐτόν*); dies ist wahrscheinlich für ihn ein Mittel, seinen Stil abzuwandeln. S. jedoch M I, S.66 für die entgegengesetzte Ansicht. *πατήρ* ist der am meisten charakteristische Terminus des Joh für Gott; so bezeichnet, ist er (in erster Linie) der Vater des Sohnes; so ist durch den Gebrauch von *πατήρ* für Jesus der Weg bereitet, von seiner eigenen einzigartigen Stellung zu sprechen (V. 26).

22. *ὃ οὐκ οἴδατε.* Hier nun, wenn nicht schon in V. 18, wird die unbefriedigende Religion der Samaritaner ans Licht gebracht. Religion ohne oder fern vom Hauptstrom der Offenbarung mag instinktiv

sein, sie kann aber weder vernünftig noch erlösend sein. Dodd, Interpretation, S. 314, bemerkt, daß Samaria traditionellerweise die Heimat gnostischer Sekten gewesen ist; die Valentinianer verehrten die unerkennbare *Βυϑός*, die Basilidianer das Nicht-Existierende. Wenn hier freilich eine Anspielung auf diese Tatsache vorliegt, so will sie darauf hinweisen, daß die Gnostiker, die selbst auf ihre Erkenntnis stolz waren, den wahren Gott nicht kannten. »Nur im Judentum ist Gott bekannt« (Ps 76,1).

ὅτι ἡ σωτηρία ἐκ τῶν Ἰουδαίων ἐστίν. Zur Erlösung s. Komm. zu 3,17. Trotz 1QH 5,12; 1QJes^a 51,4f erscheint es unwahrscheinlich, daß *σωτηρία* als ein Name des Messias betrachtet werden sollte. Das Wort meint nicht, daß die Juden als solche unausweichlich gerettet werden; vielmehr würde die Erwählung Israels zu einer wahren Gotteserkenntnis dazu geschehen, daß zu der von Gott vorgesehenen Zeit Erlösung von Israel für die Welt ausgehen sollte und Israels eigenes einzigartiges Privileg dadurch aufgehoben würde. Wie der nächste Vers zeigt, ist die eschatologische Erlösung in der Person Jesu bereits im Prozeß der Verwirklichung begriffen, und die Juden verlieren ihre Stellung an die Kirche.

Es braucht nicht angenommen zu werden, daß irgendein Teil dieses Verses eine Glosse zu der Erzählung sei, in welcher die Kirche spricht (wie in 3,11), die ihren wahren Gottesdienst gleichermaßen im Gegensatz zu dem der Juden und der Samaritaner sieht. In V. 22a ist es der Wir-Ihr-Gegensatz, welcher in diesem ganzen Dialog von V. 9 an begegnet; in V. 22e liegt nichts vor, was sich mit der üblichen Einstellung des Joh gegenüber den Juden nicht verträgt. »Die Seinen« lehnten Jesus tatsächlich ab, aber Joh läßt niemals einen Zweifel daran, daß er zu ihnen kam oder sie die Seinen waren. Die atl Schriften bezeugten, auch wenn sie selbst nicht ewiges Leben vermitteln konnten, nichtsdestoweniger den Christus (5,39). Vgl. Cullmann, Heil, S. 263f; das *ἀλλά*, womit V. 23 beginnt, bestätigt, daß V. 22 keine Glosse ist (Lindars, Schnackenburg).

23. *ἔρχεται ὥρα καὶ νῦν ἐστίν.* Vgl. demgegenüber V. 21. Dieser seltsame und offensichtlich widersprüchliche Ausdruck begegnet 4,23; 5,25. In 16,32 steht das ähnliche *ἔρχεται ὥρα καὶ ἐλήλυϑεν*; in 12,23; 13,1; 17,1 wird ein einfaches Tempus der Vergangenheit (*ἦλϑεν, ἐλήλυϑεν*) allein gebraucht. Die letzten drei Stellen verweisen jedoch auf die Stunde des Leidens und der Verherrlichung Jesu, die unmittelbar bevorsteht; 16,32 verweist in ähnlicher Weise auf die Stunde, in welcher die Jünger dabei sind, Jesus zu verlassen und in ihre Heimat verstreut zu werden. 4,23 und 5,25, wo das einfache fortgesetzte Präsens zusammen mit *νῦν ἐστίν* gebraucht wird, scheinen allein zu stehen. Jede Stelle verweist auf Ereignisse, welche, oberflächlich gesehen, einer späteren Zeit zuzugehören scheinen – eine reine und geistliche Verehrung des Vaters und die Auferstehung. Tatsächlich will Joh nicht leugnen, daß sie in Wahrheit einer späteren Zeit zugehören, aber er betont mit Hilfe seines Oxymoron, daß im Wirken und vor allem in der Person Jesu sie in proleptischer Weise gegenwärtig waren. Wahre Gottesverehrung findet in ihm und durch ihn statt (vgl. 2,19–22), gerade wie er selbst die Auferstehung ist (11,25). »Jede kultische Verehrung (ist) nur echt, wenn in ihr das eschatologische Geschehen Wirklichkeit wird« (Bultmann).

ἀληϑινοί . . . ἀληϑείᾳ. Zu *ἀληϑινός* s. Komm. zu 1,9, zu *ἀλήϑεια* s. Komm. zu 1,14. Die »wahren« Gottesverehrer sind diejenigen, die in Wahrheit Gott verehren, deren Gottesdienst all das verwirklicht, was schattenhaft vorabgebildet war, aber im Gottesdienst der Juden zu Jerusalem und der Samaritaner auf dem Berg Garizim nicht erfüllt war. Dies gilt nicht deshalb, weil im Verlauf der religiösen Entwicklung des Menschen eine höhere Stufe der Gottesverehrung erreicht worden ist, in welchem die anschaulichen Hilfen heiliger Plätze nicht gebraucht werden, sondern weil eben Jesus selbst die »Wahrheit« ist, die wahre Erfüllung der Pläne Gottes und so die Antizipation der zukünftigen Gottesschau. Schnackenburg zitiert eine Reihe von Qumrantexten (1QS 4,20f; 3,6ff; 8,5f; 9,3–6; 1QH 16,11f; 17,26; vgl. 7,6f; 12,11f; 13,18f; 14,25) und stellt fest: »Gotteslob und vollkommener Wandel werden also durch heiligen Geist, den der Beter empfangen zu haben glaubt, ermöglicht, sind aber auch eine Antwort auf Gottes Gnade« (S. 472). Dies scheint jedoch durchaus nicht die Ansicht des Joh zu sein.

ἐν πνεύματι kann bei Paulus bedeuten »in einem Zustand der Geisterfüllheit« (z. B. 1 Kor 12,3); s. auch Did 11,7. Ähnlich wird in Joh 11,33; 13,21 der einfache Dativ (*τῷ πνεύματι*) gebraucht, um ein Gefühl auszudrücken (mit *ἐνεβριμήσατο, ἐταράχθη*). Der einzige andere Gebrauch von *ἐν πν.* bei Joh findet sich 1,33, *ὁ βαπτίζων ἐν πνεύματι ἁγίῳ*, einem Terminus technicus frühchristlicher Theologie. Die Bedeutung von *ἐν πν.* im vorliegenden Vers muß von dem Gewicht des Wortes *πνεῦμα* im nächsten Vers abhängen; s. Komm. z. St. die hier vorliegende Verbindung von *πνεῦμα* und *ἀλήθεια* erinnert daran, daß einer der charakteristischen joh Titel des Heiligen Geistes *τὸ πνεῦμα τῆς ἀληθείας* ist (14,17; 15,26; 16,13).

ὁ πατὴρ τοιούτους ζητεῖ. Dieser Satz kann vielleicht ebensosehr wie 20,30f den Anspruch erheben, Ausdruck der Absicht des Evangeliums zu sein. Solche Gottesverehrer sind es, die Gott in der Sendung seines Sohnes in die Welt sucht. S. u. und »Theocentric«, S. 374f.

24. *πνεῦμα ὁ θεός*. Diese Wendung ruft sowohl heidnische philosophische als auch jüdische religiöse Polemik gegen anthropomorphe Redeweise von Gott in Erinnerung. *πνεῦμα* selbst war ein stoischer Terminus (*φασὶ … εἶναι τὸν θεὸν οἱ Στωικοὶ … πνεῦμα κατ᾽ οὐσίαν*, Clemens Alexandrinus, Strom V. 14), aber ähnliche Vorstellungen wurden anderswo mit anderen Worten ausgedrückt, z. B. *νοῦς*; alle meinten, daß Gott nicht körperlich im menschlichen Sinn war (obwohl das stoische *πνεῦμα* in einem gewissen Sinn materiell gewesen ist; s. den Kontext in Clemens Alexandrinus, Strom). Dieser hellenistische Sprachgebrauch wurde von Philo ins Judentum übernommen (z. B. Op Mund 8, *τὸ μὲν δραστήριον* [die Wirkursache bei der Schöpfung] *ὁ τῶν ὅλων νοῦς ἐστιν*). Die rabbinische Literatur ist, insgesamt gesehen, nicht metaphysisch, und Anthropomorphismen kommen in reichem Maße darin vor, aber in Wendungen wie Lev r 4,7f (weitere Verweise bei Bill II, S. 437f) wird die Beziehung Gottes zur Welt mit der der Seele zum Körper verglichen. Es gibt wenige entsprechende Lehraussagen im AT (vgl. jedoch Jes 31,3: Die Ägypter sind Menschen und nicht Gott; und ihre Pferde Fleisch [בשׂר, *basar*] und nicht Geist [רוח, *ruaḥ*]. Bezeichnenderweise erscheint dieser Gegensatz nicht in der LXX). Geist ist im AT in der Regel nicht eine Seinsordnung im Gegenüber zur Materie, sondern lebenspendende, schöpferische Aktivität, und es gibt andere Stellen (z. B. 7,38f), wo Joh das Wort in diesem Sinn gebraucht. Zu unserer Stelle jedoch ist 3,8 eine bessere Parallele. »*πνεῦμα* ist unsichtbar, erkannt nur durch sein ,Sausen' (*φωνή*) und seine Wirkungen. Die Vorstellung ,Gott ist Geist' bedeutet, daß er unsichtbar und unerkennbar ist (vgl. 1,18). Die Stunde der Offenbarung ist jedoch nun gekommen, und Gott wird erkannt durch seinen Laut, seine Sprache (zum Wort *φωνή* vgl. 1,23; 5,25.28.37f; 10,3.4.5.16.27; 11,43; 12,28.30; 18,37). Gott ist dann *πνεῦμα*: Der unsichtbare Gott, den niemals jemand gesehen hat, der vielmehr seine Stimme hat hören lassen und sein Wort in die Welt gesandt hat, damit das Wort ihn allen, die aus der Wahrheit sind, bekannt macht. An dieser Stelle tritt die andere Bedeutung von *πνεῦμα* hervor; denn der Geist, der Paraklet, bringt zu den Menschen die Wahrheit heim, die in Jesus offenbart wurde (14,26; 16,14). Gott ist *πνεῦμα*, und die Menschen müssen ihn *ἐν πνεύματι καὶ ἀληθείᾳ* anbeten« (Theocentric, S. 374, gekürzt). Es ist unmöglich, die zwei Vorstellungen zu trennen (beachte, daß weder in V. 24 noch in V. 23 *ἐν* vor *ἀληθείᾳ* wiederholt wird). *ἐν πνεύματι* lenkt die Aufmerksamkeit auf das übernatürliche Leben, dessen sich die Christen erfreuen, und *ἐν ἀληθείᾳ* auf den einzigen Grund dieses übernatürlichen Lebens in Christus, durch den Gottes Wille wahrhaft erfüllt wird. Daß wahrer Gottesdienst dem Götzendienst und einem Kult, der auf ein Heiligtum beschränkt ist, gegenübergestellt wird, ist lediglich zufällig. Ps 145(144),18 (*τοῖς ἐπικαλουμένοις αὐτὸν ἐν ἀληθείᾳ* [באמת, *beʿemeth*]) ist keine wirkliche Parallele; denn dort ist »eine Wahrheit« adverbial. EvThom 69a (gesegnet sind in ihrem Herzen jene, die verfolgt wurden; sie sind es, die den Vater in Wahrheit gekannt haben) ist keine enge Parallele. Vgl. aber Bornkamm: »Gott ist Geist! Das heißt nun ein für allemal: er ist da, gegenwärtig, er wartet auf uns, ja er wartet nicht nur, sondern ist uns entgegengelaufen mit offenen Armen wie der Vater dem verlorenen Sohn« (a. a. O. II, S. 236).

25. *οἶδα ὅτι Μεσσίας ἔρχεται*. Die Frau greift nicht lediglich nach einem Strohhalm, um dem Gespräch eine andere Wendung zu geben; sie begreift die messianische Bedeutung des Hinweises auf

den Gottesdienst im Geist und in der Wahrheit. Die Samaritaner erwarteten offenbar die Ankunft eines Messias (s. Komm. zu V. 19), obwohl sie anscheinend dieses Wort nicht benutzten. Der Kommende wurde von ihnen Taheb genannt: Der, welcher zurückkommt, oder der, welcher wiederherstellt.

ὁ λεγόμενος χριστός. Joh übersetzt wie üblich; s. Komm. zu 1, 38.41.

ἀναγγελεῖ. Der Messias wird ein Offenbarer sein, der den Menschen all das verkünden wird, was sie zu wissen begehren. Es gibt einige Belege (Bill II, S. 348) für den jüdischen Glauben, daß der Messias die Heiden lehren würde, es gibt aber nur wenige Belege dafür, daß er sein eigenes Volk lehren sollte; Lehren ist nicht eine charakteristische Funktion des Messias. In der Qumranliteratur können wir auf CD 6,11 verweisen, obwohl »einer, der Tora recht lehrt« eine überzogene Übersetzung von יורה הצדק , ist; es ist auch nicht sicher, daß der, welcher aufsteht, um in dieser Weise zu lehren, der Messias ist, obwohl er באחרית הימים am Ende der Tage wirkt. Es ist wichtiger, daß die Samaritaner, die – wie oben festgestellt – Dt 18,15.18 messianisch deuteten, den Taheb offenbar als Lehrer dachten (aber auch als politischen Führer). Der Memar Markah (3. oder 4. Jh. n. Chr.) IV, 12 sagt, daß er die Wahrheit offenbaren wird; s. Schnackenburg, auch zur Literatur; hinzuzufügen ist J. Bowmann, Samaritanische Probleme [1967]. Wichtiger jedoch als diese Parallelen ist, daß Joh Jesus ständig als Offenbarer darstellt – tatsächlich als die Wahrheit selbst (14,6).

Das Wort ἀναγγέλλειν, das von Jesus offenkundig als Beschreibung seines Wirkens akzeptiert wird, gibt häufig das atl הגיד wieder; es hat aber auch bedeutende kultische Assoziationen, besonders in Kleinasien (s. ThWNT I, 61 f [J. Schniewind]). Vermutlich verbindet Joh hier wohl messianisch-jüdische mit hellenistischen Vorstellungen. Der Messias ist die übernatürliche Gestalt, die die göttliche Wahrheit den Menschen verkündigen wird. Vgl. 16,13, wo das gleiche Wort vom Parakleten gebraucht wird. Für ἀναγγελεῖ hat sin »er wird geben«.

26. ἐγώ εἰμι, ὁ λαλῶν σοι. Zum besonderen Gebrauch von ἐγώ εἰμι bei Joh s. Komm. zu 6,35; 8,24. Hier bedeutet es einfach: »Ich (der ich zu euch spreche) bin der Christus, von dem ihr sprecht«; deshalb werde ich euch alle Dinge offenbaren. Der Versuch von W. Manson (JThSt 48 [1947], S. 141 = Jesus and the Christian [1967], S. 178f.), ἐγώ εἰμι als »der Messias ist hier« zu verstehen, kann nicht überzeugen.

27. ἐθαύμαζον ὅτι μετὰ γυναικὸς ἐλάλει. Die Jünger kehren in die Erzählung zurück. Vgl. V. 9; man betrachtet es als unerwünscht, daß ein Rabbi mit Frauen sprach. Ab 1,5: Jose b. Johanan (ca. 150 v. Chr.) sagte: Laß dein Haus weit offen sein, und laß die Bedürftigen Mitglieder deines Haushalts sein; und rede nicht viel mit dem Weibervolk. Sie sagten dies von eines Mannes eigenem Weib: wieviel mehr von der Frau seines Gefährten. Deshalb haben die Weisen gesagt: Wer viel mit Frauen redet, bringt Böses auf sich selbst herab und vernachlässigt das Studium des Gesetzes und wird zuletzt die Gehenna ererben. Sota 3,4: R. Eliezer sagt: Gibt ein Mann seiner Tochter eine Kenntnis des Gesetzes, so ist es, als ob er sie Geilheit lehrt (aber die entgegengesetzte Meinung wird in demselben Abschnitt von Ben Azzai ausgedrückt). Zum Umgang Jesu mit Frauen vgl. 7,53 – 8,11; 11,5; in den Synoptikern besonders Lk 7,36–50; 8,2f; 10,38–42.

οὐδεὶς μέντοι εἶπεν. Es steht den Jüngern nicht zu, die Handlungen ihres Meisters in Frage zu stellen.

28. ἀφῆκεν οὖν τὴν ὑδρίαν. ἀφιέναι wie in V. 3; ὑδρία wie 2,6f. Die Frau ließ den Wassertopf zurück, wahrscheinlich, damit Jesus daraus trinken – und dabei sich verunreinigen würde (Daube, a. a. O.). Er betrachtete die levitischen Vorschriften nicht als bindend. Andere nehmen an, es gehe einfach darum, daß die Frau in ihrer Eile, das, was sich ereignet hatte, zu berichten, den Topf vergaß; oder daß sie völlig mit ihrer Vergangenheit bricht. Diese Annahme scheint freilich sehr unwahrscheinlich.

εἰς τὴν πόλιν. Sychar; s. V. 5. εἰς (hinein in) wird hier korrekt gebraucht; nicht korrekt in V. 5.

29. μήτι führt eine zögernde Frage ein (M I, S. 170.193): Kann dies vielleicht der Christus sein?

31. ἐν τῷ μεταξύ. Der adverbiale Gebrauch von μεταξύ ist im NT selten; vgl. Apg 13,42. Die Szene

zwischen den Jüngern und Jesus (V. 31–38) findet zwischen dem Weggehen der Frau und der Ankunft der Männer von Sychar statt. Vgl. in der Volkssage die »Regel der Zwei«, das Prinzip, nach welchem in einer einfachen Erzählung nicht mehr als zwei Akteure (oder Gruppen von Akteuren) in einer Szene erscheinen (s. B. T. D. Smith, The Parables of the Synoptic Gospels [1937], S. 35f).

ἠρώτων. ἐρωτᾶν (eigentlich »fragen«) wird in seiner späten Bedeutung als ein Synonym für αἰτεῖν gebraucht.

32. ἐγὼ βρῶσιν ἔχω φαγεῖν. βρῶσις (etymologisch der Vorgang des Essens) wird synonym mit βρῶμα (Speise) gebraucht. φαγεῖν ist epexegetisch. Wie die Frau das lebende Wasser nicht verstand, welches die Gabe Gottes ist, so kannten nicht einmal die Jünger die Speise, von welcher Jesus lebte. Das Argument wird, wie oft bei Joh (s. Komm. zu 3,3), mit Hilfe ihres Mißverständnisses fortgeführt.

34. ἐμὸν βρῶμά ἐστιν ἵνα ποιῶ »Gottes Willen zu tun, ist meine Speise«. Der Gebrauch von ἵνα und dem Konjunktiv, ohne finale Bedeutung, der nun im Griechischen üblich geworden ist, kommt bereits in Joh vor.

ἵνα ποιῶ τὸ θέλημα . . . καὶ τελειώσω αὐτοῦ τὸ ἔργον. Jesus kam, um den Willen Gottes zu erfüllen (4,34; 5,36; 6,38); seine Werke sind die Werke Gottes (4,34; 5,36; 9,3f; 10.25.32.37f; 14,10; 17,4). Vgl. Dt 8,3 und seine Verwendung in Mt 4,4 = Lk 4,4; Joh hängt hier möglicherweise von der Versuchungserzählung (Q) ab. Jesus tut, was das alte Israel getan haben sollte. S. auch Joh 6,27.55, wo er die Speise des ewigen Lebens anbietet. Der schöpferische Wille Gottes, der im Gehorsam verwirklicht wird, erhält Leben.

τοῦ πέμψαντός με. Gott wird im Joh oft so genannt (4,34; 5,23f.30.37; 6,38f.44; 7,16.18.28.33; 8,16.18.26.29; 9,4; 12,44f.49; 13,20; 14,24; 15,21; 16,5), und der Gedanke der Sendung Jesu durch den Vater ist zentral (s. zu 20,21). Das Wirken Jesu hat ohne den Willen des Vaters keine Bedeutung; es ist nicht die unabhängige menschliche Leistung, sondern die Frucht der Unterwerfung. S. besonders 5,19–47 und Komm. z. St.

35. οὐχ ὑμεῖς λέγετε; ὑμεῖς ist emphatisch; »ist es nicht das, was *ihr* sagt . . .?«

ἔτι τετράμηνός ἐστιν καὶ ὁ θερισμὸς ἔρχεται. Die parataktische Konstruktion erinnert an das Hebräische (vgl. z. B. Jer 51,33, עוד מעט ובאה; LXX [28,33], ἔτι μικρὸν καὶ ἥξει); s. aber P. Paris 18,14f, ἔτι δύο ἡμέρας ἔχομεν καὶ φθάσομεν εἰς Πηλούσι (zitiert M I, S. 12). 1QS 10,7 erklärt die Aussage nicht. Man hat angenommen, das hier den Jüngern in den Mund gelegte Wort sei ein bekanntes ländliches Sprichwort gewesen; aber es gibt keinen Beleg dafür, daß ein solches Sprichwort existierte. Außerdem hat man das Wort dazu herangezogen, die Jahreszeit, in welcher die Geschichte spielte, zu identifizieren – es war vier Monate vor Erntezeit; aber dies heißt, Chronologie herauszulesen, wo keine geschrieben steht. Höchstwahrscheinlich ist der Sinn der Worte: »nach der allgemeinen Rechnung (ὑμεῖς λέγετε) gibt es eine viermonatige Zeitspanne (τετράμηνος, sc. χρόνος) zwischen Saat und Ernte«. Diese Schätzung entspricht den ziemlich spärlichen Daten, die wir besitzen. Nach einer Tradition, die in Taan 1,7 (215) enthalten ist und auf R. Meir (ca. 150 n. Chr.) zurückgeht, nahm die Saatzeit die Hälfte des Monats Tishri/Marcheshwan und die Hälfte von Chislev ein (Bill II, S. 440). Die Erstlinge der Ernte wurden in der Passazeit geopfert (am 16. Nisan). Rechnen wir von diesem Datum aus vier Monate zurück, so kommen wir auf den 16. Chislev, so daß man sagen kann, zwischen dem Ende der Saatzeit und dem Beginn der Ernte lagen vier Monate. Guilding (S. 207) rechnet von der Ernte zu Shebat zurück und kommt so zu Gen 24; Ex 1,1 – 2,25; Jos 24; Jes 27,6ff; Ez 20 als Lesungen, auf welchen der Abschnitt aufbaute. All dies ist sehr fragwürdig. Dodd (Tradition, S. 394) weist darauf hin, daß der Satz ἔτι . . . ἔρχεται einen »jambischen Trimeter« bildet, »wobei der erste Fuß sich in einen Tribrachys auflöst«. Dies ist wahrscheinlich zufällig.

θεάσασθε τὰς χώρας, ὅτι λευκαί εἰσιν. Zur Konstruktion, in welcher τὰς χώρας aus dem ὅτι-Satz in den Hauptsatz herübergezogen wird, s. M II, S. 469. Es wird nicht gesagt, daß die Ernte schon eingebracht worden ist: die Felder sind weiß; die Ernte kann unmittelbar beginnen. Jesus ist gekommen, um das Werk Gottes zu vollenden (τελειώσω), und »das Werk ist schon weiter vorangeschritten, als es scheint« (Loisy, S. 188). Bei dieser Frucht wird es keinen Zwischenraum zwischen Saat und Ernte geben. »Ihr rechnet mit vier Monaten zwischen Saat und Ernte; ich rechne mit überhaupt keinem Zwischenraum.«

ἤδη. Der Textbestand (א D 33 b e sin cur) und der joh Sprachgebrauch (4,51; 7,14; 11,39; 15,3) erfordern gleichermaßen, daß man ἤδη mit V. 36 zusammennimmt, und nicht mit V. 35. Eine Bemerkung von zweifelhafter Bedeutung in P⁷⁵ legt jedoch vielleicht die gegenteilige Annahme nahe.

36. μισϑὸν λαμβάνει. Er empfängt seinen Lohn, und nicht: er empfängt eine Belohnung. Beide Bedeutungen (»Lohn« und »Belohnung«) werden für μισϑός im NT bezeugt; aber die erste Bedeutung ist die primäre, und sie ist hier gefordert. Der Erntearbeiter kann nicht belohnt werden für das Werk des Sämanns. Zur Metapher von Gottes Arbeitern als Erntearbeiter vgl. Ab 2,15, wenn wir mit Abrahams (Studies I, S. 100) קָצִיר als *qatsir* lesen, nicht *qatser*: R. Tarfon (ca. 130 n. Chr.) sagte: Heute ist die Ernte, und die Aufgabe ist groß, und die Arbeiter sind müßig, und der Lohn ist reichlich, und der Hausherr drängt.

συνάγει καρπὸν εἰς ζωὴν αἰώνιον. συνάγειν καρπόν ist ein atl Ausdruck – Lev 25,3. ζωὴ αἰώνιος ist nicht der Lohn des Schnitters, sondern das, wofür (εἰς) die Frucht gesammelt wird; d. h., die Frucht repräsentiert diejenigen, die sich zum christlichen Glauben bekehrt haben (in erster Linie die Samaritaner), die ewiges Leben empfangen werden.

ἵνα ὁ σπείρων ὁμοῦ χαίρῃ καὶ ὁ ϑερίζων. Vgl. Amos 9,13. Die Exegese dieses Verses hängt in hohem Maße davon ab, wie man die Art des Joh zu schreiben sieht. Ist er gleichnishaft gemeint, dann können wir umschreiben: die Ernte ist da, der Schnitter hat den Sämann abgelöst. Dies ist die verheißene Zeit der Erfüllung (vgl. das Q-Logion von Mt 9,37 = Lk 10,2; wahrscheinlich ist dieser Abschnitt eine Interpretation dieses Logions). Schreibt Joh jedoch allegorisch, dann müssen wir eine präzise Bedeutung für die Begriffe ὁ σπείρων, ὁ ϑερίζων finden. Es scheint unmöglich, einfache Entsprechungen für die beiden Begriffe zu finden, die in dem ganzen Abschnitt von V. 36–38 gut passen (s. aber Fenton), und dementsprechend wird man am besten als Grundlage der Exegese die Gleichnis-Interpretation annehmen (welche V. 35 korrespondiert – Saatzeit und Erntezeit fallen paradoxerweise zusammen), obwohl es nicht falsch ist, hier und da (wie in synoptischen Gleichnissen) flüchtige allegorische Anspielungen zu sehen. So sind in diesem Vers Sämann und Schnitter identisch; Jesus selbst hat im Gespräch mit der Frau die Saat gesät, und die glaubenden Samaritaner (V. 39) sind seine Ernte (obwohl, wie V. 35 nahelegen mag, die Jünger ihm bei der Ernte helfen werden). Die »Erntefreude« ist selbstverständlich in allen bäuerlichen Gesellschaften bekannt; sie erscheint im AT (z. B. Dt 16,13f) und wird auch als eschatologisches Symbol gebraucht (z. B. Jes 9,2; Ps 126,5f).

37. ἐν γὰρ τούτῳ kann sich auf das Vorhergehende (V. 36) oder das Nachfolgende (V. 38) beziehen. An ähnlichen Stellen verweist ἐν τούτῳ gewöhnlich (so 9,30; 13,35 und 15,8; 16,30 ist die einzige Ausnahme) auf eine nachfolgende Aussage, und dies ist vermutlich auch hier der Fall. Es ist schwer zu sehen, wie V. 36 die Wahrheit des Sprichworts demonstriert; es ist V. 38, der zwischen Sämann und Schnitter unterscheidet.

ὁ λόγος, »Sprichwort«, wie oft im Griechischen.

ἀληϑινός. S. Komm. zu 1,9.

ἄλλος ... ἄλλος Das Sprichwort ist eher griechisch als jüdisch. Man hat auf Dt 20,6; 28,30; Micha 6,15; Hiob 15,28 (LXX); 31,8 als atl Parallelen hingewiesen; aber an jeder dieser Stellen ist die Unfähigkeit des Sämanns, die Ernte einzubringen, auf eine besondere Strafe oder ein Unglück zurückzuführen. Bessere Parallelen finden sich in griechischen Quellen, z. B. Aristophanes, Eqites 392, ἀλλότριον ἀμῶν ϑέρος (weitere Beispiele gibt W. Bauer, S. 74). Philo (Leg All III,227) könnte deshalb eher von jüdischen Quellen abhängen; dies könnte auch für Joh zutreffen. Sanders widerspricht dem, er zitiert Mt 25,24 = Lk 19,21; aber hier geht es um eine andere Pointe: ein gieriger Mensch reißt ganz bewußt das an sich, was ihm nicht zusteht. Gewöhnlich drückt das Sprichwort ohne Zweifel die traurige Ungerechtigkeit des Lebens aus: einer sät und hat keinen Lohn für seine Arbeit, während ein anderer, der an der Arbeit des Säens nicht teilgehabt hat, sie einbringt, wenn im natürlichen Gang der Dinge die Ernte kommt (Bultmann, S. 146). Diesem Prinzip, das die allgemeine Beobachtung und Weisheit der Menschheit ausdrückt, ist in V. 36, wonach der Sämann und der Schnitter sich zusammen freuen, widersprochen worden; da die Spanne zwischen Säen und Ernten unter den vorgestellten eschatologischen Umständen aufgehoben wird, gibt es freilich einen eingeschränkten (ἐν τούτῳ) Sinn, in welchem es wahr bleibt.

38. ἐγὼ ... ὑμᾶς ... ὑμεῖς ... ἄλλοι ... Gerade dieser Vers verlangt ein gewisses Maß an allegorischer Interpretation (s. Komm. zu V. 36). Es ist jedoch unmöglich, eine einfache und genaue Interpretation zu geben; und dies nicht etwa, weil es keine Anspielungen gäbe, sondern weil es mehrere gibt. Man kann sagen, a) daß die Jünger gesandt sind, die Ernte der Samaritaner einzusammeln (vgl. Apg 8,4–25), obwohl im Kontext von einer derartigen Aktivität nichts gesagt wird; ἄλλοι meint Jesus (vielleicht zusammen mit dem Täufer oder den atl Autoren, obwohl wiederum kein Anzeichen für diese Annahme vorliegt); b) daß sich der Verweis ganz allgemein auf die Sendung (ἀπέστειλα, s. Komm. zu 20,21) der Apostel in die Welt bezieht; die ἄλλοι meinen wieder Jesus (vielleicht mit dem Täufer und den atl. Schriftstellern); c) daß hier ein weiterer Ausblick auf die Kirche der Zeit des Joh vorliegt (ὑμεῖς), welche die Sendung Jesu und der Apostel (ἄλλοι: Loisy, S. 190; Bauer, S. 74; Hoskyns, S. 271) erbt. In jedem Fall aber soll das Gewicht von εἰσεληλύθατε die Unterscheidung wie auch die Identität zwischen Sämann und Schnitter aufrechterhalten und so die Tatsache einschärfen, daß in der Person und dem Werk Jesu sich ein einzigartiges eschatologisches Wirken ein für allemal ereignet. Allgemeine Erklärungen solcher Art haben mehr Wahrscheinlichkeit für sich als Cullmanns Ansicht (Vorträge, S. 232–240; Kreis, S. 16), daß der Vers auf die Priorität der Hellenisten bei der Mission der Samaritaner verweist, deren Werk in der Folge von den Aposteln angeeignet wurde (Apg 8,14–17). Zur Kritik dieser These s. Braun.

κεκοπιάκατε. κοπιᾶν hat hier eine andere Bedeutung als in V. 6; es bezeichnet zuerst das Werk der Ernte und dann (wie oft im NT [Lk 5,5]; Röm 16,6.[12]; 1 Kor 15,10; 16,16; Gal 4,11; Phil 2,16; Kol 1,29; 1 Thess 5,12; 1 Tim 4,10; 5,17; vgl. 2 Tim 2,6) das Werk der christlichen Verkündigung.

39. πολλοὶ ἐπίστευσαν. Es gibt keinen anderen Beleg für eine größere Gruppe von samaritanischen Jüngern vor der Kreuzigung. Apg 8,4–25 (trotz des Interesses des Lk an Samaritanern – 9,51–56; 10,30–37; 17,11–19) schildert die Missionierung der Samaritaner als ein neues Unternehmen. Durch das Zeugnis der Frau *glaubten* die Samariter; sie konnten *auch* nicht mehr tun, als sie Jesu eigenes Wort hörten (V. 41). Menschliches Zeugnis wird keineswegs geschmälert (vgl. 17,20); s. R. Walker, ZNW 57 [1966], S. 49–54. Es ist jedoch kaum zweifelhaft, daß V. 42 eine Überbietung bloßen menschlichen Zeugnisses darstellen soll. S. Bornkamm, a. a. O.

μαρτυρούσης. Zeugnis abzulegen (s. Komm. zu 1,7) ist Aufgabe eines Jüngers. Die Frau folgt dem Täufer als Zeuge und geht in der Tat den Aposteln darin voran.

40. ἠρώτων. Wie in V. 31.

μεῖναι, ἔμεινεν. Das Wort ist in einer einfachen Erzählung durchaus angemessen, aber bei Joh hat es häufig einen reichen theologischen Gehalt (z. B. 14,10; 15,4), und dies kann hier nicht völlig ausgeschlossen werden; jedoch ist dieses »Wohnen« nur das vorübergehende Wohnen des Christus (vgl. 14,25), da er vor seiner Verherrlichung und dem Kommen des Geistes nur eine kurze und begrenzte Zeit bleiben kann – wie hier, zwei Tage.

42. λαλιάν] μαρτυρίαν א* D b. Diese westliche Textvariante ist wahrscheinlich auf Assimilation an V. 39 (μαρτυρούσης) zurückzuführen. Das Wort wird nicht geringschätzig gebraucht (schwätzen); s. jedoch das Bultmannzitat unten.

ἀκηκόαμεν καὶ οἴδαμεν ... Vgl. 1 Joh 4,14, τεθεάμεθα καὶ μαρτυροῦμεν ὅτι ὁ πατὴρ ἀπέσταλκεν τὸν υἱὸν σωτῆρα τοῦ κόσμου. Die Samaritaner sprechen die Sprache joh Christologie. Vgl. Jer 31,34. S. o. Komm. zu V. 39. Alles menschliche Zeugnis hat seinen Wert, es ist jedoch auch sekundär: »Der Glaubende muß durch das verkündigte Wort hindurch das Wort des Offenbarers selbst vernehmen. Es entsteht also die eigentümliche Paradoxie, daß die unentbehrliche Verkündigung, die den Hörer zu Jesus führt, doch gleichgültig wird, indem der Hörer im glaubenden Wissen selbständig und damit auch zum Kritiker an der Verkündigung wird, die ihn selbst zum Glauben führte. Daher denn auch die Unmöglichkeit, je endgültig dogmatisch zu fixieren, welche Sätze die Verkündigung enthalten muß, weil jede Fixierung, als menschliches Wort, zur λαλιά wird. Das eschatologische Wort wird zum geistesgeschichtlichen Phänomen« (Bultmann, S. 149).

ὁ σωτὴρ τοῦ κόσμου. Jesus ist der Heiland der Welt, da durch ihn Gott die Welt retten wird (3,16); diesen Rang hat er nicht unabhängig von seinem Wirken im Gehorsam gegenüber Gottes Willen. Im AT ist Gott ganz charakteristisch ein Gott, der sein Volk rettet, und zuweilen wird er Retter genannt (מושיע, *moshia'*, das Partizip Hiphil von ישע ist kein Titel, und auch nicht immer, sondern nur manchmal als σωτήρ wiedergegeben; auch גאל, *go'el*, das Partizip Kal von גאל, ist kein Titel, und auch nicht als σωτήρ übersetzt). In der späteren jüdischen Literatur wird der Messias zuweilen als derjenige bezeichnet, der Israel rettet (das Wort גאל, *go'el*, wird von den Rabbinen gebraucht), doch insbesondere in der christlichen Zeit gibt es eine Tendenz zu betonen, daß Gott, und nicht der Messias, der eine Retter ist (s. Bill I, S. 67–70). In griechischen Quellen jedoch wird σωτήρ freizügig als Terminus technicus zur Beschreibung von göttlichen oder halbgöttlichen Rettergestalten gebraucht. Er wurde für die römischen Kaiser verwendet; der volle Ausdruck σωτὴρ τοῦ κόσμου wird in Inschriften häufig Hadrian zugelegt (117–138 n. Chr., in einer Zeit, die aller Wahrscheinlichkeit nach nicht allzuweit von der des Joh entfernt ist). Viele Götter wurden mit dem Titel σωτήρ ausgezeichnet; so vor allem Zeus und der göttliche Heiler-Gott Asklepios; so auch die Götter der Mysterienkulte, z. B. Isis und Serapis. Es fällt auf, daß Josephus das Wort nicht für Gott gebraucht (Bauer, Wörterbuch, s. v.); »es gibt in den *Hermetica* keine Spur von einem ‚Erlöser‘ im christlichen Sinn – d. h. einer göttlichen oder überweltlichen Person, die auf die Erde herabgekommen ist, die Menschen zu retten, zurückkehrte in die obere Welt und ihre Anhänger mithinaufnehmen wird, damit sie dort mit ihr wohnen« (W. Scott, Hermetica I [1924], S. 13). Wahrscheinlich stammt die joh Terminologie aus griechischen Quellen, wie teilweise ja auch seine Erlösungslehre (s. Komm. zu 3,16f), aber er hat im Hintergrund die atl Vorstellung von Erlösung und Hoffnung darauf und die urchristliche Überzeugung, daß diese Hoffnung in Jesus Christus erfüllt wurde. Joh zögert nicht, in diesem Kapitel (V. 25f) Jesus als den Messias des Judentums darzustellen; aber er besteht hier darauf, daß dieser Begriff und alle anderen im weitest möglichen Sinn verstanden werden müssen.

9. Der Sohn des königlichen Offiziers

4,43–54

Jesus blieb nur zwei Tage in Samaria und brach dann auf nach Galiläa (vgl. 4,3), wo er von den Galiläern, die Zeugen der in Jerusalem gewirkten Zeichen geworden waren (die 2,23 erwähnt, aber nirgendwo beschrieben werden), herzlich empfangen wurde. In Galiläa kam er wieder nach Kana, wo er zuerst die schöpferische Macht des Evangeliums demonstriert hatte. Ein Offizier bat ihn, nach Kapernaum hinabzukommen, um seinen Sohn zu heilen; Jesus ging nicht, sondern erklärte: »Dein Sohn lebt.« Zufrieden mit dieser Versicherung kehrte der Offizier nach Hause zurück und fand, daß sein Sohn in dem Augenblick, als Jesus gesprochen hatte, gesund geworden war. Daraufhin glaubten er und sein Haus an Jesus – d. h., sie wurden Christen.

Hier werden nun zwei synoptische Erzählungen in Erinnerung gerufen. Einmal erinnert V. 44 an Mk 6,1–6 (Mt 13,54–58; die mk Geschichte wird ausgestaltet in Lk 4,16–30). Dort erklärt Jesus, als er in seinem eigenen Land (πατρίς) abgelehnt wird, daß dies für einen Propheten kein überraschendes oder ungewöhnliches Schicksal ist. Sodann erinnert das Wunder an eine Heilung, die Jesus auf die Bitte eines Zenturio gewirkt hatte (Mt 8,5–13 an seinem παῖς, Lk 7,1–10; 13,28f an seinem δοῦλος). Es gibt mehrere enge wörtliche Übereinstimmungen; s. Komm. zu V. 47.50.53. Sehr wahrscheinlich liegt die synoptische Tradition (oder eine ihr eng verwandte Überlieferung) unmittelbar hinter der joh Erzählung. Es ist deshalb um so wichtiger, die Unterschiede zwischen den beiden Berichten zu beachten, da sie für die Absicht des Joh von Bedeutung sind.

Auch eine dritte synoptische Erzählung, die Heilung der Tochter der Syrophönikerin (Mk 7,24–30; Mt 15,21–28), könnte von Bedeutung sein; in dieser Erzählung erfährt der Bittsteller wie bei Joh so etwas wie eine schroffe Zurückweisung.

Am auffälligsten aber ist folgendes: Während bei Mk (und bei Mt und Lk) die πατρίς Jesu, in der er Ablehnung erfährt, in Galiläa liegt (Lk 4,16 Ναζαρά, οὗ ἦν τεῦραμμένος), scheint bei Joh die πατρίς Judäa oder Jerusalem zu sein – ἐδέξαντο αὐτὸν οἱ Γαλιλαῖοι (V. 45). Diese Ansicht wird freilich keineswegs von allen Kommentatoren geteilt; s. Komm. zu V. 44. Dann muß beachtet werden, daß, während bei Mt und Lk der Glaube des Zenturio höchstes Lob erfährt, dieser bei Joh zuerst, wie es scheint, herabgewürdigt wird – (ἐὰν μὴ σημεῖα καὶ τέρατα ἴδητε, οὐ μὴ πιστεύσητε, V. 48); freilich wird er in der Folge betont (ἐπίστευσεν . . . τῷ λόγῳ, V. 50; ἐπίστευσεν, V. 53). Offenbar will Joh zeigen, daß Jerusalem der angemessene Schauplatz der Wirksamkeit des Messias ist, wo er lehrt, Zeichen wirkt und stirbt, und auch, daß er, je weiter er sich von Jerusalem entfernt, um so herzlicher aufgenommen wird; denn der Offizier (der schließlich ohne Zeichen und Wunder glaubt) ist ein Heide. Er glaubt dem Wort Jesu und ist deshalb sogar den Galiläern überlegen, die Zeichen in Jerusalem gesehen hatten. Dies scheint die Pointe des Abschnitts zu sein; freilich muß man sehen (s. Komm. zu V. 46), daß der betreffende Mann nicht einfach als Offizier, und so als Heide, bezeichnet wird.

Zur Traditionsgeschichte dieses Abschnitts s. in Ergänzung zu den Kommentaren Haenchen, Weg, S. 98. Der Verweis auf Kana in V. 46 und die Beschreibung dieses Wunders als eines *zweiten Zeichens* (V. 54; vgl. 2,11), obwohl sich doch andere Zeichen inzwischen ereignet haben (2,23), legt die Annahme nahe, daß diese Erzählung einmal ein Paar mit dem Hochzeitswunder zu Kana gebildet hat; es gibt keinen Anlaß, eine umfänglichere »Zeichenquelle« zu erschließen, weil es danach keine weitere Zählung mehr gibt. Diese Zwei-Wunder-Quelle muß ähnlich wie viele andere gewesen sein, auf die sich die Synoptiker stützen; außerdem könnte Joh Lk gekannt haben (s. S. 63) und so auch die Gestalt der Geschichte, die wir in Lk 7,1–10 finden; aber dies war nicht seine einzige Quelle. Es ist durchaus vernünftig anzunehmen, daß die Kap. 2; 3 und 4, die mit numerierten Zeichen beginnen und enden, im Aufbau des Evangeliums eine Einheit bildeten. Jesus erfüllt den Sinn des jüdischen Gesetzes und Gottesdienstes, der jüdischen Spekulation und eschatologischen Hoffnung. Seine Heimat ist Jerusalem, denn die Erlösung gehört den Juden; er ist jedoch der Retter der Welt, und in ihm haben die Heiden Hoffnung. In jeder Szene ist er der Geber des Lebens. In 2,1–11 erfüllt er ein relativ geringes menschliches Bedürfnis und überschreitet die jüdischen Ritualpraktiken. In 2,13–22 verheißt er, seinen Leib, den lebendigen Tempel, zu erhöhen; in 3,1–21 bietet er eine neue Geburt und ewiges Leben an; in 3,22–36 wird dasselbe Thema erneuert (V. 36); in 4,1–42 bietet Jesus lebendiges Wasser an, und in 4,46–54 gibt er einem, der im Sterben liegt, Leben (V. 50, ὁ υἱός σου ζῇ). Mit dem Thema des Lebens geht das des Glaubens zusammen; denn in 2,11 glauben seine nächsten Anhänger, und in 4,53 tut dies ein Heide (zumindest ein jüdischer »Außenseiter«). Keines dieser Themen freilich ist in sich abgeschlossen; und notwendigerweise eröffnet das nächste Kapitel eine Diskussion über die Person dessen, der solche außerordentlichen Gaben anzubieten beansprucht und das Zutrauen der Menschen herausfordert.

43. μετὰ δὲ τὰς δύο ἡμέρας. S. V. 40, und vgl. den Gebrauch von μετὰ τοῦτο (ταῦτα) bei Joh; s. Komm. zu 2,12. Die in V. 3 unterbrochene Reise wird nun fortgesetzt. Zu ἐξῆλθεν ἐκεῖθεν vgl. Mk 6,1; diese mk Erzählung von der Ablehnung Jesu in seiner eigenen Heimat steht hier wahrscheinlich im Hintergrund; s. V. 44.

44. προφήτης ἐν τῇ ἰδίᾳ πατρίδι τιμὴν οὐκ ἔχει. Es gibt zu diesem sprichwortähnlichen Logion Parallelen in der synoptischen Tradition: Mk 6,4, οὐκ ἔστιν προφήτης ἄτιμος εἰ μὴ ἐν τῇ πατρίδι αὐτοῦ καὶ ἐν τοῖς συγγενεῦσιν αὐτοῦ καὶ ἐν τῇ οἰκίᾳ αὐτοῦ (Mt 13,57 läßt den Hinweis auf die συγγενεῖς aus); Lk 4,24, οὐδεὶς προφήτης δεκτός ἐστιν ἐν τῇ πατρίδι αὐτοῦ. Ferner begegnet das Logion in P. Oxy. I (οὐκ ἔστιν δεκτὸς προφήτης ἐν τῇ πατρίδι αὐτ[ο]ῦ, οὐδὲ ἰατρὸς ποιεῖ θεραπείας εἰς τοὺς γιγώσκοντας αὐτόν) und in EvThom 31 (kein Prophet wird in seinem Dorf aufgenommen, kein Arzt heilt jene, die ihn kennen). Es ist sehr wahrscheinlich, daß das Logion als selbständiges Wort umlief, und Mk 6,1–6 könnte durchaus ein Erzählrahmen sein, den Mk für dieses Logion gebildet hat. Dies läßt die Neuinterpretation durch Joh natürlicher erscheinen. Er steht der mk Form am nächsten, aber er kürzt sie wie Mt. In den Synoptikern wird das Logion verwendet, um eine Ablehnung Jesu in Galiläa zu erklären (bei Lk in Nazareth), bei Joh die Aufnahme Jesu (οὖν, V. 45) durch die Galiläer nach seiner Ablehnung in Jerusalem. Das heißt, für Joh ist Jerusalem, nicht Galiläa, der angemessene Schauplatz, auf dem der Messias lehren, wirken und sterben muß. Bultmann u. a. halten diese Interpretation angesichts von 1,46; 7,41.52 für unmöglich, denn diese Stellen zeigen, daß auch nach der Kenntnis des Joh die Heimat Jesu in Galiläa war. Die wahre πατρίς des Logos ist im Himmel – »der Busen des Vaters« (Lightfoot). Vgl. freilich 1,11; es trifft zu, daß der Logos im Himmel zu Hause ist, aber die Welt ist *die seine;* Judäa und Jerusalem repräsentieren in diesem Sinn die Welt. Martyn (S. 58) nimmt an, daß die ablehnende πατρίς auf das jüdische Viertel in des Joh eigener Stadt weist (vgl. 7,1); wie es scheint, ist dies aber nicht die Art, in der Joh Symbole gebraucht.

45. καὶ αὐτοὶ γὰρ ἦλθον εἰς τὴν ἑορτήν. Viele Juden, Galiläer eingeschlossen, unternahmen zum Passa die Pilgerreise nach Jerusalem; vgl. unter vielen anderen Belegen Josephus, Bell II,10, κάτεισι μὲν ἐκ τῆς χώρας λαὸς ἄπειρος ἐπὶ τὴν θρησκείαν.

46. βασιλικός. D a boh (codd) bieten βασιλισκός. Diese Variante (»Unterkönig«, »Prinzlein«) wird oft auf Assimilation an das altlateinische und auch in der Vulgata gebotene *regulus* zurückgeführt. Sanders stellt dies in Frage, weil diese Lesart bei Herakleon impliziert wird; freilich kann man seinem Gedanken kaum folgen, βασιλικός könnte auf Assimilation an die Synoptiker zurückzuführen sein (welche dies tatsächlich nicht enthalten); man sollte deshalb wohl βασιλικός lesen. βασιλικός bedeutet entweder »eine Person aus königlichem Geblüt« oder ein »königlicher Beamter«, »eine Person im Dienst eines Königs«. Josephus gebraucht das Wort für Truppen, die im Dienst eines Königs stehen, und zwar allgemein (wie in Bell I, 45), und besonders für die Truppen, die im Dienste des Herodes stehen (wie in Vita, 411). Wenn wir, wofür einiges spricht, diesen βασιλικός mit dem Zenturio von Mt 8,5–13 = Lk 7,1–10 identifizieren müssen, dann können wir uns ihn als Offizier unter Herodes Antipas vorstellen (der nicht im strengen Sinn König war, sondern Mitglied des herodianischen Königshauses, und der zuweilen im Volksmund als König bezeichnet wurde – z. B. Mk 6,14). Wahrscheinlich hat Joh das Wort aus einer Tradition, die sich leicht von der in Mt und Lk unterscheidet; möglicherweise zog er aber βασιλικός aus irgendeinem ihm wichtigen Grunde vor. (Zu beachten ist, daß in Mt 8,12 die ungläubigen Juden, die zugunsten der glaubenden Heiden zurückgewiesen werden müssen, οἱ υἱοὶ τῆς βασιλείας genannt werden; möglicherweise legt der Gebrauch von βασιλικός nahe, daß der Offizier, obwohl kein Jude, in Wahrheit ein »Sohn des Reiches« ist.) Es ist durchaus möglich, daß der βασιλικός ein Zivilbeamter im Dienste des »Königs« Herodes Antipas ist – in diesem Falle braucht er nicht ein Heide gewesen zu sein.

οὖ ὁ υἱὸς ἠσθένει. Bei Mt ist der Kranke παῖς des Zenturio (es wird bei Mt nicht deutlich, ob παῖς »Knecht« oder »Kind« bedeutet), bei Lk sein δοῦλος.

Καφαρναούμ. Dies ist der Schauplatz der mt und lk Geschichten. S. Komm. zu 2,12.

47. ἀπῆλθεν πρὸς αὐτόν. Mt 8,5 προσῆλθεν αὐτῷ; bei Lk wagt der Mann es nicht, Jesus anzusprechen. ἠρώτα ἵνα καταβῇ καὶ ἰάσηται αὐτοῦ τὸν υἱόν. Vgl. Lk 7,3, ἐρωτῶν αὐτὸν ὅπως ἐλθὼν διασώσῃ τὸν δοῦλον αὐτοῦ..., 7,7, ...ἰαθήτω ὁ παῖς μου (Mt 8,8 ἰαθήσεται ὁ παῖς μου). Der nicht korrekte Gebrauch von ἐρωτᾶν (als ob es αἰτεῖν, »bitten«, wäre) wäre ein noch überzeugenderer Hinweis darauf, daß Joh Lukas kannte, wenn nicht derselbe Sprachgebrauch schon zweimal in diesem Kapitel zu finden wäre (V. 31.40). ἵνα und der Konjunktiv anstelle eines Infinitivs ist für Joh ebenfalls nicht ungewöhnlich; beide Konstruktionen waren im späten Griechisch verbreitet.

ἤμελλεν γὰρ ἀποθνῄσκειν. Vgl. Lk 7,2, ἤμελλεν τελευτᾶν.

48. ἐὰν μὴ σημεῖα καὶ τέρατα ἴδητε, οὐ μὴ πιστεύσητε. Der Plural zeigt, daß die Bemerkung nicht nur dem Beamten gilt (vgl. 3,7b.11); die Schärfe der implizierten Zurückweisung ist so abgeschwächt, so daß man hier kein Fragezeichen nach πιστεύσητε setzen muß; dies wäre ungewöhnlich (M I, S. 187–192; vgl. aber 11,56), wenn auch nicht abwegig; vgl. 2,4. Ein Glaube, der sich auf Wunder gründet, ist – wenn auch nicht ganz unbedeutend (14,11) – nicht angemessen (2,23). Der Mensch darf nicht das Wunder als den Grund des Glaubens suchen. σημεῖα καὶ τέρατα ist eine übliche Wiedergabe des hebräischen אותות ומופתים (z. B. Ex 7,3) durch die LXX. Es ist ein traditioneller Ausdruck (achtmal in Apg) und deshalb zu einem gewissen Grad von dem charakteristischen joh Gebrauch von σημεῖον unterschieden (s. dazu Einleitung S. 91ff). Zum vorliegenden Sprachgebrauch von σημεῖον vgl. 2,18; 6,26; auch Sap 8,8; 10,16. Die Annahme, V. 48f sei eine redaktionelle Glosse, die die joh Perspektive im Unterschied zu der der Quelle ausdrücke (die den Glauben des Offiziers zu billigen scheint – V. 50.53), liegt nahe, doch ist die Annahme, wir hätten hier zwei unvereinbare Sichtweisen, nicht zutreffend. Die joh Sicht der Zeichen ist vielschichtig. »Gesegnet sind jene, die glauben, ohne zu sehen« impliziert nicht: »Verflucht sind jene, die glauben, weil sie gesehen haben« – denn dies würde das apostolische Zeugnis verdammen, welches das Evangelium zu, repräsentieren beansprucht. S. zusätzlich zu unserer Erörterung der Wunder in der Einleitung das Bultmann-Zitat zu V. 53.

49. Der Offizier wird in der Tat von Gefühlen des Mitleids für sein Kind (τὸ παιδίον] τὸν παῖδα א it: τὸν υἱόν φ vg) getrieben.

50. Seine Bitte wird erfüllt – ὁ υἱός σου ζῇ. Zu ζῆν im Sinn von »von einer Krankheit genesen« vgl. z. B. Num 21,8: πᾶς ὁ δεδηγμένος ἰδὼν αὐτὸν ζήσεται. Hier und anderswo im AT hat ζῆν diese Bedeutung in Abhängigkeit von חיה (BDB s. v. ‚2. be quickened, revive: a. from sickness‘).

ἐπίστευσεν ... τῷ λόγῳ, ehe sich irgendein Zeichen ereignete. Zu πιστεύειν mit dem Dativ s. Komm. zu 1,12; 2,22; der Mann ist noch kein gläubiger Christ; vgl. dagegen V. 53. Er glaubt, daß das, was Jesus gesagt hat, wahr ist. Vgl. Mt 8,8; Lk 7,7, εἰπὲ λόγῳ.

51. αὐτοῦ καταβαίνοντος ... αὐτῷ. Der nicht ganz korrekt konstruierte Genitivus absolutus ist im NT, und auch im zeitgenössischen Griechisch, nicht selten.

Statt παῖς ist υἱός (P⁶⁶ᶜ D 33 it vg cur pesch) gut bezeugt, aber wahrscheinlich auf Assimilation an V. 46.47 und besonders 50.53 zurückzuführen. G. D. Kilpatrick, JThST 14 [1963], S. 393 liest υἱός mit der Begründung, παῖς sei Assimilation an Mt und Lk; E. D. Freed, JThST 16 [1965], S. 448f widerspricht dem. Anstelle von αὐτοῦ (welches in dem ὅτι-Satz eine indirekte Rede ergibt) lesen P⁶⁶ᶜ D Θ Ω it cur pesch σου (was eine direkte Rede ergibt). Auch dies ist wahrscheinlich auf Assimilation zurückzuführen.

52. κομψότερον ἔσχεν. κομψῶς ἔχειν ist ein hellenistischer Ausdruck in der Bedeutung »sich wohl befinden«. In Verbindung mit dem Aorist bedeutet es »eine Besserung erfahren«; vgl. P. Tebt. 414,10, ἐὰν κομψῶς σχῶ, und s. M I, S. 248.

ὥραν ἑβδόμην, ein Zeitpunkt, der durch den Akkusativ ausgedrückt wird (anstatt mit dem Dativ, wie korrekt im nächsten Vers); dieser Sprachgebrauch scheint sich im späten Griechisch verbreitet zu haben. S. M I, S. 63.245.

ἀφῆκεν αὐτὸν ὁ πυρετός. Derselbe Ausdruck Mk 1,31 (= Mt 8,15).

53. ἐκείνῃ τῇ ὥρᾳ. Ergänze κομψότερον ἔσχεν oder eine ähnliche Wendung. Vgl. Mt 8,13, ἰάϑη ὁ παῖς ἐν τῇ ὥρᾳ ἐκείνῃ.

ἐπίστευσεν. Der absolute Gebrauch des Wortes (vgl. 1,7.50 u. ö.) bedeutet, »er wurde Christ«. Vgl. V. 50, welcher wohl die Bekehrung der Heiden durch das Hören des Wortes des Evangeliums im voraus abbildet, aber ganz gewiß nicht die Bekehrung des Offiziers beschreibt.

καὶ ἡ οἰκία αὐτοῦ ὅλη. Vgl. Apg 10,2; 11,14; 16,15.31; 18,8. Was die Bekehrung des Hauses des Offiziers implizierte, können wir nur raten; tatsächlich hat Joh wahrscheinlich in seine Evangelienerzählung ein Ereignis eingeführt, das ihm (wie dem Verfasser der Apg) in der späteren Mission der Kirche vertraut war. »Das Wunder also, auf das der Mensch kein Recht hat, als könne er eine Legitimation des Offenbarers fordern, wird gleichwohl seiner Schwachheit unter Umständen gewährt, wenn sich diese wenigstens ihrer selbst bewußt ist; und es vermag, wo es geschenkt wird, gerade über den Wunderglauben hinauszuführen« (Bultmann, S. 154).

54. πάλιν δεύτερον ist pleonastisch; vgl. 21,16. Der ganze Vers weist durch V. 3.43 auf das Wunder beim Hochzeitsfest in Kana zurück. Das zweite Zeichen schließt, wie das erste, einen Abschnitt des Evangeliums ab; s. S. 213, 219.

Vgl. zum Ganzen Ber 34b: Einst erkrankte ein Sohn R. Gamaliels (II). Er sandte zwei Schüler zu R. Hanina b. Dosa, daß er für ihn um Erbarmen flehe. Als dieser sie sah, stieg er auf den Söller und flehte für ihn um Erbarmen. Beim Herabsteigen sprach er zu ihnen: »Gehet (vgl. πορεύου, V. 50), denn das Fieber hat ihn verlassen« (vgl. ἀφῆκεν αὐτον ὁ πυρετός, V. 52). Sie sagten zu ihm: »Bist du denn ein Prophet?« Er antwortete ihnen: »Ich bin nicht ein Prophet, und auch nicht eines Propheten Sohn; allein, so ist es mir überliefert: Ist mir das Gebet im Munde geläufig, so weiß ich, daß die betreffende Person angenommen worden ist; wenn nicht, weiß ich, daß sie hinweggenommen werden wird.« Sie kehrten um und schrieben die Stunde genau auf. Als sie zu R. Gamaliel zurückkamen, sprach er zu ihnen: »Beim Tempelgottesdienst! Ihr habt weder zuwenig noch zuviel gesagt; es geschah genauso, daß in dieser Stunde (V. 52f) das Fieber ihn verließ und er um Wasser bat, zu trinken.«

10. Zeichen und Auseinandersetzung am Sabbat

5,1–18

Zur These, daß Kap. 6 ursprünglich dem Kap. 5 voranging und vertauscht wurde, s. Einleitung S. 41 und Komm. zu 6,1. Eine Variante dieser These besteht in der Annahme, daß Kap. 6 nicht Teil des ursprünglichen Evangeliums gewesen, sondern erst nachträglich hinzugefügt worden sei und so die Abfolge stört (Lindars).

Jesus verließ Galiläa, um in Jerusalem ein nicht näher bezeichnetes Fest zu besuchen, und kam an einen bekannten öffentlichen Teich. Die Hinweise auf Zeit und Ort sind höchst unbestimmt (s. den Kommentar); offensichtlich war Joh an ihnen nicht interessiert. Am Teich heilte Jesus einen Mann von einer schon lange andauernden Krankheit; er gebot ihm, sich zu erheben, sein Bett zu nehmen und zu gehen. Dies geschah jedoch am Sabbattag, und der Mann, der tat, wie ihm geheißen wurde, wurde zu Recht von den Juden angeklagt, durch das Tragen des Bettes den Sabbat übertreten zu haben. Zunächst konnte der Mann die Person, die ihn geheilt und ihm geboten hatte, sein Bett zu tragen, nicht identifizieren. Aber als Jesus sich dem Mann zu erkennen gab, um ihn zu ermahnen, nicht mehr zu sündigen, tat dieser den Juden Jesu Identität kund. In den Schlußversen dieses Abschnittes wird der Weg für die sich anschließende Rede bereitet, denn Jesus verteidigt sein Handeln nicht dadurch, daß er über das Gesetz diskutiert, sondern indem er sich selbst und sein Werk auf eine Stufe mit Gott stellt.

Dieses Wunder wird in den Synoptikern nicht erzählt; einige wenige Sätze lassen an das Wunder von Mk 2,1–12 (s. zu V. 8.14) denken. Es könnte eine Erinnerung an das mk Wunder vorliegen; dies ist aber nicht notwendigerweise so. Die Geschichte selbst (V. 2–9, ohne 3b.4) ist in ihrer Form vielen synoptischen Wundererzählungen ähnlich, und die Annahme, ihr Ursprung sei anders als traditionell, ist unnötig. S. Dodd, Tradition, S. 174–180.

Die Anklage wegen ungesetzlichen Wirkens am Sabbat erinnert an viele synoptische Streitgespräche; es gibt aber keine Parallele zu der Antwort, die Jesus hier gibt (V. 17). In den Synoptikern werden verschiedene Einwände gegen die rigorose Durchsetzung des Ruhegesetzes vorgebracht, in erster Linie das humanitäre Argument (z. B. Lk 13,10–17; 14,1–6); sodann das Argument, der Sabbat sei in dem neuen Äon erfüllt, da mit dem Kommen Jesu etwas, das »mehr ist als der Tempel«, da ist (Mt 12,5f) und Jesus und seine Anhänger eine davidische, messianische Gemeinschaft bilden (Mk 2,23–28). In dem vorliegenden Abschnitt freilich, der in der sich anschließenden Rede fortgeführt wird, argumentiert Jesus, er tue als Sohn Gottes das, was Gott tut; wie der Vater unaufhörlich wirkt, so auch der Sohn. Man könnte sagen, dieses Argument sei in dem Anspruch, Jesus vergebe Sünden (Mk 2,5.7.10), implizit und sei in der messianischen Konzeption der Synoptiker enthalten; auch dort handelt Jesus im Namen Gottes, und eben aufgrund des Einbruchs des neuen Äons, in welchem Gottes Wille umfassender erkannt und getan wird, muß das Gesetz abgeschafft werden; freilich gibt Joh dem Argument einen christologischen Sinn, der in den früheren Evangelien nicht ausgedrückt ist.

Dieses Kapitel (wie Kap. 9; s. S. 358) bietet einen besonders guten Beleg für jene, die annehmen, das Evangelium sei auf zwei »Ebenen« geschrieben. Martyn (S. 54f) versteht die Bewegung von V. 16 zu V. 18 als eine Bewegung von einer Ebene zur anderen – nämlich von der Auseinandersetzung zwischen Jesus und seinen Zeitgenossen zu der zwischen der Kirche am Ende des 1. Jh. und den Juden ihrer Tage. Es liegen wichtige Wahrheitsmomente in dieser Sicht (s. S. 152); man sollte aber vernünftigerweise fragen, ob nicht beide Verse beiden Ebenen zugehören. Fast die ganze Theorie Martyns ist, wenn auch vorsichtig, von Bultmann in einer Anmerkung zu diesem Abschnitt, die so wichtig ist, daß wir sie ganz zitieren wollen, vorweggenommen: »Die beiden Geschichten von Kap. 5 und 9 sind offenbar aus der gleichen historischen Situation zu verstehen. Es spiegelt sich in ihnen das Verhältnis des jungen Christentums zur umgebenden feindlichen (zunächst jüdischen) Welt wider, und zumal in höchst eigenartiger Weise die Methode der Gegner, die sich an solche Menschen halten, die noch nicht zur christlichen Gemeinde gehören, aber mit ihr in Berührung gekommen sind und die Macht der in ihr wirkenden Wunderkräfte erfahren haben. Solche Menschen werden verhört, und man sucht dadurch Anklagematerial gegen die christliche Gemeinde zu gewinnen. Für den Evangelisten bieten solche Erzählungen nicht nur den äußeren Anknüpfungspunkt; sondern sie sind ihm zugleich Illustrationen der Verlegenheit, in die die Welt durch die Offenbarung gerät, und der Feindschaft der Welt. Die Welt will das Ereignis, das für sie die χρίσις bedeutet, ihrer eigenen χρίσις unterwerfen; sie macht der Offenbarung gleichsam den Prozeß« (S. 178f). Die theologische Bedeutung des Abschnitts ist einheitlich und umfassend. »Das Offenbarungsgeschehen bedeutet die Störung und Verneinung der traditionellen religiösen Maßstäbe, und deren Vertreter müssen zu Feinden des Offenbarers werden« (Bultmann, S. 185).

1. *ἑορτή*, P⁶⁶ P⁷⁵ B D W *Θ* cur: *ἡ ἑορτή*, ℵ *Ω λ*, 33 sah boh. Die Übereinstimmung von P⁶⁶ P⁷⁵ B D W *Ω* und der altsyrischen Version (sin gibt es an dieser Stelle nicht) ist ein gewichtiges Argument für die Lesart ohne den Artikel; ebenso gewichtig ist, daß nirgendwo im Evangelium *ἑορτή* ohne Artikel gebraucht wird. Es erscheint natürlich, diese Wendung an z. B. 6,4; 7,2 anzugleichen. Außerdem paßt, falls wir »ein Fest« übersetzen, diese Lesart dazu, daß es weder in diesem Vers noch in der anschließenden Erzählung irgendeinen Hinweis darauf gibt, welches Fest gemeint ist. Diejenigen, die die Kap. 5 und 6 umstellen (s. Einleitung, S. 41, und Komm. zu 6,1), verstehen das in diesem Vers erwähnte Fest als das Passa, welches nach 6,4 nahe ist; wahrscheinlich aber wird das Passa in Kap. 6 erwähnt, um einen angemessenen Schauplatz für die Lebensbrotrede zu schaffen. Guilding, die Kap. 5 und 6 umstellt, meint, dieses Fest müsse entweder Pfingsten oder Rosh-ha-Shanah sein, und entscheidet sich für das letztere (S. 69–72). Ebenso Lightfoot unter Verweis auf H. St J. Thackeray, The Septuagint and Jewish Worship [1921], S. 80–111. Joh scheint hier jedoch einfach ein Fest einzuführen, um die Anwesenheit Jesu in Jerusalem zu erklären. Der Artikel wurde aus dem Bedürfnis hinzugefügt, eine weitere Bestimmung und genaue Informationen zu geben (was auch von den weiteren Zufügungen gilt, die in einzelnen Handschriften enthalten sind: *τῶν ἀζύμων, ἡ σκηνοπηγία*).
Liest man den Artikel, so könnte sich der Hinweis auf jenes Fest auf das Passa- oder das Laubhüttenfest beziehen, das oft als »das Fest« (החג) galt.
ἀνέβη. S. Komm. zu 2,13.
2. Der Text dieses und der beiden folgenden Verse befindet sich in einer gewissen Unordnung. Ohne Zweifel sind V. 3b.4 nicht Teil des ursprünglichen Textes, und möglicherweise brachte ihre Einfügung eine gewisse Unordnung in die früheren Verse, so daß Schwierigkeiten entstanden, welche die Abschreiber nun zu beheben suchten. Zu dieser ganzen Frage s. die unentbehrliche Diskussion des Problems bei J. Jeremias, Die Wiederentdeckung von Bethesda [1949], S. 5–8. Die erste Variante lautet

(a) *ἐπὶ τῇ προβατικῇ κολυμβήθρα,* P⁶⁶ P⁷⁵ B *Ω*

(b) *ἐν τῇ προβατικῇ κολυμβήθρα,* ℵ D *Θ*

(c) *προβατικὴ κολυμβήθρα,* ℵ* e Euseb

(d) *κολυμβήθρα,* 1 cur pesch Irenaeus (lat.).

In a) und b) haben wir *κολυμβήθρα* absichtlich ohne Akzent gelassen; die ältesten Handschriften lassen nicht deutlich erkennen, ob hier der Nominativ oder der Dativ gemeint ist; s. u. c) und d) können wahrscheinlich als Versuche beiseite gelassen werden, eine schwierige Konstruktion zu erleichtern. Zwischen a) und b) eine Entscheidung aufgrund äußerer oder innerer Kriterien zu treffen, scheint unmöglich zu sein; die Differenz zwischen den beiden hat freilich kaum Auswirkungen auf den Sinn des Satzes. Es bleibt zu entscheiden, wie man *κολυμβήθρα* lesen sollte.
(1) Liest man es als Nominativ, bleibt das Adjektiv *προβατική* ohne Nomen. Es liegt nahe, an *ἡ πύλη ἡ προβατική* in Neh 3,1; 12,39 zu denken und *πύλη* zu ergänzen. Wir müßten dann übersetzen: »Es gibt in Jerusalem am Schaf(-Tor) einen Teich, der im Aramäischen genannt wird . . .«
(2) Nimmt man *κολυμβήθρα* als Dativ, dann wird das Nomen durch *προβατική* qualifiziert, und die folgende Wendung *ἡ ἐπιλεγομένη* . . . bleibt ohne Substantiv. Wir müßten übersetzen: »Es gibt in Jerusalem bei dem Schafsteich, welcher in Aramäisch genannt wird . . .« Beide Annahmen sind grammatikalisch schwierig, doch die zweite Möglichkeit ist vorzuziehen, wohl entscheidend deshalb, weil die gesamte antike Überlieferung *προβατικῇ* und *κολυμβήθρα* zusammennimmt und kein antiker Schreiber (tatsächlich keiner vor 1283 n. Chr.) *πύλη* durch *προβατικῇ* ergänzt (s. Jeremias, a. a. O., S. 6). Der Name des Teiches wird in mehreren Varianten geboten:

(a) *Βηϑεσδα,* *Θ Ω* cur pesch hl^mg

(b) *Βη(ϑ)ζαϑα,* א 33 e Euseb

(c) *Βελζεϑα* (oder ähnliche Formen), D a b

(d) *Βηϑσαιδα,* P^75 B W vg hl sah boh Tertullian; *Βηϑσαιδα,* P^66.

Keine dieser Varianten ist leicht auszuscheiden, obwohl c) wahrscheinlich eine Variante von b) ist. Sofern dies zutrifft, ist die gemeinsame Bezeugung für b–c sehr stark; sie schließt ja sogar Euseb, Onomastica 58,21–26 (ed. Klostermann), ein. Bei der Diskussion dieser Lesart hat man sich sehr um die Bedeutung der aramäischen Worte bemüht, die hinter den in den Handschriften gebotenen griechischen Formen liegen. Diese Erwägungen scheinen jedoch nicht angebracht zu sein; wenn Joh in einem semitischen Begriff einen besonderen Sinn sieht, dann lenkt er die Aufmerksamkeit explizit darauf; s. besonders seine Interpretation des Namens des Teiches Siloa (9,7). Wir müssen also annehmen, daß er hier den fraglichen Ort einfach benennt und ihn nicht allegorisiert, obwohl es selbstverständlich möglich ist, daß seine späteren Abschreiber eine allegorische Bedeutung fanden, wo der Schreiber selbst keine beabsichtigt hatte; so könnte es durchaus eine Tendenz, besonders in der syrisch sprechenden Kirche, geben, die Form Bethesda vorzuziehen, da man dieses mit בית חסדא, »Haus der Barmherzigkeit«, verbinden konnte – ein Name, der ganz offensichtlich für den Ort geeignet ist, an welchem Jesus einen Lahmen heilte. Die Lesart d) ist viel zu gut bezeugt, als daß man sie als bloße Angleichung an das wohlbekannte Beṭhsaida am See Genezareth ausschließen könnte, welches häufig an anderer Stelle im Evangelium erscheint. Tatsächlich kann keine der Lesarten a), b–c), d) auf Grund äußerer Kriterien von vornherein ausgeschlossen werden. Wenden wir uns nun freilich von den Varianten selbst ab und richten unser Augenmerk auf die Örtlichkeit der »fünf Säulenhallen« (s. u.), so scheint der Platz, um dessen Namen es geht, im Nordosten der Stadt zu liegen, in einer Gegend, die als Bezetha bekannt ist. Diese Gegend wird mehrmals von Josephus erwähnt, und ihr Name wird griechisch als *Καινόπολις* (Bell II, 530) oder *Καινὴ Πόλις* (Bell V, 151) wiedergegeben. An dieser Stelle sagt er, daß Bezetha als »neue Stadt« *übersetzt* wird; dies ist unzutreffend, wenn Bezetha eine Transkription von בית זית *(beth zaith)* ist; denn das bedeutet »Haus der Ölbäume«; aber dies ist nicht anzunehmen. Bezetha könnte möglicherweise eine verderbte Form von בית חדש – *(beth ḥadash)* sein, »neues Haus« (vgl. עיר חדשה, *'ir ḥᵃdashah,* »neue Stadt«, erwähnt in Erub 5,6). Die Varianten in Joh zeigen, wie leicht der Laut *ϑ* verschwinden konnte und das griechische *ζ* ohne Schwierigkeit sowohl aus *ds* als auch aus *sd* entstehen und in diese übergehen konnte: Aufgrund dieser Beobachtungen kann angenommen werden, daß entweder a) oder d) die ursprüngliche Lesart gewesen ist. Die eine könnte leicht aus der anderen entstanden sein; *αι* und *ε* werden in griechischen Handschriften sehr häufig wechselseitig gebraucht, und während einige Abschreiber unter dem Einfluß des häufig erwähnten Ortes am See Bethsaida geschrieben haben könnten, könnten andere die Schwierigkeit eines »Bethsaida« in oder bei Jerusalem gesehen haben und vielleicht von der Möglichkeit, in Bethesda ein »Haus der Barmherzigkeit« zu sehen, gereizt worden sein. Die Formen Bethzatha, Belzetha u. ä. könnten in die Textüberlieferung durch den Einfluß des Josephus oder von Traditionen des Namens der Jerusalemer Vorstadt gekommen sein, der dem seinen ähnlich ist. Es wäre verführerisch, sie dem persönlichen Einfluß des großen Historikers Euseb zuzuschreiben, wenn es nicht unmöglich wäre, daß er die altlateinischen Übersetzungen sehr beeinflußt hat. Der Einwand (Jeremias, a. a. O., S. 7), der Name einer Vorstadt wäre nicht auf ein Gebäude übertragen worden, das in seinem Bereich liegt – die »fünf Säulen« –, scheint nicht zwingend. Es ist sogar möglich, daß das Gebäude »neues Haus« bereits vor der Vorstadt existierte, gerade so wie in jüngerer Zeit alte Landhäuser oft ihren Namen einem neuen Stadtteil gegeben haben, der um sie herum entstanden ist. Diese Überlegungen müssen durch die Tatsache ergänzt werden, daß die in Qumran entdeckte sogenannte »Kupferrolle« (3Q15) allem Anschein nach die Existenz eines Teiches namens בית אשדתין *(beth 'eshdathayin)* bezeugt – ein Name, der abgeleitet werden kann von der Wurzel אשד, fließen, und das griechische *Βηϑεσδά,* mit der Bedeutung nicht »Haus der Barmherzigkeit«, sondern »Haus der Quellen« oder tatsächlich »Haus der zwei Quellen« (da die Form dual ist; s. u. die Anmerkung zu dem Doppelteich von St. Anna) verursacht haben könnte. Zum Text der Kupferrolle s. M. Baillet, J. T. Milik, R. de Vaux, Discoveries in the Judaean Desert of Jordan III: Les petites grottes de Qumran [1962]. Diese Entdeckung gibt der These, daß der von Joh erwähnte Teich Bethesda (Lesart a) genannt wurde, weiteres Gewicht; aber 1. ist die Transkription der Rolle nicht sicher; 2. können wir nicht sicher sein, daß der in der Rolle erwähnte Teich jener ist, an welchen Joh dachte – wenn Joh tatsächlich an Topographie überhaupt interessiert war; 3. könnte die Rolle verschlüsselt sein (s. G. R. Driver, The Judaean Scrolls [1965], S. 376). S. dazu Jeremias, Wiederentdeckung, und ders., Die Kupferrolle von Qumran und Bethesda, in: Abba [1966], S. 361–364; auch D. J. Wieand, John V. 2 and the Pool of Bethesda, in: NTS 12 [1966], S. 392–404. Wieand nimmt an, »daß Bethesda im Original des vierten Evangeliums stand und daß Bethesda vom Verfasser des Kap. 21 im Interesse des Fisch-Symbolismus« zu Bethsaida verändert wurde (404). Es gibt eine umfassende Darstellung der neueren Diskussion bei Davies, Land, S. 302–313 (»die Heilung zu Bethesda durch Christus impliziert eine Kritik eines ‚heiligen Platzes‘, er sei heidnisch oder jüdisch«, S. 313). Ἑβραϊστί meint wie 19,13.17.20; 20,16 wahrscheinlich »in Aramäisch«. Sonst begegnet dieses Wort im NT nur Offb 9,11; 16,16.

πέντε στοὰς ἔχουσα. Diese Bezeichnung läßt die wahrscheinliche Identifizierung des Gebäudes mit Ruinen zu, die man zwischen den beiden Teilen des Doppelteiches von St. Anna gefunden hat. S. Jeremias, a. a. O., S. 9–26. Diese Identifizierung schließt die ansonsten nicht unwahrscheinliche Ansicht aus, Joh habe beabsichtigt, mit den fünf Säulenhallen die fünf Bücher Mose zu bezeichnen, welche die Erlösung nicht bewirken konnten. Wenn Joh Symbole einsetzt, dann tut er dies in einer weniger primitiven Weise.

3a. Nach ξηρῶν wird von D a b παραλυτικῶν hinzugefügt; dies ist ein gutes Beispiel dafür, daß der westliche Text nicht weiß, wann er aufhören muß.

3b.4. Dieser ganze Absatz wird von P⁶⁶ P⁷⁵ ℵ B W 33 cur sah ausgelassen. Außerdem wird V. 3b von einigen wenigen Handschriften ausgelassen und V. 4 von D vg boh (V. 4 wird auch von anderen Handschriften als fraglich angesehen). Es kann kein Zweifel darüber bestehen, daß diese Verse hinzugefügt wurden (möglicherweise aufgrund einer alten Überlieferung), um V. 7 zu erklären (s. Komm. z. St.) – wobei V. 3b zuerst hinzugefügt wurde, V. 4 erst, als die Textüberlieferung sich entwickelte. Ein weiteres Argument gegen die Ursprünglichkeit von V. 3b.4 ist, daß sie in verschiedenen Handschriften in unterschiedlichen Formen erscheinen. Ein heiliger Teich, der von der Göttin Hera besucht wird, ist von Lukian beschrieben, De Syria dea 45–48, aber die Ähnlichkeit dieses Abschnitts mit dem Bericht des Joh ist noch geringer, als Betz (S. 152) sie bewertet.

5. τριάκοντα καὶ ὀκτὼ ἔτη ἔχοντα. Dieselbe Konstruktion begegnet im nächsten Vers und 11,17; vgl. 8,57; 9,21.23. Sie ist charakteristisch für den Stil des Joh. Eine symbolische Bedeutung der Zahl 38 ist unwahrscheinlich, obwohl manche Autoren darin eine Anspielung auf Dt 2,14 sehen. In den Pilatusakten 6,1 behauptet ein Mann, er sei von Jesus geheilt worden, nachdem er 38 Jahre krank gewesen sei. Seine Geschichte zeigt sowohl Spuren der vorliegenden Erzählung als auch des Wunders von Mk 2,1–12. Der Verfasser der *Akten* kann jedoch nicht als ein unabhängiger Zeuge betrachtet werden; er schrieb nicht vor dem 4. Jh. und war wahrscheinlich sowohl von Mk als auch Joh abhängig. Joh beschreibt die Krankheit des Mannes nicht genauer.

6. γνούς. Joh denkt zweifelsohne an übernatürliches Wissen, nicht an eine Schlußfolgerung aufgrund von Beobachtung. Vgl. 1,47f. Er gibt keinen Grund an, warum Jesus diesen Mann aus der Menge der Kranken ausgewählt hat. Jesus handelt in freier, eigener Entscheidung (vgl. 2,4; 4,47f). Es gibt, wie sich zeigen wird, Parallelen und einige Unterschiede zwischen dieser Geschichte und der von dem Paralytiker in Mk 2,1–12; vielleicht ist hier auch ein Kontrast beabsichtigt. Bei Mk wird, anders als bei Joh, der Paralytiker, den man durch das Dach herabläßt, vor Jesus abgesetzt, dessen Auswahlmöglichkeit dadurch zu einem gewissen Grad eingeschränkt ist. Es wird jedoch auch eine Antwort von dem Mann gesucht: θέλεις ὑγιὴς γενέσθαι; der Punkt wird jedoch von Dodd (Interpretation S. 319) überbetont, der den Teich allegorisch als das Gesetz versteht und schreibt: »Das Gesetz

könnte den Weg zum Leben zeigen; es hat aber nicht die Macht, den Willen zum Leben zu schaffen.« Joh hat noch nicht angefangen, das Ereignis zu interpretieren, und wenn er es tut, dann wird er in eine andere Richtung blicken.

7. *ἄνϑρωπον οὐκ ἔχω*. Der Paralytiker in Mk 2,3.5 hatte vier Leute, die ihn auf einer Bahre trugen, und er hatte Glauben; dieser Mann ist völlig ohne Freunde, und es ist keine Rede von Glauben von ihm oder anderen. Sein *κύριε* muß nicht mehr als die höfliche Anrede »Herr« bedeuten.

ἵνα ... βάλῃ. *βάλλειν* hat selbstverständlich seine späte, abgeschwächte Bedeutung bringen, stellen. Man hat behauptet, die Konstruktion sei das Ergebnis einer Fehlübersetzung des aramäischen Partikels ד, welcher, gedacht als Relativpronomen, als finaler Partikel verwendet wurde. Aber dies ist tatsächlich nur ein anderes Beispiel für die Gewohnheit des Joh, *ἵνα* und den Konjunktiv zu verwenden, wo der korrekte griechische Sprachgebrauch den Infinitiv fordert.

ὅταν ταραχϑῇ τὸ ὕδωρ. Diese Worte setzen einen solchen »Besuch« voraus, wie er in V. 4 beschrieben wird; wir haben aber in Verbindung mit irgendeinem Teich in Jerusalem keinen anderen Beleg für eine solche Legende, noch erlauben die Ausgrabungen beim Teich von St. Anna bereits irgendeine Erklärung, obwohl es durchaus begründete Hoffnung gibt, daß weitere Ausgrabungen dies tun werden (Jeremias, a. a. O., S. 25). Offensichtlich waren die heilenden Kräfte des Wassers nur für jeweils einen Kranken nach jeder Bewegung wirksam. Es wird uns nicht gesagt, wie oft solche Bewegungen des Wassers stattfanden.

8. Zum ganzen Vers vgl. Mk 2,11, *σοὶ λέγω, ἔγειρε ἆρον τὸν κράβαττόν σου καὶ ὕπαγε εἰς τὸν οἶκόν σου*. Der Parallelismus ist auffallend, und es liegt wahrscheinlich auch eine gewisse Erinnerung vor (insbesondere wenn man die anderen Beweise dafür, daß Joh Mk kannte, in Rechnung stellt; s. Einleitung S. 59ff). Der Gebrauch von *κράβαττος* darf jedoch nicht als ein besonderer Hinweis auf eine literarische Beziehung zwischen Joh und Mk genommen werden; das Wort ist kein gutes Griechisch; es gibt aber überhaupt keinen Grund anzunehmen, es komme in der griechischen Umgangssprache nicht vor. Zum Tragen des Bettes als einem Motiv in Wundergeschichten s. Betz, S. 158.

9. So wie die achtunddreißig Jahre die Schwere der Krankheit beweisen, so bestätigen das Tragen des Bettes und das Gehen die Vollständigkeit der Heilung.

ἦν δὲ σάββατον ἐν ἐκείνῃ τῇ ἡμέρᾳ. Joh schildert in der knappsten möglichen Weise das Faktum, das die Basis für die folgende Rede bildet. Haenchen versteht V. 9b–13 als Ergänzung, welche das Sabbatthema einführt. Die Überlieferung freilich enthielt eine ganze Reihe von Geschichten, zu denen dieses Thema von Anfang an ursprünglich gehörte. Mk 2,1–12 (der Paralytiker) ist das erste in einer Reihe von Streitgesprächen (2,1–3,6), von denen zwei (2,23–28 das Ährenausraufen, 3,1–6 verdorrte Hand) mit der Sabbatfrage zu tun haben.

10. *οὐκ ἔξεστίν σοι ἆραι τὸν κράβαττον*. Die Beanstandung wird durch das Mischnagesetz gerechtfertigt. Schab 7,2: Die Hauptarbeiten sind vierzig weniger eine: ... wer von einem Gebiet in ein anderes hinausträgt; 10,5: (wenn ein Mann hinaustrüge) einen lebenden Mann auf einem Bett, macht er sich nicht strafbar wegen des Bettes; denn das Bett ist zweitrangig. (Es ist impliziert, daß der Träger sich strafbar machen würde, läge kein Mann auf dem Bett.) Jesus selbst wird hier nicht des Sabbatbruchs angeklagt (vgl. dagegen V. 18); er hat nur eine Anweisung gegeben, die einen anderen Mann zur Übertretung führte.

11–13. Der Mann freilich will keine Verantwortung für seine Tat übernehmen. Man konnte ihm kaum Vorwürfe machen, weil er einem Menschen, der ihn heilte, gehorcht hat, auch wenn er die Identität des Mannes nicht kannte. Es gibt sowohl Ähnlichkeit als auch einen Gegensatz zwischen diesem Kranken und dem Blinden von Kap. 9; letzterer spielt eine entscheidende Rolle in dem Geschehensablauf und kommt schließlich zu völligem Glauben an Jesus, während dieser lediglich eine Marionette ist.

ἐξένευσεν, eigentlich »das Haupt abwenden«, »vermeiden«. Der hier notwendige erweiterte Sprachgebrauch ist durchaus natürlich. Jesus nützt die Anwesenheit einer großen Menge aus, um unbeobachtet zu entkommen.

270

14. *μηκέτι ἁμάρτανε*. Es wird weder implizit noch explizit gesagt, daß die Krankheit des Mannes Folge von Sünde war; wahrscheinlich kann man hier wohl (wie 9,3; 11,4) zu Recht sagen, dies geschah, damit Gott in seinen Werken verherrlicht werde; *μηκέτι* impliziert gewiß, daß der Mann nicht auf Grund seiner Verdienste gewählt wurde. Der Befehl erinnert an die Worte der mk Geschichte vom Paralytiker: *ἀφίενταί σου αἱ ἁμαρτίαι* (Mk 2,9). Bei Joh wird nichts von Vergebung gesagt, aber das ganze Kapitel impliziert eine Sicht des Bösen, die zu radikal ist, als daß sie sich in der Heilung einer physischen Krankheit erschöpfen könnte, und der Befehl, *nicht mehr* zu sündigen, legt nahe, daß die bisherigen Sünden erledigt sind.

ἵνα μὴ χεῖρόν σοί τι γένηται. Wieder wird man an eine synoptische Stelle erinnert: Lk 13,1–5. Ebenso, wie bei Lk nicht gesagt wird, daß die Galiläer, die durch Pilatus litten, und jene, auf welche der Turm von Siloa fiel, in besonderer Weise ihr Schicksal verdienten, so wird auch hier nicht impliziert, daß die achtunddreißig Jahre der Krankheit Strafe für einen besonders sündigen Menschen gewesen seien. Lk wie Joh weisen auf das unausweichliche Geschick der unbußfertigen Menschheit hin. Das *χεῖρόν τι* kann kaum etwas anderes als das Gericht sein (vgl. V. 29), obwohl Martyn (S. 55) es genauer bestimmt. Er bemerkt den Kontrast (s. o.) zu 9,35f: Dieser Mann wird nicht zu einem Glaubensbekenntnis geführt; im Gegenteil, der *Christ* bemerkt seine Unsicherheit – er könnte zu einem Denunzianten werden. Er wird deshalb gewarnt, nicht *dieser* Sünde anheimzufallen. Unser Vers freilich sagt dies nicht; vielmehr ist diese Sünde bereits teilweise begangen worden (V. 11), und wenn sie tatsächlich vollends begangen wird (V. 15), hat dies offenbar keine schlimmen Konsequenzen.

16. *διὰ τοῦτο* wird durch den folgenden *ὅτι*-Satz erklärt. Der erste Anklagepunkt der Juden gegenüber Jesus wird sogleich genannt – es ist illegales Wirken am Sabbat. Der zweite Anklagepunkt ergibt sich aus der Antwort Jesu auf die erste Anklage. Seine ungesetzlichen Handlungen (*ταῦτα ἐποίει*) werden jedoch nicht genauer bezeichnet. Die einzige Handlung, gegen die man sich ausdrücklich wendet, ist, daß der Geheilte sein Bett trägt, und dies ist eine Handlung, zu der Jesus zwar aufgefordert hatte, die er aber nicht selbst begangen hatte. Joh verweist allgemein und ohne genaue Einzelangaben auf das Heilswirken Jesu (s. das Imperfekt, *ἐποίει*) und auf seine Einstellung gegenüber dem Sabbatgesetz. Die Methode des Joh kann der der Synoptiker gegenübergestellt werden.

17. *ὁ πατήρ μου ἕως ἄρτι ἐργάζεται, κἀγὼ ἐργάζομαι*. Zur Konstruktion vgl. 15,27; *ἕως ἄρτι* bedeutet »bis zum gegenwärtigen Augenblick«, ohne zu implizieren, daß die Zeit jetzt gekommen ist oder bald kommen wird, wo das Werk aufhören wird (vgl. jedoch Cullmann, Heil, S. 254, Vorträge, S. 187–191). Das Griechische könnte für das hebräische עוד stehen – so C. Maurer. Die Zeit des Sohnes ist begrenzt (9,4), aber in dem vorliegenden Vers bezieht sich *ἕως ἄρτι* nicht auf ihn. Der vorliegende Vers ist das Samenkorn, aus welchem die den Rest des Kapitels ausfüllende Rede erwächst. Nach Gen 2,2f ruhte Gott (שבת, *shabath*) am siebten Tag der Schöpfung; dies ist ein Anthropomorphismus, der scharfsinnigen Exegeten einige Schwierigkeiten bereitete. Philo, der von der LXX-Wiedergabe von *shabath, κατέπαυσεν* (nicht *ἐπαύσατο*) ausgeht, leugnet gänzlich, daß Gott sein schöpferisches Wirken jemals eingestellt habe: *παύεται γὰρ οὐδέποτε ποιῶν ὁ θεός . . . εὖ μέντοι καὶ τὸ φάναι »κατέπαυσεν«, οὐχὶ »ἐπαύσατο« . . . οὐ παύεται δὲ ποιῶν αὐτός* (Leg All I,15f; vgl. Cher 87). Eine ähnliche Exegese findet sich in der rabbinischen Literatur: Als R. Gamaliel II, R. Joshua, R. Eleazar b. Azariah und R. Aqiba sich in Rom befanden (ca. 95 n. Chr.), widerlegten sie die Einwände eines Häretikers mit den Argumenten, daß Gott in der Welt tun kann, wie er will, ohne das Sabbatgesetz zu brechen, da a) die ganze Welt lediglich seine persönliche Residenz ist (Jes 6,3) und b) er die ganze Welt erfüllt (Jer 22,24), (Ex r 30,6; vgl. Gen r 11,10). Man könnte dann sagen, daß es zu der Zeit, als Joh schrieb, eine zeitgenössische Exegese der Sabbatruhe Gottes gab, die ausreichte, das Argument des Evangelisten zu stützen. Gott ist wesenhaft und unveränderlich schöpferisch (*ἐργάζεται*); was Gott tut, tut auch Jesus (V. 19); deshalb *ἐργάζεται* auch Jesus. Daß Gott unaufhörlich am Werk ist, ist auch ein griechischer Gedanke; s. Sanders und Dodd (Interpretation, S. 20f) mit dem Zitat aus Corp Herm XI,5 *οὐ γὰρ ἀργὸς ὁ θεός*; aber Bultmann stellt zu Recht fest, daß Gottes Werk hier im jüdischen und nicht im griechischen Sinn verstanden wird.

18. Die Juden sehen sehr schnell die Implikationen von Jesu Argument und sind daraufhin um so mehr darauf aus, ihn zu töten. Das κἀγώ von V. 17 stellt Jesus auf eine Stufe mit Gott. Sabbatbruch war, wenn auch schwerwiegend, doch ein vergleichsweise gewöhnliches Vergehen (οὐ μόνον ἔλυε τὸ σάββατον) – das Imperfekt kann implizieren, daß Jesus den Sabbat gewohnheitsmäßig gebrochen hat oder ihn zerstören wollte; zumindest verallgemeinert es über den gegenwärtigen Vorfall hinaus. Jesus hatte Gott seinen *eigenen* Vater genannt (πατέρα ἴδιον; vgl. den Gebrauch von ἀββά in Mk 14,36; s. dazu J. Jeremias, Abba [1966], S. 15–67; auch Theologie I, S. 67 ff), eine Redeweise, die sich nicht aus liturgischem Brauch entwickelte oder aus der Vorstellung von Israel als Gottes Kind (s. jedoch Sap 2,16); und die Annahme eines gleichförmigen Wirkens sowohl Gottes als auch Jesu konnte nur bedeuten, daß Jesus Gott gleich war. Diesen Schluß gibt Joh selbstverständlich selbst zu, stellt ihn aber zu Recht als höchst provokativ für die Juden dar. Vgl. Mk 2,7; Bill II S. 462–465 – Gott mag einige (vor allem Mose) sich gleichmachen, aber die vier, die sich selbst zu Gott machten, waren Hiram (Ez 28,2), Nebukadnezar, Pharao und Joahas; Philo, Leg All I, 49 (φίλαυτος δὲ καὶ ἄθεος ὁ νοῦς, οἰόμενος ἴσος εἶναι θεῷ); 2 Thess 2,4; für weiteres Belegmaterial s. Dodd, Interpretation, S. 320–328. Jüdische Theologie und Frömmigkeit behielten im Sinn, daß Gott im Himmel ist und der Mensch auf der Erde (Eccl 5,2), und wandten sich entschieden gegen jegliche Vermischung der beiden. In welchem Sinn die Gleichheit Jesu mit Gott verstanden werden muß, wird im Rest des Kapitels erläutert. Vgl. Phil. 2,6, οὐχ ἁρπαγμὸν ἡγήσατο τὸ εἶναι ἴσα θεῷ. Das ἴσον des Joh ist vielleicht eine christologische Annäherung an den adverbialen Neutrum Plural des Paulus. Die Juden »können die Gottgleichheit nur verstehen als Unabhängigkeit von Gott, während sie für Jesus das Gegenteil bedeutet, wie V. 19 sofort ausführt« (Bultmann, S. 183). Wir sehen, wie sich hier Christologie im Kontext einer Auseinandersetzung entwickelt. Martyn (S. 56) legt den Juden in den Mund: »Wir verfolgen die Christen, weil sie Jesus als zweiten Gott verehren.«

11. Jesus und der Vater

5,19–47

Anlaß dieser Rede ist das Wunder von 5,2–9, der jüdische Protest gegen das, was Jesus am Sabbat getan und befohlen hatte, und die Antwort Jesu: »Mein Vater wirkt bis jetzt, und auch ich wirke«, welches von den Juden zu Recht als Anspruch der Gleichheit mit Gott verstanden wurde. Diesen Anspruch mußte Joh ohne weiteres Zögern behandeln. Er hatte bereits (auch wenn man den Prolog nicht berücksichtigt) Großes für Jesus beansprucht. Er ist größer als Johannes der Täufer; er ist das Lamm Gottes, der Sohn Gottes, der Messias, der Menschensohn, der Erlöser der Welt. In den folgenden Kapiteln begegnen die großen »Ich-bin-Worte«: Ich bin das Brot des Lebens, das Licht der Welt, der gute Hirte, der Weg, die Wahrheit, das Leben usw. In welchem Sinn werden diese göttlichen Ansprüche erhoben? Ist Jesus ein Mensch, der sich selbst zu einer Position göttlicher Autorität erhöht? Ein Halbgott, halb menschlich und halb göttlich? Implizieren seine Behauptungen irgendeine Konkurrenz mit dem Schöpfer, dem Gott Israels und des AT?

Die vorliegende Rede macht die Position deutlich. Sie wird von Lightfoot zu Recht als »Verteidigung des christlichen Monotheismus« bezeichnet. Jesus ist, was er ist, nur im demütigen Gehorsam gegenüber und in völliger Abhängigkeit vom Vater. Er hat keinen unabhängigen Status; er hat nicht einmal einen unabhängigen Willen oder ein unabhängiges Urteil. Er tut nur, was er den Vater tun sieht. Dies ist zugleich ein demütiges Eingeständnis und ein stolzer Anspruch. Einfach deshalb, weil sein eines Ziel ist, gehorsam zu sein, können die Menschen in ihm das Wesen und Wirken Gottes selbst sehen. Suchte er seinen eigenen Ruhm (wie die Menschen), würde diese seine höchste Herrlichkeit sogleich verschwinden. In diesem Licht und nicht in dem menschlicher oder dämonischer Überheblichkeit müssen alle seine Ansprüche verstanden werden. Demut und Gehorsam jedoch sind nicht alles, was Joh über Jesus zu sagen hat, der auch der eine ist, den Gott gesandt hat (V. 30) und der Gott repräsentiert und offenbart, weil er als Sohn an seinem Sein Anteil hat (V. 23.27). Jesus unterscheidet sich von den übrigen Menschen nicht nur, weil er gehorsam ist (was sie nicht sind), sondern auch, weil er der göttliche Bote ist. Zusätzlich zu den Begriffen sittlicher Beziehungen verwendet Joh auch die Sprache des Mythos. In Jesus begegnet man dem wahren Gott.

Die Rede kann in drei Abschnitte eingeteilt werden:

In V. 19–30 wird das Hauptthema feierlich, beständig und fast ermüdend wiederholt. Wie V. 17 bereits vorab angedeutet hat, gibt es eine völlige Einheit des Handelns zwischen dem Vater und dem Sohn sowie eine völlige Abhängigkeit des Sohnes vom Vater. Ob Gleichheit mit Gott die beste Weise ist, diese Beziehung zu beschreiben, kann man fragen. Dodd kommt nach längeren Überlegungen (Interpretation, S. 320–328) zu dem Schluß, nach Meinung des Joh sei ἴσος ein unpassender Begriff. Was immer der richtige Begriff ist, Joh entfaltet sein Thema in zweifacher Hinsicht. Der Vater ist die eine wahre Quelle des Lebens und des gerechten Gerichts, aber er hat beides, die Macht, Leben zu verleihen, und die Verantwortung für das Gericht, dem Sohn übergeben. Beides wird erwähnt, teils weil es sich dabei um die Zeichen der offenbaren Macht handelt, die die Menschen dazu bringen wird, entweder Christus zu ehren, wie sie den Vater ehren, oder ihn abzulehnen und so sich selbst zu verdammen, und teils, weil Leben und Gericht zwei der Hauptthemen des gesamten Evangeliums sind. Leben und Gericht werden in charakteristischer Weise als sowohl gegenwärtig wie auch zukünftig in ihrer Wirkung gesehen. Brown unterscheidet vielleicht ein wenig zu glatt, wenn er behauptet, daß Leben und Gericht in V. 19–25 als realisierte Eschatologie dargestellt werden, in V. 26–30 als endzeitliche Eschatologie.

In V. 31–40 wendet sich die Rede dem Thema des Zeugnisses zu, und dieser neue Abschnitt ist ein gutes Beispiel für die vielschichtige Beziehung, in welcher Joh zu seiner Umgebung steht. Daß sie eine Missionssituation widerspiegelt, in welcher Ansprüche, die im Blick auf Jesus erhoben wurden (wie jene des vorangehenden Abschnitts), untermauert werden müssen, ist sicherlich richtig; Joh ist jedoch offensichtlich darum bemüht, die verschiedenen Arten von Zeugnis, die ein Missionar aller Wahrscheinlichkeit nach verwenden würde, von Johannes dem Täufer, von Wundern, vom AT, in Frage zu stellen oder zu qualifizieren. Wie Jesus nicht seine eigene Ehre sucht, so legt er auch nicht Zeugnis für sich selbst ab; er ist damit zufrieden, daß Gott für ihn Zeugnis in den verschiedenen Weisen, die er bestimmt hat, ablegen wird. Es gibt das Zeugnis des Täufers, das Zeugnis der Werke, die Jesus in des Vaters Namen tut, und das Zeugnis des AT. Alle diese Zeugnisse sind abgeleitet, sie sind von wirklicher, aber sekundärer Autorität. Die Tragik der Juden ist, daß sie sich damit zufriedengeben, das Zeugnis dieser Zeugen zu besitzen, ohne ernsthaft auf das zu achten, wofür jene Zeugnis ablegen. Es gibt auch das Zeugnis Gottes selbst, die göttliche Selbstbeglaubigung der Sendung Christi für jene, die ihn annehmen; nur dies ist befriedigendes Zeugnis, denn hier allein kann der Beobachter nicht in der Versuchung stehen, beim Zeugnis stehenzubleiben, ohne auf das zu hören, wofür es Zeugnis ablegt.

In V. 41–47 werden die bereits berührten Themen nun durch den direkten Verweis auf die besondere Situation des Unglaubens zur Entscheidung geführt, in welcher Jesus sich selbst vorfindet. In völligem Gegensatz zu Jesus sind die Juden vollkommen von Gott entfremdet und können deshalb nicht glauben. Glaube und Unglaube sind für sie nicht jeweils gleichermaßen möglich (vgl. 12,37–41; s. Komm. z. St.); der Weg des Glaubens ist verschlossen, denn sie haben seine Voraussetzungen abgelehnt. Sie lieben Gott nicht und suchen nicht bei ihm allein Ehre. Und – ein bemerkenswertes Beispiel der joh Ironie – es ist Mose selbst, der sie anklagt; denn sie haben in Mose nicht einen Zeugen für Christus gesehen, sondern ihn selbst als Gegenstand der Hoffnung behandelt. Das Judentum wird zu Recht als ein Dienst der Hoffnung verstanden, wenn man es auf Christus verweisen läßt; wird es als geschlossenes und selbstgenügsames System gesehen, ist es ein Dienst der Verdammnis.

Der ganze Abschnitt erinnert an paulinische Aussagen, sowohl in seiner Christologie (vgl. z. B. Phil 2,5–11, bes. 2,8, *ὑπήκοος μέχρι θανάτου*) wie seiner Behandlung des Judentums und des AT (vgl. z. B. Röm 2,17–24; 3,1f; 9–11; Gal 4,21–31). Aber in erster Linie ist es eine unabhängige, von scharfsinniger theologischer Einsicht erleuchtete Neufassung der historischen Situation, die durch die frühere Evangelienüberlieferung erschlossen wurde. Der Menschensohn erfüllte seine Berufung in Gehorsam, Verborgenheit und Leiden (z. B. Mk 10,45) und kam inmitten des jüdischen Unglaubens zum Tod. Der Messias wurde verworfen; sein Wirken spaltete die Menschen in zwei Gruppen (Mk 4,11f). Joh, der in diesem Kapitel vor allem urchristliche Begrifflichkeit verwendet (und keine andere) und der von der wohlbekannten Tatsache der Sabbatkonflikte ausgeht, entwickelt eigentlich nur im Blick auf die Frage der Christologie und das Phänomen des ungläubigen Judentums die historische Situation, welche das Werk Jesu in Gang setzte. So macht Joh nicht bloß geltend, daß die demütige Gestalt Jesu, der selbst auf Kosten seines eigenen Lebens Gott gehorsam ist, Gott gleich ist; ebenso auch, daß in ihm die Menschen wahrhaft Gott selbst begegnen, in seinen für ihn besonders charakteristischen Tätigkeiten, nämlich Leben zu geben und zu richten, wenn sie in Jesus das Wort Gottes hören und in Jesus den Gott sehen, den niemals jemand gesehen hat. Er behauptet auch, daß dies der wahre Sinn der alten historischen Tradition über Jesus von Nazareth sei.

19. *ποιεῖν ἀφ' ἑαυτοῦ οὐδέν*, »nichts tun ohne Veranlassung«, ein gebräuchlicher joh Ausdruck; s. in verschiedenen Zusammenhängen 7,18; 11,51; 15,4; 16,13; 18,34. *ἂν μή τι βλέπῃ. ἄν* für *ἐάν*; selten im NT, vgl. aber 20,23; Robertson, S. 190: »wenn er nicht sieht...«. Das Wirken Jesu, des Sohnes Gottes (nach *ὁ υἱός* wird *τοῦ ἀνθρώπου* von *φ* hinzugefügt; diese Lesart könnte auf solche Stellen wie 3,13 zurückzuführen sein, welche vom Menschensohn im Himmel sprechen), kann als Offenbarung des Vaters nur mit der Begründung behauptet werden, daß Jesus niemals unabhängig von ihm handelt. Was er tut, ist immer eine Widerspiegelung von Gottes eigenem Werk. Dazu können Bemerkungen in hebr Hen über Metatron verglichen werden (Odeberg, S. 204f); s. hebr Hen 10,4f; 11,1–3; 16; 48c,10f.20.

ἐκεῖνος, d. h. der Vater. *οὗτος* ist grammatikalisch gefordert, aber *ἐκεῖνος* legt die Betonung auf die getrennte göttliche Person und deutet auf den Gegensatz zu *ὁ υἱός*. Die positive Aussage im zweiten

Teil des Verses steht in antithetischem Parallelismus zur negativen; es ist jedoch nicht nötig, eine Übersetzung aus semitischer Poesie anzunehmen.

20. φιλεῖ. φιλεῖν wird von Joh wechselweise mit ἀγαπᾶν verwendet. Zu diesem Vers vgl. 3,35, ὁ πατὴρ ἀγαπᾷ τὸν υἱόν, wo es nicht den geringsten Bedeutungsunterschied gibt. Vgl. auch 11,3.36 mit 11,5; und s. Komm. zu 20,2; 21,15–17.

πάντα. Das Wirken Jesu ist nicht lediglich eine Widerspiegelung von Gottes Wirken, sondern ein vollkommenes Spiegelbild, da der Vater dem Sohn alles zeigt, was er tut.
C. H. Dodd (More New Testaments Studies [1968], S. 30–40) und P. Gaechter (in: Neutestamentliche Aufsätze [FS J. Schmid], Hg. J. Blinzler/ O. Kuss/ F. Mußner [1963], S. 65–68) sind der Meinung, in V. 19.20a liege ein Gleichnis vor: Ein Sohn (generischer Gebrauch des Artikels), der bei seinem Vater lernt, tut nur, was er seinen Vater tun sieht, aber sein Vater zeigt ihm alle Arbeitsweisen, die zu seinem Handwerk gehören. Vgl. Mt 11,27 = Lk 10,22 (und s. J. Jeremias, Theologie 1, S. 66). Bultmann argumentiert, ἀφ᾽ ἑαυτοῦ (V. 19a) könne nicht in einem bloß moralischen Sinn gemeint sein; denn dies würde für alle Menschen passen; es muß sich auf die Autorisierung der Sendung des Sohnes und deshalb auf den gnostischen Mythos beziehen. Das Wirken des Vaters und das Wirken des Sohnes sind identisch. Keine dieser Thesen ist völlig befriedigend. »Der Sohn« ist im Joh ein eingeführter christologischer Begriff (s. Schnackenburg II, S. 150–168), aber Joh besteht darauf, daß die »Gottgleichheit« des Sohnes eine historische Tatsache ist, und obwohl er die Sprache des gnostischen Mythos verwendet, um dies auszudrücken, ist sein Ausgangspunkt die historische Überlieferung.

μείζονα . . . ἔργα. Wie der nächste Vers zeigt, wird der Gedanke nun einen Schritt weitergeführt. Der Sohn wird nicht nur die Krankheiten der Menschen heilen (V. 1–9); er wird das Vorrecht Gottes selbst annehmen, nämlich den Toten Leben zu geben. Jene, die in V. 19.20a ein Gleichnis sehen, finden hier den Anfang seiner Interpretation. Bultmann andererseits schreibt: »Das ‚Zeigen‘ Jesu (vollzieht sich) . . . durch sein anredendes und herausforderndes Wirken« (S. 190). Beide Thesen sind nicht befriedigend. Es gibt einen deutlichen Rückverweis auf das Wunder, und obwohl Joh auf der zentralen Bedeutung der Rede Jesu besteht, stellt er ihn doch auch als jemanden dar, der bedeutsame Taten tut, die man sehen und die man als bedeutsam erkennen kann; vgl. 1,50. Die gesamte historische Erscheinung Jesu von Nazareth ist der Ort, an dem Gott erkannt wird.

21. ὥσπερ . . . οὕτως. Vgl. V. 26. Diese Wendung, die den exakten Parallelismus zwischen dem Vater und dem Sohn bezeichnet, ist die Schlüsselstelle dieses Abschnitts.

ὁ πατὴρ ἐγείρει τοὺς νεκροὺς καὶ ζῳοποιεῖ. Die Toten aufzuwecken war ein Vorrecht Gottes: 2Kön 5,7: Bin ich Gott, daß ich töte und lebendig mache (τοῦ θανατῶσαι καὶ ζῳοποιῆσαι)? Zum Fortleben dieses Gedankens in späterer jüdischer Literatur s. z. B. Taan 2a: R. Johanan sagte: Drei Schlüssel sind in Gottes Hand, die er nicht in die Hand eines Stellvertreters gibt (שליח, shaliaḥ): der Schlüssel für den Regen (Dt 28,12), der Schlüssel zum Mutterleib (Gen 30,22) und der Schlüssel zur Auferweckung der Toten (Ez 37,13). Elia wird zuweilen als Ausnahme dieser Regel angesehen (Bill I, S. 523f.737.895); s. auch ThWNT I, 419 (K. H. Rengstorf). Es gibt nur sehr späte Belege für den Glauben, daß der Messias mit der Autorität, die Toten aufzuwecken, betraut wurde. Ferner glaubte man nicht einmal, daß Gott die Toten (mit wenigen Ausnahmen) in diesem Äon auferwecken würde; die Auferstehung war ein Phänomen, das dem kommenden Äon zugehörte. S. Komm. zu 11,24.

ὁ υἱὸς οὓς θέλει ζῳοποιεῖ. Die Autorität, die kein menschlicher Repräsentant besitzen konnte, besaß der Sohn in völliger Freiheit (οὓς θέλει) – als er den Kranken aus der Menge auswählte (5,6). Es ist aus dem Kontext deutlich, daß Joh hier an dreierlei denkt: a) Die Auferweckung am Jüngsten Tag wird durch Jesus geschehen (V. 28f; vgl. 1Thess 4,16, οἱ νεκροὶ ἐν Χριστῷ ἀναστήσονται); b) Jesus erweckt die Menschen aus dem geistlichen Tod der Sünde und Verderbnis (V. 25; vgl. Röm 6,4); c) in diesem Evangelium weckt, als ein Gleichnis von a) und b), Jesus den Lazarus von den Toten auf (11,43f).

22. Ein eschatologisches Thema führt zum anderen. Es ist ein fundamentaler jüdischer Glaubenssatz,

daß Gott am Jüngsten Tag die Toten auferwecken wird, und ebenso, daß zu der Zeit alle Menschen gerichtet werden. Aber Gott hat das Amt des Gerichts seinem Sohn übergeben, (23) damit der Sohn gleiche Ehre wie der Vater empfange. Die Menschen sollen ihren Richter achten. Das Gericht gehört ebenso wie die Auferstehung sowohl zur Gegenwart als auch zur Zukunft.

23. *ὁ μὴ τιμῶν τὸν υἱὸν οὐ τιμᾷ τὸν πατέρα τὸν πέμψαντα αὐτόν.* Hier wird in negativer Form ein Grundsatz ausgedrückt, der die joh Christologie beherrscht; s. bes. Komm. zu 20,21. So völlig ist die Identität zwischen dem Vater und dem Sohn in Funktion und Autorität, daß es unmöglich ist, Gott zu ehren, wenn man Jesus mißachtet. Der Gesichtspunkt wird hier nur beiläufig erwähnt, aber er ist für die Rede fundamental, und er liegt tatsächlich implizit in V. 17, welcher den »Text« der Rede bietet, vor.

24. *ἀμὴν ἀμήν* (s. Komm. zu 1,51) leitet hier ein sehr wichtiges Wort ein, welches den Abschnitt zusammenfaßt. Die zusammengehörenden eschatologischen Themen der Auferstehung und des Gerichts werden entwickelt. Die Unterscheidung zwischen einer gegenwärtigen Verwirklichung dieser Ereignisse und ihrer vollständigen zukünftigen Verwirklichung wird deutlich herausgestellt; s. bes. V. 25.28: *ἔρχεται ὥρα καὶ νῦν ἐστιν* und *ἔρχεται ὥρα.* Der glaubende Christ hat ewiges Leben (s. Komm. zu 3,15), und er wird nicht gerichtet (s. dagegen Komm. zu V. 29, wo *ἀνάστασις κρίσεως* der *ἀνάστασις ζωῆς* gegenübergestellt wird).

Der Glaubende wird als *ὁ τὸν λόγον μου ἀκούων καὶ πιστεύων τῷ πέμψαντί με* bezeichnet. Das Fehlen eines zweiten Artikels zeigt, daß die zwei Partizipien einander zugeordnete Aspekte einer einzigen, zweifachen Beschreibung sind. Joh legt einiges Gewicht auf *Sehen* als den Grund des Glaubens (z. B. 20,8), aber er macht ganz klar, daß Sehen (dieser Art) ein Privileg war, das der Kirche durch die Apostel zukam (20,29); Glauben geschieht auch durch *Hören* (Röm 10,17), und dementsprechend betont Joh auch Hören, Glauben und Halten des Wortes Jesu; s. 2,22; 4,(41)50; 5,24; (6,60); 7,40; 8,43.51fß55; 14,23f; 15,20; 17,6. Vgl. auch neben anderen Stellen 12,48, wo das Wort Jesu am Jüngsten Tag den Menschen richtet, der es (und ihn) zurückweist, und 8,47, *ὁ ὢν ἐκ τοῦ θεοῦ τὰ ῥήματα τοῦ θεοῦ ἀκούει.* Dies entspricht der synoptischen Lehre, z. B. Mt 7,24–27 = Lk 6,47–49. Das Wort Jesu hören heißt, ewiges Leben haben, da seine Worte (*ῥήματα*) die Worte des ewigen Lebens sind (6,68); d. h., sie sind Geist und Leben (6,63). *ἀκούειν* wird in der Bedeutung »hören und tun«, »gehorsam sein« verwendet, so wie שמע oft im AT gebraucht wird. Entsprechend schließt das Wort Jesu Unterweisung (zu dieser Bedeutung bes. 15,20) ein, aber es ist weit mehr. Es ist etwas Aktives, welches fast eine unabhängige Existenz hat und richtet, Leben gibt und reinigt (15,3). Jesus spricht in diesem Kontext nicht von Glauben an ihn selbst, obwohl er dies bei Gelegenheit (z. B. 14,1) tut. Das Thema dieser Rede ist das gleichartige Wirken des Vaters und des Sohnes und die völlige Abhängigkeit Jesu vom Vater. Entsprechend wird vom Glauben gesagt, er werde durch Jesus zu dem, der ihn gesandt hat, geleitet.

εἰς κρίσιν οὐκ ἔρχεται. Dies meint dasselbe wie 3,18, *οὐ κρίνεται. κρίσις* schließt das zukünftige Gericht ein, ebenso auch das, welches während der Wirksamkeit Jesu (und der des Heiligen Geistes, 16,8.11) bereits im Gange war. Dieser Gedanke ist der paulinischen Rechtfertigungslehre eng verwandt, nach welcher der Glaubende in der Tat in das Gericht kommt, dieses Gericht aber als Freigesprochener verläßt.

μεταβέβηκεν ἐκ τοῦ θανάτου εἰς τὴν ζωήν. Zu *μεταβαίνειν* vgl. 13,1 und 1Joh 3,14, wo dieselben Worte gebraucht werden (mit dem Verbum in der ersten Person Plural). Zu dem Gedanken vgl. auch Corp Herm I,32, *εἰς ζωὴν καὶ φῶς χωρῶ.* Der Glaubende hat die vom Tod regierte Welt bereits verlassen und ist in das Reich des ewigen Lebens eingetreten; d. h., sein zukünftiger Lohn ist antizipiert worden und wird ihm infolgedessen zugesichert. Verfällt Joh hier dem Irrtum des Hymenaeus und Philetus (2Tim 2,18; s. Komm. zu 11,26)? Nein, denn Bultmann hat recht, wenn er sagt, daß »die Eliminierung des zukünftigen Gerichts (nicht) die Eliminierung der Zukunft überhaupt im mystischen Jetzt (bedeutet)« (S. 194), und wir haben kein Recht, V. 28f auszulassen, um Joh zu einem Häretiker zu machen. Er will sowohl die gegenwärtigen als auch die zukünftigen Aspekte der Eschatologie festhalten. Es ist zweifelhaft, ob es sehr viel bedeutet, daß Auferweckung und Gericht die Hauptthemen des Rosh ha-Shanah (Guilding, bes. S. 83; s. Komm. zu 5,1) oder in Philos Beschreibung der ποιητική (schöpferischen) und βασιλική (herrschenden, richtenden) Macht Gottes (Dodd, Interpretation, S. 322f) sind. Die hier in Frage stehenden Themen sind so fundamental, daß sie Parallelen in zahlreichen theologischen Werken haben.

25. Joh beginnt nun, den Inhalt von V. 24 noch einmal genauer zu formulieren. ἔρχεται ὥρα καὶ νῦν ἔστιν. S. Komm. zu 4,23; wie dort (s. 4,21) wird der längeren Wendung ein einfaches ἔρχεται ὥρα kontrastierend gegenübergestellt, und dieser Kontrast ist nicht zufällig. Joh unterscheidet zwischen der Auferstehung der physisch Toten und der Belebung jener, die vom geistlichen Tod erweckt werden. Zu der lebenspendenden Macht der Stimme oder des Wortes Jesu, das sowohl geistliches als auch physisches Leben gibt, s. Komm. zu 6,63.68, und vgl. 11,43. Daß die Toten, auf die in diesem Vers verwiesen wird, nicht die physisch Toten sind, wird durch die Tatsache bestätigt, daß von ihnen nicht (wie von jenen von V. 28) gesagt wird, sie seien in den Gräbern; das Partizip Aorist ἀκούσαντες läßt an jene denken, die zur Zeit der Abfassung des Joh durch das Wort Christi lebendig gemacht wurden.

26. ὥσπερ ... οὕτως. S. V. 19–21. Joh kehrt zu dem zentralen Thema der Rede zurück, der völligen Kontinuität zwischen dem Werk des Vaters und dem Werk des Sohnes. Freilich ist das Leben des Sohnes von dem des Vaters abhängig. Das widerspricht nicht den Worten des Prologs (1,4, ἐν αὐτῷ ζωὴ ἦν); denn das Geben (ἔδωκεν) ist nicht ein zeitlicher Akt, sondern beschreibt die ewige Beziehung des Vaters und des Sohnes.

27. Wie mit dem Leben, so steht es auch mit dem Gericht, dem anderen eschatologischen Faktor, um den es hier geht. Dieser Vers nimmt V. 22 auf; solche Wiederholungen entsprechen der Arbeitsweise des Joh; vgl. 1,2. ὅτι υἱὸς ἀνθρώπου ἐστίν. Es ist sehr unwahrscheinlich, daß wir schreiben sollten ὅ, τι υἱὸς ἀνθρώπου ἐστίν: Autorität, um Gericht zu halten über *das, was Mensch ist*; gleichermaßen unwahrscheinlich ist, daß man ἀνθρώπου als einen redaktionellen Zusatz sehen muß, dazu bestimmt, auf die vermutete Interpolation von V. 28f vorzubereiten. Zum Menschensohn in diesem Abschnitt s. Higgins, Son of Man, S. 165–168, und Hahn, Hoheitstitel, S. 40f. An allen anderen Stellen werden in Joh beide Artikel gebraucht – ὁ υἱὸς τοῦ ἀνθρώπου. Da die Wendung hier ohne Artikel ist, hat man die Meinung vertreten, ihr Sinn sei nicht »der Menschensohn«, sondern »Mensch«; Jesus ist qualifiziert und bevollmächtigt zu richten, da er die Erfahrungen der Menschen als einer der ihrigen geteilt hat. Es erscheint wahrscheinlich, daß der Titel »qualitativ« gebraucht wird (M II, S. 441; dies wird auch betont von Sidebottom, S. 92f); es erscheint aber aufs Ganze gesehen unwahrscheinlich, daß gerade an dieser Stelle, wo es um das Gericht – die charakteristische Funktion des apokalyptischen Menschensohns – geht, Joh sich von dem allgemein christlichen (und seinem eigenen) Sprachgebrauch abwenden würde. Es könnte sogar sein, daß er zu dem Wortlaut von Dan 7,13 (ὡς) υἱὸς ἀνθρώπου zurückkehrt. Beachte auch Dan 7,14 ἐδόθη αὐτῷ ἐξουσία, und vgl. in diesem Vers ἐξουσίαν ἔδωκεν αὐτῷ. Es ist an dieser Stelle nicht notwendig, die Artikel zu verwenden, »weil in diesem Zusammenhang seine Einzigkeit völlig deutlich ist. Sie entsteht aus der Einzigkeit seiner Gottessohnschaft. Der μονογενής im Verhältnis zu Gott ist nicht ein, sondern der Menschensohn. Hier aber liegt der Nachdruck darauf, daß er zur Menschheit gehört als der, der das den Menschen gesetzte Lebensmaß empfangen hat« (Schlatter, S. 152). Smalley (NTS 15 [1969], S. 292) lehnt die Aussage Sidebottoms ab, »Jesus richtet auf Grund seiner Menschheit«, und kommentiert, er richtet »als der gerechtfertigte Menschensohn«. Es liegt jedoch ein Wahrheitsmoment in beiden Interpretationen. Jesus urteilt nicht *einfach*, weil er ein menschliches Wesen ist; wäre dies so, dann stünde es allen Menschen frei zu richten. Er richtet, weil er durch seine Vereinigung mit Gott die wiederhergestellte und gerechtfertigte Menschheit darstellt (Ps 8,4–8).

28. μὴ θαυμάζετε τοῦτο. Diese Worte beginnen einen neuen Satz. Chrysostomus (Hom XXXIX,3) verband sie mit ὅτι υἱὸς ἀνθρώπου ἐστίν in dem vorhergehenden Vers; aber das Wort über den

Menschensohn geht mit dem Vorhergehenden, nicht mit μὴ θαυμάζετε τοῦτο. Die Frage bleibt, ob das ὅτι nach τοῦτο »denn« bedeutet oder den Inhalt des τοῦτο erklärt. Die Wendung kann entweder bedeuten, a) wundert euch nicht über das, was ich gerade gesagt habe (daß der Menschensohn sogar jetzt richtet und die geistlich Toten wieder zum Leben erweckt), denn er wird auch der sein, der die endgültige Auferstehung und das Gericht bewirkt; oder b) wundert euch nicht über dies, nämlich daß der Menschensohn derjenige sein wird, der wirkt . . . a) ergibt einen besseren Sinn, gibt dem Argument ein zusätzliches Gewicht und sollte genommen werden. Der Sinn wird nicht sehr berührt, wenn wir μὴ θαυμάζετε nicht als Verbot, sondern als Frage lesen: Ihr seid nicht überrascht darüber, oder? S. Bl-Debr § 427. Nimmt man die Möglichkeit a) an, dann muß gesehen werden, daß Joh die synoptische Eschatologie nicht so radikal umgeformt hat, daß er aufhört, das Endgericht als die höchste Tat des Menschensohns Jesus zu betrachten. Es gibt überhaupt keinen Grund, V. 28f als einen Zusatz zu der ursprünglichen joh Rede zu betrachten, es sei denn, man kann nicht glauben, daß Joh von der Auferstehung und dem Gericht unter sowohl präsentischen als auch futurischen Aspekten gedacht haben sollte. Die Verbindung der beiden ist jedoch eine der theologischen Grundüberzeugungen des Joh. S. Einleitung S. 83ff.

ἔρχεται ὥρα. Vgl. V. 25. Joh fügt hier nicht hinzu »und ist jetzt«; er spricht von einer wirklichen Zukunft.

πάντες οἱ ἐν τοῖς μνημείοις. Joh meint die physisch Toten (vgl. dagegen V. 25), und zwar sie alle, die Guten und die Bösen im Unterschied zu den Erwählten (V. 24), die von Jesus bereits zum göttlichen Leben erweckt wurden. Es ist möglich, daß er auch auf die symbolische Erzählung von der Auferweckung des Lazarus anspielt, der ἐν τῷ μνημείῳ war (11,17).

ἀκούσουσιν τῆς φωνῆς αὐτοῦ. Vgl. V. 25; auch 11,43. Es gibt ähnliche Worte in einem anderen Kontext in 10,3.16.

29. οἱ τὰ ἀγαθὰ ποιήσαντες . . . οἱ τὰ φαῦλα πράξαντες. Vgl. Röm 2,6–9; auch Mt 25,35f.42f. Paulus und Joh vertreten die Vorstellung von einem Gericht aufgrund von Werken; aber ein solches Gericht bezieht seinen Sinn aus dem gedanklichen Kontext. Hier muß daran erinnert werden, daß der Glaubende weder tot ist noch daß er ins Gericht kommt (V. 24). Es sind die Nichtglaubenden, die in diesem Gericht erscheinen, und ihr Gericht am Jüngsten Tag beruht auf genau den gleichen Grundsätzen wie jene, welche das Gericht, das in der Gegenwart Jesu stattfindet, bestimmen (3,17–21). Es erscheint unwahrscheinlich, daß Joh irgendeinen Unterschied zwischen ποιεῖν und πράσσειν im Sinn hat; er gebraucht gerne Synonymenpaare.

ἀνάστασιν ζωῆς. Sie stehen auf, um im Leben des kommenden Äons an der ζωὴ αἰώνιος teilzuhaben, welche jene, die glauben, bereits haben (V. 24). Zu dieser und der folgenden Wendung vgl. Dan 12,2: viele von jenen, die im Staub der Erde schlafen, sollen aufwachen (ἀναστήσονται), οἱ μὲν εἰς ζωὴν αἰώνιον, οἱ δὲ εἰς ὀνειδισμόν.

ἀνάστασιν κρίσεως. Sie erstehen auf, um unter das böse Gericht zu kommen, welchem die Glaubenden entkommen (V. 24). Zu κρίσις als böses Gericht, Verdammnis s. Komm. zu 3,17 und vgl. Ed 2,10: Er (R. Aqiba, † ca. 135 n. Chr.) pflegte zu sagen: . . . das Gericht (מִשְׁפַּט, mishpaṭ) des Sintflutgeschlechtes dauerte zwölf Monate; das Gericht über Hiob dauerte zwölf Monate; das Gericht über die Ägypter dauerte zwölf Monate, das Gericht über Gog und Magog, welches kommen wird, soll zwölf Monate dauern; und das Gericht über die Ungerechten in der Gehenna wird zwölf Monate dauern.

30. Der einleitende Abschnitt (V. 19–30) wird in diesem Vers zusammengefaßt: »Eine Wesenseinheit besteht deshalb, weil eine restlose Willenseinheit besteht« (Cullmann, Christologie, S. 307).

οὐ δύναμαι ἐγὼ ποιεῖν ἀπ᾽ ἐμαυτοῦ οὐδέν. Zu dem Ausdruck ποιεῖν ἀφ᾽ ἑαυτοῦ οὐδέν s. Komm. zu V. 19. An beiden Stellen wird das οὐδέν durch die Wortstellung sehr betont. Würde er unabhängig von Gott handeln (angenommen, so etwas wäre möglich), wäre Jesus völlig machtlos. Die ganze Bedeutung und die Kraft seines Werkes liegen in der Tatsache, daß es nicht sein, sondern Gottes Werk ist.

καθὼς ἀκούω κρίνω. Vgl. V. 19f.22. Der Vater hat alles Gericht dem Sohn übergeben, aber der Sohn richtet nach dem Wort des Vaters. Es folgt, daß das Gericht, das er ausübt, gerecht ist; alles, was er tut, geht nicht von seinem eigenen Willen, sondern von dem Willen Gottes aus, der ihn gesandt hat. Seine Sendung wird durch seinen vollkommenen Gehorsam vollkommen erfüllt. Vgl. V. 41.44, wo ein Gegensatz zwischen dem Suchen der Ehre bei den Menschen und dem Suchen der Ehre bei Gott gezeichnet wird.

31. Dieser Vers und der folgende Abschnitt erwachsen aus V. 30. So wie Jesus den Willen Gottes sucht, nicht seinen eigenen, so ist er damit zufrieden, daß Gott für ihn zeugen wird.
ἐὰν ἐγὼ μαρτυρῶ περὶ ἐμαυτοῦ. Zu dem wichtigen Thema des Zeugnisses s. Komm. zu 1,7. In diesem Vers gibt es einen formalen Widerspruch zu 8,14, während in 8,13 die Juden behaupten σὺ περὶ σεαυτοῦ μαρτυρεῖς· ἡ μαρτυρία σου οὐκ ἔστιν ἀληθής. An allen Stellen ergeht die Rede ad hominem, und der Sinn ist völlig klar; man könnte jedoch fragen, ob ein Schriftsteller, der sein Werk vollständig durchgesehen hat, die zwei Aussagen in ihrer vorliegenden Form hätte stehen lassen. Nach Joh Ansicht ist es unmöglich für Jesus, der nur in Verbindung mit dem Vater handelt, sich als eine unabhängige, sich selbst bestätigende Autorität auszugeben.

32. ἄλλος ἐστὶν ὁ μαρτυρῶν περὶ ἐμοῦ. Der Zeuge ist nicht der Täufer (der in V. 33–36 behandelt wird), sondern der Vater. Zu der Vorstellung von Gott als Zeugen vgl. Ab 4,22 und bes. Ex r 1,20, wo er für Abraham zeugt; auch Sap 1,6. Joh kehrt zum Thema des Zeugnisses Gottes für Jesus in V. 37 zurück.
οἶδα] οἴδατε, ℵ* D a e cur. Die Variante ist gut bezeugt, aber wahrscheinlich sekundär. Oberflächlich gesehen, liest sich der Gedankengang besser, wenn die Juden gezwungen sind zuzugeben, daß sie den Beweis dafür kennen, daß das »Zeugnis« Jesu wahr ist; aber tatsächlich erkennen sie die Wahrheit seines Zeugnisses nicht, und sie hören auch nicht seine Stimme (V. 37). Es ist Jesus, der die Stimme hört und den Sinn Gottes kennt, nicht seine Gegner.

33. μεμαρτύρηκε. S. 1,20–27; auch 1,29.32ff (ἐμαρτύρησεν ... μεμαρτύρηκα). Um Zeugnis abzulegen, kam Johannes in die Welt (1,7). Der Effekt des Perfekts ist es, sein Zeugnis als eine ausgewiesene Tatsache darzustellen. Zur Beziehung dieses Evangeliums zu überlebenden Jüngern des Täufers s. S. 153, 198f.
τῇ ἀληθείᾳ ist in diesem Kontext die Wahrheit im Blick auf Jesus, daß er der Sohn (oder Erwählte) Gottes ist, das Lamm Gottes, der mit dem Geist tauft usw. Die Mitglieder der Gemeindeversammlung von Qumran waren Zeugen für die Wahrheit (1QS 8, 6, עדי אמת; besser vielleicht wahre Zeugen); der Gedanke ist freilich zu sehr verbreitet, als daß die Parallele von besonderer Bedeutung wäre.

34. ἐγὼ δὲ οὐ παρὰ ἀνθρώπου τὴν μαρτυρίαν λαμβάνω. Das Zeugnis des Johannes ist einfach, wohl begründet und wahr; aber Jesus, der das Zeugnis des »anderen« kennt, ist von menschlichem Zeugnis unabhängig. Er hat das Zeugnis des Johannes erwähnt, aber er erklärt, er habe dies nicht getan, weil er selbst davon abhänge.
ταῦτα λέγω ἵνα ὑμεῖς σωθῆτε. Die Menschen werden durch ihren Glauben an Jesus gerettet, so daß der Verweis auf Johannes, da sie veranlassen könnte zu glauben, gerechtfertigt ist und zur Erlösung führen kann. Emendation ist an dieser Stelle nicht nötig (mit Torrey, S. 135.137); der Vers ergibt einen durchaus befriedigenden Sinn.

35. ἐκεῖνος. Johannes der Täufer; sein Amt wird weiter beschrieben. Dieser Vers, und auch der nächste, stellt Johannes auf eine sehr hohe, aber eindeutig menschliche Stufe. Es ist denkbar, wenn auch durchaus unsicher, daß diese Verse sich gegen Leute richteten, die den Rang des Täufers überschätzten.
ὁ λύχνος, eine gewöhnliche tragbare Lampe. Vgl. 1,8, οὐκ ἦν ἐκεῖνος τὸ φῶς. Johannes wird von dem wahren selbstbrennenden Licht unterschieden, gerade so wie sein Zeugnis gegenüber dem Zeugnis des Vaters sekundär und von ihm abgeleitet ist (1,33). David war ὁ λύχνος Ἰσραήλ (2Sam 21,17), und R. Johanan b. Zakkai wurde angeredet als »Licht Israels« (נר ישראל, Ber 28b; die Parallele in Ab R. Nathan 25 hat נר עולם, Licht der Welt). Wichtiger jedoch ist der Hinweis von F. Neugebauer

(ZNW 52 [1961], S. 130) und A. T. Hanson (Studies in the Pastoral Epistels [1968], S. 12 ff auf Ps 132(131),16b.17: Ihre Heiligen sollen laut rufen vor Freude (ἀγαλλιάσει ἀγαλλιάσονται). Da will ich das Horn Davids aufgehen lassen: Ich habe eine Lampe zugerichtet für meinen Gesalbten (λύχνον τῷ χριστῷ μου). Die Lampe wird zum Zeugen für den Messias. Vgl. auch Sir 48,1, wo von Elia (dem Vorläufer) gesagt wird, daß sein Wort ὡς λαμπὰς ἐκαίετο. Der Evangelist geht von ursprünglichen messianischen Vorstellungen aus, ist sich aber ihrer Unangemessenheit bewußt.

ὁ καιόμενος, nicht »brennend«, sondern »(die Lampe,) welche angezündet wird«; d. h., das Licht des Johannes ist von einer höheren Quelle hergeleitet.

φαίνων, φαίνειν wird intransitiv gebraucht von jeder Lichtquelle, oft von Himmelskörpern, aber auch von Lampen, z. B. 1Makk 4,50 (Lampen im Tempel).

ὑμεῖς δέ. Ihr – die ihr eure Frage an Johannes gerichtet habt und zu denen ich jetzt spreche.

ἠθελήσατε ἀγαλλιαθῆναι πρὸς ὥραν. Der Aorist ἠθελήσατε, den man ansonsten nicht erwarten würde, entspricht der kurzen Zeitspanne, die durch πρὸς ὥραν bezeichnet wird, das an das hebräische לשׁעה (leshaʼah) erinnert. Es kann auch auf die Vorstellung der Vorliebe hinweisen, die zuweilen in θέλειν enthalten ist. Dies wird sehr deutlich, wenn θέλειν von ἤ gefolgt wird (s. 1Kor 4,21; 14,19; und andere Beispiele bei G. Schrenk, in: ThWNT III, 46, Anm. 29, und in MM s. v.). Wenn θέλειν dieses Gewicht hat, dann wird hier der Sinn sein: Ihr habt die kurze religiöse Erregung, die das Wirken des Johannes hervorgerufen hat, dem Glauben an den, den Gott gesandt (V. 38) und für den Johannes gezeugt hat, und dem ewigen Leben, welches er anbot, vorgezogen. Dies würde genau dem entsprechen, was (V. 39f) über das Zeugnis der Schriften gesagt ist. ἀγαλλιᾶσθαι ist ein starkes Wort, »sich sehr freuen«, »jubeln«; es wird ansonsten bei Joh nur 8,56 gebraucht, und zwar von Abraham, der sich sehr freute, den Tag des Christus zu sehen. Möglicherweise verweist Joh auf die überschäumende Hoffnung der Juden in Erwartung des messianischen Reiches; aber dies muß als durchaus unsicher angesehen werden, obwohl es sowohl bei Josephus wie auch im NT Belege dafür gibt, daß das Wirken des Täufers eine sehr große messianische Erregung hervorrief.

ἐν τῷ φωτὶ αὐτοῦ. Johannes war nicht mehr als eine angezündete Lampe, aber als Lampe gab er wirkliches Licht.

36. ἐγὼ δὲ ἔχω τὴν μαρτυρίαν μείζω τοῦ Ἰωάννου. μείζω (Akkusativ Masculinum oder Femininum) wird von der Mehrheit der Handschriften gelesen; μείζονα (D) ist einfach eine alternative Form. μείζων begegnet in P66 φ; dies ist offensichtlich Nominativ und müßte übersetzt werden: »Ich, der ich größer bin als Johannes, habe das Zeugnis.« Dies ergibt jedoch eine falsche Antithese; Jesus vergleicht sich selbst hier nicht mit Johannes, sondern er vergleicht unterschiedliche Arten von Zeugnis. Daher ist es besser, μείζων als eine andere Form des Akkusativs mit der »irrationalen Hinzufügung von ν zu verstehen, welches offenbar nach langen Vokalen ebenso freizügig hinzugefügt worden ist wie das gleichermaßen unausgesprochene ι« (M I, S. 49). Auch wenn diese Frage geklärt ist, bleibt der Satz immer noch zweideutig. μείζω ist ganz gewiß prädikativ und kann in zweierlei Weise verstanden werden: a) Ich habe Zeugnis, welches größer als das des Johannes ist. b) Ich habe Zeugnis, das größer ist als das Zeugnis, welches Johannes gab. Möglichkeit b) paßt ohne Zweifel besser zum Kontext und sollte deshalb vorgezogen werden (obwohl in diesem Sinn μείζω ἢ τοῦ Ἰ. [Bl-Debr § 185] besser gewesen wäre; s. jedoch Black, S. 116). Dodd (Tradition, S. 299) kommt zu dem Schluß, daß der Hinweis auf Johannes den Täufer nicht länger ins Gewicht fiel; es gab keine Gruppen von Jüngern mehr wie jene in Ephesus (Apg 19,1–7). Wäre jedoch diese Überlegung für den Evangelisten ausschlaggebend gewesen, so hätte er den nun sinnlos gewordenen Verweis auf den Täufer gestrichen; es liegt ihm weniger an der unmittelbaren praktischen Brauchbarkeit eines Hinweises auf Johannes als an dessen theologischer Bedeutung (s. bes. 1,6ff). Das Zeugnis, das größer ist als das des Johannes, ist von zweifacher Art; es wird in V. 36a.37b behandelt.

τὰ γὰρ ἔργα. Das erste ist das Zeugnis der Werke, die Jesus selbst tut; vgl. 14,11. Die Werke sind die Gabe des Vaters an Jesus; vgl. V. 20.

ἵνα τελειώσω αὐτά. ἵνα und der Konjunktiv anstelle des Infinitivs wie häufig bei Joh. τελειοῦν ist charakteristisch für Joh bes. mit ἔργον (an anderer Stelle im Singular; 4,34; 17,4). Beide Seiten der Wirksamkeit Jesu werden herausgestellt: Seine Werke sind im Ursprung nicht die seinen, sondern die des Vaters; wegen seines völligen Gehorsams jedoch werden die Werke des Vaters durch ihn zu einer einzigartigen Vollendung gebracht. Was teilweise schon von den Dienern Gottes getan worden war, wird schließlich von seinem Sohn vollendet.

αὐτὰ τὰ ἔργα ἃ ποιῶ. Das Subjekt wird nach dem Relativsatz, der den Fluß des Satzes unterbricht, wiederholt, aber ein anderer Relativsatz wird hinzugefügt, um den ersten ins rechte Lot zu bringen: Gott gibt die Werke, und Jesus tut sie. Vgl. die Wendung in P. Eg. 2, zitiert Komm. zu 3,2.

μαρτυρεῖ περὶ ἐμοῦ ὅτι ὁ πατήρ με ἀπέσταλκεν. Die Werke Jesu sind nicht lediglich derart, daß sie beweisen, daß er eine herausragende Persönlichkeit ist oder daß Gott mit ihm ist, wie Nikodemus einräumte (3,2); er ist in der Lage, charakteristisch göttliche Werke zu wirken (s. V. 21 und Komm. z. St.), so daß er offenbar von Gott mit einer ihm übertragenen göttlichen Autorität gesandt ist. Zur Sendung Jesu vom Vater s. Komm. zu 20,21.

37. ὁ πέμψας με πατήρ (eine übliche joh Formel), ἐκεῖνος μεμαρτύρηκεν. Es ist bereits auf das Zeugnis durch Johannes den Täufer und durch die Werke verwiesen worden. Dieses Zeugnis wird auch durch den Vater direkt abgelegt. Es ist nicht deutlich, auf welches Zeugnis Joh an dieser Stelle verweist. Es scheint unwahrscheinlich, daß er den Verweis auf die Schriften vorwegnimmt, der explizit V. 39 kommt, und es gibt auch keinen sachlichen Grund, hier eine Anspielung auf die Stimme vom Himmel zu sehen, die bei der Taufe erging (Mk 1,11 parr), die Joh aber in seinem Evangelium nicht bringt (s. Komm. zu 1,32–34). Der Schlüssel zu diesem Abschnitt könnte sich in 1Joh 5,9f finden (s. dazu Dodd, z. St.). Das Zeugnis des Vaters wird jenen gewährt, die an den Sohn glauben. Jene, die nicht an Jesus glauben, hören die Stimme Gottes nicht (vgl. 12,29), und sie haben ihn auch nicht gesehen (1,18); der, der wirklich Jesus als den Sohn Gottes gesehen hat, hat auch seinen Vater gesehen (14,9); so begegnet der Glaubende in Jesus selbst auch dem Wort Gottes. Das Zeugnis des Vaters ist so nicht unmittelbar zugänglich und einschätzbar; der Beobachter kann nicht zu Gericht darüber sitzen und dann entscheiden, ob er an Jesus glauben will oder nicht. Er muß zuerst an Jesus glauben, und dann wird er das unmittelbare Zeugnis von Gott empfangen. Der joh Ausdruck dieses Glaubens ist dunkel, und die Dunkelheit ist nicht einfach auf seine Kürze zurückzuführen (Bernard, z. St.), sondern auch auf die Tatsache, daß er eine Neigung zu negativer Ausdrucksweise hat. Das Zeugnis, von dem er spricht, ist innerhalb der Kirche, für die er schreibt, wirklich und wohl verstanden; aber im Kontext des Evangeliums existiert es nicht, da die Juden, zu denen Jesus spricht, nicht glauben. Was Joh meint, ist, daß die Wahrheit Gottes in Jesus sich in der Erfahrung des Glaubenden selbst bestätigt; er hatte aber keine solche passende Wendung zur Hand.

38. τὸν λόγον αὐτοῦ οὐκ ἔχετε ἐν ὑμῖν μένοντα. Gottes Wort ist sein Zeugnis, und es wohnt nicht unter den ungläubigen Juden, die sich weigern, es zu empfangen; s. Komm. zu V. 37. Aber, wie der Parallelismus mit dem nächsten Satz erkennen läßt, war der Gedanke Joh nicht fremd, daß das wahre Wort Gottes Jesus war, der nicht bei diesen Ungläubigen blieb (μένειν) wie bei den Seinen (z. B. 15,3).

ὅτι. Dies kann bedeuten: a) Ihr habt nicht das Wort Gottes, weil ihr nicht an seinen Sohn glaubt; oder b) daß ihr das Wort Gottes nicht habt, zeigt sich daran, daß ihr nicht an seinen Sohn glaubt. Keine der beiden Möglichkeiten kann ausgeschlossen werden; beide sind zutreffend. Die Ablehnung des Wortes Gottes ist sowohl Ursache als auch Zeichen des Unglaubens. πιστεύειν wird hier mit dem Dativ gebraucht; in erster Linie geht es hier darum, dem, was Jesus sagt, Glauben zu schenken.

39. ἐρευνᾶτε τὰς γραφάς. Die Form des Verbums kann Indikativ oder Imperativ sein; der Kontext zeigt, daß der Indikativ gemeint ist; so auch Dodd, Interpretation, S. 329f nach ausführlicher Diskussion. Nur diese Erklärung gibt dem folgenden δοκεῖτε und dem ganzen Kontext Sinn; der Indikativ ist parallel zu der Beschreibung der Verehrung des Johannes, des anderen Zeugen (V. 35), durch die Juden. Außerdem ist ἐρευνᾶτε als Indikativ eine einfache Aussage einer unbezweifelten Tatsache. ἐρευνᾶν (zur Schreibweise s. M I,46; II,86; MM s. v.; Bl-Debr § 30) entspricht dem דרש,

dem Terminus technicus für Bibelstudium und Bibelerklärung, die zusammen mit dem Studium der mündlichen Tora die hauptsächliche Tätigkeit des rabbinischen Judentums waren. Zur Illustration dieses und des folgenden Satzes s. z. B. Ab 2,7: (Hillel sagte): Hat ein Mann einen guten Namen erworben, so hat er (etwas) für sich selbst erworben; hat er für sich selbst Worte des Gesetzes erworben, so hat er für sich selbst Leben in der kommenden Welt gewonnen.

ὅτι ὑμεῖς δοκεῖτε ἐν αὐταῖς ζωὴν αἰώνιον ἔχειν. S. o. den Verweis auf Ab 2,7. Die Worte *ἐν αὐταῖς* stehen in einer emphatischen Stellung. Die Juden betrachten ihre Bibelstudien als Selbstzweck. Paulus verweist auf die jüdische Vorstellung eines lebenspendenden Gesetzes und kommentiert es in Röm 7,10 (*εὑρέθη μοι ἡ ἐντολὴ ἡ εἰς ζωήν, αὕτη εἰς θάνατον*), und er widerspricht ihr ausdrücklich Gal 3,21 (*εἰ γὰρ ἐδόθη νόμος ὁ δυνάμενος ζωοποιῆσαι*). Es ist Christus, dem der Vater gegeben hat, Leben in sich selbst zu haben und es mitzuteilen (V. 21.26; 1,4 u. ö.). Zur Übertragung von Attributen und Fähigkeiten vom Gesetz auf Christus vgl. 1,1–4.

καὶ (und doch; eine klassische Bedeutung von *καί*, so daß hier semitischer Einfluß nicht angenommen werden muß) *ἐκεῖναί εἰσιν αἱ μαρτυροῦσαι.* Die Funktion des AT ist das genaue Gegenteil des ihm von den Juden zugeschriebenen. Weit entfernt davon, vollständig und in sich selbst lebenspendend zu sein, verweist es von sich selbst weg auf Jesus, genauso wie es Johannes der Täufer tat. »Die Verschlossenheit der Welt gegen Gott gründet in ihrer vermeintlichen Sicherheit, und diese hat ihre höchste und verführerischste Gestalt in der Religion, für die Juden also in ihrer durch die Schrift bestimmten Lebenshaltung. Ihr ‚Forschen‘ in der Schrift verschließt ihr Ohr dem Worte Jesu« (Bultmann). Dies heißt jedoch, wie Bultmann richtig aus der Bemerkung des Evangelisten schließt (*ἐκεῖναί εἰσιν . . .*), die Schriften zu pervertieren. Tatsache ist, daß Jesus das AT mehr erleuchtet, als dieses ihn. Es gibt eine enge Parallele zu diesem Vers in P. Eg. 2 (s. Einleitung S. 125). Der Abschnitt (Zeilen 5–10) im Papyrus lautet folgendermaßen: *πρὸς [δὲ τοὺς ἄ[ρ]χοντας τοῦ λαοῦ [στ]ρα[φεὶς εἶ]πεν τὸν λόγον τοῦτο[ν] ἐραυ[νᾶτε τ]ὰς γραφάς. ἐν αἷς ὑμεῖς δο[κεῖτε] ζωὴν ἔχειν ἐκεῖναί εἰ[σ]ιν [αἱ μαρ]τυροῦσαι περὶ ἐμοῦ.* Die Unterschiede zwischen dieser Form des Logions und der bei Joh können folgendermaßen zusammengefaßt werden: a) Die Einleitung lautet jeweils anders. Bei Joh hören wir nichts von den »Herrschern des Volkes«. Der Unterschied ist charakteristisch. Bei Joh wird das Logion ausgearbeitet zu einer Rede; in P. Eg. 2 erscheint es fast isoliert in der Art der synoptischen Logien. b) Zu den in P. Eg. 2 folgenden Worten s. Komm. zu V. 45. c) P. Eg. 2 hat *ζωήν* für das *ζωὴν αἰώνιον* bei Joh. Bei dieser Differenz gibt es nichts, was mit direkter literarischer Beziehung unvereinbar wäre. d) Vor *ἐκεῖναι* läßt P. Eg. 2 *καί* aus. Auch diese Differenz ist zu geringfügig, als daß sie literarische Beziehung ausschließen würde. e) Die wichtigste Differenz im Wortlaut ist, daß anstelle des *ὅτι . . . ἐν αὐταῖς* bei Joh P. Eg. 2 *ἐν αἷς* hat. Eine ähnliche Variante begegnet in bestimmten Übersetzungen des Joh. a b cur haben den folgenden Text: *illae* (b: *et ipsae*) *sunt quae testimonium dicunt* (b: *perhibent*) *de me, in quibus putatis vos vitam habere, hae* (b: *haec*) *sunt quae de me testificantur* (b: *testif. de me*). Obgleich diese Lesart in sich selbst, trotz der interessanten Verbindung altlateinischer und altsyrischer Handschriften, kaum als die ursprüngliche verstanden werden kann, muß sie zusammen mit der Behauptung, der vorliegende Text des Joh sei aus dem Mißverständnis eines aramäischen Originals entstanden, betrachtet werden. *ὅτι* könnte für das Relativpronomen ד stehen, auf welches die angemessene Ergänzung »in ihnen« folgen würde. Ohne Frage kann man ein Stück richtiges, aber zweideutiges Aramäisch rekonstruieren (Black, S. 72f), und dasselbe Aramäisch könnte die Grundlage von Joh und P. Eg. 2 sein (eine andere Möglichkeit wäre, daß P. Eg. 2, angenommen, es ist direkt von Joh abhängig, einen ungewöhnlich frühen Text des Evangeliums bewahrt). Es muß aber betont werden, daß die Hypothese eines aramäischen Originals, wenn auch nicht unmöglich, so doch keineswegs notwendig ist. Mit dem Griechisch der beiden Texte gibt es keine Schwierigkeit. Der Text des Joh gibt vielleicht den eindrücklicheren Sinn (ihr sucht in den Schriften, um ewiges Leben zu gewinnen), der von P. Eg. 2 (ihr sucht in den Schriften, in welchen ihr meint, das ewige Leben zu haben) das elegantere Griechisch. Dieser Text ist wahrscheinlich sekundär.

40. So wie die Juden es vorzogen, für einen Augenblick das vorläufige und sekundäre Licht des

Täufers (V. 35) zu genießen, so ziehen sie es vor, ihre Studien fortzusetzen. Und lehnen es ab, zu Jesus zu kommen, der ihnen in Wahrheit ewiges Leben geben könnte. »Kommen zu Jesus« ist eine gebräuchliche joh Wendung (z. B. 1,47; 3,2; 4,30.40.47); denn es führt zu ewigem Leben, vgl. 6,35; 7,37.

41. δόξαν παρὰ ἀνθρώπων οὐ λαμβάνω. Zu den Worten vgl. V. 34, mit μαρτυρία anstelle von δόξα. Dem gedanklichen Zusammenhang nach tadelt Jesus die Juden wohl nicht wegen ihres Unglaubens, weil er sich der Ehre menschlicher Anerkennung erfreuen wollte. Er sagt, was für ihn offenkundig ist (ἔγνωκα).

42. ἔγνωκα ὑμᾶς ὅτι ... οὐκ ἔχετε. Das Subjekt des Nebensatzes wird in den Hauptsatz als sein Objekt herübergenommen. Diese Konstruktion ist im Aramäischen üblich, aber im Griechischen unbekannt.

τὴν ἀγάπην τοῦ θεοῦ ... ἐν ἑαυτοῖς. Der Genitiv kann ein Genitivus objectivus sein (ihr liebt Gott nicht), oder ein Genitivus subjectivus (ihr seid nicht Menschen, die Gott liebt). Die erste Aussage wäre das Zeichen für den Unglauben der Juden, die letztere die Begründung dafür. Die erste Möglichkeit ist wahrscheinlicher: ἐν ἑαυτοῖς läßt an eine Eigenschaft oder an eine Handlung der betreffenden Personen denken. Sie sind jene, die das Dunkel lieben und nicht das Licht (3,19). Brown tritt für den Genitivus subjectivus in Analogie zu »seinem Wort« in V. 38 ein. Aber Liebe kann als die Antwort auf das Wort gesehen werden.

43. ἐγὼ ἐλήλυθα ἐν τῷ ὀνόματι τοῦ πατρός μου. Dies nimmt den ganzen Abschnitt von V. 19 an auf. Die gewaltigen Ansprüche, die Jesus für sich selbst erhoben hat, werden mit vollkommener Selbstverleugnung verbunden; er kommt, um zu den Menschen von Gott und nicht von sich selbst zu sprechen.

καὶ οὐ λαμβάνετέ με. καί wie V. 39; vgl. 1,11, οἱ ἴδιοι αὐτὸν οὐ παρέλαβον. So wie der vorangehende Satz die göttliche Sendung Jesu zusammenfaßt, so faßt dieser die Reaktion der Menschen auf ihn zusammen.

ἄλλος. Die Form des Satzes läßt die Frage offen, ob ein solcher »anderer« kommen würde oder nicht. Daß hier ein Hinweis auf Bar Kochba, den Messiasprätendenten von ca. 132 n. Chr., vorliegt, wie hier einige vermuten, ist sehr unwahrscheinlich; s. Einleitung S. 142f, zur Datierung des Evangeliums. Man hat andere historische Personen als den »anderen« vorgeschlagen, so auch den Antichrist (Bousset-Gressmann, S. 255); es scheint aber unnötig, und vielleicht auch falsch, eine genaue Näherbestimmung zu suchen. Die Pointe liegt in dem Gegensatz zwischen ἐν τῷ ὀνόματι τοῦ πατρός μου und ἐν τῷ ὀνόματι τῷ ἰδίῳ. Einer, der auf seine eigene Würde und Macht angewiesen ist und der Ehre bei den Menschen sucht, wird zu derselben Welt gehören wie die Ungläubigen (V. 44) und wird sich für sie deshalb als anziehender erweisen.

44. δόξαν παρὰ ἀλλήλων λαμβάνοντες. δόξα bedeutet hier »guter Ruf«, »Anerkennung«. Menschen suchen Anerkennung bei ihren Mitmenschen und verstehen entsprechend andere, die dasselbe tun; sie würden sich freuen über die Schmeichelei von jemandem, der, anders als Jesus, mehr darauf aus war, für sich einen guten Ruf zu erwerben, als den Willen Gottes zu tun. Das Partizip λαμβάνοντες ist durch καί mit dem Verbum finitum ζητεῖτε verbunden; vgl. 1,32. Dies kann auf aramäischen Einfluß zurückzuführen sein, ist aber wahrscheinlicher das Ergebnis unsorgfältigen Schreibens. Unbedeutendere Handschriften verbessern ζητεῖτε zu ζητοῦντες.

τὴν δόξαν τὴν παρὰ τοῦ μόνου θεοῦ. θεοῦ wird ausgelassen von P⁶⁶ P⁷⁵ B W a b sah boh Origenes (teilw.) Euseb. Dies ist eine eindrucksvolle Bezeugung für den Text, aber aufs Ganze gesehen scheint es doch wahrscheinlicher, daß die Buchstaben Θ̄Ῡ (Kontraktion von θεοῦ) zufällig aus TOYMONOYΘ̄ῩOY ausgelassen wurden, als anzunehmen, sie seien absichtlich hinzugefügt worden. Joh nennt Gott an keiner Stelle ὁ μόνος; 17,3 hat er τὸν μόνον ἀληθινὸν θεόν. Turner, Insights, S. 6ff, nimmt an, daß der ursprüngliche Text lautete τοῦ θεοῦ μόνου, von Gott allein. Daß es nur einen Gott gibt, ist selbstverständlich im AT wie auch im Judentum ein Gemeinplatz. Die Entscheidung liegt zwischen der Möglichkeit, Ehre bei einer Anzahl von Menschen oder bei dem einen Gott zu suchen.

Da die Juden (die dadurch ihre eigene Berufung als das Volk Gottes verleugnen – vgl. 19,15: wir haben keinen König außer Caesar) die erste Möglichkeit gewählt haben, ist es für sie unmöglich, zu glauben (πῶς δύνασϑε ὑμεῖς πιστεῦσαι); denn glauben heißt nicht einfach, die Existenz Gottes zuzugeben, sondern, wie Jesus es tat, ihm Liebe und Gehorsam entgegenzubringen und Ehre bei ihm allein zu suchen (vgl. Röm 2,29) und dabei die Ungesicherheit aller Existenz, die von ihm getrennt ist, zuzugeben (s. Komm. zu V. 39).

45. Gott hat das ganze Gericht dem Sohn übergeben (V. 22), es ist aber nicht das Amt des Sohnes, dem Vater Anklagen vorzutragen. Dies ist unnötig.

ἔστιν ὁ κατηγορῶν ὑμῶν Μωϋσῆς. Mose ist es, der euch anklagt. Das Wort κατήγορος (oder κατήγωρ) wurde transkribiert in das Hebräische und Aramäische übernommen und in der rabbinischen Literatur gebraucht; z. B. Ab 4,11: Wer eine Regel erfüllt, gewinnt für sich einen Fürsprecher; dem aber, der eine Übertretung begeht, erwächst ein Ankläger (קטיגור, qaṭegor; s. weiter Komm. zu 14,16). In Offb 12,10 ist der Teufel ὁ κατήγωρ ... ὁ κατηγορῶν; anzuklagen war das traditionelle Amt des Satans. Bei Joh besteht (anders als in Ab) der Grund für die Anklage nicht darin, daß die Menschen ein Gebot übertreten, sondern daß sie die Gebote nicht verstanden haben und sie als Selbstzweck nahmen. S. u.

εἰς ὃν ὑμεῖς ἠλπίκατε. Zur Konstruktion vgl. 2Kor 1,10; zum Gedanken V. 39. Zu Mose als dem Mittler zwischen Gott und Israel s. z. B. Bonsirven I, S. 81f,253f. Durch Mose kamen zum Volk die rettende Erkenntnis Gottes und das Gesetz, in dessen Erfüllung Leben war (s. zu V. 39). Nur weil Mose so zum Urheber eines abgeschlossenen religiösen Systems wurde und nicht, wie er es sein wollte, ein Zeuge für Christus, wurde er auch der Ankläger seines Volkes, dessen buchstäbliche Befolgung des Gesetzes dieses zu seiner Ablehnung Jesu führte (V. 16). Das Zeugnis des Mose wird im nächsten Vers erklärt (γάρ).

P. Eg. 2 (s. Komm. zu V. 39) enthält eine enge Parallele auch zu diesem Vers: Sie lautet (Zeile 10–14) μὴ δ[οκεῖτε ὅ]τι ἐγὼ ἦλϑον κατηγο[ρ]ῆσαι [ὑμῶν] πρὸς τὸν π̅ρ̅α̅ μου. ἔστιν [ὁ κατη]γορῶν Μω εἰς ὅν [ὑμεῖς] ἠλπίκατε. Die Unterschiede sind sehr gering. a) ἐγὼ ἦλϑον κατηγορῆσαι statt ἐγὼ κατηγορήσω. b) τὸν πατέρα μου für τὸν πατέρα. Es handelt sich hier um sehr einfache redaktionelle Veränderungen, die sich durchaus mit einer direkten literarischen Beziehung vertragen. Im Papyrus fehlen die V. 40–44 des Joh, und unmittelbar nach dem vorliegenden Logion gibt es eine Parallele zu Joh 9,29 (s. dazu Komm. z. St.). Wir müssen uns wahrscheinlich zwischen den Hypothesen entscheiden, a) daß der Verfasser des Papyrusevangeliums aus Joh solche Logien entnahm, die er gerne verwenden wollte; b) daß Joh Logien aus dem Papyrus (oder einer verwandten Quelle) zu seinen Reden ausarbeitete.

46. εἰ γὰρ ἐπιστεύετε. Tatsächlich glauben die Juden, obwohl sie auf Mose *hoffen*, nicht an das, was er sagt (πιστεύειν mit dem Dativ). Das Gesetz, wenn es recht gebraucht wird, sollte die Menschen nicht zum Unglauben, sondern zum Glauben führen.

περὶ γὰρ ἐμοῦ ἐκεῖνος ἔγραψεν. Joh erwähnt keine bestimmten atl Stellen, die auf Christus hinweisen; dies ist nicht seine Art. Aber er ist sicher, daß das AT ganz allgemein Zeugnis für Christus ist (V. 39; zum Gebrauch des AT durch Joh s. Einleitung S. 45ff und JThSt 48 [1947], S. 155–169).

47. γράμμασιν ... ῥήμασιν. Das Zeugnis des Mose, das im Pentateuch niedergeschrieben ist, wird den gesprochenen Worten Jesu gegenübergestellt. Daß hier eine Herabsetzung des mündlichen Gesetzes beabsichtigt ist, ist unwahrscheinlich.

Zur Frage, ob diese Rede in 7,15–24 unmittelbar fortgesetzt wird, s. Komm. zu 7,15.

12. Die Speisung der Fünftausend

6,1–15

Die Zeit- und Ortsangaben (V. 1.4) in dieser Erzählung werfen beträchtliche Schwierig-keiten auf; s. dazu den Kommentar zu den erwähnten Versen. Die Szene, die Joh schil-dert, zeigt Jesus, auf einem Berg sitzend (der nicht benannt wird), von seinen Jüngern umgeben und in größerer Entfernung von einer großen Menge gefolgt, die durch seine Heilungswunder angezogen wurde. In dieser Szene wirft Jesus selbst die Frage nach der Versorgung der Menge mit Lebensmitteln auf. Die Jünger erweisen sich als unfähig, mit einem solch großen Problem fertigzuwerden, aber Andreas lenkt die Aufmerksamkeit auf einen Jungen, der seine eigenen bescheidenen Vorräte bei sich hat. Über diese wenigen Brote und Fische spricht Jesus den Segen und verteilt sie an die Menge, die sich gelagert hat. Diese wird nicht nur satt, sondern läßt zwölf Körbe voll von Brocken übrig. Das Wunder macht auf sie einen großen Eindruck, und Jesus zieht sich auf den Berg zurück, um ihrer gewaltsamen und fehlgeleiteten Begeisterung zu entgehen.

Man hat zu zeigen versucht (vor allem und sehr ausführlich Brown), daß Joh in dieser Erzählung unabhängig von Mk ist. Dies mag in dem Sinn, daß Joh Mk nicht *kopierte* (und dies ist alles, was Brown beweisen kann), sehr wohl zutreffen; aber viele Anzeichen (zu den Einzelheiten und zur Interpretation von Dodd und Sanders s. Komm. u.) machen wahrscheinlich, daß Joh die zwei Wundererzählungen von Mk 6,35–44; 8,1–9 (Mt 14,13–21; 15,32–38; Lk 9,10–17) kannte. Es gibt nur geringere Unterschiede zwischen den mk und joh Erzählungen, die im allgemeinen auf deutlich zu erkennende Motive zurückzuführen sind. Lindars nimmt an, Joh habe eine Quelle verwendet, die in der Mitte zwischen jenen anzusiedeln ist, die von Mk 6 und 8 repräsentiert werden; wahr-scheinlicher ist, daß Joh beide mk Erzählungen kannte und miteinander verband. Insbe-sondere betont Joh – entsprechend seiner Gewohnheit – die Initiative Jesu und seine Freiheit zu handeln; s. V. 5. Eine Erörterung dessen, was möglicherweise tatsächlich bei diesem Ereignis stattgefunden hat, gehört eher in einen Markuskommentar als in einen Kommentar zu Joh. Die Erzählung einer wunderbaren Brotvermehrung hat tiefe Wurzeln in der Tradition (was schon die Tatsache zeigt, daß sie bei Mk zweimal erscheint), und Joh gab diese Überlieferung wieder. Es gibt keinen Anlaß, daran zu zweifeln, daß Joh glaubte, er berichte ein wirkliches, und zwar ein im strengen Sinne wunderbares Ereignis. Es ist sicher, daß er diese oder die folgende Geschichte nicht erfand, da sie sich bereits bei Mk vorfanden, und daraus folgt die Vermutung, daß seine anderen (nicht synoptischen) Wundergeschichten von ihm übernommen und nicht selbst geschaffen wurden. Bultmann sieht redaktionelle Einfügungen in V. 4,6.14f.

Joh schreibt diesem Ereignis wohl zu Recht eschatologische Bedeutung zu (s. A. Schweitzer, Zum Messianitäts- und Leidensgeheimnis. Eine Skizze des Lebens Jesu [1901], S. 55–57; Dodd, Tradition, S. 196–217; und u. Komm. zu V. 14f; H. W. Monte-fiore, NTS 8 [1962], S. 135–141 übertreibt seine politische Bedeutung). Seine eigene Inter-pretation wird später, in 6,22–59, gegeben. Die Frage, ob diese Rede über das Brot des Lebens als sakramental oder eucharistisch bezeichnet werden kann, wird unten behandelt werden S. 294ff, 319f. Zur Geschichte selbst gibt es sehr unterschiedliche Ansichten. Bultmann, der bemerkt, daß in V. 11 nichts über das Brotbrechen gesagt wird, meint, sie enthalte keine sakramentale Sprache. Guilding (S. 60) nimmt an, das Wunder symbolisiere das Letzte Mahl. Lindars vermutet, die Geschichte sei als Typus der Eucharistie geschätzt worden, und kommt zu dem Schluß, das Ereignis selbst habe quasi-sakramentalen Charakter gehabt – vielleicht war das Essen symbolisch und nicht wunderhaft. Auf einige Einzelheiten werden wir weiter unten eingehen. Eucharistische Parallelen, die es gibt, lagen für Joh wahrscheinlich nur am Rande. Wichtiger ist wohl die Analogie zu Mose und dem Manna; s. 6,31f und z. St.; die Speisung ist eines der drei Zeichen des mosaischen Propheten; s. Qoh r 1,8; Martyn, S. 98ff; und vgl. S. 90.

1. μετὰ ταῦτα. Üblicher Ausdruck des Joh, um den Verlauf einer unbestimmten Zeitspanne anzugeben; s. Komm. zu 2,12.

πέραν. Der letzte erwähnte Ort war Jerusalem (5,1). Dies ist ganz deutlich ein unmöglicher Ausgangspunkt für die Überquerung des Sees, und aus diesem Grunde (unter anderen) haben einige Forscher vorgeschlagen, die Ordnung der Kap. 5 und 6 umzukehren (s. Einleitung S. 41). In 4,46–54 befindet sich Jesus in Kana (s. Komm. zu 2,1), nicht weit von Tiberias und nahe am See. Dies ergäbe einen brauchbaren Ausgangspunkt für 6, während 7,1 (oder 7,15 – s. Bultmann, S. 149.154f, der folgende Reihenfolge vorschlägt: 4,43–54; 6,1–59 [V. 51b–58 ist eine Einfügung]; 5,1–47; 7,15–24; 8,13–20) sehr wohl die Erzählung nach der in Kap. 5 beschriebenen Ablehnung Jesu in Jerusalem wieder aufnehmen könnte. Diese Umstellungen bewirken eine gewisse Verbesserung in der Erzählung des Joh; ob man sie aus diesem Grunde annehmen sollte, ist ein anderes Problem, welches von der Frage abhängt, ob das Abfassen einer guten Erzählung das Hauptziel des Evangelisten gewesen ist. Es sollte beachtet werden, daß der ganze Abschnitt 6,1–21 dem mk Abschnitt 6,32–53 sehr ähnlich ist; er enthält 1. eine Überquerung des Sees (vgl. bes. Mk 6,32 mit Joh 6,1 ἀπῆλϑον – ἀπῆλϑεν), 2. die wunderbare Speisung der Fünftausend, 3. einen Versuch der Jünger, die Jesus allein zurückgelassen haben, den See zu überqueren, und 4. eine Erscheinung Jesu, der auf dem Wasser geht, vor den Jüngern im Boot. Auf das Ganze folgt bei Mk eine Volksversammlung und ein Disput (Mk 6,54–56; 7,1–23), ebenso wie bei Joh. Wenn Joh, was sehr wahrscheinlich ist, die mk (oder irgendeine ähnliche) Überlieferung verwendete und den Stoff an dieser Stelle einfügen wollte, da er aus theologischen Gründen als nächstes seine Lebensbrotrede bringen wollte, werden die Fakten ohne Rückgriff auf bloße hypothetische Rekonstruktionen erklärt. Brown findet die Umstellung von Kap. 5 und 6 reizvoll, aber nicht zwingend. Sanders sieht hier ein *non sequitur*; aber seine eigene Beobachtung, daß μετὰ ταῦτα und die Imperfecta ἠκολούϑει, ἑώρων, ἐποίει (V. 2) eine Zwischenzeit implizieren, in welcher Wunder gewirkt wurden, die nicht berichtet werden, nimmt seinem Argument viel von seinem Gewicht. S. die ausführliche Diskussion bei Schnackenburg II, S. 6–11.

τῆς Τιβεριάδος. Der zweite Genitiv wird als weitere Erläuterung von τῆς Γαλιλαίας hinzugefügt. Vgl. 21,1 τῆς ϑαλάσσης τῆς Τιβεριάδος. Dieser Name für den See Genezareth, der nirgendwo sonst im NT verwendet wird, war von Tiberias abgeleitet (vgl. V. 23), das 26 n. Chr. (oder vielleicht auch einige Jahre früher) von Herodes Antipas gegründet und zu Ehren des Kaisers Tiberius benannt worden war. Josephus berichtet die Gründung in Ant XVIII, 36ff, und hat als Bezeichnung für den See ἡ πρὸς Τιβεριάδι (oder Τιβεριάδα) λίμνη (Bell III,57) und ἡ Τιβεριέων λίμνη (Bell IV,456). Es ist zweifelhaft, ob der Name »See von Tiberias« bereits zur Zeit des Wirkens Jesu allgemein verbreitet gewesen ist, aber dies berührt selbstverständlich die Historizität des Berichts in Joh nicht; Joh bietet den zu seiner Zeit üblichen Terminus zum leichteren Verständnis für seine Leser. Diese zwei Genitive wirken gezwungen, und es ist deshalb keine Überraschung, daß einige Handschriften τῆς Γαλιλαίας, auslassen, während D Θ e εἰς τὰ μέρη vor τῆς Τιβεριάδος hinzufügen – »über den See von Galiläa nach Tiberias«. Der umständliche Text ist ohne Zweifel der ursprüngliche.

2. ὄχλος πολύς. Vgl. Mk 6,33f, einschließlich der Worte πολὺν ὄχλον. Zur Formulierung vgl. 2,23, ϑεωροῦντες αὐτοῦ τὰ σημεῖα ἃ ἐποίει, und 6,14, ἰδόντες ὃ ἐποίησεν σημεῖον. Es gibt, wie es scheint, kein

anderes Beispiel für σημεῖον ποιεῖν ἐπί τινος; das Wort σημεῖον hat fast den spezifischen Sinn von »Heilung«, »Heilungswunder« angenommen.

ἑώρων (P⁶⁶ א Ω) ist die als ursprünglich anzunehmende Lesart; ἐθεώρουν ist, auch wenn es von P⁷⁵ B D W Θ und anderen Handschriften gestützt wird, wahrscheinlich auf Angleichung an 2,23 zurückzuführen.

3. ἀνῆλθεν (ἀπῆλθεν א D) εἰς τὸ ὄρος. Der Verweis auf »den Berg« (der Gebrauch des Artikels ist vielleicht ein Hinweis darauf, daß Joh auf die synoptische Tradition zurückgreift, da er an keiner anderen Stelle – abgesehen von 8,1, und dies ist nicht ein ursprünglicher Teil des Evangeliums – von einem Rückzug Jesu auf einen Berg spricht) könnte anstelle des mk εἰς ἔρημον τόπον stehen (6,31). Jesus kehrt V. 15 auf den Berg zurück wie in Mk 6,46. Vgl. auch Mt 5,1, wo nicht nur auf einen Berg verwiesen, sondern auch gesagt wird, daß Jesus sich in Anwesenheit seiner Jünger niedersetzte. Daraus ist jedoch nicht notwendigerweise zu folgern, daß Jesus lehren wollte. Es scheint auch kein symbolisches Interesse an dem Berg vorzuliegen, obwohl es nicht unmöglich ist, daß wir hier eine Anspielung auf Mose und den Berg Sinai haben; vgl. den Verweis auf Mose in V. 31f, mit dem Zitat aus Qoh r.

4. ἐγγύς, eine formelhafte joh Wendung; s. Komm. zu 2,13.

τὸ πάσχα. Die Authentizität dieser Worte wurde von Hort in Frage gestellt, obwohl sie in allen Handschriften und Übersetzungen enthalten und die einzigen Belege, die dagegen sprechen, patristisch sind. Zu einer umfassenden Darstellung dieser Belege s. WH, Notes on Select Readings, S. 77–81. Hort kommt zu dem Schluß: »Die Annahme, τὸ πάσχα sei nicht Teil des ursprünglichen Textes, muß etwas unsicher bleiben angesichts dessen, daß keine offenkundige Verderbnis von gleicher Größe und ähnlich guter Bezeugung durch alle bekannten Handschriften und Übersetzungen vorliegt. Da aber ein beträchtliches Corpus patristischer Belege das Fehlen dieser Worte in zumindest einigen alten Texten zeigt und auch die inneren Kriterien gegen ihre Ursprünglichkeit sprechen, während die Chronologie der Evangeliengeschichte ganz wesentlich davon berührt wird, ob diese Worte im Text stehen oder nicht, erschien es mir richtig, meinen Verdacht zu äußern und ihn auch des längeren zu begründen« (a. a. O., S. 81). Der Einwand kann nicht aufrechterhalten werden. Die Auslassung der Worte durch einige der Väter und durch Hort beruht auf einer Sicht der Struktur und Absicht des Evangeliums, welche nicht zu halten ist; das Passa wird hier nicht aus chronologischen, sondern aus theologischen Gründen erwähnt. Es trifft zu, daß dies das zweite Passa in Joh ist (vgl. 2,13.23) und daß bei den Synoptikern nur ein Passa erwähnt wird; es trifft auch zu, daß es unmöglich ist, die Ereignisse der Kap. 3–5 über den Zeitraum eines Jahres auszudehnen. Die interessanten Beobachtungen von Abrahams (Studies I, S. 10f) sprechen nicht für die joh Datierung; »alles weist ... auf eine Zeit bald nach dem Passa«; aber Joh sagt, das Passa »war nahe«, d. h., es war noch nicht da. Er erwähnt das Passa in erster Linie, weil, wie sich zeigen wird, einige der Handlungen und Worte dieses Kapitels eine eucharistische Bedeutung haben und die Eucharistie, ebenso wie das Letzte Mahl (vgl. 13,1), im Kontext des jüdischen Passa verstanden werden muß.

ἡ ἑορτὴ τῶν Ἰουδαίων. Läßt man τὸ πάσχα aus, dann kann diese Wendung durchaus auf das Laubhüttenfest verweisen; s. Komm. zu 5,1.

5. ἐπάρας οὖν τοὺς ὀφθαλμούς. Vgl. 4,35; 17,1. Der Ausdruck ist lk – 6,20; 16,23; 18,13. Zum Erbarmen Jesu über πολὺς ὄχλος vgl. Mk 6,34.

ἔρχεται. Bei Mk war die Menge um Jesus, und er lehrte sie. Es ist nicht leicht, sich dieses »Kommen« der Menge als Ganzer vorzustellen; vielleicht denkt Joh an ein »Kommen« in nicht bloß physischem Sinn (s. Komm. zu 5,40).

λέγει πρὸς Φίλιππον. Bei Mk ergreifen die Jünger die Initiative, indem sie Jesus auffordern, die Menge zu entlassen. Es ist charakteristisch für Joh, daß Jesus selbst die Initiative ergreift; s. 2,4 und Komm. z. St. Zu Philippus s. 1,43; in der mk Erzählung wird kein Jünger namentlich erwähnt. Namen werden oft in späteren Formen ntl Erzählungen (und in den apokryphen Evangelien) hinzugefügt; sie verleihen zuweilen den Anschein von Wahrscheinlichkeit, sind aber tatsächlich ein Zeichen für späte

Abfassung; vgl. 12,4; 18,10. Martyn (S. 113) verweist auf die Parallele zwischen der Frage Jesu an Philippus und der Frage des Petrus an Jesus in 6,68 (Herr, wohin sollen wir gehen [für das Brot oder Wort des Lebens]?) und fügt hinzu: »Das Thema des Kapitels ist ,der Ursprung des Lebens', ausgedrückt in Form der Spannung zwischen der Selbstbestimmung des Menschen für sein Leben und Gottes Vorherbestimmung des Lebens. Dieses Thema wird in erster Linie (freilich nicht ausschließlich) mit Verweis auf die Eucharistie und in einer solchen Weise entwickelt, daß die Verbindung zwischen der Eucharistie und der Prädestination unmißverständlich deutlich wird.« Dies ist gut formuliert; vgl. auch Essays, S. 62–69. Ob Joh seine Leser so viel in diesem Vers sehen lassen wollte, ist eine andere Frage; freilich sagt Martyn auch nicht, daß er dies tut.

6. πειράζων. An anderer Stelle in den Evangelien hat πειράζειν eine negative Bedeutung; Jesus wird vom Satan oder von bösen Menschen versucht. Das Wort in sich selbst freilich ist neutral und kann bedeuten, jemanden »versuchen«, »prüfen«. Jesus will prüfen, wie groß der Glaube des Philippus ist. Zugleich beugt Joh »jeglicher Vermutung von Unwissenheit« auf seiten Jesu vor (Brown).

7. διακοσίων δηναρίων ἄρτοι. Der Genitiv gibt den Preis an: »Brote im Wert von . . .«. Vgl. Mk 6,37, ἀπελϑόντες ἀγοράσωμεν δηναρίων διακοσίων ἄρτους. Die Übereinstimmung in den Zahlen ist bemerkenswert (s. u. V. 9f.13). Es scheint unwahrscheinlich, daß all diese Zahlen in mündlicher Überlieferung so genau hätten bewahrt werden können, und es ist deshalb wahrscheinlich, daß Joh einen schriftlichen Bericht über das Wunder verwendete, dem ähnlich, wenn nicht sogar identisch mit dem des Mk. Philippus beantwortet die prüfende Frage Jesu (V. 6) »auf dem Niveau des Marktplatzes« (Lightfoot); seine Worte dienen auch dazu, das Wunder zu vergrößern (Lindars).

9. ἔστιν παιδάριον ὧδε. Der Jugendliche wird in keinem anderen Evangelium erwähnt; das Wort παιδάριον, eine doppelte Verkleinerung, begegnet an keiner anderen Stelle im NT (Mt 11,16, v. l.), und seine Bedeutung ist nicht sicher. Die grammatikalische Form verlangt nicht, daß es sich um einen besonders jungen Knaben handelt; Gen 37,30 wird Joseph im Alter von 17 Jahren als ein παιδάριον (ילד) beschrieben; vgl. Tob 6,3 (B). Die Bedeutung »junger Sklave« ist gut bezeugt, sie begegnet in Mart Pol 6,1; 7,1 (weitere Belege in Liddell-Scott, Bauer, Wörterbuch, MM s. v.). Die Bedeutung des Wortes an dieser Stelle kann aufgrund der Herkunft der Erzählung bestimmt werden. Möglicherweise ist es von Joh aus unabhängiger Tradition entnommen worden, und dann könnte es eine Erweiterung des ὑπάγετε ἴδετε von Mk 6,38 sein. Wahrscheinlicher aber ist es auf Erinnerungen an die Erzählung 2Kön 4,42–44 zurückzuführen (welche die Erzählung des Joh nochmals beeinflußt haben könnte; s. u.). Hier wird Elisa bei der wunderbaren Speisung von einhundert Männern von einem Diener unterstützt. Dieser wird hier nicht als ein παιδάριον, sondern als ein λειτουργός (משרת) bezeichnet; aber in der vorangehenden Erzählung (4,38–41) ist der Diener des Elisa zweimal als ein παιδάριον bezeichnet (in V. 38 נער, in V. 41 ohne hebräische Entsprechung). Es scheint nicht wahrscheinlich, daß Joh hier in seine Erzählung eine Entsprechung zu einem Stück des eucharistischen Rituals einführen will. Es trifft zu, daß die Darbietung von Brot und Wein früh ein Element der Eucharistie wurde; s. bes. Justin, Apol 65,67 (ἄρτος προσφέρεται καὶ ονος καὶ ὕδωρ); 1Clem 44,4 ist früher, aber unbestimmt (τὰ δῶρα τῆς ἐπισκοπῆς); Irenaeus (Adv Haer IV,29,5) ist später. Hätte freilich Joh die Absicht gehabt, auf diesen Brauch hinzuweisen (wenn wir annehmen dürfen, er habe ihn gekannt), so hätte er a) den Akt der Darbietung deutlicher herausgestellt (tatsächlich aber unterläßt er es, ihn zu erwähnen), b) kaum darauf verzichtet, das LXX-Wort λειτουργός zu verwenden, und c) hätte er aus Mk nicht die interessante Einzelheit der Verteilung der Speisen durch die Jünger ausgelassen (s. Komm. zu V. 11). Außerdem ist Joh in seinem Evangelium nicht an den Details kirchlicher Riten interessiert (deshalb seine Auslassung aller expliziten Hinweise auf die Taufe und die »Einsetzung der Eucharistie«), sondern es kommt ihm darauf an, Jesus als den Spender des Lebens darzustellen. Vgl. jedoch Sanders und Richardson, Theology, S. 384f (die Darbietung ist die der Leute, nicht die der Apostel).

πέντε ἄρτους κριϑίνους καὶ δύο ὀψάρια. Vgl. Mk 6,38, πόσους ἔχετε ἄρτους; . . . πέντε, καὶ δύο ἰχϑύας. Wie in V 7 kann die Übereinstimmung nicht zufällig sein, sie ist auch nur schwer mündlicher Tradition zuzuschreiben. Joh fügt κριϑίνους hinzu. In der Elisageschichte gab es εἴκοσι ἄρτους κριϑίνους (2Kön 4,42); Gerstenbrote waren das billige Brot der ärmeren Klassen (Philo, Spec Leg III,57 sagt, Gerste sei gut für ἀλόγοις ζῴοις καὶ ἀτυχέσιν ἀνϑρώποις). Es kann jedoch hier eine eucharistische Anspielung vorliegen; zum Gebrauch von Gerstenbrot bei der Eucharistie s. J. McHugh, Studiorum Paulinorum Congressus Internationalis Catholicus, 1961 [1963], S. 1–10. ὀψάριον ist eine Verkleinerungsform von ὄψον, »gekochte Speise«, mit der Sonderbedeutung eingesalzener Fisch, s. MM s. v., und vgl. ὀψαριοπωλεῖον, Fischladen; ὀψαριοπώλης, Fischhändler. Nach Suidas, ὀψάριον τὸ ἰχϑύδιον. Im modernen Griechisch ist ψάρι Fisch, aber MM leitet dieses Wort von ψωρός und ψᾶν ab. Der einzige andere Gebrauch von ὀψάριον im NT liegt in Joh 21,9f.13 vor.

10. *ποιήσατε τοὺς ἀνϑρώπους ἀναπεσεῖν.* Vgl. Mk 6,39, wo der Befehl in indirekter Rede gegeben und das Verbum ἀνακλιϑῆναι gebraucht wird. Die Redaktion des Mk durch Joh (wenn man eine solche annimmt) wirft hier eine Schwierigkeit auf; Phrynichus (CXC; Rutherford, S. 293f) verwirft ausdrücklich ἀναπεσεῖν als Ersatz für ἀνακλιϑῆναι, und er tut dies zu Recht vom Standpunkt des attischen Purismus aus, welcher selbstverständlich Joh wenig kümmerte.

χόρτος πολύς. Vgl. Mk 6,39, ἐπὶ τῷ χλωρῷ χόρτῳ.

τὸν ἀριϑμόν. Akkusativ der Näherbestimmung; dieser klassische Sprachgebrauch wich in hellenistischen Zeiten dem Dativ (M I,63).

ὡς πεντακισχίλιοι. Vgl. Mk 6,44 (eine Anmerkung am Ende der Geschichte), πεντακισχίλιοι ἄνδρες: eine bemerkenswerte Übereinstimmung, wie in V. 7.

11. *ἔλαβεν οὖν τοὺς ἄρτους ... καὶ εὐχαριστήσας.* Vgl. Mk 6,41, καὶ λαβὼν τοὺς πέντε ἄρτους καὶ τοὺς δύο ἰχϑύας, ἀναβλέψας εἰς τὸν οὐρανὸν εὐλόγησεν καὶ κατέκλασεν. Bei Mk werden die Speisen zunächst den Zwölfen (ἐδίδου) zur Verteilung an die Menge gegeben; bei Joh handelt Jesus unabhängig und ohne Unterstützung (διέδωκεν τοῖς ἀνακειμένοις). Sowohl bei Mk als auch bei Joh erinnern die Worte und Handlungen Jesu an das Letzte Mahl, vgl. Mk 14,22, λαβὼν ἄρτον εὐλογήσας ἔκλασεν καὶ ἔδωκεν αὐτοῖς; 1Kor 11,23f, ἔλαβεν ἄρτον καὶ εὐχαριστήσας ἔκλασεν. Es ist festzustellen, daß in ihren Wundergeschichten sowohl Mk als auch Joh das Verbum λαμβάνειν verwenden; Joh hat das Verb εὐχαριστεῖν, aber nicht das Brotbrechen, während Mk das Brotbrechen hat, anstelle von εὐχαριστεῖν aber das Wort εὐλογεῖν. εὐχαριστεῖν wird Mk 14,23 vom Kelch gebraucht, und Paulus (1Kor 10,16) nennt den Abendmahlskelch τὸ ποτήριον τῆς εὐλογίας ὃ εὐλογοῦμεν. εὐχαριστεῖν, auch Mk 8,6 gebraucht, ist deutlicher ein christlicher Terminus technicus; es wäre aber falsch, irgendeinen Bedeutungsunterschied zwischen εὐχαριστεῖν und εὐλογεῖν zu suchen. Beide finden ihren Ursprung in den Danksagungen oder Segnungen, die Jesus bei Mahlzeiten über dem Brot und dem Wein sprach. Die zwei Segenssprüche sind: Gesegnet seist du, o Herr unser Gott, König des Universums, der du hervorbringst Brot von der Erde; und gesegnet seist du ... der du uns die Frucht des Weinstocks gibst. Es folgt, daß es nichts in den Jesus hier zugeschriebenen Handlungen gibt, was nicht am Platze oder vielleicht sogar ungewöhnlich bei jedem jüdischen Mahl wäre; es kann aber wenig Zweifel darüber bestehen, daß eucharistische Anspielungen in der Erzählung sowohl bei Joh wie auch bei Mk entdeckt werden können. Joh freilich bemüht sich nicht sonderlich, sakramentale Anspielungen zu vermehren, und tatsächlich berichtet er nichts vom Brechen des Brotes oder der Rolle der Jünger bei der Verteilung. Vgl. V. 9 und Komm. z. St. Es liegt ihm nichts daran, irgendeine besondere Abendmahlslehre zu entwickeln; der einzige Zweck solcher Einzelheiten, wie sie hier gegeben werden, ist es, auf die anschließende Rede vorauszuweisen (6,26–58). Anstelle von εὐχαριστήσας διέδωκεν haben א D εὐχαρίστησεν καὶ ἔδωκεν; diese Variante könnte zuerst im Lateinischen entstanden sein, wo es keine passende Entsprechung für das griechische Partizip Aktiv Aorist gab. Nach (δι)έδωκεν fügen D Θ φ Ω b e τοῖς μαϑηταῖς οἱ δὲ μαϑηταί zu; dies ist eine Angleichung an Mt 14,19.

ἐκ τῶν ὀψαρίων. Der partitive Gebrauch von ἐκ ist charakteristisch für den Stil des Joh. Es ist nicht deutlich, warum es vom Fisch und nicht von den Broten gebraucht wird.

12. *ἐνεπλήσϑησαν.* Vgl. Mk 6,42, ἔφαγον πάντες καὶ ἐχορτάσϑησαν; Dodd (AS, S. 85) verweist auf Jer 31,14 (LXX = 38,14), τῶν ἀγαϑῶν μου ἐμπλησϑήσεται. Aber durch die Worte, die sie beide ver-

wenden, zeigen Mk und Joh, daß sie der Meinung waren, ein wahrhaft wunderbares Geschehen habe stattgefunden. Das Mahl, auch wenn es symbolisch gewesen sein mag, war nicht nur symbolisch. συναγάγ ετε ... ἵνα μή τι ἀπόληται. Bei Mk gibt es keinen Befehl, die Brocken einzusammeln; sie werden aber gesammelt und wie bei Joh κλάσματα genannt (Mk 6,43; in Mk 8,8 wird auch das Wort περισσεύματα gebraucht; vgl. das περισσεύσαντα des Joh). Die beiden Verben συνάγειν und ἀπολλύναι werden bei Joh sowohl von Personen als auch von Dingen gebraucht. Zu συνάγειν s. 11,52 und vgl. 11,47. Zu ἀπολλύναι s. 3,16; 6,39; 10,28; 11,50; 17,12; 18,9. In Did 9,4 wird συνάγειν vom »Sammeln« des eucharistischen Brotes gebraucht, und dies ist ein Symbol der Sammlung der Kirche (ὥσπερ ἦν τοῦτο τὸ κλάσμα διεσκορπισμένον ... καὶ συναχϑὲν ἐγένετο ἕν, οὕτω συναχϑήτω σου ἡ ἐκκλησία...). 1Clem 34,7 (ἐν ὁμονοίᾳ ἐπὶ τὸ αὐτὸ συναχϑέντες...) hat wahrscheinlich einen eucharistischen Sinn (vielleicht vgl. Ignatius, Pol 4,2 πυκνότερον συναγωγαὶ γινέσϑωσαν), und später wurde σύναξις ein Terminus technicus für die Sammlung der Gläubigen bei der Eucharistie. C. F. D. Moule (JThSt 6 [1955], S. 240–243) nimmt an, daß die Stelle in Didache den Einfluß des Joh zeigt. Angesichts der folgenden Rede ist es durchaus möglich, daß Joh hier symbolisch von der Sammlung der christlichen Jünger und von dem Willen Christi spricht, sie vor aller Zerstörung zu bewahren (17,12; zu ἀπολλύναι s. Komm. zu 3,16), und daß er dies mit einem gewissen Bezug auf die Eucharistie tut. Es geht ihm um die Bewahrung menschlicher Wesen vor dem Bösen, nicht um die »Heiligkeit des sakramentalen Brotes« (Guilding, S. 59); und es könnte sein, daß es ihm hier um nicht mehr geht als um den Wunsch, Speise nicht zu verschwenden. Zur Sorgsamkeit der Juden in dieser Beziehung s. E. D. Johnston, NTS 8 [1962], S. 153f, und füge hinzu Ber 6,4. Zum Ganzen s. Daube, Rabbinic Judaism, S. 36–51, und den Vorschlag desselben Autors (nach Dodd, Interpretation, S. 334), das gesammelte Brot repräsentiere die βρῶσις μένουσα von 6,27. Joh sah wahrscheinlich symbolische Bedeutung in den Einzelheiten, die er berichtete, es ist aber zweifelhaft, ob er über die Sammlung seiner Erwählten durch Gott hinaus dachte.

13. δώδεκα κοφίνους. Vgl. Mk 6,43, δώδεκα κοφίνων πληρώματα; Mk 8,8 wird das Wort σφυρίς gebraucht (vgl. Mk 8,19f).

14. οἱ οὖν ἄνϑρωποι ... ἔλεγον. Häufig folgen den synoptischen Wundergeschichten Bemerkungen der Zuschauer, und diese stellen in einer Weise, die in zeitgenössischen Erzählungen Parallelen hat, den Eindruck heraus, den der Wundertäter bewirkt hat. Joh indessen gebraucht sie im Interesse seiner eigenen theologischen Deutung.

οὗτός ἐστιν ἀληϑῶς ὁ προφήτης ὁ ἐρχόμενος εἰς τὸν κόσμον. Für einen andersartigen Gebrauch von ὁ προφήτης s. Komm. zu 1,21. Hier machen die Ergänzung ὁ ἐρχόμενος εἰς τὸν κόσμον (vgl. den Gebrauch von ὁ ἐρχόμενος in Mt 11,3 = Lk 7,19f, und anderswo) und der folgende Vers deutlich, daß der Prophet nicht als Vorläufer des Messias verstanden wird, sondern in einem gewissen Sinn als der Messias selbst. Diese Identifizierung ist wahrscheinlich mit einer messianischen Deutung von Dt 18,15ff verbunden, von der wir wissen, daß sie unter Samaritanern und Christen verbreitet war (s. Beginnings I, S. 404–408), und die nun auch für die Qumrangemeinde bezeugt wird. Die Worte von Dt werden in 4QTest 5–8 zitiert und können auch hinter 1QS 9,11 stehen, wo vom Kommen eines Propheten (נביא) und des Messias aus Aaron und Israel gesprochen wird (d. h. der hohepriesterliche und königliche Messias). Das Material aus Qumran selbst reicht als Warnung gegen jede zu glatte Systematisierung des Messiasglaubens im Judentum des 1. Jh. aus, und Dodd (AS, S. 56) nimmt an, Joh habe, obwohl er mit Dt 18,15 als einem Zeugnis für die Messianität Jesu vertraut war, diese Stelle als solche nicht akzeptiert. Nach Martyn (S. 98–101) verstand die Menge die wunderbare Speisung als eine Wiederholung des Mannawunders, eines der mosaischen Zeichen (s. bes. Meeks S. 91–98; auch Schnackenburg). Die Entsprechungen und die Unterschiede zwischen Jesus und Mose werden in der Rede herausgearbeitet (bes. 6,31f). Ob man annehmen sollte, Joh verteidige das mosaisch-prophetische Verständnis der Messianität gegenüber dem königlich-politischen Verständnis, das durch V. 15 nahegelegt wird, ist zweifelhaft. Beide sind seinen christologischen Absichten nicht angemessen, obwohl beide, sowohl positiv als auch negativ, etwas dazu beitragen. ὃ ἐποίησεν σημεῖον wird von der Mehrheit der Handschriften gelesen; P[75] B a boh haben ἃ ἐποίησεν σημεῖα. Zwischen diesen Lesarten ist keine leichte Entscheidung möglich; der Plural könnte auf Angleichung an 2,23 und 6,2 zurückzuführen sein, der Singular eine Anpassung an das Wunder der Speisung sein, dessen Zeuge man soeben geworden war. P[75] B a ist eine gewichtige Kombination; es ist aber wahrscheinlich besser, versuchsweise der Lesart der großen Mehrheit der Handschriften und Übersetzungen zu folgen.

15. Ἰησοῦς οὖν γνοὺς (Joh denkt wahrscheinlich an übernatürliches Wissen; vgl. 1,47f) ... ἀνεχώρησεν (φεύγει ℵ a vg cur Tertullian Augustin, wahrscheinlich zu Recht; dabei würde die Vorstellung einer Flucht als unvereinbar mit der Würde Jesu vermieden werden). Mk 6,45 nötigte Jesus (ἠνάγκασεν) die Jünger, vor ihm über den See zu fahren, während er zurückblieb, die Menge zu entlassen. Seine Handlung wird nicht erklärt; aber der beabsichtigte *coup* der Menge (festgehalten werden sollte, daß er nicht von Mk, sondern von Joh erwähnt wird, der seinerseits nicht sagt, daß die Jünger genötigt wurden, im Boot wegzufahren) wäre eine Erklärung dafür. Joh hängt in diesem Punkt wahrscheinlich von Mk ab, da er festhält, daß Jesus sich allein auf den Berg zurückzog (vgl. V. 3), εἰς τὸ ὄρος αὐτὸς μόνος; Mk gebraucht sehr ähnliche Worte (6,46, εἰς τὸ ὄρος προσεύξασθαι, 6,47, αὐτὸς μόνος). Der Ursprung und der historische Wert dieser Bemerkung des Joh sind unterschiedlich bewertet worden, und es wurde ein großes Maß an spekulativer Rekonstruktion darauf aufgebaut; s. Komm. zu V. 14. Sanders z. B. nimmt an, Jesus habe die messianischen Hoffnungen der Menge erregt durch »ein eschatologisches Sakrament ... einen Vorgeschmack des messianischen Festmahls«. Joh interpretiert dies in 6,26ff, »weil er hier auf eine Quelle zurückgreift, die ein besseres Verständnis der Situation besaß, als Mk dies tat«. Es ist jedoch historisch durchaus verkehrt, aus einer joh Rede in dieser Weise Schlüsse zu ziehen. Es gibt eine in gewisser Weise ähnliche, aber vorsichtigere und sehr viel genauere Interpretation bei Dodd, Tradition, S. 196–217. Tatsächlich bleiben, wie Bultmann feststellt, die Ergebnisse von V. 14f ohne Folge und werden in der Tat in 6,25ff nicht erwähnt. Es handelt sich um die wahrscheinlich auf Hinweise in Mk beruhende Darstellung einer falschen Reaktion auf ein Zeichen durch Joh (V. 14; vgl. 12,37). Zur Flucht Jesu s. Daube, a. a. O., S. 19 (Saul als Typus des Messias).

ἁρπάζειν. Das Subjekt wird nicht genannt, es sind aber wahrscheinlich die ἄνθρωποι von V. 14, die durch das Zeichen beeindruckt wurden. ἁρπάζειν ist ein starkes Wort – »entführen« (z. B. Herodot 1,2, ἁρπάσαι τοῦ βασιλέος τὴν θυγατέρα). Mt 11,12 (vgl. Lk 16,16) ist es das, was gewaltsame Menschen dem Reich der Himmel antun (βιασταὶ ἁρπάζουσιν αὐτήν); möglicherweise hat Joh mit seiner ständigen Betonung, daß Jesus selbst das Evangelium sei, das Wort vom Königreich auf den König übertragen. Aber wie das Reich Gottes Gabe ist und Menschen sich nicht gewaltsam selbst in dessen Besitz setzen können, so kann auch Jesus, den Gott gibt (3,16) und der sich selbst den Menschen gibt, nicht mit Gewalt gezwungen werden.

βασιλέα. Das Königtum Jesu ist eines der Hauptthemen der joh Passionserzählung (s. Komm. zu 18,33ff). Dort sagt Jesus, sein Reich sei nicht von dieser Welt (18,36); das Königtum, das ihm hier angeboten wird, ist eines, das er ablehnen muß. Vgl. seine Ablehnung der Reiche der Welt und ihrer Herrlichkeit in der Versuchungsgeschichte (Mt 4,8 = Lk 4,5, – Q). Die Verbindung zwischen V. 14 und 15 ist nicht unmittelbar deutlich. In V. 14 verstehen die Menschen Jesus als den Propheten, V. 15 entgeht er einem Versuch, ihn zum König zu machen. Eine Erklärung findet sich wahrscheinlich in der Gestalt des Mose als Typus des prophetischen Königs (s. Meeks, passim).

13. Auf dem See

6,16–21

Die Jünger machten sich in Abwesenheit Jesu daran, allein über den See zu setzen, sie werden aber mitten auf dem See von einem Sturm überrascht. Während dieser tobt, sehen sie Jesus auf dem Wasser gehen; er stillt ihre Furcht durch die Offenbarung seiner Identität (sie hatten ihn zuerst offenbar nicht erkannt), und unmittelbar danach erreicht das Boot den Hafen.

Diese kurze Erzählung hat Joh wahrscheinlich wie die vorhergehende aus Mk entnommen (6,45–52; Mt 14,22–34). Zu den vielen Entsprechungen und den Unterschieden s. den Kommentar. Die Tatsache, daß in Mk wie bei Joh die beiden Ereignisse nebeneinanderstehen, erhöht die Wahrscheinlichkeit literarischer Abhängigkeit. Es gibt einige wenige Spuren charakteristisch joh Erzählweise, aber das Argument Browns, Joh biete hier eine »relativ unentwickelte Form der Geschichte«, ist nicht überzeugend.

Bei Mk geht der Geschichte die überraschende Aussage voraus, daß Jesus seine Jünger nötigte (6,45, *ἠνάγκασεν*), ein Boot zu besteigen; bei Joh der V. 15 und die Drohung, Jesus zum König zu machen. Möglicherweise erklären diese zwei Aussagen einander; Jesus sandte seine engsten Freunde eilig hinweg, aus Furcht, sie könnten von dem falschen messianischen Enthusiasmus der Menge angesteckt werden. Dies kann richtig sein, es sollte aber bemerkt werden, daß weder Mk noch Joh dies sagen und daß Joh, der zu Mk die Aussage hinzufügt, daß die Menge versuchte Jesus zu ergreifen, *ἠνάγκασεν* ausläßt. Es darf bezweifelt werden, ob Joh an solchen Erklärungen interessiert war. Es scheint sicher, daß er ein Wunder zu berichten meinte, und nicht, daß Jesus einige Schritte vom Ufer entfernt in den See hinein watete.

Anders als das Speisungswunder wird dieses Wunder von Joh nicht direkt erklärt (nach A. Richardson, The Miracle Stories of the Gospels [1941], S. 117f, wird es in Kap. 13–17 erklärt). Daß viele frühe Christen in ihm einen Hinweis auf die Macht ihres Herrn wie auf seine rettende Gegenwart bei seinem Volk in all ihren Anfechtungen sahen, ist zweifellos richtig, aber dies hat wenig mit dem joh Kontext zu tun. Wahrscheinlich bezog Joh diese Geschichte mit ein, a) weil sie in der Tradition fest zusammen mit dem Wunder der Fünftausend verbunden war, und b), um Jesus und seine Jünger nach Kapernaum zurückzubringen, wo die Lebensbrotrede gehalten wurde (6,59). Lightfoot sieht hier die Lehre von 14,5f; 15,4f in anderer Form. Der Vorschlag (Guilding, S. 58ff), die Überquerung des Sees repräsentiere den Tod (Trennung von den Jüngern) und die Auferstehung Jesu so, wie die Speisung das Letzte Abendmahl repräsentiere, hat wenig Anhalt am Text; aber die Passa-*Haphtarah*, Jes 51,6–16 entsprechend der Toralektion Ex 15, enthält einige auffallende Parallelen; Brown nennt weiter Ps 107 (bes. V. 4f.9.23.25.27–30). Nichtbiblische Parallelen sind ziemlich unwichtig. Ist der Abschnitt mehr als eine aus der Überlieferung übernommene Brücke, dann kann es richtig sein (Borgen, S. 180), ihn 6,15 gegenüberzustellen. Jesus flieht vor jenen, die ihn zu einem politischen Messias machen wollen; aber für die Jünger gibt es eine theophane Begegnung mit dem Sohn Gottes. Aber wiederum kann, es sei denn, man gibt dem V. 20 eine unwahrscheinliche Interpretation, nicht gesagt werden, daß Joh sich hier darum bemüht, seine Meinung deutlich werden zu lassen.

16. ὡς δὲ ὀψία ἐγένετο. Vgl. Mk 6,47, ὀψίας γενομένης.

17. ἤρχοντο. Das Imperfekt muß hier in seinem durativen oder vielleicht auch conativen Gewicht gesehen werden: »Sie waren auf ihrem Weg«, oder vielleicht »sie versuchten, zu gehen«.
πέραν τῆς θαλάσσης (vgl. V. 1) εἰς Καφαρναούμ. Der Ausgangspunkt der ersten Reise wird uns nicht erzählt. Kapernaum (bereits zweimal erwähnt – 2,12; 4,46 –, ohne daß es der Schauplatz irgendeines bedeutenden Ereignisses wird, wohl aber der Ort der Rede, die die wunderbare Speisung erklärt [V. 59]) liegt am Westufer des Sees, und das Wunder könnte deshalb am Ostufer stattgefunden haben, d. h. in dem vorwiegend heidnischen Gebiet. Es besteht jedoch kein Grund zu der Annahme, daß Joh dies andeuten wollte oder er es für bedeutsam hielt. Nach Mk 6,53 endete die stürmische Überfahrt über den See bei Genezareth (εἰς Γεννησαρέτ), was nicht ein Ort, sondern ein Bezirk im Nordwesten des Sees war (Josephus, Bell III,516–521).
καὶ σκοτία ἤδη ἐγεγόνει. Nach Mk 6,48 war es περὶ τετάρτην φυλακὴν τῆς νυκτός (kurz vor der Dämmerung), als sich Jesus den Jüngern auf dem See näherte. Anstelle des Textes schreiben ℵ D κατέλαβεν δὲ αὐτοὺς ἡ σκοτία, wahrscheinlich unter dem Einfluß von 12,35. Fenton verweist auf den symbolischen Gebrauch der Dunkelheit in diesem Evangelium (1,5; 8,12; 12,35.46; [20,1]).

18. ἀνέμου μεγάλου πνέοντος. Vgl. Mk 6,48, ἦν γὰρ ὁ ἄνεμος ἐναντίος αὐτοῖς. Es gibt eine Fülle von Belegen für die Plötzlichkeit, mit der Stürme über den See hereinbrechen (z. B. Klausner, S. 269).

19. ἐληλακότες. Vgl. Mk 6,48, βασανιζομένους ἐν τῷ ἐλαύνειν.
ὡς σταδίους εἴκοσι πέντε ἤκοσι πέντε ἤ τριάκοντα. Vgl. Mk 6,47; sie waren ἐν μέσῳ τῆς θαλάσσης. Das Nomen im Singular ist στάδιον, aber für den Plural werden sowohl στάδια als auch στάδιοι von klassischen Schriftstellern verwendet, offensichtlich ohne Unterschied (s. Liddell-Scott s. v., M II, S. 122). Hier haben ℵ D στάδια. Das στάδιον entsprach ca. 192 m; nach Josephus (Bell III,506) war der See 40 Stadien breit und etwa 140 lang. Tatsächlich beträgt seine Länge 109 Stadien (ca. 21 km) und seine größte Breite 61 Stadien (ca. 11 1/2 km). Die joh und mk Aussagen entsprechen einander deshalb mit ausreichender Genauigkeit; aber dies ist kein Grund zu der Annahme, die Maße des Joh hätten die Autorität der Erinnerung. Die Maße können nicht verwendet werden, das Wunder zu rationalisieren; sie sollten es wahrscheinlich vergrößern.
θεωροῦσιν τὸν Ἰησοῦν περιπατοῦντα ἐπὶ τῆς θαλάσσης. Vgl. Mk 6,49, οἱ δὲ ἰδόντες αὐτὸν ἐπὶ τῆς θαλάσσης περιπατοῦντα. In Mt 14,25 haben wir ἐπὶ τὴν θάλασσαν (»auf oder über den See«). Es trifft zu, daß man ἐπί mit dem Genitiv übersetzen könnte »am See«. Das heißt, Jesus wanderte am Ufer oder in dem seichten Wasser am Strand. Würde man freilich in dieser Weise übersetzen, so enthielte die Geschichte kein Wunder. Es muß hier festgehalten werden, daß bei Joh, wie V. 16 zeigt, ἐπὶ τὴν θάλασσαν bedeutet »zum See«; und zu ἐπί mit dem Genitiv vgl. Hi 9,8; Offb 10,5. Es wird außerdem aus 6,25 deutlich, daß sich etwas außerhalb des gewöhnlichen Verlaufs der Natur ereignet hat. Es kann wenig Zweifel daran bestehen, daß sowohl Mk als auch Joh, ob sie nun das beste mögliche Griechisch verwendeten oder nicht, ein Wunder berichten wollten. Es ist höchst unwahrscheinlich, daß diese Geschichte jemals anders denn als Wundergeschichte erzählt wurde; obwohl dies nicht die Frage präjudizieren darf, ob tatsächlich ein Wunder stattgefunden hat.
ἐφοβήθησαν. Vgl. Mk 6,50 ἐταράχθησαν, der Grund dafür wird in V. 49 gegeben, ἔδοξαν ὅτι φάντασμά ἐστιν. Joh hat gekürzt und die Gefühle der Jünger genau der Antwort Jesu angepaßt (V. 20 μὴ φοβεῖσθε). Die Annahme, die Jünger hätten Angst gehabt, sie könnten am Ufer Schiffbruch erleiden, an dem Jesus entlangging, geht an dem, was Joh sagen will, völlig vorbei.

20. ἐγώ εἰμι· μὴ φοβεῖσθε. Mk 6,50 die gleichen Worte, unter Voranstellung von θαρσεῖτε. In diesem Abschnitt meint ἐγώ εἰμι wahrscheinlich einfach »ich bin es«. 1. Joh folgt wahrscheinlich Mk, und es ist unwahrscheinlich, daß Mk irgend etwas Tiefsinnigeres meinte (vgl. den Gebrauch von אֲנִי, ἐγώ, im AT, z. B. 1Kön 18,8). 2. Joh 9,9 gibt es einen sehr ähnlichen Gebrauch von ἐγώ εἰμι als bloße Identifikation; vgl. auch Lk 24,39. Es gibt andere Stellen in Joh, wo diese einfache Bedeutung nicht ausreicht (s. Komm. zu 6,35; 8,24); es wäre jedoch falsch, diesen Abschnitt durch die anderen zu erklären, vielmehr sollte man sich daran erinnern, daß Joh ἐγώ εἰμι als einfache Selbstidentifizie-

rung gebrauchen kann, ehe man gelehrte Theorien, die auf dem Vorkommen des Wortes an anderer Stelle beruhen, akzeptiert. Wenn es in dem vorliegenden Abschnitt irgendeinen Hinweis auf die Epiphanie einer göttlichen Gestalt gibt, dann nicht, weil die Worte ἐγώ εἰμι gebraucht werden, sondern weil in dem gesamten Evangelium Jesus eine göttliche Gestalt ist.

21. ἤϑελον οὖν λαβεῖν. Vgl. Mk 6,48, ἤϑελεν παρελϑεῖν αὐτοῦς. Es ist möglich, aber unwahrscheinlich, daß das unerwartete ἤϑελον in Joh eine Erinnerung an die mk Wendung ist. Es scheint auch nicht nötig (mit Torrey, S. 105.107f), den Sinn zu verbessern, indem man ein dahinterliegendes aramäisches בעו *(ba'u)* »sie jubelten sehr« postuliert, welches fälschlich als בעו *(bᵉ'u)* »sie wünschten« (ἤϑελον) gelesen wurde; der einfachste Weg, den Satz zu verstehen, ist folgender: »Sie wollten ihn in das Boot hineinnehmen, aber (adversativer Gebrauch von καὶ, wie oft in Joh; s. M II, S. 469) sie stellten fest, daß sie gerade das Ufer erreicht hatten.«

καὶ εὐϑέως ἐγένετο τὸ πλοῖον ἐπὶ τῆς γῆς. S. Komm. zu V. 19. Sollte dort ἐπὶ τῆς ϑαλάσσης »am See« bedeuten, so könnte man diese Worte als Bestätigung verstehen: Die Jünger waren näher am Land, als sie gedacht hatten. Es ist aber wahrscheinlicher, daß Joh ein zweites Wunder berichtet (so bereits Origenes; s. Bauer z. St., und vgl. 14,44 für ein anderes »Wunder in einem Wunder«) vielleicht mit Verweis auf Ps 107,23–32 (bes. V. 30, und er brachte sie zum erwünschten Land). Hier endet die Erzählung plötzlich; das Fehlen einer Interpretation bestätigt die Annahme, daß Joh diese Erzählung in erster Linie deshalb in sein Evangelium übernommen hat, weil sie sich in seiner Quelle fand – aller Wahrscheinlichkeit nach Mk –, die er für die vorangehende Erzählung verwendete.

14. Brot vom Himmel

6,22–59

Ein Grund dafür, weshalb Mose das Gesetz inmitten der Wildnis und nicht in einer Stadt überlieferte, lag nach Philo (Decal 15–17) darin, daß er zeigen wollte, es sei nicht seine eigene Erfindung, sondern das Wort Gottes. Zu diesem Zweck führte er das Volk in eine Wildnis, wo Gott dem Mangel an Wasser und Lebensmitteln in wunderbarer Weise abhalf; dies würde die Israeliten von der göttlichen Autorität dessen, was ihnen gesagt wurde, überzeugen. Joh bewegt sich in einer ähnlichen Weise von der wunderbaren Stillung des Hungers (6,5–13) zu der Rede über das Brot des Lebens, in welcher Jesus mit einer Autorität, die größer ist als die des Mose, von dem wahren Brot vom Himmel spricht.

Der vorliegende Abschnitt besteht hauptsächlich aus der Rede, die durch eine Erzählung eingeleitet und beschlossen und hier und da durch Bemerkungen der Hörer unterbrochen wird. Man kann sie in vier Abschnitte einteilen (V. 22–27; 28–40; 41–51; 52–59) und folgendermaßen zusammenfassen.

V. 22–27. Die einleitenden Verse der Erzählung sind unklar; s. Komm. z. St. In V. 26f wird einfach das Hauptthema genannt. Die Menschen kümmern sich törichterweise nicht um die Wahrheit, sondern um Nahrung für ihren Leib. Sie müssen lernen, daß es ein Brot gibt, das nicht irdisches, sondern ewiges Leben vermittelt, und sie müssen es verdienen; sie werden es jedoch nicht verdienen; denn es ist die Gabe des Menschensohnes, den Gott bestätigt hat. Die ganze Rede wird hier zusammengefaßt. Jesus ist der Menschensohn, und nur in Gemeinschaft mit ihm haben die Menschen ewiges Leben.

V. 28–40. Der nächste Schritt erfolgt (wie oft bei Joh) mit Hilfe eines Mißverständnisses. Die Menge hört das Wort ἐργάζεσθαι und mißversteht es; denn ihre eigene Religion, die sie ernst nehmen, besteht im »Tun« von Werken, die, so hofft man, Gott wohlgefällig sein werden. Tatsächlich gibt es nur ein »Werk«, das Gott verlangt, und das ist, wie sich zeigen wird, nicht ein Werk im gewöhnlichen Sinn; es besteht darin, daß Menschen an Jesus glauben. Aber warum sollten sie dies tun? Die Zuhörer fordern von ihm ein Zeichen (zu synoptischen Parallelen s. Komm. z. St.) und beweisen dadurch die Wahrheit seines eigenen Wortes in V. 26. Das Verlangen nach einem Zeichen jedoch dient dazu, an Mose und die atl Geschichte vom Manna zu erinnern, das Brot vom Himmel; und von hier an identifiziert Jesus das Brot, das vom Himmel herabkommt, mit sich selbst, der als Menschensohn vom Himmel herabgekommen ist. Er ist das Brot des Lebens, das die Menschen von Hunger und Durst befreit; die Menschen empfangen dieses Brot, indem sie zu ihm kommen und an ihn glauben. Aber dieses »Glauben« und dieses »Kommen« sind nicht Werke, die wie andere in der Macht und dem Willen des Menschen liegen. Sie existieren nicht ohne die Macht und den Willen Gottes, von dem sie völlig abhängig sind. Einmal mehr wird die Rede mit der bezeichnenden Zufügung eines Hinweises auf den Willen Gottes zusammengefaßt; sein Wille ist es, daß der Glaubende durch seinen Glauben ewiges Leben haben soll.

V. 41–51. Gegenüber all dem, was Jesus gesagt hat, wird ein entschiedener Einwand erhoben. Jesus ist ein Mensch unter Menschen, seine Familie und seine Herkunft sind wohlbekannt; wie kann er den Anspruch erheben, er sei vom Himmel herabgekommen? Jesus leugnet seine menschliche Herkunft nicht mehr als seine himmlische; er wiederholt freilich einfach, daß das Kommen zu ihm, das Glauben an ihn als den Menschen vom Himmel ohne göttliche Unterweisung unmöglich sind; es ist daher kein Wunder, daß einige daran Anstoß nehmen sollten. Der vorhergehende Abschnitt wird weithin wiederholt, aber einmal mehr gibt es eine bezeichnende Erweiterung. Jesus spricht weiter von sich selbst als dem Brot des Lebens, aber er fügt hinzu, daß das Brot, das er geben wird, sein Fleisch ist und daß sein Fleisch für das Leben der Welt gegeben ist. Dies ist ein deutlicher Bezug auf seinen Opfertod; und er deutet hin auf den fast expliziten Verweis zur Eucharistie im Schlußabschnitt.

V. 52–59. Einmal mehr stellen die Juden, erschrocken über das Wort »Fleisch«, die Frage: Wie? Und wiederum begegnet Joh der Frage nicht mit einer Erklärung, sondern mit einer Wiederholung und Erweiterung, dieses Mal durch die Hinzufügung von Blut. Dies legt weiteres Gewicht auf den Tod Jesu und spielt auf die Eucharistie an. Joh stellt jedoch klar, daß sein Hauptgedanke der der Sendung Jesu vom Vater und der wechselweisen Einwohnung Christi und des Glaubenden ist.

Die so aufgebaute Rede ist im wesentlichen einfach; sie enthält nur einige wenige ausgeprägte Gedanken. Nur indem sie zu Jesus kommen und in Einheit mit ihm leben, können Menschen ewiges Leben erlangen. Dieses Kommen und dieses Leben sind jedoch nur aufgrund einer zweifachen göttlichen Initiative möglich: a) Jesus ist vom Himmel herabgekommen als das Brot des Lebens, das denen Leben gibt, die es sich durch angemessene Mittel aneignen; b) Gott zieht alle jene zu Jesus, die mit ihm in ewigem Leben vereint sein sollen. Das göttliche Wirken durchzieht den ganzen Vorgang, vom ersten Kommen bis zum Jüngsten Tag, wenn Jesus selbst den Glaubenden auferwecken wird, der so von ihm von Anfang bis Ende abhängt. Die Mittel, durch welche dieser Prozeß in Gang gesetzt wird, kann man als das Wort Jesu und als Geist beschreiben. Soviel scheint deutlich, aber genauere Analyse des Kapitels hat doch tiefreichende Probleme aufgeworfen (s. Essays, S. 49–69, und die bewundernswerte Diskussion durch Lindars). Man kann zugeben, daß das Kapitel stilistisch eine Einheit ist; man kann es nicht aus literarischen Gründen teilen (s. E. Ruckstuhl, Die literarische Einheit des Johannesevangeliums [1951]; die These von C. Dekker, es handele sich um eine Einfügung in ein jüdisches Werk durch einen heidnischen Autor, NTS 13 [1966], S. 77f, läßt sich nicht beweisen). Man hat jedoch behauptet – vor allem Bultmann und in seiner Folge andere –, daß hier keine theologische Einheit vorliegt; insbesondere, daß die wiederholt auftauchende Formel »ich werde ihn (es) am Jüngsten Tag auferwecken« sich nicht mit der joh Eschatologie (in diesem Kapitel s. bes. V. 50) vereinbaren lasse und die Anspielung auf die Eucharistie in V. 51c bis 58 nicht zu der negativen Einstellung gegenüber den Sakramenten passe, die anderswo im Evangelium deutlich wird. Man nimmt an, die dem Kontext widerstreitenden Sätze seien von einem kirchlichen Redaktor eingefügt worden, der das Evangelium mit der futurischen Eschatologie und dem in seiner Zeit herrschenden Sakramentalismus harmonisieren wollte. Die joh Eschatologie und Sakramentsauffassung haben wir oben diskutiert (Einleitung, S. 83ff, 98ff). Erstere muß hier kaum erneut behandelt werden. Man kann die fraglichen Verse ohne Schaden für den Text entfernen; aber dies trifft nicht auf alle Verweise auf die Zukunft im Evangelium als Ganzem zu; es scheint die Absicht des Joh gewesen zu sein, gerade soviel futurische Eschatologie beizubehalten, wie er brauchte, um deutlich zu machen, daß der Glaubende niemals unabhängig von Gottes rettendem Handeln wird. Dieser bleibt bis zum Ende, was immer dies genau meint, im Tod, wenn er von Gott getrennt ist. Stimmt dies, so ergibt sich daraus, daß Joh die Eucharistie nicht als ein φάρμαχον ἀϑανασίας im Sinn des Ignatius versteht, was gewöhnlich unterstellt wird (s. Ignatius, Eph 20,2); und daraus folgt, daß die meisten theologischen Einwände, die man gegen die joh Verfasserschaft von V. 51c–58 vorbringt, dahinfallen. Zur Interpretation dieses Abschnitts s. neben den Kommentaren J. D. G. Dunn (NTS 17 [1971], S. 328–338), der einen großen Teil der jüngeren Diskussion zusammenfaßt und einen eigenen bedeutsamen Beitrag leistet. Hier (s. auch die ausführlichen Anmerkungen zu den einzelnen Versen) sind folgende Punkte anzusprechen: a) Der neue Abschnitt beginnt nicht in V. 51c, sondern mit dem neuen jüdischen Einwand in V. 52. Das heißt, daß es bereits eine deutliche quasi-eucharistische Anspielung auf das Essen des Fleisches Jesu in dem früheren Teil der Rede gibt. b) Man hat behauptet, daß die Interpretation des Lebensbrotes, während sie in V. 35–50 weisheitlich sei (S. 304; Brown, bes. 285–291), in V. 51–58 sakramental wäre und daß diese Interpretationen sich nicht miteinander vereinbaren ließen. Dazu ist zu sagen, daß dieser Sachverhalt nicht so einfach ist. Indem Joh die beiden Interpretationen Seite an Seite stellt und sie in der Tat miteinander vermischt, denn das sakramentale Element erscheint in V. 35–50 (s. z. B. V. 35, sollen niemals dürsten) und das weisheitliche in V. 51–58 (V. 57f), hütet er sich vor genau der Form des Sakramentalismus, die ihm oft zugeschrieben wird (s. X. Léon-Dufour, Die Evangelien und der historische Jesus [1966], S. 131f). Die beiden Abschnitte sind so eher komplementär als unvereinbar oder alternativ (wie Brown denkt – seine eigene Analogie von Wort und Sakrament legt nahe, daß sie zusammengehören). Joh ist nicht in irgendeinem groben Sinn anti-sakramental, aber er ist offenbar kritisch gegenüber sakramentalen Tendenzen, die in seiner Zeit herrschten, und legt solches Gewicht auf das fundamentale sakramentale Faktum der Inkarnation, daß Taufe und Eucharistie, die jeweils partieller Ausdruck dieses Faktums sind, auf einen untergeordneten Platz verwiesen werden. c) Man hat behauptet (s. bes. G. Bornkamm, Die eucharistische Rede im Johannesevangelium, Ges. Aufsätze III, S. 60–67), daß V. 60–71 nicht auf V. 51–58 rückverweisen, sondern auf V. 35–50, und sie dabei zeigen, daß man V. 51–58 als Einfügung betrachten muß. Wir werden jedoch in unserem Kommentar aufzeigen, daß V. 60–71 auf diese beiden früheren Abschnitte zurückverweisen; s. auch »Menschensohn«, und U. Wilckens, in »Neues Testament und Kirche« (FS R. Schnackenburg [1974]), S. 220–248.

Eine gewichtige Bestätigung der Einheit von Kap. 6 wurde von Borgen beigebracht (vgl. auch Guilding und B. Gärtner, Jewish Passover [1959]), der Parallelen zwischen diesem Kapitel und der Exegese des Mannawunders durch Philo und den Midrasch auszog. Das ganze Kapitel könnte als eine ausgedehnte Exegese von Ps 78,24 mit Hilfe allgemein anerkannter Methoden gesehen werden. Das Argument ist, aufs Ganze gesehen, überzeugend (s. unsere ausführlichen Anmerkungen unten, bes. zu V. 32), man muß es aber so formulieren, daß man anderen Einflüssen auf die Methode des Joh entsprechend Rechnung trägt. Wenn Joh wußte, was es hieß, in der Synagoge zu predigen (und passende Methoden zu verwenden), dann wußte er auch, was es bedeutete, aus der Synagoge ausgestoßen zu werden (9,22; 16,2); und die Struktur seines theologischen Denkens, wofür diese Rede ein gutes Beispiel ist, ist auch heidnischen Modellen und der früheren christlichen Tradition verpflichtet.

22–24. Diese Verse sind sehr verworren. Sie werden etwas klarer, wenn man εἶδον als Plusquamperfekt übersetzt, »sie hatten gesehen« (es wäre einfacher, die Lesart ἰδών [W Ω e cur] anzunehmen; aber die Bezeugung reicht kaum aus, da die Lesart wie der Versuch aussieht, eine Schwierigkeit zu lösen), und V. 23 als Parenthese betrachtet. Der allgemeine Sinn ist dann folgender: Jesus hat die Menge am Ostufer (s. Komm. zu V. 17) des Sees zurückgelassen. Sie hatten am Tag des Speisungswunders gesehen (εἶδον), daß das einzige Boot sich am Ostufer befand, an dem sie standen, und sie hatten auch gesehen, daß die Jünger in dieses ohne Jesus eingestiegen waren (ℵ* D Θ cur macht dies deutlicher, indem es nach ἕν [ἐκεῖνο] εἰς ὃ ἐνέβησαν οἱ μαθηταὶ τοῦ Ἰησοῦ hinzufügt). Jesus war jetzt (τῇ ἐπαύριον; vgl. 1,29) verschwunden, aber offensichtlich nicht mit dem Boot, obwohl einige Fahrzeuge (V. 23) nun einen Ort nahe dem Schauplatz des wunderbaren Mahles erreicht hatten (vielleicht aus dem Hafen, aus Tiberias, an der Westküste getrieben). Überzeugt davon, daß Jesus irgendwie sich wieder mit seinen Jüngern getroffen haben mußte, benützte nun die Menge die vorhandenen Boote, weil sie ahnten oder wußten, daß die Jünger nach Kapernaum wollten. Sie kommen dort hin, und hier wird die anschließende Rede gehalten (V. 59).

ὁ ἑστηκώς. Zum häufigen (zuweilen feierlichen – freilich kaum an dieser Stelle) Gebrauch von ἱστάναι s. Komm. zu 1,35.

πέραν, vom Standpunkt von V. 21 aus.

πλοιάριον, πλοῖον. Es scheint sicher, daß Joh πλοῖον und seine Verkleinerungsform synonym verwendet. Vgl. MM s. v., πλοιάριον »... kaum von dem gewöhnlichen πλοῖον zu unterscheiden«.

ἦν. Wenn εἶδον (s. o.) als Plusquamperfekt zu verstehen ist, dann auch ἦν.

ἄλλα ἦλθεν πλοιάρια. πλοιάρια wird von den meisten Handschriften gelesen. WH folgt B (welchem wiederum P⁷⁵ folgt) im Blick auf πλοῖα und dem Korrektor, der das erste Wort ἀλλά akzentuiert. Es gibt mehrere Varianten, deren bedeutendste folgende sind: ἄλλων πλοιαρίων ἐλθόντων (D (b) (cur)); ἐπελθόντων οὖν τῶν πλοίων (ℵ it (vg)). Die Genitiva absoluta sind wahrscheinlich Versuche, den Zusammenhang zu verbessern.

εὐχαριστήσαντος τοῦ κυρίου. Diese Worte werden ausgelassen von D a e sin cur. Es ist sehr schwierig, einen Grund dafür zu sehen, warum man sie ausgelassen haben sollte, wenn sie im ursprünglichen Text standen, und dementsprechend könnte der westliche Text durchaus zutreffend sein (seine Auslassungen sind selbstverständlich immer beachtenswert). Standen diese Worte nicht im ursprünglichen Text des Evangeliums, dann entfällt der Hauptgrund für die Annahme, V. 23 sei eine in die Erzählung eingefügte Glosse (Bernard, S. 189). Der Gebrauch von *ὁ κύριος* in der Erzählung und der eindeutige Verweis auf die Eucharistie, der in der Wiederholung des Verbs von V. 11 enthalten ist, zusammen mit dem Singular *ἄρτον* (ein Verweis auf das Abendmahlsbrot?), und die Erwähnung des erst jüngst gegründeten Tiberias seien die Belege dafür, daß es sich bei diesem Vers um eine Glosse handele; die letzten beiden Argumente freilich sind in sich selbst nicht ausreichend.

ὅτε οὖν nimmt V. 22 nach der Parenthese wieder auf.

25. *πέραν τῆς θαλάσσης* unterstreicht das Wunder des Seewandels.

ῥαββί. Zum Titel s. Komm. zu 1,38. Es ist der Titel eines Lehrers und deshalb nicht mit dem Versuch (V. 15) vereinbar, Jesus zum König zu machen.

πότε ὧδε γέγονας; γέγονας ist nach *πότε* kaum zu erwarten. »Es ist die Kombination von ‚wann *kamst* du?‘ und ‚wie lange bist du bereits hier?‘« (M I, S. 146) Vgl. Robertson, S. 896, »... hat punktuelle und durative Bedeutung«. *ἐλήλυθας* (D) und *ἦλυες* (ℵ) sind offenkundige Verbesserungen (vgl. *venisti* in den lateinischen Übersetzungen). Wie der *ἀρχιτρίκλινος* in 2,9f bestätigt die Menge unbewußt das Wunder.

26. *ἀμὴν ἀμὴν λέγω ὑμῖν.* S. Komm. zu 1,51. Jesus beantwortet die Frage nicht. Wie die Fortsetzung zeigen wird, ist die Vervielfachung von Wundern nicht von Nutzen.

οὐχ ὅτι εἴδετε σημεῖα, ἀλλ᾽ ὅτι ἐφάγετε... Dies entspricht oberflächlich gesehen nicht dem, was sich ereignet hatte; V. 14f legt nahe, daß das Wunder, wenn nicht völlig verstanden, doch zumindest als ein Wunder begriffen und Jesus zumindest als eine außergewöhnliche Persönlichkeit erkannt worden war. Die Menge hatte auch etwas Wunderhaftes bei der Überquerung des Sees durch Jesus beobachtet. Der Punkt wird deutlicher, wenn eine Parallele in 4,15 in Erinnerung gerufen wird. Die samaritanische Frau will – und tatsächlich will sie es sehr stark – einen unaufhörlichen Vorrat an »lebendigem Wasser« empfangen, damit sie nicht länger Wasser aus dem Brunnen schöpfen muß. In derselben Weise ist die Menge glücklich, unerwartet einen Vorrat an kostenlosem Brot zu empfangen, und sie ist willens, dem, der dieses Brot zur Verfügung stellt, die höchsten Ehren als Wundertäter zuteil werden zu lassen. Sie versteht aber nicht die gleichnishafte Bedeutung dessen, was er tut, daß die Laibe, die er verteilt, das Zeichen der himmlischen Speise sind, des Brotes des ewigen Lebens. Diese Unterscheidung wirft Licht auf den Gebrauch des Wortes *σημεῖον* bei Joh (s. Komm. zu 2,11); ein Zeichen ist nicht ein bloßes Wunder, sondern eine symbolische Repräsentation der Wahrheit des Evangeliums. S. den Kommentar zu 4,48; es ist jedoch fairerweise zu beachten, daß 6,14f im weiteren Verlauf des Kapitels offenbar nicht mehr gesehen wird.

ἐχορτάσθητε. χορτάζειν wird in der joh Wundergeschichte nicht gebraucht, es erscheint aber in Mk 6,42 (*καὶ ἔφαγον πάντες καὶ ἐχορτάσθησαν*) und Mk 8,8 (*καὶ ἔφαγον καὶ ἐχορτάσθησαν*). Die Parallele ist eng und bestätigt die Ansicht, daß Joh Mk kannte.

27. Dieser Vers stützt die Interpretation von V. 26, die wir gerade gegeben haben; denn die Nahrung, die Jesus gab, war, auch wenn sie übernatürlich erzeugt worden war, nichtsdestoweniger »Brot, das vergeht«. Es steht in enger Parallele zu 4,13f (*πᾶς ὁ πίνων ἐκ τοῦ ὕδατος διψήσει πάλιν. ὃς δ᾽ ἂν πίῃ ἐκ τ. ὕδ. ... οὐ μὴ διψήσει εἰς τὸν αἰῶνα*).

ἐργάζεσθε, »durch Arbeit verdienen« (Liddell-Scott s. v. II,4, mit Beispielen); diese Bedeutung liegt an einigen (nicht allen) Stellen vor, an denen Paulus dieses Wort gebraucht (z. B. Röm 4,4f).

τὴν βρῶσιν τὴν ἀπολλυμένην. βρῶσις (wieder gebraucht V. 55) ist für Joh synonym mit *βρῶμα* (s. 4,32.34). Zu *ἀπολλύναι* (einem joh Wort) s. Komm. zu 3,16, und vgl. V. 12.39. Zum Sinn vgl. 1Kor 6,13; Kol 2,22. Irdische Speise wird nicht herabgesetzt, aber sie darf nicht zu hoch geschätzt werden. Sie ist höchstens ein Gleichnis des Lebens, das Gott gibt.

τὴν μένουσαν εἰς ζωὴν αἰώνιον. Vgl. 4,14, *πηγὴ ὕδατος ἁλλομένου εἰς ζωὴν αἰώνιον.* Da die Speise

Christus selbst ist (V. 53–55 u. ö.), ist sie ewig; dennoch ist der Sinn hier nicht, daß die Speise in Ewigkeit währt, sondern daß sie, da sie »bleibende« Speise ist, ewiges Leben im Glaubenden bewirkt. Zu ζωὴ αἰώνιος s. Komm. zu 3,15. Bultmann verweist auf eine ganze Reihe von Parallelen zu der Vorstellung der himmlischen oder geistlichen Speise. Ihre vielleicht größte Bedeutung ist ihr Zeugnis für ein universales Verlangen oder Bedürfnis. Vgl. den Kommentar zu 6,12.

ἣν ὁ υἱὸς τοῦ ἀνϑρώπου ὑμῖν δώσει. Zum Menschensohn bei Joh s. Einleitung und Komm. zu 1,51. In den Synoptikern hat die Wendung vorwiegend eschatologische Bedeutung; aber hier ist das δώσει des Joh (ℵ D e cur lesen δίδωσιν, wahrscheinlich durch Assimilation an V. 32) nicht ein eschatologisches Futur. Es verweist auf die Zeit nach der Verherrlichung Jesu (7,39), wenn seine Gaben den Menschen in Fülle zugänglich sein werden; vgl. 4,14, τὸ ὕδωρ ὃ δώσω αὐτῷ. Der Menschensohn ist eine Gestalt, die vom Himmel auf die Erde herabkommt (3,13) und von der Erde in den Himmel (6,62) und insofern unentbehrlich für den Prozeß der Vermittlung ist; deshalb vermittelt er den Menschen himmlische Speise. Es ist eine tiefgründige Entwicklung dieses Gedankens, daß er selbst die Speise ist, die er gibt (V. 53). Beachte, daß das ἐργάζεσϑε im ersten Teil dieses Verses nun durch das δώσει ergänzt wird; was immer die Menschen tun mögen, Leben ist die Gabe des Menschensohnes.

τοῦτον γὰρ ὁ πατὴρ ἐσφράγισεν ὁ ϑεός. 3,33 wird das Wort σφραγίζειν gebraucht, um herauszustellen, daß der Glaubende, indem er das Zeugnis Christi annimmt, die Wahrheit Gottes selbst bestätigt hat. Hier hat das Wort denselben Sinn; aber es ist Gott der Vater, der die Autorität und Wahrheit Jesu bestätigt. Angesichts des Aorists liegt es nahe, hier einen besonderen Akt der Versiegelung zu sehen; dieser ist wahrscheinlich in der Taufe Jesu zu finden oder vielmehr, da Joh die Taufe selbst nicht berichtet, in dem Herabkommen des Geistes auf Jesus. S. bes. 1,33f. Diese Annahme wird zu einem gewissen Grade durch die Tatsache unterstützt, daß σφραγίς, σφραγίζειν früh gebraucht wurde, um die christliche Taufe zu bezeichnen (z. B. 2Kor 1,22; Eph 1,3; 2Clem 7,6; Act Pl et Thecl 25); Sanders jedoch stellt dies mit der Begründung in Frage, dieser Sprachgebrauch sei nicht joh. ὁ ϑεός wird in betonter Erklärung des ὁ πατήρ hinzugefügt. Kein anderer als Gott bestätigt die Sendung des Menschensohnes. Dieser Gebrauch eines attributiven Substantivs ist charakteristisch für Joh; Radermacher, S. 88, vergleicht 7,2; 18,1.17; 11,11ff.

28. *τί ποιῶμεν ἵνα ἐργαζώμεϑα τὰ ἔργα τοῦ ϑεοῦ;* Die Bedeutung von ἐργάζεσϑαι verschiebt sich in diesem Vers. Es wird nun gebraucht als das verwandte Verb von ἔργον, »ein Werk tun«, »ein Werk wirken«. Bauer (S. 95) verweist auf 4,34, ἐμὸν βρῶμά ἐστιν ἵνα ποιήσω τὸ ϑέλημα..., so heißt, die Werke Gottes tun (d. h. die Werke, die Gott will, die Werke, die wir nach seinem Willen tun sollen; so 1QS 4,4 מעשי אל, die Werke, die Gott tut [wie Ps 107 (106),24], ist keine Parallele), die Speise zu haben, die Gott gibt. Vgl. 9,3. Es ist möglich, wenn auch, insgesamt gesehen, nicht wahrscheinlich, daß die ἔργα τοῦ ϑεοῦ nach Meinung der Menge dem gegenüber stehen sollen, was der Menschensohn gibt. (27) Werk für die Speise, die der Menschensohn gibt – (28) aber was sollen wir tun für *Gottes* Werk (welches ganz gewiß weitaus wichtiger ist)? – (29) Es ist Gottes Werk, an ihn zu glauben, den er gesandt hat, d. h. den Menschensohn.

29. *τὸ ἔργον τοῦ ϑεοῦ.* Singular (vgl. dagegen V. 28, τὰ ἔργα); Gott verlangt nur ein »Werk«.

ἵνα πιστεύητε εἰς... ἵνα erklärt das vorangehende τοῦτο, eine joh Wendung. Vgl. Röm 3,28, δικαιοῦσϑαι πίστει ἄνϑρωπον χωρὶς ἔργων νόμου; der joh Gedanke ist eine enge Parallele zur paulinischen Rechtfertigungslehre, obwohl seine Formulierung dieses Gedankens durchaus davon verschieden ist. Er gebraucht niemals das Nomen πίστις und kann ἔργον als eine Bezeichnung für Glauben nehmen. Aber für ihn bedeutet ἔργον nicht das, was Paulus mit ἔργα νόμου meint; es ist kein Werk, das durch menschliche Anstrengung getan werden kann. Es ist die Antwort auf die Frage: Was sucht Gott im Menschen? – aber es kann nicht existieren, es sei denn als die Tat Gottes (z. B. V. 44: Kein Mensch kann zu mir kommen, es sei, der Vater... zieht ihn). Das präsentische (andauernde) Tempus von πιστεύητε ist vielleicht von Bedeutung: nicht ein *Akt* des Glaubens, sondern ein *Leben* im Glauben. πιστεύειν wird verbunden mit εἰς; s. Komm. zu 1,12; Vertrauen in Christus ist impliziert. S. den nächsten Vers.

ἀπέστειλεν ἐκεῖνος. ἐκεῖνος charakteristisch für Gott; zu ἀποστέλλειν und der Sendung Jesu s. Komm. zu 20,21. »Menschensohn« (V. 27) sowie der »eine, den Gott gesandt hat« sind wichtige Begriffe; Jesus ist der himmlische Bote, der vom Himmel den Menschen Wahrheit und Leben bringt.

30. τί οὖν ποιεῖς σὺ σημεῖον; vgl. 2,18 und zu σημεῖον im allgemeinen s. Einleitung, S. 91 ff. Haenchen, Weg, S. 287 nimmt an, daß auf einer früheren Stufe die Forderung eines Zeichens direkt mit dem Speisungswunder verbunden war. Vgl. V. 26; auch 6,14f, aber diese Episode ist nun fast vergessen. Da man annehmen kann (s. Komm. zu V. 26), daß die Menge anerkennt, daß Jesus ein Wunder gewirkt hat, muß sie nun ein noch größeres Wunder fordern als das, das Mose getan hat (V. 31); derjenige, der höhere Ansprüche erhebt als Mose, muß einen noch überzeugenderen Beweis für sein Recht ablegen. Joh übernimmt diese Forderung nach einem Zeichen wahrscheinlich aus Mk 8,11ff (vgl. 11,28). Es handelt sich dabei um eine unmittelbar auf das zweite Speisungswunder folgende Auseinandersetzung, an die selbst sich wiederum ein Gespräch über die Brote anschließt (8,14–21). Bei Mk wird die Forderung ebenso wie bei Joh nicht erfüllt, da sie unerfüllbar ist; kein Zeichen kann beweisen (auch wenn viele Zeichen es nahelegen), daß Jesus der Bote Gottes ist. Ein eindeutiger Beweis würde das Werk Gottes unmöglich machen, das ja der Glaube an Jesus ist. Zur besonderen Bedeutung des Zeichens in Beziehung auf Mose und das Manna s. den Kommentar zu V. 31f.

ἵνα ἴδωμεν [sc. das Zeichen] καὶ πιστεύσωμέν σοι. Vgl. dagegen V. 29; πιστεύειν wird nicht mehr mit εἰς verbunden, sondern mit dem Dativ; d. h., die Juden beabsichtigen nicht mehr, als den Worten Jesu Glauben zu schenken. ἵνα wird durchaus zutreffend gebraucht: Das Wunder soll getan werden, *damit* wir es sehen können. Es ist unnötig, hier eine Fehlübersetzung des aramäischen Relativpronomens anzunehmen (Burney, S. 75; M II, S. 436). Vgl. EvThom 91: Sage uns, wer du bist, so daß (ἵνα) wir an dich glauben können (πιστεύειν).

31. οἱ πατέρες ἡμῶν. Diese Bezeichnung des Geschlechts, das Ägypten verließ, begegnet in 1 Kor 10,1; der ganze Abschnitt ist eine wichtige Parallele zur joh Rede. אבות (Väter) wird allgemein in der rabbinischen Literatur für die Väter gebraucht, die Vorfahren des jüdischen Volkes. S. 4,12.20.

τὸ μάννα ἔφαγον ἐν τῇ ἐρήμῳ. Zur Geschichte des Mannawunders s. Ex 16. Das Wort wird in diesem Kapitel nicht gebraucht (16,15, מן הוא [*man hu ʾ*] wird in der LXX wiedergegeben mit τί ἐστιν τοῦτο;), erscheint aber Num 11,6; Dt 8,3; Jos 5,12; Neh 9,20; Ps 77,24. Einige dieser Stellen zeigen, daß »Manna« zur Darstellung sittlicher und geistlicher Lehre gebraucht wurde. Neh 9,20 bringt drei joh Begriffe zusammen: τὸ πνεῦμά σου ... ἔδωκας ... καὶ τὸ μάννα σου οὐκ ἀφυστέρησας ... καὶ ὕδωρ ἔδωκας αὐτοῖς. Philo allegorisiert mehrmals die Geschichte des Manna; die Hauptstelle ist Leg All III,169–176: Die Speise der Seele (τῆς ψυχῆς τροφή) ist Gottes Wort (λόγος θεοῦ). Später wurde das Manna ein Symbol des neuen Äons. Die rabbinischen Aussagen dazu (z. B. Mek Ex 16,25 [ויסע, § 5]: In diesem Äon werdet ihr es [das Manna] nicht finden, aber im kommenden Äon werdet ihr es finden; Eccl r 1,28; R. Berechiah [ca. 340 n. Chr.] sagte im Namen von R. Isaak [ca. 300 n. Chr.]: Wie der erste Erlöser war, so ist der zweite Erlöser. . . Wie der erste Erlöser das Manna herabbrachte, so wird auch der zweite Erlöser das Manna herabbringen; s. weiter Bill und Schlatter z. St.) sind nicht früh zu datieren; aber in syr Baruch (vielleicht ungefähr um 100 n. Chr. zu datieren, und deshalb ungefähr gleichzeitig mit Joh – s. D. S. Russell, The Method and Message of Jewish Apocalyptic [1964], S. 64) finden wir: Und es wird geschehen zu derselben Zeit, daß der Schatz des Manna wieder aus der Höhe herabkommen wird, und sie werden davon essen in jenen Jahren, weil sie es sind, die das Ende der Zeiten miterlebt haben (29,8).

καθὼς ἐστιν γεγραμμένον. Diese Zitationsformel begegnet wieder 12,14; sie findet sich an keiner anderen Stelle im NT (καθὼς γέγραπται ist sehr verbreitet), vgl. aber Lk 4,17, τόπον οὗ ἦν γεγραμμένον.

ἄρτον ἐκ τοῦ οὐρανοῦ ἔδωκεν αὐτοῖς φαγεῖν. Die Quelle dieses Zitates ist ungewiß. Vgl. Neh 9,15, καὶ ἄρτον ἐξ οὐρανοῦ (לחם משמים) ἔδωκας αὐτοῖς; Ps 78 (77),24, καὶ ἄρτον οὐρανοῦ (דגן שמים) ἔδωκεν αὐτοῖς. Das Wort φαγεῖν kam in beiden Zeilen nicht vor, begegnet aber in der ersten Hälfte von Ps 78,24 (ἔβρεξεν αὐτοῖς μάννα φαγεῖν), und dies spricht vielleicht dafür, daß der Psalm die Quelle des

Zitates ist, da φαγεῖν leicht, absichtlich oder unabsichtlich, von einem Satz in den anderen übertragen werden konnte. Aber das ἐκ τοῦ des Joh steht näher bei dem ἐξ des Neh als bei dem Genitiv des Psalms. φαγεῖν ohne Verweis auf Himmel begegnet in Ex 16,15. Joh kann alle diese Stellen sehr wohl gekannt und sie miteinander verbunden haben; zu seiner Verwendung des AT (welchem dieses Vorgehen entsprechen würde) s. JThSt 48 [1947], S. 155–169.

Die Verwendung dieses atl Materials durch Joh ist nun viel deutlicher und damit auch bedeutsamer geworden durch das Werk von P. Borgen, der auf »verschiedene Züge des Midrasch, die sich in Teilen Philos, des Joh und im palästinischen Midrasch finden: Die systematische Paraphrase von Worten aus alttestamentlichen Zitaten und Fragmenten aus haggadischen Überlieferungen und der Gebrauch eines verbreiteten homiletischen Schemas« (S. 59) hinweist. Daß dieses exegetische Schema im ganzen Kapitel aufgewiesen werden kann, verleiht der These von der Einheitlichkeit des Kapitels großes Gewicht. Die Texte, auf denen Borgen seine Studie aufbaut, sind Ex r 25,2; 25,6; Philo, Vit Mos I,201f; Mek Ex 16,4; Petirat Moses; Philo, Vit Mos II,267. Borgen wertet diese Stellen, aufs Ganze gesehen, in überzeugender Weise aus, doch dies kann hier nicht dargestellt werden. Seine Hauptpunkte zur Exegese des Basistexts durch Joh (er gab ihnen Brot vom Himmel zu essen) werden beachtet werden. Martyn (S. 108–119) akzeptiert im großen und ganzen die Auffassung Borgens von der Midraschexegese des Joh, nicht aber seine These, Joh verwende die Methode des Midrasch, um Doketismus zu bekämpfen. Vielmehr sagt Joh zu den Juden: »Das Problem ist nicht als eine Auseinandersetzung über einen alten Text zu bestimmen. Es ist nicht ein Midrasch-Problem. Wenn ihr euch über Texte streitet, dann versucht ihr der gegenwärtigen Krisis zu entgehen. Gott gibt euch *gerade jetzt* das wahre Brot vom Himmel, und ihr könnt euch nicht verbergen vor ihm in typologischer Spekulation oder in irgendeiner anderen Art von Midrasch-Auslegung. Ihr müßt euch jetzt im Blick auf diese gegenwärtige Gabe Gottes entscheiden« (S. 118). Die Menge suchte gerade das besondere Mannazeichen als Beweis dafür, daß Jesus der mosaische Messias-Prophet war. »Aber Jesus hatte dieses Wunder gerade wiederholt! Ganz klar ist hier eine scharfsinnige Pointe unmißverständlich deutlich gemacht worden, und zwar folgende: Die Menge sah nicht das Zeichen (6,26). Hätte sie es gesehen, dann hätte sie erkannt, daß als Gottes sich selbst bestätigender Bote Jesus über die Frage nach dem Ursprung des Lebens in völliger Souveränität verfügt. *Die* Pointe des Zeichens ist nicht die Mose-Messias-Typologie, sondern vielmehr Gottes gnädiges Erwählen« (S. 115).

32. οὐ Μωϋσῆς δέδωκεν (so die meisten Handschriften; ἔδωκεν, gelesen von B D Clem, kann auf Angleichung an das Zitat in V. 31 zurückzuführen sein) ὑμῖν τὸν ἄρτον ἐκ τοῦ οὐρανοῦ. Dieser Satz kann in verschiedener Weise verstanden werden: 1. Es war nicht Mose, der euch das Brot vom Himmel gab (sondern Gott). 2. Es war nicht Brot vom Himmel, das Mose euch gab (sondern lediglich irdisches Brot im Gegensatz zu dem wahren Brot vom Himmel, welches euch der Vater gibt). 3. Der Satz ist als Frage verstanden worden (Torrey 60–72): Gab euch Mose nicht Brot vom Himmel? (Ja, in der Tat. Aber der Vater gibt euch das wahre Brot vom Himmel.) Entscheidet man sich nur für eine dieser Möglichkeiten, den Satz zu verstehen, dann sollte man wahrscheinlich Möglichkeit (1) wählen. Der Name Mose steht an betonter Stelle, und das οὐ ist so gestellt, daß es ihn ins Negative kehrt. Außerdem wäre es schwierig für Joh, das, was das AT in positiver Weise sagt, zu leugnen: das Manna ist Brot vom Himmel – und die betonte Stellung des ἀληϑινός im nächsten Satz verneint nicht, daß das Brot, das Mose brachte, Brot vom Himmel war, sondern hält fest, daß es als solches Typus des himmlischen Brotes gewesen ist, das Jesus gibt. Es ist jedoch zweifelhaft, ob Joh Möglichkeit (1) und (2) als einander ausschließend betrachtet haben würde; es ist sicher, daß er zwei positive Aussagen machen will und auch macht, die in den Negationen in (1) und (2) impliziert sind: Es gibt ein wahres Brot vom Himmel, und es ist Gottes Gabe durch Christus. Die Interpretation des Verses wird weiter dadurch erschwert, daß hier in übertragenem Sinn auf das Gesetz als »Brot« verwiesen wird (s. Bill II, S. 483f). Die Belegstelle ist Prov 9,5 (kommt, eßt von meinem Brot, לחמי); s. z. B. Gen r 70,5. Das von Mose gegebene Brot war nicht das wahre Brot, und das von Mose gegebene

Gesetz war nicht das wahre Gesetz, obwohl beide Gleichnisse der Wahrheit waren. Wahres Brot und wahres Gesetz, d. h. ewiges Leben *ist* der Menschensohn, den Gott gibt (V. 35.47–51, u. ö.). Zum weiteren Vergleich zwischen Jesus und dem Gesetz s. bes. 1,1–4.

δίδωσιν. Der Tempuswechsel ist zu beachten. Die Gegensätze, die Joh herausarbeitet, führen zu einem Satz, der fast zu prägnant ist; nicht »Mose gab euch nicht das Brot vom Himmel, sondern Gott gab es«, obwohl dies durchaus in dem Gedanken enthalten ist, sondern »Gott gibt euch jetzt, was Mose nur als Schatten abbilden konnte«.

τὸν ἀληϑινόν. Das Wort steht betont: ». . . Brot vom Himmel, ich meine das wahre Brot vom Himmel.« S. Komm. zu 1,9, und vgl. bes. 15,1. Es impliziert nicht, daß das, was Mose gab, nicht »Brot vom Himmel« gewesen ist. Das Manna war in der Tat ein wertvoller Typus des Lebensbrotes; es kam von Gott zu Sündern, die es nicht verdienten, die dadurch aber bewahrt und ernährt wurden. Aber nur in einem vergleichsweise groben Sinn konnte es »Brot vom Himmel« genannt werden. Es war selbst verderblich, und jene, die es aßen, blieben sterblich und auch dem Hunger ausgesetzt. Auch das mosaische Gesetz war eine sekundäre und vorübergehende Offenbarung. Das, was durch Christus gegeben wird, ist das, worauf diese Gestalten verweisen, das wahre Brot vom Himmel. Diese Aussagen zur Interpretation des AT durch Joh ergeben ein sinnvolles Ganzes, wenn man sieht (Borgen, S. 61–67), daß Joh hier die *Al-tiqri*-Methode der Exegese anwandte. Sie nimmt folgende Form an: . . . אלא . . . תקרי אל (lest nicht . . ., sondern . . .). Die wichtigsten Punkte sind: 1. Der Name Mose wird negativ bestimmt: Lest nicht, *Mose* (gab euch Brot), sondern *Gott* (gab euch Brot). 2. Das Hebräische wird neu punktiert: Lest nicht נתן (*nathan*, hat gegeben, δέδωχεν), sondern נותן (*nothen*, gibt oder wird geben, δίδωσι, διδούς oder δώσει). 3. Eine haggadische Variante wird eingeführt: *Herabkommen* anstatt *geben*.

33. ὁ γὰρ ἄρτὸς τοῦ ϑεοῦ, das Brot, das Gott gibt.

ὁ καταβαίνων ἐκ τοῦ οὐρανοῦ. Dies könnte wiedergegeben werden: ». . . das, welches (d. h. das Brot, welches) herabkommt vom Himmel«, und diese Übersetzung wäre nicht völlig falsch. Aber besonders in diesem Kapitel ist ὁ καταβαίνων Christus, der Menschensohn. Verwendet werden Partizipien sowohl im Präsens wie im Aorist: καταβαίνων in V. 33.50, καταβάς in V. 41.51.58 (und 3,13). Es gibt hier keinen wesentlichen Unterschied in der Betonung. Die Partizipien Präsens in diesem Vers, καταβαίνων und διδούς, sind deskriptiv: Christus ist einer, der herabsteigt und gibt. Der Aorist formuliert die gleiche Tatsache mit größerer Betonung auf der Geschichte: Zu einem einzigartigen Zeitpunkt stieg Christus herab.

ζωὴν διδούς. Zu ζωή (αἰώνιος) s. Komm. zu 1,4; 3,15. Daß Christus das lebenspendende Brot ist, wird in dieser Rede ständig betont, daß Christus der Welt Leben gibt, ist der zentrale Gedanke des Evangeliums: »Brot«, »Wasser«, »Weinstock«, »Geburt« usw. sind Mittel, durch welche es vermittelt wird. Die Parallele zwischen Jesus und dem Gesetz wird hier beibehalten, da man auch von dem Gesetz glaubte, es gebe Leben, insbesondere Leben im kommenden Äon – ewiges Leben; s. Ab 2,7; o. zitiert zu 5,39.

34. Die Menschen verstehen die Worte Jesu so, wie es grammatikalisch möglich ist (s. o.), wenn es auch den Gedanken des Joh nicht völlig wiedergibt – das Brot Gottes ist das, welches herabkommt. . . Sie merken noch nicht, daß Jesus das Brot Gottes *ist*, obwohl sie erkennen, daß er beansprucht, es zu geben. Vgl. die Bitte der samaritanischen Frau, 4,15, Κύριε, δός μοι τοῦτο τὸ ὕδωρ, wo sich ein ähnliches Mißverständnis zeigt.

πάντοτε. Sie hoffen auf fortgesetzte Versorgung (wie die samaritanische Frau hoffte, sie müßte nicht länger zum Brunnen kommen; wie Petrus wünschte, daß ihm Hände und Haupt ebenso wie die Füße gewaschen würden, 13,9). Aber dies ist nicht notwendig; was Jesus für die Menschen tut, tut er ein für allemal. Da πάντοτε ein für den Stil des Joh charakteristisches Mißverständnis ist (vgl. z. B. 3,4), können wir daraus nicht einen Verweis auf die Eucharistie als eine Einrichtung, die in der Kirche ständig zur Verfügung steht, erschließen. S. Michaelis, Die Sakramente im Johannesevangelium [1946], S. 23 f; und den Kommentar zum nächsten Vers.

35. Die zwei Irrtümer im vorangehenden Vers werden korrigiert. Das Brot das Lebens ist nicht eine Ware, die Jesus liefert – er *ist* das Brot des Lebens; und es zu essen bedeutet nicht, hungern, essen und wieder hungern.

ἐγώ εἰμι ὁ ἄρτος τῆς ζωῆς – das Brot, welches Leben gibt. Die Wendung ὁ ἄρτος ἐκ τοῦ οὐρανοῦ ist nicht zureichend, denn sie konnte – sprachlich durchaus angemessen – einfach als »das Brot, welches herabkommt vom Himmel«, verstanden werden, wie Regen oder Tau. Dies wäre jedoch eine ebenso unangemessene Vorstellung wie die Idee des Wiedergeborenwerdens ἄνωϑεν, daß nämlich dadurch jemand in den Leib seiner Mutter zurückkehrt. Die Worte des Ignatius, φάρμακον ἀϑανασίας, ἀντίδοτος τοῦ μὴ ἀποϑανεῖν (Eph 20,2) sind gleichermaßen unangemessen, obwohl Ignatius sie nicht in dem plumpen Sinn verstanden haben wollte, den man ihm zuweilen zuschreibt. Jesus ist das Mittel, durch welches die Menschen ewiges Leben haben; aber das Mittel ist eine Person, und es kann nur personal, nicht mechanisch angeeignet werden.

Der häufige Gebrauch von ἐγώ εἰμι, verbunden mit einem Prädikat wie ὁ ἄρτος τῆς ζωῆς, ist ein auffallendes stilistisches Charakteristikum in Joh (zu ἐγώ εἰμι ohne Prädikat s. Komm. zu 8,24). Die Wendung begegnet an den folgenden Stellen:

6,35, ἐγώ εἰμι ὁ ἄρτος τῆς ζωῆς (vgl. V. 48; V. 41, ὁ ἄρτος ὁ καταβὰς ἐκ τοῦ οὐρανοῦ: V. 51, ὁ ἄρτος ὁ ζῶν).

8,12, ἐγώ εἰμι τὸ φῶς τοῦ κόσμου.

[8,18, ἐγώ εἰμι ὁ μαρτυρῶν περὶ ἐμαυτοῦ.]

[8,23, ἐγὼ ἐκ τῶν ἄνω εἰμί.]

10,7.9, ἐγώ εἰμι ἡ ϑύρα (τῶν προβάτων).

10,11.14, ἐγώ εἰμι ὁ ποιμὴν ὁ καλός.

11,25, ἐγώ εἰμι ἡ ἀνάστασις (καὶ ἡ ζωή).

14,6, ἐγώ εἰμι ἡ ὁδὸς καὶ ἡ ἀλήϑεια καὶ ἡ ζωή.

15,1.5 ἐγώ εἰμι ἡ ἄμπελος (ἡ ἀληϑινή).

8,18.23 unterscheidet sich offenkundig der Form nach von den anderen Stellen und wird deshalb hier nicht berücksichtigt. An den anderen Stellen sind die Prädikate metaphorische oder symbolische Namen; zu diesen verschiedenen Namen s. den Kommentar zu den jeweiligen Versen. Der Hintergrund der ἐγώ εἰμι-Formel ist verschiedenartig:

(1) Im AT ist ἐγώ εἰμι das göttliche Wort der Selbstoffenbarung und des Gebotes. S. bes. Ex 3,6, ἐγώ εἰμι ὁ ϑεὸς τοῦ πατρός σου, 3.14, ἐγώ εἰμι ὁ ὤν, 20.2, ἐγώ εἰμι κύριος ὁ ϑεός σου, ὅστις ἐξήγαγόν σε ἐκ γῆς Αἰγύπτου (die Zehn Gebote folgen). Dieselbe Formel findet sich bei den Propheten; z. B. Jes 51,12 ἐγώ εἰμι ἐγώ εἰμι ὁ παρακαλῶν σε. Im Hebräischen betont die Rede der Weisheit in Prov 8 mehrmals das Wort אני (ich; an anderer Stelle wiedergegeben ἐγώ εἰμι, hier ἐγώ) und ist im allgemeinen in einer »egoistischen« Form gestaltet; die Weisheit verkündet ihre eigenen Tugenden. Vgl. Sir 24.

(2) Diese Redeweise, welche der Weisheit zugelegt wird, könnte auf die Form der Isis-Aretalogie (s. B. L. Knox, St Paul and the Church of the Gentiles [1939], S. 55–89) und die magischen Formeln, die von dieser Isisformel abhängen, zurückzuführen sein. Nur drei Beispiele dafür können hier zitiert werden (die Texte sind leicht zugänglich bei Deißmann, S. 109ff.) a) Eine Inschrift wird zitiert von Diodorus Siculus (1,27): ἐγώ Ἴσις εἰμι ἡ βασίλισσα πάσης χώρας ... ἐγώ εἰμι τοῦ νεωτάτου Κρόνου ϑεοῦ ϑυγάτηρ πρεσβυτάτη. ἐγώ εἰμι γυνὴ καὶ ἀδελφὴ Ὀσίριδος βασιλέως ... κτλ. b) Eine Inschrift in Ios, sehr ähnlich der, welche Diodor überliefert, enthält das folgende (Dittenberger, Syll. 1267, 4.16f): Εἶσις ἐγώ εἰμι ... ἐγώ εἰμι ἡ παρὰ γυναιξὶ ϑεὸς καλουμένη ... κτλ. c) P. Lond. 46,145–155, ἐγώ εἰμι ὁ ἀκέφαλος δαίμων ... ἐγώ εἰμι ἡ ἀλήϑεια ... ἐγώ εἰμι ὁ γεννῶν καὶ ἀπογεννῶν.

3) Möglicherweise eine besondere Entwicklung des »Ich« der Isis ist die Präsentations- und Offenbarungsformel in dem Einleitungstraktat des Corpus Hermeticum (Poimandres), in welchem Poimandres sich selbst dem Hermes offenbart. S. bes. Corp. Herm I,2: ἐγὼ μέν, φησίν, εἰμὶ ὁ Ποιμάνδρης, ὁ τῆς αὐϑεντίας νοῦς; 6, τὸ φῶς ἐκεῖνο, ἔφη, ἐγὼ Νοῦς, ὁ σὸς ϑεός.

(4) Das deklaratorische »Ich« gehört auch zu den christologischen Aussagen der Synoptiker, obwohl

303

wir hier charakteristischerweise anstelle von εἰμι ein Verbum finitum haben; z. B. Mt 5,22.28.32.34.39.44, ἐγὼ δὲ λέγω ὑμῖν; Mk 9,25, ἐγὼ ἐπιτάσσω; Mt 12,28 = Lk 11,20, ἐγὼ ἐκβάλλω. Aber das »Ich« ist unter Gleichnissen verhüllt, und wir haben häufiger »das Reich Gottes (der Himmel) ist (gleichwie)...«. Diese Gleichnisse sind besonders bemerkenswert, da sie einen guten Teil des Inhalts der joh »Ich-Worte« bereitstellen. Wie sich zeigt, ist der Hintergrund dieser Logien also mannigfaltig, aber im wesentlichen einfach. Synoptische Worte oder Geschichten (s. den Kommentar zu den verschiedenen Stellen) sind auf die Person Jesu in einer Sprachform konzentriert worden, die eindrucksvoll sein soll und sowohl Juden als auch Griechen an die Gegenwart eines wirkenden und sich selbst offenbarenden Gottes erinnert. Der Anknüpfungspunkt ist in der Midrasch-Exegese zu finden, die Joh in diesem Abschnitt anwendet (Borgen S. 73). *Brot* ist ein Begriff, der sich im Basistext findet; es wird interpretiert und identifiziert durch das ἐγώ εἰμι. Unglücklicherweise läßt sich die Stelle, die Borgen zitiert (Lamentationes Rabba 1,16, § 45: Trajan fand die Juden beschäftigt mit Dt 28,49, ... als der Geier (הנשר) herabschwebte; er sagte zu ihnen, ich bin der Geier (אנא הוא נשרא)...), nicht sicher datieren, sie ist nichtsdestoweniger erhellend. Die exegetische Basis des Ausdrucks sollte die Auseinandersetzung zwischen Bultmann, der ἐγώ als Prädikat versteht (z. B. Brot ist nicht irgend etwas anderes – es ist ich) und Conzelmann (Theologie, S. 382f), der es als Subjekt versteht (z. B. was ich bin, ist Brot) beilegen. Zu ἐγώ εἰμι s. Bultmanns lange Bemerkung (S. 167, Anm. 2); Schweizer, S. 5–45; L. Cerfaux, in: Coniectanea Neotestamentica XI [1947], S. 15–25; Schnackenburg II, S. 59–70; und S. Schulz, Komposition und Herkunft der Johanneischen Reden [1960], S. 85–90.

Die Vorstellung des himmlischen Brotes hat ihre Wurzel im AT und im jüdischen Denken und geht aus von der Gabe des Manna. Sie ist jedoch nicht rein jüdisch: »Die Idee von der himmlischen Speise, die unvergängliches Leben nährt, geht bei den Griechen bis auf Homer zurück und ist ebenso im Orient zu Hause« (Bauer, Exkurs zu Joh 6,59 mit vielen Verweisen). Es ist jedoch von höchster Bedeutung, daß das Manna in der Weisheitstradition Israels als Wort und Lehre interpretiert wurde, daß die Tora Brot ist und daß (für Philo) der Logos Speise ist (s. Dodd, Interpretation, S. 336f). Wir haben hier, was Brown und andere als die weisheitliche Interpretation des Lebensbrotes bezeichnet haben: Gott speist die Menschen durch sein Wort; Jesus ist sein Wort. Die jüdischen und heidnischen Elemente im Hintergrund sind so durch die christliche Überlieferung, bes. in der Form des Speisungswunders und des Berichts vom Letzten Mahl, verbunden und zusammengefügt.

ὁ ἐρχόμενος πρὸς ἐμὲ οὐ μὴ πεινάσῃ. »Ich bin« mit Prädikat offenbart nicht das Wesen Jesu, sondern seinen Umgang mit Menschen (Brown). »Kommen zu« Jesus ist eine in Joh häufig begegnende Wendung (s. 5,40); in diesem Kapitel V. 35.37.44.45.65. Vgl. Essays, S. 62–65. ὁ ἐρχόμενος πρὸς ἐμέ ist in seiner Bedeutung nicht unterscheidbar von ὁ πιστεύων εἰς ἐμέ im Parallelsatz (zur Verheißung in beiden vgl. 4,14, οὐ μὴ διψήσει εἰς τὸν αἰῶνα), und der Verweis bezieht sich nicht in erster Linie auf die Eucharistie, sondern auf die Einheit mit Christus, welche der Glaube bewirkt, durch den den Menschen Leben gegeben wird. Es ist dennoch wichtig, daß das Bild des Dürstens und Trinkens eingefügt wird; dies erscheint nicht erst in V. 51–58, und es ist nicht notwendig, diesen späteren Abschnitt als eine spätere Einfügung zu betrachten, die dazu dienen sollte, einen sakramentalen Ton einzuführen, der ansonsten völlig fehlen würde. Wenn ein Mensch wirklich lebengebende Berührung mit Jesus hat, hört er nie auf, von ihm abzuhängen (s. S. 295f), aber die erste Begegnung muß nicht wiederholt werden. Das πάντοτε (V. 34) der Menge trifft deshalb den Punkt nicht. Dodd (A. S., S. 85) vergleicht damit Jer 31(38),12 (LXX), aber dies ist keine enge Parallele. Zum Parallelismus zwischen beiden Sätzen vgl. Sir 24,21; Offb 7,16 (abhängig von Jes 49,10). Joh hat hier keine semitische Quelle übersetzt. Beachte οὐ μὴ πεινάσῃ (mit korrektem Konjunktiv); οὐ μὴ διψήσει (mit inkorrektem Indikativ). Joh scheint bei dieser Konstruktion ziemlich sorglos vorzugehen.

36. εἶπον ὑμῖν. S. V. 26.
καὶ ἑωράκατέ με. μέ sollte mit א a b e sin cur ausgelassen werden. Die Auslassung macht den Verweis auf V. 26 viel eindeutiger; μέ gleicht gedanklich, nicht im Wortlaut, an V. 40 an.

καὶ οὐ πιστεύετε. Und dennoch (adversatives *καί*; s. 5,40) glaubt ihr nicht. Das Brotwunder erweckte den Appetit, aber nicht Glauben.

37–40. Dieser kurze Abschnitt ist eine Einheit, deren Gedankengang nicht klarer dadurch wird, daß einige seiner Glieder verschiedene Male wiederholt werden. Er kann folgendermaßen zusammengefaßt werden:

Ich bin herabgekommen, nicht um meinen Willen zu tun, sondern den Willen Gottes, der mich gesandt hat.

Es ist Gottes Wille, daß niemand, den er mir gegeben hat, zugrunde gehen soll, sondern daß sie alle Leben empfangen und am Jüngsten Tag erweckt werden sollen.

Deshalb werde ich jeden annehmen und ihn auferwecken, der »zu mir kommt«, da er des Vaters Gabe an mich ist und es des Vaters Wille ist, daß ich dies tun soll.

Zur Form des Abschnittes, in welchem der Wille Gottes (V. 38) in den zwei folgenden Versen entfaltet wird, vergleicht Borgen (S. 75f) IQS 4,2f, wo es ähnliche Erklärungen mit dem hebräischen ל entsprechend dem epexegetischen *ἵνα* des Joh gibt.

πᾶν ὃ δίδωσίν μοι ὁ πατήρ. *πᾶν ὅ* wird kollektiv gebraucht, wo man das Maskulinum *πάντες οὕς* erwarten würde. Vgl. 3,6; 6,39; 10,29; 17,2.24; s. auch 17,21. Das Neutrum bewirkt eine starke Betonung des kollektiven Aspekts der Gabe der Glaubenden durch den Vater.

πρὸς ἐμὲ ἥξει. *ἥκειν* wird wahrscheinlich synonym mit *ἔρχεσθαι* gebraucht; Joh verwendet solche Synonymenpaare (z. B. *ἀγαπᾶν, φιλεῖν*). Es trifft zu, daß *ἥκειν* insbesondere vom Gottesdienst gebraucht wird (s. ThWNT s. v. – J. Schneider; und z. B. Dittenberger, Or 186,6, *ἥκω πρὸς τὴν κυρίαν Ἶσιν*); aber vor allem ist hier der Gebrauch von *τὸν ἐρχόμενον* im selben Vers zu beachten (zu V. 35).

οὐ μὴ ἐκβάλω ἔξω. *ἔξω* wird fälschlicherweise von ℵ D a b e sin cur ausgelassen; es war zweifellos als Pleonasmus verstanden. Zum Gedanken vgl. Mt 8,12 und ähnliche Stellen. Der Vers faßt den Universalismus, den Individualismus und den Prädestinationsgedanken des Evangeliums zusammen. Jesus weist niemanden zurück, der zu ihm kommt, aber beim Kommen zu ihm geht Gottes Entscheidung immer der des Menschen voran.

38. *καταβέβηκα.* S. Komm. zu. V. 33. Es gibt keinen Bedeutungsunterschied zwischen *ἀπὸ τοῦ οὐρανοῦ* und *ἐκ τ. οὐ.*, das bisher gebraucht wurde.

τὸ θέλημα τὸ ἐμὸν ... τὸ θέλημα τοῦ πέμψαντός με. Vgl. Mk 14,36 parr. Die Gethsemanegeschichte findet sich bei Joh nicht, aber der darin ausgedrückte Gedanke beherrscht das gesamte Evangelium; s. Einleitung S. 69f und Komm. zu 5,19–47.

39. *πᾶν ... μὴ ἀπολέσω ἐξ αὐτοῦ.* Der bei Joh übliche partitive Gebrauch von *ἐκ*; s. Einleitung, S. 26. Die ungewöhnliche Konstruktion ist das Ergebnis des kollektiven Gebrauchs des Neutrums *πᾶν*: » ... damit ich nicht einen aus der ganzen Schar verliere ...« Vgl. 10,28f, und zur Erfüllung der implizierten Verheißung 17,12. S. auch zum gedanklichen und sprachlichen Parallelismus Mt 18,14, *οὐκ ἔστιν θέλημα ἔμπροσθεν τοῦ πατρὸς ὑμῶν τοῦ ἐν οὐρανοῖς ἵνα ἀπόληται ἓν τῶν μικρῶν τούτων.*

ἀναστήσω αὐτὸν ἐν τῇ ἐσχάτῃ ἡμέρᾳ. Vgl. V. 40.44.54. Hier muß *ἀναστήσω* als ein Konjunktiv Aorist, abhängig von *ἵνα*, verstanden werden. Zu der These, diese Sätze seien Einfügungen eines kirchlichen Redaktors, der die Rede an die »offizielle« futurische Eschatologie anpassen wollte, s. S. 296. Tatsächlich gibt es hier keinen Grund zu der Annahme, sie seien etwas anderes als ein ursprünglicher Teil joh Denkens, und sie müssen deshalb als solche interpretiert werden. (*ἐν*) *τ. ἐ. ἡ.* begegnet wieder 11,24; 12,48 (und 7,37 aber nicht in einem eschatologischen Sinn). Der Gedanke wird umfassender im nächsten Vers ausgedrückt. Die Bestimmung der Glaubenden ist es, in dieser Welt ewiges Leben zu empfangen (welches eindeutig nicht ein einfaches Äquivalent für endloses Leben ist, vgl. 5,24) und am Jüngsten Tag auferweckt zu werden. Hier, wie in 5,24–29, bringt Joh gleichgewichtig die beiden Aspekte des christlichen Lebens: gegenwärtiger Besitz und zukünftige Hoffnung; und es gibt keinen Hinweis darauf, daß er eines für wichtiger hielt als das andere.

40. *θεωρῶν.* *θεωρεῖν* wird zuweilen, wenn auch nicht konsequent, für ein besonderes, scharfsichtiges

Schauen Christi gebraucht: 6,62; 12,45; 14,19; 16,10.16f.19; vgl. 20,14. Hier haben wir beides: sehen und glauben – vgl. dagegen V. 36; aber der Kontrast liegt in der Hinzufügung von πιστεύειν und nicht so sehr in der Ersetzung des ϑεωρεῖν durch ὁρᾶν.

ἀναστήσω kann recht locker mit demselben ἵνα wie ἔχῃ verbunden werden (... daß er sollte... und daß ich sollte...), oder es kann ein unabhängiges Indikativ Futur sein; wahrscheinlich trifft das erstere zu, wie in V. 39, da überdies die endgültige Auferweckung auch vom Willen des Vaters abhängt.

41. ἐγόγγυζον οὖν οἱ Ἰουδαῖοι, wie die Väter in der Wüste taten, Ex 16,2.8f. (Nomen γογγυσμός, Verbum διαγογγύζειν). Zu »den Juden« s. Komm. zu 1,19. Wiederum schreitet wie V. 28.30 durch das Mißverständnis oder die Klage der Juden die Rede voran.

ὁ καταβάς. V. 33 und 35 sind (zu Recht) kombiniert. Früher wurde das Partizip Präsens καταβαίνων gebraucht, aber der Wechsel ist nicht wichtig.

42. οὐχ οὗτός ἐστιν Ἰησοῦς ὁ υἱὸς Ἰωσήφ...; Ein ähnlicher Einwand wird in Mk 6,3 parr gebracht (nur Lk nennt Joseph in einer recht engen parallelen Wendung οὐχὶ υἱός ἐστιν Ἰωσὴφ οὗτος; 4,22). Das Argument ist folgendes: Einer, dessen Eltern bekannt sind, kann nicht vom Himmel herabgekommen sein. Joh bezeugt nirgendwo Glauben an die jungfräuliche Geburt Jesu, aber wahrscheinlich kannte und akzeptierte er die Lehre (s. Komm. zu 1,13) und spielt hier ironisch auf sie an – wenn die Gegner die Wahrheit über die Abstammung Jesu gekannt hätten, dann hätten sie sich dazu genötigt gesehen anzuerkennen, daß sie mit seinem Herabgekommensein vom Himmel völlig zusammenpaßte. Vgl. aber 7,42. Keinerlei Information, nicht einmal zutreffende Information, würde es den Juden ermöglichen, Jesus zu beurteilen und ihn zu verurteilen. S. Komm. zu V. 44.

44. οὐδεὶς δύναται ἐλϑεῖν πρός με. Die Klage ist zwecklos, und der Streit, auf den die Juden sich einlassen, muß unfruchtbar bleiben; er kann sie nicht dazu führen, zu Jesus zu kommen. Nur das direkte Wirken des Vaters, nicht die bloße Lösung irgendeines Problems, kann dies bewirken. »Solange ein Mensch auf seine eigenen Fähigkeiten vertraut, ohne göttliche Hilfe, Erfahrung und den Sinn von Erfahrung einzuschätzen, und auch damit zufrieden ist, kann er nicht ‚kommen zum‘ Herrn, er kann nicht ‚glauben‘; nur der Vater kann ihn zu diesem Schritt mit seinen unabsehbaren und endgültigen Folgen bewegen« (Lightfoot, S. 160f). Die synoptischen Evangelien betonen mit demselben Nachdruck wie Joh, daß Erlösung unabhängig von der Initiative Gottes ganz unmöglich ist; s. Mk 10,23–27 (... παρὰ ἀνϑρώποις ἀδύνατον, ἀλλ᾿ οὐ παρὰ ϑεῷ...). Deshalb wiederholt Jesus lediglich die Wahrheit und sucht nicht, sie durch die Gewalt der Argumente zu begründen; jene, die der Vater ihm gibt, werden zu ihm gezogen werden, mit oder ohne Beweisgründe, und er wird sie nicht hinausstoßen; jene, die der Vater nicht gibt, werden nicht kommen.

ἑλκύσῃ. Vgl. 12,32, wo Jesus alle Menschen zu sich zieht. Das Wort findet sich in einer ähnlichen Verbindung im AT: Jer 38(31),3, εἵλκυσά σε εἰς οἰκτείρημα. Es könnte wichtig sein, den Gebrauch des Piel von קרב (»nahebringen«) für die Bekehrung von Proselyten zu vergleichen, z. B. Ab 1,12: Hillel sagte: Gehört zu den Jüngern Aarons, die Frieden lieben und Frieden suchen, die die Menschheit lieben und sie dem Gesetz nahebringen (מקרבן). Es ist interessant, ein Papyrusfragment eines Logions Jesu (auch wenn man es nicht ganz wiederherstellen und mit Sicherheit interpretieren kann) zu vergleichen (P. Oxy. 654, 9f): λέγει Ἰ [ ] οἱ ἕλκοντες ἡμᾶς [... Aber s. jetzt EvThom 3, und Fitzmyer, Essays, S. 315f. Das Logion ist nicht von Bedeutung.

ἀναστήσω ist hier (vgl. V. 40) wahrscheinlich Indikativ Futur; das Kommen ereignet sich vor dem Jüngsten Tag.

45. ἔστιν γεγραμμένον. Vgl. V. 31 zu diesem periphrastischen Perfekt.

ἐν τοῖς προφήταις. Joh verwendet an keiner anderen Stelle diesen unbestimmten Hinweis; der Vorschlag, den wir in der ersten Auflage dieses Kommentars gemacht haben, daß dies auf eine Unsicherheit im Blick auf die genaue Quelle des Zitats verweisen könnte, ist wohl nicht mehr aufrechtzuerhalten. Die angebliche Parallele aus Mt 2,23, wo das schwierige Wort: »er soll Nazarener genannt werden«, »durch die Propheten« gegeben worden sein soll (διὰ τῶν προφητῶν), ist kaum glücklich, da die Quelle dieses Zitats in jedem Fall ein Problem aufwirft, während das Zitat des Joh aus einer Quelle kommt, die eine Passa-*Haphtarah* gewesen zu sein scheint und ihm deshalb bekannt gewesen sein muß.

καὶ ἔσονται πάντες διδακτοὶ ϑεοῦ. Aus Jes 54,12f, καὶ ϑήσω ... πάντας τοὺς υἱούς σου διδακτοὺς ϑεοῦ. (לִמּוּדֵי יהוה). Joh gibt eine genügend genaue Paraphrase und hängt wahrscheinlich von der LXX ab: Er gebraucht διδακτός an keiner anderen Stelle. Zum Gedanken vgl. auch Jer 31,33f (ein Gesetz, geschrieben ins Herz); dies ist besonders interessant angesichts des Gebrauchs von ἕλκειν gerade kurz davor (31,3 s. Komm. zu V. 44); es wäre aber töricht, diese Übereinstimmung zu sehr zu betonen. Es gibt auch einen Hinweis auf Ps 78 (77), auf welchen in V. 13 verwiesen wird; dieser bildet eine Brücke zu Ex 16 und so eine weitere Verbindung zum Passa. Der Prophezeiung wird ein personaler Hinweis auf den Messias in Ps Sal 17,32 gegeben: καὶ αὐτὸς βασιλεὺς δίκαιος διδακτὸς ὑπὸ ϑεοῦ. Das Zitat wird zur Erklärung dessen angefügt, daß Gott Menschen zieht; dieses besteht im Lehren, der inwendigen Lehre, welche Gott jenen gibt, die er erwählt und so Jesus zuführt. Denn jedermann, der gehört hat (ἀκούσας), was der Vater sagt, und daraus lernt (μαϑών), kommt zu Jesus.

46. Der vorangehende Vers könnte irreführend sein. Er darf nicht so verstanden werden, als meine er, jedermann könne eine direkte mystische Erfahrung Gottes haben und dann, wenn er erleuchtet ist, sich selbst Jesus anschließen. Nur Jesus hat unmittelbare Erkenntnis Gottes (τὸν πατέρα ἑώρακεν), für die anderen ist er der Mittler, da er aus der Gegenwart Gottes entsprungen ist (ὢν παρὰ τοῦ ϑεοῦ). S. 1,18, das wahrscheinlich (durch Assimilation) die Lesart von א* D it (ϑεόν; sin hat ϑεὸν πατέρα) verursacht hat. Vgl. auch 14,7ff; 21,18. Ein Mann ist »gottgelehrt«, wenn er Jesus hört; und das Ergebnis ist, daß er zu Jesus gezogen wird. Der Vorgang vollzieht sich in einer Kreisbewegung, aber Joh will betonen, daß er nicht durch einen Willensakt des Menschen, sondern durch Jesus, oder vielmehr durch die Initiative Gottes in Jesus, in Gang gesetzt wird. Bei EvThom 27 (wenn ihr nicht der Welt gegenüber fastet, werdet ihr das Reich nicht finden; wenn ihr nicht den Sabbat zum Sabbat macht, werdet ihr den Vater nicht sehen) handelt es sich um keine wirkliche Parallele.

47. S. Komm. zu 1,51; 3,15.

48. S. Komm. zu V. 35.

Diese beiden Verse sind »der natürliche Schluß dieses Schemas exegetischer Erörterung« (Borgen, S. 86). Stimmt dies, so folgt daraus, daß V. 49 der Anfang eines neuen Abschnitts ist. Borgen kommt zu diesem Schluß und fügt (S. 87) hinzu, daß er »einen neuen Anfang markiert, indem er – mit leichten Unterschieden und einer Ergänzung (καὶ ἀπέϑανον) – das haggadische Fragment am Anfang der Homilie in V. 31a wiederholt«. Sein neuer Abschnitt geht bis zum Ende der Rede in V. 58. Bultmann auf der anderen Seite nimmt an, daß der neue Abschnitt mit dem Verweis auf die σάρξ Jesu in V. 51c einsetzt, und (s. o. S. 296f) betrachtet V. 51c–58 als einen eucharistischen Zusatz, der von dem kirchlichen Redaktor in die Rede eingefügt wurde. Beide Thesen sind nicht überzeugend. Hier wie anderswo formt Joh seine Rede, indem er einen Abschnitt mit einer provokativen Bemerkung schließt, welche ein Mißverständnis oder Widerstand auf seiten der Zuhörer hervorruft. V. 49–51 bildet eine zusammenfassende Schlußfolgerung des Vorangehenden, wobei das Wort σάρξ so in die Neuformulierung eingefügt ist, daß es zu dem Streit von V. 52 führt, mit welchem die neue Behandlung des Themas vom Lebensbrot beginnt. S. »Menschensohn«, S. 345ff; auch H. Schürmann, BZ [1958], S. 244–262, und TThZ 68 [1959], S. 30–45. 108–118.

49–50. Borgen (S. 87) stellt zu Recht fest, daß das Wort *essen* nun aus dem Basistext zur näheren Erläuterung aufgenommen wird. Das Essen des Manna war wesentlich für das Leben, jedoch das Leben, welches es nährte, war nicht ewiges Leben: Diejenigen, die es aßen, starben schließlich. Das himmlische Brot, das Jesus gibt oder vielmehr ist, ist solcherart, daß jene, die es essen, ewiges Leben haben. *Nicht sterben* entspricht dem ‚nicht mehr hungern und dürsten‘ (in V. 35): Jene, denen dies zur Verfügung gestellt wird, haben genug für jedes geistliche Bedürfnis und sterben deshalb niemals. Vgl. 11,26. ἵνα in V. 50 ist das locker erklärende, nichtfinale ἵνα des Joh; es muß nicht als eine Fehlübersetzung aus dem Aramäischen gesehen werden (Burney, S. 76; M II, S. 436).

51. ὁ ἄρτος ὁ ζῶν ist ein Synonym für ὁ ἄρτος τῆς ζωῆς; vgl. ὕδωρ ζῶν in 4,10f (und ὕδωρ τῆς ζωῆς in Offb 21,6; 22,1.17).

καὶ ὁ ἄρτος δὲ ὃν ἐγὼ δώσω ἡ σάρξ μου ἐστίν. Die Stellung des δέ ist ungewöhnlich, aber keineswegs falsch (Bl-Debr § 475). Es führt einen neuen Gedanken ein. Dies ergibt sich selbstverständlich nicht aus grammatikalischen Gründen. Die ersten beiden Glieder in diesem Vers wiederholen, was bereits gesagt wurde. Die Person Jesu, die im Glauben angenommen wird, ist das Mittel, durch welches ewiges Leben gegeben und erhalten wird. Weitere Exegese des Basisbegriffs *Brot* identifiziert es mit dem Fleisch Jesu (zur Form vergleicht Borgen [S. 89] Philo, Leg All II,86, ἡ γὰρ ἀκρότομος πέτρα [Dt 8,16] ἡ σοφία τοῦ ὑεοῦ ἐστιν, und CD 6,4, היא [Num 21,18] התורה הבאר, der Brunnen ist das Gesetz). Diese Identifizierung erinnert an die von Mk 14,22 (Mt 26,26; Lk 22,19; 1Kor 11,24), wo Jesus von dem Laib, der beim Letzten Mahl verwendet wird, τοῦτό ἐστιν τὸ σῶμά μου sagt, und unausweichlich sollte der Leser an das christliche Abendmahl als den Kontext denken, in welchem Jesus sich selbst dem Glaubenden als sein Leben gibt. Dieser Eindruck wird in den folgenden Versen, bes. in V. 53, bestätigt (s. Komm. z. St): nur wenige stellen in Abrede, daß in diesem Teil der Rede auf die Eucharistie angespielt wird, ob man sie nun als des Joh eigenes Werk oder als redaktionelle Glosse ansieht. Zur Einheit der Rede s. o. S. 295f. Wenn man in diesem Teil eine Anspielung auf die' Eucharistie sieht (»eine Überleitung zum eucharistischen Teil« – Schnackenburg), so ist damit noch nicht selbst bestimmt, welcher Art die Abendmahlstheologie des Joh war. Tatsächlich ist es ein grundsätzlicher Fehler anzunehmen, daß er (oder der Autor von V. 51c–58) das Brot und den Wein als eine Art von Medizin verstand, die Unsterblichkeit durch quasi-magische Mittel verleiht. Daß er die eucharistische Anspielung aus dem Letzten Mahl entfernt und in dieser Rede bringt, beweist genau das Gegenteil: Es ist seine Absicht, die Eucharistie in den Kontext des gesamten Werkes Jesu zu setzen und ihm eine streng personale Interpretation zu geben. Dadurch, daß er in diesem ganzen Abschnitt die göttliche Initiative betont, vermeidet er gänzlich die magische Vorstellung, man könne einen Zwang auf Gott ausüben; die Eucharistie vermittelt (wie es das Speisungswunder tat) ein lebendiges Bild dessen, was es bedeutet, Christus durch Glauben zu empfangen; die Tatsache aber, daß eucharistische und nicht-eucharistische Aussagen parallel stehen, zeigt, daß Joh nichts daran liegt, sie für die Einzigartigkeit der Eucharistie als eines Heilsmittels einzusetzen. Vgl. J. E. L. Oulton, Holy Communion and Holy Spirit [1951], bes. S. 69–99. Zu anderen Thesen s. G. Bornkamm, Ges. Aufsätze III, S. 60–67; auch IV, S. 51–64; G. Richter, in ZNW 60 [1969], S. 21–55. Wir haben oben darauf hingewiesen, daß in Mk 14,22 das Brot mit dem σῶμα Jesu identifiziert wurde; Joh gebraucht nicht dieses Wort, sondern σάρξ (vgl. Ignatius, Röm 7,3; Philad 4,1; 11,2; Smyrn 6,2; Justin, Apol I,66). Nach Lindars ist σάρξ eine legitime Alternative für σῶμα als Wiedergabe von בשר; Jeremias (Abendmahlsworte, S. 211ff) nimmt an, *Fleisch* sei der ursprünglichere Begriff, so daß, was Jesus beim Abendmahl sagte, als Verweis auf »mein Fleisch und Blut« verstanden werden muß, d. h. auf mich selbst. Dies ist nicht der Ort, die Worte und Ereignisse und die ursprüngliche Bedeutung des Letzten Mahles zu diskutieren. Es ist unlogisch, von Joh aus, der wahrscheinlich Mk kannte und darüber reflektierte – und besonders von einem Abschnitt des Joh, der möglicherweise mit der Eucharistie verbunden ist, aber nicht mit dem Letzten Mahl –, auf Mk zu schließen. Joh verwendete wahrscheinlich σάρξ für σῶμα, teilweise, weil es dem Sprachgebrauch seiner eigenen Kirche entsprach, und teilweise, weil es zu seiner Inkarnationstheologie paßte (s. 1,14).

ὑπὲρ τῆς τοῦ κόσμου ζωῆς. Diese Worte (denen ἡ σάρξ μου ἐστίν vorangeht) sind die Lesart von P⁶⁶ P⁷⁵ B D it vg sin cur sah und sollten wohl akzeptiert werden. Andere Lesarten sind Versuche, die Satzfolge zu verbessern: ἡ σάρξ μου ἐστίν ἣν ἐγὼ δώσω ὑ. τ. τ. κ. ζ. (Θ λ ω pesch boh); ὑ. τ. τ. κ. ζ. ἡ σάρξ μου ἐστίν (א Tertullian). Der Sinn ist jedoch nicht wirklich unklar; vgl. 1Kor 11,24, τοῦτό μού ἐστιν τὸ σῶμα τὸ ὑπὲρ ὑμῶν. Einige Worte wie »gegeben« müssen ergänzt werden; vgl. Lk 22,19b, τὸ σῶμά μου τὸ ὑπὲρ ὑμῶν διδόμενον. Zum Gebrauch von ὑπέρ bei Joh s. 10,11.15 (ὑπὲρ τῶν προβάτων), 11,50 (ὑπὲρ τοῦ λαοῦ; vgl. 18,14), 11,51f (ὑπὲρ τοῦ ἔθνους), 15,13 (ὑπὲρ τῶν φίλων αὐτοῦ), 17,19 (ὑπὲρ αὐτῶν ἐγὼ ἁγιάζω ἐμαυτόν), vgl. 13,37f. Diese Stellen zeigen überzeugend, daß hier ein Verweis auf den Tod Jesu beabsichtigt ist – er wird sein Fleisch im Tod geben –, und lassen an Opfer denken, wobei wir keine nähere Bestimmung über die Weise oder die Bedeutung des Opfers erhalten. Der Ausdruck ἡ τοῦ κόσμου ζωή hat keine Parallele im NT. Der Sinn des ganzen Satzes ist der von 3,15f: Gott liebte die Welt und gab in Christus die Mittel, durch welche sie ewiges Leben haben sollte. ὑπὲρ τῆς κόσμου ζωῆς entspricht dem ἵνα ὁ κόσμος ζῇ. Vgl. 11,50: ἵνα εἷς ἄνθρωπος ἀποθάνῃ ὑπὲρ τοῦ λαοῦ καὶ μὴ ὅλον τὸ ἔθνος ἀπόληται.

52. ἐμάχοντο οὖν πρὸς ἀλλήλους.»Sie stritten heftig miteinander.« Der metaphorische Gebrauch von μάχεσθαι ist im Griechischen wohlbezeugt (z. B. Ilias I, 304, μαχεσσαμένω ἐπέεσιν); wahrscheinlich gab es zu der folgenden Frage unterschiedliche Ansichten.

πῶς δύναται οὗτος (vielleicht in verächtlichem Sinn gebraucht – der da) ἡμῖν δοῦναι τὴν σάρκα φαγεῖν; P⁶⁶ B lat sy haben τὴν σάρκα αὐτοῦ, aber dies ist an den Kontext angeglichen worden, und der Kurztext, der deutlicher an die Klage der Israeliten (Num 11,4) erinnert, ist besser. Joh verwendet regelmäßig diese törichte Art von Fragen als Mittel, seine Argumentation zu entwickeln und den Kontrast zwischen Jesus und seiner Umgebung zu unterstreichen; s. Komm. zu 3,4.

53. Die Wahrheit wird in V. 51b nun in eine negative Form gefaßt. Das Brot vom Himmel ist das Fleisch Jesu, das der Welt Leben gibt; und es gibt kein Leben für die Welt in irgendeiner anderen Quelle. Zwei neue Gesichtspunkte werden entwickelt: 1. Der Titel Menschensohn wird eingeführt. Zum Gebrauch dieses Titels bei Joh s. Einleitung S. 88f und Komm. zu 1,51. Vgl. auch V. 27.63 in diesem Kapitel. Es kann kein Zweifel bestehen, daß hier der Menschensohn eine Person ist, die Fleisch und Blut hat, d. h., der Menschensohn ist Jesus; er ist jedoch nicht einfach Mensch, denn sein Fleisch und Blut sind solcherart, daß von anderen Menschen gesagt werden kann, sie werden essen und trinken. Der Menschensohn ist *ein* Mensch, den Gott versiegelt hat; d. h., Gott hat ihm das Siegel seiner Bestätigung gegeben, hat ihn eingesetzt als seinen Boten und beauftragten Vertreter. Er kommt vom Himmel herab und kehrt wieder dorthin zurück (3,13; 6,63), um die Welt zu erlösen. 2. Dieser Aussage über das Fleisch des Menschensohns wird hinzugefügt καὶ πίητε αὐτοῦ τὸ αἷμα. Dies verweist unmißverständlich auf die Eucharistie. Es kommt hier offensichtlich auf den Parallelismus zwischen Fleisch und Blut an, obwohl einige sie in der Annahme unterschieden haben, das Blut betone die Notwendigkeit des Todes und symbolisiere das Leben, welches dem Glaubenden gegeben wird, während das Fleisch das Selbstopfer bedeute, an welchem der Glaubende teilhabe. Es ist aber wahrscheinlicher, daß »Blut« eingeführt wird, um auf die Eucharistie zu verweisen und um zu betonen, daß die lebenspendende Speise das ganze fleischgewordene Leben (beachte die verbreitete hebräische Wendung בשר ודם, Fleisch und Blut) des fleischgewordenen Sohnes Gottes ist. Es kann hier ein Angriff auf Doketismus vorliegen; s. E. Schweizer, EvTh 8 [1952/53], S. 341–363.

54. In diesem Vers wird kein substantiell neuer Gedanke hinzugefügt, obwohl die parallele Erwähnung von Fleisch und Blut den Verweis auf die Eucharistie offenbar bestätigt.

ὁ τρώγων. τρώγειν wird seit der Zeit Homers für das Essen von Tieren, insbesondere von pflanzenfressenden Tieren gebraucht. Seit der Zeit Herodots wird es für das Essen von Menschen gebraucht; aber der Sinn eines Essens mit Genuß oder auch hörbar wird in Liddell-Scott s. v. nicht bestätigt. Es ist sehr unwahrscheinlich, daß Joh irgendeine besondere Bedeutung in dem Wort sah und es von anderen Worten für essen unterschied. Bis zu diesem Punkt hat er die Aorist-Wurzel φαγ gebraucht; er verwendet nun ein Partizip Präsens, und statt ἐσθίειν, den üblichen Ersatz für die fehlende Wurzel φαγ, gebraucht er τρώγειν. ἐσθίειν wird bei Joh niemals verwendet, obwohl die Wurzel φαγ durchaus üblich ist. τρώγειν begegnet viermal in diesem Abschnitt und in 13,18 (wo es anstelle des ἐσθίειν von Ps 41,10 eingesetzt wird).

ἀναστήσω αὐτὸν τῇ ἐσχάτῃ ἡμέρᾳ. Vgl. V. 39.40.44; hier ist das Verb ein Indikativ Futur. Bultmann, auch wenn wir ihm bei seiner Zuweisung von V. 51c–58 an einen kirchlichen Redaktor nicht folgen sollten (s. S. 296), hat recht, wenn er hier die Verbindung von eucharistischen und eschatologischen Anliegen feststellt. Beide waren von Anfang an miteinander verbunden (vgl. 1Kor 11,26), und Joh konnte sehen, daß eucharistische Theorie und Praxis ganz besonders die Kontrolle durch futurische Eschatologie benötigten. S. Einleitung S. 98ff.

55. ἀληθής, P⁶⁶ P⁷⁵ B W: ἀληθῶς, ℵ* D Θ Ω it vg sin cur pesch. Der joh Sprachgebrauch bestätigt die alte Unterstützung für ἀληθῶς. Mit symbolischen Prädikaten wie βρῶσις, πόσις, gebraucht Joh nicht ἀληθής, sondern ἀληθινός (s. Komm. zu 1,9), während der Gebrauch von ἀληθῶς durchaus seinem Stil entspricht (vgl. 1,47; 4,42; 6,14; 7,40; 8,31). Diese Stellen zeigen die hier vorliegende Bedeutung von ἀληθῶς. Mein Fleisch und Blut sind wirklich, was Speise und Trank sein sollten; sie erfüllen die ideale, archetypische Funktion von Speise und Trank, d. h., sie geben jenen ewiges Leben, die sie empfangen. καὶ τὸ αἷμα ... πόσις wird von D ausgelassen; wahrscheinlich liegt hier Homoioteleuton vor.

56. Die Gründe für die vorangehende Aussage werden nun gegeben, obwohl es hier keine grammatikalische Verbindung wie z. B. γάρ gibt. Fleisch und Blut Christi sind wahrhaft Speise und Trank für jene, die sie empfangen; denn durch sie kommt es zu einem völligen und wechselseitigen Einwohnen Christi und der Glaubenden.

ἐν ἐμοὶ μένει κἀγὼ ἐν αὐτῷ. Vgl. 15,4, μείνατε ἐν ἐμοί, κἀγὼ ἐν ὑμῖν (auch in einem möglicherweise eucharistischen Kontext). μένειν ist eines der wichtigsten Worte bei Joh. Der Vater bleibt im Sohn (14,10), der Geist bleibt auf Jesus (1,32f); die Glaubenden bleiben in Christus, und er in ihnen (6,56; 15,4). Es gibt Variationen desselben Gedankens: Das Wort Christi bleibt in den Christen, und sie in ihm (5,38; 8,31; 15,7); Christus bleibt in der Liebe Gottes, und die Jünger müssen in der Liebe Christi bleiben (15,9f). Gemeint ist damit, daß das Sein Jesu völlig von Gott bestimmt wird, das Sein der Jünger von Jesus. Nach diesem Vers fügt D (unterstützt von einigen altlateinischen Übersetzungen, besonders a) hinzu καθὼς ἐν ἐμοὶ ὁ πατὴρ κἀγὼ ἐν τῷ πατρί. ἀμὴν ἀμὴν λέγω ὑμῖν, ἐὰν μὴ λάβητε τὸ σῶμα τοῦ υἱοῦ τοῦ ἀνθρώπου ὡς τὸν ἄρτον τῆς ζωῆς, οὐκ ἔχετε ζωὴν ἐν αὐτῷ. Es ist nicht auszuschließen, daß diese Worte ursprünglich sind und von der Mehrheit der Handschriften aufgrund von Homoioteleuton ausgelassen wurden; es ist aber wahrscheinlicher, daß sie ein homiletischer Zusatz des westlichen Textes sind, der den eucharistischen Verweis deutlicher herausstellen sollte.

57. καθὼς ἀπέστειλέν με. Zur Sendung Christi s. Komm. zu 20,21.

ὁ ζῶν πατήρ. Der Sinn ist der von 5,26; vgl. ὁ ἄρτος τῆς ζωῆς, ὁ ἄρτος ὁ ζῶν. »Der lebendige Vater« begegnet in EvThom 3.5. Von diesen Worten begegnet das erste in P. Oxy. 654,19, wo wahrscheinlich τοῦ πατρὸς τοῦ ζ[ῶντος ...] zu lesen ist. Das ζ wurde jedoch verschiedentlich gelesen als τ und π. S. Fitzmyer, Essays, S. 378.

κἀγὼ ζῶ ... κἀκεῖνος ζήσει. Der Gedanke ist der von 5,21.24–30, hier in komprimierter Form; s. auch 1,4. Leben ist wesentlich Eigentum des ursprünglichen Gottes; es wird auf den Sohn übertragen, daß er, wie der Vater, denen Leben gibt, denen er will. Das Leben des Sohnes ist völlig abhängig vom Vater (διὰ τὸν πατέρα); er hat kein unabhängiges Leben oder unabhängige Autorität: nur deshalb, weil er im Vater bleibt, können die Menschen leben, wenn sie in ihm bleiben.

ὁ τρώγων με wird nun anstelle von ὁ τρώγων μου τὴν σάρκα (V. 56) eingefügt; dies stützt die These, daß »Fleisch und Blut« die ganze Person Jesu bezeichnen.

δι' ἐμέ, entsprechend dem διὰ τὸν πατέρα. Christliches Leben ist vermitteltes Leben. Obwohl man Joh einen Mystiker genannt hat, weiß er von keinem religiösen Leben, das nicht völlig von Jesus abhängt. Vgl. 1,18 und s. Einleitung S. 101ff.

58. Mit diesem verworrenen Vers wird kein neuer Gedanke gebracht, er faßt vielmehr die Lehre der Rede zusammen.

οὗτος hat kein passendes Beziehungswort. »Worüber ich rede, die wahre Speise, die in meinem Fleisch und Blut gegeben wird, welches ich selbst bin, ist ...«

οὐ καθὼς. Der Zusammenhang wird durch die zu große Verdichtung durcheinandergebracht, aber der Sinn ist klar. Einmal mehr wird der Kontrast zwischen dem Manna (und dem Gesetz, das es symbolisieren kann) und dem himmlischen Brot, welches Christus ist, herausgestellt. Nur das letztere vermittelt ewiges Leben. Martyn (S. 108f) vergleicht 3,14, wo in einem ähnlichen Kontext καθὼς ohne Verneinung steht, und kommt zu dem Schluß, daß die Einstellung des Joh gegenüber dem mosaischen Messias-Propheten komplex war. Dies ist ohne Zweifel richtig, und diese Einsicht ist wertvoll; es ist wohl aber besser, den hauptsächlichen Gegensatz zwischen der Tora und Jesus zu sehen.

59. ἐν συναγωγῇ, »in der Synagoge«. V. 24 haben wir erfahren, daß der Schauplatz der Rede Kapernaum war; aber die Rede mit ihren Unterbrechungen läßt doch an eine weniger formale Gelegenheit als an eine Synagogenpredigt denken. Zur Predigt Jesu in einer Synagoge vgl. bes. Mk 6,1–6 parr.

Καφαρναούμ. S. Komm. zu 2,12. Die Synagoge, die man bei Tell-Ḥum ausgegraben hat, ist sicherlich erst in das 2. Jh. n. Chr. zu datieren und ist deshalb nicht die Synagoge, auf die in den Evangelien verwiesen wird. Freilich ist es nicht unmöglich, daß sie auf dem Fundament des früheren Gebäudes errichtet wurde. S. E. L. Sukenik, Ancient Synagogues of Palestine and Greece [1934]; S. 7–21.

Am Ende des Verses wird von D a Augustin σαββάτῳ hinzugefügt; dies ist eine phantasievolle ergänzende Einzelheit, die für den westlichen Text charakteristisch ist.

15. Reaktion und Bekenntnis

6,60–71

Der vorliegende Abschnitt bildet den Abschluß der galiläischen Wirksamkeit Jesu, und hier präsentiert Joh in summarischer Form und in Abhängigkeit von verschiedenen wichtigen synoptischen Geschichten das Ergebnis dieses Wirkens. Vgl. 12,37–50, wo das Werk Jesu in Jerusalem, und tatsächlich sein gesamtes öffentliches Wirken, in ähnlicher Weise zusammengefaßt wird. Bultmann stellt 6,60–71 unmittelbar vor 12,37–41 und nach 11,55 – 12,33; 8,30–40. Der Abschnitt ist jedoch auch an der Stelle, an der er steht, sinnvoll.

Die Auseinandersetzung in der Synagoge kommt an ihr Ende, und nicht allein »die Juden«, die bereits Einwände erhoben haben, sondern auch einige der Jünger beklagen sich über das, was gesagt worden ist. Es ist nicht zu ertragen. Jesus kennt ihre Gedanken, ohne daß man ihm dies sagen muß, und er gibt sofort unaufgefordert die Erklärung. Alles, was er über das Brot des Lebens gesagt hat, muß in einem doppelten Licht gesehen werden, der Erhöhung und der Gabe des Geistes. Alle groben Mißverständnisse müssen aufgegeben werden. Der Menschensohn, dessen »Fleisch« alle essen müssen, hat seine Heimat im Himmel, wohin er auch zurückkehrt. Fleisch als solches ist nutzlos: Nur der Geist (der, wie man sich erinnern muß, auf Jesus ruhte und auf ihm bleibt – 1,32) kann Leben geben. Der Inhalt der Rede Jesu ist das Mittel, wodurch Geist und dadurch auch Leben vermittelt werden. Es ist freilich nicht überraschend, daß einige Anstoß daran nehmen sollten; sie haben keinen Glauben; aber nur im Glauben kann die Wahrheit dessen, was Jesus gesagt hat, erkannt werden; denn er hat nicht vom Fleisch als solchem gesprochen, welches alle sehen und verstehen können, sondern von dem Fleisch des Menschensohns und vom Geist. Außerdem ist Geist nicht eine menschliche Errungenschaft, sondern die Gabe Gottes; aus diesem Grund wird Judas, was immer auch die Frömmigkeit und die Fähigkeit gewesen ist, die Anlaß für seine Wahl zum Apostel gewesen war, als der Verräter gezeichnet.

Jesus benützt sodann den Abfall vieler Jünger dazu, den Glauben der Zwölf auf die Probe zu stellen. Sie, die mit Ausnahme von Judas Gott selbst zu Jesus gezogen hat, legen ihr Glaubensbekenntnis ab: Es gibt niemand anderen als Jesus, zu dem solche Menschen gehen können. Die Antwort Jesu betont mit einer Schärfe, die selbst für dieses Evangelium bemerkenswert ist, daß er die Zwölf erwählt hat (sie haben nicht ihn erwählt – vgl. 15,16) und er sehr wohl den zukünftigen Verrat des Judas kennt. Die Schwäche des Menschen und seine völlige Abhängigkeit von der erwählenden Gnade Gottes werden gleichermaßen herausgearbeitet.

Dieser Abschnitt, der offensichtlich in der Gedankenentwicklung des Evangeliums von großer Bedeutung ist, scheint nun auf einer Anzahl synoptischer Stellen zu beruhen: der Ablehnung Jesu in der Synagoge seiner eigenen πατρίς (Mk 6,1–6; Mt 13,54–58; vgl. Lk 4,16–30; s. o. zu Joh 4,43–54), dem Petrusbekenntnis bei Caesarea Philippi (Mk 8,29; Mt 16,16; Lk 9,20) und der Vorhersage des Verrats durch Judas Ischarioth (Mk 14,18; Mt 26,21; Lk 22,21; vgl. Joh 13,21). Bei Mk handelt es sich um einzelne Überlieferungsstücke; bei Joh werden sie zu einem Ganzen ausgearbeitet, in welchem der Leser dazu genötigt wird, die Reaktion repräsentativer Gestalten der Vergangenheit auf Jesus, wie auch seine eigene zu bedenken. Es ist kein Zufall, daß Jesus sich in einer bestimmten Synagoge über den Unglauben der Menschen wunderte (Mk 6,6), auch war das Bekenntnis von Mk 8,29 weder eine glückliche Ahnung noch das Ergebnis tiefgründiger Menscheneinsicht. Weder der Unglaube noch der Glaube war unabhängig von der Macht Gottes.

In der Erzählung des Joh verläßt nun Jesus Galiläa, um in Jerusalem das Angebot des ewigen Lebens zu machen.

Zum gegenseitigen Verhältnis dieses Abschnitts und des Rests des Kapitels s. S. 297. Dort haben wir darauf hingewiesen, daß Bornkamm V. 60–71 auf V. 35–50 beziehen will und zu dem Schluß kommt, V. 51–58 sei eine Interpolation. Wenn dies zutrifft, dann verweist V. 63 nicht auf das eucharistische Fleisch Christi (von welchem nach V. 53 kaum gesagt werden dürfte, es sei zu nichts nütze), sondern auf Fleisch, wie dies in 3,6 gedacht ist, »das natürliche Prinzip im Menschen, das nicht Leben geben kann« (Brown, S. 300). Die Schwierigkeit dieser These, und sie scheint unüberwindbar, ist, daß das Wort σάρξ nicht in V. 35–50 begegnet; es begegnet (in diesem Kapitel) nur in V. 51.52.53.54.55.56. Ferner muß beachtet werden, daß in all diesen Versen auf *mein Fleisch* oder das *Fleisch des Menschensohns* verwiesen wird, mit Ausnahme von V. 52, wo die unverständige Menge sagt: Wie kann dieser Kerl uns *Fleisch* zu essen geben? Sie machen so genau den Fehler, der in V. 63 korrigiert wird. *Fleisch* als solches wird für die Menschen nicht besser sein als die Wachteln in der Wüste, aber das Fleisch des Menschensohns ist das Gefäß des Geistes und das Mundstück des Wortes Gottes (1,32; 1,14).

Daß dieser Abschnitt die historische Situation der joh Briefe (Fenton) widerspiegelt, ist richtig; Joh jedoch datiert nicht geistesabwesend zeitgenössische Ereignisse in einer grob anachronistischen Weise zurück, sondern er verwendet sein historisches Material, um die Natur der Entscheidung, des Bekenntnisses und des Lebens im Glauben deutlich zu machen; vgl. 1Joh 2,19.

---

60. ἐχ τῶν μαθητῶν. Zum partitiven Gebrauch von ἐχ bei Joh s. Einleitung, S. 26. Die Jünger werden hier deutlich von den Zwölfen unterschieden; V. 66f. Nicht nur die Menge, sondern auch die Jünger müssen auf die Probe gestellt werden. In 2,11.23; 4,39–42 führten Zeichen zum Glauben; hier führen sie zum Unglauben. Wunder sind ein unzureichender Grund für Glauben.

σκληρός, ursprünglich von natürlichen Gegenständen, »hart«, »grob«, »roh«, bedeutet »hart« nicht in dem Sinn von »schwer zu verstehen«, sondern »unannehmbar, anstößig«. Es steht parallel zu ὑμᾶς σκανδαλίζει im nächsten Vers. Zum Sprachgebrauch vgl. Gen 21,11; 42,7; Jud 15 (mit Zitat von aeth Hen 1,9); Herm mand XII,3.4f; 4,4 (von ἐντολαί).

τίς δύναται αὐτοῦ ἀκούειν; Der Sprachgebrauch des Joh trägt nichts zur Beantwortung der Frage aus, ob αὐτοῦ auf den λόγος oder auf Jesus selbst verweist. ἀκούειν mit Akkusativ bezieht sich immer auf eine Sache; mit einem Genitiv bezieht es sich neunmal auf eine Person, neunmal auf eine Sache, obwohl von diesen sieben sich auf τῆς φωνῆς (oder τῶν ῥημάτων) τινος beziehen, so daß hier an eine personale Quelle des Tons gedacht wird. Wägt man die Wahrscheinlichkeit ab, so ergibt sich ein gewisser Vorrang für »wer kann ihn hören?«. ἀκούειν steht hier der Bedeutung »gehorchen« nahe (wie שמע im AT).

61. εἰδὼς δὲ ὁ Ἰησοῦς ἐν ἑαυτῷ. Joh meint ein übernatürliches Wissen; s. Komm. zu 1,47f.

σκανδαλίζει. Dieses Verb ist in den Synoptikern verbreitet, begegnet aber bei Joh nur hier und 16,1. Das Nomen σκάνδαλον wird überhaupt nicht gebraucht. S. Derrett, Law, S. 255f. Was ist so anstößig für die Menge und die Jünger und führt sie so zum Unglauben? Die naheliegende und wohl zutreffende Antwort ist: Der Gedanke an das Essen des Fleisches und das Trinken des Blutes des Menschensohns (V. 53–56). Dies wäre nicht nur für Juden, sondern auch für das hellenistische Publikum des Joh anstößig (Dodd, Interpretation, S. 341). V. 62 legt nahe, daß der anstößige Gedanke das Herabsteigen des Menschensohns ist: Ist sein Herabsteigen für euch anstößig? Was dann, wenn ihr ihn hinaufsteigen seht ...? Tatsächlich sind diese beiden Aussagen teilweise Ausdruck des totalen Anstoßes, der darin besteht, daß »ein purer Mensch, dessen Leben im Tode endet, feierlich den Anspruch erhebt, daß er der Offenbarer Gottes sei, und dieser Anspruch, der vom Menschen die Preisgabe aller Sicherungen fordert, wird am Kreuze deutlich als die Forderung der Preisgabe des Lebens selbst, als die Forderung der Nachfolge an das Kreuz« (Bultmann, S. 341).

62. ἐὰν οὖν θεωρῆτε τὸν υἱὸν τοῦ ἀνθρώπου ἀναβαίνοντα ὅπου ἦν τὸ πρότερον; Der Satz ist offenkundig unvollständig. Er erfordert einen Nachsatz. Die Kommentatoren haben im allgemeinen zwei mögliche Ergänzungen versucht. 1. Wenn die Bedingung erfüllt ist, wird der Anstoß größer sein. »Dann wird – so ist offenbar zu verstehen – das Ärgernis erst recht groß sein« (Bultmann, S. 341; aber s. u.). 2. Wenn die Bedingung erfüllt wird, wird der Anstoß geringer sein oder dahinfallen. »Jesus will keineswegs das σκάνδαλον noch weiter steigern, sondern vielmehr das Rätsel seiner paradoxen Rede lösen. Seine Himmelfahrt ... wird erweisen, daß er nicht zur Anthropophagie aufgefordert hat« (Bauer, Joh 101). Möglichkeit (1) und (2) sind jedoch nicht als einander ausschließend zu betrachten. »Jede dieser beiden Interpretationen scheint Elemente des ganzen Sinnes zu enthalten« (Westcott, S. 109). Dies wird insbesondere deutlich, wenn man sich daran erinnert, daß das Hinaufsteigen (ἀναβαίνειν) des Menschensohns zugleich Leiden und Herrlichkeit bedeutet; er kehrt dorthin zurück, wo er zuvor war (vgl. 1,1), indem er auf das Kreuz hinaufsteigt (s. Komm. zu 3,13–15). Der ganze Vorgang der Rückkehr Christi zur Herrlichkeit des Vaters, die Kreuzigung eingeschlossen, war sowohl der höchste Anstoß als auch die Bestätigung Christi als des Lebensbrotes und zur selben Zeit der Beweis, daß das Essen seines Fleisches und das Trinken seines Blutes weder mörderisch noch magisch war. Diese Anspielung auf den Anstoß des Kreuzes macht auch die Natur des Anstoßes deutlich, den Jesus im Verlauf seines Wirkens gibt. Dieser Vers wirft indirekt die Frage auf, die direkt in V. 67 gestellt wird (Bultmann, S. 341). Man muß sich dem Anstoß stellen und die Entscheidung des Glaubens treffen, die etwas kostet, bevor man das Fleisch und Blut Christi essen und trinken und, mit ihm vereinigt im Tod, die Gabe des ewigen Lebens empfangen kann. Es ist unmöglich zu sagen, warum Joh seinen Satz unvollständig gelassen hat. Die Hypothese, er habe dies getan, um Raum für die zweifache Interpretation zu lassen, die er offenbar beabsichtigte, ist attraktiv; aber dies hätte er gleichermaßen tun können, wenn er geschrieben hätte τί οὖν ἐὰν ... S. jedoch Bl-Debr § 482.

τὸν υἱὸν τοῦ ἀνθρώπου ἀναβαίνοντα. ἀναβαίνειν und καταβαίνειν (wenn sie in theologischem Sinn gebraucht werden) begegnen immer in Kontexten, die mit dem Menschensohn zu tun haben (abgesehen von 20,17); und zum Menschensohn gehört auch der charakteristische joh Gebrauch von ὑψοῦν. Diese Beobachtungen, die besonders wichtig für den vorliegenden Kontext sind, verstärken beträchtlich die Annahme, daß für Joh der Menschensohn ein Wesen ist, das vom Himmel herabsteigt, um das Werk der Erlösung zu tun, und zur Herrlichkeit (und schließlich zum Gericht) wieder hinaufsteigt. S. Komm. zu 1,51.

τὸ πρότερον, adverbial gebraucht. Es impliziert, was Joh an anderer Stelle explizit formuliert, die Präexistenz des Menschensohns.

63. Der Weg ist nun offen für ein volles Verständnis der Rede. Die Himmelfahrt macht, sowohl logisch als auch chronologisch, das Werk des Geistes möglich (vgl. 7,39).

τὸ πνεῦμά ἐστιν τὸ ζωοποιοῦν. ζωοποιεῖν (auch 5,21) ist ein paulinisches Wort (siebenmal; s. bes. 1Kor 15,45, ὁ ἔσχατος Ἀδὰμ εἰς πνεῦμα ζωοποιοῦν; 2Kor 3,6, τὸ δὲ πνεῦμα ζωοποιεῖ). Obwohl es in den ersten Kapiteln des Joh (und auch in den Abschiedsreden) nicht verwendet wird, ist es die wesentliche Eigenschaft des Geistes, Leben zu geben: 3,5f.8, der Geist bewirkt die neue Geburt; 5,23f, der Geist wird in Verbindung mit der Rede über das lebendige Wasser gebracht (s. Komm. z. St.); 7,38f, wiederum ist der Geist lebendiges Wasser. Auch im AT ist dies eine grundlegende Vorstellung im Blick auf den Geist; s. HSGT, S. 18–23 und bes. Gen 1,2; Ez 37,1–14. Es ist wichtig, den Standpunkt zu beachten, der durch diesen Verweis auf den Geist begründet wird. Joh schreibt mit dem vollendeten Werk Christi im Sinn (7,39), die Himmelfahrt und die Gabe des Geistes eingeschlossen, und abgesehen von diesem Standpunkt kann die Rede in diesem Kapitel nicht verstanden werden – ansonsten hätten die Worte Jesu nur zu einem groben Kannibalismus führen können. Außerdem war es notwendig, daß Jesus selbst als Träger des Heiligen Geistes zu verstehen ist (vgl. 1,32f); ansonsten würden sein Fleisch und Blut alle Bedeutung verlieren. Nicht als der allergrößte Mensch, sondern als der gehorsame, geisterfüllte Sohn des Vaters konfrontiert er die Menschen. Die antithetische Aussage folgt sofort.

ἡ σὰρξ οὐκ ὠφελεῖ οὐδέν. Diese Worte müssen auf die Aussage über die σάρξ des Menschensohnes in V. 53 bezogen werden; es wäre aber falsch anzunehmen, dies sei der einzige Kontext, in welchen sie gehören. Es ist teilweise richtig, daß ein expliziter Verweis auf die Unzulänglichkeit des Fleisches als solches notwendig war, mit dem Hinweis auf den Abfall des Judas in V. 70f, um deutlich zu machen, daß in der Eucharistie der Glaube wesentlich ist (Guilding, S. 59); es trifft es aber auch zu (Martyn, S. 138), daß Joh die Vorstellung von der Eucharistie als einem Ritus zurückweist, der selbst in der Lage ist, das durch die Trennung Jesu von seinen Jüngern hervorgerufene Problem zu lösen (wie Martyn sagt, befassen sich die Reden der Kap. 13–17 mit dieser Frage). Ganz abgesehen von ihrer Bedeutung für die Eucharistie jedoch, sind diese Worte ein Problem: s. 1,14. Der Anstoß „entsteht, wenn sich der Blick auf die σάρξ richtet" (Bultmann, S. 341). Weder fromme Teilnahme an der Eucharistie noch ein historisch genauer Bericht über das Wirken Jesu, selbst wenn er dem anzunehmenden gewinnenden Charakter der Weisheit und der Frömmigkeit Jesu Gerechtigkeit widerfahren ließe, würden die Offenbarung Gottes begründen. Es gibt keine Offenbarung unabhängig von Geist und Wort – und keine Annahme der Offenbarung unabhängig von der Initiative Gottes selbst (6,44). Lindars' richtige Bemerkung: „*In der Anlage des Menschen* ist es der Geist, der Leben gibt, und das Fleisch ist nichts nütze", läßt sich auch auf Jesus anwenden. Es ist bemerkenswert (Charlesworth, John and Qumran, S. 96), daß hier (und 3,6) ein Dualismus zwischen Fleisch und Geist vorliegt und nicht, wie in Qumran, zwischen zwei Geistern. S. auch Komm. zu 6,39 und die einleitenden Bemerkungen zu diesem Abschnitt.

τὰ ῥήματα ἃ ἐγὼ λελάληκα ὑμῖν πνεῦμά ἐστιν καὶ ζωή ἐστιν. Zum lebenspendenden Wort (λόγος) Jesu vgl. 5,24. Die Worte Jesu sind die Worte (ῥήματα) Gottes. Vgl. Jes 40,6ff (1Petr 1,24f). Die Eucharistie gehört möglicherweise noch teilweise zum Hintergrund des joh Denkens, doch nicht darin, daß ῥήματα die eucharistischen Worte sind (die Joh nicht bietet, aber voraussetzt) oder sie (vgl. das hebräische דברים) als „Elemente" verstanden werden sollten („das, was ich euch gesagt habe über die sakramentale Speise, ist Geist und Leben") oder die Eucharistie, wie die wunderbare Speisung, ein σημεῖον ist, ein *signum efficax* und so ein *verbum visibile* (Dodd, Interpretation, S. 342f), sondern darin, daß Handlung und Wort parallel sind; so wie sie es in 13,8–11 (Fußwaschung) und 15,3 (Reinigung durch das Wort) sind (Lightfoot). Aber der Gedanke geht weiter. Die Worte Jesu sind das, was die Menschen aufnehmen (Jer 15,16; Ez 2,8–3,3; Offb 10,9ff; auch Leg All III,172f, wo Philo in der Interpretation des Manna sagt, daß das, was die Israeliten aßen, τὸ ἑαυτοῦ (sc. τοῦ ϑεοῦ) ῥῆμα καὶ τὸν ἑαυτοῦ λόγον war. ῥήματα muß nicht ausschließlich auf die Worte der vorangehenden Rede verweisen; alle Worte des inkarnierten Christus können gemeint sein, und Joh vergißt ohne Zweifel nicht, daß Jesus selbst das schöpferische Wort Gottes ist (1,1). Das ἐγώ ist wahrscheinlich, wenn auch nicht ganz sicher, emphatisch: *Meine* Worte können Leben geben, während jene des Mose das nicht bewirken konnten, was verheißen war. S. Dt 8,3; Mek Ex 15,26 (ויסע § 1): Die Worte des Gesetzes (דברי תורה), die ich euch gegeben habe, sind Leben (חיים הם) für euch; Gal 3,21. Jesus löst die Tora als Quelle des Lebens ab. Sein sichtbares Fleisch und seine hörbaren Worte (ῥήματα) legen Zeugnis für den Geist und das Wort ab, durch welches er Offenbarung und Erlösung wird.

64. ἀλλ᾽ εἰσὶν ἐξ ὑμῶν τινες οἳ οὐ πιστεύουσιν. Es wird impliziert, daß das in den Worten Jesu enthaltene Leben auf der Grundlage des Glaubens empfangen wird, und diese scharfe Schneide trennt unausweichlich die Zuhörer Jesu in zwei Gruppen. Diese freilich entsprechen nicht notwendig sichtbaren Gruppen, da es sogar unter jenen, die man zu den Jüngern rechnet, Ungläubige gibt.

ᾔδει γάρ. Vgl. V. 61.

ἐξ ἀρχῆς, wahrscheinlich vom Anbeginn des Wirkens an, aber in diesem Evangelium, wo alle Dinge gewöhnlich auf ihren Ursprung im ewigen Rat Gottes zurückgeführt werden, möglicherweise auch von der ἀρχή von 1,1 an.

τίνες εἰσὶν οἱ μὴ πιστεύοντες wird ausgelassen von P⁶⁶* e sin cur, μή nur von א und einigen wenigen anderen Handschriften. Beides sind wahrscheinlich zufällig entstandene Varianten, obwohl es die Absicht der letzteren gewesen sein mag herauszuarbeiten, daß Jesus die Seinen kannte (mehr als jene, die nicht die Seinen waren).

ὁ παραδώσων αὐτόν. Vgl. V. 70.

65. διὰ τοῦτο. Jesus wußte um die Existenz von Glauben und Unglauben, bevor diese im Abfall der Jünger offenbar wurden. Er erklärte deshalb, um die wahren Glaubenden vorzubereiten, die göttliche Initiative, welche hinter dem Glauben liegt.

εἴρηκα ὑμῖν. V. 44, ... ἐὰν μὴ ὁ πατήρ ... ἑλκύσῃ αὐτόν. Es gibt keinen Bedeutungsunterschied zwischen den beiden Sätzen; sie erklären einander. Glaube an Christus ist nicht nur schwierig; unabhängig von Gott ist er unmöglich (vgl. Mk 10,27). Kommen zu Jesus ist nicht eine Frage freier menschlicher Entscheidung, und die gegenwärtigen Umstände werden den Unterschied zwischen Meinung und Glauben deutlich machen (V. 66ff).

ἐὰν μὴ ᾖ δεδομένον αὐτῷ ἐκ τοῦ πατρός. Zu Konstruktion und Sinn vgl. 3,27.

66. ἐκ τούτου, »aus diesem Grund« oder »seit dieser Zeit«. Eine ähnliche Zweideutigkeit gibt es in 19,12. Beide Bedeutungen sind möglich, und es gibt keinen Grund, warum Joh nicht an beide gedacht haben sollte.

ἀπῆλϑον εἰς τὰ ὀπίσω, »fielen ab«; der Ausdruck ist seltsam; vgl. 18,6; 20,14; und 1Makk 9,47, ἐξέκλινεν ἀπ᾽ αὐτοῦ εἰς τὰ ὀπίσω. Das Griechische scheint auf einer hebräischen Konstruktion zu beruhen, möglicherweise נסוג אחור (nasog 'aḥor), was manchmal bedeutet »sich abwenden« (Jes 50,5), manchesmal »weggeschickt werden«, »zurückgewiesen werden« (Jes 42,17). Unter den Stellen, wo es diese Bedeutung hat, schließt die LXX-Wiedergabe regelmäßig εἰς τὰ ὀπίσω ein. Nichtsdestoweniger bedeutet die Wendung an dieser Stelle eher »abfallen« als »weggetrieben werden«.

οὐκέτι μετ᾽ αὐτοῦ περιεπάτουν. »Nicht länger folgten sie ihm als Jünger«. Auch dieser Ausdruck ist hebräisch; s. Schlatter, S. 182f.

67. Jesus fordert nun die Zwölf heraus, die offenbar eine von den übrigen unterschiedene Gruppe

315

unter den Jüngern bildeten. Joh nimmt an, daß seine Leser, möglicherweise aus Mk oder irgendeiner anderen Form der synoptischen Tradition, wissen, wer sie sind.

μὴ καὶ ὑμεῖς... »In direkter Rede verlangt μή entweder die Antwort *nein* (wie Mt 7,9 u. a.), oder sie formuliert eine Annahme in einer höchst vorsichtigen und zögernden Weise (Joh 4,29)« (M I, S. 193). Hier liegt die zweite Möglichkeit vor. καὶ ὑμεῖς betont die Unterscheidung zwischen den Zwölfen und den anderen Jüngern: »... Ihr auch, geradeso wie sie?« Daß die Frage eine wirkliche Frage war, zeigt die Anwesenheit des Judas unter den Zwölfen; andererseits jedoch wußte Jesus, daß niemand, den der Vater ihm gegeben hatte, verlorengehen konnte (V. 37–39; 10,27–29).

68. Σίμων Πέτρος. S. 1,42. Bei Mk ereignet sich das Bekenntnis des Petrus bei Caesarea Philippi (8,29) bald nach der Speisung der Viertausend; bei Lk steht es in noch größerer Nähe zur Speisung der Fünftausend. Angesichts der vielen synoptischen Parallelen in diesem Kapitel scheint es wahrscheinlich, daß Joh hier die synoptische Geschichte und auch deren Reihenfolge wiedergibt. Joh zeigt an dieser Stelle keine Kenntnis des mt Sonderguts (Mt 16,17–19). Zur Beziehung zwischen Joh und der synoptischen Tradition s. neben den Kommentaren F. Hahn, Hoheitstitel, S. 284, Anm. 4; E. Dinkler, Signum, S. 303 ff. Cullmann, Vorträge, S. 210 verweist auch auf Lk 22,31 ff.

ῥήματα ζωῆς αἰωνίου, ohne Artikel; τὰ ῥήματα würde eine Formel andeuten. Vgl. V. 63. Die Worte Jesu sind Worte, die in sich selbst lebendig sind, die mit dem Subjekt des ewigen Lebens zu tun haben und ewiges Leben jenen vermitteln, die glauben. Jene, die einmal die Bedeutung und Möglichkeit des ewigen Lebens erkannt haben, können ihre Zuflucht bei keinem anderen nehmen. Joh gebraucht diese Worte wahrscheinlich, um die Tradition des Petrusbekenntnisses mit dem Kontext, in welchen er es gestellt hat, zu verbinden.

69. πεπιστεύκαμεν καὶ ἐγνώκαμεν. Der Gebrauch der Perfekta von πιστεύειν und γινώσκειν ist charakteristisch für Joh; zu πιστεύειν s. 3,18; 6,69; 8,31 (Partizip); 11,27; 16,27; 20,29; zu γινώσκειν 5,42; 6,69; 8,52.55; 14,7 (Plusquamperfekt, mit Perfekt als Variante); 14,9; 17,7. Hier ist der Sinn, wie oft, folgender: »Wir sind in einem Stand des Glaubens und der Erkenntnis; wir haben die Wahrheit erkannt und halten sie.« Zur Beziehung zwischen Glauben und Wissen s. Einleitung, S. 97 f, und Komm. zu 1,10. In den meisten Fällen, wo sie vorkommen, scheinen die Verben πιστεύειν und γινώσκειν synonym gebraucht zu sein. Vgl. 11,42; 17,8.21 mit 17,3; 16,27–30 mit 7,17; 11,27 und 20,31 mit 6,69; und beachte den synonymen Parallelismus von 17,8. Mehrere Male steht πιστεύειν zuerst (6,69; 8,31 f; vgl. 10,38); daraus kann aber nicht geschlossen werden, daß Glaube der Beginn eines Prozesses ist, an dessen Ende die Erkenntnis steht, da sich auch die umgekehrte Folge findet (16,30; vgl. 1Joh 4,16). Der eine sichere Unterschied ist, daß von Jesus, dem die Kenntnis Gottes zugeschrieben wird (7,29; 8,55; 10,15; 17,25), niemals gesagt wird, er glaube an ihn. Glaube (so kann man folgern) schließt die Abhängigkeit des Geschöpfes vom Schöpfer ein; es ist etwas, worüber ein Mensch als solcher nicht hinauswachsen kann (hier stimmt Joh mit den Gnostikern überein). Was folgt, ist ein genuines Bekenntnis, denn 1. erwächst es aus der Situation und ist deshalb eine Entscheidung und nicht eine allgemeine Zustimmung, und 2. ist es eine Antwort auf die Herausforderung der Offenbarung und nicht eine unabhängige Spekulation (vgl. Bultmann).

σὺ εἶ (vgl. das ἐγώ εἰμι Jesu selbst) ὁ ἅγιος τοῦ θεοῦ. Es gibt eine ganze Reihe von Textvarianten. Die meisten freilich kann man dem Wunsch zuschreiben, den Text mit Mt 16,16 und Mk 8,29 zu harmonisieren. Den als ursprünglich anzunehmenden Text geben P[75] א B D sah. Die Bezeichnung ὁ ἅγιος τοῦ θεοῦ begegnet in Mk 1,24 (= Lk 4,34), wo sie das Bekenntnis des übernatürlichen Wissens eines Dämons ist, und sie sollte als messianischer Titel verstanden werden, obwohl es keinen Beweis für ihre Verwendung in diesem Sinn gibt. Es gibt keinen vernünftigen Grund dafür, es als Äquivalent zum priesterlichen Messias von Qumran zu verstehen. Dinkler (a. a. O. S. 303) nimmt den Gebrauch des Terminus als Beweis dafür, daß Joh Mk nicht verwandte, da das ὁ Χριστός des Mk für Joh annehmbar gewesen wäre, der Χριστός neunzehnmal, Μεσσίας zweimal verwendet; an dieser Stelle jedoch entfernt sich Joh von der Terminologie des Judentums hin zu universaleren Kategorien (vgl. 4,42). In 17,11 redet Jesus Gott als πάτερ ἅγιε an (sonst bei Joh wird ἅγιος ausschließlich für den

316

Geist gebraucht), und der joh Gebrauch von ἁγιάζειν ist charakteristisch und bedeutsam. Jesus ist der, ὅν ὁ πατὴρ ἡγίασεν (10,36), und um der Jünger willen heiligt er sich selbst (17,19, ἁγιάζω ἐμαυτόν). Jesus ist der Bote Gottes; in jüdischer Begrifflichkeit der Messias, allgemeiner der Heilige Gottes, der von Gott kommt und zu Gott geht.

70. οὐκ ἐγὼ ὑμᾶς τοὺς δώδεκα ἐξελεξάμην; ἐγὼ ὑμᾶς nimmt das ἡμεῖς . . . σύ in dem Glaubensbekenntnis des Petrus auf, das in einem gewissen Grad wahr ist, das man aber nicht in dem Sinn verstehen darf, daß derjenige, der es ablegt, damit Jesus in irgendeinem Sinn etwas zugute tut. Die Zwölf haben ihn nicht erwählt (vgl. 15,16). Die Zwölf werden unter dieser Bezeichnung nur hier (V. 67.70f) und 20,24 erwähnt; Joh ist wenig oder überhaupt nicht an der Zahl als solcher interessiert. Dies liegt vielleicht daran, daß ihre ursprüngliche Bedeutung eschatologisch war (vgl. Mt 19,28 = Lk 22,30) und die Zwölf als solche keine wichtige Rolle in der Geschichte der Kirche spielten. Die Zahl blieb jedoch in der Erinnerung der Kirche erhalten und war geeignet, zwischen der großen Menge der Jünger und einem inneren Kreis zu unterscheiden und um auszudrücken, daß sogar im engeren Kreis, den Jesus selbst erwählt hatte, einer ein Teufel war. Joh berichtet die Erwählung und Berufung der Zwölf nicht.

καὶ ἐξ ὑμῶν. καί ist »und doch« oder »und sogar«. Keine menschliche Tugend oder menschliches Vorrecht schaffen Sicherheit.

διάβολος. Sonst im NT (außer wenn es ein Adjektiv in der Bedeutung »verleumderisch« ist) bedeutet διάβολος Satan, der Fürst des Bösen; so auch Joh 8,44; 13,2; vgl. Σατανᾶς in 13,27. Der Sinn des vorliegenden Verses wird durch 13,2 erklärt; Satan hat Judas zu seinem Verbündeten gemacht, zu einem Unter-Teufel. Vgl. Mk 8,33, wo Petrus nach dem Bekenntnis als Satan angeredet wird (διάβολος wird bei Mk nicht gebraucht). Vielleicht korrigiert Joh absichtlich den Mk – der wirkliche Teufel ist nicht Petrus, sondern Judas. Vgl. Lk 22,3, wo die Sünde des Judas dem Satan zugeschrieben wird, und 22,31, wo Jesus betet, daß Petrus gegen die Listen des Satans gestärkt werden möge. S. auch E. Haenchen, Die Bibel und wir [1968], S. 130, zu der Annahme, der Name Simon (V. 71) spiegele die alte Überlieferung wider, in welcher Simon Petrus ein Teufel war (Mk 8,33).

71. τὸν Ἰούδαν Σίμωνος Ἰσκαριώτου: Judas, (der Sohn) des Simon Iskariot. Dieser Mann wird achtmal im Evangelium erwähnt. An vier Stellen (13,29; 18,2.3.5) wird er einfach genannt (ὁ) Ἰούδας, zweimal mit dem Zusatz ὁ παραδιδούς. An einer Stelle (12,4) ist er Ἰούδας ὁ Ἰσκαριώτης; an drei Stellen (6,71; 13,2.26) wird die längere Bezeichnung, einschließlich des Namens Simon, gebraucht. An den letzten vier Stellen gibt es beträchtliche Unterschiede, die grundsätzlich auf zwei Punkte hinauslaufen; 1. die Frage, ob der Name Ἰσκαριώτης dem Judas oder seinem Vater Simon beizulegen sei (der nur bei Joh erwähnt wird); 2. die Interpretation von Iskariot als ἀπὸ Καρυώτου (in 6,71 in ℵ Θ φ; in 12,4; 13,2.26 – vgl. 14,22 – nur in D). Selbstverständlich liegt es nahe, daß Vater und Sohn denselben Beinamen tragen, besonders wenn Iskariot abgeleitet wird von איש קריות ('ish q^eriyyoth), »Mann aus Kerioth«. Zu diesem Ort vgl. Jer 48,24.41; Amos 2,2. Die Lesart ἀπὸ Καρυώτου beruht ohne Zweifel auf einer gewissen Identifikation und unterschiedlichen Schreibweise des atl Ortes, wir wissen aber nichts von seinem Ursprung. In dem vorliegenden Abschnitt folgt man am besten dem Nestletext (P⁶⁶ P⁷⁵ B W cur; vgl. vg *scariotis* und sin, das Simon ausläßt) gegenüber Ἰούδ. Σίμ. Ἰσκαριώτην (Ω); Ἰούδ. Σίμ. Σκαριώϋ (D it) und Ἰούδ. Σίμ. ἀπὸ Καρυώτου (ℵ Θ φ). Zum Namen s. B. Gärtner, Die rätselhaften Termini Nazoräer und Iskariot [1957], der, nachdem er andere Möglichkeiten diskutiert hat, vorschlägt, man solle Iskariot aus der Wurzel שקר (Falschheit, Betrug) ableiten. Aber »Mann aus Kerioth« ist nicht so schwierig, wie Gärtner (und C. C. Torrey, den er zitiert) behaupten.

εἷς ἐκ τῶν δώδεκα. Die Stellung des Judas als einer der Zwölf wird betont (wie in Mk 14,10.18.20) und damit das Vorherwissen Jesu. Er wurde von Judas nicht getäuscht, obwohl er ihn erwählt hatte. Psychologische Rekonstruktionen des Charakters und der Motive des Judas führen zu nichts. Zur Frage, was Judas verriet, s. Komm. zu 18,2. »Wer wird auf seine eigene Entscheidung bauen oder aus dem Bewußtsein seiner Erwählung einen sicheren Besitz machen?« (Bultmann, S. 345)

16. Nach Jerusalem

7,1–13

Das Wirken Jesu in Galiläa, das sich als sichererer Zufluchtsort als Jerusalem erwiesen hatte, wurde durch den Beginn des Laubhüttenfestes unterbrochen. Seine Brüder (deren unsinniger Vorschlag ihren Unglauben zeigte) drängten ihn zu einem öffentlichen Auftritt unter den großen Massen, die sich stets zu diesem populärsten aller Wallfahrtsfeste versammelten. Nach ihrer Ansicht wäre es absurd, wenn er dächte, eine Gestalt des öffentlichen Lebens sein zu können, solange er sein Wirken auf einen verborgenen Winkel beschränke. Einem solchen Argument konnte Jesus nicht folgen; es verkannte den wesenhaften Unterschied zwischen ihm selbst und anderen Menschen. Einmal konnte er nicht wie andere seine eigene Zeit wählen, zu kommen und zu gehen; seine Zeit war von Gott bestimmt. Sodann war seine Bestimmung nicht Popularität, sondern der Haß der Welt, ein solcher Haß, wie er keinem anderen widerfahren konnte, da allein er das Gericht über die Welt brachte. Dementsprechend blieb er in Galiläa. Nachdem er seine Unabhängigkeit von menschlichem Rat demonstriert hatte, ging er nichtsdestoweniger hinauf nach Jerusalem, aber im geheimen, ohne irgendeinen Versuch, Aufmerksamkeit zu erregen. Daß er sich nicht zeigte, provozierte jedoch eine heimliche Diskussion über ihn: War er ein guter Mensch oder ein Betrüger?

In einer Beziehung ruft diese Erzählung ernsthafte historische Einwände hervor. Es ist vorausgesetzt, daß Jesus bis jetzt in der Verborgenheit gewirkt hat; doch dies ist keineswegs der Eindruck, den Joh selbst vermittelte. Sowohl in Jerusalem (z. B. 2,23; 5,1–9) wie in Galiläa (z. B. 2,1–11; 6,1–15) waren die Leute Zeugen der Werke Jesu geworden; tatsächlich impliziert 7,11–13, daß Jesus eine in der Öffentlichkeit wohlbekannte Gestalt gewesen ist. Der Abschnitt erweckt so den Eindruck einer künstlichen Konstruktion, und er scheint auf Überlieferungen aufzubauen, die aus älterer Evangelientradition abgeleitet sind. Der Besuch Jesu in seiner πατρίς (bereits angedeutet in 4,44 und 6,59–61) ermöglicht den Verweis auf seine Brüder (Mk 6,3; Mt 13,55); die heimliche Reise nach Jerusalem (7,10, οὐ φανερῶς ἀλλὰ ὡς ἐν κρυπτῷ) erinnert an Mk 9,30 (οὐκ ἤθελεν ἵνα τις γνοῖ). Aber darüber hinaus erscheint in diesen Versen wieder eines der wichtigsten und charakteristischsten Themen des Mk, das der Verhüllung und Offenbarung (zu diesem Thema bei Mk s. u. a. W. Wrede, Das Messiasgeheimnis in den Evangelien [⁴1969]; A. Schweitzer, Das Messianitäts- und Leidensgeheimnis. Eine Skizze des Lebens Jesu [1901], S. 55–57; ders., Die Geschichte der Leben-Jesu-Forschung [1913], S. 368–389; C. K. Barrett, The Holy Spirit and the Gospel Tradition [1947], S. 118–120. 154–157). Es ist natürlich, daß Menschen wünschen, bekannt zu werden, und auch Pläne dafür machen; Jesu Weg dagegen war der Weg des Geheimnisses, bis die festgesetzte Zeit kommen würde (ὁ καιρός, 7,6.8). Zur Behandlung des »Messiasgeheimnisses« bei Joh s. weiter Einleitung, S. 87. Für ihn kommt der Augenblick von Jesu Offenbarung gegenüber der Welt (τῷ κόσμῳ) niemals wirklich (14,22); der Gegensatz zwischen Offenbarung und Verhüllung ist letztlich nicht chronologisch, sondern theologisch. Jesus wird jenen offenbar, die der Vater zu ihm zieht (6,44), und nur ihnen. Der Streit von 7,12 dient dazu, die Argumente und Reden der Kap. 7–12 einzuführen, wo dies ganz deutlich herausgestellt wird. Zeichen haben es offensichtlich nicht vermocht, die Brüder zu überzeugen, und sie werden ganz gewiß Jerusalem nicht überzeugen. Zur Komposition der Kap. 7 und 8 s. auch die Ausführungen von Lindars.

1. μετὰ ταῦτα. Zu dieser joh Überleitung s. Komm. zu 2,12. Ein unmittelbares Aufeinanderfolgen der Ereignisse ist nicht impliziert, und deshalb wird hier auch die Annahme (s. S. 41, 285f), die Ordnung der Kap. 5 und 6 müsse umgekehrt werden, nicht gestützt.

περιεπάτει. Das Imperfekt steht für ein übliches Verhalten; περιπατεῖν wird bei Joh zuweilen symbolisch gebraucht (im Licht oder in der Dunkelheit), auch mit der Bedeutung »sein Leben führen«, »seine Zeit verbringen«; vgl. 11,54.

οὐ γὰρ ἤθελεν. Dies ist die Lesart der Mehrheit der Handschriften. οὐ γὰρ εἶχεν ἐξουσίαν wird geboten von W a b cur Chrysostomos Augustin, wahrscheinlich zu Recht; denn a) die frühe und breite Bezeugung der Lesart ist kaum zu verstehen, wenn es sich hier lediglich um einen lokalen Fehler oder eine Verbesserung handelt; b) sie kann nicht aus dem gebräuchlichen Text aufgrund eines zufälligen Irrtums erklärt werden; c) der Wechsel von εἶχεν ἐξουσίαν zu ἤθελεν ist leichter zu verstehen als der umgekehrte Fall; d) ἔχειν ἐξουσίαν, »fähig sein« ist eine joh Wendung; vgl. 10,18 *(bis)* und vielleicht 19,10. Hier, in der Verneinung, bedeutet es »konnte nicht«, vielleicht »war nicht frei zu«. Nach Martyn (S. 58f) könnten die Hinweise auf Judäa und Jerusalem möglicherweise an die Gefahr für die Christen beim Betreten des jüdischen Stadtviertels erinnern, in welcher das Evangelium geschrieben worden war. Joh mag um diese Gefahr durchaus gewußt haben, aber seine Interessen waren viel zu grundsätzlich theologisch, als daß eine solche versteckte Anspielung wahrscheinlich wäre.

ἐζήτουν αὐτὸν οἱ Ἰουδαῖοι ἀποκτεῖναι. Vgl. 5,18, wo die gleichen Worte gebraucht werden. Dies legt die Annahme einer Verbindung zwischen Kap. 5 und 7 nahe, nicht aber, daß 7 notwendigerweise unmittelbar auf 5 folgen müßte. a) Ähnlicher Sprachgebrauch ist üblich; s. 7,19f.25–30; 8,37.40; 10,39; 11,8, und vgl. 18,4.7f. b) In V. 1f skizziert Joh den Schauplatz für das anschließende Kapitel. Er erinnert den Leser daran, daß Jesus in Galiläa »umherzog« (6,59) und der Widerstand der Juden heftig gewesen war. Der Schritt, den er in V. 10 unternimmt, war deshalb sowohl gefährlich als auch entscheidend. Zu »den Juden« s. Komm. zu 1,19; sie repräsentieren »die Welt« (vgl. V. 7). Sie tun dies freilich in einer solchen Weise, daß die Atmosphäre der Gefahr, die die Kap. 7 und 8 durchzieht, ein forensisches Element enthält, und dies macht es möglich, daß die Auseinandersetzung dieser Kapitel an die Stelle einer jüdischen Gerichtsverhandlung in den Passionserzählungen treten kann; s. S. 339f, 504ff.

2. ἐγγύς. S. Komm. zu 2,13.

ἡ σκηνοπηγία, das Laubhüttenfest. Zu den grundlegenden Einrichtungen des Festes s. Lev 22,33–36.39–43; Dt 16,13–15; vgl. Ex 23,16 (Einsammlung); auch den Mischnatraktat Sukka (s. Komm. zu V. 37f.; 8,12). Guilding findet nicht nur die Riten des Wasserschöpfens und des Anzündens der Lampen (auf die in der Mischna verwiesen wird) bedeutsam, sondern auch das Wohnen in Hütten (vgl. 1,14, ἐσκήνωσεν) und das Fest der Weinlese (vgl. 15,1–16,24). In Lev und Dt wird das Wort σκηνοπηγία nicht gebraucht; das hebräische חג הסכות wird wörtlich wiedergegeben als ἑορτὴ σκηνῶν. An anderer Stelle, z. B. bei Josephus, wird das Wort σκηνοπηγία (vielleicht unter dem Einfluß hellenistischer religiöser Begrifflichkeit – s. Deißmann, Licht, S. 92) gebraucht. »Daß man es ‚das Fest‘ schlechthin nannte, zeigt, daß das Laubhüttenfest wohl das populärste von allen jüdischen Festen gewesen ist. Josephus sagt Ant 8,4,1, daß es das heiligste und größte Fest (ἑορτὴ ἁγιωτάτη καὶ μεγίστη) bei den Hebräern gewesen sei. Das Laubhüttenfest dauerte sieben Tage, und zwar vom 15. bis 21. Tischri; davon hatte der erste Festtag sabbatlichen Charakter. Den Schluß bildete am 8. Tage (22. Tischri) ein besonderer Feiertag mit Festversammlung (עצרת, Lev 23,36)« (Bill II, S. 774; s. auch Bonsirven II, S. 123–125).

3. οἱ ἀδελφοὶ αὐτοῦ. Die Brüder Jesu werden kurz in 2,12 erwähnt; nur hier spielen sie eine entscheidende Rolle in der Evangeliengeschichte (20,17 sind »meine Brüder« die Jünger). Zu einer erschöpfenden Darstellung der üblichen Einschätzungen der Beziehung der »Brüder« zu Jesus s. J. B. Mayor,

The Epistle of St. James [1897], S. VI–XXXVI; J. Blinzler, Die Brüder und Schwestern Jesu [1967]. Hier ist nun festzustellen, daß nichts im vierten Evangelium selbst irgendeine andere Annahme nahelegt, als daß die Brüder Söhne Josephs und Marias waren. In dieser Erzählung erscheinen sie als Ungläubige (vgl. Mk 3,21.31–35 parr; und vielleicht 6,3 parr), und es gibt keinen Hinweis auf ihre spätere Bekehrung (abgesehen von der Variante in V. 5).

ἵνα καὶ οἱ μαθηταί σου θεωρήσουσιν σοῦ τὰ ἔργα ἃ ποιεῖς. ἵνα mit dem Indikativ Futur (nicht Konjunktiv oder Optativ) ist nicht klassisch, es begegnet aber mehrere Male im NT und anderswo in hellenistischer Literatur. S. Bl-Debr § 369,2, und zu Belegen aus den Papyri MM, s. v. a) Der Vorschlag der Brüder könnte implizieren, daß die Jünger Jesu, oder zumindest eine Mehrheit von ihnen, sich in Jerusalem befanden. Dies widerspräche nicht nur der synoptischen Tradition, sondern auch 6,66–71. Man hat angenommen (Torrey, S. 155.158), daß hier bei der Übersetzung eines ursprünglich aramäischen Dokuments ein Fehler entstanden sei, und zwar durch die Auslassung eines einzelnen Buchstabens (ו). Der wiederhergestellte aramäische Text ergäbe den Sinn »... daß sie [die Öffentlichkeit in Judäa] deine Jünger [nun Akkusativ] und deine Werke sehe...« Für diese Annahme spricht, daß in V. 4 von einer Offenbarung nicht gegenüber den Jüngern, sondern gegenüber der Welt die Rede ist. Diese Annahme ist jedoch nicht notwendig; sie folgt aus einem zu wörtlichen und engen Verständnis des Textes. Der Abfall vieler Jünger ist eben erwähnt worden (6,66), und der Vorschlag der Brüder (die auch nicht glauben) beinhaltet, daß Jesus durch eine öffentliche Machtdemonstration in der Hauptstadt seine Position wiedererringen könnte. Diese Erklärung, die die einfachste und beste zu sein scheint, macht nicht nur sprachliche Verbesserungen unnötig, sondern auch die Annahme einer besonderen Gruppe judäischer oder Jerusalemer Jünger oder den Schluß (Wellhausen), Joh habe durch die Änderung seiner Quelle lediglich Unsinn produziert. Zu ἔργα s. S. 91.

4. Die Worte dieses Verses erinnern an verschiedene synoptische Logien; vgl. bes. Mk 4,22 und Lk 8,17; Lk 12,2 und Mt 10,26. Zu den sprachlichen Berührungen s. Lindars. Wichtiger ist, daß sie an eines der Hauptthemen des Mk erinnern: das Messiasgeheimnis. Eine unausweichliche Bedingung der Herrlichkeit Jesu war es, daß er zuerst eine Zeit der Niedrigkeit und Demütigung durchmachen mußte. Dieselbe Bedingung ist hier impliziert, da der aus dem Unglauben kommende Rat der Brüder zurückgewiesen wird. Sie nehmen an, daß eine befriedigende Demonstration seiner Macht Jesus als den Messias erweisen wird, während doch seine messianische Berufung Leiden und Tod ist.

αὐτός wird gelesen von P⁶⁶ᶜ P⁷⁵ ℵ Dᶜ Θ Ω it vg cur pesch sah; das Neutrum αὐτό findet sich bei P⁶⁶* B D* φ. In diesen Handschriften ist die Stellung des Pronomens unterschiedlich; es wird ganz ausgelassen von b e (boh), und vielleicht von cur; es ist jedoch nicht möglich zu sagen, welcher der griechischen Texte durch den syrischen gestützt wird. Es ist wahrscheinlich, daß Joh das Pronomen nicht geschrieben hat und sein Text in unterschiedlicher Weise ergänzt wurde, zutreffend von ℵ Dᶜ usw.

ἐν παρρησίᾳ. παρρησία ist ein joh Wort (neunmal). Es wird in zwei unterschiedlichen Bedeutungen gebraucht: a) »einfach«, nicht in einer undeutlichen gleichnishaften Aussage (10,24; 11,14; 16,25.29); b) »öffentlich«, »offen« (7,13.26; 11,54; 18,20). Zweifellos ist die letztere Bedeutung hier intendiert. Zum Wort s. W. C. van Unnik, The Bulletin of John, Rylands Library 44 [1962], S. 466–488; auch De Semitische Achtergrond van παρρησία in het NT [1962].

φανέρωσον σεαυτὸν τῷ κόσμῳ. Die Brüder repräsentieren, da sie nicht glauben, die Welt; und die Welt blickt natürlicherweise auf sich selbst als die abschließende Gerichtsinstanz. Wenn Jesus seine Sendung und Autorität beweisen soll, dann muß er sich deshalb selbst der Welt empfehlen. Aber Jesus empfängt Herrlichkeit nicht von den Menschen (5,41): es ist der Vater, der die Wahrheit seines Werkes bestätigt (5,37; 6,27). Er offenbart sich niemals selbst in Herrlichkeit gegenüber der Welt, weder während seines Wirkens noch danach (14,22 s. Komm. z. St.), denn die Welt als solche kann ihn nicht erfassen.

5. οὐδὲ γάρ (führt einen erklärenden Kommentar ein – »denn nicht einmal«) οἱ ἀδελφοὶ αὐτοῦ ἐπίστευον – es sei denn, sie fordern ihn zu einer Machtdemonstration auf in der Absicht, ihn in Verle-

genheit zu stürzen. Der Unglaube schließt keine Skepsis im Blick auf die Macht Jesu, Wunder zu wirken, ein (vgl. Mk 3,22 – die Feinde Jesu erkennen seine Macht, Dämonen auszutreiben, an, führen sie aber auf schwarze Magie zurück). Sie glaubten, daß Jesus in der Lage sei, Jerusalem durch Wunder zu blenden, aber sie hatten noch nicht damit angefangen, die Bedeutung dessen, was sie bereits gesehen hatten, zu erfassen. Vgl. hierbei, daß bei Mk die Forderung eines Zeichens (8,11ff) unmittelbar auf das Wunder der Speisung der Viertausend folgt. Vgl. auch die Jesu Antwort ebd.

εἰς αὐτόν. τότε wird hinzugefügt von D it sin cur, um die Verdammung der Brüder zu mildern und einen Ausgleich mit Apg 1,14 usw. herzustellen.

6. *ὁ καιρὸς ὁ ἐμὸς οὔπω πάρεστιν. καιρός* begegnet bei Joh nur 7,6.8; es ist nicht zu unterscheiden von dem gebräuchlicheren *ὥρα*; s. Komm. zu 2,4. *χρόνος* andererseits meint immer einen Zeitraum, nicht einen Zeitpunkt: 5,6; 7,33; 12,35; 14,9. Im Blick auf untaugliche Unterscheidungen zwischen den beiden Worten s. J. Barr, Biblical Words for Time [1962], S. 62f. Zu dieser Ablehnung vgl. 2,4; Jesus meint, daß der Augenblick für ihn noch nicht gekommen sei, seine Herrlichkeit zu offenbaren, und wenn er kommt, wird es nicht eine solche Offenbarung sein, wie sie sich die Brüder vorstellen; denn seine Herrlichkeit wird in der Kreuzigung und Erhöhung offenbar. Die Pointe wird durch den Gebrauch (V. 8.10) von *ἀναβαίνειν* zugespitzt; dies ist selbst ein passendes Wort für die Festwallfahrt nach Jerusalem, aber auch das Wort des Joh für den Aufstieg Jesu durch den Tod zum Vater (3,13; 6,62; 20,17).

ὁ δὲ καιρὸς ὁ ὑμέτερος. Jesus ist aufgrund seiner göttlichen Sendung und einzigartigen Bestimmung genötigt, den vorherbestimmten Augenblick abzuwarten; mit seinen Brüdern verhält es sich nicht so. Ihr Besuch in Jerusalem hat keine besondere Bedeutung und kann deshalb jederzeit unternommen werden. Sie sind frei, ihren Besuch zu jedem gewünschten Zeitpunkt – *καιρός* – zu unternehmen. Jesus kann dies nicht, denn er wartet auf das Wort des Vaters. Deshalb (nicht weil das Wort *καιρός* gebraucht wird) sind seine Handlungen von Bedeutung.

7. Nun zeigt sich, daß die Annahmen von V. 4 falsch sind. Jesus kann sich nicht selbst dem *κόσμος* empfehlen und seine Gunst gewinnen; der *κόσμος* muß ihn hassen. Die Welt kann nicht seine Brüder hassen, denn sie sind aus der Welt, und die Welt liebt die Ihren (vgl. 15,18f). Die Welt jedoch haßt es, der Sünde überführt zu werden (z. B. 3,19–21; 7,19; 8,31–59; 9,39–41; auch 16,8f; vgl. Sap. 2,14f); daher ihr unaufhörlicher Haß gegen Jesus und die Tatsache, daß seine einzige *φανέρωσις* (vgl. Komm. zu V. 4) gegenüber der Welt in seiner Erhöhung an das Kreuz besteht.

8. *οὐκ:* so ℵ D it vg sin cur boh. *οὔπω,* geboten von P⁶⁶ P⁷⁵ B W Θ pesch hl sah, ist sicherlich falsch; es handelt sich um einen Versuch, der auf dem zweiten Teil des Verses aufbaut (*οὔπω πεπλήρωται;* vgl. V. 6, *οὔπω πάρεστιν*), die Schwierigkeit auszuräumen, die man angesichts von V. 10 empfand.

οὐκ ἀναβαίνω. Hier liegt (wie von frühen Abschreibern bemerkt wurde) ein oberflächlicher Widerspruch zu V. 10 vor. Man kann annehmen, daß Joh diese Worte nicht so verstanden hat, als solle man eine moralische Unredlichkeit auf seiten Jesu annehmen. Es gibt Parallelen in 2,4, wo Jesus sich offensichtlich weigert, auf Verlangen seiner Mutter ein Wunder zu wirken, mit der Begründung, seine Stunde sei noch nicht gekommen, daß er aber anschließend das tut, worum er (implizit) gebeten wurde; und in 11,6, wo Jesus auf die Nachricht von der Krankheit seines Freundes Lazarus (wiederum mit einer impliziten Bitte um ein Wunder) noch zwei Tage bleibt, wo er ist, und zum Schauplatz der Not zu einer nach menschlichem Ermessen falschen Zeit kommt. Dies muß jedoch nicht bedeuten (Bultmann), daß 7,1–13 ursprünglich die Einleitung einer Wundergeschichte gewesen sei. Es geht hier darum, daß das *οὐκ ἀναβαίνω* des Joh lediglich das Verlangen der Jünger und nicht völlig die Absicht Jesu verneint, zur rechten Zeit nach Jerusalem zu gehen. Er weigert sich schlicht und einfach, sich an menschlichen – aus dem Unglauben kommenden – Rat zu halten, und handelt in völliger Freiheit und Unabhängigkeit gegenüber Menschen, aber in völligem Gehorsam gegenüber seinem Vater. Trifft diese Erklärung zu, dann bedarf es nicht der Hypothese (Torrey, S. 135.137f), es liege hier ein leichtes Mißverständnis eines aramäischen Originals vor, das wiedergegeben werden müßte »ich werde noch nicht gehen, denn meine Zeit...«. Zur Mehrdeutigkeit des Wortes *ἀναβαίνειν* s. Komm. zu V. 6.

ὁ ἐμὸς καιρὸς οὔπω πεπλήρωται. Es liegt hier die gleiche Bedeutung vor wie in V. 6a, und vielleicht gibt es an dieser Stelle einen wörtlichen Anklang an Mk 1,15 πεπλήρωται ὁ καιρός. Joh deutet hier darauf hin, daß die verheißene Zeit im Wirken Jesu noch nicht erfüllt wurde, sondern nur bei seinem Tod und seiner Erhöhung.

9. αὐτοῖς. αὐτός wird gelesen von P⁶⁶ ℵ D* W b vg, und das Pronomen wird von einigen wenigen griechischen Handschriften und von e sin cur pesch völlig ausgelassen. αὐτός ist joh und wahrscheinlich vorzuziehen; die kürzere Lesart wäre vorzuziehen, wenn man irgendeine überzeugende Erklärung für die Hinzufügung eines Pronomens in frühen Handschriften finden könnte.

10. ἀνέβησαν, Aorist im Sinne des deutschen Plusquamperfekts. Als sie hinaufgegangen waren.

οὐ φανερῶς ἀλλὰ ὡς ἐν κρυπτῷ. Als Jesus schließlich Galiläa verließ, um nach Jerusalem zu gehen, tat er es in einer der Empfehlung seiner Brüder entgegengesetzten Weise (V. 4, οὐδεὶς γάρ τι ἐν κρυπτῷ ... φανέρωσον σεαυτόν ...). Es gibt hier wichtige Parallelen zu Mk. a) Im Gegensatz zu Mk berichtet Joh von mehreren Besuchen Jesu in Jerusalem; um so auffallender ist es, daß er bei dieser Gelegenheit einen abschließenden Aufbruch aus dem Norden zu einem Wirken in Jerusalem und Judäa darstellt, genau wie dies Mk tut (9,30; 10,1). b) Dieser endgültige Aufbruch erfolgt im geheimen; vgl. Mk 9,30. Ohne Zweifel ist der Gegensatz zwischen einem geheimen und einem offenbaren Aufbruch und Einzug theologisch motiviert: Jesus kann als Sohn Gottes nur gegenüber den Seinen offenbar werden; keine Öffentlichkeit kann die Wahrheit über ihn aussagen. Es könnte aber sein, daß Joh hier auch ursprüngliche Tradition wiedergibt; dafür muß man freilich nicht über Mk hinaussehen, auch wenn die Daten der Ankunft in Jerusalem sich unterscheiden (Mk: Passa; Joh: Laubhüttenfest).

ὡς wird ausgelassen von ℵ D pc it syr cur, vielleicht zu Recht; es könnte hinzugefügt worden sein, um den Eindruck des Widerspruchs und Betrugs zu vermindern.

11. οἱ οὖν Ἰουδαῖοι ἐζήτουν αὐτόν. ζητεῖν wird hier gebraucht in seiner einfachen Bedeutung »suchen«, »suchen nach« und nicht (wie in V. 1) »Mittel suchen«, »eine Gelegenheit suchen«. Vgl. 11,56. Nichtsdestoweniger handelt es sich hier wahrscheinlich um eine feindselige Suche. Die »Juden« (s. Komm. zu 1,19) sind bei Joh regelmäßig die Feinde Jesu; unter den ὄχλοι hatten einige eine gute Meinung von ihm (V. 12), sie scheuen sich aber, diese aus Furcht vor den Juden auszudrücken (V. 13).

ἐν τῇ ἑορτῇ, wie 2,23; s. Komm. z. St.

ποῦ ἐστὶν ἐκεῖνος. Vgl. 9,12. Möglicherweise hat an diesen Stellen (und in 9,28) ἐκεῖνος einen abwertenden Sinn – »dieser Kerl«; aber dies ist nicht immer so, und auch nicht notwendigerweise an dieser Stelle.

12. γογγυσμός bedeutet im allgemeinen eine murrende Klage, wie die Israels in der Wüste (s. Komm. zu 6,41); aber zuweilen bedeutet es »gedämpfte Unterhaltung«, und diese Bedeutung muß hier vorliegen; denn die Massen sind geteilt, und einige sagen ἀγαϑός ἐστιν, was jedenfalls keine Klage ist, sowenig angemessen es auch als Meinung über Jesus sein mag.

ἐν τοῖς ὄχλοις. Die Massen (oder Masse; das Singular wird hier nur gelesen von P⁶⁶ ℵ D latt syr) spielen in diesem Kapitel (vgl. 32) und in Kap. 12 eine wichtige Rolle. Sie stehen als unabhängige, aber unwissende Partei zwischen Jesus und den Juden (oder Pharisäern). Ihre Unabhängigkeit qualifiziert sie freilich nicht dazu, ein zutreffendes Urteil über Jesus zu fällen; denn dies kann nur im Glauben getan werden, und einfach zu sagen, ἀγαϑός ἐστιν (vgl. Mk 10,17), geht an der Wahrheit völlig vorbei.

οἱ μὲν ... ἄλλοι δὲ ... P⁶⁶ ℵ Ω lassen δέ aus; es wurde wahrscheinlich hinzugefügt, um die Konstruktion zu verbessern, die freilich besser οἱ μὲν ... οἱ δέ ... gewesen wäre.

πλανᾷ τὸν ὄχλον. Zur Ansicht der Juden, Jesus sei einer, der das Volk in die Irre führt, s. Justin, Dial 69 καὶ γὰρ μάγον εἶναι αὐτὸν ἐτόλμων λέγειν καὶ λαοπλάνον; 108, ... ἀπὸ Ἰησοῦ τινος Γαλιλαίου πλάνου ... Sanh 43a *(baraitah)*: »am Vorabend des Passafestes hängte man Jesus: vierzig Tage vorher hatte der Herold ausgerufen: er wird zur Steinigung hinausgeführt, weil er Zauberei getrieben und Israel verführt und abtrünnig gemacht hat; wer etwas zu seiner Verteidigung zu sagen hat, er komme und bringe es vor. Da aber nichts zu seiner Verteidigung vorgebracht wurde, so hängte man ihn am Vorabend des Passafestes.« Wahrscheinlich wußte Joh, daß dieser Vorwurf unter den Juden seiner Zeit in der Provinz Asia bereits umlief (vgl. die Klage der Juden gegen Polykarp, Mart Pol 12,2). Man hätte erwarten können, daß er diesen Vorwurf »den Juden« in den Mund legt; aber offensichtlich will er die Uneinigkeit unter dem Volk als Ganzem zeigen. Zum Thema des »In-die-Irre-Führens« s. Martyn, S. 60–68.151–154; der Sprachgebrauch des Joh könnte Anklagen gegen Christen widerspiegeln.

13. παρρησίᾳ. S. Komm. zu V. 4, und vgl. dagegen den γογγυσμός von V. 12. Es ist durchaus nicht unmöglich, daß hier die Bedeutung »einfach«, »unzweideutig« vorliegt, aber die Meinungen, die in V. 12 ausgedrückt werden, sind klar genug, und es ist fast sicher, daß Joh hier meint, sie seien nicht in der Öffentlichkeit geäußert worden.

διὰ τὸν φόβον τῶν Ἰουδαίων. Die gleiche Wendung begegnet in Esth 8,17 (Bauer, Wörterbuch, s. v.), aber es gibt hier keinen Grund anzunehmen, daß Joh auf diese Stelle anspielt. »Die Juden« (1,19) haben sich bereits nicht nur gegen Jesus, sondern auch gegen seine Anhänger gestellt. Vgl. 9,22; 16,1f; Joh wußte ohne Zweifel persönlich um diese Umstände. Die Massen sind auch Juden; οἱ Ἰουδαῖοι muß für Joh ein Terminus technicus sein.

17. Auseinandersetzung in Jerusalem

7,14–52

Dieser Abschnitt gliedert sich in vier Teile:

V. 14–24. Jesus erschien nicht zu Beginn (vgl. 7,8.10), sondern mitten während des Festes in Jerusalem und lehrte im Tempel. Daß eine ungebildete Person dies tat, rief kritische Bemerkungen hervor, und als Reaktion darauf die Antwort, daß Jesus, auch wenn er seine Lehre nicht von irgendeinem früheren Lehrer ableitete, doch nichtsdestoweniger nicht lediglich seine eigenen Gedanken aussprach. Seine Lehre kam von Gott; und dies konnte jedermann erkennen, der ernsthaft Gott gehorsam sein wollte. Dies freilich wollten die Juden nicht; sie hielten nicht einmal ihr eigenes Gesetz, obwohl dieses sie, hätten sie es recht verstanden, auf Christus verwiesen und so gezeigt hätte, daß er und seine Lehre von Gott kamen. Das Gesetz selbst rechtfertigte ein Tun am Sabbat, das die physische und rituelle Vollkommenheit eines Menschen bewirkte, und damit auch das Wirken Jesu am Sabbat.

V. 25–36. Es wurde nun freilich die Frage aufgeworfen, ob Jesus angesichts seiner wohlbekannten menschlichen Herkunft der Messias sein konnte. Jesus gab diesen Ursprung zu, aber er verwarf den Einwand als irrelevant. Er stand vor seinem Volk nicht als der hervorragende Repräsentant einer berühmten oder religiösen Stadt, sondern als Gottes eigener Bote, dessen wahrer Ursprung in Gott selbst liegt. Zusammen mit dem Widerstand gegen die Ansprüche Jesu auf argumentativer Ebene erfolgte ein offizieller Versuch, ihn festzunehmen und zu töten. Dieser Versuch schlug notwendigerweise fehl, denn die Zeit für sein entscheidendes Werk war noch nicht gekommen. Der Versuch freilich bot die Gelegenheit zu einer ergänzenden Belehrung über seine Herkunft: Er ging dahin, wo seine Zuhörer ihm nicht folgen konnten. Er war von Gott gekommen und ging zu Gott (vgl. 13,3).

V. 37–44. Nach dieser Klarstellung seiner Beziehung zu Gott und damit seiner Autorität griff Jesus einen Zug des Tempelrituals beim Laubhüttenfest auf, um mit der Proklamation der Gabe Gottes (vgl. frühere Hinweise auf Wasser, 3,5; 4,14) ein neues Thema in seine Verkündigung einzuführen. Durch ihn und infolge seiner Erhöhung sollte der Geist gegeben werden wie nie zuvor. Eine solch kühne Behauptung erneuerte den Zwiespalt unter seinen Hörern. Einige hielten ihn für »den Propheten«; andere, die immer noch von seiner bekannten (oder angenommenen) Herkunft aus Galiläa ausgingen, behaupteten, er könne nicht der Messias sein.

V. 45–52. Die jüdischen Autoritäten, deren Versuch, Jesus gefangenzunehmen, gescheitert war, tadelten die Tempelpolizisten, die für den Fehlschlag ihres Planes die Verantwortung trugen, und sie besiegelten, indem sie die unwissende Menge verfluchten, ihr eigenes Verderben (vgl. 9,40f). Nikodemus beanspruchte für Jesus die üblichen gesetzlichen Rechte, erhielt jedoch als Antwort darauf lediglich erneut das Argument, daß nichts Gutes aus Galiläa kommen könne.

Nun beginnen nach dem Willen Jesu die großen Auseinandersetzungen in Jerusalem, und es gibt bis zum Fest und der Salbung in Bethanien (12,1–8) keine weiteren substantiellen Parallelen zwischen Joh und den Synoptikern. Freilich benützt Joh in dem vorliegenden Kapitel synoptische Überlieferung, insbesondere, daß Jesus bekannt war als Jesus von Nazareth (d. h. aus Galiläa), obwohl ja nach der bei Mt und Lk enthaltenen Tradition Jesus in Bethlehem geboren war. Das einfache tatsächliche Mißverständnis von V. 41f führt Joh zu einer subtileren und mehr theologischen Erörterung des Ursprungs Jesu; die entscheidende Frage (die hinter der ganzen christologischen Überlieferung in diesem Evangelium liegt) ist, ob Jesus aus Gott kommt oder nicht (vgl. Mk 11,27–33; Mt 21,23–27; Lk 20,1–8). Ob er aus Nazareth oder aus Bethlehem kommt, ist vergleichsweise unwichtig. Die Lehre des Joh über den Tod Jesu (d. h. sein Gehen zu Gott) ist hier nur angedeutet; sie wird an späterer Stelle deutlicher entfaltet, besonders in den Abschiedsreden; aber Joh bringt an dieser Stelle eine seiner eindeutigsten Aussagen über den Heiligen Geist (V. 37–39). S. Einleitung, S. 103ff; der Geist ist ganz eng an Jesus gebunden, er ist (wie sonst im NT) in eschatologischen Kategorien gedacht; die Gabe des Geistes ist eine Folge der Verherrlichung Jesu.

Zur Konstruktion des Kapitels s. zusätzlich zu den Kommentaren J. Schneider, ZNW 45 [1954], S. 108–119. Der Stoff teilt sich, so scheint es, in zwei Zyklen auf:

	V.	V.
Jesus lehrt	15–24	37–39
Seine Lehre ruft im Volk Spekulationen hervor	25–31	40–44
Die Sendung der jüdischen »Knechte« und ihre Konsequenzen	32–36	45–52

Diese Struktur freilich verweist eher auf joh Stil als auf die Verwendung von Quellen; das Kapitel, das man in enger Verbindung mit dem damit zusammenhängenden Kap. 8 lesen muß, ist als Ganzes logisch in seiner Erörterung der Themen des Gerichts, der Spaltung und der Passion (Dodd). Die Auseinandersetzungen finden während des Laubhüttenfestes statt (7,12.14), aber das Argument, die Kap. 7–9, mit 15,1–16,24 seien bestimmt von den

Festlektionen (Guilding, S. 98), ist nicht überzeugend. Wie in seinem ganzen Evangelium ist Joh letztlich von seinem Gegenstand bestimmt, auch wenn er willens ist, Anspielungen aufzunehmen und zu entwickeln, einschließlich jene aus dem Kalender (s. Komm. zu V. 37 und zu 8,12). Hier, wie in den Kap. 5. 9 und 10 (s. Komm. dazu und Einleitung, S. 151f) sieht Martyn Joh auf zwei Ebenen arbeiten: Er erzähle eine Geschichte von Jesus und schreibe zugleich unter Bezug auf eine konkrete Situation in seiner eigenen Umgebung; s. dazu u. Stimmt diese Beobachtung (und sie ist zumindest teilweise zutreffend), dann konzentriert Joh als Theologe seine Aufmerksamkeit eher auf die Geschichte Jesu und nicht so sehr auf seine eigenen Verhältnisse; mit diesem Kapitel treten wir in die großen Auseinandersetzungen ein, die sich bis zum Kap. 10 erstrecken und zum großen Teil die synoptischen Erzählungen von einer »Gerichtsverhandlung vor den Juden« ersetzen. S. 504ff. Zur Frage, ob dieses Kapitel, oder zumindest 7,15–24, sich unmittelbar an 5,47 anschließt, s. Komm. zu V. 15 und S. 41.

14. τῆς ἑορτῆς μεσούσης (μεσαζούσης, P⁶⁶ D Θ; μέσης οὔσης, W it; μεσούσης ist gebräuchlich und möglicherweise eine »Verbesserung« einer dieser Wendungen). Joh kann den vierten Tag des Festes oder, weniger präzise, irgendeinen Punkt zwischen dem Anfang und dem Ende meinen; nicht den Anfang, als seine Brüder Jesus zum Gehen drängten, und nicht das Ende, als er die feierliche Aussage von V. 37f machte; möglicherweise, angesichts von V. 22ff, an einem Sabbat; aber Joh interessiert der Sabbat vor allem als ein theologischer Faktor und nicht so sehr als ein Datum.
ἀνέβη. Zur Zweideutigkeit dieses Wortes s. Komm. zu V. 8. Als Jesus schließlich »hinaufgeht«, tut er dies nicht in Übereinstimmung mit einem Brauch oder guten Rat, sondern in freiem Gehorsam gegenüber dem Vater.
εἰς τὸ ἱερόν. Vgl. zur Anwesenheit Jesu im Tempel 2,13–22; 10,23. Zu den großen Massen und den Veranstaltungen im Tempel während des Laubhüttenfestes s. Sukka 5,2–4 (zur Anwesenheit des Hillel, Sukka 53 ab). Vor allem im Tempel kam Jesus zu den Seinen (1,11), und die Seinen nahmen ihn nicht an.
15. πῶς οὗτος γράμματα οἶδεν μὴ μεμαθηκώς; Jene, die annehmen (z. B. Bernard, S. XIXf, 258f; Bultmann, S. 205), daß 7,15–24 unmittelbar auf 5,47 folgt, vermuten, diese Frage habe sich aus dem Verweis auf die γράμματα des Mose in diesem Vers ergeben. Die Klage (eher verächtlich als lediglich überrascht; οὗτος verächtlich »dieser Kerl«) ist freilich ausreichend durch die Anwesenheit des lehrenden Jesus im Tempel begründet (V. 14). Vgl. Apg 4,13, wo die jüdischen Autoritäten, als sie erkennen, daß Petrus und Johannes ἄνθρωποι ἀγράμματοί εἰσιν καὶ ἰδιῶται, ἐθαύμαζον. In diesem Kontext meint die Frage nicht (auch wenn die Worte dies bedeuten könnten): »Wie kann dieser Mann lesen?«, sondern: »Wie ist es möglich, daß dieser Mensch, der niemals ein Rabbinenschüler gewesen ist, eine gelehrte Disputation führen kann?« Es wäre nicht überraschend, daß ein gewöhnlicher Mann in der Lage ist, die Schrift zu zitieren; jeder einigermaßen intelligente Mann, der Jahr um Jahr der Verlesung des Gesetzes in der Synagoge zuhörte und täglich das Sch^ema rezitierte, mußte in der Lage sein, Teile daraus zu zitieren. Dies spricht gegen eine enge Verbindung zwischen diesem Vers und 5,47; tatsächlich diente die Frage in erster Linie als Ausgangspunkt für das Thema des nächsten Verses und tatsächlich auch der nächsten beiden Kapitel – der Beziehung Jesu zum Vater und seiner Sendung von ihm. Es gibt einen anderen offensichtlichen Querverweis auf Kap. 5: 7,19 (τί με ζητεῖτε ἀποκτεῖναι;) erinnert an 5,18 (ἐζήτουν αὐτὸν οἱ Ἰουδαῖοι ἀποκτεῖναι); aber dies nötigt uns nicht, die Hypothese einer ursprünglichen Vertauschung der Blätter des Evangeliums zu akzeptieren. Es ist möglich, daß der Anklang daran darauf zurückzuführen ist, daß 5 und 7 von Joh aus einer Quelle entnommen wurden, in welche er Kap. 6 einfügte. Vgl. die Analyse Martyns (S. 49f) von 5,1–47; 7,11–52 als parallel zu den Kap. 8 und 9. Man sollte jedoch beachten, daß Joh bereits in 7,1 seine Leser daran erinnert hat, daß die Juden Jesus zu töten suchten und er immer wieder zu diesem

Thema zurückkehrt (s. die Verweise zu V. 1). Die Lehre der Kap. 7 und 8 braucht diese Feindschaft als Hintergrund. Die zeitlichen Verknüpfungen des Joh sind zumindest annehmbar, seine theologischen Verknüpfungen sind völlig in Ordnung; letztere können kaum verbessert werden, erstere nur leicht und dann auf Kosten jener.

16. *ἡ ἐμὴ διδαχὴ οὐκ ἔστιν ἐμή.* Die Antwort Jesu ist teilweise eine direkte Antwort auf die verächtliche Frage von V. 15. Er beanspruchte nicht, in der Sukzession der Lehre zu stehen, die die Aussagen eines ordinierten Rabbi autorisierten, er war aber auch nicht ein autodidaktischer Emporkömmling. Wenn andere ihre Lehre aus einem rabbinischen Lehrhaus hatten, so nahm er seine von seinem Vater (*ὁ πέμψας με*, eine gebräuchliche joh Formulierung). Die Antwort beruht freilich nicht einfach auf der Analogie der Autorisierung nach dem Beispiel rabbinischer Aussagen *(halakhoth)*; im ganzen Evangelium wird betont, daß Jesus vom Vater ausging, seine Worte und Werke die Worte und Werke des Vaters seien und seine Autorität nicht die eines gelehrten, einflußreichen oder ausgezeichneten Mannes oder die eines *ϑεῖος ἀνήρ* sei, sondern die Autorität Gottes. S. z. B. 5,19; 6,57; 8,26.38; 14,9f. Ob dieser Anspruch zutrifft oder nicht, kann jedoch nicht durch eine kluge Analyse bestimmt werden, sondern nur durch die Art von Entscheidung, die der nächste Vers beschreibt.

17. *ἐάν τις ϑέλη τὸ ϑέλημα αὐτοῦ* (sc. Gottes, der Jesus gesandt hat) *ποιεῖν.* Eine freie menschliche Entscheidung über den Anspruch Jesu ist unmöglich (vgl. 6,44). Die einzige Bedingung dafür, die Ansprüche Jesu zu verstehen, ist Glaube. »Den Willen des Vaters tun« meint nicht, sittlichen Gehorsam als Voraussetzung für dogmatisches Christentum, sondern Glauben an den, den Gott gesandt hat (6,29; Bultmann, S. 206). Solcher Glaube befähigt den Glaubenden, die Übereinstimmung des sittlichen Wesens der Sendung Jesu mit dem göttlichen Willen zu erfassen.

πότερον . . . ἤ, eine klassische Konstruktion, begegnet nur hier im NT. Es handelt sich um absolute Alternativen; die äußerste Niedrigkeit des joh Christus muß beachtet werden. Er spricht nicht als ein *ϑεῖος ἀνήρ* mit einer eigenen Autorität; seine Niedrigkeit und sein Gehorsam erlauben ihm, mit der Autorität Gottes zu sprechen.

18. Die einzige mögliche Probe auf die Ansprüche Jesu kann nicht von jenen gemacht werden, die *δόξα* voneinander empfangen (5,44), sondern nur von jenen, die, da sie glauben, auf solche *δόξα* verzichtet haben. Würde Jesus lediglich seine eigenen Gedanken ausdrücken, wie dies andere Menschen tun, so würde er natürlicherweise seinen eigenen Ruhm suchen und die geeignetsten Mittel anwenden, um seine eigenen Ansichten durchzusetzen; aber ein derartiges Handeln hat er bewußt vermieden (V. 3–8; die Gedankenfolge an dieser Stelle ist ein weiteres Argument gegen die Umstellung von V. 15–24 an das Ende von Kap. 5); im Gegenteil: daß er einzig und allein Gottes Ehre sucht, beweist für jene, die dies als Beweis erfassen können, seine Freiheit von Hintergedanken und sein Kommen im Namen Gottes. »Im palästinischen Targum ist der pflichtbewußte Sohn einer, ,der an den Ruhm (,iqar oder ,Ehre') seines Vaters denkt' (Gen 32: 7(8).11(12), TJ 1; Lev 19,3, Neofiti)« (McNamara, Targum and Testament, S. 142). *ἀληϑής* bezieht sich 3,33; 8,66 nur auf eine Person, und zwar jeweils auf Gott. Die Glaubwürdigkeit, die Gott als Zeugen auszeichnet, wird selbstverständlich auf den Sohn übertragen, der den Ruhm des Vaters sucht.

Weder *ἀδικία* noch ein anderes Wort aus diesem Stamm begegnen sonst bei Joh. Hier bedeutet es das Gegenteil zu *ἀληϑής,* glaubwürdig und zuverlässig sein; in der LXX gibt es zuweilen שֶׁקֶר (sheqer, Falschheit) wieder.

19. *οὐ Μωϋσῆς ἔδωκεν* (so B D; viele Handschriften haben in Angleichung an V. 22 *δέδωκεν*) *ὑμῖν τὸν νόμον*; nimmt man an, der Abschnitt 7,15–24 folge unmittelbar auf 5,47, dann ist die Einführung des Mose an dieser Stelle leicht zu verstehen, und dies könnte vermutlich die ursprüngliche Gedankenfolge in einer von Joh verwendeten Quelle gewesen sein. Im vorliegenden Kontext jedoch ergibt sich der Verweis auf Mose aus der Forderung (V. 17), daß jene, die den Ursprung der Lehre Jesu verstehen wollen, den Willen Gottes tun müssen. Für den Juden ist der Wille Gottes im Gesetz des Mose enthalten und ausgedrückt (Hoskyns, S. 357f, der Ps 40,9 vergleicht: Deinen Willen, mein Gott, tue ich gern, und dein Gesetz habe ich in meinem Herzen). Warum erkennt dann der Jude, der

doch das Gesetz besitzt, nicht, daß die Lehre Jesu von Gott stammt? Weil er nicht einmal das Gesetz befolgt – καὶ (»und doch«, καί adversativum) οὐδεὶς ἐξ ὑμῶν ποιεῖ τὸν νόμον. Sie erfüllen das Gesetz nicht; sie tun den Willen Gottes nicht; kein Wunder, daß sie Jesus zu töten suchen. Die Unzulänglichkeit des Gesetzes und der Weggang Jesu werden in den folgenden Abschnitten erläutert.

ὑμῖν . . . ἐξ ὑμῶν. Jesus unterscheidet sich selbst offenbar deutlicher von den Juden, als historisch wahrscheinlich ist. Es stimmt, daß es dem Evangelisten hier wie Paulus darum geht, das Gesetz an die Juden zu binden, und zwar zugleich als ihren Stolz und ihre Verdammnis; es liegt jedoch auch Wahrheit in der Annahme, er schreibe als einer, der an den späteren Auseinandersetzungen zwischen Kirche und Synagoge teilnimmt, als die Christen sich selbst als eine besondere Größe zu verstehen begannen. Vgl. Justins Dial, wo die Juden auch regelmäßig ὑμεῖς sind usw. Vgl. in Joh 8,17; 10,34 »euer Gesetz«. Zur Beziehung zwischen Mose und dem Gesetz vgl. 1,17, ὁ νόμος διὰ Μωϋσέως ἐδόϑη. Joh denkt hier wahrscheinlich an das ganze Gesetz als Gabe des Mose, das von den Juden übertreten wird; in seiner Quelle könnte ein besonderer Verweis auf das Sabbatgebot vorgelegen haben. In diesem Fall ist der Gedankengang: Angesichts der Ausnahme, die ich sogleich zitieren werde (V. 22), kann man nicht behaupten, daß irgendein Jude das Sabbatgebot hält. Aber wahrscheinlicher verknüpft Joh die Übertretung des Gesetzes (als Ganzem) mit dem Versuch, Jesus zu töten (vgl. 8,39f). Ist dies so, dann kann man mit Gewißheit sagen, daß der Abschnitt 7,15–24 nicht zu Kap. 5 gehört, wo Jesus die Beziehung zwischen sich selbst und dem Vater offenbart und den Unglauben der Juden aufdeckt, sondern zu Kap. 7 und 8, wo er den Spieß umdreht und seine Gegner heftigst attackiert.

20. Die Menge weist, vielleicht im Gegensatz zu den Autoritäten (s. Komm. zu V. 12), entrüstet die Beschuldigung zurück, sie trachte Jesus nach dem Leben.
δαιμόνιον ἔχεις. Vgl. 8,48.52; 10,20. Die Worte scheinen nicht mehr zu bedeuten als »du bist verrückt«, sie erinnern aber an die synoptische Anklage (Mk 3,22 parr), Jesus treibe Dämonen mit der Macht des Beelzebub aus. Es gibt keine theologische Erörterung dieser Beschuldigung bei Joh, wie es auch keine Erzählungen von Dämonenaustreibungen gibt.

21. ἓν ἔργον ἐποίησα. Der Verweis meint wahrscheinlich (s. V. 23) das Wunder von 5,1–9. Der Gebrauch von ἔργον für die Machttaten Jesu ist charakteristisch für Joh; s. Einleitung, S. 91, u. Komm. zu 4,34. An diesen Sprachgebrauch ist hier zu denken, und nicht so sehr, daß Joh meinte, ein ἔργον, getan am Sabbat, breche das Gesetz.
καὶ πάντες ϑαυμάζετε. In 5,1–18 begegnet weder ϑαυμάζειν noch irgendein Synonym. Es widerspricht joh Sprachgebrauch, διὰ τοῦτο (V. 22) mit ϑαυμάζετε zu verbinden, damit τοῦτο mit ἓν ἔργον gleichzusetzen; die Annahme einer Verwechslung im Aramäischen (Torrey, S. 5) überzeugt nicht.

22. διὰ τοῦτο, »aus diesem Grund«; dieser Grund freilich wird nicht deutlich genannt – dies veranlaßt einige (z. B. Sanders), entgegen unserer Interpretation διὰ τοῦτο mit V. 21 zu verbinden. Ein Grund besteht, auch wenn er nicht klar ausgedrückt wird. Es ist wahrscheinlich nicht der negative – Mose gab euch das Gebot der Beschneidung, damit es einen Präzedenzfall (s. u.) für eine Übertretung des Gesetzes (des Sabbats) gebe –, sondern ein positiver: Mose gab das Beschneidungsgebot, damit es Typos der völligen Erneuerung der menschlichen Natur (ὅλον ἄνϑρωπον ὑγιῆ ἐποίησα, V. 23) sei, welche Jesus wirkt.
ἐκ τῶν πατέρων, d. h. von der Erzvätern. Zu diesem Gebrauch von πατήρ s. Komm. zu 4,12.20; 6,31. Beschneidung wurde von Abraham (Gen 17,10), dem Erben der Verheißung, geübt, und wie die Verheißung selbst ging sie dem mosaischen Gesetz voraus und hatte Vorrang vor ihm (vgl. Gal 3,17).
ἐν σαββάτῳ περιτέμνετε ἄνϑρωπον (ein menschliches Wesen). Das Beschneidungsgebot verlangte die Beschneidung eines Kindes am achten Tag (Lev 12,3). Daraus folgte, daß die Beschneidung eines am Sabbat geborenen Kindes auch an einem Sabbat stattfinden mußte. Es war erforderlich, daß unter diesen Umständen die Beschneidung ohne Rücksicht auf das Gebot der Sabbatruhe durchgeführt wurde. S. Schab 18,3; 19,2: Man darf am Sabbat alles verrichten, was zur Beschneidung erforderlich

ist; Ned 3,11: Bedeutend ist die Beschneidung, daß sie sogar den strengen Sabbat verdrängt. Es gibt viele Sabbatstreitgespräche in den Synoptikern; dieser Gedanke wird in keinem verwendet. Dodd (Tradition, S. 332f) sicht hier einen Hinweis auf eine christliche Sabbathalacha, die die Evangelisten unabhängig voneinander heranziehen.

23. *εἰ περιτομὴν λαμβάνει ὁ ἄνϑρωπος ἐν σαββάτῳ.* Dies ist der allgemeine Brauch, der als Voraussetzung für den Gedankengang angenommen werden kann.

ἵνα μὴ λυϑῇ ὁ νόμος Μωϋσέως. Zu *λύειν νόμον* vgl. 5,18. Es könnte scheinen, als liege in der Praktizierung der Beschneidung am Sabbat eine Übertretung des Gesetzes vor; tatsächlich hat diese Praxis die gegenteilige Wirkung, sie erfüllt das Gesetz, da sie die Vollkommenheit des Menschen vollendet. Vgl. Ned 3,11: Rabbi (d. h. Juda der Alte, ca. 165–200 n. Chr.) sagt: Bedeutend ist die Beschneidung, denn du hast niemanden, der sich so sehr mit den Geboten befaßte, wie unseren Vater Abraham, dennoch wurde er erst wegen der Beschneidung »vollkommen« genannt, denn es heißt: Wandle vor mir und sei vollkommen (Gen 17,1). Von solchen Grundsätzen aus sind leicht weitere Schlüsse zu ziehen. So T. Schab 15,16 (134), R. Eliezer (ca. 90 n. Chr.) sagte: Die Beschneidung verdrängt den Sabbat. Weshalb? Weil man sich ihretwegen, wenn sie nach der bestimmten Zeit ausgeführt wird, der Ausrottung schuldig macht. Und ist da nicht der Schluß vom Leichteren auf das Schwerere berechtigt (קל וחומר eine sehr gebräuchliche rabbinische Formulierung)? Wegen eines seiner Glieder verdrängt er den Sabbat, und er ganz (in Lebensgefahr) sollte den Sabbat nicht verdrängen? Vgl. Yoma 85b: R. Eleazar (b. Azariah ca. 100 n. Chr.) sagte: Wenn die Beschneidung, die eines von den 248 Gliedern am Menschen betrifft, den Sabbat verdrängt, um wieviel mehr muß sein ganzer Leib (wenn er in Todesgefahr schwebt) den Sabbat verdrängen? Diese Erweiterungen des Grundsatzes, die von der Praxis der Beschneidung am Sabbat abgeleitet werden, beziehen sich nur auf Fälle unmittelbarer Lebensgefahr. Diese Bedingung war bei den Sabbatheilungen, die die Evangelien berichten, nicht gegeben, ganz sicher nicht in 5,1–9; ein Mensch, der 38 Jahre gewartet hatte, hätte leicht noch einen weiteren Tag warten können.

ἐμοὶ χολᾶτε (nur hier im NT; für *χολοῦσϑαι,* »zürnen«) *ὅτι ὅλον ἄνϑρωπον* (vgl. die o. g. rabbinischen Belege) *ὑγιῆ ἐποίησα ἐν σαββάτῳ*; Die Antwort kann bedeuten: Wir sind zornig, weil es nicht notwendig war, daß du diesen ganzen Menschen am Sabbat heiltest (s. Abrahams, Studies I, S. 135). Aber Joh führt den ganzen Gedankengang eine Stufe weiter mit der Behauptung, Jesu Handeln sei nicht eine Übertretung des Wortes Gottes im AT gewesen, sondern seine Erfüllung; sein Handeln war nicht erlaubt, sondern vom Gesetz für seine eigene Erfüllung gefordert. Dies gibt der Auseinandersetzung um den Sabbat, die in den Synoptikern eine solche große Rolle spielt, aber niemals wirklich in ihnen erklärt wird, eine auffallende und bedeutsame Wende. Das Verhalten Jesu ist nicht eine gefühlsbetonte Liberalisierung eines strengen und nicht praktikablen Gesetzes (vergleichbar mit der, die hinter den Bestimmungen für den *Erub* steckt, nur umfassender als jene – S. Erub passim) und auch nicht der meisterhafte Umgang eines Gegners des Gesetzes überhaupt; es ist vielmehr die Verwirklichung der erlösenden Absicht Gottes, auf welche das Gesetz verwiesen hatte. Es gibt eine ähnliche, wenn auch keineswegs identische, kontroverse Erörterung der Praxis der Beschneidung am Sabbat bei Justin, Dial 27.

24. *μὴ κρίνετε* (»hört auf zu richten . . .«; zum Gewicht des Imperativ Präsens in einem Verbot s. M I, S. 122–126) *κατ' ὄψιν.* Die ursprüngliche Bedeutung von *ὄψις* ist, wie auch hier, »Erscheinung«; 11,44 bedeutet es »Angesicht«, wie oft in den Papyri (MM, Bauer, Wörterbuch, s. v.).

τὴν δικαίαν κρίσιν κρίνατε: so ℵ Θ W. Der Imperativ Präsens *κρίνετε* ist in (P⁶⁶) P⁷⁵ B D kurzsichtig an den im ersten Teil des Verses angeglichen worden; er ist aber tatsächlich weniger angemessen als der Aorist – hört auf, nach der Erscheinung zu richten, urteilt recht. Zum Gegensatz zwischen einem Richten aufgrund lediglich der äußeren Erscheinung und einem gerechten, unparteiischen Urteil vgl. u. a. Dt 16,18f, *. . . κρινοῦσιν τὸν λαὸν κρίσιν δικαίαν· οὐκ ἐπιγνώσονται πρόσωπον . . .*; Lysias, Orat XVI,19 (147), *οὐκ ἄξιον ἀπ' ὄψεως . . . οὔτε φιλεῖν οὔτε μισεῖν οὐδένα, ἀλλ' ἐκ τῶν ἔργων σκοπεῖν.* S. auch Sach 7,9, *κρίμα δίκαιον κρίνατε,* und Jes 11,3f, obwohl diese Stelle eher zu 8,16 paßt, da sie auf das gerechte Gericht des Messiaskönigs verweist. Die Juden sollten nicht den voreiligen Schluß ziehen, Jesus sei ein Sabbatübertreter, sondern sie sollten im Glauben (V. 17) in den wahren Sinn seiner Sendung eindringen. »Da Jesus hier Dinge berührt, die zeitlich beträchtlich zurückliegen, und seine Zuhörer ohne weiteres so behandelt, als hätten sie jenes Wunder am Teich erlebt, lag es nahe, 7,15–24 in den Zusammenhang des 5. Kapitels zu verweisen und zu erklären, der ursprüngliche Platz der Verse sei etwa hinter 5,47 gewesen. Aber sie verstehen sich auch an ihrer jetzigen Stelle, an der sie durch die Beziehung von V. 25 auf 19f festgehalten werden. Joh denkt eben mehr an seine Leser, die kurz zuvor von diesen Dingen Kenntnis genommen haben, als an die Hörer der Rede« (Bauer, S. 111).

25. Ἱεροσολυμιτῶν. Im NT findet sich das Wort nur hier und Mk 1,5. Es ist möglich, wenn auch durchaus nicht sicher, daß Joh die ortsansässige Bevölkerung von der Menge, die aus Galiläa zum Fest gekommen ist, unterscheiden möchte. Der Hinweis bezieht sich auf 5,18; 7,19; der Anschlag auf das Leben Jesu steht weiter im Hintergrund des ganzen Kapitels (ja bis an den Schluß des Evangeliums). Es ist möglich anzunehmen, daß dieser Vers ursprünglich auf V. 14 folgte, aber dies ist sicherlich nicht notwendig.

26. παρρησίᾳ. S. Komm. zu V. 4. Jesus, erkannt als ein Mann, den die Autoritäten verhaften wollten, wirkte in Freiheit und öffentlich. Was konnte dies bedeuten?

μήποτε (eine unsichere Vermutung; »kann es möglich sein, daß . . .?«; M I, S. 192f) ἀληθῶς ἔγνωσαν (»haben wirklich erkannt«, nicht nur scheinbar oder angeblich) οἱ ἄρχοντες (s. Komm. zu 3,1; zu der Unbestimmtheit, mit der Joh die jüdischen Parteien und Autoritäten beschreibt, s. Komm. zu V. 32) ὅτι οὗτός ἐστιν ὁ χριστός; Eine mögliche Erklärung dafür, daß Jesus in Freiheit war, wurde sogleich gegeben: Die Autoritäten hatten ihren Sinn geändert und erkannt, daß er der Christus war. Aber dies war unwahrscheinlich, denn selbst einem Laien konnte sofort ein Einwand einfallen.

27. ἀλλὰ τοῦτον (hier nicht notwendigerweise abwertend; aus dem ὅτι-Satz in den Hauptsatz als Objekt herübergezogen) οἴδαμεν πόθεν ἐστίν. Vgl. V. 41 und 6,42. Man wußte sehr wohl, daß Jesus aus Nazareth kam; 1,45; 18,5.7; 19,19.

ὁ δὲ χριστὸς ὅταν ἔρχηται, οὐδεὶς γινώσκει πόθεν ἐστίν. Die Glaubensüberzeugung, daß der Messias verborgen sein würde, ehe er sein Amt antrat, ist bezeugt bei Justin Dial 8, Χριστὸς δὲ εἰ καὶ γεγένηται καὶ ἔστι που, ἄγνωστός ἐστι καὶ οὐδὲ αὐτός πω ἑαυτὸν ἐπίσταται οὐδὲ ἔχει δύναμίν τινα, μέχρις ἂν ἐλθὼν Ἠλίας χρίσῃ αὐτὸν καὶ φανερὸν πᾶσι ποιήσῃ. (vgl. 110). Sie ist auch in gebräuchlichen rabbinischen Aussagen über das »Erscheinen« des Messias vorausgesetzt (s. Bill II, S. 489; Bousset-Gressmann, S. 230). Dies bedeutet jedoch kaum mehr als: »Der Messias wird nicht erkannt werden, bis er erkannt wird«, und dies stellt keine völlige Parallele zu den Worten des Joh dar. Diese implizieren, daß immer noch nicht bekannt sein wird, woher der Messias gekommen ist, wenn er als Messias erkannt werden wird. Joh (der den Einwand in diesem Vers dazu verwendet, um zur Aussage des nächsten Satzes hinzuführen) zog wahrscheinlich die wohlbekannte jüdische Glaubensüberzeugung heran, paßte sie aber seinen eigenen Gedanken eines übernatürlichen, himmlischen Erlösers an. Der Menschensohn, oder Mann vom Himmel, ist in seinem Ursprung verborgen: aeth Hen 48,6: Zu diesem Zweck war er auserwählt und verborgen vor ihm (Gott), bevor die Welt geschaffen wurde, und (er wird) bis in die Ewigkeit vor ihm (sein). 4Esra 13,51f: Da sprach ich: Herr Gott, zeige mir, weshalb ich den Mann aus dem Herzen des Meeres habe aufsteigen sehen. Er sprach zu mir: Wie niemand erforschen noch erfahren kann, was in des Meeres Tiefen ist, so kann niemand der Erdenbewohner meinen Sohn schauen noch seine Gefährten, es sei denn zur Stunde seines Tages. Joh sagt jedoch nicht einfach: Ihr habt recht; der Ursprung des Messias wird wunderbar sein, aber noch wunderbarer, als ihr denkt. Er faßt eine Vorstellung, die säkularisiert worden war, in theologische Kategorien, oder tut dies vielmehr erneut so. »Die Wahrheit der Lehre vom verborgenen Ursprung des Messias zuzugeben ist gleichbedeutend damit – oder sollte es doch sein –, zuzugeben, daß alles menschliche Urteilen darüber unsachgemäß ist und unsachgemäß sein muß; dieses Zugeständnis zu machen, sind die Gegner des Herrn nicht bereit« (Lightfoot; s. auch Bultmann, S. 223). Vgl. auch die biblische Frage »Wo wird sich Weisheit finden?" (Hiob 28; [syr] Bar 3,14f; Sap 6,12; Prov 1,28f, worauf Brown verweist).

28. *ἔκραξεν. κράζειν*, ursprünglich für einen lauten, undeutlichen Schrei, wird von Joh (1,15; 7,28.37; 12,44) als Einleitung für feierliche Erklärungen gebraucht. Jesus antwortet, obwohl er nicht angeredet worden ist; er spricht tatsächlich zur Welt (Bultmann; vielleicht besser zu den Juden als Repräsentanten der Welt) vor dem Gerichtshof Gottes.

ἐν τῷ ἱερῷ διδάσκων. Vgl. V. 14.

κἀμὲ οἴδατε καὶ οἴδατε πόθεν εἰμί. Jesus gesteht den Jerusalemiten zu – und er hätte dies in der Tat ja auch nicht leugnen können –, daß ihre Behauptung in einem vordergründigem Sinn, so wie sie es meinen, zutrifft, auch wenn in einem anderen Sinn sein Ursprung ihnen durchaus unbekannt ist. Möglicherweise sollte man diese Worte mit einem Fragezeichen am Ende lesen. Tut man dies, dann beginnt Jesus sogleich damit, das selbstsichere Wissen der Männer von Jerusalem in Zweifel zu ziehen. Es scheint aber doch eher zur Denk- und Ausdrucksweise des Joh zu passen, daß die Wahrheit des Einwandes der Juden zugegeben wird, bevor dessen Unsachgemäßheit bloßgestellt wird. (Es liegt auch ein faktischer Irrtum in dem, was die Juden bezüglich der Eltern und des Geburtsorts Jesu denken – s. Komm. zu V. 41f; 8,41.)

καὶ (»und doch«, *καί* adversativum) *ἀπ᾿ ἐμαυτοῦ οὐκ ἐλήλυθα:* Ich bin nicht aus eigenem Antrieb gekommen, in meiner eigenen Vollmacht, für meine eigenen Ziele. Hinter Jesus steht ein anderer, der ihn gesandt hat und der allein seiner Sendung Sinn gibt; es folgt, daß seine sichtbaren Bewegungen nur ein unzureichender Hinweis auf seine Natur und Autorität sind.

ἔστιν ἀληθινὸς ὁ πέμψας με. ὁ πέμψας με ist eine gebräuchliche joh Formulierung; aber die Worte haben hier ihr volles Gewicht: Jesus weist von sich selbst weg auf einen, der ihn gesandt hat (s. zu 20,21); dieser Sendende ist, auch wenn er unsichtbar blieb, keine Erfindung der Phantasie, sondern wirklich und seinem eigenen Wesen treu. Zu *ἀληθινός* s. Komm. zu 1,9; es ist hier gleichbedeutend mit *ἀληθής*; vgl. 8,26.

ὃν ὑμεῖς οὐκ οἴδατε. Die Juden behaupteten gegenüber den Heiden, sie würden den wahren Gott kennen (vgl. Röm 2,17–19: Gott wurde im Gesetz offenbart, und nur Israel unter all den Völkern hatte das Gesetz empfangen; s. auch 4,22); aber hätten sie ihn tatsächlich gekannt, hätten sie Jesus nicht abgelehnt (8,42). Gott will in der Tat nicht länger durch das Gesetz, sondern durch Jesus erkannt werden, auch wenn das Gesetz ein zuverlässiges Zeugnis für Jesus und für die in ihm gegebene Offenbarung bleibt (5,46).

29. *ἐγὼ οἶδα αὐτόν.* Wie alle wahre Erkenntnis beruht (nach Joh) auch das Wissen Jesu von Gott auf Offenbarung; er ist von Gott gekommen. Man kann unmöglich zwischen *ἀποστέλλειν·*in diesem Vers und *πέμπειν* in V. 28 unterscheiden.

30. *ἐζήτουν οὖν αὐτὸν πιάσαι.* Subjekt sind immer noch »einige der Jerusalemer« (V. 25). Dies scheint nun ein Versuch der Volksmenge, Jesus zu ergreifen, zu sein, der von dem förmlichen Versuch einer Verhaftung zu unterscheiden ist (V. 32.45); freilich wäre es unklug anzunehmen, daß Joh diese Unterscheidung ernst gemeint habe; er hat bereits von einem Versuch »der Juden« gesprochen, Jesus zu töten (5,18 usw.). Ohne Zweifel denkt er an eine wunderbare Errettung Jesu aus der Hand seiner Angreifer; vgl. Lk 4,30.

οὔπω ἐληλύθει ἡ ὥρα αὐτοῦ. Die Stunde ist die Stunde des Todes und der Verherrlichung Jesu (s. Komm. zu 2,4). Bis zur vorherbestimmten Zeit kann er ungehindert wirken. Vgl. V. 6ff.

31. *ἐκ τοῦ ὄχλου δὲ πολλοὶ ἐπίστευσαν εἰς αὐτόν.* Die Glaubenden kommen nicht aus der herrschenden Klasse, sondern aus der Menge (*ἐκ τοῦ ὄχλου* ist betont, vor *δέ*), wahrscheinlich der Menge der Jerusalemer. Vgl. 8,30; sie spielen keine wirkliche Rolle in der Erzählung oder in der Geschichte; sie dienen als Gegenüber zu jenen, die (V. 30) Jesus zu ergreifen suchen. Seine Worte haben notwendigerweise diese doppelte Wirkung; vgl. 1,11ff; 3,18–21; u. ö.

μὴ πλείονα σημεῖα ποιήσει; Ihr Glaube gründete sich auf Zeichen; vgl. 2,23; 4,48 u. ö., der in der Annahme besteht, Zeichen könnten als bloße Wunder einen Sinn haben. Sie fragen nicht nach der

Bedeutung der Zeichen, dem, was durch das Zeichen ausgedrückt ist. Martyn wirft angesichts dessen, daß man vom Messias keine Wunderwerke erwartete (S. 103), die Frage nach der logischen Basis dieser Beobachtung auf; er beantwortet sie durch den Verweis auf die Gleichsetzung des wunderwirkenden Propheten mit dem Messias, die sich bei Joh findet. Dies ist eine scharfsichtige Bemerkung; es wäre aber doch voreilig zu behaupten, daß diese Gleichsetzung nur in den Kreisen des Joh vorgenommen wurde und kein Jude vom Messias sich Wunder erhoffte; im Gegenteil, es wäre natürlich, wenn die Juden, selbst wenn sie keinen wunderwirkenden Messias erwartet hatten, fragten, ob der Wundertäter nicht der Messias sein könnte, sofern sie mit Wundern konfrontiert wurden.

ἐποίησεν] *ποιεῖ*, א D Θ φ it vg, vielleicht zu Recht.

32–36 ist ein isolierter, nicht eng mit den vorangehenden Versen verbundener Abschnitt. Es geht in ihm um die Suche nach Jesus, er blickt auf V. 10–13 zurück und wird V. 45 wieder aufgenommen, wo die Boten zu jenen zurückkehren, die sie gesandt haben. Der Zwischenabschnitt V. 37–44 soll ohne Zweifel den Zeitverlauf markieren, aber er tut vielleicht des Guten zuviel, da wir mit V. 37 einen neuen Tag erreichen (V. 32 wird noch von dem Datum von V. 14 bestimmt). Joh geht es jedoch viel mehr um den Fluß der Gedanken als der Erzählung.

32. *γογγύζοντος*. S. V. 12, *γογγυσμός*. Hier (wie dort) geht es um Diskussion oder Streitgespräch, nicht um eine Klage.

οἱ ἀρχιερεῖς καὶ οἱ Φαρισαῖοι. Die meisten der Hohenpriester (Mitglieder der führenden Priesterfamilien, der »Rat« der Hohenpriester) waren Sadduzäer (Apg 5,17; Josephus, Ant XX,199); normalerweise können wir nicht erwarten, daß sie in Übereinstimmung mit den Pharisäern handeln. Sie erscheinen jedoch in der Regel bei Joh zusammen (7,32.45; 11,47.57; 18,3). In Mk (14,1 und an anderen Stellen in der Passionsgeschichte) verschwören sich die Hohenpriester und Schriftgelehrten (von denen viele, wenn auch nicht alle, Pharisäer waren), um die Tötung Jesu sicherzustellen. Joh hat angenommen, daß die Verbindung, die kaum weniger als eine allgemeine Bewegung des ganzen Synhedriums darstellt, bereits viel früher stattgefunden hat. Dies scheint zweifelhaft und läßt Joh angebliche Kenntnis Palästinas zur Zeit Jesu unsicher erscheinen. Offenbar nimmt er entweder aus Unwissen, oder da ihm in einem solchen Falle nichts an Genauigkeit liegt, einfach *οἱ Ἰουδαῖοι* als allgemeinen Begriff für die Feinde Jesu, die er gelegentlich als *οἱ ἀρχιερεῖς* (oder *οἱ ἄρχοντες*) zusammen mit *οἱ Φαρισαῖοι* bestimmt. Vgl. V. 48.

ὑπηρέτας ἵνα πιάσωσιν αὐτόν. Der inoffizielle und gescheiterte Versuch von V. 30 wird nun von der Obrigkeit erneut unternommen. Nur den Hohenpriestern standen *ὑπηρέται* zur Verfügung (vgl. 18,3). Martyn (S. 73f) versteht dieses Wort auf zwei Ebenen (für *ḥazzanim*); es meine sowohl die Jerusalemer Polizei, die zur Verhaftung Jesu ausgesandt wird, wie die Synagogenbehörden, die sich gegen Judenchristen wandten.

33. *οὖν. αὐτοῖς* wird von vielen Handschriften hinzugefügt, aber ausgelassen von P[66] P[75] א B D W Θ, und zwar zu Recht; Jesus beschränkte seine Bemerkungen nicht auf die zu seiner Verhaftung ausgesandte Tempelpolizei, sondern sprach allgemein. Der Kommentar von V. 35f wird den *οἱ Ἰουδαῖοι* zugeschrieben, die man deshalb als die Hörer der ursprünglichen Rede annehmen muß.

ἔτι χρόνον μικρὸν μεθ' ὑμῶν εἰμι. Jesus läßt sich durch den Plan, ihn zu verhaften, nicht stören; er weiß, daß eine »kleine Weile« vergehen muß, ehe seine Stunde kommt (vgl. 12,35; auch 13,33; 14,19; 16,16–19, wo *μικρόν* ohne *χρόνον* gebraucht wird), währenddessen er das verwirklichen muß, was ihm noch zu tun bleibt (9,4; 11,9f). Sein Geschick wird nicht von den jüdischen Autoritäten, sondern von ihm selbst im Gehorsam gegenüber dem Willen Gottes bestimmt. Dies wird entsprechend durch die zeitliche Begrenzung seines Wirkens ausgedrückt. Glaube ist nicht eine natürliche menschliche Möglichkeit, sondern mit dem besonderen göttlichen Wirken in Jesus verbunden, welches doch das Gericht bewirkt (vgl. 3,19ff), obwohl es selbst seiner Natur nach Gabe ist und Leben und Wahrheit vermittelt. In der Gegenwart Jesu sind die Menschen (durch die Gabe Gottes) zur Entscheidung gerufen, und diese Entscheidung wird nicht immer möglich sein.

καὶ ὑπάγω, und dann werde ich gehen: zeitliche Parataxe wie in 2,13; 4,35; M II, S. 422. *ὑπάγειν* wird für das Scheiden Jesu aus der Welt gebraucht, und zwar hier und 8,14.21f; 13,3.33.36; 14,4f.28; 16,5.10.17. Diese Wortwahl ist für Joh charakteristisch, der zeigen möchte, daß der Tod Jesu nicht lediglich eine natürliche Auflösung war, sondern ein Gehen zum Vater. Vgl. seinen Gebrauch von ὑψοῦν (s. Komm. zu 3,14). An dieser Stelle hat Joh das Wort auch deshalb gewählt, weil es zu ζητεῖν paßt (V. 1.11.19, usw.).

34. ζητήσετέ με, d. h. nach dem Weggang Jesu zum Vater. Jetzt (V. 30) suchen sie ihn festzunehmen; es würde eine Zeit kommen (hier ist an das Endgericht gedacht, und nicht so sehr an eine Zeit der Not des Volkes), wenn sie, zu spät, seine Hilfe suchen würden. Vgl. 8,21; 13,33; EvThom 38: Viele Male habt ihr gewünscht, diese Worte zu hören, die ich euch sage, und ihr habt keinen anderen, sie von ihm zu hören. Es werden Tage kommen, (da) ihr mich suchen (und) nicht finden werdet.

ὅπου εἰμὶ ἐγὼ ὑμεῖς οὐ δύνασθε ἐλθεῖν. Dieses Wort ist entsprechend der joh Ausdrucksweise zweideutig formuliert, damit das Mißverständnis des nächsten Verses entstehen kann. In erster Linie wird hier selbstverständlich auf den Tod Jesu verwiesen; auch seine Gegner werden sterben, aber ihr Tod wird kein Weggehen zum Vater bedeuten. Es ist nicht unmöglich, ειμι als εἶμι zu akzentuieren, »wohin ich gehen will . . .«.

Trotz Augustins ‚*Nec dixit, ubi ero: sed ubi sum. Semper enim ibi erat Christus quo fuerat rediturus: sic enim venit, ut non recederet'* (Tract. in Joh. XXXI,9, zitiert von Brown; s. aber den ganzen Abschnitt und vgl. Fenton) scheint es hier nicht richtig, die unbegrenzte Dauer (s. dazu 8,58 und Komm. z. St.) des ἐγώ εἰμι zu betonen; der vorliegende Abschnitt stellt vielmehr die zeitliche Beschränkung des Wirkens Jesu heraus (s. Komm. zu V. 33); er wird nicht immer erreichbar sein, wie er es jetzt ist.

35. πρὸς ἑαυτούς für πρὸς ἀλλήλους, wie oft im hellenistischen Griechisch. Die Juden werden durch dieses Wort überrascht; und es ist deutlich (V. 36), daß sie nicht mit ihrer eigenen Erklärung zufrieden sind (sie versuchen eine andere, 8,21f).

μὴ (eine vorsichtige und zögernde Vermutung; vgl. V. 26) εἰς τὴν διασπορὰν τῶν Ἑλλήνων μέλλει πορεύεσθαι. Vielleicht bedeutet das »Weggehen« Jesu, daß er Palästina verläßt, so daß die palästinischen Juden ihn nicht länger finden können. »διασπορά verweist in LXX häufig auf die Zerstreuung des Volkes unter die Heiden (Dt 28,25; 30,4; Jer 34[41],17), aber auch die Gesamtheit der Zerstreuten (Jes 49,6; Ps 147[146],2; 2Makk 1,27; PsSal 8,34), ferner, wie hier, als Bezeichnung des Gebietes der Zerstreuung (Judith 5,19)« (Bultmann, S. 233). Ein Genitiv nach διασπορά bezeichnet oft die Zerstreuten; hier handelt es sich eindeutig um einen »Genitiv der Richtung« (Bl-Debr § 166).

καὶ διδάσκειν τοὺς Ἕλληνας. Dies geht einen Schritt weiter. Jesus will nicht lediglich die in der Zerstreuung lebenden Juden besuchen, sondern er will auch jene lehren, die von Geburt überhaupt keine Juden sind. Bei Joh begegnet Ἕλην hier und 12,20. An der letzten Stelle könnte es sich bei den Ἕλληνες sehr wohl um Proselyten handeln. Die gleiche Bedeutung könnte hier vorliegen, aber angesichts des Gebrauchs von Ἕλλην in der Wendung διασπορὰ τῶν Ἑλλήων ist es keineswegs unmöglich, daß Joh hier schlicht und einfach die Heiden einschließt: zumindest vertrat er, wenn er diese Meinung nicht den Juden zuschreibt, diese doch wahrscheinlich selbst – denn er läßt, mit charakteristischer Ironie, die Juden ungläubig und unverständig das aussagen, was tatsächlich die Wahrheit ist. Durch die Kirche wird Jesus in die Zerstreuung gehen und die Völker, sowohl Heiden als auch Proselyten, lehren. Es mag hier auch an die christliche Diaspora gedacht sein (s. 1Petr 1,1; auch Joh 11,52; 10,16); so Hoskyns, S. 364. J. A .T. Robinson hält es für wahrscheinlich, auch wenn er sich bei diesem Abschnitt weniger sicher ist als bei 12,20, daß auch hier Ἕλληνες griechisch sprechende Diasporajuden meine. Anderen, z. B. Sanders und Brown, scheint diese Annahme unwahrscheinlich. S. Komm. zu 12,20, und Judaism, S. 11–14.

37. ἐν δὲ τῇ ἐσχάτῃ ἡμέρᾳ τῇ μεγάλῃ τῆς ἑορτῆς. Zum Laubhüttenfest und seiner Dauer s. Komm. zu V. 2. Die Frage, die hier entsteht, ist, ob mit »der letzte Tag« Joh den siebenten und abschließenden Tag des Festes selbst meint oder den achten Tag, den der עצרת (das abschließende Fest). An diesem

Tag wurde die *sukka* (Bude oder Hütte) abgerissen, das *Hallel* wurde rezitiert, und der Festjubel hielt
an (Sukka 4,1.8; s. o.). Man hat zugunsten des siebenten Tages argumentiert, a) es gebe keinen ausreichenden Grund, den achten Tag (der im strengen Sinn nicht Teil des Festes ist) den »großen Tag«
des Festes zu nennen, und b), der Ritus des Trankopfers und der Lichter (s. Komm. zu 7,38; 8,12)
scheint am siebenten oder vor dem siebenten Tag geendet zu haben (S. Sukka 4,1 und 5,1 und Danby
z. St.). Zugunsten des achten Tages kann man anführen: a) Der achte Tag war ein Ruhetag (wie ein
Sabbat) mit besonderen Opfern (Sukka 5,6). Er wurde in Ehren gehalten: Sukka 4,8: »Das *Hallel* und
der Jubel acht Tage« (ein Verweis auf 4,1) – das heißt, uns zu lehren, daß ein Mann verpflichtet ist,
das *Hallel* zu rezitieren und den Jubel zu beobachten und die Ehre (die dem Fest zusteht) am letzten
Festtag zu geben (dem achten Tag des Festes) wie an allen anderen Tagen des Festes. b) Josephus
spricht vom Laubhüttenfest als einem achttägigen Fest (Ant III,245, ἐφ᾽ ἡμέρας ὀκτὼ ἑορτὴν ἄγοντας,
247). c) Jesu Worte über das Wasser und das Licht müssen nicht durch das Festritual veranlaßt
worden sein; und wenn dies der Fall war, so gibt es keinen Grund, warum Jesus nicht das *wahre*
Wasser und Licht verkündigt haben sollte, nachdem das lediglich symbolische Wasser und Licht aus
dem Tempel entfernt worden war. Insgesamt gesehen, spricht mehr für den achten Tag; es ist freilich
zweifelhaft, ob Joh sehr an diesem Thema lag, und möglich, daß ihm gar nicht bewußt war, welche
Frage er durch seine Worte aufwarf.

εἱστήκει. S. Komm. zu 1,35. Hier ist eher öffentliche Verkündigung als die übliche Lehre anzunehmen.

ἔκραξεν. ἔκραζεν (א D Θ), Imperfekt, scheint weniger passend; es kann durchaus zutreffend sein.

37b. 38. Die Zeichensetzung bei diesen Jesus zugeschriebenen Worten ist unsicher. a) Wir können
(mit Nestle) einen Punkt nach πινέτω setzen und ein Komma nach εἰς ἐμέ. Die Wendung ὁ πιστεύων
εἰς ἐμέ ist dann ein Nominativus pendens (s. Einleitung, S. 28, und vgl. 6,39; 8,45; 15,2; 17,2),
wiederaufgenommen in αὐτοῦ. Die Ströme lebenden Wassers fließen aus dem Leib des Glaubenden,
und darauf verweist die »Schrift«. b) Wir können (wie z. B. Bultmann, S. 228, aufgrund der Schwierigkeit, einen zu a) passenden atl Text zu finden, und wegen des Satzrhythmus) ein Komma nach
πρός με und einen Punkt nach εἰς ἐμέ setzen. Dies ergibt ein paralleles Reimpaar: Wenn ein Mann
durstig ist, so laß ihn zu mir kommen / wer an mich glaubt, laß ihn trinken. Der Schriftverweis,
καθὼς εἶπεν ἡ γραφή, kann nun entweder auf das Vorhergehende oder Nachfolgende bezogen werden;
und in ἐκ τῆς κοιλίας αὐτοῦ kann das Pronomen auf Christus verweisen oder auf den Glaubenden. Es
gibt zwischen diesen schwierigen Alternativen keine leichte Entscheidung. Beide ergeben nicht nur
für sich Sinn, sondern ergeben auch einen Sinn, der jeweils zu Joh paßt (Hoskyns, S. 365–369). Die
Frage wird noch schwieriger durch das Problem, das sich aus den Worten καθὼς εἶπεν ἡ γραφή ergibt.
ἡ γραφή (Singular) verweist im allgemeinen auf eine bestimmte Stelle des AT, aber dieses Zitat kann
nicht sicher lokalisiert werden (s. JThSt 48 [1947], S. 156 und u.). Wir können deshalb nicht mit
Sicherheit feststellen, ob ἐάν τις … εἰς ἐμέ oder ποταμοί … ζῶντος das Zitat bildet, und können deshalb auch nicht entscheiden, ob oder ob nicht ὁ πιστεύων εἰς ἐμέ mit ποταμοί zu verbinden ist. Für b)
sprechen einige westliche Kirchenväter, die Kolometrie der altlateinischen Handschriften d und e
und eine mögliche Anspielung im Brief der Märtyrer von Vienne (Euseb, Hist Eccl V,1,22; der
Märtyrer Sanctus wurde erfrischt und gestärkt in seinem Leiden ὑπὸ τῆς οὐρανίου πηγῆς τοῦ ὕδατος τῆς
ζωῆς τοῦ ἐξίοντος ἐκ τῆς νηδύος τοῦ Χριστοῦ – aber dies könnte ein Verweis auf 19,34 sein, nicht auf
V. 38b). Dies fällt nicht sehr ins Gewicht gegen die Mehrheit der griechischen Väter, die für die
andere Möglichkeit stehen. Gewißheit ist nicht zu erlangen, man kann aber a) vorziehen, denn 1. der
durch b) geschaffene Parallelismus ist nur unvollkommen, und es gibt deshalb keinen zwingenden
Grund für die Annahme, daß er beabsichtigt war; 2. die Aufforderung πινέτω ist besser verbunden
mit ἐάν τις διψᾷ als mit ὁ πιστεύων; als Dürstender wird ein Mensch mit Recht aufgefordert, zu
kommen und zu trinken; als ein Glaubender, der gekommen ist und getrunken hat, kann er das Subjekt einer Aussage sein. Die Tatsache, daß P[66] einen Punkt zwischen πινέτω und ὁ πιστεύων setzt,
stützt sehr Möglichkeit a); dies wird auch nicht ernsthaft erschüttert durch die Argumente von G. D.

Kilpatrick (JThSt 11 [1960], S. 340ff – wenn ein Mann durstig ist, laß den an mich Glaubenden kommen und trinken) und N. Turner (Insights, S. 144f) oder durch eine koptische Handschrift, die πινέτω mit ὁ πιστεύων verbindet (K. G. Kuhn, NTS 4 [1957], S. 63ff).

ἐάν τις ... πινέτω. Der Gedanke ist ähnlich dem von 4,10–14; 6,35; vgl. auch 19,34, und s. Komm. z. St. Eine ähnliche Redeweise liegt in Offb 22,17 vor: ὁ διψῶν ἐρχέσθω, ὁ θέλων λαβέτω ὕδωρ ζωῆς δωρεάν, und es gibt wahrscheinlich zumindest eine indirekte Anspielung auf Jes 55,1. Es kann auch eine besondere Anspielung auf das Ritual des Laubhüttenfestes vorliegen. An den sieben Tagen des Festes wurde ein goldenes Gefäß mit Wasser aus dem Teich von Siloa gefüllt und für Libationen im Tempel gebraucht (Sukka 4,9). Dieser Ritus wird im AT nicht erwähnt (aber s. Komm. zu Sach 14,8), auch nicht bei Josephus; zweifellos aber wurde er vor der Zerstörung des Tempels vollzogen (vgl. Sukka 4,9 fin; mit Josephus Ant XIII,372; diese Stellen lassen vermuten, daß es diesen Ritus schon seit Alexander Jannaeus gibt). Er hatte wahrscheinlich seinen Ursprung in einem Regenzauber, aber aus dieser primitiven Praxis war nur der Brauch des Gebetes um Regen übriggeblieben (Taan 1,1; nach R. Eliezer b. Hyrcanus [um 80–120 n. Chr.] vom ersten Festtag, nach R. Joshua b. Hananiah [ebenso 80–120 n. Chr.] vom letzten [achten] Tag). Dieser Verweis auf Regen wird nach der Weise der zweiten der achtzehn Bitten ausgedrückt (»die Macht des Regens«), die auch von Gott als einem spricht, der den Toten Leben gibt, der mächtig ist, zu retten (Singer, S. 44: מתים מחיה להושיע רב אתה). Sehr wahrscheinlich legt dieser Zug des Festes die Form des hier Jesus zugeschriebenen Logions nahe, besonders angesichts der vergleichbaren Verhältnisse im Zusammenhang mit 8,12. Es trifft selbstverständlich zu (Hoskyns, S. 365), daß die Vorstellung von Christus als dem Spender des Lebenswassers einen breiteren atl und auch joh Hintergrund hat, als das Laubhüttenfest für sich selbst genommen nahelegt; aber dies ist kein Grund, warum die Feier des Festes mit der Anspielung auf »Wasser von den Quellen der Erlösung« (Jes 12,3) nicht den Schlüssel für die hier zu diesem Thema gegebene Lehre geboten haben sollte. Lightfoot betont die eschatologische Bedeutung des Laubhüttenfestes, und Martyn (S. 98ff) zitiert Eccl r 1,8 (Rabbi Berekiah sagte im Namen von Rabbi Isaak: Wie der erste Erlöser war, so wird der zweite Erlöser sein. Was wird gesagt von dem ersten Erlöser? Und Mose nahm sein Weib und seine Söhne und setzte sie auf einen Esel (Ex 4,20). Ähnlich wird es sich mit dem zweiten Erlöser verhalten, wie gesagt wird, niedrig und reitend auf einem Esel (Sach 9,9). Wie der erste Erlöser Manna herabkommen ließ, wie gesagt wird, siehe, ich will Brot vom Himmel für dich regnen lassen (Ex 16,4), so wird der zweite Erlöser Manna herabkommen lassen, wie gesagt ist, möge er sein wie ein reiches Kornfeld im Land (Ps 72,16). Wie der erste Erlöser eine Quelle hervorspringen ließ, so wird der zweite Erlöser Wasser hervorbringen, wie gesagt ist, und ein Brunnen soll hervorkommen aus dem Haus des Herrn, und er soll bewässern das Tal von Shittim (Joel 4,18). Martyn beobachtet, daß wir hier (vgl. 12,14f; 6,35 – auch 4,14) eines der auf die Mose-Messias-Typologie bezogenen Zeichen haben (s. weiter Meeks). Indem er Wasser anbietet, erfüllt Jesus diese Erwartung. Zum »Kommen« zu Jesus s. Essays, S. 62–65, und Komm. zu 6,44f.

38. *ὁ πιστεύων ... ὕδατος ζῶντος.* Vgl. 4,14. Christus ist selbst der Brunnen lebendigen Wassers, aber es ist auch eine begründete Vermutung, daß der Glaubende, der mit ihm verbunden ist, in einer sekundären Weise eine Quelle lebenden Wassers ist. Das göttliche Leben wurzelt in ihm. Vgl. EvThom 108: Wer aus meinem Munde trinkt, der wird werden wie ich; ich selbst werde werden wie er, und das Verborgene wird sich ihm offenbaren. Zu ὕδωρ ζῶν s. Komm. zu 4,10.

ἐκ τῆς κοιλίας αὐτοῦ. κοιλία könnte (Bill II, S. 492) das rabbinische גוף (*guph*, Leib) sein, das in der Bedeutung »Person«, »Selbst«, gebraucht werden konnte; aber גוף würde natürlicherweise durch σῶμα und nicht durch κοιλία wiedergegeben werden, welches eher auf טבור (*ṭibbur*) oder בטן (*beṭen*) verweist. Das griechische Wort wird selbstverständlich metaphorisch gebraucht und bedeutet, daß das lebende Wasser aus der Persönlichkeit des Menschen fließt (vgl. *ἐν αὐτῷ,* 4,14); die Wortwahl muß jedoch bedeutsam sein. S. dazu unten.

καθὼς εἶπεν ἡ γραφή. Zur Zeichensetzung in diesem Vers, die wir oben abgelehnt haben, beachte, daß *γραφή* einfach sagen oder implizieren kann a) die Einladung an den Dürstenden; b) daß lebendes Wasser aus dem Leib des Glaubenden fließt; c) daß lebendes Wasser aus dem Leib Christi fließt. Aufgrund der von uns vertretenen Zeichensetzung aber ist nur b) möglich. Es gibt zu a), b) und c) in einem allgemeinen Sinn atl Parallelen (s. JThSt, a. a. O), und zwar darin, daß Gott dort als Brunnen lebendigen Wassers dargestellt wird, der das Bedürfnis des Menschen nach Wasser stillt. Weitere Näherbestimmung ist kaum zu erreichen, aber man sollte vielleicht besondere Aufmerksamkeit auf Sach 14,8 richten, eine der prophetischen Haphtaroth für das Laubhüttenfest (Abrahams, Studies I, S. 11f; H. St. J. Thackeray, The Septuagint and Jewish Worship [1921], S. 64–67). Sach 14,8 lautet: Lebendes Wasser soll ausgehen von Jerusalem. Nun war in rabbinischer Tradition Jerusalem der Mittelpunkt der Erde (z. B. Jub 8,19: Der Berg Zion – die Mitte des Mittelpunkts der Erde; Ez 38,12; Sanh 37a), und es ist möglich, daß Joh dieses Wort dazu verwendete, die Prophezeiung von der Stadt auf eine Person zu übertragen. Andere atl Stellen (z. B. Jes. 58,11) können diese Übertragung leichter gemacht haben. S. auch Dt 8,11; Ps 114,8; Jes 43,20; 44,3; Jer 2,13; Ez 47,1–12; Joel 4(3),18; 1QH 8,16 spricht von einem Brunnen lebendigen Wassers (מבוע מים חיים), aber, wie Braun (z. St.) zeigt, ist dies eine verbreitete jüdische Vorstellung; in 1QS 4,20–22 ist Wasser für die Reinigung da und nicht so sehr dazu, Leben zu geben. CD 3,16f; 6,4–11; 19,34 sind bessere Parallelen, aber dort ist das Wasser die Tora, und auch dies ist eine gebräuchliche jüdische Vorstellung und keineswegs besonders charakteristisch für die Qumransekte. Es ist nicht notwendig anzunehmen (Torrey, S. 108–111), daß sich bei der Wiedergabe eines aramäischen גוה *(gawwah)* »ihre (Jerusalems) Mitte« hier ein Fehler einschlich, das (= גוה) *(gawweh)* »seine Mitte (Bauch)« verstanden wurde; weder in Aramäisch noch in Griechisch war das Evangelium an Wasser interessiert, das von Jerusalem ausfloß, sondern an Wasser, das von Glaubenden (oder von Christus) ausfloß. Zu anderen Interpretationsmöglichkeiten s. M II, S. 475; Bultmann, S. 229; und Schnackenburg II, S. 215f.

39. *τοῦτο δὲ εἶπεν περὶ τοῦ πνεύματος.* Wasser, besonders lebendes Wasser, wurde manchmal als Symbol für den Heiligen Geist gebraucht; s. Bill II, S. 434f, und besonders Gen r 70,8, wo das Wasserschöpfen des Laubhüttenfestes als Schöpfen des Heiligen Geistes interpretiert wird. Es ist der Geist, der den Menschen göttliches Leben vermittelt. Vgl. 1Kor 12,13.

ἔμελλον λαμβάνειν οἱ πιστεύσαντες εἰς αὐτόν. Diese Anmerkung stammt von Joh, und er denkt dabei an seine eigene Zeit. *οἱ πιστεύσαντες* sind nicht nur die Apostel, sondern auch jene, die durch sie glauben sollten (17,20; 20,29).

οὔπω γὰρ ἦν πνεῦμα, ὅτι Ἰησοῦς οὐδέπω ἐδοξάσϑη. Dies ist der einfachste und wahrscheinlich der richtige Text. Man hat verschiedene Versuche unternommen, die mögliche, wenn auch törichte Vermutung auszuschließen, daß der Heilige Geist vor der Verherrlichung Jesu nicht existiert habe. Nach *πνεῦμα* haben die lateinischen und altsyrischen Versionen und einige Väter *δεδομένον*; die gleiche Lesart, mit der Hinzufügung von *ἅγιον*, findet sich in B e hl. D fügt hinzu *ἅγιον ἐπ' αὐτοῖς*, und sah hat »sie hatten den Heiligen Geist noch nicht empfangen«. Diese Varianten sind fast sicher »Verbesserungen«, und wir sollten wahrscheinlich auch *πνεῦμα ἅγιον* (Ω) zugunsten des *πνεῦμα* bei Nestle ablehnen. Joh beabsichtigt nicht, die frühere Existenz des Geistes zu leugnen, auch nicht, daß er in den Propheten am Werk war; er sagt ausdrücklich, daß der Heilige Geist zu Beginn seiner Wirksamkeit auf Jesus selbst herabkam (1,32). Er meint vielmehr, der Heilige Geist sei bis zum Abschluß seines Wirkens nicht in der Weise und in dem Maße, die charakteristisch für die Christen ist, gegeben worden. Dies paßt sehr gut zu dem fast völligen Schweigen der synoptischen Evangelien über den Geist. Daß Joh so viel mehr über dieses Thema zu sagen hat, ist darauf zurückzuführen, daß er von einem späteren Standort aus schreibt (JThSt NS 1 [1950], S. 1–15). Er selbst erkennt deutlich die Abhängigkeit der Gabe des Geistes von der Vollendung des Werkes Jesu (s. zusätzlich zu unserer Stelle 2,22; auch 19,34 und Komm. z. St.), und mit dieser Erkenntnis steht er in unmittelbarer Nähe zu den eschatologischen Wurzeln der christlichen Verkündigung. Der Geist war eine Gabe des neuen Äons (s. HSGT, bes. S. 152–162). Joh drückt dies dadurch aus, daß er sagt: Nach der Rückkehr des Christus zum Vater senden Vater und Sohn den Heiligen Geist (14,16.26; 15,26). Jesus wird in und

durch seinen Tod verherrlicht; vgl. 12,23; 17,1. S. zu 3,14 wie auch den o. g. Stellen. Vgl. auch jene Stellen, wo gesagt wird, daß die Jünger dies *später* verstehen· werden: 2,21f; 12,16; 13,7; 16,4; 20,9.
Brown wirft die Frage auf, ob man in diesen Versen sakramentale Symbolik findet. Ist das Wasser das Taufwasser? Fragt man so massiv, muß die Frage verneint werden. Joh spricht nicht einfach in verhüllter Weise von der Taufe. Man kann freilich daran erinnern, daß zwar das Taufwasser nicht Trinkwasser ist, sondern Wasser, in welchem der Bekehrte untergetaucht und gebadet wird, und doch konnte Paulus schreiben (1Kor 12,13): In einem Geist sind wir alle getauft zu einem Leib . . ., und es wurde uns ein Geist gegeben zu trinken (ἐποτίσϑημεν); auch Joh kannte ganz sicher den Taufritus. Bestehen bleibt, daß in diesen Versen Wasser ein Bild des Geistes ist, nicht ein Mittel, durch welches der Geist vermittelt wird, und es gibt nicht den geringsten positiven Hinweis darauf, daß Joh an die Taufe denkt. Dieses Schweigen an einer Stelle, wo ein Hinweis leicht gewesen wäre, muß wohl von Bedeutung sein; s. Einleitung S. 98ff.

40. ἐκ τοῦ ὄχλου. Die Präpositionalwendung wird als Substantiv mit nachfolgendem Verbum Plural gebraucht; τινές ist wie 16,17 zu verstehen. Die Konstruktion ist wahrscheinlich semitischen Ursprungs; Bl-Debr § 162.2.
οὗτός ἐστιν ἀληϑῶς ὁ προφήτης. Zu ἀληϑῶς vgl. V. 26. Zu ὁ προφήτης vgl. 1,21.25; 6,14; vielleicht 4,19, nicht 9,17. Was immer diese Bezeichnung Jesu an anderer Stelle bedeuten mag, hier ist sie klar unterschieden von dem folgenden Anspruch, er sei der Messias. Wir haben es deshalb hier nicht mit der messianischen Interpretation von Dt 18,15.18 zu tun, die in Apg 3,22f und bei den Samaritern auftaucht. Sie scheint aber keine Parallele in der jüdischen Literatur zu haben, es sei denn, man verweist auf 1QS 9,11 und 4QTest 5–8, obwohl an diesen Stellen der Prophet nicht mit dem Messiaskönig identifiziert wird. Joh 1,21–25 zeigt gleichermaßen deutlich, daß »der Prophet« nicht der Elia redivivus ist. Untergeordnete eschatologische Erwartungen, die sich vielleicht teilweise auf Texte wie Dt 18,15.18 und Mal 3,1 (wo man den »Boten« nicht notwendigerweise mit dem zurückkehrenden Elia von 3,23f identifizieren muß) gründen, kann es freilich gegeben haben. 1Makk 4,46; 14,41 werden bestimmte Fragen bis zur Erscheinung eines Propheten aufgeschoben, aber es gibt dort keinen Beleg dafür, daß dieser Aufschub jemals Teil der eschatologischen Hoffnung wurde (Bill II, S. 479). S. auch den Verweis auf Martyn bei V. 37 und Einleitung, S. 89f. An der vorliegenden Stelle sieht Martyn (S. 103) nicht eine strenge Unterscheidung zwischen dem mosaischen Propheten und dem Messias, sondern den »leichten Übergang vom mosaischen Propheten zum mosaischen Messias-Propheten«. Daß es in einem Bereich, wo es wenige, wenn überhaupt irgendwelche genauen Definitionen gab, einen »leichten Übergang« gab, braucht man nicht zu leugnen; dies paßt durchaus zu der simplen Tatsache, daß ἔλεγον . . . ἄλλοι ἔλεγον eine Unterscheidung macht – einige sagten das eine, andere etwas anderes.

41. οὗτός ἐστιν ὁ χριστός. Andere gingen weiter und behaupteten, Jesus sei nicht ein Vorläufer, sondern der Christus selbst; vgl. Mk 8,28f. Der Anspruch Jesu, er gebe den Geist, rief natürlicher-weise diese Überzeugung hervor.
οἱ δὲ ἔλεγον. ℵ D haben wieder ἄλλοι ἔλεγον, um ganz deutlich herauszustellen, daß es um einen anderen Zwiespalt in der Menge geht. Man argumentiert, eine messianische Interpretation der Worte Jesu sei nicht möglich; die Umstände seiner Geburt stimmten mit der Prophezeiung nicht überein. μὴ γάρ. γάρ verstärkt μή, auf welches man die Antwort nein erwartet. »Was, der Christus . . .?«

42.a) Der Schriftbeleg für den Geburtsort des Messias ist Micha 5,2, καὶ σύ, Βηϑλέεμ οἶκος Ἐφράϑα, . . . ἐξ οὗ μοι ἐξελεύσεται τοῦ εἶναι εἰς ἄρχοντα τοῦ Ἰσραήλ. Der Gebrauch dieser Stelle scheint christlich zu sein; sie wird in rabbinischer Literatur im Blick auf die Herkunft des Messias erst sehr spät zitiert (s. Bonsirven I, S. 378) und findet sich, obwohl sie bei Justin, Dial 78, gebraucht wird, im Munde des Justin und nicht in dem seines jüdischen Gegners. Mehrere Stellen erklären, der Messias werde aus dem Samen Davids kommen, z. B. Ps. 89(88),4f, ὤμοσα Δαυεὶδ τῷ δούλῳ μου Ἕως αἰῶνος ἑτοιμάσω τὸ σπέρμα σου κτλ. Fitzmyer, Essays, S. 86, sieht einen Hinweis auf 2Sam 7,11–14 wie in 4QFlor.

336

Vgl. Offb 5,5; 22,16. b) Wir können mit Gewißheit annehmen, daß Joh die Tradition einer Geburt Jesu in Bethlehem kannte (zu einer möglichen Kenntnis der Lehre von der Jungfrauengeburt bei Joh s. Komm. zu 1,13); er schreibt hier in seinem üblichen ironischen Stil. Die Kritiker Jesu nehmen in ihrer Unwissenheit an, daß er, weil er in Galiläa aufwuchs, auch dort geboren war. Zur zeitgenössischen Kritik an Galiläa s. G. Vermes, Jesus the Jew [1973], S. 42–57. c) Aber die Ironie des Joh ist tiefgründiger. Der Geburtsort Jesu ist nur eine unbedeutende Angelegenheit im Vergleich zu der Frage, ob er ἐκ τῶν ἄνω oder ἐκ τῶν κάτω (8,23) ist, ob er von Gott kommt oder nicht. Vgl. 7,28, wo Jesus, auch wenn er zugibt, daß seine Hörer wußten, woher er kam, betont, daß menschliche Ursprünge unwichtig sind (ἀπ' ἐμαυτοῦ οὐκ ἐλήλυθα), und 8,14, wo Jesus leugnet, daß die Juden (wirklich) wissen, woher er kam – sie richten κατὰ τὴν σάρκα. S. auch 3,8 – niemand weiß, woher einer, der aus dem Geist geboren wurde, kommt und wohin er geht. Dies bezieht sich in erster Linie auf die Christen, dann aber auch auf Jesus selbst. Daraus folgt, daß aller Streit über den Geburtsort des Messias, den Mann vom Himmel, am Eigentlichen weit vorbeigeht. Ein vorgefaßtes und streng bewahrtes Dogma hält Menschen davon ab, im Glauben (Bultmann) zu Jesus zu kommen; vgl. 6,42 und den Verweis auf Conzelmann.

ὅπου ἦν Δαυίδ. S. 1Sam 16,1 usw.

43. σχίσμα οὖν ἐγένετο, d. h. unter jenen, die Jesus für den Propheten hielten, jenen, die ihn für den Christus hielten, und jenen, die seine Messianität aufgrund seiner angenommenen Herkunft aus Galiläa ablehnten. Das Wort σχίσμα begegnet an mehreren wichtigen Stellen im Evangelium (7,43; 9,16; 10,19) und faßt das Ergebnis der Sendung Jesu zusammen, da die unausweichliche Wirkung seines Wortes ein Zwiespalt unter seinen Hörern ist: Das Scheinen des Lichtes schied jene, die es liebten, und jene, die es haßten (3,19–21). Vgl. Mk 4,11f; diese Spaltung unter den Menschen ist im NT ein unablösbarer Teil der Sendung Jesu. S. weiter 12,37–50.

44. Dieser V. erinnert stark an V. 30; obwohl es nicht auszuschließen ist, daß τινὲς ... ἐξ αὐτῶν sich auf einige der ὑπηρέται von V. 32 bezieht. Die nomina actionis lassen es als möglich erscheinen, V. 25–31 und 37–44, V. 32–36 und 45–52 zusammenzunehmen. Es ist durchaus möglich, daß Joh zwei Quellen übernommen und miteinander verbunden hat; daß er sie aber selbst verband, zeigt sich an dem einheitlichen Gedanken. Komplizierte Umstellungen des Kapitels sind nur dann gerechtfertig, wenn der Text, so wie er vorliegt, unverständlich ist. Lightfoot, der feststellt, daß die ὑπηρέται, wie es scheint, offenbar am Tag nach ihrer Aussendung zurückkehren, bemerkt, daß Joh an historischer Schlüssigkeit nicht interessiert ist.

45. ἐκεῖνοι, die Hohenpriester und Pharisäer, obwohl das Wort im engeren Sinn »die ersteren« meinen sollte. Zur Sendung der ὑπηρέται s. Komm. zu V. 32. Von jetzt an konzentriert sich, nach Martyn (S. 74), Joh auf die aktuelle Situation der Kirche, nicht die historische Situation Jesu. Diese Ansicht ist nicht völlig falsch, aber dies sollte nicht so verstanden werden, als beschreibe Joh, sozusagen verschlüsselt, einfach seine eigenen Umstände.

46. οὐδέποτε ἐλάλησεν οὕτως ἄνθρωπος. Die Betonung scheint auf dem letzten Wort zu liegen. Die Rede Jesu ist nicht die eines *Menschen*. Die Polizisten wurden durch seine übermenschliche Autorität eingeschüchtert, obwohl sie zu keinem richtigen Schluß über seine Person kamen. Vgl. 18,6.

47. μὴ καὶ ὑμεῖς (ihr auch, zusätzlich zu der Menge, die glaubte) πεπλάνησθε; V. 12 (πλανᾷ τὸν ὄχλον) läßt vermuten, daß das Verb passiv und nicht medial ist. Habt auch ihr euch täuschen, in die Irre führen lassen? Hinter πλανᾶν könnte der technische Gebrauch von סות, יסת (suth, yasath) der Rabbinen liegen. Die »Anhänger des Beschlusses von Jamnia« (Martyn, S. 104) verhören ihre erfolglosen חזנים (ḥazzanim, s. V. 32). Der nächste Vers spricht jedoch gegen die Unterscheidung, die Martyn (S. 76) zwischen ἄρχοντες und Φαρισαῖοι trifft.

48. Hier ist impliziert, daß Nikodemus (3,1, ἄνθρωπος ἐκ τῶν Φαρισαίων ... ἄρχων τῶν Ἰουδαίων; s. Komm. z. St.) zwar ein Fragender, aber nicht ein Glaubender geworden war. Die Bezeichnung des Nikodemus stellt Herrschende (ἄρχοντες) und Pharisäer Seite an Seite; dieser Vers unterscheidet sie (es sei denn, Joh meint sehr breit »die Oberklasse der Juden«) von jenen, die in V. 49 erwähnt werden.

49. ὁ ὄχλος οὗτος ὁ μὴ γινώσκων τὸν νόμον. Diese Personen entsprechen dem עמי הארץ ('amme ha'arets), »Volk des Landes«, der rabbinischen Literatur. »Der Begriff steht in ausdrücklichem oder implizitem Gegensatz zu *talmideḥᵃkamim*, ,Gelehrte'; die Klasse der Gebildeten stellt sich selbst der Volksmasse gegenüber« (G. F. Moore, in: Beginnings I, S. 439; s. die ganze sehr nützliche kurze Ausführung S. 439–445). Das Gesetz nicht zu kennen bedeutete angesichts seiner Rolle im Judentum einen Mangel, sowohl an Erziehung wie an Religion. Die Autoritäten freilich setzen ihr Vertrauen auf das Gesetz; daher kommt es, daß »bei denjenigen, die nach den Maßstäben der Welt die Fragwürdigsten sind, am ersten Empfänglichkeit für das Wort des Offenbarers zu finden ist« (Bultmann, S. 235).

ἐπάρατοί εἰσιν. Es gibt eine große Fülle von Belegen für die Feindseligkeit zwischen »dem Volk des Landes« auf der einen Seite und den Gelehrten und Pharisäern auf der anderen Seite; erstere standen nach der ehrlichen Überzeugung jener außerhalb der wahren Religion. So Ab 2,6: Hillel pflegte zu sagen: ein roher Mensch (בור, *bor*, ein sehr schlechtes Beispiel des *'am ha'arets)* fürchtet keine Sünde, ein unwissender Mensch *('am ha'arets)* kann nicht heilig sein (d. h. in dem technischen Sinn der Gesetzesobservanz). Vgl. Ab 3,11; R. Dosa b. Harkinas (ca. 90 n. Chr.) sagte: Schlaf des Morgens und Wein des Mittags, Geschwätz mit Kindern und das Sitzen in den Versammlungshäusern der Gesetzesunkundigen *('amme ha'arets)* bringen den Menschen aus der Welt (bewirken seinen Tod). Eine Stelle, die sowohl zeigt, daß diese Ablehnung von den *»'amme ha'arets«* erwidert wurde, aber auch, daß der Graben zwischen den beiden Klassen nicht unüberwindlich war, ist Pes 49b: R. Aqiba sagte von sich selbst: Als ich ein *'am ha'arets* war, dachte ich: Hätte ich doch einen Gelehrtenschüler (in meiner Gewalt), ich wollte ihn wie ein Esel beißen! Seine Schüler sprachen zu ihm: Rabbi, sage: wie ein Hund! Er antwortete ihnen: Jener beißt und zerbricht (dabei) die Knochen; dieser beißt und zerbricht nicht die Knochen.«

50. ὁ ἐλθὼν πρὸς αὐτὸν πρότερον. Vgl. 3,1f. Es gibt hier eine Reihe von Textvarianten, die vielleicht eine Glosse sind. Sie werden ganz ausgelassen von א*. Martyn (S. 155ff) zieht zu Recht die Rolle des Gamaliel in Apg 5,34–39, εἷς ὢν ἐξ αὐτῶν, heran. Möglicherweise meint Joh, daß Nikodemus, trotz all seines guten Willens und seiner Aufrichtigkeit, einer der Juden bleibt und nicht einer der Jünger wird.

51. Vgl. Ex 23,1; Dt 1,16; 17,4; Josephus, Ant XIV,167; Bell I, 209; Ex r 21,3: Menschen (wörtlich: Fleisch und Blut) beurteilen einen Mann, wenn sie seine Worte hören; hören sie seine Worte nicht, dann können sie sich kein Urteil über ihn bilden. Vom Gesetz wird hier wie von einer Person gesprochen, als ob es der Richter wäre. ὁ ἄνθρωπος ist jedermann, der vor Gericht steht. ἀκούειν παρὰ τινός ist ein klassischer Ausdruck für das Hören der Verteidigung eines Menschen. Vgl. V. 49; der Mißbrauch des Gesetzes macht die Menschen taub.

52. μὴ καὶ σὺ ἐκ τῆς Γαλιλαίας εἶ; Wenn Nikodemus Jesus, den Galiläer, verteidigt, dann muß er dies aus Lokalpatriotismus tun. Die Jerusalemer Autoritäten konnten einen Einspruch aus einer solchen Quelle nicht annehmen.

ἐρεύνησον. Vgl. 5,39. Erforsche die atl Schriften.

καὶ ἴδε... Wir können entweder interpunktieren ἐρ. καὶ ἴδε· ὅτι... (forsche und sieh; denn aus Galiläa...); oder ἐρ., καὶ ἴδε ὅτι... (forsche, und wenn du dies tust, so wirst du selbst entdecken, daß...). Die erste Möglichkeit ist besser. Für das Argument, das den Pharisäern zugeschrieben wird, scheint es keine Parallele in jüdischer Literatur zu geben. Vgl. R. Eliezer (ca. 90 n. Chr.), der sagte: »Du findest keinen einzigen Stamm in Israel, aus dem nicht ein Prophet hervorgegangen ist« (Sukka 27b); »du findest keinen Ort im Lande Israel, in welchem es keinen Propheten gegeben hat« (Seder Olam R. 21; zitiert bei Bill II, S. 519). Angesichts der Tatsache, daß Jona, der Sohn des Amittai (2 Kön 14,25), aus Gath-hepher in Galiläa kam, könnte die Pointe sein (Sanders): Die Schrift gibt uns keinen Grund für die Annahme, daß in der Zukunft ein Prophet aus Galiläa kommen wird. Dies ist jedoch recht gezwungen, und dieser Vers läßt eine Kenntnis des Judentums aus erster Hand auf seiten des Joh zweifelhaft erscheinen. Die zwei frühen Papyri jedoch, P⁶⁶ und P⁷⁵, lesen ὁ προφήτης, »der Prophet«, nämlich der Messias-Prophet, wird nicht aus Galiläa kommen. Dies ist eine reizvolle Lesart, aber Lindars führt sie wahrscheinlich zu Recht auf Angleichung an V. 40 zurück.

53. Zu 7,53–8,11 s. S. 562 ff.

18. Wer ist Jesus? (I)

8,12–59

Die im vorangehenden Kapitel begonnene Auseinandersetzung wird fortgesetzt und konzentriert sich nun auf die Person und Vollmacht Jesu selbst. Diese Fragen wenden sich damit einem Problem zu, das bereits diskutiert wurde, nämlich der Frage nach dem die Natur und das Werk Jesu bestimmenden Wohin, es werden aber auch mehrere neue Themen zur Sprache gebracht.

V. 12–20. Das Kapitel beginnt mit einer Erklärung Jesu über sich selbst (Ich bin das Licht der Welt), übernommen aus Kap. 9 (s. die Einleitung zu diesem Kapitel und die Ausführungen zu 9,4f.39–41). Diese Aussage wird hier nicht erklärt, sondern lediglich eingeführt, damit die Frage des Zeugnisses aufgeworfen werden kann. Der Einwand ist, daß eines Mannes Anspruch für sich selbst irrelevant und nicht vertrauenswürdig ist, wie ja auch kein Mensch allein zu Gericht sitzen sollte. Jesus weist diesen Einwand durch ein doppeltes Argument zurück: erstens kennt er im Gegensatz zu anderen Menschen seinen Ursprung und seine Bestimmung, und deshalb kann er wahrhaftiges und zuverlässiges Zeugnis über sich selbst ablegen. Zweitens: nur dem Anschein nach legt er allein Zeugnis ab und richtet allein; tatsächlich ist er vom Vater nicht zu trennen, und ihr gemeinsames Zeugnis sollte auch von jenen, die das jüdische Gesetz akzeptieren, als gültig anerkannt werden. So rechtfertigen der Ursprung und das Ziel Jesu in Gott sein Wirken, das Zeugnis für die Wahrheit ablegt und richtet.

V. 21–30. Auch in diesem Abschnitt ist die Grundlage der Gedankenführung der Ursprung und die Bestimmung Jesu. Im Unterschied zu anderen Menschen ist er nicht aus dieser Welt, er kommt nicht von unten, sondern von oben, d. h. von Gott. Wohin er geht, kann niemand folgen, denn er geht in einen Tod und in eine Herrlichkeit, die von anderen Menschen nicht geteilt werden können. Deswegen ist Jesus eine Offenbarung Gottes; er lehrt, was der Vater lehrt, er handelt immer im Gehorsam gegenüber dem Vater, der in allem entsprechend gehört und gesehen wird, was Jesus sagt und tut. So kann Jesus sich sogar selbst in Kategorien beschreiben, die an den ewigen und aus sich selbst existierenden Gott erinnern (V. 24.28, ἐγώ εἰμι; s. Komm. z. St.).

V. 31–59, »ein locus classicus joh Theologie« (Dodd, Tradition, S. 330; s. 330 ff; auch RHP 37 [1957], S. 5–17). Wieder wird dasselbe Thema entwickelt, aber in neuer Begrifflichkeit (obwohl nach Guilding, S. 107, Wahrheit eine Entsprechung zu Licht ist). Zuerst erfolgt eine grundlegende Aussage: Durch Jesus wird den Menschen die Wahrheit bekanntgemacht, und durch die Wahrheit macht er die Menschen frei. Im folgenden Gedankengang zeigt sich, daß sie von der Sünde (V. 34) und vom Tod (V. 51) befreit werden. Diese Behauptung führt weiter zur Entwicklung des Hauptthemas, in welchem Jesus und seine Gegner einander gegenübergestellt werden. Sie beanspruchen Abstammung von

Abraham, aber sie strafen durch ihre bösen Werke diesen Anspruch Lügen: Jesus (so wird impliziert) ist der wahre Abkömmling Abrahams. Aber Joh kann unmöglich bei einer solch engen und nationalistischen 'Aussage stehenbleiben. Letztlich stammen (wie die Familienähnlichkeit zeigt) die Juden vom Teufel, dem Urheber von Sünde und Tod, geradeso wie Jesus der Sohn Gottes ist. Dies ist der Grund für ihren Unglauben, als ihnen die Wahrheit gesagt wird.

Zum größten Teil ist diese Rede in jüdischer Terminologie formuliert: Die Auseinandersetzung wendet sich z. B. dem Gesetz, Abraham und dem Teufel zu. Dies ist natürlich, wenn die Auseinandersetzungen in diesem Teil des Evangeliums in Joh eine Entsprechung zu der Verhandlung Jesu vor dem Synhedrium sind (vgl. S. 504ff). Gelegentlich freilich bricht der Einfluß hellenistischen Denkens durch (s. Komm. zu V. 12.23.32f). Es gibt Querverweise auf andere Teile des Evangeliums (z. B. V. 48.50). Die Berührungen mit den Synoptikern sind zahlreich, subtil und aufschlußreich. Das Licht-Thema steht im Zusammenhang mit synoptischen Logien (Mk 4,21f; Mt 4,16; 5,14; Lk 2,32). Auch hier scheint sich bei Joh Kenntnis der Glaubensüberzeugung zu zeigen (vgl. 1,13), daß Jesus von einer Jungfrau geboren wurde. Er spielt darauf an, wenn er die Juden den Anspruch erheben läßt (V. 41), daß sie nicht aus der Unzucht geboren worden sind, sondern Gott als ihren Vater haben. Wahrscheinlich waren bereits Verleumdungen über die Herkunft Jesu im Umlauf. Der Gedanke der Abstammung der Juden von Abraham erinnert nicht nur in der Sprache an Paulus (Röm 4,9; Gal 3.4, bes. 3,16), sondern auch an das Logion Johannes des Täufers (Mt 3,9; Lk 3,8). An die Auseinandersetzung um Beelzebul (Mk 3, 22–30; Mt 12,24–32; Lk 11,15–22; 12,10) wird durch V. 48 erinnert (vgl. 7,20). Jesus ist größer als die großen Gestalten des AT (V. 53); vgl. Mt 12,39–42; Lk 11,29–32. Die Erörterung der Abstammung von Abraham, ein Privileg, welches Jesus im Vergleich mit etwas Größerem herunterspielt, erinnert an seine Frage über den Messias und den Sohn Davids (Mk 12,35–37; Mt 22,41–46; Lk 20,41–44).

Joh, so zeigt sich, arbeitet mit urchristlicher Überlieferung, aber er hat sie vertieft und zugespitzt. So wird einmal ihr christologischer Sinn viel deutlicher herausgearbeitet; Jesus ist ohne Zweifel »von oben«, der ewige Sohn des ewigen Gottes. Zum anderen wird der schärfste Gegensatz zu den Juden offenbar. Dies ist teilweise ohne Zweifel auf die Auseinandersetzungen zwischen Kirche und Synagoge in Ephesus und seiner Umgebung gegen Ende des ersten Jahrhunderts zurückzuführen; und dies sind Kontroversen, in denen Joh selbst eine gewisse Rolle gespielt und dabei nicht wenig über das Judentum gelernt haben könnte (zu dieser Möglichkeit s. bes. Martyn); es ist aber in erster Linie auf ein genuin theologisches Verständnis zurückzuführen; denn wenn die Juden, die Jesus ablehnten, nicht im Recht waren, dann waren sie wirklich völlig im Unrecht. In dieser Erkenntnis ist Joh klarsichtig; man kann aber nur schwer annehmen, daß der Schreiber von V. 44 gegenüber Israel jemals die Liebe und das Verlangen von Röm 9,1–3; 10,1 gefühlt hat.

Man hat vielfach versucht, den Inhalt dieses Kapitels in eine neue Abfolge zu bringen; Sanders z. B. denkt, V. 12–20 käme besser nach 5; 7,15–24; er schlägt 8,12–20; 7,1–14; 7,25–42 als die ursprüngliche Abfolge vor. Zu Bultmanns radikaler Umstellung des Evangeliums s. (in Ergänzung unseres Kommentars) Smith. Das Kapitel enthält mehrere mögliche Anspielungen auf Jes 43, möglicherweise, weil dieses Kapitel die *Haphtarah* für den ersten Sabbat des Laubhüttenfestes gewesen sein kann (Guilding, S. 107–110).

12. πάλιν οὖν αὐτοῖς ἐλάλησεν ὁ Ἰησοῦς λέγων. Das Gespräch von 7,52 wird fortgesetzt. Es gibt keinen Hinweis auf einen veränderten Schauplatz, und 8,20 zeigt, daß Jesus sich noch im Tempel befindet (wie 7,28); aber in diesen zentralen Reden scheint sich Joh um Einzelheiten der Abfolge und des Gedankenfortschritts nicht zu kümmern. ἐλάλησεν . . . λέγων muß kein Semitismus sein; s. M II, S. 454. Wen Jesus hier anredet, ist nicht deutlich. Da die Auseinandersetzung unmittelbar beginnt, müssen wir eher an die jüdischen Führer als an die Menge denken. Dies ist Jesu erste Äußerung seit 7,37 f.

ἐγώ εἰμι. Zu diesen Worten, gebraucht mit einem Prädikat, s. Komm. zu 6,35.

τὸ φῶς τοῦ κόσμου. Wie bei den meisten der großen joh Bezeichnungen für Jesus ist auch hier der Hintergrund vielschichtig; s. für viele Einzelheiten G. P. Wetter, ΦΩΣ [1915]. Er kann in Kürze folgendermaßen skizziert werden: a) Das *Laubhüttenfest* (s. Komm. zu 7,2.37 f). In Sukka 5,2–4 wird die Zeremonie des ersten Festtages beschrieben. In der Frauenhalle, »da waren goldene Kandelaber mit je vier goldenen Schalen an den Spitzen; jeder hatte vier Leitern, und vier Knaben von den Priesterjünglingen mit hundertzwanzig Log fassenden Krügen in den Händen füllten (Öl) in jede Schale. Aus den abgetragenen (Bein)Kleidern der Priester und aus ihren Gürteln machte man Dochte und zündete sie an; es gab keinen Hof in Jerusalem, der nicht vom Licht der Wasserprozession bestrahlt worden wäre (בית השואבה oder בית השאובה; die Punktation ist unsicher; s. Danby, S. 179, Anm. 12). Männer, bekannt durch Frömmigkeit und gute Werke, tanzten vor ihnen mit Fackeln in den Händen und sangen Lieder und Lobgesänge . . .« Auch in der Laubhütten-*Haphtarah* (Sach 14) gibt es einen Verweis auf Licht: »Es wird geschehen, daß in der Abendzeit es Licht geben wird (ἔσται φῶς)« (V. 7). War die Anspielung auf »lebendiges Wasser« (7,37 f) teilweise durch die Zeremonie des Wasserschöpfens nahegelegt, dann ist es gleichermaßen möglich, daß die Lichterzeremonie zum Einschluß des Logions »ich bin das Licht der Welt« in denselben Kontext geführt hat, und beide Möglichkeiten könnten sich gegenseitig bestätigen. (Es muß daran erinnert werden, daß der Kontext derselbe ist, da 7,53 bis 8,11 nicht Teil des ursprünglichen Evangelientextes sind; s. S. 562 ff.) b) *Heidnische Religionen.* Daß Gott Licht ist, ist die Grundannahme der meisten gnostischen Systeme und auch der orientalischen Religionen, die ihre Grundlage bilden. Die Sonnenreligion (die verschiedene Formen annahm, vor allem die des Mithraskultes) bewegte sich ja vom Osten und insbesondere von Persien ausgehend nach Westen über das Römische Reich. Sie hinterließ die unterschiedlichsten Spuren, bes. in dem Glauben an göttliche Menschen, die häufig als Götter mit Strahlen, die von ihren Häuptern ausgehen, dargestellt werden (s. z. B. H. P. L'Orange, Apotheosis in Ancient Portraiture [1947]). Makrobius (Liber Saturnaliorum I,23,21) erklärt diese Einstellung gegenüber der Sonne, die immer weniger als Gott erschien und mehr und mehr Symbol kosmischen Lichtes oder kosmischer Wahrheit wurde: *Postremo potentiam solis ad omnium potestatem summitatem referri indicant theologi, qui in sacris hoc brevissima precatione demonstrant, dicentes:* ἥλιε παντοκράτορ, κόσμου πνεῦμα, κόσμου δύναμις, κόσμου φῶς. Licht war insbesondere das Zeichen Gottes in seiner Offenbarung. Lukian (Pseudomantis, 18) läßt den von Alexander von Abonuteichos gepredigten Glykon Gott sich selbst verkündigen: εἰμὶ Γλύκων, τρίτον αἷμα Διός, φάος ἀνθρώποισιν. Ein Offenbarer-Gott war natürlicherweise ein Licht für die Menschen, und in der Hermetischen Offenbarung haben wir (Corp Herm I,6) τὸ φῶς ἐκεῖνο, ἔφη [sc. ὁ Ποιμάνδρης], ἐγὼ νοῦς ὁ σὸς θεός. Das Licht, das hier in den Prozeß der Offenbarung gebracht wird, ist das ursprüngliche Licht, der Anfang der hermetischen Kosmogonie (1,4). Poimandres fährt fort (1,6), ὁ δὲ ἐκ νοὸς φωτεινὸς λόγος υἱὸς θεοῦ. Hier verweist der Schreiber noch einmal auf seine kosmologische Vision, wo (1,5) ἐκ δὲ φωτὸς λόγος ἅγιος ἐπέβη τῇ φύσει (die ursprüngliche feuchte Natur – die formlose Masse, aus welcher das Universum gemacht wurde). Die Schöpfung wird durch das heilige Wort in Gang gesetzt. Als Tat (so heißt der Jünger, der die Offenbarung empfängt) nach der Bedeutung dessen, was ihm gesagt wurde, fragt, lautet die Antwort (1,6); τὸ ἐν σοὶ βλέπον καὶ ἀκοῦον, λόγος κυρίου, ὁ δὲ νοῦς πατὴρ θεός. οὐ γὰρ διΐστανται ἀπ' ἀλλήλων· ἕνωσις γὰρ τούτων ἐστὶν ἡ ζωή. In diesem sehr wichtigen Abschnitt sind folgende Punkte deutlich: 1. Das Wort ist der Vertreter des Vaters, es wirkt mit in der Schöpfung, es steht in einer

kosmologischen Beziehung zur Welt und den Menschen; 2. das Wort ist das immanente offenbarende Wirken des Vaters, es steht in einer erkenntnistheoretischen Beziehung zu den Menschen; 3.
wie *νοῦς = φῶς* ist, so ist das Wort *φωτεινός*; sie sind Vater und Sohn, so daß das Wort (zumindest
zum Teil) eine Person ist; 4. die Verbindung der beiden ist *ζωή*. Diese Verbindung von Licht und
Leben, der kosmologischen und offenbarenden Funktionen des Wortes, das der Sohn Gottes und das
Licht der Menschen ist, steht joh Denken sehr nahe. c) *Judentum.* In Genesis (1,3) ist das Licht das
erste, was geschaffen wird; es wird aber nicht (wie in den Hermetica) mit Gott gleichgesetzt. Nichtsdestoweniger begleitet Licht häufig Theophanien (z. B. Gen 15,17) und ist unverzichtbares Symbol
der göttlichen Belehrung (z. B. Ps 119[118],105: Dein Wort [*νόμος*] ist meines Fußes Leuchte und ein
Licht [*φῶς*] auf meinem Wege; vgl. Prov 6,23). Die Weisheit erscheint bereits innerhalb der Licht-
metaphorik in Prov 8,22 (LXX, *κύριος ἔκτισέν με ἀρχὴν ὁδῶν αὐτοῦ* – die erste Schöpfung war Licht),
und Sap 7,26 wird explizit gesagt, *ἀπαύγασμα γάρ ἐστιν* [sc. *ἡ σοφία*] *φωτὸς ἀιδίου*. Ps 27,1 liest der
hebräische Text: Der Herr ist mein Licht (אורי) und meine Erlösung, aber die LXX gab dies, vielleicht aus Furcht vor einer Identifikation Gottes mit dem unpersönlichen Licht, nach persischer
Weise wieder mit *κύριος φωτισμός μου κτλ.*, der Herr ist meine Erleuchtung. Dies wird von Philo
(Som I,75) verkannt, der, nachdem er den Psalm in der Septuaginta-Form zitiert hat, von Gott als
φῶς spricht und auch vom Wort in genau der Weise der hermetischen Schriften. »Gott ist Licht,
denn . . . (es erfolgt ein Verweis auf Ps 27,1). Und er ist nicht nur Licht, sondern der Archetypus jedes
anderen Lichtes, ja, vor und hoch über jedem Archetyp, er hat die Stellung des Modells von einem
Modell (ein zweites *παραδείγματος,* hinzugefügt, mit Colson und Whitaker). Denn das Modell oder
Vorbild war das Wort, das seine ganze Fülle enthielt – Licht, in der Tat; denn, wie der Gesetzgeber
uns sagt, Gott sagte, es werde Licht (Gen 1,3).« Der Parallelismus zwischen Joh, Philo und den
Hermetica ist sehr bemerkenswert. Die Rabbinen sprachen (angesichts von Ps 119,105; Prov 6,23)
natürlicherweise vom Gesetz als einer Leuchte oder Licht (Test Levi 14,4: Das Licht des Gesetzes,
welches gegeben war, jedermann zu erleuchten; Ex r 36,3, . . . welches ist die Leuchte Gottes? Das
Gesetz (Prov 6,23); s. weiter Bill II, S. 521f.552f). Aber »Licht« wurde auch in einem spezifisch
messianischen Sinn verwendet. Es wird von dem Licht gebraucht, das auf den Messias scheint, und es
wird von ihm den Gerechten verliehen, und Licht ist ein Name des Messias; das messianische Licht
wird manchmal mit dem Ur-Licht der Schöpfung identifiziert. S. Bill I, S. 67.151.161; II, S. 428; die
Belege sind nicht sehr früh, aber es könnte wohl sein, daß hellenistisches und rabbinisches Judentum
sich parallel und nicht ohne gegenseitige Verbindung entwickelten. Durch die Qumranschriften wird
die gegenseitige Durchdringung von Hellenismus und Judaismus bestätigt. Die folgenden Stellen sind
als wichtig herausgestellt worden: 1QS 2,3; 3,7.20f; 4,11 (Charlesworth, in: John and Qumran,
S. 101f, betrachtet 3,13 bis 4,26 als besonders wichtig für Joh); ferner muß die Kriegsrolle mit ihrem
Krieg der Söhne des Lichts gegen die Söhne der Finsternis beachtet werden. Ob jedoch diese Stellen
irgend etwas für das Verständnis des vierten Evangeliums austragen, ist zweifelhaft; selbst 3,7, eine
Stelle, die den Ausdruck »Licht des Lebens« (אור החיים), enthält, verrät eher eine Verbindung mit
dem AT, die Joh teilt, und der Gegensatz zwischen Licht und Finsternis in 3,20f (vgl. 4,11) ist kaum
dualistischer als irgendein Moralphilosoph, der zwischen gut und böse unterscheidet und in seiner
Darlegung bereit ist, eine Metapher zu gebrauchen. Joh und der Verfasser der Sektenrolle teilen die
Überzeugung, daß Recht und Unrecht letztlich unterschieden sind und bleiben; sie haben kaum
mehr als diese Überzeugung, und ihre Bekanntschaft mit dem AT, gemein. d) In den *synoptischen
Evangelien* wird die Lichtmetapher mehrmals gebraucht. Im Gleichnis von dem Leuchter (Mk 4,21f
parr) weist dieser wahrscheinlich in irgendeiner Weise auf die Offenbarung hin, die in dem Wirken
Jesu vermittelt wird. Mt 4,16 wird Jes 9,1 zitiert und findet seine Erfüllung im Werk Jesu (*ὁ λαὸς . . .
φῶς εἶδεν μέγα*); Lk 2,33 scheint Jesus selbst die Erfüllung einer Lichtprophezeiung des AT zu sein.
Die Worte des Simeon (*φῶς εἰς ἀποκάλυψιν ἐθνων*) erinnern an Jes 49,6, *ἰδού δέδωκά σε . . . εἰς φῶς
ἐθνῶν*. Mt 5,14 werden die Jünger mit den Worten beschrieben, die Joh gebraucht (*ὑμεῖς ἐστε τὸ φῶς
τοῦ κόσμου*). Jesus nimmt mit seinen Jüngern die Bestimmung Israels an und erfüllt sie. Vgl.

EvThom 77: Jesus sagte: Ich bin das Licht, das über allen ist, ich bin das All, es ist das All aus mir hervorgegangen, und das All ist zu mir gelangt.

Diese kurze Sichtung des Hintergrunds der Wendung »das Licht der Welt« zeigt, daß Joh in der urchristlichen Tradition steht (vgl. auch Apg 13,47; Phil 2,15; Kol 1,12f; Eph 5,8; 1Petr 2,9). Nichtsdestoweniger bleibt es doch sehr wahrscheinlich, daß er bei der Formulierung dieser Aussage sowohl von hellenistischer Religion als auch von jüdischem Denken über Weisheit und Gesetz beeinflußt wurde; vgl. S. 180ff. Doch für Joh bezeichnet »das Licht der Welt« etwas, was ganz wesentlich eine soteriologische Wirkung und nicht so sehr ein kosmologischer Zustand ist. Lindars stellt zu Recht fest, daß 7,27f.41.52 auf das Hervortreten des Messias aus der Verborgenheit (Galiläa) verweisen; vgl. Jes 9,1f. Jesus ist (wie die folgenden Worte zeigen) Licht, das erleuchtet; und er gibt Licht dadurch, daß er Licht ist, nicht dadurch, daß er auf es hinweist.

ὁ ἀκολουθῶν μοι. ἀκολουθεῖν drückt den Glaubensgehorsam aus; s. Komm. zu 1,37.

οὐ μὴ περιπατήσῃ ἐν τῇ σκοτίᾳ, ἀλλ᾽ ἕξει τὸ φῶς τῆς ζωῆς. Licht ist bei Joh nicht lediglich ein Bestandteil des Universums; es ist wirksam und rettet; der Jünger wird aus der Dunkelheit der Welt befreit (1,5; 12,35.46). Das Licht hat Leben in sich selbst und gibt Leben (vgl. 4,10.14; 6,35.51; auch 1,4). »Er, und er allein, bestrahlt die menschliche Existenz mit der Erkenntnis ihrer Natur, Bedeutung und Bestimmung« (Lightfoot). In 1QS 3,7 verweist »das Licht des Lebens« wahrscheinlich auf das Gesetz und ist so nur darin eine Parallele, daß Jesus an die Stelle des Gesetzes tritt.

13. Das Lichtthema wird nun aufgegeben und bis 9,5 nicht wieder aufgenommen. Das wirkliche Thema von Kap. 8 ist die Autorität Jesu gegenüber einem Judentum, das seinen eigenen Ursprung verraten hat; aber die Auseinandersetzung mußte durch eine Selbstaussage Jesu (*σὺ περὶ σεαυτοῦ μαρτυρεῖς*) in Gang gesetzt werden; sie wird aus 9,5 vorweggenommen. Sie paßt jedoch ausgezeichnet zu ihrem Kontext, da das Licht gar nichts anderes tun kann, als Zeugnis für sich selbst abzulegen, weil es durch seine Quelle beglaubigt wird; »... es wäre nicht mehr Gottes Wort, wenn es andere, von den Menschen anerkannte Autoritäten zu seiner Beglaubigung beanspruchte« (Bultmann, S. 210). Vgl. Guilding, S. 107.

ἡ μαρτυρία σου οὐκ ἔστιν ἀληθής. Zum Adjektiv (hier »wahrhaftig«) s. Komm. zu 1,9. Im AT wird ausdrücklich gesagt, daß ein Zeuge im Falle eines todeswürdigen Vergehens nicht ausreicht (Num 35,30; Dt 17,6; vgl. Dt 19,15), aber in der Mischna wird die Anwendung des Prinzips erweitert (Rosh HaShana 3,1; Ket 2,9: Kein Mensch ist durch sich selbst beglaubigt ... kein Mensch kann für sich selbst Zeugnis ablegen. Diese Stellen haben es mit ganz bestimmten Fällen zu tun, aber es scheint doch, daß sie auf diese ein allgemeines Prinzip anwenden).

14. *ὅτι οἶδα πόθεν ἦλθον καὶ ποῦ ὑπάγω.* Vgl. 5,31, wo es einen scheinbaren Widerspruch gibt, und s. Komm. z. St. Hier verteidigt Jesus sein Recht, in Verbindung mit seinem Vater (V. 16b) Aussagen über sich selbst zu machen. Würde er sie nicht machen, würde in der Tat die Wahrheit niemals den Menschen vermittelt werden, die (wie Bultmann sagt) von dem Wissen des Offenbarers um sich selbst abhängig sind. Zu der wichtigen Frage, woher Jesus kommt und wohin er geht, s. auch 7,27f.34f; 9,29f; 13,36f; 14,4ff; 16,5; 19,9; vgl. 3,8, aber hier denkt Joh an etwas, was allein Jesus gehört und woran Christen keinen Anteil haben. Der Mensch als solcher ist ein Geschöpf der Gegenwart, deshalb ist Zeugnis über ihn selbst unzuverlässig. Er weiß nicht, was ihn in die gegenwärtige Stunde gebracht hat oder wo der nächste Augenblick ihn finden wird. Jesus auf der anderen Seite weiß, woher er kam (und versteht deshalb sich selbst völlig) und wohin er geht, und ist deshalb der Versuchung, die Wahrheit zu verschleiern oder zu verdrehen, nicht unterworfen; deshalb ist sein eigenes Zeugnis über sich selbst wahr. Er ist nicht wie andere Menschen – *ὑμεῖς δὲ οὐκ οἴδατε.* Die Juden sind selbst nicht befähigt, wahres Selbstzeugnis abzulegen; sie können auch nicht verstehen, warum Jesus dazu befähigt ist. Die anschließende Rede weist ihre völlige Unwissenheit über den Ursprung, die Bestimmung und die Bedeutung Christi und ihre eigene auf.

15. *ὑμεῖς κατὰ τὴν σάρκα κρίνετε.* Eine Beobachtung, die sich aus der Situation ergibt. Indem die Juden das Zeugnis Jesu für sich selbst ablehnen, richten sie ihn auf der Basis dessen, was sie sehen –

sein Fleisch; sie geben nicht zu oder verstehen nicht, daß er das Fleisch gewordene Wort ist. Vgl. 2Kor 5,16, *εἰ καὶ ἐγνώκαμεν κατὰ σάρκα Χριστόν*; weder Paulus noch Joh verschmähen die wahre Menschheit (*σάρξ*) Christi, aber beide bestehen darauf, daß ein Urteil über ihn auf rein menschlicher Basis, das nur von der äußeren Erscheinung ausgeht, notwendigerweise ein falsches Urteil ist. Joh hat *κατὰ τὴν σάρκα* (nur an dieser Stelle), Paulus immer (und häufig) *κατὰ σάρκα* (außer möglicherweise 2Kor 11,18). Sonst wird im NT diese Wendung nicht gebraucht.

ἐγὼ οὐ κρίνω οὐδένα. Vgl. 12,47; auch 5,30; wenn Jesus richtet, so tut er dies im Namen und als Vertreter Gottes. Vielleicht aufgrund dieser Worte und zu ihrer Veranschaulichung wurde die *Pericope Adulterae* (7,53 bis 8,11) von den Handschriften, die sie enthalten, hinzugefügt. Vgl. auf der anderen Seite 5,22; 9,39. Sowohl hier wie da freilich liegt die Betonung auf der völligen Einheit des Willens und Wirkens, die zwischen dem Vater und dem Sohn besteht; und Joh kann, wie der nächste Vers zeigt, von Zeit zu Zeit den Aspekt der Wahrheit betonen, der ihm im Augenblick wichtig erscheint.

16. *καὶ ἐὰν κρίνω δὲ ἐγώ*. Zur Stellung von *δέ* vgl. 6,51; 7,31. Hier bewirkt es eine Umkehrung der ganzen negativen Aussage von V. 15b. Jesus richtet nicht in der Art der Juden, aber man kann ihm sein Recht zu richten nicht einfach nehmen; nur ist sein Urteil von anderer Art. Es ist auch *ἀληθινή* (s. Komm. zu 1,9; hier synonym mit *ἀληθής*, es sei denn, der Sinn ist, daß nur das Urteil Jesu allein ein authentisches ist).

ὅτι μόνος οὐκ εἰμί. S. o. Komm. zu V. 13.15. Vgl. Ab 4,8: Er, R. Ishmael (spätes zweites Jahrhundert n. Chr.), pflegte zu sagen: Richte nicht allein, denn niemand kann allein richten außer Einem. Nach Joh gehört das Gericht nach dem Willen des Vaters gleichermaßen dem Vater und dem Sohn (und dem Heiligen Geist, 16,8.11). Im Vater liegt das ewige Maß der Gerechtigkeit, jenseits dessen es keine Berufung gibt; der Sohn, der das Licht der Welt ist, ist das Ereignis, durch welches die Menschheit in die zwei Gruppen geteilt wird: jene, die das Licht lieben, und jene, die es nicht lieben (3,20f). Dieser Prozeß setzt sich im Wirken des Heiligen Geistes fort.

ἀλλ' ἐγὼ καὶ ὁ πέμψας με. Trotz des fehlenden Verbums ist der Sinn klar: Ich bin nicht allein, sondern ich und der Vater sind zusammen und richten zusammen. Zur Sendung des Sohnes s. Komm. zu 20,21.

17. Die Bedingungen, die das Gesetz (Dt 17,6; 19,15) nennt, sind so erfüllt. Jesus und der Vater sind zwei übereinstimmende Zeugen. S. J. P. Charlier, in R. B. 67 [1960], S. 503–515.

καὶ ἐν τῷ νόμῳ δὲ τῷ ὑμετέρῳ. δέ steht an 5. Stelle (vgl. V. 16) und betont damit die vorausgehenden Worte. Es ist unwahrscheinlich, daß Jesus selbst, als ein Jude, der zu Juden spricht, von *eurem* Gesetz gesprochen haben würde. Wie 7,19 (vgl. 10,34; 15,25) zeigt sich hier bei Joh die Kluft, die sich zwischen Synagoge und Kirche aufgetan hatte, und auch seine Absicht, die Juden bei dem von ihnen mißachteten Zeugnis ihrer eigenen Schriften zu behaften. Auch »Jesus steht in derselben Beziehung zur Tora wie sein Vater« (Odeberg, S. 292).

18. *ἐγώ εἰμι ὁ μαρτυρῶν*. Zum Gebrauch von *ἐγώ εἰμι* bei Joh s. Komm. zu 6,35; an dieser Stelle wird jedoch die Wendung nicht in derselben Weise gebraucht wie an jenen, wo ein einfaches Prädikat (wie »das Licht der Welt«) folgt. Der Artikel bei *μαρτυρῶν* ist zu beachten; der Sinn ist fast: »ich bin der, der in der Lage ist, Zeugnis abzulegen« – aus den oben gegebenen Gründen. Vgl. Jes 43,10, LXX, *γένεσθέ μοι μάρτυρες, καὶ ἐγὼ μάρτυς*. Vgl. Guilding, S. 108.

καὶ μαρτυρεῖ … ὁ … πατήρ. Zum Zeugnis des Vaters für den Sohn vgl. 5,37; ein Vergleich der Sprache jenes Verses mit diesem macht die Gleichwertigkeit in Funktion und Status zwischen dem Vater und dem Sohn deutlich.

19. *ποῦ ἐστιν ὁ πατήρ σου;* Wie oft bei Joh (s. Komm. zu 3,4) wird eine tiefgründige Aussage Jesu von seinen Hörern mißverstanden, und das Mißverständnis führt zu weiterer Belehrung. Hier führt die Frage, auch wenn sie für den Augenblick unbeantwortet bleibt, für den Rest des Streitgesprächs weiter zur Diskussion über die Herkunft und den Weggang Jesu, über seine Abstammung und die der Juden. Bernard (S. 297) nimmt an, daß nach Meinung der Juden Jesus mit seinem Vater Gott meine,

und dies wird vielleicht bestätigt durch V. 41, wo die Juden feststellen, daß sie es sind, die göttliche Abstammung beanspruchen können, während Jesus nicht einmal ehelich geboren sei. In jedem Falle jedoch bleibt die Forderung, Jesus solle sozusagen seinen Vater beibringen, ein törichtes und vielleicht perverses Mißverständnis seiner Bedeutung. Vgl. dagegen die Frage von 14,8, in welcher sich Begriffsstutzigkeit zeigt, nicht aber Perversität.

οὔτε ἐμὲ οἴδατε... Die törichte Frage über den Vater beweist, daß die Fragesteller Jesus selbst nicht verstehen. Sie beurteilen ihn *κατὰ τὴν σάρκα* (V. 15) und haben deshalb ähnliche Ansichten über den Vater. Hätten sie ihn aber richtig verstanden, hätten sie erkannt, woher er kam und wohin er ging; dann hätten sie auch den Vater erkannt (vgl. 1,18; 14,7.9).

20. *ἐν τῷ γαζοφυλακείῳ*. Es ist nicht deutlich, in welchem Sinn *γαζοφυλακείον* (vgl. Mk 12,41.43) gebraucht wird. Bei Josephus (Bell V,200) wird der Plural zur Beschreibung einer Anzahl von Kammern im Tempel verwendet, die als Tresorräume zur Aufbewahrung der Tempelschätze (und auch privaten Eigentums, das ihnen anvertraut wurde, vgl. Bell VI,282; Ant XIX,294) dienten: Auf ähnliche Räume scheint in Mid 4,5 verwiesen zu werden. Freilich konnte in diesen Räumen keine öffentliche Lehre stattgefunden haben. Es gab im Tempel auch dreizehn »Shofar-Truhen« zur Aufnahme der Opfergaben. Das Shofar selbst war das Horn, auf welchem Signale geblasen wurden, und die Behälter können aufgrund ihrer Form so benannt worden sein. Auf jedem war vermerkt, wofür die darin aufbewahrten Gaben gedacht waren. Die Shofar-Truhen befanden sich im Tempel (Schek 2,1; 6,1.5; במקדש), ihr genauer Standort dort aber wird nirgendwo genannt, obwohl man allgemein annimmt, daß sie sich im Frauenvorhof befanden, da (entsprechend einer Bemerkung in der Tosephta und Mk 12,41f) sowohl Frauen als auch Männer Zutritt zu ihnen hatten. Es sollte festgehalten werden, daß die Zeremonie, auf die möglicherweise in V. 12 angespielt wird, im Frauenhof stattfand. Wir können uns deshalb Jesus vorstellen, wie er an einer bestimmten Stelle im Frauenvorhof lehrte, es ist aber unmöglich, die Worte des Joh präzise zu fassen; es könnte daher sein, daß er selbst keine genaue Vorstellung von dem Plan des Tempels hatte. S. jedoch Bill II, S. 37–45.

ὅτι οὔπω ἐληλύθει ἡ ὥρα αὐτοῦ. Vgl. 7,30; 2,4.

21. Wie in V. 12 wird der Diskurs mit *πάλιν* wieder aufgenommen. Die in der kurzen Eingangsdiskussion aufgeworfenen Fragen werden nun entwickelt und miteinander verbunden. a) Woher Jesus kommt: V. 23; 26.29 (*ὁ πέμψας*); 41f; 48; 58 (*ἐγὼ εἰμί*). b) Wohin er geht: V. 21f.28.35.54. c) Wer ist der Vater?: V. 26f.38.54f. d) Wer ist Jesus?: V. 23–26.38.54f. Jedes dieser Themen wird sozusagen in Umkehrung weiter auf die Juden bezogen. Wie Jesus *ἐκ τῶν ἄνω* ist, sind sie *ἐκ τῶν κάτω*; Dort, wo er hingeht, können sie nicht hinkommen; Gott ist sein Vater, sie stammen von ihrem Vater, dem Teufel – selbst ihre Abstammung von Abraham ist irreführend; Jesus kann nur die Wahrheit sagen, sie können nichts anderes, als die Lüge sprechen.

ἐγὼ ὑπάγω καὶ ζητήσετέ με. Vgl. 7,33f. Mit *ὑπάγω* verweist Joh im allgemeinen auf den Tod Jesu, durch welchen er zum Vater hinweggeht. Die Juden werden ihn vergeblich suchen; sie können nicht in den Himmel hinaufkommen, wo er sein wird, und sie sind Gott nicht gehorsam bis in den Tod. Petrus (13,33.36) kann nicht mehr als sie tun; nur im Glauben (V. 24) kann man mit Jesus in seinem Tod und seiner Auferstehung vereint werden.

ἐν τῇ ἁμαρτίᾳ ὑμῶν ἀποθανεῖσθε. Vgl. V. 24 (wo der Plural *ἁμαρτίαις* gebraucht wird). Der Singular lenkt die Aufmerksamkeit auf die Todsünde der Ablehnung Jesu. Vgl. 9,41, *ἡ ἁμαρτία ὑμῶν μένει*, welches zu demselben gedanklichen Kontext gehört; jene, die in ihrer Selbstüberhebung das Licht verwerfen, stellen sich selbst außerhalb des Bereichs seiner heilbringenden (wenn auch nicht seiner verdammenden) Wirkung. Vgl. Mk 3,28f parr. *ἐν* ist wahrscheinlich lokativ (in einem Zustand der Sünde), es kann aber auch instrumental sein (aufgrund der Sünde).

22. *οἱ Ἰουδαῖοι* sind wie üblich die Gegner Jesu (s. Komm. zu 1,19), und obwohl in diesem Kapitel einige von ihnen glauben, ist ihr Glaube nicht ausreichend (V. 31.37).

μήτι ἀποκτενεῖ ἑαυτόν. Zu *μήτι* s. Komm. zu 4,29. Wieder (vgl. 7,35) wird eine falsche Erklärung des bevorstehenden Abschiedes Jesu gegeben. Beide Mißverständnisse (s. Komm. zu 3,4) verhüllen

345

jedoch ein zutreffendes, wenn auch unbewußtes (vgl. 11,51) Verständnis der Absicht Jesu; durch die Kirche wird er die Griechen lehren, und er wird sein eigenes Leben geben (10,11.15). Auch trifft zu, daß *sie ihn* töten werden.

23. Der Parallelismus ist auffallend, aber er ergibt sich aus dem Thema und nicht aus einem bewußten Versuch, im Stil semitischer Poesie (oder aufgrund der Übersetzung eines semitischen Originals) zu schreiben.

ὑμεῖς ἐκ τῶν κάτω ἐστέ, ἐγὼ ἐκ τῶν ἄνω εἰμί. Zu τὰ ἄνω vgl. Kol 3,1f; es gibt keine entsprechende ntl Parallele zu τὰ κάτω. τὰ ἄνω bedeutet (hier wie in Kol) die himmlische Welt; τὰ κάτω bedeutet (wie der zweite Teil des Verses zeigt) diese Welt; nicht die Hölle, sondern alles, was nicht in der himmlischen Welt enthalten ist. Aus dem griechischen Sprachgebrauch kann man wenig lernen: οἱ ἄνω sind die Lebenden, οἱ κάτω die Toten; es gibt οἱ ἄνω θεοί und οἱ κάτω θεοί. Aber hier geht es um eine Unterscheidung zwischen dieser Welt und der Unterwelt, nicht zwischen dieser Welt und einer oberen Welt. Es gibt eine nähere Parallele in Hagiga 2,1: Wer seine Aufmerksamkeit vier Dingen zuwendet, für den wäre es besser, wenn er nicht in diese Welt gekommen wäre – Was ist oben (מה למעלה)? Was ist unten (מה למטה)? Was war bevor? Und was wird hernach sein? Solche Themen wurden, auch wenn sie verboten waren, diskutiert; s. Hagiga 14b (*baraitah*): Es sind vier, die in das Paradies eintraten (d. h. sich Spekulationen über den himmlischen Wohnort Gottes hingaben – Bill III, S. 798), und diese sind Ben Azzai, Ben Zoma (beide ca. 110 n. Chr.), Aher (d. h. der Häretiker Elisha b. Abuya ca. 120 n. Chr.) und Aqiba († ca. 135 n. Chr.). Es gibt so keinen Grund, warum der letzte Kontext dieses Verses nicht jüdisch, sondern hellenistisch sein sollte, auch wenn er wahrscheinlich in der Weise eines populären Platonismus geformt wurde.

ἐκ τούτου τοῦ κόσμου. Das hebräische עולם (*'olam,* aramäisch עלמא) kann »Welt« wie auch »Äon« bedeuten; hier ist »diese Welt« ohne Zweifel die untere Welt im Gegenüber zum Himmel, woher Jesus gekommen ist. In diesem Vers ist nicht so sehr an eine Welt der Erscheinung und eine Welt der Realität gedacht, sondern eher an ein ursprüngliches »Dreistockwerke«-Universum, in welchem himmlische Wesen herunterkommen können von ihrem eigentlichen Aufenthaltsort (vgl. 1,51), um die Erde zu besuchen.

24. εἶπον, wie V. 21. Zum Wechsel vom Singular zum Plural (ἁμαρτίαις) s. Komm. zu V. 21. Möglicherweise liegt hier eine Anspielung auf das Schicksal der ungläubigen Juden in der Katastrophe von 66–70 n. Chr. vor; aber darum geht es nicht in erster Linie.

ἐὰν γὰρ μὴ πιστεύσητε ὅτι ἐγώ εἰμι. Die einzige Möglichkeit, der Sünde und ihren Folgen zu entgehen, ist Glaube an Christus. Die Schwierigkeit liegt in der Wendung, die den Inhalt des Glaubens ausdrückt. ἐγώ εἰμι begegnet bei Joh mehrmals mit einem Prädikat; zu diesem Sprachgebrauch s. Komm. zu 6,35. Der absolute Gebrauch von ἐγώ εἰμι in 6,20; 18,6 (s. Komm. z. St.) ist ohne Schwierigkeit aus dem Kontext zu verstehen; hier jedoch scheint es unmöglich, eine ergänzende Bestimmung aus dem Kontext zu entnehmen. Außerdem legt die nachfolgende Frage (σὺ τίς εἶ; V. 25) nahe, daß diese Worte den Hörern nicht klar waren, d. h., der Ausdruck blickt hier voraus auf V. 28 in der Absicht, in größter Schärfe die Frage zu stellen, wer Jesus ist.

ἐγώ εἰμι ohne Zusatz (s. auch V. 28.58 und 13,19) ist schwerlich ein griechischer Ausdruck, und es liegt deshalb nahe, seinen jüdischen Hintergrund in den Blick zu nehmen. Die Worte begegnen nicht selten in der LXX, wo sie אני הוא (*'ani hu',* wörtlich »ich [bin] er«) wiedergeben, eine Wendung, die insbesondere in den Worten Gottes selbst begegnet, und es gibt eine besonders enge Parallele zu der vorliegenden Stelle in Jes 43,10. ἵνα γνῶτε καὶ πιστεύσητε καὶ συνῆτε ὅτι ἐγώ εἰμι (אני הוא). Ähnliche Stellen begegnen Dt 32,39; Jes 41,4; 43,13; 46,4; 48,12. In den Jesajastellen ist der Sinn des Hebräischen offensichtlich »ich bin (ewig) derselbe«, vielleicht mit einer Anspielung auf den Namen יהוה (YHWH), Ex 3,14–16; so Gesenius-Kautzsch, und neuerdings Köhler-Baumgartner, s. v. הוא, 9. Der Kontext verlangt eine ähnliche Bedeutung für das Griechische, obwohl ἐγώ εἰμι für sich selbst genommen (im Griechischen) ein sinnloser Ausdruck ist. Der Herr, der erste und der letzte, ist der Ewige. Das εἰμί drückt, anders gesagt, angemessen eine beständige Dauer aus, die weder Anfang noch

Ende der Existenz impliziert. Diese Bedeutung paßt besonders gut zu V. 58 (s. Komm. z. St.), aber auch zum vorliegenden Vers, wo sie die Behauptung verstärkt, Jesus gehöre zur ewigen, himmlischen Welt (ἐκ τῶν ἄνω). S. G. Klein, Der älteste christliche Katechismus und die jüdische Propaganda-Literatur [1909], S. 44–55; vgl. 55–61; Daube, Rabbinic Judaism, S. 325–329; Dodd, Interpretation, S. 93–96 (bes. zu der verwandten Wendung אני והוא, ich und er); und Brown, Appendix IV, S. 533–538. Nicht zutreffend ist jedoch für die vorliegende Stelle oder für andere, in welchen ἐγώ εἰμι begegnet, die Annahme, Joh wolle Jesus mit dem höchsten Gott des AT gleichsetzen (s. E. Stauffer, Jesus, Gestalt und Geschichte, [1957], S. 94.130–146; dazu Haenchen, Weg, S. 511). Dies läßt sich an dem jüdischen Material nicht zeigen (Bill II, S. 797; s. jedoch Jes 47,8; Zeph 2,15 zum gottes-lästerlichen Gebrauch der Worte durch Menschen) und ist auch im jeweiligen Kontext unmöglich. Zu beachten ist, daß in V. 28 darauf die Wendung folgt: »ich tue nichts aus mir selbst, sondern wie der Vater mich gelehrt hat, so rede ich diese Dinge . . . ich tue immer die Dinge, die ihm gefallen« – und in 13,19: »wer mich aufnimmt, nimmt den auf, der mich gesandt hat« (13,20). Jesus ist der gehorsame Diener des Vaters und offenbart ihn aus diesem Grunde vollkommen. ἐγώ εἰμι identifi-ziert Jesus nicht mit Gott, sondern es lenkt auf ihn die Aufmerksamkeit in der stärkstmöglichen Weise, »ich bin der eine – der eine, auf den du blicken und auf den du hören mußt, wenn du Gott erkennen willst«. Dieses offene Verständnis der Worte ist besser, als »ich bin der Christus, der eine, der euch retten kann« (Sanders; vgl. Lindars), ganz einfach, weil sie offen ist. Überzeugender ist Bult-mann: »ich bin alles das, von dem ich sagte, daß ich es bin« (S. 265).

ἀποϑανεῖσϑε. Vgl. Jes 43,25 (Guilding, S. 108).

25. σὺ τίς εἶ; Das ἐγώ εἰμι Jesu ist trotz seiner Bedeutungsfülle keine formale Beschreibung seiner Person; es ist die Art von Offenbarung, die den Unglauben verwirren muß (vgl. das »Messiasgeheim-nis« der synoptischen Evangelien; s. Einleitung, S. 86f). Möglicherweise sollte man diese Frage als ein Beispiel für die Mißverständnisse betrachten, die charakteristisch für den Stil des Joh und seine Methode sind, Beziehungen herzustellen (s. Komm. zu 3,4). Die Juden können das wirkliche Gewicht dessen, was gesagt worden ist, nicht begreifen, unter der Voraussetzung, der Satz sei unvoll-endet. Vgl. Corp Herm I,2, σὺ γὰρ τίς εἶ; (an den Offenbarer gerichtet).

τὴν ἀρχὴν ὅ τι καὶ λαλῶ ὑμῖν; Vgl. Jes 43,12 (Guilding, S. 108). Die Schwierigkeit mit diesem Satz ist vielleicht übertrieben worden. Es muß von Anfang an beachtet werden, daß (τὴν) ἀρχήν im Griechi-schen recht häufig adverbial gebraucht wird (s. Liddell-Scott s. v. ἀρχή I,I,c). Alles hängt nun davon ab, ob dieser Satz eine Frage oder eine Aussage ist. Ist er eine Frage, dann wird τὴν ἀρχήν den Sinn haben »überhaupt«, und οτι ist zu schreiben ὅτι und zu übersetzen »warum?« – »warum spreche ich zu euch überhaupt?«. Dieser Sinn von ὅτι ist durchaus möglich (z. B. Mk 9,28), aber insgesamt gese-hen paßt diese Wiedergabe von ὅτι so schlecht zum nächsten Vers (πολλὰ ἔχω περὶ ὑμῶν λαλεῖν) und scheint so unsinnig, daß man sich gegen diese Möglichkeit entscheiden muß. Der Satz muß statt dessen als Aussage gelesen werden, οτι ist zu schreiben als ὅ, τι und ἐγώ εἰμι zu ergänzen. τὴν ἀρχήν ist dann wiederzugeben »zuerst«, »am Anfang«, »im Anfang«; vgl. z. B. Thukydides II,74 (οὔτε τὴν ἀρχήν . . . οὔτε νῦν); Gen 41,21; 43,18.20 (an jeder Stelle = בתחלה, battᵉhillah, »im Anfang«); Dan 8,1 (Theodotion τὴν ἀρχήν = LXX τὴν πρώτην = בתחלה); 9,21 (LXX τὴν ἀρχήν = Theodotion ἐν τῇ ἀρχῇ = בתחלה). Wir müssen wählen zwischen der Übersetzung a) ich bin von Anfang an, was ich euch sage, und b) ich bin, was ich euch von Anfang an sage. Übersetzung a) gibt das Präsens λαλῶ besser wieder. Sie fügt sich in den Sinn der ganzen Rede und schließt sich besonders gut an das ἐγώ εἰμι von V. 24 (wie wir es interpretiert haben) an. Sie ist deshalb vorzuziehen. S. aber Turner, Insights, S. 140ff.

26. Vgl. 12,49. Der Zusammenhang zwischen diesen beiden Versteilen ist unklar. Vielleicht versteht man ἔχω am besten im Sinn von »ich kann«. Dieser Sprachgebrauch ist im Griechischen wohl-bezeugt (vgl. 8,6; Hebr. 6,13; Sophokles, Philoktet 1047, πόλλ᾽ ἂν λέγειν ἔχοιμι). Wir sollten dann den Vers folgendermaßen verstehen: Ich kann viele Dinge über euch sagen und urteilen; (aber tatsächlich verzichte ich darauf, meine eigenen Worte zu sprechen und meine eigenen Urteile zu fällen) ich

ziehe es vor, die Dinge auszusprechen, die ich von dem gehört habe, der mich gesandt hat; und sie sind wahr, denn er ist wahr. Zur Sendung Jesu s. Komm. zu 20,21; zu ἀληθής s. Komm. zu 1,9.

εἰς τὸν κόσμον. Vielleicht: ich richte diese Worte *an* die Welt; wahrscheinlicher aber wird εἰς mit dem Akkusativ, entsprechend hellenistischem Sprachgebrauch, anstelle von ἐν mit dem Dativ verwendet (s. M I, S. 63. 234f. 245).

27. Es wird aus dem Satz, wie er dasteht, nicht deutlich, an wen nach Meinung der Juden Jesus gedacht haben sollte. τὸν ϑεόν, hinzugefügt nach ἔλεγεν von א* D it (vg), vermutlich nicht die ursprüngliche Lesart, zeigt aber den richtigen Sinn. Die Juden verstanden nicht, daß Jesus von Gott gesandt worden war.

28. ὅταν ὑψώσητε. Zur Doppeldeutigkeit dieses Verbums s. Komm. zu 3,14. Dieses Verbum ist hier angemessen: Die Erhöhung Jesu in Herrlichkeit beweist, daß sein Anspruch ἐγώ εἰμι wahr ist; und die Tatsache, daß er im Tod ans Kreuz erhöht wurde, beweist, auch wenn dies von den Juden ins Werk gesetzt (ὑψώσητε), seinen völligen Gehorsam gegenüber dem Vater, der ihn gesandt hat.

τὸν υἱὸν τοῦ ἀνϑρώπου. Zum Gebrauch dieses Begriffs bei Joh s. Einleitung, S. 88f und Komm. zu 1,51. Sein Gebrauch stimmt hier mit der synoptischen Tradition überein (vgl. Mk 8,31) und mit seiner doppelten Beziehung auf den himmlischen Ursprung und die Autorität Jesu (3,13) und sein demütiges, irdisches, menschliches Leben. S. Higgins, Son of Man, S. 168f; auch S. S. Smalley, NTS 15 [1969], S. 295; und J. Riedl, in: Jesus und der Menschensohn (FS A. Vögtle [1975]), S. 355–370.

γνώσεσϑε ὅτι ἐγώ εἰμι. Zu ἐγώ εἰμι s. Komm. zu V. 24. Subjekt von γνώσεσϑε sind offensichtlich die Juden, die den Menschensohn erhöht haben (indem sie ihn kreuzigten).

Joh kann kaum meinen, daß sie nach der Kreuzigung den himmlischen Rang Jesu anerkennen werden, denn er wußte sehr wohl, daß die meisten von ihnen dies nicht getan hatten, und er betrachtet ja offensichtlich »die Juden« als die Gegner der Kirche. Entweder wechselt Joh das Subjekt ungeschickt und redet seine Leser an – »ihr Menschen werdet erkennen«; oder er meint, daß die Juden die Wahrheit zu spät lernen werden. »Das Kreuz war die letzte und definitive Antwort der Juden auf Jesu Offenbarungswort, und immer, wenn die Welt ihren Unglauben die letzte Antwort sein läßt, ‚erhöht‘ sie den Offenbarer, indem sie ihn zu ihrem Richter macht« (Bultmann, S. 266). Zum weiteren vgl. Komm. zu 5,30; 6,38.

29. Vgl. V. 16. Weil Jesus dem Vater beständig gehorsam ist, ist er niemals ohne Gott. Es ist unwahrscheinlich, daß Joh Mk 15,34 absichtlich korrigiert oder ihm widerspricht.

30. πολλοὶ ἐπίστευσαν εἰς αὐτόν. Vgl. 2,23; 7,31; 10,42; 12,11.42. Hinweise auf viele Glaubende scheinen zwar irgendwie anachronistisch zu sein; sie sind aber nicht ein grob-falsches Zurücktragen nachösterlicher Umstände in die Zeit des Wirkens Jesu und eine gedankenlose Interpolation (obwohl V. 30.31a sehr wohl eine Hinzufügung des Joh zu einer jetzt nicht mehr ermittelbaren Quelle sein könnte). Die Rede schreitet voran (s. V. 31.37) und offenbart und diskutiert die Unangemessenheit eines Glaubens, der nicht im Wort Jesu bleibt und die Wahrheit anerkennt (V. 31f).

31. τοὺς πεπιστευκότας αὐτῷ Ἰουδαίους. Viele Kommentatoren betrachten τοὺς πεπιστευκότας αὐτῷ als Glosse. Zum Wechsel der Konstruktion mit πιστεύειν s. M I, S. 67f; dies kann kaum zufällig sein, insbesondere wenn die beiden Wendungen die Einfügungen des Joh in eine Quelle sind. Lediglich auf die Worte Jesu Glauben zu setzen ist nicht genug; die Menschen müssen in seinem Wort bleiben.

ἐὰν ὑμεῖς μείνητε ἐν τῷ λόγῳ τῷ ἐμῷ. Vgl. Test Jos I,3, ἔμεινα ἐν τῇ ἀληθείᾳ κυρίου; auch EvThom 19 (wenn ihr mir werdet zu Jüngern und hört meine Worte . . .). Es gibt einige ähnliche, freilich nicht identische Ausdrücke in Kap. 15. Jene, die Jesus geglaubt, d. h., sein Wort angenommen haben, müssen dies weiterhin tun, wenn sie wahre Jünger sein und die Wahrheit erkennen wollen.

32. γνώσεσϑε τὴν ἀλήϑειαν. Dieser Ausdruck steht in enger Parallele zu γνώσεσϑε ὅτι ἐγώ εἰμι (V. 28). Zu ἀλήϑεια bei Joh s. Komm. zu 1,14; hier ist es eng bezogen auf die ewige Existenz und den Erlösungsauftrag Jesu und nicht weit von der Bedeutung »Evangelium« (vgl. ThWNT I, S. 244f; Bultmann nimmt hier freilich an, ἀλήϑεια bedeute Offenbarung).

ἡ ἀλήθεια ἐλευθερώσει ὑμᾶς. Im Judentum war die Wahrheit das Gesetz; und das Studium des Gesetzes machte einen Mann frei. Ab 3,5: R. Nehunya, Sohn des Hakkanah (ca. 70–130 n. Chr. – grob gesehen ein Zeitgenosse des Joh) sagte: Wer das Joch des Gesetzes auf sich nimmt, dem nimmt man das Joch des Reiches und das Joch der weltlichen Sorge; wer hingegen das Joch des Gesetzes abwirft, dem legt man das Joch des Reiches und das Joch der weltlichen Sorge auf. Vgl. Ab 6,2, eine freilich späte Stelle. Josephus redet in ähnlicher Weise: In Ant IV,187 fügt er, nachdem er von den Segnungen gesprochen hat, die man durch Gehorsam gegenüber dem Gesetz erwirbt, hinzu *τὴν τ' ἐλευθερίαν ἡγεῖσθε μὴ τὸ προσαγανακτεῖν οἷς ἂν ὑμᾶς οἱ ἡγεμόνες πράττειν ἀξιῶσι.* Vgl. auch Ap II,183.291 f. Die Stoiker glaubten, ein Mensch erwerbe Freiheit dadurch, daß er in Übereinstimmung mit dem Logos lebe, dem Naturgesetz, welches das leitende Prinzip aller Dinge ist. Philo entwickelte diese Vorstellung unter einer dünnen Deckschicht des Judentums in seinem Traktat Quod Omnis Probus Liber Sit (beachte z. B. 44, *ἆρ' ἄξιον τὸν προνομίας τοσαύτης τετυχηκότα* [einer, der wie Mose den wahren Gott verehrte] *δοῦλον ἢ μόνον ἐλεύθερον εἶναι νομίζειν;*). Rabbinen und Stoiker dachten jedoch über »Wahrheit« und »Freiheit« nicht in der gleichen Weise, und es kann nicht angenommen werden, das Denken des Joh sei entweder stoisch oder rabbinisch gewesen. *ἐλεύθερος, ἐλευθεροῦν* begegnen in diesem Kontext (V. 32 f.36) nur bei Joh, und es ist deutlich (V. 34), daß Joh dadurch in erster Linie die Befreiung des Christen von der Sünde ausdrücken möchte; d. h., befreit werden ist nichts anderes als ein Synonym für die Erlösung (vgl. 17,3, wo Gotteserkenntnis der Grund ewigen Lebens ist). Wiederum steht Erkenntnis nicht gegenüber Glauben als bloß rationale Analyse (Bultmann), sondern schließt eine Beziehung des Menschen zu Gott ein (s. Einleitung, S. 97 f u. Komm. zu 1,10). Ignatius, Philad 8,1; Od Sal 10,3; 17,9 ff; 42,15 ff können hier verglichen werden; es handelt sich aber um keine engen Parallelen.

33. *ἀπεκρίθησαν.* Wieder schreitet das Gespräch mit Hilfe eines Mißverständnisses voran; die Juden können nicht begreifen, was Jesus mit Freiheit meint und daß sie die Freiheit nur als Gabe haben können, nicht als Ergebnis einer moralischen oder politischen Anstrengung.

σπέρμα Ἀβραάμ ἐσμεν. Vgl. Gen 12,2, et al; im NT Röm 9,7; 11,1; 2Kor 11,22; Gal 3,16; Hebr 2,16; auch Mt 3,8 f; Lk 3,8; vgl. Dodd, Tradition, S. 331.

οὐδενὶ δεδουλεύκαμεν πώποτε. Vgl. Schab 128a, alle Israeliten (da sie abstammen von Abraham, Isaak und Jakob) sind Königssöhne (dem R. Aqiba u. a. zugeschrieben). Vgl. Josephus, Bell VII,323; Lange schon, meine Tapferen, waren wir entschlossen, weder den Römern Knechte zu sein (*δουλεύειν*) noch irgendeinem anderen außer Gott; denn er allein ist des Menschen wahrer und gerechter Herr ... (336) ... wir zogen den Tod der Sklaverei vor (*θάνατον ἑλόμενοι πρὸ δουλείας*). Der wahre »Same Abrahams« wurde repräsentiert durch Isaak, »den Sohn der Freien«, nicht durch Ismael, »den Sohn der Magd« (vgl. Gal 4,22–31). Wahrscheinlich ist der Anspruch, den Joh den jüdischen Gegnern in den Mund legt, nicht der, sie hätten sich niemals, politisch gesehen, unterwerfen müssen (das wäre absurd gewesen), sondern der, daß sie niemals ihre innere seelische Freiheit verloren haben; aber gerade dieser Anspruch, der in menschlichem Stolz gegenüber dem Repräsentanten Gottes selbst geäußert wird, ist ein Beispiel für die Bindung, auf die in V. 34 verwiesen wird. Bauer (S. 125) vergleicht hier zu Recht Mk 2,17, wo die Juden darauf vertrauen, daß sie gesund sind und keines Arztes bedürfen. Hier verlassen sie sich darauf, daß sie freie Menschen sind und keinen Befreier brauchen; vgl. auch 9,40 f. S. den Verweis auf Philo bei V. 32.

34. *ὁ ποιῶν τὴν ἁμαρτίαν.* Vgl. 1Joh 3,4.8 f; auch den entsprechenden Ausdruck *ποιεῖν τὴν ἀλήθειαν,* Joh 3,21; 1Joh 1,6. Der Gebrauch des Verbums *ποιεῖν* legt das Gewicht auf den tatsächlichen Vollzug sündiger Taten, die Bedeutung ist eine zweifache: Der, der tatsächlich eine Sünde begeht, beweist dadurch, daß er bereits der Sklave der Sünde ist; aber gerade auch durch die Sünde, die er begeht, macht er sich noch weiter zu einem Sklaven. Sidebottom, S. 94 f, sieht hier einen Verweis auf Test Abraham.

δοῦλός ἐστιν τῆς ἁμαρτίας. Diese Vorstellung ist nicht charakteristisch jüdisch. Vgl. jedoch ein Wort, das dem Rabbi R. Aqiba († ca. 135 n. Chr.) zugeschrieben wird: Am Anfang ist es (die böse Neigung oder *yetzer*) wie eine Spinnwebe, aber am Ende ist sie wie ein Schiffstau (Gen r 22,11). Vgl. Test Ascher 3,2; Test Juda 19,4. Im griechischen Denken ist die Vorstellung einer Bindung an und durch die Sünde vergleichsweise gebräuchlich. In der Einleitung seines Traktats Quod Omnis Probus Liber Sit (s. o.) verweist Philo auf ein begleitendes Werk περὶ τοῦ δοῦλον εἶναι πάντα φαῦλον. S. auch Corp Herm X,8 ἡ κακοδαίμων [sc. ψυχή], ἀγνοήσασα ἑαυτήν, δουλεύει σώμασιν ἀλλοκότοις καὶ μοχθηροῖς. Diese letzte Parallele ist von Bedeutung; es muß aber beachtet werden, daß Joh nicht sagt, die Seele sei der Sklave des Körpers, sondern der Mann, der eine Sünde begeht, und zwar als Körper und Seele, ist der Sklave der Sünde. Sünde ist nicht eine Eigenschaft der Materie als solcher, sondern eine fremde Macht, die den Willen überwältigt und den ganzen Menschen in Beschlag nimmt. Vgl. Röm 6,17, δοῦλοι τῆς ἁμαρτίας. Die Worte τῆς ἁμαρτίας werden ausgelassen von D b sin Clem; sie können eine redaktionelle Ergänzung sein, die (zutreffend) den Sinn der Wendung verdeutlicht, vorausgesetzt, Sünde wird nicht einfach in moralischen Kategorien verstanden, sondern als trennendes Hindernis zwischen Mensch und Gott.

35. Der Zusammenhang dieses Verses mit seinem Kontext ist nicht unmittelbar deutlich. Es ist daran zu erinnern, daß in V. 33 eine Diskussion über die wahren Abkömmtlinge Abrahams begann, die sich bis zum Ende des Kapitels fortsetzt. Dies erinnert an Gen 21,9; Gal 4,30. Der freie Sohn, Isaak, bleibt im Haus, während der Sohn der Magd, Ismael, vertrieben wird. Die Juden beanspruchen nun, die freien Söhne Abrahams zu sein; sie sind es aber in Wahrheit nicht, da sie Sklaven sind (nicht Abrahams, sondern der Sünde). Deshalb haben sie ihre Rangstellung verloren; vgl. Mk 12,9; Mt 3,9; 8,11 f und viele andere Stellen. Wer ist dann der Sohn, der ewig bleibt? Nicht der Christ, so scheint es, sondern Christus selbst, der bei Joh in der Regel υἱὸς τοῦ θεοῦ ist, während die Christen τέκνα sind. Jesus ist sowohl das wahre σπέρμα Ἀβραάμ (vgl. Gal 3,16) wie der Sohn Gottes. Er bleibt ewig. Dieses εἰς τὸν αἰῶνα macht die These unmöglich (Dodd, Tradition, S. 379–382), daß in diesem Vers ὁ υἱός und ὁ δοῦλος Elemente in einem Gleichnis sind. Die Worte ὁ υἱὸς μένει εἰς τὸν αἰῶνα werden ausgelassen von ℵ 33 und einigen anderen Handschriften, wahrscheinlich aufgrund von Homoioteleuton. Zu αἰών bei Joh s. Komm. zu 4,14.

36. υἱός ist in diesem Vers wie in V. 35 Jesus, der selbst frei und der Befreier anderer ist. Vgl. Gal 5,1; Röm 8,2. Im andern Falle findet das Gleichnis von V. 35 seine Fortsetzung.

ὄντως. Die Juden betrachteten sich selbst als frei, aber ihre Freiheit war eine falsche. Befreit zu werden durch den Sohn, der immer nur in Übereinstimmung mit dem Willen des Vaters handelt, heißt, durch Gott selbst befreit werden und so an der einzig wahren Freiheit Anteil haben. ὄντως entspricht in seiner Bedeutung ἀληθῶς; s. Komm. zu 1,9 für diese Wortgruppe.

37. σπέρμα Ἀβραάμ ἐστε. Vgl. V. 33. Im physischen Sinn war dies unbestreitbar, und in diesem Sinn gesteht Jesus dies zu. Aber die Wahrheit, die in V. 35 angedeutet wird, tritt nun hervor in V. 38b.39f.44.

ζητεῖτέ με ἀποκτεῖναι. Vgl. 7,32; 8,20. Diese Worte erscheinen angesichts von V. 31, τοὺς πεπιστευκότας, seltsam. Entweder schrieb Joh sehr unüberlegt, oder er meint, der Glaube dieser Juden sei sehr unvollkommen gewesen.

οὐ χωρεῖ muß bedeuten »hat keinen Raum bei«, oder vielleicht »wirkt nicht bei«. Vgl. 15,7.

38. Der Gegensatz zwischen Jesus und den Juden im Blick auf ihre unterschiedliche Abstammung wird nun weitergetrieben und der ursprüngliche Ausgangspunkt aufgegeben (obwohl er auch weiterhin die Rede beeinflußt). Abstammung von Abraham gibt für die Juden eine falsche und für Jesus eine unsachgemäße Kennzeichnung. Der Vater Jesu ist Gott, der der Juden der Teufel; er und sie leiten ihr Wirken von ihrer Abstammung ab. Jesus spricht nicht von sich selbst, sondern er offenbart, was er in des Vaters Gegenwart gesehen hat (παρά mit dem Dativ; er war – und ist – mit Gott; vgl. 1,1, auch 5,19). Die Juden tun die Dinge, die sie von ihrem Vater (dem Teufel) gehört haben; hier wird παρά mit dem Genitiv gebraucht; ihre Existenz ist eine bloß menschliche. M I, S. 85, gibt zu erwägen, τοῦ πατρός bedeute (»Gott«) der Vater«, nicht »euer Vater (der Teufel)«. Übersetzt man in dieser Weise, muß man ποιεῖτε wie in V. 39 (wenn man dort so liest – s. u.) als Imperativ nehmen.

Aber es scheint doch, daß dieser Vers eine Aussage enthält und nicht einen Befehl; die wirkliche Parallele ist V. 41, wo ποιεῖτε Indikativ ist.

ἠκούσατε] ἑωράκατε (mit unbedeutenden Varianten), P⁶⁶ ℵ* D Ω it vg sin pesch hl sah Tertullian. Diese Variante ist ohne Zweifel auf Assimilation und auf Unfähigkeit zurückzuführen, den Unterschied zwischen einem direkten Sehen übernatürlicher Dinge, über das Jesus verfügt, und dem Hören, das Menschen möglich ist, zu erkennen.

39. τὰ ἔργα τοῦ Ἀβραὰμ ποιεῖτε. »Verhalten läßt einen Schluß auf Abstammung zu« (Sanders). Abstammung von Abraham in dem einzig wahren Sinn kann nicht durch einen Stammbaum bewiesen werden; s. Komm. zu V. 33f und vgl. Röm 2,28f; 9,6f. Diese letzte Stelle steht so nahe bei der joh, daß dieser (oder irgendein ähnlicher paulinischer) Gedanke dem Joh sehr wohl bekannt gewesen sein kann. Vgl. auch die Q-Stelle (Mt 3,9 = Lk 3,8), wo Johannes der Täufer die Juden auffordert, sich nicht auf ihre Abstammung von Abraham zu berufen, sondern der Buße würdige Früchte hervorzubringen. Nachahmung Abrahams wurde selbstverständlich auch in jüdischen Kreisen empfohlen; z. B. Ab 5,19: Ein gutes Auge und ein demütiger Geist und eine bescheidene Seele – (sie, in denen diese sind) gehören zu den Jüngern Abrahams, unseres Vaters.

Der Text von V. 39b ist in unterschiedlicher Form überliefert. Die hauptsächlichen Varianten sind:

a) ἐστε, P⁶⁶ ℵ B D vg Origenes Augustin: ἦτε, Θ Ω it sah boh.

b) ἐποιεῖτε, P⁷⁵ ℵ B² D Θ it sah boh Origenes: ποιεῖτε, P⁶⁶ B* vg: ἐποιεῖτε ἄν, Ω.

Es gibt nur zwei wirklich »korrekte« Formen dieses Konditionalsatzes: a) ἐστέ . . . ποιεῖτε; b) ἦτε . . . ἐποιεῖτε ἄν, obwohl »die Zufügung von ἄν im Nachsatz nicht länger obligatorisch war« (Bl-Debr § 360,1); s. 9,33; 15,22.24; 19,11; P. Oxy. 526,10ff, und andere Papyri. Es ist sehr wahrscheinlich aufgrund der Transkription, daß weder a) noch b) der ursprüngliche Text waren und daß die Varianten als Versuche entstanden, das Griechische zu verbessern. Das Gewicht der handschriftlichen Bezeugung legt als ursprüngliche Lesart ἐστέ . . . ἐποιεῖτε nahe. Dies ist zu übersetzen: »Wäret ihr . . . würdet ihr tun . . .«; das Präsens (ἐστέ) und möglicherweise das Fehlen von ἄν bewirken größere Lebendigkeit – »wenn ihr wirklich wäret . . .« (vgl. Lk ʃ7,6: »wenn ihr *nur* hättet . . .«). Das Zeugnis von P⁶⁶ jedoch spricht für ποιεῖτε, und Sanders könnte Recht haben, wenn er den Satz ironisch versteht: Wenn (wie ihr behauptet) ihr wirklich Abrahams Kinder seid (ich vermute, ich muß das zugeben), dann würdet ihr tun, was Abraham zu tun pflegte (als ihr mich angegriffen habt).

40. νῦν δὲ ζητεῖτε. Das adversative δέ stützt das mögliche Imperfekt (ἐποιεῖτε) in V. 39. Tatsächlich zeigen die Juden Werke, die sich sehr von denen Abrahams unterscheiden. Der Gegensatz ist nicht nur ein ethischer; Abrahams Sinn verschloß sich nicht gegen die Wahrheit.

τὴν ἀλήϑειαν ὑμῖν λελάληκα. ἀλήϑεια kann, wie der folgende Relativsatz zeigt, nicht einfach bedeuten »was wahr ist«, sondern »*die* Wahrheit«, die in der ganzen Sendung Jesu von Gott offenbart wird.

41. τοῦ πατρὸς ὑμῶν. Vgl. V. 38. Der »Vater«, an den hier gedacht ist, ist selbstverständlich der Teufel; V. 44.

ἡμεῖς ἐκ πορνείας οὐκ ἐγεννήϑημεν (es gibt mehrere, wenn auch unbedeutende Varianten zu diesem letzten Wort). Die Juden finden einen neuen Weg, das Argument gegen Jesus zu wenden. Die Implikation (bes. des betonten ἡμεῖς), ist, daß Jesus aus πορνεία geboren sei. Dieser Vorwurf findet sich in jüdischen Quellen (der wahrscheinlich, wenn auch nicht sicher, früheste Beleg ist Jeb 4,13: Rabbi R. Simeon b. Azzai [ca. 110 n. Chr.] sagte: Ich fand einen Stammbaum in Jerusalem, und in ihm war geschrieben: »Solch einer ist ein Bastard durch [eine Übertretung des Gesetzes von] deines Nachbars Weib«); s. weiter R. T. Herford, Christianity in Talmud and Midrash [1903], S. 35–50; und auch in der Anklage des Celsus (bei Origenes, Contra Celsum I, 28).

ἕνα πατέρα ἔχομεν τὸν ϑεόν. Vgl. V. 33.34.39, auch Mt 23,9 (Dodd, Tradition, S. 331f); das Thema der Vaterschaft kann nicht auf der menschlichen Ebene aufhören, und die Juden führen jetzt ihre Abstammung nicht auf Abraham, sondern auf Gott zurück. Wahrscheinlich arbeitet Joh nun sehr vorsichtig durch Implikation heraus, was seiner Meinung nach die Wahrheit über die Geburt Jesu ist. Dieser war, obwohl die Umstände den Uneingeweihten an Unzucht denken lassen könnten, tatsächlich nicht aus einem menschlichen Akt geboren, sondern aus Gott (s. Komm. zu 1,13). Sein Hauptgedanke jedoch ist nicht, daß die Geburt Jesu in einer besonderen Weise bewirkt wurde, sondern daß Jesus von Gott stammte: s. den nächsten Vers.

42. Vgl. V. 39; wenn man schon angemessenes Verhalten von den Abkömmlingen Abrahams erwarten sollte, um wieviel mehr müßten dann Kinder Gottes seinen Sohn lieben. Vor allem sie müßten anerkennen, daß er von Gott gekommen war (vgl. 3,2; 1Joh 5,1).

καὶ ἥκω. Dieses Wort läßt an die Ankunft eines göttlichen Propheten denken; vgl. Philostrat, Vita Apollonii 1,1 *ὡς ἐκ Διὸς ἥκοντα*; Origenes, Contra Celsum VII,9, *ἐγὼ ὁ θεός εἰμι, ἢ θεοῦ παῖς . . . ἥκω δὲ . . . ἐγὼ δὲ σῶσαι θέλω.* Aber das Wort muß nicht den Bedeutungsgehalt wie an derartigen Stellen haben; es bedeutet einfach »ich bin gekommen«. *ἐξῆλθον* bezeichnet den Weggang Jesu *ἐκ τοῦ θεοῦ, ἥκω* seine Ankunft in der Welt.

οὐδὲ γὰρ ἀπ' ἐμαυτοῦ ἐλήλυθα, ἀλλ' ἐκεῖνός με ἀπέστειλεν. Einmal mehr wird betont, daß die Sendung Jesu nichts mit Eigenwillen oder Selbstsucht zu tun hat. Dies wird bei Joh sehr häufig und grundsätzlich betont; s. bes. 5,19–30 und Komm. z. St. Jesus kam nicht aus eigenem Antrieb in die Welt; er kam, weil er gesandt wurde. Sein Wirken hat nicht in irgendeiner Weisheit oder Tugend, die ihm selbst gehört (auch nicht in einer wundersamen Geburt – s. Komm. zu V. 41), Bedeutung, sondern in der Tatsache, daß er der Gesandte Gottes selbst ist. Seine Auseinandersetzungen dürfen nicht als Selbstverteidigung verstanden werden; sie sind eine Offenbarung des Vaters. Zur »Sendung« Jesu s. Komm. zu 20,21.

43. *λαλιὰν . . . λόγον.* Wenn man die beiden Worte nicht unterscheidet, ergibt der Satz keinen Sinn. *λαλιά* ist hörbare Rede, das gesprochene Wort (selbstverständlich nicht »Gerede« oder »Geschwätz«, wie häufig im frühen Griechisch): Die Juden können die Worte, die sie hören, nicht verstehen (vgl. ihr ständiges Mißverstehen, z. B. in diesem Kapitel V. 19.22.25.33 u. a.). Der Grund dafür ist, daß sie die *Botschaft* Jesu, das göttliche Wort, das er bringt (und tatsächlich ist), nicht begreifen und ihm nicht gehorsam sein können (zum Gebrauch von *ἀκούειν* s. Komm. zu 5,24). S. Dodd, Interpretation, S. 266.

οὐ δύνασθε muß in seiner vollen Bedeutung gesehen werden; vgl. 12,39.

44. *ὑμεῖς ἐκ τοῦ πατρὸς τοῦ διαβόλου ἐστέ.* Die Übersetzung »ihr seid von dem Vater des Teufels« wäre möglich; sie ist aber unbefriedigend, obwohl der letzte Teil des Verses (s. u.), oberflächlich gesehen, eine solche Übertragung erwägenswert macht und es auch einige gnostische Parallelen gibt (s. Bernard, S. 313, Bauer, S. 127–129). Der Gegensatz erfordert den schärfsten Kontrast zu Gott, dem Vater Jesu, und dieser findet sich im Teufel, der das Leben, das Gott erschafft, vernichtet (*ἀνθρωποκτόνος*) und die Wahrheit, die Gott offenbart, leugnet (*ψεύστης*). 1Joh 3,8 bestätigt diese Interpretation ganz eindeutig. Zu übersetzen ist deshalb ». . . euer Vater, der Teufel«, auch wenn dann *πατρός* eigentlich nicht den Artikel haben dürfte (Bl-Debr § 268,2).

τὰς ἐπιθυμίας τοῦ πατρὸς ὑμῶν, die für euren Vater charakteristischen Begierden, *θέλετε ποιεῖν,* meint ihr, beabsichtigt ihr zu tun, tut ihr gerade. S. Jes 43,27 (Guilding, S. 108).

ἀνθρωποκτόνος ἦν ἀπ' ἀρχῆς, weil er Adam die Unsterblichkeit nahm, Gen 3; vgl. Sap 2,24; Sir 25,24; Röm 5,12. Gerade so, wie das Wort das ist, was es im Anfang ist (1,1), so ist der Teufel, was er von Anfang an ist.

ἐν τῇ ἀληθείᾳ οὐκ ἔστηκεν. Zu verwerfen ist die Variante *οὐχ* (P75 Ω); möglicherweise sollten wir aber *οὐκ ἔστηκεν* lesen (s. M II, S. 100). Dies würde bedeuten (Perfekt von *ἵστημι* mit präsentisch-intransitivem Sinn) »steht nicht in der Wahrheit«. Jedoch ist die Lesart *ἔστηκεν* vorzuziehen und als Imperfekt des späten Verbums *στήκειν* (s. Komm. zu 1,26) »stand nicht« zu verstehen. Dies würde sehr gut zu dem *ἀπ' ἀρχῆς* des vorangehenden Satzes passen; möglicherweise ist hier ein Abfall von der Wahrheit *ἐν ἀρχῇ* angenommen. Die entgegengesetzte Aussage (*οὐκ ἔστιν ἀλήθεια ἐν αὐτῷ*), in welcher *ἀλήθεια* ohne Artikel ist (s. Moule, Idiom Book, S. 112), soll herausstellen, daß der Teufel mit der Wahrheit nichts gemein hat. Vgl. Eph 4,21. *ζωή* und *ἀλήθεια* verleihen eine authentische Existenz; aus diesem Grunde tötet der Teufel und lügt (Bultmann).

τὸ ψεῦδος, was falsch ist, nimmt in Parallele zu ἡ ἀλήθεια den Artikel an.

ἐκ τῶν ἰδίων, aus seinem eigenen Wesen oder seinen charakteristischen Eigenschaften. Lügen ist seine Natur.

καὶ ὁ πατὴρ αὐτοῦ. Die Konstruktion ist sehr hart, es gibt aber offenbar keine annehmbare Alternative zu der Übersetzung »er ist ein Lügner und deren Vater [d. h. der Lüge oder Falschheit]«. Man hat den ganzen Satz auch anders verstehen wollen: »Wenn ein *Mensch* eine Lüge sagt, dann spricht er aus sich selbst, denn er ist ein Lügner, und so auch sein Vater [der Teufel]«; aber dies ist noch schwieriger. Auch folgende Wiedergabe scheint falsch zu sein: »... und so ist sein [des Teufels] Vater«, obwohl, wie wir oben festgestellt haben, der erste Teil in dem Vers durchaus in einer dementsprechenden Weise verstanden werden könnte. Zum grammatikalischen Problem s. Bultmann z. St., auch Turner, Insights, S. 148ff. Der unbeholfene Ausdruck ist wahrscheinlich darauf zurückzuführen, daß Joh hier die negative Parallele zu Jesus und seinem Vater preßt.

45. ἐγὼ δὲ ὅτι. Das ἐγώ steht an erster Stelle, um zu betonen: »Aber ich, weil ich ...«. Es ist nicht nötig, hier eine falsche Wiedergabe eines aramäischen ד anzunehmen (Burney, S. 77; M II, S.436; Black, S. 74.92). Das ὅτι ergibt einen ausgezeichneten Sinn.

οὐ πιστεύετέ μοι. Darum, weil (ὅτι) Jesus die Wahrheit spricht, glauben sie nicht. Sie haben die Falschheit von ihrem Vater ererbt und können deshalb ebensowenig an die Wahrheit glauben, wie sie zum Licht kommen werden (3,19).

46. In diesem Vers (ausgelassen von D) und in V. 47 wird der vorherige Gedankengang wieder aufgenommen.

τίς ἐξ ὑμῶν ἐλέγχει με περὶ ἁμαρτίας; Zu ἐλέγχειν περί vgl. 16,8. Anklagen gegen Jesus werden in diesem Kapitel und auch sonst erhoben; keine kann bewiesen werden. Vgl. Test Juda 24,1, πᾶσα ἁμαρτία οὐχ εὑρεθήσεται ἐν αὐτῷ. Es gibt ein ähnliches Wort im EvThom 104: Was ist denn die Sünde, die ich tat, oder worin besiegten sie mich?

εἰ ... οὐ πιστεύετέ μοι. Vgl. V. 45; die Frage wird in V. 47 beantwortet.

47. Nur der, der aus Gott kommt, hört die Worte Gottes (vgl. V. 42). Die Juden hören das Wort Jesu nicht (V. 43), denn sie sind nicht von Gott, sondern vom Teufel. Ihre Reaktion ist in einer Bedingung begründet, die der geschichtlichen Sendung Jesu vorausliegt.

48. οὐ καλῶς λέγομεν ἡμεῖς. Vgl. 4,17; 13,13; auch Mk 7,6, καλῶς ἐπροφήτευσεν. Im Neugriechischen bedeutet ein entsprechender Ausdruck καλὰ δὲ λέμε ἐμεῖς: »haben wir nicht Recht, wenn wir sagen?« (Pallis, S. 20); diese Bedeutung liegt auch hier vor.

Σαμαρίτης εἶ σύ. Zu den Beziehungen zwischen Juden und Samaritanern s. 4,9; zum Interesse des Joh an den Samaritanern s. 4,40ff. Die Samaritaner galten als ein häretisches Mischvolk (vgl. V. 41). Es ist jedoch zu beachten, daß auf die beiden Anklagen nur eine einzige Antwort erfolgt (V. 49, ἐγὼ δαιμόνιον οὐκ ἔχω), und dies könnte bedeuten, daß der Vorwurf, ein Samaritaner zu sein, mit der Anklage gleichzusetzen ist, er sei besessen. Die beste Parallele, die man für diese mögliche Entsprechung anführen kann, ist die Tatsache, daß die Samaritaner Dositheus und Simon Magus, die Söhne Gottes zu sein beanspruchten, als verrückt (besessen) galten. Dementsprechend meint der Vorwurf, Jesus sei ein Häretiker; aber es gibt keinen Beleg dafür, daß »Samaritaner« ein übliches Schimpfwort für Häretiker war, und es ist sehr zweifelhaft, ob Jesus ähnliche Ansichten wie die Samaritaner vertrat. Vgl. Justin, Dial 69, und die Beobachtungen dazu bei Martyn, S. 64f. Vgl. auch Origenes, Contra Celsum VI,11; VII,8.

δαιμόνιον ἔχεις. Dieser Vorwurf wird in Joh mehrmals vorgebracht: 7,20; 8,48.52; 10,20; vgl. Mk 3,22 parr. Bei Joh scheint der Vorwurf kaum mehr als Verrücktheit zu meinen (s. bes. V. 52), und er wird auch einfach zurückgewiesen; bei den Synoptikern wird ihm energisch widersprochen, und er wird der Anlaß für bedeutende Lehre. Dies entspricht dem Fehlen von Dämonenaustreibungen bei Joh.

49. τιμῶ τὸν πατέρα μου. Der Anspruch Jesu ist nicht arrogante oder verrückte Selbstbehauptung, sondern (wie Jesus beständig betont) lediglich Gehorsam gegenüber dem Vater. ἀτιμάζετε, nicht so

sehr »ihr beleidigt« als das Gegenteil von τιμᾶν, »ihr gebt mir nicht die mir als dem Sohn des Vaters zustehende Ehre«. Vgl. 5,23.

50. ἐγὼ δὲ οὐ ζητῶ τὴν δόξαν μου. Das Gegenteil von τιμῶ τὸν πατέρα. ἔστιν ὁ ζητῶν καὶ κρίνων. Zur Konstruktion vgl. 5,45. Im ersten Teil des Verses ist bei ζητῶν zu ergänzen τὴν δόξαν μου. Die forensische Bedeutung von κρίνειν findet sich allerdings nicht in ζητεῖν. Es ist der Vater, der die Ehre Christi sucht (wie Christus die seine), und er richtet auch, indem er die Wahrheit verteidigt und zugleich deren Widersacher verdammt.

51. Zum Gedankengang dieses Verses vgl. 5,24; 6,40.47; 11,25. Er ergibt sich aus dem κρίνειν des vorhergehenden Verses. Jene, die Jesu Wort halten (14,23f; 17,6), werden dem Gericht entgehen, weil sie bereits aus dem Tod in das Leben gedrungen sind. Vgl. Mk 9,1.

θάνατον οὐ μὴ θεωρήσῃ (= »erfahren«, wie ἰδεῖν in 3,3) muß sich auf den Tod der Seele beziehen.

52. Die Juden nehmen jedoch wieder an, Jesu Worte seien wörtlich gemeint und würden beweisen, daß er verrückt ist (einen Dämon hat).

Ἀβραὰμ ἀπέθανεν. Vgl. Ilias XXI,107; Lukrez III,1042ff (Bultmann).

οὐ μὴ γεύσηται θανάτου anstelle des θάνατον οὐ μὴ θεωρήσῃ des vorangehenden Verses. Es ist zweifelhaft, ob hier irgendeine Änderung im Sinn intendiert ist. Joh liebt den Gebrauch von Synonymenpaaren. γεύεσθαι θανάτου wird Mk 9,1 vom physischen Tod gebraucht, und möglicherweise, falls eine Unterscheidung zwischen den beiden Worten beabsichtigt ist, schreibt Joh den Juden die massivrealistische Meinung zu, es gehe hier um physische Unsterblichkeit; dagegen bestand die Wahrheit, die sie nicht verstanden, darin, daß die Christen nicht vom Tod überwunden werden würden. Vgl. EvThom 1 (wer die Bedeutung dieser Worte findet, wird den Tod nicht schmecken); Fitzmyer, Essays, S. 370.

53. μὴ σὺ μείζων εἶ; Auf diese Frage erwartet man selbstverständlich die Antwort nein, ebenso wie bei der samaritanischen Frau (4,12). Hier drückt sich die für Joh charakteristische Ironie aus; die ihm und seinen Lesern bekannte wahre Antwort ist das Gegenteil jener, die die Juden erwarten.

πατρὸς ἡμῶν wird ausgelassen von D W it sin. Diese Worte könnten ausgelassen worden sein, weil bereits bestritten worden ist, daß die Juden Abraham als Vater haben (V. 39f.44), oder man hat sie in Übereinstimmung mit V. 56 hinzugefügt.

καὶ οἱ προφῆται ἀπέθανον. Hier liegt eine lockere Konstruktion vor – »und so taten auch die Propheten«, fast ein nachklappender Gedanke.

τίνα σεαυτὸν ποιεῖς; Vgl. 5,18; 10,33; 19,7. Wieder einmal verkehren die Juden einfach die Wahrheit. Jesus macht sich nicht selbst zu etwas: er entäußert sich vielmehr aller persönlichen Würde und betont seinen Gehorsam gegenüber Gott und seine Abhängigkeit von ihm (V. 28.38.42.50), damit Gott alles sei.

54. Was Jesus aus sich selbst »macht«, ist ohne Bedeutung; eine solche Selbstverherrlichung wäre keine Ehre. Vgl. Hebr 5,5. Zu δόξα, δοξάζειν s. Komm. zu 1,14.

ἔστιν ὁ πατήρ μου ὁ δοξάζων με. Vgl. V. 50. Jesus verherrlicht den Vater, und der Vater verherrlicht ihn. Vgl. 17,1.4f. Aber es handelt sich hier nicht um eine sichtbare Verherrlichung, die vor Zuschauern bewiesen werden kann.

θεὸς ἡμῶν ἐστίν. Anstelle von ἡμῶν (P⁶⁶ P⁷⁵ Θ Ω) wird von א B D ὑμῶν gelesen; aber die direkte Rede der ersten Lesart ist vorzuziehen, da die in dem Satz liegende Schärfe sonst abgeschwächt würde. Die Juden, die die Verheißungen des AT beanspruchen (z. B. Gen 17,7), halten Gott für den ihren; sie bedenken nicht, daß sie durch ihr Verhalten die Beziehung diskreditiert haben (V. 42). Vgl. 4,22.

55. καὶ (adversativ – »auch wenn ihr beansprucht ... doch ...«) οὐκ ἐγνώκατε αὐτόν. Vgl. 7,28; 1Joh 2,4. Es ist keine Unterscheidung zwischen den Verben γινώσκειν und εἰδέναι beabsichtigt; s. Komm. zu 1,10. Zum Perfekt ἐγνώκατε vgl. 6,69.

ὅμοιος ὑμῖν. ὑμῶν (P⁶⁶ א) könnte zutreffen; vgl. das Lateinische vestri similis.

τὸν λόγον αὐτοῦ τηρῶ. Vgl. 15,10; 17,6. Gehorsam ist ein charakteristischer Zug der joh »Gnosis«.

56. Ἀβραὰμ ὁ πατὴρ ὑμῶν – wie ihr beansprucht (V. 33.39). Hier liegt jeweils ein argumentum *ad*

hominem vor. Zum Weiterleben Abrahams s. J. Jeremias, Heiligengräber in Jesu Umwelt [1958], S. 134f; Derrett, Law, S. 86; McNamara, S. 144f.

ἠγαλλιάσατο (ein starkes Wort, in Joh nur hier und 5,35) ἵνα ἴδῃ τὴν ἡμέραν τὴν ἐμήν. Das ἵνα ist erklärend und führt den Grund des Jubels ein; dies ist typisch joh Stil (s. Einleitung, S. 26). Bauer (S. 131) vergleicht BGU 1081,3 ἐχάρην ἵνα δὲ ἀσπάζομαι; vgl. auch das Neugriechische χαίρομαι νά σε ὑωρῶ (»ich freue mich, dich zu sehen«, M II, 476). Der Glaube, dem Abraham seien die Geheimnisse des zukünftigen Äons offenbart worden, ist zumindest bereits für R. Aqiba bezeugt. In Gen r 44,25 wird von einem Meinungsunterschied zwischen ihm und R. Johanan b. Zakkai berichtet; jener nahm an, Gott habe dem Abraham nur diese Welt offenbart, während R. Aqiba glaubte, auch der zukünftige Äon sei ihm offenbart worden. Wenn ihm der zukünftige Äon gezeigt wurde, dann schlösse dies auch die Tage des Messias ein. (In Tanhuma B. חיי שרה, § 6 [60a] [Bill II, S. 525] wird dies abgeleitet aus Gen 24,1, בא בימים, wörtlich: »er kam in die Tage«.) »Tage« (Plural) ist der übliche jüdische Ausdruck, zum Singular vgl. Lk 17,22; Joh, mit seinem Wissen vom Wirken Jesu, kann den Augenblick der eschatologischen Erfüllung genauer angeben. Der Jubel Abrahams kann von Gen 17,17 abgeleitet werden; dies wurde bereits von Philo (Mut Nom 154–169) in der Bedeutung Jubel, nicht Unglauben, verstanden. Vgl. auch Test Levi 18,18, dann (in den Tagen – ἐν ταῖς ἡμέραις [V. 5] – des »neuen Priesters«) werden Abraham und Isaak und Jakob jubilieren (ἀγαλλιάσεται). Es gibt so keinen Grund für die Annahme (Torrey, S. 144.148; vgl. M II, S. 475f), das aramäische Original (בעא אברהם – »Abraham betete . . .«) sei durch den Wegfall eines א zu אברהם בע (»Abraham jubelte . . .«) verderbt worden. Zu Abrahams Schau Jesu vgl. Barn 7,7 (προβλέψας). Es ist müßig zu fragen, ob Joh bei dem »Tag« Jesu an sein Wirken oder an das Kommen des Menschensohns in Herrlichkeit dachte. Er war der Meinung, das Erlösungswerk, das potentiell bei Abraham bereits vollkommen war, sei nun tatsächlich in Jesus erfüllt.

57. πεντήκοντα ἔτη οὔπω ἔχεις. Wahrscheinlich handelt es sich bei 50 um eine runde Zahl, und es geht hier um nicht mehr als darum, den Kontrast zwischen einer kurzen Lebensspanne und dem großen Zeitraum, der zwischen Jesus und Abraham lag, auszudrücken; aber bereits sehr früh wurde dieser Abschnitt zusammen mit 2,20 zum Beweis genommen, daß Jesus während seines Wirkens zwischen 40 und 50 Jahre alt gewesen sei (Irenaeus, Adv Haer II,22,5f). Vgl. dagegen Lk 3,23. Ein solch wörtliches Verständnis geht an der Sache vorbei und lädt dazu ein, den Kommentar Bultmanns auszuweiten: »Die Juden blieben in ihrem Denken gefangen«. Vgl. jedoch G. Ogg, NTS 5 [1959], S. 291–298.

Ἀβραὰμ ἑώρακας; Die durch V. 56 nahegelegte Lesart Ἀβραὰμ ἑώρακέν σε findet sich in P[75] א sin sah; es handelt sich ohne Zweifel um eine Verbesserung. Die Antwort der Juden (nach dem besseren Text) unterscheidet sich von der Aussage Jesu, da sie natürlich, überzeugt von der Überlegenheit Abrahams (V. 53), an ein Sehen Abrahams durch Jesus denken (wenn so etwas möglich wäre).

58. πρὶν Ἀβραὰμ γενέσθαι, ehe Abraham wurde; vielleicht, bevor Abraham geboren wurde, da γίνεσθαι diese Bedeutung haben kann. Vgl. V. 56; Jes 43,13 (Guilding, S. 108).

ἐγὼ εἰμί. Zum absoluten Gebrauch dieser Worte s. Komm. zu V. 24. Der Sinn ist folgender: Ehe Abraham wurde, war ich in Ewigkeit, ebenso wie ich jetzt bin und ewig sein werde. Vgl. Thomasevangelium 19: Selig ist, wer war, bevor er wurde. Vgl. Ps 90,2. Lindars lehnt hier zu Recht die Vermutung einer Anspielung auf Ex 3,14 ab.

59. λίθους. Vgl. 10,31–33; 11,8. Steinigung war die Strafe für Gotteslästerung (Lev 24,16; Sanh 7,4); aber dies bedeutet nicht, daß Jesus behauptet hatte, er sei Gott. S. die wichtige Anmerkung bei Bultmann z. St.

ἐκρύβη, reflexiv wie ἐκρύβην in Gen 3,10. Vgl. 12,36; Jesus zieht sich absichtlich zurück, aber er verbirgt sich nur für einige Zeit; s. 9,1. Zur Flucht Jesu vor der Gefangennahme vgl. 7,30.44; 8,20; auch 18,6. Seine Gegner sind ihm gegenüber machtlos, bis er zur bestimmten Zeit seinen eigenen Tod will. Joh wollte wahrscheinlich den Eindruck eines übernatürlichen Verschwindens erwecken, vergleichbar mit der Verborgenheit, aus welcher Jesus gekommen war (7,4.10).

ἐκ τοῦ ἱεροῦ. Vgl. V. 20. Der Text wird in אᶜᵃ Θ′ Ω λ pesch hl boh durch die Hinzufügung von (καὶ) διελϑὼν διὰ μέσου (ἐπορεύετο), καὶ παρῆγεν οὕτω erweitert; aber die kürzere Textform ist sehr wahrscheinlich ursprünglich. Beim längeren Text handelt es sich um eine Angleichung an Lk 4,30; es kann eine gewisse traditionelle Verbindung zwischen den beiden Erzählungen geben. Davies (Land, S. 290–296) weist diesem Vers einen besonderen Platz in der Entwicklung der joh Darstellung Jesu zu. Nachdem Jesus an die Stelle des Sabbat (Kap. 5), des Manna (Kap. 6) und der Wasser- und Lichtzeremonien des Laubhüttenfestes (Kap. 7 und 8) getreten ist und bevor er geweiht wird (beim Tempelweihefest) – gewissermaßen als Ersatz für die Laubhütte und den Tempel (Kap. 10) –, sehen wir hier »die Entfernung der göttlichen Gegenwart aus dem alten ‚heiligen Raum'« (S. 296).

19. Der Blindgeborene.
Die Gegenwart des Gerichts

9,1–41

Dieses Kapitel hat eine doppelte Grundlage: eine einfache Wundergeschichte, in der Blindheit geheilt wird, und das Logion: »Ich bin das Licht der Welt« (vgl. 8,12). Das Wunder ist ein wirkungsmächtiges Zeichen der Wahrheit des Logions; und die unterscheidende, richtende Wirkung des Lichtes, auf die an anderer Stelle angespielt ist (3,19ff, vgl. 12,35f. 46), wird in der Erzählung herausgearbeitet. Der Übergang von der Heilungsgeschichte zur Verkündigung des Gerichts wird durch die Tatsache ermöglicht, daß das Wunder an einem Sabbat stattfindet. Das erzählende Element wird einfach, aber geschickt gehandhabt. Jesus wird nicht gebeten, den Blinden zu heilen, er handelt völlig aus eigenem Willen, aber er gebraucht Heilmittel, die der zeitgenössischen Medizin und Magie nicht unbekannt sind. Eine lehrreiche Parallele zu der ganzen Erzählung findet sich bei Dittenberger, Syll. 1173, 15–18 (Deißmann, S. 108). In dieser Inschrift wird eine wunderbare Heilung (wahrscheinlich durch Asklepius) folgendermaßen erzählt:

Dem Valerius Aper, einem blinden Soldaten, offenbart der Gott, er sollte gehen (ἐλϑεῖν, vgl. V. 7, ὕπαγε) und das Blut eines weißen Hahnes nehmen und dies zusammen mit Honig zu einer Augensalbe verreiben (vgl. den Gebrauch von Staub und Speichel, V. 6) und seine Augen drei Tage lang salben (ἐπιχρεῖσαι, vgl. V. 11). Und er erhielt sein Augenlicht (ἀνέβλεψε, vgl. V. 11), und kam (ἐλήλυϑεν, vgl. V. 7, ἦλϑεν) und dankte dem Gott öffentlich.

Wie in der Inschrift wird die Heilung nicht sofort bewirkt; bevor sie vollendet ist, muß sich der Mann in einem besonderen Wasser waschen. Als sie jedoch geschehen ist, staunt man nicht schlecht und bezweifelt die Identität des Mannes, der bekennt, er sei blind gewesen und sehend gemacht worden. Seiner Sehfähigkeit sicher, weiß er nur, daß der Name seines Wohltäters Jesus ist, er weiß aber nichts über seinen Aufenthaltsort. An dieser Stelle, als der Mann vor die Pharisäer gebracht wird, wird die Sabbatfrage aufgeworfen, und sie bringt ein Dilemma mit sich. Jesus muß ein Sünder sein, denn er bricht den Sabbat: Jesus kann kein Sünder sein, denn kein Sünder könnte eine solche Heilung bewirken. Weiteres Nachfragen bestätigt nur die Grundtatsachen dieses Falles; den Juden bleibt nur die Möglichkeit, ihn zu beschimpfen. Sie stellen Jesus, der unbekannter Herkunft und Autorität ist, dem Mose gegenüber, durch den Gott das Sabbatgesetz gab; und sie stoßen den Blinden hinaus, der es wagt, ihre Annahmen in Frage zu stellen. An dieser Stelle kommt Jesus wieder persönlich in die Erzählung. Zuerst offenbart er seine Identität gegenüber dem Mann, den er geheilt hat; jener glaubt und betet ihn an und zeigt so, daß er sowohl geistliche als auch physische Sicht empfangen hat. Sodann nennt Jesus, indem er in seiner Eigenschaft als das Licht der Welt spricht, den schrecklichen Zweck seiner Sendung: Zum Gericht kam ich in die Welt, damit jene, die nicht sehen, sehen, und jene, die sehen, blind werden (V. 39). Auf eine Zwischenfrage der Pharisäer antwortet er mit einer besonderen Verdammung, die sich auf den allgemeinen Grundsatz, der eben formuliert wurde, gründet.

Dieses kurze Kapitel läßt vielleicht lebendiger und vollständiger als jedes andere die joh Vorstellung vom Werk Christi erkennen. Auf der einen Seite ist er der Geber von Wohltaten gegenüber einer Menschheit, die sich, getrennt von ihm, in einem Zustand völliger Hoffnungslosigkeit befindet: Man hatte niemals gehört, daß jemand die Augen eines Blindgeborenen öffnen könnte (V. 32). Diese Erleuchtung wird nicht als eine in erster Linie intellektuelle dargestellt (wie in einigen der Hermetischen Traktate), sondern als die unmittelbare Verleihung von Leben oder Erlösung (und ist so mit der Gabe des lebendigen Wassers [4,10; 7,37f] und des Lebensbrotes [6,27] vergleichbar). Andererseits kommt Jesus nicht in eine Welt, die voll von Menschen ist, die um ihre eigenen Bedürfnisse wissen. Viele haben ihre eigenen unzureichenden Lichter (z. B. das AT, 5,39f), und sie sind zu stolz, sie für das wahre Licht, das jetzt scheint, aufzugeben. Die Wirkung des wahren Lichtes ist es, sie zu blenden, da sie ihm gegenüber willentlich ihre Augen schließen. Ihre Sünde bleibt genau deshalb bestehen, weil sie sich so sehr auf ihre eigene Rechtschaffenheit verlassen.

Die Heilung des Blinden hat keine genaue Parallele in den Synoptikern (vgl. ähnliche Geschichten bei Mk 8,22–26; 10,46–52). Sie braucht nicht notwendigerweise als Ganze erfunden zu sein; wahrscheinlich wurde sie dem immer noch fließenden Überlieferungsstrom entnommen. Der Vorwurf, Jesus habe den Sabbat nicht angemessen beachtet, findet sich mehrmals in den Synoptikern und begegnete auch bereits im vierten Evangelium (s. die Einleitung und Komm. zu 5,1–18). Zum früheren Überlieferungsstoff im Blick auf den Anspruch »ich bin das Licht der Welt« s. Komm. zu 8,12. Die trennende, kritische Auswirkung von Jesu Wirken auf seine Zeitgenossen ist auch in der frühen Tradition tief verwurzelt. Der Behauptung, Jesus treibe Dämonen durch Beelzebul aus, wird die Aussage (Mk 3,28ff) entgegengesetzt, daß solche Lästerung gegen den Heiligen Geist niemals vergeben werde; sie ist eine ewige Sünde (vgl. V. 41, ἡ ἁμαρτία ὑμῶν μένει). Die synoptischen Gleichnisse offenbaren zugleich eine Unterscheidung zwischen οἱ περὶ αὐτὸν σὺν τοῖς δώδεκα und ἐκεῖνοι οἱ ἔξω (Mk 4,10f), und einige Verse später (bei Mk) erfahren wir, daß dem, der hat, gegeben werden soll, während dem, der nicht hat, selbst das weggenommen werden soll, was er hat (4,25). Jesus beobachtet eine Verhärtung (πώρωσις, Mk 3,5; vgl. 6,52; 8,17) bei jenen, die Augen haben, aber nicht sehen können (die πώρωσις in Mk 3,1–6 könnte, wenn man sie als Blindheit versteht, Anlaß für die vorliegende Sabbatgeschichte gewesen sein). Und ein guter Teil der synoptischen Überlieferung läßt erkennen, daß das Wirken Jesu die Prüfung darstellt, durch welche Menschen stehen oder fallen werden (solche Worte wie z. B. Mk 8,38; Mt 11,6.21–24; Lk 7,23; 10,13–16 u. ö.). Joh hat mit unübertroffener Kunstfertigkeit und mit tiefer theologischer Einsicht eines der Hauptthemen des christlichen Glaubens herausgearbeitet. (Zu demselben Thema bei Paulus vgl. Röm 9–11; 1Kor 1,18.23f; 2Kor 2,15, und andere Stellen.)

Die Einsicht des Joh in die theologische Bedeutung der frühen Überlieferung ist der wichtigste Einzelfaktor bei der Gestaltung dieses Kapitels und, im Gegensatz zu andersartigen Analysen, kaum ein Anlaß für eine Konjektur. Es könnten z. B. die Lektionen beim Laubhüttenfest, Lev 13; 2Kön 5; Dt 10; 2Kön 13,23ff, auf die Erzählung eingewirkt haben und auch Parallelen mit Joh 15,16 erklären (Guilding, S. 121–125), aber die Anspielungen sind keineswegs explizit. V. 2–5 können eine joh Interpolation in eine überlieferte Erzählung (Dodd, Tradition, S. 184–188) sein; aber obwohl V. 5 (und möglicherweise V. 4) als nützlicher Querverweis auf 8,12 dienen, kann dies von V. 2.3 nicht gesagt werden. Es gibt einen deutlichen Bruch zwischen V. 7 und V. 8, aber zu sagen, V. 8–41 müßten eine dramatische Erweiterung sein, da Wundergeschichten nur am Wundertäter und nicht am Geheilten interessiert seien (Martyn, S. 5), ist eine Überinterpretation. Joh kann beabsichtigt haben, Tauflehre weiterzugeben (s. bes. Brown, S. 380ff), von welcher in der frühen Kirche oft als φωτισμός gedacht und gesprochen wurde; ohne Zweifel (s. auch Hoskyns) wurde das Kapitel früh mit der Taufe in Verbindung gebracht. Aber Joh stellt diese Verbindung niemals explizit her (vgl. seine Anspielung auf die Eucharistie in 6,51–56), und wir werden seiner Theologie keinesfalls gerecht, wenn wir dies tun. Es geht ihm um Glauben, Bekehrung, Licht, Finsternis, Gericht, und nicht um bestimmte »Sitze« für sie, so wichtig diese für sich selbst sein mögen. Vgl. Schnackenburg II, S. 325–328.

Diese Beobachtung mag uns zu einem Verweis auf Martyn führen, dessen Buch über den Hintergrund des Joh in diesem Kapitel seinen Ausgangspunkt findet. (Es gibt eine wichtige Vorwegnahme seiner These durch E. L. Allen, JBL 74 [1955], S. 88–92, worauf leider Martyn selbst nicht verweist.) Der Grundgedanke der Hypothese Martyns (s. dazu weiter Einleitung, S. 152f) ist, Joh »wolle zeigen, wie der auferstandene Herr seine irdische Wirksamkeit im Werk seines Dieners, des christlichen Predigers, fortsetzt« (S. 9). Joh schreibt so Geschichte auf zwei Ebenen, einer einfachen historischen Ebene, die eine Erzählung dessen, was von Jesus getan und gesagt wurde, bietet, aber auch auf einer zeitgenössischen Ebene, die (wenn auch immer noch in der Form einer Geschichte über Jesus) die Sendung der Christen an die Juden und deren Antwort darauf beschreibt. Wir werden unten im einzelnen darauf eingehen. Viele der Thesen Martyns sind überzeugend; es ist gewiß zutreffend, daß es ein wesentliches Anliegen des Joh war, die überlieferte Geschichte Jesu auf die Zeit nach der Auferstehung (und tatsächlich auf die Zeit am Ende des Jahrhunderts) zu beziehen. Er entgeht jedoch nicht ganz der Gefahr, den Horizont des joh Werkes zu eng zu fassen; dieser bestand eher darin, den vollen theologischen Gehalt der Tradition herauszuarbeiten, und nicht, ihn einer bestimmten Diasporasituation anzupassen. S. auch Bornkamm IV, S. 65–72.

1. παράγων. Jesus ist wahrscheinlich noch in Jerusalem, wahrscheinlich nicht mehr im Tempel (8,59). Das Partizip läßt kaum einen Schluß auf die Umstände zu; vgl. Mk 1,16.

ἐκ γενετῆς. Apg 3,2; 14,8 werden Menschen als krank ἐκ κοιλίας μητρός bezeichnet. γενετή wird sonst im NT nicht gebraucht, aber der joh Ausdruck ist gutes Griechisch im Sinn von »von der Geburtsstunde an«. Dieser Zug der Krankheit wird oft als Beleg dafür genommen, daß Joh »das Wunderhafte verstärke«, und V. 32 stützt zu einem gewissen Grad diese These; es scheint aber wahrscheinlich, daß Joh auch daran denkt, daß die Menschheit von Natur aus für das Licht nicht empfänglich ist (vgl. 1,5.10f). Der Mensch ist von Geburt an geistlich blind. Auf unsere Erzählung wird, in Verbindung mit Mk 10,46–52, wahrscheinlich in den Pilatusakten 6,2 angespielt: Und ein anderer Jude trat hervor und sagte: Ich war blind geboren: Ich hörte Worte, aber ich sah keines Menschen Gesicht. Und als Jesus vorbeiging, rief ich aus mit lauter Stimme: Habe Erbarmen mit mir, o Sohn Davids. Und er erbarmte sich meiner und legte seine Hände auf meine Augen, und ich konnte sofort sehen.

2. *τίς ἥμαρτεν.* Es wird angenommen, daß Sünde, wer immer sie begangen hat, die Ursache der Blindheit war. Dies war im Judentum die übliche Annahme (doch nicht nur im Judentum; zu Lukian s. Betz, S. 156); s. z. B. Schab 55a: Es gibt keinen Tod ohne Sünde (belegt aus Ez 18,20) und keine Strafe (d. h. Leiden) ohne Schuld (belegt aus Ps 89,33). Ist ein Mann von Geburt an blind gewesen, dann muß man die Sünde entweder bei seinen Eltern suchen oder in seinem eigenen vorgeburtlichen Leben. Es gibt Belege für die Annahme, daß die Sünden der Eltern bei den Kindern zu physischen Defekten führen könnten (S. Bill II, S. 529), und vorgeburtliche Sünden wurden als möglich erachtet; s. die Erklärung von Gen 25,22 in Gen r 63,6; auch Cant r 1,41 (wenn eine Schwangere in einem heidnischen Tempel anbetet, dann begeht auch der Fötus Götzendienst). Die Fortsetzung zeigt, daß es hier um mehr geht als um ein »biblisches Rätsel« (Guilding, S. 124), ausgehend von 2 Kön 14,6. Alle Geschichte dient der Herrlichkeit Gottes und seiner Offenbarung in Jesus. *ἵνα* drückt hier das Ergebnis aus.

3. *οὔτε οὗτος ἥμαρτεν οὔτε οἱ γονεῖς αὐτοῦ.* Nicht alle Krankheit konnte auf Sünde zurückgeführt werden. Es war anerkannt, daß es auch יסורין של אהבה, »Züchtigungen der Liebe«, gab. »Nahm der Betroffene sie willig auf sich, so sollte langes Leben, Befestigung seiner Torakenntnis und Vergebung aller Sünden sein Lohn sein« (Bill II, S. 193). An solche Züchtigungen kann jedoch hier nicht gedacht sein, denn diese können daran erkannt werden, daß sie das Studium des Gesetzes nicht behinderten, dies aber tat Blindheit ganz gewiß. Außerdem widerspricht dem, was Joh positiv als den Zweck des Leidens dieses Mannes nennt (s. u.). *ἀλλ' ἵνα φανερωθῇ τὰ ἔργα τοῦ θεοῦ ἐν αὐτῷ.* Der Ausdruck ist elliptisch, aber der Sinn ist klar: Weder seine eigene Sünde noch die seiner Eltern waren der Grund seines Blindgeborenwerdens; er wurde blind geboren, damit er (oder: mit dem Ergebnis, daß – vgl. den Gebrauch von *ἵνα* in V. 2) ... Vgl. 11,4; die Krankheit des Lazarus ist *ὑπὲρ τῆς δόξης τοῦ θεοῦ.* Die Frage nach dem Sinn von *ἵνα* ist grammatikalisch interessant, aber theologisch weniger wichtig, als sie auf den ersten Blick erscheint. In keinem Falle würde Joh annehmen, daß die Geburt und die Blindheit des Mannes außerhalb der Kontrolle und damit des Planes Gottes seien. Vgl. Ex 9,16, *ἕνεκεν τούτου διετηρήθης, ἵνα ἐνδείξωμαι ἐν σοὶ τὴν ἰσχύν μου, καὶ ὅπως διαγγελῇ τὸ ὄνομά μου ἐν πάσῃ τῇ γῇ,* zitiert (mit einigen Varianten) in Röm 9,17. Das *ἵνα* paßt zu gut zum Stil des Joh und seinem Denken, als daß man annehmen müßte, *ἵνα ... ἐν αὐτῷ* gebe ein aramäisches Relativpronomen falsch wieder (J. Héring, Le Royaume de Dieu et sa Venue [1937], S. 22, Anm. 2) oder es werde imperativisch gebraucht (Turner, Insights, S. 145f). *τὰ ἔργα τοῦ θεοῦ* hat eine Parallele in 1QS 4,4 (מעשי אל), aber, wie Braun betont, Joh und Qumran bezogen sich unabhängig voneinander auf das AT. Hier sind die Werke Gottes »die Werke, die Menschen nach dem Willen Gottes tun«. Die Worte werden in einem anderen Sinn in 6,28 gebraucht. S. weiter Einleitung, S. 91, und Komm. zu 4,34; 5,36.

4. *ἡμᾶς δεῖ ἐργάζεσθαι τὰ ἔργα τοῦ πέμψαντός με.* Das Pronomen im Singular wird durchweg gelesen von *Θ Ω* it vg sin pesch, der Plural von P[66] P[75] א* und einigen anderen Handschriften; es ist kaum zweifelhaft, daß B D mit *ἡμᾶς ... με* ursprünglich sind. Diese schwierigere Lesart entspricht anderen Stellen (vor allem 3,11), wo Jesus sich selbst mit der apostolischen Gemeinschaft zusammennimmt, die er um sich gesammelt hat. Wie der Vater ihn gesandt hat, so sendet er sie (20,21 s. Komm. z. St.), und deshalb haben sie wie er selbst die Verpflichtung, das Werk Gottes zu tun, solange Gelegenheit dazu besteht. Es wird nicht der Eindruck erweckt, die Jünger hätten irgendeinen Anteil an dem Wunder gehabt; vgl. aber 14,12. Das *ἡμᾶς* ist besonders wichtig für Martyn (S. 7f), da es auf »die Fortsetzung der Werke Jesu ... in den Taten der christlichen Zeugen« weist. Dodd (Tradition,

S. 186) jedoch sieht in »wir müssen wirken, solange es Tag ist« ein Sprichwort, das Joh seinen Zwecken durch die Anfügung von τὰ ἔργα τοῦ πέμψαντός με dienstbar macht.

ἕως ἡμέρα ἐστίν. ἕως mit dem Indikativ Präsens und der Bedeutung »solange« wird nur hier bei Joh gebraucht; 21,22.23 bedeutet es »bis«. Vgl. 12,35.36, wo ὡς gebraucht wird (so hier auch bei W und einigen anderen Handschriften). Vgl. Ab 2,15: R. Tarfon (ca. 130 n. Chr.) sagte: Der Tag ist kurz, die Arbeit ist reichlich, die Arbeiter sind faul, der Lohn ist groß, der Hausherr drängt. Hier bezieht sich »der Tag« auf die Länge eines menschlichen Lebens; es hat bei Joh die gleiche Bedeutung, verweist jedoch besonders darauf, daß das Leben Jesu der vorherbestimmte »Tag der Erlösung« und Jesus selbst das Licht der Welt ist, dessen Scheiden das Kommen der Nacht bedeutet – ἔρχεται νύξ. Dasselbe doppelte Bild wird in dieser Wendung fortgesetzt. νύξ wird in mehr als seiner wörtlichen Bedeutung in 11,10; 13,30 (und vielleicht 3,2; vgl. 19,39), und ohne Zweifel an dieser Stelle, gebraucht.

5. ὅταν ἐν τῷ κόσμῳ ὦ. Es wäre besser gewesen, das ἕως des vorhergehenden Verses zu wiederholen. Joh meint nicht: »Sooft ich in der Welt bin«, oder »wenn ich in der Welt bin« (damit eine gewisse Unsicherheit für die Zukunft implizierend). »In der Welt sein« (בעולם, *ba'olam*, in rabbinischem Hebräisch) heißt, am Leben sein – »im Lande der Lebenden«; aber angesichts des besonderen Sprachgebrauchs von κόσμος bei Joh (s. Komm. zu 1,10) muß hier an mehr gedacht sein: weil Gott die Welt liebte, wurde Jesus in die Welt gesandt, sie zu erretten: »Solange ich mein menschliches Leben lebe, solange ich meine irdische Aufgabe der Erlösung ausführe.«

φῶς εἰμι τοῦ κόσμου. S. Komm. zu 8,12. Die Aussage hat an dieser Stelle nicht das Gewicht des joh ἐγώ εἰμι (und unterstreicht damit vielleicht die Bedeutsamkeit dieser Form, wenn sie vorkommt; gewichtige Aussagen können auch ohne sie gemacht werden). Noch deutlicher als in 8,12 zeigt sich hier, daß »Licht« nicht eine metaphysische Bestimmung der Person Jesu ist, sondern eine Beschreibung seiner Wirkung auf den Kosmos; er ist das Licht, das ihn richtet und rettet. In ihm allein hat die Welt ihren Tag, an welchem die Menschen sicher wandeln (12,35); in seiner Abwesenheit ist es dunkel.

6. ταῦτα εἰπών. Die Verbindung mit dem Vorangehenden ist sehr eng. Jesus hat erklärt, seine Sendung in die Welt bedeute, daß er ihr Licht sein soll, nun geht er sogleich dazu über, seine Worte zu veranschaulichen, indem er dem Blinden Licht gibt und jene richtet, die im Vertrauen auf ihre eigene Sicht sich gegen das wahre Licht wenden. Zugleich ist er wie ein gehorsamer Mensch, der Gottes Willen erfüllt, solange er Gelegenheit dazu hat.

ἔπτυσεν χαμαί. Bei diesem Wunder (vgl. dagegen 2,3; 4,47; 11,3; vgl. 5,6) ergreift Jesus die Initiative. Der Blinde, der als das Thema einer theologischen Auseinandersetzung eingeführt wurde, wird das Objekt göttlichen Erbarmens und ein Ort der Offenbarung. Speichel wird in zwei mk Wundergeschichten gebraucht (Mk 7,33; 8,23); sonst im NT nicht. χαμαί wird nur 9,6; 18,6 gebraucht; es wird wie hier anstelle von χαμᾶζε auch von klassischen Schriftstellern verwendet. Im Altertum nahm man an, Speichel habe medizinischen Wert; s. z. B. die wohlbekannte Geschichte von Vespasian in Alexandria (Tacitus, Historiae IV,81: ... *precabaturque principem ut genas et oculorum orbes dignaretur respergere oris excremento... caeco reluxit dies;* Sueton, Vespasian 7; Dio Cassius LXV,8). Tacitus gibt eine rationale Erklärung, aber im allgemeinen wurde die Verwendung von Speichel von magischen Praktiken begleitet (vgl. Betz, S. 150), und dies machte sie für das Judentum verdächtig. So sagt R. Aqiba in Sanh 10,1, daß »der, der über einer Wunde Beschwörungen murmelt«, keinen Anteil an der zukünftigen Welt hat, aber die Tosefta (12,10 [433]) fügt demselben Wort hinzu: »Der, welcher... und spuckt« (ורוקק). In diesem Falle jedoch erfolgt das Spucken auf die Wunde, nicht auf die Erde; aber die bei Joh berichtete Praxis spiegelt sich in einem Wort wider, das dem Samuel (gest. 254 n. Chr.) zugeschrieben wird: Nüchternen Speichel darf man am Sabbat nicht auf das Auge legen (J Schab 14,14d.17f). Dies war die Anwendung eines allgemeinen Grundsatzes: Eine Salbung am Sabbat war nur mit den Flüssigkeiten erlaubt, die im allgemeinen zur Salbung an Werktagen gebraucht wurden. Schab 14,4: Wer Hüftschmerzen hat, darf sich nicht mit Wein oder Essig salben; wohl aber darf er sich mit Öl salben, doch nicht mit Rosenöl. Königskinder dürfen Rosenöl auf ihre Wunden streichen, denn damit pflegen sie sich (auch) an einem Wochentag zu salben. Irenaeus (Adv Haer V,15,2: ».. . Was nämlich die Kunst des Wortes im Mutterleibe zu erschaffen unterlassen hatte, das machte er jetzt offenkundig«) sah hier eine Anspielung auf Gen 2,7; aber dies ist unwahrscheinlich.

Anstelle von *ἐπέθηκεν* (B und einige andere Handschriften) ist *ἐπέχρισεν* sehr gut bezeugt (P⁶⁶ P⁷⁵ א D W Θ Ω), aber dies könnte auf Assimilation an V. 11 zurückzuführen sein; auf *ἐπέχρισεν* müßte ein Akkusativ folgen, nicht *ἐπί*. Zum Akt der Salbung vgl. die Heilung des Soldaten, die in der von uns in der Einleitung zu diesem Abschnitt zitierten Inschrift berichtet wird.

7. *ὕπαγε νίψαι*. Die asyndetische Nebeneinanderstellung der zwei Imperative könnte ein Semitismus sein (Black, S. 64). Möglicherweise sollte man jedoch *νίψαι* auslassen (mit einer Handschrift; s. Bl-Debr § 205). Falls man *νίψαι* liest, vgl. zur Konstruktion Epiktet III,22,71, *ἵν' αὐτὸ λούσῃ εἰς σκάφην*. Bei Joh wird *νίπτειν* nur in diesem Kapitel und in Kap. 13 gebraucht. Es ist beide Male aktiv (außer 13,10, *νίψασθαι*); in diesem Kapitel ist es immer Medium. Der doppelte Imperativ begegnet nicht 2Kön 5,10 (*πορευθεὶς λοῦσαι*), es kann aber eine Anspielung auf die Naemangeschichte vorliegen; s. S. 358.

εἰς (wenn nicht *νίψαι* ausgelassen ist, wird, wie oft in spätem Griechisch, für *ἐν* gebraucht) *τὴν κολυμβήθραν τοῦ Σιλωάμ* (*ὃ ἑρμηνεύεται ἀπεσταλμένος*). Zu der Art, wie Joh nichtgriechische Worte erklärt, s. Komm. zu 1,38. Der Teich von Siloa (Jes 8,6; vgl. Neh 3,15) lag innerhalb der Stadtmauern, am südlichen Ende des Tyropaiontals. Der hebräische Name ist שׁלח *(shiloaḥ)*, abgeleitet von שׁלח, senden. Jes 8,6 (Neh 3,15 wird der Name nicht genannt) wird der hebräische Name in der LXX mit *Σ(ε)ιλωάμ* wiedergegeben; Josephus gebraucht in der Regel eine deklinierbare Form *Σιλωά*. Joh, für den *ἀποστέλλειν* und *πέμπειν* wichtige Worte sind (s. Komm. zu 20,21), stellt die Ableitung des Namens des Teiches heraus. Jesus selbst ist *ὁ ἀπεσταλμένος*, und er gibt dem Blinden Licht, geradeso wie er selbst ein Brunnen lebendigen Wassers ist. Jes 8,6 wird gesagt, daß die Juden die Wasser von Siloa verschmähten, gerade wie sie in diesem Kapitel Jesus ablehnen; und Gen 49,10 erscheint der ähnliche, aber nicht identische Name, שׁילה *(shiloh)*, und dieser wurde zu Recht oder zu Unrecht sowohl von Juden als auch von Christen messianisch interpretiert (so Gen r 98,13; 99,10; Targum Onkelos). Das bei den Libationen am Laubhüttenfest gebrauchte Wasser wurde aus dem Siloa entnommen (s. Komm. zu 7,37f).

ἀπῆλθεν οὖν. Der Gehorsam des Mannes war vollkommen, und so auch seine Heilung.

8. *τὸ πρότερον*. Zum adverbialen Gebrauch vgl. 6,62; 7,50.

ὅτι προσαίτης ἦν. Das Subjekt des *ὅτι*-Satzes ist in den Hauptsatz hinübergezogen, wo es Objekt wird. Vgl. 4,35, und s. M II, S. 469; es liegt kein Grund zu der Annahme vor (Burney, S. 78), daß *ὅτι* eine fehlerhafte Wiedergabe des aramäischen ד sei, welches hier durch *ὅτε* hätte übersetzt werden sollen.

9. *ἐγώ εἰμι*. Ich bin der Mann, von dem ihr sprecht. *ἐγώ εἰμι* wird in derselben Weise in 4,26 gebraucht. Dieser einfache Sprachgebrauch warnt den Leser vor der Annahme, *ἐγώ εἰμι* sei bei Joh notwendigerweise eine religiöse Formel. An dieser Stelle erzählt er schlicht. Der Kommentar Lightfoots, »hinter diesen beiden Versen (8 und 9) liegt die Frage, ob ein Mann nach Taufe und Wiedergeburt noch dieselbe Person wie zuvor ist«, ist zu scharfsinnig.

10. *ἠνεῴχθησαν*. Zum Augment von *ἀνοίγειν* s. Rutherford, S. 83.85. Joh ist nicht konsequent.

11. *ὁ ἄνθρωπος ὁ λεγόμενος Ἰησοῦς*. Diese Worte sollen Jesus in bloß menschlichen Kategorien beschreiben. Der Blinde muß noch viel lernen, bevor er sein Bekenntnis ablegt und Jesus, wie dann in V. 38, anbetet.

ἐπέχρισεν. In V. 6 wird (wahrscheinlich) *ἐπέθηκεν* gebraucht. *ἐπιχρίειν* wird sonst im NT nicht gebraucht. S. die Inschrift, auf die wir in V. 6 verwiesen haben; vgl. auch den Gebrauch von *χρίειν* in 2Kor 1,21 und den Gebrauch von *χρίσμα* in 1Joh 2,20.27.

ἀνέβλεψα. S. wieder die oben erwähnte Inschrift. *ἀναβλέπειν* meint eigentlich »das Augenlicht wiedergewinnen« (das man zuvor gehabt und seither verloren hatte); da es aber gebraucht wurde, die

Heilung von Blindheit zu beschreiben (s. im NT Mk 10,51f; Mt 11,5 = Lk 7,22; u. ö.), konnte man es natürlicherweise auch dann verwenden, wenn der Geheilte zuvor niemals sehend gewesen war.

12. *ποῦ ἐστιν ἐκεῖνος*; Vgl. 7,11. Die Sprecher (vgl. V. 8ff) sind die Leute ganz allgemein. Die Pharisäer, als die offiziellen Gegner, werden erst im nächsten Vers eingeführt.

13. *τοὺς Φαρισαίους.* S. Komm. zu 1,24. Martyn (S. 12) denkt an den Beth Din in Jamnia und nicht an ein pharisäisches Synhedrium in Jerusalem. Derartige Überlegungen könnten erklären, warum der Geheilte »zu den Pharisäern« gebracht wurde.

Die überladene Wendung *αὐτὸν ... τόν ποτε τυφλόν* (vgl. V. 18 *αὐτοῦ τοῦ ἀναβλέψαντος*) erinnert an aramäischen Sprachgebrauch (Burney, S. 85; M II, S. 431).

14. *ἦν δὲ σάββατον.* Heilungen waren am Sabbat, außer im Falle von Lebensgefahr, verboten (s. Bill I, S. 623–629); auch Kneten war verboten (Schab 7,2), und auch auf Anrichten eines Breies würde dieses Verbot zutreffen. Eine Stelle in Abodah Zarah 28b (Bill II, S. 533f) zeigt, daß die Meinungen in der Frage, ob Augen am Sabbat gesalbt werden dürften, auseinandergingen; zum Gebrauch von Speichel am Sabbat s. die in V. 6 zitierte Stelle. Wie in 5,9 wird der Sabbat nicht um seinetwillen erwähnt, sondern damit er zu gewichtigeren theologischen Themen führt.

15. S. die Einleitung zu diesem Abschnitt. Das Verhör des Blinden und – durch ihn – Jesu beginnt nun. Zugleich werden für den verständigen Leser die Pharisäer selbst gerichtet.

16. *οὐκ ἔστιν οὗτος παρὰ θεοῦ ὁ ἄνθρωπος.* Die Wortfolge ist ungewöhnlich, aber *οὗτος* muß mit *ὁ ἄνθρωπος* verbunden werden. Die besondere Betonung, falls irgendeine beabsichtigt ist, kann folgendermaßen wiedergegeben werden: »Er ist nicht von Gott – dieser Mensch«, und ganz gewiß ist er nicht mehr als ein Mensch. Vgl. Dt 13,2–6: Einem Propheten oder Träumer von Träumen darf, selbst wenn er im Wirken von Zeichen und Wundern erfolgreich gewesen ist, nicht geglaubt werden, sondern er muß getötet werden, wenn er versucht, »dich von dem Weg abzubringen, auf welchem der Herr, dein Gott, dir zu wandeln geboten hat«.

ἄλλοι δέ – d. h. von den Pharisäern, die sich nicht einig waren.

πῶς δύναται ἄνθρωπος ἁμαρτωλὸς τοιαῦτα σημεῖα ποιεῖν; Das Wort *ἁμαρτωλός* begegnet bei Joh nur in diesem Kapitel. Das Argument wird in V. 31 wiederholt (vgl. 3,2), ein solides biblisches Argument ist es aber, wie eben festgestellt, nicht; das NT weiß genausogut wie das AT von Wundertätern, die sogar die Erwählten in die Irre führen können. Nichtsdestoweniger betrachtet Joh selbst einen Glauben, der auf Zeichen beruht, als eine wahre, wenn auch mindere Weise von Glauben; s. bes. 14,11. Zum Wort *σημεῖον* s. Einleitung, S. 91ff.

καὶ σχίσμα ἦν ἐν αὐτοῖς. Zum Wort *σχίσμα* s. auch 7,43 (mit Kommentar); 10,19.

17. *λέγουσιν*, d. h. die Pharisäer.

τί σὺ λέγεις περὶ αὐτοῦ; Das betonte Pronomen führt die Untersuchungen einen Schritt weiter; tatsächlich wird der Mann dazu provoziert, sich selbst mit Jesus in Verbindung zu bringen (vgl. dagegen den Lahmen von Kap. 5).

ὅτι ἠνέῳξεν. Burney (S. 76f; vgl. Black, S. 74.92; M II, S. 436) fand hier eine Fehlübersetzung des aramäischen Partikels ד, welcher seiner Meinung nach durch ein Relativpronomen und nicht durch *ὅτι* hätte wiedergegeben werden sollen. Dies ergibt die Form, in welcher der Satz in der Vulgata erscheint *(qui aperuit)*: »Was sagst du von ihm, der deine Augen öffnete?« Es wäre jedoch genauso leicht und attraktiver, das angenommene Aramäisch folgendermaßen wiederzugeben: »Was sagst du, dessen Augen er geöffnet hat, von ihm?« S. M I, S. 94, wo im Gegensatz dazu die Meinung vertreten wird, es sei unnötig, einen Semitismus im Text anzunehmen, da im modernen Griechisch *ποῦ* in einer dem aramäischen ד und hebräischen אשר ähnlichen Weise gebraucht wird. Aber alle diese Spekulationen sind unnötig: s. Liddell-Scott s. v. *ὅτι*, IV: »*ὅτι* = im Blick auf die Tatsache, daß« s. z. B. Plato, Protagoras, 330e, *ὅτι δὲ καὶ ἐμὲ οἴει εἰπεῖν τοῦτο, παρήκουσας.* Dies gibt genau den hier geforderten Sinn. Vgl. 1,16; 8,45.

προφήτης ἐστίν. Dieses Bekenntnis ist nicht das gleiche wie das von 6,14; 7,40, wo der Artikel gebraucht wird (s. Komm. z. St.). Vgl. vielmehr 4,19; der ehemals Blinde wie die samaritanische

Frau sind sich einfach der Gegenwart einer ungewöhnlichen Person bewußt, die Verwunderung und Respekt hervorruft. Kein gewöhnlicher Mensch hätte dem Blinden die Sehkraft geben können. Vgl. V. 32.

18. *οὐκ ἐπίστευσαν οὖν οἱ Ἰουδαῖοι.* Joh spricht ohne Unterschied von »den Juden« und »den Pharisäern«; er hat wahrscheinlich keine klare Kenntnis der Verhältnisse in Palästina vor 70 n. Chr. (s. Komm. zu 1,24). Das Dilemma von V. 16 bestand wirklich: Ein Mensch, der gut genug war, das Wunder zu vollbringen, hätte es nicht an einem Sabbat getan. Irgendwo mußte ein Fehler vorliegen, wahrscheinlich in der Erzählung des Mannes.

αὐτοῦ τοῦ ἀναβλέψαντος kann ein Aramaismus sein; s. Komm. zu V. 13.

19. *ὃν ὑμεῖς λέγετε ὅτι τυφλὸς ἐγεννήθη.* Eine gemischte Konstruktion; natürlicher wäre gewesen *ὃν ὑ. λ. τυφλὸν γεννηθῆναι.* In diesem und den beiden folgenden Versen werden die Umstände der Heilung, genauso wie die Schwere der Krankheit, in aller Deutlichkeit herausgestellt. Dies ist ein üblicher Zug in Wundergeschichten, aber die Form der vorliegenden Erzählung wird in erster Linie durch das Hauptthema bestimmt: das Verhör des Blinden, das von Jesus durch ihn und das der Juden durch Jesus.

21. Auf *ἡλικίαν ἔχει* folgt häufig ein Infinitiv, der ausdrückt, was die fragliche Person aufgrund ihres Alters kann. Hier ist der Infinitiv zu ergänzen: entweder »vernünftig auf die Frage antworten« oder »eine rechtliche Antwort geben«. Ist letzteres gemeint, dann ist nach jüdischem Gesetz das Alter zumindest 13 Jahre.

22. *ταῦτα εἶπαν.* Diese ganze vorsichtige Rede, aber (wie V. 23 zeigt) besonders der letzte Satz, hat für die Eltern den Zweck, die ganze Verantwortung auf ihren Sohn abzuwälzen.

ἤδη γὰρ συνετέθειντο. Die Einigung war bereits erzielt worden (Plusquamperfekt); wir haben aber davon in Joh nichts gehört, obwohl es bereits Versuche gegeben hat, Jesus selbst zu verhaften (bes. 7,32). Die ganze Angelegenheit, sowohl im Blick auf die Übertretung wie auf die Strafe, ist anachronistisch, s. u. Hinter συνετέθειντο sieht Martyn (S. 32) das Verbum תקן, gebraucht in Ber 28b, das wir unten zitieren.

ἐάν τις αὐτὸν ὁμολογήσῃ χριστόν. Dies ist das christliche Glaubensbekenntnis, entsprechend dem paulinischen *ἐὰν ὁμολογήσῃς τὸ ῥῆμα. . .* (Röm 10,9). Nach Mk wurde Jesus während seines Wirkens nicht öffentlich als Messias bekannt (außer von Dämonen). Es ist undenkbar, daß die Synagoge bereits zu dieser Zeit nach christlicher Häresie suchte, obwohl es nach Sanders' Meinung nicht »grundsätzlich unwahrscheinlich« ist, daß die Juden entschlossen waren, die Anhänger Jesu während seines Wirkens zum Schweigen zu bringen.

ἀποσυνάγωγος γένηται. Dieses Wort kommt in der griechischen Bibel nur bei Joh vor: 9,22; 12,42; 16,2. Es ist zweifelhaft, ob hier die gewöhnliche »Exkommunikation« aus der Synagoge gemeint ist. S. dazu den ausführlichen Bericht bei Bill IV, S. 293–333; auch J. Juster, Les Juifs dans l'Empire romain [1914], II, S. 159–161, und Schürer, [4]II, S. 506–509. Martyn, S. 24.148 ff, kommt zu einem Schluß, der dem hier vorgeschlagenen ähnlich ist. Das Thema ist für ihn besonders wichtig, da es seiner Meinung nach auf den Ort schließen läßt, an welchem das Evangelium Gestalt annahm. Es gab eine leichte, informelle Bestrafung, נזיפה (*n[e]ziphah*) genannt, und die übliche Strafe, die ohne Unterschied נדוי (*nidduy*) und שמתה (*shammattah*) genannt wurde (beide Worte werden auch anders vokalisiert). Die letztere wurde gewöhnlich für einen Zeitraum von dreißig Tagen auferlegt, aber wenn dies keine Umkehr bewirkte, konnten zwei weitere Perioden von je dreißig Tagen hinzugefügt werden; danach trat anstelle der üblichen Strafe die strengere Strafform חרם (*ḥerem*), »Bann«. Nidduy galt als strengere Strafe als die Auspeitschung in der Synagoge. Der so für eine gewisse Zeit exkommunizierten Person war, abgesehen von den magischen Einflüssen, die man hier in Gang gesetzt glaubte (die eine wirkliche Strafe waren, da das Opfer daran glaubte), aller Umgang mit Israeliten, außer mit seiner Frau und seinen Kindern, verboten. Er war jedoch nicht vom religiösen Leben der Gemeinschaft ausgeschlossen, und aus diesem Grunde ist es zweifelhaft, ob Joh mit diesem Wort *ἀποσυνάγωγος* wirklich, oder zumindest zutreffend, auf die Exkommunikation aus der

Synagoge verweist. Es gibt eine engere Parallele zu der Situation, die Joh voraussetzt, in der zwölften Bitte des Achtzehnbittengebets (die sog. »häretische Benediktion«, ברכת המינים, *birkath ha-minim*). Diese Bitte ist vielfach revidiert worden, aber in ihrer frühesten Form (wie sie von Samuel dem Kleinen für Rabbi Gamaliel, 85–90 n. Chr., vorgeschlagen wurde; s. Ber 28b und bes. J. Jocz, The Jewish People and Jesus Christ [1949], S. 51–57) muß sie in etwa folgendermaßen gelautet haben: Für die Abtrünnigen soll es keine Hoffnung geben, und das hochmütige Königreich möge bald ausgerottet sein in unseren Tagen, und die Nazarener (הנוצרים) und die *minim* (המינים) wie in einem Augenblick zugrunde gehen und ausgetilgt werden aus dem Buch des Lebens, und mit den Gerechten sollen sie nicht darein geschrieben sein. Gesegnet seist du, o Herr, der du demütigst die Hochmütigen (Joczs Übersetzung der Form dieses Gebetes, wie sie in einer Handschrift aus der Genizah von Kairo vorliegt). Die Benediktion diente wahrscheinlich dazu, Judenchristen auszumachen und sie aus der Synagogengemeinschaft auszuschließen; sie kommt wohl nicht der »Verfluchung« gleich, die bei Justin, Dial 16, erwähnt wird; diese ist wahrscheinlich das Ergebnis einer Verhärtung der Gefühle zwischen Juden und Christen in der Provinz Asia, eine Verhärtung, deren frühe Stufen sich bei Joh selbst zeigen. Wahrscheinlich befanden sich unter den Lesern des Joh Judenchristen, die aus der Synagoge ausgeschlossen worden waren, da man sie durchaus zutreffend als Abtrünnige betrachtete.

24. δὸς δόξαν τῷ θεῷ. Nicht: »gibt den Ruhm für deine Heilung Gott, und nicht Jesus«, sondern »gib die Wahrheit zu«. Vgl. Jos 7,19, δὸς δόξαν σήμερον τῷ κυρίῳ θεῷ Ἰσραήλ; 1Esra 9,8; 4Esra 10,11; Sanh 6,2 wird Jos 7,19 in diesem Sinn zitiert.

ἡμεῖς οἴδαμεν. Sie sprechen aus der Verantwortung und mit der Autorität des Judentums, und dies zu Recht. Es gibt keinen Zweifel (s. o.), daß Jesus das Gesetz übertreten hat und deshalb in technischem Sinn ein ἁμαρτωλός war.

25. ἓν οἶδα. Der Mann will jedoch die andere Seite des in V. 16 formulierten Dilemmas nicht aufgeben. Es steht auch außer Frage, daß er sein Augenlicht aus der Hand Jesu empfangen hat. Die einzig mögliche Schlußfolgerung, die man aus den zwei gegebenen Tatsachen (der wiederhergestellten Sehfähigkeit des Mannes und der Überführung Jesu als Sünder durch das Gesetz) ziehen konnte, war: das Gesetz ist nun selbst abgelöst – eine Schlußfolgerung, die Paulus lange zuvor gezogen hatte. Das Gesetz hatte sich, indem es Jesus verdammte, selbst verdammt (Gal 3,10–14); dieses Thema bildet die theologische Grundlage des vorliegenden Kapitels. Das Gesetz verdammt sich selbst, und dies tun auch seine Vertreter, wenn sie Jesus verurteilen und ihn verdammen.

27. μὴ καὶ ὑμεῖς θέλετε. Das μὴ der »vorsichtigen Behauptung« (M I, S. 192f; vgl. 4,29) bildet hier eine ironische Frage: »Was? Erzählt mir nicht, daß ihr auch wollt . . .?«

28. σὺ μαθητὴς εἶ ἐκείνου, ἡμεῖς δὲ τοῦ Μωϋσέως ἐσμὲν μαθηταί. ἐκεῖνος ist wahrscheinlich verächtlich gemeint: »dieser Kerl«; Bl-Debr § 291. Jesus und Mose, mit ihren Jüngern, werden absichtlich in einen scharfen Gegensatz gebracht. Zur Bedeutung des Mose im Judentum s. die Belege, die wir zu 5,45 beigebracht haben. Martyn (S. 14, vgl. S. 88) nimmt an, daß die hier vertretene Ansicht von Joh bekannten Juden gekommen sein muß, da nach seiner eigenen Ansicht (5,46) Mose über Jesus geschrieben hat. Man beachte jedoch den Gegensatz zu 1,17. »Jünger des Mose« war nicht eine gebräuchliche Bezeichnung für Rabbinenschüler; s. jedoch Mt 23,2 und eine *Baraitah* in Yoma 4a, wo die pharisäischen Schüler, im Gegensatz zu den sadduzäischen, תלמידיו של משה (Jünger des Mose; Bill II, S. 535) genannt werden. Joh verwendet den Ausdruck, um den Gegensatz zwischen Jesus und dem Gesetz, der sich bereits in der Sabbatheilung gezeigt hatte, herauszuarbeiten. Die Menschen müssen sich jetzt entweder auf die Seite der neuen oder der alten Autorität schlagen. Dieser Gegensatz reicht tief in die Evangelienüberlieferung zurück und findet sich in den synoptischen Evangelien (z. B. Mt 5,21f.27f.31f.33f.38f.43f). Er erscheint auch in rabbinischen Quellen; z. B. Ab 5,19: Wie unterscheiden sich die Jünger Abrahams, unseres Vaters, (die Juden) von den Jüngern Bileams, des Bösewichts (den Christen)? Vgl. Dt r 8,6: Mose sagte zu ihnen (den Israeliten): Damit ihr nicht sagt: »ein anderer Mose muß kommen und uns ein anderes Gesetz vom Himmel bringen«, mache ich

euch sogleich kund, daß es nicht im Himmel ist; es ist keines davon im Himmel zurückgelassen (mit Hinweis auf Dt 30,11f).

29. *Μωϋσεῖ λελάληκεν ὁ ϑεός.* So häufig im Pentateuch; s. bes. Ex 33,11: Und der Herr sprach zu Mose von Angesicht zu Angesicht, wie ein Mann spricht zu seinem Freund.

τοῦτον δὲ οὐκ οἴδαμεν πόϑεν ἐστίν. τοῦτον ist aus seiner eigentlichen Stellung im indirekten Fragesatz in den Hauptsatz herübergenommen worden. Dieser Vers steht in einem förmlichen Widerspruch zu 7,27, wo behauptet wird, Jesus könne nicht der Messias sein, da seine Herkunft, nämlich aus Nazareth, bekannt ist. Jede Behauptung ist jedoch für Joh falsch, und jede ironischerweise wahr; sie weisen nicht auf den Gebrauch unterschiedlicher Quellen. Die christliche Offenbarung begann nicht mit einer ehrfurchtgebietenden Theophanie, sondern mit der Inkarnation des Wortes, einem Prozeß, in welchem sowohl das göttliche Wort wie auch das Fleisch, welches es annahm, ernst genommen werden müssen. Vgl. auch 3,8; 8,14.

Es gibt eine enge Parallele zu diesem Vers in P. Eg. 2. Die Worte folgen auf den oben zu 5,45 zitierten Abschnitt und lauten folgendermaßen (Zeilen 14–19): *α[ὐ]των δὲ λε[γόντω]ν ε[ὐ] οἴδαμεν ὅτι Μω ἐλά[λησεν] ὁ ϑς [·] σὲ δὲ οὐκ οἴδαμεν [πόϑεν εἶ]. ἀποκριϑεὶς ὁ Ιη εἶ[πεν αὐτο]ῖς· νῦν κατηγορεῖται [ὑμῶν ἡ ἀ]πιστεί[α . . .* Zum Zusammenhang zwischen Joh und diesem Papyrus s. Einleitung, S. 124f u. Komm. zu 5,39.45. Alle soweit zitierten Stellen (sie hängen zusammen) verweisen auf Mose und das AT.

30. *ἐν τούτῳ*, eine joh Wendung; vgl. 4,37; 13,35; 15,8; 16,30.

ὑμεῖς οὐκ οἴδατε. Vgl. 3,10; die Führer Israels sollten die Beglaubigung und Vollmacht eines solch bemerkenswerten Wundertäters kennen.

καὶ ἤνοιξεν, »und *doch* . . .«.

31. *ὁ ϑεὸς ἁμαρτωλῶν οὐκ ἀκούει.* Vgl. 16,23–27; 1Joh 3,21f; Jes 1,15; Ps 66,18; 109,7; Prov 15,29; Hiob 27,9; 35,13. Natürlicherweise gibt es für eine solch einfache Vorstellung auch Parallelen in außerbiblischen Quellen. In jüdischer Literatur werden die oben zitierten biblischen Stellen verwendet; zu einem griechischen Ausdruck des gleichen Gedankens vgl. Philostrat, Vita Apollonii I,12: Wenn es dir wirklich um Vortrefflichkeit geht (*καλοκἀγαϑίας*), dann gehe kühn hinauf zu dem Gott und bitte, was du willst (*εὔχου, ὅ τι ἐϑέλεις*). Es wird selbstverständlich nicht in Abrede gestellt, daß das Bußgebet eines reuigen Sünders gehört wird; mißachtet dagegen wird das heuchlerische Gebet dessen, der gar nicht daran denkt, gehorsam zu sein.

ϑεοσεβής begegnet sonst im NT nicht (*ϑεοσέβεια* 1Tim 2,10). Es ist gebräuchlich (in der Bedeutung »fromm«) in der hellenistischen religiösen Literatur (Beispiele bei W. Bauer, Wörterbuch); vielleicht wurde es besonders auf Juden bezogen – s. die Inschrift von Milet bei Deißmann, S. 392 (*τόπος Εἰουδέων τῶν καὶ ϑεοσεβίον* [-*ίων* lgd.]). Vgl. auch den Hauptmann Cornelius, der als *εὐσεβὴς καὶ φοβούμενος τὸν ϑεόν* bezeichnet wird (Apg 10,2), dessen Gott wegen seiner Gebete und Almosen gedacht (10,4). Die Nebeneinanderstellung der zwei Wendungen bei Joh, des hellenistischen *ϑεοσεβής* und des jüdischen *τὸ ϑέλημα αὐτοῦ ποιῇ*, ist auffallend (Bultmann z. St.) und sehr charakteristisch für die theologische und sprachliche Gestaltungskraft des Joh.

32. *ἐκ τοῦ αἰῶνος.* Vg. Jes. 64,3(4), *ἀπὸ τοῦ αἰῶνος οὐκ ἠκούσαμεν.* Dies gibt das hebräische מעולם wieder; in späterem Hebräisch begegnet häufig die Wendung מעולם לא, sie bedeutet einfach »niemals« (s. Jastrow, S. 1052b). Aber der Ausdruck ist nicht notwendigerweise eine griechische Übersetzung oder auch ein Semitismus; s. die Beispiele bei MM (s. v. *αἰών*) und z. B. eine Inschrift aus Olympia (2. Jh. n. Chr.), welche eine Höchstleistung beansprucht: *ἦν μόνος ἀπ’ αἰῶνος ἀνδρῶν ἐποίησα* (Dittenberger, Syll II 1073.48f).

33. S. 3,2 und den Kommentar. Zur Auslassung von *ἄν* vgl. 8,39; 15,22.24; 19,11.

34. *ἐν ἁμαρτίαις σὺ ἐγεννήϑης ὅλος.* S. Komm. zu V. 2; die Juden finden es zweckdienlich zu glauben, daß die Blindheit des Mannes durch Sünde verursacht worden sei. *ὅλος* (*ὅλως* wird gelesen von *λ*, einigen anderen griechischen Handschriften und sin) ist prädikativ; vgl. 13,10.

ἐξέβαλου αὐτὸν ἔξω. Dies ist wahrscheinlich die Erfüllung der Drohung, die Jünger Jesu aus der

Synagoge auszuschließen; s. V. 22. Vgl. dagegen 6,37, auch 10,4; wenn der gute Hirte die Schafe austreibt (ἐκβάλλειν), dann führt er sie auf die Weide.

35. εὑρὼν αὐτόν. Die Geschichte ist noch nicht zu Ende. Das Licht hat geschienen, und es hat zwischen den Kindern des Lichtes und den Kindern der Finsternis geschienen. Die Juden haben den Mann vertrieben (und haben so Jesus verworfen); er seinerseits weigert sich, das Licht zu verleugnen, das dadurch, daß es seine Augen geöffnet hat, zu ihm gekommen ist. Aber er hat noch nicht verstanden, was geschehen ist, und er ist auch noch nicht zum Glauben an Jesus gekommen. Jesus *findet* deshalb den Mann, er ergreift damit die Initiative (vgl. 5,14), wie er dies tun muß. Martyn, S. 16, sieht hier die Initiative des christlichen Predigers.

σὺ πιστεύεις εἰς τὸν υἱὸν τοῦ ἀνθρώπου. Das Pronomen ist betont: Glaubst *du* anders als jene, die dich vertrieben haben? τὸν υἱὸν τοῦ ἀνθρώπου (P⁶⁶ P⁷⁵ ℵ B D sin) ist der Lesart τὸν υἱὸν τοῦ θεοῦ (Θ Ω it vg) vorzuziehen; es ist höchst unwahrscheinlich, daß jene zu der ersteren verändert worden sein sollte. πιστεύειν wird sonst bei Joh nicht in Verbindung mit »Menschensohn« gebraucht. Es gibt jedoch eine enge Parallele zu dieser Stelle in 12,34ff, wo die Frage nach der Erhöhung des Menschensohns auftaucht und Jesus mit dem Bild des Lichtes antwortet, das für eine kleine Weile in der Welt ist, damit die Menschen glauben: an dieser Stelle fährt er mit dem Zitat der Stelle aus Jes 6 fort, worauf in V. 39–41 angespielt wird. In diesen Versen erscheint Jesus als Richter; daher kommt vielleicht der ansonsten überraschende Gebrauch des Titels Menschensohn (Martyn, S. 131–135). Er ist auch (nach Bultmann) der eschatologische Bringer der Erlösung, der in diesem Äon wirkt.

36. καὶ τίς ἐστιν. Die Worte können in zweifacher Weise verstanden werden: a) Ich weiß nicht, was Menschensohn bedeutet. Wer ist diese Person? Was tut er, usw.? b) Ich weiß zur Genüge, was Menschensohn bedeutet. Aber wer unter den Menschen ist der Menschensohn? Wie kann er erkannt werden? Die Antwort spricht für b); vgl. aber 12,34.

κύριε. Sofern erklärt werden muß, wie das Wort in einem geschichtlichen Dialog gebraucht würde, müßte man es mit der Anrede »Herr« (»Sir«) wiedergeben, obwohl es im Glaubensbekenntnis in V. 38 eine andere Bedeutung haben muß. Es ist aber zweifelhaft, ob Joh diese Unterscheidung machen wollte.

ἵνα πιστεύσω εἰς αὐτόν. Es ist unnötig, anzunehmen, ἵνα gebe das aramäische ⁊ fälschlich wieder und sei ursprünglich als Relativum gedacht (Burney, S. 76; M II, S. 435f). Vgl. 1,22 und ergänze in jedem Falle »antworte mir (uns), damit ich (wir) . . . können . . .«.

37. ἑώρακας αὐτόν. Vgl. dagegen Mk 14,62 (ὄψεσθε τὸν υἱὸν τοῦ ἀνθρώπου), wo das Sehen des Menschensohns ein zukünftiges Ereignis ist. Er wird offenbar werden als eine Gestalt, die ihrem Wesen nach zu der zukünftigen Welt gehört. Bei Joh kann der Menschensohn durch den Glauben (aber nur durch Glauben – vgl. 6,36) gesehen werden, und zwar jetzt und in der Zukunft, auf Erden oder im Himmel, während der eschatologische Hintergrund bleibt. Wirklich Jesus zu sehen heißt Gott sehen (14,9).

ὁ λαλῶν μετὰ σοῦ ἐκεῖνός ἐστιν. Vgl. 4,26, ἐγώ εἰμι, ὁ λαλῶν σοι. Der Gebrauch der dritten Person an dieser Stelle (ἐκεῖνός ἐστιν) scheint zu beweisen, daß ἐγώ εἰμι einfach bedeuten kann »ich bin« mit einem Prädikat, das aus dem Kontext ergänzt wird. Jesus betont seine Identität mit dem Menschensohn. Vgl. aeth Hen 71,14: Du bist der Menschensohn (zum Text dieses Verses s. R. H. Charles, a. a. O.; E. Sjöberg, Der Menschensohn im Äthiopischen Henochbuch [1946], S. 154–159).

38. Nach der Selbstoffenbarung von V. 37 ist die Antwort des Mannes die des christlichen Glaubens und Gottesdienstes (προσεκύνησεν muß nicht mehr bedeuten als »erwies ihm Verehrung«, aber im joh Kontext hat es zweifellos einen tieferen Sinn). Vgl. die Reaktionen der Menschen gegenüber den Theophanien im AT; z. B. Ex 3,6. Das Zeichen und seine Interpretation sind nun beide vollständig: der Blinde hat die Sehfähigkeit im physischen Sinn empfangen, und er hat auch durch Jesus, das Licht der Welt, die Wahrheit gesehen und an Jesus als den Menschensohn geglaubt. Aber »weder provoziert eine Theophanie das Bekenntnis noch eine bloße Forderung, deren Erfüllung ein Willkürakt wäre. Aber wie ohne das von jenseits gesprochene Wort die eigene Erfahrung des Menschen

unverstanden wäre, so ist das Wort seinerseits verständlich, weil es den Sinn der Erfahrung aufdeckt« (Bultmann, S. 257).

39. Die Erzählung ist nun abgeschlossen, und Jesus faßt ihren Sinn zusammen. Zu synoptischen Parallelen zu V. 39ff s. Dodd, Tradition, S. 327f. V. 38.39a werden ausgelassen von P^{75} ℵ* W b und einer koptischen Handschrift. C. L. Porter, NTS 13 [1967], S. 387–394, begründet überzeugend, daß sie eine liturgische Ergänzung des Textes sind.

εἰς (zum Zweck von) κρίμα. κρίμα begegnet bei Joh nur hier, obwohl das Verbum κρίνειν und das Nomen κρίσις gebräuchlich sind (s. 3,17). Es liegt ein oberflächlicher Widerspruch zu 3,17 vor (οὐ γὰρ ἀπέστειλεν ὁ θεὸς τὸν υἱὸν εἰς τὸν κόσμον ἵνα κρίνῃ τὸν κόσμον; vgl. auch 5,22; 8,15f); aber tatsächlich wird das Gericht, das durch die Gegenwart Jesu unausweichlich impliziert wird, sofort in 3,18–21 herausgestellt. Die Bildersprache von »Licht und Finsternis« in 3,19–21 steht hinter der vorliegenden Erzählung und erklärt sie.

ἐγὼ ... ἦλθον. Der Zweck der Sendung Jesu wird bei Joh häufig in diesen und ähnlichen Begriffen ausgedrückt: 10,10; 12,46f; 18,37; vgl. 5,43; 7,28; 8,42; 12,27; 16,28; 17,8. Die Präexistenz Christi und die entscheidende Rolle seiner Sendung in dem ewigen Plan Gottes werden vorausgesetzt.

εἰς τὸν κόσμον τοῦτον. Zum Gegensatz zwischen der »anderen Welt«, die das natürliche Zuhause des Menschensohns ist, und »dieser Welt« s. bes. 8,23; vgl. 9,39; 11,9; 12,25.31; 13,1; 16,11; 18,36. Zu κόσμος s. Komm. zu 1,10.

ἵνα οἱ μὴ βλέποντες βλέπωσιν καὶ οἱ βλέποντες τυφλοὶ γένωνται. Die Sprache macht teilweise Anleihen bei einer Anzahl von atl Stellen, besonders bei Jesaja. Zur Gabe des Sehens an den Blinden vgl. Jes 29,18 (ὀφθαλμοὶ τυφλῶν ὄψονται); 35,5 (ἀνοιχθήσονται ὀφθαλμοὶ τυφλῶν); 42,7 (ἀνοῖξαι ὀφθαλμοὺς τυφλῶν); 42,18 (οἱ τυφλοί, ἀναβλέψατε ἰδεῖν); vgl. Ps 146,8. Zur Verblendung jener, die sehen, vgl. Jes 6,10; 42,19. Die Worte des Joh gründen sich teilweise auch auf das Wunder selbst: Der physisch blinde Mann empfing das Augenlicht, obwohl umgekehrt nicht zutrifft, daß jene, die sehen konnten, mit physischer Blindheit geschlagen wurden. Aber die primäre Absicht des Wortes ist es, den tieferen Sinn des Wunders und »Verhörs«, welcher auch der Sinn des gesamten Wirkens Jesu ist, herauszubringen. Jesus anzunehmen heißt, das Licht der Welt zu empfangen; ihn abzulehnen heißt, das Licht abzulehnen, seine Augen zu schließen und blind zu werden. Vgl. Mk 4,11f, wo auch auf Jes 6,10 hingewiesen wird; und Joh 12,40, wo die Jesajastelle zitiert wird; s. für die Prädestinationslehre des Evangeliums besonders diesen Vers. Es sollte beachtet werden, daß in gewisser Weise die Menschen durch ihr Vertrauen – oder das fehlende Vertrauen – in ihre eigene geistliche Schau »ihr Schicksal vorherbestimmen«. Der Blindgeborene betont durchweg seine Unwissenheit: Er weiß nicht einmal, ob Jesus ein Sünder ist oder nicht (V. 25); er weiß nicht, wer der Menschensohn ist (V. 36); er betont, daß er nur eines weiß (V. 25). Auf der anderen Seite machen die Juden »sichere« Aussagen über Jesus (V. 16.22 – er ist ganz gewiß nicht der Christus; 24 – ἡμεῖς οἴδαμεν; 29 – ἡμεῖς οἴδαμεν); sie werden nicht belehrt werden (V. 34). Sie sind in Wahrheit die gelehrten Glieder der Gemeinschaft; sie sind οἱ βλέποντες, aber wenn das wahre Licht scheint, weigern sie sich, es zu sehen, weil sie ihre eigene Erleuchtung als ausreichend betrachten. Vgl. ihre Einstellung gegenüber Johannes dem Täufer und dem AT (5,35.39). Zur Doppelbedeutung von »blind« (Cullmann, Vorträge, S. 183), vgl. τυφλοὶ τῇ καρδίᾳ, P. Oxy. I, 20f. (Fitzmyer, Essays, S. 396).

40. ἐκ τῶν Φαρισαίων ... οἱ μετ' αὐτοῦ ὄντες. Vgl. 11,31, οἱ οὖν Ἰουδαῖοι οἱ ὄντες μετ' αὐτῆς. μετά impliziert keinerlei Gemeinschaft – s. z. B. 3,25, ζήτησις ... μετὰ Ἰουδαίου.

μὴ καὶ ἡμεῖς ...; »Was, sind sogar wir ...?«; erwartet wird die Antwort: nein.

41. Die Antwort Jesu bringt die Pointe heraus, die in unseren Ausführungen zu V. 39 vorweggenommen wurde. Die Blinden haben keine Sünde; vgl. das οὗ δὲ οὐκ ἔστιν νόμος, οὐδὲ παράβασις (Röm 4,15) des Paulus; ἁμαρτία δὲ οὐκ ἐλλογεῖται μὴ ὄντος νόμου (Röm 5,13) u. ö. Jene, die blind sind, können willens sein, den Weisungen Jesu zu gehorchen (V. 6f), und so das Augenlicht empfangen. Jene jedoch, die sich des Lichtes des Gesetzes erfreuen, sind nicht willens, es für eine vollkommenere Erleuchtung aufzugeben, und sie werden so blind und verlieren das Licht, das sie haben. Vgl. 15,22; auch Prov 26,12 (Sidebottom, S. 207).

ἡ ἁμαρτία ὑμῶν μένει. μένειν ist eines der charakteristischsten Worte in Joh. Im allgemeinen wird es in einem positiven Sinn gebraucht (z. B. vom Bleiben Christi), vgl. aber 3,36, ἡ ὀργὴ τοῦ θεοῦ μένει ἐπ᾽ αὐτόν. Die Blindheit solcher Menschen ist unheilbar; vgl. das synoptische Logion über die Sünde wider den Heiligen Geist, bes. Mk 3,29 (s. auch die Parallelen), οὐκ ἔχει ἄφεσιν εἰς τὸν αἰῶνα, ἀλλὰ ἔνοχός ἐστιν αἰωνίου ἁμαρτήματος. Vgl. auch 1Joh 5,16f, die Sünde »zum Tode«. Die Blindheit solcher Menschen ist unheilbar, da sie absichtlich die einzige Heilung verschmäht haben, die es gibt.

20. Der gute Hirte

10,1–21

Zwischen den Kap. 9 und 10 ist kein Bruch zu erkennen; aber der vorliegende Abschnitt ist eher ein Kommentar zu Kap. 9 als seine Fortsetzung. Dort ist ein instruktives Beispiel des Versagens der Hirten, die nur Mietlinge sind, gegeben worden. Anstatt angemessen für den Blinden zu sorgen, haben ihn die Pharisäer ausgestoßen (9,34). Jesus als der gute Hirte dagegen fand ihn (9,35, εὑρὼν αὐτόν) und brachte ihn mithin zur wahren Herde.

Wie oft in joh Reden, ist es schwierig, eine einfache gedankliche Linie zu verfolgen; das Hirtenthema insbesondere wird nicht in der Form der synoptischen Gleichnisse behandelt. In der vorliegenden Form handelt es sich weder um ein Gleichnis (so auch Dodd, Interpretation, S. 134f; s. aber u.) noch um eine Allegorie, obwohl sie mit beiden Aussageformen etwas zu tun hat. Es ist eine symbolische Rede, in welcher symbolische und direkte Aussage abwechselnd nebeneinanderstehen. Dieses Nebeneinander trägt nicht zur Klarheit bei, auch nicht, daß zwei Gegensätze Seite an Seite herausgearbeitet werden; der eine zwischen dem guten Hirten und Dieben und Räubern und ein anderer zwischen dem guten Hirten und Mietlingen. Dann scheint sich die Bedeutung der Schafe zu ändern (s. Komm. z. St.). Neben der Aussage »ich bin der gute Hirte« steht eine andere, »ich bin die Tür«. Was Joh meint, wenn er Punkt für Punkt vorangeht, ist insgesamt einsichtig; wir versuchen dies im Kommentar zu den einzelnen Versen herauszuarbeiten; daß Joh mehrere Themen kombiniert und sein Denken sich in Spiralen und nicht so sehr in geraden Linie fortbewegt, ist keine ausreichende Begründung für eine Neuordnung des Abschnitts. Die von uns erwähnten Gesichtspunkte werden in den ersten 16 Versen behandelt; aber bereits in V. 11 wird ein anderes Thema angeschlagen: Jesus wird für die Schafe sterben. Die genaue Bedeutung seines Todes wird nicht aufgezeigt, er wird in Zusammenhang mit den Aussagen genannt, daß Jesus seine Schafe kennt, wie der Vater ihn kennt, und er »andere Schafe« hat, die er bringt.

Der Ursprung der Bezeichnung »der gute Hirte« wird im Kommentar zu V. 11 diskutiert; hier ist nur auf die allgemeine Abhängigkeit des Abschnitts vom AT und von der früheren Evangelienüberlieferung hinzuweisen (vgl. Mk 6,34; Mt 9,36; 18,12–14; Lk 15,3–7). Es entspricht dem Stil und der Methode des Joh, daß er Gleichnisse über Schafe und Hirten zu der großen christologischen Aussage zuspitzt: »Ich bin der gute Hirte.«

Wir haben bereits gezeigt, daß die Hirtenrede organisch auf 9,41 folgt und von 10,26–29 vorausgesetzt wird; deshalb scheint es nicht nötig, die Ordnung des Kapitels umzustellen, wie man vorgeschlagen hat (die von Bernard vorgeschlagene Abfolge ist V. 19–29 / 1–18 / 30–42). Der Abschnitt ist mit dem vorangehenden Kapitel auch durch 10,21 (τυφλῶν ὀφϑαλμοὺς ἀνοῖξαι) und durch das Wort σχίσμα (10,19) verbunden, welches die Wirkung zusammenfaßt, die die Heilung des Blinden hatte. Gegen solche Umstellungen s. Dodd, Interpretation, S. 353ff; zum Zusammenhang zwischen Kap. 9 und Kap. 10 s. Guilding, S. 129f (»der wirkliche Grund für den Fortgang des Gedankens liegt in der Abfolge der Schriftlesungen, auf welchen das vierte Evangelium aufgebaut ist; denn an dem dem Weihefest nächsten Sabbat [s. 10,22] enthalten fast alle der üblichen Schriftlesungen für jedes Jahr des Zyklus das Thema der Schafe und Hirten und Gottes, des Hirten Israels«).

Man hat verschiedentlich versucht, hinter den Text des Joh zu seinen Quellen durchzustoßen. J. D. M. Derrett, StTh 27 [1973], S. 25–50, rekonstruiert ein Gleichnis, welches seiner Meinung nach Joh vorliegen hatte. Der Evangelist »entschlüsselte« es, indem er die biblischen Anspielungen zurückverfolgte und sein Kapitel darauf aufbaute (S. 50); dabei verwendete er die Methoden der Halacha und Haggada (S. 27). Der Artikel enthält scharfsinnige Beobachtungen, aber insgesamt gesehen muß er phantastisch genannt werden. Sanders nahm an, V. 1–5 enthielte ein ursprüngliches Gleichnis, in welchem die Schafe Israel repräsentierten, das dem Messias anvertraut war und von falschen Messiassen angegriffen wurde. V. 7–18 seien eine allegorische Abwandlung durch einen christlichen Propheten. J. A. T. Robinson, ZNW 46 [1955], S. 233–240, sieht in V. 1–5 zwei Gleichnisse miteinander verbunden. Das erste (V. 1–3a) enthielt ursprünglich eine »Herausforderung an die ϑυρωροί Israels. Würden sie bereit sein, den zu erkennen und dem zu öffnen, der zu ihnen durch das Tor des Schafpferchs kam und das Recht hatte, einzutreten?« (S. 237) Das zweite ist enthalten in V. 3b–5; seine ursprüngliche Pointe könnte gewesen sein, daß Jesu »Autorität nicht durch Zeichen bewiesen werden kann: sie erweist sich selbst« (S. 235). Die Verbindung der beiden hat die Pointe von V. 1–3a verdeckt, da sie die Betonung von den ϑυρωροί wegnimmt und sie auf den Hirten legt. Diese Analyse wird, vereinfacht gesagt, von Dodd, Tradition, S. 382–385, übernommen; es gibt kurze, aber gute Anmerkungen dazu bei Lindars und eine ausführliche Diskussion bei Schnackenburg. Tatsächlich scheint das Kapitel als Ganzes mehr als zwei solche Stücke synoptischer oder quasisynoptischer Tradition zu enthalten, die in joh Rede- und Denkweise überarbeitet wurden. Alle jedoch haben ihre Mitte in der Gestalt Jesu (dies gilt nicht zuletzt von V. 1–3a) und sind durch diesen Prozeß zu einer Einheit zusammengeschlossen worden.

1. *ὁ μὴ εἰσερχόμενος διὰ τῆς ϑύρας εἰς τὴν αὐλὴν τῶν προβάτων.* In den Einzelheiten stimmt dieser Bericht über Hirten und Schafe gut mit dem zusammen, was wir über die Schafhaltung im Orient wissen; s. z. B. A. M. Rihbany, The Syrian Christ [1927], S. 207–216. Aber selbstverständlich trafen solche Einzelheiten nicht nur auf Palästina zu, sondern auf die meisten Mittelmeerländer und (in der Tat auch andere) Länder, die einen ähnlichen Entwicklungsstand hatten. αὐλή wird bei Homer für einen »Kuhstall« gebraucht; später nimmt es die Bedeutung »Hof« oder »Halle« an (so Liddell-Scott). Hier meint es wahrscheinlich den umschlossenen Hof eines Hauses, der als Schafpferch gebraucht wird (αὔλιον ist »Pferch«, »Stall« usw.).

ἀναβαίνων ἀλλαχόϑεν, wörtlich: »steigt von einer andern Stelle auf«. Es ist nicht unmöglich (angesichts des besonderen Gebrauchs von ἀναβαίνειν bei Joh – s. Komm. zu 3,13), daß hier Joh an jene denkt, die zum Himmel auf einem anderen Weg als über das Kreuz emporsteigen möchten; aber zweifellos ist der Hauptgedanke, der wahrscheinlich der einzige ist, mehrsichtig: »Er klettert die Mauer hinauf (statt durch das Tor zu gehen)«, und »er kommt herein aus einer anderen Ecke (und nicht durch das Tor)«.

κλέπτης ἐστὶν καὶ λῃστής. Die Worte sind nicht synonym (obwohl Joh hier keine klare Unterscheidung zwischen beiden beabsichtigt haben dürfte). Judas, der Geld aus dem Geldkasten nahm, war ein κλέπτης (12,6), Barabbas, der in Mord und vielleicht auch in bewaffneten Aufstand verwickelt war (Mk 15,7), war ein λῃστής (18,40). Vielleicht bedeutet καὶ etwas Ähnliches wie »oder«. Der κλέπτης und λῃστής kann nicht genau identifiziert werden; Joh verweist nicht auf eine Person, sondern auf eine Gruppe. Er könnte an Messiasprätendenten gedacht haben; wahrscheinlicher aber vielleicht an die vielen »Heilande« der hellenistischen Welt (s. weiter Bultmann, S. 283f).

2. διὰ τῆς θύρας. An diesem Punkt der Rede werden die Tür und der Hirte deutlich unterschieden; später wird Jesus mit beiden identifiziert (s. bes. V. 7). Dies führt zu einer gewissen Unklarheit in der Darstellung und war Anlaß für Versuche, die Abfolge des Überlieferungsmaterials zu verbessern. F. Spitta, ZNW 10 [1909], S. 59–80.103–127, nahm an, das ursprüngliche Gleichnis (im synoptischen Stil) sei in V. 1–5.11b–16a.18c enthalten. Zur Umstellung bei Bultmann s. Komm. zu 10,39; zu den beiden Gleichnissen, die J. A. T. Robinson hier findet, s. die Einleitung auf S. 368f.

3. ὁ θυρωρός. Vgl. ἡ θυρωρός, 18,16f. Der Sprachgebrauch (= »Türhüter«) in Mk 13,34 ist der üblichere. Der θυρωρός eines Schafpferchs war vielleicht ein Unterhirte; oder möglicherweise diente ein Pferch mehr als nur einer Herde (s. u.) und hatte deshalb einen unabhängigen Türhüter.

τὰ ἴδια πρόβατα φωνεῖ κατ' ὄνομα. Trotz Rihbany (a. a. O.) kann dies kaum etwas anderes meinen, als daß jedes Schaf einen Namen hat und jeder Name vom Hirten gerufen wird. Da der Hirte seine *eigenen* Schafe ruft, ist impliziert, daß es in dem Pferch andere Schafe gibt, die nicht die seinen sind. Vgl. V. 16, wo deutlich wird, daß der Hirte andere Schafe hat, die nicht zu der ursprünglichen Herde gehören. Dies ist dann die Herde des Judentums, welche die ersten Jünger und auch die ungläubigen Juden enthielt; den ersteren sollten sich dann noch die gläubigen Heiden anschließen.

καὶ ἐξάγει αὐτά. Zu diesem und den folgenden Versen vgl. Num 27,17, ... ὅστις ἐξελεύσεται πρὸ προσώπου αὐτῶν καὶ ὅστις εἰσελεύσεται πρὸ προσώπου αὐτῶν, καὶ ὅστις ἐξάξει αὐτοὺς καὶ ὅστις εἰσάξει αὐτούς, καὶ οὐκ ἔσται ἡ συναγωγὴ κυρίου ὡς πρόβατα, οἷς οὐκ ἔστιν ποιμήν. Ohne Zweifel wurde diese Stelle messianisch interpretiert, und es wurde auf sie in diesem Sinn angespielt, obwohl sich eine solche Interpretation an keiner anderen Stelle findet; aber die Tatsache, daß der gesuchte Mann in Num 27,18 bestimmt wird, mußte gleichermaßen die Juden davon abhalten, diesen Vers als eine Prophezeiung zu verwenden, den Christen aber einen solchen Gebrauch nahelegen; denn die dort berufene Person ist Josua (in Griechisch Ἰησοῦς). Stellen wie Mk 6,34 könnten Joh dazu veranlaßt haben, die atl Stelle zu verwenden.

4. Dieser Vers ist nicht allegorisch, sondern ganz einfach gleichnishaft; er beschreibt, was ein Hirte tut. Die Lesart τὰ ἴδια πάντα (P⁶⁶, P⁷⁵ ℵ B D Θ) ist gewiß der Lesart τὰ ἴδια πρόβατα (Ω) vorzuziehen; die Auslassung von πάντα in ℵ* ist wahrscheinlich zufällig. ἐκβάλῃ erinnert an 9,34; s. Komm. z. St. οἴδασιν τὴν φωνὴν αὐτοῦ. Vgl. V. 27. Es ist höchst unwahrscheinlich, daß V. 27 diesem Vers tatsächlich vorangegangen ist; s. die Einleitung zu diesem Abschnitt. Vgl. 18,37, und s. Komm. zu V. 14. Die Verse des Gleichnisses (1–5) bieten das Material für die anschließende Rede.

5. ἀλλοτρίῳ. Vermutlich ist an einen Dieb oder Räuber gedacht. Die Vorstellung des Mietlings wird erst V. 12 eingeführt. Jene, die wirklich Christi erwählte Schafe sind, können durch die Betrüger von V. 1 nicht getäuscht werden. Jesus nennt all jene bei Namen, die der Vater ihm gegeben hat (6,37.39; 17,6.9.24; 18,9), und da sie sein eigen sind, hören sie seine Stimme und folgen ihm (vgl. 3,19–21, wo die gleiche Wahrheit in anderer Weise ausgedrückt wird – jene, die Kinder des Lichtes sind, deren Werke gut sind, kommen zum Licht). Es gibt andere, die nicht Jesu eigene Schafe sind, da sie nicht auserwählt und ihm vom Vater gegeben wurden (8,47; 10,26f); diese hören seine Stimme nicht, vgl. V. 6, ἐκεῖνοι δὲ οὐκ ἔγνωσαν. Vgl. Mk 4,11f. Wenn V. 1–3a.3b–5 ursprünglich getrennt waren, dann wird ἀλλότριος einfach »ein Fremder« bedeutet haben.

6. ταύτην τὴν παροιμίαν. παροιμία (zum Hintergrund und Gebrauch dieses Wortes s. zusätzlich zu den Kommentaren E. Hatch, Essays in Biblical Greek [1889], S. 64–71; B. T. D. Smith, The Parables of the Synoptic Gospels [1937], S. 3–15; L. Cerfaux, »Le thème littéraire parabolique dans l'évangile de saint Jean«, in: Coniectanea Neotestamentica XI [1947], S. 15–25) begegnet wieder in 16,25.29, aber nicht in den Synoptikern; und das dort übliche παραβολή begegnet nicht bei Joh. Im biblischen Sprachgebrauch wird wenig oder gar nicht zwischen den beiden Begriffen unterschieden. In der LXX gibt παραβολή gewöhnlich מָשָׁל *(mashal)* wieder; ansonsten kommt παραβολή nicht vor. παροιμία wird zuweilen für מָשָׁל gebraucht und scheint in den späteren Versionen immer populärer geworden zu sein (s. Hatch, a. a. O.). Der besondere Beiklang, den παροιμία im biblischen Sprachgebrauch gehabt haben mag, zeigt sich durch seinen Gebrauch in Prov 1,1: Eine der Bedeutungen von מָשָׁל ist »Sprichwort«, und diese Bedeutung nahm παροιμία ganz natürlich an (vgl. 2Petr 2,22, den einzigen anderen Beleg für den Gebrauch dieses Wortes im NT). Dagegen sind 1Kön 4,32 (= Regn III,5,12) die Sprüche (מְשָׁלִים) Salomos παραβολαί; deshalb ist es nicht möglich, das παροιμία bei Joh mit Sprichwort zu übersetzen. In 16,25.29 wird der Rede ἐν παροιμίαις die Rede (ἐν) παρρησίᾳ gegenübergestellt; παροιμία muß deshalb irgendeine Art von verhüllter oder symbolischer Redeweise bedeuten. Die synoptischen Bildworte und die joh »Allegorien« hat man oft einander gegenübergestellt; tatsächlich sind weder die synoptischen Reden reine Bildworte noch die joh reine Allegorie. Die christozentrische Tendenz der synoptischen Gleichnisse wird von Joh akzentuiert, der symbolische Reden komponiert, die herausstellen, daß Jesu Tod und Erhöhung das Leben für die Menschen sind.

ἐκεῖνοι δὲ οὐκ ἔγνωσαν. S. Komm. zu V. 5. »Sie« sind die Juden von Kap. 9, die dort und anderswo (s. Komm. zu 1,19) die Gegner Jesu sind. Sie sind nicht seine Schafe und hören und verstehen deshalb nicht, was er sagt.

7. ἀμὴν ἀμὴν λέγω ὑμῖν. S. Komm. zu 1,51. In V. 1 eröffnet diese Formel den einleitenden Abschnitt des Gleichnisses. Hier führt sie eine zweite Stufe ein, nicht eine Interpretation der ersten, sondern mit Aussagen über Jesus in der ersten Person Singular eine gegenseitige Durchdringung ihres Inhalts.

ἐγώ εἰμι. Zu diesen Worten, gebraucht mit einem Prädikat, s. Komm. zu 6,35. Dieses ἐγώ εἰμι (vgl. 15,1) steht in scharfem Gegensatz zu der üblichen synoptischen Formel »das Reich Gottes ist gleich …«, und der Gegensatz ist von Bedeutung. Joh findet in der Person Jesu selbst das, was die Synoptiker im Reich Gottes finden.

ἡ θύρα (s. weiter V. 9) τῶν προβάτων. Dies ist eine überraschende Identifizierung; wir hätten erwartet, daß Jesus sagt: »Ich bin der Hirte der Schafe« (dies begegnet in P[75] sah, kann aber doch nur eine sekundäre Verbesserung des schwierigeren Textes sein). Daß Jesus dies nicht tut, zeigt, daß wir hier nicht einfach eine Interpretation des Gleichnisses vor uns haben, sondern seine Weiterentwicklung in charakteristisch joh Stil. Die Schwierigkeit der plötzlichen Einführung von θύρα wird durch die Annahme beseitigt (Torrey, S. 108.111–113; vgl. Black, S. 259, Anm. 1), daß im Aramäischen die Stelle ursprünglich gelautet habe: אֲנָא אִתַּית רַעֲהוֹן דִּי עָנָא (… *'atheth ra'ehon* …, ich kam als der Hirte der Schafe), und daß die Worte von dem Übersetzer in folgender Weise fälschlich gelesen wurden: אֲנָא אִתַּי תַּרְעֲהוֹן דִּי עָנָא (… *'ithai tar'ahon* …, ich bin die Tür zu den Schafen). Dieser Vorschlag ist jedoch nicht akzeptabel. Torrey muß V. 9 als Zufügung zum Text, mit dem Zweck, die falsche Lesart von V. 7 zu stützen, ausscheiden. Dies ist eine unhaltbare Hypothese; tatsächlich bestätigt V. 9 die schwierige Lesart von V. 7. Und obwohl V. 7 unerwartet kommt, ergibt der Vers einen guten Sinn und bedarf keiner Verbesserung.

8. πάντες (om. D, vielleicht um die Würdenträger des AT von der Verdammung auszuschließen) ὅσοι ἦλθον πρὸ ἐμοῦ (πρὸ ἐμοῦ om. vielleicht zu Recht P[45] P[75] א* it vg sin pesch, mit einiger Unterstützung von Θ, welches die Abfolge πρὸ ἐμοῦ ἦλθον hat) κλέπται εἰσὶν καὶ λῃσταί (vgl. V. 1). Es ist gewiß nicht beabsichtigt, die Propheten und andern Gerechten des AT als Diebe und Räuber abzutun. Die Diebe und Räuber dieses Verses müssen dieselben wie jene von V. 1 sein, die »irgendeinen andern Weg« hinaufklettern, falsche Messiasprätendenten und trügerische »Heilande«. Es ist höchst unwahr-

scheinlich, daß hier ein polemischer Verweis auf Johannes den Täufer oder auf seine Anhänger vorliegt, obwohl Cullmann (Vorträge, S. 174) dies für möglich hält. Cullmann nimmt auch an, daß hier eine Anspielung auf den Lehrer der Gerechtigkeit von Qumran vorliegen könnte (in K. Stendahl, The Scrolls and the New Testament [1958], S. 31; s. dagegen Braun, der darauf hinweist, daß die messianischen Gestalten in Qumran nicht Hirten genannt werden). S. weiter Komm. zu V. 11.18. Brown sieht einen Hinweis auf die Pharisäer und Sadduzäer. Der Vorschlag (Odeberg, S. 329), Abraham und die Propheten könnten hier wegen des πρὶν Ἀβραὰμ γενέσϑαι ἐγώ εἰμι (8,58) nicht gemeint sein, ist unbefriedigend, da in diesem Sinn niemand πρὸ Χριστοῦ war, und so wird der ganze Satz sinnlos. Wie in V. 1 ist es nicht möglich, bestimmte Personen herauszustellen, an die Joh gedacht haben könnte; es ist vielmehr seine Absicht, die einzigartige Erfüllung der atl Verheißungen in Jesus zu betonen, und diese Betonung hatte im Rahmen des Gleichnisses diese Form anzunehmen. Bultmann vermutet die Basis des joh Denkens nicht im AT, sondern im Gnostizismus; er sieht sicherlich zu Recht, daß Joh »die Exklusivität und Absolutheit der Offenbarung« betonen möchte. ἀλλ᾽ οὐx ἤxουσαν αὐτῶν τὰ πρόβατα, d. h. die Schafe, die Christi Eigentum waren (V. 3). Sie wurden als die seinen vorherbestimmt und konnten durch falsche Christusse nicht in die Irre geführt werden.

9. *ἐγώ εἰμι ἡ ϑύρα.* Zum Gebrauch von *ἐγώ εἰμι* mit einem Prädikat s. Komm. zu 6,35, und vgl. bes. V. 7, *ἡ ϑύρα τῶν προβάτων,* obwohl es durchaus sein kann (s. J. Jeremias, ThWNT s. v. *ϑύρα*), daß die Wendung in den beiden Versen nicht die gleiche Bedeutung hat. In V. 7 scheint sie zu sein: »ich bin die Tür *zu* den Schafen«, durch die der wahre Hirte eintreten wird; in V. 9 ist sie eher: »ich bin die Tür, durch welche die Schafe in den Pferch eingehen werden«. In V. 7 sind vielleicht beide Bedeutungen möglich; eine solche Zweideutigkeit würde zum Stil des Joh passen. In jedem Fall ist es durchaus unnötig anzunehmen, diese Bedeutungsbreite führe zu einem Widerspruch und die beiden Verse seien aus unterschiedlichen Quellen entnommen oder einer sei eine Ergänzung. Es gibt eine große Mannigfaltigkeit in dieser Rede: z. B. können durch keinerlei Interpretation »ich bin die Tür« und »ich bin der Hirte« wirklich ganz miteinander harmonisiert werden. Die Einheit der Rede ist allein christologisch; Jesus bezieht jedes Attribut, das das Bild der Schafe und des Hirten nahelegt, auf sich. Das Wort *ϑύρα* läßt an einen sehr komplexen Hintergrund denken (s. J. Jeremias, a. a. O., und Bauer, S. 139 u. 144).

a) Die alten Völker, die sich einen Himmel über der Erde vorstellten, dachten natürlicherweise, man trete in ihn durch ein oder mehrere Tore ein; diese Idee erscheint in der griechischen Literatur seit Homer. Für sich genommen, ist sie nicht wichtig, aber sie bildete die Grundlage der gnostischen Mythologien, von denen die meisten den Abstieg eines Erlösers vom Himmel auf die Erde und den Aufstieg der Erlösten einschlossen (s. Einleitung, S. 54ff, 94ff). Davon ist nun die Vorstellung eines Erlösers, der selbst die Tür zwischen Himmel und Erde war, nicht weit entfernt. Vgl. 1,51.

b) Die Vorstellung einer himmlischen Tür erscheint auch in jüdischen Quellen. Im AT selbst haben wir »die Pforte des Himmels« (שער השמים, ἡ πύλη τοῦ οὐρανοῦ, Gen 28,17) und »die Türen des Himmels« (דלתי שמים, ϑύρας οὐρανοῦ, Ps 78[77],23). In den Apokalypsen erscheint häufig die Himmelspforte: z. B. aeth Hen 72–75 (das Buch der himmlischen Leuchten [das astronomische Buch], z. B.72,2: das Sonnenlicht geht in den östlichen Toren des Himmels auf und geht in den westlichen Toren des Himmels unter); griech Bar 6,13 (die Engel öffnen die 365 Pforten des Himmels). Dieser apokalyptische Sprachgebrauch ist in zweifacher Hinsicht bedeutsam: 1. Der Visionär empfängt ein Bild der ewigen Wahrheit des Himmels (vgl. Offb 4,1), und 2. die eschatologische Erlösung kommt aus dem Himmel. Die Tore des Himmels (abgesehen davon, daß sie Eingang und Ausgang für Engel, Leuchten usw. sind) sind die Mittel, durch welche Wissen und Erlösung den Menschen vermittelt werden. Stoff dieser Art ist zu einem charakteristischen Stück joh Christologie ausgearbeitet worden, in welchem Jesus als der Mittler oder Offenbarer erscheint. Vgl. den Gebrauch der Begriffe Menschensohn (und s. bes. 1,51) und Wort bei Joh, da das Wort der Bringer sowohl von Erkenntnis als auch Erlösung ist. Vgl. Od Sal 17,6–11; 42,15–17.

c) Eine dritte Gruppe von Parallelen findet sich in den Synoptikern und der frühen christlichen Theologie. Hier sind nicht nur jene Stellen zu berücksichtigen, in denen Worte wie »Tor« oder »Pforte« gebraucht werden, sondern auch die vielen Logien über das Eingehen in das Reich Gottes; s. Mt 7,13f (= Lk 13,24); Lk 13,25; Mt 25,10; Mt 7,7 (= Lk 11,9); Mk 9,43.45.47 (= Mt 18,8f, *εἰσελ-θεῖν εἰς τὴν ζωήν*). Diese synoptischen Stellen haben meistenteils eine eschatologische Beziehung, die Joh charakteristisch umgeformt hat, indem er das atl Material, welches die frühere Tradition bereits ausgewählt hatte, gebrauchte, aber es mit einem besonderen Hinweis auf die Person Jesu bezog (und nicht das Reich Gottes), und dies in einer solchen Weise, daß er es an die geistige Welt, in welcher er lebte, anglich.

d) Zwei weitere Punkte seien hier angefügt: 1. Ignatius (Philad 9,1) spricht von Jesus als *αὐτὸς ὢν θύρα τοῦ πατρός*. Es ist nicht leicht zu sagen, ob er in bewußter Abhängigkeit von Joh steht (s. Einleitung, S. 125f); sein Verständnis scheint nicht identisch mit dem des Joh. 2. In seiner Beschreibung des Todes des Jakobus Justus läßt Hegesipp (Euseb, Hist Eccl II,23,8.12) »einige der sieben Sekten« der Juden den Jakobus fragen: »Was ist das Tor Jesu?« (*τίς ἡ θύρα τοῦ Ἰησοῦ;*) Die Stelle ist möglicherweise verderbt (s. M. J. Routh, Reliquiae Sacrae I [1846], S. 234–238, immer noch die beste Informationsquelle) und in jedem Falle unverständlich. Direkte Abhängigkeit von Joh (oder vice versa) ist unwahrscheinlich. Es wäre ein Fehler anzunehmen, dieser Reichtum an Parallelen habe Joh bewußt – oder unbewußt – vor Augen gestanden. Er entwickelt in erster Linie ein Gleichnisbild, in welchem die Erwählten Gottes eine Schafherde sind. Er gebraucht es, wie er sein Material meist gebraucht, um die Gestalt Jesu groß zu machen. Es gibt nur eine Möglichkeit, in die Herde einzutreten; es gibt nur eine Quelle der Erkenntnis und des Lebens; es gibt nur einen Weg zu geistlicher Nahrung; es gibt nur einen Weg zum Himmel. Und der einzige Zugang zu all dem, was gut ist, ist Jesus.

δι' ἐμοῦ ἐάν τις εἰσέλθῃ. Nur über Jesus führt der Zugang zu der messianischen Gemeinschaft, wie er auch der einzige Bringer der Erlösung ist. S. den hervorragenden Kommentar (der sich mit 10,7–10 beschäftigt) zur »Exklusivität und Absolutheit der Offenbarung« (und der »Intoleranz der Offenbarung«) bei Bultmann, S. 286ff.

σωθήσεται (zu *σώζειν* s. Komm. zu 3,17; vgl. Jer 31,10 s. Dodd, AS [1952], S. 85) *καὶ εἰσελεύσεται καὶ ἐξελεύσεται καὶ νομὴν εὑρήσει.* Der Glaubende wird zuallererst errettet, dann findet er Freiheit in der Herde (vgl. 8,32.36) und auch die Mittel zum Lebensunterhalt (die im nächsten Vers genannt werden). Zu *νομή* vgl. das »Wasser des Lebens« (in Kap. 4) und das »Brot des Lebens« (in Kap. 6).

10. *ὁ κλέπτης*, der unbefugt Eintretende (V. 1), der ganz eindeutig keine guten Absichten hat.

θύσῃ. *θύειν* wird sonst bei Joh nicht gebraucht; *θυσία* wird überhaupt nicht verwendet. *ἀποκτείνειν* kommt durchaus häufig vor (zwölfmal), und *θύειν* wurde hier wahrscheinlich gewählt, da es besonders gut zur Schlachtung von Tieren paßt. Dies bedeutet, daß dieses Wort zumindest immer noch Teil der Gleichnis-Allegorie und nicht der Interpretation ist – an die Tötung von Christen bei der Verfolgung ist hier nicht gedacht.

ἀπολέσῃ. *ἀπολλύναι* ist anders als *θύειν* ein wichtiges joh Wort; s. Komm. zu 3,16. Es wird gewöhnlich in einem theologischen Sinn gebraucht und mag hier viel mehr als *θύειν* bedeuten. *ἀπολέσαι* ist genau das, was Christus keinem der Seinen antun wird (6,39; 18,9; vgl. 3,16; 6,12; 10,28; 17,12).

ἵνα ζωὴν ἔχωσιν. Es ist Sinn der Sendung Jesu, der Welt (ewiges) Leben zu geben. Dieser Gedanke ist für Joh fundamental und begegnet immer wieder; s. z. B. 3,16; 20,31. Zu *ζωή* s. Komm. zu 1,4.

καὶ περισσὸν ἔχωσιν (om P⁶⁶* D, vielleicht durch *homoioteleuton*), »Reichtum, ja sogar Überfluß haben« (an Leben). Vgl. Xenophon, Oeconomicus XX,1 *οἱ μὲν αὐτῶν ἀφθόνως τε ζῶσι καὶ περιττὰ ἔχουσι, οἱ δ' οὐδὲ τὰ ἀναγκαῖα δύνανται πορίζεσθαι.*

11. *ἐγώ εἰμι.* S. Komm. zu 6,35.

ὁ ποιμὴν ὁ καλός. *καλός* entspricht dem hebräischen יפה *(yapheh)*, das z. B. Ex r 2,2 im Zusammenhang der Darstellung Davids als Hirten (רעה יפה, *ro'eh yapheh*) gebraucht wird. Man kann es vergleichen mit *ἀληθινός*, das mehrmals zusammen mit den charakteristischen joh Prädikaten Jesu gebraucht wird (s. Komm. zu 1,9); hier wird Jesus nicht mit zeitlich-menschlichen Abbildern einer ewigen Realität verglichen, sondern mit Menschen (Dieben, Räubern und Mietlingen), deren Einstellung gegenüber den Schafen der seinen genau entgegengesetzt ist. Brown übersetzt *Modell*, Lindars *Ideal*, Betz bemerkt, S. 103, daß καλός für den ϑεῖος ἀνήρ gebraucht wird. Der Hintergrund der Bezeichnung Jesu als *Hirte* ist dem von der *Tür* eng verwandt (s. Komm. zu V. 9); s. bes. Bauer, S. 143 f.

a) Im AT wird Gott als der Hirte seines Volkes bezeichnet: z. B. Ps 23,1; 80,2; Jes 40,11; Jer 31,9; vgl. Ps 74,1; 79,13; 95,7; 100,3, wo eben diese Bezeichnung in der des Volkes als Schafe impliziert ist. David (oder der davidische Messias) wird als Hirte bezeichnet in Ps 78,70–72; Ez 37,24; Micha 5,3 (vgl. Ps Sal 17,45), und in Jer 2,8; 10,20; 12,10 lesen wir von ungläubigen Hirten, die der Herde Gottes Schaden zufügen. Ungläubige Hirten und Gott als der wahre Hirte stehen in Sach 11,4–9 nebeneinander, und in Ez 34 passim (betont von Dodd, Interpretation, S. 358 ff; Sidebottom, S. 75, vergleicht hier den Gebrauch von Ez 15 in Joh 10) werden diese beiden Vorstellungen mit der von David als dem Hirten Gottes verbunden. In Jes 63,11 (LXX) ist Mose »der Hirte der Schafe«. Diese Bezeichnung findet sich auch in rabbinischen Schriften, z. B. Ex r 2,2, wo gesagt wird, Mose sei zuerst als ein Hirte von Schafen erprobt worden, bevor er als Hirte für das Volk Gottes wirken durfte (andere Beispiele bei Bill II, S. 209; III, S. 407). Was die Qumranschriften angeht, so ist CD 13,9f keine gute Parallele; denn hier wird nicht auf eine messianische Gestalt, sondern auf den Aufseher verwiesen, und es liegt hier nur die Analogie »als ein Hirte . . .« (. . . כרועה) vor.

b) Auch in nichtjüdischen Kreisen werden Götter und große Menschen als Hirten bezeichnet; Bauer (a.a O.) verweist auf folgende Gestalten: Anubis, Attis, Yima, Zarathustra, Marduk und den phrygischen Gott. Auch babylonische Könige und griechische Helden (bes. Agamemnon – s. die Diskussion bei Xenophon, Memorabilia III,2) wurden Hirten ihrer Völker genannt; Apollonius von Tyana (Philostrat, Vita VIII,22) bezeichnete seine Jünger als seine Herde (ποίμνη).

c) Auch wichtige Logien in der synoptischen Tradition tragen für unser Thema etwas aus. S. bes. Mk 6,34 (vgl. Mt 9,36); Mt 18,12–14 (vgl. Lk 15,3–7); Mk 14,27 (= Mt 26,31); Mt 25,32. An den meisten dieser Stellen liegt nur ein allgemeiner Vergleich zwischen dem Wirken Jesu und dem Werk eines Hirten vor, aber die Vorstellung vom Messias als dem Hirten des Volkes Gottes steht im Hintergrund. Vgl. im übrigen NT Hebr 13,20; 1Petr 2,25; 5,4.

d) Philo nimmt die biblischen und hellenistischen Motive zusammen. So argumentiert er (in der Weise von Ex r s. o.), daß Mose zuerst als ein Hirte von Schafen ausgebildet und erprobt wurde, bevor er als Hirte des Volkes Gottes wirken durfte (Vit Mos I,60–62); denn das Hirtesein ist die beste Vorbereitung für das Regieren (διὸ καὶ ποιμένες λαῶν οἱ βασιλεῖς, 61). Gott ist der Hirte seines Volkes, und er setzt als Hirten seinen erstgeborenen Sohn oder das Wort ein (Agric 50–54). Dodd, Interpretation, S. 57, nennt hier auch Poster 67f. Noch mehr als Philo ist Joh in erster Linie von der biblischen und messianischen Deutung des Hirtenbildes abhängig, aber er kennt ohne Zweifel auch andere Ideen göttlichen Königtums, und es ist deshalb nicht falsch, wenn man sagt: Das »Subjekt (sc. von Joh 10,1–18) sei: die göttlich-geistliche Welt und Jesus als der alles umschließende Mittelpunkt dieser Welt aufgrund seiner Einheit mit seinem Vater« (Odeberg, S. 313), vorausgesetzt, man erkennt, daß für Joh, der ja durch die frühere Tradition geleitet wurde, diese Vorstellungen in Jesu Leben, im Fleisch und Tod ihre Mitte haben. Eine Parallele zum Denken des Joh ohne diese ganz wesentliche Bedingung findet sich in Mada dᵉHayye (auch ein »guter Hirte«) in den mandäischen Schriften. Die Bedeutung dieser Schriften, und mit ihnen der fundamental gnostische Hintergrund der joh Hirtenvorstellung, wird von Bultmann betont. Man sieht jedoch bei Joh besser eine Bewegung, ausgehend von einem atl Ursprung, in eine gnostische Richtung als eine Assimilation gnostischen Denkens an das AT.

τὴν ψυχὴν αὐτοῦ τίϑησιν. Hier wird nun ein neuer Gedanke eingeführt, der sich durch die ϑύσῃ καὶ ἀπολέσῃ von V. 10 nahelegt. Der Dieb nimmt das Leben der Schafe; der gute Hirte gibt sein eigenes

Leben für die Schafe. τιϑέναι τὴν ψυχήν kommt nur bei Joh (10,11.15.17f; 13,37f; 15,13) und 1Joh 3,16 vor; vgl. δοῦναι τὴν ψυχήν (Mk 10,45). Vgl. das rabbinische נפשו מסר (*masar naphsho*, »sein Leben geben«; vgl. מסר עצמו למיתה, *masar 'atsmo l^emithah*, »sich selbst in den Tod geben«); wahrscheinlicher handelt es sich hier um eine Variante von διδόναι τὴν ψυχήν, die das freie Handeln Jesu in seinem Sterben betonen soll; s. V. 18. Hier und an anderen Stellen gab dieser ungewöhnliche Ausdruck Anlaß zu Varianten; in diesem Vers haben P[45] ℵ* D it vg sin δίδωσιν, Clem (2/4) ἐπιδίδωσιν. Dieser Zug der Gleichnisse ist nicht aus dem AT oder irgendeiner anderen Quelle abgeleitet, er findet auch nicht Eingang in die synoptischen Hirtengleichnisse; er ist besonders auf der Kreuzigung als einem bekannten geschichtlichen Ereignis gegründet. Zur Vorhersage des Todes Jesu vgl. Mk 8,31; 9,12.31; 10,33ff.38f.45; 12,8; u. parr.

ὑπὲρ τῶν προβάτων. In den Synoptikern wird ὑπέρ vom Tod Christi nur in Mk 14,24 (und Lk 22,19f, wenn man diese Verse zum ursprünglichen Text des Lk rechnet) gebraucht. Aber in Joh schließt ὑπέρ fast immer die Bedeutung des Todes ein: 6,51; 10,11.15; 11,50ff; 18,14 (und vgl. 17,19 mit dem Kommentar) der Tod Jesu; 13,37f – Petrus verspricht, sein Leben für Jesus zu geben; 15,13 – ein Mann gibt sein Leben für seine Freunde. Das Wort freilich drückt, obwohl es sicherlich an einen Opfertod (nicht im technischen Sinn) zugunsten anderer denken läßt, keine genaueren Bedeutungsnuancen aus.

12. ὁ μισϑωτὸς καὶ οὐκ ὢν ποιμήν. Zu οὐ mit dem Partizip s. M I, S. 231f:»In vielen dieser Beispiele (die den Papyri entnommen sind) können wir offenbar genau die nachhaltige Überzeugung erkennen, daß die angemessene Verneinung für eine Aussage, die eindeutige Fakten feststellt. οὐ ist … Fast alle diese Prinzipien können auch auf das NT angewandt werden.« Philo (Poster 98; Agric 27–29) stellt den Hirten (ποιμήν) dem unterlegeneren Viehzüchter (κτηνοτρόφος) gegenüber, aber sein Vergleichspunkt ist ganz anders als der des Joh.

τὰ πρόβατα ἴδια. Vgl. V. 3.

ϑεωρεῖ τὸν λύκον. Zu solchen Angriffen vgl. 1Sam 17,34–36, und zur Flucht des Mietlings 4Esra 5,18 (… sicut pastor gregem suum in manibus luporum malignorum [derelinquit]).

καὶ ὁ λύκος ἁρπάζει αὐτὰ καὶ σκορπίζει. Diese Worte müssen, angesichts der sicherlich für V. 13 anzunehmenden Lesart (s. o.), als Parenthese betrachtet werden, die dem Bild Lebendigkeit verleiht. ἁρπάζειν, »ergreifen«, wird seit Homer von wilden Tieren gebraucht, σκορπίζειν, »zerstreuen«, findet sich nur in der LXX und in späteren Autoren; s. bes. Mk 14,27 (Zitat aus Sach 13,7) πατάξω τὸν ποιμένα, καὶ τὰ πρόβατα διασκορπισϑήσονται. Es kann hier eine Erinnerung an Mk vorliegen, aber es ist wahrscheinlicher, daß Joh eine Situation rekonstruierte, die ihm ausreichend vertraut war; vgl. Apg 20,29 – reißende Wölfe werden die Herde der Gemeinde in Ephesus verfolgen.

13. Vor ὅτι fügen viele Handschriften ὁ δὲ μισϑωτὸς φεύγει ein; diese Worte werden jedoch ausgelassen von P[45] P[66] P[75] ℵ B D W Θ und anderen Handschriften, ohne Zweifel zu Recht. Ohne diese Worte ist die Konstruktion, wenn auch nicht unmöglich, so doch unelegant; sie wurden zur Verbesserung hinzugefügt. Auch W läßt ὅτι μισϑωτός ἐστιν aus; auch dies verbessert die Konstruktion und ist deshalb sekundär.

οὐ μέλει αὐτῷ περί. Zur Konstruktion des unpersönlichen Verbums vgl. 12,6 und zum Sinn (entgegengesetzt) 1Petr 5,7. Die Flucht des Mietlings entspricht seinem Charakter und seiner Beziehung zu den Schafen; er kümmert sich um sich selbst und um seinen Lohn, nicht um die Schafe.

14f. ἐγώ εἰμι. Die Wiederholung stellt die Bedeutung des neuen Themas, des gegenseitigen Erkennens, heraus, das in diesen Versen eingeführt wird. Jesus, der gute Hirte, und nicht ein Mietling, ist der Besitzer der Schafe; er kennt sie, und sie kennen ihn (vgl. V. 3). Dieses gegenseitige Kennen ist analog dem gegenseitigen Kennen, das zwischen dem Vater und dem Sohn besteht; zu diesem charakteristisch joh Thema des Erkennens s. Einleitung, S. 97f, und Komm. zu 1,10; 6,69. Die vorliegende Stelle, die das wechselseitige Erkennen zwischen Gott und dem Glaubenden betont, wirft ganz scharf das Problem des Ursprungs der joh Vorstellung vom Erkennen auf. »Diese tiefgründige Anschauung ist nun aber keineswegs christliches Sondergut, sondern Gemeinbesitz von orientalischhellenistischer Mystik« (E. Norden, Agnostos Theos [1923], S. 287). Diese Sicht wird zu einem gewissen Grade durch Stellen wie das Gebet aus dem Zauberpapyrus bestätigt, veröffentlicht von C. Wessely (Denkschrift der kaiserlichen Akademie Wien, Phil.-Hist. Classe XLII [1893], S. 55; vgl. R. Reitzenstein, Poimandres [1904], s. 20f): ... οἶδά σε, Ἑρμῆ, τίς εἶ καὶ πόθεν εἶ ... οἶδά σε, Ἑρμῆ, καὶ σὺ ἐμέ. ἐγώ εἰμι σὺ καὶ σὺ ἐγώ. Sehr wahrscheinlich dürfte Joh eine derartige Sprache durchaus bekannt gewesen sein, die seiner eigenen so ähnlich ist. Es bleiben jedoch die Unterschiede, auf die wir oben hingewiesen haben, und sie werden in der Tat durch diese Verse noch unterstrichen, die mit der Aussage abschließen, daß Jesus sein Leben für die Schafe gibt. Dies macht jede Art von Identifikation zwischen Gott und dem Gottesverehrer undenkbar; der Mensch wird nicht vergöttlicht, sondern erlöst. Ferner schließt hier Erkennen offensichtlich Liebe ein; es ist eine sittliche Beziehung zwischen unterschiedlichen Personen. Vgl. Mt 11,27 = Lk 10,22; der explizite Hinweis des Joh auf Jesu Opfertod macht jedoch deutlich, daß die Beziehung weder mystisch noch pietistisch ist (Bultmann). Wechselseitiges Erkennen bedeutet wechselseitige Zuwendung – des Hirten zu seinen Schafen in Liebe, der Schafe zum Hirten in Dankbarkeit, Glauben und Gehorsam.

16. ἄλλα πρόβατα... οὐκ... ἐκ τῆς αὐλῆς ταύτης. Vgl. 11,51ff; Jes 56,8; und s. O. Hofius, ZNW 58 [1967], S. 289ff. Zu αὐλή s. V. 1. Dieser Vers bestätigt die zu V. 5 gegebene Interpretation. Die αὐλή ist Israel, und sie enthält einige, die Christi eigene Schafe sind, und einige (die ungläubigen Juden), die es nicht sind. Die Inkarnation macht die vorherbestimmte Scheidung zwischen diesen beiden Gruppen deutlich. Christus hat dann einige Schafe in der αὐλή des Judentums, aber auch andere, die nicht aus dieser αὐλή stammen, d. h. Heiden. Joh wurde im Kontext der Heidenmission geschrieben.

κἀκεῖνα δεῖ με ἀγαγεῖν. Die Heidenmission ist selbst ein Handeln Christi, genauso wie es sein Wirken in Palästina gewesen ist.

τῆς φωνῆς μου ἀκούσουσιν. Vgl. V. 3, wo die jüdischen »Schafe« die Stimme des Hirten hören. Die Tatsache, daß in V. 3 ἀκούει (Singular) gebraucht wird, während hier der Plural verwendet wird, ist nicht von Bedeutung. In diesem Vers ist das Subjekt im Neutrum Plural weiter vom Verb entfernt, und der Gedanke der »Schafe« als individueller Personen tritt hervor. Vgl. im ersten Teil dieses Verses ἃ οὐκ ἔστιν.

γενήσεται (P66 P75 ℵ* Ω) μία ποίμνη, εἷς ποιμήν. Es ist viel zu sagen zugunsten des Plurals γενήσονται (P45 B ℵ D Θ) – nicht »es wird geben«, sondern »sie sollen werden«. Der Gedanke des Joh ist nicht mit der stoischen Sicht der Einheit der Menschheit identisch, obwohl die Stoiker zuweilen eine ähnliche Sprache gebrauchten (vgl. Zeno, zitiert bei Plutarch, De Alex virt I,6, ... εἷς δὲ βίος ᾖ καὶ κόσμος ὥσπερ ἀγέλης συννόμου νόμῳ κοινῷ συντρεφομένης). Für Joh ist die Einheit der einen Herde nicht als eine natürlich existierende Einheit gegeben, sondern als eine Einheit, die in und durch Jesus geschaffen ist; trotzdem ist es durchaus möglich, daß er seinen Lesern die Meinung vermitteln wollte, die Erfüllung des stoischen Ideals sei in der Kirche antizipiert worden. Wie im ersten Teil dieses Verses angedeutet wird, denkt er in erster Linie an die Einheit von Juden und Heiden in der Kirche; vgl. bes. Eph 2,11–22; 4,3–6. Er betont hier wieder, wie auch sonst häufig, die Einheit der Glaubenden mit Christus und die Christi mit dem Vater. Zu dem »einen Hirten« vgl. Ez 34,23. Für μία ποίμνη hat die Vulgata unum vile, »ein Pferch«. Dies ist eine Fehlübersetzung, wenn auch nicht so irreführend, wie man manchmal annimmt; nichts legt nahe, daß Joh an eine Herde gedacht habe, die in verschiedenen Pferchen untergebracht ist.

17. διὰ τοῦτό με ὁ πατὴρ ἀγαπᾷ. Die Beziehung zwischen dem Vater und dem Sohn ist fundamental und ewig; Joh meint nicht, daß der Vater Christus liebte, weil die Kreuzigung stattgefunden hat. Die Liebe des Vaters für den Sohn ist vielmehr eine Liebe, die ewig mit der völligen Bindung des Sohnes an den Willen des Vaters und seinem Gehorsam sogar bis in den Tod verbunden und wechselseitig davon abhängig ist. Dies macht ihn zum Offenbarer (Bultmann).

ἵνα πάλιν λάβω αὐτήν. Es ist möglich, aber angesichts der Abschwächung der Bedeutung von ἵνα im hellenistischen Griechisch nicht sicher, daß hier ein *Zweck* intendiert und betont ist: Die Wiedergewinnung des Lebens war die Intention hinter dem Leiden Jesu; er starb, damit die Macht seiner Auferstehung offenbar und entbunden würde. Ansonsten bedeutet die Wendung einfach »mit der Absicht, es wieder zu nehmen«.

18. οὐδεὶς ἦρεν αὐτὴν ἀπ᾽ ἐμοῦ. ἦρεν ist die Lesart von P⁴⁵ ℵ* B; alle anderen Zeugen lesen αἴρει. Der Aorist ist die schwierigste Lesart und deshalb wahrscheinlich vorzuziehen. Er verweist nicht auf frühere gescheiterte Anschläge auf das Leben Jesu, sondern auf die Kreuzigung, die als ein Ereignis in der Vergangenheit gesehen wird – d. h., sie wird von des Joh eigenem Standort aus gesehen. Es ist sehr unwahrscheinlich, daß bei griechischen Fassungen des Evangeliums ein aramäisches Partizip, das sachgemäß auf das Präsens oder Futur wies, fälschlicherweise durch ein Perfekt wiedergegeben wurde (Torrey, S. 144); dieselbe Tendenz, die zum Ersatz von αἴρει anstelle von ἦρεν führte, hätte einen solchen Irrtum verhindert. Es ist auch unwahrscheinlich, daß hier ein ungünstiger Vergleich mit dem Lehrer der Gerechtigkeit aus Qumran vorliegt, wo das Martyrium (wenn dies zu Recht aus keineswegs eindeutigen Texten geschlossen wird) unfreiwillig war; vgl. V. 8 und den Kommentar. Zu beweisen, daß Jesus seinen Tod willentlich annahm, war ein wichtiger Punkt in der frühen christlichen Apologetik.

ἐξουσίαν ἔχω bedeutet bei Joh kaum mehr als *possum*; vgl. 7,1 (s. Komm. z. St.); 19,10 f.

ταύτην τὴν ἐντολήν. Die Worte ἐντολή und ἐντέλλεσθαι kommen häufig in den späteren Teilen des Joh und in 1 und 2 Joh vor. Der Vater gibt Jesus ein Gebot (10,18; 12,49 f; 14,31; 15,10), und dieser gibt seinen Jüngern Gebote (13,34; 14,15.21; 15,10.12.14.17). Das charakteristische (»neue«) Gebot Jesu ist, daß seine Jünger einander lieben sollen (13,34; 15,12.17). Wenn sie seine Gebote halten, dann bleiben sie in seiner Liebe und zeigen ihre Liebe zu ihm (14,15.21; 15,10.14). Ähnlich ist die Liebe des Vaters zum Sohn mit der willentlichen Annahme seines Leidens im Werk der Erlösung durch den Sohn verbunden. Das Wort ἐντολή faßt deshalb die christliche Erlösungslehre von seinem Ursprung in der ewigen Liebe Gottes, offenbart in Jesus, bis hin zur wechselseitigen Liebe der Christen in der Kirche zusammen. Jesus selbst fand im Gehorsam völlige Handlungsfreiheit (V. 18a); und so werden es auch die Jünger tun.

19. σχίσμα; zu diesem Wort s. 9,16. Es ist unnötig (mit Bernard – s. die Einleitung zu diesem Abschnitt) anzunehmen, V. 1–18 und V. 19–29 seien vertauscht worden und V. 19 müsse unmittelbar auf 9,41 folgen; das σχίσμα wäre dann das Ergebnis der Heilung des Blindgeborenen. Das σχίσμα wird verursacht durch τοὺς λόγους τούτους, d. h. durch das Gleichnis vom Hirten und der Tür. (Es trifft zu, daß zuweilen im NT λόγος (wie das hebräische דבר) nicht das gesprochene Wort, sondern Ding, Tatsache, Tat meint; aber in dieser Weise wird es niemals bei Joh gebraucht). Auch bei Mk bewirken die Gleichnisse Scheidung (Mk 4,10–12); beide, Wunder und Gleichnisse, sind Offenbarung, das Scheinen des wahren Lichtes; und dies scheidet den Menschen vom Menschen (3,19–21).

20. δαιμόνιον ἔχει καὶ μαίνεται. Es gibt an dieser Stelle nur einen Vorwurf, nicht zwei; die Verrücktheit wird nicht von der dämonischen Besessenheit unterschieden, sondern als ihr Ergebnis betrachtet. Vgl. 7,20; 8,48; Mk 3,21 f.30. Vgl. Sap 5,4, τὸν βίον αὐτοῦ [sc. τοῦ δικαίου] ἐλογισάμεθα μανίαν. Vgl. auch Justin Trypho 38,1 (Martyn).

21. Die Worte Jesu sind, auch wenn sie möglicherweise schwer verständlich sind (V. 6), scharfsinnig und eindringlich, einige Leute zumindest können nicht einsehen, wieso ein wohltätiges Wunder Zeichen von Verrücktheit sein sollte. Der Abschnitt endet dramatisch und sachgemäß mit Scheidung und Spannung, welche sogleich (V. 24) wieder aufgenommen werden. 1QS 4,11 ist keine wichtige Parallele.

21. Wer ist Jesus? (II)

10,22–42

Der Mittelteil des Evangeliums (Kap. 7–10) endet mit einem anderen Abschnitt, der hauptsächlich christologisch ist. Die Frage, wer Jesus sei, wird geradeheraus gestellt (V. 24) und beantwortet, zwar nicht in dem Sinn, in welchem sie gestellt wurde, aber doch mit gleicher Direktheit.

Obwohl die Überlieferung, die in Kap. 7 beginnt (wenn Jesus zum Laubhüttenfest hinaufgeht), eine deutliche Einheit ist, was den Gedankengang angeht, setzt Joh den Schluß auf das Tempelweihefest (V. 22). Zu möglichen Verbindungen zwischen den Themen, die durch das Fest nahegelegt werden, und jenen dieses Abschnitts s. Komm. zu V. 22. Als Antwort auf das Verlangen, er solle ganz klar erklären, wer er sei, lenkt Jesus a) die Aufmerksamkeit auf das Zeugnis seiner Werke, b) erklärt er, daß seine Gegner nicht glauben können, weil sie nicht zu seinen Schafen gehören. Glaube beruht auf Erwählung, nicht auf menschlicher Entscheidung. Jene jedoch, die die Seinen sind, erfreuen sich des zuverlässigen Schutzes des Vaters. Christus zugehören heißt, zum Vater gehören, denn er und der Vater sind eins. Dieser Anspruch provoziert einen anderen Mordanschlag, da die Juden (zu Recht) behaupten, Jesus beanspruche, göttlich zu sein. Jesus antwortet darauf, indem er auf eine atl Stelle hinweist, in welcher Menschen, zu denen das Wort Gottes kam, göttlich genannt werden. Warum sollte dann das fleischgewordene Wort Gottes nicht so genannt werden? Das Kriterium für die Wahrheit seines Anspruchs liegt in seinen Werken; sind sie die Werke Gottes, dann kann das wechselseitige Einwohnen Gottes und Christi anerkannt werden. Dieses Argument hat jedoch, wie sich zeigt, keine Wirkung. Die Werke entsprechen den Worten und haben keine automatische Wirkung; sie können nur im Glauben angenommen werden.

Dieser Abschnitt erinnert an die Rede vom guten Hirten und an bestimmte frühere joh Erzählungen (V. 32). Er hat keine direkte Parallele in den Synoptikern (vgl. jedoch V. 39), aber inhaltlich besteht eine enge Beziehung zu dem mk Thema des Messiasgeheimnisses (s. Einleitung, S. 86f). Offensichtlich ist es den Juden nicht klar, ob Jesus nun messianischen Rang beansprucht oder nicht; offensichtlich hat er auch nicht die Absicht, ihnen eine eindeutige Antwort auf ihre Frage zu geben (vgl. 8,25). Er wird nicht sagen: »Ich bin der Messias.« Die zwei Elemente seiner oben skizzierten Antwort finden sich bei Mk und auch in anderen Schichten der synoptischen Tradition. Obwohl es falsch ist, von Jesus ein Zeichen vom Himmel zu verlangen (Mk 8,11–13; Mt 12,38f; 16,1–4; Lk 11,16; 12,54–56), so sind doch die Werke, die er wirkt, nichtsdestoweniger voller Bedeutung für jene, die Augen haben, zu sehen; sie sind in der Tat der deutlichste Beweis, den er für seine königliche Vollmacht anbietet (Mk 4,41; 8,17–21; Mt 11,4–6 = Lk 7,22f; Mt 12,28 = Lk 11,20). Sodann sind in den Synoptikern wie bei Joh die Menschen in zwei Gruppen geteilt: jene, die Christi Schafe sind, und jene, die dies nicht sind; und es wird gesehen (wenn auch keineswegs so klar, wie bei Joh ausgedrückt), daß die Ursache dieser Scheidung letztlich im Willen des Vaters liegt (Mk 4,11f; Mt 11,25ff; 16,17; Lk 10,21f). Joh arbeitet heraus, daß es bei dem Streit zwischen Jesus und den Juden letztlich um Christologie geht; und er zeigt auch deutlicher die absolute Beziehung zwischen Jesus und dem Vater auf. Lightfoot weist zu Recht auf einen gewissen Parallelismus zwischen diesem Abschnitt und Mk 14,55–64 hin (beachte bes. die Frage des Hohenpriesters: Bist du der Christus?), und Dodd, Interpretation, S. 361, bemerkt, daß es »eine Bewegung von jüdischen messianischen Kategorien hin zu Kategorien gibt, die mehr hellenistischem religiösem Denken verwandt sind«.

Am Schluß der Erzählung (welcher auch der Schluß des großen Mittelabschnitts der Streitgespräche ist, Kap. 7–10) zieht sich Jesus an den Ort zurück, wo Johannes zu taufen pflegte. Diese Ortsangabe hat einen doppelten Zweck: Erstens wird dargestellt, daß sich Jesus an einen sicheren Ort zurückzieht, von dem aus er, im rechten Augenblick und nach seiner eigenen freien Entscheidung (11,7), nach Jerusalem zurückkehren wird, um durch seinen Tod der Welt Leben zu geben. Zweitens wird er wieder einmal in eine Beziehung zum Täufer gebracht, und dadurch ergibt sich eine Gelegenheit, das Zeugnis des Täufers erneut zu betrachten.

22. *ἐγένετο τότε τὰ ἐγκαίνια* – das Tempelweihefest oder *Ḥanukka* (חנוכה). Zu diesem Fest s. O. S. Rankin, The Origins of The Festival of Ḥanukka [1930]. Es feierte die Wiedereinweihung des Tempels (165 v. Chr.) nach seiner Entweihung durch Antiochus Epiphanes. Es begann am 25. Tag des Monats Chislev (annäherungsweise Dezember), und dauerte acht Tage. Es war ein großes Freudenfest. S. 1Makk 4,36–59; 2Makk 1,9.18; 10,1–8; Josephus, Ant XII,316–325. Seit den Hinweisen auf das Laubhüttenfest (7,2.37), das im Oktober gefeiert wird, hat Joh keine Zeitangaben mehr geboten; es ist wahrscheinlich, daß er hier lediglich auf den Verlauf einer kurzen Zeitspanne hinweisen will; es scheint nicht möglich, irgendeine symbolische Entsprechung zwischen dem Verlauf des Festes und der anschließenden Auseinandersetzung zu finden (obwohl nach Rankin [S. 191–256] *Ḥanukka* das »Fest des neuen Äons« war). Es ist bemerkenswert, daß Jesus – obwohl das Anzünden der Lampen ein solch charakteristischer Zug des Festes bereits zur Zeit des Josephus war, daß man es »Lichter« (*φῶτα*, Ant XII,325) nannte – hier nicht als das Licht der Welt bezeichnet wird. S. jedoch Komm. zu V. 30.34.36. *Ḥanukka* und Laubhüttenfest waren einander ähnlich (in 2Makk 1,9 wird *Ḥanukka* als »das Laubhüttenfest des Monats Chislev« bezeichnet), aber dies scheint hier nicht von Bedeutung zu sein.

χειμὼν ἦν, Dezember. Aber *χειμὼν* kann »Winterwetter« bedeuten, und diese Bemerkung könnte den Grund dafür angeben wollen, warum Jesus in der Säulenhalle des Salomo wandelte und nicht im Freien.

23. *ἐν τῇ στοᾷ τοῦ Σολομῶνος*. Vgl. Apg 3,11; 5,12. Nach Josephus (Bell V,184f; Ant XV,396–401; XX,220f) lag sie an der Ostseite des Tempels. Sie wird in dem Mischnatraktat Middot nicht erwähnt, man kann sie nicht sicher lokalisieren. S. Beginnings V, S. 483–486. Mk 11,27 geht Jesus unmittelbar vor der Frage nach der Vollmacht und dem Gleichnis von den bösen Weingärtnern in den Tempel (Lightfoot).

24. *ἐκύκλωσαν*. Das Wort begegnet wiederholt in Ps 118(117),10ff; es ist aber doch sehr zweifelhaft, ob hier eine Anspielung beabsichtigt ist. Zu *οἱ Ἰουδαῖοι* s. Komm. zu 1,19; sie sind die Gegner Jesu, und Joh findet es nicht nötig, irgendeine besondere Gruppe herauszustellen.

ἕως πότε τὴν ψυχὴν ἡμῶν αἴρεις; Im allgemeinen versteht man die Worte folgendermaßen: »Wie lange willst du uns im ungewissen lassen?« Aber Pallis (S. 23f) zitiert Pernot, der aufgrund des modernen griechischen Sprachgebrauchs übersetzt: »„Jusqu' à quand vas-tu nous tracasser [beunruhigen, verärgern, quälen, plagen] de la sorte?« Dieser Sprachgebrauch ist nicht so völlig modern, denn wir können Sophokles, Oedipus Rex 914, zitieren, *ὑψοῦ γὰρ αἴρει θυμὸν Οἰδίπους*; Euripides, Hekuba 69f, ... *αἴρομαι ... δείμασι, φάσμασιν*. Dies ist nun nicht unwichtig, denn wenn hier Ungewißheit gemeint ist, dann müssen wir an durchaus wohlwollende Juden denken, die einfach die Wahrheit herausfinden wollen; ist sie Verärgerung, dann müssen wir an Gegner Jesu denken, die sich über seine nicht ganz eindeutigen Ansprüche ärgern, die keine ausreichende Grundlage für einen Angriff abgeben. Es ist unwahrscheinlich, daß *τὴν ψυχὴν ἡμῶν αἴρειν* bedeutet, »unser Leben nehmen«, d. h., uns zu vernichten.

εἰ σὺ εἶ ὁ χριστός, εἰπὸν ἡμῖν παρρησίᾳ. Zu *παρρησία* s. Komm. zu 7,4. Zum ganzen Satz vgl. Lk 22,67, *εἰ σὺ εἶ ὁ χριστός, εἰπὸν ἡμῖν.* Joh könnte abhängig sein von Lk (s. G. Delling, Der Kreuzestod Jesu in der urchristlichen Verkündigung [1971], Anm. 577), aber insgesamt gesehen erinnert der vorliegende Abschnitt an das Verhör vor dem Hohenpriester (nach Mk) mit seiner Frage, der Anklage der Gotteslästerung und dem Mordanschlag. Diese Aufforderung kann in zweifach unterschiedlicher Weise verstanden werden (s. o.): entweder als die Bitte verwirrter Menschen oder als Angriff jener, die bereits zu dem Schluß gekommen sind, daß Jesus nicht der Christus ist, und nun eine Gelegenheit suchen, ihn anzuklagen. Es gibt ein »Messiasgeheimnis« bei Joh, obwohl es anders ausgedrückt wird als bei Mk (s. Einleitung, S. 86f). Für »seine eigenen Schafe« ist Jesus der gute Hirte – der Messias; die anderen können nicht »seine Stimme hören« und glauben (V. 26f). Jesus ist zugleich ein verborgener und ein offenbarter Messias.

25. *εἶπον ὑμῖν, καὶ οὐ πιστεύετε.* Vgl. Lk 22,67, *ἐὰν ὑμῖν εἴπω, οὐ μὴ πιστεύσητε.* Die Juden sind im Recht, und doch hat auch Jesus recht (Bauer, S. 145). Nur gegenüber der Samaritanerin (4,26) hat sich Jesus ausdrücklich selbst als der Messias bezeichnet (vgl. sein Geständnis gegenüber dem Blindgeborenen [9,37], daß er der Menschensohn sei). Seine Lehre hat jedoch so beständig seine einzigartige Beziehung zum Vater eingeschärft und illustriert, daß es hier keinen Raum mehr für Zweifel geben sollte – und die Erwählten haben in der Tat keine Zweifel (6,69).

τὰ ἔργα ἃ ἐγὼ ποιῶ. Der Nominativus pendens ist charakteristisch für Joh. Dieser Satz führt die vorangehende Aussage weiter; Jesus hat gesprochen (*εἶπον*), und seine Taten haben auch seinen Rang bezeugt, und zwar genau deshalb, weil er sie nicht in seiner eigenen Vollmacht, sondern *ἐν τῷ ὀνόματι τοῦ παρτρός μου* getan hat. Zu den *ἔργα* Jesu, ihrem Zeugnis und dem dadurch hervorgerufenen Glauben s. Einleitung, S. 91ff, und Komm. zu 4,34; 5,36.

26f. S. Komm. zu V. 24, und vgl. V. 3.5.14f; und bes. 12,39 *οὐκ ἐδύναντο πιστεύειν,* mit dem Kommentar. Am Ende dieses Verses fügen D *Ω* it *καὐὼς εἶπον ὑμῖν* zu; dies kann eine Glosse sein; in jedem Fall zeigt dies deutlich, daß V. 1–18 immer V. 19–29 (s. Komm. zu V. 19) vorangegangen sein müssen. Die Allegorie geht über in ihre Anwendung (Lindars).

28. *κἀγὼ δίδωμι αὐτοῖς ζωὴν αἰώνιον.* Vgl. V. 10. Zu *ζωή* s. Komm. zu 1,4, zu *αἰώνιος* s. Komm. zu 3,15. Daß Christus sein eigenes ewiges Leben gibt, ist ein ständig wiederkehrendes Thema, hier *παρρησίᾳ* ausgesprochen, an anderer Stelle als Wasser, Brot, Licht, Weide usw. ausgedrückt.

οὐ μὴ ἀπόλωνται εἰς τὸν αἰῶνα, das negative Ergebnis des Empfangs des ewigen Lebens. In joh Sprachgebrauch verstärkt *εἰς τὸν αἰῶνα* einfach die Verneinung *οὐ μή* (vgl. 11,26); nicht: »sie werden nicht zugrunde gehen in Ewigkeit«, sondern: »sie werden niemals zugrunde gehen«.

οὐχ ἁρπάσει τις. Vgl. V. 12, *ὁ λύκος ἁρπάζει αὐτά.* Aber diese Schafe sind nicht unter der Hut eines Mietlings, sondern der des guten Hirten. Vgl. auch V. 29, die Schafe werden nicht aus des Vaters Hand entrissen werden. S. den Hinweis auf die Hand des Propheten und die Hand Gottes bei Ez 37,17.19, einer *Haphtara* des Tempelweihefestes (Guilding, S. 130f). Diese tatsächliche Identifikation Jesu mit Gott führt zur Anklage der Gotteslästerung; vgl. Lev 24,1–25,13, »den Seder für das zweite Jahr des Zyklus« (ebd.). Diese Berührungen sind nicht so eng, daß sie überzeugen könnten.

29. Der Text des ersten Teils dieses Verses ist in Unordnung. Die Worte zwischen *μου* und *ἐστιν* erscheinen in folgender Weise:

(a) *ὃ δέδωκέν μοι πάντων μεῖζον,* B (it vg) boh;

(b) *ὃ δέδωκέν μοι πάντων μείζων,* ℵ W sah;

(c) *ὃς δέδωκέν μοι μείζων πάντων,* *Ω* sin pesch hl (P⁶⁶, *ὃς ἔδωκεν ...*);

(d) *ὃς δέδωκέν μοι μεῖζον πάντων,* *Θ*;

(e) *ὁ δεδωκώς μοι πάντων μείζων,* D.

Das Maskulinum *ὃς* erscheint so in P⁶⁶ *Θ* sin pesch hl, das Neutrum *ὃ* in ℵ B W it vg; das Maskulinum μείζων findet sich in P⁶⁶ ℵ W syr, das Neutrum μεῖζον in B Θ it vg. Die Lesart von D ist entweder zutreffend oder aber ein radikaler Versuch, mit dem Durcheinander aufzuräumen – wahrscheinlich trifft letzteres zu. Die Bezeugung des Neutrums, wenn auch quantitativ nur gering, ist sehr gewichtig, nichtsdestoweniger passen die Maskulinformen viel besser zum Kontext. Nehmen wir die Lesarten mit dem Maskulinum als ursprünglich an, so ergibt sich folgender Gedankengang: Keiner soll sie aus meiner Hand reißen; mein Vater, der sie mir gegeben hat, ist größer als alle anderen, deshalb kann niemand sie aus seiner Hand reißen. Dies ist unkompliziert und ergibt einen guten Sinn. Wenn wir andererseits die Lesart mit dem Neutrum als ursprünglich annehmen (a), dann ist es schwierig, dem Satz einen Sinn zu geben, und unmöglich, ihn in den Kontext einzufügen. Der Satz würde lauten: Wie meinem Vater, was er mir gegeben hat, ist größer als alles, und niemand kann entreißen... Der Nominativus pendens ist joh; aber was ist die Gabe des Vaters an den Sohn? Der Kontext läßt an die Schafe denken, aber von diesen kann nicht gesagt werden, sie seien größer als alle. Die nächste Möglichkeit sind die ἔργα von V. 25 (vgl. 5,36); aber dies liegt vier Verse zurück. Die Interpretation Augustins (In Joh Ev Tract XLVIII,6), des Vaters Gabe an den Sohn sei das Leben – Logos – Sein usw., ist noch gezwungener. Interne Kriterien sprechen deshalb ganz entscheidend zugunsten der Lesart (c) – ὅς... μείζων; es ist aber nicht möglich zu erklären, wie diese ausgezeichnete Lesart in die schwierige ὅ... μεῖζον geändert werden konnte. Es könnte sein, daß Joh den Text schrieb, der (vielleicht nur zufällig) in Θ, bewahrt wurde, d. h. ὅς... μεῖζον. Zum Adjektiv Neutrum vgl. Mt 12,6; 12,41f (= Lk 11,31f), und besonders das Neutrum ἕν im nächsten Vers. Diese Lesart ist wiederzugeben: Mein Vater, der sie mir gegeben hat, ist größer als irgendeine andere Macht, und niemand kann entreißen... Diese Lesart ergibt einen ebenso guten Sinn wie (c) und konnte darüber hinaus leicht die Lesart ὅ... μεῖζον, ὅς... μείζων verursacht haben, und sogar (im Verlauf der Zeit) ὅ... μείζων (eine sehr schwierige Lesart, die man wahrscheinlich übersetzen muß: Mein Vater ist in bezug auf das, was er mir gegeben hat, größer als alles). Dies scheint die einzig befriedigende Möglichkeit einer Erklärung aller Varianten zu sein; der Vorschlag in M I, 50 (»... daß die falsche Lesart in Joh 10,29 von einem ursprünglichen μείζω« [sic] ausging) erfordert zu viele Konjekturen. Es sollte beachtet werden, daß in einem wichtigen Aufsatz (JThSt 11 [1960], S. 342ff) J. N. Birdsall sich für die Lesart (b) ausspricht; er stimmt der oben gegebenen Übersetzung zu. Er betrachtet (b) als die Lesart, die die übrigen erklären kann. Wahrscheinlich sollte man ὅς und nicht ὅ lesen; denn das Relativpronomen folgt auf das Maskulinum πατήρ (aber ganz gewiß übersieht hier Birdsall das Prinzip difficilior lectio potior, auf welches er an anderer Stelle das angemessene Gewicht legt). Im Blick auf die Entscheidung zwischen μείζων und μεῖζον müssen wir, seiner Meinung nach, die Kriterien von Syntax, Stil, Kontext und Exegese anlegen. Auf dieser Basis verwirft er μεῖζον, und behauptet, daß »mein Vater in bezug auf das, was er mir gegeben hat, größer ist als alles« in den Kontext paßt; »das Subjekt ist die Unangreifbarkeit der Herde Gottes wegen seiner bewahrenden Macht« (344). Man muß jedoch feststellen, daß dieser Satz mit seinem als Akkusativ der Beziehung behandelten Relativsatz nicht besser in den Kontext paßt als (d), welches einfach erklärt: der Vater, der mir meine Herde gab, ist größer als irgend etwas in der Welt – und ist deshalb auch in der Lage, die Seinen zu verteidigen. Daß etwas zum Kontext paßt, und dies ist schließlich Birdsalls Hauptkriterium, spricht hier nicht mehr zugunsten seiner Lesart als zugunsten der anderen. Es scheint auch unvernünftig, eine Lesart, die in Θ enthalten ist, mit der Begründung zurückzuweisen, daß die Muttersprache ihres Schreibers nicht griechisch sei. Die Frage ist jedoch immer noch offen. Birdsall kann recht haben; oder μεῖζον in Θ könnte eine itazistische Variante von μείζων sein; in diesem Falle läge eine grundsätzliche Übereinstimmung zwischen P⁶⁶ D Θ Ω sin pesch hl vor: der Vater, der (sie) mir gegeben hat, ist größer als alle. Es ist eine berechtigte Frage, ob irgendeine Alternative dazu nicht so difficilis ist, daß sie impossibilis ist. ὅς δέδωκεν... μείζων ist die Lesart, die J. Whittaker (Vigiliae Christianae 24 [1970], S. 241–260) vorzieht. Er gibt nicht nur wesentliche Argumente vom Text her, sondern bietet auch einen überzeugenden hellenistischen Hintergrund für seine Lesart.

30. ἐγὼ καὶ ὁ πατὴρ ἕν ἐσμεν. Vgl. 1,1f; 17,11. Joh denkt hier in den Kategorien der Offenbarung, nicht einer kosmologischen Theorie (Bultmann, S. 295). Es geht ihm um den Glauben, daß die Handlungen und Worte Jesu in Wahrheit die Handlungen und Worte Gottes waren, der so in einzigartiger Weise den Menschen in seinem fleischgewordenen Sohn begegnete. Diese Einheit wird oft in ethischen Kategorien ausgedrückt: Jesus, der von Gott gesandt wurde, handelt in einer solch völligen Übereinstimmung mit dem Willen Gottes, daß das, was er tut, eine völlige Offenbarung dieses Willens ist (s. z. B. V. 17f); hier, wie im Prolog, nähert sich die Sprache des Joh etwas mehr der Metaphysik, aber selbst hier ist der Gedanke keineswegs völlig metaphysisch, und V. 17 ist nicht weit entfernt: Die Einheit von Vater und Sohn ist eine Einheit von Liebe und Gehorsam, auch wenn sie zugleich eine Wesenseinheit ist. Die Annahme (Odeberg, S. 332), ἐγώ bedeute die *Shechinah*, und die Einheit Gottes mit seiner *Shechinah* bewirke die Erlösung, ist sehr phantastisch. Es könnte schon etwas wichtiger sein, sich an den privilegierten Verkehr des Mose mit Gott zu erinnern, der in Num 7,89 erwähnt wird, dem letzten Vers der Toralektion für das Tempelweihefest (Meg 3,6); vgl. V. 22.34.36. Es findet sich aber, wie man zugeben muß, kein Hinweis darauf, daß Joh an diesen Vers dachte. Zur Erklärung dieses Verses (einschließlich der patristischen Interpretation) und seinem Verhältnis zu 14,28 s. weiter »The Father is greater than I«, in: Neues Testament und Kirche, FS R. Schnackenburg, (hg. J. Gnilka [1974], S. 144–159).

31. ἐβάστασαν πάλιν λίθους. Vgl. 8,59. Die Strafe für Gotteslästerung war Steinigung; aber diese war gesetzlich geregelt, auch wenn es hier aussieht, als wolle man einen Lynchmord begehen. Ein Lynchversuch ist selbstverständlich möglich, und es kann durchaus sein, daß die jüdische Praxis in der ersten Hälfte des ersten Jahrhunderts sich von dem in der Mischna niedergelegten Verfahren unterschieden hat. Die Annahme freilich, daß Joh das palästinische Judentum aus erster Hand kannte, muß durch diesen Vers erschüttert werden. Nach Delling (s. Komm. zu V. 24) entspricht er Lk 22,71.

32. πολλὰ ἔργα ἔδειξα ὑμῖν καλὰ τοῦ ἐκ πατρός. Die Werke waren Gottes Gabe an Jesus (5,36). Nicht »viele« Werke sind im Evangelium bis jetzt beschrieben worden – tatsächlich nur sechs; aber Joh wußte sehr wohl darum, daß viele andere Zeichen gewirkt worden waren (20,30f), und er nahm an, daß sie bekannt waren. καλός wird in diesem Kapitel fünfmal gebraucht (dreimal vom Hirten, zweimal von Werken), sonst im Evangelium nur in einem Vers (2,10 vom Wein). Es ist unmöglich, ein einziges deutsches Wort zu finden, das dem Griechischen völlig entspricht, welches die Vorstellung von machtvollen und sittlich hochstehenden Taten beinhaltet, die zu Gesundheit und Wohlergehen führen. Ihre Bedeutung lag jedoch darin, daß sie von (ἐκ) Gott ausgingen.

33. λιθάζομεν muß angesichts von V. 39 als Absichtserklärung beschrieben werden. Das Wort ist sonst nicht gebräuchlich, und es handelt sich nicht um einen Terminus technicus für Steinigung als Strafe. Im AT kommt es nur in 2Sam 16,6.13 vor.

περὶ βλασφημίας. Man kann die Hinweise auf Gotteslästerung im Evangelium nur schwer im Rahmen dessen verstehen, was wir über das jüdische Gotteslästerungsrecht wissen. Die einzige formale Aussage in der Mischna (Sanh 7,5) ist, daß der Lästerer »nicht strafbar ist, es sei denn, er spricht den Namen [das Tetragramm] selbst aus«. Zwei Worte, die an die vorliegende Stelle erinnern, werden dem R. Abbahu (ca. 300 n. Chr.) zugeschrieben. J. Taan 2, 65b. 59: Wenn dir ein Mensch sagt: ich bin Gott, so lügt er; ich bin der Menschensohn, so wird er es schließlich bereuen; ich steige zum Himmel empor, so hat er es gesagt, wird es aber nicht ausführen. Ex r 29,4: (Ex 20,2 wird zitiert) – gleich einem König von Fleisch und Blut, der als König herrschen kann, während er (gleichzeitig) einen Vater oder einen Bruder oder einen Sohn hat. Dagegen sagt Gott: Bei mir ist das nicht so. Ich bin der Erste (Jes 44,6); denn ich habe keinen Vater; und ich bin der Letzte – denn ich habe keinen Bruder; und außer mir gibt es keinen Gott – denn ich habe keinen Sohn. R. Abbahu lebte in Cäsarea; er war ohne Zweifel an der antichristlichen Polemik beteiligt; seine Aussagen kann man deshalb nicht als Beleg für Anschauungen nehmen, die in die Zeit des Wirkens Jesu zurückgehen. Es ist andererseits sehr wahrscheinlich, daß solche Aussagen gemacht wurden, wann immer Juden und

Christen miteinander in Konflikt gerieten. Der alte Midrasch in der Passahagada zeigt wahrscheinlich das gleiche Motiv: (Dt 26,8) – der Herr brachte uns heraus aus Ägypten, nicht durch einen Engel, nicht durch einen Seraph, nicht durch einen Boten (שְׁלִיחַ, *shaliaḥ*, vgl. V. 36), sondern der Heilige, gepriesen sei er, in seiner Herrlichkeit und in eigener Person, wie gesagt ist (Ex 12,12) – ich werde durch das Land Ägypten gehen in jener Nacht, ich selbst und nicht ein Engel; und ich werde all die Erstgeborenen töten im Lande Ägypten, ich selbst und nicht ein Seraph – und gegen alle Götter von Ägypten werde ich mein Gericht ausführen. Ich bin der Herr, ich bin er (אֲנִי הוּא) und nicht ein Bote; ich bin der Herr, ich bin er (אֲנִי הוּא, *'ani hu'*; es ist durchaus vorstellbar, daß hier eine Erwiderung auf das ἐγώ εἰμι, das Joh Jesus in den Mund legt, vorliegt – s. D. Daube, Rabbinic Judaism, S. 325–329) und kein anderer (oder: und nicht ein anderer). Vgl. auch das Verbot, mit Christen zu sprechen, das von Trypho (Justin, Dial 38, ... βλάσφημα γὰρ πολλὰ λέγεις) erwähnt wird. Wahrscheinlich spiegelt Joh auch die Auseinandersetzung zwischen Kirche und Synagoge wider (s. z. B. Komm. zu 9,22), aber dies heißt nicht, daß nicht auch Jesus zu seinen Lebzeiten der Gotteslästerung angeklagt wurde; s. weiter Komm. zu 19,7. Die späteren humanen Regelungen der Mischna sind nicht entscheidend für das 1. Jh., besonders nicht für die Sadduzäer, die im Synhedrium die Macht hatten. S. Klausner, S. 475; was den Pharisäern nur als eine »unbesonnene Einbildung« erscheinen mochte, konnte für die Sadduzäer wesentlich ernster gewesen sein. Zu einer vergleichbaren Anklage der Gotteslästerung in den Synoptikern s. (abgesehen von dem Prozeß Jesu) Mk 2,7 parr. S. Judaism, S. 48 f.

σὺ ἄνθρωπος ὢν ποιεῖς σεαυτὸν θεόν. S. die vorangehenden Ausführungen, und vgl. 5,18. Joh berichtet die Worte voll Ironie; er weiß, daß Jesus, obwohl er Gott ist, demütig die Gestalt eines Menschen angenommen hat.

34. οὐκ ἔστιν γεγραμμένον ...; Zur Frageform der Einleitung vgl. CD 9,5.

ἐν τῷ νόμῳ ὑμῶν. ὑμῶν wird ausgelassen von P⁴⁵ א* D Θ it sin, vielleicht zu Recht, denn es hätte einem frühen Abschreiber keine Schwierigkeiten gemacht, und seine Einfügung (durch Angleichung an 8,17) wäre natürlich. Liest man ὑμῶν, so erscheint dies einem modernen Leser als unnatürlich, da es unwahrscheinlich ist, daß ein Jude zu Juden von »eurem Gesetz« sprechen würde. Wahrscheinlich war sich Joh (ob er nun ein Jude von Geburt war oder nicht) dessen bewußt, daß er zu einer Gemeinschaft gehörte, die zu der Zeit, als er schrieb, dem organisierten Judentum gegenüberstand (s. o. Komm. zu V. 33). Man muß sich ja doch daran erinnern, daß das AT auch die Bibel der Kirche war, und wenn er das Wort ὑμῶν gebrauchte (falls er es gebrauchte), dann beabsichtigte er nicht, das AT zu verwerfen, sondern den Juden ganz klarzumachen, daß durch ihre eigenen autoritativen Dokumente die Wahrheit der christlichen Position erwiesen wurde. »Gesetz« schließt auch den Psalter ein; vgl. 12,34; 15,25; 1 Kor 14,21. So umfaßt auch in rabbinischer Literatur Tora zuweilen das ganze AT. Zu dem folgenden Zitat s. A. T. Hanson, NTS 11 [1965], S. 158–162; 13 [1967], S. 363–367.

ἐγὼ εἶπα· θεοί ἐστε. Ps 82,6, אֲנִי אָמַרְתִּי אֱלֹהִים אַתֶּם. Joh zitiert genau nach der LXX. Der nächste Vers des Psalms spricht von den »Fürsten« (ἄρχοντες), und man könnte vermuten, daß die Verwendung des Psalms dadurch nahegelegt wurde, daß Num 7 (»die Fürsten« – LXX, ἄρχοντες) die Toralektion für das Tempelweihefest war, aber dies ist eine recht phantasievolle Annahme. Nach Tamid 7,4 wurde dieser Psalm von den Leviten am dritten Tag der Woche im Tempel gesungen; dies scheint freilich nicht von Bedeutung zu sein, abgesehen davon, daß man diese Stelle, obwohl sie für überzeugte Monotheisten schwierig war, nicht außer acht ließ. Die gebräuchlichste Interpretation (s. dazu Bill II, S. 543) schein folgende gewesen zu sein: Die Worte seien an Israel gerichtet worden, als es das Gesetz am Sinai empfing. So Abodah Zarah 5a: R. Jose (ca. 150 n. Chr.) sagte: Die Israeliten haben das Gesetz nur empfangen, damit der Todesengel keine Macht über sie habe, wie geschrieben steht (Ps 82,6). Spätere Stellen drücken dies deutlicher aus, und in anderen wird die Vorstellung, man habe das Gesetz empfangen und sei so göttlich, אֱלֹהִים geworden, personal verstanden und nicht so sehr historisch; aber der aktive und entscheidende Mittler bleibt das Gesetz. In der obigen Stelle ist es

Israels Sünde (im Zusammenhang mit dem Goldenen Kalb), die die Verheißung in den Worten von Ps 82,7 aufhebt (ihr sollt sterben wie Menschen); in anderen wird die gleiche Vorstellung allgemeiner ausgedrückt. Zur Interpretation des Psalms s. weiter J. A. Emerton, JThSt. 11 [1960], S. 329–332.

35. πρὸς οὓς ὁ λόγος τοῦ θεοῦ ἐγένετο. Zur Konstruktion vgl. z. B. Hosea 1,1, λόγος κυρίου, ὃς ἐγενήϑη (היה) πρὸς (על) Ὡσῆε; aber die Personen, an die hier gedacht ist, sind wahrscheinlich nicht (wie man oft annimmt) die Propheten, sondern, wie durch die obigen Zitate gezeigt wird, Israel, konstituiert durch den Empfang des Gesetzes. Dies ergibt einen logischeren Gedankengang als der Vorschlag (J. A. Emerton, a. a. O., S. 330ff), es sei hier an Engel gedacht. Diese Annahme findet eine gewisse Unterstützung in der Qumranliteratur und führt zu der Behauptung, daß Jesus »keinen alttestamentlichen Text findet, der direkt beweist, daß Menschen Gott genannt werden können. Er geht zurück auf grundsätzliche Prinzipien und argumentiert, allgemeiner, daß das Wort Gott unter bestimmten Umständen auf andere Wesen als auf Gott selbst angewandt werden kann, auf jene, denen er Vollmacht gegeben hat. Die Engel können Gott wegen des göttlichen Auftrags genannt werden, die Völker zu beherrschen . . . Jesus jedoch, dessen Auftrag höher ist als ihrer und der das Wort selbst ist, kann diesen Titel mit größerem Recht beanspruchen« (S. 332). S. jedoch M. de Jonge und A. S. van de Woude, NTS 12 [1966], S. 312ff.

καὶ οὐ δύναται λυϑῆναι ἡ γραφή, eine Parenthese. Zum Gebrauch von λύειν, vgl. Mt 5,19; Joh 7,23; auch Joh 5,18 (λύειν τὸ σάββατον). Das Prinzip war ein Axiom sowohl für das Judentum als auch für das Urchristentum; die zwei unterschieden sich lediglich in ihrem Glauben über die Erfüllung der Schrift. Es ist möglich, daß hier Polemik gegen die gerade zitierte Ansicht vorliegt, die göttliche Erklärung »θεοί ἐστε« sei durch die Sünde mit dem Goldenen Kalb aufgehoben worden. Den Juden wird nicht erlaubt, den Konsequenzen ihrer eigenen kanonischen Literatur zu entgehen – das Argument ist ad homines.

36. ὃν ὁ πατὴρ ἡγίασεν. Die Relativwendung ist ein Akkusativ der Beziehung, der von λέγετε regiert wird und den ὅτι-Satz erklärt: Sagt ihr von jenem, den . . . du lästerst, Gott? ἁγιάζειν wird in Joh nur hier und 17,17.19 gebraucht, wo Christus selbst sich um seiner Jünger willen heiligt und den Vater bittet, sie zu heiligen. Es gibt keine wirkliche Parallele im NT (nur 1Petr 3,15 wird gesagt, Christus werde geheiligt, und hier ist der Sinn ein völlig anderer). ἁγιάζειν wird in seinem normalen biblischen Sinn gebraucht – »jemanden aussondern für Gott« –, es ist ein besonders geeignetes Wort, um Jesus zu beschreiben, der berufen wurde, auf Erden des Vaters höchstes Ziel als sein Bote zu erfüllen. Es wird zuweilen angenommen, diese »Heiligung« oder »Weihe«, besonders wie sie 17,19 gebraucht wird (s. Komm. z. St.), impliziere die Bedeutung Opfer. Aber dem ist nicht so, obwohl selbstverständlich solche Vorstellungen eines Opfers durch den Kontext impliziert werden können. ἁγιάζειν und קדש verweisen nicht ausdrücklich auf Opfer. Hier ist an die ganze Sendung Jesu, nicht nur an seinen Tod gedacht. Möglicherweise hat der erste Vers der Lektion am Tempelweihefest (Num 7,1) diese Aussage bewirkt oder ihre Form beeinflußt. Wie Mose die Stiftshütte und ihren Inhalt für ihren heiligen Zweck heiligte (ἡγίασεν, ויקדש), so heiligte Gott (ἡγίασεν) Jesus für seine Sendung.

καὶ ἀπέστειλεν εἰς τὸν κόσμον. Zur Sendung Jesu s. bes. Komm. zu 20,21.

υἱὸς τοῦ θεοῦ εἰμι. Jesus hatte diese Worte nicht gebraucht, aber Verse wie V. 30 haben implizit diese Bedeutung. Das Argument ad homines von V. 34–36 wird nun abgeschlossen. Der Form nach ist es naiv – obwohl es für Juden nicht leicht gewesen sein kann, die θεοί – (אלהים) in Ps 82,6 wörtlich nahmen, zu antworten. Wenn die Schrift Menschen mit einem solchen Wort nennen kann, warum sollte ich es dann nicht für mich selbst gebrauchen? Aber hinter dem Argument, wie es hier formuliert ist, liegt nicht der Glaube an die »Göttlichkeit« der Menschheit als solcher, sondern eine Überzeugung von der schöpferischen Macht des Wortes Gottes. Wird es an Geschöpfe gerichtet, dann erhebt es diese über sich selbst; in Jesus ist es in Person gegenwärtig, und er kann deshalb mit größerem Recht göttlich genannt werden. (Diese Art von a-fortiori-Argumenten findet sich in rabbinischen Schriften; sie ist aber, wo immer logische Schlußverfahren gebraucht werden, so weit verbreitet, daß es absurd wäre, sie als ein Zeichen für eine Kenntnis der Rabbinen auf seiten des Joh zu betrachten.) τοῦ wird ausgelassen von P⁶⁶ א D, vielleicht zu Recht. Vgl. Sap 2,18 (und zu υἱὸς ἀνϑρώπου, Joh 5,27).

37. Die Crux des Gedankens ist das Wesen des Werkes Jesu. Seine Sohnschaft und sein Gesandt-Sein könnten durch Taten widerlegt werden, die ihnen nicht entsprachen. Vgl. 8,39f – die ἔργα Abrahams und seiner Nachkommen. Vgl. 9,4.

38. τοῖς ἔργοις πιστεύετε. Vgl. 14,11; auch V. 25 und die Verweise dort. Anzuerkennen, daß die Werke Jesu die Werke Gottes sind, würde die Anerkennung einschließen, daß Gott Jesus gesandt hat, daß Jesus sein ἀπόστολος war (sein שׁליח, *shaliaḥ*; s. zu V. 33). Im rabbinischen Judentum werden im allgemeinen die Propheten nicht שׁליחים (*sheliḥim*) Gottes genannt; dieser Titel ist jenen vorbehalten, die Taten vollbrachten, die in besonderer Weise als Werke galten, die Gottes ureigenste Werke waren. Elisa war solch ein שׁליח, denn er bewirkte Empfängnis bei einer unfruchtbaren Frau. Ebenso Elia, denn er brachte Regen, und Elia, Elisa und Ezechiel, denn sie erweckten die Toten – drei Werke, die üblicherweise Gottes direktem Eingriff vorbehalten sind (Midrasch Ps 78, § 5, 173b; Bill III, S. 3f). Diese Erwägungen scheinen hier wichtig, ob aber die rabbinischen Belege, auf welche sie sich stützen, so früh sind, daß sie wirklich von Bedeutung sein könnten, bleibt zweifelhaft.

ἵνα γνῶτε καὶ γινώσκητε. Der Konjunktiv Aorist bezeichnet den Anfang der Erkenntnis an einem bestimmten Zeitpunkt – »damit ihr erkennt«; der Konjunktiv Präsens den fortgesetzten und sich entwickelnden Stand der Erkenntnis. Anstelle von καὶ γινώσκητε (P⁴⁵ P⁶⁶ P⁷⁵ B W Θ) lesen א Ω vg καὶ πιστεύσητε; die Worte werden völlig ausgelassen von D (it) sin.

ὅτι ἐν ἐμοὶ ὁ πατὴρ κἀγὼ ἐν τῷ πατρί. Zur wechselseitigen Einwohnung von Vater und Sohn vgl. unter vielen anderen Stellen 14,10f; 17,21; Joh verweist hier zurück auf die Aussage V. 30, die die Auseinandersetzung von V. 31–38 provozierte.

»Und die Mahnung, den Werken zu glauben, kann nur bedeuten, sich durch Jesu Worte in die Frage bringen zu lassen, sich in der Sicherheit des bisherigen Selbstverständnisses erschüttern, sich seine Existenz aufdecken zu lassen. Die Erkenntnis, daß er und der Vater eines sind (V. 30), oder wie es jetzt formuliert wird: ‚daß in mir der Vater ist und ich im Vater bin‘, steht nicht am Anfang, sondern am Ende des Glaubensweges. Sie kann nicht als dogmatische Wahrheit blind akzeptiert werden, sondern ist die Frucht des Glaubens an die ‚Werke‘ Jesu. Zuerst gehört, kann sie nur Anstoß hervorrufen; aber eben dieses Wecken des Anstoßes gehört mit zum ‚Schlußzeichen‘ des Offenbarers« (Bultmann, S. 298). S. die Gesamtinterpretation von V. 37ff. bei Bultmann. Sie ist überzeugend als Analyse des Eindrucks der Offenbarung auf die Menschheit, aber sie geht doch in gewisser Weise an der objektiven Christologie des Joh vorbei.

39. ἐζήτουν οὖν αὐτὸν πάλιν πιάσαι. Vgl. 7,30; 8,20.59. Ohne Zweifel möchte Joh, daß seine Leser an ein wunderbares Entkommen denken (vgl. Lk 4,30). Die Stunde Jesu war noch nicht gekommen.
Dieser Vers markiert das Ende des dritten der großen Abschnitte, in welche Bultmann das Evangelium einteilt (»der Offenbarer im Kampf mit der Welt«). Es handelt sich hierbei um ein höchst komplexes Corpus von Überlieferungsmaterial, und es ist folgendermaßen zusammengesetzt: 7,1–13. 14.25–29; 8,48–50.54f; 7,30.37–44.31.32–36.45–52; 8,41–47.51.52f.56–59; 9,1–41; 8,12; 12,44–50; 8,21–29; 12,34.36a.36b; 10,19–21.22–26.11–13.1–6.7–10.14–18.27–30.31–39. Zur Frage der Textvertauschungen s. Einleitung, S. 39ff, und Komm. passim.

40. ἀπῆλϑεν πάλιν πέραν τοῦ Ἰορδάνου. Das heißt zur Ostseite, nach Peräa. S. 1,28, ἐν Βηϑανίᾳ … πέραν τοῦ Ἰορδάνου, ὅπου ἦν ὁ Ἰωάννης βαπτίζων. Vgl. Mk 10,1.
τὸ πρῶτον wird adverbial gebraucht; anstelle von πρῶτον sollte vielleicht mit P⁴⁵ א Θ it πρότερον gelesen werden.

41. καὶ ἔλεγον. Bultmann setzt den Punkt vor diese Wendung und betrachtet das Verbum in der dritten Person Plural als unpersönlich: Jesus blieb dort, und viele kamen zu ihm. Und die Leute sagten …
Ἰωάννης μὲν σημεῖον ἐποίησεν οὐδέν. Vgl. 1,20ff: Der Täufer lehnte alle Titel und Ehren ab und

wollte nichts als eine Stimme sein, die die Gegenwart des Christus ansagte. Ähnlich war sein Wirken selbst ohne Macht, ein bloßes Waschen mit Wasser (es ist deutlich, daß σημεῖον mehr bedeuten muß als »Symbol«); aber wie seine Worte hatte dieses Werk auf das lebendige Wasser, den Geist, den Christus gab, vorausverwiesen. Joh berichtet nicht (abgesehen von 1,26f.29), was der Täufer über Jesus gesagt hat; er meint in der Tat, daß Jesus das AT in der Person und in Voraussagen seines letzten und größten Repräsentanten erfüllte. 1,31 ist erfüllt worden, auch wenn es die Autoritäten nicht glaubten. E. Bammel, »John did no miracle«, in: C. F. D. Moule (Hg.), Miracles [1965], S. 179–202, macht den Vorschlag, V. 41 und 42 seien wahrscheinlich »ein altes Fragment einer Tradition, die die Sicht der Quelle über den Täufer zuverlässiger repräsentiert als die vorliegende Textform der Einleitungskapitel. Sein Inhalt, der auf einem jüdischen Schema beruht, spiegelt das christlich-jüdische Gespräch und nicht das zwischen den Christen und dem Täufer wider. Daß man von Joh nicht berichtete, er habe Wunder getan, könnte als Vorwurf gegenüber den Christen gebraucht worden sein, die den Täufer als einen Zeugen für ihren Messias beanspruchten« (S. 200).

42. καὶ πολλοὶ ἐπίστευσαν εἰς αὐτὸν ἐκεῖ. Wer waren diese »vielen«, und was taten sie in Bethanien? Ging das Werk des Taufens auch in der Abwesenheit des Johannes weiter? Diese Fragen können nicht beantwortet werden, und es ist zweifelhaft, ob Joh überhaupt an sie dachte. Am Ende des großen Mittelabschnitts des Evangeliums bringt er Jesus zu dem Ort zurück, an welchem sein Wirken begann. Die nächsten beiden Kapitel leiten die Passion ein und fassen das Wirken Jesu als Ganzes zusammen – hinfort hören wir nichts mehr vom Wasser des Lebens; Jesus gibt das Leben selbst. Zu den πολλοί vgl. 2,23; 8,30. Joh berichtet nichts weiter über diese Glaubenden. Sie repräsentieren die bleibende Frucht des Wirkens Jesu.

22. Lazarus

11,1–44

Diese auffälligste Wundergeschichte in Joh wird in der einfachsten und selbstverständlichsten Weise erzählt. Die Hauptpunkte der Erzählung sollen im folgenden kurz dargestellt werden. Eine ziemlich unbeholfene Einleitung (V. 1f) enthüllt die Identität eines Kranken, des Lazarus. Jesus wird aufgefordert, sich um ihn zu kümmern, aber er wartet mit seiner Hilfe, bis Lazarus tot ist. Er macht sich dann auf den Weg nach Bethanien (in der Nähe Jerusalems), seine Jünger begleiten ihn, obwohl sie angesichts früherer Anschläge wissen, daß er in den Tod geht. Als Jesus sich nähert, kommt ihm eine der Schwestern des Lazarus, Martha, entgegen, um ihn zu treffen; nach einem Gespräch geht sie zurück, um ihre Schwester, Maria, zu holen. Es bildet sich nun um das Grab des Lazarus eine Gruppe, die aus Jesus, Maria und Martha, den Jüngern (wie wir vermuten dürfen – sie werden nicht erwähnt) und einer Gruppe von Juden besteht, die gekommen sind, die trauernden Schwestern zu trösten. Die Liebe Jesu zu seinem toten Freund ist offenbar, und die Erwartung der Leser wird durch die traditionelle Auferstehungshoffnung der Schwestern, den zögernden Glauben einiger derer, die dabeistehen, und ein Wort Jesu geweckt (V. 25f). Nichtsdestoweniger ruft der Befehl Jesu, den Stein, der das Grab abschließt, wegzunehmen, Überraschung hervor. Er betet, betont dabei seine Abhängigkeit vom Vater, und gebietet dem Toten, herauszukommen. Noch in den Leichentüchern kommt Lazarus lebend heraus. In dem letzten Wunder wird der letzte Feind überwunden (Fenton); Dodd, Interpretation, S. 366, sagt zu Recht, »die hellenistische

Gesellschaft, an welches dieses Evangelium sich richtete, wurde umhergetrieben von dem Schauspiel der φϑορά«; aber nicht nur die hellenistische Welt mußte mit dem Tod fertig werden.

Der Sinn, den diese Erzählung für Joh hat, ist so einfach wie die Erzählung selbst. Jesus hat in seinem Gehorsam gegenüber dem Vater und in Abhängigkeit von ihm die Vollmacht, Leben zu geben, wem er will. Die Erzählung ist eine dramatische Demonstration der Wahrheit, die bereits in 5,21 ausgesprochen wurde (vgl. 5,25.28); diese Stelle ist selbst der beste Kommentar zu der Erzählung. Die Auferweckung des Lazarus ist nicht ein Stück schwarzer Magie und auch nicht die Höchstleistung eines Heiligen; es ist eine Vorwegnahme dessen, was sich am Jüngsten Tag ereignen wird. Es bedeutet, daß der Glaubende ewiges Leben hat; daß er vom Tod zum Leben vorgedrungen ist.

Was ist der historische Wert der Erzählung? Diese Frage hängt hauptsächlich von der Sicht ab, die man von den Quellen und der Absicht des Evangeliums hat. Es ist selbstverständlich möglich, a priori eine Sicht des Wunders einzunehmen, die die Möglichkeit eines solchen Ereignisses ausschließt. Hat man eine derartige a-priori-Sicht der Dinge, dann braucht man hier ganz eindeutig nicht weiter zu argumentieren; doch es liegt nicht im Rahmen dieses Kommentars, die philosophischen Aspekte des Wunders zu diskutieren. Läßt man a-priori-Ansichten, ob negativ oder positiv, beiseite, dann scheint das hauptsächliche Argument gegen die Historizität des Ereignisses zu sein, daß es keinen Platz dafür in der synoptischen Tradition gibt. Das Wunder wird von Joh nicht lediglich als eine erstaunliche Tat berichtet, sondern auch als der unmittelbare Anlaß des Todesanschlags gegen Jesus (11,46.53). Mk andererseits (so wird ins Feld geführt) findet diesen unmittelbaren Anlaß in der Tempelreinigung (Mk 11,18). Dieses Argument ist nur von geringem Wert, da die Ausführungen des Mk über die Reaktionen der Hörer Jesu nicht immer ernst genommen werden können. Zum Beispiel beraten bereits Mk 3,6 die Pharisäer und Herodianer darüber ὅπως αὐτὸν ἀπολέσωσι. Dieser Anschlag gerät dann freilich in der mk Erzählung völlig außer Sicht. Es ist auch möglich, daß die Wundergeschichte selbst aus einer frühen Tradition stammt, obwohl ihre Verbindung mit dem Tod Jesu von Joh hergestellt worden sein mag (Brown). Es ist vielleicht nicht so wahrscheinlich, daß Joh besser als Mk die Gründe für das Vorgehen des Synhedriums kannte.

Es gibt keine Parallele in irgendeinem anderen Evangelium zu der vorliegenden joh Erzählung (es gibt Auferweckungsgeschichten in Mk 5,21–43; Mt 9,18–26; Lk 8,40–56; Lk 7,11–16); dies muß jedoch für sich genommen nicht bedeuten, daß die Erzählung von Joh geschaffen wurde. Es gibt auffällige Parallelen zwischen der joh Erzählung und einem lk Gleichnis (Lk 16,19–31). Nach dem Schluß des lk Gleichnisses könnten die Menschen, selbst wenn der arme Mann Lazarus von den Toten auferstehen sollte, nicht dazu gebracht werden, umzukehren. Eine solche Auferstehung tritt freilich nicht ein, weder tatsächlich noch in der fiktiven Erzählung; aber sie wird erwogen. Johannes kannte wahrscheinlich, wenn auch nicht sicher (s. Einleitung S. 62f), Lk und kannte deshalb auch dieses Gleichnis. Es gibt Grund für die Annahme, daß anderswo (bes. Mk 11,12–14.20–25) »Wunder« sich aus den Gleichnissen entwickelten; könnte diese Entwicklung nicht auch in dem vorliegenden Kapitel stattgefunden haben? Es ist tatsächlich möglich, daß, wie bereits gesagt, dies geschehen sein kann, obgleich es auch möglich ist, daß Joh die Erzählung aus der Überlieferung entnahm, wo sie bereits etwas modifiziert worden sein kann. Dodd andererseits gibt zu erwägen, daß der Name Lazarus in die

Parabel aus der Erzähltradition gekommen sein könnte; es war bekannt, daß die Auferstehung eines Mannes namens Lazarus tatsächlich die Menschen nicht für den Glauben gewonnen hatte (Tradition, S. 229). Mit Sicherheit hat Joh das Wunder entsprechend seinen eigenen theologischen Absichten redaktionell überarbeitet. Zum Verhältnis dieser Ziele zur Geschichte und zum Verhältnis des Evangeliums als Ganzem zur Geschichte s. Einleitung, S. 156f. Diese Fragen werden hier in schärfster Form aufgeworfen, und es gibt keine einfache Antwort auf die Frage »Hat es sich ereignet?« – außer für jene, die entweder sagen können: Solche Dinge gibt es nicht, oder: Alles im Evangelium muß als Tatsache genommen werden, und zwar im wörtlichsten Sinn.

1. ἦν δέ τις ἀσϑενῶν. Zur Konstruktion vgl. 5,5, (ἦν δέ τις ἄνϑρωπος... ἔχων); auch Ri 19,1;1Sam 1,1;Esth 2,5 und bes. Hiob 1,1 (ἄνϑρωπός τις ἦν...), aber bei den Worten des Joh handelt es sich weniger um Hebraismen als an irgendeiner dieser Stellen.

Λάζαρος. Der Name אלעזר (*'El 'azar*) war bereits im Hebräischen abgekürzt worden zu לעזר (*L°azar*), der im Griechischen vorausgesetzten Form. Es ist unwahrscheinlich, wenn auch nicht unmöglich, daß Joh die etymologische Bedeutung des Namens (»Gott hilft«) vorschwebte. Im NT begegnet der Name sonst nur in Lk 16,19–31, der Parabel von Lazarus und dem reichen Mann, in welcher die Möglichkeit einer Auferweckung des Lazarus erwogen, dann jedoch fallengelassen wird.

ἀπὸ Βηϑανίας. Die Konstruktion ist gebräuchlich (z. B. Apg 6,9). ἀπό ist synonym mit ἐκ in ἐκ τῆς κώμης. Bethanien wird in allen synoptischen Evangelien erwähnt und hier durch den Verweis auf Maria und Martha und die Entfernung, die in V. 18 gegeben wird, von dem Bethanien von 1,28 unterschieden (s. Komm. z. St.), welches in Peräa lag. Diese Unterscheidung war um so nötiger, da entsprechend 10,40 Jesus sich in dem Bethanien in Peräa aufhielt, als ihm von der Krankheit des Lazarus berichtet wurde. Bethanien in Judäa kann wahrscheinlich mit El-'Azariyeh, südöstlich vom Ölberg, identifiziert werden (der moderne Name ist abgeleitet von Lazarus). W. H. Brownlee bietet eine ausführliche Diskussion des Problems von Bethanien und seiner Bedeutung in: John and Qumran, S. 167–174.

Μαρίας (hier hat sogar B, welches gewöhnlich die undeklinierbare semitische Form Μαριάμ hat, das deklinierbare Μαρία καὶ Μάρϑας. Diese Schwestern werden nur von Lk (10,38–42) und Joh erwähnt. Lk bestimmt ihre Heimat nicht genauer (εἰς κώμην τινά, 10,38). Es scheint insgesamt gesehen wahrscheinlich, daß Joh Lk kannte (s. o. S. 62f) und die Schwestern in Bethanien lokalisieren konnte, da er Maria (s. V. 2) mit der Frau identifizierte, die Jesus in Bethanien salbte (Mk 14,3–9; s. weiter S. 404ff).

2. Joh weist auf das Ereignis voraus, das er in 12,1–8 beschreibt; er kann aber, dies scheint deutlich, voraussetzen, daß seine Leser damit bereits vertraut waren; dies impliziert, daß sie Christen waren und die synoptische (oder eine ihr eng verwandte) Tradition kannten. Die in dieser Anspielung gebrauchten Worte – μύρον, ἀλείφειν, ἐκμάσσειν, πόδες, ϑρίξ – werden alle wieder in 12,3 verwendet. Alle finden sich in der lk Salbungsgeschichte, nur μύρον in der mk.

ἦν δὲ Μαριὰμ... ἧς ὁ ἀδελφὸς Λάζαρος ἠσϑένει, »es war Maria... deren Bruder Lazarus krank war«. Die Konstruktion ist unbeholfen, aber nicht unerträglich; die Annahme (Torrey, S. 144.148f), Joh habe einen leicht verderbten aramäischen Text wiedergegeben, ist unnötig.

3. ἀπέστειλαν... λέγουσαι erinnert an den Gebrauch des hebräischen לאמר (vgl. 2Chron 35,21), aber es gibt hier keinen Anlaß, eine Übersetzung anzunehmen. Zur Botschaft vgl. 2,3, wo auch die Mutter Jesu einen Mangel feststellt und damit, ohne dies auszudrücken, eine Bitte um Hilfe impliziert. Hier, wie in Kap. 2, gibt Jesus keine unmittelbare Antwort.

ὃν φιλεῖς ἀσϑενεῖ. Die Bezugsperson zu ὃν wird nur im Verbum ausgedrückt. Es scheint klar, daß, zumindest in diesem Kapitel, φιλεῖν und ἀγαπᾶν synonym sind; vgl. V. 3.36 (φιλεῖν) und V. 5 (ἀγαπᾶν). Es gibt in diesen Versen wenig Grund für die Annahme, Lazarus sei der »Lieblingsjünger«; s. Einleitung, S. 131f, und Komm. zu 13,23. Vgl. 15,14f.

4. *οὐκ ἔστιν πρὸς θάνατον.* Diese Krankheit wird nicht – endgültig – im Tod enden. Zum Ausdruck vgl. 1Joh 5,16f, *ἁμαρτία πρὸς θάνατον.* Vgl. V. 25f.

ἀλλ' ὑπὲρ τῆς δόξης τοῦ θεοῦ. ὑπέρ mit dem Genitiv einer *Sache* ist nicht ungebräuchlich, aber die Übersetzung hängt natürlicherweise vom Kontext ab; s. Bauer, Wörterbuch, s. v. *ὑπέρ,* (1b). Hier »zur Offenbarung«, »damit er offenbare« die Herrlichkeit Gottes. Zu *δόξα* s. Komm. zu 1,14. V. 40 zeigt, daß der Sinn hier nicht ist, »damit Gott gerühmt werde«; hier wie anderswo ist die Herrlichkeit Gottes nicht sein Ruhm, sondern sein Wirken.

ἵνα δοξασθῇ ὁ υἱός. Die Herrlichkeit Gottes wird jedoch in der Verherrlichung seines Sohnes offenbar. Diese Krankheit (*ἵνα . . .* ist eine direkte Erklärung von *ἡ ἀσθένεια*) bietet eine Gelegenheit, bei welcher (in proleptischer Weise, da seine völlige Verherrlichung in der Zukunft liegt) Gott seine Herrlichkeit seinem Sohn verleihen kann. Vgl. P. Lond. 121, 503f, wo ein Wundertäter zu Isis um ein Wunder in ähnlicher Weise betet: *Ἶσις . . . δόξασόν μοι ὡς ἐδόξασα τὸ ὄνομα τοῦ υἱοῦ σου Ὧρος.* Der Übergang vom Tod zum Leben, der so eindrücklich in diesem Wunder dargestellt wird, setzt gleichnishaft den Prozeß fort, in welchem Jesus selbst zu seiner Herrlichkeit mit dem Vater zurückkehrt.

5. *ἠγάπα* (*ἐφίλει,* D a e ist Angleichung an V. 3). Dieser Vers korrigiert ein mögliches Mißverständnis von V. 6; das verspätete Eintreffen Jesu und infolgedessen der Tod des Lazarus waren nicht auf mangelnde Zuneigung seinerseits zurückzuführen.

6. *τότε μέν* blickt voraus auf *ἔπειτα μετὰ τοῦτο* im nächsten Vers und legt die Betonung auf die bewußte Verzögerung.

ἐν ᾧ ἦν (für diese drei Worte *ἐπὶ τῷ* P45 D; dies könnte durchaus zutreffend sein) *τόπῳ;* daß das Relativpronomen und das Bezugswort in denselben Satz herübergenommen werden, ist eine bei Joh überaus übliche Konstruktion.

δύο ἡμέρας. Das Motiv für das verspätete Eintreffen Jesu wird nicht genannt. Es ist nicht wahrscheinlich, a) daß Jesus auf den Tod des Lazarus wartete, damit er ein um so herrlicheres Wunder wirken könnte. Lazarus war zu der Zeit, als Jesus von seiner Krankheit hörte, bereits tot (vgl. V. 39 [*τεταρταῖος*], und ebenso, daß eine Reise von ungefähr einem Tag in jeder Richtung notwendig war); und da in V. 11.14 sich zeigt, daß Jesus in übernatürlicher Weise von dem Tod unterrichtet war, können wir annehmen, daß er darum wußte, sobald er eintrat; entsprechend muß er gewußt haben, daß er, wenn er das Bethanien in Peräa verlassen hätte, sobald die Boten eintrafen, die Möglichkeit haben würde, eine Auferweckung zu vollbringen. Es ist möglich, b) daß Jesus wartete, damit Lazarus bereits *vier Tage* tot wäre (zur Bedeutung dieses Zuges s. Komm. zu V. 39), aber dies scheint weit hergeholt. Man hat eine andere Erklärung gefunden c) in der Situation, in welcher das Evangelium geschrieben wurde, »dem Problem, das in der Kirche durch die fortgesetzte Verzögerung des verheißenen Kommens des Herrn aufbrach« (Guilding, S. 137): Jesus mag sich verspäten, aber er wird kommen, und die Auferweckung wird folgen. Eine wahrscheinlichere These ist d), daß Joh unterstreichen wollte, daß Jesu Gehen nach Jerusalem und damit zu seinem Tod völlig selbst bestimmt wurde; nicht lediglich menschliche Zuneigung führte ihn in eine Falle, die er nicht ahnte. Vgl. 2,3f; 7,3–9, wo Jesus sich weigert, sofort auf die Bitte seiner Mutter und seiner Brüder hin zu handeln; hier lehnt er es ab, von seinen Freunden gelenkt zu werden. Zu den »zwei Tagen« vgl. 4,40.

7. *ἔπειτα μετὰ τοῦτο.* Ein Pleonasmus, aber im vollen Bewußtsein formuliert, um dies zu betonen. »Dann, nach dem eben erwähnten verspäteten Eintreffen«; s. o. Komm. zu *τότε μέν.* Brown weist darauf hin, daß V. 7–10 nichts mit der Lazarusgeschichte zu tun haben.

ἄγωμεν. Der Gebrauch der ersten Person Plural scheint aus dem klassischen *ἄγε, ἄγετε,* herausgewachsen und im hellenistischen Sprachgebrauch entwickelt worden zu sein (z. B. Epiktet, III,22,55, *ἄγωμεν ἐπὶ τὸν ἀνθύπατον*).

εἰς τὴν Ἰουδαίαν πάλιν. Zu früheren Besuchen in Judäa s. 2,13; 5,1; 7,14. Lazarus wird von Jesus bei dieser Erklärung nicht erwähnt, auch nicht von seinen Jüngern in ihrer Antwort; die ganze Betonung liegt auf der Reise zu dem gefährlichen und todbringenden Ort. Es scheint deutlich, daß Joh diesen

Besuch in Bethanien als die Ursache und den Beginn der abschließenden und entscheidenden Reise nach Judäa betrachtete.

8. *νῦν*, dessen, was sich jüngst zugetragen hat; ein klassischer Sprachgebrauch.

λιθάσαι. Vgl. 10,31.39. Die Jünger erkennen, daß die Rückkehr nach Judäa das Wirken Jesu beenden würde; sie erkennen aber nicht, daß eben dies seine beabsichtigte Vollendung bringen würde. Jesus gibt sein Leben für seine Freunde (15,13). Es könnte auch eine Anspielung auf die Gefahr des Missionswerkes unter Juden vorliegen (Martyn, S. 59).

9f. *οὐχὶ δώδεκα ὧραί εἰσιν τῆς ἡμέρας;* Der jüdische wie der römische Tag (zu Einzelheiten s. Bill z. St.) war in zwölf gleiche »Stunden« eingeteilt, welche die ganze Spanne zwischen Sonnenaufgang und Sonnenuntergang einnahmen, wie lange oder kurz diese Spanne auch sein mochte. Während der Stunden des Tageslichtes konnte man sich frei und ungehindert bewegen, aber die Dunkelheit beendete unausweichlich das Wirken. Jesu Wirken ist von begrenzter Dauer, und er muß deshalb die Zeit nützen, die er hat, um Gottes Willen ohne Rücksicht auf die Folgen zu tun (vgl. 9,4 für eine sehr ähnliche Aussage). So gibt Jesus in diesem Vers eine klare und positive Antwort auf die Frage von V. 8. Die Worte jedoch, die gebraucht werden, bes. »Stunde« und »Licht«, lassen darauf schließen, daß nicht nur eine einfache Antwort in diesen Zeilen beabsichtigt ist. Sonst ist bei Joh die »Stunde« Jesu insbesondere die Stunde seines Todes und seiner Erhöhung (z. B. 8,20; 2,4); und Jesus spricht von sich selbst als dem »Licht der Welt« (8,12; 9,5; 12,46). Die Metapher dieses Verses, obwohl ein wirkliches Gleichnis (Sidebottom, S. 178), läßt nicht lediglich an ein Argument denken, welches irgendein Mensch gebrauchen könnte, sondern an eines, das in einzigartiger Weise zum Werk Jesu in der Erleuchtung der Welt durch seinen Tod paßt.

ἐάν τις . . . ἐὰν δέ τις . . . Über die oberflächliche Bedeutung hinaus möchte Joh hier darauf hinweisen, daß in dem Licht, das Jesus gibt, die Menschen sicher wandeln; ohne ihn ist Finsternis, in welcher die Menschen in die Sünde fallen (9,39–41).

προσκόπτει. Das Wort ist sowohl biblisch als auch hellenistisch. Im NT vgl. Röm 9,32; 14,21; 1Petr 2,8; auch die Worte *πρόσκομμα* (Röm 9,32f; 14,13.20; 1Kor 8,9; 1Petr 2,8), *προσκοπή* (2Kor 6,3). Auf die wichtige Stelle Jes 8,14 wird sowohl in Röm 9,32f als auch in 1Petr 2,8 verwiesen. Der Stolperstein, über den die Menschen fallen, ist von Gott selbst bestimmt. So ist bei Joh das Licht, in welchem die Menschen wandeln und bei dessen Fehlen sie stolpern, Christus, der eben einfach deshalb, weil er das Licht der Welt ist, zwischen den Kindern des Lichtes und den Kindern der Finsternis scheidet (vgl. 3,19–21 und viele andere Stellen).

τὸ φῶς οὐκ ἔστιν ἐν αὐτῷ (*ἐν αὐτῇ*, d. h. in der Nacht, D). Vgl. Mt 6,23 (= Lk 11,35). Antikes Denken wußte nicht genau, daß Sehen durch den Eintritt des Lichtes in das Auge geschieht, und dementsprechend wird etwas Neues eingeführt; das Fehlen des äußeren Lichtes entspricht dem Fehlen des inneren Lichtes. Vgl. EvThom 24: Im Inneren eines Lichtscheins schon gibt es Licht, und der erleuchtet die ganze Welt. Wenn er nicht scheint, ist Finsternis. Es gibt hier einige sprachliche Anklänge, aber Joh geht es um etwas anderes: Die Menschen dürfen nicht einem vermeintlichen inneren Licht folgen, sondern sie sollen Jesus als das Licht der Welt annehmen (8,12; 9,5).

11. Ein weiteres gewichtiges Wort, das von den Hörern mißverstanden wird, folgt. Jesu Worte bedeuten oberflächlich gesehen: »Lazarus (nun beschrieben als *ὁ φίλος ἡμῶν*, ein Freund der ganzen Gesellschaft) ist eingeschlafen; aber ich gehe (nach Bethanien), um ihn aufzuwecken.« Das Mißverständnis (impliziert durch V. 12) ist offenkundig, aber künstlich (zum Gebrauch dieser literarischen Technik bei Joh s. Komm. zu 3,4). Vgl. Mk 5,39; und s. Radermacher, S. 88, und Cullmann, Vorträge, S. 185. Jesu Wissen um den Schlaf des Lazarus muß in jedem Falle übernatürlich sein, und die Jünger könnten deshalb auf eine nicht nur gewöhnliche Bemerkung vorbereitet gewesen sein. Der Leser soll sofort die wahre Bedeutung der Worte erkennen. *φίλος* ist wahrscheinlich ein Terminus technicus für »Christ« (s. 3Joh 15; auch die wertvolle Erörterung bei Bauer, Wörterbuch s. v. und Beginnings V, S. 379f, und die dort zitierte Literatur). *κοιμᾶσθαι* wird oft vom Tod von Christen gebraucht, im NT (z. B. Apg 7,60; 1Kor 15,6) und in späterer christlicher Literatur (z. B. Ignatius,

Röm 4,2; 1Clem 44,2; Hermas, Sim IX,16,7). Ähnlicher Sprachgebrauch läßt sich nicht aufweisen für *ἐξυπνίζειν* (ein spätes Wort [z. B. M. Aurelius Antoninus 6,31], verworfen von Phrynichus [CC; Rutherford, S. 305], der *ἀφυπνίζειν* vorzieht), aber sein Gebrauch ergibt sich natürlich aus *κοιμᾶσϑαι*, und solche Stellen wie Eph 5,14 (*ἔγειρε, ὁ καϑεύδων, καὶ ἀνάστα ἐκ τῶν νεκρῶν*) und Röm 13,11 (*ἐξ ὕπνου ἐγερϑῆναι*) können verglichen werden. Wahrscheinlich vermied Joh *ἐγείρειν* und *ἀνιστάναι*, weil diese Worte zu eng mit dem christlichen Glauben an die Auferstehung verbunden waren und deshalb nicht zu seinem Stil der Anspielungen paßten. Es ist deutlich für den christlichen Leser, daß Lazarus tot ist und Jesus ihn auferwecken wird; die Sprache, die hier verwendet wird, läßt an die Auferstehung aller Christen am Jüngsten Tag denken.

12. *εἰ κεκοίμηται σωϑήσεται.* Die Jünger, die die Bedeutung dessen, was Jesus gesagt hat, nicht begreifen, meinen:»wenn er eingeschlafen ist, wird er sich erholen; der Schlaf wird ihm guttun«; sie implizieren, daß er nicht aufgeweckt werden sollte.»Sich von Krankheit zu erholen« ist eine übliche Bedeutung von *σῴζεσϑαι*; aber Joh selbst meint doch daran zu erinnern, daß Christen, die im Tod schlafen, gerettet werden. Die Jünger, unwissend wie sie sind, können nichtsdestoweniger unwissend die Wahrheit sagen (wie Kaiphas selbst V. 50–52).

13. Joh selbst verweist auf das Mißverständnis der Jünger. Die Ähnlichkeit zwischen Schlaf und Tod ist oft festgestellt worden; z. B. Test Ruben 3,1, *πνεῦμα τοῦ ὕπνου... εἰκὼν τοῦ ϑανάτου.* Sir 46,19 wird *κοίμησις* für Tod gebraucht. *ἡ κοίμησις τοῦ ὕπνου* ist ein ungeschickter, aber ausreichend deutlicher Ausdruck.

14. *παρρησίᾳ.* Zu diesem Wort s. Komm. zu 7,4. Hier ist die Bedeutung ohne Zweifel »einfach«, »ohne Unklarheit oder Zweideutigkeit der Sprache«; vgl. 16,29.

ἀπέϑανεν. Black (S. 129) versteht diesen Aorist als Äquivalent für ein semitisches Perfekt; es könnte gleichermaßen der Aorist dessen, »was sich gerade ereignet hat«, sein (M I, S. 135.139f.247).

15. *χαίρω δι᾽ ὑμᾶς... ὅτι οὐκ ἤμην ἐκεῖ.* Der *ὅτι*-Satz hängt direkt von *χαίρω* ab; der *ἵνα*-Satz steht in Parenthese. Es ist zuweilen von Vorteil für die Jünger, daß Jesus fern von ihnen ist; vgl. 16,7. Wäre Jesus anwesend gewesen, dann wäre Lazarus (so ist anzunehmen) nicht gestorben, und der Glaube der Jünger wäre nicht erweckt und durch seine Auferweckung gestärkt worden.

ἵνα πιστεύσητε. Die grammatikalische Verbindung von *ἵνα* ist nicht deutlich; der Satz deutet locker den Vorteil an, den die Jünger haben würden dadurch, daß Jesus nicht bei Lazarus war. Es gibt keine besondere Bemerkung am Ende der Wundererzählung, daß die *Jünger* aufgrund dieses Wunders glaubten; vgl. aber V. 42.45.48. Die Krankheit des Lazarus war *ὑπὲρ τῆς δόξης τοῦ ϑεοῦ ἵνα δοξασϑῇ ὁ υἱὸς τοῦ ϑεοῦ δι᾽ αὐτῆς* (V. 4); vgl. 2,11, wo die Offenbarung der Herrlichkeit Jesu Anlaß für Glauben war.

ἄγωμεν. S. Komm. zu V. 7, *πρὸς αὐτόν* – als ob Lazarus noch am Leben wäre.

16. *Θωμᾶς ὁ λεγόμενος Δίδυμος.* Der Name Thomas (hebräisch תאום, *T^e'om*) scheint in älterer Literatur nicht bezeugt zu sein; sehr wohl jedoch *Δίδυμος* im Griechischen. Beide Worte bedeuten »Zwilling«, und *Δίδυμος* wird zu Recht von Joh als Übersetzung geboten (dies ist die Bedeutung von *λεγόμενος*; vgl. z. B. 4,25, und zur Übersetzung semitischer Worte bei Joh s. Komm. zu 1,38). S. jedoch Bl-Debr § 53 für die Ansicht, *Θωμᾶς* sei ein ursprünglicher griechischer Name, der deshalb gewählt wurde, weil er das Hebräische (und Aramäische) widerspiegelte. Früh wurde die Theorie entwickelt, vielleicht in den syrisch sprechenden Kirchen, Thomas sei der Zwillingsbruder Jesu selbst und er sei mit Judas zu identifizieren (Mk 6,3). Diese These erscheint z. B. in den Thomasakten (1 u. ö.: Judas Thomas; 31: ich weiß, daß du der Zwillingsbruder des Christus bist) und in den Varianten zu 14,22 (s. Komm. z. St.). S. E. Nestle, in EBib s. v. Thomas; auch viele interessante Beobachtungen und Konjekturen bei J. R. Harris, The Dioscuri in the Christian Legends [1903]; The Cult of the Heavenly Twins [1906]; The Twelve Apostles, 1927. S. jetzt bes. zum Wortlaut von P. Oxy. 654 und dem (koptischen) Thomasevangelium Fitzmyer, Essays, S. 369f. An anderer Stelle im NT wird Thomas nur in Zwölferlisten erwähnt (Mt 10,3; Mk 3,18; Lk 6,15; Apg 1,13); bei Joh spielt er eine viel bedeutendere Rolle; s. 14,5; 20,24–29; 21,2.

συνμαϑηταῖς. Das Wort ist Hapax legomenon im NT; vgl. Mart Pol 17,3.

ἄγωμεν (s. Komm. zu V. 7) καὶ ἡμεῖς ἵνα ἀποϑάνωμεν μετ' αὐτοῦ. Die Bemerkung des Thomas blickt zurück auf V. 8; sie ignoriert ganz offensichtlich die Antwort, die Jesus in V. 9f gegeben hat, oder sie mißversteht sie. Sein Vorschlag, auch wenn er Mut und Ergebenheit gegenüber der Person Jesu zum Ausdruck bringt, zeigt auch ein völliges Unvermögen, die Bedeutung des Todes Jesu, wie sie Joh darstellt, zu erfassen; es ist undenkbar, daß man an einem solchen Tod Anteil haben kann. Es ist unwahrscheinlich, daß der Vorschlag des Thomas auf früher Tradition beruht (vgl. Mk 8,34, welches, wenn die Worte auf einer authentischen Äußerung Jesu beruhen, doch wohl bedeutet, daß einige oder alle Jünger Jesu mit ihm sterben werden), und es ist viel wahrscheinlicher, daß hier Thomas (wie sämtliche Jünger in V. 12) unbewußt eine Wahrheit aussprechen soll: Die Reise nach Judäa wird eine Reise in den Tod sein; und später wird Sterben mit Christus das charakteristische Kennzeichen christlicher Jüngerschaft sein.

17. εὗρεν αὐτὸν τέσσερας ἤδη ἡμέρας ἔχοντα. Die Konstruktion ist joh; s. 5,5f; 8,57; 9,21.23. Vgl. V. 39, und s. Komm. zu V. 6. Das μνημεῖον wird in V. 38 beschrieben.

18. Βηϑανία. S. Komm. zu V. 1. Die geographischen Details dieses Verses werden in erster Linie deshalb geboten, um den Besuch so vieler Juden zu erklären (V. 19) – sie konnten leicht aus Jerusalem herauskommen; aber auch, um Aufmerksamkeit darauf zu lenken, daß Jesus, als er nach Bethanien kam, fast schon in Jerusalem angekommen war, um dort zu leiden.

ὡς (om. D W sin) ἀπὸ σταδίων δεκαπέντε. Der Gebrauch von ὡς mit einer Zahl ist charakteristisch für Joh (1,40; 4,6; 6,10.19; 19,14.39; 21,8). Zur Konstruktion des ganzen Satzes vgl. 21,8; auch 12,1. Er erinnert an das Lateinische, z. B. *a millibus passuum duobus*. Zur Frage, ob der Satz bei Joh als Latinismus betrachtet werden muß, s. M I, S. 100–102; Robertson, S. 424.469.575; nach Bl-Debr § 161 ist es »ursprüngliches Griechisch«; so auch Radermacher, S. 100. Es gibt auch Parallelen bei hellenistischen Schriftstellern.

19. ἵνα παραμυϑήσωνται. Die Pflicht, die Trauernden zu trösten, ist im Judentum immer anerkannt und praktiziert worden. Für einen ausführlichen Bericht der Verfügungen und Bräuche, die sich darauf beziehen, s. Bill IV, S. 592–607; A. Edersheim, Life and Times of Jesus the Messiah [1892], II, S. 320f. παραμυϑεῖσϑαι, ein Wort mit großer Bedeutungsbreite (s. Liddell-Scott s. v.), wird in der christlichen Literatur kaum für »Trost« gebraucht; dort werden παρακαλεῖν und verwandte Worte vorgezogen. So wird im NT παραμυϑεῖσϑαι in Joh 11,19.31 gebraucht; sonst nur in 1Thess 2,11; 5,14, wo es nicht um den Tod geht, während in 1Thess 4,18 im Blick auf die toten Christen steht ὥστε παρακαλεῖτε ἀλλήλους. Es wäre jedoch unklug, den Schluß zu ziehen, Joh gebrauche hier παραμυϑεῖσϑαι, um eine Tröstung durch Nichtchristen zu kennzeichnen, denn (mit der bemerkenswerten Ausnahme von παράκλητος) fehlen Worte aus der Familie παρακαλεῖν im Evangelium (und auch in den joh Briefen) völlig. Es ist keineswegs nötig, die Ehrlichkeit und die guten Absichten dieser Juden in Frage zu stellen; Joh gebraucht den Begriff »Jude« in einem historischen wie auch in einem theologischen Sinn.

20. Es ist legitim, Lk 10,39f zu vergleichen, wo auch Martha als die aktivere der beiden Schwestern erscheint. Möglicherweise geben Lk und Joh (oder ihre Quellen) ein genaues historisches Bild von Maria und Martha; es ist aber auch möglich, daß Joh seine Charakterisierung aus Lk entnahm; aber man kann in dieser Frage keine eindeutige Entscheidung fällen.

21f. κύριε wird ausgelassen von B sin (cur), wahrscheinlich zufällig. Martha ist gewiß, daß Jesus den Lazarus hätte heilen können und dies auch getan hätte, wäre er nur anwesend gewesen; und tatsächlich geht ihr Glaube noch weiter. Sie deutet an, daß Jesus, wenn er Gott um das Leben seines Freundes bittet, diese Bitte gewährt werden wird.

καὶ νῦν, sogar jetzt, da Lazarus tot und begraben ist.

ὅσα ἂν αἰτήσῃ . . . δώσει. Vgl. 2,5, ὅ τι ἂν λέγῃ . . . ποιήσατε.

23. ἀναστήσεται ὁ ἀδελφός σου. Dieses kurze Wort enthält die Wahrheit dessen, was sich jetzt ereignen wird: Lazarus wird in Kürze lebend aus seinem Grab herauskommen. Obwohl aber die

Worte diese Wahrheit ausdrücken, lassen sie nicht an Unwahrheit, sondern an eine allgemeine Wahrheit denken; sie werden nicht so sehr ausgesprochen, um Martha zu informieren, als vielmehr, um das anschließende Gespräch in Gang zu setzen, in welchem die christologische Basis und Interpretation des Wunders herausgearbeitet werden. Der Gebrauch von Worten mit doppelter Bedeutung ist charakteristisch für Joh.

24. ἀναστήσεται ἐν τῇ ἀναστάσει ἐν τῇ ἐσχάτῃ ἡμέρᾳ. Glaube an eine futurische Auferstehung ist ein fester Bestandteil des pharisäischen Judentums; s. z. B. Apg 23,9, Josephus, Bell II,163 (in der hellenisierten Form ψυχήν τε πᾶσαν μὲν ἄφϑαρτον, jede Seele ist unzerstörbar), Sanh 10,1 (diese sind es, die keinen Anteil an der zukünftigen Welt haben: der sagt, es gäbe keine Auferstehung der Toten, die doch im Gesetz vorhergesagt ist . . .), Sota 9,15 und die zweite der achtzehn Bitten (Singer, S. 44f: du, o Herr bist mächtig für immer, du machst lebendig die Toten, du bist mächtig, zu erretten; vgl. Ber 5,2). Die Wendung ἡ ἐσχάτη ἡμέρα scheint, auch wenn sie eine Grundlage im AT hat (Jes 2,2, ἐν ταῖς ἐσχάταις ἡμέραις, vgl. Micha 4,1), auf Joh beschränkt zu sein (6,39f.44.54; 11,24; 12,48); vgl. ἐσχάτη ὥρα in 1Joh 2,18 und ἔσχαται ἡμέραι mehrere Male; auch »der Tag des Gerichts«, in verschiedener Weise bei Paulus ausgedrückt. Der Glaube, den Martha äußert, ist so orthodoxer Pharisäismus. Es war auch der Glaube der Christen, unter denen Joh schrieb; von den Toten in Christus konnte nur gesagt werden, daß sie in der allgemeinen Totenauferweckung am Jüngsten Tag auferstehen würden. Die Überzeugung der Martha wird nun keineswegs diskreditiert, sondern vielmehr durch die außerordentlichen Ereignisse bestätigt, die folgen. Diese demonstrieren zweierlei: a) Die Gegenwart Jesu bewirkt eine Vorwegnahme eschatologischer Ereignisse, und seine Taten sind deshalb Zeichen der Herrlichkeit Gottes. Wo immer er ist, ist die göttliche Macht, zu richten und Leben zu geben, am Werk. Vgl. 5,25; der ganze Abschnitt 5,19–40 ist der beste Kommentar zu diesem Wunder. b) Die Struktur des Lebens aller Christen wird durch die Bewegung vom Tod zum Leben determiniert, die Lazarus erfahren hat. Christen sind bereits mit Christus auferstanden (Röm 6,4f; Kol 2,12; 3,1). Diese Bewegung, die erst am Jüngsten Tag vollendet sein wird, hat in bezug auf die Sünde bereits stattgefunden; die Auferweckung des Lazarus ist deshalb ein ausgeführtes Gleichnis christlicher Bekehrung und christlichen Lebens.

25. ἐγώ εἰμι. S. Komm. zu 6,35. Auferweckung und Leben finden sich nur bei Jesus. ἡ ἀνάστασις καὶ ἡ ζωή. ἀνάστασις, ἀνιστάναι sind in Joh nicht gebräuchlich; abgesehen von diesem Kontext finden sie sich nur 5,29; 6,39f.44.54 (in Kap. 6 alle in der Form ἀναστήσω . . . ἐν τῇ ἐσχάτῃ ἡμέρᾳ); 20,9 (die einzige Stelle in Joh, wo diese Worte für die Auferstehung Christi gebraucht werden; dafür steht sonst ἐγείρειν [2,19f.22; 21,14; gebraucht von Gott oder Christus, die Menschen von den Toten auferwecken in 5,21; 12,1.9.17]). ζωή jedoch, sowohl mit als auch ohne das Adjektiv αἰώνιος, begegnet häufig, bes. in den Kap. 5 und 6; s. Komm. zu 1,4; 3,15. Vgl. bes. 5,29, ἀνάστασιν ζωῆς; dieser Vers vermittelt die fundamentale Vorstellung einer doppelten Auferweckung, entweder zum Leben des zukünftigen Äons oder zum Gericht (zur Verdammnis). Von dieser Auferweckung wird gesagt (5,25), daß die Stunde, da sie sich ereignet, »kommt und jetzt ist«; dies ist allein angesichts der Gegenwart Jesu als Menschensohn wahr. Dieses Thema wird hier aufgenommen. Jesus ist die Auferstehung und das Leben; abgesehen von ihm, gibt es keine Auferstehung und kein Leben, und wo er ist, müssen Auferstehung und Leben sein. Jesus ist immer, in dieser Welt, die Realisierung des ewigen Lebens in der Erfahrung der Christen; damit diese Wahrheit in einem Zeichen offenbar werde, wirkt er die Auferweckung des Lazarus. Die Worte καὶ ἡ ζωή werden ausgelassen von P[45] a sin; auch von Cyprian, und zuweilen von Origenes. (Nach Clemens, Excerpta ex Theodoto VI,4, schrieben die Valentinianer dem Herrn das Wort ἐγώ εἰμι ἡ ζωή zu; es wäre jedoch töricht, dies als ein ausdrückliches Zitat zu verstehen. Es könnte sich um eine abgekürzte Version entweder des hier vorliegenden Langtextes oder von 14,6 handeln.) Dieser kurze Text könnte sehr wohl ursprünglich sein; er paßt völlig zum Kontext, die Hinzufügung ist jedoch von der Art, wie sie einem Abschreiber leichtgefallen wäre. Sie ändert den Sinn kaum, obwohl der Kurztext deutlicher die Erfüllung der Eschatologie in Jesus selbst betont. Es würde einen größeren Unterschied machen, wäre ἀνάστασις ausgelassen, denn, wie Lightfoot aufweist, das Leben ist Leben durch die Auferstehung, und dies meint Leben durch den Tod, der von der Auferstehung vorausgesetzt wird. Jesus formuliert nun die Wahrheit, die implizit in seinem Anspruch, die Auferstehung zu sein, enthalten war, zunächst in einer Form, die ganz besonders vorliegender Situation angepaßt und dann allgemeiner ist.

ὁ πιστεύων εἰς ἐμὲ κἂν ἀποθάνῃ ζήσεται. Der Sinn ist nicht: »wenn ein Mensch tot ist (in der Sünde) und glaubt, wird er zum Leben gebracht werden«. Der Aorist ἀποθάνῃ erfordert die Übersetzung: »Wenn ein Glaubender stirbt, wird er leben (wieder zum Leben kommen)!« Es ist selbstverständlich eine Tatsache, daß Christen sterben, aber ihrem Tod folgt das Leben. Vgl. 6,40, wo diese Abfolge deutlich formuliert wird: ὁ ... πιστεύων ... ἔχῃ ζωὴν αἰώνιον, καὶ ἀναστήσω αὐτὸν ἐγὼ τῇ ἐσχάτῃ ἡμέρᾳ. So wird es auch mit Lazarus sein; der Jüngste Tag wird um des Zeichens willen vorweggenommen. κἂν ist nicht »obwohl« (ἐὰν καὶ), sondern »sogar wenn«.

26. πᾶς ὁ ζῶν καὶ πιστεύων εἰς ἐμὲ οὐ μὴ ἀποθάνῃ εἰς τὸν αἰῶνα. Übersetze »... wird niemals sterben«. Daß dies (und nicht »... wird nicht sterben in Ewigkeit«) der Sinn ist, wird deutlich aus 4,14; 8,51f; 10,28; 13,8, wo auch die Konstruktion οὐ μὴ (Konjunktiv) εἰς τὸν αἰῶνα begegnet. Der einzige Tod, der beachtenswert ist, kann jene, die an Christus glauben, nicht berühren. Der Unterschied ist so nicht groß; Sanders vergleicht den »zweiten Tod«, vgl. Offb 2,11; 20,6.14; 21,8. Bultmann, der die Aussagen von V. 25 und 26 identifiziert, hat so eher recht als Dodd, der sie unterscheidet. Die Frage ist, »ob ein Mensch bereit ist, Leben und Tod, so wie er sie kennt, wesenlos sein zu lassen« (Bultmann, S. 308), d. h., ob er bereit ist, Jesus als die Wahrheit (ebenso wie als das Leben) gegen die offenkundige Realität anzunehmen. Wiederholt Joh hier die Häresie des Hymenaeus und des Philetus (2Tim 2,17f), die lehrten, die Auferstehung habe bereits stattgefunden? Vgl. Joh 5,24, und s. den Kommentar z. St. Käsemann (Jesu letzter Wille, S. 88f) ist der Meinung, daß er dies tut, aber im selben Buch (S. 33) drückt er sich vorsichtiger aus. Joh übernahm dieses Erbe (das auf hellenistischen Enthusiasmus zurückgeht) nicht ohne Modifikation, aber er gebraucht es im Interesse der Christologie. »Die praesentia Christi ist die Mitte seiner Botschaft. Nach Ostern meint das die Gegenwart des Auferstandenen« (Jesu letzter Wille, S. 15). Die christologische Bedeutsamkeit des Glaubens der Martha wird im nächsten Vers deutlich ausgedrückt; s. Komm. z. St. In V. 26 sollte πᾶς ... οὐ μή nicht als Semitismus betrachtet werden; s. M II, S. 434.

27. ναί, κύριε. Martha glaubt, was eben gesagt wurde, aber dies schließt nicht den Glauben ein, daß Lazarus jetzt aus seinem Grab herauskommen wird. Das Bekenntnis des Glaubens an Christus oder vielmehr die Bekenntnisaussage über seine Person, die folgt, ist nicht eine lockere Variante von V. 26. Es geschieht durch den wahren Glauben an Jesus als Christus und Sohn Gottes, daß die Menschen Leben haben (s. bes. 20,31, ... ἵνα πιστεύοντες ζωὴν ἔχητε). Die Antwort der Martha führt die Rede einen Schritt weiter, zum »Höhepunkt dieses theologischen Abschnitts des Kapitels« (Lindars). Sie »sieht ab vom ‚ich‘ und redet nur vom ‚du‘« – die angemessene Haltung des Glaubens (Bultmann).

πεπίστευκα. Zum charakteristisch joh Gebrauch des Perfekts von πιστεύειν s. Komm. zu 6,69. Es ist bemerkenswert, daß dort und in diesem Abschnitt diese grammatische Form so etwas wie ein urchristliches Glaubensbekenntnis oder Credo einführt. Bornkamm (II, S. 192) möchte die vorliegende Stelle als Taufbekenntnis verstehen. Die Implikation des Bekenntnisses ist weniger offensichtlich in 16,27; 20,28f, während 3,18; 8,31 das Perfekt aufgrund des allgemeinen Sprachgebrauchs leicht erklärbar ist. Das Präsens erscheint jedoch mit ähnlichen Formeln (1,49f; 4,42); es wäre falsch, großes Gewicht auf diese Beobachtung zu legen, obwohl die bekenntnisartige Form der Worte der Martha beachtet werden sollten. Sie bestehen aus drei unkoordinierten Elementen.

ὁ χριστός. Zu Jesus als dem Messias s. Einleitung, S. 86f, und Komm. zu 1,41.

ὁ υἱὸς τοῦ θεοῦ. Zu Jesus als Sohn Gottes s. Einleitung, S. 87ff, und Komm. zu 1,49.

ὁ εἰς τὸν κόσμον ἐρχόμενος. Man sollte vielleicht am besten diese Worte als den dritten dreier paralleler Titel nehmen: der Christus, der Sohn Gottes, und der in die Welt kommt; vgl. 6,14, wo dieser

Partizipialsatz gebraucht wird mit *ὁ προφήτης. εἰς τὸν κόσμον* entspricht der Beschreibung in 3,31 (*ὁ ἄνωθεν ἐρχόμενος, ὁ ἐκ τοῦ οὐρανοῦ ἐρχόμενος*). S. auch die Anmerkung zu »Kommen in die Welt« zu 1,9. Jesus ist der Menschensohn, der vom Himmel auf die Erde kommt, um die Welt zu retten (zu *κόσμος* s. Komm. zu 1,10). Joh hat den Ausdruck aus der urchristlichen Überlieferung übernommen (z. B. Mt 11,3 [= Lk 7,19f]; Mk 11,9 parr, verwendet in Joh 12,13), und er gebrauchte ihn, um seine eigene fundamentale Auffassung von der Sendung Jesu vom Vater auszudrücken. S. jedoch Schnakkenburg.

28. Das Gespräch bricht ab. Wenn Jesus das ist, was Martha glaubt, daß er sei, dann gibt es nichts mehr zu sagen; und alle Dinge sind dem möglich, der glaubt.

λάθρᾳ (σιωπῇ, D it vg sin, könnte durchaus zutreffen). Es ist nicht klar, warum sich Martha so verhalten sollte; wahrscheinlich war die Tatsache, daß Jesus da war, das Motiv dafür, vor den Juden zu verbergen, wer bei Maria war; aber anzunehmen, sie seien seine Feinde, heißt zuviel zu vermuten und wird auch nicht durch die weitere Erzählung gerechtfertigt. Es ist uns nicht gesagt worden, daß Jesus nach Maria gerufen hatte.

ὁ διδάσκαλος. Die Bezeichnung ist nach der gehobenen Sprache des Glaubensbekenntnisses der Martha (V. 27) überraschend; aber auch Maria Magdalena gebraucht sie 20,16. Das Wort wurde weiterhin gelegentlich als christologischer Titel verwendet: Mart Pol 17,3 (zusammen mit Sohn Gottes und König); Ep Diog 9,6 (zusammen mit Heiland, Arzt, Geist, Licht und anderen Titeln); vgl. Ignatius, Eph 15,1; Mag 9,2.

πάρεστιν. Ist es denkbar, daß dieses Wort den Leser an die *παρουσία* (ein verwandtes Wort) des Menschensohns erinnern soll, bei der die Toten auferweckt werden würden? Dies scheint durchaus möglich, aber mehr kann nicht gesagt werden.

29. *ἤρχετο πρὸς αὐτόν.* Die Worte müssen selbstverständlich in ihrer wörtlichen Bedeutung verstanden werden; aber der Leser des Evangeliums wird sich in jedem Falle auch daran erinnern, daß »Kommen zu Jesus« ein wichtiger Gedanke für Joh ist; vgl. neben vielen anderen Stellen 6,35.37.

30. Daß Jesus nach dem Weggang der Martha bleiben sollte, wo er war, anstatt in das Dorf zu gehen, ist ein anderer Zug der Erzählung, der sich nicht erklären läßt. Es könnte sein, daß dieser Vers und *λάθρᾳ* in V. 28 auf das Geheimnis hinweisen, das charakteristisch für die Wundererzählungen bei Mk ist; s. Komm. zu V. 33. *ἔτι* wird ausgelassen von P[45] D Θ Ω, vielleicht zu Recht.

31. *οἱ οὖν Ἰουδαῖοι.* S. V. 19. Es wird nichts über diese Juden gesagt, was in ihrem Trost oder ihrem Schmerz an Heuchelei denken ließe.

ἰδόντες τὴν Μαριάμ. τὴν Μαριάμ wird aus dem *ὅτι*-Satz in den Hauptsatz herübergenommen. Diese »Vorwegnahme des Substantivs« ist eine »recht gebräuchliche Ausdrucksweise« (Robertson, S. 1034; s. WM, S. 781f, für eine ausführliche Liste von Belegen).

ταχέως; vgl. *ταχύ* in V. 29. Hier ist kein Bedeutungsunterschied beabsichtigt. *ταχέως* ist die üblichere Form, obwohl im NT *ταχύ* ein leichtes Übergewicht hat (zwölfmal gegenüber zehnmal; aber sechs Belege für *ταχύ* finden sich in Offb). Das Wort wird an keiner anderen Stelle bei Joh verwendet, vgl. aber *τάχιον* in 13,27.

εἰς τὸ μνημεῖον. Im hellenistischen Griechisch verdrängt *εἰς* den Gebrauch von *ἐπί* und *πρός* (Robertson, S. 596; Bl-Debr § 207); sie nehmen an, daß Maria *zu* dem Grab und nicht *in* das Grab hineingeht.

ἵνα κλαύσῃ ἐκεῖ. Vgl. Sap 19,3, *προσοδυρόμενοι τάφοις νεκρῶν.*

32. *ἔπεσεν.* Maria handelt mit größerer Verehrung – oder mit weniger Zurückhaltung – als Martha, aber beider Worte sind fast identisch; der Wechsel der Stellung des Pronomens *μου* ist wahrscheinlich nicht von Bedeutung. Die Wiederholung betont das Vertrauen der zwei Frauen, das, so einseitig es ist, im Gegensatz zu der zögernden Frage der Umstehenden steht (V. 37).

33. *ὡς εἶδεν αὐτὴν κλαίουσαν καὶ τοὺς ... Ἰουδαίους κλαίοντας.* Es ist deutlich, daß die Anwesenheit und der Schmerz der Maria und der Juden den Anlaß für den Ärger Jesu geben (s. u.); aber es ist durchaus nicht klar, warum dieser jammervolle Anblick ihn so verärgert haben sollte. Wir können

sofort die Erklärung ausschließen, Jesus sei durch die Trauer der Juden provoziert worden, da diese im Gegensatz zu der der Maria *heuchlerisch* war. Über diese Juden, die freiwillig aus Jerusalem gekommen waren, um die Schwestern zu trösten (V. 19), wird nicht böse gesprochen: ihre Trauer wird der der Maria nicht gegenübergestellt, sondern dieser sozusagen hinzugefügt; darüber hinaus schreibt Joh (anders als die Synoptiker) den Juden nicht Heuchelei zu (ὑποκριτής und verwandte Worte fehlen in Joh). Wir müssen deshalb ernsthafter die Vermutung bedenken, daß es der *Unglaube* der Juden und der Maria war, der den Unwillen Jesu hervorrief. Es kam ihnen nicht in den Sinn, daß Jesus den Lazarus aus dem Todesschlaf erwecken würde; sie trauerten wie jene, die keine Hoffnung hatten. Es wird darauf hingewiesen, daß Jesus wieder, in V. 38, unmittelbar nach der skeptischen Bemerkung von V. 37 ungehalten ist. Es ist freilich nicht notwendig, V. 37 als skeptische Aussage zu verstehen (s. Komm. z. St.), und es ist deshalb nicht nötig (wenn auch nicht unmöglich), Unglauben als die Ursache für den Ärger Jesu anzunehmen. Die Annahmen, Jesus sei von tiefen Gefühlen angesichts des konkreten Faktums des Todes (und der Sünde) bewegt worden oder er habe streng die natürlichen menschlichen Gefühle, die in ihm hoch kamen, unterdrückt, werden durch die Aussage widerlegt, daß es geschah, ὡς εἶδεν . . ., daß Jesus ἐνεβριμήσατο . . . (s. die anschließende Bemerkung). ἐνεβριμήσατο τῷ πνεύματι. Vgl. V. 38, ἐμβριμώμενος ἐν ἑαυτῷ τῷ πνεύματι bezieht sich nicht auf den Heiligen Geist, sondern ist synonym mit ἐν ἑαυτῷ. Vgl. 13,21. Nach Sanders scheint τῷ πνεύματι »jeden äußeren Ausdruck auszuschließen«; aber daß Jesus seine Gefühle unterdrückte, wird durch V. 35 nicht nahegelegt.

Es steht außer Frage, daß ἐμβριμᾶσθαι (zur Schreibweise s. u.) Ärger impliziert. Dies wird nahegelegt durch den biblischen (z. B. Dan 11,30, ἐμβριμήσονται αὐτῷ . . . ὀργισθήσονται ἐπὶ τὴν διαθήκην) und auch anderen Gebrauch des Wortes selbst (z. B. Lukian, Menippus 20, ἐνεβριμήσατο ἡ Βριμὼ καὶ ὑλάκτησεν ὁ Κέρβερος), durch den Gebrauch der einfachen Form βριμᾶσθαι (s. Liddell-Scott s. v.), wofür ἐμβριμᾶσθαι hier nur ein Intensivum ist, und den verwandter Worte (z. B. Thr 2,6 ἐμβριμήματι ὀργῆς). Einige falsche oder mißverständliche Interpretationen des Ärgers Jesu wurden in den vorangehenden Ausführungen erörtert. ἐμβριμᾶσθαι wird wieder in diesem Kontext (V. 38) verwendet; sonst im NT nur in Mk 1,43 und Mt 9,30 (und in Mk 14,5, wo allerdings das Subjekt nicht Jesus ist). Vgl. P. Eg. 2,51. An diesen beiden Stellen begegnet das Wort in Wundergeschichten, in welchen Jesus dem oder den Geheilten zu verbreiten untersagte, was sich ereignet hatte; d. h., es verstärkt in betontester Weise das mk Thema des »Messiasgeheimnisses«. Es gibt vernünftige Gründe für die Annahme, es könnte in einer ähnlichen Weise bei Joh gebraucht werden. (Zur Existenz eines »Messiasgeheimnisses« bei Joh s. Einleitung, S. 86f.) Jesus erkennt, daß die Gegenwart und der Schmerz der Schwestern und der Juden ihm ein Wunder fast abzwingen; und wie in 2,4 die Forderung nach einem Wunder eine harte, fast grobe Antwort hervorruft, so erregt sie hier, in einer Situation erhöhter Spannung, seinen Grimm. Dieses Wunder wird man unmöglich verbergen können (vgl. V. 28.30); und dieses Wunder wird, so erkennt Jesus, der unmittelbare Anlaß für seinen Tod sein (V. 49–53). Vgl. 4,48; 6,26. Diese Interpretation wird durch die folgenden Worte gestützt. S. jedoch Hoskyns, S. 473.

ἐτάραξεν ἑαυτόν. Jesus ist betrübt, wie in 12,27; 13,21, angesichts des dénouement seines Wirkens. Bei Joh meint ταράσσειν immer eine solche furchtsame Beunruhigung (vgl. 14,1.27), außer in 5,4.7, wo es um eine wirkliche, natürliche Bewegung geht, nicht um eine psychologische. Von Jesus wird gesagt, er »betrübte sich selbst«. Wenn dies nicht eine bloße Variante in der Art ähnlicher Ausdrücke bei Joh ist (z. B. ἡ ψυχή μου τετάρακται, 12,27; ἐταράχθη τῷ πνεύματι, 13,21), dann soll sie wohl die Behauptung unterstreichen, daß Jesus immer Herr seiner selbst und seiner Lage war.

Bis hierher ist der Text von V. 33 ausgelegt worden, wie er in Nestle vorliegt; er gibt offenbar einen verständlichen Sinn, und dies ist ein Argument dagegen, Zuflucht zur Konjektur zu nehmen. Die Lesart von P⁴⁵ (P⁶⁶) D Θ sah (ἐταράχθη τῷ πνεύματι ὡς ἐμβριμούμενος) ist ein leichterer Text; denn er vermeidet die Aussage, daß Jesus ἐνεβριμήσατο; man sollte ihn deshalb als redaktionelle »Verbesserung« ausschließen, die aus Verehrung für die Person Jesu unternommen wurde. (Sie setzt die Form ἐμβριμέομαι [oder -όομαι] voraus, wie es manche Texte in V. 38; Mk 14,5 tun; zu dem Wechsel zwischen der Form in -άομαι und der in -έομαι [oder -όομαι] s. Bl-Debr § 90.) Das schwierige Griechisch dieses Verses gab Anlaß zu Konjekturen, die ein aramäisches Original annahmen. Es ist darauf hingewiesen worden (Torrey, S. 39.41–43), daß die Wurzel רגז *(r-g-z)* zweideutig ist; es bedeutet oft »ärgerlich sein«, zuweilen auch »tief bewegt sein«. Der Übersetzer von Joh 11,33.38 wählte die falsche Bedeutung. Diesem simplen Vorschlag ist entgegenzuhalten, »wenn *rᵉgaz* die ursprüngliche Form war, warum gab sich ein Übersetzer solch große Mühe, einen solch ungewöhnlichen Ausdruck im Griechischen zu wählen?« (Black, S. 240). Die ganze Erörterung bei Black (S. 240–243) ist sehr wichtig, aber hier können nur seine Schlußfolgerungen zitiert werden. »Die Annahme einer aramäischen Quelle, für welche die zwei Ausdrücke [ἐνεβριμήσατο τῷ πνεύματι und ἐτάραξεν ἑαυτόν] ‚Übersetzungsvarianten‘ sind, kann das joh Griechisch erklären. Die aramäische Entsprechung für ἐτάραξεν ἑαυτόν ist eine Reflexivform des Verbums *za'* in Est 4,4: als Esther von dem Erlaß des Haman gegen die Juden hörte, ‚. . . da war die Königin außerordentlich betrübt‘; das hier gebrauchte Verbum ist im Hebräischen ein sehr starkes; es bedeutet wörtlich genommen, ‚sie zitterte vor Angst‘; es wird im Targum wiedergegeben mit dem gleichermaßen starken und ausdrucksvollen Verbum *za'*; die LXX übersetzt ἐταράχθη. Dieses Wort wurde von einem griechischen Übersetzer des Aramäischen von Joh 11,33 gewählt, aber er setzte daneben den syrischen Ausdruck ἐνεβριμήσατο τῷ πνεύματι, ein noch ausdrucksvolleres Äquivalent des Aramäischen, und gab das gleiche Verbum *za'* in V. 38 mit dem griechischen Äquivalent des entsprechenden syrischen *'eth'azaz* wider. Es ist deutlich, daß der Übersetzer der Lazarusgeschichte aus einem zweisprachigen Kreis kam, wie in Antiochia in Syrien, wo das Griechische und das Syrische beide sehr wohl bekannt waren« (S. 242f). Diese Erklärung, auch wenn sie durch die Einführung des Syrischen wie des Aramäischen etwas kompliziert wird, ist wahrscheinlich die beste Lösung des Problems, falls irgendein sprachliches Problem überhaupt existiert. Wenn die oben gegebene Interpretation zutrifft, dann ergibt das Griechische selbst einen Sinn, und keine »Lösung«, so genial sie auch sei, ist notwendig. Das gleiche kann man von dem Vorschlag sagen (Torrey, S. 76.80), daß, in ἐτάραξεν ἑαυτόν, ἑαυτόν den aramäischen ethischen Dativ repräsentiert *(za' leh).*

34. ποῦ τεϑείκατε αὐτον; τιϑέναι wird gebraucht für die Bestattung eines Körpers in 19,41f; 20,2.13.15 (*ποῦ ἔϑηκας αὐτόν*); ähnlich Mt 27,60; Mk 6,29; 15,46f; 16,6; Lk 23,53.55; Offb 11,9; vgl. Apg 9,37. Dieser Sprachgebrauch ist klassisch (z. B. Sophokles, Ajax, 1108–1110, *τόνδε . . . ἐς ταφὰς ἐγὼ ϑήσω δικαίως*), und er ist so verbreitet, daß kein Wort für »Grab« ausdrücklich genannt werden muß (z. B. Ilias XXIII,83, *μὴ ἐμὰ σῶν ἀπάνευϑε τιϑήμεναι ὀστέα*). Dementsprechend können wir übersetzen: »Wo habt ihr ihn begraben?«

ἔρχου καὶ ἴδε. Die gleichen Worte wie in 1,46 (vgl. 1,38), Bill, II, S. 371, lenken die Aufmerksamkeit auf eine gebräuchliche rabbinische Wendung, aber ein solcher Verweis ist hier unnötig.

35. ἐδάκρυσεν ὁ Ἰησοῦς. δακρύειν (s. Liddell-Scott s. v.) bedeutet »Tränen vergießen«, im allgemeinen über irgendein Unglück oder in Trauer. Das Wort unterscheidet sich von dem (*κλαίειν*), das von Maria und den Juden gebraucht wird. Der Aorist bedeutet wahrscheinlich »in Tränen ausbrechen« (so Sanders). Die hier ausgedrückte Emotion ist von der in V. 33 unterschieden, und es ist ebensowenig berechtigt zu sagen, daß Jesus weinte, wie, daß er ärgerlich war angesichts des Unglaubens, der in dem Jammern der Maria und der Juden impliziert ist; vielmehr beteiligte er sich daran. Jesu Tränen veranlassen zwei kommentierende Bemerkungen seitens der Juden, die mehrmals in Joh, für den Ironie ein so auffälliger Zug ist, die Wahrheit ausdrücken müssen, ohne sie zu verstehen (s. bes. die Aussage des Kaiphas in V. 50 und vgl. 3,2; 7,35; 8,22.53; 10,33 u. ö.). Auch hier geben die Kommentare der Juden, wenn man sie richtig versteht, eine ausreichende Erklärung der Szene.

36. πῶς ἐφίλει αὐτόν. Vgl. V. 3 (*φιλεῖν*), V. 11 (*φίλος*). Die Juden vermuten, die Trauer Jesu sei – wie ihre eigene und die der Maria und Martha – auf menschliche Zuneigung zurückzuführen. Dies ist in der Tat nicht falsch, aber es ist nur ein Teil der Wahrheit, denn die Liebe Jesu für die Seinen ist viel größer; s. z. B. 15,9 *καϑὼς ἠγάπησέν με ὁ πατήρ, κἀγὼ ὑμᾶς ἠγάπησα.*

37. ὁ ἀνοίξας τοὺς ὀφθαλμοὺς τοῦ τυφλοῦ. S. 9,1–7; vgl. 9,32; 10,21. Die Realität der Heilung wird angenommen, auf sie fällt kein Zweifel.

ποιῆσαι ἵνα. Vgl. Kol 4,16; Offb 3,9; 13,12.16; und das lateinische *facere ut.*

Diese Worte von »einigen von ihnen« werden oft so verstanden, als würden sie Skepsis implizieren. Wenn Jesus das, was er beansprucht zu sein, wäre, dann hätte er gehandelt, um den Tod des Lazarus zu verhindern (sie denken immer noch nicht an die Möglichkeit einer Auferweckung); er handelt nicht, weil er dazu nicht in der Lage wäre. Es ist jedoch keineswegs sicher, daß dies ihre Meinung ist. Sie bezweifeln nicht Jesu Macht, insoweit sie offenbar ist. Sie sagen nicht mehr, als was Maria und Martha bereits gesagt haben (V. 21.32), aber sie drücken sich doch zögernder aus und zeigen einen Glauben, den wir nicht einfach als heuchlerisch abweisen dürfen, obwohl er sicherlich unzureichend und sogar irrig war. Sie denken Jesus nicht als den Sohn Gottes, der Licht und Leben ist (obwohl dies die unbeabsichtigte Wahrheit in ihrem Wort ist; vgl. V. 36), sondern sie sehen Jesus als Thaumaturgen, von dessen Fähigkeiten, die er durch die Heilung des Blinden bewiesen hat, man verständlicherweise erwarten konnte, daß sie sich bis zu diesem Extrem steigern würden.

38. πάλιν ἐμβριμώμενος ἐν ἑαυτῷ. Wieder – vgl. V. 33. ἐν ἑαυτῷ interpretiert τῷ πνεύματι in V. 33. Es ist nicht Unglaube, sondern unvollkommener Glaube in V. 37, der Jesu Grimm hervorruft. Er sieht, daß ein öffentliches Wunder von entscheidender Art erforderlich sein wird.

μνημεῖον ist ein allgemeiner Ausdruck, der (im Spätgriechischen) jede Art von Grab bedeutet. Es muß genauer beschrieben werden.

σπήλαιον (vgl. Hebr 11,38; Offb 6,15) ist eine »Höhle«; es gibt epigraphische Belege für den Gebrauch als »Grab«, und es gibt genügend jüdische Belege für den Gebrauch natürlicher Höhlen (die künstlich noch weiter zugerichtet wurden, Baba Bathra 6,8) zu Begräbniszwecken (s. eine ausführliche Darstellung bei Bill I, S. 1049–1051). Es wird hier nicht gesagt, ob der Schacht der Höhle vertikal oder horizontal verläuft, aber letzteres wird durch archäologische Befunde und durch viele Regelungen in der Mischna nahegelegt (bes. in der oben zitierten Stelle).

λίθος ἐπέκειτο ἐπ' αὐτῷ, das übliche Mittel, ein Grab zu versiegeln, z. B. Oholot 2,4; vgl. Joh 20,1. Wenn der Schacht vertikal verlief, dann bedeutet ἐπί »auf«, wenn er horizontal verlief, »davor«.

39. ἄρατε τὸν λίθον. Von diesem Punkt an entwickelt sich die Erzählung mit höchst dramatischer Geschwindigkeit. Joh gebraucht αἴρειν von dem Stein, der das Grab Jesu versiegelt (20,1); die andern Evangelien haben ἀνακυλίζειν, ἀποκυλίζειν.

ἡ ἀδελφὴ τοῦ τετελευτηκότος (diese vier Worte werden ausgelassen von Θ it sin; es könnte sich sehr wohl um eine Glosse handeln) Μάρθα. Vgl. V. 44, ὁ τεθνηκώς. Joh spricht von Lazarus nicht als νεκρός. Aber es ist doch zweifelhaft, ob dies von Bedeutung ist. Martha hat sich nun ihrer Schwester angeschlossen. Doch wir erfahren nichts darüber, wo sie sich aufgehalten hat, seitdem sie zu Maria sprach (V. 28).

ἤδη ὄζει. Vor diesen Worten fügt sin ein: »Herr, warum nehmen sie den Stein weg?« Dieser Zusatz scheint der Aussage von V. 40 zu widersprechen, nach der der Stein dann weggenommen war; könnte ursprünglich sein. Die Annahme der Martha, daß die Verwesung bereits begonnen haben würde, läßt daran denken, daß der Körper nicht einbalsamiert worden war, obwohl V. 44 die gegenteilige Annahme nahelegt: s. Komm. z. St.

τεταρταῖος γάρ ἐστιν. Vgl. V. 6.17; auch Herodot II,89, τεταρταῖος γενέσθαι, »vier Tage tot sein«. »Ein Todeszustand über den dritten Tag hinaus bedeutete für die jüdische Volksmeinung eine völlige Auflösung des Lebens. Zu dieser Zeit kann das Gesicht nicht mehr sicher erkannt werden, der Leib platzt, und die Seele, die bis dahin über dem Körper schwebte, verläßt ihn (Eccl r 12,6; Lev r 18,1)« (G. Dalman, Jesus – Jeshua, S. 198). Man könnte andere Stellen anführen, und obwohl Lagrange (S. 307) daran zweifelt, ob diese Vorstellung bereits zur Zeit Jesu existierte, so ist doch hier wahrscheinlich daran gedacht. Die Worte der Martha erhöhen die dramatische Stimmung der Geschichte und beweisen, daß Lazarus wirklich tot war. Trotz V. 21–27 hat sie immer noch keine Hoffnung auf eine unmittelbare Auferstehung.

40. *οὐχ εἶπόν σοι.* Jesus hatte seinen Jüngern erklärt, daß die Krankheit des Lazarus *ὑπὲρ τῆς δόξης τοῦ υεοῦ* (V. 4) war, aber in seiner Unterhaltung mit Martha wird das Wort »Herrlichkeit« nicht gebraucht. Verwiesen wird auf V. 26: Die Erweckung eines Menschen, der gestorben ist, zum Leben ist nichts weniger als eine Offenbarung der Herrlichkeit Gottes.

ἐὰν πιστεύσῃς. Der Wechsel von abhängigen Konjunktiven in indirekter Rede zu Optativen war im klassischen Griechisch nicht notwendig, und er verschwindet im hellenistischen mehr und mehr. Hier wird der Glaube zu einer Bedingung des Sehens der Herrlichkeit Gottes gemacht; in 2,11 ist der Glaube das Ergebnis des Sehens der Herrlichkeit Christi. Dies ist kein Widerspruch; beide Aussagen treffen zu. Zu *δόξα* s. Komm. zu 1,14. Dodd (A. S., S. 40.84) nimmt hier eine Erinnerung an Jes 40,5 an (*ὀφυήσεται ἡ δόξα κυρίου . . .*).

41. *ἦρεν τοὺς ὀφυαλμοὺς ἄνω* – in Gebetshaltung; vgl. 17,1; auch Mk 6,41; Lk 18,13; Apg 7,55. Es scheint jüdischer Brauch gewesen zu sein, das Antlitz nach dem heiligen Platz des Tempels in Jerusalem auszurichten (Bill II, S. 246f; E. Peterson, ThZ 3 [1947], S. 1–15); vgl. aber Ps 120(121),1 *ἦρα τοὺς ὀφυαλμούς μου εἰς τὰ ὄρη.*

πάτερ. »Vater« ist der Begriff, welchen Jesus häufig und charakteristischerweise bei Joh für Gott gebraucht. Der Vokativ begegnet in Gebeten wieder in 17,1; in 17,11 haben wir *πάτερ ἅγιε* und in 17,25 den Nominativ anstelle des Vokativs, *πατὴρ δίκαιε.* In der lk Fassung des Vaterunsers (Lk 11,2) ist die Anrede *πάτερ,* in der mt (Mt 6,9) *πάτερ ἡμῶν.* Vgl auch den Gebrauch von *Abba* (Mk 14,36; Röm 8,15; Gal 4,6), und dazu J. Jeremias, Abba [1966], S. 15–67. Joh ist jedoch ein griechisches Buch; es liegt nichts Ungewöhnliches in dem Gebrauch des Vokativs für einen göttlichen Titel in einem Gebet, und man darf Schlußfolgerungen, die auf aramäischem Sprachgebrauch aufbauen, nicht in das joh Griechisch hineinlesen.

εὐχαριστῶ σοι. Sonst wird *εὐχαριστεῖν* bei Joh nur (6,11.23) mit Verweis auf das Wunder der Speisung der Fünftausend gebraucht, wo es ohne Zweifel an die Eucharistie erinnern sollte (s. Komm z. St.). Hier ist der Sinn einfach »Dank sagen«. Dieser einfache Sprachgebrauch bestand in der christlichen Literatur neben dem liturgischen fort.

ἤχουσάς μου. Es wurde nichts von einem Gebet Jesu an einer früheren Stelle in diesem Kapitel berichtet; vielleicht sollen wir denken, es sei zur Zeit großer emotionaler Unruhe (V. 33.38) gesprochen worden. Aber wahrscheinlicher ist angesichts der nächsten Worte (s. u.) an keinen besonderen Augenblick des Betens gedacht; Jesus steht in ständiger Verbindung mit seinem Vater, der immer selbst die unausgesprochenen Gedanken seines Herzens »hört« und deshalb bereits seine Bitte für Lazarus »gehört« hat. Trifft dies zu, dann brauchen wir aus dem Aorist *ἤχουσας* nicht abzuleiten, daß das Wunder bereits stattgefunden hat und in diesem Moment Lazarus im Grab lebendig ist; der Aorist drückt vielmehr das absolute Zutrauen Jesu aus, daß sein Gebet erfüllt werden wird.

42. Angesichts der völligen Einheit zwischen dem Vater und dem Sohn ist überhaupt kein gesprochenes Gebet notwendig.

ἀλλὰ διὰ τὸν ὄχλον τὸν περιεστῶτα. Wenn man sagt (Loisy, S. 353), »anscheinend betet er für den Zuschauer«, so ist das soweit richtig; das gesprochene Wort hat keinen Vorteil für Jesus oder den Vater, sondern nur für die Menge. Es ist aber nicht richtig anzunehmen, Jesus habe dieses Gebet gesprochen, um Ehre für sich zu gewinnen; tatsächlich ist seine Absicht genau umgekehrt. Wie bereits festgestellt (s. bes. zu V. 33.37), wird Jesus tendenziell in den Synoptikern als Wundertäter vorgestellt, der mit Hilfe übernatürlichen Wissens und übernatürlicher Macht in der Lage ist, außerordentliche Taten zu vollbringen. Der Zweck des Gebetes ist es, zu zeigen, daß dies nicht zutrifft. Jesus hat keine Autorität unabhängig vom Vater; weil der Vater ihn gesandt und ihm Vollmacht gegeben hat, kann er die Toten ins Leben rufen; »er ist kein Magier, kein *υεῖος ἀνήρ,* der aus eigener Kraft handelt und seine eigene *δόξα* sucht« (Bultmann, S. 311). Dieser Glaube, daß Gott in der demütigen Zurückhaltung Jesu gesehen wird, ist für das Denken des Evangeliums fundamental; s. Einleitung, S. 112ff, und »Theocentric«. S. auch 5,19–30, eine Rede, die mit ihren zwei Themen, nach denen Jesus nichts aus sich selbst tun kann und nur tut, was er den Vater tun sieht, ein höchst wichtiger Kommentar zu der vorliegenden Geschichte ist. Die lebenswichtige Wahrheit, die die Umstehenden glauben müssen, ist:

ὅτι σύ με ἀπέστειλας. Der Gedanke der Sendung des Sohnes, aus welcher dieser seine Autorität ableitet, ist zentral für Joh; s. Komm. zu 20,21. Sind einmal die völlige Abhängigkeit von Gott und die entsprechende absolute Vollmacht Jesu deutlich gemacht worden, dann geschieht das Wunder sogleich und wird in einfacher und nüchterner Sprache beschrieben.

43. δεῦρο ἔξω. δεῦρο ist ein Adverb, das im NT gewöhnlich gebraucht wird, aber bei Joh nur an dieser Stelle mit dem Gewicht eines Ausrufs oder Befehls: Hier! S. 5,28f; auch 10,3 (er ruft seine eigenen Schafe beim Namen).

44. ὁ τεθνηκώς. Vgl. τοῦ τετελευτηκότος in V. 39 und Komm. z. St.

δεδεμένος τοὺς πόδας καὶ τὰς χεῖρας κειρίαις. Vgl. 19,40; 20,5.7. κειρία (nur hier im NT, sonst nicht üblich in außerchristlichem Griechisch) muß hier die Bedeutung haben, die in dem Papyri bezeugt ist: »Binde« (in Prov 7,16 ist die Bedeutung »Bettücher«). Derartige Leichentücher scheinen von den Juden gebraucht worden zu sein; z. B. Schab 23,4, . . . ein Leichnam . . . sein Sarg und Leichentücher (תכריכין, *takhrikhin*). Angesichts dieser und ähnlicher Stellen muß sich die Aussage (Bill II, S. 545): »Leinenstreifen, κειρίαι, für das Verbinden der Hände und Füße eines Leichnams werden, wie es scheint, in der rabbinischen Literatur nicht erwähnt« wohl besonders auf die Hände und Füße und nicht auf andere Teile beziehen. Vor der Zeit des Rabbi Gamaliel II (ca. 90 n. Chr.), der ein besseres Beispiel gab, wurden die Toten in großer Pracht gekleidet.

καὶ ἡ ὄψις αὐτοῦ σουδαρίῳ περιεδέδετο. Die Konstruktion läßt an eine hebräische Umstandsbestimmung denken. 7,24 bedeutet ὄψις »Erscheinung«; hier wie vielleicht in Offb 1,16 »Gesicht«. σουδάριον ist eine Transkription des lateinischen *sudarium*, »eine Serviette« (wörtlich »ein Tuch, um Speisen abzuwischen«). Es darf nicht mit dem rabbinischen סודר (*sudar*, »Schal«, »Turban«) verwechselt werden, was keine Transkription ist. Es gibt einigen Grund für die Annahme (Bill II, S. 545), daß zur Zeit des Evangeliums nur die Gesichter der Armen in dieser Weise bedeckt wurden.

Es ist schwer, sich das Hervorkommen des Lazarus aus dem Grab vorzustellen, wenn er so gebunden war. Hoskyns (S. 475), der Basil folgt, meint: Wir haben so ein »Wunder in einem Wunder«.

ἄφετε αὐτὸν ὑπάγειν. Lazarus kam aus dem Grab heraus, lebendig unter den Binden. Es ist unwahrscheinlich, daß Joh eine allegorische Bedeutung in dieser Aussage sah. Die Geschichte endet hier abrupt; mehr ist nicht zu sagen.

23. Der Anschlag gegen Jesus

11,45–54

Dieser kurze Abschnitt ist sehr charakteristisch joh und stammt ohne Zweifel aus der Feder des Joh, obwohl einige Punkte auf älterer Überlieferung beruhen können. Er läßt sich in drei Teile einteilen.

V. 45f. Der erste Vers beschreibt die Wirkung der Auferweckung des Lazarus. Wunder führen bei Joh in der Regel zum Glauben, oder aber auch zum Unglauben; s. z. B. zu σχίσμα (7,43). Den Pharisäern wird Bericht erstattet. Hier verknüpft Joh mit der Geschichte des Lazarus Stoff, welchen er zu deren Interpretation benützt.

V. 47–53. Der Sanhedrin wird einberufen, damit über die Situation, die Jesu populäres Wirken herbeigeführt hat, beraten werden kann. Man macht Pläne zu seiner Verhaftung und Tötung. Joh schreibt voll tiefster Ironie. Die verhängnisvollen Folgen, welche die

Juden zu vermeiden suchen, sind Folgen, die tatsächlich dann folgten (wie Joh und die meisten Christen glaubten) aufgrund ihrer Zurückweisung Jesu. Joh läßt Kaiphas gegen sich selbst und gegen sein eigenes Volk weissagen, so wie er an anderer Stelle ihr eigenes Gesetz gegen sie Zeugnis ablegen läßt (z. B. 5,45). Nach Dodd (bes. Interpretation, S. 367f) hat Joh Überlieferungsmaterial als Anhang an die Geschichte des Lazarus angefügt. S. auch X. Léon-Dufour, Die Evangelien und der historische Jesus [1966], S. 126. Es könnte als solches historisch sein, aber auch (was Lindars vertritt) die Rechtfertigung für die Verhaftung Jesu, die in der Folge von den Juden angenommen und bei Auseinandersetzungen mit Christen gebraucht wurde. Es ist jedoch so charakteristisch joh, daß man es am besten als des Joh eigenes Werk betrachten sollte.

V. 54. Jesus kennt den Plan, und er zieht sich in die Wüste zurück.

Joh verfolgt mit dem vorliegenden Abschnitt zwei Ziele, ein historisches und ein theologisches. Historisch gesehen, zeigt er die endgültige Entscheidung der Juden, Jesus zu töten; damit ersetzt offensichtlich die vorliegende Erzählung die synoptischen Berichte über einen Prozeß Jesu vor dem Hohenpriester. Dies führt die dramatische Spannung des Evangeliums zu einem Höhepunkt, der erst in der Passionserzählung aufgelöst wird, aber doch von zweifelhaftem historischen Wert ist. Theologisch gesehen, arbeitet Joh die wahre Bedeutung von Jesu Tod heraus, über den er bald berichten wird. Jesus gibt, wie die Geschichte des Lazarus gezeigt hat, den Toten Leben, aber er kann dies nur auf Kosten seines eigenen Lebens tun, das er dahingibt, damit andere nicht zugrunde gehen.

45. οἱ ἐλϑόντες πρὸς τὴν Μαριάμ. S. 6,19. Dieser Partizipsatz bedeutet, in einem engeren Sinn verstanden, daß die zu Maria kommenden Juden die vielen waren, die glaubten. Dies wird in V. 46 freilich sofort eingeschränkt, aber wir haben hier nicht so sehr eine ungenaue Konstruktion (Brown, Lindars; vgl. die Lesart in D, τῶν ἐλϑόντων) als vielmehr eine joh Redeweise. Es ist charakteristisch für Joh, eine umfassende Aussage zu machen und sie dann einzuschränken; vgl. 1,11f. (Die Seinen nahmen ihn nicht an; aber jene, die ihn annahmen ...); 12,37.42 (sie glaubten nicht an ihn ... nichtsdestoweniger glaubten ... viele an ihn).
ἐπίστευσαν. Vgl. 6,15. Zu einem solchen Glauben, der auf Zeichen beruht, s. 2,23. Fenton unterscheidet zwischen V. 45, ὅ (Singular) ἐποίησεν, die Einheit der Offenbarung, die zum Glauben führt, und V. 46, ἅ (Plural) ἐποίησεν, eine Vielfalt von unverbundenen Handlungen, die bedeutungslos ist.
46. τινὲς δέ. Wie üblich bewirkt das Wunder eine Scheidung der Zuschauer in zwei Gruppen. Die Meldung von dem Wunder an die Pharisäer bildet einen entscheidenden Punkt in der Entfaltung der Geschichte bei Joh. Vgl. Mk 11,18, wo die Tempelreinigung eine ähnliche Funktion zu haben scheint; zum Unterschied zwischen Joh und Mk s. Einleitung, S. 64f.
τοὺς Φαρισαίους. Zu den Pharisäern s. Komm. zu 1,24. Hier spicht Joh, wie es scheint, von ihnen als einer offiziellen Körperschaft, wie den Priestern, den Beamten oder den Ratsherren. Wenn er so von ihnen sprach, dann wußte er nichts vom Judentum der Zeit vor 70 n. Chr. Dieses Urteil wird nur zum Teil durch die Beobachtung eingeschränkt, daß die Schriftgelehrten einen Bestandteil des Synhedriums bildeten und die meisten Schriftgelehrten Pharisäer waren.
47. οἱ ἀρχιερεῖς καὶ Φαρισαῖοι. Die »Hohenpriester« waren Glieder der führenden Priesterfamilien, meistens Sadduzäer. S. Komm. zu 3,1; auch Jeremias, Jerusalem, S. 167ff.
συνέδριον. Wahrscheinlich beriefen sie eine Sitzung des Synhedriums, des regierenden Rates und höchsten Gerichts des jüdischen Volkes ein. Zum Synhedrium s. Schürer [4]II, S. 237–267.
τί ποιοῦμεν ὅτι ... Man sollte nach ποιοῦμεν besser ein Fragezeichen setzen. Dies muß von dem über-

legenden Konjunktiv unterschieden werden (Was sollen wir tun?). Es bedeutet: »Was tun wir *jetzt*?« und impliziert die Antwort »Nichts«. ὅτι wird dann bedeuten »wegen«, »weil«; wir sollten tätig werden (was wir tatsächlich nicht sind), denn dieser Mensch tut ... Ein deliberativer Gebrauch des Indikativs ist jedoch nicht unmöglich; s. Bl-Debr § 366 und Radermacher, S. 155 auch Brown, mit Verweis auf Schlatter und Lagrange.

πολλά ... σημεῖα. Anstatt πολλά, liest D τοιαῦτα; dies ist weniger glatt als πολλά und könnte ursprünglich sein, wenn auch vielleicht eine Angleichung an 9,16. Es könnte auch die Tatsache widerspiegeln, daß man nun kaum sagen kann, Joh habe *viele* Zeichen berichtet. Man hat die Meinung vertreten, daß diese Zeichen auf einer früheren Stufe in der Entwicklung der joh Tradition den triumphalen Einzug und die Tempelreinigung hätten eingeschlossen haben können. σημεῖα im Munde der Juden kann nicht seine volle joh Bedeutung haben (s. dazu Einleitung, S. 91ff). Es bedeutet hier einfach »Wunder«; vgl. den Gebrauch in 3,2; 7,31; 9,16.

48. οὕτως. Wenn wir ihn lassen, wie er ist (nämlich in Freiheit). Vgl. 4,6.

πάντες πιστεύσουσιν ... ἐλεύσονται οἱ Ῥωμαῖοι. Ein auffallendes Beispiel joh Ironie. Die Juden ließen Jesus nicht allein, sondern kreuzigten ihn; und die Folge war genau das, was sie hatten vermeiden wollen. Als dieses Evangelium geschrieben wurde, kamen in der ganzen Welt Menschen durch Glauben zu Jesus (12,32, πάντας ἑλκύσω); die Römer hatten den Tempel zerstört und die Juden unterworfen.

τὸν τόπον bedeutet in erster Linie der Tempel, der heilige Ort. Vgl. Jer 7,14; Neh 4,7; 2Makk 5,19; Joh 4,20; Apg 6,14; 21,28. Wahrscheinlich ist in weiterer Bedeutung Jerusalem mit einzuschließen. Dieselbe Zweideutigkeit begegnet in Bik 2,2: zweitens: Zehnter und Erstlingsfrüchte müssen zu dem Ort gebracht werden (מקום, d. h. Jerusalem, wie die meisten Exegeten annehmen, oder der Tempel – so Schlatter, S. 257). Die Zerstörung, zumindest des Tempels, ist im Blick – ein Thema, das eine wichtige Rolle in der synoptischen Erzählung vom Prozeß Jesu spielt (Mk 14,5f; 15,29).

τὸ ἔθνος, das jüdische Volk. In seiner vorliegenden Form ist diese doppelte Vorhersage ohne Zweifel ein vaticinium ex eventu; aber auch in der Generation vor 70 n. Chr. muß es manchem Weitsichtigen klar gewesen sein, daß übertriebene Provokationen, wie z. B. messianische Unruhen, zu einer entscheidenden Aktion durch die Römer führen würden. Es gibt deshalb keinen Grund, warum das Synhedrium in dieser Weise Jesus nicht als Gefahr für den Staat betrachtet haben sollte. Es gibt interessante wörtliche Parallelen zwischen diesem und den nachfolgenden Versen und Esther 3,8.8; 4,1 (Guilding, S. 168f), aber es ist doch sehr zweifelhaft, ob Joh sie bedeutsam fand.

49. Καϊαφᾶς, wieder erwähnt 18,13f.24.28. Sein Name wird bei Mk nicht genannt, aber vgl. Mt 26,3.57; Lk 3,2; Apg 4,6. Kaiphas wurde zum Hohenpriester durch den römischen Statthalter Gratus ernannt, wahrscheinlich in oder um das Jahr 18 n. Chr.; Vitellius, Prokonsul von Syrien, entfernte sowohl Pilatus als auch Kaiphas im Jahre 36 n. Chr. aus ihren Ämtern. Nur Joh (18,13) erwähnt seine Verwandtschaft mit Hannas; zu weiteren Einzelheiten s. Josephus, Ant XVIII,35.95.

τοῦ ἐνιαυτοῦ ἐκείνου. Kaiphas war, wie wir gerade gesehen haben, Hoherpriester für etwa zwanzig Jahre. Außerdem war das Amt des Hohenpriesters nicht ein jährlich wechselndes Amt, sondern es wurde nach jüdischem Recht lebenslänglich ausgeübt. Es trifft zu, daß einige der römischen Statthalter Hohepriester ernannten und mit einer Häufigkeit wieder absetzten, die die Ernennung als jährliche Praxis erscheinen ließ; aber auch so konnte kein Jude in einer solchen, den fundamentalen Prinzipien der nationalen Religion widersprechenden Weise geschrieben haben. Wenn Joh mit seinen Worten in diesem Vers (ganz betont in V. 51 und 18,13 wiederholt) meint, ein Hoherpriester sei jedes Jahr ernannt worden, dann bleibt uns nur die Schlußfolgerung, daß er kein Jude gewesen ist. Seine Worte haben jedoch nicht notwendigerweise diesen Sinn. Wahrscheinlich meinte er lediglich, daß Kaiphas in jenem denkwürdigen Jahr der Passion unseres Herrn Hoherpriester war. Dies würde ohne Zweifel seine unbewußte Weissagung erklären (V. 51).

ὑμεῖς οὐκ οἴδατε οὐδέν. Das letzte Wort ist betont. Bernard (S. 404) vergleicht zu Recht Josephus Bell II,166: Die Sadduzäer ... sind, selbst untereinander, ziemlich ungehobelt in ihrem Benehmen und in ihrem Umgang mit ihren Genossen so grob wie gegenüber Fremden. Dies wurde natürlich von einem Pharisäer geschrieben. Die Gründe, die vorgebracht werden (Torrey, S. 61.63), um diesen und die folgenden Sätze als Fragen zu verstehen, sind nicht überzeugend.

50. *οὐδὲ λογίζεσϑε ὅτι...,* ... und ihr stellt auch nicht die Tatsache in Rechnung, daß ...

συμφέρει ὑμῖν. *ὑμῖν* wird gelesen von P⁴⁵ P⁶⁶ B D (it) und einigen Vg-Handschriften; *ἡμῖν* findet sich in Θ λ φ Ω sin pesch und anderen Vg-Handschriften; das Pronomen wird völlig ausgelassen von ℵ und einigen anderen Handschriften. Die Auslassung wird durch die Varianten gestützt und könnte vielleicht ursprünglich sein; ansonsten ist *ὑμῖν* vorzuziehen. In einem Sinn, an den freilich Kaiphas nicht dachte, brachte das Weggehen Jesu Vorteile: 16,7 (*συμφέρει* – Fenton). Doppeldeutigkeiten sind weiterhin für den Abschnitt charakteristisch (Cullmann, Vorträge, S. 185).

ἵνα εἷς ἄνϑρωπος ἀποϑάνῃ ὑπὲρ τοῦ λαοῦ. Vgl. Gen r 94,9: Es ist besser, daß dieser Mann getötet werde, als daß die Gemeinschaft seinetwegen gestraft würde. Die Ironie des Joh erreicht kaum je einen höheren Grad. Jesus wurde getötet; und (politisch gesehen) das Volk ging zugrunde. Aber er starb *ὑπὲρ τοῦ λαοῦ,* und jene im Volk, die an ihn glaubten, gingen nicht zugrunde (*καὶ μὴ...* *ἀπόληται*), sondern empfingen ewiges Leben (3,16). Es gibt keine ausreichenden textlichen Gründe für die Auslassung von *ὑπὲρ τοῦ λαοῦ;* daß die (formal) korrekte Theologie aus dem Munde des Kaiphas kommt, entspricht der Art des Joh. S. weiter Derrett, Law, S. 418–423; es ist aber unwahrscheinlich, daß nach Joh die Juden die Meinung vertraten, Jesus sei unschuldig gewesen und sein Tod, als der des Gerechten, würde dem Volke dienen.

51. *ἀφ᾽ ἑαυτοῦ οὐκ εἶπεν.* Zum Ausdruck vgl. 14,10. Gott kann durch ein unwilliges Werkzeug (Kaiphas) genauso sprechen wie durch ein williges (Jesus).

τοῦ ἐνιαυτοῦ ἐκείνου. Vgl. V. 49. Es ist die Verbindung des Kaiphas mit Jesus und seiner Passion, und nicht so sehr sein hohepriesterliches Amt, das ihn weissagen läßt (s. aber u.); wir sollten deshalb den Exegeten, die *τοῦ ἐνιαυτοῦ ἐκείνου* auslassen, nicht folgen.

ἐπροφήτευσεν. Kaiphas wird zu einem unbewußten Werkzeug der Wahrheit gemacht. »Weissagungen ohne Wissen und Willen des Sprechenden werden öfter in der rabbinischen Literatur erwähnt« (Bill II, S. 546; mit Beispielen). Zu unwissentlichen Weissagungen s. Philo, Vit Mos I,247.277. 283.286. Zum Hohenpriester als Prophet s. Josephus, Bell I, 68f; Ant XI, 327; XIII, 299f; Philo, Spec Leg, IV,192 (*ὁ πρὸς ἀλήϑειαν ἱερεὺς εὐϑὺς ἐστι προφήτης*); Tos Sota 13,5.6; auch Dodd, in: Neotestamentica et Patristica (FS O. Cullmann [1962]), S. 134–143.

ὑπὲρ τοῦ ἔϑνους. Vgl. V. 50. *ἔϑνος* und *λαός* werden offenkundig synonym gebraucht.

52. *ἵνα καὶ τὰ τέκνα τοῦ ϑεοῦ τὰ διεσκορπισμένα συναγάγῃ εἰς ἕν.* Im Werk eines Juden würde dies natürlicherweise die Sammlung der zerstreuten Israeliten in ihrem eigenen Land zur Zeit des Messias bedeuten. Vgl. (neben vielen anderen Stellen) Jes 43,5, *... ἀπὸ δυσμῶν συνάξω σε;* Jer 23,2f., *... διεσκορπίσατε τὰ πρόβατά μου... εἰσδέξομαι τοὺς καταλοίπους τοῦ λαοῦ μου;* Ez 34,12, *ἐκζητήσω τὰ* *πρόβατά μου... οὗ διεσπάρησαν ἐκεῖ;* 37,21, *... συνάξω αὐτούς;* Ps Sal 8,28, *συνάγαγε τὴν διασπορὰν* *Ἰσραήλ;* 4Esra 13,47, *multitudinem collectam cum pace.* S. auch Philo, Praem Poen 163–172. Andere atl Stellen, die hier im Hintergrund stehen könnten, sind Jes 49,5; Jer 31,10; und zur Sammlung der Heiden in Zion Jes 2,3; 56,7; 60,6; Sach 14,16. Die ntl Autoren haben sich sehr schnell die Sprache des Diasporajudentums für ihre eigenen Zwecke angeeignet (z. B. Jak 1,1; 1Petr 1,1). Es ist jedoch unwahrscheinlich, daß Joh an die Sammlung der zerstreuten Christen am Jüngsten Tag dachte, sondern viel eher an die Sammlung der Menschen in der Kirche, dem *einen* Leib Christi (vgl. 17,21, *ἵνα πάντες ἓν ὧσιν*). Es könnte eine metaphorische Anspielung darauf mit dem Gebrauch desselben Verbums (*συνάγειν*) in 6,12f vorliegen.

Es erhebt sich nun die Frage, wer mit den zerstreuten Kindern Gottes gemeint ist. Wir können daran denken, daß der Tod Christi die Sammlung jener in eins bewirkt, die von Natur aus Kinder Gottes *sind,* oder daß der Tod Christi in erster Linie Menschen zu Kindern Gottes macht und sie so in der Kirche vereint. Die erste Ansicht paßt gut zu der stoischen Vorstellung eines *σπερματικὸς λόγος,* welche nach Meinung mancher hinter dem joh Denken steht, und zu der gnostischen Sprache, an die fast sicher hier zu denken ist (Dodd, Interpretation, S. 108, zitiert zutreffend Clemens, Exc ex Theodoto, XLIX,1: ὅταν συλλεγῇ τὰ σπέρματα τοῦ ϑεοῦ); aber nur letzteres ist mit dem Evangelium selbst vergleichbar. 1,12f; 3,3.5 machen deutlich, daß die Menschen nur Kinder Gottes *werden*, indem sie Christus durch die Geburt aus Wasser und Geist annehmen. Es gibt jedoch einige, die als die Seinen vorherbestimmt sind; vgl. 10,16 (s. Komm. z. St.). Jesus sammelt jene, die zu ihm gehören, in und außerhalb des Judentums, und er gibt sein Leben für sie. Die Einheit der Kirche, die so auf Erden konstituiert ist, wird erst im Himmel vollendet werden; Joh behält diese eschatologische Hoffnung bei. Dieser Vers spiegelt sich wahrscheinlich wider in den Od Sal 10,5f: Und die Heiden wurden gesammelt (אתכנשו), die in der Fremde zerstreut waren (מבדרין) . . . und sie wurden mein Volk für immer und ewig.

53. ἀπ᾽ ἐκείνης οὖν τῆς ἡμέρας. Zum Ausdruck vgl. 19,27; und zum ganzen Vers Mt 26,4.

ἐβουλεύσαντο. Vgl. 12,10. Der Prozeß, der in V. 46 in Gang gesetzt wird, trägt bald Frucht. Aus der Versammlung von V. 47 tauchten Pläne auf. Es ist zu beachten, daß Joh darauf hinweist, daß das gewaltige Wunder der Auferweckung des Lazarus der unmittelbare Anlaß für den Tod Jesu war.

54. παρρησίᾳ, ein gebräuchliches joh Wort, s. Komm. zu 7,4; hier »offen«.

περιεπάτει ἐν τοῖς Ἰουδαίοις. Vgl. 7,1. Er war nach Bethanien gekommen (11,17f), in der Nähe von Jerusalem. ἐκεῖϑεν, aus Bethanien.

χώραν. D fügt Σαμφουρειν (d sapfurim) hinzu. Man hat daraus geschlossen, dieser Name sei eine verderbte Wiedergabe von שמה אפרים (shᵉmeh ᵉephraim, »dessen Name Ephraim war«). In einer semitischen Form des Evangeliums (ob ursprünglich aramäisch oder syrisch) kam es zu einer Dittographie, und diese wurde so verderbt in D. »Samphurim« könnte so nicht beanspruchen, ein ursprünglicher Teil des Textes zu sein, es würde aber etwas über den Ursprung von D verraten. Ein anderer Vorschlag, »Samphurim« sei Sepphoris, scheint weniger wahrscheinlich. Sepphoris liegt in Galiläa, an der Straße zwischen Nazareth und Ptolemais; es ist nicht ein Bezirk (χώρα), sondern ein Ort.

Ἐφράϊμ. Vgl. Josephus, Bell IV,551, wo ein πολίχνιον Ephraim erwähnt wird. Es liegt in der Nähe von Bethel und so ἐγγὺς τῆς ἐρήμου. Es ist wahrscheinlich mit dem modernen Et-Taiyibeh zu identifizieren, 4 Meilen nordöstlich von Bethel; Albright jedoch zieht Ain Samieh vor. Zu Einzelheiten s. Brown. Der Name Ephraim hat weder allegorischen noch sonst einen besonderen Sinn, er ist wahrscheinlich traditionell.

κἀκεῖ ἔμεινεν. διέτριβεν (P⁴⁵ P⁶⁶ D Θ it vg) könnte auf Angleichung an 3,22 zurückzuführen sein. ἔμεινεν ist konstatierender Aorist. Jesus wartet nun zurückgezogen auf seine Stunde, die am Passafest schlagen wird.

24. Die Salbung

11,55–12,11

Nun wird der Schauplatz für das letzte Passa während der Wirksamkeit Jesu hergerichtet und das Interesse durch die Erwartung der Leute erregt. Sechs Tage vor dem Fest nahm Jesus ein Mahl mit Lazarus, den er von den Toten erweckt hatte, und mit Maria und Martha, den Schwestern des Lazarus, ein. Das Ereignis ist nach der Darstellung des Joh zumindest halböffentlich, und die Anwesenheit des Lazarus zog große Aufmerksamkeit auf sich (V. 9). Im Verlauf des Mahles salbte Maria die Füße Jesu mit Wohlgerüchen; als Klagen über ihren verschwenderischen Gebrauch der Salbe laut wurden, verteidigte Jesus sie. Die Geschichte endet mit einer Bemerkung über den Glauben an Jesus, der durch die

Auferweckung des Lazarus bewirkt wurde, und der Entschlossenheit der Hohenpriester, nicht nur Jesus, sondern auch Lazarus zu töten.

In Lk 10,38–42 wird Jesus im Haus der Maria und Martha bewirtet (Lazarus wird nicht erwähnt). Eine Salbungsgeschichte gibt es auch bei Mk (14,3–9; Mt 26,6–13), und eine andere bei Lk (7,36–50). Bei Joh erscheinen Anspielungen auf beide; s. Komm. zu V. 3.4.5.7.8. Für eine sehr nützliche Erörterung der Beziehung dieser Salbungsgeschichten zueinander und zu den Grabeserzählungen s. D. Daube, Rabbinic Judaism, S. 301–324; nach seiner Überzeugung liegt hinter all diesen Erzählungen die Wunschvorstellung, daß der Leib Jesu anständig und ehrerbietig behandelt wurde; er wurde entsprechend gesalbt, entweder in der üblichen Weise zur Zeit des Begräbnisses (Joh 19,39f) oder in Antizipation, als Jesus noch am Leben war (Mk 14,8, προέλαβεν μυρίσαι). Daß dieses Motiv bei der Formulierung der Überlieferung wirksam war, scheint vernünftigerweise nicht zu bezweifeln; es paßt jedoch nicht unmittelbar zu der joh Salbungsgeschichte, da Joh auch an anderer Stelle von der Salbung des Leibes Jesu berichtet (19,39f). Joh hat offenbar eine Erzählung aus Überlieferungsmaterial zusammengestellt, und obwohl (s. S. 59ff) dies nicht eindeutig bewiesen werden kann, gibt es doch keine einfachere Hypothese als die: die Tradition erreichte ihn durch Mk und Lk. Jene, die dagegen aufgrund ihrer Beobachtung annehmen, daß Joh durch seine Zusammenstellung der Überlieferung eine verwirrende Geschichte geschaffen habe, stehen in der Gefahr zu übersehen, daß die Erzählung des Joh verwirrend ist, woher immer sie kam; und eine Quelle der Verwirrung ist nicht notwendigerweise einer anderen vorzuziehen. Die Frage, ob die lk Erzählung ein anderes Ereignis berichtet, muß hier nicht erörtert werden (sie wird bejaht von Brown und Lindars), aber die charakteristisch joh Züge scheinen sekundär zu sein. Das Interesse des Joh liegt nicht so sehr innerhalb der Grenzen jüdischen Denkens und jüdischer Bräuche wie darin, daß er die Salbung als ein Mittel sieht, die königliche Würde Jesu bei der Vorbereitung auf seinen triumphalen Einzug in Jerusalem auszudrücken (12,12–16). Besonders bedeutsam in diesem Zusammenhang ist es, daß Joh die bei Mk gebotene Ordnung der beiden Ereignisse umkehrt. Als gesalbter König reitet Jesus nach Jerusalem hinein, und als gesalbter König stirbt er (18,33–40; 19,1–6.12–16.19).

Das Thema der Messianität wird in der Tat nicht explizit erwähnt, und Maria salbt nicht Jesu Haupt, sondern seine Füße (V. 3, vgl. dagegen Mk 14,3). Dies geschieht, weil der joh König im Tod verherrlicht und gesalbt wird mit den Salben, die man beim Begräbnis verwendet; daher die Veränderungen des Joh gegenüber Mk; vgl. den Kommentar von Heitmüller, zitiert bei Bultmann: Der sterbende Jesus muß vor dem triumphierenden Jesus gezeigt werden. S. auch Schnackenburg II, S. 464–467.

---

55. ἦν δὲ ἐγγὺς τὸ πάσχα. Vgl. 2,13. Dies ist die übliche Weise des Joh, auf den Beginn eines Festes hinzuweisen. Dieses Passafest ist das dritte, das Joh nennt (2,13.23; 6,4); wenn das nichtbenannte Fest von 5,1 ein Passafest ist, dann handelt es sich um das vierte während des Wirkens Jesu.

ἀνέβησαν, wie in 2,13, ein Wort aus dem Bereich der Wallfahrt. Passa war eines der drei »Wallfahrtsfeste«.

ἐκ τῆς χώρας: entweder der Bezirk, auf den in V. 54 verwiesen wird, oder, wahrscheinlicher, »das Land«, »die Provinzen« im allgemeinen.

ἵνα ἁγνίσωσιν ἑαυτούς. Vgl. Josephus, Bell I,229 (zur Festzeit reinigten sich die Bewohner der Provinzen selbst, ἁγνεύοντας τοὺς ἐπιχωρίους), VI,290 (die Leute versammelten sich für das Fest der ungesäuerten Brote [= Passa] am achten Tag des Xanthicus [von Josephus als Entsprechung zu Nisan betrachtet], d. h. eine Woche vor Passa). S. Num 9,6–12, interpretiert in Pes 9,1.

56. *ἐζήτουν*. Vgl. 7,11.13. Die Parallele läßt Brown annehmen, daß Joh hier wieder Überlieferungsmaterial verwendet habe, um den Übergang zu dem neuen Abschnitt zu schaffen. V. 55ff sind in jedem Falle eine redaktionelle Verbindung.

ἐν τῷ ἱερῷ ἑστηκότες. Der Tempel war als Treffpunkt und Ort für Gespräche beliebt.

τί δοκεῖ ὑμῖν. Es sollte so interpunktiert werden: »Was denkt ihr?«

ὅτι setzt die Frage fort ». . . daß er nicht zum Fest kommen wird« (angesichts des Plans, ihn zu töten). Es ist schwierig, das Gewicht von *μή* einzuschätzen. Es könnte ein Element des Zweifels einführen: »Er wird nicht kommen, oder?« oder, eng zusammengenommen mit *οὐ*, könnte es eine sehr starke Verneinung bilden. Ersteres ist wahrscheinlicher.

57. *δεδώκεισαν*, Plusquamperfekt ohne Augment. Dies ist im NT üblich und auch im Koine-Griechisch (und auch bei einigen anderen Autoren, wie z. B. Herodot, aber nicht im attischen Griechisch); M II, S. 190; Bl-Debr § 66,1.

οἱ ἀρχιερεῖς καὶ οἱ Φαρισαῖοι. S. Komm. zu V. 47, und vgl. 7,11.32; 9,22.

ἵνα, erklärendes *ἵνα*, »zu dem Zwecke, daß«.

πιάσωσιν vgl. 7,30.32.44; 8,20; 10,39.

1. *πρὸ ἓξ ἡμερῶν τοῦ πάσχα*. Zur Konstruktion s. M I, S. 100f; Moule, Idiom Book, S. 74. Es ist nicht notwendig, dies als Latinismus zu betrachten, der auf (z. B.) *ante diem tertium Kalendas* beruht, obwohl solche Übersetzungen wie *πρὸ δέκα δύο χαλανδῶν Δεκενβρίων* zitiert werden können (Dittenberger, Syll 866,38ff). Andere Stellen aus muttersprachlichem Griechisch können zitiert werden, z. B. Dittenberger, Syll 736,70 (92 v. Chr.) *πρὸ ἁμερᾶν δέκα τῶν μυστηρίων* (zehn Tage vor den Mysterien); P. Fay 118,15f (2. Jh. v. Chr.), *πρὸ δύο ἡμερῶν ἀγορασον τὰ ὀρνιθάρια τῆς εἱορτῆς* (sic) (kaufe die Hühner zwei Tage vor dem Fest, oder vielleicht: kaufe die Hühner zum Fest zwei Tage im voraus).

Joh schreibt, daß das Passa am folgenden Freitag beginnt (13,1; 18,28; 19,31.42). Rechnet man sechs Tage zurück, dann bringt uns dies zum vorausgehenden Sabbat (s. u. zu V. 2). Die Stunde Jesu schlägt nun (V. 23). Die Juden haben beschlossen, ihn zu töten (11,53.57), und das ganze Kapitel schaut zurück auf das Wirken Jesu als auf eine jetzt vergangene Episode und blickt voraus auf die Kreuzigung. Diese stellt Joh betont in den Kontext des Passa, und es ist wahrscheinlich, daß er in dieser Verbindung eine bedeutungsvolle Interpretation des Todes Jesu sah (vgl. 1,29), nämlich als Opfer, das die Erlösung des Volkes Gottes bewirkt. Zu dem Zeitraum von sechs Tagen, währenddessen die abschließenden Ereignisse stattfanden, vgl. die Zeitangaben in 1,29.35.43; 2,1.13 und unseren Kommentar zu 2,1. Möglicherweise liegt so etwas wie ein liturgisches Motiv hinter diesen Einteilungen bedeutsamer Wochen; trifft das zu, dann wird dies nicht ein Interesse des Joh, sondern seiner Quelle gewesen sein; denn Joh weist in keiner Weise darauf hin.

ἦλυεν εἰς Βηυανίαν, ὅπου ἦν Λάζαρος. S. Komm. zu 11,1. Die Verdoppelung dieses Hinweises ist auffällig; und sie führt Brown zu der Annahme, die Lazarusgeschichte sei ziemlich spät in ihre vorliegende zeitliche Abfolge gebracht worden. Eine wahrscheinlichere Schlußfolgerung ist, daß Joh die Salbungsgeschichte aus Mk, die Geschichte von der Auferweckung des Lazarus aus einer anderen Quelle entnahm; die vorliegende Bemerkung koordiniert beide. Vgl. Mk 14,3; es wird sich bei unserer Betrachtung der nächsten Verse als wahrscheinlich erweisen, daß Joh die mk Salbungsgeschichte kannte; wenn er sie nicht kannte, dann war er sicherlich von einer Tradition abhängig, die das Ereignis an dieser Stelle plazierte und auch in Bethanien lokalisierte. Vgl. dagegen Lk 7,36–50, wo die Salbung unter ganz anderen Umständen stattfindet. Nach dem Namen Lazarus wird von P[66] D Θ Ω vg *ὁ τευνηκώς* eingefügt; dies ist eine Glosse. Es ist nicht unmöglich, daß auch *ὃν ἤγειρεν ἐκ νεκρῶν Ἰησοῦς* eine Glosse ist, da die Wiederholung des Namens Jesu auffällig ist; aber dies reicht als Begründung dafür, den Satz zu streichen, nicht aus.

2. *ἐποίησαν οὖν αὐτῷ δεῖπνον*. Zu *δεῖπνον ποιεῖν* vgl. Mk 6,21; Lk 14,12.16. Bei Joh wird *δεῖπνον* sonst

nur vom Letzten Mahl gebraucht (13,2.4; 21,20); auch hier bedeutet es wahrscheinlich »Abendmahl«. Außerhalb des NT – griechischer Sprachgebrauch sagt nicht eindeutig, welches Mahl mit dem Wort gemeint ist – kann es bedeuten Morgen-, Nachmittag- oder Abendmahl; in Lk 14,12 steht es neben ἄριστον; es bedeutet dort wahrscheinlich ein späteres Mahl. Wenn δεῖπνον »Abendmahl« ist, dann haben wir hier das Abendmahl am Sabbat (s. Komm. zu V. 1), das mit der *Habdalah* (הבדלה) oder dem Gottesdienst verbunden war, der die Trennung (הבדיל, *habdil*, »trennen«) des Sabbats von der übrigen Woche markierte. Dieser Gottesdienst war wahrscheinlich bereits zur Zeit Jesu mit einem Mahl verbunden; denn es gab eine Auseinandersetzung zwischen der Schule des Hillel und der des Schammai über die Frage, ob die Ordnung sein sollte: die Lampe, die Gewürze, die Speisen und die *Habdalah* – oder die Lampe, die Speisen, die Gewürze und die *Habdalah*; auch über die Form des Segensspruchs über der Lampe (Ber 8,5). S. auch Singer, S. 216f. Legenden über Elia, die verbunden waren mit dem Einbringen des Messias zu Beginn einer Woche, wurden mit der *Habdalah* verknüpft (I. Abrahams, Annotated Edition of the Authorised Daily Prayer Book [1914], S. CLXXXII), aber wir kennen ihr Alter nicht; der Gebrauch von Gewürzen jedoch ist offensichtlich alt; er könnte durchaus etwas mit der Salbung zu tun haben. Es ist hinzuzufügen, daß Joh selbst nicht das geringste Wissen und auch kein Interesse an der *Habdalah*-Zeremonie zeigt; er könnte von ihrer Existenz sehr wohl keine Kenntnis gehabt haben.

ἐποίησαν hat kein Subjekt; es ist deshalb nicht deutlich, wer das Mahl gab. Daß Lazarus an der Tafel saß, bedeutet nicht, daß er nicht Gastgeber war, und daß Martha diente, bedeutet nicht, daß sie nicht Gastgeberin gewesen ist (vgl. Lk 10,38–42); die wahrscheinlichste These ist, daß Lazarus, Maria und Martha als die Gastgeber gedacht werden sollten. Joh läßt einfach das mk »Simon, der Aussätzige« und das lk »Simon, der Pharisäer« aus; er setzt einfach voraus, daß der Leser den Bruder und die Schwester ihren Platz wird einnehmen lassen.

ἡ Μάρθα διηκόνει. Vgl. Lk 10,40, ἡ δὲ Μάρθα περιεσπᾶτο περὶ πολλὴν διακονίαν. Dieser Zug und die im Gegensatz dazu stehende Erwähnung der Maria sind ein starker Hinweis darauf, daß Joh Lk kannte. Zum Augment von διηκόνει s. Rutherford, S. 83.86; M II, S. 192.303; Bl-Debr § 69.

ὁ δὲ Λάζαρος εἷς ἦν. Lazarus spielt in der Geschichte keine Rolle, und er wird bis V. 9 nicht erwähnt. Dies läßt die Annahme zu, daß Joh hier keine unabhängige Erzählung hatte, sondern ganz einfach die Gestalten der in Bethanien spielenden mk Geschichte mit der Familie identifizierte, von der er bereits berichtet hatte, daß sie hier wohnte.

3. ἡ οὖν Μαριὰμ λαβοῦσα λίτραν μύρου νάρδου πιστικῆς πολυτίμου. Vgl. Lk 7,37, κομίσασα ἀλάβαστρον μύρου; auch die noch auffälligere Parallele in Mk 14,3 γυνὴ ἔχουσα ἀλάβαστρον μύρου νάρδου πιστικῆς πολυτελοῦς. Am auffallendsten aber ist der Gebrauch des Wortes πιστικός, das nur an diesen Stellen und bei Autoren vorkommt, die ganz sicher von ihnen abhängig sind. Seine Ableitung und Bedeutung sind unsicher, was wahrscheinlich die Auslassung des Wortes in Mk durch D und einige andere Handschriften erklärt. Die Auslassung von νάρδου bei Joh durch P⁶⁶* D ist kaum ernst zu nehmen; würde man dies tun, dann wäre die Abhängigkeit des Joh von Mk so gut wie bewiesen, denn es gäbe keinen anderen Weg, das Femininum πιστικῆς zu erklären. Liddell-Scott leiten dieses Wort von πίνειν ab und geben es durch »flüssig« wieder. Eine andere mögliche griechische Ableitung ist die von πιστός; die Bedeutung ist dann »echt« (Plinius, Historia Naturalis XII, 43 [26], verweist auf die Möglichkeit, Narde zu verfälschen). Es ist sehr unwahrscheinlich, daß sowohl bei Mk wie bei Joh der Text verderbt wurde und er ursprünglich eine Form des lateinischen *spicatum* bot, obwohl dieses Wort in der Vulgatafassung von Mk 14,3 erscheint. Die Annahme, πιστικός sei ein lokaler Handelsname (so daß wir übersetzen müssen »pistische Narde«), ist ein Rat, der aus der Verzweiflung kommt; aber er ist nicht notwendigerweise falsch. Die wahrscheinlich beste Lösung ist, daß Joh ganz einfach das Wort aus Mk übernahm, daß er es vielleicht in der Bedeutung *echt* verstand, daß es aber in Mk eine Transkription des aramäischen פיסתקא *(pistaqa)*, die Pistazie (Black, S. 223ff, der J. Lightfoot, Horae Hebraicae zu Mk 14,3 folgt [Ausgabe von 1699, Utrecht, II, S. 456]) war. Die Salbung wäre dann diejenige, die als das *myrobalanum* bekannt ist. S. weiter M II, S. 379f; MM s. v.

λίτρα in den Papyri, und ohne Zweifel auch hier, ist eine Entsprechung zum römischen *libra*, d. h. ungefähr 327 g. νάρδος ist im AT נרד (*nerd*, LXX νάρδος, Cant 1,12; 4,13f), eine Salbe, die aus dem Osten kommt. Für weitere Einzelheiten s. EBib s. v. Spikenard.

ἤλειψεν τοὺς πόδας. Vgl. Mk 14,3. κατέχεεν αὐτοῦ τῆς κεφαλῆς; Lk 7,38, στᾶσα ἀπίσω παρὰ τοὺς πόδας αὐτοῦ ... καὶ ἤλειφεν τῷ μύρῳ [sc. τοὺς πόδας τοῦ Ἰησοῦ].
Hier folgt Joh der lk und nicht der mk Erzählung. ἀλείφειν bedeutet lediglich »einreiben mit Öl«, wie z. B. nach dem Bad oder beim Sport; vgl. Mt 6,17.

ἐξέμαξεν ταῖς θριξὶν αὐτῆς. Vgl. Lk 7,38, ταῖς θριξὶν τῆς κεφαλῆς αὐτῆς ἐξέμασσεν. Es gibt dazu keine Parallele bei Mk, und Joh läßt die Einzelheit, die sich bei Lk findet, aus, daß nämlich die Frau die Füße Jesu mit ihren Tränen netzte und küßte. Aufgrund dieser Auslassung ist das Trocknen nicht mehr verständlich. Weiter sollte beachtet werden, daß das lose Haar der Frau und der Umstand, daß sie die Füße (und nicht das Haupt) Jesu salbt, leichter in dem lk Kontext erklärbar sind, wo die Frau eine reuige Sünderin ist, als bei Joh, wo sie die Schwester des Lazarus (und offensichtlich gemeinsam mit Martha Gastgeberin) ist. Joh hat die mk und lk Erzählungen miteinander und auch mit eigenem Stoff verbunden, und dies führt zu einiger Verwirrung. Joh dürfte die Salbung des Hauptes Jesu, so wie sie bei Mk berichtet wird, deshalb aufgegeben haben, weil sie zu offensichtlich an die Salbung eines messianischen Königs in einer Weise, die sich nicht mit seinem Verständnis Jesu vertrug, erinnerte, und er übernahm deshalb einen Vorschlag, der von seiner anderen Quelle, eben Lk, geboten wurde.

ἡ δὲ οἰκία ἐπληρώθη ἐκ τῆς ὀσμῆς τοῦ μύρου. Zu ἐκ in der Bedeutung »mit« vgl. Mt 23,25; Offb 8,5. Origenes (Ev Ioannis I,11) sah in diesem Teil einen Verweis auf die Vorhersage in Mk (14,9, bei Joh nicht berichtet), daß die Tat der Frau überall erzählt werden sollte. Dies wird zu einem gewissen Grad durch den Gebrauch der Metapher des Wohlgeruchs in rabbinischen Quellen gestützt: Eccl r 7,1: Gute Salbe breitet sich aus dem Schlafzimmer bis in den Speiseraum aus, aber ein guter Name breitet sich von einem Ende der Welt zum anderen aus. Cant r 1,22 (zu 1,3) erklärt den Vers mit einem Verweis auf Abraham. Vor seiner Berufung (Gen 12,1) war Abraham wie ein Salbentopf, der in einer Ecke stand, dessen Geruch unbekannt war. Als Gott ihn zum Aufbruch rief, wurden seine guten Werke bekannt, und der Name Gottes wurde groß gemacht, wie wenn der Topf herausgebracht wird und die Menschen seinen Duft wahrnehmen. Ob Joh diese (späten) rabbinischen Stellen kannte, ist höchst zweifelhaft, und ob er mehr sagen wollte, als daß die Tat der Maria schnell bekannt wurde, ist fraglich, obwohl man zu Recht hier eine Antwort auf das Argument von Brown sehen könnte, Joh könne die mk Geschichte nicht gekannt haben; denn wenn er sie gekannt hätte, dann hätte er Mk 14,9 nicht ausgelassen. Für Lindars unterstreicht die Tatsache, daß sich das Haus mit dem Parfüm füllte, das Verschwenderische der Tat der Frau. Eine mögliche Anspielung auf diesen Vers begegnet in Ignatius, Eph 17,1, διὰ τοῦτο μύρον ἔλαβεν ἐπὶ τῆς κεφαλῆς αὐτοῦ ὁ κύριος, ἵνα πνέῃ τῇ ἐκκλησίᾳ ἀφθαρσίαν. μὴ ἀλείφεσθε δυσωδίαν ... Die Anspielung schiene möglich, wenn man aus anderen Gründen sicher begründen könnte, daß Ignatius Joh verwendete; aber dies ist nicht so (s. Einleitung, S. 125f).

4. Ἰούδας ὁ Ἰσκαριώτης. Zu Judas, seinem Namen und den Textvarianten, die auftauchen, wenn er erwähnt wird, s. Komm. zu 6,71. Mk 14,4 wird der Vorwurf von τινές vorgebracht; Mt 26,8 von οἱ μαθηταί. S. Komm. zu V. 6.

εἷς ... παραδιδόναι. Vgl. die ähnliche Bezeichnung in 6,71, auch Mk 3,19; 14,10.18.20.43 parr. Alle Evangelien betonen, daß der Verräter einer aus dem inneren Kreis der Jünger war.

5. Vgl. Mk 14,4f, εἰς τί ἡ ἀπώλεια αὕτη τοῦ μύρου γέγονεν; ἠδύνατο γὰρ τοῦτο τὸ μύρον πραθῆναι ἐπάνω δηναρίων τριακοσίων καί δοῦναι τοῖς πτωχοῖς. Der Parallelismus ist sehr eng, und die Übereinstimmung in den Zahlen (διακοσίων in φ scheint ein zufälliger Irrtum zu sein) ist besonders auffällig. Es ist doch sehr wahrscheinlich, daß Joh Mk kannte. Die Priorität liegt eindeutig bei Mk; dort werden die »dreihundert Denar« als Schätzwert angegeben; bei Joh wird dies als Wert der Salbe vorausgesetzt.

6. περὶ . . . ἔμελεν αὐτῷ. Vgl. 10,13 zur Konstruktion und auch zum Sinn; unter den wahren Hirten ist Judas ein Mietling – und noch schlimmer. Dieser Vers könnte joh Komposition sein.

κλέπτης ἦν. Wir haben ansonsten keinen anderen Grund, Judas als einen Dieb zu betrachten, obwohl gesagt wird, er habe für seinen Verrat Geld erhalten. Joh könnte eine unabhängige Tradition haben, aber wahrscheinlicher zeigt sich hier die traditionelle und fortschreitende Schwärzung der Gestalt des Judas.

τὸ γλωσσόκομον. Phrynichus (LXXXIX, Rutherford, S. 181; s. weiter M II, S. 272) bemerkt, die »korrekte« Form sei γλωττοκομεῖον, und das Wort sollte nur für eine Schachtel gebraucht werden, die als Behälter für Flötenmundstücke dient (γλῶτται), aber er fügt hinzu, es sei auch – fälschlicherweise – für andere Behälter gebraucht worden, die Bücher, Kleider, Geld usw. enthielten. Die Papyri bezeugen breit die Bedeutung »Geldbeutel«. Das Wort wird wieder gebraucht 13,29, wo auch Judas als Schatzmeister erscheint.

τὰ βαλλόμενα ἐβάσταζεν. Beide Verben haben Nebenbedeutungen. βάλλειν, ursprünglich »werfen«, wird im hellenistischen Griechisch oft abgeschwächt »legen«, βαστάζειν bedeutet ursprünglich »tragen«; daher »aufheben«, »wegtragen«, »stibitzen«. Die letztere Bedeutung ist wohlbezeugt in den Papyri; s. G. A. Deißmann, Neue Bibelstudien [1897], S. 85.

7. Vgl. Mk 14,6.8, ἄφετε αὐτήν . . . προέλαβεν μυρίσαι τὸ σῶμά μου εἰς τὸν ἐνταφιασμόν. Die Worte bei Mk sind viel eindeutiger als bei Joh. Mk meint: »Laßt die Frau in Frieden . . . Sie hat die Salbung meines Leibes für das Begräbnis vorweggenommen.« Der Leib Jesu wird bei Mk nicht erst nach der Kreuzigung gesalbt, und diese Tat der Liebe bildet den einzigen Ersatz für den letzten Ritus, den die Freunde Jesu aufgrund seiner Auferstehung nicht mehr erfüllen konnten. Die joh Erzählung ist deswegen verwirrend, weil der Evangelist später eine sorgfältige Salbung des Leichnams Jesu durch Joseph von Arimathia und Nikodemus berichtet (19,38–42). Es gibt bei Joh keinen Platz für eine lediglich vorweggenommene Salbung, die den vorgeschriebenen Ritus durch eine gesetzliche Fiktion erfüllte. Die Verwirrung erklärt sich jedoch am leichtesten, wenn man sie darauf zurückführt, daß Joh beständig seiner mk Quelle folgt, und die zeigt sich so als starkes Argument dafür, daß er Mk verwendet. Zwei Schwierigkeiten tauchen auf, obwohl die eine mit der anderen zu tun hat: a) im Blick auf die Konstruktion; b) über die Bedeutung von τηρεῖν. Zu a) Im hellenistischen Griechisch werden ἄφες, ἄφετε fast Hilfszeitworte, die eine erste Person Konjunktiv in der Bedeutung eines Imperativs einführen. Wahrscheinlich muß man ähnlichen Sprachgebrauch an dieser Stelle annehmen, und wenn wir dies tun, dann müssen wir übersetzen »laßt sie es behalten . . .«. S. M I, S. 175. Sonst können wir übersetzen: (1) (in im wesentlichen demselben Sinn) »laßt sie allein, damit sie es behalten kann . . .«; (2) (indem wir das ἵνα imperativisch verstehen – M I, S. 178f. 248) »laßt sie allein; laßt sie es behalten . . .«; (3) »laßt sie allein: (dies war,) damit sie es behalten könne . . .«; (4) unter Vorbehalt gibt Dodd zu erwägen, wir sollten τηρήσῃ konstruieren, als ob es τετηρηκυῖα ἦ, wäre: »Laßt es zu, daß sie es aufbewahrt hat.« Keine dieser Möglichkeiten kann allein aus grammatikalischen Gründen verworfen werden, und die Konstruktion bleibt ungewiß und unklar. Zu b) Es ist noch schwieriger, die Bedeutung von τηρεῖν zu verstehen. In welchem Sinn kann die Frau die Salbe »behalten«, die sie bereits verwendet hat? (Die Variante τετήρηκεν ist ein offenkundiger Versuch, die Schwierigkeit auszuräumen.) Wenn jemand vorschlägt, nur ein kleiner Teil der Salbe sei verwendet worden und der Rest könnte also aufbewahrt werden, dann erfaßt er nicht nur nicht den Geist der Erzählung, sondern er übersieht auch V. 3c. Es paßt gleichermaßen nicht zur Erzählung, wenn man vermutet, daß Joh an einen wunderbaren, unerschöpflichen Vorrat an Salbe gedacht hat. Die einfachste Annahme ist, daß hier τηρεῖν nicht bedeutet »aufzubewahren«, sondern »im Sinn behalten«, »sich erinnern«. Wir müßten dann übersetzen: ». . . laßt sie sich daran (an die Salbe oder den Akt der Salbung) am Tag meines Begräbnisses erinnern.« In der vorliegenden Form des Evangeliums würde dies bedeuten: »Laßt sie, wenn Joseph und Nikodemus meinen Leib salben, sich erinnern, daß sie diesen Akt der Frömmigkeit schattenhaft vorabgebildet hat und so an ihm teilhatte«; aber dies könnte eine vorjoh Stufe der Überlieferung widerspiegeln, in welcher die Salbung durch Joseph und Nikodemus nicht erwähnt wurde (Daube, a. a. O.), und in diesem Stadium würde es wahrschein-lich bedeuten: »Laßt sie sich erinnern, wenn mein Leib dem Grab ohne geziemende Fürsorge über-geben wird, daß sie ihn vorweg bereits gesalbt hat.« Dem wird entgegengehalten, und der Einwand ist ernst zu nehmen, daß τηρεῖν nicht bedeutet »sich erinnern«. Das Wort kommt bei Joh besonders häufig vor und bedeutet »aufbewahren« (z. B. guten Wein) oder »halten« (z. B. das Wort oder den Befehl Jesu; oder den Sabbat); vgl. jedoch Lk 2,19.51 (συνετήρει... διετήρει, wo jedoch »in ihrem Herzen« angefügt wird). Eine weitere Möglichkeit muß angemerkt werden: Ein ursprünglich ara-mäisches Original hinter dem Griechischen (Torrey, S. 61–63) könnte als eine Frage verstanden werden: »Laßt sie in Ruhe; sollte sie es aufbewahren bis zum Tag meines Begräbnisses?« Dies ist eine durchaus reizvolle Hypothese, aber es gibt keine Erklärung, und es kann auch für die Torheit des Übersetzers keine gegeben werden, der so die Bedeutung seines Textes umkehrte. Die besten Möglichkeiten sind (1), daß wir die lexikalischen Belege mißachten und übersetzen »laßt sie sich erinnern...«; (2) daß wir die nicht sehr natürliche Ansicht vertreten sollten, αὐτό verweise auf den Akt der Salbung, und übersetzen: »Laßt sie den letzten Ritus *jetzt* üben mit Blick auf den Tag meines Begräbnisses«; (3) daß wir zurückblicken auf den V. 5 und den Satz folgendermaßen ergän-zen: »daß sie nicht die Salbe verkauft und den Erlös den Armen gegeben hat, geschah, daß sie bewahrte...«. Man kann nicht behaupten, daß irgendeiner dieser Versuche völlig befriedigend ist.

8. Vgl. Mk 14,7, πάντοτε γὰρ τοὺς πτωχοὺς ἔχετε μεϑ᾿ ἑαυτῶν, καὶ ὅταν ϑέλητε δύνασϑε αὐτοῖς εὖ ποιῆσαι, ἐμὲ δὲ οὐ πάντοτε ἔχετε. Dieser Vers steht bei Mk zwischen dem Befehl, die Frau in Frieden zu lassen, und dem Wort über das Begräbnis. Bei Joh wird der Vers ganz ausgelassen von D sin, viel-leicht zu Recht, da er hier keine direkte Verbindung mit dem Kontext hat (V. 5 wird beantwortet durch V. 7, und V. 6 tritt dazwischen); er könnte auf Assimilation zurückzuführen sein. Zu den Armen vgl. Dt 15,11, es werden immer Arme im Lande sein, denn die Sorge um die Toten ist ein gutes Werk, das mehr wert ist, als Almosen geben; vgl. T. Pea 4,19 (24); Sukka 49b.

9. ἔγνω. Vgl. 11,56. ὁ ὄχλος πολύς. Diese sind offensichtlich nicht die herrschenden Juden (s. den nächsten Vers, ἀρχιερεῖς), obwohl im allgemeinen bei Joh οἱ Ἰουδαῖοι die Feinde Jesu sind (s. Komm. zu 1,19). ὁ ὄχλος πολύς (mit dem Artikel) begegnet wieder bei Joh nur V. 12, wo es die große Menge beschreibt, die nach Jerusalem zum Fest kam; V. 9 muß das Wort dieselbe Bedeutung haben, obwohl ansonsten die Annahme naheläge, daß hier das gemeine Volk (עמי הארץ, 'amme ha'arets, s. Komm. zu 7,49) gemeint sei.

10. ἐβουλεύσαντο δὲ οἱ ἀρχιερεῖς. Die Hohenpriester werden (zusammen mit den Pharisäern) als die-jenigen genannt, die den Anschlag planten, Jesus zu verhaften (7,32.45); aber die Pläne reifen in 11,47–53. Es zeigt sich, daß Lazarus ein Grund für den Glauben an Jesus ist; es wird deshalb not-wendig, auch ihn zu beseitigen.

11. ὑπῆγον. ὑπάγειν ist ein gebräuchliches Wort bei Joh. Hier meint es, daß viele Juden ihre frühere Zugehörigkeit zum Judentum und ihre Lebensweise *aufgegeben* haben, um Jünger zu werden; vgl. 6,67, wo viele Jünger in ähnlicher Weise Jesus verließen und nicht mehr mit ihm gingen. Es ist so keine Notwendigkeit für die Hypothese gegeben (Torrey, S. 30.39f.43f), »gingen und glaubten« stehe für אזלין ומהמנין, welches hätte übersetzt werden sollen: »glaubten in zunehmender Anzahl«. Selbst wenn wir die Konjektur des Aramäischen annehmen, müßten wir wahrscheinlich übersetzen: »glaubten mehr und mehr«. Zum Glauben einer großen Anzahl von Juden vgl. 2,23, zum über-zeugenden Wert von Zeichen vgl. 20,30f.

25. Der Einzug in Jerusalem

12,12–19

Die Erzählung vom Einzug Jesu in Jerusalem, reitend auf einem Esel und jubelnd begrüßt von der Menge, begegnet auch in den Synoptikern (Mk 11,1–11; Mt 21,1–11; Lk 19,29–38). Die Erzählungen sind tatsächlich nicht identisch, aber man kann doch kaum sagen, Joh unterscheide sich von der Erzählung des Mk stärker, als dies Mt und Lk tun. Joh führt (V. 15) einen expliziten Verweis auf Sach 9,9 ein, genauso wie Mt (21,5); Jesus wird begrüßt als König (V. 13), genauso bei Lk (19,38). Der wichtigste Unterschied zwischen Joh und Mk ist der, daß bei Mk Jesus den Verlauf der Dinge in Bewegung setzt, indem er für die Beschaffung eines Reittieres sorgt, während er bei Joh, nachdem er den Applaus der Menge empfangen hat, einen jungen Esel »findet« (V. 14) und auf ihm reitet; s. dazu u. Der wesentliche Inhalt der Erzählung bei Joh ist der gleiche wie bei Mk, und obwohl nicht bewiesen werden kann, daß Joh Mk gelesen hat, gibt es doch keine einfachere und naheliegendere Hypothese, als daß er dies getan hat und sie im Licht seiner theologischen Interessen modifizierte. S. Einleitung, S. 59ff. Ob er nun auf Mk aufbaut oder nicht, der wesentliche Inhalt der Erzählung ist traditionell, und Joh verändert ihn nicht sehr. Er legt jedoch Gewicht auf zwei theologische Themen, die für ihn von besonderer Bedeutung sind: a) Er betont, daß Jesus ὁ βασιλεὺς τοῦ Ἰσραήλ ist (V. 13), der Messiaskönig, der in einer Weise empfangen wird, die seinem Rang zukommt. Joh weiß, daß die Anklage, aufgrund deren Jesus tatsächlich hingerichtet wurde, sein von dem römischen Statthalter falsch verstandener Anspruch war, er sei ein König; dies entwickelt er ausführlich in der Passionsgeschichte (18,33–40; 19,1–6.12–16.19), und er verwendet das vorliegende Ereignis, diesen Gedanken einzuführen. b) Er stellt fest, daß die Jünger, obwohl sie später die königliche Bedeutung des Einzugs erkannten, zu dieser Zeit dies nicht taten (V. 16; s. Komm. z. St.). Die Verherrlichung Jesu war eine notwendige Bedingung ihres Verstehens – ein anderes Hauptthema des Evangeliums.

Joh merkt nicht, daß seine Darstellung dieser zwei Themen geschichtlich kaum möglich ist; oder wenn er dies merkt, dann liegt ihm so wenig an den Einzelheiten der Geschichte, daß er den Widerspruch nicht korrigiert, den er, wie sich zeigt, in die Erzählung eingeführt hat. Wenn die Jünger die messianische Bedeutung des Einzuges nicht verstanden, dann verstand dies a fortiori auch die Menge nicht (vgl. Mt 21,11); wenn sie aber den Vorfall nicht in dieser Weise verstanden, hätten sie Jesus nicht als den König Israels gegrüßt. ὁ ἐρχόμενος kann ursprünglich eine andere Bedeutung gehabt haben (vgl. 6,14, ὁ προφήτης ὁ ἐρχόμενος εἰς τὸν κόσμον).

Es kann sein (s. o.), daß Joh absichtlich die Abfolge, in welcher die Akklamation und der Verweis auf den Esel in der Erzählung begegnen, umkehrte. Nach Meinung verschiedener neuerer Kommentatoren (z. B. Dodd, Sanders, Brown, Lindars) wollte er zeigen, daß Jesus seine Bezeichnung als König nur dann annehmen konnte und wollte, wenn dies nach der Art des Friedensfürsten von Sacharja verstanden wurde, der nicht auf einem Streitroß, sondern auf einem Esel reitet. Diese Sicht ist sicherlich wahrscheinlicher (s. Komm. zu V. 13) als die These, der Einzug sollte das Stichwort für eine nationalistische Erhebung sein. Selbst wenn dies (was unwahrscheinlich ist) die ursprüngliche Intention des Ereignisses war, dann heißt dies Joh nicht gut. Wahrscheinlich hat er an der umständlichen Erzählung des Mk kein Interesse, und er führte den Esel so kurz wie möglich ein, als er ihn brauchte, um das Zitat aus Sacharja vorzubereiten.

Die Pharisäer bemerken die enthusiastische Begrüßung, die Jesus bereitet wird; sie kommentieren gleichsam ihre Unfähigkeit, mit der Situation fertigzuwerden, mit Worten voll joh Ironie:»Die ganze Welt läuft ihm nach.«

12. τῇ ἐπαύριον. Zur Zeitangabe vgl. 1,29. Diese blickt zurück auf 12,1; der Abstand zwischen dem Tag dieses Verses (fünf Tage vor Passa) und 13,1 (einen Tag vor Passa) wird durch V. 36 erklärt (Ἰησοῦς) ἀπελϑὼν ἐκρύβη. Bei Mk geht der triumphale Einzug der Salbung voran (11,1–11; 14,3–9). Nach ἐπαύριον fügt sin zu:»Er ging fort und kam zum Ölberg; und...« Dies erinnert an Mk 11,11.19; Lk 21,37; aber die Herkunft der Lesart bleibt im dunklen.

ὁ ὄχλος πολὺς ὁ ἐλϑὼν εἰς τὴν ἑορτήν. Das Passafest war eines der drei jährlichen Wallfahrtsfeste, und große Menschenmengen versammelten sich in Jerusalem. Josephus (Bell VI,422–425) spricht von einem Zensus, der auf Befehl des Cestius Gallus (des Statthalters von Syrien zur Zeit des Ausbruchs des Jüdischen Krieges) gehalten wurde, wo die Zahl der Teilnehmer auf 2 700 000 geschätzt wurde. Es ist schwer zu glauben, daß eine solch große Anzahl innerhalb der Stadtgrenzen (selbst wenn man sie für diesen Zweck erweiterte) aufgenommen werden konnte; aber ohne Zweifel waren gewaltige Menschenmengen anwesend.

ἀκούσαντες ist konstruiert ad sensum mit ὄχλος. Vgl. V. 9.

13. τὰ βαΐα τῶν φοινίκων. βάϊον (Liddell-Scott) ist abgeleitet von dem koptischen *bai(i)*,»Zweig der Dattelpalme«. Die gebräuchlichere Form ist βαΐς (βάϊς), aber die joh Form wird in den Papyri (s. MM s. v.) und auch 1Makk 13,51 (aber sonst nicht in der griechischen Bibel) bezeugt, obwohl hier die Form βαιων (Genitiv Plural) möglicherweise von βάϊς abgeleitet sein könnte. In 1Makk wie bei Joh werden die Palmzweige bei einer triumphalen Prozession verwendet. φοίνιξ, das zuweilen für Palmzweige gebraucht wird (z. B. Offb 7,9), wird hier eben dies bedeuten, so daß der volle Ausdruck, βάϊα τῶν φοινίκων, pleonastisch ist, obwohl er auch (ohne die Artikel) in Test Naph 5,4 vorkommt. Die Verwendung der Palmzweige bedeutet wahrscheinlich nicht mehr als ein jubelndes Willkommen, das man einer berühmten Person bietet; so Mk 11,8, ἄλλοι δὲ (ἔστρωσαν) στιβάδας κόψαντες ἐκ τῶν ἀγρῶν. Es ist jedoch nicht unmöglich, daß Joh hier den לוּלָב darstellen wollte (*lulab*, wörtlich »Palmzweig«); es handelt sich hier um ein Bündel aus Palmen, Myrten und Weiden (Sukka 3) in Erfüllung von Lev 23,40 (beachte... κάλλυνϑρα φοινίκων...), welches beim Laubhüttenfest gebraucht wurde. Diese Feststräuße wurden bei dem Wort Hosianna geschwenkt, wenn der Ps 118 beim Laubhüttenfest gesungen wurde (Sukka 3,9). Nach 2Makk 1,9; 10,6 wurde das Tempelweihefest (s. Komm. zu 10,22) in ähnlicher Weise wie das Laubhüttenfest gefeiert; zu der Annahme, der Einzug Jesu in Jerusalem habe die Bedeutung einer neuen Weihe, s. F. C. Burkitt, JThSt OS 17 [1916], 139–149, mit C. G. Montefiore, The Synoptic Gospels [1927], I, S. 259f. S. weiter zusätzlich zu den Kommentaren W. R. Farmer, JThSt NS 3 [1952], S. 62–66, und B. A. Mastin, NTS 16 [1969], S. 76–82. Die Experten sind unterschiedlicher Meinung, wenn es um die Frage geht, ob in der Stadt Jerusalem Palmen wuchsen und sie deshalb leicht·zu haben waren; man kann wohl gewiß mit J. Jeremias sagen:»Berücksichtigen wir..., daß es noch heute einige Palmen in Jerusalem gibt, daß ferner Arist. § 112, Datteln mit aufzählt... so erscheint seine (des Joh) Angabe durchaus im Bereiche der Möglichkeit zu liegen« (Jerusalem, S. 47). Das Element einer vorbedachten Handlung wird dann beschränkt sein auf ἔλαβον und den Artikel τά, welchen man jedoch überdeutet, wenn man übersetzt:»Sie nahmen *die* Palmenzweige«, d. h. jene, die zu diesem Zweck herbeigeschafft worden waren (vielleicht aus Jericho). Die Palmen allein schon, selbst wenn sie nicht ein Bestandteil des *lulab* sind, geben der Szene ein nationalistisches Flair, aber Nationalismus und Religion gingen im ersten Jahrhundert oft Hand in Hand. Die Einzelheiten, die Joh gibt, lassen lediglich Raum für Spekulation zu und könnten schließlich am besten wie jene in Mk als Zeichen einer spontanen

Begeisterung erklärt werden, obwohl die Palmen als Symbole durchaus zu den Worten paßten, die wir im Munde der Menge hören; s. u.

ἐξῆλϑον εἰς ὑπάντησιν. Dies läßt daran denken, daß die Menge bereits in Jerusalem war und herauskam, um Jesus zu treffen. V. 17f läßt sogar an zwei Gruppen denken, die eine, die Jesus begleitete, die andere, die aus der Stadt herauskam, um ihn zu treffen.

ὡσαννά. Eine Transkription des hebräischen הושיעה נא oder wahrscheinlicher des entsprechenden aramäischen הושענא, Ps 118,25. Die LXX übersetzt genau σῶσον δή, »rette jetzt, wir bitten dich«. Bei Joh finden sich die Schwierigkeiten nicht, die sich aus dem Gebrauch des Wortes bei Mk ergeben (11,10). Der Psalm war der letzte in der *Hallel*-Gruppe, der am Passafest gesungen wurde; er war aber auch ein besonderer Teil des Laubhüttenfestes; s. Sukka 3,9; 4,5. Es könnte sein, daß das Wort bereits viel von seiner ursprünglichen Bedeutung verloren hatte und lediglich zum Jubelruf geworden war.

εὐλογημένος ὁ ἐρχόμενος ἐν ὀνόματι κυρίου. So auch Mk 11,9. Ps 118,26 lautet ברוך הבא בשם יהוה, gesegnet sei, der da kommt im Namen des Herrn, wo »im Namen des Herrn« sicher mit »gesegnet« zusammengenommen werden sollte. Joh jedoch meinte, wie schon Mk vor ihm: »Gesegnet sei, der kommt im Namen, d. h. zum Werk und mit der Vollmacht des Herrn.« Die LXX hat hier dieselben Worte wie Joh und Mk, so daß wir nicht sagen können, ob Joh das Hebräische übersetzt hat, eine Anleihe bei Mk machte oder LXX zitierte. Es ist möglich, aber unwahrscheinlich, daß hier ein Verweis auf Elia vorliegt (Daube, Rabbinic Judaism, S. 20–23).

καὶ ὁ βασιλεὺς (καὶ ὁ β. P75 B א; ὁ β. P66 D Θ; β. Ω) τοῦ Ἰσραήλ. Vgl. Mk 11,10, εὐλογημένη ἡ ἐρχομένη βασιλεία τοῦ πατρὸς ἡμῶν Δαυίδ. Lk 19,38 hat εὐλογημένος ὁ ἐρχόμενος, ὁ βασιλεὺς ἐν ὀνόματι κυρίου. Hier ist *König* sicher eine Interpretation des *Kommenden*; dies trifft ohne Zweifel auch für Joh zu, denn καὶ (wenn man es liest) wird bedeuten »d. h. zu sagen«, es koordiniert die zwei Titel in einem: Der *Kommende* ist (nicht Elia, sondern) der Messias. Der Verweis, wahrscheinlich eine interpretierende Glosse des Joh, ist eine Verdeutlichung des Mk, beruhend auf Sach 9,9 (vgl. Sach 3,15), welches in V. 15 zitiert wird. Zu Jesus als dem König Israels (nicht der Juden; vgl. 18,33.39; 19.3.14.19) s. 1,49; 18,37; 19,19 und den Komm. z. St.

14. εὑρὼν δὲ ὁ Ἰησοῦς ὀνάριον. Vgl. Mk 11,1–7, wo die Beschaffung des Esels viel genauer beschrieben wird. Die Annahme, Joh wollte Mk korrigieren, ist unnötig; εὑρὼν konnte bedeuten »nach einer Suche finden«, »mit Hilfe anderer finden«; es kürzt eine Geschichte ab, die Joh nicht besonders wichtig fand; er hat für Jesus höhere Kategorien als die des ϑεῖος ἀνήρ mit dem zweiten Gesicht (s. Einleitung, S. 90). Jedoch ist die Beobachtung zutreffend, daß Joh, anders als Mk, das Auffinden des Tieres *nach* der Ovation bringt, und es könnte sein, daß er die Auswahl des Esels als eine Korrektur des nationalistischen Enthusiasmus der Menge verstanden haben wollte. Es ist jedoch gleichermaßen möglich (s. o.), daß er einfach die Geschichte entsprechend ihren atl Bestandteilen zurechtrückt: Jesus wird als der kommende König in der Sprache von Ps 118 gegrüßt; dann findet er einen Esel und erfüllt so Sach 9. ὀνάριον, Hapax legomenon im NT, ist die abgekürzte Entsprechung des Joh für πῶλον ὄνου in V. 15.

καϑώς ἐστιν γεγραμμένον. Vgl. 6,31.

15. Das Zitat von Sach 9,9 bei Joh unterscheidet sich sowohl vom Hebräischen als auch der LXX an zwei Punkten: a) Joh hat μὴ φοβοῦ, hebräisch גילי מאד, freue dich sehr; die LXX gibt das Hebräische sachgemäß wieder: χαῖρε σφόδρα. Die Quelle der Version des Joh liegt im dunkeln; es gibt keinen Beleg für ihre frühere Existenz, weder in einer zusammenhängenden Übersetzung des AT noch in einer Testimoniensammlung. Es gibt keine bessere Erklärung als die, daß Joh frei aus der Erinnerung zitiert. Eine Stelle wie Jes 40,9 (μὴ φοβεῖσϑε... Ἰδοὺ ὁ ϑεὸς ὑμῶν) könnte seine Erinnerung beeinflußt haben (vgl.. Jes 44,2; Zeph 3,16). b) Das Zitat endet bei Joh καϑήμενος ἐπὶ πῶλον ὄνου. Das Hebräische hat רכב על חמור ועל עיר בן אתנות, reitet auf einem Esel, ja einem jungen Tier, dem Füllen einer Eselin; die LXX ἐπιβεβηκὼς ἐπὶ ὑποζύγιον καὶ πῶλον νέον. Auch hier könnte Joh ganz einfach unsorgfältig zitieren; oder vielleicht war ihm das Mißverständnis, zu welchem der hebräische Paral-

lelismus einlud, bewußt (und dies konnte im Mt geschehen sein), und er schrieb die schwierigen Worte einfach und deutlich, wobei es ihm mehr auf den Sinn als auf wörtliche Genauigkeit ankam. Joh gebraucht atl *testimonia* häufiger in der Erzählung als in der Rede; hier gibt er selbstverständlich Überlieferungsmaterial wieder. Martyn (S. 98 ff) weist darauf hin, daß wir hier eines der drei messianischen Zeichen von Eccl r 1,8 haben, wo Sach 9,9 als Gegenstück zu Exod 4,20 erscheint; vgl. 6,1–14; 7,37f; 4,13. Im Midrasch wird der Messias mit Mose verglichen, aber dieser Vergleich erscheint bei Joh nicht an der vorliegenden Stelle.

ϑυγάτηρ Σιών. Dieser Ausdruck (die LXX gebraucht den Vokativ, ist aber ansonsten identisch) ergibt sich aus dem hebräischen Gebrauch des Femininums im Kollektiven (G. K., S. 414).

16. *ἔγνωσαν.* D Θ lesen *ἐνόησαν. νοεῖν* begegnet sonst bei Joh nur 12,40 (ein Zitat) und könnte durchaus ursprünglich sein. Es wäre nur natürlich, in es das sehr gebräuchliche *γινώσκειν* umzuändern. Zum Gedanken des Verses vgl. 2,22; 13,7; zu *ἐδοξάσϑη* vgl. 7,39; 12,23 u. ö. Zum Geist (s. 7,39), der das Wirken Jesu erklärt, s. 15,26; 16,13f. Manchmal (wenn auch nicht in jedem Falle) scheinen die Jünger bei Joh genauso langsam zu verstehen wie bei Mk; vgl. bes. 16,29–32. Hier sind sie nicht in der Lage, die messianische, königliche Bedeutung des Einzugs in Jerusalem zu sehen, worauf Joh selbst offensichtlich einiges Gewicht legte. Sie erkennen in dem Gebrauch des Esels durch Jesus nicht die Erfüllung der Weissagung. Indem er ihre Unfähigkeit betont, wollte Joh wahrscheinlich die Notwendigkeit der Verherrlichung Jesu (und implizit die Gabe des Geistes) herausstellen, ehe selbst seine engsten Anhänger ihn verstehen konnten. Es ist auch wahrscheinlich, daß Joh, indem er dies tat, absichtlich oder unabsichtlich, eine alte und zuverlässige Tradition wiedergab und die Jünger tatsächlich nicht in der Lage waren, das zu verstehen, was sie sahen. Ist diese Sicht jedoch korrekt, dann muß man auch ihre Konsequenzen beachten und akzeptieren. Wenn selbst die Jünger im Einzug Jesu nicht den Einzug des Messias sahen, dann ist es sehr unwahrscheinlich, daß die Menge dies tat. Warum sollten sie schneller die atl Anspielung sehen? Joh aber schildert sie, wie sie Jesus als *ὁ βασιλεὺς τοῦ Ἰσραήλ* (V. 13) begrüßte. Die Erzählung widerspricht sich wirklich selbst. Es könnte durchaus sein, daß die Menge Jesus als *ὁ ἐρχόμενος* grüßte, *ohne* die Wendung messianisch zu verstehen, d. h., ohne Jesus selbst als Messias zu betrachten. Aber Joh a) führte den Titel *ὁ βασιλεὺς τοῦ Ἰσραήλ* unter dem Einfluß von Sach 9,9 ein, um auf diese Weise Jesus als den wahren König Israels darzustellen, und er bemerkte b) – wahrscheinlich durchaus zutreffend –, daß vor der Vollendung des Werkes Christi die Jünger nicht verstanden, was vor sich ging, daß ihm aber auch der Widerspruch, den er dadurch einführte, nicht auffiel.

ταῦτα ἐποίησαν. Nur in den Synoptikern, nicht bei Joh, hatten sie (die Jünger) etwas zu dem Ereignis beigetragen; die Worte des Joh zeigen ein Wissen um die ältere Tradition, wahrscheinlich Mk.

17. *ἐμαρτύρει.* Sie verkündigten, was getan worden war, als Zeugnis für die Macht Jesu. Vgl. das Zeugnis, das die Zeichen selbst ablegen, z. B. 5,36.

ὅτε] *ὅτι,* P⁶⁶ D it sin pesch. Dies ist wahrscheinlich ein Versuch, die Szene zu vereinfachen; s. Komm. zum nächsten Vers.

18. *διὰ τοῦτο καὶ ὑπήντησεν αὐτῷ ὁ ὄχλος.* Vgl. V. 13. Die Worte lassen an eine Menge denken, die Jesus begleitet und das Wunder verkündigt, und zugleich an eine andere Menge, die aus Jerusalem herauskam, da sie gehört hatte, was verkündigt wurde.

τοῦτο αὐτὸν πεποιηκέναι τὸ σημεῖον. τοῦτο ist in eine betonte Stellung gebracht. Dieses Wunder war, wie Joh an anderer Stelle (bes. 11,45f) erkennen läßt, von ganz entscheidender Bedeutung.

19. *οἱ οὖν Φαρισαῖοι εἶπαν πρὸς ἑαυτούς.* Vgl. in 11,47 *οἱ ἀρχιερεῖς καὶ οἱ Φαρισαῖοι.* Es ist zweifelhaft, ob Joh deutlich zwischen den beiden Gruppen unterschied. Black (S. 103) ist der Meinung, *πρὸς ἑαυτούς* stehe für den aramäischen ethischen Dativ, und Sanders übersetzt »für ihren Teil«. Aber s. Bl-Debr § 287; *ἑαυτούς* wird für *ἀλλήλους* gebraucht.

ϑεωρεῖτε (wahrscheinlich Indikativ, aber möglicherweise Imperativ) *ὅτι οὐκ ὠφελεῖτε οὐδέν.* Vgl. 11,49. Zum Gebrauch von *ὠφελεῖν* vgl. Mt 27,24; Joh 6,63: Ihr tut nichts Gutes, ihr richtet nichts aus.

414

ὁ κόσμος. D Θ φ it vg sin pesch fügen ὅλος oder ähnliches hinzu, vielleicht zu Recht; ausgelassen wird es von P⁶⁶ P⁷⁵ א B. כל העולם (wie ähnliche Ausdrücke im Aramäischen) ist eine gebräuchliche Redewendung in dem Sinn von »jedermann« (*tout le monde*). Der Sprachgebrauch ist semitisch, nicht griechisch. Vgl. in diesem Evangelium 7,4; 14,22; 18,20. Die Pharisäer müssen nicht mehr meinen als: »jedermann ist auf seiner Seite«. Joh jedoch schreibt sein eigenes charakteristisches Griechisch und impliziert ironisch in den Worten, die er den Juden zuschreibt, die zwei Wahrheiten: a) daß Jesus in die Welt gesandt wurde, um sie zu erretten (3,17); b) daß die Repräsentanten der heidnischen Welt (V. 20), die Vorläufer der heidnischen Kirche, sich in diesem Augenblick näherten. Vgl. auch 11,52; 12,32. Universalismus ist bereits implizit in Sach 9,9 enthalten. Lindars nimmt an, daß auf diese Stelle ursprünglich die Tempelreinigung (die jetzt nach 2,13–25 gerückt ist) und dann 11,47f folgte.

26. Die Griechen beim Fest

12,20–36

Die Annäherung der Griechen, die zu Philippus mit der Bitte kommen: »Herr, wir möchten Jesus sehen«, markiert das Ende des ersten Teils des Evangeliums und die Erfüllung von 12,19. Die Welt läuft ihm nach. Joh schreibt für Griechen (Heiden); er weiß, daß die christliche Botschaft sie erreicht hat und die christliche Kirche sie einschließt, aber sie erscheinen nur am Rand der Evangelienüberlieferung. Es ist nicht das Ergebnis eines Zufalls oder schlechter Schriftstellerei, daß die Griechen, die Jesus zu sehen wünschen, niemals in seiner Gegenwart erscheinen, es ist auch nicht auf eine sorgfältige Bemühung um genaue Geschichte zurückzuführen. Sie können Jesus noch nicht sehen, aber ihre Anwesenheit ist ein Hinweis darauf, daß die Stunde des Todes und der Herrlichkeit Jesu nahe bevorsteht; denn erst nach der Kreuzigung erreicht das Evangelium sowohl Juden als auch Heiden. Jesus hat nun keinen Platz mehr im Judentum, das für sich selbst seinen Platz in den Plänen Gottes verworfen hat. Gesegnet sind jene, die nicht gesehen, aber geglaubt haben (20,29). Paulus gab nicht in derselben Weise den Glauben auf, daß Israel eine besondere Berufung behalte (Röm 9–11).

Der durch das Kommen der Griechen eingeführte Stoff stammt wesentlich aus der synoptischen Tradition. Der Verweis auf den Samen, der sterben muß, bevor er Frucht tragen kann (V. 24), erinnert an die synoptischen Gleichnisse über Saat und säen (Mk 4,3–9.26–29.30–32; Mt 13,3–9.24–30.31f; Lk 8,4–8; 13,18f). Die folgenden Logien (V. 25f) über den Verlust und die Errettung des Lebens werden mit nur geringen Veränderungen aus Mk (8,34f; Mt 10,39; Lk 9,23f; 17,33) genommen. V. 27–30 sind aus den synoptischen Erzählungen des Kampfes Jesu in Gethsemane (Mk 14,32–42; Mt 26,36–46; Lk 22,40–46) entnommen, und der Schlußabschnitt befaßt sich mit dem Titel Menschensohn und kehrt zurück zu den Bildern von Licht und Finsternis. Zu ersterem s. Einleitung, S. 87ff, u. Komm. zu 1,51; zu letzterem Komm. zu 8,12. Es ist wichtig zu beachten, welchen Stoff Joh so für diesen bedeutsamen Punkt in seinem Evangelium ausgewählt hat; er stimmt mit der Hauptthematik des Evangeliums als Ganzem überein. Der zentrale Punkt ist der völlige Gehorsam Jesu gegenüber dem Vater. Dieses Thema, das immer wieder betont herausgestellt wird, macht allein die Offenbarung

Gottes möglich, die in seinem Wirken stattfindet. Es wird hier durch die Überlieferung von Gethsemane illustriert, aber diese wird absichtlich allgemeiner als in den synoptischen Evangelien gefaßt. Die »Stunde« des Leidens und Sterbens findet Jesus vorbereitet vor, denn er hat für kein anderes Ziel als für seine völlige Selbsthingabe an Gott gelebt. Der Tod Jesu, gesehen als der Höhepunkt seines Lebens in Gehorsam, bedeutet a) das Gericht dieser Welt (V. 31); b) die Erhöhung des Menschensohns (V. 23.32); c) den Höhepunkt und die Ernte des ganzen Wirkens (V. 24); und d) eine Herausforderung für Israel (V. 35f). Alle diese Punkte sind höchst charakteristisch für das joh Denken.

Der Abschnitt endet mit der Betonung der Dringlichkeit der Situation, mit welcher die Juden konfrontiert werden. Für sie scheint das Licht nur noch eine kleine Weile. Bald wird Jesus sich verbergen (V. 36), und wenn das Licht wieder scheint, dann wird es dies tun, um »die Heiden zu erleuchten«, Israel aber zu richten. Der Punkt hat jedoch beständig Gültigkeit; er betrifft auch die Leser des Joh; es ist wichtig, daß auch sie das Licht ohne Verzug annehmen.

20. Ἕλληνές τινες. Das Wort Ἕλλην bezeichnet nicht jemanden, der im engeren Sinn ein Grieche ist, sondern einen Menschen von nichtjüdischer Abstammung. Vgl. 7,35, und s. Mk 7,26, wo eine Frau, die zunächst als eine »Griechin« (Ἑλληνίς) beschrieben wird, dann weiter als eine Syro-Phoenikerin genauer bestimmt wird. Nach J. A. T. Robinson (NTS 6 [1960], S. 120) sind »diese Griechen *nicht* Heiden. Sie sind griechisch sprechende Juden.« Dann ist es freilich schwer einzusehen, warum Joh sie Ἕλληνες nannte. Diese »Griechen« werden hier und im nächsten Vers erwähnt, und dann hört man nichts mehr von ihnen; die Erzählung schreitet ohne sie fort. Sie sprechen als die Repräsentanten der heidnischen Kirche, zu welcher Joh und seine Leser gehörten.

ἐκ τῶν ἀναβαινόντων ἵνα προσκυνήσωσιν. Zu ἀναβαίνειν als Terminus technicus s. Komm. zu 2,13. Es ist möglich, daß ἀναβαινόντων (nicht ἀναβάντων) ein Frequentativum ist; nicht »jene, die zum Fest heraufgekommen waren«, sondern »jene, die gewöhnlich zum Fest kamen«. Man kann nicht sicher zu dem Schluß kommen, diese Männer seien Proselyten, obwohl sie es gewesen sein mögen. Vgl. Apg 8,27; der äthiopische Eunuch (der niemals ein Proselyt gewesen sein konnte) ἐληλύθει προσκυνήσων. S. auch Josephus, Bell VI,427, . . . τοῖς ἀλλοφύλοις, ὅσοι κατὰ θρησκείαν παρῆσαν; diese Personen waren offensichtlich keine Vollproselyten, da es ihnen nicht erlaubt war, am Passafest teilzunehmen. Man braucht jedoch nicht anzunehmen, daß Joh für sich den Status der Männer eindeutig bestimmt hatte; es genügte, daß sie nicht Juden waren.

21. Φιλίππῳ τῷ ἀπὸ Βηθσαϊδὰ τῆς Γαλιλαίας. Zu Philippus, seinem griechischen Namen und seinem Geburtsort s. Komm. zu 1,44. Daß Bethsaida wirklich nicht in Galiläa, sondern in der Gaulanitis lag, reicht nicht als Begründung dafür aus, warum Joh die Heiden unter den Zwölfen sich gerade an Philippus wenden ließ, da Joh offensichtlich (wenn auch fälschlich) annahm, es läge in Galiläa. Es lag tatsächlich gerade auf der anderen Seite der Grenze. So ist es unnötig, ein anderes, ansonsten unbekanntes Bethsaida in Galiläa anzunehmen. Joh kann an Jes 9,1–7 gedacht haben (Lightfoot).

κύριε – hier selbstverständlich mit der höflichen Anrede »Herr« zu übersetzen.

θέλομεν τὸν Ἰησοῦν ἰδεῖν. Zu ἰδεῖν »ein Gespräch haben mit« vgl. Lk 8,20; 9,9; Apg 28,20. Der Sprachgebrauch ist klassisch; s. Liddell-Scott s. v. εἴδω, A. I. b. Das Gespräch, so scheint es, fand nicht statt, und es mußte auch nicht unbedingt stattfinden (20,29).

22. λέγει τῷ Ἀνδρέᾳ. Wie Philippus, trägt auch Andreas (s. Komm. zu 1,40) einen griechischen Namen; er war vielleicht der einzige andere im Kreis der Zwölf, der dies tat. Der Name des Bartholomäus scheint halb griechisch und halb semitisch zu sein: Sohn des (aramäisch *bar*) Ptolemaeus. Der einzige Grund dafür, daß diese beiden Jünger in einer offensichtlich symbolischen Erzählung erwähnt werden, sind a) der hellenistische Hintergrund, der, wenn auch keineswegs bewiesen, so

416

doch durch ihre Namen nahegelegt wird, und möglicherweise b) eine Verbindung, die zwischen ihnen und der Kirche, in welcher oder für welche das Evangelium geschrieben wurde, bestand oder doch als bestehend angenommen wurde. Zur Verbindung des Philippus mit der Asia s. Einleitung, S. 116. Zu Andreas s. Euseb, Hist Eccl III,1,1 (*Ἀνδρέας δὲ* [sc. *εἴληχεν*] *τὴν Σκυθίαν*) und McGifferts Anmerkung z. St.; auch die Andreasakten (M. R. James, The Apocryphal New Testament [1924], S. 337–363).

23. *ὁ δὲ Ἰησοῦς ἀποκρίνεται.* Jesus antwortet hier nicht so sehr auf die besondere Aussage, daß bestimmte Griechen ihn zu sehen wünschten, als auf die Situation, die dadurch geschaffen wurde. Er spricht hier über seinen Tod (s. u.). Die Evangelisierung der Heiden gehörte nicht zum Erdenwirken Jesu (vgl. Mt 10,5f); der Weg dazu führt über die Kreuzigung und Auferstehung und die Sendung der Kirche. Der Gedankengang ist mit dem vom Röm 9–11 vergleichbar. Israel als Ganzes (ein kleiner Rest ausgenommen) weist zuerst den Messias zurück; dann werden durch seinen Tod und seine Erhöhung jene, die außerhalb des früheren Bundes stehen (die Schafe, die nicht »zu seiner Herde« gehören), nahegebracht. Hier zeigt Joh Jesus nicht in unmittelbarem Gespräch mit den Griechen; dies ist jedoch kein Zeichen dafür, daß er hier unüberlegt schreibt, denn der Rest des Kapitels schließt das Wirken Jesu bei den Juden ab, damit das wahre und geistliche »Gespräch« Jesu mit den Griechen beginnen kann (jenseits der Kreuzigung).

ἐλήλυθεν ἡ ὥρα. Zum Gebrauch von *ὥρα* bei Joh s. Komm. zu 2,4; 4,21.23. Hier wie 2,4; 7,30; 8,20 (wo die Stunde noch nicht gekommen ist) und 12,27; 13,1; 17,1 (wo sie unmittelbar bevorsteht) ist die Stunde die Stunde des Todes Jesu.

ἵνα δοξασθῇ. Aber der Tod Jesu bedeutet seine Verherrlichung. Vgl. V. 16, und zu *δόξα, δοξάζειν* s. Komm. zu 1,14. Vgl. auch den Gebrauch von *ὑψοῦν*, und vgl. T. Joseph 10,3, *ὑψοῖ καὶ δοξάζει αὐτόν.* *ἵνα* wird als Zeitpartikel gebraucht, es bestimmt die *ὥρα* näher. Dies betrachtete Burney (S. 78) als Semitismus s. aber M II, 470 (»... dieser Sprachgebrauch ist deswegen höchstens ein sekundärer Semitismus, er kann ebenso leicht durch des Schreibers besondere Vorliebe für diese Partikel erklärt werden, die in der *κοινή* bereits eine große Flexibilität gewonnen hatte«). Dodd (AS, S. 92) sieht hier einen Verweis auf Jes 52,13: der Knecht *δοξασθήσεται.* Joh spricht jedoch nicht vom Knecht, sondern vom Menschensohn.

ὁ υἱὸς τοῦ ἀνθρώπου. Zu diesem Titel s. Einleitung, S. 87ff, und Komm. zu 1,51. Im vorchristlichen Sprachgebrauch wird der Ruhm des Menschensohnes und seine Funktion als das Wesen, welches Himmel und Erde vereinen sollte, in vorzugsweise apokalyptisch-eschatologischen Kategorien verstanden; so auch in der frühchristlichen Tradition. Wenn Joh auch diesen Sprachgebrauch nicht völlig aufgibt, so sieht er doch den Menschensohn als einen, dessen Ruhm vollendet wird *in* seiner Erniedrigung, welche die Versöhnung von Gott und Mensch bewirkt. S. Higgins, Son of Men, S. 177ff; auch S. S. Smalley, NTS 15 [1969], 296.

24. *ὁ κόκκος τοῦ σίτου.* Der Gebrauch des Artikels ist generisch – ein repräsentatives Korn; aber vielleicht nicht ohne eine gewisse Spur von Allegorie – *das* Korn, welches stirbt und Frucht bringt, ist Christus. Die Bilder des Säens und des Samens finden sich in den Synoptikern (Mk 4,3–9.26–29.31f; Mt 13,24–30), auch bei Paulus (1Kor 15,36–38), wo die Parallele besonders eng ist. Joh kannte ohne Zweifel beide Möglichkeiten des Gebrauchs der Metapher; er verbindet sie sicherlich mit der Auferstehung, und die synoptische Lehre über das Reich Gottes begegnet wieder mit einer charakteristischen Betonung ihrer christologischen Bedeutung – für Joh ist die Herrschaft Gottes konzentriert in der Person des Königs. Dodd (Tradition, S. 366–369) weist auf die formale Entsprechung zwischen diesem Logion und den synoptischen Gleichnissen hin; der Kontext reicht aus, ihm eine charakteristisch joh Betonung zu geben.

ἐὰν δὲ ἀποθάνῃ, πολὺν καρπὸν φέρει. Der Zyklus der Jahreszeiten, mit dem Tod und der Erneuerung der Natur, bildete die Grundlage vieler regionaler Fruchtbarkeitskulte und auch einiger Mysterienreligionen im Altertum. Der Zyklus wurde in einem Mythos vom Tod und der Auferstehung eines Gottes reproduziert. Es ist gänzlich unnötig anzunehmen, daß Joh direkt von solchen Quellen abhing

– die frühe christliche Tradition mit den Fakten des Todes und der Auferstehung Jesu, welche er aus-legte, reicht aus, seine Sprache zu erklären. Es ist freilich nicht unwahrscheinlich, daß er hier wie auch an anderer Stelle Bildmaterial wählte, das für seine (hellenistischen) Leser bedeutungsvoll war. Zu καρπὸν φέρει vgl. 15,1–8.

25. Ein synoptisches Logion, das sich sowohl bei Mk als auch bei Q findet (Mk 8,35 parr; Mt 10,39 = Lk 17,33; vgl. Lk 14,26). Dodd (Tradition, S. 338–343) betont zu Recht die vielfache Bezeugung des Logions. Bei Mk folgt es jedoch wie bei Joh unmittelbar auf eine Vorhersage der Passion, und es ist sehr wahrscheinlich, daß Joh an die mk Form des Gleichnisses dachte; denn er fährt fort (V. 26) mit einer Parallele zu Mk 8,34. V. 24 bildet einen brauchbaren Übergang zu diesen Logien über die Jüngerschaft, denn obwohl er auch ganz besonders auf Jesus selbst anwendbar ist, so ist er doch in allgemeineren Kategorien formuliert und hat eine universale Ausrichtung. In den Synoptikern werden Vorhersagen über das Leiden Jesu nicht selten von Vorhersagen über das Leiden der Jünger begleitet (z. B. Mk 8,34; 10,39); vgl. auch das ἀνταναπληρῶ τὰ ὑστερήματα τῶν θλίψεων τοῦ Χριστοῦ des Paulus (Kol 1,24). Eine interessante rabbinische Parallele (Taan 32a) wird von Daube angeführt (Rabbinic Judaism, S. 137).

ὁ φιλῶν τὴν ψυχὴν αὐτοῦ. ψυχή verbindet wie נפש (nephesh) die Bedeutung von Leben selbst mit Seele, dem Teil des Menschen, welcher gegenüber dem Fleisch wirklich lebendig ist. In den oben zitierten synoptischen Stellen ist die ursprüngliche Bedeutung von ψυχή, welche einer gewissen Neu-interpretation unterzogen wurde: *Leben*, und Mk 8,35 könnte mit der Redewendung wiedergegeben werden: »Wer seine eigene Haut zu retten sucht ...« V. 24 zeigt dann einen ähnlichen, wenn auch leicht erweiterten Sinn bei Joh: »Wer leben will (in und für sich selbst), wird sterben.«

ἀπολλύει αὐτήν ist die Ursache seines eigenen Verderbens. Zu ἀπολλύναι und verwandten Worten s. Komm. zu 3,16. Mk 8,35 hat charakteristischerweise das Futur (ἀπολέσει), aber angesichts des joh Futurs φυλάξει wäre es falsch, den Unterschied zu sehr zu betonen.

ὁ μισῶν τὴν ψυχὴν αὐτοῦ, d. h., er betrachtet sein Leben nur in zweiter Linie als begehrenswert und wichtig. Dieser Gebrauch von »hassen« ist semitisch. Vgl. den Gebrauch von שנא z. B. Dt 21,15; Gen 29,31.33.

ἐν τῷ κόσμῳ τούτῳ. Vgl. Mk 10,30, νῦν ἐν τῷ καιρῷ τούτῳ ... μετὰ διωγμῶν, καὶ ἐν τῷ αἰῶνι τῷ ἐρχομένῳ ζωὴν αἰώνιον. Die Hauptbedeutung der joh Wendung wie des hebräischen העולם הזה *(ha'olam ha-zeh)* ist temporal – der gegenwärtige Äon; aber er ist nicht ohne ein gleichsam räum-liches Element (vgl. 8,23).

εἰς ζωὴν αἰώνιον φυλάξει αὐτήν. Zu ζωὴ αἰώνιος s. Komm. zu 1,4; 3,15. Es ist in erster Linie das »Leben des kommenden Äons« und korrespondiert deshalb »dieser Welt« (s. o.). Die Bedeutung von εἰς ist dementsprechend temporal, wenn auch nicht ausschließlich. Es bedeutet nicht nur »mit der Absicht« (in der Zukunft), sondern auch »zum Zwecke von«. Der Mensch wird tatsächlich seine ψυχή bewahren, nicht für ein physisches Leben, welches er dahingeben muß, sondern für ewiges Leben, welches ihm nicht genommen werden kann.

26. Vgl. Mk 8,34 parr, auch Mk 9,35; 10,43–45; Lk 22,26f. Wie bei V. 25, so betont Dodd (Tradi-tion, S. 352f), daß dieses Logion zu mehr als einem Strom der Überlieferung gehört. Die Anhäufung von Parallelen zu V. 34.35.36 in Mk 8 bleibt bedeutsam. Welche Art des Dienens in dieser διακονία impliziert werden kann, ist daran zu sehen, daß es auf das Logion vom Hassen des Lebens folgt und es erklärt. Jesus zu dienen heißt, ihm nachzufolgen (zu dem wichtigen Wort ἀκολουθεῖν s. Komm. zu 1,37), und er geht in den Tod.

ὅπου εἰμὶ ἐγώ, d. h. in Leben oder Tod, Erniedrigung und Herrlichkeit. Vgl. 14,3; 17,24.

τιμήσει αὐτὸν ὁ πατήρ. Joh gebraucht sonst τιμᾶν nicht mit Gott als Subjekt, vgl. aber 5,23. Wahr-scheinlich liegt hier eine Anspielung auf Mk 10,30 vor, den Lohn der Nachfolge; und 10,35–45, wo (10,43) dem διάκονος als Lohn gegeben wird, daß er unter den Jüngern groß ist.

27–30. Dieser Abschnitt entspricht der synoptischen Erzählung vom Kampf Jesu in Gethsemane, für welchen es keine genauere Parallele bei Joh gibt (s. auch 18,11, τὸ ποτήριον). S. Mk 14,32–42 parr.

Der »Kampf« wird an dieser Stelle gebracht, nicht weil Joh fürchtete, solche menschliche Angst würde die Wirkung von Kap. 17 verderben, sondern weil er in dem vorliegenden Kapitel das Wirken Jesu in den Begriffen Dienen und Sterben zusammenfaßt. Keine synoptische Erzählung illustriert die Hingabe eines Mannes, der sein Leben in dieser Welt haßt, besser, und die joh Form der Erzählung illustriert auch die Kraft Gottes, die in Schwachheit mächtig ist; er stellt so die im Erdenleben Jesu verbundene Erniedrigung und Herrlichkeit dar, welche beide zusammen am Kreuz vollendet werden sollen. Dodd (Tradition, S. 69ff) lenkt Aufmerksamkeit auf die Unterschiede zwischen diesen Versen und der mk Erzählung, welche nach seiner Meinung die Unabhängigkeit des Joh zeigen. Die Unterschiede bestehen wirklich, aber die meisten von ihnen können durch den Sprachgebrauch und die Interessen des Joh erklärt werden, und sie heben die allgemeine Ähnlichkeit nicht auf.

27. νῦν – jetzt, da die Stunde gekommen und der Tod nahe ist.

ἡ ψυχή μου τετάρακται. Vgl. Mk 14,34, περίλυπός ἐστιν ἡ ψυχή μου ἕως θανάτου. Joh hat vielleicht unabhängig zu Ps 42(41),6f.12 gegriffen: ἵνα τί περίλυπος εἶ, ἡ ψυχή, καὶ ἵνα τί συνταράσσεις με; ... πρὸς ἐμαυτὸν ἡ ψυχή μου ἐταράχθη. Vgl. auch Joh 11,33, ἐτάραξεν ἑαυτόν. ταράσσειν ist ein joh Wort, und der Verweis auf den Psalm bei Mk wird ausgereicht haben, um die Aufmerksamkeit des Joh auf den ganzen Psalm zu lenken. Selbst für Jesus ist der Gehorsam bis zum Tod teuer; aber die Kosten, die in der Sprache des AT ausgedrückt werden, liegen nicht außerhalb der Rechnung Gottes.

τί εἴπω, deliberativer Konjunktiv. Die Bitte, die in der synoptischen Erzählung gestellt ist (Mk 14,36 dort näher bestimmt durch »aber nicht was ich will, sondern was du willst«), wird hier nur zögernd eingeführt.

πάτερ, σῶσόν με ἐκ τῆς ὥρας ταύτης. Es ist möglich, hier einen Punkt zu setzen; das Gebet ist dann eine wirkliche Bitte, auch wenn sie unmittelbar noch einmal überdacht wird, oder ein Fragezeichen (die Bitte wird dann nur erwogen, um abgewiesen zu werden). Die Überlegung τί εἴπω legt wohl den letzteren Sinn nahe, aber das macht keinen großen Unterschied. »Vater« als Name für Gott bei Jesus ist sehr gebräuchlich in Joh. Aber es könnte hier eine Erinnerung (auch V. 28) an den auffallenden Gebrauch von Ἀββὰ ὁ πατήρ in Mk 14,36 vorliegen. Zur »Stunde« s. Komm. zu V. 23. McNamara, Targum and Testament, S. 143f., verweist auf Pseudo-Jonathan zu Gen 38,25; aber die Parallele ist nicht eng. X. Léon-Dufour (FS Cullmann [1972], S. 157–165) übersetzt: Bring mich sicher durch diese Stunde; damit steht »verherrliche deinen Namen« in synonymem Parallelismus.

διὰ τοῦτο, d. h., daß ich mein Leben gebe. Ein Gebet um Rettung ist deshalb unmöglich. Die mk Erzählung erweckt den Eindruck, daß es selbst im letzten Moment noch eine Alternative zur Kreuzigung geben könnte, auch wenn Jesus die Kreuzigung, sollte sie der Wille des Vaters sein, nicht ablehnen würde.

28. πάτερ. S. Komm. zu V. 27.

δόξασόν σου τὸ ὄνομα (τὸν υἱόν, λ φ boh, scheint eine Assimilation zu sein, wahrscheinlich zufällig, an 17,1). Bis jetzt ist δοξάζειν vom Sohn gebraucht worden; danach am häufigsten vom Vater (13,31f; 14,13; 15,8; 17,1.4; 21,19). In diesem Gebet wiederholt Jesus lediglich den Grundsatz, der sein Leben bestimmt hat – 7,18; 8,50. Wie Bultmann beobachtet, hätte man erwartet, σῶσον und δόξασον seien synonym; aber tatsächlich wird Gott in dem völligen Gehorsam seines Knechtes verherrlicht, und der Knecht, der nicht seinen eigenen, sondern den Willen dessen tut, der ihn gesandt hat, begehrt nur den Ruhm Gottes.

ἦλθεν οὖν φωνὴ ἐκ τοῦ οὐρανοῦ. Die Einführung der »Stimme« erinnert an die Weise, in welcher eine בת קול (bath qol) oder göttliche Stimme sich selbst in zahllosen rabbinischen Geschichten hören läßt. Zu dieser Wendung s. HSGT, 39f. Es sollte beachtet werden, daß das NT, während in der rabbinischen Literatur diese Stimmen als eine Art von minderem Ersatz für Prophetie betrachtet werden, sie gewöhnlich als die direkt gehörte Stimme Gottes darstellt – d. h., bath qol (was »Echo« bedeutet) ist nicht eine wirklich genaue Bezeichnung dafür.

καὶ ἐδόξασα, vor allem in den Zeichen (z. B. 11,40), καὶ πάλιν δοξάσω, im Tod und der Erhöhung Jesu. Eine andere Interpretation versteht ἐδόξασα so, daß es die Vollendung des Werkes Jesu im Tod einschließt (vgl. 19,30, τετέλεσται) und δοξάσω darauf verweist, daß er im folgenden alle Menschen zu sich selbst zieht. Vgl. auch 13,31f.

29. ὁ οὖν ὄχλος ὁ ἑστώς. Zu diesem Gebrauch von ἱστάναι vgl. 1,35; 3,29; 6,22; 7,37; 11,56. Es ist nicht wirklich redundant, aber es ist sehr charakteristisch für den Stil des Joh.

βροντὴν γεγονέναι. Einige in der Menge, doch nicht alle, konnten nicht erkennen, daß Worte gesprochen waren. Mißverständnisse sind bei Joh ein gebräuchliches Mittel der Darstellung; s. Komm. zu 3,4.

ἄγγελος αὐτῷ λελάληκεν. Wahrscheinlich erkannten jene, die diesen Kommentar abgaben, daß der Laut Sprache und nicht lediglich ein Geräusch war; aber sie erkannten nicht seine Quelle. Dies macht die Bemerkung Jesu in dem nächsten Vers schwierig; denn es ist schwer verständlich, wie man von einer Stimme sagen konnte, sie sei gekommen um der Menschen willen, die sie dann nicht verstanden und nicht einmal wußten, wer sprach. In der lk Fassung der Gethsemaneerzählung (in 22,43, welches ausgelassen wird von B W φ sin sah boh) ὤφθη δὲ αὐτῷ ἄγγελος. Es ist durchaus möglich, daß die Worte des Joh auf einer Erinnerung an diese Aussagen beruhen.

30. Jesus bedurfte keiner Stärkung seines Glaubens, aber die Menge mußte von seiner Einheit mit dem Vater überzeugt werden. Aber wie sie davon überzeugt werden konnte, wenn sie dachte, sie hätte einen Donner gehört oder sogar die Stimme eines Engels, kann man nicht sehen. Möglicherweise dachte Joh an eine dritte Gruppe (vielleicht die Jünger), die den Ursprung und die Bedeutung der Stimme erkannten. Oder der Donner konnte als Stimme Gottes verstanden werden (vgl. Ex 19,19; Ps 29,3ff; Sanders fügt hinzu: Vergil, Aeneis II,692f).

31f. In diesen Versen spitzt Joh die Lehre, die über die Passion gegeben worden ist, entscheidend zu. Sie bedeutet a) das Gericht über die Welt, b) die Überwindung des Bösen, c) gleichzeitig den Tod und die Verherrlichung Jesu und d) daß er alle Menschen zu sich zieht.

31. νῦν vgl. V. 27. Die Wiederholung des Wortes in diesem Vers gibt ihm großes Gewicht: *jetzt*, in der allentscheidenden Krise der Kreuzigung. In V. 24–28 erfahren wir von dem sittlichen Kampf, in welchen Jesus verwickelt war, als er vor der Kreuzigung stand; zumindest diese Geschichte wollte Joh unbedingt berichten. Er interpretiert sie, indem er neben sie hier einen mythologischen Kampf zwischen Jesus und dem Fürsten dieser Welt stellt. Der moralische Sieg stellt den mythologischen Sieg und die Erlösung der Welt von der Macht des Bösen sicher.

κρίσις ἐστὶν τοῦ κόσμου τούτου. Das Gericht wird ausführlich in 5,22–30 behandelt. Zu dem Wort κρίσις s. auch 3,19; 7,24; 8,16 und den Kommentar zu 3,17. 3,19 macht deutlich, daß das Gericht, wenn es auch später stattfindet (beim »Jüngsten Gericht«), durch das Kommen Christi in die Welt als das Scheinen eines Lichts bewirkt wird, welches Menschen entsprechend ihren Werken entweder lieben oder hassen werden. In diesem Sinn bedeutet das Kreuz Gericht; jene, die nicht zu ihm gezogen werden (s. V. 32), werden von ihm abgestoßen (vgl. als enge Parallele 1Kor 1,18–31). Wie in Kap. 9 die Juden das Gericht über sich selbst brachten, indem sie den Blindgeborenen hinausstießen, so bringt die Welt Gericht über sich selbst, indem sie Jesus kreuzigt. ὁ κόσμος οὗτος ist der ganze organisierte Zustand der menschlichen Gesellschaft, der weltlichen wie der religiösen; s. Komm. zu 1,10.

Obwohl es so aussieht, als sei Jesus ausgestoßen worden, so ist dies doch in der Tat nicht so: ὁ ἄρχων τοῦ κόσμου τούτου ἐκβληθήσεται ἔξω. Hier ist der Teufel gemeint, und er wird so wieder in 14,30; 16,11 bezeichnet. Die genaue Wendung ist eigentümlich joh, aber ähnliche Ausdrücke sind gebräuchlich; Eph 2,2; 6,11f; 2Kor 4,4; Mt 4,8f (= Lk 4,6f); Ignatius, Eph 17,1; 19,1; Magn 1,3; Trall 4,2; Philad 6,2; Röm 7,1; Himmelfahrt des Jesaja 1,3; 10,29; Martyrium des Jesaja 2,4. Das Wort κοσμοκράτωρ wird ins Hebräische (קוזמוקרטור) zur Bezeichnung des Todesengels transkribiert und kommt in rabbinischen Schriften als שר העולם (»Fürst der Welt«) häufig vor, verweist aber nicht auf den Satan. J. E. Bruns, JBL 86 [1967], S. 451ff, nimmt an, es sei hier an den Engel des Todes gedacht. Er sieht zu Recht Jesus als den göttlichen Sieger dargestellt, man könnte hinzufügen: als den wahren ἄρχων τοῦ κόσμου. Joh steht hier gnostischem Denken nahe. »Daß der Aufstieg des

Gesandten die Vernichtung der Welt und ihres (oder ihrer) Herrscher bedeutet, ist die Lehre des gnostischen Mythos« (Bultmann, S. 330, Anm. 3; weitere Belege hier und bei Bauer, z. St.). Aber der Sieg Jesu über den Satan ist auch ein wesentlicher Bestandteil der alten christlichen Überlieferung; zur synoptischen Tradition s. HSGT., 46–68 und vgl. 1 Kor 2,6–8. Zu ἐκβληϑήσεται ἔξω vgl. 6,37; 9,34f; auch 14,30; 16,11. Der Teufel wird aus seinem Amt gejagt werden, aus seiner Vollmacht. Er wird nicht länger ἄρχων sein; die Menschen werden frei sein von seiner Macht. Über sein weiteres Schicksal wird nichts gesagt. Aus der als ursprünglich anzunehmenden Lesart ἐκβληϑήσεται ἔξω, haben sich zwei Varianten entwickelt: a) βληϑ̂. ἔξω (P⁶⁶ D) ist eine Vereinfachung – ein Verbum compositum ist unnötig vor ἔξω; b) βληϑ̂. κάτω (Θ) (it sin) ist abgeleitet aus a). ἔξω wird nicht länger durch das Präfix ἐκ festgehalten, sondern unter dem Einfluß von Lk 10,18; Offb 12,7–12; 20,3 zu κάτω geändert.

32. κἀγὼ ἐὰν ὑψωϑῶ. Zu ὑψοῦν s. Komm. zu 3,14; das Wort ist doppeldeutig und wurde von Joh aus eben diesem Grund gewählt. Jesus wurde erhöht in seiner Hinrichtung am Kreuz und dadurch erhöht in Herrlichkeit. Zu der Zusammenstellung von ὑψοῦν und δοξάζειν (V. 28) vgl. Jes 52,13, ὑψωϑήσεται καὶ δοξασϑήσεται σφόδρα (des Gottesknechtes). ἐκ τῆς γῆς unterstreicht beide Vorstellungen, die des Todes am Kreuz und der Erhöhung. Die Überzeugung, die hier ausgedrückt wird, ist der Grund (obwohl Joh nichts unternimmt, dies auch deutlich auszudrücken), warum Jesus in kein Gespräch mit den Griechen eintritt. Dadurch, daß er erhöht wird, zieht er die Menschen zu sich selbst.

πάντας ἑλκύσω. An anderer Stelle (6,44; s. Komm. z. St. zum Wort selbst) hat ἑλκύειν den Vater als Subjekt. Freilich ist hier kein Unterschied (in dem Gedanken) beabsichtigt. Der Akt ist sowohl der des Vaters als auch des Sohnes (5,19). πάντας (vgl. z. B. Mk 16,15) bedeutet »nicht die Juden allein«, es wird durch die Frage der Griechen antizipiert (V. 20).

33. ποίῳ ϑανάτῳ, welche Todesart. Die Erhöhung Jesu konnte nur durch Leiden und Tod bewirkt werden; aber die Worte, die Jesus gebrauchte, wären gänzlich unpassend, wenn sie auf einen Tod durch Steinigung bezogen würden. Vgl. 21,19.

34. ἐκ τοῦ νόμου, d. h. aus der Schrift, dem AT. Zu diesem weiteren Gebrauch von νόμος s. Komm. zu 10,34. Es wird jedoch keine bestimmte Stelle des AT genannt. Man kann an Ps 110,4; Jes 9,6 denken; noch besser ist Ps 88(89),37 (W. C. van Unnik, NovTest 3 [1959], S. 174–179). Es ist jedoch zweifelhaft, ob Joh selbst an bestimmte Stellen und nicht vielmehr an die allgemeine messianische theologia gloriae dachte, die durch die theologia crucis korrigiert werden mußte. Es gab einen deutlichen Unterschied zwischen der früheren und der späteren jüdischen Meinung zu der in diesem Vers erwähnten Frage. Nach der früheren Auffassung brachte das messianische Zeitalter selbst die Zeit der Erfüllung, so daß der Messias als ewig bleibend gedacht werden konnte (aeth Hen 49,1; 62,14; Orac Sib III,49f; Ps Sal 17,4); nach der späteren Auffassung sollte das messianische Zeitalter vor der Endzeit zu einem Ende kommen. Die frühere dauerte sicherlich bis zur Zeit des Joh; Justin, Dial 32 (Trypho spricht): Diese und ähnliche Schriften nötigen uns zu der Erwartung ἔνδοξον καὶ μέγαν ... τὸν παρὰ τοῦ παλαιοῦ τῶν ἡμερῶν ὡς υἱὸν ἀνϑρώπου παραλαμβάνοντα τὴν αἰώνιον βασιλείαν.

δεῖ ὑψωϑῆναι. S. Komm. zu 3,14. »Wie üblich bei Joh werden die Umstehenden so dargestellt, als verstünden sie die Rede des Joh« (Sidebottom, S. 72). Sie verstehen zu Recht das Wort Jesu als eine Weissagung über den Tod, aber sie können nicht begreifen, daß es zur selben Zeit eine Weissagung der Herrlichkeit ist. »Die Menge steht für die populären apokalyptischen jüdischen Hoffnungen« (Bultmann).

τὸν υἱὸν τοῦ ἀνϑρώπου. Zur Bedeutung von »Menschensohn« bei Joh s. Einleitung, S. 87ff, und Komm. zu 1,51. Hier nimmt er, zumindest für den Augenblick, die Identität des Menschensohnes und des Messias an, eine Identifikation, die den Zuhörern einige Schwierigkeiten bereitet.

τίς ἐστιν οὗτος ὁ υἱὸς τοῦ ἀνϑρώπου; Meinst du wirklich den Messias, wenn du vom Menschensohn redest? Was meinst du? Das Dilemma kann folgendermaßen formuliert werden:

a) Der Messias wird für immer bleiben.

b) Der Menschensohn muß sterben (er wird erhöht).

c) Aber der Menschensohn ist der Messias.

Da a) feststeht ἐκ τοῦ νόμου, kann man b) und c) in Frage stellen. Man sollte nicht den Schluß ziehen, der Menschensohn sei (in der Vorstellung des Joh) ein fremder oder unbekannter Titel. Er will nicht Licht auf den jüdischen Sprachgebrauch und die Begrifflichkeit werfen (und er tut dies auch nicht), sondern er betont, daß das Werk Jesu, obwohl es in Wahrheit die Erfüllung des AT ist, doch nicht mit den zeitgenössischen jüdischen Messiasvorstellungen zusammenpaßt.

35. Die Bedeutung der Antwort Jesu ist nicht unmittelbar deutlich. Sie muß als eine andere Zusammenfassung seines Wirkens, vergleichbar mit V. 31f, und als eine Antwort nicht so sehr auf V. 34 als auf die jüdische Opposition als Ganze verstanden werden; das ganze Kapitel ist, wie man bemerkt hat, eine ausgedehnte Zusammenfassung und ein Abschluß.

ἔτι μικρὸν χρόνον. Zum Ausdruck vgl. 16,46–19. Hier verweist die »kleine Weile« offensichtlich auf das Wirken Jesu, in welchem eine Entscheidung dringend erforderlich ist.

τὸ φῶς ἐν ὑμῖν ἐστιν. Wiederum bezieht sich der Verweis auf Jesus in seinem Wirken; vgl. 1,14, ἐσκήνωσεν ἐν ἡμῖν. Zu Jesus als dem Licht der Welt s. Komm. zu 8,12; hier haben wir jedoch ein Bildwort, nicht eine metaphorische Beschreibung.

περιπατεῖτε ὡς τὸ φῶς ἔχετε. Vgl. sowohl zum Gebrauch von ὡς (das an die Stelle von ἕως tritt; Radermacher, S. 164) wie für den Gedanken 9,4; auch Jes 50,10. Das Licht wird bald ausgehen. Es ist bemerkenswert, daß περιπατεῖν, wann immer es bei Joh in einem nicht genau wörtlichen Sinn gebraucht wird, in Verbindung mit Licht und Finsternis vorkommt (8,12; 11,9f; 12,35). περιπατεῖν ist in 8,12 deutlich mit der Nachfolge Jesu verbunden, geradeso wie es hier mit dem Glauben verbunden wird (s. den nächsten Vers). Dieser Befehl muß dann als eine letzte Aufforderung (V. 36b) an die Juden betrachtet werden, die Zeugen seines Wirkens geworden waren. Die Aufforderung kann in dieser Form gebracht werden, und zwar nicht darum, weil Joh dachte, es sei unmöglich, an Jesus nach seinem Tod und seiner Auferstehung zu glauben – ein solcher Glaube war der, an dem ihm selbst unmittelbar am meisten lag (17,20; 20,29.31) –, sondern a), weil er zu der historischen Perspektive eines Evangeliums paßt, und b), weil die Evangelienerzählung als Ganzes als ein Paradigma der Präsentation Christi vor der Welt betrachtet wird; der Dringlichkeitscharakter dieser Präsentation wird durch die begrenzte Dauer des Wirkens ausgedrückt.

ἵνα μὴ σκοτία ὑμᾶς καταλάβῃ. S. Komm. zu 1,5, vgl. 1QS 3,20f (in der Hand der Engel der Finsternis ist alle Macht über die Söhne der Bosheit, und sie wandeln in den Wegen der Finsternis); 4,11.

ὁ περιπατῶν . . . ὑπάγει. Vgl. 11,10; auch 3,8; nur der Mensch, der aus dem Geist geboren ist, hat das Licht, und er weiß, woher er kommt und wohin er geht.

36. πιστεύετε εἰς τὸ φῶς; d. h., empfanget das Licht und schreitet weiter, erleuchtet von ihm.

ἵνα υἱοὶ φωτὸς γένησθε. An das Licht zu glauben heißt, ein Sohn des Lichts zu werden. Zu dem hebräischen Ausdruck »Sohn von . . .« (. . .בֶּן), vgl. G. Dalman, Die Worte Jesu [1930], 94f; BDB s. v. בֵּן, 8; KB 133f; GK 437f. Vgl. Lk 16,8; 1Thess 5,5. Eph 5,8 begegnet das ähnliche τέκνα φωτός (auch mit περιπατεῖτε; zu diesem *Filii Lucis* als einem Element in der urchristlichen Katechismustradition s. E. G. Selwyn, The First Epistle of St Peter [1946], S. 375–382). Jene, die an Jesus glauben, nehmen selbst das Wesen des Lichtes an und wandeln so nicht mehr in der Finsternis; vgl. 4,14, wo gesagt wird, daß der Glaubende einen Quell in sich selbst hat, so daß sein Vorrat niemals ausgeht. Die Wendung »Söhne des Lichts« (בְּנֵי אוֹר), begegnet 1QS 1,9; 2,16; 3,13.14.25; 1QM 1,1.3.9.11.13 und bezieht sich auf die Mitglieder der Gemeinde von Qumran.

ἐκρύβη. Das Wort wird auch gebraucht in 8,59 (vgl. 10,59f; 11,54), es paßt aber ganz besonders hier. Das Licht scheint, es gibt damit den Menschen eine letzte Chance, zu glauben und zu »wandeln«; dann ist es verborgen. Die öffentliche Wirksamkeit Jesu ist nun ans Ende gekommen. Es ist unnötig, V. 44–50 zwischen V. 36a und 36b zu stellen; V. 44–50 setzen die frühere Rede nicht fort. Sie stehen nicht länger in der zweiten Person Plural, einer direkten Anrede an die Juden. Vielmehr sind sie die abschließende rechtliche Zusammenfassung des Beweismaterials, das nun vollständig präsentiert worden ist. S. weiter (zu V. 43) den Bericht über die Umstellungen bei Bultmann. Zum Gebrauch des Passivs (ἐκρύβη) für das Reflexivum s. Komm. zu 8,59. Einige Kommentatoren verbinden V. 36b mit dem nächsten Abschnitt; tatsächlich ist er sowohl der Abschluß von 12,20–36 wie der Anfang von 12,37–50.

27. Der Abschluß des öffentlichen Wirkens

12,37–50

Das öffentliche Wirken Jesu ist nun vorbei; er kehrt in die Verborgenheit zurück, aus welcher er heraustrat (12,36b ist zugleich das Ende des vorangehenden Abschnitts und der Beginn dieses Abschnitts; vgl. 11,54; 12,1), um seine letzten Worte an die Welt zu richten. Hinfort hat er nur noch vertraute Gespräche mit seinen Jüngern. V. 37–43 sind ein Kommentar des Evangelisten; die Rede von V. 44–50 ist eher ein Epilog als eine Rede innerhalb der Hauptstruktur des Dramas.

Der ganze Abschnitt, der gewissermaßen 1,10f im Prolog entspricht, ist ein Kommentar zum Unglauben der Juden. Dieser Unglaube war nicht zufällig; er war in eben den Schriften vorhergesagt worden, auf welche die Juden ihre Hoffnung gesetzt hatten. Einmal mehr kommt der Prädestinationsgedanke in der Lehre des Joh ans Licht: »Sie konnten nicht glauben« (V. 39). Sie konnten nicht wirklich glauben, selbst als ein oberflächlicher Antrieb sie dazu bewegte; denn sie zogen den Ruhm der Menschen dem Ruhm Gottes vor. Die volle Bedeutung des Glaubens und des Unglaubens an Jesus wird sodann herausgearbeitet. Jesus spricht nicht von sich selbst; er spricht nur die Worte Gottes, seines Vaters, der ihn gesandt hat. So heißt an Jesus glauben an Gott glauben; denn Gott sendet durch Jesus, der seine, Gottes Gebote sagt, ewiges Leben in die Welt; Jesus zu sehen heißt Gott sehen; denn Jesus offenbart in seinem vollkommenen Gehorsam Gott. Umgekehrt heißt Jesus und seine Worte zu verwerfen – oder zu hören und sie nicht zu halten – unausweichlich das Gericht auf sich zu laden. Jesus selbst kam nicht, um zu richten, sondern um zu retten; aber das göttliche Wort, das er spricht (und der Gedanke ist nicht so weit entfernt von dem göttlichen Wort, das er ist), muß jene, die es verwerfen, richten. Das Gericht ist so sicher und klar wie die Unterscheidung zwischen Licht und Finsternis.

Dieses ganze Überlieferungsgut wird in charakteristisch joh Form gefaßt. Es kann zu einem gewissen Grad die Umstände widerspiegeln, unter welchen Joh schrieb (s. u.), aber sein wesentlicher Inhalt ist auch in den Synoptikern und bei Paulus zu finden. In Mk 4,11f werden die entscheidenden Worte von Jes 6,9f zu ähnlichem Effekt gebraucht. Jene, die »draußen sind«, denen »das Geheimnis des Reiches Gottes« nicht gegeben worden ist, werden weder begreifen noch verstehen. Das Wort Jesu zu hören und es zu halten ist das über alles wichtige Kriterium, nach welchem die Menschen gerichtet werden (Mt 7,24–27; Lk 6,47–49). Hinter Jesus und seiner Sendung steht der Vater, der ihn gesandt hat (z. B. Mt 10,40; Lk 9,48; 10,16). So ist auch für Paulus der Glaube nicht eine menschliche Aktivität; und der Versuch, die eigene Rechtfertigung zu sichern, impliziert die Ablehnung der durch Gott gegebenen. Einmal mehr und mit der größten dramatischen Betonung und Kunstfertigkeit entfaltet Joh weiter die zentrale und entscheidende Bedeutung des Wirkens Jesu in dem gesamten Wirken Gottes in Gnade und Gericht. Zur Prädestination bei Joh s. Schnackenburg II, S. 328–346.

37–43. Der Unglaube der Juden ist nun, zusammen mit seinen Gründen, und auch mit den wenigen teilweisen Ausnahmen dazu, völlig erklärt. Hinter der Erklärung stehen zwei historische Fakten: das wirkliche Ergebnis des Wirkens in der Verwerfung und Kreuzigung sowie die offenkundige Verwerfung und Bestrafung der Juden (vgl. Röm 9–11); ferner die Überzeugung, daß dieses unerwartete Scheitern auf der Seite des Volkes Gottes tatsächlich ein Element in Gottes ewigen Plänen und als solches bereits im AT aufgeschrieben war; und ein Verständnis der Art der Entscheidung, in welcher die Juden geirrt hatten, nämlich der Entscheidung zwischen dem Versuch eines Menschen, seinen eigenen Ruhm oder den Ruhm Gottes zu suchen.

37. τοσαῦτα δὲ αὐτοῦ σημεῖα πεποιηκότος, »obwohl er getan hatte . . .«. Zum Glauben, der auf Zeichen (oder »Werken«) beruht, s. Komm. zu 2,11; 14,11. τοσαῦτα verweist zurück auf das gesamte Evangelium mit seiner überzeugenden Auswahl an Zeichen (20,30f). S. auch Dt 29,2ff, worauf Brown hinweist. Zeichen reichen nicht aus, wenn Gott nicht die Augen gibt, zu sehen.

38. ἵνα ὁ λόγος . . . πληρωθῇ. Gibt man ἵνα sein volles zielgerichtetes Gewicht, dann zeigt dieser Vers Prädestination (zum Verderben) von ganz absoluter Art. Grammatikalisch wäre es möglich, dieses ἵνα konsekutiv zu verstehen (»das Ergebnis dieses ihres Unglaubens war die Erfüllung des Wortes . . .«). Der nicht finale Gebrauch von ἵνα ist ansonsten bei Joh bezeugt (z. B. 1,27; 17,3), daß dies hier aber nicht möglich ist, zeigt sich an V. 39 (οὐχ ἠδύναντο πιστεύειν ὅτι . . .). Es kann kaum fraglich sein, daß nach Joh Ansicht die Verhärtung Israels der Absicht Gottes entspricht. Daß auf der anderen Seite seine Worte nicht unveränderlich vorgefaßte Aussagen einer philosophischen Theologie waren, zeigt sich sogleich an den Ausnahmen, die in V. 42 (ὅμως μέντοι) sofort eingeführt werden, und tatsächlich daran, daß es Judenchristen, wie Petrus und den Lieblingsjünger, gab. S. auch die fast unmittelbar vorangehende Aussage von 12,32, πάντας ἑλκύσω πρὸς ἐμαυτόν. Die Ausdrucksform, die hier gebraucht wird (eine absolute Aussage, auf die eine Näherbestimmung folgt), ist charakteristisch joh, vgl. z. B. 1,11f. Die Behandlung der großen Masse Israels durch Joh war historisch durch die in den Synoptikern berichteten Ereignisse gerechtfertigt und ohne Zweifel durch den fortbestehenden Antagonismus zwischen Kirche und Synagoge verschärft. Theologisch vermittelt sie die Wahrheit, welche das ganze Evangelium lehrt; das historische Israel konnte nicht auf seiner eigenen Ebene voranschreiten und so in das Reich Gottes eingehen (s. Komm. zu 3,3–5). Es mußte durch das Wort Gottes und den Geist wiedergeboren werden; und diese Wiedergeburt lehnte es ab. Deshalb kam das alte Israel unter das Gericht Gottes (vgl. 9,41), und hinfort war dies seine Bedeutung.

κύριε, τίς . . . ἀπεκαλύφθη. Joh folgt genau dem LXX-Text von Jes 53,1, welcher (außer in dem Eingangswort κύριε) den geläufigen hebräischen Text mit ausreichender Genauigkeit wiedergibt. Vgl. Röm 10,16. In dem Zitat steht ἀκοή für die Reden Jesu, βραχίων für seine Taten. Keines von beiden ist wirkungsvoll gewesen oder konnte in sich selbst wirkungsvoll sein; s. o. Komm. zu V. 37.

39. διὰ τοῦτο wird wie anderswo bei Joh aufgenommen und durch den ὅτι-Satz erklärt. Sie konnten aus diesem Grunde nicht glauben, nämlich daß Jesaja gesagt hatte . . . Neben diesen Grund für den Unglauben muß der in V. 43 angegebene gestellt werden. Die göttliche Prädestination wird wirksam durch menschliche sittliche Entscheidungen, für welche die Menschen moralisch verantwortlich sind.

40. Das Zitat stammt aus Jes 6,10. Joh, das Hebräische und die LXX unterscheiden sich alle, Joh scheint aber näher am Hebräischen als an der LXX zu stehen. Seine Version hat nicht die charakteristischen Worte – ἐπαχύνθη, ἐκάμμυσαν, συνῶσιν – der LXX und unterscheidet sich wenig vom Hebräischen, außer daß es den Verweis auf die Ohren und das Hören ausläßt (dies unterscheidet ihn selbstverständlich auch von der LXX) und im Modus und der Person der Verben השׁמן – ἐπώρωσεν

und השע – τετύφλωκεν. Die einfachste Hypothese ist, daß Joh einmal mehr ungenau, vielleicht aus der Erinnerung, zitierte und seinen atl Stoff seinen eigenen Zwecken anpaßte. Den Hinweis auf »Ohren« konnte er durchaus auslassen, da er an dieser Stelle speziell (s. V. 37) von den Zeichen sprach, die Jesus getan hatte und die von den Juden gesehen worden waren. Die oben erwähnten Veränderungen (Perfekta für Imperative) könnten zufällig gewesen sein (denn beide Formen konnten mit den gleichen Konsonanten geschrieben werden); aber es ist doch wahrscheinlicher, daß »die Veränderungen am besten zu erklären sind durch die Absichten des Evangelisten, das Gericht als Wirken Gottes zu betonen« – so Hoskyns (S. 502), der freilich annahm, daß das καὶ ἰάσομαι αὐτούς bei Joh auf seine Abhängigkeit von der LXX hindeute. Joh könnte diese Worte mit einer Anspielung auf den inneren Sinn der Heilungswunder Jesu gebraucht haben. Man kann die Bedeutung des Zitats aus Jes 6 im NT kaum übertreiben. Es wird gebraucht, oder jedenfalls wird darauf angespielt in Mk 4,11f (parr); 8,17f; Apg 28,26f. Nicht nur einmal, während des Wirkens Jesu, sondern wieder und wieder in seiner ganzen Geschichte, war Israel mit der Notwendigkeit einer Geburt von oben konfrontiert worden. Es hatte aber die prophetische Botschaft und den Geist Gottes nur abgelehnt. Dieses wiederkehrende Schema, das die ersten Christen im AT entdeckten, wurde mit einzigartiger Klarheit in dem Wirken und Tod Jesu herausgestellt. Es gab etwas im göttlichen Wort, das notwendigerweise den natürlichen Menschen reizte.

ἐπώρωσεν wird gelesen von B Θ, ἐπήρωσεν (P66 P75 א W) ist ein Versuch, ein etwas passenderes Verbum – πεπώρωκεν (Ω), ein passenderes Tempus zu finden und an τετύφλωκεν anzugleichen.

41. ὅτι εἶδεν τὴν δόξαν αὐτοῦ. ὅτι wird gelesen von P66 P75 א B Θ λ e sah boh Origenes. ὅτε findet sich in D Ω it vg sin pesch; ἐπεί in W. Der Bedeutungsunterschied ist nur gering; es war in jedem Falle die Vision von Jes 6, welche das Reden und das Wirken des Jesaja in Gang setzte. ὅτε ist vielleicht die leichtere Lesart, und ὅτι sollte deshalb vorgezogen werden; aber ὅτι ist nicht so schwierig, daß deshalb eine Fehlübersetzung des aramäischen ד, gedacht als temporaler Partikel (M II, S. 469), angenommen werden könnte. Die Worte des Joh sind deutlich, sie bedürfen keiner Erklärung; die Theophanie, wie sie in Jes 6 beschrieben wird, konnte durchaus die »Herrlichkeit Gottes« genannt werden. Es ist freilich zu beachten, daß im Targum zu Jes 6,5 Jesaja erklärt, daß er nicht »den König, den Herrn der Heerscharen«, sondern »die Herrlichkeit der *Shekinah* des Königs der Ewigkeit« (יקר שכינת מלך עלמיא) gesehen hat. Es ist möglich, daß Joh eine solche Fassung kannte; aber es ist nicht wahrscheinlich, daß es der Verweis auf die *Shekinah* Gottes war, der ihn sagen ließ, Jesaja habe die Herrlichkeit *Christi* gesehen und von ihm gesprochen. Für Joh sprach, wie für die meisten der ntl Autoren, das ganze AT von Christus. Vgl. 8,56 (Abraham), und s. A. T. Hanson, Jesus Christ in the Old Testament [1965], bes. S. 104–108. Vgl. Philo, Som I,229f. (Anstelle von αὐτοῦ lesen Θ φ sah τοῦ υἱοῦ, D τοῦ υἱοῦ αὐτοῦ.)

42. ὅμως μέντοι. S. Komm. zu V. 38. Wie auch schon zuvor in der jüdischen Geschichte, blieb ein glaubender, wenn auch ein schwacher und kleinmütiger Rest.

καὶ ἐκ τῶν ἀρχόντων πολλοὶ ἐπίστευσαν. »Sogar viele von den Oberen...« Vgl. 19,38f und zur Behandlung unvollkommenen Glaubens bei Joh unter anderen Stellen 2,23; 4,48; 8,30; 11,36f; 12,29. Zum Gebrauch von ἄρχοντες bei Joh und seiner offensichtlichen Unfähigkeit, zwischen den Sekten und Gruppen des Judentums im ersten Jahrhundert zu unterscheiden, s. Komm. zu 3,1; 1,19.24. Zum Glauben einer großen Zahl von Priestern vgl. Apg 6,7; beide Aussagen sind freilich historisch zweifelhaft. Möglicherweise sicherte Joh absichtlich eine Aussage, für die es, wie er wußte, keine direkten Belege gab, durch den Zusatz von οὐχ ὡμολόγουν ab. Zu einem ähnlichen Gebrauch von ὁμολογεῖν s. 9,22; hier muß αὐτὸν χριστὸν (εἶναι) ergänzt werden.

ἀποσυνάγωγοι γένωνται. S. Komm. zu 9,22. Eine detaillierte Rekonstruktion des historischen Hintergrunds dieser Stelle ist von Martyn versucht worden, der als Paraphrase dieses Verses vorschlägt (76): »Viele der Mitglieder der Gerusia (ἄρχοντες) glaubten. Aber sie bekannten ihren Glauben nicht. Denn die Abgesandten der Pharisäer (οἱ Φαρισαῖοι = השלוחים) kamen aus Jamnia mit der neu formulierten Benediktion gegen die Häretiker, und die Mehrheit der Gerusia (οἱ Φαρισαῖοι) wandte sie ihrer

Intention entsprechend an: nämlich die Christen aus der Synagoge auszuschließen.« S. auch Martyn, S. 21 f.24.105. Diese Rekonstruktion kann durchaus zutreffen, obwohl sie ganz offensichtlich doch ein beträchtliches Maß an Vermutungen enthält. Man sollte in jedem Fall hinzufügen, daß Joh, indem er die Situation seiner eigenen Zeit in den Rahmen des Wirkens Jesu einbrachte, nicht einfach einen gedankenlosen Anachronismus begeht, sondern ihr einen absoluten theologischen Hintergrund und damit auch eine theologische Interpretation gibt; er attackiert nicht aus dem Hinterhalt in einer vorübergehenden Auseinandersetzung, sondern er schreibt Theologie von bleibender Bedeutung. S. Einleitung, S. 151 ff.

43. *ἠγάπησαν γὰρ τὴν δόξαν τῶν ἀνθρώπων.* Hier liegt ohne Zweifel eine Anspielung auf die Herrlichkeit Christi, die von Jesaja gesehen wird (V. 41; vgl. auch 5,44); vor. Aber mit *ἀγαπᾶν* (hier »Freude haben an«, mit *ἤπερ* »vorziehen«) muß *δόξα* (mit dem Genitiv) der Ruhm (Preis) sein, der von Menschen oder von Gott kommt; deshalb entschieden sich diese Oberen, da sie das Lob der Menschen vorzogen, die Pharisäer nicht zu erzürnen (s. Komm. zu 1,24). Dies heißt aber, die Finsternis lieben, und nicht das Licht (Dodd, Interpretation, S. 380); es bedeutet auch, die Glaubensentscheidung von einem Verlangen nach persönlicher Sicherheit beeinflussen zu lassen. Vgl. Mt 6,1–21; Röm 2,29. Das Verlangen nach dem Ruhm bei Menschen ist eine Form des Götzendienstes.

ἤπερ] *ὑπέρ* (P[66]) ℵ λ 565. Die zwei Worte werden fast gleich ausgesprochen.

Dieser Vers markiert den Schluß des vierten der großen Teile, in welche Bultmann das Evangelium einteilt (»der geheime Sieg des Offenbarers über die Welt«). Wie der dritte Teil, so ist auch dies ein höchst komplexer Überlieferungsblock, er wird zusammengesetzt wie folgt: 10,40–42; 11,1–44. 45–54; 11,55–12,19; 12,20–33; 8,30–40; 6,60–71; 12,37–43. Bultmann plaziert V. 44–50 in die Rede über das Licht der Welt (8,12; 12,44–50; 8,21–29; 12,34–36). Zur Frage der Textumstellungen im Evangelium s. Einleitung, S. 39 ff, und im Kommentar passim.

44–50. In V. 35 f richtet Jesus seinen letzten Aufruf an die Juden; die vorliegende Rede ist nicht seine Fortsetzung, sondern ein unabhängiges Stück, das nicht ein Aufruf ist, sondern eine Zusammenfassung der Ergebnisse des Wirkens Jesu, seiner Worte und Themen. Fast alle Gedanken und tatsächlich fast alle Worte, die in diesen Versen begegnen, sind im Evangelium bereits gebraucht worden. Sie schließen ein: a) die Sendung Jesu vom Vater; b) die Offenbarung des Vaters; c) das Licht der Welt; d) Gericht; e) ewiges Leben. Lightfoot stellt jedoch zu Recht fest, daß einige der besten Parallelen sich in den Kap. 13–17 finden (z. B. vgl. 12,45 mit 14,9; 12,50 mit 14,31), wo Jesus jene anredet, die ihn aufnahmen. Der Kommentar zu diesen Versen kann zu einem beträchtlichen Maß auf Querverweise beschränkt werden, aber es ist kaum angebracht zu behaupten, sie stünden, da sie eine Zusammenfassung sind, auf einem niedrigeren Kompositionsniveau als das übrige Evangelium; es ist wichtig, die Punkte zu sehen, die ausgewählt werden, und die Weise, in der sie miteinander verbunden werden. Sie machen unmißverständlich die theologische Bedeutung der Geschichte Jesu deutlich.

44. *ἔκραξεν.* Vgl. 1,15; 7,28.37. Dodd, Interpretation, S. 382, ist der Meinung, das Folgende müsse als das Kerygma Jesu betrachtet werden, da *κράζειν* und *κηρύσσειν* in der LXX abwechselnd als Übersetzung von קרא gebraucht werden. Die Schlußfolgerung ist zutreffend, aber das Argument überzeugt nicht, da קרא häufiger mit anderen Worten wiedergegeben wird, vorzugsweise durch *καλεῖν*. Zum Inhalt des Verses vgl. Mt 10,40; der Gedanke ist so sehr synoptisch, wie er joh ist. Zu Jesus als dem Boten Gottes und seiner Vollmacht als solcher s. Komm. zu 20,21.

οὐ πιστεύει εἰς ἐμέ. Glaube an Jesus ist nicht Glaube an einen besonderen Menschen, wie heilig auch immer er sei. Es ist Glaube an Gott, der durch eine besondere Offenbarung geleitet wird. Andernfalls ist es überhaupt kein Glaube.

45. *ὁ θεωρῶν ἐμὲ θεωρεῖ τὸν πέμψαντά με.* Eben deshalb, weil Jesus der gehorsame Sohn und Bote des Vaters ist, heißt ihn zu sehen, den Vater zu sehen, geradeso wie an ihn zu glauben heißt, an Gott zu glauben. Vgl. 1,18; 14,9.

46. *ἐγὼ φῶς εἰς τὸν κόσμον ἐλήλυθα.* Vgl. 8,12, obwohl dort die Gleichstellung absolut ist – ich bin

das Licht, während wir hier ein Gleichnis haben – ich kam als Licht (vgl. V. 35). Es gibt so keinen grundsätzlichen Unterschied zwischen den beiden Wendungen »ich bin das Licht der Welt« und »ich bin als Licht in die Welt gekommen«.

ἵνα πᾶς . . . ἐν τῇ σκοτίᾳ μὴ μείνῃ. Vgl. V. 36 (υἱοὶ φωτὸς γένησϑε), wo die gleiche Wahrheit positiv ausgedrückt wird. Der Glaubende geht aus der Dunkelheit ins Licht; vgl. 8,12; 9,39. Vgl. auch Corp Herm I,32, πιστεύω καὶ μαρτυρῶ· εἰς ζωὴν καὶ φῶς χωρῶ. Dieser Gedanke ist charakteristisch für die hellenistische Religion. πᾶς . . . μή ist nicht ein Semitismus; M II, 434. Vgl. 6,39; 11,26.

47. ἐὰν τίς μου ἀκούσῃ τῶν ῥημάτων καὶ μὴ φυλάξῃ. Vgl. Mt 7,24–27 (= Lk 6,47–49); auch dieser Gedanke findet sich in den synoptischen Evangelien. Man muß das Wort Jesu nicht nur hören, sondern halten. Der Gehorsam ist wesentlich. P⁶⁶ D lassen μή aus; wahrscheinlich wollten die Abschreiber nicht schreiben, daß Jesus jene nicht richten wollte, die seine Worte (die sie wahrscheinlich als Gebote verstanden) nicht hielten.

ἐγὼ οὐ κρίνω αὐτόν. An verschiedenen Stellen in Joh wird gesagt, daß Jesus als Richter wirkt (5,22.27; 8,16.26) und daß er *nicht* als Richter wirkt (3,17; 8,15). Es ist kaum zu glauben, daß Joh diesen offenkundigen Widerspruch nicht gemerkt haben sollte oder dieser unbeabsichtigt gewesen sei. Er zeigt sich auch bei Paulus (vgl. z. B. Röm 8,33 f mit 2 Kor 5,10). Der Sinn ist sowohl bei Paulus als auch bei Joh, daß Rechtfertigung und Verdammung die entgegengesetzten Seiten desselben Prozesses sind; die rechtfertigende Liebe Gottes in Christus zurückzuweisen heißt, das Gericht auf sich zu ziehen.

ἵνα κρίνω . . . ἀλλ' ἵνα σώσω. Man hätte hier Infinitive erwartet, aber bereits im hellenistischen Griechisch hatte ἵνα mit dem Konjunktiv begonnen, die Stelle des Objektinfinitivs einzunehmen; im modernen Griechisch ist dieser Prozeß abgeschlossen. Zum Gedanken vgl. 3,17; Lk 9,56 (Langtext). Zu κόσμος s. Komm. zu 1,10.

48. ὁ ἀϑετῶν ἐμέ. Vgl. Lk 10,16, ὁ ἀϑετῶν ὑμᾶς ἐμὲ ἀϑετεῖ· ὁ δὲ ἐμὲ ἀϑετῶν ἀϑετεῖ τὸν ἀποστείλαντά με. Wie V. 49 f zeigt, findet sich dieser Gedanke auch bei Joh; das Wort Jesu ist das Wort des Vaters.

μὴ λαμβάνων τὰ ῥήματά μου. Die ῥήματα sind der λόγος, den Jesus bringt, eben in einzelne Äußerungen aufgeteilt; λόγος ist eine Art von kollektivem Nomen für die ῥήματα.

ὁ λόγος . . . κρινεῖ αὐτόν. Es scheint zu dieser Aussage keine genaue Parallele zu geben; vgl. dagegen 5,45. Es gibt einen ähnlichen Ausdruck in 7,51 (μὴ ὁ νόμος ἡμῶν κρίνει . . .), und dies könnte auf den Ursprung des vorliegenden Logions verweisen. Es ist selbstverständlich, daß nach jüdischem Denken das Gericht entsprechend dem Gesetz erfolgte; und zuweilen nimmt das Gesetz anscheinend eine aktivere und persönlichere Rolle in dem Urteilsprozeß ein. S. Syr Bar 48,47: »Und ob alledem bezichtigt sie [sc. die Sünder] ihr Ende, und dein Gesetz, das sie übertreten haben, straft sie an deinem Tage«; 4 Esra 13,38 (syrisch, nicht lateinisch): »dann wird er sie mühelos vernichten durch sein Geheiß – das gleicht der Flamme«. In Sap 9,4 wird die Weisheit (oft mit dem Gesetz gleichgesetzt) beschrieben als τὴν τῶν σῶν ϑρόνων πάρεδρον, was zu bedeuten scheint, daß die Weisheit neben Gott im Gericht sitzt. Philo gebraucht einen ähnlichen Ausdruck (ἡ πάρεδρος τῷ ϑεῷ) für δίκη (Vit Mos II, 53). Obwohl sich die Wendung des Joh sehr wohl aus einem synoptischen Ausdruck wie Mk 8,38, ὃς γὰρ ἐὰν ἐπαισχυνϑῇ με καὶ τοὺς ἐμοὺς λόγους . . . καὶ ὁ υἱὸς τοῦ ἀνϑρώπου ἐπαισχυνϑήσεται . . ., entwickelt haben könnte, so kann doch durchaus die Entwicklung unter dem Einfluß einer Tendenz, die Worte Jesu als neues Gesetz zu verstehen, geschehen sein. Zum Zusammenhang zwischen λόγος als einem christologischen Titel und dem Gesetz s. Komm. zu 1,1.

49. ὅτι. Das Wort Jesu wird sich am Jüngsten Tag als der Richter erweisen; denn es ist nicht das Wort Jesu allein, sondern gleichermaßen das Wort des Vaters. Vgl. 5,22: Jesus wird richten, da der Vater ihm das Gericht übergeben hat.

ἐγὼ ἐξ ἐμαυτοῦ οὐκ ἐλάλησα. Der Aorist blickt auf das Wirken Jesu als ein abgeschlossenes Ganzes zurück. An anderer Stelle hat Joh ohne Bedeutungsunterschied ἀπ' ἐμαυτοῦ; s. bes. 7,17.

ὁ πέμψας με πατήρ. Eine gebräuchliche joh Wendung: 5,23.37; 6,44; 8,16.18; 14,24.

ἐντολὴν δέδωκεν. Vgl. 10,18 und andere Stellen.

τί εἴπω καὶ τί λαλήσω. Der Gebrauch von Synonymen ist für Joh charakteristisch; es ist unmöglich, zwischen den beiden Worten zu differenzieren.

50. ἡ ἐντολὴ αὐτοῦ ζωὴ αἰώνιός ἐστιν. Zum Gesetz des Mose als der Quelle des Lebens (nach jüdischem Glauben) s. Komm. zu 5,39, und vgl. Dt 32,45ff; diese Ansicht spiegelt sich auch in der Lehre Jesu (Lk 10,28; Mk 10,17f) wider. Hier jedoch nimmt das Gebot Gottes, das Jesus bringt und selbst ausführt, den Platz des alten Gesetzes ein. Jesus selbst leitet Leben aus einem Gehorsam gegenüber Gottes Gebot ab (4,34), und er tut dies, obwohl er nach dem Gebot Gottes sein Leben dahingeben soll (10,18).

ἃ οὖν ἐγὼ λαλῶ (λαλῶ ἐγώ, Θ Ω; λαλῶ, D a; ἐγώ könnte ein sekundärer Zusatz sein)... οὕτως λαλῶ. Vgl. 8,26.28 und den ganzen Kontext. Es ist besonders auffallend, daß Joh sein abschließendes Summarium über Jesu öffentliches Wirken mit dieser Bemerkung schließt. Jesus ist nicht eine Gestalt von unabhängiger Größe; er ist das Wort Gottes, oder er ist überhaupt nichts. Im ersten Teil des Evangeliums, das hier endet, lebt Jesus im völligen Gehorsam gegenüber dem Vater; im zweiten Teil wird er in demselben Gehorsam sterben.

28. Das Abendmahl (bis zum Weggang des Judas)

13,1–30

Am Tag vor dem Passafest nahmen Jesus und seine Jünger das Mahl zusammen ein. Dieses Mahl war nicht das Passamahl und auch sonst kein Mahl, das in irgendeiner Weise im jüdischen Kalender zu identifizieren wäre. Während des Mahls (oder danach – s. Komm. zu V. 2) wusch Jesus die Füße seiner Jünger, und es folgte ein Gespräch über die Fußwaschung und über Demut und Liebe. Die Einheit der kleinen Gruppe von Freunden war, so eng sie auch sein mochte, nicht vollkommen; Jesus sagte voraus, daß Judas, obwohl er mit ihm gegessen hatte, ihn verraten würde. Dies vertraute er dem Jünger an, »den er liebte«.

Die Erzählung, die kurz so zusammengefaßt werden kann, wirft beachtliche historisch-kritische Schwierigkeiten auf. Sie enthält auf der einen Seite Überlieferung, die in enger Parallele zu den synoptischen Evangelien steht – ein Abendmahl, das in der letzten Nacht des Lebens Jesu gehalten wurde, und die Vorhersage des Verrats durch Judas. Dieser Stoff spiegelt wahrscheinlich die synoptische Überlieferung wider, obgleich sowohl das Mahl als auch der Verrat auch in 1 Kor 11,23ff bezeugt werden und sich so auch außerhalb der synoptischen Tradition fanden. Auf der anderen Seite läßt Joh das Mahl an einem anderen Tag stattfinden als dem, den die Synoptiker angeben; er läßt die synoptischen Deuteworte zum Brot und Wein, die beim Mahl gegessen und getrunken werden (die »Einsetzung des Abendmahls«), völlig aus und fügt die Erzählung von der Fußwaschung ein, die sich in keinem anderen Evangelium findet. Zum Datum des Letzten Mahls und der Kreuzigung s. Einleitung, S. 65ff; zur Auslassung der eucharistischen Wendung s. Einleitung, S. 70, 100f; die Fußwaschung ist wohl als eine joh Konstruktion zu betrachten, die auf der synoptischen Überlieferung beruhte, daß Jesus inmitten seiner Jünger als ὁ διακονῶν war (Lk 22,27). Der demütige Dienst des Menschensohns wird so in einer sprechenden Erzählung herausgestellt. Es ist nicht unmöglich, daß sich die Geschichte bereits in der vorjoh Tradition fand; aber in der vorliegenden Form trägt sie unmißverständlich den Stempel joh Denkens; dies trifft tatsächlich für den ganzen Abschnitt zu, in welchem die Ablehnung Jesu, die in den Kap. 1–12 beschrieben wird, durch eine Darstellung der Seligkeit jener ausgeglichen wird, die glauben (Dodd, Interpretation, S. 403). Diese Beobachtung freilich, so erhellend sie ist, muß näher bestimmt werden, denn der Glaube, der in diesen Kapiteln vorausgesetzt wird, ist unvollständig und unzureichend; s. bes. 13,21.38; 14,9; 16,12.31f. Es ist besser, wenn man mit Lindars sagt, diese Kapitel handelten von der Jüngerschaft – mit, so möchten wir hinzufügen, ihrem Segen und ihrer Schande.

Zur Form der vorliegenden Geschichte – Handlung, Frage und Interpretation – s. Daube, Rabbinic Judaism, S. 182. Es gibt keinen Anlaß dafür, die Fußwaschung mit den vorbereitenden Reinigungen für das Passafest zu verbinden (11,55).

Es ist bereits darauf hingewiesen worden (S. 32, s. auch S. 444ff), daß die Kap. 13–17 als Erklärung der darauffolgenden Passionserzählung zu betrachten sind. In dieser Erklärung spielt 13,1–30 eine besondere Rolle. Wir haben hier zuerst als symbolische Erzählung die Fußwaschung, die die Kreuzigung selbst im voraus abbildet, und indem sie dies tut, uns den Weg zum Verständnis der Kreuzigung weist. Die öffentlichen Taten Jesu auf dem Berg Golgatha und sein intimes Handeln in Anwesenheit seiner Jünger sind sich darin ähnlich, daß beide jeweils ein Akt der Demut und des Dienens sind und beide aus der Liebe Jesu für die Seinen folgen. Die Reinigung der Füße der Jünger steht für ihre Reinigung von der Sünde in dem Opferblut Christi (1,29; 19,34). Als ihm die Bedeutung des Geschehens erklärt wird, ruft Petrus aus: Herr, nicht nur meine Füße, sondern auch mein Haupt und meine Hände (V. 9); so zieht Jesus, wenn er ans Kreuz erhöht wird, alle Menschen zu sich selbst (12,32). So wie das Kreuz die zeitliche Offenbarung der ewigen Bewegung Christi vom Vater ist, der ihn in die Welt und wiederum aus der Welt zum Vater sendet, so wird die Fußwaschung von Jesus in vollem Bewußtsein derselben Tatsache vollzogen (V. 1.3). Vielleicht werden in einer sekundären Weise auch die Sakramente der Taufe und der Eucharistie im voraus abgebildet; s. Komm. zu V. 10.18. In jedem Falle ist die Handlung der Waschung, was auch die Kreuzigung ist, zugleich eine göttliche Tat, durch welche die Menschen von der Sünde befreit werden, und ein Beispiel, das die Menschen nachahmen müssen. Eine vollständige Liste der sakramentalen und nichtsakramentalen Erklärungen der Fußwaschung findet sich bei Brown. Ohne Frage wird, ob hier nun sakramentale Vorstellungen vorliegen oder nicht, in unserem Abschnitt die Fußwaschung sowohl als wirksam wie auch als beispielhaft dargestellt. Diese zweifache Interpretation der einen Handlung kann auf redaktionelle Kombination der beiden Quellen zurückgeführt werden. So findet Boismard (RevBibl 71 [1964], S. 5–24) einen moralisierenden Bericht in V. 1.2.4.5.12–15.17.18.19 und einen sakramentalen Bericht in V. 3.4.5.6–10(11).21–30, wobei V. 16.20 redaktionell seien. Daß Joh zwei Quellen verwendete, ist zweifellos möglich, aber die quellenkritische Frage (die wahrscheinlich unlösbar ist) beendet noch nicht die Aufgabe des Exegeten; denn die Verbindung der beiden Themen ist ein charakteristisches Stück joh Theologie.

Aus dieser zweifachen Bedeutung der Fußwaschung und des Todes Jesu ergeben sich zwei weitere Punkte: 1. Durch das Werk Christi hat Gott für sich selbst ein Volk gereinigt; doch nicht alle Menschen sind gereinigt. Der Satan findet in Judas, einem der Zwölf, ein bereitwilliges Werkzeug. Joh verwendet hier, wie oben festgestellt, synoptische Überlieferung, fügt sie aber in sein eigenes Denkschema ein (V. 10f.18f). Sünde, ja sogar die äußerste Möglichkeit eines Abfalls des Judas, bleiben möglich (vgl. 1Joh 5,16). 2. Die Apostel, die Jünger und Knechte Jesu, der Lehrer und Herr ist, müssen seinem Beispiel folgen: Sie müssen die gleiche Demut zeigen, sie müssen in der Tat das Kreuz auf sich nehmen und Jesus folgen. Insoweit sie dies tun, haben sie teil an seiner Vollmacht. Einen Menschen aufnehmen, der von Christus gesandt ist, heißt, Christus aufnehmen; Christus aufnehmen heißt, Gott aufnehmen (V. 20). So ist die Kirche der verantwortliche Bote Christi, sie hat teil an seiner Würde und ist verpflichtet, seine Niedrigkeit und sein Dienen nachzuvollziehen. Unabhängig von ihrer Autorität genießt sie keine absolute Sicherheit, da selbst einer der Zwölf sich als ein Verräter herausstellen kann.

Am Ende dieses Abschnittes geht Judas in die Finsternis hinaus; von diesem Zeitpunkt an ist Jesus allein mit den Treuen. Sie tun sich schwer mit dem Verstehen, und ihre Treue wird in den Grundfesten erschüttert werden, aber ihnen soll das Geheimnis Gottes enthüllt werden.

1. *πρὸ δὲ τῆς ἑορτῆς τοῦ πάσχα.* Vgl. 12,1. Daß Joh tatsächlich den Tag vor dem Passa meint, zeigt sich in 18,28; 19,14.31.42. Mit dieser Bemerkung unterscheidet er eindeutig zwischen dem Letzten Mahl und dem jüdischen Passa; indem er dies tut, widerspricht er der synoptischen Erzählung, nach welcher das Letzte Mahl das Passamahl war und Jesus einen Tag später starb als nach der Darstellung des Joh. Zu diesem Unterschied und dem Datum der Kreuzigung s. Einleitung, S. 65ff. Durch diese Veränderung und durch seine Auslassung eines jeden Hinweises auf das Brot und den Wein des Mahles betont Joh, daß die Eucharistie nicht einfach ein christliches oder christianisiertes Passa war. Er kann auch durch eine disciplina arcanorum beeinflußt worden sein, und er könnte wirkliche Einzelheiten über den Ursprung und die Durchführung des christlichen Ritus nicht haben erzählen wollen; dies jedoch kann nicht als sicher angesehen werden, ist vielleicht auch unwahrscheinlich.

εἰδώς. Es gibt überhaupt keinen Grund für die Annahme, es handle sich hier um die Fehlübersetzung eines aramäischen Partizips (welches dieselben Konsonanten wie das Perfekt hatte; s. Torrey, S. 44f.47f, der übersetzt: hatte erkannt). In dem Widerspruch zwischen *εἰδώς* an dieser Stelle und *εἰδώς* in V. 3 und in der ungewöhnlichen Vorstellung einer offensichtlichen zeitlichen Begrenzung der Liebe Jesu (*πρὸ δὲ τῆς ἑορτῆς... ἠγάπησεν*) sieht Bultmann eine Textvertauschung; er argumentiert, 13,1 (oder ein Teil davon) habe ursprünglich das Gebet von 17,1–26 eingeleitet.

ἦλθεν (*ἐλήλυθεν, Ω; παρῆν, D; ἥκει, P*[66]) *αὐτοῦ ἡ ὥρα*, die Stunde seines Todes und seiner Erhöhung. S. Komm. zu 2,4.

ἵνα μεταβῇ. Das erklärende *ἵνα* ist charakteristisch für Joh; es ist unnötig, es als fehlerhafte Wiedergabe des aramäischen ד zu betrachten, das hier als temporales Partikel gedacht ist (M II, S. 470). *μεταβαίνειν* ist gut gewählt, um den Übergang von einer Welt in die andere auszudrücken; es kann gleichermaßen auf den Tod als ein Weggehen und auf den Aufstieg in den Himmel bezogen werden. Vgl. 5,24.

ἐκ τοῦ κόσμου τούτου. Zu *κόσμος* s. Komm. zu 1,10. Das Wort ist im ganzen Evangelium gebräuchlich, aber *ὁ κόσμος* (*οὗτος*) begegnet vierzigmal in den Abschiedsreden. Die Betonung liegt auf der Unterscheidung zwischen der Welt und den Jüngern (die die Kirche repräsentieren), welche aus ihr ausgewählt sind. Diese Unterscheidung ist natürlicherweise eine qualitative; es ist jedoch nicht zu übersehen, daß in der urchristlichen Überlieferung *ὁ κόσμος* (*αἰών*) *οὗτος*, das für העולם הזה *(ha 'olam ha-zeh),* dieser Äon, steht, ein eschatologischer Ausdruck ist; und neben der qualitativen Unterscheidung bleibt deshalb eine temporale. In der eschatologischen Terminologie war gesagt worden, daß die völlige Offenbarung Jesu und der Seinen in einer wirklichen zeitlichen Zukunft lag. Joh verliert diese Zukunft nicht aus dem Auge, aber die Betonung, die er auf die zentrale Bedeutung des fleischgewordenen Lebens Jesu und insbesondere auf seinen Tod und seine Erhöhung legt, macht eine ontologische Unterscheidung zwischen Jesus und den Seinen auf der einen Seite und der Welt auf der anderen möglich. Angesichts seiner eigenen unmittelbaren Entfernung aus der Sphäre dieser Welt regelt Jesus das Leben der Seinen, die hinfort, da sie zu ihm gehören und für immer mit ihm vereinigt sein werden, jedoch noch in dieser Welt leben, eine zweifache Existenz leben werden. *ἀγαπήσας τοὺς ἰδίους τοὺς ἐν τῷ κόσμῳ.* S. o. Zu *οἱ ἴδιοι* vgl. 11,11, wo jedoch der Ausdruck in einem anderen Sinn gebraucht wird. 10,3f.12 bilden eine engere Parallele, aber der Sinn wird wahrscheinlich am besten durch 15,19 herausgestellt; Jesus liebt die Seinen, und die Welt liebt in ähnlicher Weise das Ihre (*τὸ ἴδιον*) und haßt jene, die zu Jesus gehören. Joh betont den Unterschied zwischen Jesus und der Welt und bereitet auf diese Weise den Weg für die Kap. 13–17. Die Jünger, auch wenn sie zu Jesus gehören, sind nichtsdestoweniger *ἐν τῷ κόσμῳ*, wo ihr Meister sie zurückließ, sie sind sowohl vereint mit ihm als auch von ihm getrennt. »Natürlich richtet sich die Liebe des Sohnes wie die des Vaters werbend auf die ganze Welt; aber diese Liebe kommt zur Verwirklichung nur dort, wo sich der Mensch ihr erschließt. Und von dem Kreise derer, die sich ihr erschlossen haben, ist jetzt die Rede. In der äußeren Situation wird dieser Kreis durch die Zwölf (Elf) repräsentiert; aber eben indem hier nicht von den *μαθηταί*, sondern von den *ἴδιοι* die Rede ist, wird deutlich, daß jene die Repräsentanten der Glaubenden überhaupt sind“ (Bultmann, S. 373).

εἰς τέλος ἠγάπησεν αὐτούς. εἰς τέλος kann im hellenistischen Griechisch eine adverbiale Wendung sein in der Bedeutung »völlig«, »vollständig« (s. MM s. v. *τέλος*). Dies ergäbe hier einen befriedigenden Sinn: Jesu Liebe für die Seinen war einer jeden Tat des Dienens oder Leidens fähig. Wahrscheinlich behält hier (und Mk 13,13 parr; 1Thess 2,16) *τέλος* etwas von seiner ursprünglichen Bedeutung von »Ende«. Jesus liebte die Seinen bis zum letzten Augenblick seines Lebens. Darüber hinaus erinnert *τέλος* an die Eschatologie der älteren Evangelien; die »Stunde« Jesu, die Stunde seines Leidens, war eine Antizipation der letzten Ereignisse. Es wäre charakteristisch für Joh, hier eine Doppelbedeutung in *εἰς τέλος* zu sehen.

2. *δείπνου γινομένου.* Zu *δεῖπνον* s. Komm. zu 12,2. Hier bedeutet es ohne Zweifel ein Abendmahl (V. 30). In 1Kor 11,20 wird es mit einem Hinweis auf die Agape oder die Eucharistie gebraucht. Anstelle von *γινομένου* ist *γενομένου* recht gut bezeugt ([P⁶⁶] אᶜ D Θ λ it vg pesch sah boh); es paßt jedoch nicht so gut zum Kontext wie *γινομένου*, da das Mahl immer noch im Gange war (V. 26). Da Joh offenkundig die mit der »Einsetzung des Abendmahls« verbundenen Ereignisse voller Absicht ausläßt, ist es unnötig zu fragen, an welcher Stelle diese in seine Erzählung eingefügt werden könnten. *τοῦ διαβόλου ἤδη βεβληκότος εἰς τὴν καρδίαν ἵνα παραδοῖ αὐτόν Ἰούδας.* »Der Teufel hatte bereits beschlossen, daß Judas ihn [Jesus] verraten sollte.« Die Übersetzung der Revised Version (der Teufel hatte bereits ins Herz Judas' gelegt . . . ihn zu verraten) kann nur aufrechterhalten werden, wenn der Genitiv bei dem Namen Judas gelesen wird, mit D Θ Ω a e sin pesch sah. Hier handelt es sich jedoch wahrscheinlich um die vereinfachende Glosse, und die Lesart sollte deshalb zurückgewiesen werden. Auf der anderen Seite sollte man beachten, daß die altlateinische Version *cum diabolus se misisset* (oder *misisset se*) *in cor* . . . hat. Zur Konstruktion vgl. Hiob 22,22, *ἀνάλαβε . . . ἐν καρδίᾳ σου* (בלבבך . . . שים wörtlich, gelegt . . . in dein Herz), und 1Sam 29,10, *μὴ ὑῇς ἐν καρδίᾳ σου* (keine hebräische Entsprechung). S. auch Lk 21,14 (und die in HSGT, S. 131 angeführten Parallelen). Zum Gedanken vgl. V. 27 und 6,70, *ἐξ ὑμῶν εἷς διάβολός ἐστιν*; auch Lk 22,3, *εἰσῆλθεν δὲ σατανᾶς εἰς Ἰούδαν* (Lk ist der einzige andere Evangelist, der den Verrat des Judas direkt mit dem Satan in Zusammenhang bringt). *παραδοῖ* ist die Form des Verbums, die in א D erscheint. »Eine Form, die offensichtlich aus der Volkssprache kommt – wie die Überlieferung in den Papyri zeigt, kann man sie mit Gewißheit als ursprünglich annehmen . . . Obwohl eine späte Form des Optativs sich damit deckt, gibt es hier nicht den geringsten syntaktischen Grund für einen Zweifel, daß sie im Neuen Testament immer Konjunktiv ist« (M II, S. 211). Vgl. Mk 14,10; daß es auch in dieser Parallele um den Verrat des Judas geht, wird nicht lediglich zufällig sein. Zur Textüberlieferung im Zusammenhang mit dem Namen des Judas s. Komm. zu 6,71.

3. *εἰδὼς ὅτι πάντα ἔδωκεν αὐτῷ ὁ πατὴρ εἰς τὰς χεῖρας.* Die Konstruktion ist auffällig; *αὐτῷ* oder *εἰς τὰς χεῖρας* hätte allein ausgereicht. Es ist hier wie im nächsten Satz die Hauptabsicht, die Niedrigkeit

des Herrn und Meisters zu betonen, der sich demütigt, um seinen Dienern zu dienen. Jesus wäscht ihre Füße im vollen Wissen darum, daß er der Sohn Gottes ist. Vgl. Corp Herm I,12, der Vater παρέδωκε τὰ ἑαυτοῦ πάντα δημιουργήματα dem Mann aus dem Himmel, den er gezeugt hatte. ἔδωκεν Aorist: der Vater gab dem Sohn Vollmacht für seine Sendung (V. 16.20). Vgl. 3,35, ὁ πατὴρ ... πάντα δέδωκεν ἐν τῇ χειρὶ αὐτοῦ, und die weniger allgemeinen Aussagen von 5,22.26.

ὅτι ἀπὸ θεοῦ ἐξῆλθεν καὶ πρὸς τὸν θεὸν ὑπάγει. »Wissend ... daß er von Gott gekommen war und zu Gott *ging*.« Vgl. V. 1; die Stunde des Abschieds stand bevor, und tatsächlich ging Jesus ein in seine ewige Herrlichkeit mit dem Vater durch die Erniedrigung des Kreuzes; die Erniedrigung der Fußwaschung sollte dies im voraus abbilden. Diese Herrlichkeit in der Erniedrigung ist eines der Hauptthemen von Kap. 13–17, und die Zeichenhandlung, die am Anfang steht, drückt dies sehr deutlich aus. Ignatius Magn 7,2, worauf Brown verweist, ist keine enge Parallele.

4. ἐκ τοῦ δείπνου, vom Eßtisch weg. τίθησιν τὰ ἱμάτια. ἀποτιθέναι wäre das naheliegendere Wort gewesen. Vgl. den Gebrauch von τιθέναι (mit ψυχήν) in 10,11.15.17f; 13,37f. Wenn Jesus sein Gewand zur Vorbereitung dieses Akts der Demut und Reinigung beiseite legt, macht er schattenhaft die Hingabe seines Lebens vorab sichtbar. Vgl. 19,23; auch Lk 12,37.

λέντιον, nur hier und V. 5 im NT. Es ist ein Latinismus, eine Transliteration von *linteum*, die freilich im späteren Griechisch nicht ungewöhnlich ist (s. Liddell-Scott s. v.). Caligula beleidigte Senatoren, indem er sie zwang, ihm in dieser Aufmachung aufzuwarten (Sueton, Caligula, 26).

5. βάλλει ist selbstverständlich in dem abgeschwächten Sinn, wie er im hellenistischen Griechisch üblich war, gebraucht; der Zusatz von λαβών durch D φ sin ist auf Assimilation an λαβὼν λέντιον in V. 4 zurückzuführen.

τὸν νιπτῆρα. Das Wort ist Hapax legomenon im NT und anderswo (abgesehen von kirchlichem Griechisch) nicht bezeugt. Es wird regelmäßig gebildet aus νίπτειν (anstelle des klassischen νίζειν); Substantive auf -τηρ »sind hauptsächlich Namen von Mitteln und Instrumenten« (Palmer, S. 108). Es findet sich auch das Wort ποδανιπτήρ.

ἤρξατο. Dieses Wort arbeitet das Gewicht von ἔρχεται im nächsten Vers heraus; er fuhr fort, einen nach dem anderen zu waschen; es liegt hier deshalb nicht ein redundanter semitischer Gebrauch von »zu beginnen« als Hilfszeitwort vor.

νίπτειν τοὺς πόδας τῶν μαθητῶν. Das Waschen der Füße des Meisters war eine niedrige Pflicht, die von einem jüdischen Sklaven (im Unterschied zu Sklaven anderer Nationalitäten; Mek Ex 21,2 [נזיקין, § 1]) nicht gefordert wurde. Der demütigende Charakter der Aufgabe sollte hier jedoch nicht übertrieben werden. Frauen wuschen die Füße ihrer Männer und Kinder die ihrer Eltern. Von Jüngern erwartete man, daß sie ihren Rabbinen persönliche Dienste leisteten (z. B. Ber 7b: R. Johanan [† 279 n. Chr.] sagte im Namen von R. Simeon b. Jochai [ca. 150 n. Chr.]: Der Dienst am Gesetz [d. h. den Lehrern des Gesetzes] ist wichtiger, als es zu lernen. S. 2Kön 3,11: Elisa, der Sohn von Shaphat, ist hier, der Wasser auf die Hände des Elia goß. Es sagt nicht »der lernte«, sondern »der goß«; dies lehrt, daß der Dienst das Größere der beiden ist). Die Pointe in dem vorliegenden Abschnitt ist, daß das natürliche Verhältnis umgekehrt wird in einen Akt unnötiger und auffallender (wie der Einwand des Petrus, V. 6.8, zeigt) Demut. Im Verständnis des Joh ist der Akt zugleich beispielhaft, offenbarend und heilbringend. Die Jünger müssen nun ihrerseits einander die Füße waschen (V. 14f). Der Akt liebender Herablassung offenbart die Liebe Jesu für die Seinen (V. 1), geradeso wie die gegenseitige Liebe der Jünger ihre Beziehung zu Christus offenbaren wird (V. 35); und die Fußwaschung stellte einen wirklichen Akt der Reinigung dar, welcher nicht wiederholt werden mußte (V. 8.10).

6. λέγει αὐτῷ. Viele Handschriften weisen auf den Subjektwechsel hin: ἐκεῖνος, D Θ Ω; Simon, die syrischen Versionen; Petrus, die lateinischen. Zu dem Einwand vgl. Mt 3,14.

σύ μου. Die Pronomina werden in eine betonte Stellung zueinander gebracht: Du wäschst *meine* Füße? Für eine andere Beurteilung s. Bl-Debr § 473.

7. σὺ οὐκ οἶδας ἄρτι, γνώσῃ δὲ μετὰ ταῦτα. Vgl. 2,22; 12,16, wo von Joh angemerkt wird, daß erst nach

dem Tod und der Auferstehung die Jünger die volle Bedeutung der Tempelreinigung und des triumphalen Einzugs begriffen. Dieses Unvermögen, zu verstehen, wird von Joh betont, und der Grund dafür wird in 7,39; 14,26; 16,13 herausgestellt. Nur durch den Geist können Menschen Jesus überhaupt verstehen; und hier sind nun seine Jünger nicht weniger als die jüdischen Gegner eingeschlossen. Die Entsprechung der synonymen Worte εἰδέναι, γινώσκειν in diesem Vers sollte beachtet werden.

8. D Θ setzen vor die Rede des Petrus den Vokativ κύριε, in Angleichung an V. 6.

οὐ μὴ νίψῃς... εἰς τὸν αἰῶνα. Zur Konstruktion vgl. 11,26; die Negation ist sehr stark. Der Sinn des Petrus für das, was für seinen Herrn passend ist, wird gröblichst verletzt; vgl. Mk 8,32 parr. Joh hat zu diesem mk Logion keine direkte Entsprechung; es ist möglich, daß er hier absichtlich das Bedürfnis eingeführt hat, da (wie wir festgestellt haben) die Fußwaschung die Kreuzigung im voraus abbildet. Sowohl in der mk Stelle als auch hier können wir die Weigerung sehen, »das Heil nicht in Niedrigkeit ... und Gott nicht in der Knechtsgestalt zu sehen« (Bultmann).

ἐὰν μὴ νίψω σε, οὐκ ἔχεις μέρος μετ’ ἐμοῦ. Vgl. Mk 8,33 (die Antwort des Petrus auf die oben zitierte Bemerkung), ὕπαγε... σατανᾶ, ὅτι οὐ φρονεῖς τὰ τοῦ θεοῦ ἀλλὰ τὰ τῶν ἀνθρώπων. Petrus steht trotz seiner offenkundigen Verehrung Jesu in der Gefahr, sich auf die falsche Seite zu schlagen. Seine Weigerung, Jesu Liebe und Dienst anzunehmen, ist in der Tat satanischer Stolz. Zu μέρος ἔχειν vgl. Mt 24,51 (= Lk 12,46); auch Apg 8,21. Wenn Petrus nicht gewaschen wird, wird er keinen Teil an den heilsamen Folgen der Passion Jesu haben und auch keinen Platz in seinem Volk. Man hat hier oft einen Hinweis auf die christliche Praxis der Taufe gesehen; vgl. 3,5, und s. Schweitzer S. 349–352. S. auch Einleitung, S. 99. Daß Joh die Taufe kannte, ist kaum zu bezweifeln, und wahrscheinlich würde er auch eine gewisse Verbindung zwischen dieser Initiationswaschung und der Fußwaschung der Jünger sehen, aber diese Verbindung darf nicht zu eng konstruiert werden, als ob Joh argumentierte: Alle Christen müssen getauft werden; die Apostel waren Christen; deshalb mußten die Apostel getauft werden, und wenn nicht in der üblichen Weise, dann in einer entsprechenden. Vielmehr ist Joh hinter die vordergründige Vorstellung von der Taufe als eines kirchlichen Ritus vorgedrungen; er hat sie in ihrem Verhältnis zum Tod des Herrn gesehen, auf welchen diejenigen, die sich bekehrten, getauft wurden (vgl. Röm 6,3), und er hat sie so in den demütigen Akt der Liebe integriert, in dem der Tod des Herrn vor der Passion dargestellt wurde. Vgl. die Behandlung der Eucharistie in Kap. 6; s. S. 295ff.

9. μὴ. νίψῃς muß ergänzt werden. Wenn die Waschung der einzige Weg ist, Gemeinschaft mit Christus zu haben, dann wollte Petrus völlig gewaschen werden, und kein Teil von ihm sollte ungewaschen bleiben.

10. Es gibt für diesen Vers zwei wesentliche Formen der Textüberlieferung (mit einer Reihe von kleineren Varianten, die wir hier nicht behandeln müssen): a) ein Langtext: ὁ λελουμένος οὐκ ἔχει χρείαν εἰ μὴ τοὺς πόδας νίψασθαι, derjenige, welcher gebadet wurde, muß nur noch seine Füße waschen; b) ein Kurztext: ὁ λελ. οὐκ ἔχει χρ. νίψασθαι, wer gebadet wurde, muß sich nicht mehr waschen. Die erste Lesart wird von der Mehrheit der Handschriften gestützt, inklusive B W (P[66] D Θ) und den meisten Übersetzungen. Die letztere wird nur von א vg (der ursprüngliche Text – s. WM) gestützt, zusammen mit einigen altlateinischen Handschriften und Origenes. Die Textfrage kann nicht unabhängig von der Interpretation des gesamten Verses gelöst werden, beide Lesarten sind zweifelsohne alt, deshalb ist jene vorzuziehen, die besser in den Kontext paßt. Zuerst ist festzustellen: Joh Freude an Wortpaaren (z. B. εἰδέναι, γινώσκειν) macht, obwohl die beiden Verben in ihrer Bedeutung nicht identisch sind (λούεσθαι, »ein Bad nehmen«; νίπτεσθαι, »zu waschen«), es unmöglich, mit Sicherheit festzustellen, ob er deutlich zwischen beiden unterschied; dies trifft selbstverständlich nur auf b) zu; in a) bringen die zusätzlichen Worte eine deutliche Unterscheidung. Zweitens sollte beachtet werden: V. 8b macht die Annahme unmöglich, das, was Jesus gerade getan hat, als etwas Gewöhnliches zu betrachten; es ist von fundamentaler Bedeutung und unaufgebbar – d. h., es handelt sich nicht um eine sekundäre »Waschung«, die einem »Bad« als Initiation unterzuordnen wäre.

Drittens scheint es zumindest in gewissen Kreisen üblich gewesen zu sein, daß Gäste bei einem Mahl ein Bad nahmen, bevor sie das Haus verließen, und nach Ankunft im Haus ihrer Gastgeber ihre Füße, eben nur ihre Füße, gewaschen bekamen: Ein Wissen um einen solchen Brauch wie diesen könnte die Erweiterung von b) zu a) verursacht haben. Viertens, das Verb λούειν, obwohl im NT nicht gebräuchlich, steht in Verbindung mit religiösen Waschungen. Dies trifft auf das nichtchristliche Griechisch zu (s. Bauer, s. v.). In Hebr 10,22 gibt es wahrscheinlich eine Anspielung auf die christliche Taufe (λελουσμένοι τὸ σῶμα ὕδατι καθαρῷ); vgl. den Gebrauch des Nomens λουτρόν in Eph 5,26; Tit 3,5.

Wenn man diese Tatsachen im Auge behält, dann scheint es wahrscheinlich, daß der Sinn des Verses folgendermaßen ist: Joh schrieb den Text in der Form b). Er führte das Verbum λούειν als ein Synonym von νίπτειν ein, aber doch auch als ein Wort, welches viel eindeutiger an den Hintergrund der religiösen Waschungen und so auch an den Ritus der Taufe denken ließ. Das Logion wollte auf das törichte Mißverständnis des Petrus verweisen; dieser vermutete, er würde, da die Waschung seiner Füße durch Jesus für den niedrigen Dienst seines Todes stand, mehr Gutes bekommen, wenn auch seine Hände und sein Haupt gewaschen würden, als ob die Waschung mit Wasser selbst schon einen religiösen Nutzen bringen würde. Dagegen weist Jesus darauf hin, daß einer, wenn er einmal die Wohltat seiner Liebe und seines Todes empfangen hat (»in seinen Tod getauft wurde«), »völlig rein« (καθαρὸς ὅλος) sei; weitere Waschungen sind sinnlos. Die Jünger sind nun in seinen Tod »eingeweiht« worden, und es gibt nichts mehr zu tun. Diese Aussage wurde jedoch mißverstanden, teilweise, weil nicht erkannt wurde, daß λούειν und νίπτειν synonym waren, und teilweise wegen des erwähnten gesellschaftlichen Brauchs. Der Text wurde dann ohne Rücksicht auf die Tatsache erweitert, daß damit die Implikation eingeführt wurde, die Fußwaschung sei eine vergleichsweise unwichtige Ergänzung zum Vorgang des Badens. Gegen diese These macht Sanders geltend, daß ein Verweis auf die Füße (wie im Langtext) nötig wäre, da Jesus Petrus zu überreden versucht, ihn seine Füße waschen zu lassen; aber dies ist nicht so – Jesus antwortet auf Petrus' falsches Verlangen, er sollte nicht nur seine Füße, sondern auch seine Hände und sein Haupt waschen. Lightfoot vergleicht 12,3, wo die Salbung der Füße eine ausreichende symbolische Salbung des ganzen Leibes darstellt. Die Auffassung, die Fußwaschung stehe für die Eucharistie, während das »Baden«, da es offenkundig nicht wiederholbar ist, für die Taufe stehe, ist sehr weit hergeholt, auch ist damit eine viel zu direkte sakramentale Interpretation der Zeichenhandlung verbunden; s. o. Es ist auch unwahrscheinlich (s. Braun), daß hier Joh gegen die von der Qumrangemeinde praktizierten Waschungen polemisiert; seine Absicht ist es (wie üblich), die volle theologische Bedeutung der christlichen Tradition und Praxis herauszustellen. Das wahre Reinigungsmittel ist das Wort, das Jesus spricht und ist; s. 15,3. Vgl. 6,63; sowohl das Essen und Trinken des Fleisches und Blutes des Menschensohns wie auch das Waschen im Wasser (selbst das, welches er selbst ausführt) leiten ihre Wirksamkeit nicht durch das opus operatum, sondern aus dem gesprochenen Wort ab.

καθαρὸς ὅλος. ὅλος bedeutet hier »an jeder Stelle« (wie Füße, Haupt, Hände usw.) des Körpers. Zu καθαρός vgl. 15,3, die einzige andere Stelle bei Joh (außer V. 11), wo das Wort gebraucht wird.

οὐχὶ πάντες. Hier wird selbstverständlich auf Judas verwiesen, wie der nächste Vers zeigt. Judas ist mit den anderen Jüngern zusammen gewaschen worden; deswegen ist jegliche Möglichkeit einer lediglich mechanischen Wirkung des Heils, ob durch die Taufe oder auf andere Weise, ausgeschlossen. Vgl. 6,63f; auch die mt Gleichnisse (13,24–30.36–43, das Unkraut unter dem Weizen; 13,47–50, das Fischnetz), welche betonen, daß jene, die im Reich Gottes versammelt werden, ein corpus mixtum sind; und 1Kor 10,1–13. Die Füße des Judas wurden gewaschen, aber er ließ sich nicht auf die Bedeutung des demütigen und liebenden Handelns Jesu ein.

11. διὰ... ἔστε. Diese Worte werden ausgelassen von D. Als Erklärung sind sie irgendwie überflüssig, und sie könnten möglicherweise als Randglosse in den Text eingedrungen sein.

12. ἔλαβεν τὰ ἱμάτια αὐτοῦ. S. Komm. zu V. 4 (τίθησιν τὰ ἱμάτια), und vgl. 10,17f, λαμβάνειν ψυχήν.

ἀνέπεσεν. S. Komm. zu 6,10.

γινώσκετε τί πεποίηκα ὑμῖν; Vgl. V. 7. Die Interpretation dieser Handlung Jesu scheint sich nun zu ändern. In den vorangehenden Versen war es eine symbolische Handlung (wie jene der atl Pro-pheten); sie deutete auf die Reinigung hin, die durch Jesus in den Herzen der Menschen bewirkt wurde. Hier nun wird sie ein Beispiel der Demut.

Die beiden Interpretationen schließen einander freilich nicht aus, sondern sie implizieren einander. Die Reinheit, die Jesus bewirkt, besteht in einer wirkenden und dauerhaften Demut. Jene, die von ihm gereinigt wurden, lieben und dienen einander tatsächlich, und es gibt keinen anderen Test dafür, ob sie gereinigt worden sind, als dies (V. 35; vgl. 1Joh 3,16f.23; 4,11 u. ö.). Der Tod Christi ist zugleich das Mittel, durch welches die Menschen von der Sünde gereinigt werden, und das Beispiel des neuen Lebens, welchem sie hinfort folgen müssen. Insoweit darüber hinaus die Fußwaschung für das gesamte Erlösungswerk Christi steht, müssen die Jünger in dieses Werk eintreten. »Jesus ist nicht das ὑπόδειγμα für eine imitatio; sondern der Empfang seines Dienstes gibt dem Jünger eine neue Möglichkeit des Miteinanderseins« (Bultmann, S. 363). Es wird auch daraus folgen, daß »die einzige Art von Unreinheit, die durch diese Gemeinschaft erkannt wird, Selbstsucht ist, die hier von Judas repräsentiert wird« (Fenton).

13. ὁ διδάσκαλος καὶ ὁ κύριος. Diese Worte stehen im Nominativ, nicht im Akkusativ (zweites Objekt von φωνεῖτε); es handelt sich deshalb um den Nominativ mit Artikel, der anstelle des Vokativs gebraucht wird; vgl. M I, S. 70; Bl-Debr §§ 143.147. διδάσκαλος steht für den Titel Rabbi (Rabboni); s. Komm. zu 1,38; 20,16. κύριος wird häufig als Bezeichnung für Jesus bei Joh verwendet. Hahn (Hoheitstitel, S. 74ff) verweist zu Recht darauf, daß κύριος als Titel seinen Ursprung in der Anrede Jesu als Lehrer hatte (vgl. die Anrede eines Rabbinenschülers an seinen Lehrer, רבי ומרי – Bill II, S. 558). Es ist aber undenkbar, daß ein christlicher Autor, der am Ende des 1. Jh. schreibt, nicht mehr als dieses im Sinn gehabt haben sollte. Ein Rabbi konnte von seinen Jüngern erwarten, daß sie ihm die Füße waschen würden (s. Komm. zu V. 5); ein κύριος, ein Herrscher, ob nun göttlich oder menschlich, konnte jeden Dienst von seinen Untertanen erwarten (das Korrelativ zu κύριος ist δοῦλος).

14. καὶ ὑμεῖς ὀφείλετε. Argumente dieser Art a minori ad maius sind in rabbinischen Schriften sehr gebräuchlich, sie sind dort als קל וחומר (»leicht und schwer«) bekannt. Es wäre jedoch lächerlich, dies als einen jüdischen oder rabbinischen Zug im joh Stil zu behaupten. Solche Argumente werden gebraucht, wo immer Menschen logisch denken und sprechen; und das jüdische קל וחומר ist nicht ohne Bezug auf hellenistische Logik und Rhetorik (D. Daube, HUCA 22 [1949], S. 251–257). 1Tim 5,10 zeigt, daß zu der Zeit, als Joh schrieb, »das Waschen der Füße der Heiligen« eine verbreitete Metapher für den Dienst des Christen geworden war. Die joh Erzählung könnte sich aus der Metapher entwickelt haben, aber die Metapher selbst muß irgendeinen Ursprung haben, und dieser könnte in der Überlieferung liegen, die Joh verwendete.

15. ὑπόδειγμα. Zum Wort vgl. Hebr 4,11; 8,5; 9,25;Jak 5,10;2Petr 2,6. Es bedeutet sowohl »Muster« als auch »Vorbild« oder »Beispiel«, und es ist interessant, das Vorkommen der Wendung ὑπόδειγμα ἀρετῆς in Inschriften zu beachten (s. Liddell-Scott s. v.). ὑπόδειγμα hatte seinen festen Platz im Koine-Griechisch, aber es zog sich doch die Ablehnung durch Phrynichus zu (IV Rutherford, S. 62; das klassische παράδειγμα ist vorzuziehen).

ἵνα ist das bei Joh gebräuchliche »erklärende« ἵνα, das sowohl auf den Zweck als auch auf den Inhalt des Beispiels verweist.

16. οὐκ ἔστιν . . . τοῦ πέμψαντος αὐτόν. Dies entspricht dem Gedankengang von V. 14. Vgl. Mt 10,24, οὐκ ἔστιν μαθητὴς ὑπὲρ τὸν διδάσκαλον οὐδὲ δοῦλος ὑπὲρ τὸν κύριον αὐτοῦ. Zu der allgemeinen Frage der Sendung Jesu durch den Vater, der Apostel durch Jesus und zur Beziehung zwischen Sender und Gesandtem s. Komm. zu 20,21. Der Sinn ist hier deutlich. Die Jünger können keine bessere Behandlung erwarten als die, die ihr Herr empfing, und sie sollen sich auch nicht für zu wichtig halten, als daß sie nicht die Taten des Dienstes, die er getan hatte, auch tun könnten. ἀπόστολος wird nur hier in Joh gebraucht, obwohl das verwandte Verbum ἀποστέλλειν üblich ist, wie auch πέμπειν. Es ist hier

nicht ein Terminus technicus (wie oft im NT), sondern wird hier einfach als ein passives Nominalverb gebraucht, das fast dem ἀποσταλείς oder ἀπεσταλμένος entspricht. Daß es mit τοῦ πέμψαντος αὐτόν gebraucht wird, zeigt deutlich, daß Joh nicht zwischen den beiden Wortwurzeln und Wortgruppen unterschied.

17. εἰ ταῦτα οἴδατε. Es ist nicht eindeutig, worauf ταῦτα sich bezieht. Zunächst scheint es darauf zu verweisen, daß ein Diener nicht größer ist als sein Meister, oder eine gesandte Person als der Sendende; es ist aber unmöglich, vom »Tun« (ποιῆτε) dieser Dinge zu sprechen. Wahrscheinlich liegt hier eine Konstruktion ad sensum vor, und Joh meint: »Wenn ihr wißt, angesichts dieser Überlegungen und dessen, was ihr gesehen habt, daß es etwas Gutes ist, einander die Füße zu waschen, dann seid ihr glücklich, wenn ihr es tut.« V. 16 ist fast parenthetisch. Joh betont an anderer Stelle (12,47f) die Notwendigkeit des Tuns wie auch des Hörens der Worte Jesu: So tut dies das NT insgesamt, z. B. Mt 7,21.24–27. In diesem Vers hat sin »wenn ihr diese Dinge wißt und sie tut, seid ihr gesegnet«, e hat *haec scientes beati eritis*. Es scheint nicht unwahrscheinlich, daß er recht hat und der Verweis auf das »Tun« in Analogie zu anderen Stellen, aber an unterschiedlichen Orten eingeführt wurde.

18. οὐ περὶ πάντων ὑμῶν λέγω. Die Erörterung der Bedeutung der Fußwaschung wird durch den Gedanken an den Verräter unterbrochen, der sich selbst von der Gemeinschaft, die in der Liebe Jesu vereinigt ist, getrennt hat. Die eben gesprochenen Worte passen nicht auf ihn. Jesus hat sich jedoch nicht getäuscht, als er ihn in den Kreis der Zwölf aufnahm; er hat vielmehr in einer solchen Weise gehandelt, damit er die Schrift erfülle und so den Glauben voranbringe und ihn nicht schwäche.

ἐγὼ οἶδα τίνας ἐξελεξάμην. Die Bedeutung dieser Worte und ihre Verbindung mit dem folgenden Satz sind nicht deutlich. Sie können bedeuten: a) Ich weiß, wen ich wirklich erwählt habe, und selbstverständlich habe ich Judas nicht wirklich erwählt; oder: b) Ich kenne (die Charaktere) jene(r), die ich erwählt habe, und deshalb weiß ich, daß Judas, obwohl ich ihn erwählt habe, mich verraten wird. Das fragende τίνας läßt an a) denken und nicht an b), aber die Entsprechung zu 6,70 (welches nach Meinung von Brown die Vermutung nahelegt, Joh habe wie die Synoptiker angenommen, daß nur die Zwölf beim Mahl anwesend gewesen seien) läßt an b) denken, und sie ist wahrscheinlich stärker als das grammatikalische Argument (οὕς, welches besser zu b) paßt, wird gelesen in P⁶⁶ D Θ Ω). Wenn man freilich b) als ursprüngliche Lesart annimmt, dann ist eine beträchtliche Ellipse zu ergänzen vor ἀλλ' ἵνα: Ich weiß, wen ich erwählt habe: *Deshalb weiß ich, daß Judas ein Verräter ist, aber ich habe ihn erwählt,* damit... Eine alternative, aber weniger wahrscheinliche Erklärung des ἀλλ' ἵνα ἡ γραφὴ πληρωθῇ ist, daß ἵνα mit dem Konjunktiv als Ersatz für den Imperativ gebraucht wird – »aber die Schrift soll erfüllt werden«. So Turner, Insights, S. 147f. S. M I, S. 178f.248.

ὁ τρώγων μου (μετ' ἐμοῦ, P⁶⁶ ℵ D Θ Ω it vg sin boh – vielleicht zu Recht, da μου eine Angleichung an die LXX sein könnte) τὸν ἄρτον ἐπῆρεν (ἐπῆρχεν, ℵ W Θ λ) ἐπ' ἐμὲ τὴν πτέρναν αὐτοῦ. Das Zitat stammt aus Ps 41(40),10. Insgesamt steht Joh näher am Hebräischen (אוכל לחמי הגדיל עלי עקב) als am Griechischen der LXX (ὁ ἐσθίων ἄρτους μου, ἐμεγάλυνεν ἐπ' ἐμὲ πτερνισμόν), obwohl er vom Hebräischen abweicht, wo die LXX es wörtlich wiedergibt (ἐμεγάλυνεν für הגדיל). Wahrscheinlich schreibt Joh in freier Form, τρώγειν ist sein eigenes Wort, das er in der Lebensbrotrede gebraucht hat (6,54.56ff), und der Singular ἄρτον entspricht nicht nur dem Hebräischen (in der Punktation der Masoreten, *laḥmi*), sondern er läßt auch an den eucharistischen Laib denken, an welchem, so kann man annehmen, Judas unwürdig teilhatte. Die letzten vier Worte der LXX geben grob einen Ausdruck wieder, der »verspotten« bedeutet; das Wort, das Joh dafür einsetzt, läßt Hoskyns (518) an den plötzlichen Schlag eines Pferdes denken; vielleicht besser an jemanden, der »den Staub von seinen Füßen schüttelt gegen« einen anderen. Andere Thesen finden sich bei Brown und Lindars. λάκτισμα δείπνου (Aischylos, Agamemnon, 1601) ist eine interessante sprachliche Übereinstimmung, nicht mehr. Zum Gebrauch des Zitats s. Dodd, AS, S. 100.

19. ἀπ' ἄρτι. Nur hier und 14,7 (vgl. aber die Variante in 1,51) bei Joh. An dieser Stelle bedeutet es »jetzt«, wie die Parallele in 14,29 (νῦν εἴρηκα ὑμῖν πρὶν γενέσθαι) zeigt. Als er sie ausspricht, werden

die Worte nicht verstanden (vgl. V. 7), aber später wird man sich an sie erinnern (unter dem Einfluß des Geistes, 14,26), und sie werden Anlaß zum Glauben werden.

πρὸ τοῦ γενέσϑαι. Subjekt ist der Verrat des Judas, welcher auch Subjekt von *γένηται* ist.

ὅτι ἐγώ εἰμι. Vgl. 14,29, wo wir in einem ähnlichen Logion einfach *ἵνα . . . πιστεύσητε* haben. Zu *ἐγώ εἰμι* ohne Prädikat s. Komm. zu 8,24, wozu, wie auch zu dieser Stelle, es eine sehr nahe Parallele in Jes 43,10 gibt (*. . . ἵνα γνῶτε καὶ πιστεύσητε καὶ συνῆτε ὅτι ἐγώ εἰμι*), in welcher der Sprecher Gott ist.

20. Der Gedanke bewegt sich in diesem Abschnitt schnell zwischen der engen Einheit, die zwischen Christus und seinen gläubigen Jüngern besteht, und der Weissagung über den Verräter hin und her. Zum vorliegenden Logion vgl. Mt 10,40 parr. Es könnte durch den Anspruch nahegelegt worden sein, der in dem Gebrauch von *ἐγώ εἰμι* (V. 19) impliziert ist. Die Menschen begegnen wirklich Gott in der Person Jesu.

ἄν τινα πέμψω. Zur Konstruktion vgl. 20,23.

ὁ δὲ ἐμὲ λαμβάνων . . . τὸν πέμψαντά με. Vgl. die umgekehrte Aussage in V. 16. Zur Sendung Jesu vom Vater und der Jünger von Jesus s. Komm. zu 20,21. Der genaue Parallelismus zwischen den beiden Beauftragungen ist besonders zu beachten; ähnliche, aber keineswegs identische Parallelen finden sich bei Ignatius (Magn 6,1; Trall 3,1; Smyrn 8,1). Wie in 12,45.50 bekommen dadurch die Sendung Jesu und die Sendung der Kirche eine absolute theologische Bedeutung; in beiden wird die Welt mit Gott selbst konfrontiert. Das Wirken Jesu ist gleichförmig dem des Vaters (5,19), und ihn zu sehen heißt den Vater sehen (1,18; 14,9); die Jünger werden ihrerseits größere Werke als Jesus tun (14,12), und ihre gegenseitige Liebe wird die Einheit des Vaters und des Sohnes offenbaren (13,35; 15,9f).

21. Der Gedanke geht zurück zur Präsenz der Treulosigkeit unter den Zwölfen; nun wird jedoch der Verrat besonders erwähnt.

ἐταράχϑη τῷ πνεύματι. Hier wird nicht auf den Heiligen Geist, sondern auf den menschlichen Geist in Jesus verwiesen, den Sitz des Gefühls. Vgl. den Gebrauch von *ψυχή* 12,27, und bes. 11,33, *ἐνεβριμήσατο τῷ πνεύματι καὶ ἐτάραξεν ἑαυτόν*; s. Komm. z. St. Dodd sieht hier einen Verweis auf Ps 42,6. Bultmann sagt, Jesus spreche als ein Prophet.

ἐμαρτύρησεν. *μαρτυρεῖν* und die verwandten Worte sind gebräuchliche und wichtige Worte bei Joh (s. Komm. zu 1,7); hier jedoch scheint das Wort in dem Sinn gebraucht zu sein, eine wichtige und feierliche Erklärung abzugeben (vgl. 1,32; 4,44).

ἀμὴν ἀμὴν λέγω ὑμῖν ὅτι εἷς ἐξ ὑμῶν παραδώσει με. Zum ganzen Satz vgl. Mk 14,18, *ἀμὴν λέγω ὑμῖν ὅτι εἷς ἐξ ὑμων παραδώσει με, ὁ ἐσϑίων μετ' ἐμοῦ* (vgl. Mt 26,21; Lk 22,21). Joh hat die mk Anspielung auf Ps 41,10 (s. V. 18) bereits vollständiger wiedergegeben. Es scheint wahrscheinlich, daß er hier von Mk abhängt.

22. Vgl. Mk 14,19.

23. *ἐν τῷ κόλπῳ τοῦ Ἰησοῦ*. Die Teilnehmer an einem Mahl lagen auf ihrer linken Seite; der linke Arm wurde dazu genommen, den Körper zu stützen, der rechte war frei zum Gebrauch. Der Jünger zur Rechten Jesu hatte so sein Haupt unmittelbar vor Jesus, und man konnte deshalb entsprechend sagen, er lag an seinem Busen. Offensichtlich war er in der Lage, vertraulich mit Jesus zu sprechen, aber sein Platz war nicht der höchste Ehrenplatz; dieser war zur Linken des Gastgebers. Der Platz, den der Lieblingsjünger einnahm, war nichtsdestoweniger der Platz eines vertrauten Freundes; vgl. Plinius, Epist IV,22,4: *Cenabat Nerva cum paucis; Veiento proximus atque etiam in sino recumbebat*. Der Ausdruck *ἐν τῷ κόλπῳ* ist jedoch durch diese einfache Beobachtung noch nicht völlig erfaßt. In 1,18 wird der eingeborene Sohn beschrieben als *ὁ ὢν εἰς τὸν κόλπον τοῦ πατρός*. 13,20, wo die Beziehung zwischen Gott, Christus und jenen, die Christus sendet, betont wird, weist auf den besonderen Fall voraus, in welchem der besonders ausgezeichnete Jünger als einer dargestellt wird, der in derselben Beziehung zu Christus wie Christus zum Vater steht. Die Tatsache, daß Jesus und die Jünger zu Tische lagen (und nicht saßen), ist ferner als ein Hinweis darauf zu beachten, daß das fragliche Mahl das Passamahl war, bei welchem das Zu-Tische-Liegen vorgeschrieben war (s. Jeremias, Abendmahlsworte, S. 42f). Das heißt, dieses Detail (und vgl. V. 26.29f) widerspricht der

allgemeinen joh Datierung des Abendmahls (s. V. 1) und stützt die mk. S. Einleitung, S. 64 ff. Dieser Punkt ist jedoch weniger überzeugend bei Joh als bei den Synoptikern. Der Brauch des Zu-Tische-Liegens beim Passamahl war wahrscheinlich eine Entlehnung aus der römischen Welt, und Joh, der mit dieser Welt vertraut war, kann einfach beschrieben haben, was nach seiner Vorstellung bei jedem Mahle geschehen sein mußte, unabhängig von irgendeiner historischen Überlieferung über das Letzte Mahl. Oder aber auch, Joh könnte ganz einfach von der synoptischen Überlieferung abhängen. In jedem Fall ist, soweit überhaupt seiner Aussage, daß Jesus und seine Jünger bei Tische lagen und nicht saßen, historischer Wert beizumessen ist, doch wohl die historische Zuverlässigkeit seiner Aussage in V. 1, das Mahl habe *vor* dem Passa stattgefunden, zu bezweifeln.

ὃν ἠγάπα ὁ Ἰησοῦς. Der »Lieblingsjünger« wird hier zum ersten Mal erwähnt. S. auch 19.26f; 20,2 (wo das Verbum φιλεῖν ist); 21,7.20; und zur Frage im allgemeinen s. Einleitung, S. 131 ff. Hier seien folgende Punkte erwähnt. a) Der Jünger ist beim Letzten Mahl anwesend. Joh sagt an keiner Stelle, daß lediglich die Zwölf beim Mahl waren, aber dies wird explizit gesagt von Mk (14,17), dessen Bericht Joh wahrscheinlich kannte und dem er nicht widerspricht. Der Jünger war deshalb wahrscheinlich einer der Zwölf. Beachte jedoch die These von Schweizer (Coniectanea Neotestamentica II,1), daß der Lieblingsjünger die Zwölf verdrängt; auch die etwas phantastische Annahme (John and Qumran, S. 193), daß der Lieblingsjünger Judas ersetzt. b) Der Teil der Erzählung, der den speziellen Hinweis auf diesen Jünger einschließt, macht einen sekundären Eindruck. Er kombiniert den mk Bericht einer allgemeinen Vorhersage mit der mt Tradition (einer schwierigen übrigens), daß der Verräter deutlich hörbar vor der ganzen Gesellschaft genannt wurde. Joh sagt, der Mann wurde genannt, aber nur einem besonders vertrauten Jünger gegenüber. Er macht jedoch nicht deutlich, warum dieser Jünger nichts unternahm. c) Der Jünger nimmt einen höheren Rang ein als Petrus. Man hat erklärt, der höchste Ehrenplatz sei zur Linken des Gastgebers gewesen; doch Petrus kann diesen Platz nicht eingenommen haben, denn wenn er dies getan hätte, dann hätte er dem Jünger keine Zeichen geben können, damit dieser für ihn frage, noch hätte er dies tun müssen. Der Vorschlag, das Mahl sei im Stil der Gemeinschaftsmahle der Essener beschrieben (K. G. Kuhn in: Stendahl, Scrolls, S. 69; vgl. 1QS 6,10: Kein Mann soll die Rede des andern unterbrechen, bevor sein Bruder seine Rede beendet hat. Auch soll er nicht sprechen außerhalb seines Rangs) wird hinfällig, wenn die Art der Unterhaltung in den Kap. 14.15.16 beachtet wird. Außerdem verbietet 13,12–16 solche Überlegungen über die Rangordnung (Braun). Eine Spekulation über die Frage, wer den Ehrenplatz zur linken Hand Jesu einnahm, ist deshalb unnütz. d) Es gibt in diesem Abschnitt überhaupt keinen Grund für die Annahme, der Lieblingsjünger sei als ein rein »idealer« Jünger gedacht, der keiner historischen Gestalt entspreche. Es ist keine besondere Offenbarung, die ihm zuteil wird, sondern eine klare Tatsachenfeststellung.

24. νεύει. Vgl. Apg 24,10. Offensichtlich war Petrus nicht in der Lage, seine eigene Frage zu stellen; er konnte nur dem Lieblingsjünger winken.

καὶ λέγει αὐτῷ· εἰπὲ τίς ἐστιν; ist viel einfacher und charakteristischer für den Stil des Joh als die Alternative, πύθεσθαι τίς ἂν εἴη (οὗτος, D), enthalten in (P⁶⁶) (D) (Θ) Ω (sin). ℵ kombiniert die Lesarten.

25. ἀναπεσών (ἐπιπεσών P⁶⁶ℵ D Θ Ω). S. Komm zu 6,10. Wenn er sein Haupt zurückbeugte, war der Jünger in der Lage, tatsächlich Jesu Brust (στῆθος) zu berühren und dann sehr leise zu ihm zu sprechen. Zu οὕτως vgl. 4,6.

26. ᾧ ἐγὼ βάψω τὸ ψωμίον καὶ δώσω αὐτῷ. αὐτῷ ist redundant und entspricht semitischem Sprachgebrauch (hebräisch אשר ... לו). Man muß jedoch hier keine Übersetzung annehmen; s. Bl-Debr § 297; M II, S. 435. Vgl. Mk 14,20; Mt 26,23. ψωμίον, ein Diminutiv von ψωμός, muß sich nicht auf Brot beziehen; in den synoptischen Evangelien verweist es höchst natürlich auf das Eintauchen der Bitterkräuter des Passamahls in die *Ḥaroseth*-Soße: לוקחין כזית מרור מטבילין אותו בחרוסת מברכין (Passahaggada: Nimm Bitterkräuter im Umfang einer Olive, tauche sie in die *Ḥaroseth* und sprich den Segen). Nach der Darstellung des Joh findet das Mahl vor dem Passa statt, und deshalb kann er

nicht an die Bitterkräuter und *Ḥaroseth* gedacht haben, aber sein Gebrauch von βάπτειν und ψωμίον (das an טבל und מרור denken läßt) kann als eine Spur der älteren synoptischen Überlieferung gesehen werden, in welcher das Mahl ein Passamahl war (vgl. V. 23). In der Passahaggada wird das Passamahl von allen anderen Mahlzeiten in mehrfacher Weise unterschieden, einschließlich »in allen anderen Nächten tauchen wir (מטבילין) nicht ein einziges Mal, aber in dieser Nacht zweimal«.

λαμβάνει καί wird ausgelassen von P⁶⁶ א* D Θ Ω it vg sin pesch, vielleicht zu Recht. λαμβάνει könnte hinzugefügt worden sein, um an die bekannte Handlung Jesu beim Letzten Mahl zu erinnern, die in der Eucharistie wiederholt wird, nämlich an das *Brotbrechen* vor der Austeilung.

Ἰούδα Σίμωνος Ἰσκαριώτου. Zu Namen und Text s. Komm. zu 6,71. Aus der Erzählung wird deutlich, daß der Lieblingsjünger verstanden haben muß, daß Judas der Verräter war. Wenn man annimmt, er habe die Bedeutung des Zeichens nicht erkannt, dann macht man ihn zu einem Schwachsinnigen. Sein Untätigsein in der weiteren Folge ist unverständlich und wirft, wie wir oben bereits zu erwägen gaben, Zweifel an der Erzählung des Joh auf.

27. τότε εἰσῆλθεν εἰς ἐκεῖνον ὁ σατανᾶς. Vgl. V. 2; Lk 22,3. Wrede, zitiert von Bultmann, spricht von einer Art satanischem Sakrament. Der Name Satan wird sonst von Joh nicht gebraucht; διάβολος in 6,70; 8,44; 13,2. Die Kreuzigung wurde, obwohl sie in der Absicht Gottes lag, doch vom Satan bewirkt; τότε bezeichnet den genauen Moment, als, in der Erfüllung seines Plans (V. 2), der Satan die Kontrolle über Judas ergriff (dies paßt nicht recht zu 6,70). μετά bezeichnet eine zeitliche, aber nicht eine kausale Beziehung; der Empfang des Bissens macht Judas nicht zum Werkzeug des Satans. Vgl. Test Simeon 2,7: Ich gehe darauf aus, ihn zu vernichten (Joseph), da der Fürst der Lüge (ὁ ἄρχων τῆς πλάνης) den Geist der Eifersucht gesandt hat und meinen Sinn verblendete (ἐτύφλωσέ μου τὸν νοῦν).

ὃ ποιεῖς ποίησον τάχιον. ποιεῖς ist entweder ein inchoatives Präsens (tue, was du tun willst) oder bedeutet: »was du tun mußt«, »kann nicht ungetan bleiben«. Zu letzterer Bedeutung vgl. (Bauer, S. 175) Epiktet IV,9,18, ποίει ἃ ποιεῖς · οὐδὲ θεῶν σέ τις ἔτι σῶσαι δύναται. Zu τάχιον s. M II, S. 164f; Bl-Debr §§ 61.244. Es nahm die Stelle des attischen θᾶττον (θᾶσσον) ein. Was es hier bedeutet, ist nicht sicher. Es kann Elativ sein und bedeuten »schnell«; es kann bedeuten »so schnell wie möglich«; aber man versteht es vielleicht am besten als einfachen Komparativ »schneller (als du gerade tust)«. Vgl. 20,4, wo das Wort ein einfacher Komparativ ist.

28. τοῦτο δὲ οὐδεὶς ἔγνω. τοῦτο ist das direkte Objekt zu εἶπεν. πρός τι ist »zu welchem Zweck«, »zu welchem Ziel« oder einfach »warum«. Niemand in der Gruppe versteht (zu γινώσκειν in diesem Sinn vgl. V. 7), was Jesus sagte; dies schloß wahrscheinlich den Lieblingsjünger und Petrus ein (obwohl der erste zumindest verstanden haben mußte, was Jesus *tat*). Dieser Schwachpunkt in der Erzählung ist ein Hinweis auf ihren sekundären Wert; Joh befreit die Elf von jeglicher Komplizenschaft an der Sünde des Judas.

29. Die Elf hatten jedoch gehört, was Jesus sagte, und mußten es erklären. Die finanziellen Pflichten des Judas boten die natürlichste Erklärung.

γλωσσόκομον. S. Komm. zu 12,6.

εἰς τὴν ἑορτήν. Dies paßt zu der Darstellung des Joh, nach der – im Gegensatz zur synoptischen Tradition – das Letzte Mahl zwölf Stunden vor dem Passa stattfand. Die Frage war umstritten, ob eine Arbeit (worum es sich hier handeln würde) in einer Nacht, von der Joh hier schreibt, erlaubt war, Pes 4,5: Die Weisen sagen: In Judäa pflegten sie bis zum Mittag vor dem Passaabend zu arbeiten, aber in Galiläa pflegten sie überhaupt nichts zu tun. Was die Nacht angeht (zwischen dem 13. und 14. Nisan), so verbot die Schule des Schammai (jedes Werk), aber die Schule des Hillel erlaubte es bis Sonnenuntergang.

ἢ τοῖς πτωχοῖς ἵνα τι δῷ. Die Konstruktion wechselt plötzlich. λέγει leitet zuerst direkte Rede ein (ἀγόρασον . . .), dann einen indirekten Befehl (ἵνα . . . δῷ). Dieser erklärende Gebrauch von ἵνα ist bei Joh üblich. Nicht nur die Konstruktion ändert sich, sondern auch der historische Schauplatz. Der angebliche Befehl, den Armen zu geben, wäre besonders passend für eine Passanacht (s. Jeremias, Abendmahlsworte, S. 48f); vgl. V. 23; s. dagegen oben.

30. ἐκεῖνος ἐξῆλθεν εὐθύς. Vgl. V. 27. Judas war nun ganz einfach und vollständig ein Diener des Satans. Selbst jetzt, und obwohl er nicht länger seinen Platz unter den Elf einnimmt, gehorcht er sofort dem Wort Jesu und geht hinaus, wie ihm geheißen wird. Black (N.T. Essays in Memory of T. W. Manson, S. 32) erwägt, Judas könnte den Bissen zu den jüdischen Behörden als Beweis dafür getragen haben, daß eine illegale Passafeier gehalten worden war. Dies ist nicht unmöglich, aber es trägt doch eine Menge in den Text ein.

ἦν δὲ νύξ, die Nacht, die das Werk Jesu beendet (9,4; 11,10; 12,35). Als Judas hinausgeht, gerät er in die äußerste Finsternis (Mt 8,12; 22,13; 25,30). Es ist die Stunde der Macht der Finsternis (Lk 22,53). Joh wußte selbstverständlich, daß es die Abendstunde war (s. Komm. zu V. 2, δεῖπνον, und vgl. 1Kor 11,23, ἐν τῇ νυκτί); aber seine Bemerkung ist nicht lediglich historisch. Indem er in die Finsternis hinausging (s. Komm. zu 1,5, u. ö.), ging Judas an seinen eigenen Ort. Soweit die Bemerkung historisch ist, verweist sie darauf, daß das Ereignis in der Passanacht stattfand (in Übereinstimmung mit der mk Tradition). Normalerweise wurde in Palästina die Hauptmahlzeit am späten Nachmittag eingenommen, nicht am Abend, »aber das Passaopfer konnte nur während dieser Nacht und nur bis Mitternacht gegessen werden« (Zeb 5,8). Vgl. V. 23, und s. Jeremias, Abendmahlsworte, S. 40.47).

29. Der Übergang zu den Abschiedsreden

13,31–38

Mit dem Weggang des Judas schlägt die langerwartete Stunde des Abschieds und der Verherrlichung Jesu, und er erklärt sofort, νῦν ἐδοξάσθη ὁ υἱὸς τοῦ ἀνθρώπου (V. 31). Die Jünger würden zurückgelassen, um der Welt ihre Beziehung zu ihm nun durch ihre gegenseitige Liebe zu zeigen. Selbst Petrus konnte Jesus nicht sogleich folgen; tatsächlich sollte er Christus in jener Nacht verleugnen.

In diesem Abschnitt wird das charakteristisch joh Thema des Weggangs und der Verherrlichung Jesu, das in den ganzen Abschiedsreden entwickelt wird, mit der synoptischen Vorhersage der Verleugnung des Petrus verbunden, die in höchst dramatischer Form eingeführt wird und zum vollkommenen Gehorsam Jesu in Gegensatz steht. Petrus zeigt Jesus gegenüber immer noch die Haltung, die er 13,8 ausdrückte. Er selbst ist zu stolz, um die Demut Jesu zu billigen. Indem er sein Leben gibt, meint er, Jesus im Leiden und in der Herrlichkeit begleiten zu können. Wie unsachgemäß seine guten Absichten sind, muß bloßgestellt werden, ehe er Jesus dorthin folgen kann, wohin dieser geht (21,15–22). Was in diesem kurzen Abschnitt zu Petrus gesagt ist, wird für alle Jünger wiederholt; s. 16,29–32, wo der Zuversicht der Jünger mit der Vorhersage begegnet wird, daß sie ihren Meister verlassen werden. Der vorliegende Abschnitt nimmt so die Themen, ja selbst die Form der Kap. 14–16 vorweg; darin bildet er ein Argument für die Einheit der Kap. 14–16 in ihrer vorliegenden Form. S. jedoch S. 444ff. Brown weist darauf hin, daß die Bestandteile des vorliegenden Abschnitts Parallelen und Berührungen mit anderen Teilen des Evangeliums haben; so V. 31.32 = 12,23.27–28; 33 = 7,33; 8,21; 34–35 = 15,12; und wir können hinzufügen 36 = 7,35; 8,21. Der Abschnitt wurde wahrscheinlich von Joh zusammen mit der (wahrscheinlich synoptischen) Überlieferung von der Verleugnung des Petrus auf der Basis seiner Überlieferung konstruiert.

31. Die Mahlhandlung ist nun vollendet, und die letzte Rede nimmt ihren Anfang. Die Schwierigkeit von Zeit, Hintergrund und Interpretation, die diese gesamte Rede kennzeichnet, zeigt sich sogleich in diesem und dem folgenden Vers, in dem Gebrauch von *νῦν* und in den Zeiten – *ἐδοξάσθη, δοξάσει*. Der wahre Schauplatz dieser Kapitel ist das Leben der Christen am Ende des 1. Jh.; aber von Zeit zu Zeit bringt Joh, der das Leben der Kirche in seiner eigenen Zeit an die Geschichte, auf welcher sie gründet, zu binden sucht, seine Erzählung bewußt zu einem Schauplatz zurück, der offensichtlich ursprünglich ist: die Nacht, in welcher Jesus verraten wurde.

λέγει. Fitzmyer, Essays, S. 371f, weist darauf hin, daß die Logien Jesu in derselben Weise eingeführt werden wie jene, die sich in P. Oxy. I finden.

νῦν ἐδοξάσθη ... καὶ ὁ υεὸς ἐδοξάσθη. S. Komm. zu V. 1; die Stunde, die jetzt geschlagen hat, ist sowohl die Stunde des Abschieds Jesu im Tod wie die Stunde seiner Herrlichkeit. Der Aorist *ἐδοξάσθη* wird zweifellos auf das, was sich eben ereignet hat, verweisen; aber dies wird keineswegs der endgültige Weggang des Judas sein (G. Delling, Der Kreuzestod Jesu in der urchristlichen Verkündigung [1971], Anm. 574), sondern das Handeln Jesu. Die Passion wird als bereits vollbracht betrachtet (sie hat sichtbaren Ausdruck in der Fußwaschung gefunden), und die Herrlichkeit Jesu ist dadurch offenbart worden (vgl. 12,23). Für Bultmann, der den Text umstellt, folgt das *νῦν* unmittelbar auf das Gebet von Kap. 17; aber da auch dieses in einer anderen Weise die Passion darstellt, ist die Interpretation nicht wesentlich anders. Vgl. Jes 49,3; Dodd, AS, S. 91. Wie Jesus verherrlicht wurde, so ist auch Gott in Jesus durch das Opfer seines vollkommenen Gehorsams verherrlicht worden. Dies wird diskutiert in einem Aufsatz von G. B. Caird (NTS 15 [1969], S. 265–277); nach seiner Ansicht (S. 277) sei es vernünftig, »anzunehmen, daß ein Jude, der nach einem griechischen Wort suchte, um das wunderbare Wirken eines Menschen oder Gottes auszudrücken, das in seinem eigenen Hebräisch durch das Niphal נכבד ausgedrückt werden konnte, zu Recht das Verbum *δοξάζεσθαι* gewählt habe, in der Erwartung, daß seine griechischen Nachbarn genau den Sinn erfassen würden. So konnte er, als Joh Jesus die Worte *ὁ Θεὸς ἐδοξάσθη ἐν αὐτῷ* in den Mund legte, darauf vertrauen, daß seine Leser, ob nun Griechen oder Juden, verstehen würden, daß Gott seine Herrlichkeit vollständig in der Person des Menschensohns entfaltet hat.«

ὁ υἱὸς τοῦ ἀνϑρώπου. Zum Gebrauch dieses Titels bei Joh s. Einleitung, S. 87ff und Komm. zu 1,51. Außerhalb des NT ist der Menschensohn regelmäßig eine herrliche Gestalt (Dan 7,13; aeth Hen passim). Der charakteristische synoptische Beitrag zu der Vorstellung ist, daß der Menschensohn leiden muß. Joh kombiniert diese beiden Vorstellungen. Er tut dies dadurch, daß er Erfahrungen des Leidens und der Herrlichkeit, die bei Mk zeitlich unterschieden worden sind, in ein Ganzes zusammenbringt.

32. Vor diesem Vers wurden folgende Worte eingefügt von *Θ Ω* vg und Origenes: *εἰ ὁ υεὸς ἐδοξάσθη ἐν αὐτῷ*; sie werden ausgelassen von P⁶⁶ ℵ B D W it sin. Sie verändern den Sinn des Abschnitts nicht; ihre Zufügung könnte als Dittographie erklärt werden, ihre Auslassung als Haplographie. Unter diesen Umständen scheint es unausweichlich, der Mehrheit der älteren Zeugen zu folgen und den Kurztext anzunehmen. Der Langtext verdankt seine Popularität wahrscheinlich Origenes. Zur entgegengesetzten Sicht s. Sanders und Lindars.

καὶ ὁ υεὸς δοξάσει αὐτὸν ἐν αὐτῷ. Der Aorist *ἐδοξάσθη* ändert sich nun zum Futur, als Joh zur historischen Position der letzten Nacht in Jesu Leben zurückkehrt; dies wird voll im nächsten Vers aufgenommen. Jesus würde verherrlicht werden (so die allgemeine Vorstellung) in seiner Auferstehung, Himmelfahrt und Parusie. *ἐν αὐτῷ* (so ist *αυτω* zu akzentuieren; *ἑαυτῷ* wird gelesen von D Θ Ω) muß bedeuten »in Gott«. Die Herrlichkeit, die Jesus durch seinen Tod am Kreuz erlangt (s. u.), wird durch seine Erhöhung zu der Herrlichkeit versiegelt, die er mit dem Vater gehabt hatte, ehe die Welt war (17,5). Gott wurde in dem zeitlichen Akt des Selbstopfers Jesu verherrlicht; Jesus wird in dem ewigen Wesen Gottes des Vaters verherrlicht, in welches er in einem gewissen Sinn bei seiner Auferweckung und Himmelfahrt wieder eintrat. Torrey (S. 75.77f) setzt *ἐν αὐτῷ* an das Ende des nächsten Satzes und nimmt an, daß es für בנפשה *(benaphsheh)*, »auf Kosten seines Lebens«, steht.

Jesus „sollte den Vater verherrlichen durch den äußersten Akt der Hingabe seines Lebens«. Für diesen Vorschlag spricht wenig.

εὐθύς. Es wird nicht notwendig sein, auf die Parusie zu warten, ehe Christus in die Herrlichkeit des Vaters eingeht. Seine Herrlichkeit erscheint zugleich in der Auferstehung, der Gabe des Geistes und seiner bleibenden Gegenwart bei den Seinen; sie erscheint auch für jene, die Augen haben, zu sehen, in der Kreuzigung selbst. Dies wird in den nächsten drei Kapiteln herausgearbeitet.

33. τεκνία. Diese Anrede wird nirgendwo sonst bei Joh gebraucht. Sie kommt häufig in 1Joh vor (siebenmal; auch Gal 4,19, si v.l.). Es ist eine durchaus wahrscheinliche Vermutung, daß Joh an seine Leser denkt. Er gebraucht παιδία in 21,5 (zweimal in 1Joh).

ἔτι μικρὸν μεϑ᾽ ὑμῶν εἰμι. Zu der »kleinen Weile« vgl. 14,19; 16,16–19: 7,33; 12,35. Zum Weggang Jesu und der ergebnislosen Suche nach ihm vgl. 8,21. Die Worte blicken in ihrem gegenwärtigen Kontext einfach voraus auf den Abschied Jesu im Tod, aber sie sind gleichermaßen auf seinen Weggang in der Himmelfahrt anzuwenden. Die Jünger können jedoch weder an seinem Tod noch an seiner Herrlichkeit teilhaben.

ζητήσετέ με. ζητεῖν ist ein häufiges Wort in Joh 1–12; in den Abschiedsreden begegnet es nur hier und 16,19. Dieser Wechsel in der Häufigkeit wird offenbar durch den Wechsel in der Thematik ausreichend erklärt.

καϑὼς εἶπον. Vgl. 7,33; 8,21; auch Prov 1,28. Es könnte auch eine Anspielung auf die ergebnislose Suche nach dem Leib Jesu zu Ostern vorliegen (20,15; Fenton).

ὑπάγω. S. Komm. zu 7,33. Das Wort begegnet relativ häufiger in den Abschiedsreden als im übrigen Evangelium (in Kap. 17 weicht es natürlicherweise dem ἔρχεσϑαι). Es kann kein Zweifel sein, daß es sowohl das Weggehen Jesu im Tod wie auch seinen Aufstieg zu der Herrlichkeit des Vaters bezeichnen soll. Der Gebrauch des Wortes ergibt sich aus dem für Joh charakteristischen Denken über den Tod Jesu, nicht aus einer Übersetzung oder Imitation der hebräischen Wurzel אזל, obwohl diese Wurzel tatsächlich häufiger in der Bedeutung »aus diesem Leben scheiden« (= »zu sterben«) als ὑπάγειν im Griechischen gebraucht wird. Vgl. jedoch Mk 14,21; Mt 26,24.

οὐ δύνασϑε ἐλϑεῖν. Die Zweideutigkeit bleibt. Die Jünger sind unfähig (wie sich in den nächsten Versen zeigt), Jesus in den Tod zu folgen; ebenso können sie ihn nicht sofort in die Gegenwart des Vaters begleiten.

καὶ ὑμῖν λέγω ἄρτι. Die Jünger dürfen nicht glauben, sie seien besser als die Juden. Ihr Glaube und ihre Erkenntnis sind beide inadäquat; sie sind immer noch von dieser Welt.

34. Die Jünger können Jesus nicht in seinen Tod begleiten; sie werden zurückgelassen, um weiter in dieser Welt zu leben (vgl. V. 1). Für ihr Leben in dieser neuen Situation (eine messianische Gemeinschaft, die zwischen den Adventen des Messias lebt) gibt ihnen Jesus ein neues Gebot.

ἐντολὴν καινήν. Das Wort ἐντολή ist besonders charakteristisch für die joh Briefe (1Joh vierzehnmal; 2Joh viermal; viele dieser Stellen beziehen sich auf das Liebesgebot) und für die Abschiedsreden (Joh 13–17 sieben- (oder sechs-)mal; im übrigen Joh viermal). Das Gebot, daß die Menschen, insbesondere im Volk Israel oder in einer Gruppe von Jüngern, einander lieben sollten, war nicht »neu« in dem Sinn, daß es niemals vorher verkündigt worden war. Vgl. Lev 19,18 und Ab 1,12: Hillel sagte: Gehöre zu den Schülern des Aaron, den Frieden liebend und dem Frieden nachjagend, die Menschen liebend und sie hinführend zur Tora. Bultmann bietet Beispiele, die die gleiche Vorstellung in anderen nichtbiblischen und nichtjüdischen Bereichen zeigen. Das Gebot ist jedoch neu darin, daß es dem Gebot entspricht, das die Beziehung zwischen Jesus und dem Vater regelt (10,18; 12,49f; [14,31]; 15,10); die Liebe der Jünger füreinander ist nicht lediglich erbauend, sie offenbart den Vater und den Sohn. S. u. Komm. zu 15,12f. Das Gebot Jesu war auch neu darin, daß es in und für den neuen Äon gegeben wurde, der durch sein Leben und seinen Tod eröffnet wurde. Vgl. 1Joh 2,8, ἐντολὴν καινὴν ... ὅτι ἡ σκοτία παράγεται καὶ τὸ φῶς τὸ ἀληϑινὸν ἤδη φαίνει, und s. G. Klein, ZThK 68 [1971], S. 304–307. Es könnte hier ein besonderer Hinweis auf die Tatsache vorliegen, daß beim Abendmahl ein neuer Bund (1Kor 11,25; vgl. Lk 22,20) geschlossen wurde (Lindars); aber da die joh Erzählung nicht nur den Verweis auf den Bund ausläßt, sondern auch die Erwähnung des Weins durch die Synoptiker und Paulus, kann darauf kein Gewicht gelegt werden. S. auch u. Komm. zu καϑὼς ἠγάπησα ὑμᾶς. Dem alten – zu einem gewissen Grad klugen – Gebot, daß die Glieder einer Gemeinschaft einander lieben sollten, wird nun eine neue Grundlage gegeben.

ἵνα führt den Inhalt der ἐντολή ein.

ἀγαπᾶτε ἀλλήλους. Vgl. Test Simeon 4,6f; Benjamin 4,3; Gad 6,1. Josephus, Bell II,119, beobachtet, daß die Essener besonders φιλάλληλοι sind; vgl. 1QS 8,2, zu üben barmherzige Liebe (אהבת חסד) und demütigen Wandel (צנע), ein jeder mit seinem Nächsten. S. auch EvThom 25: Liebe deinen Bruder wie deine Seele, bewahre ihn wie deinen Augapfel. Lev 19,18 ist wahrscheinlich mehr oder weniger direkt die Quelle all dieser Stellen. Man hat behauptet (z. B. Fenton, S. 27), Joh verkürze die universale Liebe der Bergpredigt, die sich sogar auf Feinde erstreckt, zu etwas, das eher einer engen sektiererischen Zuneigung gleicht. Dies ist schwerlich ein faires Urteil. Vgl. 3,16; 4,42; 17,9. Gott liebt die Welt, der Sohn ist der Erlöser der Welt, doch er betet nicht für die Welt; denn wenn die Welt in den Bannkreis der Liebe gerät, hört sie auf, Welt zu sein. Die gegenseitige Liebe der christlichen Jünger ist von jeder anderen unterschieden; sie ist nach der wechselseitigen Liebe des Vaters und des Sohnes gestaltet und offenbart in einem gewissen Grade diese. Die Liebe des Vaters für den Sohn ist, anders als seine Liebe für die sündhafte Menschheit, nicht ohne Beziehung zum Wert ihres Objekts, da es ein Teil des besonderen göttlichen Wesens des Vaters und des Sohnes ist, daß sie einander lieben. In ähnlicher Weise gehört es zum Wesen des christlichen Lebens, daß alle, die Christen sind, einander lieben, und insoweit sie das nicht tun, können sie das göttliche Leben, das sie beseelen und das durch sie der Welt gezeigt werden sollte, nicht hervorbringen. Die Jünger existieren nicht (s. V. 35), wenn sie einander nicht lieben, denn der Glaube, der annimmt, was Jesus für die Menschen tut (13,8.10), wird notwendigerweise von Liebe begleitet (13,14f). Zu ἀγαπᾶν, ἀγάπη bei Joh im allgemeinen s. Komm. zu 3,16.

καϑὼς ἠγάπησα ὑμᾶς. Dies bezieht sich unmittelbar auf die Fußwaschung (vgl. V. 14f); aber da diese ihrerseits auf den Tod Christi hinweist, muß dies letztere als die höchste Stufe christlicher Liebe verstanden werden (vgl. 15,13). Aber καϑὼς bezeichnet nicht das Maß oder die Intensität, sondern »den Grund des ἀγαπᾶν« (Bultmann, S. 403). Ein Glaube, der den Dienst der Liebe angenommen hat, kann nur in Liebe erfüllt werden.

35. ἐν τούτῳ wird durch den mit ἐάν eingeführten Satz aufgenommen; sonst bei Joh mit ἵνα oder ὅτι; aber mit ἐάν in 1Joh 2,3.

γνώσονται πάντες ὅτι ἐμοὶ μαϑηταί ἐστε. Wechselseitige Liebe ist Beweis christlicher Jüngerschaft und ihr offenkundiges Kennzeichen. S. o. und Komm. zu 15,12f.17. »In der Liebe liegt auch das einzige Kriterium, das den Glaubenden selbst dessen versichern kann, daß er nicht mehr zur alten Welt gehört« (Bultmann, Urchristentum, S. 192). Vgl. 1Joh 3,14.

36. Unzufrieden mit dem Liebesgebot, nimmt Petrus in seinem Wunsch, Christus sofort nachzufolgen, V. 33 auf. Wissen und religiöse Erfahrungen sind attraktiver als Gehorsam.

ποῦ ὑπάγεις; Petrus kann wie die Juden in 7,35 (vgl. 8,21) das Abschiedswort Jesu nicht verstehen, obwohl er, wie V. 37 zeigt, doch eine gewisse Ahnung hat, daß es hier um den Tod gehen könnte. Zu dem durch 16,5 aufgeworfenen Problem (keiner von euch fragt mich: Wohin gehst du?) s. Komm. z. St.

οὐ δύνασαί μοι νῦν ἀκολουϑῆσαι, ἀκολουϑήσεις δὲ ὕστερον. Die charakteristische Zweideutigkeit von ὑπάγειν wird beibehalten und vielleicht noch deutlicher herausgestellt. Petrus ist trotz seiner zuversichtlichen Behauptung im Moment noch nicht bereit, sein Leben für Christus zu geben, auch wenn er dies schließlich tun wird (21,18f). Er kann im Augenblick auch nicht in die Gegenwart Gottes im Himmel eintreten; aber auch dies wird ihm schließlich gewährt werden (vgl. 14,3). ἀκολουϑεῖν ist ein wichtiges joh Wort; s. Komm. zu 1,37. »Nachfolgen« ist die Grundforderung an einen, der ein Jünger Jesu sein will, und Jesus nachzufolgen muß bedeuten, ihm schließlich sowohl in den Tod als auch in die Herrlichkeit zu folgen.

37. κύριε (ausgelassen von ℵ* vg sin) wurde wahrscheinlich in Angleichung an V. 36 hinzugefügt.

διὰ τί οὐ δύναμαί σοι ἀκολουθεῖν ἄρτι; Petrus will sich mit der Unterscheidung von »jetzt« und »dann« nicht zufriedengeben, der eschatolotischen Unterscheidung, die für Joh auch eine geistliche Unterscheidung ist. Vgl. 3,3–8; Jesus nachzufolgen ist, ebenso wie in das Reich Gottes einzugehen, nicht eine einfache menschliche Möglichkeit, die nur auf eine menschliche Entscheidung wartet. Dies kann sich nur in einer Zukunft ereignen, die durch den Geist verbürgt ist. Petrus hat die besten Absichten, aber er bleibt in der Welt der Sünde, der Unwissenheit und des Unglaubens.

τὴν ψυχήν μου ὑπὲρ σοῦ θήσω. Zur Prahlerei des Petrus vgl. Mk 14,29 parr. Die Sprache (ψυχὴν τιθέναι) ist jedoch joh (vgl. 10,11); d. h., Joh läßt Petrus eine Sprache gebrauchen, die in ganz besonderer Weise für Jesus paßt. Aber dies ist absurd; sein Leben geben in dem Sinn, in welchem Jesus sein Leben gibt, bedeutet völligen Gehorsam gegenüber dem Vater und vollkommene Liebe zu den Menschen; Petrus aber besitzt keines von beiden (obwohl spätere Christen ihr Leben füreinander geben werden, 15,13). Tatsächlich ist die Wahrheit genau das Gegenteil dessen, was Petrus denkt.

38. οὐ μὴ ἀλέκτωρ φωνήσῃ. Mk (14,30, nicht Mt oder Lk) fügt δίς hinzu. Phrynichus (CCVII; Rutherford, S. 307f) schlägt den Gebrauch von ἀλέκτρυών anstatt von ἀλέκτωρ vor.

ἕως οὗ ἀρνήσῃ με τρίς. Die Vorhersage wird erfüllt in 18,17f.25–27; diese Erzählung ist wie die Vorhersage selbst synoptisch. Bei Mt und Mk wird die Vorhersage nach dem Abendmahl gemacht; bei Lk (22,34) und Joh beim Abendmahl selbst. Dies könnte ein Zeichen dafür sein, daß Joh Lk kannte; zu dieser Frage s. Einleitung, S. 62f. Joh »schont die Zwölf« vielleicht noch weniger, als dies Mk tut; vgl. 16,31f.

30. Das Scheiden Jesu.
Ein Grund der Hoffnung und der Zuversicht

14,1–31

Angesichts seines nun so nahe bevorstehenden Todes faßt Jesus die Bedeutung seines Lebens und Wirkens zusammen und erklärt, daß sein Weggang zum Vater zum Wohle seiner Jünger geschieht. Dies wird keine völlige Trennung bedeuten, denn sie werden sich weiterhin seiner göttlichen Gegenwart erfreuen, wenn auch in einer anderen Weise.

V. 30f erweckt den zwingenden Eindruck, daß dieses Kapitel alle Worte enthält, die Jesus zu seinen Jüngern in dem Raum sprach, in welchem sie das Mahl gefeiert hatten. Angesichts der Weiterführung der Rede in drei weiteren Kapiteln (15–17) ergeben sich beträchtliche Schwierigkeiten, für die man verschiedene Lösungsvorschläge unterbreitet hat: a) Man hat gemeint, die in Kap. 15–17 enthaltene Überlieferung sei in den Straßen Jerusalems oder in der Nähe des Tempels gesprochen worden, als Jesus sich auf den Weg zu dem in 18,1 erwähnten Garten machte. Dies erscheint nicht glaubhaft, selbst wenn man zugibt, daß Joh in erster Linie an seinen Reden und nicht an deren Rahmen interessiert ist. b) Man hat angenommen, die Worte Jesu ἐγείρεσθε, ἄγωμεν ἐντεῦθεν bedeuten nicht: »Steht auf vom Tisch, laßt uns das Haus verlassen«, sondern: »Erhebt euch, laßt uns dem Fürsten dieser Welt entgegentreten.« Aber diese Vorschläge sind exegetisch unannehmbar (s. Komm. z. St.). Die Schwierigkeit wird durch den genialen Vorschlag von C. C. Torrey beseitigt (s. Komm. zu V. 31), aber dies geschieht nur dadurch, daß zwei weitere Schwierigkeiten eingebracht werden, die Annahme eines aramäischen Originals des Evangeliums und die Notwendigkeit, dem Übersetzer ein beträchtliches Maß an

Dummheit zuzuschreiben. c) Verbreiteter ist die Annahme, daß das Kapitel vertauscht sei und die Überlieferung in den Kap. 13–17 in folgender Weise zu lesen ist: 13,1–31a; 15; 16; 13,31b–38; 14; 17 (so Bernard; Bultmann schlägt folgende Reihung vor: 13,1–30; 17; 13,31–35; 15; 16; 13,36 – 14,31; daneben gibt es auch noch andere Vorschläge). Diese Sicht der Dinge vermeidet die bereits erwähnten Schwierigkeiten und auch die von 13,36; 16,5 (s. Komm. z. St.); es ist aber doch fraglich, ob dies wirklich die Zusammenhänge in dem Überlieferungsgut verbessert. Die für Kap. 14 (V. 5.8.22) so charakteristischen Fragen sind viel weniger verständlich, wenn wir annehmen müssen, die Kap. 15 und 16 seien bereits gesprochen worden und wir V. 16f wie die erste Einführung des Parakleten lesen. Zu den angeblichen Vertauschungen an anderen Stellen im Evangelium wie auch zu allgemeinen Überlegungen zu dem Thema s. Einleitung, S. 39ff. d) Die wahrscheinlichste Überlegung ist, daß Kap. 14 (oder 13,31 – 14,31) und die Kap. 15–17 (16) zwei alternative Versionen der Abschiedsrede sind. Diese Hypothese ist durchaus glaubhaft, wenn wir annehmen, daß das Überlieferungsmaterial des Evangeliums über einen gewissen Zeitraum hinweg gesammelt wurde, und ganz besonders so, wenn einiges davon zunächst mündlich überliefert wurde. Sie wird durch eine auffallendere Reihe von Parallelen zwischen Kap. 14 und Kap. 15; 16 bestätigt (zu weiteren Einzelheiten s. Komm. z. St.). In jedem dieser Überlieferungskomplexe spricht Jesus von seiner Beziehung zum Vater (14,6f.9ff.28: 15,10.23f; 16,15; 17,1f.4f.8.10.21–26); von seinem Weggang zum Vater und seiner Wiederkunft (14,2f.18–20.22f.28: 16,5–7.16–22.28; 17,11.13); von seiner Offenbarung des Vaters (14,9: 17,6.26); vom Gebet in seinem Namen (14,13f: 16,23f.26; vgl. 15,7); vom Halten seiner Gebote (14,15.21.23: 15,10.12–14.17); vom Parakleten (14,16f.26: 15,26; 16,7–15); von dem Frieden, den er gibt (14,27; vgl. 14,1: 16,33); und vom Gericht über den Fürsten dieser Welt (14,30: 16,11; vgl. 16,33). Die beiden Abschnitte handeln im wesentlichen über die gleiche Thematik. Die Existenz dieser Parallelen muß zu einem gewissen Grad auch gegen das Argument von J. Becker (ZNW 61 [1970], S. 215–246) sprechen, auch die »zweite« Abschiedsrede, in Kap. 15–17, sei sekundär.

Zu der gesamten Rede gibt es keine Parallele in den synoptischen Evangelien (zu gelegentlichen Anklängen an synoptische Sprache s. Komm. z. St.). Sie steht bei Joh an einer Stelle, die der der eschatologischen Rede in Mk 13 ähnlich, wenn damit auch nicht identisch ist. Diese Ähnlichkeit wirft Licht auf die Absicht und die Interpretation der joh Rede. Sie wird beherrscht von dem Gedanken des Abschieds und der Rückkehr Jesu, aber seine Wiederkehr wird nicht mehr, wie bei Mk, in apokalyptischen Vorstellungen gefaßt. Durch seinen Tod geht Jesus sogleich in seine Herrlichkeit mit dem Vater ein, aber er kehrt später zurück, ebenfalls mit seinem Vater, um sich selbst als der Menschensohn auf den Wolken des Himmels zu offenbaren, nicht jedoch der Welt, sondern denen, die an ihn glauben. Das Kommen Jesu wird in unterschiedlicher Weise vorgestellt: Er kehrt zu den Jüngern kurz nach seiner Kreuzigung in den Ostererscheinungen zurück (V. 18ff); er kommt in der Person des Heiligen Geistes, des Parakleten (V. 15ff); er kommt zusammen mit dem Vater, um seine Wohnung bei denen zu nehmen, die ihn lieben (V. 23). Tatsächlich wird eschatologisches Denken nicht aufgegeben; Jesus bereitet einen Ort für die Seinen im Himmel, und er wird sie in der bereiteten Wohnung empfangen. Die Eschatologie ist jedoch modifiziert – nicht so sehr »realisiert«, als vielmehr individualisiert; denn Jesus kommt zu dem Glaubenden wahrscheinlich bei seinem Tod, um ihn in die himmlische Wohnung aufzunehmen. Ob man dies nun (wie Bultmann es tut) als gnostische Eschatologie beschreiben sollte, ist nicht klar; jüdische Eschatologie erfuhr eine ähnliche Transformation nach 70 n. Chr. (Judaism, S. 42–46). Martyn, S. 139; sagt, Joh modifiziere die Hoffnung auf eine Heimat im Himmel (V. 2) in die Realität einer Heimat auf Erden (V. 23); Joh scheint aber doch eher beide Vorstellungen nebeneinander beizubehalten. Wie eben beschrieben, läßt die Rede ein tüchtiges Maß an Analyse zu. Aber auch so sind noch wichtige Elemente ausgelassen worden: Jesus als Weg, Wahrheit und Leben; die Offenbarung des Vaters; der Terminus Paraklet. Wenn auch Conzelmann (Theologie, S. 387) als Thema der Rede »die Gemeinde in der Welt« nennt, ihr Hauptthema ist das Kommen Christi. Der Gedanke des Kommens Jesu zu dem Glaubenden wird erweitert durch die Vorstellung des Parakleten, durch den die göttliche Gegenwart bewirkt wird. Die geistliche Gegenwart Jesu und das Wirken des Heiligen Geistes sind nur durch den Weggang Jesu im Tod sichergestellt. Seine Kreuzigung ist deshalb, obwohl sie von seinen Freunden zuerst als vernichtender Schlag empfunden werden mußte, tatsächlich ein Segen für sie; durch sie wird der Fürst dieser Welt besiegt, der Vater verherrlicht, die Offenbarung Gottes wird in dem völligen Gehorsam Jesu vollendet, und seine Jünger empfangen die Gabe des Friedens.

1. Diesem Vers setzen D h voran *καὶ εἶπεν τοῖς μαθηταῖς αὐτοῦ* (sin, Jesus sagte). Ohne Zweifel war es wünschenswert, eine brauchbare Einleitung zu den Abschiedsreden als Ganze zu gestalten (möglicherweise zum Zweck der liturgischen Lesung).
μὴ ταρασσέσθω ὑμῶν ἡ καρδία. Zur Sprache vgl. V. 27 und 4Esra 10,55, *Tu ergo noli timere, neque expavescat cor tuum.* An dieser Stelle setzt die Rede ein und beginnt sofort, das in 13,33 formulierte Thema auszuarbeiten, den Abschied Jesu. Er ist im Begriff, die Jünger zu verlassen, aber sie brauchen sich nicht zu fürchten; es handelt sich um eine nur zeitweise Trennung, und letztlich geschieht sie zu ihrem Besten. Der Schmerz, den sie jetzt fühlen, wird zu einem angemesseneren Glauben führen.
πιστεύετε εἰς τὸν θεόν, καὶ εἰς ἐμὲ πιστεύετε. Dieser Satz kann unterschiedlich verstanden werden; wir können beide Verben als Imperative oder beide als Indikative nehmen; oder wir können den ersten als Indikativ und den letzteren als Imperativ verstehen; oder den ersteren als Imperativ und den letzteren als Indikativ. Diese Varianten machen folgende Übersetzungen möglich: a) Glaubt an Gott und glaubt an mich; b) ihr glaubt an Gott und ihr glaubt an mich; c) ihr glaubt an Gott; glaubt auch an mich; oder (Bultmann): glaubt ihr an Gott? Dann glaubt auch an mich (denn ihr könnt nur an Gott glauben durch mich!); d) wenn wir den ersten Satzteil als imperativische Bedingung verstehen, den zweiten als Nachsatz, der durch *καὶ* eingeführt wird: (wenn ihr) an Gott glaubt, (dann) glaubt ihr an mich. Keine dieser Übersetzungen widerspricht völlig dem Sinn des Abschnitts als Ganzem, aber der Imperativ *ταρασσέσθω* läßt doch darauf schließen, daß auch die späteren Verben Imperative sind, und sie werden so in fast allen altlateinischen Handschriften verstanden und auch bei vielen frühen Vätern. *πιστεύειν εἰς* ist die übliche joh Wendung für Vertrauen auf Gott oder Christus; s. Komm. zu 1,12. Der Glaube muß sich auf die Beziehungen zwischen dem Vater und dem Sohn und auf das Werk des Sohnes gründen, welches die Rede nun zu beschreiben fortfährt.
2. *ἐν τῇ οἰκίᾳ τοῦ πατρός μου.* Vgl. Lk 2,49, *ἐν τοῖς τοῦ πατρός μου* und Joh 2,16. Beide Stellen beziehen sich auf den Tempel. S. auch 8,35. Die Vorstellung des Himmels als Wohnung Gottes ist selbstverständlich in den meisten Religionen weit verbreitet; s. Eccl 5,1 und viele Stellen im AT. Vgl. Philo, Som I, 256, *οὕτως γὰρ δυνήσῃ καὶ τὸν πατρῷον οἶκον ἐπανελθεῖν,* wo die Vorstellung (von der Rückkehr der Seele aus der Verbannung im Fleisch in den Himmel) der zeitgenössischen religiösen Philosophie entnommen ist. Jesus spricht von Gott als seinem Vater in einem besonderen Sinn, und seines Vaters Haus ist auch sein eigenes Haus, zu dem er nun durch seinen Tod zurückkehrt. S. weiter unten.
μοναὶ πολλαί εἰσιν. μονή bedeutet bei Pausanias (z. B. X,31,7) eine »Haltestelle«, oder »Station« (zu weiteren Belegen s. Liddell-Scott s. v., und vgl. das lateinische *mansio*); auch einige antike und auch neuere Kommentatoren fassen die Bedeutung des Wortes an dieser Stelle in diesem Sinn: Das himm-

lische Leben schließt ein Fortschreiten ein. Aber diese Interpretation ist fast sicher falsch; wie V. 23 zeigt, ist μονή das Nomen, das dem üblichen und wichtigen joh Verbum μένειν entspricht; und es wird deshalb bedeuten: eine bleibende, nicht eine vorübergehende Bleibe (oder möglicherweise eine Weise des Bleibens). Dies wird durch den Gebrauch von μονή an einer Stelle in der LXX (1 Makk 7,38, πεσατωσαν ἐν ρομφαίᾳ . . . μὴ δῷς αὐτοῖς μονήν) und durch Hinweise auf einen jüdischen Glauben an Wohnstätten oder Aufenthaltsorte im Himmel (aeth Hen 39,4; vgl. Sl Hen 61,2 bestätigt). Joh denkt jedoch nicht an Wohnstätten oder Aufenthaltsorte, sondern an die Aktion oder den Status des μένειν. Dies bedeutet, daß man des »Vaters Haus« falsch interpretiert, wenn man vom »Himmel« spricht und den Bergriff nicht sorgfältig versteht. Gemeinschaft mit Gott ist eine dauernde und universale Möglichkeit.

εἰ δὲ μή; vgl. V. 11. »Wenn es keine solchen Ruhestätten gäbe«, d. h. »andernfalls«; vgl. Offb 2,5.16; Mk 2,21f; im allgemeinen im NT *εἰ δὲ μήγε*.

εἶπον ἂν ὑμῖν. Die Frage ist, ob man nach ὑμῖν einen Punkt setzen oder ob der Satz weitergehen soll mit ὅτι (fälschlicherweise ausgelassen von P⁶⁶* Θ Ω it). Setzt man keinen Punkt, dann kann man entweder mit einer Tatsachenbehauptung (». . . wenn nicht, dann hätte ich euch gesagt, daß ich gehe, um einen Ort für euch zu bereiten«) oder mit einer Frage (»wenn nicht, hätte ich euch gesagt, daß . . .?«) fortfahren. Die erste dieser beiden Möglichkeiten ergibt offenbar keinen guten Sinn; die zweite stößt auf die Schwierigkeiten, daß in der Erzählung des Joh Jesus seinen Jüngern noch nicht gesagt hat, daß er weggehen will, um einen Platz für sie zu bereiten. Es scheint am besten, *εἰ δὲ μὴ εἶπον ἂν ὑμῖν* als Parenthese zu nehmen und ὅτι mit V. 2a zu verbinden: »Dort wird es viele Wohnstätten geben (und wenn es nicht so wäre, dann hätte ich euch dies gesagt), denn ich will gehen, um eine Stätte für euch zu bereiten.« Bultmann nimmt jedoch an, daß man zu einem »trivialen Gedanken« kommt, wenn man ὅτι kausal versteht.

πορεύομαι. Vgl. ὑπάγω in 13,33. Hier liegt kein Bedeutungsunterschied vor. Das Weggehen Jesu bedeutet a) seinen Tod und b) sein Gehen zum Hause des Vaters – oder einfacher, zum Vater (17,11).

ἑτοιμάσαι τόπον ὑμῖν. Vgl. aeth Hen 42,1f, auch Mk 10,40; aber Joh denkt hier an den ganzen Prozeß des Leidens und der Verherrlichung Jesu als diejenigen Mittel, durch welche die Glaubenden Zugang zum himmlischen Leben bekommen. Vgl. auch Hebr 11,16. Brown zitiert Augustinus, In Joh LXVIII,2: *Parat autem quodam modo mansioneș mansionibus parando mansores.* McNamara, Targum and Testament, S. 142f, bemerkt, daß der Targum Neofiti zu Ex 33,14 folgendes liest: »Die Herrlichkeit meiner Schechina wird unter euch wohnen und eine Ruhestätte für euch bereiten.«

3. *πάλιν ἔρχομαι καὶ παραλήμψομαι.* Das Futur παραλήμψομαι mit der erklärenden Wendung ἵνα . . . ἦτε fordert futurischen Sinn für das Präsens ἔρχομαι. Jesus verspricht seine Rückkehr, um seine Jünger zu den himmlischen Wohnstätten zu bringen, die er im Begriffe ist zu bereiten; in erster Linie bezieht sich ἔρχομαι deshalb auf das eschatologische Kommen Jesu oder jedenfalls auf sein Kommen zu dem einzelnen Jünger bei dessen Tod. Dies erinnert an das eschatologische Element in den synoptischen Abendmahlserzählungen und an 1 Thess 4,17, σὺν κυρίῳ. Aber die anschließende Rede, in der das Thema des »Gehens und Kommens« ständig wiederholt wird, zeigt deutlich, daß das Denken des Joh über das Kommen Jesu sich keineswegs in der älteren, synoptischen Vorstellung der Parusie erschöpft. Die Gemeinschaft Jesu mit seinen Jüngern, ihre wechselseitige Einwohnung (μονή – μένειν) wird nicht bis zum Jüngsten Tag oder auch bis zum Todestag eines Jüngers aufgeschoben. Es erscheint wahrscheinlich, daß Joh hier zu Beginn der Rede das Thema der Rückkehr Jesu verallgemeinert, obwohl Lindars argumentiert, die Rückkehr Jesu müsse sich auf die Auferstehung beziehen, da das Weggehen Jesu ein Abschied in seinen Tod sei. Zu V. 1–3 s. R. H. Gundry, in ZNW 58 [1967], S. 68–72.

4. *ὅπου ἐγὼ ὑπάγω οἴδατε τὴν ὁδόν.* Dies ist die Lesart von P⁶⁶ᶜ א B W: Sie ist grammatikalisch unmöglich und schwer verständlich (Bernard, z. St.). Aber die längere Lesart (ὅπου ἐ. ὑ. οἴδατε καὶ τὴν ὁδὸν οἴδατε, P⁶⁶* D Θ Ω it vg sin pesch sah boh) ist eine Vereinfachung und Verbesserung und sollte deshalb abgelehnt werden. Sie beruht auf der Frage des Thomas in V. 5, die jedoch in jedem Fall im Sinn des kürzeren und schwierigeren Textes verstanden werden muß. Die Jünger sollten wissen, daß

Jesus zu seinem Vater geht und dieser Weg durch die Schande und die Herrlichkeit der Kreuzigung und Auferstehung führt. Vgl. EvThom 12: Die Jünger sagten zu Jesus: Wir wissen, daß du von uns weggehen wirst.

5. *λέγει αὐτῷ Θωμᾶς.* Thomas (s. Komm. zu 11,16, und vgl. 20,24) erscheint in Joh als ein treuer, aber törichter Jünger, dessen Irrtümer dazu dienen, die Wahrheit herauszubringen.

Θωμᾶς] ergänze *ὁ λεγόμενος Δίδυμος,* D (aus 11,16).

πῶς] *καὶ πῶς,* א D Θ Ω it vg; vgl. V. 9.

6. *ἐγώ εἰμι.* S. Komm. zu 6,35.

ἡ ὁδός. Die zweite Hälfte des Verses (*οὐδεὶς ἔρχεται* . . .) zeigt, daß hier in erster Linie an Jesus als den Weg, auf welchem die Menschen zu Gott kommen, gedacht wird; d. h., der Weg, den er jetzt zu gehen im Begriff ist, ist der Weg, den auch seine Jünger beschreiten müssen. Er selbst geht zum Vater auf dem Weg der Kreuzigung und Auferstehung; in Zukunft ist er das Mittel, durch welches die Christen sterben und auferstehen. Der Ausdruck erinnert auch an die Bezeichnung des christlichen Glaubens und Lebens als *ἡ ὁδός* (Apg 9,2; 22,4; 24,14) und den jüdischen Terminus *Halachah.* Vgl. auch den Anspruch der Isis (IG XII,5,1,14.17): *ἐγὼ ἄστρων ὁδοὺς ἔδειξα.* Es gibt eine gute Erörterung des Sprachgebrauchs von דרך *(derek)* in 1QS 9,17f.21; CD 1,3 bei Brown, S. 629. Aber Qumran trägt wenig zur Interpretation von *ὁδός* aus; weder der Lehrer der Gerechtigkeit noch die Lehre der Sekte werden als der Weg beschrieben. Indem er sich weigert, Ziel und Weg (denn beide sind Jesus) zu trennen, »korrigiert (Johannes) das mythologische Denken« (Bultmann), das mit dem Kommen und Gehen zusammenhängt. Vgl. Sidebottom, S. 146.

ἡ ἀλήθεια καὶ ἡ ζωή. Zu *ἀλήθεια* bei Joh s. Komm. zu 1,14 (an keiner anderen Stelle wird gesagt »ich bin die Wahrheit«); zu *ζωή* bei Joh s. Komm. zu 1,4 und 3,15, und bes. 11,25, *ἐγώ εἰμι ἡ ἀνάστασις* (*καὶ ἡ ζωή*; s. Komm. zum Text). Beide Worte werden hier als Erklärung des *ὁδός* eingefügt. Weil Jesus den Zugang zu Gott vermittelt, der die Quelle aller Wahrheit und alles Lebens ist, ist er selbst die Wahrheit und das Leben für die Menschen (vgl. V. 7.9). Leben und Wahrheit sind charakteristische Themen im ersten und zweiten Teil des Evangeliums (*ζωή*: Kap. 1–12 = 32[31]mal; Kap. 13–21 = 4mal; *ἀλήθεια*: Kap. 1–12 = 13mal; Kap. 13–21 = 12mal). Zu Wahrheit und Leben als Charakteristika des Wortes s. Od Sal 8,8; 12,3.12; 32,2; 38,1 bzw. 10,2; 15,10; 41,11.

οὐδεὶς ἔρχεται πρὸς τὸν πατέρα εἰ μὴ δι' ἐμοῦ. Wenn Joh hier wie auch anderswo einige der Vorstellungen und Begriffe der Religionen seiner Zeit gebrauchte – und es gibt viele Hinweise darauf, daß er damit sehr wohl vertraut war –, dann war er durchaus sicher, daß diese Religionen unwirksam waren und es keine religiöse oder mystische Annäherung an Gott gab, welche ihr Ziel erreichen konnte. Niemand ist in den Himmel hinaufgestiegen außer dem Menschensohn, der vom Himmel herab kam (3,13); er allein ist die Brücke zwischen Gott und den Menschen (vgl. 1,51), und es gibt keinen Zugang zu Gott unabhängig von ihm.

7. *εἰ ἐγνώκειτε με, καὶ τὸν πατέρα μου ἂν ᾔδειτε.* Dies ist die Lesart von B; anstelle von *ᾔδειτε* setzen (Θ) Ω *ἐγνώκειτε* ein, ohne wesentliche Änderung. In P66 א D jedoch sind die Verben *ἐγνώκατε, γνώσεσθε* (ohne *ἄν*). Die beiden Lesarten geben dem Vers durchaus einen unterschiedlichen Sinn. Die Lesart von B formuliert einen Vorwurf: Wenn ihr mich erkannt hättet und obwohl ihr dies hättet tun sollen, habt ihr es nicht getan, dann hättet ihr auch meinen Vater erkannt. Die Lesart von P66 א D ist eine Verheißung: Wenn ihr dazu kommt, mich zu erkennen, wie ihr es getan habt, dann werdet ihr auch meinen Vater erkennen. V. 7b läßt an den letzteren Sinn denken; die erste Lesart könnte auf Angleichung an 8,19 oder wahrscheinlicher auf die Tatsache zurückzuführen sein, daß die Frage des Philippus und die Antwort in V. 9 daran denken läßt, daß die Jünger weder Jesus noch seinen Vater kennen. Die Lesart von sin (wenn ihr mich nicht erkannt habt, werdet ihr auch meinen Vater erkennen?) scheint ein zufälliger Irrtum zu sein; sie könnte aber in gewisser Weise die von P66 א D stützen.

ἀπ' ἄρτι bezieht sich auf den Augenblick, als Jesus, nachdem er die Offenbarung des Vaters vollendet hat, in Herrlichkeit scheidet. Die Abschiedsreden als Ganze stellen diesen »Augenblick« der Vollendung dar (vgl. auch 19,30, *τετέλεσται*). Vgl. 13,19; Sanders übersetzt: Gegenwärtig seid ihr dabei, ihn zu erkennen. Aber die Abschiedsreden lassen nicht an einen solch fortschreitenden Lernprozeß denken.

8. *Φίλιππος*. Nur in Joh werden dem Philippus besondere Worte und Taten zugeschrieben; s. Komm. zu 1,44. Seine verständnislose Frage dient hier entsprechend der Arbeitsweise des Joh lediglich dazu, den Gedankengang voranzutreiben. In der Frage ist eine Trennung zwischen Jesus und dem Vater impliziert, während sie doch in Wahrheit einander gegenseitig einwohnen.

δεῖξον ἡμῖν τὸν πατέρα, καὶ ἀρκεῖ ἡμῖν. Philippus drückt die universale Sehnsucht des religiösen Menschen aus. Vgl. Ex 33,18 (LXX), *ἐμφάνισόν μοι σεαυτόν*; Corp Herm I,27, wo die Offenbarung beschrieben wird mit den Worten *διδαχθεὶς τοῦ παντὸς τὴν φύσιν καὶ τὴν μεγίστην θέαν* (die Schau Gottes); ebd. VII,2, *ἀφορῶντες τῇ καρδίᾳ εἰς τὸν ὁραθῆναι θέλοντα*; Ber 17a: In der zukünftigen Welt gibt es weder Essen noch Trinken, noch Fortpflanzung und Vermehrung, noch Kauf und Verkauf, noch Neid, Haß und Streit. Vielmehr sitzen die Gerechten mit ihren Kronen auf ihren Häuptern und weiden sich an dem Glanze der *Shekinah* (der Gegenwart Gottes), wie gesagt ist: Und sie schauten Gott und aßen und tranken (Ex 24,11). Man kann nicht mehr wünschen, als den wahren Gott zu sehen; aber so wie es unabhängig von Jesus keinen Zugang zu Gott gibt, gibt es ebenso auch keine Erkenntnis Gottes unabhängig von Jesus. Durch diese Aussage bereitet Joh seine Deutung des Werkes Jesu als Offenbarer vor. Die Form des Satzes ist die einer imperativischen Bedingung; sie entspricht dem »wenn du zeigen wirst ... wird es genügen«. Sanders liest den Imperativ *ἄρκει*: »zeige uns ... und stelle uns zufrieden«. Einen großen Unterschied im Sinn gibt dies freilich nicht.

9. *τοσοῦτον χρόνον*] *τοσούτῳ χρόνῳ*, ℵ D. Der Akkusativ (der gewöhnlich die Zeitdauer ausdrückt) ist die leichtere Lesart, weshalb die von ℵ der von D vorzuziehen ist. Der Dativ läßt daran denken (wenn wir annehmen können, daß Joh sorgfältig mit seinem Kasus umgegangen ist), daß die ganze Zeit des Wirkens als eine Einheit, als ein Zeitpunkt betrachtet wird.

ὁ ἑωρακὼς ἐμὲ ἑώρακεν τὸν πατέρα. Die Frage des Philippus ist müßig, sie ist darauf zurückzuführen, daß er die Person und das Werk Jesu nicht versteht, von welchen bereits im Prolog erklärt wird, daß sie auf die Offenbarung Gottes ausgerichtet sind (1,18). Jesus zu sehen heißt, den Vater sehen; denn der Vater ist in ihm, und er tut in der Tat seine Werke; s. die folgenden Verse. Vgl. 13,20; Jesus ist der Bote Gottes oder sein Vertreter (שליח, *shaliah*), und »der Vertreter eines Mannes ist wie er selbst« (z. B. Ber 5,5). S. P. Borgen, in: Religions in Antiquity (ed. J. Neusner [1968]), S. 137–148. Die Frage des Philippus, so natürlich sie ist, hat nun ihren Sinn verloren, da jeder, der Gott sucht, auf die entscheidende Offenbarung in Jesus blicken muß.

πῶς] *καὶ πῶς*, D Θ Ω; vgl. V. 5.

10. *οὐ πιστεύεις;* Es ist vorausgesetzt, daß ein Jünger diesen Glauben besitzen sollte.

ἐγὼ ἐν τῷ πατρὶ καὶ ὁ πατὴρ ἐν ἐμοί ἐστιν. Vgl. 17,21 und andere Stellen in dem Gebet von Kap. 17. Die Beziehung zwischen dem Vater und dem Sohn ist nicht völlig umkehrbar, aber von jedem kann man (in leicht unterschiedlichem Sinn) gesagt werden, er sei in dem anderen. Der Vater, der im Sohn bleibt, tut seine Werke; der Sohn ruht von und in Ewigkeit im Sein des Vaters.

τὰ ῥήματα ... τὰ ἔργα αὐτοῦ. Vgl. 12,49. Die entwickelte Christologie des Joh läßt niemals die Annahme zu, das Wirken Jesu könne ohne Beziehung auf den transzendenten Gott verstanden werden. Vgl. 5,19. Joh kann ohne Schwierigkeiten von den Worten Jesu zu seinen Werken übergehen, da beide gleichermaßen offenbarende Wirkung haben und beide vollmächtig sind.

11. *πιστεύετέ μοι*, nicht »glaubt an mich«, sondern »nehmt die folgende Aussage als wahr an«. S. Komm. zu 1,12.

εἰ δὲ μή (vgl. V. 2), *διὰ τὰ ἔργα αὐτά* (*αὐτοῦ*, B – Angleichung an V. 10) *πιστεύετε* (B Θ Ω fügen *μοι* zu). Die Menschen sollen glauben, was Jesus sagt; wenn sie sich weigern sollten, aufgrund der Worte sich überzeugen zu lassen, dann sollten sie seine Werke ansehen. In diesem ganzen Evangelium werden die *ἔργα* oder *σημεῖα* als Ereignisse dargestellt, die Glauben wecken sollen und dies zuweilen auch tun (z. B. 2,11). Der Gegensatz zwischen dieser Darstellung und der Weigerung Jesu in den Synoptikern,

Zeichen zu gewähren, ist weniger auffällig, als es auf den ersten Blick erscheint; s. Einleitung, S. 69f, 91ff, und Komm. zu 2,11. Vgl. auch Mt 11,21 = Lk 10,13.

12. *ὁ πιστεύων εἰς ἐμέ.* Die Konstruktion mit *πιστεύειν* ändert sich; wir haben nun *εἰς* mit dem Akkusativ, der auf den wahren Glaubenden verweist, der auf Christus vertraut.

τὰ ἔργα ἃ ἐγὼ ποιῶ κἀκεῖνος ποιήσει, καὶ μείζονα τούτων ποιήσει. Die Macht, Wunder zu wirken, wurde allgemein den Aposteln und ihren Zeitgenossen zugestanden (vgl. z. B. 1Kor 12,9f), und sie scheint besonders als die Gewalt zum Exorzismus noch sehr lange angedauert zu haben. Joh jedoch dachte, obwohl er ohne Zweifel die Wunder seiner Zeit akzeptierte, von den *ἔργα* in erster Linie als Taten, in welchen die Macht und das Wesen Gottes bekanntgemacht werden; vgl. 13,15.35. Die größeren Werke sind deshalb die Sammlung der vielen Bekehrten in die Kirche durch das Wirken der Jünger (vgl. 17,20; 20,29), welches jedoch nur durch die fortgesetzte Macht des Wortes Jesu und das Werk des Heiligen Geistes wirksam sein kann (15,26f). S. weiter u.

ὅτι ἐγὼ πρὸς τὸν πατέρα πορεύομαι. Der Tod und die Erhöhung Jesu sind die Bedingung der Sendung der Kirche. Cullmann, Christologie, S. 240, vergleicht zu Recht das Gehen Jesu zum Vater mit Mt 28,18: Alle Gewalt ist mir gegeben. Wenn Jesus verherrlicht ist, wird der Geist gegeben werden (7,39); wenn er im Himmel ist, wird er die Gebete seiner Jünger hören und beantworten. So sind die »größeren Werke« direkt abhängig von dem »Gehen« Jesu, da vor der Vollendung des Werkes Jesu in seinem Aufstieg zum Vater alles das, was er tat, notwendigerweise unvollständig war. Das Werk der Jünger andererseits liegt nach dem Augenblick der Erfüllung. Vgl. 16,8–15. Ihre Werke sind nicht größer, weil sie selbst etwa größer wären, sondern weil das Werk Jesu nun vollendet ist.

13. *ἐν τῷ ὀνόματί μου.* Vgl. 15,16; 16,23. »In meinem Namen« erinnert an »mit der Anrufung meines Namens«. S. Beginnings V, S. 121–134, Anm. XI, aber Joh denkt keineswegs magisch; vgl. 1Joh 5,14 (*ἐάν τι αἰτώμεθα κατὰ τὸ θέλημα αὐτοῦ*) und V. 15, wo vorausgesetzt ist, daß die Jünger Christus lieben und seine Gebote halten werden. Der Jünger wird beten »als sein Repräsentant, während er seinen Geschäften nachgeht« (Sanders).

τοῦτο ποιήσω. Christus selbst wird das Gebet hören und darauf antworten; vgl. die eben erwähnten Stellen, wo Gott gibt, worum er gebeten wird. Joh hätte wohl nicht zugegeben, daß hier irgendein Widerspruch vorliegt: Der Vater handelt in und durch den Sohn.

ἵνα δοξασθῇ ὁ πατὴρ ἐν τῷ υἱῷ. Der Vater wird verherrlicht durch das Wirken des Sohnes, durch ihn selbst und durch seine Anhänger, da der Sohn in allen Dingen den Ruhm des Vaters sucht (und wirkt); 5,41; 7,18; 8,50.54.

14. Der ganze Vers wird von λ b sin ausgelassen, ohne Zweifel deshalb, weil er nach V. 13 überflüssig erschien. Es gibt zwei weitere Varianten: a) Nach *αἰτήσητε* wird von P[66] ℵ B W Θ vg pesch *με* gelesen; es wird ausgelassen von D Ω it sah boh. *με* sollte als ursprünglich beibehalten werden; es könnte in der Absicht ausgelassen worden sein, einen Widerspruch zu 16,23 zu beseitigen (dies könnte ein anderes Motiv für die Auslassung des ganzen Verses gewesen sein). b) Anstelle von *τοῦτο ποιήσω* (P[75] B φ it vg) haben ℵ D W Θ *ἐγὼ ποιήσω* (so auch P[66], *τοῦτο* vorausgesetzt als Randlesart), und diese Lesart sollte übernommen werden. *τοῦτο* harmonisiert mit V. 13 und schwächt auch die Betonung, die auf dem Werk Jesu selbst liegt, wenn er die Gebete beantwortet. Dieses Gewicht auf dem Namen Christi und auf der Tatsache, daß Gebete an ihn zu richten sind und er auf sie antworten wird, wird durch den Kontext erklärt und ist auch im Licht des Kontextes zu verstehen (V. 10–14), welcher betont, daß die Werke Christi die Werke Gottes sind.

15. *ἐὰν ἀγαπᾶτέ με.* Dieser Vordersatz bestimmt die Grammatik der nächsten beiden Verse (15–17a) und den Gedankengang der nächsten sechs (15–21). Die Beziehung zwischen Jesus und seinen Jüngern, welche durch den Heiligen Geist geschaffen wird, findet ihren Ausdruck in ihrer gegenseitigen Liebe.

τὰς ἐντολὰς τὰς ἐμὰς τηρήσετε. Vgl. V. 21.23; auch 1Joh 5,3, *αὕτη γάρ ἐστιν ἡ ἀγάπη τοῦ θεοῦ, ἵνα τὰς ἐντολὰς αὐτοῦ τηρῶμεν*; 1Clem 49.1, *ὁ ἔχων ἀγάπην ἐν χριστῷ ποιησάτω τὰ τοῦ χριστοῦ παραγγέλματα.* Joh läßt die Liebe niemals in Rührung oder ein Gefühl übergehen. Ihr Ausdruck ist immer ethisch und wird in Gehorsam offenbar. Dies trifft selbst für die Liebe des Sohnes zum Vater zu; vgl. 15,10. S. weiter Komm. zu 3,16. *τηρήσετε* (B) paßt besser zum Kontext als der Imperativ *τηρήσατε* (D Θ Ω). *τηρήσητε* (P⁶⁶ א) setzt den Vordersatz fort, der Nachsatz beginnt mit *κἀγώ*. Brown übernimmt die Lesart von P⁶⁶ א, ist aber dann genötigt, ein »und« einzufügen (und haltet meine Gebote), welches sich nicht im Text findet.

16. *κἀγὼ ἐρωτήσω*. Eine Folge der Liebe der Jünger zu Christus wird ihr Gehorsam gegenüber seinen Geboten sein; eine andere wird darin bestehen, daß Christus seinerseits für sie die Gabe des Parakleten erhalten wird. An dieser Stelle wird gesagt, der Paraklet werde durch den Vater auf die Bitte des Sohnes hin gegeben; und V. 26 sendet der Vater ihn im Namen Christi; 15,26 sendet Christus ihn vom Vater (*παρὰ τοῦ πατρός*), und er geht vom Vater aus (*ἐκπορεύεται*); 16,7 sendet Christus ihn. Joh beabsichtigt mit dieser wechselnden Ausdrucksweise keinen Bedeutungsunterschied.

ἄλλον παράκλητον. Man kann entweder *ἄλλον* oder *παράκλητον* adjektivisch verstehen, und wir können entsprechend übersetzen: Er wird (a) einen anderen Parakleten geben oder (b) eine andere Person, die ein Paraklet sein soll. (a) impliziert, daß Jesus selbst ein Paraklet ist (vgl. 1Joh 2,1, die einzige andere Stelle im NT, an der *παράκλητος* außerhalb des Joh gebraucht wird, *παράκλητον* ... *Ἰησοῦν Χριστὸν δίκαιον*); dies wird an keiner anderen Stelle im Evangelium gesagt. Aber der Kontext (und auch der Kontext der anderen Stellen, an denen *παράκλητος* vorkommt) spricht sehr stark für eine Kontinuität zwischen dem Amt Jesu und dem des Parakleten, so daß man die Übersetzung (a) ohne großes Zögern annehmen kann. Zum Platz des Heiligen Geistes im Denken des Joh s. Einleitung, S. 103 ff.

Zu dem Wort *παράκλητος* s. JThSt 1 [1950], S. 7–15; auch neben vielen anderen Beiträgen N. Johansson, Parakletoi [1940]; J. G. Davies, in: JThSt 4 [1953], S. 35–38; Bornkamm III, S. 68–89.90–103; H. Riesenfeld, in NTS 18 [1972], S. 450; O. Betz, Der Paraklet [1963]; G. Johnston, The Spirit-Paraclete in the Gospel of John [1970]. Die Hauptbedeutung des griechischen Wortes ist »Rechtsbeistand, Advokat« (Liddell-Scott s. v.), und in dieser Bedeutung wurde es in das Hebräische und Aramäische transkribiert (z. B. Ab 4,11: Wer ein Gebot erfüllt, erwirbt sich einen Fürsprecher [פרקליט, *peraqliṭ*]). Viele Gestalten in der jüdischen Geschichte und im jüdischen Glauben wurden mit diesem Ausdruck bezeichnet; s. Johansson und Betz. Diese Bedeutung scheint jedoch im Sprachgebrauch des Joh nicht an erster Stelle zu stehen; es gibt einen forensischen Aspekt im Werk des Parakleten (16,8–11), aber er ist eher ein Ratgeber der Staatsanwaltschaft als der Verteidigung. Man kommt am besten zu der Bedeutung von *παράκλητος* in Joh dadurch, daß man den Gebrauch von *παρακαλεῖν* und anderer Worte dieses Stammes im NT betrachtet. Es wird in zweifacher Weise gebraucht: a) *παρακαλεῖν* und *παράκλησις* verweisen beide auf die prophetische Predigt der Christen (und auf die gleiche Predigt, die durch den Brief eines Apostels vermittelt wird); z. B. Apg 2,40; 1Kor 14,3. Dies entspricht dem normalen griechischen Sprachgebrauch, in welchem *παρακαλεῖν* bedeutet »ermahnen«. b) Beide Worte werden in einer anderen Bedeutung gebraucht, die wenig oder überhaupt keine Basis in einem von der hebräischen Bibel unabhängigen Griechisch hat; sie verweisen auf Tröstungen, und besonders auf die Tröstung, die für das messianische Zeitalter erwartet wird. Dieser Sprachgebrauch ist im AT verbreitet (z. B. Jes 40,1); er begegnet auch wieder im NT (z. B. Mt 5,4; Lk 2,25), und er hat eine Parallele in dem rabbinischen נחמה (*neḥamah,* z. B. Mak 5b) und in מנחם (*menaḥem;* s. Bousset-Gressmann, S. 227), welches als ein Name für den Messias gebraucht wird. Diese beiden Bedeutungen a) und b) werden, auch wenn sie unterschiedlich sind, so doch eng miteinander verbunden: Die Hauptaufgabe der *παράκλησις* (der prophetischen Ermahnung) ist es, daß die Menschen in die *παράκλησις* (messianische Erlösung) eingehen oder sie annehmen sollten; vgl. 1Kor 14,24.31.

Ein Vergleich mit den Versen in Joh 14–16, die vom Parakleten sprechen, zeigt, daß seine Funktionen genau den Punkten entsprechen, die gerade entwickelt wurden: Er legt Zeugnis ab über Christus; er nimmt »die Dinge Christi« und verkündigt sie (15,26; 16,14; zum Sinn dieser Verkündigung vgl. 2,22; 12,16); er verkündigt auch *τὰ ἐρχόμενα* (16,13); er verwirklicht das zukünftige eschatologische Gericht und weist so die ungläubige Welt zurecht oder stellt sie bloß (ἐλέγχει, 16,8–11). Er tut dies in der gleichen Weise wie die christlichen Prediger: Er verkündigt den Weggang Christi zum Vater (und für Joh schließt dies seinen Tod, seine Auferstehung und seine Erhöhung ein), das Gericht über den Satan und die Notwendigkeit des Glaubens. Der Paraklet ist der Geist der christlichen Paraklese (vgl. die sehr verbreitete rabbinische Bezeichnung des Heiligen Geistes als des »Geistes der Prophetie«). S. weiter zu all den Stellen, wo παράκλητος gebraucht wird (14,16f.25f; 15,26; 16,7–15), auch Komm. z. St. u. zu τὸ πνεῦμα τῆς ἀληθείας. Die hier vorgetragene Sicht der Dinge wurde sowohl von Johnston als auch von Martyn entwickelt; s. bes. Martyn, S. 135–142, wo sich einige der wichtigsten Schlußfolgerungen seines Buches finden. »Das durch die Verheißung Jesu gegebene Paradox, daß sein Werk auf Erden fortgesetzt werden wird, weil er zu seinem Vater geht, wird ,gelöst' durch seine Rückkehr in der Person des Parakleten. *Es ist deshalb eben gerade der Paraklet, der das Drama auf zwei Ebenen schafft.*« Dieses »Drama auf zwei Ebenen macht deutlich, daß das Wohnen des Wortes unter uns und unser Sehen seiner Herrlichkeit nicht Ereignisse sind, die sich nur in der Vergangenheit ereigneten ... Diese Ereignisse, für welche Joh Zeugnis ablegt, geschehen sowohl auf der *einmaligen* als auch auf der gegenwärtigen Ebene des Dramas, oder sie geschehen überhaupt nicht. In der Sicht des Joh ist dieses Geschehen auf beiden Ebenen des Dramas zu einem guten Teil die gute Nachricht selbst« (Martyn, S. 140.142). Diese These unterschätzt vielleicht die Unterscheidung zwischen den Personen. Zu einer Einschätzung der Auffassung, daß diese Paraklet-Stellen in die Abschiedsreden interpoliert worden seien, s. Einleitung, S. 105f.

ἵνα ᾖ (μένῃ, P⁶⁶ D Θ Ω vg) μεϑ' ὑμῶν. Es ist nicht notwendig, anzunehmen, daß ἵνα ᾖ eine Fehlübersetzung eines aramäischen Relativsatzes ist, »der mit euch sein wird«. S. E. Ullendorf, NTS 2 [1955/56], S. 50f. Der Geist wird dazu gegeben, daß die göttliche Gegenwart nach der Himmelfahrt beständig mit den Jüngern sei.

17. τὸ πνεῦμα τῆς ἀληθείας. Dieser Ausdruck wird dreimal gebraucht (14,17; 15,26; 16,13), immer zur Bezeichnung des Parakleten. Bereits in diesem Kapitel (V. 6) hat Jesus erklärt, er selbst sei die Wahrheit (ἡ ἀλήθεια). Der Geist der Wahrheit wird die Jünger in alle Wahrheit leiten (16,13), indem er sie an das erinnert, was Jesus gesagt und getan hat. Vgl. 1Joh 4,6 (τὸ πνεῦμα τῆς ἀληθείας καὶ τὸ πνεῦμα τῆς πλάνης); 5,6 (τὸ πνεῦμά ἐστιν ἡ ἀλήθεια). Test Juda 20,1,5 (der Geist der Wahrheit und der Geist der Lüge ... der Geist der Wahrheit bezeugt alle Dinge und klagt alle an), welches zuweilen zitiert wird, ist nicht von Bedeutung, da die »Geister« offenbar die guten und bösen »Triebe« sind. Dies gilt auch für die Geister der Wahrheit und der Bosheit (רוחי (ה)אמת (ה)אמת (ה)עול) in 1QS 3,18f; 4,23. Der Geist der Wahrheit (רוח אמת = רוח קודש) in 1QS 4,12 ist (wie Braun zeigt) ein Mittel der Reinigung, nicht der Belehrung, und es gibt keine Möglichkeit, den Fürsten des Lichts (שר אורים, 1QS 3,20) mit dem Parakleten zu verbinden. τῆς ἀληθείας ist nicht einfach ein Genitiv der Näherbestimmung (der z. B. dem ἀληθινή in 15,1 entspricht), er ist auch nicht einfach ein Ersatz für Jesus (der Geist Jesu, der die Wahrheit ist). Joh meint: »der Geist, der die Wahrheit vermittelt« – eine Bedeutung, die in enger Parallele steht zu der, die wir oben dem παράκλητος zugeschrieben haben, und dies gilt ganz besonders, wenn man daran denkt, daß in jüdischer und frühchristlicher Literatur ἀλήθεια oft die Wahrheit meint, die ein Missionar verkündigt und die von denen, die er bekehrt, angenommen wird (z. B. 2Kor 4,2). Zu ἀλήθεια ganz allgemein bei Joh s. Komm. zu 1,14.

ὃ ὁ κόσμος οὐ δύναται λαβεῖν. Zu κόσμος bei Joh s. Komm. zu 1,10. Vgl. 1Kor 2,14; die Welt bedeutet die Menschheit im Gegenüber zu Gott, und per definitionem ist dieser der Geist fremd. Der Gegensatz zwischen den Jüngern und der Welt, ein häufiges Thema in diesen Kapiteln, wird deutlich herausgearbeitet.

γινώσκετε ... μένει (aber vg übersetzt μενεῖ) ... ἔσται. Die Präsensformen antizipieren die zukünftige Gabe (ἔσται anstelle von ἐστίν [P⁶⁶ P⁷⁵ᵛⁱᵈ ℵ D² vg, gegenüber B D* it cur pesch] ist wahrscheinlich eine Korrektur) und spiegeln die Zeit wider, in der Joh schrieb. ὑμεῖς wiederum betont den Gegensatz zwischen den Jüngern und der ungläubigen Welt. μένειν wird gebraucht vom Bleiben des Vaters im Sohn und des Sohnes im Vater und des Sohnes in den Jüngern und der Jünger im Sohn. παρ' ὑμῖν

erinnert wie μεϑ' ὑμῶν (V. 16) an die Gegenwart des Geistes in der Kirche, ἐν ὑμῖν an seine Einwohnung im einzelnen Christen.

18. ὀρφανούς, wörtlich: Waisen, Kinder, die ohne einen Vater zurückbleiben; aber das Wort wurde
auch von Jüngern gebraucht, die ohne einen Meister zurückbleiben. Vgl. Plato, Phaidon 116a, die
Freunde des Sokrates bei seinem Tode. ἀτεχνῶς ἡγούμενοι ὥσπερ πατρὸς στερηϑέντες διάξειν ὀρφανοὶ
τὸν ἔπειτα βίον; auch Lukian, De morte Peregrini 6, der Meister hat uns als ὀρφανούς zurückgelassen.
Bill II, S. 562 zitiert J. Hagiga I, 75d, 40.

ἔρχομαι πρὸς ὑμᾶς. In V. 3 schien das πάλιν ἔρχομαι Jesu sich ganz natürlich auf seine Parusie zu
beziehen, es darf aber nicht der Schluß gezogen werden, daß das ἔρχομαι dieses Verses sich notwendigerweise auf dasselbe Kommen bezieht. Andere Möglichkeiten sind Jesu Kommen in den
Ostererscheinungen (vgl. 20,19, ἦλϑεν ὁ Ἰησοῦς; 20,26, ἔρχεται ὁ Ἰησοῦς) und Jesu Kommen in der
Person des Heiligen Geistes. Von diesen Möglichkeiten ist letztere unwahrscheinlich, da wir nicht
annehmen können, daß Joh Jesus einfach mit dem Heiligen Geist verwechselt, und die erstere wird
von den folgenden Versen gestützt. Es ist jedoch keineswegs unmöglich, daß Joh bewußt und absichtlich eine Sprache verwendete, die sowohl auf die Auferstehung als auf die Parusie zu beziehen ist und
dadurch den eschatologischen Charakter der Auferstehung betonte. S. u. Komm. zu ὅτι ἐγὼ ζῶ . . . Es
gibt keinen Grund, hier (mit Richardson, Theology, S. 372) einen Hinweis auf das Kommen Christi
in der Eucharistie zu sehen.

19. ἔτι μικρόν. Vgl. 16,16–19 (ohne ἔτι). Zum Ausdruck vgl. Hebr 10,37 (ἔτι γὰρ μικρὸν ὅσον – ἔτι
angefügt an Jes 26,20); 12,26 (ἔτι ἅπαξ, aus Hag 2,6).

ὁ κόσμος με οὐκέτι ϑεωρεῖ, ὑμεῖς δὲ ϑεωρεῖτέ με. Am einfachsten ist die Annahme, daß sich diese
Worte auf die Kreuzigung und Auferstehung beziehen; und diese Annahme wird durch den Kontext
und die Parallele in 16,16ff nahegelegt. Wenn Jesus tot und begraben ist, wird die Welt ihn nicht
mehr sehen; aber die Jünger, denen er in seinem Auferstehungsleib erscheinen wird, werden ihn
sehen. Nichtsdestoweniger lassen die Worte sich auch auf die ganze christliche Geschichte beziehen,
in welcher die Kirche mit Jesus vereint ist, während die Welt ihn nicht kennt (vgl. V. 22f); und es
scheint, daß Joh dies auch wollte.

ὅτι ἐγὼ ζῶ καὶ ὑμεῖς ζήσετε. Diese Worte können eine Fortsetzung des vorangehenden Satzes sein –
». . . ihr seht mich, weil ich lebe und ihr leben werdet«; oder sie können als ein unabhängiger Satz
verstanden werden – »weil ich lebe, sollt auch ihr leben«. Die erste Erklärung paßt besser zum Kontext und ist deshalb vorzuziehen. Die letztere führt einen neuen Gedanken ein, daß nämlich das
Leben der Christen von dem Christi abhängt, ein Gedanke, der, auch wenn er ganz und gar joh ist,
hier doch nicht in Frage kommt. Auf der anderen Seite ist mit der ersten Deutung der Gedanke klar:
auch wenn Jesus stirbt, werden ihn die Jünger sehen, weil er am Leben sein wird, auferstanden von
den Toten, und auch sie werden geistlich leben und in der Lage sein, ihn zu sehen. Die Erklärung
von ἔρχομαι πρὸς ὑμᾶς (V. 18) wird so bestätigt: Diese Wendung bezieht sich in erster Linie auf die
Ostererfahrung. Auch Bultmann hat recht, wenn er sagt, daß die Ostererfahrung als die Erfüllung der
Verheißung der Parusie betrachtet wird (vgl. 16,20ff). Die Verheißung der Parusie wird ihres mythologischen Charakters entkleidet, und die Ostererfahrung wird als die fortgesetzte Möglichkeit des
christlichen Lebens behauptet. Sanders versteht ϑεωρεῖτέ με ὅτι ἐγὼ ζῶ in der Bedeutung »ihr werdet
sehen, daß ich lebe« (vgl. 9,8); καὶ ὑμεῖς ζήσετε beginnt dann einen neuen Satz: »Und auch ihr werdet
leben«.

20. ἐν ἐκείνῃ τῇ ἡμέρᾳ. Vgl. 16,23. »Dieser Tag« ist eine Wendung, die eschatologischem Sprachgebrauch entstammt (vgl. z. B. Mk 13,32); hier jedoch blickt sie auf ἔρχομαι πρὸς ὑμᾶς in V. 18
zurück. An beiden Stellen wird in erster Linie auf die Auferstehung verwiesen, aber der Gedanke
wird auf die beständige Gegenwart Christi bei den Seinen ausgedehnt (s. bes. V. 20b). Wie häufig in
den Abschiedsreden ist hier bezeichnend, daß eschatologische Sprache verwendet wird, um diese
Ereignisse zu beschreiben, die in die Zeitabfolge fallen: sie sind Ereignisse einer ewigen Qualität und
Bedeutung. In der Gegenwart Jesu bei den Seinen wird der volle Sinn des Lebens offenbart.

ἐγὼ ἐν τῷ πατρί μου. Vgl. V. 11. Was hier als eine Sache des Glaubens gefordert ist, wird sich (den Jüngern) deutlich zeigen, wenn Jesus den Tod überwunden hat und zu den Seinen zurückgekehrt ist.

ὑμεῖς ἐν ἐμοὶ κἀγὼ ἐν ὑμῖν. Die Einheit des Vaters und des Sohnes konnte allein auf der Grundlage der Einheit zwischen Jesus und den Jüngern verstanden werden; vgl. V. 19b. Die Auferweckung Jesu und seine Gegenwart bei den Seinen verweisen unmißverständlich auf die Kontinuität des göttlichen Lebens, welches vom Vater, durch den Sohn und in der Kirche fließt.

21. ὁ ἔχων τὰς ἐντολάς μου. Der Gedanke nimmt V. 15 auf; ἔχειν bedeutet hier »fest mit dem Verstand ergreifen«. Dies ist kein ungewöhnlicher Gebrauch; s. z. B. Sophokles, Philoktet 789, ἔχετε τὸ πρᾶγμα.

καὶ τηρῶν αὐτάς. Er beobachtet sie ebenso, wie er sie kennt und versteht.

ἐκεῖνός ἐστιν ὁ ἀγαπῶν με. Gehorsam ist das Zeichen der Liebe. Dies ist einfach die Umkehrung von V. 15.

ἀγαπηθήσεται ὑπὸ τοῦ πατρός μου. Joh meint nicht – obwohl man annehmen könnte, seine Sprache impliziere dies –, daß Gottes Liebe durch den Gehorsam des Menschen bedingt sei. Er widerspricht nicht solchen Stellen wie 3,16; 13,34; 15,9.12; 17,23. Sein Denken konzentriert sich an dieser Stelle (und häufig in den Abschiedsreden) auf die Wechselseitigkeit der Beziehung zwischen Vater, Sohn und Glaubenden; s. Komm. zu 13,34. Weil die Jünger einander lieben, werden sie sich den Menschen als die Mitglieder der göttlichen Familie erweisen; ihre Liebe zu Christus und ihre Einheit mit ihm bedeuten, daß der Vater sie in ihm liebt. Sie erfreuen sich der Liebe des Vaters lediglich als seine Geschöpfe (vgl. 1Joh 4,10); aber als Christen sind sie eingegangen in dieselbe Wechselseitigkeit der Liebe, die den Vater und den Sohn vereint.

κἀγὼ ἀγαπήσω αὐτὸν καὶ ἐμφανίσω αὐτῷ ἐμαυτόν. Die Liebe Christi zu seinem Jünger wird in Selbstoffenbarung verkündigt. ἐμφανίζειν wird wieder im nächsten Vers gebraucht; in diesem Sinn sonst nicht bei Joh und auch nicht im NT. Es ist ein passendes Wort, da es von Theophanien gebraucht wird: z. B. Ex 33,13.18, ἐμφάνισόν μοι σεαυτόν (zitiert von Philo, Leg All III,101); Sap 1,2, [der Herr] ἐμφανίζεται δὲ τοῖς μὴ ἀπιστοῦσιν αὐτῷ; vgl. Josephus, Ant. XV,425, ἐμφάνεια τοῦ θεοῦ. Die Art der Offenbarung wird in diesem Vers nicht deutlich gemacht. ἐμφανίζειν könnte auf eine Ostererscheinung oder auf eine geistliche Offenbarung Christi verweisen; es wäre auch nicht unangemessen für die Erscheinung Christi in Herrlichkeit am Jüngsten Tag. Vgl. den Gebrauch von ἐπιφάνεια (2Thess 2,8; 1Tim 6,14; 2Tim 1,10; 4,1.8; Tit 2,13).

22. Ἰούδας, οὐχ ὁ Ἰσκαριώτης (D: οὐχ ὁ ἀπὸ Καρυώτου). Zu Judas Ischarioth (dessen Name in D regelmäßig in dieser Weise wiedergegeben wird) s. Komm. zu 6,71. Die synoptischen Evangelien erwähnen einen Judas unter den Brüdern Jesu (Mk 6,3; Mt 13,55; vgl. Jud 1). Nur Lk und Apg erwähnen einen Apostel dieses Namens; s. Lk 6,16 (Ἰούδαν Ἰακώβου, erwähnt zwischen Simon, der der Zelot genannt ist, und Judas Ischarioth, am Ende der Liste) und Apg 1,13 (Ἰούδας Ἰακώβου, an letzter Stelle, nach Simon dem Zeloten, erwähnt). Es gibt keine ausreichende Begründung dafür, ihn mit Thaddaeus in der mk Liste oder mit Lebbaeus in der mt zu identifizieren. Joh hatte wahrscheinlich eine nicht-synoptische Liste der Zwölf. Anstelle von »Judas, nicht aus Ischarioth« hat sah Judas Kanaanites, sin hat Thomas, cur hat Judas Thomas. Zu der offenkundigen Identifikation von Judas und Thomas in der syrischsprechenden Kirche s. Komm. zu 11,16. Angesichts der Tatsache, daß anstelle von οὐχ ὁ Ἰσκαριώτης b *sed alius* hat, scheint es nicht unmöglich, daß der ursprüngliche Text einfach Judas las. Dies kann jedoch nicht mit Sicherheit festgestellt werden. S. Cullmann, Vorträge und Aufsätze, S. 217–220.

κύριε, τί γέγονεν ὅτι. S. Radermacher, S. 159. P⁶⁶ᶜ א lesen καὶ vor τί. Dies könnte ursprünglich sein; vgl. 9,36 für eine ähnliche Konstruktion. Das καὶ gibt der Frage eine gewisse Betonung: »ja, aber wie ist es . . .?« Aber καὶ könnte auch auf Dittographie zurückzuführen sein. κύριε würde in Unzialschrift geschrieben werden KE; wenn man die Buchstaben KE wiederholte, dann konnte man sie sehr wohl als eine Entsprechung für καὶ verstehen, da ε anstelle von αι ein sehr verbreiteter Itazismus ist.

ἡμῖν μέλλεις ἐμφανίζειν (vgl. Sap 1,2, o.) σεαυτὸν καὶ οὐχὶ τῷ κόσμῳ. ἡμῖν steht betont an erster Stelle, und im Gegensatz zu τῷ κόσμῳ am Ende des Satzes. Wie kommt es, daß du dich selbst *uns* offenbaren willst und nicht *der Welt*? Vgl. Apg 10,41, οὐ παντὶ τῷ λαῷ ἀλλὰ μάρτυσιν τοῖς προκεχειροτονημένοις. In Apg wird hier ohne Zweifel auf die Ostererscheinungen verwiesen; nur Glaubende hatten den auferstandenen Christus gesehen. Diese Bedeutung wird für Joh auch durch V. 18f nahegelegt (s. o.). Aber das Denken des Joh war weder einfach noch statisch, und an dieser Stelle ist eine höhere Stufe erreicht worden. Es widersprach den frühesten Erwartungen der Kirche, daß zwischen dem Tod Jesu und seinem Erscheinen in Herrlichkeit vor den Augen der ganzen Welt (Mk 13,26; Offb 1,7) ein langer Abstand liegen sollte. Diese herrliche Erscheinung auf den Wolken des Himmels hatte nicht stattgefunden, und die Frage, die dem Judas zugeschrieben wird, ist ohne Zweifel von vielen verwirrten Christen gestellt worden (vgl. 2Petr 3,4, ποῦ ἐστιν ἡ ἐπαγγελία τῆς παρουσίας αὐτοῦ;). Joh bietet hier eine Lösung des Problems. Ein Teil der Wahrheit liegt in dem Kommen Jesu zu seinen Anhängern bei der Auferstehung; ein anderer Teil liegt erwartungsgemäß in seinem Kommen am Jüngsten Tag (Joh lehnt diese Hoffnung niemals ab, und gelegentlich bestärkt er sie), aber die Art der Parusie und der Offenbarung ist jeweils eine andere.

23. ἐάν τις ἀγαπᾷ με, τὸν λόγον μου τηρήσει. Vgl. V. 15.21. Das Wort (Singular) Jesu ist die ganze rettende Botschaft, die er brachte; vgl. z. B. 5,24, ὁ τὸν λόγον μου ἀκούων . . . ἔχει ζωὴν αἰώνιον.

πρὸς αὐτὸν ἐλευσόμεθα. Der Plural allein (die Singularformen ἐλεύσομαι und ποιήσομαι, geboten von D cur, sind eine Angleichung an besser bekannte Vorstellungen) reicht aus, um zu zeigen, daß Joh hier weder an die Ostererscheinungen noch an die Parusie am Jüngsten Tag denkt. Sowohl der Vater als auch der Sohn (ihre Gleichheit ist impliziert) werden zu dem Menschen kommen, der ein Christ wird (zur Vorstellung der Bekehrung vgl. Sap 1,2, zitiert zu V. 21). Dies ist die Parusie, auf welche das Interesse des Joh gerichtet ist, und es ist der von dem apokalyptischen Christentum nicht vorhergesehene Abstand zwischen der Auferstehung und der Vollendung, die er erklären möchte. Die Erklärung erfolgt dabei in Form des »mystischen« Bleibens Gottes beim Glaubenden.

μονὴν παρ' αὐτῷ ποιησόμεθα. Zu dem Ausdruck vgl. Josephus, Ant XIII,41, Ἰωνάθης ἐν Ἱεροσολύμοις τὴν μονὴν ἐποιεῖτο. Zu μονή s. Komm. zu V. 2; es ist einfach das Verbalsubstantiv, abgeleitet von dem charakteristisch joh μένειν. Der Vater und der Sohn werden ihre bleibende Wohnung bei den Christen nehmen. Dem AT geht es in erster Linie um das Wohnen Gottes bei den Menschen (vgl. z. B. 1Kön 8,27, ὅτι εἰ ἀληθῶς κατοικήσει ὁ θεὸς μετὰ ἀνθρώπων ἐπὶ τῆς γῆς; Sach 2,14, ἐγὼ ἔρχομαι καὶ κατασκηνώσω ἐν μέσῳ σου). Joh, der die grundlegende Lösung in 1,14 formuliert hat, kommt hier nun zu ihren persönlichen Folgen. Enge mystische Vereinigung mit Gott war das Ziel vieler Religionen im Altertum, nicht zuletzt der Mysterienkulte und der gnostischen Theosophien. Der Höhepunkt der Hermetischen Religion ist, daß die erwählten Seelen δυνάμεις γενόμενοι ἐν θεῷ γίνονται (Corp Herm 1,26); sie sind so eng mit Gott vereint, daß sie vergottet werden (θεωθῆναι). Philo spricht an vielen Stellen davon, daß Gott und auch das Wort im Menschen wohnen (s. dazu Bauer, S. 186). Das Denken des Joh unterscheidet sich von dem seiner Zeitgenossen zum einen durch sein Beharren auf dem historischen Rahmen des Christentums, zum anderen durch sein Beharren auf dem sittlichen Gehorsam und der Liebe als einer Voraussetzung und Begleiterscheinung der Einwohnung Gottes.

24. ὁ μὴ ἀγαπῶν με τοὺς λόγους μου οὐ τηρεῖ. Das Gegenstück zu V. 23a. Es ist möglich, daß hier ein Gegensatz zwischen τὸν λόγον . . . τοὺς λόγους beabsichtigt ist – ein Mangel an Liebe gegenüber Christus wird in der Übertretung seiner Gebote offenbar, aber die Rückkehr zum ὁ λόγος (Singular) in der zweiten Hälfte dieses Verses könnte doch eher dafür sprechen, daß kein Unterschied beabsichtigt war.

ὁ λόγος ὃν ἀκούετε. Vielleicht die gesamte Botschaft Jesu – vielleicht das Wort, das gerade gesprochen und gehört wurde. Das Wort Jesu ist wie sein Handeln nicht das seine. Zur völligen Einheit des Wirkens des Vaters und des Sohnes s. 5,19 und das Evangelium passim; sie ist wesentlich für die Darstellung des Evangeliums durch Joh.

25. *ταῦτα λελάληκα.* Dies bezieht sich auf die Worte des Trostes, die Jesus gesprochen hat; aber sie werden nur durch das zukünftige Wirken des Parakleten zur Wirkung kommen (V. 26).

παρ᾽ ὑμῖν μένων. Das erste *μένειν* Jesu bei seinen Jüngern wird jäh durch seinen Tod unterbrochen.

26. *τὸ πνεῦμα τὸ ἅγιον*; so die Mehrzahl der Handschriften; einige wenige gleichen an das *τὸ πνεῦμα τῆς ἀληθείας* von V. 17; 15,26; 16,13 an, ohne *τὸ ἅγιον* in sin. Diese kürzere Lesart könnte ursprünglich sein; sie würde die zwei Varianten erklären. Vgl. 1QS 4,21 (zu V. 17).

ὃ (א^c, *ὅν*) *πέμψει ὁ πατὴρ ἐν᾽τῷ ὀνόματί μου.* S. Komm. zu V. 16;٫»in meinem Namen« kann kaum bedeuten »weil du fragst in meinem Namen«; vielleicht, »weil ich bitte«, oder »in Beziehung auf mich, an meiner Stelle, mit meiner Vollmacht zu handeln«. Vgl. Mk 13,6, wo von jenen, die behaupten, sie seien Christus (*ἐγώ εἰμι*), gesagt wird, sie kommen *ἐπὶ τῷ ὀνόματί μου.*

ἐκεῖνος ὑμᾶς διδάξει πάντα. Vgl. 15,26 (*μαρτυρήσει*); 16,13f (*ὁδηγήσει, λαλήσει, ἀναγγελεῖ*). Eine der vornehmsten Aufgaben des Parakleten ist es, zu lehren. Zu den hier gebrauchten Worten vgl. Ps 25(24),5.9, *ὁδήγησόν με ἐπὶ τὴν ἀλήθειάν σου καὶ δίδαξόν με... ὁδηγήσει πραεῖς ἐν κρίσει, διδάξει πραεῖς ὁδοὺς αὐτοῦ.* Vgl. auch Neh 9,20; 1Joh 2,20.27.

ὑπομνήσει ὑμᾶς. Es gibt eine Parallele zu den Worten in Corp Herm XIII,2: *τοῦτο τὸ γένος* [das Lehren über die Wiedergeburt], *ὦ τέκνον, οὐ διδάσκεται, ἀλλ᾽ ὅταν θέλῃ, ὑπὸ τοῦ θεοῦ ἀναμιμνήσκεται.* Aber hier ist es eher der Gegensatz als die gedankliche Parallele, die die Meinung des Joh herausstellen kann. In den Hermetica wird an den verborgenen Ursprung und die wahre Natur des Menschen und des Universums erinnert, und diese wird von innen heraus erweckt; bei Joh erinnert der Paraklet die Glaubenden nicht an irgend etwas in ihnen selbst, sondern an die gesprochenen, wenn auch nicht völlig verstandenen Worte Jesu. Es gibt keine unabhängige Offenbarung durch den Parakleten, sondern nur eine Anwendung der Offenbarung in Jesus. Der Paraklet erinnert an *πάντα ἃ εἶπον ὑμῖν ἐγώ*, und er erschafft auf diese Weise die Situation des Gerichtes und der Entscheidung, die das Wirken Jesu kennzeichnete, neu und setzt sie fort. Das *ἐγώ* ist sehr betont; es wird ausgelassen von P^75 א D Θ Ω. Anstelle von *εἶπον* hat D *ἂν εἴπω.* Dies gibt dem Werk des Parakleten einen völlig anderen Sinn; dieser empfängt (nach dieser Lesart) von Jesus neue Belehrung und vermittelt sie der Kirche. Dies widerspricht dem Sinn des Abschnitts als Ganzem.

27. *εἰρήνην.* Jesus nimmt Abschied von seinen Jüngern und gebraucht das übliche Abschiedswort »Friede« (שָׁלוֹם, *shalom*). *εἰρήνη* wird bei Joh nur hier und in 16,33 (in einem ähnlichen Sinn) gebraucht und als Gruß in 20,19.21.26. Aber das Wort hatte doch bereits viel mehr als nur die übliche Bedeutungstiefe angenommen; so im AT Num 6,26; Ps 28,11; Jes 54,13; 57,19; Ez 37,26; und im NT Röm 1,7; 5,1; 14,17 und viele andere Stellen. Ähnlichen Sprachgebrauch gibt es bei Philo; s. bes. Vit Mos I, 304, *δωρησάμενος ὁ θεὸς Φινεεῖ τὸ μέγιστον ἀγαθόν, εἰρήνην, ὃ μηδεὶς ἱκανὸς ἀνθρώπων παρασχεῖν.* Der Rest dieses Verses zeigt, Friede bedeutet das Fernsein von Furcht und Unruhe des Herzens; dies aber ist einzig Gabe Christi. Als sich das Kapitel (und vielleicht eine Form der Abschiedsreden) seinem Ende nähert, nimmt es das Thema der einleitenden Verse wieder auf.

ἀφίημι ὑμῖν. Zu *ἀφιέναι* in der Bedeutung »hinterlassen« (eine Bedeutung, die von Liddell-Scott nicht zitiert wird) s. Ps 17(16),14, *ἀφῆκαν τὰ κατάλοιπα τοῖς νηπίοις αὐτῶν*; Eccl 2,18; vgl. Mk 12,22.

οὐ καθὼς ὁ κόσμος δίδωσιν. Der Friede Christi (*τὴν ἐμήν*) ist nicht der Friede der Welt (da er ihn in dem Augenblick höchsten Unglücks und größter Trauer hat), und dementsprechend gibt er ihn in einer neuen Weise. Vgl. die Verheißung der Hilfe in der Zeit der Verfolgung bei den Synoptikern (Mk 13,11, *μὴ προμεριμνᾶτε*).

μὴ ταρασσέσθω. Vgl. V. 1. *μηδὲ δειλιάτω* – laß es nicht feige werden.

28. *ἠκούσατε.* Vgl. V. 2–4.12.18f.21.23. Die Rede wird kurz wiederholt, indem die Schlüsselworte *ὑπάγειν, ἔρχεσθαι* wiederholt werden. Jesus wird durch den Tod zur Herrlichkeit des Vaters zurückkehren; aber er wird auch zu seinen Jüngern kommen und wird näher bei ihnen sein als je. Daß die Rede in dieser Weise kurz wiederholt wird, gibt der These, Kap. 14 sei eine in sich vollständige Rede, einiges Gewicht. Man kann dem jedoch keine zu große Bedeutung beimessen angesichts der Tatsache, daß Joh im allgemeinen die Wiederholung liebt.

εἰ ἠγαπᾶτέ με, ἐχάρητε ἄν. Eine unerfüllte Bedingung. »Wenn ihr mich liebtet (was ihr nicht tut), dann würdet ihr . . .« Dies wird abgeschwächt in D φ zu εἰ ἀγαπᾶτε, welches nichts über die Erfüllung der Bedingung impliziert. Die schwierigere Lesart ist ursprünglich. Wahre Liebe gegenüber Jesus, die sie noch nicht besaßen, hätte die Jünger bei seiner Erhöhung jubeln lassen, genauso wie wahres Verständnis sie befähigt hätte zu sehen, daß sein Abschied zu ihrem Wohle geschah.

ὁ πατὴρ μείζων μού ἐστιν. S. mein »The Father is greater than I«. Der Vater ist *fons divinitatis,* in welchem das Sein des Sohnes seine Quelle hat; der Vater ist Gott, der sendet und gebietet, der Sohn ist Gott, der gesandt und gehorsam ist. Das Denken des Joh konzentriert sich hier auf die Erniedrigung des Sohnes in seinem irdischen Leben, eine Erniedrigung, die jetzt, in seinem Tod, sowohl ihren Höhepunkt als auch ihr Ende erreicht. Zur patristischen Interpretation s. M. F. Wiles, The Spiritual Gospel [1960], S. 122–125; T. E. Pollard, Johannine Christology and the Early Church [1970] (s. Index).

29. Vgl. 13,19.

30. οὐκέτι πολλὰ λαλήσω μεϑ᾽ ὑμῶν. Diese Worte lassen zwingend die Frage aufkommen, ob V. 31 ursprünglich als Abschluß der Rede geplant war, d. h. die Frage nach der ursprünglichen Abfolge der Kap. 14.15.16. S. S. 444ff. Sie lösen jedoch das Problem nicht. So wie das Evangelium uns gegenwärtig vorliegt, kann immer noch vernünftigerweise behauptet werden, daß die Worte zutreffend seien, da keine weitere öffentliche Lehre mehr gegeben wird. πολλά wird ausgelassen von sin. Es ist nicht ausgeschlossen, daß das Wort hinzugefügt wurde, um die offenkundige Schwierigkeit abzuschwächen. Der Text würde ohne dieses Wort noch zwingender daran denken lassen, daß 14,31 das ursprüngliche Ende der Rede darstellt.

ἔρχεται γὰρ ὁ τοῦ κόσμου ἄρχων; d. h. in erster Linie, die Ereignisse der Passion werden gleich beginnen (s. o.). Zu ὁ τοῦ κόσμου ἄρχων s. Komm. zu 12,31. Zum Teufel als demjenigen, der den Tod Jesu herbeiführt, vgl. 6,70; 13,2.27. Die Passion selbst kann als ein Konflikt zwischen Jesus und dem Satan gesehen werden.

ἐν ἐμοὶ οὐκ ἔχει οὐδέν (οὐκ ἔχει οὐδὲν εὑρεῖν, D a; εὑρήσει οὐδέν ist eine weitere Variante) erinnert an den hebräischen Ausdruck אֵין לוֹ עָלַי, »er hat keinen Anspruch auf mich«. Vgl. 8,46. Da Jesus nicht aus dieser Welt ist (8,23, vgl. 18,36), kann der Herrscher dieser Welt keinen Anspruch gegen ihn geltend machen. Es ist nicht impliziert (wie in einigen späteren Sühnetheorien), daß der Teufel getäuscht wurde. Es ist auch nicht sicher, ob wir einen Punkt oder einen Doppelpunkt nach οὐδέν setzen müssen. Der Satz kann so verstanden werden: a) . . . hat keinen Anspruch auf mich, aber (dies geschieht), damit die Welt erkenne . . . Steht auf . . . b) . . . hat keinen Anspruch auf mich. Aber daß die Welt erkenne . . ., erhebt euch . . . Keine dieser Möglichkeiten kann als unmöglich ausgeschlossen werden. a) ist vielleicht vorzuziehen. S. Komm. zu V. 31.

31. ἀλλ᾽ ἵνα. Setzen wir das Satzzeichen, wie wir es oben versuchsweise überlegt haben, dann ist vor ἵνα etwas zu ergänzen. Dies entspricht dem Stil des Joh; zu ähnlichen elliptischen Konstruktionen s. 9,3; 13,18; 15,25; 1Joh 2,19. Man kann leicht ergänzen, entweder »diese Dinge geschehen«, oder »ich handle in dieser Weise«. Eine weniger wahrscheinliche Alternative wäre es, das ἵνα als Imperativ zu verstehen: »Laßt die Welt wissen . . .«

ἵνα γνῷ ὁ κόσμος ὅτι ἀγαπῶ τὸν πατέρα. Die Liebe zeigt sich dadurch, daß die Gebote gehalten werden (V. 15.21.23); der Sohn hält die Gebote des Vaters, und es wird dadurch gezeigt, daß er in der Liebe des Vaters bleibt (15,10). Der Gehorsam und die Liebe des Sohnes finden ihren höchsten Ausdruck in seiner willigen Annahme des Gebotes, sein Leben zu geben (10,17f). ἐντολὴν ἔδωκεν wird von B und nur einigen wenigen anderen Handschriften gelesen, die übrigen haben ἐνετείλατο, wahrscheinlich zu Recht, da die Lesart von B den Text an viele Stellen im Kontext angleicht.

ἐγείρεσϑε, ἄγωμεν ἐντεῦϑεν. Vgl. Mk 14,42, ἐγείρεσϑε, ἄγωμεν (nicht im Abendmahlssaal, sondern in Gethsemane unmittelbar vor der Verhaftung gesprochen). Es scheint wahrscheinlicher, daß Joh hier die mk Worte anklingen läßt, als daß er auf den Aufstieg Christi zum Vater verweist, obwohl die letztere Sicht durch die Möglichkeit b) in der Zeichensetzung in V. 30 (s. o.) nahegelegt werden könnte: Laßt mich in den Tod und zu meiner Erhöhung gehen, damit die Welt erkenne . . . Das Problem der Konstruktion von Kap. 14.15.16 wird wieder aufgeworfen, da diese Worte am natürlichsten als der Abschluß der Rede im Abendmahlssaal, unmittelbar vor dem Weggang und der Verhaftung Jesu, gelesen werden. Zu dieser Frage s. S. 444 ff. Die Schwierigkeit kann beseitigt werden, wenn wir ins Aramäische übersetzen (Torrey, S. 135. 138–140). Es sind nur leichte Veränderungen notwendig, um ». . . so tue ich es. Steht auf, laßt uns von hier gehen« zu ändern in ». . . so tue ich es. Ich werde aufstehen und von hier gehen« (vorliegender griechischer Text: כן עבד אנא קומו נאזל מכא; durch Konjektur hergestelltes Original: כן עבד אנא אקום ואזל מכא). Aber die Hypothese verlangt, daß man an einen fortlaufenden aramäischen Text glaubt, der hinter dem griechischen des Joh liegt, und es gibt keinen vernünftigen Grund, warum der angenommene Fehler gemacht worden sein sollte. Guilding, S. 89, erklärt die Worte von den Lektionen am Neujahrsfest her. Dodd, Interpretation, S. 409, versteht sie folgendermaßen: »Der Herrscher dieser Welt kommt. Er hat keinen Anspruch auf mich; aber um der Welt zu zeigen, daß ich den Vater liebe und genau das tue, was er befiehlt – auf, laßt uns ihm entgegengehen!« Es bleibt eine Schwierigkeit, daß die Kap. 15 und 16 folgen; und ἐντεῦϑεν bedeutet »weg von hier«, nicht »ihm entgegen«.

31. Der wahre Weinstock

15,1–17

Wir haben oben zu bedenken gegeben (S. 444f), daß angesichts des durch 14,31 verursachten Problems die Kap. 14 und 15–16 (17) als alternative Versionen der »Abschiedsrede« Jesu an seine Jünger betrachtet werden könnten. Wenn diese Sicht stimmt, dann muß angenommen werden, daß die einleitenden Verse von Kap. 15 in unmittelbarem Zusammenhang mit dem in Kap. 13 beschriebenen Mahl stehen; in jedem Falle wird Kap. 15 so dargestellt, als finde das, was hier gesagt wird, im Kontext des Mahles statt, es sei denn, wir nehmen an, 14,31 meine ein Weggehen aus dem Raum, in dem das Mahl gehalten wurde. Diese Zusammenhänge müssen in gewisser Weise die Auffassung stützen, das Symbol des Weinstocks sei teilweise eucharistisch. Wir haben die Einstellung des Joh gegenüber den Sakramenten oben erörtert (Einleitung, S. 98ff; auch 294ff); sie legt ganz gewiß nicht die Annahme nahe, er beabsichtige hier durch symbolische Sprache Einzelheiten eines sakramentalen Glaubens oder einer sakramentalen Praxis zu vermitteln. Ferner hören wir, wie Bultmann beobachtet, in diesem Kap. nichts davon, daß die Glaubenden die Frucht des Weinstocks trinken (wie Wein in Mt 26,29; Mk 14,25; Lk 22,18 umschrieben wird). Christus selbst ist der Weinstock, und sie sind die Reben – Reben, die selbst Weintrauben tragen werden (V. 2), aus welchen Wein gewonnen werden kann. Die Wahrheit ist, daß Joh von der Einheit der Glaubenden mit Christus spricht, ohne den sie nichts tun können. Diese Einheit, die ihren Ursprung in seiner Initiative hat und durch seinen Tod ihnen zugute versiegelt ist, wird durch den liebenden Gehorsam, mit dem der Glaubende auf Gottes Liebe antwortet, vollendet; sie ist das Wesen des Christentums. Das Problem der fortdauernden Gegenwart Jesu nach seinem Abschied wird nicht in derselben Weise wie in Kap. 14 behandelt; das Thema ist nicht mehr Kommen, sondern Bleiben. Eine Rebe, die vom Weinstock getrennt ist, kann keine Frucht tragen; sie ist wertlos und nutzlos. Das Bild spricht bereits für sich selbst; aber Joh hätte in völliger

Isolation gelebt, hätte er nicht gewußt, daß die Christen sich von Zeit zu Zeit trafen, um Brot (das Fleisch des Menschensohns) zu essen und die Frucht des Weinstocks (sein Blut) zu trinken. Man muß deshalb vernünftigerweise annehmen, daß er, so wie er in Kap. 6 Verweise auf die Eucharistie in die Lebensbrotrede einführte (s. Komm. zu Kap. 6, bes. S. 308), so auch hier die etwas entfernteren Anspielungen annimmt, die das Bild des Weinstocks bietet. Aber sein Thema ist das der Einheit zwischen den Glaubenden und Christus, wie sie sich in seinem ganzen Werk in Leben, Tod und Auferstehung manifestiert. Diese Einheit ist das Thema dieses und des nächsten Abschnitts. Nur in Christus können Christen leben. In ihm gibt es die Fruchtbarkeit des wahren Dienstes gegenüber Gott, des erhörten Gebetes und des Gehorsams in Liebe. Alle, die in ihm sind, sind seine Freunde, und sie sind notwendigerweise miteinander in Liebe vereint.

Symbolische Rede, ausgehend von Weinstöcken und Weingärten, findet sich in den Synoptikern: Mk 12,1–9; Mt 21,33–41; Lk 20,9–16; Mt 20,1–16 21,28–32; vgl. Lk 13,6–9. Gemeinsam ist all diesen Gleichnissen, daß der Weinberg oder die damit verbundenen Personen Israel oder einen Teil Israels darstellen. Es wird ein Gegensatz herausgestellt zwischen der Frucht, die Israel als Gottes Weinberg oder als die Arbeiter in seinem Weinberg tragen oder durch ihre Arbeit hervorbringen sollte, und dem schäbigen Ertrag, der sich dann tatsächlich zeigt. Indem das NT auf diesen Gegensatz verweist, folgt es dem AT (z. B. Jes 5,1–7; zu vielen atl Verweisen s. u.). Zu beachten ist hier die zweifache Transformation des Überlieferungsmaterials, welche Joh vornahm und welche sich sowohl in der Form als auch im Inhalt des Gleichnisses zeigt: a) Joh verlegt die Pointe des Gleichnisses aus der eschatologischen Krise der Wirksamkeit Jesu in das fortgesetzte Leben der Kirche. b) Durch diese Behandlung der Überlieferung hört der Weinstock auf, für Israel zu stehen, und wird eine christologische Bezeichnung für Jesus selbst. Die Veränderung in der Form des Gleichnisstoffes zeigt sich darin, a) daß keine eindeutige Geschichte erzählt wird; wir hören nichts vom Schicksal eines bestimmten Weinstocks oder Weinbergs, sondern vielmehr bestimmte allgemeine Beobachtungen über den Weinbau; b) daß die ganze Symbolik durch die Einleitungsworte ἐγώ εἰμι bestimmt wird: Jesus ist all das, was der Weinstock in Wahrheit symbolisiert.

Das AT und die synoptischen Evangelien sind nicht die einzigen Quellen, in denen man Parallelen zu dem joh Symbol des Weinstocks finden kann. »Ein hellenistischer Leser des Evangeliums würde die Gestalt Gottes als γεωργός vertraut genug empfinden« (Dodd, Interpretation, S. 137; s. S. 136f). Bultmann (s. u.) findet Parallelen in der mandäischen Literatur und den Oden Salomos, und er sieht im Weinstock eine Widerspiegelung des orientalischen Mythos vom Lebensbaum (der oft mit dem Weinstock identifiziert wird). Guilding nimmt an, daß die Kap. 15.16, ebenso wie die Kap. 7–9, in erster Linie mit dem Laubhüttenfest verbunden sind. »Das Laubhüttenfest stellt Gott dar als den Geber der Fülle – des Regens, des Sonnenscheins und der Frucht des Weinstocks: Beim Laubhüttenfest zeigt Jesus sich selbst als Geber lebendigen Wassers, als das Licht der Welt und als der wahre Weinstock ... Thema der Reden beim Mahl ist, daß Passa, Laubhüttenfest und Tempelweihefest in Jesus und seiner Kirche erfüllt werden und das eine christliche Fest, die Eucharistie, Erfüllung des ganzen jüdischen Festsystems ist. Aus diesem Grunde haben wir in den Abendmahlsreden eine Wiederholung des Zyklus der jüdischen Feste in dem historischen Rahmen des Letzten Mahls. Es folgt daraus, daß – auch wenn die Worte von 15,1, ,ich bin der wahre Weinstock‘, sehr wohl auf den Abendmahlskelch verweisen können – sie dies doch durch das Medium des Laubhüttenfestes tun, und in erster Linie wird hier auf die Weinlese des Herbstfestes und auf die Lektionen beim Laubhüttenfest angespielt, die von Israel als einem leeren Weinstock reden« (Guilding, S. 118). Keine dieser Parallelen ist jedoch so wichtig, wie es die atl und synoptischen Parallelen sind. Brown argumentiert, daß die Überlieferung ihrer Form nach weder Parabel noch Allegorie ist, sondern מָשָׁל *(mashal)*. Es ist einfacher und besser, wenn man darin die Reflexionen des Joh über das traditionelle Bild sieht.

1. ἐγώ εἰμι. S. Komm. zu 6,35.

ἡ ἄμπελος ἡ ἀληϑινή. Joh führt hier ganz unvermittelt eines seiner großen Symbole ein; vgl. 10,1ff zu dem Symbol des Hirten. Der Weinstock ist eine der meistgepriesenen Pflanzen, und er stellt im allegorischen Sprachgebrauch natürlicherweise die ausgezeichnetsten unter den Völkern und Menschen dar. Dieser Sprachgebrauch zeigt sich im AT, wo Israel als Weinstock bezeichnet wird. S. z. B. Jer 2,21, ἄμπελος ἀληϑινή (שׂוֹרֵק כֻּלֹּה), eine Stelle, die um so wichtiger ist, weil es sich hier um die *haphtarah* zu Dt 9 handelt, welche eine Lektion gewesen sein mag, die zur Zeit des Laubhüttenfestes verwendet wurde (Guilding, S. 95); auch Jes 5,1–7; 27,2ff; Jer 12,10ff; Ez 15,1–8; 17,5ff; 19,10–14; Ps 80,9–16. An diesen Stellen wird der reine und besondere Ursprung, aber oft auch der Verfall oder die Gefährdung Israels beschrieben. Der gleiche Sprachgebrauch findet sich auch in rabbinischer Literatur; das ausführlichste Beispiel ist Lev r 36,2 (zitiert bei Bill II, S. 563f). Wie der Weinstock die niedrigste aller Pflanzen ist und doch ihrer aller König wird, so erscheinen die Israeliten niedrig in dieser Welt, aber in der Zukunft (d. h. dem messianischen Zeitalter) werden sie Besitz ergreifen von einem Ende der Welt zum anderen. Im späteren Judentum erscheinen die Weisheit (Sir 24,27) und der Messias (Syr Bar 39,7) in der Gestalt des Weinstocks. Wichtiger für die Identifikation des Weinstocks mit Jesus – und nicht mit dem Volk – ist es, daß sowohl der Weinstock als auch der Menschensohn in Ps 80 begegnen. Philo gibt eine charakteristisch unhistorische Interpretation des Weinstocks, wenn er Jes 5,7 zitierend (der Weinberg des Herrn des Allmächtigen ist das Haus Israel) sofort erklärt: »Israel« bedeutet »Gott sehend« (ϑεὸν ὁρῶν), so daß die Seele, die den Geist beherbergt, welcher Gott sieht, »der heiligste Weinberg ist, der als seine Frucht das göttliche Gewächs, die Tugend, hat« (Som II,172f). Die symbolische Rede vom Weinstock hat einen hervorragenden Platz in bestimmten anderen nichtchristlichen Quellen (z. B. dem Dionysoskult und der mandäischen Literatur, obwohl letztere hier sicher von der christlichen Bildersprache abhängig ist); aber diese Quellen sind hier nicht von besonderer Bedeutung. Es ist interessant zu beobachten, daß es unter den Ornamenten am Herodestempel einen berühmten goldenen Weinstock gab (Mid 3,8; Josephus, Bell V,210; Tacitus, Historiae V,5) und die Jünger des Johanan b. Zakkai in Jamnia nach 70 n. Chr. כֶּרֶם בְּיַבְנֶה *(kerem beyabhneh,* der Weinberg von Jabne) genannt wurden (Ket 4,6 u. ö.). Dieser letzte Punkt wäre noch interessanter, wenn wir Pallis (S. 32) folgten und ἄμπελος in der Bedeutung »Weinberg« verstünden. »Im modernen Griechisch sind ἀμπέλι(ον) und κλῆμα charakteristische Bezeichnungen für *Weinberg* und *Weinstock* gleichermaßen« (a. a. O.). Auch einige Papyri stützen diese Bedeutung von ἄμπελος; s. MM s. v. Höchst wichtig jedoch sind der atl Gebrauch des Weinstocks als eines Symbols für Israel und der Zusammenhang dieses Kapitels mit den synoptischen Berichten vom Letzten Mahl (es ist möglich, daß ursprünglich Kap. 15 unmittelbar auf das Abendmahl folgen sollte, ohne den Einschub von Kap. 14; s. S. 444ff). Im Bericht des Mk ist einer der zentralen Züge die Segnung eines Bechers mit Wein, der danach den Jüngern mit den Worten gegeben wird: »Dies ist mein Blut des Bundes, welches vergossen wird für viele« (Mk 14,24; vgl. Mt 26,28; auch Lk 22,20; aber dieser Vers gehört möglicherweise nicht zum ursprünglichen Text des Lk). Im nächsten Vers wird der Wein bezeichnet als τὸ γένημα τῆς ἀμπέλου in dem eschatologischen Wort: »Ich werde nicht mehr trinken von der Frucht des Weinstocks bis zu dem Tag, wenn ich es neu trinken werde im Reich Gottes« (vgl. Lk 22,18, »... bis das Reich Gottes kommt«). Dies erinnert an den üblichen jüdischen Segensspruch über den Wein: »Gesegnet seist du, o Herr ... der du die

Frucht des Weinstocks hervorbringst« (פרי הגפן). In den synoptischen Erzählungen ist die Frucht des Weinstocks so zugleich das Mittel, durch welches die Jünger teilhaben an dem Opfertod Christi, und eine Vorwegnahme des Lebens im zukünftigen Äon. Gemeinschaft mit Christus (und dadurch auch Berührung mit der anderen Welt) bilden die Grundlage und das Thema des ganzen Kap. 15. Es gibt ein gegenseitiges Einwohnen des Vaters, des Sohnes und des Jüngers. Die geschichtliche Begründung dieser Beziehung liegt in dem Ruf Christi (ἐγὼ ἐξελεξάμην ὑμᾶς, V. 16), und ihre Wirkung ist die wechselseitige Liebe der Christen füreinander (V. 13). Umgekehrt erwächst der Haß der Welt gegenüber der Kirche aus ihrem Haß gegenüber Christus (V. 23f, vgl. V. 9f). Die Sendung des Sohnes ruft Haß hervor, wie sie Liebe hervorruft, und ihre unausweichliche Wirkung ist eine Kluft zwischen den Kindern des Lichtes und den Kindern der Finsternis. Die göttliche Sendung wird im Zeugnis des Parakleten und der Kirche fortgesetzt (V. 26f und Kap. 16). Zu ἀληθινός s. Komm. zu 1,9. Hier, wie auch sonst oft, bezeichnet das Adjektiv, einen Gegensatz zu einem anderen Objekt, das weniger wirklich ist als das, welches von Joh beschrieben wird. So wird Israel ein Weinstock genannt; aber der wahre Weinstock ist nicht das abtrünnige Volk, sondern Jesus und jene, die als Reben ihm einverleibt sind. Dies entspricht dem, was wir oben (S. 303) über das »ich bin« Jesu gesagt haben. Sinnfragmente, auf die durch andere Weinstöcke verhüllt hingewiesen wird, werden durch ihn aufgelesen und explizit gemacht. Er ist der *wahre* Weinstock. Zu einem anderen Gebrauch des Weinstock-Symbols vgl. Did 9,2; auch Thomasakten 36; 146 (Lipsius-Bonnet II,II,154,2f; 253,19–22). Eine vollständige Liste der mandäischen Stellen bei Schweizer, S. 40f.

ὁ πατήρ μου ὁ γεωργός ἐστιν hat die volle Kontrolle über den ganzen Vorgang. Vgl. 1Kor 3,6–9 (...ϑεοῦ γεώργιον ... ἐστε). Es gibt ein anderes Bild in dem Gleichnis von Mk 12,1–12, wo der Besitzer des Weinbergs diesen an γεωργοί verpachtet. Vgl. Lukian, Phalaris II,8, wo Gott als γεωργός ohne die Mitarbeit von Menschen handelt. Fenton weist darauf hin, daß die Beziehung des Hausvaters zum Weinstock die gleiche Art der »Unterordnung« lehrt, wie die von Vater und Sohn.

2. πᾶν κλῆμα. Das Wort κλῆμα wird, auch wenn es allgemein verwendet werden kann, besonders für Weinreben gebraucht; s. Liddell-Scott s. v. πᾶν ... μή ist nicht ein Semitismus; die Abfolge ist nicht die des charakteristisch semitischen לא כל; M II, S. 434. Das Bild des Fruchttragens ist in den Oden Salomos verbreitet: 1,2f; 8,2; 10,2; 11,1f.12.23; 12,2; 14,17; 16,2; 17,13; 38,17, auch Thomasakten 61 (Lipsius-Bonnet II,II,178.10, καρποὺς ἀληθινούς).

ἐν ἐμοί. Man kann die unfruchtbaren Reben nun in zweifacher Weise interpretieren. Die ursprünglichen Reben in Gottes Weinstock waren die Juden; Gott hat diese, da sie keine Frucht trugen (ungläubig waren), enterbt. Vgl. Mt 21,41, wo ein sehr ähnlicher Gedanke vorliegt, und Röm 11,17, εἰ δέ τινες τῶν κλάδων ἐξεκλάσϑησαν ...; auch Mt 15,13, πᾶσα φυτεία ... ἐκριζωϑήσεται. Dies scheint die früheste christliche Interpretation des Weinstocksymbols gewesen zu sein, und Joh könnte durchaus an diese Interpretation gedacht haben; aber ἐν ἐμοί zeigt, daß er in erster Linie an abtrünnige Christen dachte.

αἴρει ... καϑαίρει. Die Paronomasie läßt an eine ursprünglich griechische Komposition denken, nicht an die Übersetzung eines semitischen Originals. καϑαίρειν paßt gleichermaßen auf landwirtschaftliche Vorgänge wie auch auf religiöse Reinigung. Es wird für die Reinigung des Korns durch Worfeln gebraucht (Xenophon, Oec, XVIII,6) und von der Reinigung des Getreides vom Unkraut vor der Aussaat verwendet (ebd. XX,11). Es wird von einer religiösen Zeremonie (Ilias XVI,228, einen Becher für ein Trankopfer reinigen), und in moralischem Sinn gebraucht (Plato, Phaidon 114c, οἱ φιλοσοφίᾳ ἱκανῶς καϑηράμενοι). Philo verwendet diesen landwirtschaftlichen Vorgang in einer moralischen Allegorie (Som II,64, ...βλάσται περισσαί ... ἃς καϑαίρουσι καὶ ἀποτέμνουσι ... οἱ γεωργοῦντες). Aber bei Joh sind καϑαίρειν wie auch μένειν nicht durch landwirtschaftliche Vorgänge, sondern durch die christliche Wahrheit bestimmt, die der Evangelist lehren will (Dodd, Interpretation, S. 136). Zu den Reinigungsmitteln s. u.; ihr Zweck ist, ἵνα καρπὸν πλείονα φέρῃ. Fruchtbringen ist einfach das Leben eines christlichen Jüngers leben (s. V. 5.8); vielleicht besonders die Praxis gegenseitiger Liebe (V. 12).

3. ἤδη ὑμεῖς χαϑαροί ἐστε. Das Adjektiv χαϑαροί wird wie das verwandte Verbum in der Landwirtschaft gebraucht, und es kann in besonderem Zusammenhang mit dem Wachsen von Weinstöcken zitiert werden; Xenophon, Oec XX,20, ... ἵνα ὕλης χαϑαραὶ αἱ ἄμπελοι γένωνται. Die Jünger haben sich als die ersten Mitglieder des neuen Gottesvolkes bereits dem Reinigungsprozeß unterzogen. Vgl. 13,10.

διὰ τον λόγον ὃν λελάληχα ὑμῖν. Zu der Wirkungsmacht des Wortes Jesu vgl. 12,48 (χρινεῖ αὐτόν); auch 15,7; 17,8 (ῥήματα). Joh denkt hier nicht an ein bestimmtes Wort (vgl. vielleicht V. 7). Es liegt hier kein Widerspruch zu 13,10 vor, und Joh denkt auch nicht daran, eine Reinigung, die durch physische Mittel (Taufe) bewirkt wird, mit einer Reinigung, die durch das gesprochene Wort allein erfolgt, zu vergleichen. Sowohl in Kap. 13 wie auch in Kap. 15 denkt er an die umfassende Wirkung dessen, was Jesus für die Seinen war und tat. In Kap. 13 steht, wie wir gesehen haben, der Vorgang des Waschens für den ganzen Liebesdienst Jesu für die Menschen, der in seinem Tod gipfelt; in Kap. 15 ist sein »Wort« die Erlösungsbotschaft, die er bringt und selbst ist. Vgl. 6,63, wo Joh vom Essen des Fleisches und dem Trinken des Blutes weitergeht zu den ῥήματα Jesu als Geist und Leben. Es wäre (in der Sicht des Joh) genauso falsch anzunehmen, daß die Menschen moralisch und geistig durch eine Formel wie durch ein Eintauchen in Wasser, das Taufe genannt wird, gereinigt werden. Es ist der redende und handelnde Christus, der reinigt, aber der Sinn seines Handelns wird durch sein wirksames Wort offenbart.

4. μείνατε ἐν ἐμοί, χἀγὼ ἐν ὑμῖν. Dies ist der Grundgedanke des Kapitels; s. Komm. zu V. 1. Der Satz kann in dreifach verschiedener Weise verstanden werden: a) χαί leitet einen Vergleich ein: Bleibt in mir, *wie* ich in euch bleibe. b) χαί leitet den Nachsatz eines Konditionalsatzes ein, dessen Vordersatz durch einen Imperativ ausgedrückt wird (Robertson, S. 948f): Wenn ihr in mir bleibt, werde ich in euch bleiben. V. 5 jedoch legt die Annahme nahe, daß wir c) die zwei gleichwertigen Satzteile sehr eng zusammennehmen sollten: Es soll ein gegenseitiges Einwohnen geben. Christliches Leben ist nicht ohne Einheit mit Christus zu denken. Joh denkt jedoch nicht an eine statische Bedingung. »Das μένειν ist das treue Durchhalten in der einmal getroffenen Entscheidung, die ja nur als stets neu vollzogene durchgehalten wird. Und entsprechend redet das χἀγὼ ἐν ὑμῖν nicht vom welt- und geistesgeschichtlichen Fortwirken Jesu in der christlichen Kultur und Kirche, sondern bedeutet die Verheißung, daß er stets Grund und Ursprung der Möglichkeit des Lebens bleibt« (Bultmann, S. 412).

μένη, B ℵ: μείνη, P⁶⁶ D Θ Ω. Ähnlich μένητε, B ℵ Θ*: μείνητε, D Ω. Das Präsens (der Dauer) paßt besser zum Kontext, aber aus eben diesem Grunde könnten die (ursprünglichen) Aoriste verändert worden sein. Sie können aber auch auf Angleichung an V. 7 zurückzuführen sein; es ist wahrscheinlich am besten, die Lesart von B ℵ zu übernehmen.

5. Der Gedanke des vorangehenden Verses wird in anderen Worten wiederholt. Solche Wiederholungen sind charakteristisch für Joh: s. Komm. zu 1,2.

6. ἐβλήϑη ἔξω ... χαὶ ἐξηράνϑη. Zu diesen »zeitlosen« Aoristen vgl. Jes 40,7 (ἐξηράνϑη ὁ χόρτος, χαὶ τὸ ἄνϑος ἐξέπεσεν), und s. M I, S. 134.247; Bl-Debr § 333. Der Sprachgebrauch ist nicht unklassisch; vgl. Euripides, Alcestis 386, ἀπωλόμην ἄρ᾽, εἴ με δὴ λείψεις. Radermacher, S. 124, und Moule, Idiom Book, S. 12f, nehmen an, die Aoriste verwiesen auf unmittelbare Aktion (vgl. Epiktet, IV,10,27; Ignatius, Eph 5,3). Vgl. Mt 3,10; Lk 3,9; EvThom 40 (ein Weinstock wurde außerhalb des Vaters gepflanzt, und da er nicht stark ist, wird er mit seinen Wurzeln ausgerissen werden und zugrunde gehen). Die nachfolgenden Verben (συνάγουσιν...) zeigen, wie die Aoriste zu verstehen sind. Ein ungläubiger Christ erleidet das Schicksal einer unfruchtbaren Rebe.

συνάγουσιν ... βάλλουσιν. Konstruktion und Tempus ändern sich, nicht aber der Sinn; die dritten Personen Plural im Aktiv werden anstelle von Passiva in einer an hebräischen und aramäischen Sprachgebrauch erinnernden Weise gebraucht. Vgl. 20,2, und s. M II, S. 447f. Dementsprechend ist es müßig, nach dem Subjekt der Verben zu fragen. Zum Tempus s. o.

εἰς τὸ πῦρ ... χαίεται. Die Worte sind in erster Linie gleichnishaft; d.h., es sind die unfruchtbaren Reben, die in das Feuer geworfen und verbrannt werden. Gleichwohl hätte Joh wahrscheinlich nicht geleugnet, daß auch ungläubigen Christen ein solches Schicksal zuteil werden könne; vgl. 5,29; Mt 13,37–42. Nach Brown ist V. 6 der Kontrapunkt zu V. 5, nicht zu V. 7; wie es scheint, gibt es freilich keinen Grund dafür, warum man den Vers nicht als Gegenstück zu beiden sehen sollte, eine negative Aussage zwischen zwei positiven.

7. *ἐὰν μείνητε ἐν ἐμοὶ καὶ τὰ ῥήματά μου ἐν ὑμῖν μείνῃ*. Vgl. V. 4f zum wechselseitigen Einwohnen Jesu und der Glaubenden und V. 3 zu der reinigenden Wirkung seines Wortes (*λόγος*). Hier sind *ῥήματα* wahrscheinlich die charakteristischen Worte und Gebote Jesu (vgl. V. 10); diese muß der Christ in seinem Herzen und in seinem Sinn behalten.

ὃ ἐὰν ϑέλητε αἰτήσασϑε (B *φ* it; *αἰτήσασϑαι*, P⁶⁶ A D, muß als Variante verstanden werden; *αἰτήσεσϑε*, א Θ vg). Vgl. 14,13 (und Komm. z. St.); 16,23. Das Gebet eines wirklich gehorsamen Christen kann nicht fehlgehen, da er nichts bitten kann, was dem Willen Gottes widerspricht. Zu *γενήσεται ὑμῖν* vgl. Mk 11,24, *ἔσται ὑμῖν*.

8. *ἐν τούτῳ ἐδοξάσϑη ὁ πατήρ μου*. Zum Aorist vgl. V. 6. Bei Joh ist es gewöhnlich der Sohn, der verherrlicht wird, aber vgl. 12,28; 13,31; 14,13; 17,4. Der Vater wird im Sohn verherrlicht – in seinem Gehorsam und der vollendeten Erfüllung seines Werkes. Es ist deshalb nur ein kurzer Schritt, wenn man die Verherrlichung des Vaters im Gehorsam und dem Fruchttragen jener sieht, die mit dem Sohn vereint sind. Auf *ἐν τούτῳ* folgt ein erklärendes *ἵνα*, wie bei Joh üblich.

καὶ γενήσεσϑε ἐμοὶ μαϑηταί. Diese Lesart ist als die schwierigere vorzuziehen (Sanders); Lindars meint, *γένησϑε* (P⁶⁶ B D Θ it vg sah) sei auf Angleichung an *φέρητε* zurückzuführen. In jedem Falle ist ein Bedeutungsunterschied kaum bemerkbar – Bultmann nimmt an, daß das Indikativ Futur, falls es so gelesen wird, als Entsprechung zu einem Konjunktiv Aorist verstanden werden muß. Brown zieht zum Vergleich Ignatius, Röm 5,3, heran (*νῦν ἄρχομαι μαϑητὴς εἶναι* – zu Recht?) und behauptet, Fruchttragen und Jüngerwerden seien nicht zwei getrennte Dinge; sie sind in der Tat untrennbar, aber Joh denkt offenbar an das Fruchttragen als das äußere und sichtbare Zeichen des Jüngerseins. Vgl. 13,35, wo wechselseitige Liebe das Zeichen der Jüngerschaft ist, und V. 12, wo derselbe Gedanke aufgenommen wird.

9. *καϑὼς ἠγάπησεν . . . κἀγὼ . . . ἠγάπησα. κἀγώ* leitet einen Nachsatz ein: »so . . . auch ich . . .«. Die Vorstellung einer Entsprechung zwischen der Beziehung des Vaters zum Sohn und der des Sohnes zu den Jüngern findet sich besonders häufig in den Kap. 13–17. Der Aorist *ἠγάπησα* bezeichnet den gesamten Akt der Liebe, die Jesus auf seine Jünger häufte und die er in seinem Tod vollendete. Die Liebe des Vaters für den Sohn wird ausgedrückt durch Zeitformen der Dauer in 3,35; 5,20; 10,17; hier und 17,24.26 wird der Aorist gebraucht, in Analogie mit dem für die Liebe Jesu gegenüber seinen Jüngern gebrauchten Aorist und auch vielleicht mit Verweis auf die vorzeitlichen Beziehungen des Vaters und des Sohnes. WH haben eine andere Zeichensetzung; sie setzen nur ein Komma nach *ἠγάπησα*. Folgen wir dieser Zeichensetzung, dann müssen wir übersetzen: »Wie mein Vater mich liebte und ich euch liebte, bleibt (*μείνατε*) . . .« Dies scheint freilich der oben gegebenen Interpretation nicht vorzuziehen zu sein.

μείνατε. Der Imperativ Aorist kann verwendet werden, um eine Betonung auszudrücken (Bernard, z. St.); vielleicht ist es aber eher eine Aufforderung an die Jünger, in die Liebe Jesu einzutreten und in ihr zu bleiben.

τῇ ἀγάπῃ τῇ ἐμῇ, »meiner Liebe für euch«. Vgl. Od Sal 8,22: Betet und bleibt beständig in der Liebe des Herrn, ihr Geliebten, in dem Geliebten. Was Joh jedoch mit dem Bleiben in der Liebe Jesu meint, zeigt sich im nächsten Vers.

10. *ἐὰν τὰς ἐντολάς μου τηρήσητε*. Vgl. 14,15.21 und Komm. z. St.

καϑώς . . . Die Parallele zeigt, daß Liebe und Gehorsam wechselseitig voneinander abhängen. Liebe erwächst aus Gehorsam, Gehorsam aus Liebe.

11. *ταῦτα λελάληκα*. Vgl. 14,25.

ἵνα ἡ χαρὰ ἡ ἐμὴ ἐν ὑμῖν ᾖ. Die Freude Jesu entspringt aus seinem Gehorsam gegenüber dem Vater und aus seiner Einheit mit ihm in der Liebe. Das Siegel auf seinen Gehorsam und seine Liebe ist sein

Aufstieg zum Vater, und dies sollte seine Jünger frohlocken lassen (14,28; 16,20–24; 17,13). Aber zusätzlich dazu können auch sie die Freude wechselseitiger Liebe und wechselseitigen Gehorsams erfahren.

πληρωϑῇ, möge vollkommen sein. Der Ausdruck ist joh: 3,29; 16,24; 17,13; 1Joh 1,4; 2Joh 12.

12. αὕτη ἐστὶν ἡ ἐντολὴ ἡ ἐμή. Das Gebot (nun im Singular, alle Gebote zusammenfassend, V. 10), welches in der Liebe Christi jene bewahren wird, die es beachten, ist das Liebesgebot selbst. Liebe ist sozusagen das Band des Seins in der Einheit des Vaters, des Sohnes und der Glaubenden (an den Heiligen Geist wird hier nicht gedacht).

ἵνα ἀγαπᾶτε ἀλλήλους καϑὼς ἠγάπησα ὑμᾶς. Vgl. 13,34f, und zu dem letzten Satz V. 9. Das ganze Wirken Jesu, einschließlich seiner Verherrlichung im Tod (vgl. Mk 10,45), wird als der Dienst der Liebe gegenüber jenen zusammengefaßt, die dadurch erlöst werden; jeder Christ schuldet den gleichen Liebesdienst jedem anderen. Es wird nicht gesagt, daß sie ihre Feinde lieben sollten (vgl. Mt 5,44), und man hat Joh vorgeworfen, er verenge die christliche Idee der Liebe. S. Komm. zu 13,34. Man kann nicht sagen, daß bei Joh Gott die Welt nicht liebt (s. 3,16); aber seine Liebe für die Welt resultiert in der Trennung einer Gruppe von φίλοι (V. 14) von ihr. In einem besonderen Sinn wurde die Liebe Jesu auf diese »Freude« ausgegossen, damit unter ihnen und in ihnen die Liebe nun ihrerseits wachsen könne. Liebe zu den Feinden, obwohl eine der höchsten Formen ethischer Leistung, ist nicht ein ausschließlich christliches Ideal; für ein eindrucksvolles Beispiel s. Sophokles, Antigone, 522f. Christliche Liebe ist neu in ihrem Ursprung und in ihrem Grund (s. S. 111), und die wechselseitige Liebe von Christen ist eine Widerspiegelung der Liebe Christi für sie, mehr noch, für die wechselseitige Liebe, die in Ewigkeit zwischen dem Vater und dem Sohn besteht. Die ewige göttliche Liebe erreichte ihren vollendeten und unüberbietbaren Ausdruck im Tod Christi, welcher zur selben Zeit der Tod eines Menschen für seine Freunde war.

13. μείζονα ταύτης ἀγάπην expliziert den eben angedeuteten Punkt. Es behauptet nicht, daß die Liebe zu den Freunden besser als die Liebe zu den Feinden sei; nur, daß es nichts Größeres gibt, das man für seine Freunde tun kann, als für sie zu sterben. Leben, das im Tod geopfert wird, ist die höchste Gabe und das Kennzeichen der Liebe. Brown zitiert Plato, Symp, 179b (καὶ μὴν ὑπεραποϑνήσκειν γε μόνοι ἐϑέλουσιν οἱ ἐρῶντες).

ἵνα τις τὴν ψυχὴν αὐτοῦ ϑῇ. ἵνα und der Konjunktiv erklären ταύτης. Zu ψυχὴν τιϑέναι s. Komm. zu 10,11.

ὑπὲρ τῶν φίλων αὐτοῦ. Joh macht offenbar keinen Unterschied zwischen ἀγαπᾶν und φιλεῖν; dementsprechend können wir hier übersetzen, »... für jene, die er liebt« (zu dem gebräuchlichen passivischen Sinn von φίλος s. Liddell-Scott s. v.). Die weitere und in besonderer Weise christliche Bedeutung von φίλος wird in den nächsten Versen herausgearbeitet. W. Grundmann, NovTest 3 [1959], S. 62–69, sieht in φίλοι eine Anspielung auf die Eucharistie; es ist aber besser, hier vorsichtiger zu sein und mit Conzelmann, Theologie, S. 306, eine besonders enge Beziehung zwischen dem Liebesgebot und dem Heilsgeschehen zu sehen.

14. ἐὰν ποιῆτε ὃ (B; ἅ, P⁶⁶ א D; ὅσα, Θ Ω) ἐγὼ ἐντέλλομαι ὑμῖν. Es ist deutlich, daß der Status eines Freundes gehorsamen Dienst nicht ausschließt; er wird vielmehr gefordert. Vgl. V. 10 und die dort erwähnten Parallelen; ein φίλος Christi zu sein und in seiner ἀγάπη zu bleiben, ist beide Male im wesentlichen das gleiche.

15. οὐκέτι λέγω ὑμᾶς δούλους, ... ὑμᾶς δὲ εἴρηκα φίλους. Der Gegensatz ist offenkundig, er begegnet z. B. auch bei Philo. S. Migr Abr 45, καὶ γὰρ εὐηϑὲς τοὺς δούλους οἰηϑῆναι πρὸ τῶν φίλων τοῦ ϑεοῦ τὴν ἀρετῆς χώραν διανέμεσϑαι. Hier ist der Freund Gottes Mose. S. auch Sobr 55, φίλον γὰρ τὸ σοφὸν ϑεῷ μᾶλλον ἢ δοῦλον. In Sobr 56 zitiert Philo Gen 18,17, mit der Bezeichnung Abrahams als τοῦ φίλου μου (LXX, τοῦ παιδός μου; ohne hebräische Entsprechung); diese Lesart kann abhängen von Jes 41,8. In Sap 7,27 wird von der Weisheit gesagt, sie mache Menschen zu Freunden Gottes: εἰς ψυχὰς ὁσίας μεταβαίνουσα φίλους ϑεοῦ καὶ προφήτας κατασκευάζει. In der LXX wird φίλος zuweilen für einen hochrangigen Hofbeamten gebraucht (1Makk 2,18; 3,38; 10,65 u. ö.); es wird in ähnlicher Weise am

Hof der Ptolemäer verwendet (für Belege. s. Liddell-Scott s. v. 1,1, d; möglicherweise beeinflußte dieser ägyptische Sprachgebrauch das Griechische der LXX). Es ist jedoch unnötig anzunehmen (Deißmann, S. 324), daß dieser Sprachgebrauch Joh stark beeinflußt hat, bei welchem die wichtigsten Faktoren die Verbindungen von φίλος mit φιλεῖν–ἀγαπᾶν und der Gegensatz zwischen Freunden und Sklaven sind. Zu φίλος τοῦ ϑεοῦ s. Epiktet,II,27,29. Nach Joh liegt der Unterschied zwischen einem δοῦλος und einem φίλος nicht darin, daß er den Willen Gottes tut oder nicht tut, sondern darin, daß er ihn versteht oder nicht versteht. Die Jünger sind φίλοι, weil Jesus ihnen den ganzen Ratschluß Gottes verkündigt hat (vgl. 16,12). Vgl. den Gegensatz zwischen Sklaven und Söhnen in Gal 4,1–7; Hebr 3,5f. Für Joh ist charakteristisch, daß (für ihn) Erkenntnis den Freund vom Sklaven unterscheidet und Erkenntnis sehr eng mit der Liebe verbunden sein sollte. Die Existenz einer überlegenen Gruppe von φίλοι, die sich von δοῦλοι unterscheiden, läßt sowohl an die Gnosis als auch an die Mysterienkulte denken (vgl. Clemens von Alexandria, Strom VII,11, wo der Gnostiker τέλειος, φίλος und υἱός ist); aber man muß doch immer beachten, daß für Joh das Unterscheidungsmerkmal jener, die φίλοι werden, der Gehorsam und die Erniedrigung ist, die Jesus selbst gezeigt hat. φίλος wurde wahrscheinlich ein Terminus technicus für »Christ«; s. Komm. zu 11,11.

ἐγνώρισα. Der Aorist blickt auf das vollendete Werk Christi zurück. Zu γνωρίζειν vgl. 17,26.

16. οὐχ ὑμεῖς με ἐξελέξασϑε, ἀλλ᾽ ἐγὼ ἐξελεξάμην ὑμᾶς. Die Analogie mit Gruppen eingeweihter Gnostiker läßt sich, so attraktiv sie oberflächlich gesehen ist, wiederum nicht halten. Die Eingeweihten hatten ihren Lebensweg für sich selbst gewählt. Vgl. Stobaei Hermetica, Excerpt XVIII,3 (W. Scott, Hermetica I [1924], S. 446), τὸ δὲ αἱρεῖσϑαι ἔχομεν; Corp Herm IV,6, ἡ αἵρεσις ὑστέρου καταλείπεται τῷ ἑλέσϑαι βουλομένῳ; und viele ähnliche Stellen. In der Erzählung des Evangeliums jedoch (und dies trifft für die Synoptiker wie für Joh zu) erwählt, beruft und ernennt Jesus seine Jünger. Die Initiative liegt völlig bei ihm; das ἐγώ ist betont. Diese Betonung bestimmt die Interpretation des ganzen Abschnitts. Die Menschen sind nicht Freunde Jesu, weil sie eine natürliche Affinität mit ihm haben, sondern weil er sie (εἴρηκα) seine Freunde genannt hat. Wenn sie ihr Leben in Liebe geben, dann ist es, weil er zuerst sein Leben für sie gegeben hat. Zum Element der Prädestination im joh Denken s. Einleitung, S. 96f.

ἔϑηκα ὑμᾶς. Dieser Sprachgebrauch von τιϑέναι ist wahrscheinlich semitisierend (Lindars); im Griechischen hat das Objekt gewöhnlich ein Nomen oder ein Adjektiv als Prädikat in Apposition. Vgl. Apg 13,47; 20,28; Röm 4,17; 1Kor 12,28; 1Thess 5,9; 1Tim 1,12; 2,7; 2Tim 1,11; Hebr 1,2; 1Petr 2,8. An all diesen Stellen wird τιϑέναι aktiv gebraucht mit einem Objekt der Person oder passivisch mit einem Subjekt der Person. Zwei von ihnen (Apg 13,47; Röm 4,17) sind Zitate aus dem AT (Jes 49,6; Gen 17,5); an diesen Stellen begegnet das hebräische Verbum נתה. Dieses Verbum (oder vielmehr eine Erinnerung daran und an eine seiner griechischen Entsprechungen) könnte hinter der vorliegenden Stelle stehen; oder ἔϑηκα ist möglicherweise eine Wiedergabe oder ein Anklang an סמך, ursprünglich »schließen«, »anschließen«, daher »die Hände auf (das Haupt von) legen«, d. h. »ordinieren« (das üblicherweise gebrauchte Wort für die Ordination eines Gelehrten oder Rabbi).

ἵνα ὑμεῖς ὑπάγητε καὶ καρπὸν φέρητε. Das Bild blickt auf das Bild vom Weinstock zurück, mit welchem das Kapitel eröffnet wurde. ὑπάγητε verweist auf die Sendung der Apostel in die Welt. Es wird ausreichend erklärt ohne Rückgriff auf die These (Torrey, S. 40,44), es handle sich um eine Fehlübersetzung eines wohlbekannten semitischen Ausdrucks, den man hätte wiedergeben sollen, »damit ihr immer mehr Frucht traget«.

ὁ καρπὸς ὑμῶν μένῃ. Vgl. 4,36. Die Früchte der Sendung der Apostel werden eingesammelt werden und nicht verlorengehen. ἵνα ... δῷ ὑμῖν. Vgl. 14,13. Hier ist der Vater selbst der Geber. Dieser ἵνα-Satz scheint dem ἵνα ... ὑπάγητε ... beigeordnet und nicht von ihm abhängig zu sein.

φέρητε ... μένῃ. Fruchttragen und Gebet, das seiner Erhörung gewiß ist, sind die beiden Privilegien, die aus der Berufung Jesu folgen.

17. Dieser Vers bildet einen Übergang zum nächsten Abschnitt; er wiederholt den Gedanken von V. 10.12 und anderen Stellen. Liest man ἵνα, dann erklärt es ταῦτα (vgl. V. 13), und der Sinn ist: Die

Gebote, die ich euch gebe, haben das Ziel, daß ihr einander lieben sollt. Aber ἵνα wird ausgelassen von P⁶⁶* D, vielleicht zu Recht. Dies könnte auf Angleichung an V. 12 zurückzuführen sein; ohne ἵνα ist der Satz grober, aber auch bestimmter: »Dies verlange ich von euch: Liebt einander.«

32. Der Haß der Welt

15,18–27

Im vorangehenden Abschnitt standen im Mittelpunkt des Denkens die kleine Gruppe der Freunde Jesu, ihre Einheit in Liebe miteinander und mit ihm, ihr Gehorsam, ihre Gebete. Joh blickt nun nach außen, um ihre Umgebung in den Blick zu nehmen. Sie leben inmitten des κόσμος (s. Komm. zu 1,10; 3,16). Der Liebe, die im Kreis der Glaubenden herrscht, entspricht der Haß der Welt, welche zuerst Jesus haßte und nun natürlicherweise auch jene haßt, die die Seinen sind, da die Welt nur die Ihren lieben kann. Es ist so wahrhaftig die Natur der Welt, zu hassen, wie es die Natur der Christen ist, zu lieben. Weil die Christen in Christus sind, haßt derjenige, der sie haßt, Christus, und wer Christus haßt, haßt den Vater, der ihn gesandt hat. Die Unpopularität der Christen in der Welt ist letztlich auf die Haltung der Welt gegenüber Gott zurückzuführen. Diese Wahrheit erfaßte Joh aus theologischen Gründen. Es ist unwahrscheinlich, daß Jes 66,5 (ein Teil der prophetischen Lektion, die beim Laubhüttenfest gelesen wurde; Guilding, S. 54.113 f) viel zu dieser Einsicht beigetragen hat; Qumran (s. John and Qumran, S. 33) bietet keine wirklich bedeutsame Parallele. Lightfoot (S. 284 f) sieht eine Parallele zwischen Kap. 9 (der Widerstand, den Jesus provozierte) und 15,18–16,11 (der Widerstand, den seine Jünger provozierten, die Zeugnis für ihn ablegen). Dies ist jedenfalls eine wichtigere Beobachtung (die zu einem gewissen Grad Martyn vorwegnimmt; s. S. 152).

Der Haß der Welt gegenüber den Christen ist auch ein Thema der synoptischen Evangelien. Es erscheint in der mk Apokalypse: Mk 13,9–13. Einige der mt Parallelen zu dieser Überlieferung finden sich in der Aussendungsrede (Mt 10,17–22), und im selben Kontext gibt es weiteres Gut (Mt 10,23–39) mit Parallelen in Lk 12,2–9.51–53; 14,26 f; 17,33. Vgl. auch die Logien Mk 8,34 f; Mt 16,24 f; Lk 9,23 f. Trotz der Veränderungen bei Mt scheint es wahrscheinlich, daß die meisten (zumindest) dieser Logien ursprünglich eschatologische Vorhersagen waren: Die letzten Tage würden durch den Widerstand der bösen Mächte gekennzeichnet sein, die ihren Haß gegen den Messias und seine Knechte loslassen würden. Diese eschatologische Erwartung verstanden die Synoptiker als in der Erfahrung des Leidens erfüllt, die sie selber und ihre Zeitgenossen machten. So konnten z. B. Leser von Mk 13 solche Ereignisse wie die neronische Verfolgung verstehen und interpretieren, indem sie ihnen einen theologischen Sinn gaben, der praktische Folgen hatte: Die Christen Roms müssen den Glauben bewahren und ausharren bis zum Ende; wenn sie dies tun, werden sie gerettet werden, und sie werden die Freude sehen, die der Trübsal folgen muß. Auch Joh gibt der Vorhersage der Verfolgung eine absolute Bedeutung, aber er ändert den Kontext. Der Haß der Welt gegenüber den Christen ist, wie bereits beobachtet, Haß gegenüber Gott selbst. In dieser Weise gebraucht Joh die gnostische Vorstellung von dem Konflikt zwischen Licht und Finsternis, um die urchristliche Eschatologie zu interpretieren.

Am Schluß des Kapitels wird wiederum der Paraklet eingeführt. Die Verbindung besteht hier darin, daß die Jünger sich aufgrund ihres Zeugnisses für Christus den Haß der Welt zuziehen; aber ihr Zeugnis ist mit dem des Geistes verbunden.

Viele Kommentatoren nehmen an, der vorliegende Abschnitt reiche bis in Kap. 16, einige bis 16,4, andere bis 16,11 und wieder andere bis 16,15. Es gibt in der Tat keinen Bruch: Kap. 16 erkennt bestimmte Formen, die der Haß der Welt annehmen kann, und zeigt, welche Bedeutung das Zeugnis des Parakleten und der Jünger für die Welt hat. Es ist jedoch sinnvoll (wenn auch keineswegs notwendig), am Ende von Kap. 15 anzuhalten, ehe die Themen Haß und Gericht ausgeführt werden.

18. εἰ ὁ κόσμος ὑμᾶς μισεῖ, wie die Welt es tatsächlich tut. Der Haß der Welt war für die Christen eine wohlbekannte Erfahrungstatsache, schon lange vor der Zeit, als Joh schrieb. Vgl. Tacitus, Annales XV,44, *per flagitia invisos*. Hier geht es um wirklichen Haß und nicht wie in der semitischen Redewendung (vgl. 12,25) nur um so etwas wie Geringschätzung.

γινώσκετε kann entweder Indikativ oder Imperativ sein. Beides würde einen Sinn ergeben. Die älteren Übersetzungen bieten den Imperativ (z. B. it vg, *scitote*), und mangels anderer Argumente kann man ihnen sehr wohl folgen.

ἐμὲ πρῶτον ὑμῶν. πρῶτος wird in einem Vergleich (die Auslassung von ὑμῶν in ℵ* D it verbessert dies etwas) nicht ganz korrekt gebraucht; aber vgl. 1,15. Es liegt hier die gleiche Pointe wie in 1Joh 3,13 vor; die Jünger dürfen nicht überrascht sein über den Haß, der ihnen begegnet. Vgl. auch Ignatius, Röm 3,3.

μεμίσηκεν. Vgl. 7,7. Das Perfekt stellt den anhaltenden Haß der Welt gegenüber Christus heraus.

19. εἰ ἐκ τοῦ κόσμου ἦτε. Diese Bedingung ist, anders als die des vorangehenden Verses, nicht erfüllt. Die Jünger sind »von der Welt« gewesen und sie bleiben weiter »in der Welt« (17,11), aber sie sind eben aus der Welt erwählt worden. Vgl. 17,14.

τὸ ἴδιον, Neutrum, »das, welches dazu gehört«. Zu einem Neutrum, das eine Gruppe von Personen repräsentiert, vgl. 6,37.39; 17,2 und vielleicht 1,11, obwohl hier ein Gegensatz zwischen τὰ ἴδια und οἱ ἴδιοι vorzuliegen scheint.

ἐγὼ ἐξελεξάμην. Vgl. V. 16 und Komm. z. St. Ein weiterer Unterschied zwischen dem Denken des Joh und den gnostischen Systemen wird nun herausgearbeitet. Die Jünger waren nicht in sich selbst der Welt gegenüber fremd, eben eine wesentlich überlegene Gruppe, sie wurden vielmehr aus der Welt heraus erwählt.

διὰ τοῦτο nimmt ὅτι auf, wobei die übliche joh Reihenfolge (διὰ τοῦτο ... ὅτι [oder ἵνα]) umgekehrt wird.

20. μνημονεύετε τοῦ λόγου. Vgl. 13,16. Es könnte sein, daß man annehmen sollte, die vorliegende Rede sei ein Kommentar zu dem Überlieferungsgut von Kap. 13 (vgl. Brown). Der Gebrauch von δοῦλος ist nach 15,15 etwas überraschend, obwohl es falsch wäre, aus diesem Vers den Schluß zu ziehen, daß die Jünger dem Herrn nicht länger Gehorsam und Dienst erweisen sollten.

εἰ ἐμὲ ἐδίωξαν, καὶ ὑμᾶς διώξουσιν. Eine besondere Anwendung des λόγος, auf den verwiesen wird. Ohne Zweifel kannten die Leser des Joh seine Wahrheit aus Erfahrung, aber der Verweis auf eine Verfolgung ist zu vage, als daß man ihn zur Datierung des Evangeliums verwenden könnte. S. 16,1f und zum Thema der Verfolgung vgl. Od Sal 5,4; 23,20; 28,8ff; 42,5.7.

εἰ τὸν λόγον μου ἐτήρησαν, καὶ τὸν ὑμέτερον τηρήσουσιν. Joh meint, wenn es einige gibt, die euch verfolgen, so wird es auch andere geben, die euer Wort bewahren werden. Die Sendung der Kirche wird die gleiche zweifache Antwort bewirken wie das Werk Jesu selbst (vgl. bes. 12,44–50). Vgl. das Werk der atl Propheten: die Ablehnung ihrer Botschaft durch das Volk als Ganzes und die Bildung eines Restes; ebenso das Werk der hermetischen Propheten – s. bes. Corp Herm I,29, *καὶ οἱ μὲν αὐτῶν καταφλυαρήσαντες ἀπέστησαν, . . . οἱ δὲ παρεκάλουν διδαχϑῆναι.*

21. *διὰ τὸ ὄνομά μου,* »meinetwegen«. Die Jünger werden weder gehaßt, noch wird ihnen geglaubt um ihrer selbst willen, sondern um Christi willen, der sie sendet. Es ist vorstellbar, daß hier eine Anspielung auf eine Verfolgung »um des Namens willen« vorliegt, aber der allgemeine ntl Gebrauch von *τὸ ὄνομα* (und das übliche hebräische und aramäische לְשֵׁם, לִשְׁמָא, »wegen des Namens von« = »um jemandes willen«) begünstigt diese Sicht der Dinge nicht. Es paßt durchaus zu dieser einfachen Wiedergabe, wenn man feststellt, daß der Name Jesu die Herausforderung ist, die er als Offenbarer darstellt (Bultmann); es geht aber viel zu weit, wenn man behauptet, daß die Welt die Jünger Jesu hassen wird, weil er den göttlichen Namen trägt (Brown).

ὅτι οὐκ οἴδασιν τὸν πέμψαντά με. Vgl. 14,7; 17,3 und bes. 16,3. Gott zu erkennen, d. h. ihn in Jesus zu erkennen, heißt, sich selbst aus der Welt zu den Freunden Jesu, der Kirche, zu begeben. *ὁ πέμψας με* ist bei Joh eine sehr gebräuchliche Bezeichnung für den Vater.

22. *ἁμαρτίαν οὐκ εἴχοσαν* (P⁶⁶ ℵ B; *εἶχαν*, D*; zu der Form *εἴχοσαν*, die in der LXX sehr gebräuchlich ist und die man hier und in V. 24 vorziehen sollte, s. M I, S. 52; II, S. 194; Robertson, S. 335f; Bl-Debr § 84). In diesem Nachsatz (nach einer nicht erfüllten Bedingung in der Vergangenheit) hätte man *ἄν* erwartet (wie in V. 24); aber im hellenistischen Griechisch ist »die Ergänzung von *ἄν* im Nachsatz nicht länger obligatorisch« (Bl-Debr § 360). Vgl. 8,39; 19,11. Zum Sinn des Verses vgl. 9,39–41 und den Kommentar zur Stelle. Das Kommen Jesu macht die endgültige und unmißverständliche Offenbarung der Sünde möglich, welche der Unglaube ihm gegenüber ist (16,9); dementsprechend bringt sie das Gericht über die Welt. Es ist deutlich, daß Sünde bei Joh bedeutet: bewußte und überlegte Ablehnung des Lichtes.

νῦν δὲ (»jetzt aber wirklich«, »sozusagen«) *πρόφασιν οὐκ ἔχουσιν. πρόφασις* wird sonst bei Joh nicht gebraucht, und die anderen ntl Stellen (Mk 12,40 [= Mt 23,13; Lk 20,47]; Apg 27,30; Phil 1,18; 1 Thess 2,5), wo das Wort verwendet wird, tragen wenig zum Verständnis unserer Stelle bei. Die beste Übersetzung ist »Entschuldigung«; s. Liddell-Scott s. v., und vgl. z. B. Xenophon, Kyropaidia III,1,27, *ἔχει μὲν προφάσεις τὰ ἡμέτερα ἁμαρτήματα.* Jene, die Jesus sahen und hörten, haben keine Entschuldigung; denn Jesus bringt sowohl die Sünde als auch ihre Heilung ans Licht. Der Gedanke wird in 16,8–11 weiter entwickelt.

23. *ὁ ἐμὲ μισῶν καὶ τὸν πατέρα μου μισεῖ.* Vgl. 13,20, wo die korrespondierende positive Aussage gemacht wird. Joh besteht immer darauf, daß man das Werk Jesu ohne das beständige Wirken Gottes nicht denken kann. Was Jesus tut, wird von Gott getan, und wie der Mensch sich Jesus gegenüber verhält, so verhält er sich gegenüber Gott.

24. *τὰ ἔργα.* Zu den Werken Jesu und ihrer Bedeutung für den Glauben s. Komm. zu 4,34; 5,36. In ihnen war das göttliche Wirken offenkundig; sie lassen deshalb die Menschen ohne Entschuldigung für ihren Unglauben. Vgl. 9,32.

ἁμαρτίαν οὐκ εἴχοσαν. Zum Text, zur Grammatik, zur Syntax und zum Sinn vgl. V. 22.

νῦν δὲ (vgl. V. 22) *καὶ ἑωράκασιν.* Trotz des *καὶ* scheint es am besten, wenn man als Objekt zu *ἑωράκασιν* ergänzt: *τὰ ἔργα μου.*

μεμισήκασιν ist dasselbe Tempus wie *ἑωράκασιν* und lenkt die Aufmerksamkeit auch auf den andauernden Haß der Juden.

καὶ ἐμὲ καὶ τὸν πατέρα μου – wie aus V. 23 folgt.

25. *ἀλλ' ἵνα πληρωϑῇ.* Entweder ist der Ausdruck elliptisch (»dies geschieht, damit das Wort erfüllt werde«), oder *ἵνα* mit dem Konjunktiv wird imperativisch gebraucht (»aber das Wort soll erfüllt werden« – vgl. Mk 14,49, und s. Turner, Insights, S. 147f). Die Ellipse ist vielleicht wahrscheinlicher; vgl. 9,3; 13,18 und die dort gebotenen Belege. Zu *πληροῦν* mit Verweis auf die Schrift vgl. 12,38; 13,18; 17,12; 19,24.36. Explizite Verweise auf die wörtliche Erfüllung der Schrift sind bei Joh vergleichsweise selten (s. JThSt 48 [1947], S. 155–169), begegnen aber doch immer wieder, und wenn sie vorkommen, dann sind sie im allgemeinen von besonderer Bedeutung. An dieser Stelle

ist die Pointe (s. u.), daß die Juden, die Jesus hassen, aus ihrem eigenen Gesetz überführt werden.

ἐν τῷ νόμῳ αὐτῶν. Zu *νόμος* in einer über den Pentateuch hinausgehenden Bedeutung s. Komm. zu 10,34. Jesus unterscheidet sich selbst und seine Jünger von den Juden, indem er von »*ihrem* Gesetz« spricht; s. Komm. zu »euer Gesetz« in 10,34. Für den Haß der Juden gegenüber Jesus gibt es nach dieser Darstellung keinen Grund in ihrem eigenen Gesetz; sie haben sich selbst verdammt und sind ohne Entschuldigung.

ἐμίσησάν με δωρεάν. Hier liegt entweder ein Verweis auf Ps 35(34),19 oder Ps 69(68),5 vor. In beiden begegnen die Worte *οἱ μισοῦντές με δωρεάν* (שׂנְאַי חִנָּם). Bernard (z. St.) vertritt die begründete Meinung, daß Joh an Ps 69 dachte, da dieser als messianisch betrachtet wurde. Lindars fügt hinzu, daß der Ps 69 im NT häufig gebraucht wird. S. J. Jocz, The Jewish People and Jesus Christ [1949], S. 43, zu der Aussage in Yoma 9b, daß der Tempel zerstört wurde »aus unverdientem Haß«.

26. *ὅταν ἔλθῃ ὁ παράκλητος.* Zu dem Wort *παράκλητος* und zu der damit verbundenen Lehre s. Komm. zu 14,16. Auch in den synoptischen Stellen, die von Verfolgung handeln, wird auf den Geist verwiesen; s. z. B. Mk 13,11 (Brown).

ὃν ἐγὼ πέμψω (D, *πέμπω*) *ὑμῖν παρὰ τοῦ πατρός.* Vgl. 14,26, *ὃ πέμψει ὁ πατὴρ ἐν τῷ ὀνόματί μου.* Es ist zweifelhaft, ob Joh irgendeinen Unterschied zwischen den beiden Aussagen beabsichtigte, entweder im Genus des Relativpronomens oder dem Subjekt zum Verbum.

τὸ πνεῦμα τῆς ἀληθείας. S. Komm. zu 14,16. Vgl. 1QS 3,18f; 4,21.23.

ὃ παρὰ τοῦ πατρὸς ἐκπορεύεται. Die Sendung des Geistes steht in enger Parallele zu der des Sohnes; vgl. 8,42, *ἐγὼ γὰρ ἐκ τοῦ θεοῦ ἐξῆλθον;* 13,3, *ἀπὸ θεοῦ ἐξῆλθεν;* 16,27, *ἐγὼ παρὰ τοῦ πατρὸς ἐξῆλθον,* vgl. V. 28.30; 17,8, *παρὰ σοῦ ἐξῆλθον.*

ἐκεῖνος. Das Genus ändert sich; da in dem vorangehenden Satz das Relativpronomen *ὃ* im Neutrum vorkommt, geht es hier ganz deutlich nicht einfach um eine grammatikalische Übereinstimmung mit *παράκλητος;* der Geist wird in personalen Kategorien gedacht.

μαρτυρήσει περὶ ἐμοῦ. Zeugnisablegen ist eines der Hauptthemen des Evangeliums; s. Komm. zu 1,7. Hier wird nur vom Geist gesagt, daß er Zeugnis ablegt; sein Werk wird in dieser Beziehung in Kap. 16 ausführlicher entfaltet (wenn auch ohne den Gebrauch von *μαρτυρεῖν*). Der Zusammenhang mit dem Kontext ist wichtig. Jesus legt Zeugnis ab gegenüber den Juden, die ihn hassen, und er krönt sein Zeugnis mit einem Verweis auf die eigene Bibel der Juden. Der Paraklet wird fortfahren, für Jesus Zeugnis abzulegen. Auch die Jünger legen Zeugnis ab (V. 37), und dies führt (16,1f) das Verfolgungsthema ein; und in 16,8 kehrt Joh zu dem Werk der Verurteilung zurück, welche der Paraklet wirkt. Der ganze Abschnitt zeigt solch starke Zeichen von Einheit, daß es als sehr unwahrscheinlich erscheint anzunehmen, die Verse über den Parakleten seien in bereits gestaltete Überlieferung eingefügt worden.

27. *καὶ ὑμεῖς δὲ μαρτυρεῖτε.* Vgl. Apg 5,32. Der Geist und die Jünger setzen beide das Werk Jesu fort – natürlich nicht unabhängig voneinander. »Der Geist ist die Kraft der Verkündigung in der Gemeinde« (Bultmann). Lightfoot zieht das Zeugnis des Blinden in Kap. 9 zum Vergleich heran. Vgl. Jes 43,10.

ὅτι ἀπ' ἀρχῆς μετ' ἐμοῦ ἐστε. Ihre Qualifikation ist ihre lange Gemeinschaft mit Jesus. Vgl. Apg 1,22; 10,37. Zu diesem Gebrauch von *ἀρχή* vgl. 16,4; sonst verweist *ἀρχή* bei Joh nicht auf den Anfang des Wirkens Jesu, sondern auf den Anfang der Schöpfung oder der Zeit. *ἐστε* läßt an Dauer denken; die Jünger sind im Augenblick des Sprechens bei Jesus gewesen und sind dies noch; tatsächlich kann ihre Einheit mit ihm (wie die Abschiedsreden unaufhörlich wiederholen) niemals auf Dauer unterbrochen werden.

33. Das Gericht über die Welt

16,1–15

Wie bereits festgestellt (o. S. 466f), wird der vorangehende Abschnitt (15,18–27) im vorliegenden fortgesetzt. Die Kirche ist unausweichlich getrennt von der Welt, und sie zieht sich den Haß der Welt zu, die das Zeugnis für die Wahrheit, das Jesus ablegte, ablehnte und dasselbe Zeugnis nun auch weiterhin ablehnt, wenn es durch die Jünger und durch den Parakleten geboten wird. Diese Trennung der Kirche von der Welt und der Haß der Welt gegenüber der Kirche könnten als bloßes soziologisches Phänomen erklärt werden: Eine exklusive und etwas geheimnisvolle Gruppe kann kaum darauf hoffen, populär zu sein. Es handelt sich jedoch nicht um ein lediglich soziologisches Phänomen; es ist ein theologisches, und der neue Abschnitt beginnt seine theologische Bedeutung zu entfalten, nachdem er zuerst die Trennung in historischen Kategorien (Ausschluß aus der Synagoge und Martyrium) erneut dargelegt hat. Die wirkliche Gefahr des Angriffs liegt nicht in der Möglichkeit des Todes, sondern der eines Abfalls, und eben davor will Jesus seine Jünger bewahren; der Angriff kommt nicht aus einer Abneigung heraus, sondern aus der Weigerung, die Offenbarung Gottes in Jesus anzuerkennen. Die Haltung der Welt gegenüber dem Zeugnis der Kirche enthüllt ihre Haltung gegenüber Gott; dies bedeutet, daß die Welt selbst gerichtet wird. Die synoptischen Apokalypsen, auf die wir bereits hingewiesen haben (s. Einleitung zu 15,18–27), laufen auf das Thema des Gerichts zu und finden darin ihre Zuspitzung; ebenso verhält es sich mit den joh Reden. Wiederum jedoch wird das Thema auf eine andere Ebene gehoben. Das Gericht ist nicht länger in erster Linie Zukunft (s. jedoch V. 13 und Komm. z. St.), sondern es schreitet durch das Wirken des Parakleten in der Kirche beständig voran. Der Paraklet bringt, direkt in der Kirche und indirekt in der Welt, die Wahrheit zur Wirkung, die Wahrheit Gottes, die in Jesus offenbart wurde (1,18). Durch ihn wird das Wirken Jesu verlängert. Der Prozeß dieser Überführung im Blick auf die Sünde, Gerechtigkeit und das Gericht dient dazu, sowohl das Wirken Jesu als auch die Sendung der Kirche darzulegen. Die Sünde der Welt, die Gerechtigkeit Gottes und das Gericht, das eintritt, wenn beide aufeinanderstoßen, wird offengelegt. Aber abgeschlossen wird der ganze Prozeß durch den Weggang Jesu zum Vater und die Gabe des Geistes, die auf seine Verherrlichung folgt. Aus diesem Grunde geschieht der Weggang Jesu, so schmerzlich er sein mag, nichtsdestoweniger zum Wohl der Jünger. Diese Antizipation der Zukunft ereignet sich auf dem Schauplatz der Geschichte; es ist deshalb möglich, zu einem gewissen Grade die historischen Umstände zu rekonstruieren, die hier impliziert sind (s. bes. die Rekonstruktion Martyns); aber das Denken des Joh ist theologisch motiviert und nicht so sehr an den Umständen interessiert, und es ist aus diesem Grunde auf mehr als eine historische Situation zu beziehen. Die Themen dieses Abschnitts werden im nächsten Abschnitt weiter entwickelt.

1. ταῦτα λελάληκα ὑμῖν. Vgl. 14,25. Hier bezieht sich ταῦτα auf den Haß der Welt (15,18–27), der genauer im V. 2 bestimmt wird, während das Gericht der Welt durch den Parakleten folgt.
ἵνα μὴ σκανδαλισθῆτε. Sonst wird das Wort σκανδαλίζειν bei Joh (es ist besonders charakteristisch für Mt) in 6,61 gebraucht; s. Komm. z. St. An beiden Stellen hat es beträchtliches Gewicht und bedeutet »jemanden dazu zu bringen, den christlichen Glauben aufzugeben«. Dieser Sprachgebrauch taucht

in späteren christlichen Schriften auf, z. B. Didache 16,5; Hermas, Vis IV,1,3; Mand VIII,10 (in den Stellen bei Hermas sind die *ἐσκανδαλισμένοι* jedoch eher solche, die schwanken, als solche, die wirklich abgefallen sind). Joh dachte ohne Zweifel an die Möglichkeit, daß Christen ihren Glauben unter Verfolgung aufgeben könnten; vielleicht hatte er einen Grund, diese Möglichkeit als realistisch anzusehen. Solcher Abfall kam vor: vgl. Offb 21,8; auch Plinius, Ep X,96,6, *[Christianos] fuisse quidem, sed desisse, quidam ante plures annos, non nemo etiam ante viginti quoque* (dies könnte sehr wohl auf Abfall vom christlichen Glauben unter Verfolgung zu etwa derselben Zeit hinweisen). Die Jünger werden im voraus gewarnt, so daß keine überraschende Verfolgung (vgl. 1Petr 4,12, *μὴ ξενίζεσϑε*) ihren Glauben erschüttern kann. Es gibt eine in etwa ähnliche Warnung, eingeschlossen den Gebrauch von *σκανδαλίζεσϑαι*, in Mk 14,27–31. Diese Warnung erfolgt, ebenso wie die vorliegende, im Kontext des Letzten Mahles: wahrscheinlich entwickelt Joh hier Abendmahlsüberlieferung im Licht aktueller Verfolgung (vgl. Lindars). Es gibt keinen vernünftigen Grund, warum er die Tradition in ihrer mk Form nicht gekannt haben sollte.

2. *ἀποσυναγώγους ποιήσουσιν ὑμᾶς.* S. Komm. zu 9,22. Es ist angebracht, darauf hinzuweisen, daß die *ἀποσυνάγωγοι* die Mitglieder der Kirche des Joh sind (Martyn, S. 20; vgl. 24.148).

ἀλλ'. Zu diesem prägnanten Gebrauch von *ἀλλά* (»und nicht nur so, sondern vielmehr...«) vgl. 1Kor 3,2; 2Kor 7,11; Phil 1,18. S. Bl-Debr § 448.

ἔρχεται ὥρα. Zu dieser Wendung s. Komm. zu 4,21.23. Sie verweist hier auf eine wirkliche Zukunft; aus der Sicht der letzten Nacht im Leben Jesu liegt die Zeit der Verfolgung voraus. Daß das gleiche Wort (*ὥρα*) mit Verweis auf das Leiden der Jünger ebenso wie auf das Leiden Jesu (z. B. 13,1) verwendet wird, spricht dafür, daß es auch theologisch bedeutsam ist.

ἵνα ist erklärend; es ist nicht nötig anzunehmen, daß es das aramäische ד fälschlich wiedergibt und als Zeitpartikel dienen soll (vgl. 12,23; 13,1; 16,32; s. M II, S. 470).

πᾶς ὁ ἀποκτείνας ... τῷ ϑεῷ. Vgl. die früheren Todesdrohungen gegenüber Jesus. Martyn (S. 47f.52) weist zu Recht darauf hin, daß V. 2a die Maßnahme der »Exkommunikation« Jesu (Kap. 9.10) und V. 2b den Versuch, ihn zu töten (Kap. 5,7), aufnimmt. Man sollte anerkennen, daß Joh die Ehrlichkeit des Motivs, welches die Juden zu ihrer Gegnerschaft gegenüber dem Christentum veranlaßte, begriffen hat. Vgl. Sanh 9,6: »Wer ein kultisches Gefäß stiehlt oder (dem Gottesnamen) beim Qosen flucht oder einer Aramäerin beiwohnt, den dürfen Eiferer niederstoßen. Wenn ein Priester den Tempeldienst in Unreinheit verrichtet, so bringen ihn seine Priesterbrüder nicht vor das Gericht, vielmehr führen ihn die Priesterjünglinge aus dem Tempel und zerschmettern ihm das Gehirn mit Holzscheiten. Auch Num r 21,4 (mit Verweis auf Num 25,13): Hat er denn ein Opfer dargebracht, davon ihm Sühnung ausgesagt wird? Allein, es will dich lehren, daß jeder, der das Blut der Gottlosen vergießt, ist wie einer, der ein Opfer darbringt. Es wäre selbstverständlich ein schwerer Irrtum, hier anzunehmen, daß irgendeine dieser Stellen ganz allgemein wahlloses Blutvergießen rechtfertigte oder daß es tatsächlich jemals sehr ernst genommen wurde. Joh schreibt hier, ebenso wie 11,50–52, ironisch. Der Tod der Christen in der Verfolgung ist wahrhaftig ein Opfer gegenüber Gott. *λατρεία* begegnet sonst nicht bei Joh und nur viermal im übrigen NT. An drei Stellen (Röm 9,4; Hebr 9,1.6) bezieht es sich auf den Tempelgottesdienst und entspricht dem hebräischen עבודה (ꜥᵃbodah). Für andere Verweise auf jüdische Verfolgungen von (Juden-) Christen s. (in den Synoptikern) Mt 5,10f; 10,21f.28; 24,8; Mk 13,12; Lk 6,22; 12,4; 21,12. Paulus verfolgte solche Christen (Apg 8,3; 1Kor 15,9; Gal 1,13.23; Phil 3,6). Es ist unwahrscheinlich, daß die Worte des Joh lediglich seiner Vorstellungskraft entstammen; aber es gibt keine extensiven Belege für den Tod von Christen durch die Hand von Juden. S. Apg 7,54–60; (12,2f); Josephus, Ant XX,200; Mart Pol 13,1; Justin, Dial 110,4; 131,2; 133,6; auch D. R. A. Hare, The Theme of Jewish Persecution of Christians in the Gospel according to St Matthew [1967].

3. Der ganze Vers wird ausgelassen von sin, vielleicht aufgrund von Homoiarcton. V. 4 beginnt mit *halen* (*ἀλλά* ist hier nicht aufgeführt), und in der Urform könnte V. 3 mit *halen* (oder *wᵉhalen* wie in pesch) begonnen haben. Nach *ποιήσουσιν* wird *ὑμῖν* von א D a Augustin hinzugefügt.

ὅτι οὐκ ἔγνωσαν... Vgl. 15,21.23f. Wenn man dem Aorist ἔγνωσαν sein volles Gewicht gibt, dann bedeutet dies: die Juden werden die Christen verfolgen, weil sie Gott nicht in der Person und dem Werk Jesu erkennen konnten.

4. Vgl. V. 1. Wenn die Zeit der Verfolgung kommt, dann werden die Jünger sich daran erinnern, daß Jesus diese vorhergesagt hat, und sie wird deshalb ihren Glauben nicht schwächen, sondern stärken; denn sie werden darin die Erfüllung seines Wortes und die Bestätigung seines übernatürlichen Wissens sehen.

ἡ ὥρα αὐτῶν. Vgl. Lk 22,53, αὕτη ἐστὶν ὑμῶν ἡ ὥρα. Zu übersetzen ist »ihre Stunde« (eurer Verfolger), nicht »die Stunde dieser Dinge« (die ich vorhergesagt habe). Die »Stunde« Jesu erscheint als sein Scheitern, ist aber tatsächlich seine Erhöhung und Herrlichkeit; die seiner Feinde erscheint als ihr Sieg, ist aber tatsächlich ihre Niederlage.

ἐξ ἀρχῆς, wie in 6,64. Vgl. ἀπ᾽ ἀρχῆς, 15,27.

ὅτι μεϑ᾽ ὑμῶν ἤμην. Es war nicht notwendig, die Jünger vor der Gefahr zu warnen, solange Jesus bei ihnen war, denn sie befanden sich damals unter seinem unmittelbaren Schutz; vgl. 18,8f, ... ἄφετε τούτους ὑπάγειν... οὐκ ἀπώλεσα ἐξ αὐτῶν οὐδένα.

5. ὑπάγω πρὸς τὸν πέμψαντά με. Die Sprache ist charakteristisch joh. Zu ὑπάγειν s. bes. 7,33; 13,33.

οὐδεὶς ἐξ ὑμῶν ἐρωτᾷ με· ποῦ ὑπάγεις; Es scheint sowohl notwendig als auch gerechtfertigt, das Präsens ἐρωτᾷ zu betonen; Joh schreibt nicht ἠρώτησε, was zu einem offenkundigen Widerspruch zu 13,36; 14,5 geführt hätte. Hier geht es ihm einfach um die unmittelbare Reaktion der Jünger auf die Worte Jesu. Der Gedanke an seinen Abschied erfüllt sie mit Schmerz; aber wenn sie ihn nur gefragt hätten, wohin er gehe, und begriffen hätten, daß er zum Vater ging, dann hätten sie nicht getrauert, sondern erkannt, daß er zu ihrem Besten wegging (V. 7, συμφέρει ὑμῖν). Der Grund ihrer Trauer ist, daß sie so völlig mit ihren eigenen Angelegenheiten beschäftigt sind (vgl. 2Kön 6,15); sie muß deshalb dadurch gemeistert werden, daß sie verstehen lernen, warum sie zurückgelassen werden müssen (vgl. Bultmann). Dodd (Interpretation, S. 412f) hat eine andere Erklärung für den scheinbaren Widerspruch zwischen diesem Vers und 13,36; 14,5. Er kommt zu dem Schluß: »Jesus weist sie zurecht, nicht weil sie ihn nicht über seine Bestimmung fragen, sondern weil sie, obwohl sie wissen, daß er zum Vater geht, über die Zukunft verzagt sind« (S. 413).

6. λύπη ist charakteristisch für dieses Kapitel; s. V. 20.21.22.

πεπλήρωκεν. Es ist ungewöhnlich, daß πληροῦν (aktiv und transitiv) als Subjekt das umschließt, womit das Objekt gefüllt ist. Daraus resultiert, daß λύπη fast persönliches Gewicht bekommt: Trauer hat euer Herz erfüllt, hat von ihm Besitz ergriffen. Vgl. Ps 47,7 (LXX).

7. ἐγὼ τὴν ἀλήϑειαν λέγω. Zu ἀλήϑεια s. Komm. zu 1,14. Es ist durchaus möglich, daß hier ἀλήϑεια nicht mehr als Wahrheit im Gegensatz zur Falschheit bedeutet. »Es ist keine Lüge, die ich euch erzähle; es ist wirklich wahr, daß ich euch verlassen werde zu eurem Besten.« Es ist jedoch keineswegs unmöglich, daß hier eine tiefere Bedeutung intendiert gewesen ist. Das Evangelium selbst besteht darin, daß Jesus weggeht; denn sein Weggehen bedeutet seinen Tod, seine Erhöhung in den Himmel und das Kommen des Heiligen Geistes.

συμφέρει ὑμῖν. Vgl. 11,50; 18,14 (die einzigen anderen Stellen, wo συμφέρει bei Joh gebraucht wird). Beide verweisen auf den Weggang Jesu im Tode und die daraus folgenden Wohltaten, und obwohl hier Kaiphas spricht, betrachtet Joh sie doch als unbewußt und ironischerweise wahr. Auf συμφέρει folgt gewöhnlich ein Infinitiv (mit oder ohne Artikel); Joh setzt statt dessen, seinem Stil entsprechend, einen erklärenden ἵνα-Satz.

ὁ παράκλητος οὐ μὴ ἔλϑῃ (B; οὐκ ἐλεύσεται, ℵ D Θ Ω). Zu παράκλητος s. Komm. zu 14,16. Der Gedanke ist identisch mit dem von 7,39: das Kommen des Geistes wartet auf die Verherrlichung Jesu. Der Geist ist das Werkzeug der Erschaffung der Kirche und der Erlösung der Welt; in diesem Sinne hängt das Kommen des Geistes von der Vollendung des Werkes Christi ab.

πέμψω αὐτόν. S. Komm. zu 14,16.

8. ἐλέγξει τὸν κόσμον. S. Einleitung, S. 105f. ἐλέγχειν bedeutet »bloßstellen«, z. B. der Sünde, des Irrtums, daher »überführen«. A. R. C. Leaney (John and Qumran, S. 45) weist darauf hin, daß הוכיח (hiphil von יכח) in einem in gewisser Weise ähnlichen Sinn (»zurechtweisen«) in den Qumranschriften verwendet wird; und er nennt – zusätzlich zu den Stellen, wo ein Mensch einen anderen zurechtweist – 1QH 9,23, wo Gott das Subjekt des Verbums ist, und 1QS 9,16.17, wo anscheinend (obwohl man dies in Frage stellen kann) der Zweck des Prozesses nicht einfach darin besteht, einen Gegner des Irrtums zu überführen, sondern ihn zu überzeugen, daß er im Unrecht ist, und so seinen Sinn zu ändern. Dieser Gebrauch des Verbums ist jedoch nicht auf die Schriftrollen beschränkt (s. Jastrow), und er trägt wenig zur Erklärung der Bedeutung im joh Griechisch bei. ἐλέγχειν wird in erster Linie von griechischen Moralisten (z. B. Philo) vom Gewissen gebraucht; dafür gibt es viele Beispiele. An einigen wichtigen Stellen spricht Philo vom Wort (und verwandtem Wesen) als einem ἔλεγχος; so z. B. Det Pot Ins 146 (obwohl Gott uns straft, wird er uns aus Barmherzigkeit unsere Fehler zurechtrücken), τὸν σωφρονίστην ἔλεγχον, τὸν ἑαυτοῦ λόγον εἰς τὴν διάνοιαν ἐπέμψας. Es ist aber zu beachten, daß Philo von jenen spricht, die bereits συνειδήσει . . . ἐλεγχόμενοι sind. Die Wirkung von Gottes Wort besteht also darin, das Werk des Gewissens zu verstärken. Dementsprechend ist es natürlich, an der vorliegenden Stelle im Werk des Parakleten ein Einwirken auf das Gewissen der Welt zu sehen, obwohl Joh nicht sagt, in welcher Weise diese Einwirkung erreicht werden soll. Er hat jedoch bereits in 14,7 gesagt, daß die Welt den Parakleten nicht aufnehmen kann, und wir müssen uns deshalb sein Werk als durch die Kirche vermittelt denken, die allein ihn empfangen kann, und insbesondere als die geistinspirierten Äußerungen christlicher Prediger, die die Welt überführen. Es könnte hier (und auch in dem Wort παράκλητος) eine Erinnerung an die synoptischen Logien vorliegen (Mk 13,11 parr), in welchen der Beistand des Geistes den Jüngern, die vor Gericht stehen, verheißen wird. Trifft dies zu, dann hat Joh charakteristischerweise (vgl. Kap. 9.18f) die Vorstellung so klar herausgestellt, daß der Geist nicht damit zufrieden ist, die Glaubenden zu verteidigen, sondern gegenüber der Welt zum Angriff schreitet. Dies führt zu »einem Bild vom evangelistischen Werk der Kirche, wie es fortschreitet« (Sanders). Es mag anderswo Hinweise auf die Einzelheiten dieses Fortschreitens geben (Johnston, Martyn), aber hier behandelt Joh dies in theologischer Perspektive und nicht im Blick auf die Umstände.

περὶ ἁμαρτίας καὶ περὶ δικαιοσύνης καὶ περὶ κρίσεως. Zu Sünde, Gerechtigkeit und Gericht s. die folgenden Verse, in welchen Joh seine Meinung genauer umschreibt. Im vorliegenden Vers hat syr[sin] »im Blick auf ihre Sünden und im Blick auf ihre oder seine Gerechtigkeit und im Blick auf das Gericht«. Diese Lesart kann nicht als ursprünglich angesehen werden; sie ist aber im Sinn zu behalten, wenn man die Erklärung der Nomina erwägt.

9. περὶ ἁμαρτίας μέν, ὅτι . . . Die Struktur des Satzes hängt davon ab, wie man περί und ὅτι versteht. Es gibt drei hauptsächliche Möglichkeiten: a) περί bedeutet »im Blick auf«. Der Satz kann dann folgendermaßen übersetzt werden: »er wird die Welt (ihres Irrtums) im Blick auf die Sünde überführen, indem er ihr zeigt, daß die Sünde darin besteht, daß sie nicht an mich glaubt«. Übersetzt man περί in dieser Weise, dann kann ὅτι kaum eine andere Bedeutung haben als die von uns dafür in dieser Umschreibung angenommene. b) ἐλέγχειν περί bedeutet »einer Sache überführen«. In diesem Falle sind zwei unterschiedliche Bedeutungen für ὅτι möglich. Die eine ist »weil«. »Er wird die Welt ihrer Sünde überführen, weil diese Sünde ihre vollständige Offenbarung in der Unfähigkeit der Menschen erreicht hat, an mich zu glauben.« c) Man kann auch die Übersetzung von ἐλέγχειν περί aus b) annehmen und ὅτι in der Bedeutung »daß«, »darin, daß« verstehen. Wir können dann paraphrasieren: »Er wird die Welt ihrer Sünde dadurch überführen, daß die Menschen nicht an mich glauben (oder: nämlich überführen, daß sie nicht an mich glauben).« Keine dieser Erklärungsmöglichkeiten kann als unmöglich ausgeschlossen werden. a) ist besonders attraktiv, da sie leicht auf die drei Worte Sünde, Gerechtigkeit und Gericht anzuwenden ist. Die Welt hat eine falsche Vorstellung von allen dreien. Sie glaubt, daß Jesus ein Sünder war, der zu Recht mit der Kreuzigung bestraft wurde; sie glaubt andererseits, daß ihre eigene Gerechtigkeit alles ist, was verlangt werden kann, und sie glaubt,

daß sie in diesen Vorstellungen zu Recht Jesus und sich selbst gerichtet hat und ihr Gericht göttliche Bestätigung erlangen wird. Es ist jedoch das Werk des Geistes, diese falschen Vorstellungen zurecht-zurücken und zu zeigen, daß die Sünde in der Ablehnung Jesu besteht, daß nämlich die einzige akzeptable Gerechtigkeit die Jesu ist, da er allein erhöht worden ist zur rechten Hand des Vaters, und daß es nicht Jesus ist, sondern der Fürst dieser Welt, der gerichtet wurde. Daß diese Interpretation ausreichend »joh« ist, kann nicht in Frage gestellt werden; aber es ist doch ein ernst zu nehmender Einwand gegen diese Übersetzung, daß sie uns nötigt, dem ἐλέγχειν περί einen andern Sinn zu geben als die Wendung in 8,46; dort muß der Sinn sein: »Wer von euch überführt mich der Sünde (zeigt mir, daß ich ein Sünder bin)?«, und sie kann keinesfalls bedeuten: »Wer von euch überführt mich dessen, daß ich falsche Ansichten über die Sünde habe?« Wir müssen deshalb notwendigerweise ent-weder b) oder c) annehmen. Wie bereits festgestellt, ergeben diese keine solch glatte Verbindung mit den beiden nächsten Versen wie a), aber die Schwierigkeit ist tatsächlich nicht groß; s. Komm. zu V. 10f. Der Sinn ist: Er wird die Welt folgender Tatbestände überführen: der Sünde (in den Menschen), der Gerechtigkeit (in mir) und des Gerichts, in welchem Sünde und Gerechtigkeit Seite an Seite stehen. Die Welt wird genötigt werden, diese Fakten anzuerkennen. b) ist offenbar c) vorzu-ziehen. Joh gibt, so scheint es, den fundamentalen Grund für die Überführung der Sünde (der Ge-rechtigkeit und des Gerichts) an, und er formuliert nicht den Inhalt der Sünde (der Gerechtigkeit und des Gerichts). Der vorliegende Vers hat dann folgenden Sinn: Der Geist, der auf das Gewissen der Menschen durch das Zeugnis der Kirche wirkt (welches nicht beschränkt ist auf die Predigt, obwohl die Predigt ihr klarster Ausdruck ist), wird sie von ihrer Sünde überzeugen. Dies findet eine gewisse Bestätigung in der Lesart des syr^sin in V. 8 (s. o.); im vorliegenden Vers meint die Lesart »Sünden« (möglicherweise, wenn auch unwahrscheinlich, »Sünder« – so Merx). Es war vielleicht naheliegend, aber doch ein Fehler, den Plural zu gebrauchen; die Sünden der Welt finden ihren besonderen Aus-druck darin, daß sie Jesus verwirft. Das Licht schien in der Finsternis, aber die Menschen zogen die Finsternis vor (3,19–21). Die Verwerfung Jesu ist nicht die einzige Sünde, aber sie ist der Typus und die Krönung aller Sünden, und letztlich führt die Sünde der Welt zur Kreuzigung Christi.

10. S. Komm. zu V. 9. Es ist wichtig, sich an die allgemeine Bedeutung von πρὸς τὸν πατέρα ὑπάγω und οὐκέτι θεωρεῖτέ με bei Joh zu erinnern. Sie verweisen auf das Weggehen und Verschwinden Jesu in einem Ereignis, welches zugleich wahrhaftig Tod und zugleich eine herrliche Erhöhung war. Dieses zweifach verbundene Ereignis setzt nach der Sicht des NT das Siegel auf die Gerechtigkeit Jesu und die Gerechtigkeit Gottes; s. bes. Röm 3,21–31. Joh trennt die beiden Elemente in dem dop-pelten Ereignis nicht; es kann aber gesagt werden: der Tod Jesu bewies seinen völligen Gehorsam gegenüber dem Willen Gottes, und seine Erhöhung bewies, daß seine Gerechtigkeit nicht lediglich menschliche Bestätigung fand. Das Wort δικαιοσύνη begegnet bei Joh nur in diesem Kontext, der von dem Thema des Gerichts, dem notwendigen Korrelativ der ἁμαρτία, bestimmt wird, und es bezeich-net in erster Linie die Unschuld Jesu (vgl. das hebräische רשע, צדק). Die syrische Lesart, die wir oben erwähnten (V. 8), expliziert wahrscheinlich diese Bedeutung (obwohl es bedeuten könnte, daß der Paraklet die Gerechtigkeit *der Welt* als falsch erweist). Das Possessivpronomen jedoch ist nicht ursprünglich, und Joh könnte mit dem Substantiv δικαιοσύνη Rechtfertigung meinen (zum Gedanken vgl. Paulus und möglicherweise auch einige der Qumranschriften, z. B. 1QH 4,30–37; 7,16–19.28–31; 1QS 11,10–15), die Rechtfertigung der Glaubenden, die die Welt in der Über-zeugung angreift, dadurch ihre eigene Frömmigkeit zu offenbaren (V. 2).

11. ὁ ἄρχων τοῦ κόσμου τούτου κέκριται. Vgl. 12,31; 14,30 und Komm. z. St. Der Tod Jesu hatte den Fall des Satans zur Folge (das Perfekt κέκριται ist vom Standpunkt der Kirche aus geschrieben). Auf dem Grunde dieses historischen Ereignisses können die Menschen durch den Geist von der Tatsache des Gerichts, und so von ihrem eigenen Gericht, durch Gott überzeugt werden.

12. ἔτι πολλὰ ἔχω ὑμῖν λέγειν. Vgl. V. 4b. Es gab Dinge, die Jesus während seines Wirkens nicht gesagt hatte; einige konnte er nicht einmal an seinem Ende sagen. In einem anderen Sinn jedoch hat er alles gesagt; denn selbst der Paraklet fügt nichts Neues hinzu, sondern erinnert nur an das, was Jesus

gesagt hat (14,26; 16,13ff). Zum Thema der Unvollständigkeit des Wirkens Jesu s. »Theocentric«, S. 364–368; auch den Artikel von E. Bammel, in: Christ and Spirit in the New Testament (FS C. F. D. Moule [1973]), S. 199–217.

οὐ δύνασϑε βαστάζειν ἄρτι. Zu βαστάζειν = »ausharren«, »unterstützen« vgl. Apg 15,10; Gal 5,10; Offb 2,2f. Dieser Sprachgebrauch von βαστάζειν ist nicht üblich; s. MM s. v. Vgl. den hebräischen Gebrauch von נשא (s. BDB s. v., Qal, 2.d). Zu dem Gedanken der Wahrheit, die nicht durch Lehren vermittelt werden kann, sondern nur durch einen direkten Akt Gottes, vgl. Corp Herm XIII,2 (die Wahrheit über die Wiedergeburt) οὐ διδάσκεται ... ὑπὸ τοῦ ϑεοῦ ἀναμιμνῄσκεται. S. Komm. zu 14,26.

13. τὸ πνεῦμα τῆς ἀληϑείας. S. Komm. zu 14,16.

ὁδηγήσει ὑμᾶς. ὁδηγεῖν ist ein charakteristisches Wort in den Psalmen. S. z. B. Ps 25(24),5, ὁδήγησόν με ἐπὶ τὴν ἀλήϑειάν σου; 143(142),10, τὸ πνεῦμά σου τὸ ἅγιον ὁδηγήσει με ἐν τῇ εὐϑείᾳ. Vgl. Philo, Vit Mos II,265, ... εἰ μὴ καὶ ϑεῖον ἦν πνεῦμα τὸ ποδηγετοῦν πρὸς αὐτὴν τὴν ἀλήϑειαν. Der (inspirierte) hermetische Prophet wird aufgerufen, ein καϑοδηγός für diejenigen zu werden, die es wert sind, daß sie durch ihn von Gott gerettet werden (Corp Herm I,26; auch 4,11; 7,2; 9,10; 10,21; 12,12). Vgl. auch Sap 9,11; 10,10.17. In einigen Mysterienreligionen gab es einen μυσταγωγός, der die Initianden in die Mysterien einführte (ἄγειν). Anstelle von ὁδηγήσει ὑμᾶς haben vg und einige altlateinische Handschriften offenbar διηγήσεται ὑμῖν gelesen; dies scheint eine beabsichtigte »Verbesserung« zu sein. Es gibt hier nur eine entfernte Parallele zum Werk des »Lehrers der Gerechtigkeit« in Qumran. Vgl. Jes 43,19; 44,7, aus der haphtarah entsprechend der Lektion von Gen 35,9 beim Laubhüttenfest (Guilding, S. 115).

εἰς τὴν ἀλήϑειαν πᾶσαν. Dies ist die Lesart von B, welche hier wenig Unterstützung hat, obwohl εἰς π. τ. ἀλ. die Lesart von Ω ist. Am besten bezeugt ist aber ἐν τῇ ἀληϑείᾳ πάσῃ (א D W u. ö. – Θ hat ἐν π. τ. ἀλ.) und sollte wahrscheinlich vorgezogen werden. Sie ist nicht als eine »Verbesserung« in Anlehnung an den Sprachgebrauch der LXX auszuscheiden, wo auf ὁδηγεῖν oft ἐν folgt, da Joh selbst sicherlich die LXX kannte und aus ebendiesem Grund ἐν geschrieben haben könnte. Der Bedeutungsunterschied zwischen den beiden Lesarten ist nur gering, aber während εἰς τ. ἀλ. daran denken läßt, daß unter der Führung des Geistes die Jünger dazu kommen werden, alle Wahrheit zu kennen, läßt ἐν τ. ἀλ. an eine Führung in der ganzen Sphäre der Wahrheit denken; sie werden in der Wahrheit Gottes gehalten werden (s. Komm. zu 1,14), die durch die Sendung Jesu verbürgt wird. Brown könnte hier jedoch recht haben, wenn er sagt, es sei möglich, den Unterschied zwischen den beiden Präpositionen überzubetonen. Nach Sanders war εἰς ursprünglich; es wurde beseitigt, da man es theologisch gefährlich fand. Nach 1QS 4,2: Dies sind die Wege in der Welt (der Geister des Lichtes und der Finsternis): das Herz des Menschen zu erleuchten und vor ihm alle Wege wahrer Gerechtigkeit (צדק אמת) eben zu machen. Es gibt eine gewisse Parallelität hier, aber Braun weist zu Recht darauf hin, daß die Betonung auf Gerechtigkeit liegt und Wahrheit (אמת) sie nur als wahr qualifiziert.

οὐ γὰρ λαλήσει ἀφ᾽ ἑαυτοῦ, wie Jesus nicht von sich selbst gesprochen hatte (7,17; 12,49; 14,10). Joh wird niemals müde zu betonen, daß die Worte und Taten Jesu nicht die eines weisen und guten Mannes oder eines Halbgotts waren; sie kamen von dem einzig wahren Gott. In ähnlicher Weise ist die Lehre des Geistes nicht lediglich Inspiration in einem gewöhnlichen Sinn; sie ist Lehre Gottes.

a) ὅσα ἀκούει: א b) ὅσα ἀκούσει: B D* W vg. c) ὅσα ἂν ἀκούσῃ: Ω a. d) ὅσα ἂν ἀκούσει: Dᶜ Θ.

a) ist die Lesart von Nestle, aber b) sollte vorgezogen werden (wie jetzt in der 26. Auflage). d) ist wahrscheinlich nicht mehr als eine orthographische Variante von c): c) ist eine grammatikalische Verbesserung, und a) ist eine dogmatische Verbesserung (das Präsens erinnert an die ewigen Beziehungen der göttlichen Personen) von b). Das Futur in b) ist darauf zurückzuführen, daß Joh sorgfältig das zukünftige Wirken des Geistes betont; vgl. 7,39 und das Futur von 14,16 (δώσει); 14,26 (πέμψει, διδάξει, ὑπομνήσει) usw. Die Worte, die durch den Geist der Kirche und der Welt vermittelt werden, sind die Worte Gottes; vgl. 8,26, κἀγὼ ἃ ἤκουσα παρ᾽ αὐτοῦ, ταῦτα λαλῶ εἰς τὸν κόσμον.

τὰ ἐρχόμενα ἀναγγελεῖ ὑμῖν. ἀναγγέλλειν wird gebraucht in 4,25; (5,15); 16,13.14.15 und vielleicht in 16,25 (v. l. ἀπαγγέλλειν). In 4,25 (und 16,25) ist es auf die Offenbarung der göttlichen Wahrheit bezogen, und es wird offensichtlich in demselben Sinn auch hier gebraucht. Die Schwierigkeit liegt in der Identifikation von τὰ ἐρχόμενα. Zwei Erklärungen liegen nahe: a) Aus der Sicht der Nacht, »in welcher Jesus verraten wurde«, sind τὰ ἐρχόμενα die Ereignisse der Passion, die unmittelbar bevorstand, und sie schließen vielleicht sowohl die Kreuzigung als auch die Auferstehung ein. b) Aus der Sicht des Evangelisten müssen τὰ ἐρχόμενα noch zukünftige Ereignisse sein, d. h. eigentlich eschatologische Ereignisse. Es kann wenig Zweifel darüber bestehen, daß ihr Standpunkt, wenn wir die Abschiedsreden als Ganze ins Auge fassen, der des Autors ist. Entsprechend sind τὰ ἐρχόμενα wirklich zukünftige Ereignisse. Es folgt nicht daraus, daß das Werk des Geistes, das hier beschrieben wird, einfach das der inspirierenden prophetischen Weissagung ist, obwohl ohne Zweifel Joh (wie Paulus) dies als ein echtes χάρισμα anerkannt hätte (vgl. das Fragment der Predigt des Petrus, in Clemens, Stromateis, VI,6, wo von den Aposteln gesagt wird, sie hätten τὰ μέλλοντα verkündigt, damit die Menschen im Gericht ohne Entschuldigung seien). Das abschließende eschatologische Ereignis ist die Enthüllung der Sünde und der Gerechtigkeit und daher des Gerichts; und genau diese Funktion hat Joh eben dem Geist zugeschrieben. Wenn der Geist die Dinge verkündigt, die kommen müssen, dann verkündigt er sie als bereits wirksam; das Endgericht wird in der Überführung der Welt durch den Parakleten antizipiert. Es ist jedoch nicht notwendig, wenn man b) akzeptiert, a) auszuschließen; wahrscheinlich hatte Joh beide Gedankengänge im Sinn, da er (wie die Sprache des Gehens und Kommens, des Sehens und Nichtsehens zeigt) den Tod und die Auferstehung Jesu selbst als eschatologische Ereignisse dachte. Der Sinn der Abschiedsrede und besonders der Worte über den Parakleten ist es, daß die Spanne zwischen der letzten Nacht im Leben Jesu und den eigenen Tagen des Evangelisten durch den Glauben aufgehoben wird. Die ganze Kirche betritt den Abendmahlssaal und nimmt an der Herrlichkeit Christi teil, die in seinem Tod und der Auferstehung offenbar wurde und die eschatologisch als eine gegenwärtige Wirklichkeit offenbar werden wird.

14. ἐκεῖνος ἐμὲ δοξάσει. Herrlichkeit ist der natürliche Begleiter des Messias bei seinem Kommen am Jüngsten Tage; vgl. Mk 13,26 und viele andere Stellen in jüdischer und christlicher Literatur. Der Geist gibt ihm dadurch, daß er die eschatologische Funktion Christi realisiert, diese Herrlichkeit in Antizipation. Vgl. 7,39; ἐδοξάσθη in diesem Vers verweist auf eine einfache Tatsache, nämlich die Erhöhung Christi vor dem Kommen des Geistes, δοξάσει in diesem Vers auf das Werk des Geistes, der die Herrlichkeit Christi in die Welt bringt. Wie dies geschehen wird, ist in dem ὅτι-Satz erklärt.

ἐκ τοῦ ἐμοῦ λήμψεται καὶ ἀναγγελεῖ ὑμῖν. Zu ἐκ τοῦ ἐμοῦ vgl. die Pluralform (ἐμά) im nächsten Vers (welche ihrerseits wieder dem Singular weicht). Die Bedeutung von ἐκ τοῦ ἐμοῦ wird durch den Gebrauch von ἀναγγελεῖ und durch den Inhalt der vorangehenden Verse bestimmt. Es ist nicht einfach die Wahrheit der Lehre, sondern die der Sendung und des Seins Christi, welche der Geist der Welt verkündigt, wenn er das Urteil Christi über die Welt vollstreckt. Die Offenbarung, die von den Menschen ergriffen wird, ist jedoch nicht die ganze Summe der göttlichen Wahrheit; daher das partitive ἐκ τοῦ ἐμοῦ und die Erinnerung an die Vielfalt der Dinge, welche der Sohn mit dem Vater teilt, im nächsten Vers.

15. πάντα ὅσα ἔχει ὁ πατήρ. Vgl. 3,35; 5,20 und Komm. z. St.

λαμβάνει. Der Tempuswechsel (vgl. λήμψεται, V. 14) scheint nicht von Bedeutung zu sein.

34. Die ferne und die nahe Zukunft

16,16–33

In diesem Abschnitt konzentriert sich die auffallende Sprache der Abschiedsreden – vom Gehen und Kommen, vom Schmerz und der Freude, der Trübsal und dem Frieden, von Bitten und Empfangen, vom Sehen und Nichtsehen, Gleichnisrede und unverhüllter Rede, vom Unglauben und Glauben, der Welt und Gott. Dieses alles bestätigt, daß der Abschnitt zu Recht in seiner vorliegenden Position steht; es wäre falsch, ihn an eine andere Stelle zu setzen. Zum größten Teil ist diese charakteristische Sprache durch eine wohlüberlegte Zweideutigkeit gekennzeichnet. So können z. B. die Logien über das Gehen und Kommen durchweg als Worte vom Abschied und der Rückkehr Jesu in seinem Tod und der Auferstehung erklärt werden; aber sie können gleichermaßen wohl als sein Weggehen zum Vater bei seiner Himmelfahrt und seine Rückkehr bei der Parusie interpretiert werden. Mit dieser Doppeldeutigkeit will Joh vermitteln, daß der Tod und die Auferstehung selbst eschatologische Ereignisse waren, die die Endereignisse sowohl abbildeten als auch antizipierten. Die Kirche in den Tagen des Joh lebte in den ἐρχόμενα (16,13), welche zu verkündigen Aufgabe des Geistes war. Der Zusammenhang mit 16,8–15 ist eng und sachgemäß. Vgl. 14,19–24 und Komm. z. St.

V. 25–33 bringt die Rede zurück in die Situation im Abendmahlsraum in den Stunden unmittelbar vor der Verhaftung und Kreuzigung. Sie tun dies jedoch in einer solchen Weise, daß sie die Bedeutung dieser Stunden im allgemeinen erheben, eben der Stunden, die so »die kleine Weile« des Lebens in diesem Äon repräsentieren, welche nur in Verbindung mit Gott und Jesus und dem Licht der Ewigkeit Bedeutung bekommt. Joh verwendet hier zwei synoptische Themen – das der Gleichnisse (vgl. Mk 4,10–12) und das des Verlassenwerdens Jesu von seinen Jüngern (s. Komm. zu V. 29.32). Beide Themen sind eng miteinander verbunden, denn beide machen deutlich, daß nicht einmal die Zwölf in der Lage waren, den Sinn des Lebens und der Lehre Jesu zu begreifen und standhaft an seiner Seite zu bleiben, ohne die göttliche Hilfe, die abhängig war von der Vollendung des Planes Gottes mit Jesus – der Verherrlichung des Menschensohns im Tod. Bei Mk wird dieses Thema durch das Messiasgeheimnis ausgedrückt; in diesen Reden ist das wichtigste theologische Mittel des Joh die Lehre vom Parakleten.

16. μικρόν. S. Komm. zu 14,19. S. auch Jes 26,20, ἀποκρύβηϑι μικρὸν ὅσον ὅσον, ἕως ἂν παρέλϑῃ ἡ ὀργὴ κυρίου (und s. den ganzen Abschnitt Jes 26,16–21, von dem weitere Teile in V. 21 zitiert werden). Die kurze Zeitspanne, auf die hier verwiesen wird, verursacht eine Spannung, die mit der durch die Naherwartung in anderen Teilen des NT verursachten zu vergleichen ist.
καὶ (von Torrey, S. 51 als Semitismus gesehen) οὐκέτι ϑεωρεῖτέ με. Vgl. 14,19; 16,10; 17,11. Es ist ganz gewiß möglich, dieses Verschwinden Jesu als sein Begräbnis oder seine Himmelfahrt zu verstehen.
ὄψεσϑέ με. Es gibt keinen Zweifel, daß das Futur von ὁρᾶν hier lediglich bedeuten kann: »in zwei oder drei Tagen, d. h. nach meiner Auferweckung werdet ihr mich wiedersehen«. Vgl. 20,18.25, wo das Sehen des auferstandenen Jesus im Perfekt beschrieben wird. Das Futur jedoch läßt an solche Stellen wie Mk 13,26; 14,62 denken, wo es für die apokalyptische Vision vom Kommen des Menschensohns gebraucht wird. Vgl. auch Joh 1,50f; 11,40, wo auf ein Sehen der Herrlichkeit, das von Jesus völlig abhängig ist, in zum Teil, wenn auch nicht ausschließlich, eschatologischen Kate-

gorien verwiesen wird. So kommt es hier zu einer zweiten Erklärung des Sehens Jesu nach »einer kleinen Weile«. Zusätzlich zu der Auferstehung als einem historischen Ereignis gibt es ein Kommen, das jenseits der Geschichte liegt. Vgl. 14,23, wo Jesus und der Vater in einem Kommen »kommen«, welches nicht einfach das Kommen in der Auferweckung oder der Parusie ist. Die Schau Gottes (die als mögliche Erfahrung des gegenwärtigen Lebens im Judentum verneint wird), wie sie sich in Joh (1,18, *ϑεὸν οὐδεὶς ἑώρακεν πώποτε*) widerspiegelt, ist das Ziel der hellenistischen Religion und tatsächlich der meisten Religionen. Vgl. z. B. Corp Herm XIII,13, *πάτερ, τὸ πᾶν ὁρῶ καὶ ἐμαυτὸν ἐν τῷ νοΐ. – αὕτη ἐστὶν ἡ παλιγγενεσία, ὦ τέκνον.* Es ist die charakteristische christliche Eschatologie, welche die teilweise, wenn auch nicht vollständige Erfüllung der Bedingungen für den zukünftigen Äon behauptet, die es dem Joh möglich macht, diese hellenistische Sprache zu gebrauchen (s. Komm. zu 3,3); er behält die urchristlichen Aussagen über die Auferstehung und die Parusie bei, aber er füllt den Abschnitt zwischen ihnen aus. S. weiter Komm. zu V. 21.

Nach diesem Vers wird *ὅτι (ἐγὼ) ὑπάγω πρὸς τὸν πατέρα (μου)* hinzugefügt von Θ Ω vg sin pesch. Es wurde wahrscheinlich hinzugefügt, um den letzten Teil der Frage in V. 17 vorzubereiten.

17. Die Frage in diesem Vers ist ein deutlicher Hinweis darauf, daß nach Ansicht des Joh eine neue Lehre gegeben und diese nicht unzweideutig ausgedrückt wurde.

ἐκ τῶν μαϑητῶν, »einige von . . .«. S. Komm. zu 7,40.

ὑπάγω πρὸς τὸν πατέρα. Wenn man die längere Lesart in V. 16 ablehnt, dann müssen wir auf V. 5 und noch weiter in der Rede zurückblicken.

18. *τί λαλεῖ] τί λέγει,* (D) Θ: om. B. B ist wahrscheinlich ursprünglich; die Auslassung wird dadurch gestützt, daß es zwei unterschiedliche Ergänzungen gibt.

19. *ἔγνω.* Vielleicht weist der Gebrauch von *γινώσκειν* noch mehr als der von *ἀκούειν* darauf hin, daß Joh an übernatürliche Einsicht auf seiten Jesu dachte, obwohl es keinen Grund gab, warum Jesus die Jünger, die zueinander sprachen, nicht gehört haben sollte. S. V. 30; sie mußten nicht fragen.

ἐρωτᾶν. Vgl. V. 23.

περὶ τούτου blickt voraus auf den *ὅτι*-Satz, und wird, wie bei Joh üblich, dadurch erklärt.

20. *κλαύσετε καὶ ϑρηνήσετε ὑμεῖς. ϑρηνεῖν* findet sich bei Joh nur hier; *κλαίειν* wird nur in Verbindung mit dem Tod gebraucht (11,31.33; 20,11.13.15). Zur Verbindung der beiden Verben vgl. Lk 7,32, *ἐϑρηνήσαμεν καὶ οὐκ ἐκλαύσατε.* S. auch Jer 22,10 in einem Kontext der Trauer für die Toten. Das Pronomen *ὑμεῖς* ist betont; es arbeitet den Gegensatz zwischen den Jüngern und der Welt heraus.

ὁ δὲ κόσμος χαρήσεται. Zum *κόσμος* s. Komm. zu 1,10. Hier steht er in der Freude über Christi Tod den glaubenden Christen gegenüber, ja Christus selbst.

ὑμεῖς (wieder betont – ihr, im Gegensatz zur Welt) *λυπηϑήσεσϑε. λύπη* ist Schmerz, der oft, wenn auch nicht notwendigerweise (vgl. z. B. Röm 9,2; 2Kor 2,1), durch den Tod oder die Todesaussicht verursacht wird – ähnlich *λυπεῖν, λυπεῖσϑαι.* In erster Linie ist hier auf den Schmerz der Jünger beim Tod Jesu verwiesen (16,6), obwohl sie sehr wohl auch die Todesdrohungen ihnen selbst gegenüber fürchten mögen (16,2).

εἰς χαρὰν γενήσεται. Vgl. 20,15.20. *γίνεσϑαι εἰς* ist eine im NT übliche Konstruktion; z. B. Mk 12,10 parr; Lk 13,19; Apg 5,36. Es entspricht dem hebräischen היה ל. S. M II, S. 462; Bl-Debr § 145.

21. *ἡ γυνὴ ὅταν τίκτῃ λύπην ἔχει.* Hier ist nicht auf eine bestimmte Frau (wie 2,4; 19,25ff; Gen 3,15f; oder Offb 12) oder auf die Synagoge verwiesen; der Artikel ist generisch – irgendeine repräsentative Frau. S. auch u. Komm. zu *ἄνϑρωπος.*

λύπην ἔχει. Die Parallele ist in sich selbst einfach: Die kurzen Geburtswehen weichen der Befriedigung über die Geburt eines Kindes – die kurze Trauer am Karfreitag und dem folgenden Tag weichen dem Osterjubel. Aber die Analogie hat eine tiefere Bedeutung. Sie gehört zum AT; bes. Jes 26,16–19 (. . . *ὡς ἡ ὠδίνουσα ἐγγίζει τεκεῖν . . . οὕτως ἐγενήϑημεν . . . ἀναστήσονται οἱ νεκροί, καὶ ἐγερϑήσονται οἱ ἐν τοῖς μνημείοις, καὶ εὐφρανϑήσονται οἱ ἐν τῇ γῇ . . .*); 66,7–14 (*πρὶν τὴν ὠδίνουσαν τεκεῖν . . . καὶ ὄψεσϑε, καὶ χαρήσεται ἡ καρδία ὑμῶν . . .*). An diesen Stellen wird die messianische Erlösung, die die Betrübnis des Volkes beendet, mit der Erleichterung und der Freude über die

Geburt eines Kindes verglichen, und daraus (und aus ähnlichen Stellen) wurde die spätere jüdische Lehre der חבלי המשיח (*ḥeble ha-mashiaḥ*, die »Wehen des Messias«) entwickelt, einer Zeit der Unruhe, die vor der endgültigen Vollendung eintreten mußte. Die Bedeutung dieser Fakten ist, daß der Tod und die Auferweckung Jesu in einer Sprache beschrieben wurden, die eschatologisch ist; d. h., Joh behandelt sie als Typen und Vorwegnahmen eschatologischer Ereignisse. Die Auferstehung bedeutet in einer antizipierenden Weise die Verwirklichung der messianischen Erlösung. Es führt ein wenig zu weit, wenn man sagt, daß »die Kombination der auf Ostern und die Parusie bezüglichen Terminologie zeigt, daß für den Evangelisten der Sinn von Ostern und Parusie der gleiche ist« (Bultmann, S. 448; er fügt hinzu, daß angesichts der Parakletstellen »Pfingsten zu Ostern und auch zur Parusie gehört«). Joh identifiziert Ostern und Parusie nicht, aber er sieht ihren Zusammenhang, und er verwendet ihn, um den Zeitraum zwischen ihnen zu erklären.

ὅτι ἦλϑεν ἡ ὥρα αὐτῆς. Zum häufigen Hinweis auf die »Stunde« Jesu bei Joh vgl. z. B. 17,1, *ἐλήλυϑεν ἡ ὥρα. ἡμέρα* (gelesen von P[66] D it sin pesch) kann der Versuch eines allgemeineren Hinweises auf »den Tag des Herrn« sein.

ἄνϑρωπος wird in seinem eigentlichen Sinn gebraucht, ein menschliches Wesen (vgl. dagegen *ἀνήρ*, ein erwachsener Mann). Der Ausdruck ist weder sprachlich aramäisch noch messianisch. Das Bild der Frau in Wehen wird in 1QH 3,6–18 gebraucht; s. bes. 3,10 mit seiner Anspielung auf Jes 9,6: (Dort soll kommen) aus dem Leib der Schwangeren ein wunderbarer Ratgeber mit seiner Heldenmacht (פלא יועץ עם גבורתו; in 3,9 ist das Wort גבר [Mann] gebraucht). Aber dieser Verweis ist nicht in einem persönlichen Sinn messianisch (s. Lohses Ausführung z. St.; auch Braun) und hat keine Bedeutung für die joh Analogie.

εἰς τὸν κόσμον. Vgl. die rabbinische Wendung »jene, die in die Welt kommen« für menschliche Wesen; s. Komm. zu 1,9. Aber die Wendung spricht für sich selbst, und es gibt keinen Grund für die Ansicht, daß Joh seinen Gedanken in einer spezifisch jüdischen Weise formulierte.

22. *καὶ ὑμεῖς,* »ihr, in derselben Weise«.

νῦν … ἔχετε. Vgl. V. 5f; die bloße Vorhersage des Abschieds Jesu reichte aus, die Jünger in Trauer zu versetzen. *νῦν* verweist jedoch in erster Linie auf die Zeit des Abschieds Jesu und auch auf den Zeitraum des Wartens zwischen der Auferstehung und der Parusie. Vgl. V. 33. *ἕξετε* (P[66] D W Θ it) ist eine gewöhnliche »Verbesserung« und sollte abgelehnt werden.

πάλιν δὲ ὄψομαι ὑμᾶς, καὶ χαρήσεται ὑμῶν ἡ καρδία. Vgl. Jes 66,14, *ὄψεσϑε, καὶ χαρήσεται ἡ καρδία ὑμῶν.* Die Anspielung des Joh auf das AT scheint außer Frage zu stehen, und der Wechsel von »ihr werdet sehen« zu »ich werde sehen« kann kaum zufällig sein. Vgl. Gal 4,9, *νῦν δὲ γνόντες ϑεόν, μᾶλλον δὲ γνωσϑέντες ὑπὸ ϑεοῦ;* 1Kor 13,12. Das Verständnis des Joh für die eschatologische Situation der Kirche erlaubt es ihm, vom »Sehen Christi« und so vom »Sehen Gottes in Christus« zu sprechen (s. V. 16; 14,9; 1,18); er hält jedoch so sicher den fundamentalen biblischen Glauben an die Unsichtbarkeit Gottes (seine Selbsterschließung in Jesus Christus ausgenommen) fest, daß er hier auf der ursprünglicheren Wahrheit besteht: Ich werde euch sehen (vgl. 15,16, ich habe euch erwählt).

τὴν χαρὰν ὑμῶν οὐδεὶς αἴρει ἀφ' ὑμῶν. Joh denkt nun wieder an die einleitenden Verse des Kapitels, wo es um Verfolgung ging. Der gleiche Gedanke begegnet wieder in V. 33.

23. *ἐν ἐκείνῃ τῇ ἡμέρα.* Im NT verweist »dieser Tag« oder „diese Tage“ auf den Jüngsten Tag, das Ende dieses Äons; so z. B. Mk 13,11.17.19.24.32; 14,25; Apg 2,18; 2Tim 1,12.18; 4,8; Hebr 8,10; 10,16 (= Jer 31[38],33); Offb 9,6. Joh muß diesen christlichen Sprachgebrauch gekannt haben; s. Komm. zu 14,20. Es gibt eine ähnliche Übertragung des »Tages« von einem eschatologischen Kontext zu einer gegenwärtigen Erfahrung in den Od Sal 41,4 (Bultmann).

ἐμὲ οὐκ ἐρωτήσετε οὐδέν. Die Interpretation hängt hier von der Bedeutung von *ἐρωτᾶν* ab. Im klassischen Sprachgebrauch wird es dadurch von dem teilweisen Synonym *αἰτεῖν* unterschieden, daß es »eine Frage stellen« bedeutet, während *αἰτεῖν* bedeutet: »um etwas bitten«. Im späteren Griechisch wird jedoch *ἐρωτᾶν,* wenn es auch seine ursprüngliche Bedeutung beibehält, zuweilen im selben Sinn wie *αἰτεῖν* verwendet. a) Es ist möglich, daß dies auch hier so ist. Joh gebraucht *ἐρωτᾶν* in der Bedeutung »um etwas bitten« (s. 4,31.40.47; 14,16; 16,26; 17,9), und er liebt es auch, mit Synonymenpaaren zu arbeiten (z. B. *ἀγαπᾶν* und *φιλεῖν*). Wenn man die Dinge so sieht, dann liegt die Pointe des gegenwärtigen Verses in dem Gegensatz zwischen *ἐμὲ οὐκ ἐρωτήσετε* und *αἰτήσητε τὸν πατέρα*: Ihr werdet eure Bitten nicht zu mir, sondern zum Vater bringen. Die Jünger werden unmittelbaren Zugang zum Vater haben, der sie selbst liebt (V. 27) und ihnen ihre Bitten erfüllen wird. b) Es ist jedoch offenbar wahrscheinlicher, daß in diesem Vers *ἐρωτᾶν* und *αἰτεῖν* unterschieden werden müssen. Joh gebraucht *αἰτεῖν* immer in der Bedeutung »um etwas bitten« (s. 4,9f; 11,22; 14,13f; 15,7.16; 16,23f.26), und er gebraucht gelegentlich *ἐρωτᾶν* in der Bedeutung »eine Frage stellen« (s. 1,19.21.25; 9,2.19.21; 16,5.19.30). Dies ist insbesondere der vorherrschende Sprachgebrauch in diesem Kapitel. Ferner arbeitet Joh einen Gegensatz zwischen dem Präsens (der Zeit des Wirkens) und der Zukunft (»an jenem Tag«) heraus. Die Jünger haben Jesus um nichts gebeten, aber in Kap. 13–16 haben sie viele Fragen gestellt (13,24f.37; 14,5.8.22; 16,17f). Nach joh Ansicht scheinen die Glaubenden in der Zeit, wenn der Heilige Geist gegeben wird und er sie in aller Wahrheit leitet, nicht länger solche Fragen zu stellen wie: »Was ist der Sinn der ‚kleinen Weile‘, von welcher Jesus spricht?« Vgl. 1Joh 2,20, *οἴδατε πάντες*. Die Christen sind die wahren Gnostiker. Joh kommt zu diesem Schluß jedoch nicht auf dem üblichen, gnostischen Weg. S. Komm. zu V. 21. »Das . . . ist die eschatologische Situation: keine Frage mehr zu haben!« (Bultmann) Es ist richtig, nach *οὐδέν* einen Punkt zu setzen. Die nächsten Worte führen einen neuen Gedanken ein.

ἀμὴν ἀμὴν λέγω ὑμῖν. S. Komm. zu 1,51, und s. o. Die Formel führt gewöhnlich einen neuen Gedanken und nicht einen Gegensatz ein.

ἄν τι αἰτήσητε τὸν πατέρα. Zur Konstruktion und zum Gedanken vgl. 14,13f; 15,16; zur Konstruktion (*ἄν* anstelle von *ἐάν*) s. 20,23.

24. *ἕως ἄρτι οὐκ ἠτήσατε οὐδέν*, »Ihr habt keine Forderung gestellt«. Es wäre nicht richtig zu sagen, daß sie keine Fragen gestellt haben.

ἵνα ἡ χαρὰ ὑμῶν ᾖ πεπληρωμένη. Vgl. 15,11, aber die Erfüllung der Freude wird jetzt ɡɘnauer bestimmt; sie besteht in dem Zugang zu Gott, der als Bitten und Empfangen beschrieben wird.

25. *ταῦτα ἐν παροιμίαις λελάληκα ὑμῖν*. Zu *ταῦτα λελάληκα ὑμῖν* s. Komm. zu 14,25; zu *παροιμία* s. Komm. zu 10,6. Hier macht der Gegensatz zu *παρρησία* (s. u.) deutlich, daß an dieser Stelle verhüllte Rede, die schwer zu verstehen ist, gemeint ist. Dies macht es unwahrscheinlich, daß hier einfach auf die Analogie der Frau bei der Geburt eines Kindes in V. 21 verwiesen wird. Es wird hier vielmehr auf die Abschiedsreden als Ganze oder auf die ganze Lehre Jesu verwiesen, welche nach der Darstellung des Joh nicht verstanden worden ist (z. B. 14,9).

ἔρχεται ὥρα. S. Komm. zu 4,21.23. Die »Stunde« ist nicht die der unmittelbar folgenden Sätze, sondern des Zeitraums nach der Auferstehung, wenn der Geist gegeben wird. Die Lehre Jesu war notwendigerweise wegen des Schleiers verhüllt, der bis zur Vollendung seines Werkes über seiner Person hing. Im Vergleich dazu war die Verkündigung der Kirche, die ihren Mittelpunkt in der nun gekreuzigten und verherrlichten Gestalt Jesu hatte, einfach oder zumindest einfach für jene, denen der verherrlichte Jesus offenbart worden war (14,22).

οὐκέτι ἐν παροιμίαις . . . ἀλλὰ παρρησίᾳ. Zu *παρρησία* s. Komm. zu 7,4. Die engsten Parallelen zu der vorliegenden Stelle sind 10,24; 11,14. Dieser Gegensatz läßt an den von Mk 4,11 (*ὑμῖν τὸ μυστήριον δέδοται τῆς βασιλείας τοῦ θεοῦ· ἐκείνοις δὲ τοῖς ἔξω ἐν παραβολαῖς τὰ πάντα γίνεται*) denken. Bei Mk wird ein Gegensatz zwischen zwei Gruppen herausgestellt; die eine ist verwirrt durch die Lehre Jesu, die andere begreift die wahre Bedeutung der Gleichnisse, weil ihr das Geheimnis des Reiches Gottes gegeben wurde, welches letztlich das Geheimnis der Person Jesu ist. Joh weiß sehr wohl um diese radikale Scheidung, die durch die Lehre und das Werk Jesu bewirkt wurde; aber er hält sich vielleicht strenger an die Fakten als Mk, wenn er erkennen läßt, daß sogar die Zwölf bis zum Ende unter denen blieben, die nicht verstanden. Für ihn liegt der Gegensatz nicht zwischen der Menge auf der einen Seite und dem engeren Kreis um Jesus auf der anderen, sondern zwischen der Menge und den Jüngern während der Zeit seines Wirkens einerseits und den Jüngern nach seiner Auferstehung andererseits. Vgl. 2,22; 12,16; 13,7; und s. in den nächsten Versen die erschreckende Betonung, die von Jesus auf das herannahende Verlassen- und Verratenwerden gelegt wird. Nur wenn der Geist sie lehrt (wenn die »Stunde« kommt), werden die Jünger die Wahrheit erkennen und glauben.

περὶ τοῦ πατρὸς ἀπαγγελῶ ὑμῖν. Das ganze Leben Jesu im Fleisch war eine Offenbarung des Vaters gewesen (1,18; 14,9); in der Zeit seiner Herrlichkeit wird es kein neues Thema geben. ἀπαγγελῶ wird gelesen von P⁶⁶ B D W Θ und ist fast sicherlich die ursprüngliche Lesart; ἀψαγγελῶ (Ω; א hat ἀπαγγέλλω, wahrscheinlich ein zufälliger Irrtum) ist zurückzuführen auf Angleichung an V. 13.14.15. Es gibt jedoch keinen wirklichen Bedeutungsunterschied.

26. ἐν ἐκείνῃ τῇ ἡμέρᾳ ἐν τῷ ὀνόματί μου αἰτήσεσθε. Zu beiden Satzteilen vgl. V. 23.

οὐ λέγω . . . Es gibt keine Trennung zwischen den Personen der Gottheit. Jeder Gedanke an einen barmherzigen Sohn gegenüber einem gerechten oder zornigen Vater ist ausgeschlossen: tatsächlich könnte οὐ λέγω darauf hinweisen, daß hier einige derartige Ansichten bekämpft werden. Es wäre jedoch nicht richtig zu sagen, daß Joh Röm 8,34; Hebr 7,25 widerspricht, Stellen, die von der himmlischen Fürsprache (ἐντυγχάνειν) des Sohnes sprechen. Denn in ihnen geht es nicht um das Bittgebet, sondern um den Status der Christen vor Gott, ein Status, der völlig auf den ewigen Folgen des priesterlichen Werkes Christi beruht. Vgl. 1Joh 2,1.

27. αὐτὸς γὰρ ὁ πατὴρ φιλεῖ ὑμᾶς. Möglicherweise steht das αὐτός anstelle eines aramäischen proleptischen Pronomens (zu diesem Sprachgebrauch s. Black, S. 96–100) und ist durchaus unbetont. Es ist jedoch besser, wenn wir mit Field (S. 104) den klassischen Sprachgebrauch von αὐτός vergleichen: *proprio motu* – der Vater selbst liebt euch aus eigenem Antrieb, er muß nicht von mir dazu veranlaßt werden.

ὅτι ὑμεῖς ἐμὲ πεφιλήκατε καὶ πεπιστεύκατε. Diese Worte lassen, wenn man sie so nimmt, wie sie dastehen, daran denken, daß Gottes Liebe von der Liebe und dem Glauben der Menschen abhängt; nur jene, die Jesus lieben und an ihn glauben, werden von Gott geliebt. Dies widerspräche anderen Stellen, wie z. B. 3,16, und es kann kaum die Absicht des Joh sein, obwohl seine Worte ohne Zweifel mißverständlich sind. Er arbeitet tatsächlich die Formulierung und den Gedanken von 15,13–15 heraus, wo die Jünger die φίλοι Jesu genannt werden, da sie mit ihm einen einzigartigen Kreis der Liebe bilden. An der vorliegenden Stelle ist die Pointe, daß der Vater selbst in diesem Kreis steht (wie tatsächlich durch 15,9f impliziert wird).

Der Text am Ende dieses Verses und am Anfang des nächsten ist etwas verwirrend. Folgende Punkte sind zu beachten: a) ἐξῆλθον ἐκ τοῦ πατρός (V. 28) wird ausgelassen von D W b sin. Die zwei Verse werden so verbunden: Ihr habt geglaubt, daß ich von Gott kam und in die Welt gekommen bin. Die Bezeugung ist gut und die Lesart könnte ursprünglich sein; vgl. 14,4; hier wie dort ist die kürzere Lesart etwas unbeholfen, und die Erweiterung »verbessert« sie. Die längere Lesart wird jedoch durch die Tatsache gestützt, daß Wiederholungen mit leichter Variation für Joh charakteristisch sind (Lindars). b) Nimmt man die kurze Lesart in V. 28 an, dann sollten wir in V. 27 wahrscheinlich lesen παρὰ τοῦ πατρός (B D); sonst schiene παρὰ θεοῦ (P⁶⁶ א Θ; τοῦ θεοῦ, Ω) die Lesart, die sich von V. 28 unterscheidet, besser. c) Innerhalb der längeren Lesart in V. 28 gibt es die Varianten ἐκ τοῦ πατρός (B), παρὰ τ. π. (א Θ Ω); wenn man nicht den ganzen Satz ablehnt, sollte man ἐκ, welches sich von dem παρά in V. 27 unterscheidet, vorziehen.

28. Der längere Text dieses Verses (s. o.) ist ein vollständiges Summarium des christlichen Glaubens, wie es der Art des Joh entspricht. Es drückt die Bewegung Gottes in Christus zur Welt aus; den Augenblick der Erniedrigung und Offenbarung (ἐλήλυθα εἰς τὸν κόσμον); die Rückkehr Christi zum Vater, die sowohl die Vollendung seiner Herrlichkeit als auch die Erlösung der Welt ist, da, wie die Reden in Kap. 13–16 zeigen sollen, dies die Bedingung und das Signal für das Kommen des Geistes und die Einleitung einer neuen Austeilung von Erkenntnis und Leben war. Zieht man den kürzeren Text (s. o.) vor, dann haben wir entweder ein solches Summarium, abhängig von πεπιστεύκατε, oder (wenn man einen Einschnitt macht vor πάλιν) eine Aussage über den Glauben der Jünger an die Sendung Jesu von Gott und einen Rückgriff auf das Thema seines Gehens zum Vater.

29. Das Kapitel, und mit ihm die Abschiedsreden, schließen mit einem auffälligen Beispiel joh Ironie. Trotz der Warnung Jesu, daß die Stunde offener Rede nun komme (und nicht gekommen war, V. 25), kamen die Jünger zu dem Schluß, daß sie, weil sie einen orthodoxen Glauben angenommen hatten (V. 27f), nun auch völlig verstanden, was er meinte. Sie erhielten als Antwort eine schonungslose Enthüllung der Wahrheit über sich selbst.

ἐν παρρησίᾳ... παροιμίαν. Zu diesem Gegensatz s. Komm. zu V. 25.

30. νῦν οἴδαμεν. νῦν wird betont wiederholt aus V. 29; die Jünger sind zuversichtlich, daß sie bereits jetzt, vor dem Tod und der Erhöhung Jesu, vor dem Kommen des Geistes, den Augenblick der Erkenntnis erreicht haben. Ihre Bloßstellung (V. 31f) kann deshalb als die Bloßstellung gnostischer Ansprüche, die außerhalb der christlichen Offenbarung gründen, dienen.

οἶδας πάντα. Dies könnte ganz allgemein verstanden werden (»Ihr habt alle Erkenntnis«), aber der nächste Satz, οὐ χρείαν ἔχεις ἵνα τίς σε ἐρωτᾷ, scheint doch einen besonderen Verweis auf V. 19 zu erfordern; Jesus hat ihre Frage beantwortet, noch ehe sie sie gestellt hatten. Jesus kennt die Gedanken in den Herzen der Menschen. (Vgl. 2,24f; die Konjektur, die ursprüngliche Lesart in dem vorliegenden Vers sei πάντας und πάντα sei verderbt – vgl. 1Joh 2,20 eine in ähnlicher Weise verderbte Stelle – hat einiges für sich.) Der Kontext erfordert jedoch eine Verallgemeinerung über V. 19 hinaus. Die Offenbarung der Wahrheit durch Jesus erfolgte auf seine und des Vaters Initiative hin, sie wartete nicht auf eine menschliche Frage; d. h., sie war durch spontane Liebe motiviert (vgl. den oberflächlichen Sinn von V. 27; s. Komm. z. St.). »Das οἶδας πάντα bedeutet also im Grunde: ,Du bist der Offenbarer' und ist die Bejahung der Aussage Jesu V. 27. Der Sinn des Satzes ist also: Auf jede Frage, die den Glaubenden drücken kann, ist in der Offenbarung von vornherein die Antwort enthalten« (Bultmann, S. 455). ἵνα ist erklärend, wie oft bei Joh.

ἐν τούτῳ. Dies war eine schwache Begründung für ihren (formal gesehen durchaus richtigen) Glauben. Vgl. 1,48f; 4,19.29 im Blick auf Glauben, der in Jesu übernatürlichem Wissen gründet. Ob ἐν kausal oder lokal ist, es kann, muß aber nicht für das semitische ‌ב stehen; vgl. zu dieser Frage M II, S. 463.

31. ἄρτι πιστεύετε; Die Frage leugnet vielleicht nicht das Vorhandensein einer gewissen Art und eines gewissen Maßes an Glauben; aber ihre völlige Unangemessenheit wird im nächsten Vers gezeigt.

32. ἔρχεται ὥρα καὶ ἐλήλυθεν. Der Gegensatz zu V. 25 ist charakteristisch; die Zeit der Erkenntnis ist zukünftig; die Gegenwart ist eine Zeit des Anstoßes und des Unheils. »Für den Menschen bedeutet die eschatologische Stunde also zunächst eine Stunde des Schreckens; ehe er ihrer χαρά inne wird, wird er ihre λύπη erfahren« (Bultmann, S. 456). Auf diesen Satz folgt wie oft ein erklärendes ἵνα, welches man nicht als Wiedergabe des aramäischen ‌ד, das als Zeitpartikel verwendet wird, annehmen muß (M II, S. 470).

σκορπισθῆτε ἕκαστος εἰς τὰ ἴδια. Vgl. Mk 14,27, πάντες σκανδαλισθήσεσθε... πατάξω τὸν ποιμένα, καὶ τὰ πρόβατα διασκορπισθήσονται (Zitat aus Sach 13,7). Der Gebrauch von Sacharja in der Interpretation der Passion ist zu weit verbreitet, als daß wir hier auf eine Verwendung des Mk schließen könnten. Die Vorhersage findet eine unmittelbare Erfüllung in Mk 14,50, καὶ ἀφέντες αὐτὸν ἔφυγον πάντες, wofür es freilich keine Parallele bei Joh gibt, wo im Gegenteil der Evangelist sich bemüht, den Lieblingsjünger (19,26f) und einen Zeugen (der vielleicht mit dem Lieblingsjünger identisch ist, 19,35) als gegenwärtig bei der Kreuzigung darzustellen. 21,2 setzt jedoch, wie es scheint, eine Rückkehr der Jünger, einschließlich des Lieblingsjüngers, in ihre Heimat in Galiläa voraus. Ein förmlicher Widerspruch wird vermieden durch den Gebrauch von εἰς τὰ ἴδια in 19,27 – auch der Lieblingsjünger ging nach Hause; die Schlußfolgerung, daß Joh versucht, zwei Dinge zur selben Zeit darzustellen, ist aber nur schwer zu vermeiden: Auf der einen Seite die Isolation Jesu und das völlige Unvermögen sogar der Zwölf, ihn zu verstehen und vor dem Kommen des Geistes an ihn zu glauben, und auf der anderen Seite die Kontinuität zwischen Jesus und der Kirche, die in der Person des idealen Apostels im höchsten Augenblick des Todes und der Erhöhung des Herrn zugegen war. Das erste Thema ist fast sicher bessere Geschichte und auch bessere Theologie; Kreuzigung, Auferstehung und die Gabe des Geistes sind sowohl der theologische wie der historische Grund der Kirche. Zur Zeit der Kreuzigung war Jesus die ganze »Kirche«, die es gab.

καί, »und doch«. Diese Bedeutung von *καί* ist nicht notwendigerweise semitisch, ein ו-adversativum.

ὁ πατήρ μετ' ἐμοῦ ἐστίν. Vgl. 8,16.29. Möglicherweise bekämpft Joh hier ein Mißverständnis von Mk 15,34. Alle Werke Jesu, eingeschlossen die größten, wurden in Harmonie und Einheit mit dem Vater gewirkt; seine Isolation war nur scheinbar.

33. *ταῦτα λελάληκα ὑμῖν*. Vgl. 14,25. *ταῦτα* kann sich einfach auf den vorangegangenen Satz beziehen: Ich habe euch vorhergesagt, daß ihr mich verlassen werdet, damit ihr wißt, daß es nicht unvorhergesehen war, und damit ihr deshalb nicht durch Reue gequält werdet, sondern Frieden habt. Wahrscheinlicher aber bezieht es sich auf die ganze Rede (besonders von 16,1 an), welche die *θλῖψις*, die die Jünger zu erdulden haben, in ihren wahren Kontext stellt und so ihren Frieden sichert.

εἰρήνην. Vgl. 14,27 und Komm. z. St.

ἐν τῷ κόσμῳ. Zur Beziehung zwischen den Jüngern und dem *κόσμος* s. bes. 15,18–25.

θλῖψιν. Vgl. V. 21. Im NT wird *θλῖψις* vor allem in zweifachem Sinn gebraucht: a) von den eschatologischen Leiden (z. B. Mk 13,19.24; Röm 2,9), b) von Nöten und bes. den Verfolgungen der Kirche (z. B. Mk 4,17; Apg 11,19; Eph 3,13). Diese beiden Bedeutungen können nicht streng unterschieden werden; denn es scheint sicher, daß die urchristliche Kirche ihre Leiden als Leiden von eschatologischer Bedeutung betrachtete (Offb 7,14 ist ein besonders deutliches Beispiel für den Gebrauch von *θλῖψις* in beiden Bedeutungsrichtungen gleichzeitig). Daran denkt Joh an dieser Stelle, wie V. 21 zeigt. Durch die Kirche, und besonders durch ihre Liebe, ihre Freude im Geist und ihre Verfolgungen, wird die eschatologische Erlösung, die in der Kreuzigung und Auferstehung vorweggenommen ist und auf die man am Jüngsten Tage hofft, beständig der Welt dargestellt.

ἐγὼ νενίκηκα τὸν κόσμον. *νικᾶν* begegnet bei Joh nur hier, aber es ist charakteristisch für 1Joh (2,13f; 4,4; 5,4f). In 1Joh 5,4f lesen wir von »der Überwindung der Welt«; vgl. 4,4 »die Überwindung des Antichrist«. S. auch Sap 10,2; 1Kor 15,57; Od Sal 9,11; 10,4. Die Erniedrigung Jesu in der Kreuzigung ist zutreffender gesehen als sein Weggang in Herrlichkeit zum Vater und als Überwindung der Welt, die mit besonderer Klarheit in Kap. 13–17 als Gegner Jesu und der Kirche, als die Menschheit ohne Gott dargestellt wird (s. weiter Komm. zu 1,10). Gewöhnlich ist der »Fürst der Welt« *der* Gegner Jesu; s. Komm. zu 12,31. Es gibt auch in den Synoptikern Spuren der Auffassung, daß der Tod Jesu ein Kampf zwischen ihm und bösen Mächten sei (s. HSGT, S. 66ff), aber bei Joh wird dieser Gedanke explizit. Der vorliegende Sprachgebrauch unterscheidet sich von anderen Stellen jedoch darin, daß es nicht der »Fürst«, sondern die Welt selbst ist, die besiegt wird. Was dies bedeutet, wird nicht deutlich gemacht. Oberflächlich gesehen, scheint Joh die Glaubenden von der Welt so streng zu unterscheiden, daß (wie in bestimmten gnostischen und ähnlichen Systemen) das Endergebnis nur die völlige Zerstörung der Welt durch den siegreichen Gott sein kann. Joh dachte jedoch ganz deutlich daran, daß es Konversionen aus der Welt zur Kirche geben würde (17,20; 20,29), und ohne Zweifel kannte er selbst solche. Nichtsdestoweniger bleibt in der Welt ein Prinzip des Bösen (17,15), das nur besiegt und vernichtet werden kann. Tatsächlich hat diese Überwindung und Zerstörung bereits stattgefunden. Das Böse kann jenen, die zu Christus gehören, nicht länger schaden; es wird durch den Parakleten bloßgestellt; am Ende werden alle Kinder Gottes sicher in eins versammelt werden.

35. Das Gebet Jesu

17,1–26

Dieses Kapitel gliedert sich in vier Abschnitte. Im ersten (V. 1–5) redet Jesus den Vater an. Er erinnert ihn an die gehorsame Erfüllung des Werkes, das ihm bei der Fleischwerdung anvertraut wurde, und er bittet darum, daß die nahende Stunde (seiner Passion) sich als das entscheidende Mittel erweisen möge, durch das er den Vater verherrlicht und der Vater ihn: die Tat göttlicher Gnade und menschlichen Gehorsams zugleich, wodurch er hinaufsteigt zu dem Stande der Herrlichkeit, den er am Anfang beim Vater hatte. Im zweiten Abschnitt (V. 6–19) bittet Jesus für die Jünger, die um ihn versammelt sind. Sie sind zusammengeführt worden aus der Welt, und sie werden ihren Angriffen ausgesetzt sein. Bis hierher hat Jesus sie selbst bewahrt und erleuchtet; er bittet, daß sie in seiner Abwesenheit in der Wahrheit Gottes erhalten bleiben. Sie sollen – in ihm selbst und in Gott – in Einheit miteinander erhalten werden, und ihnen wird eine Aufgabe gegenüber der Welt anvertraut, in welcher sie weiterleben werden. Im dritten Abschnitt (V. 20–24) wird der Gesichtskreis des Gebetes ausgeweitet, freilich nicht tatsächlich auf die Welt, sondern auf spätere Generationen von Glaubenden, die von dem Wort der Apostel abhängen. Auch sie müssen eins sein: und ihre Einheit wird das Mittel sein, die Welt zu überzeugen und zu überführen. Die endgültige Bestimmung aller Glaubenden ist es, mit Christus in der ewigen Welt zu leben und seine Herrlichkeit zu sehen. Zuletzt (V. 25f) betrachtet Jesus das Ergebnis seines Wirkens. Die Welt erkannte Gott nicht; aber die Glaubenden haben die Sendung Jesu vom Vater erkannt, und sie haben darin Erkenntnis und Liebe gefunden und werden diese in Ewigkeit finden.

In der vorliegenden Gestalt des Evangeliums steht das Kapitel zwischen den Abschiedsreden und der Verhaftung; Bultmann stellt es zwischen 13,30 und 13,31 (mit einigen Worten von 13,1 zur Einleitung), so daß es den Reden vorangeht. In jedem Falle ist dieses Kapitel mit ihnen eng verbunden. »Fast jeder Vers enthält Anklänge« (an die Kap. 14–16; Dodd, Interpretation, S. 417). Darin liegt nichts Überraschendes: Abschiedsreden enden oft mit einem Gebet, in welchem die Person, die Abschied nimmt, Gott ihre Freunde oder Kinder anvertraut. Ob wir hier weiter gehen und (mit Dodd, Interpretation, S. 119) hinzufügen können, daß das Gebet »die geistliche und ethische Realität dieser ἀνάβασις oder ὕψωσις des Menschensohns ist, welche sich hernach in historischer Wirklichkeit am Kreuz ereignen soll«, ist eine andere Frage. Das Gebet ist nicht einfach eine Interpretation der Kreuzigung und Auferstehung (obwohl es dies auch ist), sondern es blickt auf die Umstände, die darauf folgen werden, ebenso wie es einen bestimmten Platz in der Geschichte Jesu hat.

Die synoptischen Evangelien reden häufig von Gebeten Jesu (Mk 1,35; 6,46; 14,32–39; 15,34; Mt 14,23; 19,13; 26,36–44; 27,46; Lk 3,21; 5,16; 6,12; 9,18.28f; 11,1; 22,41–45; 23,[34]46), aber nur selten erfahren wir etwas über den Inhalt seiner Gebete. Die bemerkenswertesten Ausnahmen sind die Gebete in Gethsemane und jene am Kreuz. Bei Joh betet Jesu bei der Auferweckung des Lazarus, 11,41f; in 12,27 (s. z. St.) gibt es ein Gebet, das an die Gethsemaneszene (Mk 14,35f) erinnert. Das Gebet hat, grob gesehen, die gleiche Funktion wie das Gebet in Gethsemane, aber (s. bes. Fenton) während das synoptische Gebet den Sinn der Passion im Blick auf den teuren Gehorsam herausstellt, verweist das joh Gebet nicht auf den Preis des Gehorsams, auf Trauer oder Verzweiflung. Es betont jedoch den Gehorsam Jesu gegenüber dem Vater, einen Gehorsam selbst bis zum Tod; weiterhin, daß sein Tod das Mittel ist, durch welches die Herrlichkeit Gottes offenbart wird; die Erwählung der Jünger aus der Welt; die Offenbarung Gottes in der Person Jesu für sie; ihre Sendung in die Welt; ihre schließliche Einheit in der Liebe und ihr Wohnen in Christus und Gott. Daß dieses Summarium in die Form eines Gebetes gefaßt wird, führt (wie Dodd zeigt – s. o.) zur Vollendung des Hingehens Christi zu Gott, das das Thema der Abschiedsreden ist, und nimmt seine Erhöhung an das Kreuz vorweg. Dies ist wichtiger, als daß auch gewisse andere hellenistische Offenbarungsreden, wie z. B. der erste Traktat (Poimandres) im Corpus Hermeticum, mit einem Gebet enden (Corp Herm I,31f). Zur Bedeutung und zu den Grenzen dieser hermetischen Parallelen s. Dodd, Interpretation, S. 422f.

Aus dieser Wiedergabe des Kapitels wird deutlich, daß die übliche Bezeichnung des Gebetes als »hohepriesterliches Gebet« (worauf bereits Cyrill von Alexandrien hinweist) oder »Weihegebet« der ganzen Breite des darin enthaltenen Stoffes nicht gerecht wird. Es ist eine Darstellung der ewigen Einheit des Vaters und des Sohnes in ihrer Beziehung auf die Inkarnation und die zeitweise (und offenbare) Trennung, welche die Inkarnation einschloß. So ergeben sich daraus auch die Themen, auf die wir bereits hingewiesen haben. Sie werden an anderer Stelle im Evangelium behandelt, in Lehre und in Handlung; aber hier treten sie hervor, wie sie es in der Beziehung des Sohnes zum Vater ewig sind; denn während der Sohn Gottes wahrhaftig und sichtbar ein Mensch bleibt, kann doch in dem Gebet seine Einheit mit Gott ganz klar gezeigt werden; dieses ist Teil des in der joh Christologie zu findenden Subordinatianismus, und es trägt auch viel zu dessen Erklärung aus (s. »The father is greater than I«). Zugleich offenbart das Gebet, da die Beziehung des Sohnes zum Vater nicht durch Spekulation, sondern nur durch die göttliche Tat in der Geschichte zur Erlösung der Welt erkannt wird, das Wesen und den Sinn des christlichen Lebens in der Beziehung des Christen zu Gott und zur Welt.

Es wird zu beachten sein, daß es in diesem Kapitel keinen Hinweis auf den Heiligen Geist gibt (vgl. dagegen Kap. 14–16). Es scheint, daß für Joh der Heilige Geist eine grundsätzlich eschatologische Vorstellung bleibt (s. Einleitung, S. 103ff) und daß er noch nicht in den Vorstellungen einer ewigen Beziehung innerhalb der Gottheit ausgedrückt wurde (vgl. 7,39).

Das Gebet wird am besten in dem Kontext zwischen die Abschiedsreden und die Passionsgeschichte, in welchen Joh es gestellt hat, gelesen und interpretiert. Andere »Kontexte« sind weniger wichtig, aber auch sie können Wahrheitsmomente enthalten. So gibt es Parallelen (s. u.) zwischen dem Gebet Jesu und dem Eucharistiegebet in Didache 10, und in einem gewissen Maße ist die Ansicht plausibel, daß das Gebet sich im Kontext der Abendmahlsliturgie entwickelte. Es muß jedoch immer beachtet werden, daß kein Zelebrant sich so mit dem Herrn selbst und mit der Stellung des Herrn in der Nacht, in welcher er verraten wurde, identifizieren konnte, daß er tatsächlich in der ersten Person Singular sagen konnte: »verherrliche mich ... ich habe deinen Namen offenbart ... ich kam von dir ... ich komme zu dir« usw. Es gibt auch Parallelen zum Vaterunser (Mt 6,9–13 = Lk 11,2–4), aber diese betreffen keineswegs das ganze Gebet; es gibt auch Parallelen zu den Oden Salomos, bes. 31,4f (er erhob seine Stimme zum Allerhöchsten und opferte ihm die Söhne, die in seiner Hand waren. Und sein Angesicht war gerechtfertigt; dafür hatte sein heiliger Vater sie ihm gegeben); aber diese Parallelen verweisen lediglich auf einen gemeinsamen Entwicklungsbereich (s. John and Qumran, S. 128). Es spricht nicht viel für die These (Guilding, S. 141f.161f), daß das Kapitel sich auf Gen 48 bezieht (als eine Hanukkah-Lektion) oder daß es eine poetische Struktur hat (Brown, S. 748–751).

S. weiter B. Rigaux, Revue théologique de Louvain I [1970], S. 289–319; J. Becker, ZNW 60 [1969], S. 56–83; Käsemann, Jesu letzter Wille.

1. *ταῦτα ἐλάλησεν Ἰησοῦς.* Vgl. 14,25. *ταῦτα* verweist auf die Reden der Kap. 13–16. Joh betont, daß die Anrede Jesu an seine Jünger nun vorüber ist, und er unterscheidet sie deutlich von seiner Anrede an den Vater. Zum Zusammenhang zwischen ihnen s. o.

ἐπάρας τοὺς ὀφθαλμοὺς αὐτοῦ εἰς τὸν οὐρανόν. S. Komm. zu 11,41. Zur Gebetsrichtung, die Menschen einnahmen, s. A. D. Nock und A. J. Festugière, Corpus Hermeticum [1945] II, S. 398f (Anm. 342); beachte aber auch Corp Herm V,10, wo der Verfasser den Blick nach Gott in irgendeine räumliche Richtung tadelt (*ἄνω, κάτω, ἔσω, ἔξω*).

πάτερ. Vgl. 11,41; 12,27. Dieser Name für Gott findet sich häufig bei Joh, und er wird ganz natürlich in einem Gebet gebraucht, das Jesus zugeschrieben ist. Vgl. V. 11 (*π. ἅγιε*), 25 (*π. δίκαιε*).

ἐλήλυθεν ἡ ὥρα. Vgl. 2,4; 12,23. Wie in dem letzten Abschnitt, so ist die Stunde, auf die man so lange gewartet hat und die jetzt gekommen ist, die Stunde der Herrlichkeit des Sohnes. In gleicher Weise ist sie die Stunde seines Todes. Das Evangelium als Ganzes bewegt sich auf diesen Punkt zu, und von diesem Punkt aus sieht Joh die Möglichkeit des christlichen Glaubens und der christlichen Kirche.

δόξασόν σου τὸν υἱόν. Dies ist deutlicher als 12,23; die Herrlichkeit des Sohnes geht vom Vater aus, sie ist die Folge seines Gehorsams. Dodd (AS, S. 91) sieht hier einen Hinweis auf Jes 49,3. Zum Zusammenhang zwischen diesem Satz und dem nächsten vgl. Od Sal 10,4 (ich wurde gestärkt und mächtig gemacht und nahm die Welt gefangen; und dies geschah mir zum Preise des Allerhöchsten und Gottes, meines Vaters).

ἵνα ὁ υἱὸς δοξάσῃ σέ. Wenn der Vater den Sohn verherrlicht, indem er sein gehorsames Leiden annimmt und ihn dadurch in den Himmel erhöht, so geschieht dies, damit der Sohn durch seinen Gehorsam, der so bestätigt wird, den Vater verherrlicht. Der zu 11,4 zitierte Papyrus ist hier von Wert, a) weil er so eindrucksvoll die joh Sprache illustriert und b) weil er genau die entgegengesetzte Denkweise offenbart. In dem Papyrus bittet ein Wundertäter, er möge verherrlicht werden, *weil* er den Namen des Horus verherrlicht hat; Jesus bittet, er möge verherrlicht werden, *damit* er den Vater verherrliche. S. jedoch V. 4f, wo das Denken des Joh dem des Papyrus nähersteht.

2. Die Verherrlichung, um welche Jesus bittet, entspricht (*καθώς*) der Stellung, die er einnahm, und der Vollmacht, die er vor der Fleischwerdung innehatte.

ἔδωκας αὐτῷ ἐξουσίαν πάσης σαρκός. Der Semitismus *πᾶσα σάρξ* (כל בשר) begegnet bei Joh nur an dieser Stelle. Zu *ἐξουσία* s. Komm. zu 1,12, und zur Gabe der Vollmacht 5,27, *ἐξουσίαν ἔδωκεν αὐτῷ κρίσιν ποιεῖν*; aber hier ist die Autorität, wie in den folgenden Worten erklärt wird, umfassender. Vgl. Sap 10,2 (*ἔδωκέν τε αὐτῷ ἰσχὺν κρατῆσαι ἁπάντων*); ebenso Mt 28,18, und s. Dodd, Tradition, S. 361ff – sofern Joh freilich in den Vorstellungen des »Menschensohns« gedacht hätte, hätte er hier den Titel gebraucht. Der Aorist kann auf eine besondere Bevollmächtigung zur irdischen Wirksamkeit des fleischgeborenen Sohnes oder auf einen vorzeitlichen Akt entsprechend dem Wesen der Gottheit verweisen, der Sohn empfängt Vollmacht vom Vater als *fons divinitatis*. Im letzteren Falle wäre der Aorist im striktesten Sinn zeitlos. Es ist jedoch die erste Übersetzungsmöglichkeit vorzuziehen, und wir sollten 1,32f vergleichen: der Sohn empfängt den Geist, damit er mit dem Geist taufe. Vgl. auch Corp Herm I,27, wo der Prophet, nachdem er die göttliche Offenbarung empfangen hat, ausgesandt wird, sie zu verkündigen *δυναμωθεὶς καὶ διδαχθεὶς τοῦ παντὸς τὴν φύσιν καὶ τὴν μεγίστην θέαν.*

ἵνα... δώσῃ. ἵνα ist teilweise final (»... gab ihm Vollmacht ... damit er gebe ...«), teilweise erklärend (»... gab ihm Autorität, zu geben ...«). ἵνα könnte aber auch von *δόξασον* abhängen: Verherrliche ihn ..., damit er gebe. Diese Möglichkeit scheint jedoch entfernter und deshalb weniger wahrscheinlich zu sein. Brown möchte die beiden Alternativen kombinieren. *δώσει* (B) ist wahrscheinlich nur eine orthographische Variante zu *δώσῃ*; *δώσω* (א) ist eine Angleichung der Person an die des Redners. Der Aorist verweist auf eine besondere Gabe – die Gabe des ewigen Lebens durch das vollendete Werk Jesu. Die Lesart von D (*ἔχῃ* für *δώσῃ αὐτοῖς*) glättet die Konstruktion und ist sicherlich sekundär.

πᾶν ὃ δέδωκας αὐτῷ. Das folgende *αὐτοῖς* zeigt, daß *πᾶν*, obwohl Neutrum Singular, sich auf die Jünger bezieht. Ihre Einheit wird so in der stärkstmöglichen Weise dargestellt (nicht *πάντες*, »alle«, sondern »das Ganze«). Vgl. V. 24. Das Thema der Einheit wird in diesem Kapitel beständig wiederholt (V. 11f.20ff.24.26); hier jedoch wird die Einheit als eine Tatsache angenommen, während sie an anderer Stelle Gegenstand des Gebetes ist. Auch hier wird festgestellt und später wiederholt (V. 6.9.24), daß die Jünger Menschen sind, die Gott Christus gegeben hat; und auf diese Weise wird in dem Kapitel die Idee der Prädestination herausgestellt, die an anderer Stelle im Evangelium erscheint (z. B. 12,37–41; 15,16). Die kleine Gruppe der Jünger, vorher ausgewählt von Gott und ihm bekannt, steht der Welt gegenüber. Zwei Punkte unterscheiden die Vorstellung des Joh von jener vieler gnostischer Systeme, in welchen ein kleiner Kreis von Gnostikern für die Erkenntnis und das Leben vorherbestimmt ist: Bei Joh beruht der Status der Glaubenden völlig auf der Tat und Gabe Gottes und auf dem historischen Werk und Ruf Jesu.

ζωὴν αἰώνιον. Das vollendete Werk Jesu bedeutet so a) die Verherrlichung des Vaters und b) die Gabe des ewigen Lebens an die Menschen. Zu *ζωὴ αἰώνιος* s. Komm. zu 1,4; 3,15. Die Wendung ist sehr gebräuchlich in den Kap. 1–13; in Kap. 14–17 nur hier und im nächsten Vers (vgl. 14,6, *ζωή*). Der Grund für diese Veränderung liegt darin, daß im ersten Teil des Evangeliums Joh die Evangeliumsbotschaft an die Welt darstellt, das Angebot ewigen Lebens an alle, die glauben; in den Abschiedsreden konzentriert er sich auf die Gruppe der Glaubenden, die aus der Welt ausgewählt worden sind, und betont die Notwendigkeit christlicher Liebe.

3. Dieser Vers muß als Parenthese betrachtet werden, aber dies heißt nicht, daß er eine Glosse ist. Joh fühlte die Notwendigkeit einer Beschreibung des ewigen Lebens, und da er keine Fußnote verwenden konnte, fügte er sie in das Gebet ein, mit welchem es grammatikalisch verbunden wird (*σὲ ... ἀπέστειλας*).

... ἡ αἰώνιος ζωὴ ἵνα γινώσκωσι (*γινώσκουσι*, D) *σέ.* Zu *αἰώνιος ζωή* s. Komm. zu 1,4; 3,15. Die Vorstellung, daß Gotteserkenntnis wesentlich für das Leben (Erlösung) sei, ist im hebräischen und hellenistischen Denken verbreitet (s. Einleitung, S. 50ff, 97f). Im AT ist Erkenntnis charakteristisch für die Weisheitsliteratur (z. B. Prov 11,9, durch Erkenntnis (דעת) werden die Gerechten erlöst werden); aber die Verwendung des Wortes bei den Propheten ist sogar noch wichtiger. S. z. B. die Vorhersage des guten Äons in Hab 2,14, die Erde soll erfüllt werden mit der Erkenntnis (דעת) der Herrlichkeit des Herrn (*τοῦ γνῶναι τὴν δόξαν κυρίου*), und die bedeutsame negative Aussage in Hos 4,6: mein Volk ist vernichtet, weil sie keine Erkenntnis haben (מבלי הדעת, *οὐκ ἔχων γνῶσιν*). Ähnliche Stellen finden sich im rabbinischen Judentum. So sagte Ber 63a Bar Qappara (ca. 220 n. Chr.): Welcher ist der kleinste Abschnitt der Schrift, an welchem alle wesentlichen Dinge des Gesetzes hängen? Prov 3,6: Erkenne ihn an (wörtlich: erkenne ihn דעהו), und er wird deine Wege leiten. Ähnlich Mak 24a: Amos kam und führte sie [die Gebote des Gesetzes] auf eines zurück, nämlich: (Amos 5,4) suchet mich, und ihr werdet leben [Gott suchen impliziert selbstverständlich, ihn zu erkennen]. Im Judentum kommt Gotteserkenntnis in erster Linie durch das Gesetz, und das Gesetz ist Leben (s. Komm. zu 5,39). Zu der Entsprechung von Gesetz und Erkenntnis s. z. B. Cant r 1,24, wo Hos 4,6 (weil du die Erkenntnis zurückgewiesen hast, werde auch ich dich zurückweisen) paraphrasiert wird: Du hast das Gesetz deines Gottes vergessen, deshalb werde ich auch deine Kinder vergessen. Aus der Qumranliteratur hat man 1QS 2,2f; 4,22; 9,3f; CD 3,20 zitiert; aber keine dieser

Stellen ist eine wirklich befriedigende Parallele (Braun). Außerhalb des Judentums war die Schau Gottes, die der Eingeweihte empfing, in den hellenistischen und orientalischen Kulten die Quelle des Lebens und der Erlösung. Diese Vorstellung erscheint in verschiedener Form im Gnostizismus und war in der Tat seine Grundlage. Sie findet sich in einer besonders klaren Form im Corpus Hermeticum (s. Einleitung, S. 56f, und beachte bes. Corp Herm I,3, μαϑεῖν ϑέλω τὰ ὄντα καὶ νοῆσαι τὴν τούτων φύσιν καὶ γνῶναι τὸν ϑεόν; X,15, τοῦτο μόνον σωτήριον ἀνϑρώπῳ ἐστίν, ἡ γνῶσις τοῦ ϑεοῦ). Da Gotteserkenntnis sowohl für das Judentum als auch für den Hellenismus zentral ist, ist es nicht überraschend, diese Vorstellung auch im hellenistischen Judentum zu finden. S. Philo, passim; z. B. Deus Imm 143, τὸ δὲ τέρμα τῆς ὁδοῦ (der Weg der Weisheit) γνῶσίς ἐστι καὶ ἐπιστήμη ϑεοῦ.

Ganz deutlich ist die Vorstellung von der Erkenntnis als dem Grund der Erlösung sehr weit verbreitet; es ist aber nicht anzunehmen, daß in all den zitierten Quellen »Erkenntnis« dasselbe meint. Zu einer Erörterung dieser Frage s. Komm. zu 1,10 und Einleitung, S. 97f. Folgende Punkte, die sich bei diesem Vers aufdrängen, seien hier festgehalten: a) Die Erkenntnis Gottes und Christi gibt Leben; aber dieselbe Wirkung folgt aus dem Glauben (20,31). Erkennen und Glauben werden einander nicht gegenübergestellt, sondern aufeinander bezogen. Dies weist darauf hin, daß die Vorstellung des Joh von der Erkenntnis der des AT nahesteht. b) Erkenntnis hat auch eine objektive, faktische Seite. Die Menschen müssen den einzig wahren Gott erkennen (vgl. 8,32, γνώσεσϑε τὴν ἀλήϑειαν). Diese Objektivität ist zum Teil griechisch, sie verdankt aber auch etwas der jüdischen Vorstellung, daß Gott sich selbst offenbart und in konkreten historischen Ereignissen erkannt wird. c) Die Erkenntnis Gottes kann nicht von der Erkenntnis seines Fleisch gewordenen Sohnes getrennt werden; vgl. 14,7; 20,31 und viele andere Stellen. Diese Tatsache ermöglicht eine einzigartige Verbindung der griechischen und hebräischen Vorstellung über Erkenntnis. Rettende Erkenntnis wurzelt in der Erkenntnis einer historischen Person; sie besteht deshalb in einer objektiven und zur selben Zeit auch einer personalen Beziehung.

τὸν μόνον ἀληϑινὸν ϑεόν. Vgl. Philo, Spec I,332, τὸν ἕνα καὶ ἀληϑινὸν ϑεόν; Leg. ad Gaium 366, τὸν ἀληϑινὸν ϑεόν; 3Makk 6,18, ὁ . . . ἀληϑινὸς ϑεός; 1Thess 1,9; 1Joh 5,20. Die Verwendung von μόνος hilft zur Erklärung der Bedeutung von ἀληϑινός (hier und an anderer Stelle). So ist der Gott, den zu erkennen ewiges Leben zu haben bedeutet, das einzige Wesen, das angemessen so bezeichnet werden darf; er, und er allein, ist folgerichtig wahrhaftig ϑεός. S. Komm. zu 1,9.

ὃν ἀπέστειλας Ἰησοῦν Χριστόν. Die Parallelität zu der vorangehenden Wendung – σὲ τὸν μόνον ἀληϑινὸν ϑεόν – legt die Annahme nahe, daß ὃν ἀπέστειλας als direktes Objekt zu verstehen ist; Ἰησοῦν Χριστόν ist dann eine erklärende Apposition: ». . . daß sie erkennen sollen . . . ihn, den du gesandt hast, d. h. Jesus Christus.« Zur Sendung Jesu vom Vater s. Komm. zu 20,21. Zum Gedanken Gottes und seines Boten gibt es eine gewisse Parallele (Betz, S. 129) bei Lukian, Alexander 22, ἐγὼ καὶ Ἀλέξανδρος ὁ προφήτης μου.

4. ἐγώ σε ἐδόξασα ἐπὶ τῆς γῆς. Das Tempus der Vergangenheit steht im Gegensatz zu dem vorausschauenden Konjunktiv von V. 1 (ἵνα . . . δοξάσῃ). Eine andere Art der Verherrlichung ist hier im Blick. In V. 1 (vgl. V. 2) wird der Sohn den Vater dadurch verherrlichen, daß er den Menschen Leben gibt; hier wird der Sinn der Verherrlichung herausgearbeitet durch den nächsten Satz – τὸ ἔργον τελειώσας. Das Partizip sollte übersetzt werden »durch die Vollendung des Werkes . . .«. Der Sohn verherrlicht den Vater durch seinen völligen Gehorsam und die treue Erfüllung seiner Aufgabe. τελειώσας blickt zurück auf die Vollendung des Lebens Jesu, und wahrscheinlich auch auf seinen Tod (vgl. 19,30, τετέλεσται). Zu ἔργον vgl. 4,34. Es gibt eine enge wörtliche Parallele in den Thomasakten, 145, die wahrscheinlich davon abhängt: ἐπλήρωσά σου τὸ ἔργον καὶ τὸ πρόσταγμα ἐτελείωσα. Einzelheiten über das »Werk«, das Jesus getan hat, werden in den folgenden Versen geboten; vgl. auch 5,21f – das Werk des Sohnes ist κρίνειν und ζωοποιεῖν (Bultmann).

ἵνα ποιήσω. Das »erklärende« ἵνα, das anstelle eines Infinitivs gebraucht wird.

5. καὶ νῦν δόξασόν με σύ. Das νῦν, der Imperativ Aorist und die scharf nebeneinander gestellten Pronomina sollen einen Gegensatz herausstellen. In seinem gehorsamen Wirken hat Jesus den Vater

verherrlicht; nun soll in Antwort auf den Tod, welcher seinen Gehorsam und sein Wirken besiegelt, der Vater ihn verherrlichen.

παρὰ σεαυτῷ, d. h., indem er mich zu der Stellung zurückkehren läßt, deren ich mich vor der Fleischwerdung erfreute; vgl. *παρὰ σοί*, und mit beiden vgl. 1,1, *πρὸς τὸν θεόν*. Die Herrlichkeit, um die es geht, ist die himmlische Herrlichkeit Christi; das Gebet ist ein Gebet um Erhöhung und Himmelfahrt. Nach der Kreuzigung wird der Menschensohn dahin aufsteigen, wo er zuvor war (6,62). Mit *πρὸ τοῦ τὸν κόσμον εἶναι* vgl. 8,58.

6. Der Gedankengang wendet sich nun wieder den Jüngern zu, den Erstlingsfrüchten des vollendeten Werkes Christi.

ἐφανέρωσά σου τὸ ὄνομα. Vgl. V. 26 (*ἐγνώρισα*). Die Offenbarung des Namens Gottes ist eine Vorstellung, die Joh nur in diesem Kapitel besonders herausstellt. Zu der Beziehung zwischen der Offenbarung des Namens und der Verherrlichung Gottes (V. 4) s. Sidebottom, S. 40. Name und Wort sind eng aufeinander bezogen (s. Charlesworth, John and Qumran, S. 149–155), sie dürfen aber nicht identifiziert werden. Der Aorist *ἐφανέρωσα* faßt das Werk der irdischen Wirksamkeit zusammen (vgl. *ἐδόξασα*, V. 4). Vgl. Ps 22(21),23, *διηγήσομαι τὸ ὄνομά σου τοῖς ἀδελφοῖς μου*. Zu »dem Namen« als Verkörperung des (offenbarten) Wesens Gottes s. BDB 1028 a, b, und die dort gegebenen Belege. Vgl. Ex 3,15 und bes. Jes 52,6, wo die Erkenntnis des Namens Gottes für die Zukunft verheißen wird (ידע שמי עמי, *γνώσεται ὁ λαός μου τὸ ὄνομά μου*). In der späteren jüdischen Literatur weist der Name Gottes gewöhnlich auf das heilige Tetragramm (יהוה, YHWH), welches – außer durch den Hohenpriester im Allerheiligsten – nicht länger ausgesprochen wurde. Zuweilen wurde »der Name« (השם) als ein verehrungsvoller Ersatz für das Wort Gott gebraucht. Die Offenbarung des Namens Gottes durch Jesus ist seine Kundgabe des unsichtbaren Gottes (1,18). Wir haben nicht an die Offenbarung eines bestimmten Namens zu denken (obwohl Brown vorschlägt »ich bin«, und Dodd ähnlich הוא אני oder אני והוא; Interpretation, S. 417). Die Sprache ist sowohl biblisch als auch gnostisch.

ἐκ τοῦ κόσμου S. Komm. zu 15,19.

σοὶ ἦσαν κἀμοὶ αὐτοὺς ἔδωκας. Die Jünger gehörten von Anfang an zu Gott, da er sie von Anfang an als seine Kinder vorherbestimmt hatte. Er gab sie Jesus, damit sie als Teil der Gabe aller Gewalt an ihn (V. 2) und als ein Beitrag zu seinem Offenbarungswerk seine Jünger seien. Die Liebe Jesu für die Seinen, die sich darin zeigt, daß er sein Leben für sie gab, und die wechselseitige Liebe der Jünger sind die wahre Offenbarung Gottes in seinem grundlegenden Liebeswirken.

τὸν λόγον σου τετήρηκαν. Die Endung *-αν* (für *-ασι*) der dritten Person Plural Perfekt kam in Gebrauch im 2. Jh. n. Chr. und ist ohne Zweifel die richtige Lesart an dieser Stelle (vgl. *ἔγνωκαν* in V. 7). S. WH, Einleitung, Anmerkungen zur Orthographie, S. 166; M I, S. 52; II, S. 221 (wo Moultons Sicht modifiziert wird); Bl-Debr § 83. An keiner anderen Stelle hören wir bei Joh von Menschen, die das Wort Gottes halten. Jesus hält es (8,55; vgl. 15,10, *ἐντολάς*), und er gebietet seinen Jüngern, *sein* Wort zu halten (8,51f; 14,23; vgl. 14,24, *λόγους*; 14,15.21; 15,10, *ἐντολάς*). 14,23f wird gezeigt, daß eine Unterscheidung zwischen *Wort* (Singular) und *Worten* (Plural) vorgenommen werden sollte. Ersteres bedeutet die göttliche Botschaft, die von Jesus gebracht wurde, verstanden als Ganzes, letztere stehen der Bedeutung Gebote, *ἐντολαί*, näher. Daß die Jünger das Wort Gottes gehalten haben, bedeutet, daß sie loyal die Wahrheit Gottes in Jesus annahmen und gläubig verkündigten. Dies kann kaum auf die Zeit des Erdenwirkens verweisen (bes. angesichts von 16,31f und ähnlicher Stellen). Joh blickt (vielleicht am Ende des 1. Jh.) auf das Werk der Apostel zurück.

7. *νῦν.* Der Sinn scheint hier ein anderer zu sein als in V. 5.13; nicht »jetzt, im Augenblick der Herrlichkeit«, sondern »jetzt, am Ende des Erdenwirkens«. Vgl. 16,30. *ἔγνωκαν* scheint die richtige Lesart zu sein. Zu dieser Verbform s. Komm. zu *τετήρηκαν*, V. 6. Es gibt mehrere Varianten. *ἔγνωσαν* (𝔓 33) ist wahrscheinlich auf Angleichung an V. 8 zurückzuführen. *ἔγνωκα* (W) ist wahrscheinlich ein zufälliger Irrtum. *ἔγνων* (א it sin pesch sah) darf nicht einfach ausgeschieden werden, die Lesart entstand wahrscheinlich aber aus einem mißverstandenen Anschluß an die Person von *ἐφανέρωσα* am Anfang von V. 6. In der Tat spricht Jesus immer noch von den Jüngern. Der vorliegende und

der nächste Vers erklären den letzten Satz. Die Jünger haben erkannt, daß »alle Dinge« zu Jesus von Gott gekommen sind; »alle Dinge« schließen ῥήματα, Worte, ein; die Worte Jesu zu empfangen bedeutet, das Wort Gottes halten.

πάντα ὅσα δέδωκάς μοι παρὰ σοῦ εἰσιν. Es wäre einfacher und weniger tautologisch gewesen, hätte Joh geschrieben: »Alles, was ich habe, kommt von dir«, als: »Alle Dinge, die du mir gegeben hast, kommen von dir«; aber Joh betont wie immer die Abhängigkeit Jesu vom Vater in seinem Wirken.

8. ὅτι. Die Jünger kennen die Wahrheit nur, weil Jesus sie ihnen gegeben hat und sie sie empfangen haben.

τὰ ῥήματα. Im Erdenwirken Jesu wird der λόγος von V. 6 notwendigerweise in zahllose Worte, ῥήματα, differenziert. Die Jünger haben das Wort Gottes empfangen, indem sie die Worte Jesu empfingen (ἔλαβον). Vgl. 6,63; indem sie die Worte Jesu empfingen, haben die Jünger das Leben empfangen (V. 2).

ἔγνωσαν ἀληθῶς. Sie haben auch, nämlich in den ῥήματα Jesu, Erkenntnis gefunden und die Wahrheit kennengelernt (und eben dadurch, daß sie Erkenntnis empfingen, haben sie Leben empfangen). Die Wahrheit ist, daß Jesus nicht in seinem eigenen Namen, sondern von Gott gekommen ist. Zu dem Ausdruck vgl. 7,26. Möglicherweise ist das ἀληθῶς von ἐξῆλϑον zu dem Verb im Hauptsatz herübergezogen worden.

ἐπίστευσαν. Es ist müßig, einen Unterschied zwischen den beiden ὅτι-Sätzen zu suchen. »Erkennen« und »glauben« werden ganz parallel gebraucht. Zum Verhältnis zwischen den beiden s. Komm. zu 17,3.

σύ με ἀπέστειλας. S. Komm. zu 20,21. Wie dort, so führt auch in diesem Gebet der Gedanke der Sendung des Sohnes zu dem komplementären Gedanken der Sendung der Jünger in die Welt (s. bes. V. 18).

9. ἐγὼ περὶ αὐτῶν ἐρωτῶ. Nach den einleitenden Versen 6–8 beginnt das Gebet für die Jünger. ἐρωτᾶν ist hier sicherlich synonym mit αἰτεῖν. Der Inhalt des Gebetes wird in den folgenden Versen expliziert; zuerst jedoch wird er durch den Kontrast des nächsten Satzes herausgestellt.

οὐ περὶ τοῦ κόσμου ἐρωτῶ. Die Abfolge der Worte weist auf die Betonung hin: Nicht für die Welt ist es, daß ich bete. S. Komm. zu 15,19. Es ist einmal mehr zu betonen, daß Joh, nachdem er (3,16) die Liebe Gottes zum κόσμος festgestellt hat, diese Position nicht zugunsten einer engstirnigen Zuneigung zu den Frommen aufgibt. Es ist klar (s. bes. V. 18), daß in diesem Kapitel auch an eine Sendung der apostolischen Kirche in die Welt gedacht ist, in welcher die Menschen bekehrt und der Gemeinschaft Jesu hinzugefügt werden. Es wäre allerdings fast eine Absurdität, für den κόσμος zu beten, da die einzige Hoffnung für den κόσμος eben genau darin besteht, daß er aufhört, der κόσμος (s. Komm. zu 1,10) zu sein.

περὶ ὧν δέδωκάς μοι. S. V. 6.

ὅτι σοί εἰσιν. Für die Welt kann nicht gebetet werden, da sie, als der κόσμος, sich selbst außerhalb des göttlichen Plans gestellt hat. Die Jünger andererseits gehören zu Gott, ebenso wie sie zu Christus gehören. Der paradoxe Prädestinatianismus des Evangeliums wird einmal mehr herausgestellt. Die Jünger gehören zum Vater und kommen zu Jesus, weil der Vater sie ihm gibt (6,37.44); sie werden jedoch Eigentum des Vaters durch ihren Glauben an Jesus, und weil sie sein Wort halten.

10. τὰ ἐμὰ πάντα σά ἐστιν καὶ τὰ σὰ ἐμά. Zu dem Wechsel vom Maskulinum zum Neutrum vgl. V. 2. Es scheint hier eine bewußte Absicht vorzuliegen, den Gedanken auszuweiten. Die Jünger sind nicht nur zugleich Eigentum des Vaters und des Sohnes; es gibt auch eine völlige Wechselseitigkeit des Interesses und des Besitzes zwischen dem Vater und dem Sohn. Der Vater und der Sohn sind so gleich; doch ihre Gleichheit entspringt gewissermaßen aus der Gabe des Vaters.

δεδόξασμαι ἐν αὐτοῖς. αὐτοῖς ist am natürlichsten als Neutrum zu verstehen, mit Bezug auf das πάντα, welches Vater und Sohn gemeinsam haben; es ist jedoch möglich, daß man καὶ τὰ ἐμά … ἐμά als Parenthese verstehen sollte, und αὐτοῖς wird dann auf das ὧν (V. 9, die Jünger) zurückblicken. Die letztere, mehr personale Interpretation ist angesichts von 13,31f; 14,13 vielleicht besser. An diesen

Stellen wird der Vater *im* Sohn verherrlicht, durch die gehorsame Selbstdarbietung des Sohnes. Bei ersterer liegt die Betonung auf dem Akt des Gehorsams, bei letzterer auf der Frucht dieses Aktes (dem Gebet der Jünger). Hier sind die Jünger der Ort (*ἐν* scheint örtlich zu sein, vielleicht aber ebenso auch instrumental), wo Christus verherrlicht wird, und er wird, wie der nächste Vers zeigt, durch ihre treue Erfüllung ihrer Sendung verherrlicht werden. Das Perfekt *δεδόξασμαι* sollte beachtet werden. Jesus war in seinem Wirken bereits durch das gehorsame Vertrauen der Zwölf verherrlicht worden, aber das Wort spiegelt auch den späteren Standpunkt des Evangelisten wider.

11. Jesus erklärt, wie sehr häufig in den Abschiedsreden, einmal mehr seine herannahende Passion als ein Gehen zum Vater (*ἔρχεσθαι*, und nicht *ὑπάγειν* oder *πορεύεσθαι*, wird hier gebraucht, weil Jesus zum Vater im Gebet spricht). Die Jünger werden in der Welt zurückgelassen, d. h. in eben der Stellung, die er selbst innehatte. Sie müssen jetzt mit dem Heiligen Geist Zeugnis gegenüber der Welt ablegen und ihre Feindschaft ertragen.

ἔρχομαι. Nach diesem Wort liest D zusammen mit einigen altlateinischen Handschriften *οὐκέτι εἰμὶ ἐν τῷ κόσμῳ καὶ ἐν τῷ κόσμῳ εἰμί*. Vgl. 3,14 (der längere Text). Diese Lesart, so interessant sie ist, entstand wahrscheinlich durch die zufällige Wiederholung der ersten beiden Teile des Verses.

πάτερ ἅγιε. Vgl. V. 1.5.25; auch das Gebet bei Singer, S. 36, und bes. Didache 10,2, wo *πάτερ ἅγιε* in dem Abendmahlsgebet begegnet. »Sein heiliger Vater« findet sich in Od Sal 31,5 (s. o.). Es ist naheliegend, anzunehmen, daß das Epitheton »heilig« eine besondere Bedeutung für die folgende Bitte hat; und dies ist in der Tat so. Das Gebet für die Jünger besagt, daß so wie Christus sich selbst geheiligt hat, auch sie in Einheit miteinander geheiligt werden sollen, in Christus und für Gott. Es ist die ursprüngliche Heiligkeit des Vaters, welche die Heiligung Jesu und der Kirche verständlich und möglich macht. Dies ist die joh Entsprechung des atl: »Ihr sollt heilig sein, denn ich bin heilig« (Lev 11,44), welches an anderer Stelle im NT in einem vorwiegend ethischen Sinn wiedergegeben wird (1 Petr 1,16. vgl. Mt 5,48). Obwohl niemand stärker das sittliche Ergebnis der Heiligkeit in der Liebe betonen konnte, ist Joh sorgfältig darum bemüht, die Wurzel dieser Heiligkeit in einer Beziehung herauszuarbeiten.

τήρησον αὐτοὺς ἐν τῷ ὀνόματί σου (D fügt aus V. 12 hinzu *καὶ ὅτε ἤμην μετ' αὐτῶν ἐγὼ ἐτήρουν αὐτοὺς ἐν τῷ ὀνόματί σου*); d. h., bewahre sie als das, was sie sind, eine Gruppe von Menschen, die aus der Welt als Gottes eigener Besitz ausgegrenzt sind. *ἐν τῷ ὀνόματί σου* kann einfach diesen Gedanken ausdrücken – »behalte sie als die Deinen, als dein Eigentum« – oder das *ἐν* könnte instrumental sein. Der Name Gottes (s. V. 6.26) ist sein offenbartes Wesen.

ᾧ δέδωκάς μοι. Und Gottes offenbartes Wesen ist Jesus anvertraut worden. Vgl. 1,18; 14,9. Jesus selbst hat die Jünger bewahrt (s. den nächsten Vers), und indem er dies tat, handelte er in der Weise und mit der Vollmacht Gottes. Dies wird mit dem Satz ausgedrückt, Gott habe Jesus seinen Namen gegeben. *ᾧ* muß sich auf *ὄνομα* beziehen und ist ohne Zweifel die zutreffende Lesart. *οὕς* und *ὅ*, die von einigen wenigen Handschriften bezeugt werden, sind »Verbesserungen«; die erste führt wieder die Vorstellung ein, daß die Jünger Jesus von Gott gegeben wurden (vgl. V. 2.6.9); die letztere vermeidet die Attraktion des Relativpronomens. Es ist nicht notwendig anzunehmen (Burney, S. 102f), *ᾧ* sei eine Fehlübersetzung des aramäischen Relativpronomens ד, welches mit *οὕς* wiedergegeben werden sollte. *οὕς* ergibt gewiß einen joh Gedanken; aber dies tut auch *ᾧ*.

ἵνα ὦσιν ἕν. Die Jünger sollen von Gott nicht als Einheiten, sondern als eine Einheit (*ἕν*, Neutrum) erhalten werden. Die Einheit der Jünger in der Liebe ist in den Abschiedsreden (13,34f; 15,13) bereits betont worden, und sie wird wieder in dem Gebet (V. 21ff) betont werden; es handelt sich um eine Demonstration der Wahrheit des Evangeliums.

καθὼς ἡμεῖς. Es ist eine solche Demonstration, weil sie nicht lediglich menschliche Einmütigkeit ausdrückt, sondern weil sie nach der Einheit des Vaters und des Sohnes gestaltet ist und aus ihr entspringt. Jede Gemeinschaft von Menschen untereinander muß, um wirken zu können, auf eins gerichtet sein; aber die Einheit der Christen wird so unterschieden von weltlicher Einheit, einschließlich der Einheit oder Gemeinschaft (יחד, *yaḥad*) von Qumran, selbst wo diese eine יחד אל, *yaḥad 'el*, eine Einheit Gottes (1QS 1,12) ist. Der Gedanke wird auch im weiteren Verlauf des Gebetes entwickelt; s. u.

ᾧ . . . *ἡμεῖς.* Diese Worte werden ausgelassen von it sin, die letzten fünf Worte von P⁶⁶. Es spricht vieles für den Kurztext, da man kaum irgendeinen guten Grund für die Auslassung finden kann; Gewißheit ist jedoch hier nicht zu gewinnen.

12. Während seines Wirkens wachte Jesus selbst in der Person Gottes über die Seinen. Anstelle von ᾧ lesen D Θ Ω it vg οὕς; s. o. ᾧ *δέδωκάς μοι* wird völlig ausgelassen von ℵ* sin.

ἐφύλαξα ist gewöhnlich ein stärkeres Wort als *τηρεῖν,* aber seine militärische Bedeutung darf nicht zu sehr betont werden; vgl. 12,25.47, die einzigen anderen Stellen, wo dieses Wort bei Joh gebraucht wird. Es handelt sich hier wahrscheinlich lediglich um eine synonyme Variante von *τηρεῖν,* entsprechend dem Stil des Joh. Der Aorist faßt den Prozeß zusammen, der durch das Imperfekt *ἐτήρουν* dargestellt wird.

οὐδεὶς ἐξ αὐτῶν ἀπώλετο, niemand ist als Jünger verlorengegangen. Vgl. 18,9 zur Erfüllung der Behauptung Jesu. Zu *ἀπολλύναι, ἀπώλεια* s. Komm. zu 3,16.

εἰ μὴ ὁ υἱὸς τῆς ἀπωλείας, Judas Ischariot. Im NT bedeutet *ἀπώλεια* gewöhnlich eschatologisches Verderben, Verdammnis (Mt 7,13; Apg 8,20; Röm 9,22; Phil 1,28; 3,19; 1Tim 6,9; Hebr 10,39; 2Petr 2,1; 3,7; [3,16]; Offb 17,8.11); derselbe semitische Ausdruck (*υἱὸς τῆς ἀπωλείας* = ein Mensch, der zum Verderben bestimmt ist) begegnet in 2Thess 2,3, einer Apokalypse, in welcher vorhergesagt wird, daß die Parusie Christi nicht stattfinden wird, »außer der Abfall kommt zuerst und der Mensch der Sünde (*ὁ ἄνϑρωπος τῆς ἁμαρτίας,* v. l. *ἀνομίας*) wird offenbart, der Sohn des Verderbens (*ὁ υἱὸς τῆς ἀπωλείας*)«. Wahrscheinlich sah Joh in Judas diese eschatologische Gestalt, die vor dem Offenbarwerden der Herrlichkeit Christi erscheinen muß (geradeso wie in 1Joh 2,18.22; 4,3 ketzerische Lehrer als Antichrist dargestellt werden). Es sollte beachtet werden, daß der Semitismus traditionell und nicht joh ist; man kann ihn nicht dazu verwenden, um die Existenz einer semitischen Quelle, ja nicht einmal eines semitischen Gedankens zu beweisen – ganz im Gegenteil.

ἵνα ἡ γραφὴ πληρωϑῇ – wahrscheinlich die *γραφή* (Ps 41,10), zitiert in 13,18, und nicht irgendeine Vorhersage des Antichrist oder Ps 109,8 (Apg 1,20). Judas war so »ein Opfer teleologischen Denkens« (Derrett, Law, S. 427), obwohl weder von Joh noch von dem modernen Autor erklärt wird, wie teleologisches Denken sein Opfer forderte.

13. *νῦν δὲ πρὸς σὲ ἔρχομαι.* Einmal mehr wird die Bewegung Jesu zum Vater hin unterstrichen, und zwar hier zu dem Zweck, den Gegensatz zwischen der Zeit, als er während seines Erdenwirkens die Seinen bewahren konnte, und der Zeit seines Rückzugs herauszustellen.

ταῦτα λαλῶ . . . ἵνα ἔχωσιν . . . ταῦτα kann sich auf den Inhalt der gesamten letzten Reden beziehen; in diesem Falle vgl. 15,11. Wenn *ταῦτα* auf das Gebet verweist, vgl. 11,42, wo Jesus laut betet *διὰ τὸν ὄχλον.* Er selbst ist als der ewige Sohn in beständiger Gemeinschaft mit dem Vater, er braucht deshalb die formale Praxis des Gebets nicht; aber diese menschliche Praxis ist das einzige Mittel, durch welches die Gemeinschaft, deren er sich erfreut, menschlicher Beobachtung gezeigt werden kann, und sie bildet die Struktur der Gemeinschaft, deren sich seine Jünger in der Folge erfreuen werden. Deshalb hilft sie dazu, ihnen seine Freude zu vermitteln, die aus dem uneingeschränkten Gehorsam gegenüber dem Vater und aus der ungebrochenen Gemeinschaft mit ihm entspringt, ebenso wie die ihre daraus entspringen wird. Dies kann nur sowohl aus einem gnostischen als auch aus einem eschatologischen Blickwinkel gesehen werden. In den Oden Salomos, wo das Thema der Freude häufig vorkommt, herrscht der erstere vor.

πεπληρωμένην. Zum Ausdruck vgl. 16,24.

14. *ἐγὼ δέδωκα αὐτοῖς τὸν λόγον σου.* Vgl. V. 6 und zu dem Wort Gottes, welches Jesus seinen Jüngern gab, s. V. 17, *ὁ λόγος ὁ σὸς ἀλήϑειά ἐστιν.* Jesus vertraute ihnen die Wahrheit seiner Beziehung zu Gott an, welche sie wahrhaftig empfingen (V. 8). Diese Wahrheit zu erkennen heißt, ewiges Leben zu haben (17,3; 20,31).

ὁ κόσμος ἐμίσησεν αὐτούς. Vgl. 15,18f zu dem unvermeidlichen Haß der Welt gegenüber jenem, welches wesenhaft anders als sie selbst ist. Der Aorist ἐμίσησεν ist vom Standpunkt des Evangelisten aus geschrieben. Dieses Gewicht geht verloren, wenn man annimmt (Torrey, S. 109.114), es sei auf die falsche Punktierung von שׂנא zurückzuführen, das als *sᵉna'* (Perfekt, ἐμίσησεν) anstelle von *sane'* (Partizip, zu übersetzen μισήσει) gelesen wurde.

καϑὼς ἐγὼ οὐκ εἰμὶ ἐκ τοῦ κόσμου. Die Jünger haben teil an dieser »Andersartigkeit« Jesu, da er sie aus der Welt erwählt hat (15,19) und weil sie aus dem Geist (3,3–8) und nicht in irgendeiner menschlichen Weise (1,13) geboren wurden. Zu dieser Entsprechung s. Käsemann, Jesu letzter Wille, S. 111. Diese Worte werden ausgelassen von P⁶⁶* D it sin, vielleicht weil sie angesichts von V. 16 überflüssig erschienen. Dieser Vers wird von einigen wenigen Handschriften ausgelassen, vielleicht aus einem ähnlichen Grund.

15. ἵνα ἄρῃς αὐτοὺς ἐκ τοῦ κόσμου. ἵνα mit dem Konjunktiv ersetzt den Infinitiv, der auf ἐρωτᾶν folgen müßte (hier gebraucht im Sinn von αἰτεῖν); so Mk 7,26; Lk 7,36; 16,27; Joh 4,47; 19,31.38; 2Joh 5 (sonst nicht im NT). Obwohl die Jünger nicht aus der Welt sind, leben sie doch in ihr (V. 11). Es ist ihre Berufung, in ihr zu bleiben. Möglicherweise wollte Joh die apokalyptische Ansicht korrigieren, die Christen würden sehr bald, nämlich bei der Parusie, von der Erde weggerissen werden (ἁρπαγησόμεϑα, 1Thess 4,17; vgl. ἁρπαγέντα, ἡρπάγη, 2Kor 12,2.4). »Nein! zum Wesen der Kirche gehört eben dieses; *innerhalb* der Welt eschatologische, entweltlichte Gemeinde zu sein« (Bultmann, S. 389). Zugleich bekämpft Joh eine gnostische Art des Rückzugs der Erwählten aus der Welt. Historisch gesehen, waren seine Worte ohne Zweifel zum Teil als Warnung an die Christen gedacht, nicht in die Welt zurückzufallen.

ἀλλ᾿ ἵνα τηρήσῃς αὐτοὺς ἐκ τοῦ πονηροῦ. Vgl. V. 11f. Es kann nicht mit Sicherheit gesagt werden, ob Joh ὁ πονηρός oder τὸ πονηρόν meint. Die einzigen anderen Stellen, wo πονηρός im Evangelium gebraucht wird, sind 3,19; 7,7 – beide adjektivisch. Aber der Sprachgebrauch in 1Joh (2,13f; 3,12; 5,18f) legt doch ganz stark die Annahme nahe, Joh denke an den Bösen, nicht an das Böse. Der Tod Jesu bedeutet das Gericht des Fürsten dieser Welt (12,31; 14,30; 16,11), aber er hat immer noch die Macht, den Jüngern Böses zuzufügen, wenn sie ohne göttliche Hilfe bleiben (vgl. Mt 6,13).

16. Vgl. V. 14.

17. ἁγίασον αὐτούς. Die Wortfamilie ἅγιος kommt bei Joh nicht sehr häufig vor. ἁγιάζειν begegnet 10,36; 17,17.19; ἅγιος 6,69; 17,11 (und 1,33; 14,26; 20,22 mit πνεῦμα). Diese wenigen Stellen sind nichtsdestoweniger wichtig. Der vorliegende Vers ist nicht zuletzt von Bedeutung, weil ἁγιάζειν, was immer es hier bedeutet, kaum eine andere Bedeutung haben kann als in V. 19, wo Jesus sagt: ἁγιάζω ἐμαυτόν. In 10,36 wird gesagt, Gott habe Jesus ganz eindeutig für seine Sendung in die Welt geheiligt. Dies ist ein üblicher und sehr verbreiteter Gebrauch von ἁγιάζειν; eine Person wird für eine heilige Pflicht ausgesondert. Zum Beispiel wurde Jeremia geheiligt, ein Prophet zu sein (Jer 1,5 πρὸ τοῦ σε ἐξελϑεῖν ... ἡγίακά σε [הקדשתיך], προφήτην εἰς ἔϑνη τέϑεικά σε); Aaron und seine Söhne wurden dazu geheiligt, Priester zu sein (Exod 28,41 καὶ ἁγιάσεις αὐτούς, וקדשת אתם). Der Hintergrund des vorliegenden Verses ist ähnlich dem von 10,36; wie dort, so findet sich auch hier das Wort ἀποστέλλειν im Kontext. Die Jünger ihrerseits sollen von Gott für eine Sendung in die Welt ausgesondert werden. Es liegt ganz gewiß kein Grund für die Annahme vor, daß sie dem Tod geweiht werden sollen. In anderen Kontexten könnte an rituelle Waschungen (Exod 19,22) gedacht sein (Lindars). Vgl. 1QS 4,20f.

ἐν τῇ ἀληϑείᾳ. Zu ἀλήϑεια bei Joh s. Komm. zu 1,14. Der Artikel macht es schwierig, einfach zu übersetzen »in Wirklichkeit«, »in Wahrheit«, was man ansonsten tun könnte. Hier, wie z. B. in 8,32, und wie durch den nächsten Satz gefordert, bedeutet es die rettende Wahrheit, die in der Verkündigung und dem Wirken Jesu offenbart wird. Wahrheit ist es, welche die Jünger für ihre Sendung bestimmt und aussondert.

ὁ λόγος ὁ σὸς ἀλήϑειά ἐστιν. Zum Wort Gottes vgl. V. 6,14. Sowohl λόγος wie ἀλήϑεια, »Botschaft« und »Wahrheit«, nähern sich der Person Jesu selbst an, der, wie Joh betont, das Wort und die Wahrheit ist.

18. *καϑὼς ἐμὲ ἀπέστειλας . . . κἀγὼ ἀπέστειλα αὐτούς.* Die Einleitung eines Nachsatzes durch *καί* könnte semitisch sein. Zu dem Gedanken s. Komm. zu 13,20; 20,21. Hier wird die Sendung der Apostel in den höchsten Augenblick der Sendung des Sohnes hineingenommen, in welchem die Aufgabe, die ihm der Vater gegeben hat, vollendet ist. Der Aorist *ἀπέστειλα* wird von der Sendung der Jünger gebraucht, obwohl sie tatsächlich ja vor 20,21 (*πέμπω*, Präsens) nicht gesandt werden. Joh schreibt vom Standort seiner eigenen Zeit aus, aber er betrachtet auch die Sendung des Sohnes als im Grunde vollendet und die der Kirche als im Grunde begonnen, und zwar beim Letzten Mahl, bei welchem die Liebe, der Gehorsam und die Herrlichkeit Jesu vollkommen dargestellt werden.

εἰς τὸν κόσμον. Sowohl Jesus als auch die Apostel haben eine Aufgabe gegenüber der Welt. Dies ist neben die Beschränkung des Gebetes Jesu auf die Jünger (V. 9) und auf jene zu stellen, die durch ihr Wort glauben (V. 20), neben die Betonung seiner Liebe für die Seinen (13,1 u. ö.) und das Gebot, daß die Jünger einander lieben sollen (13,34; 15,12f). Die Welt soll durch das Zeugnis des Heiligen Geistes und der Jünger eingeladen werden, in diesen Kreis des Gebets und der Liebe einzutreten. Käsemann (Jesu letzter Wille, S. 57) vertritt die Meinung, daß diese Worte sich auf alle Jünger beziehen und deshalb das Priestertum aller Glaubenden voraussetzen; dies am Ende des ersten Jahrhunderts zu finden, ist für ihn eine Überraschung. Aber V. 20 macht es doch zweifelhaft, ob Joh an mehr als die ursprünglichen Zeugen denkt; vgl. auch 1Petr 2,9; Offb 1,6; 5,10; 20,6.

19. *ὑπὲρ αὐτῶν ἐγὼ* (om. [P66] ℵ W) *ἁγιάζω ἐμαυτόν.* S. Komm. zu V. 17 und zu 10,36. In dem Wort *ἁγιάζειν* selbst liegt nichts, das einen Hinweis auf den Tod Jesu notwendig macht. Dieser Verweis liegt vielmehr im Kontext, besonders in dem Gebrauch von *ὑπέρ*; vgl. 11,50–52; 15,13; 10,11; vgl. auch 1,29 und Mk 10,45, *λύτρον ἀντὶ πολλῶν*. Wenn es hier überhaupt eine Anspielung auf Mk 14,24 gibt (*ἐκχυννόμενον ὑπὲρ πολλῶν*), dann interpretiert Joh die traditionelle eucharistische Sprache in einem nichteucharistischen Kontext neu; angesichts von 6,51–58 ist dies nicht unwahrscheinlich. Sich selbst zu heiligen, ist die Tat eines Dieners Gottes, der sich selbst für seine ihm von Gott übertragene Aufgabe bereitet, und die Aufgabe, die unmittelbar vor Jesus lag, bestand darin, für seine Freunde zu sterben. Die Sprache paßt gleichermaßen für die Vorbereitung eines Priesters und die Vorbereitung eines Opfers; sie ist deshalb in zweifacher Weise angemessen für Christus. Abgesehen von dem bereits in V. 17 erwähnten Material, findet sich im Judentum wenig zur Illustration dieses Gedankens. Der Ausdruck קדש עצמך (»heilige dich selbst«) kommt vor, hat aber im allgemeinen einen moralischen Sinn. 1QH 6,6–9 lenkt zur Vergebung hin, סליחה, und ist so nicht wirklich von Bedeutung. Vgl. Corp Herm I,32, *ὁ σὸς ἄνϑρωπος συναγιάζειν σοι βούλεται.* Die Bedeutung von *συναγιάζειν* ist nicht klar, aber es ist deutlich, daß der hermetische Prophet in einem gewissen Sinn an der Heiligkeit Gottes teilzuhaben wünscht. Festugière (in: A. D. Nock und A. J. Festugière, Corpus Hermeticum [1945], I,19) übersetzt ». . . veut te prêter aide dans l'œuvre de sanctification« (er will dir Hilfe gewähren beim Werk der Heiligung). Hier ist an eine Apotheose oder etwas Derartiges gedacht; und obwohl die Vorstellung der Apotheose im engeren Sinn dem Denken des Joh fremd ist, so blickt doch der vorliegende Abschnitt in die gleiche Richtung. Der Sohn, der um seine Verherrlichung gebetet hat, bittet nun mit anderen Begriffen darum, daß er wieder in das göttliche Leben eintreten darf, damit er seine Jünger mit sich nehmen und so sie sozusagen Gott einverleiben kann.

ἐν ἀληϑείᾳ. Hier (vgl. dagegen V. 17) gibt es keinen Artikel, und wenn dieser Vers allein stünde, dann wäre die Übersetzung »sollen rechtmäßig geheiligt werden«, »sollen tatsächlich geheiligt werden« notwendig. Aber angesichts der Parallele in V. 17 scheint es zumindest möglich, daß Joh denselben Gedanken noch einmal formuliert, obwohl er sich selbst nicht unzweideutig ausdrückt.

20. *οὐ περὶ τούτων*, jene, die mit Jesus beim Mahl versammelt waren, wahrscheinlich (obwohl dies niemals explizit gesagt wird) die Elf. Es gibt eine Parallele zu diesem Vers in Dt 29,13f (LXX 14f) – ich verdanke diesen Hinweis D. Daube.

ἀλλὰ καὶ περὶ τῶν πιστευόντων διὰ τοῦ λόγου αὐτῶν. Joh hat bereits auf die Sendung der Jünger *εἰς τὸν κόσμον* (V. 18) hingewiesen. Wie ihr Glaube selbst das Ergebnis der Sendung Jesu in die Welt war, so wird auch ihre Sendung Glauben hervorrufen. Joh wendet sich nun bewußt diesem Prozeß zu, der

Geschichte der Kirche. Für ihn liegt kein Problem im Fortbestand der Existenz einer irdischen Gemeinschaft nach der Auferstehung des Herrn; Jesus selbst wollte sie, und er betete für jene, die sich ihr anschließen sollten (vgl. 20,29). Das Partizip Präsens πιστευόντων ist zeitlos, und es ist nicht nötig, darin einen Aramaismus zu sehen.

εἰς ἐμέ. πιστεύειν εἰς ist ein gebräuchlicher joh Ausdruck (s. Komm. zu 1,12), und εἰς ἐμέ sollte wahrscheinlich mit πιστευόντων verbunden werden. Es muß jedoch zugegeben werden, daß die Abfolge der Worte es natürlicher erscheinen ließe, εἰς ἐμέ mit λόγου zusammenzunehmen, und dies ist nicht unmöglich. Zum Gebrauch einer solchen präpositionalen Wendung mit λόγος vgl. 2Kor 1,18, ὁ λόγος ἡμῶν ὁ πρὸς ὑμᾶς. Wenn man diese Satzkonstruktion nimmt, dann ist die Bedeutung der Wendung: »ihr Wort des Zeugnisses für mich«.

21. ἵνα πάντες ἓν ὦσιν. Wie in V. 15 drückt ἵνα den Inhalt der Bitte aus. Jesus bittet darum, daß die ganze Kirche eins sei, wie er bereits darum gebetet hat, daß seine eigenen Jünger eins seien (V. 11). Sanders hat wahrscheinlich recht, wenn er aus der Betonung die Einheit durch Joh ableitet, daß diese Einheit in der Kirche bereits problematisch geworden war. Es ist jedoch deutlich, daß Joh wenig Interesse an der Kirche als einer Institution hat (Einleitung, S. 114); und anders als Ignatius ruft er nicht zur Einheit in Form einer Institution auf. Die Einheit der Kirche ist lediglich eine Sache von Einmütigkeit; sie bedeutet auch nicht, daß die Mitglieder als einzelne ihre Identität verlieren. Die Einheit der Kirche ist im strengen Sinn analog zu der Einheit des Vaters und des Sohnes; der Vater ist aktiv *in* dem Sohn – es ist der Vater, der seine Werke tut (14,10) –, und unabhängig vom Vater sind die Taten des Sohnes bedeutungslos, ja sie wären tatsächlich unmöglich; der Sohn wiederum ist im Vater, ewig mit ihm in der Einheit der Gottheit, zugleich bei der Schöpfung und Erlösung wirkend. Der Vater und der Sohn sind eins und bleiben doch unterschieden. Die Glaubenden sind im Vater und im Sohn eins und sollen dies sein, doch unterschieden von Gott, dennoch in Gott und selbst in der Sphäre des Wirkens Gottes (14,12) bleibend. Bultmann weist zu Recht darauf hin, daß die Art der Einheit, an die Joh denkt, und die Mittel, durch welche sie sichergestellt werden soll, durch die Worte von V. 20 gegeben werden: τῶν πιστευόντων διὰ τοῦ λόγου. Es ist »Einheit in der Tradition von Wort und Glauben«. Er fährt fort: »Solche Einheit ist auch in der Einheit von Vater und Sohn begründet. Kraft der Einheit von Vater und Sohn ist ja Jesus der Offenbarer; und in dieser Tatsache soll die Einheit der Gemeinde gründen. Sie gründet also nicht in natürlichen oder weltgeschichtlichen Gegebenheiten, und sie kann auch nicht durch Organisationen, durch Institutionen oder Dogmen hergestellt werden; diese können echte Einheit höchstens bezeugen, sie können sie aber nicht vortäuschen ... und bedarf die Verkündigung zu ihrer Realisierung in der Welt der Institutionen und Dogmen, so können diese doch nicht die Einheit echter Verkündigung garantieren. Andererseits braucht durch die faktische Zersplitterung der Kirche, die übrigens gerade die Folge ihrer Institutionen und Dogmen ist, die Einheit der Verkündigung nicht vereitelt zu werden. Überall kann das Wort echt erklingen, wo die Tradition festgehalten wird« (Bultmann, S. 393f).

ἐν ἡμῖν. ἓν wird hier wiederholt von א Θ Ω vg pesch boh, aber ausgelassen zu Recht von P[66] B D it.

ἵνα ὁ κόσμος πιστεύῃ ὅτι σύ με ἀπέστειλας. Die Einheit der Kirche in Gott ist das höchste Zeugnis für die Wahrheit des Anspruchs, daß Jesus Gottes bevollmächtigter Bote sei. Die Existenz einer solchen Gemeinschaft ist ein übernatürliches Faktum, das nur als das Ergebnis einer übernatürlichen Ursache erklärt werden kann. Mehr noch, es offenbart die Struktur des göttlichen Wirkens, welches das Evangelium konstituiert: Der Vater sendet den Sohn, und in seinen Werken ist die Liebe des Vaters für die Menschheit offenbar, weil der Sohn immer in der Einheit der Liebe mit dem Vater lebt; der Sohn sendet die Kirche, und in der wechselseitigen Liebe und Demut, welche in der Einheit der Kirche existiert, spiegelt sich das Leben des Sohnes und des Vaters wider. Die Einheit der Kirche in Wort und Glauben bedeutet, daß die Welt aufgefordert ist, zwischen Glauben und Unglauben zu entscheiden. Es scheint hier impliziert zu sein, daß der κόσμος als Ganzer glauben und deshalb gerettet werden wird. Zu diesem offenkundigen Universalismus vgl. 16,33. Joh behält die übliche Spannung, die im NT zwischen Universalismus und der Prädestination eines erwählten Restes besteht, bei. In der Tat, die unvermeidliche menschliche Unvollkommenheit der Kirche bedeutet unausweichlich einen vollkommenen Glauben auf seiten der Welt; und Kirche und Welt müssen gleichermaßen immer unter dem Gericht und der Gnade Gottes bleiben.

22. In diesem und in den nächsten Versen wird das Thema der Einheit wiederholt, aber mit Variationen im Ausdruck, die eine Anzahl neuer Gedanken einführen.

τὴν δόξαν ἣν δέδωκάς μοι. Es ist schwierig anzunehmen, daß diese Aussage nicht die Antwort auf das Gebet von V. 1.5 voraussetzt. Joh blickt zurück auf das vollendete Werk Christi, in welchem ihm bei seiner Rückkehr zum Vater die Herrlichkeit Gottes verliehen wurde.

δέδωκα αὐτοῖς. Christus ist verherrlicht worden, und er hat seine Herrlichkeit der Kirche mitgeteilt, welche, da sie in Gott ist, ganz gewiß an der Herrlichkeit Gottes teilhaben konnte. Dies lehrt jedoch nicht eine grobe theologia gloriae. Die Herrlichkeit ist die Herrlichkeit Christi, und die Herrlichkeit Christi wird durch die Kreuzigung erworben, und sie wird auch am umfassendsten dadurch ausgedrückt. Die Kirche empfängt die Herrlichkeit auf genau dieselbe Weise, durch Einheit im Glauben mit dem Tod und der Auferweckung Jesu, und sie drückt sie im Gehorsam und in erster Linie in Demut, Armut und Leiden aus. Dies ist ganz gewiß nicht die Verheißung sichtbaren Gedeihens; vgl. 16,33.

ἵνα ὦσιν ἓν καθὼς ἡμεῖς ἕν. S. V. 21.

23. ἐγὼ ἐν αὐτοῖς καὶ σὺ ἐν ἐμοί. S. Komm. zu V. 21. Es ist unmöglich, irgendeine scharfe Trennungslinie zwischen »ich in ihnen« und »sie in uns« zu ziehen. Man kann mit demselben Anspruch auf Wahrheit sagen, daß Christus im Vater ist und der Vater in Christus, und die Beziehung zwischen den Jüngern und der Gottheit ist von einer ähnlichen Art der Wechselseitigkeit.

ἵνα ὦσιν τετελειωμένοι εἰς ἕν, »daß sie vollkommene Einheit erlangen«. Bei Joh wird τελειοῦν gebraucht in 4,34; 5,36; 17,4 für die Ausführung oder Vollendung einer Aufgabe; in 19,28 für die Erfüllung der Schrift. Kein anderes Wort aus der Wortfamilie τέλειος wird bei Joh verwendet. Es scheint einen Grund für die Annahme zu geben (s. Lightfoot zu Kol 1,28), daß Paulus, wenn er zuweilen diese Worte gebrauchte, an die Initiationsriten der Mysterienreligionen dachte; aber es gibt im Blick auf Joh keinen Grund für eine solche Annahme. Es geht hier lediglich um die Vorstellung der Vollkommenheit. Endgültige Vollkommenheit und Einheit können natürlich nur erreicht werden, wenn die Zahl der Erwählten am Ende der Zeit erreicht wird, aber diese Worte schließen die Vorstellung nicht aus, daß die Kirche auf jeder Stufe ihrer Entwicklung vollständig sein kann.

ἵνα γινώσκῃ ὁ κόσμος . . . Vgl. V. 21, ἵνα ὁ κόσμος πιστεύῃ . . . Zu der Beziehung zwischen Glauben und Erkennen s. Einleitung, S. 97f, und Komm. zu 1,10; 17,3.

ἠγάπησας (pr.) ἠγάπησα D φ a b sin pesch. Der westliche Text könnte einfach auf einen Zufall zurückzuführen sein; die Auslassung eines ς ist ein leichter Irrtum, besonders wenn ein anderes ἠγάπησας in der Nähe steht. Aber er wiederholt auch das Schema, das so oft in diesen Reden aufgetaucht ist: die Entsprechung im Verhältnis zwischen dem Vater und dem Sohn und der Kirche. Möglicherweise wollte Joh selbst dieses Schema wiederholen, und deshalb ist die westliche Lesart vielleicht ursprünglich. Aber der Redaktor des westlichen Textes könnte ebenso gezögert haben zu sagen, der Vater liebte die Jünger, so wie er den Sohn liebte. Vgl. jedoch 16,26f.

24. πατήρ. Der Nominativ (B) sollte hier wahrscheinlich angenommen werden, der Vokativ in der Mehrheit der Handschriften ist eine Angleichung an V. 1. Es ist jedoch möglich, πατήρ als eine Form des Vokativs zu sehen. S. Robertson, S. 264.461, und vgl. V. 25, wo πατήρ mit einem Adjektiv im Vokativ (in V. 21 könnte man πατήρ als einen wirklichen Nominativ sehen) verbunden ist.

ὅ (ℵ B D sin boh) ist dem οὕς sicherlich vorzuziehen. Die Tendenz, das Neutrum entsprechend dem ἐκεῖνοι zu ändern, wäre sehr stark, obwohl das Neutrum tatsächlich joh ist, z. B. V. 2.

θέλω. Die gewöhnliche Gebetssprache wird unterbrochen, weil Jesus sozusagen innerhalb der Gottheit spricht. Er drückt seinen Willen aus, aber sein Wille ist mit dem des Vaters identisch (4,34; 5,30; 6,38). Nach θέλω wird ἵνα mit dem Konjunktiv anstelle des Infinitivs gebraucht, um den Inhalt des Wunsches auszudrücken; vgl. den Gebrauch der gleichen Konstruktion nach ἐρωτᾶν (V. 15.21).

ὅπου εἰμὶ ἐγὼ κἀκεῖνοι ὦσιν μετ' ἐμοῦ. Vgl. dagegen 13,33.36, wo Jesus sagt, daß nicht einmal die Jünger ihm dorthin folgen können, wo er »jetzt« ist. Dem Petrus gibt er die Verheißung ἀκολουθήσεις δὲ ὕστερον. Dieses Gebet betrachtet die Zeit, wann eine solche Nachfolge möglich wird; d. h., das Denken der Abschiedsreden kommt schließlich zu der eschatologischen Hoffnung, daß am Ende die Kirche mit Christus in Gott sein wird. Der Weg zu dieser Herrlichkeit führt durch Leiden: denn wenn Petrus Jesus folgen will, dann wird dies im Leiden geschehen, bevor es im Triumph sein wird (vgl. 21,18f). Jesus geht zu der Herrlichkeit des Vaters durch den Tod; die Jünger können ihm jetzt nicht folgen, da sie in der Welt zurückgelassen werden (V. 11); aber sie werden folgen und »die von der Hülle der δόξα befreite σάρξ« sehen (Bultmann, S. 398).

ἵνα θεωρῶσιν τὴν δόξαν τὴν ἐμήν. Dies meint die Herrlichkeit Christi innerhalb der Gottheit, nämlich seine Herrlichkeit als Gott. In 2Kor 3,18 sehen die Christen in diesem Leben die himmlische Herrlichkeit Gottes wie in einem Spiegel, und sie werden selbst durch die Vision von Herrlichkeit umgewandelt. Aber Joh scheint daran nicht zu denken; er denkt an eine Vollendung in der Zukunft. Zu ἣν δέδωκάς μοι vgl. V. 22.

ὅτι ἠγάπησάς με. Die letzte Wurzel der Endhoffnung der Menschen liegt in der Liebe des Vaters für den Sohn, d. h. in der ewigen Beziehung der Liebe, die so als zum Wesen der heiligen Trinität gehörend gesehen werden muß.

πρὸ καταβολῆς κόσμου. Vgl. V. 5, πρὸ τοῦ τὸν κόσμον εἶναι. Das Wort wird anderswo bei Joh nicht verwendet, aber es ist im NT recht gebräuchlich (Mt 13,35; 25,34; Lk 11,50; Eph 1,4; Hebr 4,3; 9,26; 1Petr 1,20; Offb 13,8; 17,8). Anfang und Ende der Zeit werden hier zusammengebracht, um ihre Bedeutung in der historischen Sendung Jesu und ihren Ergebnissen zu finden.

25. πατὴρ (zu dieser Form s. Komm. zu V. 24) δίκαιε. Vgl. V. 11, πάτερ ἅγιε. Der kurze abschließende Abschnitt des Gebetes beginnt. Jesus bezieht das Adjektiv δίκαιος nur auf Gott: die ganze Wortgruppe kommt nur sehr selten vor. Es ist hier von Bedeutung, weil eben der Welt durch Gottes gerechtes Gericht gezeigt wird, daß sie unrecht hat und Jesus und die Jünger in ihrer Erkenntnis Gottes recht haben.

καὶ ὁ κόσμος . . . ἀπέστειλας. Diese Worte fassen mit denen des nächsten Verses den Inhalt des Evangeliums zusammen, und sie sollten dies ohne Zweifel auch tun. Die Welt (s. Komm. zu 1,10) erkennt Gott nicht. Es gibt jedoch eine einzigartige wechselseitige Erkenntnis zwischen dem Vater und dem Sohn. Nur der Sohn, der von Ewigkeit an im Schoß des Vaters war, kennt ihn, und Gott kennt alle Menschen. Die Jünger treten nicht an die Stelle Christi und erkennen nicht Gott, wie Christus ihn kennt; aber sie erkennen, daß Gott Christus gesandt hat und entsprechend Christus der bevollmächtigte Mittler und Offenbarer Gottes ist. Ihre Gotteserkenntnis ist durch Christus vermittelt; und diese ist nach der Einsicht des Joh die einzige errettende Erkenntnis Gottes, die Menschen möglich ist. Dieser Gedanke wird im nächsten Vers entwickelt. In diesem Satz ist das einleitende καί unklar. Es sollte wahrscheinlich die Aussage über die Welt und die Jünger nebeneinander stellen: »Es ist beides wahr, daß die Welt dich nicht erkannte . . . und, daß diese Menschen erkannten . . .« Sofern man dies tut, muß man ἐγὼ δέ σε ἔγνω als Parenthese lesen, wenn auch als eine sehr wichtige. Moule (Idiom Book, S. 167) hat seine Zweifel, ob man das einleitende καί so verstehen kann: es ist aber offenbar doch der Wiedergabe durch Sanders vorzuziehen (»obwohl die Welt . . . ich jedoch . . . und diese . . .«).

26. ἐγνώρισα αὐτοῖς τὸ ὄνομά σου. Vgl. V. 6, ἐφανέρωσα; hier ist kein Bedeutungsunterschied beabsichtigt. γνωρίζειν wird gebraucht in 15,15; sonst nicht bei Joh. Jesus vermittelte seinen Jüngern das offenbarte Wesen Gottes nicht nur in seiner Verkündigung, sondern in seinen Taten und in seiner eigenen Person (14,9; 1,18).

καὶ γνωρίσω, in Personalunion und durch das Werk des Heiligen Geistes. Die zwei Tempora von γνωρίζειν sind beide notwendig, damit nicht die Vergangenheit ein lediglich historischer Abschnitt wird und die Zukunft die Kontrolle über die Geschichte verliert.

ἵνα ἡ ἀγάπη . . . ἐν αὐτοῖς ᾖ. ἐν αὐτοῖς kann entweder mit »in ihnen«, d. h. »in einem jeden von ihnen«, oder mit »unter ihnen« wiedergegeben werden. Man kann unmöglich eine genaue Trennungslinie zwischen diesen beiden Erklärungen ziehen; man kann aber sagen, daß die eine die andere impliziert. Wenn wir die erste als richtig verstehen, dann bedeutet dies, daß die Liebe Gottes als ein aktives göttliches Prinzip im Herzen der Christen wirkt; wenn dies aber so ist, dann muß dieselbe göttliche Liebe die Beziehung sein, die zwischen jenen besteht, die so mit dem Geist erfüllt sind. Weil die Liebe Gottes in ihnen ist, muß sie notwendigerweise auch unter ihnen herrschen; und vice versa. Die Kirche ist nicht eine côterie von Gnostikern, die esoterische Erkenntnis besitzen, sondern eine Gemeinschaft der Liebe.

ἣν ἠγάπησάς με. Vgl. V. 24. Die Liebe, welche die Kirche inspiriert und regiert und ihr Leben ist, ist die fundamentale inwendige Liebe der Gottheit, die Liebe, mit welcher der Vater in Ewigkeit den Sohn liebt (die Liebe, welche Gott *ist*, 1Joh 4,8.16). S. Komm. zu 15,12–17.

κἀγὼ ἐν αὐτοῖς. Auch hier bedeutet *ἐν* sowohl »in« als auch »unter«. Daß Gott inmitten seines Volkes wohnen würde, war ein verbreiteter Zug der messianischen Hoffnung. Das einzige angemessene Objekt der Liebe, mit welcher der Vater den Sohn liebt, ist der Sohn, und nur weil er in den Jüngern ist und in ihrer Mitte, kann man sagen, daß sie seine Liebe besitzen. Vgl. 14,20, wo die doppelte Beziehung *ὑμεῖς ἐν ἐμοὶ κἀγὼ ἐν ὑμῖν* ausgedrückt wird. Vgl. Mt 28,20; die Verheißung der Gegenwart Christi wird im Lichte der Lehre des Paulus von der wechselseitigen Einwohnung Christi und der Glaubenden interpretiert. Jesus verläßt die Welt und geht zum Vater, nicht damit seine Jünger in Einsamkeit zurückbleiben, sondern damit (*ἵνα*) er in ihnen und unter ihnen bleibe.

36. Die Gefangennahme Jesu

18,1–11

Das Letzte Mahl war zu Ende; begleitet von seinen Jüngern, ging Jesus, ohne daß ein bestimmtes Motiv dafür genannt wird, hinaus in einen Garten (Obstgarten oder Pflanzung) jenseits des Kidron, welchen sie üblicherweise als Versammlungsort benützten. Hierhin führte der Verräter Judas eine Gruppe römischer Soldaten und jüdischer Polizei. Jesus, der so mit der Macht dieser Welt konfrontiert wurde, ergriff sogleich die Initiative. Als er seine Identität offenbarte, fielen seine Gegner zu Boden, und er erreichte damit den sicheren Rückzug seiner Freunde. Petrus, der so nicht beschützt werden wollte, schlug das rechte Ohr eines Sklaven namens Malchus ab; er wurde deshalb aber von Jesus getadelt. Weder innerer Schrecken noch äußere Gewalt noch die Bestürzung seiner Freunde konnten ihn davon abhalten, sein Leben zu geben zu seiner eigenen Zeit, im Gehorsam gegenüber dem Vater und für die Erlösung der Welt.

Die Passionserzählung mußte notwendigerweise einen Bericht über die Gefangennahme Jesu enthalten, besonders weil diese Verhaftung mit dem Verrat verbunden war; aber Joh war mit diesem seinem Bericht wahrscheinlich von dem Werk seiner Vorgänger, vor allem des Mk, abhängig. Im einzelnen werden Übereinstimmungen und Unterschiede zwischen der joh und der früheren Erzählungen im Kommentar aufgeführt; hier können folgende Haupttendenzen im Werk des Joh notiert werden:

a) Er führt geographische und andere Einzelheiten ein. Es ist schwer zu erkennen, welchen theologischen Zweck die Erwähnung der Namen Kidron, Petrus und Malchus haben sollte; man kann deshalb die Vermutung äußern, daß Joh entweder andere wertvolle Quellen mit Überlieferungsmaterial besaß, zusätzlich zu den Synoptikern, oder daß

im Verlauf der Zeit die frühere Tradition mit solchen persönlichen Einzelheiten angereichert wurde. Ein Vergleich mit den apokryphen Evangelien (vgl. z. B. EvPetr 31;
Pilatusakten 1,1) legt den Schluß nahe, daß diese Möglichkeit die wahrscheinlichere ist.

b) Die Römer werden zu Beginn der Passionserzählung eingeführt. Dies ist historisch
unwahrscheinlich (s. Komm. zu V. 3); es scheint zurückzuführen zu sein auf den Wunsch
des Joh, der zeigen wollte, daß der ganze κόσμος gegen Jesus stand. »Es wird deutlich,
daß sich der Kampf zwischen Licht und Finsternis nicht allein in der privaten Sphäre
abspielen kann, auch nicht in den Diskussionen im Raume der Gesellschaft und der offiziellen Religion. Durch Jesu Angriff in ihren Grundfesten erschüttert, sucht die Welt
Hilfe bei der ihr gesetzten Ordnungsmacht, und so wird auch der Staat in das eschatologische Geschehen hineingezogen. Er kann die Offenbarung nicht einfach ignorieren«
(Bultmann, S. 490).

c) Die synoptische Erzählung von dem Todeskampf in Gethsemane wird völlig ausgelassen, obwohl es eine deutliche Anspielung darauf in V. 11 gibt (vgl. auch 12,27–30 und
Komm. z. St.; wir können nicht vermuten, daß Joh diese Tradition nicht bekannt war, sie
paßte aber nicht zu seiner Absicht, das Thema doch als in irgendeinem Sinn zweifelhaft
darzustellen.

d) In der ganzen Erzählung wird Gewicht auf die Autorität Jesu gelegt. Er, und nicht
Judas und auch nicht der Tribun, ist die bestimmende Person. Er geht hinaus (V. 1.4) zu
seiner Gefangennahme, er wird nicht durch den Kuß des Verräters identifiziert, sondern
durch sein eigenes Tun; er fragt seine Häscher, und er schleudert sie mit einem Wort zu
Boden; er weist seine Jünger zurecht und bewahrt sie auch.

e) Jesus handelt so zur Verteidigung seiner Jünger, damit keiner von ihnen verloren-
gehe, und er leidet zu ihren Gunsten (vgl. Mk 10,45).

Wir haben diese Punkte hier umfassend herausgestellt, weil sie in der ganzen joh
Passionserzählung begegnen. Man hat die Meinung vertreten, daß Joh, wenn er den
Todeskampf nicht bringt und die römischen Soldaten einführt, einer Tradition folge, die
älter und historisch gesehen zuverlässiger als die der Synoptiker sei. Dies ist unwahrscheinlich. Die Auslassung der Geschichte vom Todeskampf in Gethsemane läßt den
Besuch im Garten unmotiviert erscheinen; dies bedeutet, daß Joh nicht einer Quelle folgt,
sondern seine eigenen Modifikationen in eine Erzählung einbringt, die sehr wohl die mk
gewesen sein könnte.

1. ταῦτα εἰπών. Durch diese Worte wird die Passionserzählung mit den Reden beim Abschiedsmahl
verbunden; vgl. 14,25; 16,1; 17,1; auch 16,25.
ἐξῆλθεν, aus dem Raum, wo das Mahl gehalten worden war; s. aber 14,31 (s. Komm. z.St.).
πέραν τοῦ χειμάρρου τοῦ Κεδρών. χείμαρρος (besser χειμάρρους) ist ein Adjektiv mit der Bedeutung »im
Winter Wasser führend«; dieses Adjektiv wurde gebraucht als Nomen in der Bedeutung »Gießbach«,
»Bach« oder »Wasserlauf«, der vielleicht nur im Winter Wasser führte. Entsprechend steht es für das
hebräische נחל *(nahal)*. So wird נחל קדרון *(nahal Qidron)* in 2Sam 15,23; 1Kön 2,37; 2Kön 23,6.12;
2Chron 15,16; 29,16; 30,14 wiedergegeben durch χείμαρρος (häufiger χειμάρρους) Κεδρών; an diesen
Stellen (und in Jer 31(38),40, wo wir νάχαλ κεδρών haben) ist Κεδρών eindeutig ein indeklinables
Nomen, transkribiert aus קדרון. In 1Kön 15,13 jedoch finden wir ἐν τῷ χειμάρρῳ τῶν κέδρων, wo der
Artikel zeigt, daß κέδρων der Genitiv Plural von κέδρος, einer Zeder, ist. Die gleiche Wendung wird
ohne irgendeine Grundlage in unseren hebräischen Texten in 2Sam 15,23 zusammen mit der tran-
skribierten Form von der LXX eingefügt. Die Handschriften des Joh zeigen eine noch größere Band-

breite an dieser Stelle: a) τῶν κέδρων, ℵ^c B Θ Ω bog Origenes; b) τοῦ κέδρου, ℵ* D W a b sah; c) τοῦ Κεδρών, A it vg sin pesch. Weitere kleinere Varianten begegnen, die hier nicht beachtet werden müssen. Es scheint klar, daß c) trotz spärlicher Bezeugung die ursprüngliche Lesart ist und die Abschreiber, die eine ihrer Meinung nach falsche Übereinstimmung entdeckten, entweder den Artikel oder das Nomen korrigierten. Diese These wird durch die Tatsache gestützt, daß man keinen »Zedernbach« in der Nähe von Jerusalem kennt, während der Bach Kidron wohlbekannt war (z. B. dem Josephus). Er lag direkt im Osten von Jerusalem und war nur selten mit Wasser gefüllt. Vgl. jedoch M II, S. 149; »diese [Lesarten a) und b) s. o.] könnten durchaus plausibel erklärt werden als unabhängige Versuche, die Lesart von A als verbindlich festzulegen, die als besseres Griechisch betrachtet wurde; und so las in der Tat Lightfoot (Biblical Essays, S. 174). Es scheint aber doch besser zu sein, mit WH τῶν κέδρων als griechische Volksetymologie von Kidron hier anzunehmen: Es führt zu nichts, sich mit ihnen um einen Beweis zu bemühen, daß diese Etymologie korrekt war . . . Eine interessante Parallele begegnet in Ps 82,10, wo ,einige unbedeutende Handschriften‘ (Lightfoot) lesen τῶν κισσῶν, und so Kishon zu ,Efeubach‘ verändern.«

ὅπου ἦν κῆπος. Joh ist der einzige Evangelist, der κῆπος in einer Erzählung gebraucht (vgl. Lk 13,19). Mk und Mt bezeichnen den Schauplatz der Verhaftung als χωρίον und geben den Namen Gethsemane, welcher weder von Lk noch Joh erwähnt wird. Lk sagt, daß Jesus zum Ölberg ging (d. h. jenseits des Baches Kidron). κῆπος, wenn es »Obstgarten« oder »Pflanzung« bedeutet, paßt sehr wohl mit χωρίον zusammen. Joh sagt auch, und dies ist schon weniger wahrscheinlich, daß die Kreuzigung und das Begräbnis in einem κῆπος stattfanden (19,41). εἰσῆλϑεν, ἐξῆλϑεν in V. 1.4 lassen an einen umfriedeten Hof denken, und aus V. 2 erfahren wir, daß Jesus und seine Jünger häufig zu diesem Platz kamen. Es führt zu nichts, wenn man seinen Besitzer erraten möchte. Die Auslassung des Namens Gethsemane und die Hinzufügung von Kidron und κῆπος nimmt Dodd als gewichtigen Beleg dafür, daß Joh Mk nicht verwendete. Diese Fakten können jedoch nicht mehr beweisen als dies, daß Mk nicht die einzige Informationsquelle für Joh war; und dies trifft gewiß zu.

οἱ μαϑηταὶ αὐτοῦ. Joh bringt auch den Todeskampf Jesu nicht (s. Komm. zu V. 11 und zu 12,27) und unterscheidet dementsprechend nicht zwischen der ganzen Gruppe der Jünger und den dreien, die in Mk 14,33 erwähnt werden. Wie bei Lk sind sie alle gegenwärtig; hier mit einem Blick auf V. 8f.

2. ᾔδει δὲ καὶ Ἰούδας. Dieser Vers legt die Annahme nahe, daß Judas den jüdischen Autoritäten den Ort verriet, wo man Jesus finden und unauffällig verhaften konnte. Ob ein solcher Verrat notwendig oder sogar hilfreich war, hat man bezweifelt (s. z. B. A. Schweitzer, Das Messianitäts- und Leidensgeheimnis, [2]1929, S. 79), aber Joh hilft uns nicht, irgendeine andere Erklärung zu finden.

ὁ παραδιδούς. Das Partizip ist in den Evangelien fast ein Terminus technicus geworden: Mt 26,25.46.48; (27,3, v. l. παραδούς); Mk 14,42.44; Lk 22,21; Joh 13,11; 18,2.5. Vgl. die anderen Formen παραδούς, Mt 10,4; Joh 19,11; παραδώσων, Joh 6,64; μέλλων . . . παραδιδόναι, Joh 12,4.

πολλάκις. Dies ist möglich, wenn der joh Bericht von der Wirksamkeit Jesu vorausgesetzt wird, paßt aber nicht zu dem einen kurzen Besuch in Jerusalem, den Mk berichtet.

συνήχϑη. Das Passiv von συνάγειν ist im Singular ungewöhnlich (außer mit einem kollektiven Substantiv). Wir müssen übersetzen »Jesus traf sich hier oft mit . . .«.

3. λαβὼν τὴν σπεῖραν. In den synoptischen Evangelien erscheint Judas an der Spitze eines ὄχλος (πολὺς ὄχλος, Mt). Die Teilnahme römischer Truppen in diesem Stadium des Vorgehens gegen Jesus scheint unwahrscheinlich, denn es war offensichtlich der erste Schritt, den die Juden ergriffen, eine Anklage zu formulieren, die man vor den Prokurator bringen konnte, und römische Soldaten hätten Jesus sofort zu Pilatus gebracht und nicht zum Hohenpriester. So zu Recht E. Haenchen, Die Bibel und wir [1968], S. 187, mit der Beobachtung, 18,29 impliziere, daß die Römer an der Verhaftung nicht beteiligt waren; die Verteidigung der Historizität des joh Berichts durch Winter mit der Begründung, daß Joh kein Motiv gehabt hätte, einen Hinweis auf die römischen Truppen einzufügen, ist implizit bereits oben beantwortet. Die Annahme (Guilding, S. 167), Joh sei von Dt 28,49 (wie der Adler fliegt) beeinflußt, ist unnötig. σπεῖρα bedeutet üblicherweise eine Kohorte, eine Einheit der

römischen Armee, die (normalerweise) 600 Mann umfaßte; es konnte aber auch ein Manipel (200 Mann) bedeuten, und es bezeichnet wahrscheinlich eine Gruppe von etwa dieser Größe in Mk 15,16. Wenn Joh seine Erzählung frei gestaltete, dann kann er sehr wohl an eine Kohorte gedacht haben (diese Annahme wird durch den Auftritt des Tribuns in V. 12, des Kommandeurs einer Kohorte, gestützt); wenn es aber irgendeine historische Grundlage für diese Aussage gibt, dann ist ein Manipel wahrscheinlicher; die größere Abteilung wäre unnötig gewesen und hätte die Stadt in gefährlicher Weise ungeschützt gelassen. Man kann sehr wohl fragen, welche Autorität Judas denn besaß, eine Abteilung Soldaten, in welchem Umfang auch immer, »mitzunehmen«; aber da der Kommandeur anwesend war, meint Joh wahrscheinlich lediglich, daß Judas als Führer diente (selbstverständlich auch als derjenige, der das ganze Verfahren in Gang gesetzt hatte).

ἐκ τῶν ἀρχιερέων καὶ ἐκ τῶν (א D a; *τῶν* B; om. Θ Ω) *Φαρισαίων ὑπηρέτας.* Zur Konstruktion vgl. 1,24. S. auch 7,32 (und Komm. z. St.). Die beiden Gruppen werden mehrmals zusammen erwähnt (7,32.45; 11,47.57; 18,3). Mit *ἀρχιερεῖς* meint Joh offensichtlich die Priesteraristokratie. Die Pharisäer (s. Komm. zu 1,24) erscheinen nach diesem Zeitpunkt nicht mehr. Deutlich betrachtet Joh die *ἀρχιερεῖς* als die offiziellen Führer »der Juden«, die Jesus zu Tode brachten; es kann aber nicht behauptet werden, daß er die Pharisäer entlasten wollte, er hätte sie sonst an diesem entscheidenden Punkt nicht erwähnt. Auf die Sadduzäer wird bei Joh nicht verwiesen. *ὑπηρέται* sind bei Joh immer eine Art Militärpolizei (7,32.45f; 18,3.12.18.22; 19,6; vgl. 18,36, die *ὑπηρέται* Jesu); ohne Zweifel die Tempelwache, die unter dem Befehl des Tempelhauptmanns stand (סגן הכהנים; vgl. Apg 4,1), deren übliche Aufgabe es war, den Tempel nachts zu bewachen (Mid 1,2). An ihre Waffen und Methoden wird in einem »Gassenhauer« erinnert (Klausner, S. 467 f):

»Wehe ist's mir vor dem Haus des Boethus: weh ist's mir vor ihren Keulen!

Weh ist's mir vor dem Haus des Annas: weh ist's mir vor ihren Denunziationen!

Weh ist's mir vor dem Haus des Kathros (Kantheras): weh ist's mir vor ihren Federn (schriftlichen Angebereien)!

Weh ist's mir vor dem Haus des Ischmael (ben Phiabi): weh ist's mir vor ihren Fäusten!

Denn sie sind Hohepriester und ihre Söhne Schatzmeister und ihre Schwiegersöhne Verwalter, und ihre Diener schlagen das Volk mit Stöcken« (Pes 57 a; Tos Men 13,21).

φανῶν καὶ λαμπάδων καὶ ὅπλων. Vgl. Phrynichus (XL; Rutherford, S. 131 f), *φανὸς ἐπὶ τῆς λαμπάδος ἀλλὰ μὴ ἐπὶ τοῦ κερατίνου λέγε. τοῦτο δὲ λυχνοῦχον λέγε.* Dies impliziert, daß *φανός* und *λαμπάς* im älteren Griechisch Synonyme waren, während im späteren Griechisch *φανός* die Bedeutung Laterne angenommen hatte. Laternen und Fackeln werden nur von Joh erwähnt. Sie sind durchaus auch in der Nacht des Passavollmonds denkbar; an ihre Verwendung könnte bei einem möglichen Versuch, sich zu verbergen, gedacht worden sein, oder die Nacht könnte bewölkt gewesen sein. Es ist jedoch durchaus möglich, daß Joh mittels dieser schwachen Lichter die Dunkelheit der Nacht betonen wollte, in welcher das Licht der Welt für den Augenblick ausgelöscht wurde. Zu *ὅπλων* vgl. die o. zitierte Stelle.

4. Anstelle von *εἰδώς* könnte *ἰδών* (D φ sin) zutreffend sein, die übliche Lesart wäre dann ein Versuch, der Stelle einen übernatürlicheren Eindruck zu verleihen. Lindars denkt daran, daß *ἰδών* auf den Einfluß von Lk 22,49 zurückzuführen sein könnte, und das Thema übernatürlicher Erkenntnis sei joh; vgl. 1,47 f. Eine der christologischen Methoden des Joh könnte es sein, Jesus als *θεῖος ἀνήρ* zu schildern (vgl. S. 90), aber er ist dann ganz gewiß ein ungewöhnliches Mitglied dieser Spezies; vgl. Philostrat, Vita Apollonii VIII,5, wo Apollonius einfach so aus dem Hof des Kaisers entschwindet.

τὰ ἐρχόμενα ἐπ' αὐτόν, die Dinge, die ihm nun widerfahren werden. Vgl. 16,13, die einzige andere Stelle im Evangelium, wo *ἐρχόμενα* im Sinn von »kommende Dinge« gebraucht wird.

ἐξῆλθεν. Aus dem *κῆπος*; Jesus gibt sich selbst aus seinem eigenen Willen heraus in den Tod; vgl. 10,18.

5. *Ἰησοῦν τὸν Ναζωραῖον* (*Ναζαρηνόν*, D it vg). Abgesehen von diesem Kontext, gebraucht Joh das Adjektiv nur einmal (19,19 in der Inschrift am Kreuz). Es findet sich zweimal bei Mt (2,23; 26,71),

einmal bei Lk (18,37) und sechsmal in Apg (und ein weiteres Mal für die Christen, 24,5). Joh bezeichnet Jesus einmal als ὁ ἀπὸ Ναζαρέϑ (1,45). Mk gebraucht Ναζαρηνός viermal, Lk zweimal. Die Bedeutung von Ναζωραῖος bei Joh ist heftig diskutiert worden; die Diskussion wird von Brown umfassend dargestellt. Es ist sicher, daß das Wort in anderen Kontexten auch andere Bedeutungen hatte (s. Gärtner, S. 5–36), aber Joh hat, wie sich zeigt, es als Vaternamen eben in der Bedeutung ὁ ἀπὸ Ναζαρέϑ gebraucht (1,45; s. die umfassende und immer noch wertvolle Diskussion bei G. F. Moore, in: Beginnings I, S. 426–432). Das Wort scheint in der griechisch sprechenden Kirche nicht häufig gebraucht worden zu sein (nicht in den ntl Briefen, der Offb, den apostolischen Vätern oder den Apologeten). Daß es bei Joh erscheint, kann wahrscheinlich als Beweis dafür genommen werden, daß der Evangelist mit traditioneller Evangelienüberlieferung vertraut war, die in Mk nicht enthalten war.

ἐγώ εἰμι. Ich bin Jesus von Nazareth, den ihr sucht. Vgl. 9,9, ἐγώ εἰμι, ich bin der Mann, der blind geboren wurde; auch Mk 14,44, αὐτός ἐστιν. Das Prädikat von ἐγώ εἰμι muß so dem Kontext entnommen werden; es ist aber möglich, daß hier eine Erinnerung an die Worte vorliegt (13,19), die vor dem Hinausgehen des Judas gesprochen wurden, ... ἵνα πιστεύητε ὅταν γένηται ὅτι ἐγώ εἰμι. Zur Bedeutung der Worte s. Komm. zu 13,19 und 8,24; vgl. 6,35 (s. Komm. z. St.). Nach εἰμι ist das Wort Ἰησοῦς hinzugefügt von B (a). Es wurde wahrscheinlich aufgrund von Dittographie der folgenden Buchstaben hinzugefügt. εἰστήκει wurde oft ἱστήκει gesprochen (es wird tatsächlich so buchstabiert von WH); die ersten beiden Buchstaben konnten leicht zweimal geschrieben werden. Aber I͞C war die übliche Kontraktion des Namens Ἰησοῦς. Es ist selbstverständlich nicht auszuschließen, daß auch der umgekehrte Prozeß stattfand und I͞C zufällig ausgelassen wurde. Wenn dies so war, gibt es keine Frage über den Sinn von ἐγώ εἰμι. Es gibt aber keine Variante in V. 8, und dort, wenn nicht an dieser Stelle hier, muß das einfache ἐγώ εἰμι erklärt werden.

εἰστήκει δὲ καὶ Ἰούδας. Bei Joh identifiziert der Verräter Jesus nicht mit einem Kuß (vgl. Mk 14,44f); Jesus gibt sich selbst zu erkennen, und er liefert sich selbst aus. Bultmanns Hinweis auf Euripides, Ba 434–440, wo der Gott Dionysos sich selbst ohne Widerstand ausliefert, ist interessant, aber er trägt doch wenig zu einer Klärung des Sinns bei Joh aus. Judas bleibt bei denen, die ihm folgen, stehen. Die antike Erklärung, er sei blind oder gelähmt gewesen und deshalb unfähig, sich zu bewegen, geht vielleicht zu weit, aber sie enthält doch zu Recht den Gedanken, den Joh hier einführen möchte: den der völligen Machtlosigkeit aller außer Jesus, der nun allein der Welt gegenübersteht.

6. ἀπῆλϑαν εἰς τὰ ὀπίσω καὶ ἔπεσαν χαμαί. Der Gedanke wird weiter getrieben. Die Rede Jesu allein schon (vielleicht weil er sie in einer Sprache formuliert, die zu Gott selbst paßte – s. Komm. zu 8,24) reicht aus, seine Gegner zurückzustoßen. ἐγώ εἰμι ist nicht selbst (obwohl diese These vertreten wird) der göttliche Name, welcher יהוה, und nicht אהיה oder אני הוא, ist, aber es erinnert an die Weise, in der Gott spricht. Die Redeweise, die das Zurückweichen der Gegner Jesu beschreibt, könnte gestaltet worden sein nach Ps 55(56),10, ἐπιστρέψουσιν οἱ ἐχϑροί μου εἰς τὰ ὀπίσω, ἐν ᾗ ἂν ἡμέρᾳ ἐπικαλέσωμαί σε· ἰδοὺ ἔγνων ὅτι ϑεός μου εἶ σύ. Vgl. Ps 26(27),2. εἰς τὰ ὀπίσω ist eine unnötig lange Art, ὀπίσω zu sagen. Es findet sich mehrere Male im NT. ἀπῆλϑαν εἰς τὰ ὀπίσω begegnet 6,66 und kann entsprechend hier nicht den Sinn einer heftigen Bewegung haben. χαμαί kommt im NT nur bei Joh vor (9,6; 18,6); genaugenommen bedeutet es »auf dem Boden«, es wird aber oft anstelle von χαμᾶζε »zu Boden« gebraucht. Zu einer solchen Reaktion auf Theophanien vgl. Dan 10,9; Apg 9,4; 22,7; 26,14; Offb 1,17 (Lindars).

7f. Frage und Antwort werden wiederholt, und die Unabhängigkeit und Vollmacht Jesu wird unterstrichen.

ἄφετε τούτους ὑπάγειν. Jesus erkauft die Sicherheit der Jünger mit dem Verlust seines eigenen Lebens. Es ist keineswegs unmöglich, daß man hier ein apologetisches Motiv entdeckt, wenn die Flucht der Jünger der Absicht Jesu selbst zugeschrieben wird. Aber besonders angesichts des folgenden Satzes scheint es die hauptsächliche Absicht des Joh zu sein, in einer Zeichenhandlung (einem ausgeführten

Gleichnis) zu zeigen, daß »der gute Hirte sein Leben gibt für seine Schafe« (10,11); vgl. Mk 10,45. Er stellt die Jünger auch in ein günstigeres Licht; sie laufen nicht wie bei Mk (14,50) einfach weg, sondern sie entfliehen auf Jesu eigene Aufforderung hin.

9. *ἵνα πληρωθῇ*. Die Wendung *ἵνα* (*ὅπως*) *πληρωθῇ* wird in Joh mehrmals und auch sonst im NT für die Erfüllung der Weissagung häufig verwendet; nur bei Joh (hier und 18,32) wird sie von der Erfüllung von Worten Jesu gebraucht (vgl. jedoch Mk 13,31). Hier liegt ein Bezug vor auf 17,12 (vgl. 6,39); die Ausnahme (*ὁ υἱὸς τῆς ἀπωλείας*) wird an dieser Stelle nicht erwähnt, da Judas bereits seinen Platz bei den Mächten der Finsternis eingenommen hat (V. 5b). Man hat angenommen, dieser Vers sei eine redaktionelle Glosse, die ein grob materialistisches und prosaisches Mißverständnis von 17,12 zeige. Diese These wird zu Recht von Dodd zurückgewiesen; die Bewahrung der Jünger ist eine Illustration ihrer ewigen Erlösung, nicht ein Ersatz dafür (s. o.). Brown bemerkt dazu, daß die Vorstellung von der Erfüllung die Worte Jesu auf dieselbe Ebene wie das AT hebt; s. aber bereits Mk 13,31.

οὓς δέδωκάς μοι. Dieser Satz bildet einen Nominativus pendens, der von *ἐξ αὐτῶν* aufgenommen wird. Diese Konstruktion ist für Joh sehr charakteristisch; vgl. z. B. V. 11.

10. *Σίμων οὖν Πέτρος*. Der Doppelname ist bei Joh üblich. Der hier beschriebene Vorfall findet sich in den Synoptikern (Mk 14,47 parr), aber keiner von ihnen nennt den Namen des gewalttätigen Jüngers Jesu. Es ist charakteristisch für spätere Überlieferung, Namen hinzuzufügen und Identifikationen vorzunehmen, die sich in den früheren Quellen nicht finden (vgl. 12,4). S. Lagrange und Taylor, die in ihrem Kommentar zu Mk 14,47 meinen, das *εἷς τις* bedeute »eine gewisse Person, die mir bekannt ist«. Mk wußte (vermutlich), daß der Mann, der zuschlug, Petrus war, aber aus Gründen der Sicherheit oder des Respekts erwähnte er seinen Namen nicht.

ἔχων μάχαιραν. Vgl. Lk 22,38. Das Wort bedeutet Messer oder Dolch und nicht Schwert, und das artikellose Partizip bedeutet nicht mehr als: »er hatte in diesem Augenblick zufällig einen Dolch bei sich«. Es wird oft gesagt, es sei verboten gewesen, eine solche Waffe in der Passanacht zu tragen. Zu dieser Frage s. Dalman, Jesus-Jeschua [1922], S. 89f, Jeremias, Abendmahlsworte S. 70; zu der allgemeinen Frage der Datierung des Letzten Mahles s. Einleitung, S. 64ff. In jedem Falle hätten die Männer, die eine wirkliche und nahe Gefahr vorhersahen, entsprechende Vorschriften nicht beachtet. Wenn jemand eine Waffe zu seiner Selbstverteidigung bei sich trug, so machte ihn dies nicht schon zu einem Zeloten.

τὸν τοῦ ἀρχιερέως δοῦλον. Der Artikel scheint die Aufmerksamkeit auf den bestimmten Sklaven mit Namen Malchus zu lenken; aber er erscheint auch in den Synoptikern, wo der Mann nicht genannt wird; deshalb ist es nicht unmöglich, daß hier irgendein bestimmter Beamter des Hohenpriesters gemeint ist. Wie haben jedoch keine Informationen darüber.

ἀπέκοψεν. Mt, Mk und Lk haben *ἀφεῖλεν*.

ὠτάριον. Diese Verkleinerungsform wird von Mk gebraucht; Mt hat *ὠτίον* (geboten für Joh von D Θ Ω), Lk hat *οὖς*. Brown übersetzt Ohrläppchen, aber das Diminutiv entspricht wahrscheinlich dem ursprünglichen *οὖς* (Liddell-Scott). D. Daube (JThSt 11 [1960], S. 59–62) zieht zum Vergleich Tos Para 3,8 (632); Josephus, Ant XIV,366; Bell I,270 heran und vertritt die Meinung, es habe sich hier um eine Schmähung gehandelt. Physische Verstümmelung hätte den Ausschluß vom Priestertum bedeutet. Dies wäre verständlich bei einem Angriff auf den Hohenpriester selbst, aber hätte es irgendeinen vernünftigen Grund für die Verstümmelung seines Sklaven gegeben, der nicht einmal ein Jude gewesen sein mag (s. u. zur Frage seines Namens)?

τὸ δεξιόν. Dieses Detail wird auch von Lk hinzugefügt (es findet sich nicht bei Mt und Mk). Es ist möglich, daß sowohl Lk als auch Joh unabhängig voneinander die mk Erzählung ausschmückten (welche, wie *ἔπαισεν* und *ὠτάριον* dringend nahelegen, dem Joh bekannt war); es ist aber vielleicht noch wahrscheinlicher, daß Joh Lk wie Mk kannte (zu der allgemeinen Frage s. Einleitung, S. 62). In der Tat läßt Joh die Heilung des Ohres des Sklaven aus (sie findet sich nur bei Lk); aber daraus sollten wir nicht den Schluß ziehen, Joh habe Lk nicht gekannt, sondern daß er es für unpassend hielt, daß eine solche Heilung durchgeführt worden sei; der Abgrund zwischen Jesus und seinen Gegnern, zwischen Licht und Finsternis, war nun unüberbrückbar.

Μάλχος. Der Mann wird nur bei Joh namentlich genannt. Der Name ist wahrscheinlich von der gebräuchlichen semitischen Wurzel *m-l-k* abgeleitet (z. B. hebräisch מֶלֶךְ, *melek*, König). Andere Quellen verbinden den Namen hauptsächlich mit Arabern; s. z. B. 1Makk 11,39 (*'Ιμαλκουε*, א V; *Μάλχος*, Josephus, Ant XIII,131). Die Annahme (Guilding, S. 164ff.232f), der Name spiegele Sach 11,6 (in der *Haphtarah* für Tewet) wider, und zwar in die Hand seines Königs (מַלְכּוֹ), scheint sehr unwahrscheinlich.

11. *βάλε τὴν μάχαιραν εἰς τὴν θήκην.* Vgl. Jer 47,6. Bei den Synoptikern hat nur Mt (26,52, *ἀπόστρεψον τὴν μάχαιράν σου εἰς τὸν τόπον αὐτῆς*) eine Parallele zu diesem Wort; aber da es keine wörtlichen Übereinstimmungen gibt (abgesehen von *μάχαιρα*), wäre es unklug, eine Kenntnis des Mt durch Joh anzunehmen. Es folgt keine moralische Verallgemeinerung wie bei Mt. Wie immer richtet sich die Aufmerksamkeit des Joh auf die christologische Bedeutung seines Überlieferungsstoffes. Petrus muß sein Schwert nicht deshalb in die Scheide stecken, weil ihn, falls er dies nicht tut, ein anderes Schwert schlagen wird, sondern weil nichts das vom Vater für den Sohn bestimmte Geschick hindern darf. *βάλλειν* wird hier gebraucht in dem abgeschwächten Sinn von »stellen, legen«; *θήκη* kann irgendein Behälter sein, in welchen etwas gelegt wird (*τιθέναι*); es wird für eine Schwertscheide bei Pollux und in einem Papyrus gebraucht (s. Liddell-Scott und MM s. v.).

τὸ ποτήριον. Zu dem Nominativus pendens vgl. V. 9. Von Joh wird das Wort *ποτήριον* an keiner anderen Stelle verwendet, weder wörtlich noch metaphorisch. Vgl. Jes 51,22. Bei Mk (im wesentlichen gefolgt von Mt und Lk) wird es gebraucht a) von dem Leidenskelch, den Jesus trinken muß und den die Söhne des Zebedäus teilen sollen (Mk 10,38f); b) von den Leiden Jesu, die dieser voraussieht in seinem Gebetskampf (Mk 14,36); c) von dem Becher beim Letzten Mahl, der ganz eindeutig mit seinem Tod verbunden ist (Mk 14,24, *τοῦτό ἐστιν τὸ αἷμά μου τῆς διαθήκης τὸ ἐκχυννόμενον...*). Joh, der das Gebet in Gethsemane vor der Verhaftung ausläßt, zeigt, daß er es kennt; er betont aber zwei weitere Punkte: a) Er verwendet den Ausdruck nicht in einem Gebet darum, daß der Kelch vorübergehen möge, sondern als Jesus ihn ruhig und entschlossen annimmt (vgl. 12,27, *διὰ τοῦτο ἦλθον εἰς τὴν ὥραν ταύτην*); b) der Kelch ist des Vaters Gabe; das Leiden Jesu ist nicht das willkürliche und unglückliche Ergebnis der Umstände, sondern das Werk, das der Vater für ihn bestimmt hat. Zu Recht ist die Freiheit zu beachten, mit welcher Joh das synoptische Material behandelt; aber auch seine Treue zu dessen Sinn und die Tatsache, daß hinter der charakteristisch joh Sprache der gemeinsame Wortschatz der urchristlichen Tradition liegt.

οὐ μὴ πίω αὐτό; οὐ μή wird üblicherweise in Fragen nicht gebraucht; sonst im NT nur Lk 18,7. S. Radermacher, S. 137.

Vor *τὸ ποτήριον* fügt Θ *πάντες γὰρ οἱ λαβόντες μάχαιραν ἐν μαχαίρᾳ ἀπολοῦνται* ein, eine Angleichung an Mt 26,52.

37. Der Prozeß vor den Juden. Die Verleugnung des Petrus

18,12–27

Nach seiner Verhaftung wird Jesus unmittelbar Hannas, dem Schwiegervater des Hohenpriesters Kaiphas, überstellt. In einem Verhör wird Jesus im Blick auf seine Jünger und seine Verkündigung befragt; er weigert sich zu antworten und fordert, die Beweise sollten in angemessener Form vorgelegt werden. Das Verfahren entartet; ist es zunächst illegal, so wird es jetzt gewalttätig, und Jesus wird von Hannas an Kaiphas überstellt. Eingewoben in diese Erzählung ist eine andere, die von zwei Jüngern handelt, welche Jesus folgen. Der eine, der das Entree zumindest zum Hof im Hause des Hohenpriesters hat, bringt Petrus mit, der so dem prüfenden Blick und der Herausforderung durch die Dienerschaft des Hohenpriesters ausgesetzt wird. Unter dieser Herausforderung verleugnet er Christus dreimal, ehe der Hahn kräht.

Man kann, wie wir es getan haben, eine in etwa logisch zusammenhängende Gliederung dieses Erzählstückes geben, aber nur mit Hilfe von Auslassungen und Glossen. Im eigenen Bericht des Joh zeigen sich sofort große Schwierigkeiten. Die bemerkenswerteste ist die unmögliche Kombination der Aussagen über den Hohenpriester; warum sollte Jesus zu Kaiphas gesandt werden (V. 24), wenn der Hohepriester (der, wie Joh uns sagt [V. 13], Kaiphas war) ihn bereits verhört hatte (V. 19)? Warum wird Jesus zuerst überhaupt zu Hannas gebracht, wenn Kaiphas ihn verhört? Warum hören wir überhaupt nichts über das Ergebnis des Verhörs vor Kaiphas? Zweifellos entstand die in V. 13 diskutierte Variante deshalb, um diese Schwierigkeiten aus dem Weg zu räumen; die Variante ist abzulehnen, aber die Tatsache, daß es sie gibt, zeigt, daß die Schwierigkeiten wirklich existieren.

Trotz deutlicher Abweichungen scheint Joh zumindest teilweise von Mk abhängig zu sein. Zahlreiche wörtliche Übereinstimmungen (s. den Kommentar) machen dies wahrscheinlich. Daß die Verleugnung(en) des Petrus in zwei Teile auseinandergenommen werden, ist leicht erklärbar (auch die mk Erzählung teilt sich in zwei Teile: Mk 14,54 und 14,66–72); auch muß in Erinnerung gerufen werden, daß Mk offenbar zwei Prozesse vor den Juden schildert: in der Nacht und am frühen Morgen (Mk 14,53; 15,1). Wahrscheinlich entwickelten sich aus dieser mk Erzählung die zwei »Prozesse« vor Hannas und Kaiphas. Benoit jedoch dreht dieses Argument um und behauptet, man sollte den ähnlichen Erzählungen bei Lk und Joh den Vorzug vor jenen bei Mt und Mk geben, die eine private Untersuchung vor Hannas in eine allgemeine und offizielle Sitzung des Synhedriums umgewandelt haben (I, S. 298–306). Es ist auffällig, daß es weder vor Hannas noch vor Kaiphas irgend etwas gibt, was der Beweiserhebung und dem Verhör von Mk 14,53–64 entspricht. Joh geht über den Prozeß vor den Juden mit äußerster Schnelligkeit hinweg; in der Tat gibt es wirklich keine Erzählung vom Prozeß überhaupt. Dies könnte auf zwei Gründe zurückzuführen sein: a) Joh wollte die stark apokalyptische Tendenz der mk Erzählung vermeiden; b) er hatte bereits in großer Vollständigkeit seinen Bericht von der Auseinandersetzung zwischen Jesus und den Juden in Kap. 7–10 gegeben; diese Kapitel (bes. Kap. 9, s. die Einleitung und Komm. z. St.) nehmen in gewisser Weise den Prozeß vorweg und arbeiten die theologischen Themen heraus, die in dem Konflikt zwischen Jesus und den Juden impliziert sind, die aber in der vorliegenden Erzählung nicht behandelt werden. Es wird jedoch in 18,31 angenommen, daß die Juden zu irgendeiner Zeit beschlossen haben, Jesus müsse sterben.

Einige neuere Autoren haben die historische Unabhängigkeit und Zuverlässigkeit des Joh höher eingeschätzt. Dodd, Tradition, S. 95f, kommt zu dem Schluß »a) daß, was das Verhör vor dem Hohenpriester angeht, Joh völlig unabhängig von der synoptischen Form der Passionserzählung ist, obwohl wir b) an zwei Stellen Spuren entdecken, welche zu der gemeinsamen Tradition gehören, die hinter allen unseren Berichten steht; und c), sein Bericht über das Verhör ist irgendeiner Quelle entnommen, die fast sicherlich mündlich ist, sehr wohl über die Situation dieser Zeit informiert war und Berührung hatte mit der jüdischen Überlieferung über den Prozeß und die Verurteilung Jesu«. S. auch die detaillierte Diskusssion bei Brown. Aber 18,33; 19,7 setzen die synoptische Überlieferung vom Prozeß voraus, und wir müssen (mit Lindars) annehmen, daß Joh absichtlich die Erzählung vom Prozeß ausließ, obwohl er sie kannte. Es wäre verkehrt, wollten wir annehmen, daß er kein außersynoptisches Material zur Verfügung hatte, aber es gibt nur wenig in seiner Erzählung, was nicht als joh Modifikation einer der des Mk nicht unähnlichen Erzählung erklärt werden kann. Zu der allgemeinen Frage der Kenntnis der synoptischen Evangelien bei Joh s. Einleitung, S. 59 ff. Zu der Komposition dieses Abschnitts s. weiter J. Schneider, ZNW 48 [1957], S. 111–119; auch M. A. Chevallier, Neues Testament und Geschichte (FS O. Cullmann) [1972], S. 179–185.

12. *ἡ οὖν σπεῖρα καὶ ὁ χιλίαρχος καὶ οἱ ὑπηρέται.* S. Komm. zu V. 3. *χιλίαρχος* ist eigentlich »Hauptmann einer Tausendschaft« (und steht so für שַׂר אֶלֶף), es war aber besonders ein Terminus technicus in der römischen Armee, *tribunus (militum)*, der Kommandeur einer Kohorte; zu einem nichttechnischen Gebrauch s. Mk 6,21.

13. Der Abschnitt V. 13–24 bietet, wie sich unten zeigen wird, sowohl was die Abfolge als auch die Zusammenstellung angeht, sehr große Schwierigkeiten. Wahrscheinlich entstanden aus diesem Grunde unterschiedliche Abfolgen. Sin hat die Verse in folgender Reihenfolge: 13.24.14.15.19–23. 16–18; die Minuskel 225 hat 13a.24.13b.14–23. Aber die »Verbesserungen« sind offenkundig sekundär, und es gibt auch gegen sie durchaus Einwände (s. bes. Bultmann, S. 498; auch Benoit, I, S. 299).

ἤγαγον πρὸς Ἅνναν πρῶτον. In den Evangelien wird Hannas nur erwähnt bei Lk (3,2; vgl. Apg 4,6) und Joh. Joh sieht jedoch ganz deutlich, daß Hannas nicht Hoherpriester war, während Lk Hannas und Kaiphas in diesem Amt zu verwechseln scheint oder zumindest sich undeutlich ausdrückt. Hannas war Hoherpriester von 6–15 n. Chr. gewesen (Josephus, Ant XVIII,26–35), auf ihn folgten nicht nur sein Schwiegersohn Kaiphas, sondern auch fünf Söhne (Ant XX,198), so daß Lk und Joh ohne Zweifel zutreffend den Eindruck erwecken, daß er großen Einfluß behielt, besonders da seine Absetzung durch den römischen Prokurator Gratus in jüdischen Augen keine Gültigkeit haben konnte. Dementsprechend liegt keine historische Schwierigkeit in der Aussage, daß Jesus zuerst vor ihm erschien (Klausner, S. 471, mit Verweis auf Josephus, Ant IV,186; (dies scheint die Stelle zu sein, auf die er hinweisen möchte, aber der Verweis ist unklar), Hor 3,4, Meg 1,9, Mak 2,6, T. Joma 1,4 [180]). Das *πρῶτον* des Joh unterscheidet zwei Verhöre; vgl. V. 24. In dem ersten Verhör wird Jesus nach seinen Jüngern und seiner Verkündigung gefragt, und er wird aufgrund seiner Antwort geschlagen; aber die Erzählung wird dadurch kompliziert, daß es der Hohepriester (Kaiphas, und nicht Hannas) ist, der Jesus befragt; vgl. V. 19.22. Über das zweite Verhör erfahren wir nichts. Auch Mk erwähnt zwei Gerichtssitzungen: einen »Prozeß« (14,53–64), der vor dem Hohenpriester stattfand, dessen Namen nicht genannt wird, und der in einem Schuldspruch endet, und zweitens ein Verfahren auf seiten des ganzen Synhedriums, von welchem Jesus dem Pilatus übergeben wurde (15,1). Mt folgt Mk (der den Namen Kaiphas hinzufügt); Lk hat nur ein Verhör. Die gesetzliche Grundlage des Vorgehens der Juden bei Joh ist recht undeutlich. Es wird keine Anklage gegen Jesus erhoben, noch viel weniger wird sie bewiesen. Die Juden bringen ihn zu Pilatus mit der unglaublichen Bemerkung, »wenn er nicht ein Übeltäter gewesen wäre, dann hätten wir ihn dir nicht überliefert« (18,30); sie sind jedoch überzeugt davon, daß es nötig sei, ihn zu töten (18,31). Nur in 19,7 wird eine Anklage formuliert: *υἱὸν θεοῦ ἑαυτὸν ἐποίησεν*, eine Anklage, die kein römischer Beamter offiziell zur Kenntnis genommen haben konnte. In 18,33; 19,12.14f.19 wird Jesus angeklagt, er beanspruche, König zu sein – eine Beschuldigung, die sicherlich für Pilatus von größerem Interesse gewesen wäre –, aber sie wird an keiner Stelle ausdrücklich formuliert. Zu dem Fehlen eines »Prozes-

ses« vor den Juden bei Joh s. die Einleitung zu diesem Abschnitt. Nur schwer kann man der Schlußfolgerung widerstehen, daß die Erzählungen vom Prozeß von Joh in der Absicht, die seiner Meinung
nach wichtigen Punkte herauszuarbeiten, neu geschrieben wurden und daß man kein Vertrauen in
seine Fassung der Erzählung setzen kann (obwohl wahrscheinlich zahlreiche historische Einzelheiten
in ihr enthalten sind).

ἦν γὰρ πενθερὸς τοῦ Καϊάφα. Für diese Aussage haben wir keine andere Autorität als die des Joh. Sie
ist in sich völlig glaubwürdig.

ἀρχιερεὺς τοῦ ἐνιαυτοῦ ἐκείνου. S. Komm. zu 11,49. Dodd, Tradition, S. 94, nimmt an, Joh sei hier
verwirrt und habe Unrecht, aber die oben gegebene Erklärung scheint angemessen.

14. S. Komm. zu 11,50. Lightfoot vergleicht hierzu 18,8.9 – Jesus gibt sich selbst für jene, die die
Seinen sind.

15. ἠκολούθει δὲ τῷ Ἰησοῦ Σίμων Πέτρος. Alle Evangelisten berichten die Verleugnung des Petrus.
Die Sprache bei Mk ist an diesem Punkt (und später) der des Joh auffällig ähnlich: ὁ Πέτρος . . .
ἠκολούθησεν αὐτῷ ἕως ἔσω εἰς τὴν αὐλὴν τοῦ ἀρχιερέως (Mk 14,54). Hier ist anzunehmen, daß Joh
den Mk (wo es notwendig ist) in theologischem Interesse modifiziert, und nicht, daß er unabhängige
Überlieferungen verwendet.

καὶ (ergänzt ὁ, Θ Ω) ἄλλος μαθητής. Das Verbum im Singular schließt beide Subjekte nach Art des
Hebräischen ein (GK, S. 489–492), aber es gibt durchaus auch Präzedenzfälle im Griechischen. Der
»andere Jünger« wird bei Mk nicht erwähnt, und seine Identität ist unklar. Es ist durchaus möglich,
ihn mit dem Jünger, »den Jesus liebte« (s. Einleitung, S. 131ff und Komm. zu 13,23), gleichzusetzen,
aber es gibt keinen entscheidenden Grund, dies zu tun. So wie er im folgenden beschrieben wird
(s. u.), ist es sehr unwahrscheinlich, daß es sich um den Zebedaiden Johannes handelt. Es ist durchaus möglich, daß Joh ein Einwand gegenüber der traditionellen Erzählung bewußt war, nämlich daß
Petrus zu dem Schauplatz des Prozesses nicht zugelassen worden sein konnte; er führte den anderen
Jünger ein, um auf diesen Einwand zu antworten. S. Haenchen, Weg, S. 506f.

γνωστὸς τῷ ἀρχιερεῖ. Das genaue Gewicht von γνωστός ist nicht sicher. In der LXX steht es manchmal für das Partizip Pual von ידע (»kennen«; מידע, meyudda’), welches offenbar für »vertrauter
Freund« gebraucht wird; s. 2Kön 10,11, und bes. Ps 54(55),14: Du warst es, mein Gefährte, mein
Freund und mein *Vertrauter.* Die Nebenform γνωτός kann bedeuten »Verwandter« oder sogar
»Bruder« (z. B. Ilias XV,350, γνωτοί τε γνωταί τε, »Brüder und Schwestern«). Es wäre deshalb
unklug, wollte man hier zwischen dem Jünger und dem Hohenpriester nur eine entfernte Bekanntschaft annehmen (s. jedoch dagegen Schlatter, S. 332), und es ist nur schwer einzusehen, wie irgendeine solche Bekanntschaft, wie es γνωστός nahelegt, zwischen einem galiläischen Fischer und
Kaiphas bestehen konnte. Es ist durchaus vorstellbar, daß dieser Vers selbst der Grund für die Aussage des Polykrates ist (s. Einleitung, S. 115f), Joh sei selbst ein Priester gewesen und habe das
πέταλον getragen; aber dies kann nicht mehr als eine Konjektur sein. Dasselbe gilt für die Annahme,
wir hätten hier die Quelle für das angebliche Interesse des Joh am Hohenpriestertum.

εἰς τὴν αὐλὴν τοῦ ἀρχιερέως. αὐλή hat eine große Bedeutungsbreite (s. Liddell-Scott s. v., und vgl.
10,1), sein Sinn wird hier durch die grundsätzliche Sicht der Verhöre bestimmt, wie Joh sie berichtet
(vgl. Mk 14,54.66; 15,16). Wenn wir annehmen müssen (s. zu V. 13), daß vor dem förmlichen Verfahren im Synhedrium unter Kaiphas eine vorläufige und informelle Untersuchung von Hannas vorgenommen wurde, dann bedeutet wahrscheinlich αὐλή das Atrium im Haus des Hannas; wenn
jedoch das von Hannas geleitete Verhör vor dem Synhedrium stattfand, dann könnte sich die Szene
im Tempel abgespielt haben (s. Komm. zu V. 24).

16. ἔξω. Selbstverständlich war das Verfahren geheim. Wir kennen das Motiv des Petrus nicht, aus
welchem er Jesus folgte. Er kann kaum die Hoffnung gehabt haben, nun den Gewaltakt erfolgreich
zu wiederholen, den Joh ihm in V. 10 zuschreibt, obwohl immer noch eine Fluchtmöglichkeit offen
scheinen konnte. Vielleicht erwartete er einen göttlichen Eingriff. Es ist freilich unwahrscheinlich,
daß Joh an solche Fragen dachte.

τῇ ϑυρωρῷ. Zu weiblichen Türhütern vgl. 2Sam 4,6 (nicht hebräisch); Apg 12,13 und die Belege bei MM s. v. ϑυρωρός. Wenn es sich um einen zutreffenden Bericht handelt, dann muß sich die Szene in einem Privathaus (des Hannas) abgespielt haben, nicht im Tempel; es könnte hier aber einfach eine Konstruktion aufgrund von Mk 14,66 (s. Komm. zu V. 17) vorliegen: Die mk Erzählung enthält eine παιδίσκη; der Bericht von dem Zutritt der beiden Jünger verlangt einen ϑυρωρός. Wenn Joh Mk verwendet hat, so ist dies eine viel befriedigendere Erklärung als die Annahme einer Dittographie in einem anzunehmenden aramäischen Original (Black, S. 258).

εἰσήγαγεν τὸν Πέτρον. Subjekt kann der »andere Jünger« oder der ϑυρωρός sein; »er führte hinein«, oder »sie ließ eintreten«.

17. λέγει... ἡ παιδίσκη ἡ ϑυρωρός. Bei Mk (14,66.69) ist es μία τῶν παιδισκῶν τοῦ ἀρχιερέως, die Petrus anruft. Joh scheint an diesem Punkt von Mk abhängig zu sein, und er nimmt offensichtlich das Eintreten des Petrus in den Hof als einen passenden Moment für das erste Erkennen und Verleugnen. Der Hinweis auf ἡ ϑυρωρός könnte seinen Grund lediglich in der παιδίσκη des Mk haben. Das Wort bedeutet im späteren Griechisch »weiblicher Sklave«; früher war es ein Äquivalent für νεανίς (s. Phrynichus [CCXVI; Rutherford, S. 312f]).

μὴ καί σύ. μή erwartet in direkten Fragen gewöhnlich die Antwort »nein«. Aber καὶ σύ – »auch du, neben dem Mann, der sowohl als Jünger als auch als Freund des Hohenpriesters bekannt ist« – läßt hier die Antwort »ja« erwarten. Wahrscheinlich ist μή hier das »μή vorsichtiger Behauptungen« (M I, S. 192f). Die Frage scheint nicht in feindseliger Weise gestellt worden zu sein: »Du bist gekommen mit X, den wir kennen; vielleicht bist auch du ein Jünger.« Haenchen nimmt jedoch an, καὶ σύ würde nicht bedeuten »neben dem anderen Jünger«, denn er ist als γνωστὸς τῷ ἀρχιερεῖ bekannt. Es müsse vielmehr bedeuten: »auch du wie viele andere«.

οὐκ εἰμί. Vgl. den Gebrauch von ἐγώ εἰμι ohne Prädikat in V. 5 u. ö.

18. In diesem Vers läßt Joh offenbar Abhängigkeit von Mk erkennen. S. Mk 14,54, ἦν συγκαϑήμενος μετὰ τῶν ὑπηρετῶν καὶ ϑερμαινόμενος.

οἱ δοῦλοι καὶ οἱ ὑπηρέται. Die persönlichen Diener des Hohenpriesters und die Tempelwache (s. Komm. zu V. 3).

ἀνϑρακιὰν πεποιηκότες. Vgl. 21,9; nur an diesen zwei Stellen findet sich im NT ἀνϑρακιά. Im Tempel wurde für die Priester, die während der Nacht ein Tauchbad nehmen mußten (Tamid 1,1), ein brennendes Feuer in dem für die Tauchbäder vorgesehenen Raum unterhalten; aber dies hätte nur Priestern zur Verfügung gestanden; man hätte auch nicht gesagt, es sei extra angezündet worden (πεποιηκότες).

ὅτι ψύχος ἦν. Dies könnte ein Hinweis darauf sein, daß die Erzählung sich auf den Bericht eines Augenzeugen stützte, der sich selbst an die kalte Nacht erinnerte (vgl. 10,22f); aber diese Angabe könnte gleichermaßen eine Folgerung aus dem bei Mk erwähnten, aber nicht erklärten Feuer sein. Petrus schloß sich der Gruppe am Feuer im Hof des Palastes an (κάτω, nach Mk 14,66), während das im nächsten Vers beschriebene Verhör im Palast selbst stattfand. Wir hören nichts mehr vom »anderen Jünger«.

19. ὁ οὖν ἀρχιερεύς. Der Hohepriester war Kaiphas; aber der Gefangene war zu Hannas geführt worden (V. 13), und er wurde erst darauffolgend zu Kaiphas gesandt (V. 24). Es ist ungewiß, ob Joh unbestimmt, aber doch verständlich auf Hannas als Hohenpriester verwies (vgl. Lk 3,2; Apg 4,6) oder ob er dachte, Kaiphas sei anwesend und führe die förmliche Befragung durch. In der Tat konnte ἀρχιερεύς im Plural die Mitglieder der Priesteraristokratie meinen (Jeremias, Jerusalem, S. 167–181), so daß Dodd, Tradition, S. 94, übersetzen kann: »das besagte Mitglied der Priesteraristokratie«. Aber im Singular muß das Wort zuerst *den* Hohenpriester meinen.

ἠρώτησεν τὸν Ἰησοῦν. Diese Befragung ist der einzige Hinweis auf ein »Gerichtsverfahren« vor den Juden im Joh. Bei Mk (14,55–59) beginnt das Verfahren mit der Zeugenvernahme. Dies wird bei Joh nicht nur nicht erwähnt, sondern scheint durch V. 21, ἐρώτησον τοὺς ἀκηκοότας, ausgeschlossen zu sein. Zur Rechtmäßigkeit des Verfahrens s. Komm. zu V. 21. Hier ist zu beobachten, daß Joh die zwei Punkte, auf welche sich die synoptische Erzählung zuspitzt, völlig außer acht läßt: die Frage nach der Messianität Jesu und die Anklage der Gotteslästerung. Die Frage des Hohenpriesters wird in eine überraschende Form gebracht, da er nach den Jüngern und der Verkündigung Jesu fragt, aber nicht nach seiner Person, welche nach den Juden sowohl bei Joh (19,7) als auch in den anderen Evangelien wirklich im Mittelpunkt des Streites und der Anklage stand.

περὶ τῶν μαθητῶν αὐτοῦ. Diese Frage wird nicht weiter verfolgt, und ihre Tragweite bleibt dementsprechend unklar. Liest man sie im Lichte der synoptischen Erzählungen, dann kann sie als ein Hinweis auf die Befürchtung eines bewaffneten Aufstands mit Jesus an der Spitze verstanden werden: »Warum sammelst du Anhänger? Wie beabsichtigst du die Autorität, die du über sie hast, zu nützen?« Vgl. 18,36. Es ist aber doch zweifelhaft, ob Joh daran dachte; wahrscheinlich formuliert er eine allgemeine Frage. Angesichts von V. 17 ist diese freilich ironisch (Fenton).

περὶ τῆς διδαχῆς αὐτοῦ. Dies steht anstelle der präziseren mk Frage nach der Messianität (s. o.). Möglicherweise spiegelt die Formulierung Fragen wider, die man Christen vorlegte, die sich vor Gericht für ihren Glauben verantworten mußten; s. bes. Acta Martyrii S. Justini et Sociorum 2, *Ῥουστικὸς ἔπαρχος εἶπε· Ποῖόν ἐστι δόγμα;* und vgl. Mart Pol 10,1 und Euseb, Hist Eccl V,1,31 (Pothinus, Bischof von Lyon); auch die Entdeckung, die Plinius bei dem Verhör von Diakonissen machte, daß das Christentum *nihil aliud quam superstitionem pravam immodicam* (Ep X,96,8) sei.

20. *παρρησίᾳ.* S. Komm. zu 7,4. Der Kontrast zu *ἐν κρυπτῷ* zeigt, daß hier die Bedeutung »öffentlich« ist. Vgl. Mk 14,49, wenn *καθ᾽ ἡμέραν* bedeutet, bei Tage (und nicht in der Nacht). Brown zitiert Plato, Apologie 33b; es ist aber der Unglaube, der Jesu Worte zu verborgenen macht.

τῷ κόσμῳ. ὁ κόσμος im Sinn von alle Welt begegnet im späten Griechisch; z. B. Dittenberger, Or 458, 40f, *ἦρξεν δὲ τῷ κόσμῳ τῶν δι᾽ αὐτὸν εὐαγγελί[ων ἡ γενέθλιος] τοῦ θεοῦ* (9 v. Chr.); P. Oxy. 1298,8, *ἐ λέσχε [sic] τοῦ κόσμου* (4. Jh. n. Chr.). Man könnte aber auch an den besonderen joh Gebrauch von *κόσμος* erinnern; s. 1,10 (und Komm. z. St.). Hier wird, wie so oft bei Joh, die Welt durch die Juden repräsentiert (Fenton).

πάντοτε. Mit diesem Wort und dem nächsten Satz kann nicht beabsichtigt sein, alle nichtöffentliche Lehre auszuschließen, die es ja in hohem Maße im Joh gibt.

ἐδίδαξα ἐν συναγωγῇ. Vgl. 6,59.

ἐν τῷ ἱερῷ. Vgl. 7,14.28; 8,20. Der Artikel steht bei ἱερόν (nicht bei συναγωγή), weil es nur einen Tempel gab, aber viele Synagogen. Vgl. Pes 26a (R. Johanan lehrte im Tempel; Bousset-Greßmann, S. 167).

ὅπου πάντες οἱ Ἰουδαῖοι συνέρχονται; eindeutig eine redaktionelle Anmerkung. Wahrscheinlich ist die ganze Antwort von Joh gestaltet, vielleicht auf der Grundlage von Mk 14,49, *καθ᾽ ἡμέραν ἤμην πρὸς ὑμᾶς ἐν τῷ ἱερῷ διδάσκων.*

ἐν κρυπτῷ nimmt *παρρησία* auf; vgl. 7,10, wo es im Gegensatz steht zu *φανερῶς.* Vgl. Jes 48,16 (Guilding, S. 165). Braun stellt dem, unter Verweis auf Stauffer, zu Recht die Vorliebe der Qumrangemeinde für Geheimlehre gegenüber.

21. *τί με ἐρωτᾷς;* Man hat es im rabbinischen Recht offenbar als unangebracht betrachtet, den Versuch zu machen, einen Angeklagten zur Selbstbeschuldigung zu veranlassen. Dieses Prinzip wird nicht explizit formuliert vor Maimonides (zu Sanh 6,2; »unsere wahrhafte Tora legt die Todesstrafe nicht auf einen Sünder auf aufgrund seines eigenen Geständnisses oder aufgrund der Erklärung eines Propheten, daß der Angeklagte die Tat verübt habe«), und H. Danby (JThSt 21 [1920], S. 51–76) vertrat die Meinung, man könne diesen Grundsatz nicht bereits für die frühe Zeit annehmen. Aber Abrahams hat gezeigt (Studies II, S. 132–134), daß Maimonides hier eine legitime Folgerung aus den Texten zog. Es war deshalb ein unrechtmäßiges Vorgehen, wenn der Hohepriester einen Prozeß eröffnete (wenn es sich hier wirklich um ein so förmliches Verhör handelte), indem er Jesus selbst befragte. Wenn es sich jedoch hier um eine informelle Untersuchung handelte, dann konnten direkte Fragen durchaus angebracht sein.

ἐρώτησον τοὺς ἀκηκοότας. »Frage sie, was ich gesagt habe«; d. h., befrage die Zeugen, wie es dem

Gesetz entspricht. Dies wurde (auch wenn die Zeugen falsche Zeugen waren) in dem synoptischen Bericht von der »ersten Verhandlung« getan.

22. *ῥάπισμα*. Vgl. 19,3 (die Soldaten bei der joh »Verspottung«); Mk 14,65 (die *ὑπηρέται* – wie hier – beim »ersten Prozeß«). Vgl. Mt 26,67 *ἐράπισαν*. Das Wort wird in dem von Phrynichus (CLII; Rutherford, S. 257–265) abgelehnten Sinn für einen Schlag ins Gesicht mit der flachen Hand gebraucht. Joh könnte hier sehr wohl eine Kenntnis des Mk zeigen; aber beide können auch von Jes 50,6 abhängen (Dodd, Tradition, S. 93).

οὕτως ἀποκρίνῃ τῷ ἀρχιερεῖ; Vgl. Ex 22,27; Apg 23,4f; auch Josephus, Contra Apionem II,194, *ὁ τούτῳ* (sc. *τῷ ἀρχιερεῖ*) *μὴ πειθόμενος ὑφέξει δίκην ὡς εἰς θεὸν αὐτὸν ἀσεβῶν*. Jesus hatte sich in der Tat geweigert, eine Frage zu beantworten, die man sehr wohl als unangebracht betrachten konnte.

23. Die Wahrheit ist jenen, die etwas um jeden Preis durchsetzen wollen, immer unangenehm. Es ist leichter und effektiver, auf sie mit Schlägen als mit Argumenten zu antworten.

24. Vgl. Mk 15,1, und s. Komm. zu V. 13. Joh kannte sehr wahrscheinlich eine Überlieferung von zwei »Verhandlungen«, da er nichts über jene zu sagen hat, die er vor Kaiphas stattfinden läßt. Es könnte sein, daß seine Einführung der zwei Namen, Hannas und Kaiphas, darauf zurückzuführen ist, daß zwei Verhöre erklärt werden müssen. Es ist nicht klar, *wohin* Jesus gesandt wurde; s. Komm. zu V. 13.15. »Senden« muß nicht notwendigerweise die Bewegung von einem Gebäude zu einem anderen meinen, es meint vielleicht nicht mehr als die Überstellung aus einem Gerichtssaal im Tempel in einen anderen. Vgl. Benoit I, S. 309ff. *πρὸς Καϊαφᾶν* bedeutet nicht, in das Haus des Kaiphas, sondern zu ihm persönlich, wo immer er gewesen sein mag. Dies war wahrscheinlich für eine Versammlung des Synhedriums der לשכת הגזית *(liḥkath ha-gazith)*. Daß hier in diesem Vers Kaiphas ganz besonders als Hoherpriester erwähnt wird, unterstreicht die Schwierigkeit in 19.22; wenn Kaiphas bereits bei dem ersten Verhör anwesend gewesen ist, warum sollte Jesus zu ihm *gesandt* werden?

25. *θερμαινόμενος*. S. Komm. zu V. 18. Es folgt die zweite und dritte Verleugnung des Petrus; die erste wurde von dieser getrennt, weil die *παιδίσκη*, die ihn anrief, mit der *θυρωρός* identifiziert wurde.

εἶπον – die Gruppe, die am Feuer stand (V. 18).

μὴ καί σύ. Ihre Worte sind fast identisch mit jenen der Türhüterin (V. 17).

ἠρνήσατο. Das Wort wurde in V. 17 nicht verwendet, es wird aber in V. 27 wiederholt. Vgl. Mk 14,68.70. Es erinnert an das Wort Jesu über jene, die ihn vor den Menschen verleugnen (*ἀρνεῖσθαι*, Mt 10,33 = Lk 12,9); Joh will jedoch offenbar mit diesen Worten nicht mehr sagen, als daß Petrus behauptete, er sei nicht der, für den man ihn hielt (*οὐκ εἰμί*).

26. *συγγενὴς ὤν*. Nur Joh kennt den Namen des Mannes, den Petrus mit dem Schwert geschlagen hatte (s. Komm. zu V. 10); und nur er weiß etwas von dieser Verwandtschaft. Wir müssen daraus schließen, daß entweder ein Augenzeugenbericht hinter der joh Passionserzählung stand oder Joh selbst Einzelheiten nach Art der apokryphen Evangelien ausgestaltete. Daß freilich ganz allgemein ein klarer Zusammenhang in der Erzählung fehlt, spricht nicht für diese Möglichkeit.

ὠτίον. In V. 10 *ὠτάριον* (aber *ὠτίον* begegnet als Textvariante).

ἐν τῷ κήπῳ. S. V. 1; V. 4 läßt freilich daran denken, daß Jesus vor der Verhaftung aus dem Garten kam.

27. Joh erwähnt die Eide und Verfluchungen nicht, mit welchen (Mk 14,71 parr) Petrus Jesus verleugnete.

ἀλέκτωρ ἐφώνησεν. Vgl. 13,38, wo die Verleugnung vorhergesagt wird. Das abrupte Ende bei Joh ist dramatisch und wirksamer als die Erklärung des Mk (14,72), daß Petrus sich daran erinnerte, was Jesus gesagt hatte. Petrus verschwindet nun aus der Erzählung bis 20,2. Die Geschichte »sollte gelesen werden im Lichte der Worte Jesu an Petrus ... (13,36); Petrus kann Jesus nicht folgen, ehe Jesus für ihn gestorben ist« (Fenton).

38. Jesus, Pilatus und die Juden

18,28–19,16

Dieser lange zusammenhängende Abschnitt schließt ein Gespräch zwischen Jesus und Pilatus und zwischen Pilatus und den Juden ein; Jesus steht nicht länger in unmittelbarem Verkehr mit den Repräsentanten seines eigenen Volkes. Fast die ganze Zeit bleibt er im Prätorium; Pilatus geht hinaus, um mit den Juden zu sprechen, die das Prätorium nicht betreten wollen, um rituelle Verunreinigung zu vermeiden. Die Juden suchen unaufhörlich die Verurteilung Jesu durch Pilatus zu erreichen (da sie selbst nicht die Macht haben, jemanden zu töten), indem sie zuerst ganz allgemein behaupten, er sei ein Übeltäter (18,30), sodann, er habe sich selbst zum Sohn Gottes gemacht (19,7), und schließlich, daß er, indem er sich selbst zum König machte, an einem Aufstand beteiligt sei, welchem Pilatus, falls er ihn entlasse, Vorschub leisten würde (19,12). In ihrem ersten Gespräch (18,33–37) fragt Pilatus Jesus nach seinem Königtum, und Jesus spricht von der Wahrheit, für die er Zeugnis ablegt; im zweiten Gespräch (19,8–11) geht es um Vollmacht (ein Thema, das in enger Beziehung zu dem vorangegangenen Thema des Königtums steht). Die Juden sind fortwährend feindselig, sie wollen das Blut Jesu (18,30.40; 19,6.15), selbst wenn dies für sie bedeutet, ihren eigenen Glauben verleugnen zu müssen (19,15); Pilatus andererseits erklärt dreimal, daß Jesus unschuldig ist (18,38; 19.4.6), er sucht ihn freizulassen (18,39 [die Juden wählen jedoch Barabbas]; 19,12), und nur durch die Drohung von 19,12 wird er gezwungen, ihn zu kreuzigen. In diese Abfolge sind die Geißelung und die Verspottung (ausgeführt von den Untergebenen des Pilatus) etwas merkwürdig eingefügt (19,1–3; s. Komm. z. St.).

Der größte Teil dieser Überlieferung baut auf der mk Erzählung auf, die nicht nur die grundlegende Tatsache eines Verhörs vor Pilatus bereitstellte, seinen Unwillen, Jesus zu verurteilen, den Verweis auf Barabbas und den Brauch, einen Gefangenen beim Fest freizulassen, die Geißelung, die Verspottung, den Schrei nach dem Tod Jesu und die schließliche Überstellung Jesu zur Kreuzigung, sondern auch das Hauptthema der Gespräche zwischen Pilatus und Jesus – das Thema des Königtums. Die Ergänzungen und Veränderungen, die Joh vornimmt, flößen kein Vertrauen in seine historische Zuverlässigkeit ein. Einzelheiten werden im Kommentar behandelt, aber es kann hier doch schon ganz allgemein festgestellt werden, daß es höchst unwahrscheinlich ist, daß zuverlässige Informationen über geheime Gespräche zwischen dem Gefangenen und dem Richter (wenn solche überhaupt stattfanden) den Evangelisten erreicht haben sollten. Überraschenderweise wird, als die Juden sich zum ersten Mal an Pilatus wenden, keine Anklage gegen Jesus vorgebracht; es wird angenommen (18,33), daß Pilatus die Anklage kennt. Zutreffend ist wahrscheinlich, daß es sich bei der Anklage, aufgrund deren der Gouverneur dann tatsächlich tätig wurde, um den Vorwurf handelte, Jesus behaupte, König zu sein; aber die Diskussionen über dieses Thema und über die wahre Vollmacht (18,33–37; 19,10f) erfolgen zweifelsohne in joh Sprache, und die Theologie, die hier vorliegt, ist nicht das eschatologische Denken, auf welchem die synoptische Lehre über das Reich Gottes gründete. Die Geißelung und Verspottung sind in der vorliegenden Form unvorstellbar (19,1–3), da in diesem Augenblick Pilatus ja Jesus nicht einfach freilassen (vgl. Lk 23,16), sondern ihn überhaupt freisprechen möchte. Die Verspottung wird jedoch wahrscheinlich beibehalten, um den dramatischen Effekt von 19,5 möglich zu machen. Joh war, wie es scheint, über Einzelheiten des römischen als auch des jüdischen Gesetzes unsicher (s. 18,28.31.39; 19,1–3.6.16, und Komm. z. St.). Seine einzige topographische Ergänzung zu der älteren Überlieferung ist der Name Gabbata. Die Entdeckung eines gepflasterten Platzes an der hier möglicherweise zutreffenden Stelle (die Antonia; s. Komm. zu 19,13) trägt kaum etwas zur Bestätigung der Zuverlässigkeit unserer Erzählung bei. Die Verfahrensweise der Römer in der Erzählung vom Prozeß ist durch A. N. Sherwin-White aufgehellt worden (s. u.); und Dodd (Tradition, S. 96–120) bringt ausführliche Argumente dafür vor, daß Joh eine unabhängige Tradition von beträchtlichem historischen Wert verwendet hat. Er unterschätzt jedoch offenbar die Verwendung des Mk durch Joh und auch den theologischen Gehalt und das theologische Interesse der rein joh Abschnitte. Eine gemäßigtere Sicht der Dinge findet sich bei Brown (S. 861): »Mit all seiner Dramatik und seiner Theologie ist doch der Prozeßbericht des Joh der klarste und konsequenteste, den wir haben.« Aber auch diese Sicht überschätzt, wenn man genauer zusieht, doch wohl nicht nur die historische Leistung des Joh, sondern auch seine historischen Absichten. S. auch E. Haenchen, Die Bibel und wir [1968], S. 190–205. Das wirkliche Kernstück des Abschnitts ist das Gespräch über βασιλεία und ἐξουσία, obwohl man daraus kaum, wie Bultmann es tut, eine Theologie von Kirche und Staat ableiten kann. Man wird kaum sagen können, es gelinge Guilding (S. 49 usw.) in diesem Abschnitt, die Themen des Purimfestes aufzuweisen.

Der historische Wert des joh Berichts ist geringer als der des Mk (zu den anderen widersprechenden Kreuzigungsdatierungen, die sich bei den zwei Evangelisten finden, s. Einleitung, S. 64 ff). Es muß aber noch einmal betont werden, daß Joh höchst scharfsinnig den Schlüssel der Passionsgeschichte im Königtum Jesu herausgefunden und dessen Sinn vielleicht deutlicher als irgendein anderer ntl Autor herausgestellt hat.

28. ἀπὸ τοῦ Καϊαφᾶ – zu dem er in V. 24 gebracht worden war. Vgl. Mk 15,1; aber Joh hat überhaupt nichts darüber gesagt, wie Kaiphas mit Jesus verfahren war. a liest mit mehreren anderen altlateinischen und vielen Handschriften der Vulgata *ad Caipham*; diese Lesart ist wahrscheinlich auf die eben erwähnte Schwierigkeit zurückzuführen; vgl. die Umstellung der Verse, die sich in sin findet (s. Komm. zu V. 13).

εἰς τὸ πραιτώριον. Das Prätorium war die offizielle Residenz eines Provinzgouverneurs; hier die Residenz des Pilatus. Der Gouverneur von Judäa lebte normalerweise in Cäsarea (wo es ein weiteres Prätorium gab, Apg 23,35), kam aber zu den großen Festen nach Jerusalem, um mögliche Unruhen im Keim zu ersticken. Die Residenz in Jerusalem, auf die hier verwiesen wird, ist wahrscheinlich nicht die Antonia, sondern der Palast des Herodes; s. Benoit, I, S. 332 f. Diese Annahme paßt besser zu dem Bericht von den Aktivitäten des Pilatus im weiteren Verlauf des Abschnitts. εἰς wird ungenau gebraucht; später in diesem Vers zeigt sich, daß die Juden, obwohl sie *zum* (πρός) Prätorium gingen, nicht *in* (εἰς) dieses hineingehen würden.

ἦν δὲ πρωί. Die letzten beiden Nachtwachen (nach der Zählweise der Römer) waren ἀλεκτοροφωνία und πρωί. Der Hahnenschrei war nun vorüber, und der frühe Morgen (vor 6 Uhr in der Frühe) war angebrochen.

καὶ αὐτοί – das Subjekt von ἄγουσιν, die Juden, die verantwortlich für die Überstellung des Falles vom Lokalgericht zu dem des Gouverneurs sind.

ἵνα μὴ μιανθῶσιν. Vgl. Oholot 18,7.9: Die Wohnstätten von Heiden sind unrein ... Die Verordnungen über die Behausungen von Heiden beziehen sich nicht auf Säulengänge. Unter gewöhnlichen Umständen würde ein Jude das Haus eines Heiden betreten, aber er würde unrein werden – rituell unrein, s. Bonsirven II,262, und den Artikel von A. Büchler (JQR 17 [1926–1927], S. 1–81), den dieser zitiert; auch Bill II, S. 838 ff. Am Tag vor dem Passa (zum Vergleich der joh mit der mk Datierung des Letzten Mahles und der Kreuzigung s. Einleitung, S. 64 ff), blieben die Juden deshalb draußen, ἵνα... φάγωσιν τὸ πάσχα. Die Ironie dieser Absicht ist charakteristisch joh: Jene, die den Sohn Gottes zu ermorden planen, sorgen sich bis in die letzte Einzelheit um ihre formale religiöse Observanz. Ob die Implikation der Aussage des Joh zutrifft, es hätte sich um eine schwere Form von Unreinheit gehandelt, die nämlich sieben Tage andauerte, ist diskutiert worden (s. bes. Morris). Die andere Möglichkeit ist, daß die Unreinheit, die sich die Juden durch ihr Betreten des Prätoriums zugezogen hätten, lediglich bis zum Ende des Tages gedauert hätte, wo sie dann durch ein Bad beseitigt werden konnte; an dem unmittelbar anschließenden Abend (dem Anfang des nächsten Tages) konnte das Passa gegessen werden. Man könnte sehr wohl die ganze Diskussion mit der Beobachtung einleiten, daß »wir nicht wissen, wie die Reinheitsgesetze zur Zeit Jesu interpretiert wurden« (J. B. Segal, The Hebrew Passover [1963], S. 36, Anm. 2; Segal bemerkt auch, a. a. O., daß nach Mt 27,11f; Mk 15,2f; Lk 23,1f die Priester den Hof des Statthalters betraten). Die entscheidende biblische Stelle ist Num 9,7–10: ein Mann, der sich an einem Leichnam verunreinigt hat (was Unreinheit für sieben Tage bedeutet; Num 19,11.16; 31,19), muß das zweite Passa (einen Monat später) halten. Es erhebt sich nun die Frage, ob die Unreinheit, die man sich beim Betreten eines heidnischen Grundstücks zuzog, von dieser Art war. Die oben zitierte Mischna gibt keinen Grund dafür an, warum man eine heidnische Behausung als unrein betrachtete; der Kontext weist jedoch auf die Vermutung, daß Heiden in ihren Behausungen Fehlgeburten (Leichen) begruben. Insofern läßt der Zeugnisbeleg darauf schließen, daß eine Person nach dem Besuch eines heidnischen Hauses sieben Tage warten mußte, ehe sie wieder an einem religiösen Akt teilnehmen konnte. Dies ist jedoch nicht eindeutig, und es wird durch einen Meinungsstreit zwischen der Schule des Hillel und der Schule Schammais kompliziert. Ein wichtiger Text dafür ist Pes 8,8. Der über einen nahen Angehörigen Trauernde darf untertauchen und abends vom Passaopfer essen, nicht aber von anderen heiligen Opfern; wer vom Tode seines nahen Angehörigen erfährt und seine Gebeine einsammelt, der darf untertauchen und auch von heiligen Opfern essen. Die Schule Schammais sagt: Wenn ein Mann am Tag vor dem Passa Proselyt wurde, dann mag er untertauchen und abends das Passaopfer essen. Und die Schule Hillels sagt: Wer sich von der Vorhaut trennt, gleicht dem, der sich von einem Grabe trennt. Daß die mildere Praxis des Schammai in der früheren Zeit vorherrschte, zeigt sich an einer Geschichte in T. Pes 7,13 (167); J. Pes 8,36b.47 (zitiert bei Jeremias, Jerusalem, S. 356). Schließlich setzt sich die Sicht des Hillel durch und wurde am Ende auch von den Anhängern des Schammai akzeptiert. Diese Tatsache könnte den Anachronismus in dem Bericht des Joh erklären. Zu beachten ist auch, daß nur eine kleine Zahl von Priestern hiervon berührt war; »ist die Gemeinde oder ihre Mehrheit unrein, ist das Passa in Unreinheit herzurichten, oder wenn die Priester unrein waren, aber die Gemeinde rein, dann mag das Passa in Unreinheit gehalten werden« (Pes 7,6; die Mischna fügt hinzu, daß sie, wenn eine Minderheit der Gemeinde unrein ist, dann das zweite Passa halten müssen). Wenn Joh deshalb feststellt, daß die Juden sich so verhielten, wie sie es taten, damit sie das Passaopfer essen könnten, ist dies fragwürdig. Was auf den ersten Blick wie eine direkte historische Anmerkung erscheint, könnte eher auf Joh' Vorliebe für Ironie zurückzuführen sein, vielleicht auch auf seinen Wunsch, das dramatische Mittel der zwei Ebenen zu verwenden (Dodd, Tradition, S. 96). Eine ausgewogene Diskussion des Problems findet sich bei Brown, a. a. O.

29. ἐξῆλθεν οὖν ὁ Πιλᾶτος. Es wird vorausgesetzt, daß der Leser weiß, wer Pilatus ist – ein Hinweis darauf, daß der Evangelist von seinen Lesern erwartet, sie würden, wenn nicht die Passionserzählung des Mk, so doch eine ähnliche kennen. Pilatus war Präfekt (den Terminus Prokurator müssen wir nun angesichts der folgenden Inschrift aufgeben [PON]TIUS PILATUS [PRAE]FECTUS JUDA[EAE]: JBL 81 [1962], S. 70) von Judäa ca. 26–36 n. Chr. Die Darstellung, die Josephus von ihm gibt, läßt den Leser eine solch willfährige Anpassung eigentlich nicht erwarten, sie ist jedoch nicht unmöglich. Ein römischer Gouverneur würde Weisheit zeigen, wenn er nicht mehr als unbe-

dingt notwendig provoziert, insbesondere zur Passazeit. Dieser Vers jedoch läßt die Erzählung nicht historisch wahrscheinlicher werden.

30. εἰ μὴ ἦν . . . Diese Bemerkung offenbart entweder außerordentliche und fast unglaubliche Unverschämtheit oder ein Einverständnis zwischen den Juden und Pilatus. Letztere Annahme ist ausgeschlossen, da Pilatus, indem er den Fall an die Juden zurückverwies, zeigt, daß er überhaupt nicht verstand, daß hier die Todesstrafe gefordert war. Da auch die erste Möglichkeit schwer vorstellbar ist, können wir annehmen, daß wir hier einen Versuch von seiten des Joh (oder der Tradition, von der er abhängig war) haben, die Schuld für die Verurteilung Jesu noch stärker den Juden aufzubürden und die Römer zu entlasten – eine Tendenz, die sich in der frühchristlichen Literatur häufig zeigt.

κακὸν ποιῶν. Wahrscheinlich waren die Anklagen gegen Christen in den frühen Christenverfolgungen eher allgemeiner Natur als konkret; vgl. 1Petr 2,12; 3,17; 4,15; auch Tacitus, Annales XV,44, . . . *per flagitia invisos . . . haud perinde in crimine incendii quam odio humani generis . . .*

31. λάβετε αὐτὸν (om. ℵ* W c) ὑμεῖς. Das letzte Wort ist betont. Wie Gallio war auch Pilatus nicht daran interessiert, über jüdische Streitigkeiten zu richten. Ob freilich ein Provinzgouverneur einen Friedensstörer aus seiner Gewalt entlassen hätte, muß doch als zweifelhaft betrachtet werden. Mit seinem Handeln freilich weist Pilatus alle Verantwortung den Juden zu.

ἡμῖν οὐκ ἔξεστιν ἀποκτεῖναι οὐδένα. Offensichtlich haben die Juden bereits entschieden, daß Jesus getötet werden muß, aber Joh hat uns nicht erzählt, wann, wo oder aufgrund welcher Autorität. Der synoptische Bericht, oder einer, der ihm sehr ähnlich ist, wird vorausgesetzt. Die Frage, ob die Juden (unter den Präfekten und Prokuratoren) das Recht hatten, Todesurteile zu vollstrecken oder nicht, ist schwer zu entscheiden, und sie wird unter den Gelehrten immer noch diskutiert. Eine immer noch unübertroffene Darstellung der Frage findet sich bei J. Juster, Les Juifs dans l'Empire romain [1914] II, S. 127–149.

a) Folgende Argumente werden u. a. zur Bestätigung der Behauptung des Joh vorgebracht, die Juden hätten in dieser Zeit nicht das Recht gehabt, Exekutionen zu vollstrecken: 1. Josephus, Bell II,117, sagt, der erste Statthalter, Coponius, sei von Augustus gesandt worden, μέχρι τοῦ κτείνειν λαβὼν παρὰ Καίσαρος ἐξουσίαν; aber ein Statthalter konnte ohne diese Vollmacht kaum ernannt worden sein, und es folgt daraus keineswegs, daß die zuständigen Lokalgerichtshöfe diese Möglichkeit nicht mehr hatten. 2. Derselbe Autor sagt, Ant XX,202: οὐκ ἐξὸν ἦν ᾿Ανάνῳ [dem Hohepriester] χωρὶς τῆς ἐκείνου [des Statthalters] γνώμης καθίσαι συνέδριον; aber dies kann kaum eine allgemeine Regelung gewesen sein. 3. In JSanh I,18 a.34; 7,24 b.41 wird gesagt, das Recht, Todesstrafen zu verhängen, sei Israel vierzig Jahre vor der Zerstörung des Tempels (im Jahre 70 n. Chr.) genommen worden. Es legt sich die Annahme nahe, daß, auch wenn die Zeitangabe falsch sein mag, die Aussage selbst akzeptiert werden kann; in der Zeit von 6–70 n. Chr. (d. h. unter den Statthaltern) konnten die Juden die Todesstrafe nicht verhängen. Nach Juster (II, S. 133, Anm. 1) jedoch ist die Aussage in JSanh, a. a. O., lediglich abgeleitet von der Aussage (Abodah Zarah 8b), vierzig Jahre vor der Zerstörung des Tempels sei das Synhedrium dort ausgezogen, und der Annahme, daß die Todesstrafe nur im Tempel verhängt werden konnte (vgl. Sanh 41a). 4. Man hat auch gemeint, daß allein schon die Tatsache, daß Jesus den Römern zur Kreuzigung übergeben wurde, beweise, daß das Synhedrium keine Macht hatte, ihn zu steinigen; aber dies Argument ist nicht gewichtig genug. Ein Gerichtshof des Volkes kann nur Urteile sprechen, die von der öffentlichen Meinung unterstützt werden; wenn nur die Priesteraristokratie (und vielleicht die pharisäischen Theologen) ernsthaft den Tod Jesu wünschte, so war der einfachste Weg dazu seine Auslieferung an den römischen Gouverneur unter einer Anklage (wie z. B. Aufruhr), die ganz gewiß seine Verurteilung sicherstellen würde.

b) Folgende Argumente könnten gegen die Aussage des Joh vorgebracht werden: 1) Der Mischnatraktat Sanhedrin enthält vollständige Regelungen im Blick auf die unterschiedlichen Arten der Todesstrafe – Verbrennung, Steinigung, Erhängung und Enthauptung. Es ist jedoch recht schwierig, anzunehmen, alle diese Details seien entweder bloße Vorstellung oder sie seien aus der Zeit vor 6

n. Chr. bewahrt worden. 2) Zumindest ist ein Verbrechen bekannt, das seitens der jüdischen Autoritäten mit dem Tode bestraft werden konnte – sofern nämlich ein Heide das Innerste des Tempels betrat (s. die Tempelinschrift, 1871 von Clermont-Ganneau entdeckt, am leichtesten zugänglich bei Deißmann, S. 62f; auch Josephus, Bell V,193f; VI, 124–126; Ant XV, 417). Für dieses Vergehen waren selbst Römer mit Strafe bedroht; es ist deshalb nicht unwahrscheinlich, daß Juden, die keine Römer waren, vom Synhedrium auch für andere religiöse Übertretungen bestraft werden konnten. 3) Wir wissen von mehreren Exekutionen in der hier in Frage stehenden Periode. Im NT ist es der Tod des Stephanus (Apg 6.7; Teile der Erzählung lesen sich zwar wie die Geschichte eines Lynchmordes und nicht wie ein Rechtsakt, es wird aber eine Sitzung des Synhedriums beschrieben); auch Paulus' Weigerung, von einem jüdischen Gerichtshof gerichtet zu werden, sollte beachtet werden (Apg 25,9f). Josephus hat einen Bericht über die Steinigung des Jakobus, des Bruders Jesu (Ant XX,200; s. auch Euseb, Hist Eccl II,1,4; 23,4–18). In der Mischna gibt es Sanh 7,2: R. Eliezer b. Zadok sagte: Einst trieb eine Priesterstochter Hurerei, da umgab man sie mit Reisigbündeln und verbrannte sie. (Dies war nicht die sachgemäße Weise einer Vollstreckung der Todesstrafe durch Verbrennung.) Sie sagten zu ihm: Weil das damalige Gericht keine richtige Kenntnis (vom Gesetz) besaß. Die Tosephta (9,11 [429]) fügt hinzu, daß Eliezer selbst dies Ereignis als Kind gesehen hatte, so daß es in die Zeit der Statthalter fallen muß. Die Gemara (52b) fügt hinzu, daß der schlecht beratene Gerichtshof sich aus Sadduzäern zusammensetzte; seine Methode der Exekution wird kritisiert, aber sein Recht, die Todesstrafe zu vollstrecken, wird nicht in Frage gestellt. Einige wenige andere Beispiele sind im Talmud zu finden. Juster kommt zu dem Schluß, daß Joh hier irrt; das Synhedrium besaß das Recht, Todesstrafen zu vollstrecken. Diese Sicht ist freilich bestritten worden, vor allem von Sherwin-White (a. a. O., S. 36–43), dessen Hauptargument ist, es sei nicht Praxis der Römer gewesen, solche außerordentliche Vollmacht Lokalgerichtshöfen zuzugestehen. J. Jeremias, ZNW 43 [1950/51], S. 145–150, findet einen weiteren Beleg in der Geschichte der Ehebrecherin (7,53–8,11; s. S. 565f) und in Megillath Taanith 6, welche seiner Meinung nach belegen, daß die Juden das Recht, Todesstrafen zu vollstrecken, fünf Tage nach der Vertreibung der Römer im Jahre 66 n. Chr. wieder aufgenommen hätten. Vgl. T. W. Manson, ZNW 44 [1952/53], S. 255f. Zu Sherwin-White s. T. A. Burkill, NovTest 12 [1970], S. 321–342; auch Burkill in Vigiliae Christianae 10 [1956], S. 80–96; 12 [1958], S. 1–18. Wie Burkill, so kommt auch P. Winter zu dem Schluß, daß das Synhedrium das fragliche Recht besaß; s. The Trial of Jesus [1961]; auch ZNW 50 [1959], S. 14–33.221–251, bes. S. 14–18. Winter verweist auf Philo, Leg ad Gaium 307, wo in einem angeblich von Herodes Agrippa I. geschriebenen Brief der Anspruch erhoben wird: »Wenn irgendwer sonst, ganz zu schweigen von den übrigen Juden, vielmehr irgendeiner der Priester, nicht nur von den niederen, sondern von denen im Range gleich hinter dem Hohenpriester, allein oder mit ihm zusammen dort eintritt, ja wenn der Hohepriester selbst an zwei Tagen im Jahr oder an demselben Tage drei- oder viermal hintereinander hineingeht, hat er das Todesurteil zu erwarten, gegen das es keine Berufung gibt« – und auf Sanh 48b (das Vermögen derer, die durch den Staat [מלכות] hingerichtet werden, gehört dem König; das Vermögen derer, die durch das Gericht [בית דין] hingerichtet werden, gehört ihren Erben). Diese Stellen, bes. die letztere, scheinen auf den ersten Blick eindeutig zu sein. Es gibt jedoch eine enge Parallele in T. Sanh 4,6 (421), welche anstelle von מלכות (der Staat) מלך (der König) liest; dies spiegelt wider, daß es sowohl im Talmud als auch in der Tosephta um die Interpretation von 1 Kön 21 geht. Es ist deshalb möglich, daß wir hier lediglich eine phantasievolle Rekonstruktion von Bedingungen vor uns haben, die nach Meinung der Rabbinen zur Zeit des Ahab herrschten. Selbst wenn dies zuträfe, dann könnte ihre Rekonstruktion doch etwas mit ihren vertrauten Bedingungen zu tun haben, so daß diese rabbinischen Stellen, auch wenn sie weniger eindeutig sind, als Winter annahm, nichtsdestoweniger nicht unwichtig sind. Es ist offenbar nicht zu vermuten, daß diese Frage jemals eindeutig gelöst werden wird; es könnte sehr wohl sein, daß ein Gouverneur mehr Freiheiten als ein anderer gewährte (zu möglichen verfassungsrechtlichen Veränderungen s. E. Bammel, in: Studies in Jewish Legal History, S. 35–49) und daß in den Worten, die Joh den Juden in den Mund legt, so etwas wie Schmeichelei enthalten war. Es könnte auch sein, daß wir in ihnen nicht einen Hinweis auf jüdische Rechte und deren Grenzen in Jerusalem, sondern auf solche in der Stadt, in welcher der Evangelist lebte und schrieb, sehen müssen (Martyn, S. 57). Die unsichere Beweislage brachte Hoskyns (S. 616f) zu der Annahme, es sei »legitim, in der Wendung *zu töten* [ἀποκτεῖναι] einen subtilen Hinweis auf Blutvergießen im Unterschied zu Steinigen zu finden«. Es ist ihr eigenes Gesetz, welches es den Juden nicht erlaubt (dies ist die gewöhnliche Bedeutung von ἔξεστιν im Neuen Testament), Blut zu vergießen, und das Vergießen von Blut ist nun einmal von höchster Bedeutung für Joh. »Es ist kaum wichtig für ihn, ob die förmliche Anklage nun auf Gotteslästerung oder Aufruhr lautet; beide Anklagen sind gleichermaßen falsch. Es ist jedoch entscheidend für ihn, daß das Blut Jesu zur Erlösung der Welt ... vergossen werden sollte. Deshalb erfüllt die Kreuzigung und nicht die Steinigung den göttlichen Erlösungsplan und die Verheißungen des Herrn.« Es spricht ganz besonders für diese Interpretation, daß sie V. 32 besser verstehen läßt, als wenn man annimmt, das Synhedrium sei in keiner Weise in der Lage gewesen, jemanden zu töten. Wie wir gesehen haben, sind wir aber angesichts der Beweislage nicht genötigt, dies anzunehmen; und es ist ferner zu beachten, daß es keinen Beleg für die Annahme gibt, ἀποκτείνειν bedeute, mit Blutvergießen zu töten, und nicht ohne es, und daß kaum gesagt werden kann, Joh lege im weiteren Verlauf des Evangeliums besonderes Gewicht auf das Blut Jesu.

32. S. 12,32f. Lindars sagt zu Recht, daß dieser Vers nicht redaktionell ist, sondern die Pointe des Abschnitts enthält; zumindest ist die Erfüllung des Wortes Jesu einer seiner Hauptpunkte.

33. εἰσῆλϑεν οὖν πάλιν; d. h., er ging dorthin zurück, wo er vorher gewesen war.

σὺ εἶ: entweder liegt hier eine spöttische Betonung auf σύ – »du, ein Gefangener, den selbst seine Freunde verlassen haben, bist ein König, nicht wahr?« – oder der Ausdruck ist eine Entsprechung für das joh ἐγώ εἰμι in Frageform (s. dazu Komm. zu 6,35; 8,24).

ὁ βασιλεὺς τῶν Ἰουδαίων. Der Leser ist nicht auf die Einführung dieses Titels vorbereitet worden, aber dieser spielt in der anschließenden Erzählung und dem Gespräch (18,33–37.39; 19,3.12.15.19–22) eine wichtige Rolle. Es wird nicht berichtet, daß die Juden irgendeine förmliche Anklage vorgebracht haben (s. V. 30), es ist aber dem V. 35 zu entnehmen, daß sie eine der durch die mk Erzählung implizierten ähnliche Anklage erhoben (s. Mk 15,2, σὺ εἶ ὁ βασιλεὺς τῶν Ἰουδαίων; ... σὺ λέγεις). Die Erzählung des Joh folgt an diesem Punkt in der Tat Mk sehr eng. Die einleitende Frage des Pilatus ist dieselbe, und V. 34–37 können als eine joh Erweiterung des σὺ λέγεις bei Mk betrachtet werden. Die Wendung ὁ β. τ. Ἰουδαίων ist vorher im Evangelium nicht verwendet worden, vgl. aber 1,49 (σὺ β. εἶ τ. Ἰσραήλ) und 3,3.5. Was mit dem Königtum Jesu gemeint ist, wird in den folgenden Versen herausgearbeitet.

34. ἀφ᾽ ἑαυτοῦ. Diese schwierigere Lesart (vgl. ἀπὸ σεαυτοῦ) sollte vorgezogen werden. Im hellenistischen Griechisch wird ἑαυτῶν gewöhnlich für die zweite Person Plural des Reflexivpronomens gebraucht; aber ἑαυτοῦ anstelle von σεαυτοῦ ist viel weniger gebräuchlich. Die einzige andere Stelle im NT, an der diese vorkommt, ist 1Kor 10,29. S. M II, S. 181; Bl-Debr § 64. Für Jesus ist es unmöglich, die Frage zu beantworten, ehe er weiß, was sie bedeutet. Es ist vorstellbar, daß Pilatus die Frage stellt, weil er selbst die wahre und einzigartige königliche Würde Jesu erfaßt hat; wenn er aber, was viel wahrscheinlicher ist, lediglich eine politische Anklage überprüft, die die Juden vorgebracht haben, dann ist eine weitere Erklärung notwendig (V. 36).

35. μήτι ἐγὼ Ἰουδαῖός εἰμι; Solche Fragen sind für mich völlig uninteressant. Die Führer deines eigenen Volkes haben die Anklage vorgebracht; was ist ihre Grundlage? (τί ἐποίησας;) Welcher aufrührerischer Aktivitäten bist du schuldig? Hier erwartet μήτι ganz klar die Antwort: Nein; vgl. dagegen 21,5.

36. ἡ βασιλεία ἡ ἐμὴ οὐκ ἔστιν ἐκ τοῦ κόσμου τούτου. Jesus gesteht zu, daß er ein König ist, er fährt aber sogleich mit einer Beschreibung seines Königtums fort, die es aus der Sphäre des Aufruhrs und der Rebellion herausnimmt. Zu κόσμος bei Joh s. Komm. zu 1,10. Die joh Wendung entspricht teilweise dem synoptischen (und apokalyptischen) »dieser Äon« (ὁ αἰὼν οὗτος). In den Synoptikern ist

das Reich Gottes wesenhaft nicht von diesem Äon, sondern es gehört zum zukünftigen; gerade insoweit es wahr ist, daß im Wirken Jesu der zukünftige Äon in den gegenwärtigen einbrach, ist es möglich, von ihm als gegenwärtig zu sprechen. In der joh Übertragung der synoptischen Vorstellungen wird dieser Glaube langsam zu der Überzeugung, daß das Reich nicht ἐκ τοῦ κόσμου τούτου ist (vgl. 8,23), d. h. aus dem Bereich (und nicht der Zeit), in welcher die Menschen und die Geisterwelt vereint Gott gegenüberstehen. Daß die Metapher räumlich und nicht zeitlich gemeint ist, bestätigt sich durch die Verwendung von ἐντεῦθεν am Ende des Verses; der letzte Satz verdoppelt den ersten, und ἐντεῦθεν ist eine Entsprechung zu ἐκ τοῦ κόσμου τούτου. Es ist daran zu erinnern, daß das hebräische עולם nicht nur Zeitalter, sondern Welt meint und daß die Apokalyptik die obere Welt und die zukünftige Welt in einer engen Beziehung sieht.

οἱ ὑπηρέται οἱ ἐμοὶ ἠγωνίζοντο ἄν. ἄν fehlt völlig bei B* (und vielleicht P[66]), und es findet sich an unterschiedlichen Stellen in anderen Handschriften; es wurde wahrscheinlich in Angleichung an die reguläre Grammatik eingefügt. Dodd, Tradition, S. 112, verweist auf das Tempus von ἠγωνίζοντο (Imperfekt), »sind nicht bewaffnet«. Die Jünger werden mit demselben Wort wie die Tempelpolizei bezeichnet (V. 3); das Wort war freilich bereits in christlichen Sprachgebrauch übernommen worden (Lk 1,2; Apg 13,5; 26,16; 1Kor 4,1), und Joh machte von ihm ohne Zweifel als einem Mittel für seine üblichen Wortspiele Gebrauch. Die Könige dieser Welt kämpfen natürlicherweise um die Vorherrschaft; daß Jesus und seine Jünger dies nicht tun, zeigt, daß sein Reich von anderer Art ist.

παραδοθῶ; dies kann sich auf den Verrat oder auf 19,6.16 beziehen.

37. οὐκοῦν βασιλεὺς εἶ σύ; Die argumentative Partikel οὐκοῦν erfordert eine entschiedene Antwort: »Sehr wohl; so bist du ein König?« Sanders akzentuiert οὔκουν und übersetzt: »Du bist dann ein König, oder etwa nicht?« Der Bedeutungsunterschied ist insgesamt freilich nicht groß.

σὺ λέγεις. Vgl. Mk 15,2. Jesus will sein Königtum weder bestätigen noch es verleugnen. Wenn schon davon gesprochen werden muß, dann müssen dies andere tun. Pilatus versucht deutlich (nicht notwendigerweise in einer feindseligen Weise), eine Antwort in den Kategorien eines Königtums in »dieser Welt« zu bekommen; Jesus weigert sich, eine solche Antwort zu geben (er kann weder einfach »nein« sagen, weil er, auch wenn sein Reich nicht »von dieser Welt« ist, er doch »in diese Welt« gesandt wurde [3,16; 17,18]), aber er beschreibt dann seine Sendung in neuen und passenderen Worten. Für die Interpunktion σὺ λέγεις. ὅτι β. εἰμι ἐγὼ εἰς . . . spricht wenig, außer daß sie Jesu Antwort bei Joh genau mit der bei Mk übereinstimmen läßt. Tatsächlich erklärt Joh wahrscheinlich die schwer verständlichen Worte bei Mk und gibt ihnen dadurch einen präziseren Sinn. »Du bist es, der über das Königtum reden will. Ein besserer Weg, das Ziel meiner Sendung auszudrücken, ist es, wenn man sagt, daß ich kam, um Zeugnis abzulegen für die Wahrheit.« Joh genügt der Terminus βασιλεία für sein Verständnis des Werkes Jesu nicht, auch wenn er ihn nicht aufgibt.

εἰς τοῦτο wird aufgenommen und erklärt, wie bei Joh üblich, durch ἵνα.

γεγέννημαι. Die Geburt Jesu wird sonst nicht explizit erwähnt (s. Komm. zu 1,13); sie ist synonym mit seinem Eintritt in die Welt (ἐλήλυθα εἰς τὸν κόσμον). Die Beschreibung der Geburt als eines Eintritts in die Welt ist in diesem Kontext nicht zufällig. Jesus selbst ist, ebenso wie sein Königreich, nicht von dieser Welt, nicht ἐντεῦθεν. Er hat seinen Ursprung nicht in der Welt; aber er ist in diese Welt gekommen, um Zeugnis abzulegen (zu diesem wichtigen joh Thema s. Komm. zu 1,7) für die Wahrheit (τῇ ἀληθείᾳ; s. Komm. zu 1,14), d. h. für die ewige Wirklichkeit, die jenseits von und über den Erscheinungen der Welt ist, und insbesondere für das wahrhaftige und ewige Königreich Gottes, welches die Quelle und das Vorbild aller menschlichen Autorität ist (19,11). Aus diesem Grund kann die Wahrheit nicht in einem bloß intellektuellen Sinn verstanden werden. Es ist eine wirkende Wahrheit: sie konstituiert das Evangelium. Vgl. 1QS 8,6, s. o. Komm. zu 5,33.

πᾶς ὁ ὢν ἐκ τῆς ἀληθείας. Dieser Satz bereitet den Weg für die verständnislose Frage des Pilatus: »Was ist Wahrheit?« Das Zeugnis Jesu für die Wahrheit kann nur erfaßt werden von jenen, die selbst eine Beziehung zur Wahrheit haben (vgl. 3,3.21). Zu ὁ ὢν ἐκ τῆς ἀληθείας »wäre es schwierig in der Tat, irgendeine atl oder hebräische Parallele zu zitieren. Sie ist parallel solchen joh Ausdrücken wie ἐκ τοῦ πνεύματος, ἐκ τοῦ ϑεοῦ, ἐκ τῶν ἄνω, welche sich alle auf jene beziehen, die an der höheren Ordnung des Seins teilhaben, im Gegensatz zu jenen, die ἐκ τῆς σαρκός, ἐκ τῶν κάτω, ἐκ τοῦ κόσμου τούτου, ἐκ τοῦ διαβόλου sind. 'Αλήϑεια steht hier deshalb für das Reich der reinen und ewigen Wirklichkeit, unterschieden von dieser Welt der vergänglichen Erscheinungen. Ähnlich sagt Jesus im ersten Teil des Verses, daß er gekommen ist, um Zeugnis für ‚die Wahrheit' abzulegen, d. h. für die göttliche Wirklichkeit, wie sie jetzt den Menschen offenbart ist. Es liegt hier dieselbe Bedeutungsschwankung zwischen ‚Wirklichkeit' und , Erkenntnis der Wahrheit' vor, die wir in der Sprache der griechischen Philosophie seit Plato finden« (Dodd, Interpretation, S. 176). Es ist unmöglich, das Gewicht dieses Arguments nicht zu fühlen, es ist aber auch schwierig, nicht zu fühlen, daß Dodd es etwas überzogen hat. ἐκ τῆς ἀληϑείας weist zurück (wie Dodd in der Tat beobachtet) auf ἐκ τοῦ κόσμου τούτου. Jesus steht nicht für die »Wirklichkeit«, wenn dies eine Art statischer überweltlicher Existenz bedeutet, sondern er steht für ein Königreich, das in diese Welt von außen kommt, das ein neues Verständnis des Willens Gottes mit sich bringt; er selbst ist dieses Königreich, wie er die Wahrheit ist (14,6). *Wahrheit* ist sozusagen Wahrheit in Bewegung, die in diese Welt eintritt, die Welt anredet, jene befreit (8,32), die sie hören können. Sie ist nicht auf eine Welt zeitloser Formen, sondern auf einen festgesetzten Heilsplan bezogen. Soviel mag in Dodds Anmerkung (»mit der sehr drastischen Revision der Vorstellung dessen, was wirklich *ist*, die wir in der Entwicklung des joh Denkens zu beachten haben«) impliziert sein; aber es ist gut, wenn man dies offen ausspricht.

ἀκούει μου τῆς φωνῆς. Vgl. 10,3.16.27. Was Pilatus fehlt, ist die persönliche Zuneigung der Schafe zu ihrem eigenen Hirten, der das Wort (1,14) und die fleischgewordene Wahrheit ist (14,6). Dt 18,15 ist hier nur von zweifelhafter Bedeutung.

38. τί ἐστιν ἀλήϑεια; Wie in den Synoptikern wird auch hier Pilatus als durchaus freundlich gegenüber Jesus dargestellt. Er will ihn nicht töten, und er sieht, daß Jesus das Opfer einer jüdischen Verschwörung ist. Sympathie ist jedoch nach Meinung des Joh gegenüber Jesus eine durchaus unangemessene Einstellung; wie Nikodemus (7,50f) ist Pilatus trotz all seiner Fairness und Aufgeschlossenheit nicht »aus der Wahrheit«; er ist »aus dieser Welt«. Dies ist der Punkt, auf den es Joh ankommt; E. Haenchen, Die Bibel und wir [1968], S. 196f, bietet einen aufschlußreichen Bericht der überscharfsinnigen theologischen und psychologischen Erklärungen dieser berühmten Frage.

ἐγὼ οὐδεμίαν εὑρίσκω ἐν αὐτῷ αἰτίαν. Wie die früheren Evangelisten, so läßt auch Joh die Gelegenheit nicht aus, die politische Unschuld des Christentums zu betonen. Zur Formulierung vgl. Lk 23,4.14.22.

39. ἔστιν δε συνήϑεια ὑμῖν. Vgl. Mk 15,6 parr. Es gibt keinen direkten außerbiblischen Beleg für diesen Brauch, und die Parallelen, die man herangezogen hat, sind kaum von Wert. Die Freilassungen bei den römischen Lectisternia (Livius V. 13; Dionysius von Halikarnass XII,9) sind bedeutungslos; der von Deißmann zitierte Papyrus (S. 229; P. Flor. 61,59–62) ist eine engere Parallele, aber er unterscheidet sich doch in wichtigen Einzelheiten. Der Präfekt von Ägypten im Jahre 85 n. Chr., G. Septimius Vegetus, erklärt einem Gefangenen ἄξιος μὲν ἦς μαστιγωϑῆναι ... χαρίζομαι δέ σε τοῖς ὄχλοις. Es ist zu beachten, daß dies ein einzelner Gnadenakt und kein Brauch ist und daß dem Gefangenen nicht ein todeswürdiges Verbrechen vorgeworfen wird. Der Brauch, den Joh erwähnt, ist jedoch durchaus nicht unmöglich, und es könnte eine Anspielung auf ihn in Pes 8,6 vorliegen: Sie mögen das Passa schlachten ... für einen, dem sie versprochen haben, ihn aus dem Gefängnis zu bringen (להוציאו מבית האסורים). Die Mischna fährt nun in einer Weise fort, die diese Freilassung durchaus zweifelhaft erscheinen läßt; dies wäre kaum so gewesen, hätte es sich um ein jüdisches Gericht gehandelt. Es könnte deshalb an ein besonderes Versprechen seitens der ausländischen Obrigkeit gedacht sein, zur Passazeit einen Gefangenen freizulassen; wenn dies sich nicht mit einer gewissen Regelmäßigkeit ereignete, wäre es unwahrscheinlich, daß dieser Brauch Gegenstand der Gesetzgebung werden würde.

βούλεσϑε οὖν ἀπολύσω ὑμῖν τὸν βασιλέα τῶν 'Ιουδαίων; Vgl. Mk 15,9, ϑέλετε ἀπολύσω ὑμῖν τὸν βασιλέα τῶν 'Ιουδαίων; Zur Konstruktion s. M II, S. 421; Bl-Debr § 366. Der Konjunktiv unmittelbar nach der zweiten Person von *ϑέλειν,* bzw. *βούλεσϑαι* ist klassisch. Hier liegt keineswegs ein Semitismus vor. Pilatus, der Jesus freilassen will, beschließt, den Brauch auszunützen; vielleicht werden die Juden Jesus als den Gefangenen akzeptieren, der, wie üblich, an diesem Tag freigelassen werden soll. Es ist jedoch nicht klar, warum Pilatus ihn als den »König der Juden« bezeichnet. a) Er hat offensichtlich selbst entschieden, daß Jesus nicht ein König in dem üblichen Sinn des Wortes ist. b) Da die Juden die Anklage vorbrachten, Jesus sei König der Juden oder wünsche zumindest dies zu sein, um ihn loszuwerden, war dieses kaum ein Titel, mit dem er ihn ihnen empfehlen konnte. Joh hat den Titel wahrscheinlich direkt aus der älteren Tradition entnommen; obwohl es auch seiner Absicht entspricht, Jesus in seiner Niedrigkeit als den in der Tat wahren König Israels darzustellen.

40. *ἐκραύγασαν.* Ein starkes Wort, das für einen Mob paßt; vgl. 19,6.

πάλιν ([P⁶⁶] א B) sollte hier wahrscheinlich gelesen werden, obwohl die altlateinischen und einige wenige griechische Handschriften statt dessen *πάντες* einsetzen. Dies paßt an dieser Stelle aber nicht, es ist aus Mk 15,13 entnommen. Die beiden Lesarten werden zusammengezogen – *πάλιν πάντες* – von *Θ Ω* vg.

μὴ (sc. *ἀπολύσῃς*) *τοῦτον ἀλλὰ τὸν Βαραββᾶν.* Die unerklärte Einführung von Barabbas setzt die Kenntnis von einer früheren Erzählung, wahrscheinlich der mk voraus. *Βαραββᾶς* könnte stehen für בר־אבא *(bar-ʼabbaʼ,* Sohn des Vaters) oder בר־רבן *(bar-rabban,* Sohn des Meisters). Der erste Name, der verbreitet ist, ist viel wahrscheinlicher. Zum Vorkommen von Abba als Name s. Abrahams, Studies II, S. 201 f. In einigen Handschriften von Mt 27,16.17 begegnet der Name als Jesus Barabbas, und Pilatus fragt, ob er Jesus Barabbas oder Jesus, den sog. Christus, freilassen solle. Man hat folgende These vertreten: das Mißverständnis dieser Alternative führe zur Annahme, der in V. 39 erwähnte Brauch existiere; aber eine Diskussion dieser These gehört eher in einen Kommentar zu Mt als zu Joh.

λῃστής ist eine sehr kurze Beschreibung des Barabbas im Vergleich zu Mk 15,7 parr. Nach Mk war er in eine *στάσις* verwickelt, in welcher auch ein Mord begangen worden war. Er war somit ein politischer Gefangener, dessen Stellung deshalb mit der Jesu vergleichbar war, da dieser einer messianischen Rebellion angeklagt gewesen ist. Es gibt einige Belege dafür, daß *λῃστής* für einen Untergrundkämpfer gebraucht wurde (s. Liddell-Scott s. v.; in Mk 14,48 fragt Jesus jene, die ihn gefangennehmen, *ὡς ἐπὶ λῃστὴν ἐξήλϑατε;*), so daß (trotz Dodd) Joh sehr wohl das, was Mk sagen wollte, in einem einzigen Wort zusammenfaßte. Vgl. auch die *λῃσταί* von 10,1.8.

1. *ἐμαστίγωσεν. μαστιγοῦν* »ist der übliche Begriff für Bestrafung durch Geißelung« (MM s. v.; vgl. den oben zu 18,39 zitierten Papyrus). Die Geißelung ging normalerweise der Kreuzigung voran (s. z. B. Josephus, Bell V,449, *μαστιγούμενοι . . . ἀνεσταυροῦντο;* Livius XXXIII,36, *alios verberatos crucibus affixit).* Wenn, wie sich zeigt, die Geißelung der Verurteilung voranging, dann war sie selbstverständlich ungesetzlich; aber Joh sagt nicht deutlich, wann das förmliche Urteil gefaßt wurde. In Mk (15,15, *φραγελλώσας*) fand die Geißelung nach der Verurteilung statt; bei Lk gibt es keine Geißelung, obwohl eine angedroht wird (23,16.22). Sherwin-White (a. a. O., S. 27 f) bemerkt, daß Lk das Wort (*παιδεύειν,* und nicht das *φραγελλοῦν* bei Mk) gebraucht, das die weniger schwere Prügelstrafe bezeichnet, die zu der Entlassung eines Gefangenen mit einer Warnung paßt. Bedauerlicherweise gibt er keinen Kommentar zu *μαστιγοῦν* bei Joh ab.

2. *πλέξαντες . . . αὐτόν.* Es ist sehr wahrscheinlich, daß Joh hier von Mk 15,17 abhängig ist: *ἐδιδύσκουσιν αὐτὸν πορφύραν καὶ περιτιϑέασιν αὐτῷ πλέξαντες ἀκάνϑινον στέφανον.* S. JThSt 3 [1952], S. 66–75 (H. St. J. Hart). Die Krone sollte hier wahrscheinlich nicht ein Folterinstrument, sondern eine rohe Imitation der Strahlenkrone sein, die von angeblich göttlichen orientalischen und hellenistischen Herrschern getragen wurde, und so Teil der Verspottung sein. Weitere Belege bei Brown; s. auch Guilding, S. 169.

3. *καὶ ἤρχοντο πρὸς αὐτόν:* ausgelassen von *Ω.* Diese Worte könnten wohl überflüssig erscheinen, aber tatsächlich tragen sie zu einem lebendigen Bild der höhnischen Annäherung der Soldaten an Jesus bei, die vorgeben, einem König die Reverenz zu erweisen.

χαῖρε, ὁ βασιλεὺς τῶν Ἰουδαίων. Vgl. Mk 15,18, χαῖρε, βασιλεῦ τῶν Ἰουδαίων. S. M I, S. 70f: »*An-schaulichkeit* ist . . . das Kennzeichen des Nominativs der Anrede mit Artikel im Neuen Testament: so in . . . Joh 19,3, wo wir die Nuance wiedergeben können durch . . . ,heil dir, »König«!'. An der Stelle Joh 19,3 können wir leicht die Unangemessenheit des βασιλεῦ (א) fühlen, welches, wie in Apg 26,7, das königliche Recht anerkennen würde. Daß es in Mk 15,18 erscheint, zeigt, daß der Schreiber kaum sensibel war für die feineren Nuancen der griechischen Sprache.« Robertson, S. 465, ist der Meinung, Moulton argumentiere hier etwas zu feinsinnig. βασιλεῦ findet sich auch in P⁶⁶.

ἐδίδοσαν αὐτῷ ῥαπίσματα (zu diesem Wort s. Komm. zu 18,22). Vgl. Mk 15,19, ἔτυπτον αὐτοῦ τὴν κεφαλὴν καλάμῳ; auch (beim Verhör vor dem Hohenpriester, 14,65) οἱ ὑπηρέται ῥαπίσμασιν αὐτὸν ἔλαβον (mit einer Parallele in Joh 18,22). Vgl. Lk 22,63–65. Die Einzelheiten dieser Verspottung sind in sich klar, ebenso wie auch ihr Thema und Motiv: Jesus wird verspottet als der König der Juden. Der Schluß, den man hier wahrscheinlich ziehen muß, ist, daß die aus dem Synhedrium vor Pilatus gebrachte Anklage darin bestand, Jesus beanspruche, der König der Juden, d. h. der Messias zu sein. Wenn Joh das Thema des Königtums in seiner Passionserzählung herausstellt, so ist er damit, historisch gesehen, völlig gerechtfertigt. Weitere Einzelheiten werden hinzugefügt im Petrusevangelium 6–9: »Sie aber nahmen den Herrn und stießen ihn eilends und sprachen: ,Lasset uns den Sohn Gottes schleifen, da wir Gewalt über ihn bekommen haben.' Und sie legten ihm ein Purpurgewand um und setzten ihn auf den Richtstuhl und spachen: ,Richte gerecht, o König (βασιλεῦ) Israels!' Und einer von ihnen brachte einen Dornenkranz und setzte ihn auf das Haupt des Herrn. Und andere, die dabei standen, spien ihm ins Angesicht, und andere schlugen ihm auf die Wangen, andere stießen ihn mit einem Rohr, und etliche geißelten ihn und sprachen: ,Mit solcher Ehre wollen wir den Sohn Gottes ehren'« (Hennecke-Schneemelcher ⁴I, S. 121). S. u. Komm. zu V. 13. Andere Stellen wie Philo, In Flaccum 36–42, Dio Chrysostomus, De Regno IV,66–70 hat man zur Erklärung der Verspottung herangezogen. Sie erklären aber in der Tat nichts, und es gibt auch nichts für sie zu erklären. S. M.-J. Lagrange, Évangile selon Saint Marc [1920], S. 393–395. Bedeutsamer ist, daß die Sprache (μάστιγες, ῥαπίσματα) von Jes 50,6 begegnet; hätte aber die Erfüllung der Schrift an dieser Stelle Joh mehr als nur am Rande interessiert, so hätte er die Aufmerksamkeit darauf gelenkt.

4. *ἴδε ἄγω ὑμῖν αὐτὸν ἔξω.* Dieser Akt wird zur Vorbereitung der dramatischen Aussage von V. 5 eingeführt. Die Situation ist höchst dramatisch, aber gleichermaßen unwahrscheinlich. Ein römischer Richter hätte seinen Gefangenen freigelassen oder ihn hingerichtet.

οὐδεμίαν αἰτίαν εὑρίσκω ἐν αὐτῷ. Vgl. 18,38.

5. *ἀκάνθινον.* Das Adjektiv wird in V. 2 nicht gebraucht, wohl aber in Mk 15,17.

ἰδοὺ ὁ ἄνθρωπος. Der Artikel fehlt in B, wahrscheinlich zufällig. Der ganze Satz wird ausgelassen von P⁶⁶. Dies ist einer der dramatischsten Momente im Evangelium; vgl. V. 14 (und zum Gebrauch von *ἰδού* in einer Ankündigung 1,29). Hier liegt eine Reihe auffallender Gegensätze vor: 1. Jesus ist wie ein König gekleidet und wird als der Mensch vorgestellt. 2. In V. 7 wird sein Anspruch, er sei der Sohn Gottes, berichtet; der aber, der göttliche Ehren beansprucht, wird als der Mensch vorgestellt. 3. Der von Pilatus mit einer Mischung von Bedauern und Verachtung vorgestellte Mensch war für die Leser des Evangeliums ihr Herr und ihr Gott. Eine Beziehung zu dem גבר (Mann) von 1QS 4,20; 1QH 3,10 scheint höchst unwahrscheinlich zu sein. Eine wichtigere Vergleichsstelle ist Sach 6,11: Du sollst Silber und Gold nehmen und Kronen (στεφάνους) machen und sie auf das Haupt Jesu (Ἰησοῦ), des Sohnes des Josedech, des Hohenpriesters, setzen, und du sollst zu ihm sagen: So spricht der Herr, der Allmächtige, siehe ein Mann (Ἰδοὺ ἀνήρ), Sproß (Ἀνατολή) ist sein Name, und er soll aufgehen (ἀνατελεῖ) von unten und das Haus des Herrn bauen – obwohl man kaum behaupten kann, daß Joh sich direkt auf diese Stelle bezieht. *ὁ ἄνθρωπος* erinnert auch an den Terminus Menschensohn (zu diesem Begriff bei Joh s. Einleitung, S. 88ff, und Komm. zu 1,51); es könnte durchaus in der Absicht des Joh gelegen haben, diese Assoziationen hervorzurufen, wenn er zugleich das Gefühl hatte, daß er einen solchen Barbarismus wie *ὁ υἱὸς τοῦ ἀνθρώπου* dem Pilatus nicht in den Mund legen konnte. Außerdem hätte *ὁ υἱὸς τοῦ ἀνθρώπου* nicht die Doppeldeutigkeit gehabt, die die Worte des Pilatus auszeichnet (zur Doppeldeutigkeit bei Joh s. Komm zu 3,3). Pilatus trifft die Wahrheit zufällig (wie Kaiphas dies tat 11,50ff). Kein Kommentar zu diesem Vers formuliert die Wahrheit deutlicher und genauer als Bultmann, wenn er sagt: »Das ὁ λόγος σὰρξ ἐγένετο ist in seiner extremsten Konsequenz sichtbar geworden.« S. auch R. Schnackenburg, in: Jesus und der Menschensohn (FS A. Vögtle [1975]), S. 371–386.

6. Zu ἀρχιερεῖς s. Komm. zu 7,32; zu den ὑπηρέται Komm. zu 18,3; zu ἐκραύγασαν Komm. zu 18,40.

σταύρωσον. Vgl. Mk 15,13. Daß diese Strafe gefordert wird, schließt in sich die Anerkennung, daß der Fall in die Hände der Römer übergegangen ist. S. jedoch u.

λάβετε αὐτὸν ὑμεῖς. Das Pronomen ist betont: Nehmt ihn selbst. Dies konnten die Juden selbstverständlich nicht tun; nach 18,31 war ihnen nicht erlaubt, die Todesstrafe zu verhängen; und selbst wenn sie ihn genommen hätten, so hätten sie den Tod durch Steinigung, nicht durch Kreuzigung verhängt; außerdem konnte ein römischer Beamter seine eigene Verantwortung nicht irgendeinem Lokalgerichtshof übertragen haben; wenn Pilatus diese Worte sprach, dann mußten sie Hohn und Spott gewesen sein; wahrscheinlich sollten sie die Verantwortung für den Tod Jesu den Juden anlasten und nicht den Römern. E. Stauffer, Jerusalem und Rom [1957], S. 123–127, führt Fälle angeblicher Kreuzigung durch Juden an, aber Winter (a. a. O., S. 62–66) hat doch offenbar recht, wenn er zu dem Schluß kommt, daß »die Kreuzigung nicht eine Strafmaßnahme war, die von Juden gebraucht oder von jüdischen Gerichten übernommen wurde zu irgendeiner Zeit in der Geschichte« (S. 66).

7. ἡμεῖς νόμον ἔχομεν. νόμος wird hier gebraucht im Sinne einer bestimmten Verordnung (חֹק), nicht in dem allgemeinen Sinn von Tora. Gemeint ist das Gesetz über die Gotteslästerung; vgl. Lev 24,16 und Sanh 7,5; Ker 1,1f. Die Frage der Gotteslästerung wird in dem sehr kurzen Bericht über die Verhandlungen vor den Juden in Kap. 18 nicht aufgeworfen, sie ist aber zentral in Mk 14,55–64 und in früheren Abschnitten bei Joh (z. B. 5,18; 10,33.36).

κατὰ τὸν νόμον. Die Zufügung von ἡμῶν (Θ Ω) übersieht, daß νόμος in diesem Vers die oben gezeigte Bedeutung hat.

υἱὸν θεοῦ ἑαυτὸν ἐποίησεν. Vgl. 5,18; 10,33; auch vielleicht Sap 2,18. ποιεῖν bedeutet hier »sich ausgeben als«; vgl. 1Joh 1,10. Es ist bei Mk durchaus unklar, worauf die Anklage der Gotteslästerung sich gründet; bei Joh gibt es hier keine Schwierigkeit; Jesus lästert Gott, indem er für sich selbst Gleichheit des Wesens mit Gott behauptet. Die artikellose Wendung υἱὸν θεοῦ hat vielleicht einen qualitativen Sinn; s. Komm. zu 5,27.

8. μᾶλλον ἐφοβήθη. Pilatus fürchtet sich, weil ihm berichtet wird, Jesus beanspruche übernatürliche Würde. Nach Dodd (Tradition, S. 114) sieht Pilatus darin den Anspruch Jesu, ein θεῖος ἄνθρωπος zu sein; deshalb seine Frage: πόθεν εἶ σύ; Beanspruchst du tatsächlich, eine solche Person zu sein? Dies trifft den Sinn, selbst wenn Pilatus den Terminus θεῖος ἄνθρωπος nicht gebraucht haben würde. Zum Ort dieser Vorstellung in der joh Christologie s. Einleitung, S. 90. Die Übersetzung »er fürchtete sich um so mehr« kann gerechtfertigt werden, wenn man der Meinung ist, 18,38 impliziere Furcht (das Wort φοβεῖσθαι wird erstmals in 19,8 gebraucht); wahrscheinlich ist es aber doch besser anzunehmen, daß μᾶλλον (der Komparativ von μάλα) hier elativisch ist (s. Liddell-Scott s. v. μάλα, II): »Er fürchtete sich sehr.«

9. τὸ πραιτώριον. S. Komm. zu 18,28. Wahrscheinlich nahm er Jesus mit sich hinein, da in V. 5 Jesus herausgebracht worden war.

πόθεν εἶ σύ; Die Form der Frage erinnert an Lk 23,6, ἐπηρώτησεν εἰ ὁ ἄνθρωπος Γαλιλαῖός ἐστιν, und könnte auf einer Erinnerung daran beruhen. Trifft dies zu, dann ist der Sinn in üblicher joh Weise transformiert worden, oder vielmehr: hat eine charakteristische Doppelbedeutung bekommen. Joh denkt in erster Linie nicht an das Gebiet, aus dem Jesus stammt, sondern daran, daß er, da er der Sohn Gottes ist, »von oben« ist. Seine Herkunft ist sowohl bekannt als auch unbekannt; s. 3,8; 8,14; 9,29 und den Kommentar. Aus diesem Grund gilt:

ὁ δὲ Ἰησοῦς ἀπόκρισιν οὐκ ἔδωκεν αὐτῷ. Auf diese Frage gibt es (ebenso wie auf die Frage: »Bist du ein König?«) keine einfache Antwort. Bei Mk wird das Schweigen Jesu in 14,60f; 15,5 berichtet. Bei Lk antwortet Jesus dem Herodes nicht (23,9). Das Schweigen Jesu ist bei Joh viel weniger auffallend als in den anderen Evangelien, da er viel mehr an Gespräch in die Erzählung eingeführt hat.

10. ἐμοὶ οὐ λαλεῖς; Das Schweigen Jesu irritiert Pilatus, der ihn ja freilassen möchte. Aber indem es die nächste Frage provoziert, setzt das Schweigen das Gespräch so wirksam fort wie eine Antwort. ἐξουσίαν ἔχω. Zu ἐξουσία s. Komm. zu 1,12; 7,1; 10,18. Was Pilatus hat, ist *potestas*; er allein hat völlig die Macht, Jesus freizulassen oder ihn hinzurichten. Vgl. Digest, L,17,37, *Nemo, qui condemnare potest, absolvere non potest.* Vgl. Josephus, Bell II,117: der erste Statthalter, Coponius, wurde gesandt μέχρι τοῦ κτείνειν λαβὼν παρὰ Καίσαρος ἐξουσίαν.

11. οὐκ εἶχες (P⁶⁶ B Θ Ω ℵ W, ἔχεις) ἐξουσίαν κατ᾽ ἐμοῦ οὐδεμίαν. Die Aussage des Pilatus wird völlig umgedreht (οὐδεμίαν ist sehr betont). Die Lesart εἶχες ist wahrscheinlich vorzuziehen, obwohl das Verbum ein ἄν bei sich haben sollte; zu seinem Fehlen vgl. 8,39. Dieser Vers zeigt eines der von Joh häufig verwendeten literarischen Mittel in umgekehrter Weise. Mehrere Male (z. B. 3,3–8) wird ein theologisches Wort, das Jesus gebraucht, von seinen Hörern mißverstanden, weil sie es wörtlich verstehen; hier gebraucht Pilatus das Wort »Macht« in einem nicht-theologischen Sinn; Jesus nimmt ihm das Wort aus dem Mund und gebraucht es in einem absoluten Sinn, indem er nicht von der Autorität Roms, sondern von der Gottes spricht. Das Gespräch über ἐξουσία kontrapunktiert das Gespräch über βασιλεία in 18,33–38. Jesus, der keine Unterstützung durch kämpfende Diener hat (18,36) und der in der Tat keine irdische Macht vorzuweisen hat, besitzt nichtsdestoweniger βασιλεία, königliche Gewalt, und er übt sie auch aus, indem er Zeugnis für die Wahrheit ablegt. Pilatus, der sich auf eine Armee stützen kann und die Zeichen der Autorität trägt, ist unfähig, die Wahrheit zu erkennen; er hat nur solche ἐξουσία, die ihm zur Ausübung seines Amtes verliehen ist. εἰ μὴ ἦν δεδομένον σοι ἄνωθεν. Alle menschliche Macht ist von der Gottes abgeleitet (vgl. Röm 13,1). Zu ἄνωθεν s. Komm. zu 3,3. Hier ist in erster Linie impliziert, daß Pilatus, indem er Jesus verurteilt und ihn kreuzigt, mit göttlicher Zustimmung handelt – die Kreuzigung läuft nicht der Autorität Gottes zuwider, sondern liegt in seiner Absicht; vielleicht auch, daß die römische Autorität im allgemeinen von Gott eingerichtet und von ihm gestattet ist. Vgl. 8,20; Macht, Jesus zu verhaften, wurde bis zu dem von Gott bestimmten Zeitpunkt nicht gegeben. Es sollte jedoch beachtet werden, daß das Partizip δεδομένον Neutrum ist und nicht mit ἐξουσία übereinstimmt; der Sinn ist: wenn es dir nicht gegeben worden wäre, Vollmacht zu haben. διὰ τοῦτο – weil deine Macht nicht deine eigene ist.

ὁ παραδούς μέ σοι. Der Gebrauch von παραδιδόναι (6,64.71; 12,4; 13,2.11.21; 18,2.5; 21,20) und der Singular des Partizips läßt an Judas denken; aber Judas lieferte Jesus nicht dem Pilatus (σοι) aus, und παραδιδόναι wird auch von dem Tun der jüdischen Autoritäten gebraucht (18,30.35). Nichtsdestoweniger ist hier wahrscheinlich an Judas, den Teufel (6,70), das Werkzeug des Satans (13,2.27), gedacht. Sanders und Brown meinen, wie viele andere, hier sei an Kaiphas gedacht; Lindars denkt an das Volk als Ganzes.

μείζονα ἁμαρτίαν ἔχει. ἁμαρτίαν ἔχειν ist eine joh Wendung (9,41; 15,22.24; 1Joh 1,8; sonst nicht im NT). Hier meint ἁμαρτία einfach »Schuld«.

12. ἐκ τούτου, »aus diesem Grund« oder »seit dieser Zeit«. S. Komm. zu 6,66. Wenn man hier kausalen Sinn annimmt, dann steht der vorliegende Vers in Parallele zu V. 8. Das Thema der ἐξουσία wird weiter verhandelt; die Brüchigkeit der Macht des Pilatus wird bloßgestellt.

φίλος τοῦ Καίσαρος. Vgl. 15,15. E. Bammel (ThLZ 77 [1952], S. 205–210) hat gezeigt, daß der Titel *amicus Caesaris* wahrscheinlich so alt ist, daß er in diesem Gespräch als ein zumindest halb offizieller Terminus gebraucht werden konnte. E. Stauffer, Jesus – Gestalt und Geschichte, S. 100ff, verbindet darüber hinaus den Status des Pilatus als *amicus Caesaris* mit Sejanus; wegen des Sturzes des Sejanus (18. Oktober 31) sieht sich Pilatus genötigt, den Juden entgegenzukommen. Er hat Angst vor der *renuntiatio amicitiae*. Haenchen (a. a. O., S. 202) hat recht, wenn er behauptet, daß Joh von diesen politischen Verwicklungen nichts wissen konnte und man die Worte einfach als Kontrapunkt zu ἀντιλέγει τῷ Καίσαρι verstehen sollte. Jeder, der sich selbst zum König macht oder einen solchen Aufrührer auch nur duldet, ist ein Feind und nicht ein Freund des Kaisers (in der griechisch sprechenden Welt üblich βασιλεύς).

ἀντιλέγει τῷ Καίσαρι. Zum Verbum vgl. z. B. Jes 65,2, λαὸν ἀπειθοῦντα καὶ ἀντιλέγοντα. Bauer (S. 219) zitiert Belege für die Bedeutsamkeit und Häufigkeit der Anklage der maiestas (Majestätsbeleidigung) zur Zeit des Tiberius; es ist vielleicht angemessener, wenn man beachtet, daß ähnliche Bedingungen unter Domitian herrschten (s. dazu in Kürze H. Bengtson, Die Flavier [1979], S. 179ff), als dieses Evangelium Gestalt annahm. Wenn Joh jedoch das Thema Königtum (und *maiestas*) die entscheidenden Schritte der Erzählung bis zum V. 16 bestimmen läßt, steht er wahrscheinlich auf historischem Boden. Diese Argumente würden mehr als alle anderen Worte den Pilatus zum Handeln nötigen. Zu dem Druck, den die Juden auf Pilatus ausüben, vgl. Philo, Leg ad Gaium, 301f.

13. βήματος. Vgl. Mt 27,19. Das Wort wird im hellenistischen Griechisch für den Richterstuhl eines Beamten und im NT für den Richterstuhl Gottes (oder Christi) gebraucht, vgl. Röm 14,10; 2Kor 5,10. Zu einem Richterstuhl vor den Toren in Jerusalem vgl. Josephus, Bell II, 301: »Florus, der damals im Königspalast abgestiegen war, ließ am nächsten Tage vor dem Palast den Richtstuhl (βῆμα) aufstellen und nahm darauf Platz; die Hohenpriester, die Vornehmen und überhaupt die Angesehensten der Bürgerschaft kamen herbei und stellten sich vor dem Richtstuhl (βήματι) auf.«
Es ist nicht einfach festzustellen, wer auf dem βῆμα saß. ἐκάθισεν kann intransitiv sein – Pilatus saß auf dem Richterstuhl; oder transitiv – er ließ Jesus auf dem Richterstuhl sitzen. Für dieses Verständnis kann man folgende Punkte anführen: 1) Sie gibt den Worten des Pilatus in V. 14 (ἴδε ὁ βασιλεὺς ὑμῶν) großes dramatisches Gewicht. 2) Damit ergibt sich eine Parallele zu V. 2.3.5. 3) Wenn Pilatus auf dem Richterstuhl saß, dann, um das Urteil zu verkünden; es wird aber von keinem Urteil berichtet. 4) Es gibt auch sonst Spuren einer ähnlichen Überlieferung. S. Justin, Apol 35, διασύροντες αὐτὸν ἐκάθισαν ἐπὶ βήματος καὶ εἶπον· κρῖνον ἡμῖν; Petrusevangelium 7 (s. Komm. zu V. 3), ἐκάθισαν αὐτὸν ἐπὶ καθέδραν κρίσεως λέγοντες· δικαίως κρῖνε, βασιλεῦ τοῦ Ἰσραήλ. Gegen das transitive Verständnis kann man folgende Argumente anführen: 1. An der einzigen anderen Stelle bei Joh, wo καθίζειν begegnet (12,14; vgl. 8,2), ist es intransitiv; und dies gilt im allgemeinen auch für das übrige NT. Dies ist ein gewichtiges Argument. 2. Ein derartiges Verhalten, das somit nahegelegt würde, wäre einem römischen Gouverneur wohl nicht angemessen gewesen. Man sollte sich jedoch daran erinnern, daß (nach Lk 13,1) Pilatus sich den grausamen Scherz erlaubt hatte, das Blut der Opfernden mit ihren Opfern zu vermischen; es könnte sein, daß die Tat nicht historisch ist. 3. Die joh Erzählung erweckt den Anschein, daß Pilatus sich fürchtete (V. 8) und er Jesus lieber freilassen als ihn verspotten wollte (V. 12). Auch dies ist ein gutes Argument. Man kann also nicht leicht zwischen diesen beiden Möglichkeiten entscheiden; für beide sprechen gute Argumente. Wahrscheinlich war sich Joh der beiden Bedeutungsmöglichkeiten bewußt. Wir können damit seine Vorliebe für ein Spiel mit der Doppeldeutigkeit von Worten heranziehen (s. Komm. zu 3,3) und auch seine feinsinnige Darstellung der Untersuchung in Kap. 9, wo vordergründig der Blinde verhört wird, während durch ihn Jesus selbst vor Gericht steht, freilich nur, um den Spieß umzudrehen und seine Ankläger selbst zu richten. Wir können dann vermuten, für Joh saß Pilatus tatsächlich auf dem βῆμα, für jene aber, die Augen hatten zu sehen, erschien hinter dieser menschlichen Szene der Menschensohn, dem alles Gericht übergeben wurde (5,22), sitzend auf seinem Thron.

λεγόμενον führt einen Eigennamen ein, wie z. B. in 4,5.

Λιθόστρωτον. Als Adjektiv bedeutet dieses Wort »gepflastert«; es kann einen Mosaikboden meinen. Zu den Versuchen, diesen Ort zu identifizieren s. u.

Ἑβραϊστί. Vgl. 5,2; 19,17.20; 20,16. Hier zeigt die Form des Wortes Gabbata ganz deutlich, daß es aramäisch gemeint ist.

Γαββαθά. Dies sollte גבתא (gabbeʼtha') wiedergeben. Joh sagt nicht, daß der griechische Name den hebräischen (aramäischen) übersetzt; vgl. dagegen seine andersartige Ausdrucksweise in 1,38 (s.

Komm. z. St.). Die Ableitung von גבתא ist unklar. Es kann eine Variante von גובתא *(gubta')* sein, das in unterschiedlicher Schreibweise erscheint, und bedeuten: Hügel oder Höhle, und es wird als Name verschiedener Orte verwendet (s. Jastrow s. v.). Eine ähnliche Bedeutung (»Erhöhung«) ergäbe sich, wenn wir den Vorschlag akzeptieren, *Γαββαϑά* stehe für גבחתא *(gabbaḥta'*, »eine hohe Stirn«). Dodd, Tradition, S. 108, spricht sich aus für גבעתא *(gib'etha)*, Entsprechung zu dem hebräischen גבעה *(gib'ah)*, aus der Wurzel גבע, hoch, vorstehend. In dem palästinisch-syrischen Lektionar gibt Mt 26,23 גבתא mit *τρυβλίον* wieder, »eine Schüssel«; aber auch wenn man darauf hinweist, daß das arabische Wort für »Schüssel« auch »einen nach oben offenen umfriedeten Platz« bedeutet, scheint dies doch hier nicht von Bedeutung zu sein. Ein anderer Vorschlag ist, *Γαββαϑά* solle getrennt werden in גב ביתא *(gab baitha'*, »Berg des Hauses«, d. h. Tempelberg oder Tempelhöhe); aber dies gibt keinen guten Sinn. Wenn man versucht, Gabbatha (über die Wurzel גבב, *g-b-b*, »sammeln«) als »Mosaik« zu verstehen, übersieht man, daß *Λιϑόστρωτον* nicht eine *Übersetzung* von Gabbatha sein soll. Man hat eine gepflasterte Stelle in einem Gebäude gefunden, welches man als die Antonia identifizierte (s. Komm. zu 18,28), und man hat behauptet, dies müsse Gabbatha sein, der Platz, wo Jesus von Pilatus der Menge vorgestellt wurde. Zusätzliches Interesse wurde durch die Entdeckung eingeritzter Linien erweckt, die daran denken lassen, daß Soldaten hier ein »Königsspiel« (vgl. 19,2f) gespielt hatten. Man hat gefolgert, daß das Prätorium von 18,28 die Antonia sein müsse; daß eine Szene aus den letzten Stunden Jesu eindeutig lokalisiert worden sei; daß die geschichtliche Zuverlässigkeit des Joh bewiesen worden sei. Aber keine dieser Schlußfolgerungen kann standhalten. Es gibt gute Gründe für die Annahme, das Prätorium sei der Palast des Herodes gewesen, und es ist kaum denkbar, daß darin, weder außen noch innen, irgendein Fußboden gepflastert war (und deshalb als *λιϑόστρωτον* bezeichnet werden konnte); es ist deshalb keineswegs sicher, daß der jüngst entdeckte Ort der Schauplatz von Joh 19,13f ist (und sehr unwahrscheinlich, daß die Soldaten ihr Spiel über dem *βῆμα* spielen würden); und selbst wenn wir wüßten, daß dieser Ort Gabbatha genannt wurde, könnte dies nicht die Historizität der joh Erzählung beweisen. Zu der ganzen Frage und zur Bibliographie s. P. Benoit, in: HTR 64 [1971], S. 135–167. Die Gebäude und das Pflaster gehören in das 2. Jh. und haben nichts mit den im Evangelium berichteten Ereignissen zu tun.

14. *ἦν δὲ παρασκευὴ τοῦ πάσχα*. Die Verwendung von *παρασκευή* für eine Zeitangabe ist nicht griechisch (s. Liddell-Scott s. v.); es steht für das hebräische ערב *('ereb)*, hier ערב הפסח. Der Sinn dieser Wendung in der jüdischen Literatur ist durchaus deutlich. Sie bedeutet nicht Freitag (ערב שבת, »Sabbatabend«) in der Passawoche, sondern »Passaabend«, 14. Nisan. Zur besonderen Bedeutung dieses Datums und dem Gegensatz zu den Synoptikern s. Einleitung, S. 64ff. S. Sanh 43 a (s. Komm. zu 7,12). Am Passaabend (בערב הפסח) wurde Jesus gehängt.

ὥρα ἦν ὡν ὡς ἕκτη. Ein anderer Widerspruch zu den Synoptikern. Vgl. dagegen Mk 15,25, *ἦν δὲ ὥρα τρίτη καὶ ἐσταύρωσαν αὐτόν*. Die Differenz könnte durch die Verwechslung der griechischen Zahlzeichen *Γ* (3) und *Ϝ* (6) zufällig entstanden sein; oder durch den Gebrauch eines hebräischen Zeichens, das in Quadratschrift *waw* (6), aber auf einigen alten Münzen *gimel* (3) ist. Oder es könnte hier eine bewußte Änderung vorliegen. Die »dritte« Stunde bei Mk könnte entstanden sein, weil dieser in 15,33 eine Finsternis »zur Mittagszeit« schildern wollte; die »sechste« Stunde bei Joh könnte ihren Grund darin haben, daß er den Tod Jesu als den des wahren Passalammes darstellen wollte (die Passopfer wurden im Verlauf des Nachmittags getötet). Dies ist in der Tat für Joh wahrscheinlich das Motiv zur Einfügung der Zeitangabe; oder er könnte auch ganz einfach zeigen wollen, daß die »Stunde« Jesu (s. Komm. zu 2,4) nun gekommen war.

ἴδε ὁ βασιλεὺς ὑμῶν. In der dramatischen Erzählung wird das schlaue Argument der Juden nun auf sie selbst in bitterer Ironie zurückgeworfen; der hilflose Gefangene Roms ist der einzige König, den sie aller Wahrscheinlichkeit nach haben werden. Sie sind es nun, die verspottet werden, nicht Jesus. Aber in der ganzen Passionsgeschichte arbeitet Joh so häufig mit dem Thema des Königtums (s. Komm. zu 18,33), daß er hier offenbar wohl ganz bewußt dem Pilatus eine unbeabsichtigte Wahrheit in den Mund gelegt hat. Geradeso wie Pilatus am Kreuz (V. 19.22) den Königstitel Jesu anschreibt, so verkündigt er hier, trotz allem äußeren Anschein, in Wahrheit Jesus als den König Israels. Der Titel erinnert an den messianischen Anspruch und die Anklage, aufgrund deren Jesus ohne Zweifel vor dem römischen Gericht verfolgt wurde. Vgl. V. 5; der repräsentative Mensch ist auch der wahre König der menschlichen Rasse.

15. *ἆρον.* »Hinweg mit ihm!« Die von den meisten Kommentatoren und bei MM s. v. zitierte Parallele in P. Oxy. 119,10, in welcher die Mutter eines lästigen Schuljungen sagt: *ἀναστατοῖ με· ἆρρον αὐτόν* (»er ärgert mich; weg mit ihm!«), ist ungenügend (da die Umstände doch so ganz anders sind); es ist aber kaum eine bessere zu finden. »Wir können es für möglich halten, daß die Juden, indem sie schreien ‚Hängt ihn auf! Hängt ihn auf!‘, unbewußt um seine Erhöhung als Menschensohn bitten [3,14; 8,28; 12,32.34]« (Lightfoot). Vielleicht möglich, aber kaum wahrscheinlich. *τὸν βασιλέα ὑμῶν σταυρώσω;* Pilatus nimmt seine Ironie wieder auf und führt zu der Gotteslästerung der Juden hin.

οὐκ ἔχομεν βασιλέα εἰ μὴ Καίσαρα. Vgl. Ri 8,23; 1Sam 8,7 und viele andere atl Stellen, die einschärfen, daß der wahre König Israels Gott selbst sei und selbst ein jüdischer König nur unter der Bedingung geduldet werden kann, daß er Gott gehorcht und der nationalen Religion treu ist. Indem es leugnet, daß irgend jemand Anspruch auf das Königtum habe außer dem römischen Kaiser, gibt Israel seine eigene einzigartige Stellung unter der unmittelbaren Souveränität Gottes auf. In den Worten von V. 10f wird nun deutlich, daß wahre *ἐξουσία* weder bei Pilatus noch bei den Juden noch bei dem, was sie repräsentieren, liegt, sondern allein bei Gott.

16. *παρέδωκεν.* Dies kommt in Joh einem Todesurteil am nächsten. Es ist freilich höchst unklar, wie dies gedacht sein kann. Pilatus konnte Jesus den Juden nicht zur Kreuzigung ausliefern, die eine römische Strafe war und durch römische Truppen vollstreckt werden mußte. Entweder gebraucht Joh *παρέδωκεν* frei – Pilatus lieferte Jesus dem Schicksal aus, das die Juden forderten (wie in Lk 23,25, *τὸν δὲ Ἰησοῦν παρέδωκεν τῷ θελήματι αὐτῶν*) –, oder (und dies wäre bei einer genauen Auslegung von *αὐτοῖς* notwendig) er nahm fälschlicherweise an, daß die Juden Jesus kreuzigten (aber V. 23.25, *οἱ στρατιῶται*). Vgl. Mk 15,15, wo alles ordnungsgemäß geschieht; wahrscheinlich entnahm Joh das Wort *παρέδωκεν* einfach aus dieser Quelle, ohne zu merken, welche Wirkung die Beifügung von *αὐτοῖς* (möglicherweise aus Mk 15,15a) hat.

39. Kreuzigung und Tod Jesu

19,17–30

Jesus, nun dem Tod geweiht, trägt sein eigenes Kreuz nach Golgatha und wird dort zwischen zwei anderen Männern gekreuzigt. Sein Kreuz trägt die Aufschrift: Jesus von Nazareth, der König der Juden, eine Aufschrift, gegen die sich die Juden vergeblich wenden. Seine Kleider werden in Erfüllung der Schrift unter den Soldaten geteilt, die um sein Gewand würfeln. In Gegenwart gewisser Frauen stellt Jesus seine Mutter und den Lieblingsjünger einander als Mutter und Sohn vor. In Erfüllung einer anderen Schriftstelle wird Jesus Essig zu trinken gegeben; dann stirbt er mit den Worten, daß das Werk Gottes erfüllt sei.

Wieder haben die wesentlichen Ereignisse eine Parallele bei Mk: Der Weg nach Golgatha, der Königstitel am Kreuz, die Teilung der Kleider, die Gegenwart der Frauen, der Essig und der Tod. Joh fügt hinzu und läßt aus. Simon von Cyrene (Mk 15,21) verschwindet, und Jesus trägt sein Kreuz selbst. Die Erfüllung der Weissagung wird durch die Teilung der Kleider und den Jesus angebotenen Trank betont. Daß die Mutter und der Lieblingsjünger einander anvertraut werden, ist Sondergut des Joh, ebenso wie der

Einwand der Juden gegenüber Pilatus wegen der Angabe des Verurteilungsgrundes. Es gibt keine Verspottung (vgl. Mk 15,29–32). Jesus stirbt nicht wie in Mk 15,34 mit einem Schrei der Verlassenheit, sondern mit einer Bestätigung der Erfüllung, und die Worte (παρέδωκε τὸ πνεῦμά μου, V. 30), mit welchen sein Tod beschrieben wird, erinnern an die Worte der Anempfehlung (παρατίϑεμαι τὸ πνεῦμά μου) in Lk 23,46. Die Erzählung des Joh beruht wahrscheinlich auf der des Mk (s. Einleitung, S. 59ff); dennoch hat er, oder auch die zwischen ihm und Mk stehende Tradition, die Quelle doch beträchtlich modifiziert. Daß Joh von Mk unabhängig war, meinen z. B. Dodd, Tradition, S. 121–136, und Brown, der (S. 915) behauptet, 1. es gäbe in dem Stoff, der Joh und den Synoptikern gemeinsam ist, sehr häufig beachtenswerte Unterschiede im Wortschatz und der Abfolge, und 2. die eigentlichen joh Details könnten ebensogut der Tradition wie auch der eigenen Phantasie entstammende Ergänzungen sein. Diese Punkte sind sicherlich gewichtig, aber eine gewisse Antwort auf sie läßt sich doch in Browns eigener Analyse der Struktur von Joh 19,16b-42 finden (S. 911). Wenn Joh seine Erzählung tatsächlich in diese kunstvolle chiastische Struktur zwängte, dann sind Unterschiede im Wortschatz und in der Abfolge zu erwarten; und Browns Einschätzungen des historischen Wertes der Erzählungen, die Sondergut des Joh sind, ist nicht ganz überzeugend.

Jede der Differenzen zwischen Joh und Mk steht zumindest in Zusammenhang mit einem dogmatischen Motiv. Einmal mehr arbeitet Joh das Thema des Königtums Jesu (s. o. Komm. zu 18,33, et passim) und die Tatsache heraus, daß die Kreuzigung Erfüllung der Weissagung sowie auch die vollkommene Erfüllung des Willens des Vaters durch Jesus war. Er erlaubt sich selbst nicht einmal eine Andeutung, daß Jesus von Gott verlassen wurde. Die mit Jesus gekreuzigten Männer sind vergessen, kaum daß sie erwähnt sind. Sie werden bei Joh nicht um ihrer selbst willen eingeführt, sondern nur, um die Erzählung von 19,31–37 möglich zu machen. Die Erzählung über die Mutter und den Lieblingsjünger ist eine crux im joh Problem. Sie wird am natürlichsten als einfache historische Erinnerung erklärt, die auf den Lieblingsjünger selbst zurückzuführen ist. Gegen diese Ansicht jedoch müssen die historischen Schwierigkeiten gestellt werden, auf die wir unten hinweisen; sie kann nicht als befriedigend betrachtet werden. Auf der anderen Seite ist das theologische Interesse der Erzählung zuwenig ausgeprägt, als daß es wahrscheinlich schiene, daß die ganze Geschichte aus diesem Grunde geschaffen sein dürfte. Es muß weiter angenommen werden, daß Joh Stoff verwendete, der zu seiner Zeit bereits traditionelles Gut war; wenn dieses auch von fragwürdigem historischem Wert war, erregte es doch wegen der theologischen Bedeutung, die er darin fand, seine Aufmerksamkeit.

17. βαστάζων ἑαυτῷ τὸν σταυρόν. Der Dativ ἑαυτῷ ist betont; nach Radermacher (S. 106) ist der Sprachgebrauch hellenistisch; so muß hier übersetzt werden: »allein«. Black (S. 102) nimmt an, das Wort stehe für den aramäischen ethischen Dativ. Vgl. dagegen den mk Bericht (15,21) über Simon von Cyrene, der gezwungen wurde, das Kreuz zu tragen. Selbstverständlich kann man die mk und die joh Erzählung harmonisieren, wenn man annimmt, daß Jesus zunächst sein Kreuz selbst trug, dann unter der Last zusammenbrach und ihm diese durch die erzwungene Hilfe des Simon leichter gemacht wurde; wenn es jedoch stimmt, daß Joh Mk kannte, dann lesen sich seine Worte wie eine Korrektur, und man muß nach deren Motiv suchen. Die Väter (z. B. Chrysostomos, In Joh Hom LXXXV,1) sahen einen Typus des kreuztragenden Christus in Isaak, der (Gen 22,6) das Brennholz für sein eigenes Opfer trug. Philo hatte diese Erzählung bereits kommentiert (Abr 171) αὐτὸ

δικαιώσας τὸ ἱερεῖον τὰ πρὸς τὴν θυσίαν ἐπηχθίσθαι; es scheint durchaus möglich, daß Joh auch an eine solche Typologie gedacht und die Erzählung dieser angepaßt hatte. Dieser Zusammenhang wird vielleicht durch die Tatsache bestätigt, daß der Kommentar zu Gen 22,6 in Gen r 56,4 lautet: ». . . wie einer das Kreuz (צלוב) auf seiner Schulter trägt.« Zur Bedeutung der »Fesselung Isaaks« im Judentum s. G. Vermes, Scripture and Tradition in Judaism [1961], S. 193–227; Vermes findet einen Hinweis darauf in Joh 1,29 (s. Komm. z. St.), aber nicht an der vorliegenden Stelle. Hätte Joh einen Hinweis darauf beabsichtigt, so hätte er dies wahrscheinlich klarer herausgestellt. Barn 7,3 versteht jedoch bereits Isaak als Typus Christi. Eine andere Erklärung ist, daß Joh die Möglichkeit der Ansicht einiger Doketen vermeiden wollte, im letzten Augenblick sei ein Austausch vorgenommen worden, so daß Simon von Cyrene anstelle des leidensunfähigen Gottessohnes gekreuzigt wurde (Irenaeus, Adv Haer I,19,2). Am wahrscheinlichsten ist es freilich, wenn man annimmt, daß Joh einmal mehr die allumfassende Selbstgenügsamkeit Jesu betonen wollte; er brauchte keine Hilfe, um die Erlösung der Welt zu wirken.

εἰς τὸν λεγόμενον Κρανίου τόπον. Zu diesem Gebrauch von λεγόμενον zur Einführung eines Eigennamens vgl. V. 13. Wahrscheinlich wurde der Ort »Schädelstätte« wegen seiner äußeren Erscheinung genannt. Zu der Überlieferung, daß es die Stelle gewesen sei, wo der Schädel Adams begraben wurde s. G. Dalman, Orte und Wege Jesu, S. 365, und zu weiteren Einzelheiten Brown.

ὅ (א B; Θ Ω, ὅς) λέγεται Ἑβραϊστὶ Γολγοθά: das Aramäische ist גולגלתא oder גולגולתא, ein *Schädel* oder *Haupt*.

18. καὶ μετ' αὐτοῦ ἄλλους δύο. Vgl. Mk 15,27, δύο λῃστάς; Joh gibt keinen Hinweis darauf, daß er die lk Überlieferung von der Reue eines dieser Übeltäter kennt (Lk 23,40–43). Sie werden nur zu dem Zweck erwähnt, damit später (V. 31–37) betont werden kann, daß kein Bein *Jesu* gebrochen wurde und aus seiner Seite Blut und Wasser floß. Aus der Tatsache, daß die beiden weder als λῃσταί noch als κακοῦργοι (Lk) bezeichnet werden, kann man nicht schließen, daß die joh Tradition sie für Jünger hielt (zelotische Anhänger eines zelotischen Königs). Joh läßt diese Bezeichnung teils deshalb aus, weil er keine Verwendung dafür hat (er bringt hier keine Anspielung auf Jes 53,12), teils um den Anschein zu vermeiden, eine solche Gesellschaft sei für Jesus angemessen gewesen.

ἐντεῦθεν καὶ ἐντεῦθεν läßt an eine semitische Konstruktion denken (vgl. Num 22,24 [φραγμὸς ἐντεῦθεν καὶ φραγμὸς ἐντεῦθεν, ungenau wiedergegeben von Liddell-Scott s. v. ἐντεῦθεν]; Dan 12,5 [Theod]; 1Makk 6,38; 9,45), es ist aber keine genaue Entsprechung einer solchen. Delitzsch gibt zutreffend die Übersetzung מזה אחד ומזה אחד. Der Ausdruck weist auf semitisches Denken, aber nicht auf Übersetzung aus einem semitischen Original.

μέσον δὲ τὸν Ἰησοῦν, »und Jesus in der Mitte«.

19. ἔγραψεν δὲ καὶ τίτλον ὁ Πιλᾶτος. Hier bedeutet γράφειν ganz klar »schreiben lassen«; vgl. 21,24 und Komm. z. St. τίτλος ist eine Transkription des lateinischen *titulus*. Zu dem Brauch, eine solche Notiz anzubringen, vgl. z. B. Sueton, Caligula 32, *praecedente titulo qui causam poenae indicaret*. S. jedoch E. Haenchen, Die Bibel und wir [1968], S. 206.

Ἰησοῦς ὁ Ναζωραῖος ὁ βασιλεὺς τῶν Ἰουδαίων. Die Anklage gegen Jesus erscheint in ähnlicher Form in den andern Evangelien: Mk 15,26, ὁ βασιλεὺς τῶν Ἰουδαίων; Mt 27,37, οὗτός ἐστιν Ἰησοῦς ὁ β. τῶν Ἰ.; Lk 23,38, ὁ β. τῶν Ἰ. οὗτος. Die mk ist wahrscheinlich die älteste all dieser Formen; aber kein Evangelist fügt irgendeinen Punkt hinzu, der von Bedeutung oder auch irreführend ist. Wir haben bereits darauf hingewiesen, daß es mit großer Sicherheit die Anklage, Jesus beanspruche, ein König (Messias) zu sein, gewesen sein muß, welche den römischen Gouverneur zum Handeln zwang, und daß das Königtum ein wesentliches Thema in der theologischen Gestaltung der Passionsgeschichte durch Joh ist. Der Titel »läßt einerseits an den Preis denken, den die Juden für die Zurückweisung ihres Königs bezahlten, nämlich die Verdammung und Zerstörung des Judentums und seiner jahrhundertelangen Hoffnungen. Auf der anderen Seite weiß der Leser, daß genau wegen der Kreuzigung der Herr in der Tat König ist; das Kreuz ist die Weise seiner Erhöhung und Verherrlichung« (Lightfoot). »Die Verurteilung Jesu (ist) zugleich das Gericht über das Judentum . . ., das seine Hoffnung, die seiner Existenz ihren Sinn gab, preisgegeben hat – (zugleich) das Gericht über die Welt, die um der Sicherheit der Gegenwart willen ihre Zukunft preisgibt« (Bultmann, S. 518). S. auch E. Dinkler, Signum, S. 305ff.

20. ἐγγὺς ἦν ὁ τόπος. S. Komm. zu V. 17; die Stelle ist unbekannt.

Ἑβραϊστί, Ῥωμαϊστί, Ἑλληνιστί. Zu dem ersten Wort s. o. V. 13.17. Das zweite, wie auch verwandte Worte, sind im späten Griechisch nicht ungebräuchlich; Ἑλληνιστί wird bereits bei Plato gebraucht. Zum Adverbialsuffix s. M II, S. 163. Mehrsprachige Aufschriften waren in der hellenistischen Zeit wahrscheinlich so verbreitet, wie sie heutzutage in europäischen Eisenbahnwaggons sind. Vgl. z. B. Josephus Ant XIV,191, βούλομαι δὲ καὶ Ἑλληνιστὶ καὶ Ῥωμαϊστὶ ἐν δέλτῳ χαλκῇ τοῦτο ἀνατεθῆναι; Bell VI,125; und die wohlbekannten lateinischen und griechischen Inschriften der Res Gestae Divi Augusti. S. auch Esth 8,8ff (Guilding, S. 169). Wenn Joh irgendeine theologische Bedeutung in der dreisprachigen Inschrift sah – die universale Verurteilung jener, die so Jesus verurteilten, und das universale Angebot der Erlösung an die universal Verdammten –, deutet er dies jedoch auf keine Weise an.

21. Der Widerstand der Juden gegen die Inschrift war natürlich. Erstens hatten sie gerade erklärt, daß sie keinen König außer dem Kaiser hätten, und wenn sie die Inschrift akzeptierten, war dies gleichbedeutend mit dem Geständnis des Aufruhrs; und zweitens anzudeuten, daß ein machtloser, verurteilter und sterbender Ausgestoßener der König ihrer Nation sei, war eine wohlüberlegte Beleidigung. Lediglich festzustellen, daß der verrückte Kerl beansprucht hatte, der König zu sein, wäre dagegen harmlos.

μὴ γράφε. Moule (Idiom Book, S. 21) merkt an, daß das Präsens überraschend ist. Turners (M III, S. 76) »ändere, was du geschrieben hast« (d. h. schreibe nicht weiter [was du geschrieben hast]), trifft wahrscheinlich den Sinn.

22. Pilatus, der ohne Zweifel darauf bedacht war, sich an den Juden zu rächen, die ihn gezwungen hatten, gegen seinen Willen zu handeln, weigerte sich zu ändern, was er geschrieben hatte. Entsprechend ging Jesus unter einem Titel in den Tod, der unbeabsichtigt, aber tiefgründig wahr war. Vgl. V. 14. Wieder kommt die dramatische Fähigkeit des Evangelisten vollendet zum Tragen.

23. Vgl. Mk 15,24. Die Kleider eines gehängten Verbrechers waren eine anerkannte Beute des Henkers (Digest XLVIII,20,6).

τὰ ἱμάτια. τὸ ἱμάτιον (Singular) bedeutet immer das Obergewand; wird der Plural freilich (wie hier) allgemein gebraucht, dann entspricht er unseren »Kleidern« (s. Liddell-Scott s. v. ἱμάτιον, I,2).

τέσσερα μέρη. Es gab daher vier Soldaten. Wahrscheinlich bildeten sie eine militärische Einheit; vgl. die τετράδια von Apg 12,4.

καὶ τὸν χιτῶνα. Offenkundig hängt der Akkusativ nur von ἔλαβον und nicht von ἐποίησαν ab; die Konstruktion könnte verbessert werden. Der χιτών war ein Untergewand, sowohl etymologisch als auch im Sprachgebrauch dem hebräischen כתנת (kᵉthoneth) entsprechend. Lev 16,4 werden hebräische und griechische Worte für das Gewand des Hohenpriesters gebraucht, כתנת בד קדש ילבש, χιτῶνα λινοῦν ἡγιασμένον ἐνδύσεται; s. u.

ἦν δὲ ὁ χιτὼν ἄρραφος. ἄρραφος kommt von ῥάπτειν, »zusammennähen«. Es ist sicherlich wichtig, daß Josephus, Ant III,161, das Gewand des Hohenpriesters mit ähnlichen Worten beschreibt: ἔστι δ' ὁ χιτὼν οὗτος οὐκ ἐκ δυοῖν περιτμημάτων, ὥστε ῥαπτὸς ἐπὶ τῶν ὤμων εἶναι καὶ τῶν παρὰ πλευράν, φάρσος δ' ἐν ἐπίμηκες ὑφασμένον (zu beachten ist, daß Josephus nicht ἄρ(ρ)αφος gebraucht, wie Liddell-Scott s. v. behaupten): und daß Philo (Fug 110–112) das Gewand als Symbol für das Wort gebraucht, welches der δεσμὸς τῶν ἁπάντων ist, welches συνέχει τὰ μέρη πάντα καὶ σφίγγει κωλύων αὐτὰ διαλύεσθαι καὶ διαρτᾶσθαι. Wahrscheinlich war die Machart des Gewandes allgemein bekannt und wurde im hellenistischen Judentum allegorisch verstanden. Es geht freilich viel zu weit, wenn man nun behauptet, »Jesus ist nicht nur ein König, sondern ein Priester« (Brown). Hahn (Hoheitstitel, S. 234f) ist viel vorsichtiger. Joh wurde so zu diesem Gedanken nicht durch irgendeine Beschreibung der Gewänder des Hohenpriesters veranlaßt, sondern durch die Erfüllung von Ps 22 (s. V. 24), und er würde wahrscheinlich nicht an das Wort als das einigende Element des Universums, sondern an den Tod Christi denken, der die verstreuten Kinder Gottes zu einer Herde versammelt (vgl. 11,52). Es scheint sehr unwahrscheinlich, daß hier eine Anspielung auf Joseph mit seinem Gewand, seinen Brüdern (die die Jünger vorabbilden) und seinen zwei Mitgefangenen vorliegt. Schlatter (S. 349) zitiert Betza 1,10, aber seine Übersetzung (ἱμάτια εἴτε ῥαφέντα εἴτε ἄραφα) ist falsch; es wird nicht auf Gewänder dieser Art, wie Jesus sie trug, verwiesen, sondern auf Gewänder überhaupt, ob sie nun zusammengenäht waren oder nicht (משלחין כלים בין תפורין בין שאינם תפורין).

ἐκ τῶν ἄνωϑεν. ἄνωϑεν oder ἐκ τῶν ἄνω (8,23) hätte die Tatsache besser ausgedrückt: aber der Sinn ist deutlich.

24. *ἵνα ἡ γραφὴ πληρωϑῇ.* Viele Handschriften fügen hinzu ἡ λεγοῦσα. Das Zitat stammt aus Ps 22(21),19, genau entsprechend der LXX geboten. Es ist nicht anzunehmen, daß diese atl Stelle die ganze Erzählung, wie sie von allen Evangelisten berichtet wird, veranlaßte; es war ein Ereignis, das sehr wohl bei jeder Exekution geschehen konnte. Wahrscheinlich ergibt die Unterscheidung zwischen den ἱμάτια (welche lediglich geteilt wurden – διεμερίσαντο, τέσσερα μέρη) und dem χιτών (um den die Männer würfelten – ἔβαλον κλῆρον, λάχωμεν) sich aus der Unfähigkeit zu verstehen, daß im hebräischen Parallelismus ἱμάτια und ἱματισμός (בגדי und לבושי) als Synonyme zu betrachten sind und nicht unterschieden werden. Wenn man aber behauptet (Lindars), Joh habe den synonymen Parallelismus verstanden, ihn aber dazu benützt, die Überlieferung auszufüllen, kommt dies dem Vorwurf nahe, Joh habe bewußt die Unwahrheit gesagt. Tatsächlich wurde zu dieser Zeit der hebräische Parallelismus kaum, wenn überhaupt, verstanden (s. S. 178f). Sowohl Ps 22 als auch Ex 39,22f, wo das Gewand des Hohenpriesters beschrieben wird, sollen mit dem Purimfest zusammenhängen (Guilding, S. 169f).

οἱ μὲν οὖν στρατιῶται. Die Soldaten werden nun wieder (mit der wiederholenden Wendung μὲν οὖν) erwähnt, um noch einen andern der dramatischen joh Gegensätze herauszustellen. Den Soldaten gegenüber stehen die treuen Jünger.

25. Geradeso wie die Teilung der Kleider Jesu für sich selbst ein wahrscheinliches Ereignis ist, so ist die Anwesenheit von Freunden Jesu in unmittelbarer Nähe des Kreuzes unwahrscheinlich (Sanders weist darauf hin, daß die Präposition παρά nicht unmittelbare Nachbarschaft bezeichnen muß, aber die folgende Unterhaltung erfordert dies). In Mk 15,40f wird von den Frauen mit größerer Wahrscheinlichkeit behauptet, sie seien ἀπὸ μακρόϑεν ϑεωροῦσαι. Ich sehe wohl, daß E. Stauffer, Jesus – Gestalt und Geschichte, S. 102, Stellen heranzieht (T. Gittin 7,1; J. Gittin 7,48c,39; Baba Metzia 83b [Bill II, S. 580] könnte man ergänzen), die berichten, daß Freunde des Opfers nahe genug bei ihm standen, so daß sie sich mit ihm unterhalten konnten; aber diese Stellen sind doch nicht so gewichtig wie die militärischen Erfordernisse der Hinrichtung eines aufrührerischen Königs (V. 19). Josephus, Vita 420f, berichtet, er habe mit besonderer Erlaubnis drei Freunde von ihren Kreuzen holen können; einer überlebte. Dies zeigt, daß es eine wirkliche Gefahr der Fortsetzung einer aufrührerischen Aktion gab und daß man eine Erlaubnis brauchte, wenn man sich den Kreuzen nähern wollte. »Die Soldaten« ... (mußten) auch an den Kreuzen Wache halten ..., damit nicht etwa gute Freunde den Gequälten zu Hilfe kämen« (O. Holtzmann, Leben Jesu [1901], S. 382). Es ist selbstverständlich nicht unmöglich, daß bekannte Gefährten Jesu unbeobachtet in der Lage gewesen wären, sich heranzuschleichen, aber neben dem, was ganz allgemein wahrscheinlich ist, muß man auch Mk 14,50 beachten. Zur Kreuzigung als einem militärischen Unternehmen s. Schürer, The History of the Jewish People in the Age of Jesus Christ I. New English Version, hg. von G. Vermes und F. Millar [1979], S. 370ff.

ἡ μήτηρ αὐτοῦ ... ἡ Μαγδαληνή. Möglicherweise ist hier nur auf zwei Frauen verwiesen (die Mutter Jesu = Maria, die Tochter [oder Schwester] des Klopas, und ihre Schwester Maria Magdalena), oder auf drei (die Mutter Jesu, ihre Schwester = Maria, die Tochter [oder Schwester oder Frau] des Klopas, und Maria Magdalena); wahrscheinlicher aber ist es, daß die Leser des Joh an vier Frauen denken sollten. Vielleicht stellt er sie sich in Entsprechung zu den vier Soldaten vor. Es ist leicht, die

Identität zu vermuten, aber es ist unmöglich, sie mit Gewißheit festzustellen. S. eine ausführliche Anmerkung dazu bei Brown. Joh erwähnt niemals den Namen der Mutter Jesu.

ἡ τοῦ Κλωπᾶ. Möglicherweise sollte man diesen Klopas mit dem Κλεοπᾶς von Lk 24,18 identifizieren.

Μαρία ἡ Μαγδαληνή. Diese Maria ist bisher in Joh nicht erwähnt worden; sie erscheint wieder als der erste Zeuge des auferstandenen Christus (20,1–18). Auch bei Mt und Mk wird sie nur als Zeugin der Kreuzigung und Auferstehung erwähnt, und so auch in Lk 24,10. In Lk 8,2 wird sie mit anderen Frauen genannt, die Jesus dienten, und es wird gesagt, daß sie sieben Dämonen verlassen hatten. Es ist zu beachten, daß wir nur dies von ihr wissen; es gibt keine ernsthaften Gründe, sie mit Maria, der Schwester der Martha und des Lazarus, mit der Frau, die Jesus in Mk 14,3 salbt, oder mit der Sünderin von Lk 7,37 zu identifizieren.

26. τὸν μαθητὴν ... ὃν ἠγάπα, den Lieblingsjünger; s. dazu Einleitung, S. 131ff, und Komm. zu 13,23. Es ist nicht sicher, daß hier an Johannes, den Sohn des Zebedäus, zu denken ist; wenn dies der Fall ist, dann kann nicht bewiesen werden, daß er mit der Mutter Jesu verwandt war; er ist hier, zusammen mit Maria, der einzige Repräsentant der Gefährten Jesu; selbst Petrus, mit dem er sonst erscheint, ist nicht anwesend.

γύναι. Vgl. 2,4. Sie nimmt ihren Platz unter den Jüngern ein.

ἴδε, wie in V. 14, eine Interjektion ohne nachfolgenden Akkusativ.

ὁ υἱός σου. Die Formulierung erinnert an Adoptionsformeln. Brown denkt, es sei besser, von einer Offenbarungsformel zu sprechen; beide Annahmen schließen einander nicht aus. Adoption bedeutet die Schaffung einer neuen Beziehung; die Formel offenbart, von welcher Art die neue Beziehung sein wird. Es trifft zu (wie Brown bemerkt), daß Adoptionsformeln normalerweise in der zweiten Person formuliert sind (z. B. »du bist mein Sohn«); aber hier werden die Worte nicht von dem adoptierenden Elternteil gesprochen.

27. ἴδε ἡ μήτηρ σου. Von nun an sollen die Mutter Jesu und der Lieblingsjünger in der Beziehung von Mutter und Sohn zueinander stehen; d. h., der Lieblingsjünger tritt an die Stelle Jesu selbst. Man kann sich durchaus vorstellen, daß Jesus als Haupt der Familie (angenommen, seine Brüder sind jünger gewesen als er und nicht Söhne Josephs aus einer früheren Ehe) für seine Mutter für die Zeit nach seinem Tode Vorsorge getroffen hat. Es ist jedoch überraschend, daß die Brüder übergangen werden sollten; denn ihr mangelnder Glaube an Jesus (7,5) konnte ihren gesetzlichen Anspruch nicht aufheben; tatsächlich deutet Mk (3,20–35) an, daß auch ihre Mutter diesen Unglauben teilte. Wenn wir noch dazunehmen, wie unwahrscheinlich es war, daß man den Freunden Jesu erlaubt hätte, sich dem Kreuz zu nähern, dann scheint es, daß die historische Basis dieser Erzählung schwach ist; und wir beobachten, daß in Apg 1,14 die Mutter Jesu zusammen mit seinen Brüdern auftritt. Vgl. Lukian, Toxaris 22, wo Eudamidas Vorsorge für seine Mutter und Tochter trifft: ἀπολείπω Ἀρεταίῳ μὲν τὴν μητέρα μου τρέφειν καὶ γηροκομεῖν, Χαριξένῳ δὲ τὴν θυγατέρα μου ἐκδοῦναι μετὰ προικός.

ἀπ' ἐκείνης τῆς ὥρας; von diesem Augenblick an; möglicherweise von der Entscheidungsstunde der Kreuzigung an.

εἰς τὰ ἴδια, zu ihm nach Hause. Vgl. 1,11; 16,32; auch Offb 12. Wenn wir in dem Hinweis des Joh auf das unteilbare χιτών Jesu ein Symbol der Einheit der Kirche sehen dürfen, die durch seinen Tod gesammelt wird, dann können wir hier eine Illustration dieser Einheit sehen. Der Christ empfängt in der Gegenwart Häuser und Brüder und Schwestern und Mütter und Kinder und Ländereien (Mk 10,30). Es gibt keinen ausreichenden Grund für die Annahme, die Mutter Jesu repräsentiere allegorisch den gläubigen Rest Israels, dem der Messias entstammte und welcher nun im neuen Israel aufgegangen ist. Andere Thesen seien kurz erwähnt: Lightfoot vergleicht 16,21 – das Kreuz bringt neues Leid, aber auch größere Freude als physische Geburt. Danach kann τετέλεσται (28.30) gesagt werden, da nun die Kirche entstanden ist. Brown schreibt: »Das Bild des Joh von der Mutter Jesu, die die Mutter des Lieblingsjüngers wird, scheint die alttestamentlichen Themen von der Herrin Zion, die einem neuen Volk im messianischen Zeitalter das Leben gibt, und von Eva und ihren

Nachkommen heraufzubeschwören.« Es dürfte jedoch klug sein, hier nicht mehr zu sehen als eine Anspielung auf die neue Familie, die Kirche und die souveräne Macht Jesu, »*Christus regens in cruce*« (Haenchen, Weg, S. 507). Aber s. jetzt J. McHugh, The Mother of Jesus in the New Testament [1974], S. 370–378; I. de la Potterie, in: Neues Testament und Kirche (FS R. Schnackenburg [1974]), S. 191–219.

28. *μετὰ τοῦτο.* Zu dieser charakteristischen Verbindung s. Komm. zu 2,12.

εἰδὼς ὁ Ἰησοῦς. Jesus ist von Anfang bis zu Ende in dieser Passionserzählung Herr allen Geschehens. Der ganze Geschehensablauf wird von ihm in Gang gesetzt, und zum geeigneten Zeitpunkt wird er ihn beenden.

ὅτι ἤδη πάντα τετέλεσται. Vgl. V. 30; Apg 13,29, *ὡς δὲ ἐτέλεσαν πάντα τὰ περὶ αὐτοῦ γεγραμμένα*; auch Lk 22,37. Jesus hatte das ganze Werk, das zu tun er in die Welt gesandt worden war, vollendet; die Offenbarung und die Tat der Liebe waren erfüllt. Es liegt hier vielleicht ein besonderer Verweis auf die vollkommene Erfüllung der Schrift vor, und zwar mit der Anmerkung, daß eine Weissagung erst noch erfüllt werden muß.

Der Gebrauch des Singulars, *ἵνα τελειωθῇ ἡ γραφή*, läßt es wahrscheinlich erscheinen, daß dieser Finalsatz mit dem Folgenden zu verbinden ist. Es ist nicht unmöglich, aber viel weniger wahrscheinlich, daß er mit dem Vorhergehenden verbunden werden muß: Alle Dinge waren getan worden, damit die Schrift erfüllt würde. Das ungewöhnliche *τελειοῦν* wird anstelle von *πληροῦν* wahrscheinlich angesichts des wiederholten *τετέλεσται* gebraucht.

διψῶ. S. Ps 69(68),22, *εἰς τὴν δίψαν μου ἐπότισάν με ὄξος* (zitiert in 1QH 4,11). Es kann nur geringer Zweifel darüber bestehen, daß dies die Schriftstelle ist, an die gedacht ist. In keinem anderen Evangelium sagt Jesus, er sei durstig – bei Joh ergreift er wie gewöhnlich die Initiative. Bei Mk wird ihm ein Schwamm mit Essig angeboten (Mk 15,36, *γεμίσας σπόγγον ὄξους περιθεὶς καλάμῳ ἐπότιζεν αὐτόν*; vgl. Mt 27,48; Lk 23,36). Wie bei der Erwähnung des Würfelns um die Kleider Jesu macht Joh hier die atl Anspielung deutlicher, als es die anderen Evangelisten tun. Er hängt hier wahrscheinlich von Mk oder einer ähnlichen Quelle ab; ob freilich das mk Ereignis eine historische Erzählung oder eine einfach auf der atl Stelle gründende Konstruktion ist, ist eine Frage, die hier nicht diskutiert werden muß.

29. *σπόγγον.* Im NT wird das Wort nur in diesem Kontext gebraucht; es scheint sehr wahrscheinlich, daß sowohl Mt als auch Joh (Lk gebraucht es nicht) das Wort aus Mk 15,36 entnahmen.

ὄξους, offenkundig der saure Wein, den die Soldaten tranken. Man hat gesagt, er würde den Durst noch steigern (Lightfoot) und so das von Jesus erduldete Leiden noch verstärken; aber wenn dies so war, müßte man sich wundern, warum die Soldaten ihn tranken. Der Versuch, diese Stelle mit der Verheißung Jesu beim Letzten Mahl (die Joh nicht bringt) zu harmonisieren, er werde keinen Wein trinken, bis er ihn trinken würde im Reich Gottes, bringt nichts.

ὑσσώπῳ. Ysop ist »eine kleine an der Wand wachsende Pflanze, die sehr gut zum Sprengen zu gebrauchen ist« (E. Bib. s. v.; vgl. BHH III, 2197f). Sie ist deshalb kaum dazu geeignet, einen feuchten Schwamm an die Lippen eines Gekreuzigten zu führen. Ein Ysopbüschel hätte kaum die notwendige Festigkeit gehabt (vgl. dagegen das *καλάμῳ* in Mk 15,36). Angesichts dessen hat man vermutet, *ὑσσώπῳ* sei durch einen groben Irrtum an die Stelle von *ὑσσῷ* (*ὑσσός*, »ein Spieß«, lateinisch pilum) getreten. Diese Konjektur (sie begegnet, wahrscheinlich zufällig, in einer späten Minuskelhandschrift) würde zweifellos den Sinn der Stelle eindeutiger machen; sie ist aber deshalb nicht notwendigerweise auch gerechtfertigt. Es scheint die Absicht des Joh gewesen zu sein, Jesus als das wahre Passalamm darzustellen, das für die Erlösung seines Volkes geschlachtet wurde (s. 1,29.36; 19,14.36), und wir haben uns daran zu erinnern, daß der Ysop eine wichtige Rolle im Passaritual spielte; s. Ex 12,22, *λήμψεσϑε δὲ δέσμην ὑσσώπου καὶ βάψαντες ἀπὸ τοῦ αἵματος τοῦ παρὰ τὴν ϑύραν καϑίξετε τῆς φλιᾶς καὶ ἐπ᾽ ἀμφοτέρων τῶν σταϑμῶν . . . ὕσσωπος* war wahrscheinlich eine absichtliche Modifikation des *κάλαμος* bei Mk; daß man den Ysop kaum in der hier beschriebenen Weise gebrauchen konnte, hätte den Evangelisten wohl nicht besonders bekümmert.

30. *τετέλεσται*. S. Komm. zu diesem Wort in V. 28, und vgl. den Gebrauch von *τελειοῦν* in Hebr. Nun, da die letzte Weissagung erfüllt ist, konnte es von Jesus selbst ausgesprochen werden. Sein Werk war getan. Der Schrei ist in diesem positiven Sinn und nicht als eine bloße Ankündigung des unmittelbar bevorstehenden Todes zu verstehen, obwohl auch daran gedacht ist – das Wort hat eine charakteristisch joh Doppeldeutigkeit. Wenn es einmal die Schlußformel eines Mysteriums war, dann ist es gründlich historisiert und christianisiert worden. Vgl. 4,34; 17,4, *ἐγώ σε ἐδόξασα ἐπὶ τῆς γῆς, τὸ ἔργον τελειώσας ὃ δέδωκάς μοι ἵνα ποιήσω*; auch 13,1 (*εἰς τέλος*).

κλίνας τὴν κεφαλήν, im Augenblick des Todes; Jesus bleibt jedoch selbst hier Subjekt eines aktiven Verbums. Vgl. 10,17f. Dies bleibt wahr, ob das Neigen des Hauptes nun ein bewußter Akt war, der die Atmung verhinderte und so den Tod verursachte, oder nicht.

παρέδωκεν τὸ πνεῦμα. Dies ist wahrscheinlich eine Entsprechung für das *ἐξέπνευσεν* bei Mk (15,37; vgl. Lk 23,46), paraphrasiert bei Mt (27,50) als *ἀφῆκεν τὸ πνεῦμα*. Die Worte sind jedoch nicht dieselben, und es ist möglich, daß Joh bei *πνεῦμα* nicht an den menschlichen Geist Jesu dachte, den er aufgab, als er starb, sondern an den Heiligen Geist, den er bei seinem Tode den wenigen repräsentativen Glaubenden, die am Kreuz standen, übergeben (*παραδιδόναι*) konnte. Diese Annahme ist reizvoll, da sie dem unbezweifelbaren Faktum entspricht, daß nach Joh genau in diesem Moment die Gabe des Geistes möglich wurde (7,39). Man muß aber mit folgenden Einwänden rechnen: a) Der Ausdruck könnte auf Lk 23,46 zurückzuführen sein und durch diese Stelle erklärt werden, *πάτερ, εἰς χεῖράς σου παρατίθεμαι τὸ πνεῦμά μου*. b) Joh beschreibt eingehend und eindrucksvoll den Augenblick, in welchem Jesus den Heiligen Geist der Kirche mitteilte: 20,22, *λάβετε πνεῦμα ἅγιον*. Es gibt keinen Platz für eine frühere Gabe des Geistes.

40. Das Begräbnis Jesu

19,31–42

Da es notwendig war, die Leichname schnell vom Kreuz abzunehmen und zu bestatten, baten die Juden, man solle die notwendigen Schritte unternehmen, um den Tod sicherzustellen. Die Soldaten jedoch, die die Beine der beiden mit Jesus Gekreuzigten gebrochen hatten, fanden ihn bereits tot. So brachen sie ihm nicht seine Beine, sondern einer durchbohrte mit einer Lanze seine Seite, wodurch Blut und Wasser austrat – eine Tatsache, die Joh sehr wichtig ist. Danach erhielt Joseph von Arimathia die Erlaubnis, den Leichnam Jesu abzunehmen und zu bestatten; mit Hilfe des Nikodemus führte er das Begräbnis in höchst aufwendiger Weise durch.

Ohne Zweifel gibt es hier Berührungen zwischen Joh und Mk sowie Lk (s. u.); aber ein großer Teil des Stoffes, besonders das Brechen der Beine und der Stich mit der Lanze, ist neu. Die Frage seines historischen Wertes ist höchst schwierig. Einerseits betont Joh, daß das Austreten von Blut und Wasser, das durch den Lanzenstich verursacht worden war, ein historisches Ereignis gewesen sei, verbürgt durch einwandfreies Zeugnis (V. 35). Andererseits ist die Anwesenheit eines Augenzeugen nicht wahrscheinlich, und die angebliche Tatsache hängt deutlich mit der Theologie des Joh zusammen und konnte aus ihr entstanden sein. Es ist wohl unwahrscheinlich, wenn wir aus der Eigenart des Evangeliums als Ganzem schließen dürfen, daß Joh ein Ereignis einfach wegen seiner allegorischen Bedeutung konstruierte. Zu einer umfassenden Diskussion des Problems, um das es hier geht, s. Einleitung, S. 133f, und Komm. z. St. Die Tatsache, daß kein Bein Jesu gebrochen wurde, ist für Joh auch von theologischer Bedeutung; s. u. Joh scheint freilich den Grund, den die Juden hatten, die Leichname vor Eintritt der Nacht von den Kreuzen zu entfernen, nicht voll verstanden zu haben; die Erzählung von der Bestattung zeigt eine charakteristische Entwicklung in der Tradition von ihren früheren Stufen an. Berührungen mit der mk Erzählung sind zu beachten; es ist möglich, daß der Stich mit der Lanze und das darauf beruhende Zeugnis der Ersatz für das Bekenntnis des Centurio (Mk 15,39) bei Joh sind, aber der Zusammenhang ist doch recht entfernt.

Dieser Abschnitt ist größtenteils einfache Erzählung; aber Joh will doch herausstellen, daß Jesus wahrhaftig starb, daß sein Tod dem Willen Gottes, wie er in der Schrift offenbart ist, entsprach und daß er die Quelle des Lebens und der Reinigung für die Menschen war; und daß er angemessen bestattet wurde.

31. *οἱ οὖν Ἰουδαῖοι.* S. Komm. zu 1,19.

παρασκευὴ ἦν. Vgl. V. 42. In V. 14 wird das Wort in einem anderen Sinn gebraucht (*παρασ κευὴ τοῦ πάσχα*). Da es keinen Genitiv gibt, muß es hier bedeuten »der Tag vor dem Sabbat«, d. h. die 24 Stunden zwischen 6 Uhr nachmittags am Donnerstag und 6 Uhr nachmittags am Freitag. Der Tod Jesu trat deshalb am Freitagnachmittag ein, der Sabbat war nahe, vgl. Mk 15,42 (*ἐπεὶ ἦν παρασκευή, ὅ ἐστιν προσάββατον*), wovon Joh wahrscheinlich abhängt.

ἵνα μὴ μείνῃ ἐπὶ τοῦ σταυροῦ τὰ σώματα (d. h. aller drei Opfer) *ἐν τῷ σαββάτῳ.* Das Verbot in Dt 21,22f lautet, daß Leichname nicht über den Einbruch der Nacht hinaus am Kreuz bleiben sollten (*οὐ κοιμηθήσεται τὸ σῶμα αὐτοῦ ἐπὶ τοῦ ξύλου*); der Sabbat wird hier erwähnt, weil er zufällig der unmittelbar folgende Tag war; oder vielleicht, weil Joh das Verbot mißverstand. Selbstverständlich war an solch einem wichtigen Tag das, was an jedem andern Tag unzulässig gewesen wäre, zweimal anstößig.

ἦν γὰρ μεγάλη ἡ ἡμέρα ἐκείνου τοῦ σαββάτου. »Wenn dieser Sabbat, wie das 4. Evangelium annimmt, der 15. Nisan war, so konnte er ,groß‘ genannt werden, weil er zugleich der 1. Passafeiertag war. Fiel er auf den 16. Nisan, wie die Synoptiker annehmen, so stand ihm das Beiwort ,groß‘ zu, weil an ihm (nach pharisäischer Tradition) die Omergarbe (Lev 23,11) dargebracht wurde« (Bill II, S. 581f). Vgl. Mart Pol 8,1; 21,1 (*ὄντος σαββάτου μεγάλου. σαββάτῳ μεγάλῳ*); dazu Lightfoot, Apostolic Fathers II, I, S. 690–693; Abrahams, Studies II, S. 67–69.

ἵνα κατεαγῶσιν αὐτῶν τὰ σκέλη. Zur Verbform s. M II, S. 189.226; Bl-Debr §§ 66,2; 101. Das *crurifragium* war manchmal eine selbständige Form der Bestrafung, manchmal, wie hier, eine Begleiterscheinung der Kreuzigung. Es hatte den gnädigen Effekt, den Tod zu beschleunigen, teils durch den Schock und Blutverlust, teils auch dadurch (wie einige annehmen), daß es das Atmen erschwerte. Brown (S. 934) weist auf die Entdeckung der Gebeine eines Mannes in Jerusalem hin, der im 1. Jh. n. Chr. gekreuzigt wurde und dessen Beine gebrochen waren.

καὶ ἀρθῶσιν. Das Subjekt wechselt; es ist nun *τὰ σώματα*, welches als Neutrum Plural vorher im Vers zunächst ein Verb im Singular (*μείνῃ*) hatte.

32. Im EvPetr 14 werden einem der Übeltäter seine Beine nicht gebrochen, sondern er wird zurückgelassen, damit er in Qualen stirbt.

33. *εἶδον ἤδη αὐτὸν τεθνηκότα.* Ein solch schneller Tod war ungewöhnlich. Opfer einer Kreuzigung hingen oft tagelang am Kreuz. Vgl. Mk 15,44, *ἐθαύμασεν εἰ ἤδη τέθνηκεν*.

οὐ κατέαξαν αὐτοῦ τὰ σκέλη. Joh stellt die Bedeutung dieses Faktums (welches er allein berichtet) in V. 36 heraus; s. u. Er könnte aber auch auf den Vorwurf antworten, die Entstellung des Körpers Jesu beweise die Unmöglichkeit der Auferstehung; s. Daube, Rabbinic Judaism, S. 308.

34. *λόγχῃ.* »Lanze, Speer, Spieß« (Liddell-Scott); der Gebrauch dieses Wortes an dieser Stelle macht es um so unwahrscheinlicher, daß Joh in V. 29 *ὑσσός* schrieb.

τὴν πλευράν. Das Wort wird häufiger im Plural gebraucht. Vgl. 20,22.25.27, wo die Seitenwunde ein

Identitätskennzeichen des auferstandenen Christus ist. Diese Geschichte wird sonst nur im Textus receptus von Mt 27,49 erwähnt, wo ohne Zweifel eine Angleichung des Textes an diese Stelle bei Joh vorliegt.

ἐξῆλθεν εὐθὺς αἷμα καὶ ὕδωρ. Diese dunkle Aussage hatte offensichtlich für Joh eine sehr große Bedeutung (s. den nächsten Vers). a) Joh wollte sicherlich ein wirkliches, nicht lediglich ein symbolisches Ereignis beschreiben. Dies wird durch das Gewicht betont, das er auf den Augenzeugen in V. 35 legt. Und man muß zugeben, daß das Ereignis, wie es beschrieben wird, physiologisch möglich ist. Blut konnte aus einem Leichnam fließen, wenn der Tod erst kurz zuvor eingetreten war, und eine wasserähnliche Flüssigkeit konnte aus dem als πλευρά bezeichneten Teil des Körpers Jesu austreten. Man könnte freilich fragen, ob Joh daran dachte, ein normales Ereignis zu beschreiben – eines, welches man an jedem Leichnam beobachten konnte, oder ein unnatürliches Ereignis – eines, welches nur am Leib Jesu geschehen konnte, der Verwesung nicht sehen sollte. Angesichts des antidoketischen Interesses der joh Literatur ist die erstere Annahme wahrscheinlicher; Joh wollte einen Beweis dafür liefern, daß Jesus ein wirklicher Mensch war und wirklich starb. Vgl. Irenaeus, Adv Haer III,22,2 . . ., und es wäre auch [wenn er nicht ein wirklicher Mensch gewesen wäre], als seine Seite durchbohrt wurde, nicht Blut und Wasser herausgekommen. b) Aber die Absicht des Joh darf nicht mit einem Faktum verwechselt werden. Wir haben bereits (zu V. 25) gesehen, daß es unwahrscheinlich war, daß ein Jünger in der unmittelbaren Nähe des Kreuzes gestanden haben konnte. Wir sollten weiter beachten, daß es für das ganze Ereignis in der synoptischen Erzählung keinen Platz gibt (der Centurio selbst beobachtet den Tod Jesu und informiert Pilatus – Mk 15,39.45) und es kein Motiv für den Lanzenstich gab, wenn Jesus bereits tot war, wie er es nach Joh offenkundig war; es sei denn, die Soldaten schlugen – wie man dann annehmen muß – Jesus aus bloßer Bosheit oder gleichgültiger Grausamkeit. c) Es paßt durchaus zu der Absicht des Joh, durch die Erzählung eines historischen Ereignisses auch eine theologische Wahrheit zu vermitteln. Es kann wenig Zweifel bestehen, daß er dies beabsichtigte angesichts der Wichtigkeit von αἷμα und ὕδωρ ansonsten im Evangelium (und in 1Joh 5,6.8, einer Stelle, die wahrscheinlich in irgendeiner Weise von diesem Vers abhängig oder auf ihn bezogen ist, aber leider wenig zu seiner Erklärung beiträgt). Es gibt »lebendiges Wasser«, das im Glaubenden entspringt (4,14), und ein Wasser, welches mit dem Heiligen Geist identifiziert wird (7,38f – diese Stelle ist besonders wichtig, wenn die Worte ἐκ τῆς κοιλίας αὐτοῦ auf Christus verweisen – s. Komm. z. St.). Aus Wasser und Geist werden die Menschen von oben geboren (3,5), und Wasser ist das Mittel, durch welches die Menschen gereinigt werden (13,5). Das Blut Christi wiederum ist der wahre Trank für die Menschen (6,53ff). Durch dieses allein, mit dem Fleisch Christi, welches in gleicher Weise für das Leben der Welt gegeben ist, sollen die Menschen Leben in sich haben. Höchstwahrscheinlich sah Joh dann in dem Austreten von Blut und Wasser aus der durchbohrten Seite Christi ein Symbol für die Tatsache, daß von dem Gekreuzigten jene lebendigen Ströme ausgingen, durch welche die Menschen erquickt werden und die Kirche lebt. Brown, der sehr viele wertvolle Informationen zur Geschichte der Interpretation dieses Verses bietet, hat wahrscheinlich recht, wenn er hier einen sekundären, aber eben nur einen sekundären Verweis auf die Sakramente sieht, und zwar deutlicher für die Taufe als für die Eucharistie. Anspielungen auf Einzelheiten, z. B. auf den Mischkelch (von Wein und Wasser), waren von Joh nicht beabsichtigt; ihm lag nichts daran, diese oder jene Einzelheiten der sakramentalen Praxis oder Terminologie zu stützen, sondern vielleicht jenen gegenüber, die dies bestritten, zu betonen, daß der wirkliche Tod Jesu das wirkliche Leben der Menschen war. S. Einleitung, S. 98ff. Es besteht so kaum eine Notwendigkeit für die Folgerung, daß V. 34b.35 von einem kirchlichen Redaktor hinzugefügt worden seien. Wiederum scheint es nicht wahrscheinlich, daß Joh eine besondere Bedeutung in der Abfolge – zuerst Blut, dann Wasser – sah und damit darauf hinweisen wollte, daß der Geist erst gegeben werden konnte, als das Opfer vollendet war, obwohl dies sicherlich mit 7,39; 16,7 übereinstimmt. Es ist zweifelhaft, ob hier an Ps 22(21),14 gedacht ist; Sach 13,1 (zu beachten ist, daß Sach 12,10 in V. 37 zitiert wird) ist eine viel wahrscheinlichere Anspielung. Ein wichtiger Hinweis wird von J. M. Ford gegeben (NTS 15

[1969], S. 337 f), der Oholot 3,5; Hullin 2,6; Pesahim 5,5.8 zitiert und hier eine Anspielung auf das Passa sieht: »Wenn diese rabbinischen Vorstellungen hinter dieser Stelle in Joh liegen, dann haben wir drei Anspielungen auf das Passa: 1. den Ysop (V. 29); 2. die ungebrochenen Beine (V. 33.36); 3. das vermischte Blut (V. 34). Das Zeugnis in V. 35 konnte deshalb ein Zeugnis für alle drei Ereignisse sein, in welchen Joh Jesus als das Passalamm sieht. Das Lamm kann uns, da es כשר ist, von allen Sünden reinigen (1 Joh 1,7)« (a. a. O., S. 338).

35. *ὁ ἑωρακὼς μεμαρτύρηκεν*. Zur Zusammenstellung dieser zwei charakteristisch joh Worte vgl. 1,34; 3,11. Zu *μαρτυρεῖν* s. Komm. zu 1,7. *ὁ ἑωρακὼς* ist wahrscheinlich eine Person, die das eben erwähnte Ereignis, das Austreten von Blut und Wasser aus der Seite Jesu, sah und entweder *als* der Verfasser des Evangeliums oder *dem* Verfasser des Evangeliums die Information weitergab. Es wird nicht gesagt, und es ist auch nicht klar, wer diese Person war; im allgemeinen wird angenommen, daß sie der Lieblingsjünger war (der in V. 26 erwähnt wird), und diese Annahme könnte zutreffen, da V. 27 nicht notwendigerweise bedeutet, daß er die Mutter Jesu sofort mit nach Hause nahm. Vgl. 21,24, wo die Identifikation viel deutlicher ist.

ἀληϑινή... ἀληϑῆ. Zu diesen Worten s. Komm. zu 1,9.

καὶ ἐκεῖνος οἶδεν. *ἐκεῖνος* ist unterschiedlich verstanden worden: a) als der Zeuge selbst; b) als der Verfasser des Evangeliums (der dann ein anderer sein müßte als der Zeuge); c) Christus; d) Gott. Die Annahme, *ἐκεῖνος οἶδεν* sei eine Korruption von *ἐκεῖνοι οἴδαμεν* (»wir wissen, daß sein Zeugnis wahr ist«), gleicht dies an 21,24 an; es spricht aber kaum etwas als die Scharfsinnigkeit, mit der sie entwickelt wird, für sie. Zugunsten von a) spricht die grammatikalische Konstruktion; *ἐκεῖνος* nimmt *αὐτοῦ* wieder auf. Dies läßt vermuten, daß der Zeuge nicht der Verfasser war, aber dies ist nicht notwendigerweise aus dem Satz zu folgern. *ἐκεῖνος* könnte von einem Autor über sich selbst gebraucht werden (z. B. Josephus, Bell III,202, *οὐ φϑόνῳ τῆς ἐκείνου* [Josephus] *σωτηρίας, ἔμοιγε* [Josephus] *δοκεῖν*; zitiert von Bernard, S. 649). b) Es scheint nicht leicht zu übersetzen: »sein Zeugnis ist wahr, und ich weiß, daß er die Wahrheit spricht«, aber dies wird tatsächlich von C. C. Torrey getan (S. 50.52 f), der *ἐκεῖνος* als überwörtliche Wiedergabe von ההוא גברא, wörtlich »dieser Mensch«, aber gewöhnlich »ich«, versteht. Diese These hängt jedoch von der Annahme ab, daß das gesamte Evangelium aus dem Aramäischen übersetzt wurde, ansonsten ist sie unwahrscheinlich. c) *ἐκεῖνος* wird gebraucht von Christus in 3,28.30; 7,11; 9,28 und d) von Gott in 1,33; 5,19.37; 6,29; 8,42; aber es ist offensichtlich lächerlich zu vermuten, es müsse sich auf Gott oder Christus beziehen, es sei denn, dies wird durch den Kontext gefordert. Von all diesen vier Erklärungen ist a) die beste; es ist aber nicht leicht festzustellen, was sie über die Verfasserschaft des Evangeliums aussagt. »Es ist nicht ratsam, irgendwelche Theorien über die Verfasserschaft auf das berühmte *ἐκεῖνος* aufzubauen« (M III, S. 46; vgl. Turner, Insights, S. 137 f).

ἵνα καὶ ὑμεῖς πιστεύητε. Dieser Satzteil ist nur lose mit dem Satz verbunden: das zeigt sich, wenn wir versuchen, ihn eng mit *ἀληϑινή ἐστιν*, *οἶδεν* oder *λέγει* zusammenzunehmen. Er weist auf den allgemeinen Zweck des wahrhaftigen Zeugnisses des Zeugen hin. »Ihr« (die Leser des Evangeliums) »sollt nicht lediglich glauben, daß Blut und Wasser tatsächlich aus der Seite des Gekreuzigten austraten, sondern ihr sollt in vollem christlichem Sinn glauben« (vgl. 20,31 zum Zweck des ganzen Evangeliums). Zweifellos beansprucht dieser Vers die Autorität eines Augenzeugen, zumindest für *ein* Ereignis, und es ist unwahrscheinlich, daß Joh es einfach erfand (vgl. Dodd, Tradition, S. 133 f); zu seiner Tragweite im Blick auf die Verfasserschaft und Autorität des ganzen Evangeliums s. Einleitung, S. 132 ff. Der ganze Vers wird ausgelassen von e und vom Codex Fuldensis, einer sehr wichtigen Vulgatahandschrift. Dieser Beleg ist gewiß schwach und rechtfertigt vielleicht nicht die Aussage von Sodens, der meint, die Auslassung sei von den »afrikanischen Altlateinern« vorgenommen. Es trifft zu, daß weder Tertullian noch Cyprian den Vers zitieren, aber dies beweist nicht, daß er nicht in ihren Texten stand; es ist vielleicht wichtiger, daß er kaum in den Schriften Augustins erscheint. In Joan Evang Tractatus CXX,3, wo Augustin offenbar einem Vulgatatext folgt, kommentiert er nur oberflächlich. Es könnte von Bedeutung sein, oder auch nicht, daß die Valentinianer, die von

Clemens von Alexandria in seinen Excerpta ex Theodoto zitiert werden, sich auf V. 34.36.37, aber nicht auf V. 35 beziehen. Wenn man überhaupt einen Schluß aus diesen Beobachtungen ziehen kann, dann vielleicht den, daß das Evangelium zuerst (vielleicht in gnostischen Kreisen) ohne 19,35 veröffentlicht wurde und dieser Vers in der Folge hinzugefügt wurde, um die Autorität des Buches (die eines Augenzeugen = des Lieblingsjüngers = eines Apostels) unter den Orthodoxen zu sichern. Aber die Beweislage ist nicht überzeugend genug, daß sie einen derartigen Schluß zuließe.

36. ὀστοῦν οὐ συντριβήσεται αὐτοῦ. Es ist schwierig, die Quelle dieses Zitats anzugeben. Drei oder vier atl Stellen werden in Erwägung gezogen: Ex 12,10 (vgl. V. 46), Num 9,12; Ps 34(33),21. Die Stellen im Pentateuch beziehen sich auf das Passaopfer, dessen Beine nicht gebrochen werden dürfen; die im Ps verweisen auf die Fürsorge Gottes für die Glaubenden (κύριος φυλάσσει πάντα τὰ ὀστᾶ αὐτῶν). Wahrscheinlich wird hier in erster Linie auf das Passa verwiesen, da Jesus zu der Zeit des Opfers starb; der Ysop ist bereits in V. 29 erwähnt worden; und Jesus war nicht vor dem Tod bewahrt geblieben, auch wenn seine Beine nicht gebrochen worden waren; wir können jedoch den Einfluß des Psalms nicht ausschließen, da nur hier die Verbform συντριβήσεται gebraucht wird. Möglicherweise hat die Quelle des Joh auf den Psalm verwiesen, er aber zog, da er mehr am Passa interessiert war, den Verweis auf das Passa vor.

37. Es ist deutlich, daß in diesem Vers (und wahrscheinlich trifft dies auch sonst zu) γραφή (Singular) eine bestimmte Schriftstelle meint.

ὄψονται εἰς ὃν ἐξεκέντησαν. Joh folgt genau dem hebräischen Text von Sach 12,10 (אשר את אלי והביטו דקרו), in Übereinstimmung mit Aquila und Theodotion (Symmachus hat ἐπεξεκέντησαν). Die LXX weicht an dieser Stelle ab und liest κατωρχήσαντο, eine Lesart, die aus einer Verwechslung von hebräischen Konsonanten entstanden sein muß; דקר (»durchbohren«) wurde gelesen als רקד (»verspotten«). Offenkundig hängt Joh nicht von der LXX ab; ob er aber selbst das Hebräische übersetzte oder irgendeine vorhandene Version verwendete (vielleicht eine Testimoniensammlung), kann man unmöglich sagen. Vgl. eine andersartige Behandlung dieses *testimonium* in Offb 1,7; auch Mk 13,26; Did 16,7; und Justin, Apol 52 (wo auch ἐξεκέντησαν verwendet wird). Joh gibt das Subjekt von ὄψονται nicht an, desgleichen auch nicht, ob die Menschen in Haß, Reue oder Glauben zuschauen (vgl. 3,14f; Num 21,8f). Was ihn interessiert, ist nicht der Blick, sondern das Durchbohren, das die Weissagung erfüllt.

38. Ἰωσήφ (א Θ Ω fügen hinzu ὁ) ἀπὸ Ἀριμαθαίας, vorher bei Joh nicht erwähnt, vgl. aber Mk 15,43, dem dieser Abschnitt entnommen ist.

ὢν μαθητὴς τοῦ Ἰησοῦ κεκρυμμένος δέ. Nach Mk (a. a. O.) war Joseph εὐσχήμων βουλευτής, ὃς καὶ αὐτὸς ἦν προσδεχόμενος τὴν βασιλείαν τοῦ θεοῦ, aber Mk sagt nicht, daß er ein Jünger war, obwohl Joh ihn in diesem Sinn verstanden haben konnte. Zu geheimen Jüngern aus der Oberschicht vgl. 12,42. Das Partizip κεκρυμμένος wird adverbial gebraucht.

ἵνα (gebraucht, um den Inhalt der Forderung einzuführen) ἄρῃ τὸ σῶμα τοῦ Ἰησοῦ. Die Leichname von Verbrechern, die von den Römern verurteilt und hingerichtet worden waren, wurden üblicherweise den Geiern überlassen; vgl. jedoch Philo, Flacc 83. Die Opfer jüdischer Hinrichtungen wurden an Orten, die das Gericht zur Verfügung stellte, begraben (Sanh 6,5).

ἦλθεν ... ἦρεν. Verben im Plural werden gelesen von א es sah, wahrscheinlich mit Bezug auf Nikodemus.

39. Νικόδημος. Joh selbst bringt hier den Verweis auf 3,1f. Es ist hier wahrscheinlich impliziert, daß auch Nikodemus ein geheimer Jünger war; aber (trotz 7,50f) ist dies im Evangelium vorher nicht gesagt worden.

μίγμα ist die Lesart der meisten Handschriften; א* B W haben ἕλιγμα, φ hat σμίγμα. μίγμα ist ein übliches Wort für eine »Mischung« oder »Zubereitung« (z. B. von Drogen), aber weder Liddell-Scott noch MM belegen irgendeine andere Verwendung von ἕλιγμα für ein »Päckchen« von Kräutern oder Drogen. ἕλιγμα muß deshalb als die lectio difficilior betrachtet werden (obwohl es ganz regulär aus ἑλίσσειν gebildet ist); es ist vielleicht vorzuziehen.

σμύρνης καὶ ἀλόης. σμύρνα ist Myrrhe, die zur Einbalsamierung der Toten gebraucht wird, z. B. Herodot II,86; vgl. Mt 2,11, die einzige andere Stelle, wo das Wort im NT vorkommt. *ἀλόη* ist Hapax legomenon im NT; im AT wird Aloe erwähnt als Wohlgeruch für das Bett (Prov 7,17) oder für die Kleider (Ps 45,9), aber nicht als etwas, was bei einem Begräbnis verwendet wird. S. den Kommentar zum nächsten Vers.

ὡς λίτρας ἑκατόν. Zu *λίτρα* s. Komm. zu 12,3. Das Gesamtgewicht war etwa einhundert Pfund. Vgl. die gewaltige Menge an Wein in 2,1–11.

40. *ὀθονίοις.* Vgl. *κειρία* in 11,44. *ὀθόνιον* kommt im NT nur bei Joh vor (auch in 20,5.6.7; und in der Western Non-Interpolation in Lk 24,12). Es bedeutet Leinenbinde, wie man sie zur Umhüllung eines Leichnams verwenden konnte. S. z. B. P. Giss 68,11f (2. Jh. n. Chr.). *ὀθόνια εὔωνα,* »feine Leinenbänder für eine Mumie« (MM). Der Leib wird in Bänder eingewickelt, die Wohlgerüche werden zwischen die Falten gesprengt. Eine längere Anmerkung zur Bedeutung von *ὀθόνια* und seiner möglichen Beziehung zu dem Grabtuch von Turin findet sich bei Brown, S. 941f. Zur Beziehung zwischen diesem Bericht von der Bestattung Jesu und der Salbung s. S. 405, 409f und Daube, Rabbinic Judaism, S. 310–324.

καθὼς ἔθος ἐστὶν τοῖς Ἰουδαίοις ἐνταφιάζειν. Vgl. 11,44 zum Begräbnis des Lazarus. Offenkundig steht diese Art der Einbalsamierung im Gegensatz zu der ägyptischen Einbalsamierungsmethode; vielleicht auch zu der römischen Methode der Verbrennung.

Andere Quellen lassen erkennen, daß es bei den Juden üblich war, Öl und nicht Salben für diesen Zweck zu verwenden; aber Bill II, S. 53, und S. Krauss, Talmudische Archäologie [1910–1912], II, S. 55.474, begnügen sich mit den ntl Stellen allein als ausreichendem Beweis für den Gebrauch von Salben (Daube, a. a. O.).

41. *κῆπος.* Von den kanonischen Evangelisten merkt nur Joh an, daß die Kreuzigung und das Begräbnis in einem Garten stattfanden. Nach dem EvPetr 24 gehört der Garten dem Joseph. *κῆπος* (s. Komm. zu 18,1) meint einen großen Garten, Obstgarten oder Pflanzung. Hätte Joh hier eine Anspielung an den Garten Eden beabsichtigt, hätte er wahrscheinlich das LXX-Wort *παράδεισος* gebraucht. Er bereitet 20,15 vor.

μνημεῖον καινόν. Vgl. Mt 27,60, *τῷ καινῷ αὐτοῦ μνημείῳ.* Wenn Joh irgendeine besondere Bedeutung darin sah, daß das Grab neu war, dann sagt er dies nicht. Daß das Grab noch nicht gebraucht war, paßt zu den verschwenderischen Vorbereitungen in V. 39.

ἐν ᾧ οὐδέπω οὐδεὶς ἦν τεθειμένος. Vgl. Lk 23,53, *οὗ οὐκ ἦν οὐδεὶς οὔπω κείμενος.* Die häßliche Lautzusammenstellung in beiden Evangelien legt den Schluß nahe, daß Joh von Lk abhing.

42. *τὴν παρασκευὴν τῶν Ἰουδαίων.* Vgl. V. 31 und Komm. z. St. Angesichts der Nähe der Sabbatruhe war es wünschenswert, den Leichnam so schnell wie möglich zu bestatten (ob nun nur für eine bestimmte Zeit oder für immer). Er wurde in das in der Nähe befindliche Grab gelegt; wenn es notwendig war, war es am Sabbat erlaubt, den Leib zu waschen und zu salben (Schab 23,4f).

41. Das leere Grab und die erste Ostererscheinung

20,1–18

Die frühen Überlieferungen von der Auferstehung Jesu nahmen zweierlei Gestalt an. Es gibt Traditionen von Erscheinungen des Auferstandenen vor verschiedenen Jüngern (wie in 1Kor 15,5–8) und Traditionen von der Entdeckung, daß das Grab, in welches man den Leichnam Jesu gelegt hatte, leer war (wie in Mk 16,1–8). In diesem Abschnitt, den Joh als seine wichtigste Darlegung des Osterglaubens der Kirche schreibt (V. 8; V. 19–23 enthalten den Sendungsauftrag an die Apostel), sind die beiden Traditionen kunstvoll miteinander verbunden. Ein allgemeiner Überblick über alle ntl Ostererzählungen findet sich bei Brown (S. 966–978); nach genauer Erörterung anderer Vorschläge kommt er zu dem Schluß (S. 998), daß in dem vorliegenden Abschnitt Joh zwei Berichte von Besuchen am Grab, das leer gefunden wird, mit einer Erzählung von einer Erscheinung vor Maria Magdalena kombiniert. Diese Sicht der Dinge läßt durchaus die Möglichkeit zu, daß Joh bei dieser Kombination ein wenig von synoptischer Überlieferung beeinflußt wurde (s. u.); sie sollte deshalb akzeptiert werden. S. zusätzlich zu den Kommentaren G. Hartmann, Die Vorlage der Osterberichte in Joh 20, ZNW 55 [1964], S. 197–220; auch O. Michel, in: Studien zum Neuen Testament und zur Patristik (FS E. Klostermann [1961]), S. 35–42.

Maria, die am frühen Sonntagmorgen zum Grab kommt, findet es offen. Sie vermutet, daß entweder Feinde oder Grabräuber am Werk gewesen sind, und berichtet dies Petrus und dem Lieblingsjünger, die zum Grab laufen, es leer finden und die Tücher sehen, in welche der Leib Jesu gewickelt gewesen war. Der Lieblingsjünger, der als erster an das Grab kam, folgte Petrus in das Grab; und als er sah, glaubte er, daß Jesus von den Toten auferstanden war. Maria war den beiden Männern gefolgt; als sie das Grab verließen, blieb sie draußen stehen. Als sie hineinschaute, sah sie zwei Engel. Sie nennt ihnen den Grund ihrer Trauer; aber von diesem Augenblick an spielen die Engel in der Geschichte keine Rolle mehr; denn als Maria sich umwendet, sieht sie Jesus selbst, obwohl sie ihn erst erkennt, als er sie mit ihrem Namen anredet. Er sendet sie dann zu den Jüngern mit der Botschaft seiner kommenden Himmelfahrt, die sie treulich übermittelt.

Diese Erzählung könnte einige Spuren des literarischen Einflusses der kurzen Auferstehungsgeschichte bei Mk zeigen (Mk 16,1–8), aber im wesentlichen ist sie doch unabhängig – nicht notwendigerweise jedoch älter (zu dieser These s. Jeremias, Theologie 1, S. 289, mit seinem Verweis auf Benoit). Tatsächlich kann ihr historischer Wert nicht sicher eingeschätzt werden. Folgende Punkte sind jedoch in diesem Zusammenhang wichtig: 1. Die Erzählung ist von für Joh typischen theologischen Themen durchdrungen: Sehen und Glauben – und der Aufstieg Jesu zum Vater. 2. Eine zentrale Stellung wird dem Lieblingsjünger eingeräumt; dies wird die historische Einschätzung der Geschichte beeinflussen, je nachdem, ob man den Lieblingsjünger ernsthaft als Repräsentanten einer historischen Quelle ansieht oder nicht. 3. Die synoptische Tradition berichtet nichts von einer Erscheinung vor Maria Magdalena, und die älteste Überlieferung nichts von dem leeren Grab. Man kann jedoch dazu anmerken, daß die ältesten Auferstehungstraditionen wahrscheinlich reicher und vielfältiger waren als die auf uns gekommenen. Ohne Zweifel zeigt der vorliegende Abschnitt in seiner Dramatik das große schriftstellerische Können und die Individualität des Joh. Zur Form der Erscheinungserzählungen s. Dodd, Tradition, S. 143 ff.

Der Lieblingsjünger erscheint wieder einmal in der Begleitung des Petrus, und obwohl Petrus als erster das Grab betritt, ist er der erste, der an die Auferstehung glaubt; er hat, in diesem Sinn, einen Primat des Glaubens. Vgl. das Petrusbekenntnis Mk 8,29 und bes. die mt Erweiterungen (Mt 16,17–19).

Was will Joh mit seiner Darstellung der Auferstehung in dieser Weise erreichen? S. bes. V. 17 und Komm z. St. Die Auferstehung wird als eine Stufe in dem Prozeß dargestellt, durch welchen Jesus zum Vater hinaufsteigt. Dodd, Interpretation, S. 441 ff, macht den interessanten Vorschlag, Joh sei in der Lage, soviel Gefühl und »menschliches Interesse« und so viele physische oder quasi-physische Einzelheiten in seine Geschichte einzufügen, weil für ihn die Kreuzigung, die nun bereits Vergangenheit ist, in Wahrheit die Verherrlichung Jesu bedeutet. Bultmann nimmt an, daß Joh hier die traditionellen Ostergeschichten kritisiert. Jesus, dem man in dieser Welt begegnet, ist noch nicht der erhöhte Herr, der verheißen hat, zu seinen Jüngern zu »kommen«; die Erscheinungen sind höchstens ein unvollständiges Zeugnis. In der Tat läßt sich die Einstellung des Joh gegenüber den traditionellen Geschichten am besten in derselben Weise beschreiben, wie wir oben seine Einstellung gegenüber den Sakramenten dargestellt haben: als eine Haltung der kritischen Annahme. Hätte Joh die Ostergeschichten nicht (historisch und theologisch) für wahr gehalten oder hätte er sie gar für falsch gehalten (ob historisch oder theologisch), so hätte er sie nicht berichtet. Er sieht jedoch ihre Grenzen. Maria wird verboten, Jesus zu berühren. Jesus sagt, ich bin noch nicht hinaufgestiegen. Die Auferstehungsgeschichte, für sich genommen, ist nicht das letzte Wort, und die Menschen dürfen in Jesus nicht einfach wieder den alten Jesus sehen. Das Sehen spielt seine Rolle; aber das Leben der Christen wird im Glauben gelebt.

1. *τῇ δὲ μιᾷ τῶν σαββάτων*. Vgl. Mk 16,2; Mt 28,1; Lk 24,1. Die Verwendung der Grundzahl anstelle der Ordnungszahl muß wahrscheinlich trotz des gegenteiligen Arguments bei M I, S. 95f als Semitismus betrachtet werden. M II, S. 439, ist unverbindlich, aber Bl-Debr § 247 gesteht zu, daß das Hebräische, welches die Grundzahl für alle Tage des Monats verwendete, hier das Modell abgab. Der Sprachgebrauch ist also aramäisch. Es kann jedoch nicht gesagt werden, daß Joh eine semitische Quelle übersetzte; er entnahm die Konstruktion wahrscheinlich aus Mk 16,2 (er wiederholt sie in V. 19). Der Plural *σάββατα* wird sowohl für »Sabbat« und »Woche« in Singularbedeutung gebraucht. Dies ergab sich wahrscheinlich, weil die aramäische Singularform שבתא (*sahabb^etha, shabbatta* – beide Schreibweisen finden sich) an das griechische Neutrum Plural in -*τα* erinnerte. Die Wendung חד בשבתא (wörtlich: »einer in [der] Sabbat [Woche]«) begegnet z. B. in Gen r 11,9. Der »erste Tag« der Woche« erstreckte sich von 6 Uhr abends am Samstag bis 6 Uhr abends am Sonntag.
Μαρία ἡ Μαγδαληνή. S. Komm. zu 19,25. Bei Mk gehen drei, bei Mt zwei und bei Lk eine unbestimmte Zahl von Frauen zum Grab. Sowohl hier als auch in V. 18 wird *ἡ Μαγδαληνή* von sin ausgelassen. Diese Auslassung könnte zufällig sein; die syrische Kirche könnte aber auch an eine andere Maria gedacht haben, die zum Grab ging.
πρωῒ σκοτίας ἔτι οὔσης. Joh muß meinen: früh am Sonntagmorgen, nicht am Anfang des Tages nach der jüdischen Rechnung. Nach Mk erfolgte der erste Gang zum Grab in der Dämmerung; Lk gibt denselben Sinn; Mt 28,1 ist sehr unklar, hier könnte möglicherweise auf den Samstagabend verwiesen sein.
τὸν λίθον ἠρμένον. In 19,38–42 wird nicht berichtet, daß das Grab mit einem Stein verschlossen wurde. Joh muß von irgendeiner solchen Erzählung wie der des Mk (vgl. Mk 15,46, *προσεκύλισεν λίθον*; 16,4, *ἀνακεκύλισται ὁ λίθος*) abhängen. Zweifellos impliziert Joh, daß der Stein auf übernatürliche Weise entfernt worden war.

2. *τρέχει οὖν καὶ ἔρχεται πρὸς Σίμωνα Πέτρον*. Zu dem Doppelnamen s. Komm. zu 1,42. In Mk 16,7 wird allen Frauen empfohlen, »seinen Jüngern und Petrus« von der Auferstehung zu berichten.
τὸν ἄλλον μαθητὴν ὃν ἐφίλει ὁ Ἰησοῦς. ἄλλον bedeutet: ein anderer Jünger als Petrus; es gibt keinen Hinweis auf einen zweiten »Lieblingsjünger«. Zum Lieblingsjünger und seiner Verbindung zu Petrus s. Einleitung, S. 131ff, und Komm. zu 13,23. Vgl. auch den *ἄλλος μαθητής* in 18,15f. *φιλεῖν* ist von *ἀγαπᾶν* nicht zu unterscheiden; s. Komm. zu 21,15.
ἦραν τὸν κύριον. Die dritte Person Plural ist unpersönlich und entspricht einem Passiv; s. 15,6 und

Komm. z. St. Maria vermutet ganz natürlich Aktivitäten auf seiten der Feinde Jesu oder von Grabräubern. Vgl. das wichtige διάταγμα (Reskript oder vielleicht Edikt) des Claudius, das in Nazareth veröffentlicht wurde (s. am bequemsten: Documents illustrating the Reigns of Claudius and Nero [1939], hg. von M. P. Charlesworth; Nr. 17, S. 15). Dieses Dokument, das durchaus irgendwie mit christlichen Ursprüngen zusammenhängen könnte, droht besondere Strafen für Grabraub an. S. zu einer brauchbaren Diskussion und Bibliographie A. Momigliano, Claudius the Emperor and his achievement [²1961]; ferner W. de Boer, Art. Claudius, RAC III, Sp. 179–181.

οὐχ οἴδαμεν. Nur Maria überbringt die Botschaft, das Verb im Plural paßt hier nicht. Dies ist verwandt mit der synoptischen Erzählung, in welcher mehrere Frauen zum Grab gehen; die Geschichte ist aber nicht einfach aus der synoptischen Überlieferung entnommen. Denn weder begegnet dort das Wort οἴδαμεν, noch wird ein derartiger Bericht wie dieser von den Frauen überbracht. Bultmann jedoch nimmt an, daß οἴδαμεν nicht ein genuiner Plural ist, sondern eine orientalische Redeweise, die im Griechischen Analogien hat. Vgl. 3,2.

3. Vgl. Lk 24,24; auch Lk 24,12, eine Western Non-Interpolation, die jedoch nicht schon deshalb ausgelassen werden muß. S. K. Aland, NTS 12 [1966], S. 205f. S. auch Benoit II, S. 274.

4. προέδραμεν τάχιον. Der Ausdruck ist pleonastisch. Wenn der Lieblingsjünger schneller rannte als Petrus, dann lief er selbstverständlich vor ihm. Vgl. V. 8; an diesen Stellen scheint der ungenannte Jünger Petrus zu übertreffen. S. Haenchen, Weg, S. 533f. Wir müssen jedoch aufpassen, daß wir nicht den Eindruck erwecken, als identifiziere Joh Schnellfüßigkeit mit apostolischer Bedeutung. S. V. 8.

5. παρακύψας. Das Wort wird oft für jemanden, der aus einer Höhe herabblickt, gebraucht (z. B. Ri 5,28; aeth Hen 9,1; P. Oxy. 475,23; Corp Herm I,14), es könnte deshalb hier an ein Grab gedacht sein, das in den Boden gehauen oder gegraben ist; aber es hat nicht notwendigerweise diesen Sinn. Es bezeichnet jede Art des Schauens, welche eine Neigung des Kopfes erfordert. εἰσῆλϑεν läßt vermuten, daß das Grab nicht einfach senkrecht war.

τὰ ὀϑόνια S. Komm. zu 19,40.

οὐ μέντοι εἰσῆλϑεν. Dieses Zögern, das vielleicht nicht unnatürlich ist, könnte leicht mit der Annahme erklärt werden, Joh habe betonen wollen, daß der Lieblingsjünger sowohl der erste war, der das leere Grab sah (Maria ist in diesem Evangelium nicht vor ihm), wie auch der erste, der an die Auferstehung glaubte. Wenn man letzteres voll in Rechnung stellt, dann muß Petrus zwischen der Ankunft des Lieblingsjüngers und seinem Glaubensbekenntnis in die Grabhöhle gekommen sein.

6.7. ἀκολουϑῶν. Dieses Wort ist bei Joh gewöhnlich von einiger Bedeutung (s. Komm. zu 1,37); hier soll es vielleicht Petrus dem Lieblingsjünger unterordnen.

τὰ ὀϑόνια κείμενα, καὶ τὸ σουδάριον. Zu dem gesonderten σουδάριον vgl. 11,44. Es ist unmöglich, mit Gewißheit zu sagen, wie sich die Auferstehung nach der Vorstellung des Joh ereignet hatte. Bei der Auferweckung des Lazarus wurde der Leib, nachdem er belebt worden war, aus dem Grab herausgeholt, immer noch eingewickelt und umschlossen von den Binden, in welche man ihn zur Bestattung gewickelt hatte. Hier jedoch scheint der Leib in irgendeiner Weise aus den Tüchern verschwunden oder durch sie hindurchgegangen zu sein und sie so, wie sie waren, zurückgelassen zu haben. Vgl. V. 19, wo der auferstandene Jesus plötzlich in einem verschlossenen Raum erscheint. Es könnte jedoch sein, daß Joh hier einfach zeigen wollte, daß die naheliegende Annahme des Grabraubes (V. 2) falsch war.

εἰς ἕνα τόπον. Entweder befand sich das σουδάριον an einer Stelle, d. h. sauber aufgerollt (ἐντετυλιγμένον) und nicht einfach in einem unordentlichen Zustand; oder ἕνα wird anstelle von τινά gebraucht; dies wäre semitischer Sprachgebrauch.

8. εἶδεν καὶ ἐπίστευσεν. Es ist impliziert, daß Petrus durch das Sehen des leeren Grabes und der Grabtücher nicht von der Auferstehung überzeugt worden war. Es ist unwahrscheinlich, daß Petrus das Subjekt dieser Verse ist; s. jedoch Benoit II, S. 277. Zu »Sehen und Glauben« s. Komm. zu V. 29; auch Cullmann, Heil, S. 250.271.

9. *οὐδέπω γὰρ ᾔδεισαν τὴν γραφήν*. Der Glaube des Jüngers gründete sich einfach auf das, was er beim Grab gesehen hatte. Zu der Zeit, als Joh schrieb, wurde der Glaube der Kirche an die Auferstehung durch die Überzeugung gestützt, daß diese im AT vorhergesagt worden sei. *γραφή* scheint gewöhnlich für eine einzelne Schriftstelle verwendet worden zu sein (s. 19,37); hier aber wird keine zitiert, und es könnte sein, daß hier auf das AT ganz allgemein verwiesen wird (wie in 1 Kor 15,4). Sanders nimmt an, daß hier an Ps 16,10 gedacht ist.

10. *πρὸς αὐτούς* (so א* B; die meisten Handschriften haben *ἑαυτούς*). Die Übersetzung „gingen nach Hause" scheint unmöglich; Joh hätte geschrieben *πρὸς* (oder *εἰς*) *τὰ ἴδια* (vgl. 1,11; 16,32). Der joh Ausdruck entspricht genau dem aramäischen ethischen Dativ (אזלו להון). Es ist aber nicht nötig anzunehmen, Joh übersetze; vgl. Num 24,25; Josephus, Ant VIII,124; und vielleicht Polybius V,93,1.

11. Die Männer gehen weg; Maria ist offensichtlich mit ihnen zum Grab zurückgekehrt. Sie hat die zurückgelassenen Grabtücher nicht gesehen, aber sie bleibt, vom Schmerz ergriffen. Der Nestletext ist wahrscheinlich zutreffend, es ist aber zu beachten, daß א anstelle von *πρός* ein *ἐν* hat und daß *ἔξω* ausgelassen wird von (P⁶⁶) א* it sin pesch. Warum sprach der Lieblingsjünger nicht zu Maria? Wir haben hier, wie Brown überzeugend zeigt, die Verbindung zweier ursprünglich getrennter Geschichten.

παρέκυψεν. S. Komm. zu V. 5.

12. *δύο* (om. א* e) *ἀγγέλους ἐν λευκοῖς καθεζομένους*. Vgl. ˙Mk 16,5, *νεανίσκον καθήμενον ... περιβεβλημένον στολὴν λευκήν*; Mt 28,2f, *ἄγγελος γὰρ κυρίου ... τὸ ἔνδυμα αὐτοῦ λευκόν*; Lk 24,4, *ἄνδρες δύο ... ἐν ἐσθῆτι ἀστραπτούσῃ*. Joh greift entweder auf die synoptische oder eine sehr ähnliche Tradition zurück. Die Anmerkung, einer der Engel habe zu Häupten und der andere zu Füßen der Stelle gesessen, wo man Jesus hingelegt hatte, könnte einfach eine Erweiterung einer Quelle sein, keine unabhängige Überlieferung.

13. *Γύναι.* S. Komm. zu 2,4. Nach *τί κλαίεις;* fügen D sin hinzu *τίνα ζητεῖς;* aus V. 15. *ὅτι* kann entweder direkte Rede (»Warum weinst du?« »Sie haben hinweggenommen ...«) oder »weil« (»Warum weinst du?« »Weil sie hinweggenommen haben ...«) einführen.

14. *εἰς τὰ ὀπίσω.* Vgl. 18,6. Es gibt keinen Platz für eine Erscheinung vor Maria in 1 Kor 15.

15. *κηπουρός.* Hapax legomenon im NT, freilich im hellenistischen Griechisch nicht ungewöhnlich; der einen *κῆπος* in Ordnung hält. Diesem Wort entspricht *κύριε*; es handelt sich hier um die Höflichkeitsanrede »Herr«. Vgl. dagegen *κύριος* in V. 13.18. S. 19,41 und Komm. z. St. *ἐβάστασας.* Zu der Bedeutung »aufheben und hinwegnehmen« s. Komm. zu 12,6. *σύ* ist betont: »Wenn du der Mann bist, der ihn weggenommen hat ...« In diesem Vers gebraucht Joh wieder einmal das literarische Mittel, durch ein anfängliches Mißverständnis Erleuchtung zu bewirken; tatsächlich ist dies das vollendetste Beispiel dieses Mittels, denn hier wird nicht eine Metapher, sondern Jesus selbst falsch verstanden.

16. *Μαριάμ.* Der Name allein reicht aus, Maria von der Identität des Sprechers zu überzeugen. Der gute Hirte ruft seine eigenen Schafe beim Namen, und sie erkennen seine Stimme (10,3).

στραφεῖσα. Wahrscheinlich hatte sie sich von dem vermeintlichen Gärtner abgewandt und zum Grab geblickt; nun, als sie seine Stimme erkannte, wandte sie sich ihm wieder zu. Anstelle von »wandte sich« hat sin »sie erkannte ihn«; diese Lesart wird verteidigt von Black, S. 255f; sie könnte aber entstanden sein, um die Schwierigkeit zu beheben, die dadurch hervorgerufen wurde, daß Maria sich bereits (V. 14) Jesus zugewandt hatte.

Ἑβραϊστί. S. Komm. zu 19,13. Das Wort wird ausgelassen von *Ω* a vg sin.

ραββουνί. Vgl. Mk 10,51. Black (S. 23f; vgl. 44.46) weist darauf hin, daß »die Transkription im Evangelium mit der Aussprache in dem neuen (palästinischen Pentateuch-)Targum übereinstimmt, und zwar gegen den Targum Onkelos *[ribboni]*«. S. jedoch J. A. Fitzmyer, CBQ 30 [1968], S. 421. Aus der älteren Literatur s. G. Dalman, Die Worte Jesu, S. 272ff.279f.

ὃ λέγεται διδάσκαλε. Vor *διδάσκαλε* wird von D (it) *κύριε* eingefügt; offenkundig dachte man daran, daß hier mehr als ein menschlicher Titel gefordert war. Zur Übersetzung semitischer Begriffe bei Joh

s. Komm. zu 1,38, wo dieselbe Übersetzung für *ῥαββί* gegeben wird. Nach diesem Vers fügen א³ *Θ* sin hinzu *καὶ προσέδραμεν ἅψασθαι αὐτοῦ*, um den nächsten Vers vorzubereiten.

17. *μή μου ἅπτου*. Der Imperativ Präsens mit *μή* in einem Verbot bezeichnet den Abbruch einer bereits im Gange befindlichen Handlung, manchmal auch die Unterlassung einer beabsichtigten Handlung; s. M I, S. 122–126; Bultmann, S. 532; Bl-Debr § 336. Entsprechend müssen wir entweder annehmen, daß Maria die Füße Jesu ergriffen hatte (in diesem Falle können wir Mt 28,9 vergleichen) oder daß sie dies gerade tun wollte, als Jesus sie davon abhielt. Angesichts der Schwierigkeiten, die sich ergeben, wenn wir diese Worte mit den folgenden Sätzen zusammennehmen, vermutete Bernard (S. 670f), daß hier eine Textverderbung vorliege. Die Stellung von *μου* ist unterschiedlich, und die ursprüngliche Lesart könnte deshalb einfach *μὴ ἅπτου* gewesen sein; dies selbst wäre dann eine Korruption eines früheren *μὴ πτόου*, »fürchte dich nicht«, gewesen. Zu einer solchen Konjektur sollte man freilich nur dann greifen (auch wenn Sidebottom, S. 161, sie annehmen möchte), wenn alle anderen Versuche einer Interpretation der Stelle scheitern. Das Verhalten der Maria ist ganz natürlich; Sanders vergleicht hier zu Recht Arrian, Anabasis VI,13,3. Sowohl durch ihre Anrede Jesu als Lehrer als auch den physischen Kontakt versucht sie, die Vergangenheit wiederzugewinnen. Aber die Wiedervereinigung Jesu mit seinen Jüngern wird erst dann vollendet werden, wenn seine Wiedervereinigung mit dem Vater vollendet ist (Lightfoot).

οὔπω γὰρ ἀναβέβηκα πρὸς τὸν πατέρα. Diese Aussage wirft einige Schwierigkeiten auf. Es scheint hier impliziert zu sein, daß es möglich und erlaubt sein wird, Jesus nach seiner Himmelfahrt zu berühren, aber nicht vorher; und dies ist das Gegenteil dessen, was man erwarten würde. Zum Hinaufsteigen Jesu zum Vater vgl. 3,13; 6,62 (wo *ἀναβαίνειν* verwendet wird) und 7,33; 13,1.3; 14,4.28; 16,5.17.28; 17,13 (wo andere Worte gebraucht werden). Für Joh war dies ein wesentlicher Akt, der das, was in der Passion getan worden war, vollendete. Obwohl die Passion das Mittel zur Verherrlichung Jesu ist, darf sie freilich nicht mit seiner Himmelfahrt identifiziert werden. Sie war ferner eine Bedingung für das Kommen des Geistes (7,39; 16,7). In V. 22 wird der Geist gegeben, und in V. 27 (vgl. V. 20) wird Thomas dazu eingeladen – von einem Verbot ist keine Rede –, die Hände und die Seite Jesu zu berühren. Ein möglicher Schluß aus diesen Fakten ist, daß Joh annahm, zwischen V. 17 und 22 habe die Himmelfahrt Jesu oder zumindest die vollständige Verherrlichung stattgefunden (s. Benoit I, S. 373). Man muß aber zugeben, daß er dies nicht sagt, und es ist sehr seltsam, daß eine solch entscheidende Tatsache lediglich der Schlußfolgerung des Lesers überlassen werden sollte. Eine erfolgversprechendere Linie der Interpretation wird eingeschlagen, wenn man beachtet (Lagrange, S. 512), daß das *δέ*, welches auf *πορεύου* folgt, tatsächlich zu *ἀναβαίνω* paßt; die Botschaft an die »Brüder« ist dann parenthetisch. Der Vers kann dann wiedergegeben werden: »Hör auf, mich zu berühren (oder dies zu versuchen); es trifft zu, daß ich noch nicht zum Vater hinaufgestiegen bin, aber ich bin gerade dabei (zu diesem Gebrauch des Präsens s. Bl-Debr § 323, und vgl. z. B. 1 Kor 15,32, *αὔριον ... ἀποθνῄσκομεν*); das ist es, was du meinen Brüdern sagen sollst.« Dies ist völlig einsichtig. Die Auferweckung hat eine neue und engere geistliche Einheit zwischen Jesus und seinen Jüngern ermöglicht; die alten physischen Berührungen sind nicht länger angemessen, auch wenn man sich immer noch (V. 27) auf die Berührung berufen mag, um zu beweisen, daß der verherrlichte Herr kein anderer als der gekreuzigte ist.

πορεύου δὲ πρὸς τοὺς ἀδελφούς μου. Vgl. Mt 28,10, *ὑπάγετε ἀπαγγείλατε τοῖς ἀδελφοῖς μου*. Der Gebrauch des Wortes *ἀδελφός* in der früheren Tradition könnte der Anlaß für das »mein Vater und euer Vater« des Joh gewesen sein. Aus dem Kontext ist deutlich, daß mit den »Brüdern« die Jünger und nicht die Ungläubigen von 7,5 gemeint sind.

ἀναβαίνω. S. o. (in diesem Vers). Auf die Himmelfahrt wird bei Joh nicht wieder verwiesen, sie wird auch nicht in der realistischen Weise von Apg 1,9 (und vielleicht Lk, wenn wir in 24,51 die Worte *καὶ ἀνεφέρετο εἰς τὸν οὐρανόν* lesen) beschrieben. Es ist im NT der gemeinsame Glaube, daß Jesus nach seiner Kreuzigung seinen Platz in Herrlichkeit zur Rechten des Vaters einnahm; lediglich die Apg macht aus diesem Glauben ein beobachtbares Ereignis. S. weiter Komm. zu 3,13f.

τὸν πατέρα μου καὶ πατέρα ὑμῶν καὶ ϑεόν μου καὶ ϑεὸν ὑμῶν. Die Bezeichnung Gottes als des Gottes und Vaters Jesu Christi oder als des Gottes und Vaters der Christen ist nicht ungewöhnlich. Hier betont Joh, daß die Beziehung zwischen Jesus und Gott sich von der zwischen den Jüngern und Gott unterscheidet, auch wenn sie mit denselben Worten beschrieben wird und die Jünger seine Brüder genannt werden. Jesus ist ewig der Sohn Gottes; er gibt jenen, die an ihn glauben, die Macht, Gottes Kinder zu werden (1,11). Brown jedoch sieht hier unter Verweis auf Ruth 1,16 Identifikation und nicht Unterscheidung. S. auch W. Grundmann, ZNW 52 [1961], S. 213–230, zu der Annahme, daß Joh hier ein altes Glaubensbekenntnis verwendet. Torrey (S. 71–73) vermeidet die Schwierigkeiten in diesem Vers, wenn er darauf hinweist, daß das Aramäische, aus welchem seiner Meinung nach das vorliegende Griechisch übersetzt wurde, genausogut bedeuten konnte: „Rühr mich nicht an; aber ehe ich zu meinem Vater gehe, gehe du zu meinen Brüdern und sage ihnen …«

18. ἡ Μαγδαληνή. Zum Text s. Komm. zu V. 1.

ἀγγέλλουσα. Das Partizip Futur, das ein Ziel ausdrückt, hätte hier eher gepaßt, aber im hellenistischen Griechisch war das Partizip Futur veraltet, und Joh verwendete wahrscheinlich das Präsens in ähnlichem Sinn.

ὅτι. Zu dem Bericht vgl. Lk 24,9. Der Text lautet: ὅτι … ἑώρακα … εἶπεν, d. h., ὅτι wird ungenau verwendet; es führt zuerst ein Stück direkte Rede (ἑώρακα τὸν κύριον) und dann ein Stück indirekte Rede (ταῦτα εἶπεν αὐτῇ) ein. Man hat verschiedentlich Versuche unternommen, die Grammatik zu verbessern; anstelle von ἑώρακα ist ἑώρακεν (D Θ Ω it) und ἑωράκαμεν eingesetzt, während in dem zweiten Satzteil vg sah boh und einige wenige altlateinische Handschriften ταῦτα εἶπέν μοι voraussetzen und D e sin ἃ εἶπεν αὐτῇ ἐμήνυσεν (αὐτοῖς) haben.

42. Jesus erscheint den Elf. Schluß

20,19–31

Mit diesen Versen wird das Evangelium, wie zunächst geplant, an sein Ende gebracht – einem befriedigenden und in der Tat triumphalen Ende. Man kann V. 30f kaum anders als die Schlußbemerkung eines Werkes lesen, und die vorangehenden Abschnitte, in welchen die Anhänger Jesu ausgesandt werden, in der Kraft des Heiligen Geistes zu wirken, gerüstet mit einem angemessenen Bekenntnis des Glaubens an ihren Herrn, sagen alles, was gesagt werden muß, um den Übergang vom Leben Jesu in die Geschichte der Kirche zu bewirken.

In der ersten Geschichte, die am ersten Ostertag stattfindet, dem Tag, an welchem Petrus und der Lieblingsjünger das Grab leer gefunden hatten und Maria den Herrn gesehen hatte, treffen sich die Jünger hinter verschlossenen Türen. Jesus, der in seinem Auferstehungsleib offensichtlich durch feste Mauern gehen oder seinen Leib vielleicht dort Gestalt annehmen lassen konnte, wo er wollte, erscheint unter ihnen; er zeigt ihnen seine Hände und seine Seite zum Beweis dessen, daß sein Leib verwandelt, er aber nichtsdestoweniger derselbe ist. Er sendet sie aus zu ihrem Werk und gibt ihnen den Heiligen Geist und die Vollmacht, Sünden zu erlassen und zu behalten.

Bei dieser Gelegenheit war Thomas nicht anwesend. Dementsprechend kehrt Jesus eine Woche später unter ähnlichen Umständen zurück, um die Zweifel dieses Jüngers zufriedenzustellen. Der Anblick Jesu, dessen Wunden immer noch sichtbar sind, führt Thomas zu dem abschließenden Bekenntnis des Evangeliums: »Mein Herr und mein Gott«. Die letzten Worte Jesu sind ein Segen über jene, die – anders als Thomas – ihn nicht gesehen, doch wie Thomas geglaubt haben.

Der Evangelist schließt sein Werk ab, indem er darauf hinweist, daß er nur eine kleine Auswahl der gewaltigen Taten Jesu geboten hat und daß er seine Auswahl dazu vorgenommen hat, daß seine Leser an Christus glauben und durch den Glauben Leben haben sollten.

Man kann unmöglich irgendeine der Quellen des Joh hier identifizieren und ihren historischen Wert einschätzen. S. Komm. zu V. 30 im Blick auf die These, daß dieser Vers das Ende der hypothetischen »Zeichenquelle« markiert. Eine Erscheinung vor den Zwölf (den Elf?) ist in 1 Kor 15,5 bezeugt. Abgesehen von der zweifachen Natur des Auferstehungsleibes, die beiläufig herausgestellt wird, liegt das Hauptinteresse des Joh in dem vorliegenden Abschnitt in dem, was vom Standpunkt des ersten Ostern aus noch Zukunft ist: Leben, Zeugnis und Vollmacht der Kirche, die an jeder Stelle des Evangeliums seinem Denken immer sehr nahe sind. Es ist die Sendung Jesu selbst, die durch den Geist in der Sendung der Kirche fortgesetzt wird, die Kirche steht durch ihren Glauben in der gleichen Beziehung zu Christus wie Christus zu Gott.

19. οὔσης οὖν ὀψίας τῇ ἡμέρᾳ ἐκείνῃ. Nur Lk bietet zu dieser weiteren Erscheinung am Auferstehungstag eine wirkliche Parallele; vgl. Lk 24,31 (die zwei Emmaus-Jünger); 24,34 (eine berichtete Erscheinung vor Simon); 24,36 ff (vor den versammelten Jüngern). Letztere ist in verschiedener Hinsicht eine Parallele zu der vorliegenden Erzählung; s. u. Vgl. auch den »längeren Schluß« des Mk (16,9–20).

τῇ μιᾷ σαββάτων. S. Komm. zu V. 1. Es ist an denselben Tag gedacht.

τῶν ϑυρῶν κεκλεισμένων. Diese Tatsache und das dafür angegebene Motiv (διὰ τὸν φόβον τῶν Ἰουδαίων) sind durchaus natürlich und verständlich; es gibt jedoch keine Parallele; wahrscheinlich ist das Motiv des Joh, was immer seine maßgebende Quelle gewesen sein mag, für die Erwähnung der verschlossenen Tore gewesen, auf die wunderbare Macht des auferstandenen Jesus zu verweisen, der zur gleichen Zeit genügend leiblich war, um seine Wunden zeigen zu können, und genügend nichtstofflich, um durch geschlossene Türen gehen zu können. Joh bietet keine Erklärung dieser Macht, es ist auch nicht möglich, eine zu finden; freilich ist es legitim, hier die Lehre des Paulus vom geistlichen Leib (1 Kor 15,44) zum Vergleich heranzuziehen.

οἱ μαϑηταί (συνηγμένοι wird hinzugefügt von Θ Ω it). Es ist wichtig zu erwägen, ob »die Jünger« nur die Zehn umfaßten (die Zwölf ohne Judas und Thomas) oder auch andere einschlossen. Die Parallele bei Lk (24,33, τοὺς ἔνδεκα καὶ τοὺς σὺν αὐτοῖς) läßt an die größere Gruppe denken; die Bezeichnung des Thomas als εἷς ἐκ τῶν δώδεκα (V. 24) könnte aber auch für die kleinere sprechen. Die Zwölf werden (zumindest unter dieser Bezeichnung) nicht sehr häufig bei Joh erwähnt; s. Komm. zu 6,70. Es ist oft unmöglich zu sagen, ob Joh mit μαϑηταί den inneren oder äußeren Kreis der Anhänger Jesu meint; entsprechend ist es nicht überraschend (auch wenn es bemerkenswert bleibt), daß die Frage hier nicht mit Gewißheit zu beantworten ist. »In einem solchen Falle ist die bloße Tatsache, daß Zweifel möglich ist, auffallend. Es ist tatsächlich schwierig, diese Fälle (nach der Auferweckung) zu trennen von den zahlreichen Fällen, wo die Evangelisten die Zwölf nicht von anderen Jüngern unterscheiden ... auch wenn anzunehmen ist, daß unser Herr bei diesen beiden Gelegenheiten (bei Joh und Mt) wahrscheinlich direkt und grundsätzlich zu den Elfen sprach ... muß doch immer noch überlegt werden, in welcher Eigenschaft sie von ihm angeredet wurden. Wenn sie beim Letzten Mahl und während der darauffolgenden Gespräche, als die Zwölf oder Elf fast völlig von den andern Jüngern wie auch von den ungläubigen Juden getrennt waren, die ganze ecclesia der Zukunft repräsentierten, ist die Annahme nur natürlich, daß ihnen gleichermaßen als Repräsentanten der ganzen

Kirche der Zukunft, ob nun in Verbindung mit andern Jüngern oder nicht, jene Zusicherungen und Aufträge unseres Herrn gegeben worden waren über den Empfang des Heiligen Geistes und das Erlassen oder Behalten der Sünden . . ., und über seine universale Vollmacht im Himmel und auf Erden . . .« (Hort, S. 33). Wir haben diese Stelle so ausführlich zitiert, da sie offenbar den wahren Sinn des Abschnitts genau ausdrückt: der Auftrag von V. 21, die Gabe des Geistes von V. 22, die Vollmacht von V. 23 werden der apostolischen Kirche gegeben.

ἔστη εἰς τὸ μέσον. Eine prägnante Konstruktion (vgl. dazu Mk 3,3, ἔγειρε εἰς τὸ μέσον), aber nicht ohne Parallele im klassischen Griechisch (z. B. Xenophon, Kyropaidia IV,1,1, στὰ εἰς τὸ μέσον). Oder vielleicht ist εἰς τὸ μέσον einfach eine Entsprechung zu ἐν τῷ μέσῳ, εἰς und ἐν werden im hellenistischen Griechisch häufig vertauscht.

εἰρήνη ὑμῖν. שלום, שלמא (sheˡlamaˀ, shalom, »Frieden«) waren als konventioneller Gruß sehr gebräuchlich. Die normale Bedeutung ist lediglich »möge es dir gut gehen«, aber εἰρήνη hatte im christlichen Sprachgebrauch eine solch gefüllte Bedeutung angenommen (vgl. 14,27; 16,33), daß hier doch wohl an mehr gedacht ist. Der Ausdruck wird in V. 21.26 wiederholt.

20. ἔδειξεν καὶ τὰς χεῖρας καὶ τὴν πλευρὰν αὐτοῖς, d. h. die Teile seines Leibes, wo man Wunden oder Narben sehen konnte. Vgl. V. 27. Die Füße werden nicht erwähnt. In der früheren Tradition gibt es keinen Hinweis darauf, daß Jesus an das Kreuz genagelt wurde, und es scheint durchaus möglich, daß er (was oft geschah) nicht angenagelt, sondern an das Kreuz mit Seilen angebunden wurde. Der Glaube, daß ihm Nagelwunden beigebracht wurden, konnte aus der theologischen Bedeutung entstanden sein, die dem Blut Christi zugeschrieben wurde (sein Tod wurde als Opfer gedacht), und auch deshalb, weil sie einen wertvollen Beweis dafür boten, daß kein Austausch stattgefunden hatte – der auferstandene Jesus war derselbe, der gekreuzigt worden war (vgl. die Zweifel des Thomas und ihre Lösung, u.). Vgl. Ignatius, Smyrn 3,2.

ἐχάρησαν οὖν. Vgl. 16,20.22.

21. καθὼς ἀπέσταλκέν με ὁ πατήρ, κἀγὼ πέμπω ὑμᾶς. Die zwei Verben werden offenbar in diesem Evangelium synonym gebraucht. Zur Sendung Christi vom Vater vgl. 3,17.34; 5,36.38; 6,29.57; 7,29; 8,42; 10,36; 11,42; 17,3.8.18.21.23.25 (ἀποστέλλειν); 4,34; 5,23f.30.37; 6,38f.44; 7,16.18.28.33; 8,16.18.26.29; 9,4; 12,44f.49; 13,20; 14,24; 15,21; 16,5 (πέμπειν; zu beachten ist besonders der Gebrauch dieses Wortes in der Wendung ὁ πέμψας με (πατήρ) und, daß es für die Sendung des Parakleten gebraucht wird, 14,26; 15,26; 16,7). Zur Aussendung der Jünger durch Christus vgl. 4,38; 17,18 (ἀποστέλλειν), 13,(16)20 (πέμπειν). Die nächsten Parallelen zu der vorliegenden Stelle sind 13,20; 17,18. An beiden Stellen ist das gleiche Schema der Sendung zu beachten: der Vater sendet den Sohn, und der Sohn sendet die »Apostel« (bei Joh wird das Wort ἀπόστολος nur einmal gebraucht [13,16], bequemlichkeitshalber in der einfachen Bedeutung »einer, der gesandt wurde«; es wird nicht als Terminus technicus verwendet). Angesichts des im allgemeinen synonymen Gebrauchs der Worte ἀποστέλλειν und πέμπειν und der Konstruktion dieses Satzes (καθὼς . . . καὶ . . .) scheint es nicht möglich, zwischen zwei Arten der Sendung zu unterscheiden: eine, in welcher die gesandte Person ein Bevollmächtigter mit übertragener Vollmacht ist (ἀποστέλλειν), und eine, in welcher dies nicht so ist (πέμπειν). Hier ist die Parallelität und nicht der Gegensatz zwischen den beiden Sendungen betont. Es ist unnötig, zweifelhafte Parallelen im rabbinischen Sprachgebrauch des Begriffs שליח, שלוח (shaluah, shaliah; die Form ist die eines Partizips Passiv des Verbums שלח shalah, »senden«) zu verfolgen, damit man sieht, daß die Sendung Jesu durch Gott bedeutet: in den Worten, Werken und der Person Jesu wurden Menschen nicht lediglich mit einem jüdischen Rabbi, sondern wahrhaftig mit Gott selbst konfrontiert (1,18; 14,9 und viele andere Stellen). Daraus folgt, daß in der apostolischen Sendung der Kirche (s. Komm. zu V. 19) die Welt nicht lediglich mit einer menschlichen Institution, sondern in Wahrheit mit Jesus, dem Sohn Gottes, konfrontiert wird (13,20; 17,18). Es folgt weiter daraus: So wie Jesus in seinem Wirken von Gott dem Vater, der ihn versiegelte und heiligte, völlig abhängig und ihm gehorsam war (4,34; 5,19; 10,37; 17,4 u. ö.: 6,27; 10,36) und in der Macht des Geistes wirkte, der auf ihm ruhte (1,32), so ist die Kirche die aposto-

lische Kirche, die nur aufgrund der Tatsache, daß Jesus sie heiligte (17,19) und den Geist in sie hauchte (V. 22), von Christus beauftragt ist, und nur insoweit, als sie eine vollkommen gehorsame Haltung gegenüber Jesus durchhält. An dieser Stelle versagt selbstverständlich die Parallelität zwischen der Beziehung Jesu zum Vater und der Beziehung der Kirche zu Jesus. Das Leben und die Sendung der Kirche sind sinnlos, wenn sie aus diesem historischen und theologischen Kontext genommen werden. Zu den in diesem Vers gebrauchten Worten und zu den Aposteln im Wirken und Denken Jesu und im Urchristentum s. bes. K. H. Rengstorf, Apostolat und Predigtamt [1934], und ders., ἀποστέλλω, κτλ., ThWNT I, S. 397–448; J. Roloff in TRE 3, S. 430–445; R. N. Flew, Jesus and his Church [1938], S. 106–120; T. W. Manson, The Church's Ministry [1948], S. 31–52; auch die späteren Werke von G. Klein (Die zwölf Apostel [1961]) und W. Schmithals (Das kirchliche Apostelamt [1961]); und mein eigenes kleines Buch »The Signs of an Apostle« [1970]. Hier ist zu beachten, daß Joh, während der ursprüngliche Kontext des Denkens und der Sprache des Apostelamtes jüdisch und eschatologisch waren, sie in charakteristischer Weise in Begriffen ausgedrückt hat, die zumindest so griechisch wie jüdisch sind. Der philosophische Bote wurde *gesandt* von Gott; so z. B. Diogenes: πρὸ σοῦ κατάσκοπος ἀποσταλεὶς Διογένης . . . ἀπήγγελκεν (Epiktet I,24,6). Der Gnostiker Menander beanspruchte, ὁ σωτήρ, ἐπὶ τῇ τῶν ἀνθρώπων ἄνωθέν ποθεν ἐξ ἀοράτων ἀπεσταλμένος σωτηρίᾳ zu sein (Euseb, Hist Eccl III,26,1, der auf Irenaeus, Adv Haer I,17,1 beruht). Vgl. auch den Auftrag an den hermetischen Apostel: λοιπόν, τί μέλλεις; οὐχ ὡς πάντα παραλαβὼν καθοδηγὸς γίνῃ τοῖς ἀξίοις, ὅπως τὸ γένος ἀνθρωπότητος διὰ σοῦ ὑπὸ θεοῦ σωθῇ (Corp Herm I,26). E. Percy, Untersuchungen über den Ursprung der joh Theologie [1939], S. 199f, hat die Unterschiede zwischen der joh Vorstellung und der des mandäischen Boten herausgearbeitet. Der hellenistischen Welt war der Gedanke eines Mannes, der von Gott gesandt wurde und inspiriert und bevollmächtigt für seinen Auftrag war, durchaus vertraut. Bei Joh folgt die Inspiration sofort.

22. ἐνεφύσησεν (D sin pesch fügen in korrekter Interpretation αὐτοῖς hinzu) . . . λάβετε πνεῦμα ἅγιον. Das erste Wort ist wichtig. Vgl. Gen 2,7, ἐνεφύσησεν [sc. ὁ θεός] εἰς τὸ πρόσωπον αὐτοῦ πνοὴν ζωῆς, καὶ ἐγένετο ὁ ἄνθρωπος εἰς ψυχὴν ζῶσαν. Ez 37,9, ἐκ τῶν τεσσάρων πνευμάτων ἐλθὲ καὶ ἐμφύσησον εἰς τοὺς νεκροὺς τούτους. Sap 15,11, ἠγνόησεν τὸν πλάσαντα αὐτόν, καὶ τὸν ἐμπνεύσαντα αὐτῷ ψυχὴν ἐνεργοῦσαν, καὶ ἐμφυσήσαντα πνεῦμα ζωτικόν. S. auch Philo, Op 135, ὃ γὰρ ἐνεφύσησεν, οὐδὲν ἦν ἕτερον ἢ πνεῦμα θεῖον. 1QS 4,21 und CD 2,12, welche zuweilen als Parallelen herangezogen werden, stehen Joh fern. Daß Joh hier an ein bedeutsames Ereignis dachte, das in Parallele zur ersten Erschaffung des Menschen steht, kann nicht bezweifelt werden; dies war der Anfang der neuen Schöpfung. Zugleich ist die Sprache der Inspiration für den hellenistischen philosophischen Apostel nicht unangemessen; s. Komm. zu V. 21. Zur Lehre des Joh über den Heiligen Geist s. Einleitung, S. 103ff, und Komm. zu 1,32f; 3,5; 4,24; 7,37ff; 14,16 u. ö. Dodd (Interpretation, S. 430; Tradition, S. 144) kommt zu dem Schluß, daß die an dieser Stelle implizierte Vorstellung des Geistes sich von der der Abschiedsreden unterscheidet, und zwar darin, daß die letztere personal ist (was der Name Paraklet zeigt), während die erstere quasi-stofflich ist. Aber das Bild des Hauchens bedeutet nicht notwendigerweise, daß der Geist in einem materialistischen Sinn verstanden wird. Es bedeutet vielmehr, daß Jesus sich persönlich seinen Jüngern in der Person des Geistes mitteilt und mit ihnen verkehrt. Die Verheißung bestand darin, daß der Geist nach der Verherrlichung Jesu gegeben werden würde (7,39; 16,7), und es kann kein Zweifel daran bestehen, daß dies eben diese Gabe ist. Zur Beziehung zur Himmelfahrt s. Komm. zu V. 17. Es scheint nicht möglich, diesen Bericht einer besonderen Geistverleihung mit der in Apg 2 zu harmonisieren; nach diesem Ereignis konnte es kein weiteres »Warten« (Lk 24,48f; Apg 1,4f) geben; die Kirche konnte nicht noch vollständiger für ihre Sendung ausgerüstet werden. Daß es divergierende Traditionen über die grundlegende Gabe des Geistes gibt, ist nicht überraschend; wahrscheinlich war für die ersten Christen die Auferweckung Jesu und seine Erscheinungen vor ihnen, seine Erhöhung (wie immer auch diese verstanden wurde) und die Gabe des Geistes eine Erfahrung, die erst später in unterschiedlichen Elementen und Ereignissen beschrieben wurde.

23. ἄν τινων ἀφῆτε τὰς ἁμαρτίας ἀφέωνται αὐτοῖς· ἄν τινων κρατῆτε κεκράτηνται. Anstelle von τινων wird von B a (e) sin pesch Cyprian Euseb beidemal τινος gelesen. Diese Lesart ist gut bezeugt, sie ist aber doch wohl letztlich auf syrischen Sprachgebrauch zurückzuführen, obwohl es schwer einzusehen ist, wie dieser B beeinflußt haben kann. ἀφέωνται (ein dorisch-ionisch-arkadisches Perfekt Passiv; s. Bl-Debr § 97; M I, S. 38) ist die Lesart von D und einigen anderen, aber B (ἀφείονται) sollte hier vielleicht zugefügt werden, da möglicherweise ιο anstelle von ω. geschrieben wurde. Die meisten Handschriften haben das Präsens (ἀφίενται; ℵ* hat ἀφεϑήσεται), was einen schwächeren Sinn ergibt; s. aber Bl-Debr § 323, mit Verweis auf ThWNT III, S. 753 (J. Jeremias), wo die Meinung vertreten wird, ἀφίενται (ἀφίονται) sei ein futurisches Präsens mit eschatologischer Bedeutung (daß hier ein Verweis auf die Zukunft vorliegt, wird jedoch geleugnet von Turner, Insights, S. 80ff). ἄν wird anstelle von ἐάν gebraucht (welches in einigen Handschriften erscheint); vgl. 16,23. Das Wort wird wahrscheinlich am besten wiedergegeben: »Wenn Ihr irgend jemands Sünden vergebt ... wenn Ihr behaltet ...«; s. Moule, Idiom Book, S. 152. Zum Gedanken dieses Verses vgl. Mt 16,19; 18,18 (auch Lk 24,47, jedoch nur für die Vergebung). J. A. Emerton, JThST 13 [1962], S. 325–331, trägt die These vor, daß die Logien bei Mt und Joh einen gemeinsamen Ursprung in einem Wort haben, welches an Jes 22,22 erinnerte und folgendermaßen lautete: „Und was immer ihr schließen werdet, soll verschlossen sein: und was immer ihr öffnen werdet, soll offen sein«, wobei die hier wichtigen aramäischen Worte אחד (geschlossen) und פתח (offen) sind. Bei Joh ließ פתח an die Bedeutung *entlassen* denken, was dann seinerseits zu *vergeben* führte. Dodd, Tradition, S. 347ff, hat wahrscheinlich recht, wenn er zu dem Schluß kommt, daß Joh nicht von Mt abhängt – was in der Tat nur von wenigen behauptet werden würde. S. auch McNamara, Targum and Testament, S. 130. Vgl. auch den Tatbestand, daß Mt (28,19) und der Verfasser des längeren Mk-Schlusses (Mk 16,16) Jesus vor seinem Abschied einen Taufbefehl in den Mund legten, der das Angebot der Vergebung enthält. Es könnte sehr wohl ein Verweis auf die Taufe auch in dem Auftrag bei Joh vorliegen: die Kirche, indem sie tauft oder nicht tauft, öffnet oder schließt das Tor zu der erlösten Gemeinschaft. Es wäre aber falsch, wenn man den Sinn des Wortes nur auf die Taufe beschränken würde. Die vermittelte Vollmacht impliziert eine Verlängerung des Wirkens Jesu durch das des Heiligen Geistes. Jesus (in Kap. 9) gab Augenlicht und Glauben dem Blinden, der wußte, daß er blind war; jenen, die hochmütig behaupteten, »wir sehen«, konnte er nur sagen: »Eure Sünde bleibt.« Dieses Behalten der Sünde war sowohl die Feststellung einer Tatsache als auch eine Strafe. Zu dem Werk des Geistes vgl. 16,8–11; er setzt das Wirken Jesu fort, und wenn er die Menschen des Unglaubens überführt, überführt er sie der Sünde, da das Verhältnis der Menschen zu Christus ihre Beziehung zu Gott bestimmt. Dieses gemeinsame Werk von Christus, indem er den Heiligen Geist sendet, und von dem Heiligen Geist, indem dieser Zeugnis für Christus ablegt, wird in der Kirche und durch sie ausgeübt, wie sie von den Jüngern repräsentiert wird. ἀφιέναι (wörtlich »entlassen«, »gehen lassen«) wird nur hier bei Joh in der Bedeutung »erlassen« gebraucht. κρατεῖν bezeichnet das Gegenteil: »festhalten«, »behalten«. Browns lange und bewundernswerte Erörterung des Problems (S. 1039–1045) kommt zu einem dem unseren ähnlichen Schluß.

24. Θωμᾶς δὲ εἷς ἐκ τῶν δώδεκα. Zu Thomas vgl. 11,16; 14,5; 21,2. Die anderen Evangelien und die Apg berichten nur seinen Namen. Zweifel im Blick auf die Auferweckung ist jedoch in allen Evangelien sichtbar: s. Mt 28,17; Mk 16,14; Lk 24,11.25.37 41.

ὁ λεγόμενος Δίδυμος. Es ist vorstellbar, wenn auch nicht wahrscheinlich, daß Thomas hier als der zweifelnde Jünger aufgrund seines Namens erscheint. Δίδυμος, eine unmittelbare Wiedergabe von תומא (Thoma, ein »Zwilling«), bedeutet in erster Linie »doppelt«, »zweifach«. Auf der anderen Seite weisen die früheren Hinweise auf Thomas auf einen treuen, aber dummen, und nicht so sehr auf einen zweifelnden und zögernden Charakter. Seine Einstellung gegenüber den Ostererscheinungen (wie die der Maria, V. 17) kann mit der der gedankenlosen Zuschauer bei den Zeichen während des früheren Wirkens Jesu verglichen werden (vgl. z. B. 2,9; 3,4; 4,48; 6,26 u. ö.). Dodd, Tradition, S. 145, sieht »hier eine Dramatisierung des traditionellen Motivs des Unglaubens einiger oder aller

Jünger in der üblichen Weise des Autors«. Betz, S. 93, zitiert zutreffend Lukian, Verae Historiae II,12 (*εἰ γοῦν μὴ ἅψαιτό τις, οὐκ ἂν ἐλέγξειε μὴ εἶναι σῶμα τὸ ὁρώμενον*).

25. *ἐὰν μὴ ἴδω . . . καὶ βάλω . . . βαλῶ . . . οὐ μὴ πιστεύσω*. Thomas verlangte den massivsten und handgreiflichsten Beweis dafür, daß der Leib in der Tat wiederbelebt worden war, der doch, wie er wußte, in einer besonderen Weise getötet worden war. Er wäre weder mit einem Ersatzleib zufrieden, der nicht der Leib des Herrn war, der am Kreuz gestorben war, noch mit einem geistlichen Leib oder einem Geist. Der auferweckte Christus mußte sowohl sichtbar als auch greifbar identisch mit dem alten sein. Ein solches Bedenken, so überzeugend aus der Welt geschafft, hatte selbstverständlich hohen apologetischen Wert. Fenton nimmt an, daß Joh hier die Bedingung des Thomas habe absurd klingen lassen wollen.

Anstelle von *χεῖρα* haben ℵ* B *χεῖραν*. Diese Form ist in volkssprachlichen Papyri (M I, S. 49) auch üblich und könnte deshalb Sprachgebrauch des Joh sein.

26. Zu den Einzelheiten dieses Verses s. Komm. zu V. 19. Es gibt keinen weiteren Verweis auf die Furcht als Motiv für die verschlossenen Türen – möglicherweise, weil das Motiv nach der Geistverleihung nicht länger passend war (Fenton). Zu *μεθ' ἡμέρας ὀκτώ* vgl. das *μετὰ ταῦτα* (oder *τοῦτο*) des Joh, wenn er an der genauen Zeitbestimmung nicht interessiert ist. Er denkt hier an den nächsten Sonntag nach den ersten Erscheinungen; beide Sonntage sind nach antikem Brauch in der Zählung enthalten. Hinter dem Bericht des Joh über die besondere Gegenwart des Herrn am ersten Tag der Woche, jenem Tag, da sich die Kirche regelmäßig traf, könnte eine besondere Absicht stehen.

27. *φέρε τὸν δάκτυλόν σου . . .* Jesus ließ sich die Forderung einer physischen Untersuchung gefallen. Vgl. dagegen V. 17 (s. Komm. z. St.), und vgl. V. 20. Dem Thomas wurde genau das geboten, was er suchte. Joh sagt nicht, daß er die Gelegenheit akzeptierte; vielmehr weist er darauf hin (V. 29), daß das Sehen ausreichend war. Aber Joh war offensichtlich der Meinung, daß der Auferstehungsleib, obwohl er durch geschlossene Türen zu kommen vermochte, doch auch berührt werden konnte; er war physisch »wirklich«.

ἄπιστος . . . πιστός. Keines dieser Worte begegnet sonst bei Joh. *ἄπιστος*, viele Male in 1Kor und 2Kor und zweimal in den Pastoralbriefen, bedeutet »der Ungläubige«, derjenige, der kein Christ ist. Dieser doch recht unbeholfene Ausdruck könnte hier bedeuten, daß Thomas weder *ἄπιστος* noch *πιστός* ist (oder vielleicht jemanden repräsentiert, der dies ist). Er wird aufgefordert, *πιστός*, ein gläubiger Christ zu werden. Aber *γίνεσθαι* wird oft gebraucht in der Bedeutung »sich selbst zeigen . . .« (Joh 15,8; Mt 5,45; 6,16; 10,16; 1Kor 14,20; 15,10.58; Kol 3,15; 1Thess 1,5; 2,7), und dies ist wahrscheinlich auch die Bedeutung hier: »Zeige, daß du glaubst.« Dodd, Tradition, S. 354f, findet hier ein traditionelles Wort; vgl. Mt 24,45–51; Lk 12,42–46.

28. *ὁ κύριός μου καὶ ὁ θεός μου*. Die Verbindung von *κύριος* und *θεός* ist in der LXX üblich, wo sie יהוה אלהים und ähnliche Wendungen wiedergibt. Sie erscheint auch in der heidnischen religiösen Literatur (s. z. B. Deißmann, S. 309f; unter anderen Quellen spricht eine ägyptische Inschrift aus dem Jahre 24 v. Chr. [Dittenberger, Or 655] von *τῷ θεῷ καὶ κυρίῳ Σοκνοπαίῳ*; s. auch Betz, S. 102). Bekanntlich ist dies auch ein Kaisertitel gewesen, welchen Domitian sehr liebte (Sueton, Domitian 13, *dominus et deus noster*). *κύριος* ist ein verbreiteter christlicher Titel für Jesus (zu *κύριος* bei Joh s. Komm. zu 13,13f); er erscheint in dem Glaubensbekenntnis »Herr ist Jesus«, wahrscheinlich einer urchristlichen Glaubensformel, die bei der Taufe und ähnlichen Gelegenheiten gebraucht wurde (Röm 10,9; 1Kor 12,3). Wenn dieses Bekenntnis in atl Kategorien interpretiert wurde, so *κύριος* = *θεός*, dann lag die vollere Formel nahe. Einfluß durch Philo ist unwahrscheinlich, da Philo das Wort Gott selten nennt (J. Lebreton, Histoire du dogme de la Trinité, I [⁹1927]; II [⁶1928]); aber Joh hat, wie auch sonst sehr häufig, seine Worte sorgfältig gewählt, so daß sie sowohl biblisch als auch hellenistisch verstanden werden können. Christus wird *θεός* nur bei Joh (1,1; 1,18 si v. l.; vgl. 5,18; 10,33) und in den Pastoralbriefen genannt (und möglicherweise, aber nicht wahrscheinlich, in Röm 9,5). Der Unterschied zwischen dem vorliegenden Vers und 1,1 (wo *θεός* keinen Artikel hat) darf nicht überbetont werden; hier wird der Nominativ mit dem Artikel anstelle des Vokativs

gebraucht. Beabsichtigt ist die Rückkehr zu der einleitenden Aussage des Evangeliums, und es kann kein Zweifel bestehen, daß nach der Absicht des Joh dieses Glaubensbekenntnis den Höhepunkt des Evangeliums bilden sollte (zu Kap. 21 s. S. 551ff; es ist seine abschließende christologische Verkündigung. Dodd, Interpretation, S. 430, unterscheidet κύριος und ϑεός: Thomas erkennt den Herrn Jesus, und er erkennt an, daß er göttlich ist. Es ist jedoch besser, beide Begriffe zusammenzunehmen und sie nicht zu trennen. Die Aussage könnte einem liturgischen Kontext entnommen worden sein; in der Tat könnte der ganze Abschnit (von V. 19 an) liturgischen Ursprungs sein. Die Jünger versammeln sich am Herrentag. Der Segen wird gegeben: εἰρήνη ὑμῖν. Der Heilige Geist kommt über die Feiernden, und die Absolution wird gesprochen (vgl. V. 23). Christus selbst ist gegenwärtig (dies können die Eucharistie und das gesprochene Wort Gottes nahelegen), und er trägt die Zeichen seiner Passion; er wird bekannt als Herr und Gott (vgl. Plinius d. J., Ep X,96,7, *carmenque Christo quasi deo dicere*). Die Annahme, daß Joh an einen solchen Kontext dachte, wird dadurch gestützt, daß im nächsten Vers der Denkhorizont explizit auf alle Christen ausgedehnt wird, die unter der Autorität des Wortes Gottes zusammenkommen.

29. S. die letzte Anmerkung. Am Schluß seines Evangeliums (s. Komm. zu V. 31) betont Joh die Kontinuität der Kirche seiner eigenen Zeit mit Jesus und seinen Jüngern. Die umfassendere Gemeinschaft stand von Anfang an im Blick (vgl. 17,20).

ὅτι ἑώρακάς με πεπίστευκας; Dieser Satz wird von Nestle als Frage interpunktiert, könnte aber als Aussage verstanden werden und sollte vielleicht besser auch so verstanden werden, obwohl Nestle sich auf viele Minuskelhandschriften stützen kann (die früheren Handschriften sind selten interpunktiert); in dieser feierlichen und eindrucksvollen Verkündigung stellt Jesus keine Fragen, sondern er verkündigt die Wahrheit. Möglicherweise hat Joh folgenden Sinn intendiert: Glaubst du einfach, weil du mich siehst, d. h. ohne die Berührung, um die du mich gebeten hast? Aber dies scheint doch zu spitzfindig zu sein. Der Gegensatz besteht hier nicht zwischen Sehen und Berühren, sondern zwischen Sehen und Glauben, ohne zu sehen, zwischen Thomas, der sah, und den späteren glaubenden Christen, die nicht sahen. Die Worte enthalten keinen Tadel an Thomas: Auch der Lieblingsjünger und Maria Magdalena glaubten, als sie sahen (s. bes. V. 8); ohne jene Tatsache, daß Thomas und die anderen Apostel den fleischgewordenen Christus sahen, hätte es in der Tat überhaupt keinen christlichen Glauben gegeben; vgl. 1,18.50f; 2,11; 4,45; 6,2; 9,37; 14,7.9; 19,35.

μακάριοι. Vgl. Mt 5,3 und andere Stellen. Es gibt enge Parallelen in Ps 2,12 (μακάριοι πάντες οἱ πεποιϑότες ἐπ᾽ αὐτῷ) und Sir 48,11 (μακάριοι οἱ ἰδόντες σε); es besteht aber keine Notwendigkeit anzunehmen, daß Joh von einer dieser Stellen abhängt.

οἱ μὴ ἰδόντες καὶ πιστεύσαντες. Vgl. 1Petr 1,8, ὃν οὐκ ἰδόντες ἀγαπᾶτε, εἰς ὃν ἄρτι μὴ ὁρῶντες πιστεύοντες δὲ . . . Die Aoriste können bei Joh »zeitlos« sein, aber sie weisen wahrscheinlich darauf hin, daß die Kirche zu der Zeit, als Joh schrieb, aus Menschen bestand, die keine derartige Auferstehungserscheinung wahrnahmen, wie Thomas sie gesehen hatte, und die doch bekehrt worden (zum Glauben gekommen) waren. Der Segen ist wahrscheinlich für alle Christen gedacht, die nicht Augenzeugen sind, nicht nur für jene, die ohne Zeichen und Wunder glauben konnten (vgl. aber Bultmann, S. 539f: »Der Zweifel des Thomas (ist) repräsentativ für die durchschnittliche Haltung der Menschen . . . Wie der Schwachheit des Menschen das Wunder konzediert wird, so wird der Schwachheit der Jünger die Erscheinung des Auferstandenen konzediert. Im Grunde sollte er dessen nicht bedürfen! Im Grunde sollte nicht erst die Schau des Auferstandenen die Jünger bewegen, ,dem Worte, das Jesus sprach‘, zu glauben (2,22), sondern dieses Wort müßte allein die Kraft haben, ihn zu überzeugen. Wie in der Maria-Geschichte V. 1f.11–18 liegt also auch in der Thomas-Geschichte eine eigentümliche Kritik an der Wertung der Ostergeschichten: Sie können nur relativen Wert beanspruchen. Und wenn Jesu kritisches Wort den Schluß der Ostergeschichten bildet, so ist der Hörer und Leser gewarnt, sie als mehr zu nehmen, als sie sein können: weder als Erzählungen von Ereignissen, wie er sie selbst zu erleben wünschen oder hoffen könnte, noch auch als einen Ersatz für solche eigenen Erlebnisse, so daß die Erlebnisse anderer ihm gleichsam die Realität der Auferstehung

Jesu garantieren könnten – vielmehr als verkündigendes Wort, in dem die erzählten Ereignisse zu symbolischen Bildern geworden sind für die Gemeinschaft, in der der zum Vater Aufgefahrene mit den Seinen steht«). Was immer der historische Wert (vom Standpunkt der modernen historischen Kritik aus) der Auferstehungserzählungen ist, Joh selbst nimmt historisches Zeugnis völlig ernst. Die Jünger der ersten Generation waren besonders dadurch ausgezeichnet, daß sie als Verbindungsglied zwischen Jesus und der Kirche standen; Joh deutet in diesem Logion an, daß ihre Nachfolger gleichermaßen glauben und ihr Glaube sie auf dieselbe Stufe des Gesegnetseins mit den Augenzeugen stellt – oder sogar über sie. Die folgende rabbinische Stelle wird oft zitiert, und sie scheint tatsächlich die Auffassung des Joh zu illustrieren; sie ist freilich ziemlich spät (ca. 250 n. Chr.), und sie legt kein Gewicht auf den für Joh so wichtigen Gedanken einer Generation, die sah und den Glauben der nächsten Generation vermittelte. R. Simeon b. Laqish sagte: Teurer ist ein Proselyt vor Gott als jene Scharen, die am Berge Sinai gestanden haben. Denn wenn alle jene Scharen nicht den Donner und die Flammen und die Blitze und die bebenden Berge und den Posaunenschall wahrgenommen (wörtlich: gesehen) hätten, so würden sie nicht das Gesetz angenommen und die Herrschaft Gottes nicht auf sich genommen haben. Und dieser (der Proselyt) hat keins von alledem gesehen und kommt und übergibt sich Gott und nimmt das Joch der Herrschaft Gottes auf sich. Gibt es einen, der teurer ist als dieser? (Tanhuma, לך לך, § 6 [32a]) Die Einstellung des Joh gegenüber den Auferstehungsgeschichten und dem Osterglauben ist nicht leicht einzuschätzen. Man kann sie leichter in negativen als in positiven Aussagen ausdrücken. Es trifft nicht zu, daß einfache Geschichten von einem leeren Grab und von Begegnungen mit bestimmten Menschen beweisen können, daß Gott Jesus von den Toten erweckte; denn die Jünger hätten aufgrund des Wortzeugnisses glauben sollen, sowohl des Wortes Gottes im AT (20,8) als auch des Wortes, das Jesus gesprochen hatte (2,22). Diese Geschichten sind durchaus nicht ohne Wert; man kann nicht auf sie verzichten; hätte Joh dies geglaubt, dann hätte er sich nicht die Mühe gemacht, sie zu erzählen. Spätere Generationen von Christen, die weder das leere Grab noch den auferstandenen Christus gesehen haben, sind durchaus nicht niedriger einzustufen; Jesus selbst nennt sie gesegnet (V. 29). Die ersten Apostel haben durchaus eine besondere und einzigartige Bedeutung; denn spätere Generationen glauben eben durch ihr Wort (17,20), d. h. in eben ihrem Wort begegnen die späteren Generationen dem auferstandenen Christus und werden zu Glaubenden. S. 539 haben wir Joh' Einstellung gegenüber der Osterüberlieferung im Blick auf diese Punkte als »kritische Annahme« beschrieben. Die Geschichten waren wahr und wesentlich; aber sie konnten, und dies war zur Zeit des Joh vielleicht sogar schon geschehen, in einen Mythos oder ein Zaubermittel oder eine Zufluchtsstätte verkehrt werden, zu welcher die Christen liefen, um der Notwendigkeit eines Lebens im Glauben zu entkommen.

30. πολλὰ μὲν οὖν καὶ ἄλλα σημεῖα. πολύς wird gewöhnlich mit einem anderen Adjektiv durch καὶ verbunden und nicht einfach daneben gestellt. Zu σημεῖον s. Einleitung, S. 91ff. Jene, die bei Joh eine Übernahme aus einer »Zeichenquelle« annehmen (s. Einleitung, S. 36f), sehen hier den Abschluß dieser Urkunde; es gibt aber keinen Grund dafür, warum Joh hier nicht seinen eigenen Kommentar zu einem umfänglicheren Stoff abgegeben haben sollte. Er kannte wahrscheinlich einen guten Teil der synoptischen Überlieferung (Einleitung, S. 59ff) und verwendete auch andere Überlieferungen. Bultmann gibt Beispiele, die zeigen sollen, daß Joh hier auf einer traditionellen Schlußwendung aufbaut. Cullmann, Heil, S. 135f, jedoch sieht in der Auswahl bestimmter Ereignisse, die das Werk Gottes besonders deutlich machen, ein Kennzeichen der *Heilsgeschichte*. Das Gewicht, das auf Zeichen, die Jesus getan hat und die seine Jünger gesehen haben, gelegt wird, ist bedeutend und bestimmt die Struktur und Methode des gesamten Evangeliums; es gibt keine Herabsetzung der Rolle von Augenzeugen (s. o.).

ἐνώπιον begegnet nur hier bei Joh, ist aber ein verbreitetes hellenistisches Wort (s. MM s. v.), das auch in der Apg vorkommt. Es kann nicht als Semitismus bezeichnet werden, obwohl es selbstverständlich für לפני stehen kann.

31. Sowohl der Zweck des Evangeliums als auch die Theologie des Verfassers werden in diesem Vers

zusammengefaßt. »Le livre est fini, très bien fini« (Loisy, S. 514). S. auch Martyn, S. 81 f. Wer immer das Kap. 21 geschrieben haben mag, diese Verse bilden den Schluß und (mit dem Bekenntnis von V. 28) den Höhepunkt des Evangeliums, wie es ursprünglich geplant war. Die Worte und Themen, die hier aufgeführt werden, finden sich im ganzen Evangelium. Zu »Glauben« s. Komm. zu 1,12; zu Jesus als Christus und Sohn Gottes. Einleitung, S. 86 ff; zu ζωή s. Komm. zu 1,4; 3,15. ἐν τῷ ὀνόματι αὐτοῦ jedoch hat keine Parallele. Es kann nicht mit πιστεύοντες konstruiert werden, da die übliche Konstruktion bei Joh πιστεύειν εἰς τὸ ὄνομα ist (s. 1,12). Vgl. 14,13 f; 15,16; 16,24.26 und bes. 16,23, δώσει ὑμῖν ἐν τῷ ὀνόματι μου. Der Sinn scheint zu sein: ». . . damit ihr Leben habt seinetwegen, durch seine Vermittlung aufgrund eurer glaubenden Beziehung zu ihm.« Vgl. Od Sal 6; 10.

πιστεύητε; so P⁶⁶ᵛⁱᵈ ℵ* B Θ, wahrscheinlich zu Recht; die übrigen haben πιστεύσητε. Der Konjunktiv Präsens (wenn er eng interpretiert wird) bedeutet »damit ihr weiter glaubt, in eurem Glauben gestärkt seid«, der Aorist, »daß ihr hier und jetzt glaubt, d. h., Christen werdet«. Diese Variante wirft radikal die Frage nach dem Zweck des Evangeliums auf. Wurde es geschrieben, um die Glaubenden zu stärken, oder als Missionstraktat, um die hellenistische Welt zu bekehren? Die Frage wird durch die Tempora aufgeworfen, sie kann aber nicht aufgrund der Tempora gelöst werden, selbst wenn wir diese bestimmen könnten; s. Einleitung, S. 149 ff. H. Riesenfeld, StTh 19 [1965], S. 213–220, kommt, wahrscheinlich zu Recht, zu dem Schluß, daß das Evangelium in die Kirche gehört und kein missionarischer Traktat ist. Vgl. 1Joh 5,13. »Die Wortfolge verbietet offensichtlich, Messias als Apposition des Satzsubjekts und nicht als Attribut zu verstehen, wie X. Leon-Dufour, Die Evangelien und der historische Jesus, 1966, S. 110 dies will: ‚. . . damit ihr glaubt, daß Jesus ist der Christus (Messias), der Sohn Gottes . . .'«

πιστεύοντες ζωὴν ἔχητε. Vgl. 6,47. »Johannes verbindet Glaube und Leben direkt, ohne das Mittelglied der Gerechtigkeit« (E. Stauffer, Die Theologie des Neuen Testaments, S. 150; vgl. dagegen Paulus).

43. Anhang I.
Die Erscheinung Jesu am See

21,1–14

Wir haben bereits beobachtet, daß 20,30f den Schluß des Evangeliums, wie es zuerst geplant war, bildet. Trifft dies zu, dann muß Kap. 21 als Nachtrag betrachtet werden. Diese Folgerung ist vor allem von S. S. Smalley, NTS 20[1974], S. 275–288, in Frage gestellt worden, freilich keineswegs überzeugend. Es ist sachgemäß, in einem Evangelium von der Beauftragung von Aposteln mit dem Werk der Ausbreitung des Evangeliums zu erzählen; dies wird aber bereits in 20,21ff behandelt; ihren Erfolg als Menschenfischer selbst unter der Drohung des Todes (Smalley, S. 284) zu zeigen paßt nicht in derselben Weise in den Rahmen des Joh. Es ist aber leicht als Zusatz verständlich, besonders wenn es mit einem Kommentar zur Bedeutung des Petrus und des Lieblingsjüngers und ihrer Beziehung zueinander verbunden wird (s. u. S. 557f). Wenn Kap. 21 ein Zusatz ist, dann muß gefragt werden, ob er von dem Verfasser von Kap. 1–20 oder von einem anderen gestaltet wurde. Das erste wichtige, wenn auch nicht entscheidende Kriterium, das wir dafür zur Verfügung haben, ist die Untersuchung des Stils und Wortschatzes. Die Daten seien hier kurz dargestellt und analysiert:

Folgende (28) Worte, die sich in Kap. 21 finden, fehlen in den Kap. 1–20: αἰγιαλός, ἁλιεύειν, ἀποβαίνειν, ἀριστᾶν, ἀρνίον, βόσκειν, γηράσκειν, γυμνός, δίκτυον, ἐκτείνειν, ἐξετάζειν, ἐπενδύτης, ἐπιστρέφειν, Ζεβεδαῖος, ζωννύναι, ἰσχύειν, ἰχϑύς, μακράν, νεώτερος, οἴεσϑαι, πῆχυς, ποιμαίνειν, προβάτιον, προσφάγιον, πρωΐα, σύρειν, τολμᾶν, τρίτον. Die meisten dieser Worte sind nicht besonders wichtig: δίκτυον u. a. begegnen hier nur, weil das Thema des Kapitels dies erfordert. Einige wenige Worte und Satzkonstruktionen sind jedoch von Interesse; die beste Zusammenstellung des Materials findet sich bei Bultmann (S. 542f): »ἀδελφοί als Bezeichnung der Christen V. 23, ἐξετάζειν statt ἐρωτᾶν V. 12; ἐπιστραφῆναι statt στραφῆναι (1,38; 20,14.16) V. 20; ἰσχύειν statt δύνασϑαι V. 6 (‚geziert‘ nach Radermacher, S. 37); τολμᾶν V. 12 – ferner überrascht die Anrede der Jünger als παιδία V. 5 (vgl. aber 1Joh 2,14.18); kausales ἀπό V. 6, partitives ἀπό V. 10 statt des sonstigen ἐκ; auch ἐπί wird V. 1 anders als sonst im Evangelium gebraucht; ebenso φανεροῦν V. 1. Befremdlich ist ἕως V. 22 statt ἕως ὅτου (9,18) bzw. ἕως οὗ (13,38); πλέον V. 15 statt μᾶλλον (3,19; 12,43), οὐ μακράν V. 8 statt ἐγγύς (öfter, z. B. 11,18); ὑπάγειν mit Inf. V. 3 (vgl. dagegen 4,16; 9,7; 15,16). Singulär ist auch τί πρὸς σέ V. 22 (vgl. 2,4).« Wir können ergänzen, daß statt der in V. 4 verwendeten Form πρωΐα üblicherweise im Evangelium πρωΐ verwendet wird.

Wenn man diese sprachlichen und stilistischen Überlegungen gegen die unbezweifelbaren Ähnlichkeiten zwischen Kap. 1–20 und Kap. 21 abwägt, dann reichen sie für sich selbst genommen nicht zur Begründung der Annahme aus, daß Kap. 21 von einem anderen Verfasser stammt. Sie stützen jedoch die Annahme, es sei äußerst unwahrscheinlich, daß ein Verfasser, der seinem eigenen Buch neue Überlieferungen einfügen wollte, dies in einer solch ungeschickten Weise tun würde. Das zusätzliche Material wäre von ihm vor 20,30 eingefügt worden, und der eindrucksvolle Schluß wäre unbeeinträchtigt geblieben. Darüber hinaus ist die Annahme schwierig, daß ein Verfasser die Wirkung des Missionsbefehls an die Jünger (20,21–33) dadurch würde gefährden wollen, daß er die Jünger in einer späteren Erzählung zu ihrer früheren Beschäftigung zurückkehren läßt und zeigt, daß sie zuerst gar nicht imstande sind, den Herrn zu erkennen, als er erscheint. Kap. 20 ist eine Einheit, die keinen Nachtrag braucht; außerdem gibt es, wie sich zeigt, einige Unterschiede im Standpunkt zwischen den Kap. 1–20 und Kap. 21 (s. z. B. Komm. zu V. 23). 21,24 scheint auf den Verfasser des gesamten Evangeliums zu verweisen, und wir müssen den Schluß ziehen, daß dieser Vers nicht vom Verfasser von Kap. 1–20 geschrieben wurde. Aber dieser Vers gehört (wie wir unten zeigen werden, entgegen der Annahme der meisten Exegeten) zu V. 1–23 und ist nicht als ein weiterer Nachtrag zu denken. Dementsprechend scheint es notwendig, das ganze Kap. 21 vom Hauptteil des Evangeliums abzutrennen.

Die Frage bleibt, warum das Kapitel hinzugefügt wurde. Ins einzelne gehende Überlegungen dazu s. u. Es ist unwahrscheinlich, daß die Erscheinung des auferstandenen Jesus in V. 1–14 jemanden von der Wahrheit der Auferweckung überzeugen würde, den Kap. 20 noch nicht überzeugt hatte. Die wichtigste Pointe scheint in der Verbindung und dem Gegensatz zwischen Petrus und dem Lieblingsjünger zu bestehen. Es scheint deutlich zu sein, daß beide zur Zeit der Abfassung des Evangeliums bereits tot sind, und zwar der letztere schon länger als der erstere. Sie werden als Partner dargestellt, von denen keiner dem anderen den Vorrang streitig machen kann. Petrus ist das Haupt des missionarischen und pastoralen Werkes der Kirche, der Lieblingsjünger aber ist der Garant ihrer Jesusüberlieferung. Beide Funktionen sind für das Leben der Kirche notwendig: wahrscheinlich wollte der Evangelist diesen positiven Punkt und nicht so sehr eine polemische

Anspielung auf Mk herausstellen, eben das Evangelium, das nach der Tradition in Petrus seinen Gewährsmann hatte, von welchem sich Joh aber an bestimmten Punkten deutlich unterscheidet. S. S. Agourides, Πέτρος καὶ Ἰωάννης ἐν τῷ τετάρτῳ Εὐαγγελίῳ [1966], S. 56–75.

V. 25 ist zweiter Schluß, der etwas schwach den Stil von 20,30f imitiert.

V. 1–14. Sieben Jünger, unter ihnen Petrus und der Lieblingsjünger, beschließen, unter Führung des Petrus ihre Arbeit als Fischer auf dem See Tiberias wieder aufzunehmen. Die Arbeit einer Nacht ist vergeblich, aber am Morgen gebietet ihnen eine unbekannte Person an der Küste, die Netze auf der rechten Seite des Bootes auszuwerfen, was sie mit unmittelbarem Erfolg tun. Der Lieblingsjünger erkennt Jesus, Petrus schwimmt an die Küste, und die übrigen folgen mit dem vollen Netz. Sie finden ein bereits vorbereitetes Mahl, das sie mit Jesus teilen, der ihnen Brot und Fisch gibt. Petrus zieht in der Zwischenzeit auf Anweisung Jesu das Netz, das 153 Fische enthält, an Land.

Der Hauptzweck dieser Erzählung ist, wie sich dem Text entnehmen läßt, die Darstellung der zwei wichtigsten Jünger: des Petrus, der schneller im Handeln ist, und des Lieblingsjüngers, der schneller sieht und glaubt (wie in 20, 6–8). Sie und die andern Jünger teilen mit Jesus ein Mahl, das offenkundig eine gewisse eucharistische Bedeutung hat, und sie ziehen miteinander – wobei das Hauptgewicht freilich auf Petrus liegt – den Fang, der die Fülle der Kirche repräsentiert, an Land.

Die Erzählung erinnert an Lk 5,1–11 (ein wunderbarer Fischzug, aber nicht eine Auferstehungserscheinung) und an Lk 24,13–35 (eine Auferstehungserscheinung, in welcher ein gleichsam eucharistisches Mahl stattfindet); sie scheint zudem keine Einheit zu sein. Es gibt mehrere Hinweise auf Unebenheiten in der Geschichte: das Wunder wird bewirkt, weil die Jünger keinen Fisch haben; wenn sie an Land kommen, dann finden sie den Fisch bereits über dem Feuer, sie werden jedoch aufgefordert, Fische aus ihrem Fang mitzubringen, obwohl wir nichts davon hören, daß sie dies auch tun. Nicht weniger als drei Worte (προσφάγιον, ἰχθύς und ὀψάριον) werden für Fisch an verschiedenen Stellen der Erzählung gebraucht. Es könnte sein, daß zwei traditionelle Erzählungen, ähnlich denen bei Lk, miteinander verbunden wurden; aber ob sie vom Verfasser von Kap. 21 kombiniert wurden oder er sie bereits in ihrem vorliegenden Zustand vorfand, kann nicht entschieden werden. Wahrscheinlich ist V. 7 in jedem Fall sein Werk und sollte V. 15–24 vorbereiten. Benoit II, S. 274, nimmt an, daß Lk 5,1–11 von Joh abhängt, und nicht vice versa. Beide können jedoch durchaus unabhängig voneinander sein. S. S. Smalley, NTS 20 [1974], S. 275–288.

1. μετὰ ταῦτα. S. Komm. zu 2,12; 3,22; hier ist ein allgemeiner Übergang von der vorangehenden Erzählung beabsichtigt. Vgl. dagegen 20,26, wo eine genaue Zeitangabe gebracht wird.

ἐφανέρωσεν ἑαυτόν. φανεροῦν ist ein joh Wort (1,31; 2,11; 3,21; 7,4; 9,3; 17,6), aber sonst wird es im Evangelium nicht für eine Auferstehungserscheinung gebraucht (vgl. aber Mk 16,12.14).

τῆς ϑαλάσσης τῆς Τιβεριάδος. Vgl. 6,1, wo jedoch τῆς Τιβεριάδος nicht unabhängig steht, sondern τῆς Γαλιλαίας erklärt. Sanders nimmt an, daß eine Erscheinung in Galiläa den Zweck hat zu lehren, daß Jesus jetzt bei seinen Jüngern ist, wo immer sie auch sein mögen.

2. Dieser Vers enthält eine Anzahl von Worten und Satzkonstruktionen, die für den Stil des Joh und sein Thema charakteristisch sind: Zu ὁμοῦ vgl. 4,36; 20,4. Obwohl der Doppelname Simon-Petrus auch sonst gebraucht wird, ist er im Joh besonders gebräuchlich; s. Komm. zu 1,42. Zu Θωμᾶς ὁ λεγόμενος Δίδυμος (von dem Joh mehr als irgendein anderer Evangelist zu erzählen hat) s. Komm. zu

11,16; zu Nathanael (der von den anderen Evangelisten nicht erwähnt wird) s. Komm zu 1,45–49. *ὁ ἀπὸ* . . . ist eine joh Konstruktion; vgl. 1,45; (11,1); 12,21; (19,38). *Kaná* wird nur in Joh erwähnt; s. Komm. zu 2,1.

οἱ τοῦ Ζεβεδαίου. Dies ist der erste und einzige Verweis auf die Söhne des Zebedäus in Joh (s. neben anderen synoptischen Stellen Mk 1,19). Der Lieblingsjünger wird etwas später erwähnt (V. 7) und *kann* daher Jakobus oder Johannes gewesen sein. Zu dieser Frage s. Einleitung, S. 131 ff.

ἄλλοι ἐκ τῶν μαθητῶν αὐτοῦ δύο. Die Anwesenheit dieser nicht genannten Jünger ermöglicht die Annahme, der Lieblingsjünger war nicht ein Sohn des Zebedäus. *ἐκ* wird bei Joh sehr häufig partitiv gebraucht.

Es gibt eine diesem Vers sehr ähnliche Stelle EvPetr 60: *ἐγὼ δὲ Σίμων Πέτρος καὶ ᾽Ανδρέας ὁ ἀδελφός μου λαβόντες ἡμῶν τὰ λίνα ἀπήλυαμεν εἰς τὴν ὑάλασσαν, καὶ ἦν σὺν ἡμῖν Λευεὶς ὁ τοῦ ᾽Αλφαίου ὃν κύριος* . . . Unglücklicherweise bricht das vorhandene Fragment des Evangeliums an dieser Stelle ab, und wir kennen leider den Rest der Geschichte nicht mehr.

3. *ὑπάγω ἁλιεύειν.* Zum Infinitiv des Zwecks s. M I, S. 205 f. Dieser Gebrauch des Infinitivs steht in bemerkenswertem Gegensatz zu dem häufigen Gebrauch von *ἵνα* und dem Konjunktiv bei Joh (oft an einer Stelle, an der man einen Infinitiv erwarten würde); z. B. 11,11, *πορεύομαι ἵνα ἐξυπνίσω αὐτόν.* Daß Petrus und seine Mitjünger an eine Rückkehr in ihren früheren Beruf denken sollten, ist nach den Ereignissen von Kap. 20 undenkbar; s. die Einleitung zu diesem Abschnitt. Wenn Kap. 21 ein Zusatz zu einem ursprünglich bereits vollständigen Evangelium ist, dann ist es selbstverständlich möglich, daß dieses Ereignis zeitlich früher als 20,21–23 liegt; freilich ist es dann immer noch schwierig einzusehen, wie dies tatsächlich möglich ist. Der Verfasser von Kap. 21 schöpfte wahrscheinlich aus einem anderen Traditionsstrom; es ist auch möglich, daß die Worte des Petrus eine Doppelbedeutung haben sollten und sich auf den Auftrag der Apostel »Menschen zu fangen« beziehen. S. u. Der Auftrag von 20,21 wird ausgeführt. Dies ist sicherlich nicht der vordergründige Sinn der Petrus-Worte, wenn aber der Verfasser von Kap. 21 die Vorliebe des Evangelisten für Doppeldeutigkeit teilte, dann könnte er dies unter der Oberfläche gesehen haben. Diese Ansicht wird eher dadurch gestützt als widerlegt, daß der Verfasser zeigen möchte (Sanders), daß die Aufgabe der Mission nur durch den Befehl und die Hilfe Jesu ermöglicht werde. Wenn Petrus und seine Kollegen sich auf sich selbst verlassen, dann scheitern sie völlig, ihr anschließender (V. 6) Erfolg tritt ein, wenn sie sich von Jesus leiten lassen, dann um so deutlicher heraus.

ἐξῆλϑον καὶ ἐνέβησαν. Das Boot scheint bereitzuliegen; das heißt, die Jünger sind in Galiläa, nicht wie in 20,1–29 in Jerusalem.

ἐν ἐκείνῃ τῇ νυκτὶ ἐπίασαν οὐδέν. Vgl. Lk 5,5, *δι᾽ ὅλης νυκτὸς κοπιάσαντες οὐδὲν ἐλάβομεν.* Bekanntlich ist die Nacht die beste Zeit zum Fischen, aber in Abwesenheit Jesu kann seinen Jüngern nichts gelingen; vgl. 15,5. Sonst wird bei Joh (abgesehen von V. 10 in dieser Erzählung) *πιάζειν* für die Festnahme einer Person gebraucht (7,30.32.44; 8,20; 10,39; 11,57).

4. *πρωΐας δὲ ἤδη γινομένης.* Sonst wird bei Joh (18,28; 20,1; vgl. 1,41) die indeklinable Form *πρωΐ* gebraucht. Anstelle von *γινομένης* könnte *γενομένης* (א D Θ Ω) zutreffend sein – der Morgen war angebrochen. *ἐπί* anstelle von *εἰς* ist einfach eine Verbesserung.

οὐ μέντοι ᾔδεισαν. μέντοι ist joh. Es begegnet 4,27; 7,13; 12,42; 20,5; sonst im NT nur dreimal. Die Unfähigkeit der Jünger, Jesus zu erkennen, ist schwer zu verstehen, wenn wir annehmen müssen, daß sie ihn seit der Auferweckung bereits zweimal gesehen hatten. *πρωΐα* (besonders wenn man es mit der Lesart *γενομένης* zusammennimmt) muß nicht notwendigerweise bedeuten, daß es nicht hell genug war, um ihn erkennen zu können; Mt 20,1 bezieht sich *πρωΐ* auf den Beginn des Arbeitstages, und in Josephus, Ant XV,65, bezieht es sich auf das tägliche Morgenopfer, wenn der ganze Osten erleuchtet war »bis hin nach Hebron« (Tamid 3,2).

5. *παιδία.* Diese Anredeform sonst in Joh nicht gebraucht (das Wort begegnet 4,49; 16,21). Es wird verwendet in 1Joh (2,14.18; [3,7]). In Joh 13,33; 1Joh 2,1.12.28; 3,(7).18; 4,4; 5,21 wird *τεκνία* gebraucht. *παιδία* begegnet als Anrede (gegenüber Erwachsenen) im modernen Griechisch; M I, S. 170.

μή τι προσφάγιον ἔχετε. Es wäre möglich, *μήτι* zu schreiben, wie in 4,29; 8,22; 18,35. An der letzten Stelle ist die erwartete Antwort ganz sicher nein; an den anderen ist die Frage zögernd und zweifelnd. Die Frage scheint hier so wie an der letzten Stelle gemeint zu sein (und dies ist auch möglich mit *μή*, wenn man die Worte wie bei Nestle trennt; vgl. z. B. 6,67); s. M I, S. 170, aber auch Bl-Debr § 427. *προσφάγιον* findet sich sonst im NT oder im griechischen AT nicht und ist auch sonst selten. Nach Moeris und Hesych war es bedeutungsgleich mit *ὄψον*, welches (wie seine Verkleinerungsform *ὀψάριον*, 6,9.11; 21,9f.13) oft einfach »Fisch« bedeutet. Hier bedeutet *προσφάγιον* wahrscheinlich einfach »Fisch« (gebraucht als Beilage zum Brot).

6. *βάλετε εἰς τὰ δεξιὰ μέρη τοῦ πλοίου τὸ δίκτυον.* Zum Gebrauch von *βάλλειν* vgl. Mt 4,18; in Lk 5,4f wird *χαλᾶν* verwendet. Die rechte Seite ist im allgemeinen die Glücksseite (eine weitere Bedeutung von *δεξιός* ist »glücklich« – s. Liddell-Scott s. v., wo u. a. Xenophon, Kyropaidia VII,1,3, *βροντὴ δεξιὰ ἐφθέγξατο*, zitiert wird; viele Belege werden geboten bei Betz, S. 38f), aber Joh will hier nur darauf hinweisen, daß unbedingter Gehorsam gegenüber Jesus unmittelbaren Erfolg bringt. *οὐκέτι αὐτὸ ἑλκύσαι ἴσχυον.* Die Größe des Fischfangs wird in der lk Geschichte auf andere Weise ausgedrückt: Die Netze zerrissen, und die zwei Boote waren bis zum Sinken voll. *ἑλκύειν* ist eine spätere Form von *ἕλκειν*; bei Joh (6,44; 12,32) wird es für das Hingezogenwerden der Menschen zu Christus gebraucht; dies legt die Annahme nahe, daß eine allegorische Interpretation der Geschichte beabsichtigt gewesen sein mag – der Fischzug ist die Mission der Apostel, die Fische sind die Bekehrten. S. Komm. zu V. 3.11, und vgl. Mk 1,17 parr. *ἀπὸ τοῦ πλήθους,* »aufgrund von . . .«. In Joh 1–20 wird *ἀπό* nicht kausal gebraucht. Es erinnert an eine Verwendung des hebräischen und aramäischen מן (vgl. z. B. Gen 9,11; Ps 76,7; Jes 6,4, mit den Übersetzungen der LXX), muß aber nicht als ein Semitismus betrachtet werden, da es auch im klassischen wie im volkstümlichen Griechisch so verwendet wird (M II, S. 461).

7. *ὁ μαθητὴς ἐκεῖνος ὃν ἠγάπα ὁ Ἰησοῦς.* S. Einleitung, S. 131ff und Komm. zu 13,23; s. Komm. zu V. 2. Wie so oft, wird dieser Jünger in eine Verbindung mit Petrus gebracht; er ist der erste, der Jesus erkennt, wie er der erste gewesen ist, der an die Auferstehung geglaubt hat (20,8). In Joh 1–20 ist *ἐκεῖνος* in der Wendung nicht enthalten, es begegnet aber noch einmal in V. 23. *ὁ κύριός ἐστιν.* D sin pesch haben »unser Herr«; dies ist ein Beispiel für möglichen syrischen Einfluß auf D, da sin und pesch die verbreitete syrische Bezeichnung für den Herrn *(maran)* benützen und die Variante durchaus ihren Ursprung im Syrischen haben kann. Aber solche Erweiterungen begegnen auch ganz unabhängig in D. Der Ausdruck an dieser Stelle stimmt genau mit dem charakteristisch joh *ἐγώ εἰμι* überein (s. dazu Komm. zu 6,35; 8,24). Es kann nur bedeuten: »Es [die bis jetzt nicht identifizierte Gestalt an der Küste] ist der Herr.« *τὸν ἐπενδύτην διεζώσατο, ἦν γὰρ γυμνός.* Oberflächlich liegt eine Schwierigkeit in diesen Worten: Normalerweise legt man, wenn man schwimmen geht, die Kleider ab und zieht sie nicht an. Das Wort *ἐπενδύτης* wird sonst im NT nicht gebraucht (vgl. aber 2Kor 5,2.4). Es ist *τὸ ἐπάνω ἱμάτιον* im Gegensatz zu dem *ὑποδύτης*, dem *ἐσώτερον ἱμάτιον* (Suidas s. v. *ὑποδύτης*; s. v. *ἐπενδύτης* sagt er *τὸ ἐσώτατον ἱμάτιον* – sicherlich ein Mißverständnis, es sei denn, Suidas leitete gerade aus der vorliegenden Stelle ab, daß das *ἐπενδύτης* das erste, d. h. das unterste Kleidungsstück war, das jemand anziehen würde. Petrus hatte nackt oder beinahe nackt gefischt (s. Liddell-Scott s. v. *γυμνός*). Die Entbietung des Grußes (שאל שלום) war eine religiöse Handlung und konnte nicht in unbekleidetem Zustand ausgeführt werden; s. T. Ber 2,20 (5): »Wenn jemand in ein (öffentliches) Badehaus gegangen ist, so darf an einer Stelle, wo die Leute bekleidet dastehen, das Lesen des Schᵉma (מקרא) und das Gebet stattfinden und erst recht das Entbieten des Friedensgrußes (שאילת שלום) . . . An einer Stelle, wo die Leute teils nackt, teils bekleidet stehen, darf das Grüßen stattfinden, aber nicht das Lesen des Schᵉma und das Gebet . . . An einer Stelle, wo die Leute nackt stehen, findet kein Grüßen noch Lesen, noch Gebet statt.« So legt Petrus sein *ἐπενδύτης* an, vielleicht als das leichteste Kleidungsstück, das man auch am leichtesten anziehen konnte. Brown jedoch, der eine besonders gute Anmerkung zu diesem Problem hat, beobachtet, daß das hier verwendete Verbum *διαζωννύναι* ist; er

übersetzt: »Er schürzte«: Petrus, der fast nackt war, trug nur sein loses Übergewand (ἐπενδύτης), das er, um schwimmen zu können, schürzte. Aber es ist ja auch jetzt noch nicht klar, warum Joh das erklärende ἦν γὰρ γυμνός hinzugefügt hat. Der Gebrauch des Verbum compositum διαζωννύναι spricht gegen den Vorschlag von Haenchen, Die Bibel und wir [1968], S. 178, daß der Verfasser V. 18 vorbereitete (wo das Verbum simplex ζωννύναι verwendet wird).

ἔβαλεν ἑαυτόν (ἥλατο D*). Zu der Eile des Petrus vgl. 20,6. Es ist nicht notwendig, hier den Bericht des Mt (14,28–32) über Petrus' Versuch, auf dem See zu wandeln, zum Vergleich heranzuziehen.

8. πλοιάριον wird synonym mit πλοῖον (V. 3) gebraucht, wie in Joh 6,24 und vielleicht Lk 5,2.

ἀπὸ πηχῶν διακοσίων, (etwa 90 Meter). Zu dem kontrahierten Genitiv Plural (hellenistisch, nicht attisch) s. M II, S. 141; Bl-Debr § 48. Die gleiche Konstruktion begegnet in 11,18; vgl. Offb 14,20.

9. ἀνθρακιὰν κειμένην. Zu ἀνθρακιά s. Komm. zu 18,18. Anstelle von κειμένην haben die altlateinischen Handschriften *incensos*, vorausgesetzt ist ein griechischer Text καιομένην.

ὀψάριον (6,9.11) hat dieselbe Bedeutung wie προσφάγιον (V. 5). Daß die Jünger den Fisch bereits auf dem Feuer finden, bevor sie den von ihnen gefangenen gebracht hatten, ist das Gegenteil dessen, was man erwarten würde. Möglicherweise wurden zwei Geschichten miteinander verbunden; in der einen fingen und brachten die Jünger den Fisch, in der anderen bereitete Jesus das Mahl.

ἄρτον. Das Mahl besteht wie in 6,9 aus Brot und Fisch. Die Verbindung könnte symbolische oder sakramentale Bedeutung haben; s. Komm. zu V. 13.

10. ἀπό. In Joh 1–20 ist es ἐκ, nicht ἀπό, welches gewöhnlich partitiv gebraucht wird. Die Fische, nach denen Jesus hier fragt, werden nie gebracht, da sie ja auch tatsächlich nicht gebraucht werden (V. 9). Dies kann ein anderer Hinweis darauf sein, daß die Erzählung zusammengesetzt ist.

ἐπιάσατε, der Aorist von »was gerade sich ereignet hat« (M I, S. 135), wie die Hinzufügung von νῦν zeigt.

11. ἀνέβη. Vielleicht: »er stieg in das Boot« – um seinen Kollegen mit dem Netz zu helfen.

ἑκατὸν πεντήκοντα τριῶν. Die Zahl ist wichtig, sonst hätte man sie nicht berichtet; es ist unwahrscheinlich, daß es die zufällige, aber genaue Erinnerung eines Augenzeugen ist. Man hat viele Lösungsvorschläge im Blick auf den Sinn dieser Zahl vorgetragen, die wahrscheinlichste Lösung ist: Sie stellt die ganze Fülle jener dar, die von den christlichen Fischern, den Aposteln (die selbst in dieser Erzählung sieben an der Zahl sind; s. u.), »gefangen werden«. Erklärungsversuche, nach denen die »drei« in der Zahl für die Trinität stehen, sind wahrscheinlich falsch (da a) die Trinitätslehre noch nicht klar genug formuliert war und b) Joh kaum göttliche und menschliche Personen in dieser Weise miteinander verbunden hätte); wir sind deshalb auf die Beobachtung angewiesen, daß 153 eine dreiteilige Zahl ist, und zwar = 1 + 2 + 3 ... + 17.17 selbst ist die Summe aus sieben und zehn, beides sind Zahlen, von denen schon jede für sich auf Vollständigkeit und Vollkommenheit weist. Man muß nur Philo lesen, um zu sehen, wie ernst Autoren des 1. Jh. solche Zahlensymbolik nehmen konnten, obwohl es doch fraglich ist, ob der Verfasser der Kap. 1–20 die Ganzheit der Kirche auf diese Weise zum Ausdruck gebracht hätte. Zu weiteren Lösungsvorschlägen (aufgrund des Zahlenwertes von Gedi und Eglaim, Ez 47,10) s. J. A. Emerton, JThSt 9 [1958], S. 86–89; 11 [1960], S. 335f) und P. R. Ackroyd (JThSt 10 [1959], S. 94). Diese Beobachtung verstärkt die Wahrscheinlichkeit, daß auch andere Züge der Geschichte (s. V. 3.6.9) allegorisch verstanden werden müssen.

οὐκ ἐσχίσθη τὸ δίκτυον. Die Kirche bleibt eine, trotz der Zahl und Unterschiedlichkeit ihrer Mitglieder.

12. δεῦτε ἀριστήσατε. δεῦτε, hier fast nur ein Ausruf und nicht ein Imperativ; darauf folgt oft unmittelbar ein Imperativ oder kohortativer Konjunktiv (wie in 4,29). An dieser Stelle muß ἀριστᾶν bedeuten »das Frühstück einnehmen, das erste Mahl des Tages«; vgl. V. 4 (πρωΐας). ἀριστᾶν und ἄριστον scheinen sich auf ein späteres Mahl in Lk 11,37f; 14,12 und wahrscheinlich Mt 22,4 zu beziehen. Der lk Sprachgebrauch scheint der zu sein, der im späteren Griechisch allgemein üblich wurde (S. Liddell-Scott s. v.), aber die Lage ist keineswegs klar; MM zitieren einen Papyrus, wo sie (und die Herausgeber) die Bedeutung »Frühstück« annehmen.

οὐδεὶς ἐτόλμα vgl. 4,27. Möglicherweise liegt hier ein Verweis auf 8,25 vor, wo dieselben Worte (σὺ τίς εἶ;) gebraucht werden (vgl. 1,19, wo sie an Johannes den Täufer gerichtet sind). Nun, da Jesus sich selbst (V. 1) den Seinen (14,22) offenbart hat, sind solche Fragen unnötig. Dies ist kein zweites Erkennen (vgl. V. 7); es ist deshalb auch kein Hinweis darauf, daß hier zwei Geschichten miteinander verbunden sind. ἐξετάζειν wird in dem 6. Logion Jesu in P. Oxy. 654 gebraucht (vgl. EvThom 6), aber es gibt nichts, was unsere Stelle mit dem Papyrus-Logion verbindet.

13. ἔρχεται scheint pleonastisch und ist möglicherweise semitisch; vgl. den Gebrauch des aramäischen אֲזַל.

λαμβάνει τὸν ἄρτον καὶ δίδωσιν – die Handlung des Gastgebers, der in einem jüdischen Mahl den Segen spricht. D (vgl. sin) folgert eindeutiger: εὐχαριστήσας ἔδωκεν.

καὶ τὸ ὀψάριον ὁμοίως. Vgl. 6,11, ὁμοίως καὶ ἐκ τῶν ὀψαρίων. Die parallelen Handlungen erinnern an die Austeilung des Brotes und des Weins durch Jesus beim Letzten Mahl. Möglicherweise sollte dieses Mahl bei den Lesern Assoziationen an die Eucharistie hervorrufen (vgl. die Offenbarung Jesu gegenüber den zwei Jüngern in Emmaus, Lk 24,30f.35). Ein Fisch begegnet zusammen mit Brot in einigen frühen Darstellungen der Eucharistie; das Fischsymbol war im frühen Christentum weit verbreitet. S. Cullmann, Vorträge und Aufsätze, S. 510, und Brown. Diese Erzählung berichtet von einem Mahl, in dem Jesus der Gastgeber war; es wird nicht gesagt, daß er selbst irgend etwas von dem Brot und Fisch aß, und gleichermaßen wird nicht gesagt, daß er sich selbst den Jüngern im Brot und Fisch gab. Dies konnte er nicht tun, und er mußte dies auch nicht, da sie in seiner Gesellschaft waren. Die Geschichte ist so keine Parallele zu 6,51ff – das Brot, das ich geben werde, ist mein Fleisch; die Anspielungen auf die Eucharistie sind doch entfernter, als einige neuere Ausleger vermuten.

14. τρίτον ἐφανερώθη. Offenkundig wird die Erscheinung vor Maria Magdalena nicht gezählt (vielleicht weil sie kein μαθητής war); die von 20,19–23 ist die erste, die von 20,26–29 die zweite. Es ist unmöglich, die verschiedenen Auferstehungserzählungen der anderen Evangelien (und von 1Kor 15) diesem Schema einzupassen. Außerdem gleicht die vorliegende Erzählung eher einer ersten als einer dritten Erscheinung; s. die Einleitung zu diesem Abschnitt und Komm. zu V. 1.3. Es wird der Eindruck erweckt, daß die vorliegende Geschichte nicht zu der sorgfältig komponierten Erzählung von Kap. 20 gehört, sondern daß es sich hier um eine davon unterschiedene Geschichte handelt, die aus einer anderen Quelle entstammt (vielleicht zwei Geschichten aus zwei Quellen; s. Komm. zu V. 9f), die doch recht ungeschickt mit einem bereits vollständigen Ganzen verbunden wurde. Die gegenwärtige Erscheinung stützt, für sich genommen, die galiläische Erscheinungstradition gegenüber der jerusalemischen. Zu diesem Thema s. Beginnings V, S. 7–16.

44. Anhang II.
Jesus, Petrus und der Lieblingsjünger

21,15–25

Petrus, dreimal von Jesus gefragt, versichert ihm dreimal seine Liebe und wird damit beauftragt, die Herde Christi zu weiden. Sein Tod am Kreuz wird vorhergesagt, und er wird aufgefordert zu »folgen«. Darauf bemerkt Petrus selbst, daß der Lieblingsjünger bereits das tut, wozu er, Petrus, aufgefordert wurde: er folgt. Petrus fragt nach dem Geschick seines Mitjüngers, die Antwort ist ausweichend und implizite ein Tadel. Es ginge Petrus nichts an, wenn der Lieblingsjünger bis zur Rückkehr Christi leben sollte. Dies war, wie der Autor betont, keine Weissagung, obwohl sie als solche verstanden wurde. Er schließt: Dieser Mann war der Jünger, der »diese Dinge« schrieb – wahrscheinlich (s. u.) das gesamte Evangelium, 1,1–21,23.

Der Zusammenhang dieses Abschnitts mit 21,1–14 ist nur locker, wir hören nichts mehr über das Mahl; außer Petrus und dem Lieblingsjünger verschwinden alle anderen Jünger. Der Autor gebrauchte jedoch 21,1–14 nicht nur als eine erzählende Einleitung, sondern offenbar, um die Themen von V. 15–23 einzuführen. Die drei Behauptungen des Petrus und die drei Befehle, die ihm vom Herrn gegeben werden, entsprechen wahrscheinlich (gegen Bultmann) den drei Verleugnungen. Seine Rehabilitierung ist jedoch, auch wenn an sie sicher gedacht ist, nicht der Hauptgedanke. Das heißt, es wurde vorhergesagt, was Petrus in der Kirche werden würde: er würde der große Hirte sein und würde den Tod eines Märtyrers sterben. Er konnte somit aufgefordert werden, das zu tun, was ihm vorher unmöglich gewesen war (13,36ff) – nämlich nachzufolgen. Das Interesse liegt hier nicht an der Sendung der Kirche (wie in 20,21), sondern an der Führung und der pastoralen Sorge in ihr (Bultmann). Uns wird nun der Lieblingsjünger vorgestellt, der bereits nachfolgt. Es wird nicht vorhergesagt, daß er ein herausragender Hirte der Kirche sein wird; aber, so erklärt der Autor, obwohl er nicht in derselben Weise wie Petrus ein μάρτυς sein sollte, war auch er doch ein μάρτυς: er war für die im Evangelium selbst enthaltene μαρτυρία verantwortlich. V. 24 ist so mit der Weissagung über Petrus koordiniert und ist deshalb ein integraler Teil des Abschnittes und nicht eine Ergänzung dazu. In der Tat war seine Einbeziehung eines der hauptsächlichen Motive für die Anfügung von Kap. 21, da es offenbar dazu gedacht war, eine ältere These, die sich als falsch herausgestellt hatte, zu ersetzen: nämlich über das Geschick, das Jesus seinem Lieblingsjünger zugedacht hatte. Er sollte nicht als ein lebender Zeuge für Christus bis zur Parusie überleben, sondern er sollte durch das geschriebene Evangelium sich selbst zu dem bleibenden Gewährsmann der Überlieferung der Kirche und des Wortes Jesu, durch welches allein die Kirche existiert, machen.

15. *ἠρίστησαν.* S. Komm. zu V. 12. *Σίμωνι Πέτρῳ.* S. Komm. zu V. 2.

Σίμων Ἰωάννου. Diese Lesart ist vorzuziehen; vgl. 1,42, *Σίμων ὁ υἱὸς Ἰωάννου* (s. Komm. z. St.). *Ἰωνᾶ* (gelesen von *Θ Ω*) gelangte wahrscheinlich in den Text durch die Angleichung an Mt 16,17.

ἀγαπᾷς ... φιλῶ. Die Verwendung dieser Verben im ganzen Evangelium schließt aus, daß sie synonym sind; *φιλεῖν* meint nicht eine minderwertigere Art der Liebe. Besonders zu beachten ist a) die Tatsache, daß der Jünger, den Jesus liebte, mehrere Male der ist, *ὃν ἠγάπα,* einmal (20,2) *ὃν ἐφίλει* (es ist höchst unwahrscheinlich, daß es zwei »Lieblingsjünger« gab, von denen einer etwas mehr als der andere geliebt wurde); und b) die Parallelität von 14,23, *ἐάν τις ἀγαπᾷ με ... ὁ πατήρ μου ἀγαπήσει αὐτόν,* und 16,27, *ὁ πατὴρ φιλεῖ ὑμᾶς, ὅτι ὑμεῖς ἐμὲ πεφιλήκατε.* S. eine vollständige Liste ähnlicher Stellen bei Bernard, S. 703, und vgl. die Wiedergabe von Prov 8,17 in der LXX, *ἐγὼ τοὺς ἐμὲ φιλοῦντας* (אהבי) *ἀγαπῶ* (אהב). Daß der Verfasser von Kap. 21 weiterhin diese Worte synonym verwendete, wird durch die Tatsache, daß Petrus die Frage Jesu positiv beantwortet, bestätigt (*Ναί...*): »Liebst du...?« »Ja, ich liebe...« Die dreifache Frage entspricht der dreifachen Verleugnung; dasselbe gilt für den dreifachen Befehl, die Herde zu weiden. Trotz des Tadels in V. 22 werden hier doch das Amt und die Bedeutung des Petrus sehr hoch eingeschätzt. Er übernimmt die Führung beim Fischen (V. 3); er ist auch der Oberhirte. Die Stelle soll insgesamt seine Liebe für Jesus nicht in Frage stellen, sondern sie bestätigen. S. u.

πλέον τούτων. τούτων kann entweder Maskulinum oder Neutrum sein, und es sind mehrere Interpretationen möglich. Die zwei wichtigsten sind: a) »Liebst du mich mehr, als diese anderen Jünger es tun?« und b): »Liebst du mich mehr als dieses Fischfanggerät, das dein Alltagsleben repräsentiert und das zurückzulassen ich dich erneut auffordere?« b) ist weniger wahrscheinlich, da das Fischfanggerät, obwohl es ohne Zweifel vorausgesetzt wird, im unmittelbaren Kontext nicht erwähnt wurde (und jedenfalls nicht so sehr die Mittel zum Erwerb des Lebensunterhalts für Petrus als vielmehr die Tätigkeit der Mission der Apostel repräsentiert – s. Komm. zu V. 3.11). Außerdem bildet die vergleichende Form der Frage in a) einen passenden Tadel für Petrus, der, nachdem er sich am lautesten gerühmt hatte, voll und ganz versagt hatte (s. 13,8.37f; 18,10f.15). Es kann hier auch eine Anspielung auf Petrus' nachfolgende Vorrangstellung unter den Zwölfen vorliegen. Benoit (II, S. 277–283.301) sieht den Grund für den Primat des Petrus nicht nur über die gesamte Kirche, sondern auch über seine Mitapostel darin, daß er am meisten liebt. Eben diese Tatsache freilich spricht gegen Benoits weiteres Argument zur Sukzession von Petrus (welche jedenfalls im Text nicht erwähnt wird); es ist die Liebe, nicht die Sukzession, die den Primat konstituiert (vgl. Mk 10,41–44 parr). Zu beachten ist auch die Funktion des Lieblingsjüngers (V. 21–24), die der des Petrus weder überlegen noch unterlegen, die vielmehr einfach anders ist. Diese zwei Funktionen, nicht die Personen, die sie ausüben, sind von bleibender Bedeutung für die Kirche.

σὺ οἶδας. Vgl. 2,24f. Petrus nimmt den von Jesus nahegelegten Vergleich nicht auf und gibt die Verantwortung für seine Antwort an Jesus zurück.

βόσκε τὰ ἀρνία (D it haben *πρόβατα*) *μου.* Offenkundig ist nicht irgendeine Unterscheidung zwischen den Worten in diesem und den folgenden Versen intendiert: *βόσκε = ποίμαινε = βόσκε, ἀρνία = προβάτια = προβάτια.* Keines dieser Worte begegnet sonst bei Joh; *πρόβατον,* das als Variante in drei Versen erscheint, 15.16.17, ist wahrscheinlich eine Angleichung an Kap. 10. Zu Jesus und seinen Schafen s. 10,1–16.26. Zu christlichen Amtsträgern als Hirten s. Apg 20,28f; 1Petr 5,2–4. Weil Petrus die Frage Jesu bejahen kann, kann er auch als Hirte der Herde eingesetzt werden. Dodd (AS, S. 85) sieht in *βόσκειν* eine Anspielung auf Jer 31,10.

16. Anstelle von *προβάτια* haben א D *Θ Ω* it *πρόβατα.*

17. *ἐλυπήθη,* wie in 16,20; vgl. 16,6.20ff, *λύπη.* Petrus war betrübt, weil die Frage dreimal gestellt wurde, nicht weil das verwendete Wort *φιλεῖν* war.
Anstelle von *προβάτια* haben א D *Θ Ω* it vg *πρόβατα.*

18. *ἀμὴν ἀμὴν λέγω σοι.* S. Komm. zu 1,51. Dies ist eine sehr charakteristische, aber auch, wie zugegeben werden muß, leicht imitierbare joh Redeweise.
Mit *νεώτερος* muß hier nicht ein Vergleich beabsichtigt sein. Vgl. Ps 36(37),25, *νεώτερος ἐγενόμην καὶ γὰρ ἐγήρασα* (zitiert bei Bauer, S. 238). Es könnte sein (Bultmann, S. 552), daß ein Sprichwort mit dem Sinn: »In der Jugend geht man frei, wohin man will; im Alter muß man sich führen lassen, wohin man nicht will«, hinter diesem Vers liegt. Aber wenn dies zutrifft, dann ist doch viel zusätzlicher Stoff in das Sprichwort eingegangen. Bultmann sieht hier mit Recht keinen Bezug auf die Kreuzigung; s. jedoch die nächsten beiden Anmerkungen.

ἐκτενεῖς τὰς χεῖράς σου. Es gibt eine Fülle von Belegen für den Bezug dieses Ausdrucks auf die Kreuzigung. Jes 65,2 (*ἐξεπέτασα τὰς χεῖράς μου*...) wird von Barnabas (12,4); Justin (Apol 35); Irenaeus (Erweis der apostolischen Verkündigung 79) und Cyprian (Test II,20) als Vorabbildung der Kreuzigung verstanden. Ähnlich die ausgestreckten Hände des Mose (Ex 17,12) von Barnabas (12,2), der das Verbum *ἐκτείνειν* einführt, und Justin (Dial, 90f). Nichtchristliche Schreiber haben weniger Gelegenheit, auf eine Kreuzigung zu verweisen, vgl. aber Epiktet III,26,22, *ἐκτείνας σεαυτὸν ὡς οἱ ἐσταυρωμένοι.*

ἄλλος ζώσει σε. Nach Bultmann (s. o.) kann dies nicht ein Hinweis auf die Kreuzigung sein, da *ζωννύναι* nicht bedeutet: binden (Verbrecher wurden an das Kreuz mit Stricken immer teilweise angebunden, zuweilen aber auch ganz; s. Komm. zu 20,20). Das Argument überzeugt nicht; in dem Kontext ist ein etwas überzogener Gebrauch des Verbums nicht unmöglich. Das Verbum simplex könnte (s. M I, S. 115) den gleichen Sinn wie das Verbum compositum *διαζωννύναι* (21,7; s. Komm. z. St.) haben, muß aber nicht.

19. σημαίνων ποίῳ θανάτῳ. Vgl. 12,33, wo vorhergesagt wird, wie Jesus sterben wird. δοξάσει τὸν θεόν. In Gehorsam und Glauben zu sterben heißt, Gott zu verherrlichen. Vgl. 15,8. Der Tod Jesu war ein Geschehen, durch welches Gott seine Herrlichkeit offenbart hatte; der Tod eines Apostels würde eine dankbare Anerkennung der Herrlichkeit, die Gott offenbart hatte, durch die Menschen bedeuten. Diese Stelle muß als ein vergleichsweise früher und guter Beleg für das Martyrium des Petrus am Kreuz verstanden werden, welches es voraussetzt. Sonst gibt es kaum frühe Belege für dieses Ereignis; s. bes. 1Clem 5,4; 6,1 und die von Euseb, Hist Eccl II,25, zitierten Autoren. 1Petr (ob der Brief nun authentisch ist oder nicht) ist ein Beleg für ein frühes Interesse an Petrus in der Asia; vgl. Ignatius, Röm 4,3. S. auch Offb 11,3–13, interpretiert von J. Munck, Petrus und Paulus in der Offenbarung Johannes [1950]. Man kann nicht sagen, daß Petrus hier als ein Repräsentant der (römischen und westlichen) Christen eingeführt wird, die sich gegen die These der Quartodecimaner im Blick auf Ostern wandten, für welche der Apostel Joh als Unterstützung genommen wurde; wenn hier an diese Kontroverse gedacht worden wäre, dann wäre der Beleg viel deutlicher.

ἀκολούθει μοι. Vgl. 13,36, ἀκολουθήσεις δὲ ὕστερον. Wahrscheinlich bedeutet dieser Befehl in erster Linie, daß Petrus Jesus auf dem Weg des Martyriums folgen muß. Aber dies ist, wenn es seine primäre Bedeutung ist, wie der nächste Vers zeigt, die Partikularisierung einer umfassenderen Vorstellung von Jüngerschaft; vgl. 12,25f (vgl. Mk 8,34f). Jesus zu folgen heißt, ob dies nun Blutzeugnis bedeutet oder nicht, sich selbst in völligem Gehorsam verleugnen. S. Komm. zu 1,37. Jesu letztes Wort an Petrus (vgl. V. 22) reiht ihn unter seine Mitjünger ein und stellt ihn nicht über sie.

20. τὸν μαθητὴν ὃν ἠγάπα ὁ Ἰησοῦς. S. Komm. zu 13,23. Der Hinweis wird durch die Anspielung auf das Letzte Mahl und die Frage des Jüngers unmißverständlich.

ἀκολουθοῦντα. Dieses Wort wird von א* W und dem altlateinischen Codex Corbeiensis ausgelassen. Der Lieblingsjünger tat bereits das, was Petrus zu tun gerade aufgefordert worden war (einmal mehr ist seine Überlegenheit gegenüber Petrus impliziert). Vgl. 1,38, wenn einer der dort erwähnten Jünger Johannes (der Sohn des Zebedäus) war und wenn der Lieblingsjünger Johannes der Sohn des Zebedäus war. Offensichtlich bedeutete auch für ihn wie für Petrus Nachfolge: folgen bis in den Tod, denn (s. u.) V. 22f impliziert, daß er bereits gestorben war.

ἀνέπεσεν. S. 13,25, und Komm. zu 6,10.

21. τοῦτον οὖν ἰδών nimmt den vorangehenden Vers auf, βλέπει.

οὗτος δὲ τί. Dieser elliptische Satz sollte durch die Hinzufügung solcher Worte wie πείσεται vollendet werden; oder wir könnten auch mit einem Nominativus pendens in der Weise des Joh schreiben (s. Einleitung, S. 28): οὗτος δέ, τί αὐτῷ συμβήσεται; Der Sinn ist klar: (in Umgangsdeutsch) »Und was ist mit ihm?«

22. ἐὰν αὐτὸν θέλω μένειν (zu der Ergänzung von οὕτως in D [vgl. den Text der Vulgata und anderer lateinischer Zeugen, *si sic eum volo manere*, und s. die wichtige Anmerkung in WM, S. 647f] vgl. 4,6; 11,48) ἕως ἔρχομαι. ἕως ἔλθω wäre zu erwarten, denn der Sinn kann kein anderer sein als: »Wenn ich will, daß er (am Leben) bleiben soll, bis ich komme . . .« Die Möglichkeit, daß der Lieblingsjünger bis zur Rückkehr Christi leben würde, wird erwogen, wenn auch (wie Joh sofort sagt) nicht definitiv behauptet. Vgl. Mk 9,1. Ohne Zweifel war es die Überzeugung der ersten Christen, daß die Parusie sich ereignen würde, bevor die erste Generation der Christen nicht mehr da war (vgl. bes. 1Thess 4,15, ἡμεῖς οἱ ζῶντες; 1Kor 15,51, πάντες οὐ κοιμηθησόμεθα). S. Komm. zu V. 23.

τί πρός σέ; »Was geht dich das an?« Vgl. 2,4.

σύ μοι ἀκολούθει. σύ ist sehr betont gestellt: »Was immer ihm geschehen mag, *du* mußt mir folgen.« Bultmann beobachtet zu Recht, daß es nicht die Absicht dieser Stelle ist, entweder Petrus oder den Lieblingsjünger herabzusetzen. »Das Bezeichnende ist vielmehr, daß die beiden als gleichen Ranges dargestellt werden; der Herr hat über den einen so, über den anderen so verfügt« (S. 555). Bultmann kommt zu dem Schluß, da Petrus' Position sicher war, daß es Absicht der Stelle gewesen sein muß, den gleichen Status für den Lieblingsjünger zu beanspruchen und so »die kirchliche Autorität dieses

Evangeliums zu begründen« (S. 555). Diese Schlußfolgerung kann in Frage gestellt werden, zumindest was die Hauptabsicht des Verfassers angeht. Deutlich (V. 24) ging es ihm darum, daß das Zeugnis des Evangeliums als autoritativ akzeptiert würde, aber der gleichrangige Status von Petrus und dem Lieblingsjünger bezeugt auch die gleichgewichtige Bedeutung des Hirtendienstes wie des historisch-theologischen Zeugnisses, für das das Evangelium eine klare Formulierung bietet.

23. Nach ἀδελφούς fügt D καὶ ἔδοξαν hinzu und stellt damit eine glattere Lesart her.
οὐκ ἀποθνῄσκει. Hier müßte man das Futur erwarten. S. Komm. zu V. 22. Die urchristliche Überzeugung vom baldigen Eintreten der Parusie schwächte sich, als die Zeit verging, zu dem Glauben ab, daß einer aus der ersten Generation bis zur Parusie überleben würde. Diese Erwartung war jedoch möglicherweise auf einen Ort beschränkt; es scheint dafür, abgesehen von Joh, keinen Beleg zu geben. Vgl. Mk 9,1; 13,30.
οὐκ εἶπεν δέ. D Θ Ω haben καὶ οὐκ εἶπεν. Es scheint wahrscheinlich, daß dieser Jünger gestorben war, von dem man gedacht hatte, er würde nicht sterben. Der Verfasser des vorliegenden Kapitels erklärt sorgfältig, daß Jesus keine Vorhersage gemacht hatte; er hatte einfach in der stärkstmöglichen Weise ausgedrückt, daß das Geschick des Jüngers, was immer es auch sein würde, Petrus nichts anginge. Es erscheint jedoch wahrscheinlich, daß der ursprüngliche Sinn des Wortes (was immer sein Ursprung gewesen sein mag) der populären Auffassung entsprach. Die Erklärung für diese enttäuschte Hoffnung, die hier gegeben wird, unterscheidet sich stark von der kühnen Neuinterpretation der christlichen Eschatologie, wie sie im Hauptteil des Evangeliums dargestellt wird; s. Einleitung, S. 83 ff, 154 f.
Im letzten Teil des Verses (der auf V. 22 zurückverweist) haben D e ἀποθνήσκεις anstelle von ἀποθνῄσκει (wodurch der Satz zur direkten Rede wird); τί πρὸς σέ wird ausgelassen von ℵ* a e sin.
Lindars (S. 640) bietet einen ausgezeichneten Kommentar zu diesem Vers: »Dieser Vers bildet einen Epilog der Geschichte, welcher auch seine Anwendung dem Leser verdeutlicht. Auch sie müssen mit ihren wilden Spekulationen über den Lieblingsjünger aufhören und sich um ihre eigene Jüngerschaft kümmern. Denn in der Tat war dies die Absicht des Joh, als er diese Gestalt zuallererst schuf. Seine Zurückhaltung im Blick auf ihn hat einen ganz bestimmten Zweck. Es ist seine Hoffnung, daß jeder Leser durch das Evangelium dazu gebracht werden wird, an Jesus zu glauben und ihm zu folgen, daß er *sich selbst* in der wahren Jüngerschaft des Lieblingsjüngers entdecken wird.« Dies ist gut ausgedrückt, hat aber den unglücklichen Effekt, V. 24 von V. 21 ff, wozu er gehört, abzutrennen. S. u.
24. οὗτός ἐστιν, der Lieblingsjünger. Zur Interpretation dieses Verses s. auch Einleitung, S. 133 f.
ὁ μαρτυρῶν περὶ τούτων καὶ ὁ γράψας ταῦτα. Die Textüberlieferung ist etwas verwirrend. Vor μαρτυρῶν fügt B καί ein; dies ist wahrscheinlich ein gedankenloser Irrtum und sollte nicht beachtet werden. Vor γράψας haben B D it sin pesch καὶ ὁ; Θ φ haben ὁ καί; ℵ Ω haben καί. Die unterschiedliche Stellung von ὁ stützt die Lesart von ℵ Ω; aber die Verbindung von B D it sin ist so stark, daß es am besten scheint, wenn man καὶ ὁ liest, obwohl man zugeben muß, daß es dem Stil des Joh entspricht, zwei Partizipien ohne einen zweiten Artikel zu koordinieren. Zu μαρτυρεῖν bei Joh s. Komm. zu 1,7; es wird zuweilen absolut gebraucht, zuweilen mit einem Dativ, zuweilen, wie hier, mit περί. Der natürlichste Sinn dieser Worte und deshalb die hier anzunehmende Bedeutung, es sei denn, es lassen sich sehr starke Argumente dagegen vorbringen: Der Jünger selbst legte nicht nur Zeugnis ab, sondern schrieb auch ταῦτα nieder. Es ist vorstellbar, wenn vielleicht auch nicht wahrscheinlich, daß man γράψας übersetzen sollte: »er ließ schreiben« (s. Komm. zu 19,19), und es lediglich bedeutet, daß der Jünger die letzte und verantwortliche Autorität für »diese Dinge« war. Dieser Vers gibt eine Antwort auf die Frage des Petrus in V. 21: Der Lieblingsjünger ist ein vertrauenswürdiger Zeuge. Er gehört so als Teil zu dem Abschnitt V. 15–23, der seine Einleitung (21,1–14) einschließt. Der in V. 24 erhobene Anspruch bezieht sich deshalb auf das gesamte Evangelium, für welches 21,1–24 eine Ergänzung durch einen Verfasser (oder mehrere Verfasser – οἴδαμεν) darstellt, der nicht der Verfasser der Kap. 1–20 ist. Der Lieblingsjünger ist (s. o. das Zitat bei Lindars) ein Ideal der Jüngerschaft; aber er ist auch eine Quelle theologisch interpretierter Geschichte (J. Roloff, NTS 15 [1968],

S. 129–151, zieht den Lehrer der Gerechtigkeit zum Vergleich heran). Der vorliegende Vers wurde wahrscheinlich nach 19,35 gebildet (es sei denn, daß man diesen Vers als eine Glosse durch den Verfasser von Kap. 21 betrachten muß).

οἴδαμεν. Die Person des Verbs trennt diesen Vers vom gesamten Evangelium und erfordert einen anderen Verfasser (es sei denn, das Gewicht von *γράψας* ist ernsthaft abzuschwächen – s. o.). Nach Clemens von Alexandria (bei Euseb, Hist Eccl VI,14,7, *προτραπέντα ὑπὸ τῶν γνωρίμων*) und dem Canon Muratori (II,10–15, *cohortantibus condescipulis* [sic] *et episcopis suis... recogniscentibus cuntis* [sic] . . .) war dieses Evangelium in einem gewissen Sinn ein Gemeinschaftswerk; andere außer dem Verfasser übernahmen Verantwortung dafür. Es ist selbstverständlich möglich, daß djese Aussagen lediglich Schlüsse aus der vorliegenden Stelle sind. Wenn sie aber in irgendeinem Maße unabhängig davon sind, dann könnten sie eine Erinnerung an die Veröffentlichung des Buches durch die Kirche von Ephesus enthalten (so könnte es jedenfalls sein). Das »wir« ist ganz ernst zu nehmen; es gibt eine apostolische Kirche, deren Existenz allein schon eine Bestärkung und Bestätigung des apostolischen Zeugnisses ist. Vgl. 1Kor 9,2; 2Kor 3,2.

ἀληθής. Vgl. 19,35, *ἀληθινή*; zum Gebrauch dieser Adjektive bei Joh s. Komm. zu 1,9. Nach diesem Vers wird von λ wahrscheinlich die *Pericope Adulterae* (7,53–8,11) eingefügt. S. S. 563.

25. Der ganze Vers wird ausgelassen von ℵ*; aber er wird hinzugefügt in der Handschrift erster Hand, und seine Auslassung war wahrscheinlich zufällig.

ἄλλα πολλά. Vgl. 20,30. Die Wiederholung ist etwas grob und stützt ganz stark die These, daß Kap. 21 ein Nachtrag zum Evangelium ist. Außerdem ist *ἄλλα πολλά* im Vergleich zu *πολλὰ καὶ ἄλλα* schlechteres Griechisch; dies könnte ein leichtes Indiz für einen anderen Verfasser sein.

καθ' ἕν. Vgl. Apg 21,19; »eins nach dem anderen«.

οὐδ' αὐτὸν οἶμαι τὸν κόσμον χωρήσειν. οὐ wird im ntl Griechisch selten mit dem Infinitiv konstruiert; dies ist vielleicht ein Grund für die Annahme, daß es eigentlich zu *οἶμαι* gehört und nicht (wie zuweilen vermutet wird) aus dem untergeordneten Satz in den Hauptsatz herübergezogen wurde. »Ich vermute nicht, daß die Welt fassen würde . . .« *χωρήσειν* ist Lesart von ℵ B; andere Handschriften haben den Infinitiv Aorist *χωρῆσαι.* Es gab aber im hellenistischen Griechisch eine Tendenz (M I, S. 204f; II, S. 216.219; Robertson, S. 369f), den Infinitiv Aorist mit der Endung des Infinitivs Präsens zu schreiben, so daß *χωρήσειν* ein Infinitiv Aorist und nicht Futur sein soll. Es ist jedoch hier ein Futur gefordert, und dies könnte trotz seiner Seltenheit im NT auch beabsichtigt gewesen sein. *κόσμος* wird hier nicht in dem charakteristisch joh Sinn gebraucht (s. dazu Komm. zu 1,10). Zu der Hyperbel selbst kann man viele Parallelen zitieren; z. B. Ex r 30,22 (im zukünftigen Äon »kann die ganze Welt [עולם] den Lohn nicht fassen«); Philo, Poster 144 (*οὐδὲ γὰρ τὸν πλοῦτον ἐπιδείκνυσθαι βουληθείη* [sc. ὁ θεός] *τὸν ἑαυτοῦ, χωρῆσαι ἂν ἠπειρωθείης καὶ θαλάττης ἡ σύμπασα γῆ*). Vgl. 1Makk 9,22. Es ist weder griechisch noch jüdisch, sondern eine allgemeine menschliche Übertreibung.

Die Ehebrecherin

7,53–8,11

Ganz gewiß ist diese Erzählung nicht ein ursprünglicher Teil des Evangeliums. Ihre Textgeschichte, die hier nur kurz skizziert werden kann, ist dabei entscheidend. Die Zeugen, die sie enthalten, unterscheiden sich deutlich untereinander. Zu jenen, die sie an dieser Stelle bei Joh bringen, gehört die große Masse der späten (mittelalterlichen) griechischen Minuskeln, aber zusätzlich unter den frühen griechischen Handschriften nur D (obwohl Hieronymus viele griechische wie auch lateinische Handschriften kannte, die sie enthielten [Adv Pelag II,17]). Mehrere griechische Handschriften, die die Geschichte enthalten, kennzeichnen sie mit Sternchen oder anderen Zeichen. Sie findet sich in der Vulgata und in einigen wenigen altlateinischen Handschriften (bes. b* e); in dem palästinisch-syrischen Lektionar, in der äthiopischen und in einigen wenigen Handschriften anderer Übersetzungen; bei Ambrosius, Augustin und Hieronymus, aber nicht bei früheren westlichen Vätern; und bei den östlichen Vätern erst ab dem 10. Jh.

Auf der anderen Seite wird der ganze Abschnitt ausgelassen von P^{66} P^{75} ℵ B A Θ und vielen anderen frühen griechischen Handschriften, von denen einige einen Zwischenraum hinter 7,52 lassen und damit deutlich machen, daß der Abschreiber um die Existenz der Perikope wußte, es aber für richtig hielt, sie auszulassen. Sie wird ausgelassen von der altsyrischen Überlieferung und pesch, von den koptischen Übersetzungen, von einigen altlateinischen Handschriften (einschließlich a), und wie bereits gesagt, von allen frühen Vätern (einschließlich Origenes, Cyprian, Chrysostomos und Nonnus, die bei der Erklärung, Kommentierung oder Paraphrasierung direkt von 7,52 zu 8,12 übergehen).

Es bleibt festzuhalten, daß φ die Perikope nicht in dieses Evangelium, sondern nach Lk 21,38 einfügt (man hat die Meinung vertreten, Lk 21,37f sei gebildet worden, um die Lücke, die durch die Entfernung dieses Abschnitts entstanden ist, zu füllen); daß λ sie (wahrscheinlich) an das Ende des Joh stellt; daß eine griechische Handschrift sie nach 7,36 und einige georgische Handschriften nach 7,44 einfügen.

Das Gewicht der Belege gegen die Ursprünglichkeit des Abschnitts ist überwältigend, es gibt auch keinen vernünftigen Grund, warum die Geschichte, angenommen, sie ist ursprünglich, von so vielen Zeugen ausgelassen worden oder so vielen kirchlichen Autoren unbekannt geblieben sein sollte. Sie kann im Evangelium, so wie es zuerst veröffentlicht wurde, nicht enthalten gewesen sein. Was war dann ihr Ursprung? Und was ist ihr historischer Wert? Die Perikope ist wahrscheinlich alt. Euseb (Hist Eccl III,39,16) berichtet, daß Papias »auch eine andere Geschichte erzählt, über eine Frau, die in der Gegenwart des Herrn vieler Sünden beschuldigt wurde, welche enthalten ist in dem Hebräerevangelium«. In unserer Erzählung wird die Frau nur einer einzigen Sünde beschuldigt, aber die Entsprechung ist nichtsdestoweniger recht eng. In den apostolischen Konstitutionen II,24 (= die syrische Didascalia 7; die Zeugen sind in das 3. Jh. zu datieren) wird eine ähnliche Geschichte gebraucht, um die Bischöfe davor zu warnen, zu streng mit reuigen Sündern zu verfahren. »Die Ältesten brachten vor ihn eine andere Frau, die gesündigt hatte, und sie übergaben ihm die Entscheidung (ἐπ' αὐτῷ θέμενοι τὴν κρίσιν) und gingen hinaus. Aber der Herr, der die Herzen der Menschen kennt, fragte sie, ob die Ältesten sie verurteilt hätten. Als sie sagte ‚nein‘, sagte er zu ihr, ‚dann geh; auch ich verurteile dich nicht‘.« Diese Geschichte, die möglicherweise, wie auch andere in den *Konstitutionen*, dem Petrusevangelium entnommen worden sein mag, ist nicht identisch mit der joh Geschichte, erinnert aber deutlich an sie. Geschichten zu diesem Thema könnten in unterschiedlicher Form zu einem sehr frühen Zeitpunkt umgelaufen sein, aber keinen kanonischen Status erhalten haben, da sie nicht zu der damals üblichen strengen disziplinären Behandlung des Ehebruchs zu passen schienen; und die Geschichte, wie wir sie kennen, könnte in das vierte Evangelium gekommen sein, da sie irgendwann einmal mit ihm (als ursprünglich nichtbiblische Überlieferung) in einem Lektionar kombiniert worden war.

Der historische Wert der Geschichte kann nach objektiven Maßstäben nicht eingeschätzt werden, aber es kann doch billigerweise die Meinung vertreten werden, daß sie 1. stark in Form und Stil an die synoptischen Erzählungen erinnert (insbesondere an den Stil des Lk; s. den Kommentar); und 2. die Wesensart und die Vorgehensweise Jesu schildert, wie sie anderswo offenbart sind. Sie könnte an dieser Stelle in Joh eingefügt worden sein, um 7,24 zu illustrieren (richtet nicht nach der äußeren Erscheinung) und 8,15 (ihr richtet nach dem Fleisch, ich richte niemanden) oder um die Sünde der Juden mit der Sündlosigkeit Jesu zu kontrastieren (8,21.24.46). Guilding, S. 110ff, meint, die Stelle sei von einem, der das Lektionarthema des Joh verstand, eingefügt worden, und sie findet Anspielungen auf Gen 38; 39; 2Sam 11; Dt 9; Jer 2. S. u.

Zur Frage der Textüberlieferung s. außer den Kommentaren C. Tischendorf, Novum Testamentum Graece [1869], I, S. 826–830; WH II, Appendix, S. 82–88; H. von Soden, Die Schriften des Neuen Testaments [1911–1913], I, S. 486–524; auch Becker und Riesenfeld (s. u.).

Daß die Perikope in der christlichen Diskussion über die angemessene Einstellung gegenüber Sündern, besonders im Falle des Ehebruchs, verwendet wurde, ist deutlich. S. H. Riesenfeld, in: Svensk Exegetisk Årsbok 17 [1952], S. 106–111, und U. Becker, Jesus und die Ehebrecherin [1963]. J. Jeremias und T. W. Manson (s. u.) haben *πειράζοντες* in 8,6 betont: Jesus sollte in eine Falle gelockt werden. Derrett (Law, S. 156–188) nimmt an, daß Jesus Ex 23,1.7 verwendete, um seine Hörer an das zu erinnern, was das Gesetz selbst forderte. »Ein Bösewicht, einer, der ‚seinen Bruder in seinem Herzen haßte‘, oder einer, dessen Motive unaufrichtig waren, konnte weder eine Anklage erheben, noch Zeugnis ablegen, noch verurteilen« (S. 187). Die Zuhörer Jesu würden verstehen, was gemeint war. Ein ähnliches Thema wird von D. Daube in einer bestimmten Richtung weiterentwickelt: Er vertritt die These, daß »in seinem ursprünglichen Kontext die Redewendung ‚wer ohne Sünde unter euch ist, der werfe den ersten Stein auf sie‘ direkt besonders gegen die ungerechte Behandlung von Frauen durch Männer und ihre Gesetze gerichtet ist; und daß sie repräsentativ sei für eine starke Bewegung im Tannaitischen Judentum«. Die Belege für eine solche Bewegung (d. h. eine Bewegung auf seiten einiger, nicht aller Rabbinen) sind überzeugend, und es gibt keinen Grund, warum Jesus darin nicht eine Rolle gespielt haben sollte. Darauf gibt es jedoch keinen Hinweis im Rahmen der Geschichte. Vermutlich ist sie eher deshalb schließlich in das vierte Evangelium gekommen, weil sie Jesus als den gnädigen Richter darstellte, und nicht etwa deswegen, weil ein christlicher Redaktor die Diskriminierung von Frauen angreifen wollte.

---

53. Der Abschnitt beginnt abrupt und erinnert an ein Stück aus der mk Erzählung von der letzten Woche in Jerusalem, als Jesus des Nachts aus Bethanien wegging und am Morgen in die Stadt zurückkehrte (Mk 11,11f.19f); vgl. bes. Lk 21,37 (. . . *τὰς δὲ νύκτας ἐξερχόμενος ηὐλίζετο εἰς τὸ ὄρος τὸ καλούμενον Ἐλαιῶν*).

ἐπορεύθησαν ἕκαστος εἰς τὸν οἶκον αὐτοῦ. Vgl. Corp Herm I,29, *ἕκαστος ἐτράπη εἰς τὴν ἰδίαν κοίτην.*

1. *Ἐλαιῶν*, Neutrum Plural, wörtlich »der Berg der Ölbäume«. Dies ist der übliche ntl Ausdruck, doch *ἐλαιών* (Ölbaumpflanzung) findet sich zuweilen in den lk Schriften.

2. Dieser Vers enthält mehrere Berührungspunkte mit den lk Schriften, und zwar folgende: a) *ὄρθρος* begegnet sonst im NT nur in Lk 24,1; Apg 5,21. b) *παραγίνεσθαι* ist ein lk Wort (Lk 8mal, Apg 20mal; Joh 2mal [einschließlich dieses Verses]; im übrigen NT 7mal). c) *λαός* ist ein lk Wort

(Lk 37 [resp. 36]mal, Apg 48mal; Joh 3mal [einschließlich dieses Verses]; im übrigen NT 56 [bzw. 55mal], davon 22mal im Hebr und Offb). d) *χαυίσας ἐδίδασχεν*. Vgl. Lk 4,20; 5,3 (*χαυίσας ... ἐδίδασχεν*). In Joh 7,37; 10,23 steht Jesus.

4. *ἐπ' αὐτοφώρῳ* sollte in dieser Weise (nicht als *ein* Wort) geschrieben werden. Die Wendung ist Hapax legomenon im NT, aber keinesfalls ungebräuchlich. *αὐτόφωρος* ist ein Adjektiv, in der Bedeutung »auf frischer Tat ertappt«. Sollte eine Strafe für Ehebruch verhängt werden, dann waren Augenzeugen nötig (Abrahams, Studies, I, S. 73; Dt 22,22, wenn ein Mann *gefunden* wird ...).

5. *ἐν δὲ τῷ νόμῳ*. S. Lev 20,10, *υανάτῳ υανατούσυωσαν, ὁ μοιχεύων χαὶ ἡ μοιχευομένη*; Dt 22,22–24, *λιυοβοληυήσονται ἐν λίυοις* (hier ist die Rede von einer verlobten Jungfrau, aber später im selben Vers ist sie *τὴν γυναῖκα τοῦ πλησίον*). In der Mischna werden die beiden Fälle scharf unterschieden (Sanh 7,4: »Dies sind, welche gesteinigt werden: ... wer einem verlobten Mädchen beiliegt; dies sind, welche erdrosselt werden ... wer eines anderen Mannes Weib beiliegt [die Frau würde sich ohne Zweifel dieselbe Strafe zuziehen]). Es ist natürlich anzunehmen, daß die Frau in diesem Falle verlobt und nicht verheiratet war; es scheint aber, daß die Forderung der Mischna, daß eine verheiratete Frau, die Ehebruch begeht, erdrosselt werden sollte, eine Änderung im späten 1. oder 2. Jh repräsentiert (s. Daube, Rabbinic Judaism, S. 307; auch J. Blinzler, NTS 4 [1957], S. 32–47). Abrahams (a. a. O.) nimmt an, daß die Todesstrafe »niemals häufig vollstreckt worden sein kann«. *σὺ οὖν τί λέγεις*; *σύ* steht in einer betonten Stellung; Jesus wird eingeladen, sich selbst Mose gegenüberzustellen.

6. *πειράζοντες*. Dieser Satz erinnert an mehrere Stellen in den Synoptikern, z. B. Mk 3,2; 10,2; auch Lk 6,7. *πειράζειν* wird nur an einer anderen Stelle in Joh gebraucht (6,6). Die Formulierung ist sehr ähnlich, aber dort stellt Jesus seine Jünger auf die Probe. J. Jeremias, ZNW 43 [1950/51], S. 148ff, vermutet, daß die Versuchung Jesu hier auf der gleichen Ebene liegt wie Mk 12,13–17. Er wurde aufgefordert, das Urteil über die Frau zu fällen; es mußte die Todesstrafe gewesen sein; wenn er aber die Todesstrafe verkündigte, dann wäre dies eine Verletzung des Vorrechts des römischen Gouverneurs gewesen, da zu dieser Zeit die Juden nicht das Recht hatten, die Todesstrafe zu vollstrecken (18,31). So wäre Jesus genötigt, sich Unwillen entweder dadurch zuzuziehen, daß er nicht das Gesetz hielt, oder dadurch, daß er die Römer erzürnte.

χύψας ... χατέγραφεν. Derrett (a. a. O.) nimmt an, daß Jesus an dieser Stelle Ex 23,1b schrieb (du sollst nicht einem Schuldigen Beistand leisten und kein falscher Zeuge sein); in V. 8 schrieb er Ex 23,7a (halte dich ferne von einer Sache, bei der die Lüge im Spiel ist, und den Unschuldigen und den, der im Recht ist, sollst du nicht töten; denn ich lasse den Schuldigen nicht recht haben). Guilding (a. a. O.) schlägt Dt 9,10 vor; auch Jer 17,13 ist hier in Betracht gezogen worden. T. W. Manson, ZNW 44 [1952/53], S. 255f, nimmt die Erklärung der gesamten Geschichte durch Jeremias auf und stellt fest, daß Jesus hier den römischen Brauch übernahm, zuerst das Urteil niederzuschreiben und dann vorzulesen. Das Urteil wurde niedergeschrieben, aber in einer derartigen Weise, daß es nicht erhalten bleiben konnte. Es ist in der Tat sinnlos zu fragen, was Jesus auf die Erde schrieb. Sein Verhalten war einfach eine überlegte Weigerung, das Urteil zu sprechen; vgl. 8,15, *ἐγὼ οὐ χρίνω οὐδένα*.

7. *πρῶτος*. Dies erinnert an Dt 13,10(9); 17,7, die Hand der Zeugen soll zuerst wider ihn sein, ihn zu töten. Ziel dieser Antwort war es, die in V. 9 beschriebene Wirkung zu erzielen. Wie V. 8 zeigt, schwieg Jesus zur eigentlichen Frage. Vgl. das Wort (Sota 47b u. a., zitiert bei Abrahams, Studies, I, S. 74) vom Gericht über eine des Ehebruchs verdächtige Frau durch das Gottesgericht des Fluchwassers: »Nur wenn der (anklagende) Ehemann selbst frei von Schuld ist, werden die Wasser eine wirksame Probe für die Schuld oder Unschuld seiner Frau sein.«

9. Nach *ἀκούσαντες* fügt die Mehrheit der Handschriften hinzu: *χαὶ ὑπὸ τῆς συνειδήσεως ἐλεγχόμενοι*. *συνείδησις* begegnet sonst nicht in den Evangelien; im NT in erster Linie bei Paulus; ansonsten wurde es von den Stoikern gebraucht, obwohl es seinen Ursprung nicht in der Stoa hat (s. H. Osborne, JThSt 32 [1931], S. 167–179). Zu *ἐλέγχειν* s. Komm. zu 16,8; Aufgabe des Gewissens

war es, zu überführen; es wurde zuweilen ein *ἔλεγχος* genannt. Offenkundig konnte keiner der Ankläger beanspruchen, *ἀναμάρτητος* zu sein.

εἷς καϑ' εἷς. Vgl. Mk 14,19; Röm 12,5. Zur Konstruktion s. M I, S. 105; Robertson, S. 282.294.606. Radermacher, S. 59, nimmt an, der Verfasser könnte *εἷς* als indeklinabel betrachtet haben (wie es ja die meisten anderen griechischen Ordnungszahlen sind).

ἐν μέσῳ. Die Frau steht nicht länger »in der Mitte« im eigentlichen Sinn (wie in V. 3), sondern sie bleibt sozusagen in der Mitte der Bühne stehen.

10. *γύναι*. Zu dieser Art der Anrede vgl. 2,4; 19,26. Diese Stellen zeigen ganz deutlich, daß sie keineswegs respektlos ist.

Nach *ποῦ εἰσίν* fügen einige Handschriften ein: *ἐκεῖνοι οἱ κατήγοροί σου*. Wenn wir diese Worte lesen, dann sollten wir vielleicht übersetzen: »Wo sind sie – deine Ankläger?«

11. *οὐδὲ ἐγώ σε κατακρίνω*. S. Komm. zu V. 60. Keine Beschönigung des Vergehens ist impliziert; Jesus ist gekommen, zu retten und nicht zu verdammen (3,17). Jedoch hat seine Gegenwart schon allein die Wirkung des Gerichts über die selbstgerechten Zuschauer. Vgl. 8,15 f, ich richte niemanden; jedoch wenn ich richte, so ist mein Gericht wahr. Dies mag der ursprüngliche Sinn der Geschichte gewesen sein, oder auch nicht (s. o. S. 564 f), wahrscheinlich ist es aber der Sinn, in welchem sie von jenen verstanden wurde, die sie in das Evangelium einfügten.

μηκέτι ἁμάρτανε. Vgl. 5,14. Wenn der Befehl nicht unrealistisch ist, dann enthält er die Verheißung, daß ein neuer Gehorsam möglich ist.

Register

1. Altes Testament

2. Neues Testament

12,31	34	14,33	500	15,43	536
12,35ff	340	14,34	419	15,44	534
12,40	468	14,35f	484	15,45	534
12,41–43	345	14,36	272, 305, 399, 419,	15,46	65, 539
13	154, 445, 466		504	15,46f	397
13,2	218, 222	14,42	457, 500	16,1–8	537f
13,4	92	14,43	64, 408	16,2.4	539
13,6	456	14,43–52	60	16,5	541
13,9–13	456, 466	14,44	500, 502	16,6	397
13,11	456, 469, 473, 479	14,44f	502	16,7	539
13,12	119	14,47	61, 503	16,8	131
13,12f	471	14,48	519	16,9–20	544
13,13	431	14,49	468, 509	16,12	553
13,17	479	14,50	482, 503, 529	16,14	547, 553
13,19	479, 483	14,53	61, 505	16,15	421
13,22	92	14,53–64	505f	16,16	547
13,24	479, 483	14,53–16,8	60	16,20	210
13,26	88, 210, 476f, 536,	14,54	505, 507f		
	561	14,55–59	508	*Lukas*	
13,31	503	14,55–64	379, 521	1,2	517
13,32	453, 479	14,58	218, 222	1,17	198
13,34	370	14,60f	522	2,19	410
14,1	65, 331	14,62	89, 210, 366, 477	2,25	451
14,1f	65	14,65	510, 520	2,32	340, 342
14,2	64f, 224	14,66	507f	2,49	220, 446
14,3	60f, 388, 405ff, 412,	14,66–72	505	2,51	410
	530	14,68	510	3,1	207
14,4f	408	14,69	508	3,2	400, 402, 506, 508
14,5	60f, 396f	14,70–72	510	3,8	249, 340, 351
14,5f	402	15,1	505f, 510, 512	3,9	462
14,6	408	15,2	516f	3,12	252
14,7	410	15,2f	513	3,16	196
14,7f	61	15,5	522	3,18f	196
14,8	405, 408	15,6	518	3,21	484
14,9	408	15,7	370, 519	3,21f	196
14,10	408, 431	15,9	518	3,23	355
14,12–16	63	15,13	519, 521	4,1–4	248
14,17	438	15,15	519	4,4	258
14,17–26	60	15,16	501, 507	4,5	291
14,16	61, 312, 317, 408,	15,17	519	4,6f	420
	437	15,18f	520	4,16	262
14,19	437, 566	15,21	62, 525	4,16–30	261, 312
14,20	317, 408, 438	15,24	528	4,17	300
14,21	442	15,25	524	4,18	236
14,22	34, 289, 308	15,26	61, 527	4,20	565
14,22–34	292	15,27	527	4,22	306
14,23	289	15,29	218, 222, 402	4,24	263
14,24	375, 460, 494, 504	15,29–32	526	4,30	330, 356, 385
14,25	293, 458, 479	15,33	524	4,31	217
14,27	374f, 482	15,34	483, 484, 526	4,34	316
14,27–31	471	15,36	531	4,43	236
14,29	444	15,37	532	5,1	182
14,30	61, 63, 444	15,39	533f	5,1–11	203, 553
14,32–39	484	15,40f	529	5,2	556
14,32–42	415, 418	15,42	533	5,3	565

3. Apokryphen und Pseudepigraphen

1. Esra	
3,7	202
9,8	364

1. Makkabäer	
2,18	464
3,38	464
4,36–59	379
4,46	198, 336
4,50	280
6,38	527
7,38	456
9,22	562
9,39	242
9,45	527
9,47	215
10,65	464
11,39	504
13,51	412
14,41	198, 336

2. Makkabäer	
1,9	379, 412
1,18	379
1,27	332
5,19	402
10,1–8	379
10,6	412
15,15	198

3. Makkabäer	
6,18	488

Tobit	
4,6	238
6,3	288
13,6	238

Judith	
5,19	332

Jesus Sirach	
1,10	245
2,6	199
17,11	184
24	303
24,8	192
24,21	253, 303
24,27	460
25,24	352
37,15	192
43,31	195
46,19	391
48,1	280
48,11	549
49,9	199

Sapientia Salomonis	
1,2	455
1,6	279
2,14f	320
2,16	272
2,18	521
2,24	352
5,4	377
6,12	330
7,2	190
7,22	181
7,25	183
7,26	184, 342
7,27	181, 464
8,8	264
8,13.17	184
9,4	427
9,9–18	188
9,11	475
9,16	233
9,17	227
10,2	483, 486
10,10	475
10,16	264
10,17	475
15,11	546
16,6f	234
19,3	395

1. Baruch	
3,14f	330

Jubiläen	
3,14f	335

Aristeasbrief	
112	412

Martyrium des Jesaja	
2,4	420

Aethiopischer Henoch	
1,9	313
9,1	540
10,19	213
39,4	447
42,2	192
48,1	252
48,6	329
49,1	252, 421
58,3	185
62,14	421
70,2	233
71,1	233
71,14	366
72ff	372
72,2	372
105,2	209

4. Josephus und Philo

5. Rabbinisches Schrifttum

4,22	279		Joma			Taanit	
5,19	351, 364		1,4(180)	506		2a	275
6,2	349					19b–20a	226
			Taanit			32a	424
Horajot			1,7(215)	258			
3,4	506					Hagiga	
3,8	197		Sota			14b	346
			13,5.6(319)	403			
Zebahim						Ketubot	
5,8	440		Gittin			66b	226
			7,1(330)	529			
Hullin						Sota	
2,6	535		Sanhedrin			47b	565
			4,6(421)	515			
Keritot			9,11(429)	515		Gittin	
1,1f	521		12,10(433)	360		56a	226
Tamid			Menahot			Baba Metzia	
1,1	508		13,21(533)	501		83b	529
3,2	554						
7	198		Para			Sanhedrin	
7,4	383		3,8(632)	503		37a	335
						39a	233
Middot			*Babylonischer Talmud*			41a	514
1f	198		Berakot			43a	226, 322, 524
1,2	501		4a	230		48b	515
3,8	460		7b	432		52b	515
4f	345		17a	449		101a	183
			28b	279, 363			
Kelim			34b	265		Makkot	
–	251		63a	487		5b	451
						24a	487
Oholot			Schabbat				
2,4	398		55a	359		Aboda Zara	
3,5	535		128a	349		5a	383
18,7.9	512		139a.b	66		8b	534
						28b	362
Nidda			Pesahim				
4,1	251		26a	509		*Jerusalemer Talmud*	
			49b	338		Schabbat	
Tosephta			54a	180		14,14d,17f	360
Berakot			57a	501			
2,20	555					Pesahim	
6,4(13)	290		Joma			8,36b,47	513
			4a	364			
Pea			9b	469		Taanit	
4,19(24)	410		85b	328		2,65b,59	382
Schabbat			Sukka			Hagiga	
15,16(134)	328		5a	230		1,75d,40	453
			27b	338			
Pesahim			49b	410		Gittin	
7,13(167)	513		52a	209		7,4,48c,39	529
			53a.b	325			

591

6. Qumran-Schriften

7. Griechische und lateinische Autoren

Aischylos
Agamemnon
1601   436

Eumenides
993   240

Apuleius
Metamorphosen
XI   228

Aristophanes
Equites
392   259

Fragment (Dindorf)
532   209

Arrian
Anabasis
VI,13,3   542

Athenaeus
I,61(34a)   211

Cornutus
De natura deorum
16   236

Digest (Liber Pandectarum)
XLVIII,
20,6   528
L,17,37   522

Dio Cassius
LXV,8   360

Dio Chrysostomus
De regno
IV,66–70   520

Diodorus Siculus
I,27   303

Dionysius Halicarnassensis
Antiquitates Romanae
XII,9   518

Epiktet
Dissertationes
I,24,6   546
II,8,11ff   223
II,9,19ff   136
II,17,29   465
III,22,23   186
III,22,55   389
III,22,71   361
III,26,22   559
IV,9,18   439
IV,10,27   462

Eunapius
Vita Iamblichi
549   214

Euripides
Alcestis
386   462
781   209

Bacchae
434–440   502
704–707   211

Hekuba
69f   379

Ion
693   190

Hermetica
Corpus Hermeticum
I,2   303, 347
I,3   488
I,4   340
I,4–11   177
I,5   340
I,6   303, 340
I,9   185
I,12   432
I,14   540
I,17   185, 230
I,22f   238
I,26   102, 455, 475, 546
I,27   449, 486
I,28   102, 190
I,29   252, 468, 564
I,31f   485
I,32   185, 188, 276, 427, 494
IV,5   251
IV,6   465
IV,11   475
V,10   486
VII,2   449, 475
IX,10   475
X,8   350
X,15   56, 488
X,21   475
XI,5   271
XII,12   475
XIII   225, 228
XIII,1   229
XIII,2   228, 475
XIII,3   228
XIII,13   478

8. Inschriften und Papyri

9. Frühchristliche Literatur

7,6	127
7,7	182
8,2	461
8,8	448
8,14	127
8,22	127, 463
9,3	182
9,7	190
9,11	483
10	551
10,2	461, 448
10,3	349
10,4	483, 486
10,5	127
10,5f	404
11,1f	461
11,6ff	252
11,12	461
11,19	127
11,23	461
12,2	461
12,3	448
12,4	254
12,7	127
12,10	184
12,11f	182
12,12	127, 192, 448
14,17	461
15,10	448
16,2	461
16,8–14	184
16,18	184
16,19	127
16,20	182
17,6–11	372
17,9ff	349
17,13	461
18,6	127, 186
20,1–4	254
23,20	467
28,8ff	467
28,15	252
30,1f	128
30,1–7	252
31,4f	485
31,5	128, 491

32,2	448
38,1	448
38,17	461
41,4	479
41,11	448
41,11f	191
41,11–15	128
41,13f	182
42,5.7	467
42,15ff	349, 372

Origenes
Contra Celsum

I,28	351
VI,11	353
VII,8	353
VII,9	352

In Evangelium Iohannis

I,11	408
VI,40	200
XIII,11	253

Petrusevangelium

1	197
6–9	520
7	523
14	533
24	537
31	499
60	554

Pilatusakten

1,1	499
6,1	269
6,2	359

Pionius
Leben des Polykarp

22f	120

Polykarpbrief

5,3	80
7,1	80

Martyrium des Polykarp

6,1	288
7,1	288
8,1	533
10,1	509
12,2	232, 323
13,1	471
17,3	392, 395
21,1	533

Tertullian
Adversus Marcionem

III,18	234

Theophilus von Antiochien
Ad Autolycum

II,22	127

Thomasakten

1	391
31	391
36	461
52	230
145	488

*Thomasevangelium
(Thomas)*

1	354
3	306, 310
6	557
12	448
19	348, 355
24	390
25	443
27	307
28	188, 191, 253
29	231
31	263
38	332
40	462
50	310
69a	256
71	222
77	343
91	199f, 300
104	353
108	334

10. Moderne Autoren

11. Sachen

(s. auch Griechische Begriffe)

12. Griechische Begriffe

(s. auch Sachen)

ἀγαπᾶν, ἀγάπη 71, 235f, 275, 438, 443, 454, 463f, 497f, 558
ἄγγελος 210f
ἁγιάζειν ἅγιος 87, 316f, 384, 491, 493f
αἷμα 309, 534
αἴρειν 201, 461
αἰών, αἰώνιος 49, 235, 487
ἀκολουθεῖν 205, 560
ἀκούειν 242, 276, 456
ἀλήθεια 193, 237f, 348f, 448, 475, 517f
ἀληθής, ἀληθινός 187, 208, 301f, 310, 460f
ἁμαρτάνειν, ἁμαρτία 96, 201f, 271, 345, 349f, 359, 367f, 468, 473f
ἀμήν 210
ἀμνός 176f
ἄμπελος 472f
ἀναβαίνειν 210, 219, 233, 313f, 321, 542
ἀνάστασις 278, 393
ἀντλεῖν 215
ἄνω 35, 346
ἄνωθεν 29, 74, 227
ἀπολλύναι, ἀπώλεια 236, 290, 380, 492, 503
ἀποστέλλειν 236, 494, 545f
ἀποσυνάγωγος 108, 142, 363, 425f, 471
ἀρνεῖσθαι 198, 510
ἄρτος 300f, 308
ἀρχή 179f
ἀρχιτρίκλινος 215f

βαπτίζειν 199
βασιλεία, βασιλεύς 209, 229, 291, 413, 516f, 518f, 524, 527f
βλασφημία 382f

γεννᾶν 190f, 226ff
γινώσκειν 95, 97f, 189, 316, 487f
γνωστός 507, 132f
γράφειν, γραφή 133, 281f, 561

δίκαιος 72
δόξα, δοξάζειν 192, 283, 326, 335f, 417, 441f, 488f, 560

ἐγώ εἰμι 113, 293f, 303, 346, 375f, 502
εἰδέναι s. γινώσκειν
εἰρήνη 456
ἐλέγχειν 105, 452, 473
ἐλεύθερός, ἐλευθεροῦν 349
ἐμβριμᾶσθαι 396f
ἕν 382, 495
ἐντολή 442
ἐξηγεῖσθαι 195f
ἐξουσία 190
ἐπίγεια 232f
ἐπουράνια 232f
ἐργάζεσθαι, ἔργον 91, 271, 359f, 488
ἔρχεσθαι 187, 290, 304, 352, 394f, 455, 476

ζωή 49, 184f, 235, 314f, 393, 448, 487

ἥκειν 305, 352

θάλασσα 27
θεῖος ἀνήρ 36, 55, 90, 113
θύρα 371ff

ἴδιος 29, 53, 189
Ἰουδαῖοι 107, 197

καθαίρειν 461
καινός 442
καιρός 321
καλός 373
καταβαίνειν 100, 210f, 233, 302, 313f
καταλαμβάνειν 185f
κάτω 53, 346
κόσμος 188f, 346, 415, 420, 430f
κρίμα, κρίνειν, κρίσις 188f, 346, 415, 420, 430f
κύριος 548

607